A HISTORY OF GREEK
PHILOSOPHY

# 希腊哲学史

（修订本）

## 第 三 卷

汪子嵩　范明生　陈村富　姚介厚　著

人民出版社

责任编辑:李之美
装帧设计:曹　春

**图书在版编目(CIP)数据**

希腊哲学史.第 3 卷/汪子嵩 等著. 修订本-北京:人民出版社,2014.1
　(2023.6 重印)
ISBN 978－7－01－011017－2

Ⅰ.①希…　Ⅱ.①汪…　Ⅲ.①古希腊罗马哲学-哲学史　Ⅳ.①B502

中国版本图书馆 CIP 数据核字(2012)第 152249 号

# 希 腊 哲 学 史
## XILA ZHEXUESHI

### 第 三 卷
#### (修订本)

汪子嵩　范明生　陈村富　姚介厚　著

**人民出版社** 出版发行
(100706　北京市东城区隆福寺街 99 号)

北京新华印刷有限公司印刷　新华书店经销

2014 年 1 月第 1 版　2023 年 6 月北京第 3 次印刷
开本:710 毫米×1000 毫米 1/16　印张:69.5
字数:990 千字

ISBN 978－7－01－011017－2　定价:240.00 元

邮购地址 100706　北京市东城区隆福寺街 99 号
人民东方图书销售中心　电话 (010)65250042　65289539

# 凡　例

1.本书第一版第一卷成书于 1985 年,1987 年年初出版。为保持全四卷体例的一致,后三卷沿袭第一卷。修订版基本上维持原来的体例。

1.1　全书按编、章、节、小节分目,每编附有一个小结。每卷后面附有书目,人名、神名、地名等译名的对照表。修订版还增加了索引。

1.2　书目仅列举撰写中参阅过的。

1.3　按当时的通例,凡外文参考书按姓、名、书名、版本、出版社、年代次序列述,同时译为中文,作为"书目"附于该卷之后。在脚注中仅出现作者姓氏、书目和页数,个别同姓氏而本书都加以引证者,则姓与名同时出现于脚注中。如第四卷中研究原子论的 M.F.Smith,研究晚古哲学的 A.Smith,研究教会史的 J.L.Smith。

1.4　考虑到我国读者难以找到外文资料,所以脚注中除个别国际通用的文献篇名、残篇或纸草文书用英文或拉丁化希腊名称外,一律译为中文。

1.5　涉及汉文古籍时遵照中国习惯列注人物与篇名。

2.受研究对象的制约,本书涉及大量外文资料,原则上遵循海外通例,个别依我国实际情况做些变更。

2.1　Diels 和 Kranz 编的《苏格拉底之前哲学家残篇》,按人物列章目,内分:A.后人记述;B.残篇;C.疑伪资料。本书按国际惯例在行文中注释,如"DK22B49"指该书第 22 章赫拉克利特的残篇第 49 条。

2.2　柏拉图著作按 1578 年斯特方(Stephan)的编目,每页分 A、B、C、D、E

五栏(有的为四栏)。如 189D 指斯特方标准页《柏拉图著作集》第 189 页 D 栏。由于斯特方之后人们发现柏拉图著作的成书时间并非 16 世纪人们排定的次序,所以《柏拉图全集》各篇的斯特方标准页是不连贯的。如 Timaeus 篇,后人考证为后期著作,斯特方以为是早期的,标准页为 17A—92D。

2.3 亚里士多德的著作按国际惯例采用 1831—1870 年贝刻尔(Bekker)的《亚里士多德著作集》标准页,每页分 a、b 两栏。如"980a 20"指贝刻尔标准页第 980 页 a 栏第 20 行。按惯例,用小写字母。

2.4 古希腊和罗马帝国时期的古代文献,由美国哈佛大学 Loeb 发起和主持,汇编成希英对照和拉英对照两个系列,本书撰稿期间共出版 476 册,之后又有些增补。本书注释通用《洛布希英对照古典丛书》和《洛布拉英对照古典丛书》,在前后文明示所引著作属希英对照或拉英对照情况下,简称《洛布丛书》或《洛布古典丛书》。

2.5 人名、地名中译,基本上采取古希腊语拉丁语的音译。有的按约定俗成处理,如西塞罗,按拉丁语发音,"Cicero"为"Kikero",目前都用英译发音。

# 目　录

─────────────────────── 第一编　逻辑和哲学

第二编　自然哲学 ————————————————————————

## 附　录

# Contents

———————————————————— Part I Logic and Philosophy

———————————————————————— Part II Philosophy of Nature

—————————————————————————————— Part III Metaphysics

——————————————————————— Part IV Practical Philosophy

Appendix————————————————————————

汪子嵩

　　《希腊哲学史》全四卷分别于 1987、1993、2003、2010 年出版。为保持全书格式的统一，其他各卷大体上按第一卷的体例执行。时隔近三十年，从出版社到作者，不由得产生某种共鸣式的冲动。出版社想在装帧、排版、格式方面"旧貌换新颜"，作者想积 30 年研究的经历，利用迄今为止掌握的资料和海内外学术界研究成果，做一个较完善的修订本。然而"心想事成"对我们六位原作者而言，仅是个美好的梦想。现实一些，统一全书个别前后不一的译名，更正个别差错或措词，按国际出版惯例增加一个各卷人名、地名、术语索引，这是做得到的。2011 年 9 月哲学编辑室主任方国根向我们转达人民出版社领导决定出全四卷《希腊哲学史》新版的消息，考虑到作者的现实条件，新版不作大的修订，仅作个别更正，统一译名和注释规格，增加索引。

　　现作如下说明：

　　1.再版的格式、译名、注释方式仍以第一卷为基础。特别是外文资料的注释，现在通行的方式是用原文全称或缩写。我们当时考虑到中国读者的情况，都用统一的中译文注释，书后附上译名一致的参考书目。此次再版不做大的更动。四卷中人名、地名、书名中译不一致者一般以第一卷为基础，个别采用后两卷的翻释。例如，地名帕伽马、帕加马、柏加玛，一律采用帕伽马；人名如斐洛、菲洛，一律用斐洛；奥利金、俄里金，一律用奥利金，这是教会史、基督教史方面比较通用的译名。姓名同一者，前面另加学派或地名，如同《著名哲学家的生平和著作》的作者第欧根尼·拉尔修同姓者有好几个，分别译为犬儒的第欧根尼即辛诺普的第欧根尼、阿波罗尼亚的第欧根尼、巴比伦的第欧根尼、塞留西亚的第欧根尼、奥依诺安达的第欧根尼。

2.四卷本原稿从撰稿人、统稿者到责任编辑、编辑室主任，经过好几道手续，此次复查，差错率极小，但是总免不了个别表述或打印方面的差错。人民出版社哲学编辑室，在方国根主任带领下，几人把关，作了更正。撰稿人和读者发现的差错，趁此机会也予以更正。

3.考虑到本书是研究外国哲学的，关于专门术语，从作者到读者都比较熟悉英译，所以索引的排序不用汉语拼音，而用英语字母顺序。索引的格式与海外通例一致。重要的、多次出现的专门术语按内容分类。

4.有关再版的具体工作委托浙江大学陈村富教授负责。索引是王晓朝教授安排他指导的博士后陈玮帮忙做的。周展、陈越骅分别承担第四卷和第一、二、三卷的英文目录。刘永亮、尚万里、徐晓燕承担了核查注释、统一体例等方面许多烦琐而又细致的具体工作。浙江大学还提供了"中央高校基本科研业务费专项资金"的资助。在此均表谢意。

5.《希腊哲学史》是1980年国家社科基金立项的多卷本《西方哲学史》之一。之后《希腊哲学史》第四卷、全四卷《希腊哲学史》新版（原名称"四卷本《希腊哲学史》导读及专题研究"）又陆续获得国家社科基金的项目资助，其中第四卷还获得浙江省社科规划办重大项目的资助。在此对上述机构表示诚挚的谢意。

在新版《希腊哲学史》出版之际，自然想到始终如一为我们创造出版条件的人民出版社从社长到编辑以及校对和设计的整个团体。刚完成第四卷接着就出全四卷的新版，是我们做梦都想却不好意思开口的事。初版的四卷五大册，5千多页，而且前两卷当时还没有电子版，工作量可想而知。哲学编辑室主任方国根动员全室力量，各抱一卷重新过目一遍，统一全书格式，耗时一年多成就了这番事业。一个出版社找几位敬业精神的典范不难，难得的是从上到下，从老一代、第二代到第三代几十年如一日持奉这种敬业精神。我们在为人民出版社建社纪念而撰写的《图书出版业的守护神和常青藤》中倾诉了我们二十多年积聚的感受。刻书与收藏起源于古巴比伦和亚述。Nabu是一位刻印楔形文学泥版文书的高手，一生兢兢业业。在

Borsipa 完成了大量口传史诗、铭文、赦令和星相学、天文学的刻印与维护，死后被奉为守护神。之后在 Ashur、Calah、Nineveh 也被奉为刻印业的守护神。近现代发掘的大量楔形文字泥版文书就是在这些地方。后来的希腊人发扬了这个传统。古代各行各业的守护神，其实就是人的敬业精神和理想的外化与升华，是一种象征，一种符号，代表某种行业、职业的精神、力量、戒律和守则。常青藤是古希腊酒神的生命不息的象征。本书的再版，再现了这种出版行业的守护神 Nabu 的精神。

借此机会，以我们六位撰稿人的名义，向出版社领导、哲学编辑室历任主任、本书责任编辑、校对、美术设计人员以及所有为本书劳心给力的朋友们致以崇高的敬意！

2011 年 12 月

　　《希腊哲学史》第三卷全部论述亚里士多德的哲学学说,并简述早期亚里士多德学派的历史。

　　从古代希腊哲学的发展史看,也从全部西方哲学史和文化史看,应该承认亚里士多德是一位承上启下的哲学家。

　　在亚里士多德以前,所谓"哲学"还只是一门包罗万象的学问,从自然到社会的各种问题都可以是它的研究对象。亚里士多德开始将它划分为各种专门的学问,进行分门别类的研究。他概括分析了早期的自然哲学家们的思想,又继承研究了苏格拉底、柏拉图和智者们关于人和社会问题的辩论,将它们划分为各门不同的学科,分别进行系统的研究。因此他成为物理学、天象学、生物学、心理学、伦理学、政治学、美学等学科的创始人;除此之外,他又专门开创了逻辑学。将这些学科从原来的哲学中分离出去,进行独立的研究以后,亚里士多德提出"哲学"是一门研究最普遍的 on(一般译为"存在",我们拟主要改译为"是")的学问,这就是 ontology,一般译为"本体论";但是他又认为哲学是研究事物生成和运动的最后的原因的,他说这是"不动的动者",是理性,也就是神。他说神学是最高的学问。

　　亚里士多德的思想在西方哲学和文化的发展史上经历了复杂的历史命运。亚里士多德去世以后,由于他的主要遗稿长期埋没,他的继承人又只注意伦理学和逻辑学等的研究,所以他的思想在晚期希腊化和罗马时期不被重视,最后甚至在欧洲竟看不到亚里士多德的著作。然而他的著作却在东方阿拉伯世界引起重视,被广泛地翻译、注释和研究。直到公元 10 世纪以后,亚里士多德的著作和思想又从阿拉伯世界传回欧洲,逐渐广泛流传,引起重视。当时欧洲的最高统治者基督教会将亚里士多德思想斥为"异端",加以严禁;13世纪托马斯·阿奎那发现亚里士多德的思想可以为基督教神学服务,他的哲学又被提升为最高的权威,这位被称为唯一的"哲学家(The Philosopher)"的思想又被修饰成为基督教教义中神圣不可侵犯的教条。欧洲的文艺复兴就是要推翻被教会树立起来的这种教条,以及被实验证明了的那些亚里士多德提出的错误结论,为近代科学发展铺平道路。然而近代科学的基本精神,无论是自然科学的重视经验和实验,还是人文科学的重视人的尊严,却都和亚里士多德思想的基本精神是一致的。文艺复兴实际上是恢复亚里士多德的本来面目。亚里士多德既继承、发展苏格拉底和柏拉图的理性主义传统,又十分重视经验事实的研究考察和分析证明,因此近代哲学无论是理性派还是经验派,都从亚里士多德的哲学中受到启发和找到根据。亚里士多德提出的许多重要的哲学和科学的范畴、概念,亚里士多德的逻辑分析和论证的方法,以及亚里士多德提出的许多重要的哲学和科学的观点,都被近代哲学家和科学家接受、继承和发展了,在近现代许多哲学和科学著作中都可以看到亚里士多德的深刻影响。可以毫不夸张地说,对西方哲学和文化传统发生如此重大影响的,在古代希腊哲学家中再没有人可以和亚里士多德相比。

在西方著名哲学家中,亚里士多德又是最早第一位被介绍进中国的。17世纪明朝末年,利玛窦来中国传教,虽然他传播的是基督教义,但在当时,亚里士多德思想是基督教义的权威,所以当时由李之藻翻译的《寰有诠》是亚里士多德关于天体的学说,《名理探》则是论述亚里士多德的逻辑思想的。然而因为亚里士多德思想和中国传统思想格格不入,根本没有引起中国士大夫的注意。直到19世纪末20世纪初年,严复开始介绍引进西方学术思想时,在他译述的《名学浅说》中,对中国缺乏逻辑(名学)和分析思想深有感慨,他说:"中国文字中有歧义者十居七八","有时所用之名之字,有虽欲求其定义,万万无从者","若'心'字、'天'字、'道'字、'仁'字、'义'字,诸如此等,虽皆古书中极大极重要之立名,而意义歧混百出,廓清指实,皆有待于后贤也";"出言用字如此,欲使治精深严确之科学哲学,庸有当乎?"①严复所担忧的事情,经过我国学术界近一百年的努力,已经大为改观,现在我们对西方近现代逻辑、科学和哲学的研究,已取得长足的进步。但是对于这位被称为逻辑学和自然科学之父的亚里士多德思想的研究,却不能不承认还是相当薄弱的,如果将它和对柏拉图、康德和黑格尔的研究相比,对亚里士多德的研究,显得是比较单薄的。

现在保存的亚里士多德的著作篇幅浩大,内容丰富,而且不容易读懂,本卷的目的是想将亚里士多德的几部最重要著作中的主要观点介绍给读者。由于亚里士多德著作中论述问题都是采用严格的逻辑分析和论证的方法,才得出最后的结论的,所以我们只有通过这些分析论证,才能比较正确地理解他的观点;而且也只有择要介绍这些分析论证,才能学习和领会亚里士多德的研究方法。但是他的分析论证又往往是比较繁琐复杂的,我们不能逐句翻译引述,只能概要地论述其中的思想,注明贝刻尔(Bekker)标准本的页码出处。两千多年来西方(包括阿拉伯世界等)对亚里士多德思想的注释研究以及争论的问题是非常丰富的,我们只能从能够收集到的资料中选择一些重要的意见加以介绍和评述。我们尤其重视中国哲学家对亚里士多德的研究成果,这里必须提到陈康教授,是他首先将亚里士多德研究介绍进中国来的,他的研究成果可以进入世界亚里士多德专家成就的行列,在西方学者列举的亚里士多德研究参考书目中,中国学者迄今只有陈康一人的著作被列入,本卷尽可能加以介绍。

本卷按亚里士多德著作的内容分为如下四编:

第一编论述亚里士多德的《工具论》,这是后人将亚里士多德的有关著作集中编纂成书的,一般都认为它是亚里士多德的逻辑著作。传统所谓亚里士多德的形式逻辑即分析逻辑论证的三段论学说,主要是在《前分析篇》讨论的,当然其他各篇也充满了研究思维的形式结构的逻辑思想。但是亚里士多德的逻辑和哲学思想是紧密结合交融在一起的,《工具论》各篇中也充满了哲学思想。亚里士多德所作的各种意义分析,如范畴的分析、谓词的分析等等,

---

① 　严复译述:《名学浅说》第6章,第17—18页。

为他的形而上学本体论学说奠定了基础。由亚里士多德在这些著作中建立的分析理性，可以说是一种科学知识论和科学方法论，为哲学和科学的发展提供了重要的思想工具。因此我们将第一编定名为"逻辑和哲学"。

第二编论述亚里士多德的自然哲学。亚里士多德这方面的著作很多，不仅有概述自然科学基本原理的自然哲学著作，如《物理学》等，还有更多研究具体的自然科学问题的著作。从内容可以分为以下几个方面：一、研究运动、时间和空间等的著作；二、研究天体和气象等的著作；三、研究生物，尤其是动物的著作；四、研究生命、灵魂和心理的著作。他不仅有长篇的系统的著作，还有更多短篇论文，其中也不乏含有重要思想的论述。这些有关自然哲学和自然科学的著作，几乎占现存所有亚里士多德著作的五分之二以上，所以这一编不能像本卷其他各编那样，专门论述他的某一本著作，按其卷、章进行讨论；而是综合研究，依据其内在逻辑展现他的深层思想，即自然哲学的基本范畴和基本原理，如自然、本原和原理、元素、运动、时间和空间、生命、灵魂等等。

第三编论述亚里士多德的形而上学。他的形而上学思想也可见于他的逻辑著作以及《物理学》、《论灵魂》等书中，本编专门论述《形而上学》书中的思想。亚里士多德接受了巴门尼德提出的将"是"和"不是"作为分辨真理和意见的标准，提出哲学的目的是求"真"。他又从苏格拉底和智者争辩伦理道德"是什么"中，认识到这个"是"就是要寻求事物的普遍确定性，因而提出 on（是）为最普遍的哲学范畴。他认为各门特殊的学科均以某种特殊的"是"作为它的研究对象，如物理学研究作为运动的"是"，数学研究作为数的"是"；只有哲学才是以最普遍的"作为是的是"（或译"是之为是"，即单纯的"是"）为研究对象，这样说明了哲学和科学之间的普遍和特殊的关系。从事物的"是什么"可以划分为本体和性质、数量等属性范畴，本体是中心，是《形而上学》一书主要讨论的问题。在他的前期本体论思想中，认为个别事物是第一本体，后来他发现具体事物是由质料和形式组合而成的，形式先于质料，所以只有形式才是第一本体。他认为事物的形式就是它的本质，也就是它的定义。这样也就说明了苏格拉底提出究问的"是什么"，就是要发现事物的本质定义。亚里士多德提出的本体和本质、形式和质料、潜能和现实等等，成为以后哲学和科学研究的基本范畴。所以亚里士多德的本体论思想实际上也为哲学和科学提供了方法论,这便是他的分析理性。在本体论之外,亚里士多德又讨论了"为什么"的问题,即探讨事物生成变化的原因。他继承了苏格拉底和柏拉图的目的论思想,认为有一个最后的动因,它是不动的动者,也就是理性,就是神。这是亚里士多德的神学。学者们研究发现:在亚里士多德的形而上学中,存在着本体论和神学的矛盾。这是第三编研究的主要问题。

　　第四编论述亚里士多德的实践哲学。本书第二卷说到从公元前5—前4世纪开始,希腊哲学从主要研究自然转变为对人和社会的研究。苏格拉底、柏拉图和智者们主要争辩伦理道德的问题,智者强调感觉,重视个人的作用;苏格拉底和柏拉图重视理性,强调知识在伦理道德中起决定作用。亚里士多德继承理性主义传统,但他认为人的 arete(品德)不仅决定于道德理性,而且也是由情感和意志作用的实践活动,从而将实践智慧和理性智慧区别开来,所以他的伦理学、政治学、经济学(理财学)、美学等属于实践哲学。他说实践哲学是人的哲学,然而他所说的人,不同于智者们片面强调的个人。当时希腊的城邦制度已经巩固,亚里士多德和苏格拉底、柏拉图一样,都认识到社会共同体——城邦对其成员的重要作用:只有在共同合作的社会中,个人的才能才可以发挥,个人的幸福才能得到保障。因此,亚里士多德提出"人是政治的(原意是'域邦的',即社会的)动物"的命题。但他并不主张个人要无条件地服从社会,而是认为城邦的目的在于保障每个个人的幸福,所以域邦的"善"建立在个人的"善"的基础上。亚里士多德的理性主义精神是主张个人和集体的融合,在伦理思想上他提倡"中道",在政治思想上他看到贫富的矛盾是社会的主要矛盾,主张最好由中产阶层执政;但在当时希腊最流行的两种政治制度——寡头制和民主制中,他明确地反对寡头的独裁专制,坚定地赞成主张平等、自由的民主制。这对西方的传统文化思想是有重大影响的。

　　本卷绪论是汪子嵩、范明生写的,第一编逻辑和哲学是姚介厚写的,第二编自然哲学是陈村富写的,第三编形而上学是汪子嵩写的,第四编的伦理学和政治学是范明生写的,美学是姚介厚写的。全书由汪子嵩统一整理定稿。由于我们四人分居京、沪、杭三地,很少有共同讨论的机会,只能彼此传阅原稿,因此各人在认识和理解上的差异，不可能完全免除，请读者谅解，并请批评指正。

本卷写作得到王太庆很多帮助，他看了绪论全部和形而上学部分稿子，在希腊文词义上提了许多重要意见，尤其是在将 on 改译为"是"这点上，可以说是由他力主促成的。可惜他于 1999 年 10 月去世，谨表示我们的感谢和悼念。余纪元看了本卷绪论和形而上学的部分稿子，提出宝贵的意见，并且为我们提供国外研究亚里士多德的资料，也在此表示谢忱。

在本卷写作过程中得到中国社会科学院哲学研究所、原杭州大学现浙江大学的支持，还得到海外学者邝健行教授捐助的全套《洛布古典丛书》及其他外文资料，在此均表示谢忱。

本书第四卷论述亚里士多德以后的希腊化时期和罗马时代的哲学，将改由浙江大学的古希腊哲学研究室负责编写，请几位比较年轻的学者参加，由陈村富负责。我们希望能在不久的将来，将这项历时二十多年的工作完成，告慰并求教于学术界同行。

人民出版社大力支持本书的出版，谨对薛德震、田士章、陈亚明、智福和等先生表示我们深深的谢意。

## 亚里士多德——智慧的探索者

亚里士多德在《形而上学》第 1 卷第 2 章讲到哲学寻求的是最高贵的知识以后,接着就讲到哲学的起源:

> 从古代哲学的历史看,也可以明白它不是一门制造术。最初人们是由于好奇而开始哲学思考,先是对日常困惑的事情感到惊讶,然后逐步对那些重大的现象如月亮、太阳和星辰的变化,以及万物的生成产生疑问。一个感到疑难和惊奇的人会觉得自己无知。……人们是为了摆脱无知而进行哲学思考的,显然他们是为了知而追求知识,并不以某种实用为目的。事实可以证明,只有当种种生活必需品……全部具备以后,人们才会去进行这样的思考。我们追求它并不是为了其他的用处,正如我们将一个为自己而不为他人活着的人称为自由人一样,在各种知识中唯有这种知识才是自由的,只有它才是为它自身的。(982b11—28)

在亚里士多德看来,作为人,只有做自己的主人而不是做别人的奴隶的人,才是一个自由的人;同样的,一种知识如果是为了它本身以外的其他目的,它必然要受到其他因素的限制,便不能是真正自由的;只有摆脱其他限制,以知识自身为目的,才能自由地思想,去探求真理。因此亚里士多德将知识分为三类:理论的;实践的如伦理、政治等;创造的即技艺(艺术)。后二类都以实用为目的,只有理论的即纯思辨的知识才是以它自身而不是以实用为目的的。亚里士多德认为理论性知识主要是物理学、数学和哲学,其中以哲学为最高。

这就是亚里士多德最早提出来的"为知识而知识"的思想,它指引人们在学术思想领域内,应该不受权力和权威的制约,充分自由独立地进行思考和探索。哲学首先必须是这样一门自由的学科。

哲学的目的是要寻求真理,便必须有判别正确的和错误的认识的标准,所以亚里士多德特别重视方法论。人的认识是用思维和语言表述的,亚里士多德对语词、概念和判断作了分析和解释,发现了推论的正确格式,以及运用演绎和归纳的推理求得认知和证明真理的方法;他首创了形式逻辑,并且将它具体运用在各门学科的研究之中。在主要的哲学问题上他首先探讨以前思想家们提出的有关论点,加以分析比较,指出他们的缺点和问题,然后才提出自己的观点,并且运用各种理论分析和经验事实加以证明。他倡导的这套分析论证的方法成为两千多年来西方学者研究科学问题的传统方法,为科学研究提供了工具。在西方思想发展史上,亚里士多德曾被尊崇为绝对权威,后来他的某些结论又被推翻了,成为批判的对象。近代学者们逐渐认识到亚里士多德的思想是有发展变化的,在他的分析论证中存在许多矛盾。他只是在矛盾中进行探索,并不自以为已经达到了绝对真理。这也是符合他要求自由思想的精神的。

亚里士多德并不是创立独断思想体系的哲学家,他首先是一位孜孜不倦地追求真理的智慧的探索者。

## 第一节　希腊城邦的衰落

亚里士多德生活的时代(前384—前322年)已经是希腊城邦制面临衰亡的时期。

所谓希腊的城邦就是由一个中心城市连同周围不大的一片乡村区域组成的一个独立的主权国家。这种城邦的疆域是不大的,其中最大的雅典(阿提卡)也只有大约1000平方英里土地面积,大约相当于中国的一个县。一般城邦都只有几百甚至小到只有几十平方英里的面积。一个城邦的人口也不多,本书第二卷曾经介绍过:在伯罗奔尼撒战争前夕雅典有15万—17万公民,

3.5万—4万外邦人和8万—12万奴隶;斯巴达则由不足2.5万公民统治着20倍以上的希洛人和边民。亚里士多德在《政治学》第7卷第4、5章中分别讨论了城邦的人口和疆域问题,他认为一个城邦的人口既不要太多也不要太少,最适宜的人口界限是:人们能在其中过自给自足的生活而又易于观察的最大人口数量。(1326b23—25)而疆域的大小应该是土地能生产一切生活必需品,自给自足,使居民能过上闲暇、宽裕并且是节制的生活。(1326b28—32)可见亚里士多德理想的希腊城邦原来是求得自给自足的小国寡民。希腊由于地理环境复杂,出现了许多分散的小城邦,这些城邦又向海外周围世界殖民,建立了许多新的城邦。古代希腊就是由几百个这样的小城邦组成的。

本书第二卷的绪论中曾对希腊城邦政治的演化作了概括性的论述:从原始公社转化为城邦时,权力集中在由民族或部落首领转化的少数贵族手中,同时又保留了氏族部落全体成员组成的民众大会。如果贵族力量加强压制了民众大会的作用,便成为贵族或寡头制;如果民众大会的力量不断加强限制了贵族的势力,便能发展民主制。希腊城邦流行这两种不同的政制,前者可以斯巴达为代表,后者以雅典为典型。凡是地处海滨,交通方便,发展商品经济的开放城邦大多采取民主制;而那些交通不便,以封闭的自然经济为基础的城邦则大多演变为各种形式的贵族或寡头制。公元前492—前449年间发生的希波战争,由雅典和斯巴达领导希腊诸城邦战胜了波斯帝国,可以说是希腊城邦制的鼎盛时期。公元前461—前429年的伯里克利时代则是雅典民主制发展到顶峰的时期。但是随之而来的伯罗奔尼撒战争(前431—前404年),雅典和斯巴达争霸,希腊诸城邦均被席卷在内。这场战争以雅典失败告终,雅典帝国遭到毁灭性的破坏;斯巴达虽然取得战争的胜利,但它那封闭的耕战合一的体制也遭到损害,他们在战争中掠夺到大量财物,私有财产迅速发展,国内贫富分化严重,斯巴达也一蹶不振了。伯罗奔尼撒战争虽然结束,但希腊和波斯之间的战争仍然连绵不断,希腊诸城邦以雅典、斯巴达和底比斯等城邦为首各自组成同盟,互争霸权;频繁战争使这些城邦普遍遭到破坏,出现衰落,最后被北方崛起的马其顿王国所征服。

苏格拉底和柏拉图亲身经历过伯罗奔尼撒战争,而亚里士多德则出生在伯罗奔尼撒战争以后,处身于希腊诸城邦衰落被马其顿征服的时代。在柏拉图《国家篇》中,理想国家的制度中还带有一些斯巴达的痕迹,比如他设想的消灭家庭实行共产共妻,多少来源于斯巴达的实践。而在亚里士多德的《政治学》中对此却完全持批评态度了。他在第2卷中批评柏拉图的共产学说,指出:一个城邦中的人在本性上是并不完全一致的,如果像那些思想家那样要强求完整划一,实际上只能导致城邦的毁灭。(1261b6—10)又说:凡是属于最多数人的公共事物总是很少有人关心的,任何人主要考虑的是他自己,对公共利益很少顾及,最多只关心和他自己有关的事情。(1261b34—36)在第2卷第9章中对斯巴达的政制进行了全面的批评,指出它贫富不均,全邦2/5的土地归妇女所有;由于财产继承制度不当,使可以参加作战的公民已不足一千;由于长期战争而缺少男子,被称为"Phiditia"的共餐制度的宴请费用也要由公众负担,使许多贫民无力参加,从而失去公民的资格。他指出斯巴达的财政收入管理不善,以致国库空虚,城邦日益贫困,而私人却越加贪婪。他特别强调斯巴达的立法只重视培养战士的品德,使公民对和平时期的治理一窍不通,如此等等。

亚里士多德批评的斯巴达的缺点,实际上是当时希腊城邦普遍存在的问题。他写的《政治学》可以说是为希腊的城邦制度作了历史性的总结。他认为当时希腊最严重最深刻的危机在于贫民和富人的对立,而两种不同的政制——民主制和寡头制则分别代表一方的利益:民主制保护贫民的利益压制富人,寡头制则保护富人的利益压制贫民。因此他提出一个调和折衷的方案,想让中产阶层当政,既保护贫民的利益又不损害富户。他看到当时希腊的城邦普遍存在变革或革命的危机,为各种不同的政制设想了许多避免动乱、保持安定的办法,具体到如:执政者要防止党派争吵内讧,不要虐待平民、欺骗人民,要反对贪污腐化和种种特权,要监督统治者的私人生活等等。(均见第5卷)但是亚里士多德看不到一个基本的情况,即这种自给自足的小国寡民的城邦已经不能再存在和发展下去了。一方面是经济上随着手工业和商业的日益增长,开放的商品经济必然要取代封闭的自然经济,随之而来的必然是贫富差距的日益扩大;另一方面是战争的频繁发生,弱小的城邦只能互相结成联盟,或者是依附于某一大国。历史的进程表明:分散的小城邦只能没落,由统一的帝国取而代之。

担负统一使命的马其顿王国已经在北方兴起。

马其顿是希腊人的一个王国,地处巴尔干半岛中部,在希腊各城邦以北。它的早期疆域大体上南以奥林匹斯山与帖撒利(希腊北部)为邻,东以斯特里蒙河与色雷斯相接,西和北方是伊利里亚和佩俄尼亚,领土之广几乎和全部希腊本土相等。其中下马其顿是平原,上马其顿是山区,森林是它的主要富源。居民主要有希腊人(多利安人)、色雷斯人、伊利里亚人,均接近希腊人种。文化发展较希腊迟缓,接受希腊影响,南部居民逐渐采用希腊文字,马其顿方言接近帖撒利语。公元前 5 世纪马其顿的社会政治制度还保存许多荷马时代的痕迹:国家以王为首,他依靠军事贵族支持,管理国家的机构有贵族会议和人民大会。早期马其顿是独立发展起来的,很少受迈锡尼文化的影响。英国史学家汤因比指出马其顿的社会政治制度和希腊的城邦制截然不同:"马其顿人是希腊族,不过他们始终没有能够希腊化,没有成为希腊城邦国家的公民,因此他们对城邦国家的生活方式一直是门外汉。"①

马其顿的壮大是从希腊进行伯罗奔尼撒战争时期开始的。公元前 419—前 399 年阿凯劳斯王当政时马其顿在巴尔干和希腊诸国中已占显著地位。阿凯劳斯对希腊文化极感兴趣,被称为希腊文化的博识者和保护者。雅典著名悲剧诗人欧里庇得斯曾在阿凯劳斯宫廷作客,并写了一篇悲剧《阿凯劳斯》献给他。阿凯劳斯的继承人腓力二世(前 359—前 336 年在位)是强大的马其顿王国的建造者,他进行了军事改革和币制改革,使马其顿迅速强盛起来。他创立了著名的"马其顿方阵",即以厚达 20 排的重装步兵构成方阵纵队,兵士配备长至 2 米的长矛,轻装步兵和骑兵则捍卫在方阵两旁,使这些不同的兵种以优良的战术装备结合起来,临阵时以排山倒海之势压向敌军,势不可挡。腓力二世和他的儿子亚历山大正是率领了这样一支所向无敌的军队征服整个希腊,远征欧、亚、非三洲,建立起庞大的马其顿帝国。腓力所实行的币制改革是

---

① 汤因比:《人类与大地母亲》,第 241 页。

将银本位货币和金本位货币并用。当时希腊世界通行银币,波斯帝国则采用金币,腓力占领了沿海产金的矿区以后,实行金银两种货币并用,因而降低了金币的价值,对以后战败波斯起了重要的作用。腓力二世在很短时间便占领了色雷斯沿海地带的希腊殖民城邦和安菲波利等沿海重要城市。在马其顿内部君王的地位进一步加强,氏族贵族力量被削弱。腓力二世又在离海不远的佩拉建立新的首都。公元前355—前346年由福基斯人和底比斯人为争夺德尔斐神庙的控制权而引起的"圣战",马其顿、雅典和斯巴达等都参加了,战争结束时腓力成为北部和中部希腊的霸主。当时希腊各城邦都经历着内部和外部的剧烈斗争,城邦之间不间断的战争和内部的政变,使得雅典、斯巴达、底比斯等城邦内都出现了不少亲马其顿的人,主要是富人以及土地和船舶所有主等,他们寄希望于马其顿王将希腊从内部无政府状态和政治上萎弱不振中拯救出来。

在希腊城邦中雅典是马其顿最危险的敌人。雅典内部出现了以伊索克拉底为代表的亲马其顿党和以德谟斯提尼为代表的反马其顿党。

伊索克拉底(前436—前338年)是雅典著名的修辞学家和教育家。他出身富家,在伯罗奔尼撒战争中丧失了祖传财产,曾以代人书写状词谋生。他随智者普罗迪柯和普罗泰戈拉学习,并赴西西里向高尔吉亚学习。早期(可能在前404—前403年)曾在开俄斯开办修辞学校,后来回到雅典,他创办的修辞学校和柏拉图的学园同时被称为当时雅典教育的中心。他也是苏格拉底的追随者并且和柏拉图友好,彼此相互尊重,但是他们的学生彼此之间则长期不和、争论不休。他的修辞学既反对智者们那种任意诡辩,又不像柏拉图和亚里士多德那样重视哲学的思辨。他将修辞学当做一种从事实际政治生活的训练,使它成为可以不择手段的政治家手中的工具。他的学生中有许多实际上是政治家,如雅典将军提谟修斯、塞浦路斯岛萨拉米的统治者厄科莱斯以及史学家埃福罗斯和塞奥旁泊等人。亚里士多德初到雅典时据说曾在伊索克拉底的修辞学校学习,不久便离开进入柏拉图的学园。在他的早期著作《劝学篇》中还可以看出他向伊索克拉底学习的痕迹,在他的《修辞学》中则对伊索克拉底的修辞学提出批评的意见,但仍引用了不少伊索克拉底的修辞例句。

伊索克拉底是一位爱国者。希腊人虽然在希波战争中战胜了波斯,但在希腊诸城邦自相残杀的时候,波斯帝国又强大起来,完全控制了爱琴海东部,成为希腊人的威胁,阻断了雅典的工商业和文化向东方的发展。伊索克拉底在《奥林匹亚大祭》演说词中力主雅典、斯巴达等城邦捐弃前嫌共同对付波斯。他在《庆祝会上致词》中呼吁:"让爱国主义精神使希腊成为东方无穷财力的主人。让我们把战争带到亚洲,把亚洲的财富带归希腊吧!"鉴于雅典、斯巴达等已日趋衰落,不再有力量来领导反对波斯的战争,他便将希望寄托在已经成为希腊霸主的马其顿王身上,在他那著名的《上腓力书》中恳求腓力二世:"如果您真要不愧为赫拉克勒的后裔,就挑上这付重担吧!人人将感谢您的莫大恩惠,希腊人将感谢您的恩典,马其顿人将感谢您是他们的合法君王而不是独裁暴君,其余的人也都将感谢您,因为您将希腊人从野蛮的暴政中解放出来,今后您将以希腊文化造福人人。"但当公元前 338 年马其顿王国取得胜利,伊索克拉底以为他的希望即可实现时,包括雅典在内的希腊诸城邦却都在马其顿统治下丧失了独立,为此伊索克拉底以百岁以上的高龄绝食而死。

和亲马其顿党对立的是反马其顿党,他们主要是代表雅典中下层平民利益的民主派,其主要代表是著名的雄辩政治家德谟斯提尼(前 384 —前 322 年)。他是雅典后期民主派的首领,曾领导雅典进行了近三十年的反马其顿侵略的斗争。他竭力主张维护雅典的民主宪法,在他的演说中感叹以前希腊人爱好自由的精神像青烟似的消失了,希腊人优秀的民族自豪感和战斗精神也在市场中被出卖了;往昔雅典人关心社会事业、爱国主义、勇敢刚毅、自我牺牲等等,时至今日已换成唯一的以不纳税、不应兵役而只接受城邦津贴的自私欲望;利己主义和个人主义破坏了昔日使雅典光荣的城邦统一。亲马其顿党人得到腓力的支持,用马其顿的钱财劝诱希腊民众时,德谟斯提尼揭露马其顿人的狡猾阴谋,力陈腓力的唯一目的就是劫掠希腊,夺取它的天然财富;利用希腊人的分裂和内讧,作为达到他的卑劣目的的手段。为了维护雅典的民主自由和独立,他竭力谋求组织城邦同盟。他曾作为雅典的使节赴伯罗奔尼撒各城邦寻求反马其顿的盟友。当马其顿的军队不断向南推进时,他成功地说服了包括底比斯在内的许多城邦与雅典结成广泛的联盟。他的反马其顿观点获得广泛的同情和支持,逐渐成为雅典实际上的政治领袖。公元前338年凯罗尼亚战役中盟军被马其顿击败,德谟斯提尼被迫流亡国外。直到公元前323年亚历山大大帝去世,他的庞大帝国瓦解时,德谟斯提尼才被召重返雅典。但因内部分裂,第二年又在拉米亚战役中失败。当亚历山大大帝的继承人安提帕特进军雅典时德谟斯提尼弃城出逃,被雅典宣判死刑,德谟斯提尼在卡劳利亚自杀。①

德谟斯提尼在组织反马其顿的同盟时曾得到波斯在经济上的支持,因为波斯害怕马其顿在爱琴海上和它争霸。在凯罗尼亚的战争中盟军一败涂地,有2/3的战士沦为战俘。马其顿胜利了,腓力二世害怕希腊人可能与波斯订立协定,乐意接受雅典人提出的和平条件。公元前337年在科林斯召开全希腊会议,希腊各邦和马其顿订立攻守同盟。科林斯同盟结束了古典时代的希腊历史,从此以后马其顿成为希腊世界命运的主宰,雅典和斯巴达等城邦落到第二等自治州的地位,已经名存实亡了。

科林斯会议结束,腓力立即准备东征波斯,公元前336年突然遭人刺杀。希腊世界发生混乱,但腓力的战友安提帕特、帕墨尼翁等拥立腓力的儿子、亚里士多德的学生亚历山大为王。亚历山大当时才20岁,具有卓越的才能,即位后迅速平息了马其顿和希腊内部的动乱,于公元前334年率军远征。公元前330年征服了波斯帝国,向东一直扩展到印度东北的旁遮普地区,向西征服意大利,向南则达到非洲和埃及。他建立了地跨欧亚非三洲的世界史上空前的大帝国,定都巴比伦。这个帝国存在不久,公元前323年亚历山大大帝在巴比伦突然死亡,帝国就分裂了。

历史上通常将公元前334年亚历山大大帝远征开始,到公元前30年埃及托勒密王朝被罗马灭亡,约三百年称为"希腊化时期"(Hellenism)。地中海南岸的亚历山大里亚城取代了雅典的地位,成为希腊化时期的文化中心。

---

① 参见《牛津古典词典》第三版(1996年),"德谟斯提尼"条,第456—458页。

## 第二节　亚里士多德的生平

20 世纪初由英国学者凯斯(T.Case)在《不列颠百科全书》上撰写的"亚里士多德"条目(1910 年第 11 版第 2 卷第 501—522 页)和德国学者耶格尔(W. Jaeger)的《亚里士多德形而上学发展史研究》(*Studien zur Entwicklungsgeschichte der Metaphysik des Aristoteles*, 1912),尤其是后者的《亚里士多德:发展史纲要》(*Aristoteles*: *Grundlegung einer Geschichte seiner Entwicklung*, 1923)提出了亚里士多德的思想有发展的不同阶段问题,学者们围绕关于亚里士多德思想发展的研究,对他的生平事迹的探讨也重视起来,在布兰迪斯(C.A.Brandis)、策勒(E.Zeller)、苏泽米尔(F.Susemihl)、海茨(E.Heitz)、克勒斯特(W.Christ)、罗斯(W.D.Ross)、罗斑(L.Robin)等有关亚里士多德的专著中都讨论了他的生平问题。1957 年杜林(I.Duhring)的《古代传记传统中的亚里士多德》(*Aristotle in the Ancient Biographical Tradition*)将古代和中世纪所有有关亚里士多德的传记和记载加以汇纂,进行了分析和评述,受到学术界的重视。后来克鲁斯特(A.H.Chroust)在两卷本的《亚里士多德:生平和佚著新解》(*Aristotle*: *New Light on his Life and on some of his Lost Works*, 1973)中也作出了新的贡献。

古代流传下来的被称为"亚里士多德传"(Vita Aristotelis)的著作很多,其中比较重要的有:第欧根尼·拉尔修的《著名哲学家的生平和学说》第 5 卷第 1—37 节,赫叙奇(Hesychii)和伪赫叙奇(Pseudo-Hesychii)的,马加诺(Marciana)的,沃尔加塔(Vulgata,又称伪阿谟尼乌 Pseudo-Ammoniana 或伪爱利亚 Pseudo-Elias)的,拉斯卡里(Lascaris)的,等等;此外还有拉丁文的,有佚名作者的叙利亚文传记 2 种,还有 4 种阿拉伯文的传记,作者分别是安奈迭姆(An-Nadim)、阿尔·穆巴希(Al-Mubashir)、阿尔·基弗提(Al-Qifti)和乌赛比阿(Usaibia)。

据杜林和克鲁斯特的研究,上述这些 3 世纪以来分别用希腊文、拉丁文、叙利亚文、阿拉伯文撰写的亚里士多德传都可以追溯到公元前 3 世纪的士麦那的赫尔米波斯（Hermmippus of Smyrna）和托勒密-埃尔-戈里布（Ptolemy-el-Gorib）的《亚里士多德传》，尤以赫尔米波斯的著作为主，他是漫步学派卡利马科斯（Callimachus）的追随者，撰有大量有关作家、哲学家和政治家的传记作品。公元一二世纪时罗马的柏拉图学派哲学家、传记作家凯罗尼亚的普卢塔克（Plutarchos Kaironeus，约 40—120 年）就曾大量使用赫尔米波斯的材料。赫尔米波斯的原著已经佚失，但根据他的著作撰写的传记是值得重视的，因为公元前 3 世纪的亚历山大里亚城是当时对亚里士多德和漫步学派研究的中心，那里汇集了大量亚里士多德和漫步学派的著作，它有助于赫尔米波斯的写作，虽然现在有些学者对赫尔米波斯的著作也提出了怀疑。

经过这些学者们的研究，关于亚里士多德的生平事迹大体有了比较可信的依据。以下分家庭和少年时期、柏拉图学园时期、漫游时期、吕克昂学院和晚年时期分别论述。

**一　家庭和少年时期**

根据阿波罗多洛《编年史》记载，亚里士多德出生于第 99 届奥林匹亚赛会的第一年即公元前 384/前 383 年，去世于第 114 届赛会的第三年即前 322 年。他出生于希腊北部的斯塔吉拉，该城位于卡尔西迪西半岛的东北角，面对斯特里蒙海湾，离爱琴海仅 3 英里。这里的居民据修昔底德在《伯罗奔尼撒战争史》记载说是来自安德罗斯岛，而据斯特拉波《残篇》记载，斯塔吉拉是由优卑亚岛的卡尔塞斯建立的殖民城邦。克鲁斯特认为这两种说法并不矛盾，斯塔吉拉可能是安德鲁斯和卡尔塞斯的移民共同建立的，当时许多殖民城邦多有类似情况。① 优卑亚和安德鲁斯都是雅典以东沿爱琴海上的岛屿，居民为希腊伊奥尼亚人，可见亚里士多德是希腊伊奥尼亚人的后裔。狄奥尼修在《亚里士多德生平编年》中记载说："亚里士多德是尼各马科的儿子，尼各马科的祖先和职业可以追溯到医神阿斯克勒普的儿子玛卡翁。亚里士多德的母亲

---

① 参见克鲁斯特：《亚里士多德：生平和佚著新解》第 1 卷，第 74 页。

斐司提斯系出自从卡尔塞斯移居斯塔吉拉殖民的领导者之一。"①斐司提斯在优卑亚岛上的卡尔塞斯还有房产,是亚里士多德晚年逃离雅典以后的最后庇护所。

荷马史诗《伊利昂纪》中多次提到阿斯克勒普的神奇医术,他是希腊神话中的医神,他的雕像似宙斯,手里拄着一根绕着蛇的拐杖。希腊人一般将医生说成是阿斯克勒普的后裔,当时医生这门职业是世袭的,只传给自己的儿子和曾宣誓受约束的生徒们,绝不传给其他任何人。亚里士多德的家族大约是长期从事医生这门职业的,他的父亲尼各马科是当时马其顿王阿明塔斯三世(前393—前370年在位)的御医和朋友。阿明塔斯是阿凯劳斯王的儿子,后来的腓力二世的父亲,亚历山大大帝的祖父。一般认为尼各马科和阿明塔斯的关系很密切,是他的亲密朋友和顾问。亚里士多德跟随他的父亲在马其顿宫廷中生活,接受良好的教育。他比腓力大两岁,可能他们从小就结下深厚的友谊,所以后来腓力会聘请亚里士多德做他的儿子亚历山大的教师。

出生医生世家的亚里士多德从小就接受了医学方面的教育和训练,这对他后来的学术成就是至关重要的。医学由于是人类生活的必需,从古以来是极受重视因而迅速发展的,中国是这样,希腊也是这样。本书第一卷中曾介绍恩培多克勒是南意大利医学学派的奠基人,而希波克拉底是科斯医学学派的领袖。希波克拉底在生理、解剖、病理及临床诊断和医疗等方面都作出了创造性的贡献,被称为西方临床医学之父。意大利学派比较偏重哲学的思辨方面,科斯学派则更为重视实践和解剖,这两个方面贯穿在希腊医学中。亚里士多德从小便接受了严格的医学训练,学习过药物、饮食和运动的治疗,计量血液的循环,运用绷带和夹板固定断臂接骨的外科手术以及解剖训练等等,已经具备了行医的能力;蒂迈欧和伊壁鸠鲁等都提到过亚里士多德初到雅典时曾行过医。② 古代流传的亚里士多德著作目录中曾有关于医学的著作,可惜已经佚失了;但是从他关于动物学的著作中可以看出:如果是一个没有受过严格的

①　转引自克鲁斯特:《亚里士多德:生平和佚著新解》第1卷,第16页。
②　参见《不列颠百科全书》第2卷,第11版,"亚里士多德"条。

解剖训练的人是不可能作出那么精细的观察的。更重要的是医学训练培养了亚里士多德特别重视经验事实,具有敏锐的观察、收集和分析的能力,这对于亚里士多德思想的形成和发展是十分重要的。

哲学史家文德尔班指出:在亚里士多德所受的早期教育中,除了以希波克拉底为主的医学教育外,德谟克利特的自然研究也可能是一个重要内容。① 无论是他的故乡斯塔吉拉或后来随他父亲居住在马其顿宫廷所在地佩拉,都和德谟克利特的家乡阿布德拉相距仅百余公里,他能阅读到和学习德谟克利特的著作是完全可能的。在亚里士多德的著作中对德谟克利特的思想当然有批评,但更多的是赞美之词,最明显的是在《论生成和消灭》中,他将德谟克利特和柏拉图作对比:

> 柏拉图只是考察了生成和消灭的条件,没有讨论所有的生成,只是谈到元素的生成。② ……一般说除德谟克利特外,没有一个人不是以肤浅的方式讨论这个问题的。德谟克利特不仅探讨了所有的问题,而且从一开始就按自己的方式作出了区别。(315a29—b1)

策勒和格思里的哲学史中都认为德谟克利特对亚里士多德早年思想起过很大影响,使他后来致志于各门自然学科的研究。

根据古代传记材料,亚里士多德的家属中有一个兄弟阿里涅斯图,有一位年长的姐姐和普洛克塞努结婚,他们的儿子是尼肯诺(约前360—前317年)。公元前370年马其顿王阿明塔斯死后,他们全家回到故乡斯塔吉拉,亚里士多德才13岁,不久父母去世,姊夫普洛克塞努成为亚里士多德的监护人。亚里士多德在遗嘱中还感谢他的恩惠,要将自己的女儿嫁给他的儿子尼肯诺。当亚里士多德被任为亚历山大大帝的教师时,尼肯诺和亚历山大一起接受他的教育,后来成为亚历山大大帝麾下的一名将军。亚里士多德的妻子是皮提娅斯,他们有一个女儿也叫皮提娅斯,和母亲同名。

第欧根尼·拉尔修记载亚里士多德的外貌是:他说话有点咬舌,人们说他

---

① 参见文德尔班:《古代哲学史》,第232页。

② 参见柏拉图:《蒂迈欧篇》,52D以下。

的小腿细长,小眼睛,以他的衣着、指环和修剪得体的头发而引人注目。①

## 二 柏拉图学园时期

几乎所有传记材料都认为亚里士多德是在公元前367年即他17岁时来到雅典,进入柏拉图学园,追随柏拉图长达20年之久,直到前347年柏拉图去世才离开的。他进入学园学习当然是因为倾慕柏拉图的盛名,当时学园已经创立了20年,成为雅典以至全希腊的一个重要的文化中心。但也有些传记资料说因为亚里士多德的监护人普洛克塞努和柏拉图是朋友,所以将他送去学习的。而公元前367年正是柏拉图第二次被邀请去西西里的时候,所以这段时期的学习由欧多克索负责,亚里士多德在3年以后才能面受柏拉图的教益。② 有的拉丁文传记说亚里士多德最初追随苏格拉底,甚至长达3年之久。这显然是不可能的,因为苏格拉底在亚里士多德出生前15年已经去世。这种错误可能是将伊索克拉底(Isocrates)误写为苏格拉底(Socrates)造成的。③ 伊索克拉底在雅典创办修辞学校早于柏拉图的学园,而修辞学是传授政治雄辩和修辞术的,是希腊人争相学习的科目,亚里士多德先进伊索克拉底的修辞学校不是没有可能的。有些古代传记说他向伊索克拉底学习了3年修辞学然后才转入柏拉图学园。

在这20年内亚里士多德在学园中做了些什么?古代传记很少有明确的记述,只说他后来担任过修辞学教师。我们只能根据其他各种材料加以分析。

由于当时各门学科还没有分化独立,柏拉图自己就是一位博学的人,在他的对话中讨论了哲学、伦理学、政治学、美学、自然哲学、修辞学等各方面的问题;在他的学园中既培养了一批熟悉政治、参加实际政治活动的人,又拥有当时杰出的数学家、天文学家以及研究其他自然学科如动植物等的学者。长期生活在这样的环境中的亚里士多德当然学习了广泛的知识,奠定了博学的

---

① 参见第欧根尼·拉尔修:《著名哲学家的生平和学说》第5卷,第1章第1节。
② 参见杜林:《古代传记传统中的亚里士多德》,第249页。
③ 参见克鲁斯特:《亚里士多德生平和佚著新解》第1卷,第96页、第339页注31、32。

基础。

柏拉图的学园是一个自由思想的园地,学术讨论和争辩是自由而激烈的。由柏拉图提出的相论,在学园内部就引起各种批评并被作了不同的解释。柏拉图自己在《巴门尼德篇》中批判了相论,亚里士多德在《形而上学》发展了对相论的批评;他特别攻击柏拉图的继承者斯彪西波和色诺克拉底将柏拉图的相论和毕泰戈拉学派的数的学说联系起来,将"相"("型")说成就是"数"的理论。① 亚里士多德开始将各种学科分门别类地加以研究,他遗留的著作几乎包括了当时所有的各门学科,唯独没有专门的数学著作(在古代书目中曾有关于数学的著作),因此近现代学者中对于亚里士多德和数学的关系产生了不同意见的争论。

关于亚里士多德和柏拉图之间的师生关系,从古代开始就流传种种不同的说法。第欧根尼·拉尔修记载柏拉图说:"亚里士多德就像小驹踢养育它的母马那样踢我。"他又说到赫尔米波斯在《传记》中说,正当亚里士多德作为雅典的使者出访马其顿时,色诺克拉底成为学园的首脑。亚里士多德回到雅典看到学园已经在新的领导下,就选择吕克昂建立新的学院。他告诉徒众:"最好是保持沉默,让色诺克拉底去说吧。"②这段记载有明显的事实错误:亚里士多德是在柏拉图死后才离开学园的,当时领导学园的并不是色诺克拉底,而是柏拉图的外甥斯彪西波;色诺克拉底是和亚里士多德一起离开雅典到小亚细亚去的。策勒在《希腊哲学史》中收集了许多古代传说中的亚里士多德的"坏的故事",如有的作者说亚里士多德最初以庸医谋生;有人说他开始挥霍家产,后来去从军又没有成功,只能卖药谋生,最后才避难到柏拉图的学园中去。早期作家欧布里德(年代不详,麦加拉学派的辩士,曾撰文讽刺亚里士多德)就控诉亚里士多德对他的老师忘恩负义。有人说是亚里士多德的华丽的服装、骄傲自大和嘲弄人的态度使得柏拉图讨厌他。有人说,即使柏拉图还活着时亚里士多德就攻击他的学说,并且建立自己的学院和他对立,还利用色

----

① 详见本书第二卷第二十六章。

② 第欧根尼·拉尔修:《著名哲学家的生平和学说》第5卷,第2—3节。

诺克拉底不在时将他们的老师从原住所赶走,等等。不过策勒也认为这些传说都是很可疑的,没有什么根据证明它们。①

而克鲁斯特在《亚里士多德生平和佚著新解》中却收集了一些与此相反的传记材料,如在阿拉伯文和叙利亚文的传记中记载:柏拉图没有将对亚里士多德的教育委托给色诺克拉底,像他对其他门徒所做的那样,而是由自己教育他。在阿尔·穆巴希写的阿拉伯文传记中说到柏拉图对亚里士多德的重视:在柏拉图要开始讲演时,如果亚里士多德到了,他就说"开始讲课,听众到齐了";如果亚里士多德缺席,他就会说"有才智的人没有来"或"听众是聋的"。② 第欧根尼·拉尔修说:"亚里士多德是柏拉图的最有天才的学生。"③历史证明这个论断是完全正确的。

能够最好说明亚里士多德和柏拉图的师生关系的还是那句常被引用的话:"吾爱吾师,吾尤爱真理。"这句话原来是亚里士多德在《尼各马科伦理学》第1卷第6章讨论普遍的善时提出来的,他说:

> 最好先讨论普遍的善,看看争议到底在哪里。尽管这种讨论有点使人为难,因为"型"(eidos)的学说是我们尊敬的人提出来的。不过作为一个哲学家,较好的选择应该是维护真理而牺牲个人的友情,二者都是我们所珍爱的,但人的责任却要我们更尊重真理。(1096a11—17)

格思里在《希腊哲学史》第6卷的一个注中讲到,亚里士多德的这段话在中世纪的拉丁文传记中已经被人浓缩为"Amicus quidem Plato sed magis amica veritas"(柏拉图是朋友,更大的朋友却是真理)。并且说这句话起源于柏拉图的《斐多篇》,当苏格拉底和西米亚与克贝讨论灵魂不灭的问题时对他们说:"我要求你们考虑真理而不要考虑苏格拉底。"(91C)④也许因为西方已经将亚里士多德这段话缩成这样一个拉丁文短句,所以最初将它介绍进来的中国学者就按照中国习惯将它译为"吾爱吾师,吾尤爱真理"。这个短句确实能

---

① 参见策勒:《亚里士多德和早期漫步学派》第1卷,第8—11页。
② 克鲁斯特:《亚里士多德生平和佚著新解》第1卷,第104页。
③ 第欧根尼·拉尔修:《著名哲学家的生平和学说》第5卷,第1节。
④ 格思里:《希腊哲学史》第6卷,第25—26页注2。

够表达亚里士多德自由思想的精神：尊重真理而不盲目崇拜权威。这应该是哲学家的座右铭。

最后促使亚里士多德离开学园的还是柏拉图死后让斯彪西波继承学园的领导地位，亚里士多德和色诺克拉底一起因此离开雅典，和他们同时离开学园的还有欧德谟斯、欧多克索等当时学园中的一流学者。

亚里士多德在学园时期写下不少著作。他生前公开发表的著作大多已经佚失了，现在只留下一些残篇，其中重要的有《欧德谟斯篇》、《劝学篇》、《论哲学》等，大多摹仿柏拉图的对话，文体优美，明显带着柏拉图思想的痕迹，被学者们公认是亚里士多德初到学园后写的，称为他的"早期著作"。现存的亚里士多德著作大多是由后人将他的遗稿编纂而成，其中有的书中各卷甚至一卷中的各章节间可以看出不是同时连续写成的。为了探讨亚里士多德思想的发展变化，许多学者进行研究，企图确定其中哪些著作是他在学园时期写的，哪些则是以后写的。耶格尔最早发现了一个划分的根据：在《形而上学》第一卷中亚里士多德说"我们（柏拉图主义者）"，表明当时他还在学园中，所以自认是柏拉图主义者；但在《形而上学》最后两卷中他已抛弃了"我们"而改称"他们"和"柏拉图主义者们"了。耶格尔认为这表示亚里士多德逐渐离开柏拉图走他自己的道路。耶格尔的观点后来遭到许多学者的反驳，即使他提出来的这个比较客观的根据也有学者质疑。由此可见要像区分柏拉图对话的前后时期那样区分亚里士多德著作的先后次序，确定哪些著作是他在学园时期写的，实在是十分困难的事情；不过许多学者仍在这方面做了大量工作，取得若干成果，虽然还较少被普遍认同。我们将在以后有关的论述中适当介绍。

### 三　漫游时期

公元前 347 年柏拉图去世，亚里士多德离开雅典，应阿塔纽斯（在小亚细亚北部列斯堡岛对岸的米西亚地区，今属土耳其）的僭主赫尔米亚的邀请来到小亚细亚，由此直到公元前 335 年亚里士多德重返雅典建立吕克昂学院，这12 年时间被称为他的"漫游时期"。古罗马时代狄奥尼修记载说：亚里士多德和赫尔米亚一起度过了 3 年，当欧布罗斯在雅典执政时（前 345 —前 344 年）

他去了米提利尼;在皮索多鲁执政时(前343—前342年)他来到马其顿王腓力的宫廷担任亚历山大的教师8年。在腓力去世后厄纹涅图执政时(前335—前334年)他回到雅典创立吕克昂学院。①

杜林根据其他一些资料对此作了比较明确的叙述:亚里士多德由于以德谟斯提尼为首的反马其顿党掌权和柏拉图的去世,于公元前347年去到小亚细亚的阿塔纽斯,公元前345/前344年移居米提利尼,公元前343/前342年作为亚历山大的教师去弥札。在这期间他曾回故乡斯塔吉拉去过,具体时间不详。公元前341/前340年赫尔米亚被波斯派往征服小亚细亚的将领门托尔诱杀。公元前340/前339年腓力二世赴拜占庭,马其顿由他的儿子亚历山大摄政。公元前339/前338年斯彪西波去世,亚里士多德被提名为学园的领导,但色诺克拉底由投票选举当选。公元前336/前335年腓力二世被弑,亚历山大继位;次年底比斯被亚历山大摧毁,亚里士多德于是年返回雅典执教于吕克昂学院。② 对这些记载要说明几个问题:

亚里士多德离开雅典是由于柏拉图死后斯彪西波继承执掌学园。当时斯彪西波已经60岁,而亚里士多德才37岁,从年龄说由斯彪西波继承不应成为大问题;但是亚里士多德和斯彪西波之间在学术观点上一直存在重大分歧,可能这是亚里士多德以及色诺克拉底等离开学园的主要原因。促使亚里士多德离开雅典的除了学术原因外还有政治方面的原因,因为他的家庭和马其顿王室关系密切,所以亚里士多德成为雅典反马其顿党的攻击目标,当反马其顿党在雅典得势时他就很难在雅典立足。这点对亚里士多德后来生活影响很大。

亚里士多德为什么接受赫尔米亚的邀请去到小亚细亚?根据古代资料和近代学者的考证,赫尔米亚出身低贱,有人说他在致富后以大量钱财贿赂波斯人(当时小亚细亚一带都在波斯帝国控制之下)获得政治地位,陆续以武力占有大片土地,成为阿塔纽斯和阿索斯的僭主。有人说赫尔米亚和亚里士多德的家属有关系,说是他的监护人普洛克塞努的同乡和朋友。也有人说赫尔米

---

① 参见克鲁斯特:《亚里士多德生平和佚著新解》第1卷,第16页。

② 参见杜林:《古代传记传统中的亚里士多德》,第249—250页。

亚曾在柏拉图学园学习过,和亚里士多德结下了友谊,所以邀请他去。在此之前柏拉图有两个学生厄拉斯图和科里司库已经应邀去到那里帮助赫尔米亚改革政治制定法律,这是柏拉图经常派遣学园门徒去各城邦担负的任务。现存柏拉图书信的第六封信就是写给赫尔米亚和他的这两位学生的,他在信中说厄拉斯图和科里司库一直和他自己生活在一起,虽然有高尚的智慧却缺少自我防御的能力;对赫尔米亚虽然没有见过,但知道他有丰富的实践经验和强有力的才能。柏拉图谆谆教导他们一定要看到这种相得益彰的优势,将友谊的纽带牢固地坚守下去决不能有所松懈。柏拉图说:"只有这样我们才会成功。"由此可见亚里士多德接受赫尔米亚的邀请不是没有道理的,可以说是继承了柏拉图的遗愿。也有记载说由于他们的努力,赫尔米亚的僭主独裁政制转变为较温和形式的宪政,但这场政治改革大概是在亚里士多德来到以前完成的。

古代有的记载说,亚里士多德和色诺克拉底等来到小亚细亚受到赫尔米亚的热烈欢迎,将他们和厄拉斯图、科里司库一起安置在阿索斯城,为他们建立了一所类似雅典的学园那样的研究和讲学的场所。据说赫尔米亚自己也常来听课并和他们讨论哲学和数学问题,阿索斯成为当时雅典以外的另一个"柏拉图圈子"。但有些学者不同意亚里士多德在阿索斯曾有学校的意见,杜林认为赫尔米亚只是为亚里士多德等"提供了居所"而不是"建立了学校",这是将古文误读了。[①] 赫尔米亚和亚里士多德的关系很好,将自己的甥女或养女皮提娅斯许给亚里士多德为妻。有记载说亚里士多德出任亚历山大王子的教师也是由赫尔米亚推荐的。公元前341年赫尔米亚被波斯人俘虏杀害,他死前的遗言是:"请告诉我的朋友,我没有屈服,没有做有损于哲学的事情。"后来亚里士多德为了纪念他,在德尔斐神庙中为他塑像并写了铭文,这篇韵文保留在第欧根尼·拉尔修的"亚里士多德传"(第7—8节)中。以后当亚历山大大帝去世后,雅典城内反马其顿派驱逐亚里士多德时,指责他的罪名中就有说亚里士多德在这首诗中将坏人赫尔米亚和希腊的英雄神赫拉克勒、阿喀琉

---

① 参见杜林:《古代传记传统中的亚里士多德》,第276页。

斯等并列,是犯了渎神罪。

公元前 344 年亚里士多德从阿索斯迁居米提利尼,这是和阿塔纽斯、阿索斯隔海相望的列斯堡岛的首府。亚里士多德所以移居这里可能和他的学生塞奥弗拉斯特有关。塞奥弗拉斯特是列斯堡人,后来一直追随亚里士多德,在亚里士多德以后成为吕克昂学院的继承人。

公元前 343—前 342 年马其顿王腓力二世邀请亚里士多德担任王子亚历山大的教师,当时亚历山大才 13 岁;他 20 岁时便继承王位,亚里士多德担任他的教师约 8 年。但在亚历山大 16 岁时由于腓力赴拜占庭,留亚历山大在国内摄政,很有成绩,所以他的学习是时有中断的。亚里士多德对他进行了哪些教育,传授过什么课程,都缺乏资料记载。

亚里士多德在马其顿宫廷期间曾参与一些政治活动,克鲁斯特在其著作中收集了一些资料,主要有:公元前 335/前 334 年希腊诸城邦反抗马其顿的统治被镇压后,由于亚里士多德的斡旋,雅典才免遭毁灭,因此雅典人曾计划为亚里士多德立碑铭以感谢其功绩。此外亚里士多德由于他的故乡斯塔吉拉城已遭毁坏,他请求腓力重新修建斯塔吉拉及附近几个城市。

亚里士多德在这 12 年漫游时期所进行的学术活动,现在被公认为比较有把握的是他作了大量动物学研究,收集标本作了许多观察记录,详细记载在他的《动物志》中。近现代学者研究指出:在《动物志》中提到的有些动物是生长在爱琴海东岸小亚细亚列斯堡岛附近海域以及爱琴海西北部马其顿宫廷所在地佩拉沿海一带的。《动物志》一书的英文译者汤普逊(D. W. Thompson)在"译序"中指出书中提到的属于这些地区的动物以后说:"我以为这些情况表明亚里士多德的自然研究主要是在中年时期即他的两次雅典居留之间进行的。佩拉的平静的内陆礁湖是他心爱的猎场之一,而他一生最后在优卑亚岛的短暂停留在他的动物学著作中没有留下任何印记。这种情况表明亚里士多德研究自然的著作先于他更为严格的哲学著作。由此我们可以合乎情理地根据前者解释后者。要记住斯彪西波也是一位自然学家,他有关于鱼和甲壳类动物的著作。我们可以猜测这种自然研究作为改变柏拉图学说的原因并不是无足挂齿的。这一点在亚里士多德和后期学园是相似的,尽管不完全一样。"①汤普逊的这个观点受到学术界的普遍重视,即认为亚里士多德(后期柏拉图学园中斯彪西波也有相似情况)以对自然界进行考察,收集和分析大量经验事实作出理论结论,从而修正了柏拉图原来那种主要出于抽象思辨甚至带有某些诗意的自然学说(主要表现在他的《蒂迈欧篇》中)。因此亚里士多德哲学比柏拉图哲学更带有浓厚的经验论成分。汤普逊认为亚里士多德思想的这种转化可能是由这段漫游时期的动物研究促成的,可以说这段时期的研究对亚里士多德思想的转化起过重要的作用。

### 四 吕克昂学院时期

公元前 336 年马其顿王腓力二世被暗杀,他的儿子亚历山大继承王位。他迅速平定希腊等地的叛乱以后,立即挥师东向举行史无前例的远征。亚里士多德于公元前 335—前 334 年重返已处于马其顿统治下的雅典,创立吕克昂学院,在这里从事教学和研究工作十二三年,是他在学术活动中的鼎盛时期。公元前 323 年亚历山大大帝去世,雅典发生反马其顿运动,亚里士多德被迫离开雅典,渡海到优卑亚岛他母亲的故乡居住。在这段时间内他主要的活动是创建吕克昂学院,从事教学和研究工作,写下了许多学术著作。

吕克昂(Lyceum)在雅典城东北郊,和柏拉图学园所在地阿卡德摩相距不远。柏拉图《吕西斯篇》开始时说:我走在城墙外的路上,从阿卡德摩走向吕克昂,在通向帕诺伯泉的门口遇到希罗尼谟的儿子希波泰勒。(203A)吕克昂原是供奉吕克欧斯的阿波罗(Appollo Lyceius)神和缪斯女神的神庙所在地,有一片丛林。亚里士多德在这里盖了一些建筑物,其中有一所有顶盖的院子叫 Peripatos,这所学校因此叫 Peripatekos。但从古以来人们便说所以取这个名称是因为亚里士多德经常在这里和学生们一起散步共同讨论哲学问题;第欧根尼·拉尔修甚至说是亚历山大大帝在患病修养期间到这里和亚里士多德一起散步讨论而得名的。亚里士多德的学院及其学派因此被称为 Peripatetic

---

① 《亚里士多德著作集》第 4 卷,牛津英译本,第 vii 页。

School,过去一般译为"逍遥学派",看来还是吴寿彭、苗力田译为"漫步学派"比较恰当。吕克昂的建筑相当巨大,除了教学和生活场所外还有图书馆和博物馆这样的建筑。古代记载说这是由他的学生提供了 800 塔兰特(古希腊重量单位,一塔兰特相当于 38.86 公斤)银币资助建成的,有的记载说这是由亚历山大大帝提供的。

吕克昂的教学和研究活动大体和柏拉图的学园相似,它既是进行教学的学校又是研究机构。它有一套管理的规章制度,据说有一个负责管理的委员会,每 10 天选出一个人主持吕克昂的日常工作,还有每月定期举行的共餐会。

亚里士多德这次来到雅典享有盛誉。据乌赛比阿的阿拉伯文亚里士多德传记记载:由于亚里士多德的斡旋使雅典免遭马其顿的毁灭性的打击,雅典人集会通过为他树立纪念碑,建在城内高处即卫城上,以颂扬亚里士多德对雅典人民的贡献,为了他们的利益而和腓力王斡旋,对城邦作了出色的贡献。各种古代记载为亚里士多德树碑致敬的事件有四次:由腓力二世为他在故乡树立塑像,由安斐克提昂同盟(Amphictianic League,是为争夺德尔斐神庙控制权而结成的同盟)为他在德尔斐神庙中树立的荣誉碑铭,由雅典人为感谢他的斡旋而树立的碑铭,以及在他死后由斯塔吉拉人在其故乡为他树立的碑铭。

世界历史上第一所私人图书馆可能是在吕克昂建立的。亚里士多德十分注意收藏各种图书资料,据说他用 3 塔兰特银币收购斯彪西波的著作。所以亚里士多德在他的著作中能经常旁征博引记述别人的著作。吕克昂的藏书最后流入亚历山大里亚城,成为该地著名的庞大图书馆藏书的基础。吕克昂又拥有规模相当大的博物馆或资料中心,古代记载亚历山大东征时命令他的部属将在各地收集到的物产资料送给亚里士多德参考,所以亚里士多德在他的动物著作中能谈到诸如印度大象的生活习性等等。这些优越的研究条件加上亚里士多德本人日益高涨的声望,吕克昂学院的学术地位实际上已经超过当时由色诺克拉底执掌的柏拉图学园。文德尔班正确地指出:"吕克昂就其博学宝库的丰富说,已经超过学园,成为当时希腊的文化中心。"①

---

① 文德尔班:《古代哲学史》,第 241 页。

在吕克昂内围绕在亚里士多德周围的学生和朋友中有一些学有专长的学者,主要是他的学生和事业继承人塞奥弗拉斯特,他除了在形而上学、伦理学、自然哲学等方面继承和发展亚里士多德的学说外,还是一位杰出的植物学家;欧德谟斯是一位科学史特别是数学、几何学和天文学方面的专家,曼浓是一位医学专家,等等。

亚里士多德的教学活动通常是每天上午率领一些有学问的朋友和学生一道漫步,讨论一些深刻的学术问题,称为 akroterion,可以译为深奥的或秘传的学说;下午则在柱廊对广大的初学者和旁听者作公开讲演,称为 exoterikos,可以译为通俗的或公开的学说。他的著作也可以分为这样两类,策勒认为《论题篇》和《政治学》等属于 exoterikos,而《形而上学》和《物理学》等则属于 akroterion。① 也有学者认为亚里士多德生前写定并公开发表的著作属于 exoterikos,而他生前留下未曾公开的那些讲稿笔记经后人编纂成书的那些著作属于 akroterion。现在要确定哪些著作属于 exoterikos,哪些著作属于 akroterion 是困难的。而要确定哪些著作是亚里士多德在吕克昂时期写的和哪些著作是在此以前或以后写的也同样是困难的。但可以确定的是:吕克昂时期是亚里士多德的学术观点已经成熟,也是他专心研究各种学术问题并有丰富的收获,写下许多著作的时期,因此学者们常将他的成熟的著作归于这段时期。

亚里士多德十分重视资料的收集和研究工作,他亲自参加这类工作,现在知道的有三项:

最重要的是他派遣许多学生到许多希腊城邦去收集该地政治制度和历史的变迁情况,加以整理,据说有 158 种之多。原来全都佚失,但 1880 年在埃及沙漠中发现两页破损的纸草,经学者鉴定就是所有政制中最重要的一部——《雅典政制》古代一个抄本中的部分;10 年以后又在英国不列颠博物馆从埃及得到的古代纸草卷中发现了四页几乎包括全文的抄本,经学者整理成现在流传的《雅典政制》。它从公元前 600 年开始一直记述到公元前 400 年以后雅典实行的民主制度,是研究雅典历史和政治的可靠根据。亚里士多德收集诸城

---

① 参见策勒:《亚里士多德和早期漫步学派》,第 111—112 页。

邦的政制是为他的政治学研究提供资料。我们今天既可以看到《雅典政制》那样详实记载的史料,也可以看到《政治学》那样卓识的理论分析和概括,便可以想见亚里士多德的理论著作都是在占有大量资料经过细致钻研才精心写成的。

1895 年在雅典西北方的德尔斐神庙遗址中发掘出向亚里士多德致敬的碑铭,记载德尔斐人颂扬亚里士多德及其外甥或侄子卡利斯赛尼,由于他们收集了"皮提亚(Pythia,德尔斐神庙中降神谕的女祭司)赛会"历届获奖者的完整名单。据估算书板上的文字达 6 万字左右,是研究古代文化史的重要资料,这项工作大约完成于公元前 335/前 334 年。

另一项研究是关于大狄奥尼修(希腊酒神,雅典为他举行盛大的戏剧演出)庆典竞争者的,是详尽的雅典戏剧演出情况的记录。这项研究成为日后亚历山大里亚时期文学史家研究古代剧院史时的编年框架,是研究希腊文学史的重要资料。这项工作可能也是亚里士多德在雅典的晚期完成的。

### 五　晚年时期

公元前 323 年亚历山大大帝去世,亚里士多德被迫离开雅典,去到他母亲的故乡优卑亚岛的卡尔西斯居住,第二年因病逝世。

亚里士多德被迫离开雅典主要是因为他和马其顿的关系,他的家族和马其顿王室世代相交,他自己又是亚历山大大帝的老师。但是他和亚历山大的关系在历史上一直有各种不同的说法:说亚历山大大帝曾经在经济上支援他创建吕克昂学院,以及在东征期间命令部属为他提供研究资料,这是为较多学者认同的。普卢塔克有一段记载,说亚历山大不仅从亚里士多德学习道德和人文学说,还学习了别的深奥秘传的学问。当他东征亚细亚时期听说亚里士多德将这些学说公开了,就写信给他说:"亚历山大向亚里士多德致意,您将这些深奥的学说公开并不好,因为那是您秘密传授给我们的;如果向大众公开了,我们如何能胜过别人呢? 要知道我宁愿在知识上而不是在权力上胜过别人。再见。"亚里士多德幽默地回答说:这些著作公开了却还没有公开,因为老实说除了亚里士多德和他的学生们外,所有被称为形而上学的著作无论对任何人都不是明白有用的工具，不管是由他自己去寻求理解或是由别人教他。① 在现存亚里士多德著作中有两个短篇《论宇宙》和《亚历山大修辞学》，据说是亚里士多德为亚历山大写的，可能是教材，但经过考证多数学者认为是后人的伪作。亚里士多德的著作中只有在《家政学》中有一处（1352a29）提到亚历山大命令在法罗斯附近建造城市。在第欧根尼·拉尔修记载的亚里士多德书目中有《亚历山大或为殖民辩》和《论王制》以及《致亚历山大书信》4卷等，均早已失传。后来亚里士多德学派的著作中对亚历山大往往采取贬抑的态度称他为"暴君"，这也可能与当时的历史情况有关。

但是亚里士多德和亚历山大在政治上发生的关系，在古代记载中却还是有蛛丝马迹可寻的。亚历山大出发远征时将后方——马其顿和希腊交给部下大将安提帕特镇守。当腓力二世被刺身亡马其顿宫廷内部发生争斗时，正是安提帕特等将领竭力拥立亚历山大为王，从而深得亚历山大的信任。安提帕特和亚里士多德的私人交情很好，亚里士多德在雅典时期的生活以及建立吕克昂学院等活动当然会得到这位当时当地的最高统治者的庇护，亚里士多德最后在遗嘱中还指定安提帕特为他的遗嘱执行人。据古代记载说使亚里士多德和亚历山大发生裂痕的原因是：亚里士多德将一个一直追随他的学生（有的记载说是他的外甥或侄子，也就是和他一起整理德尔斐神庙的皮提亚赛会获奖名单的人）卡利斯赛尼推荐给亚历山大大帝，在他的部下任职。卡利斯赛尼骄傲自大，常因说话得罪了许多人，也得罪了亚历山大大帝本人。他的同僚乘机在大帝前攻击他，说他参与了谋杀亚历山大的阴谋，因而被处死。第欧根尼·拉尔修的记载说：亚里士多德曾经警告过卡利斯赛尼，说："我的孩子，由于你爱多嘴，我想你将短命。"并说卡利斯赛尼被囚在铁笼中，最后被掷给狮子丧生的。② 因此亚历山大对亚里士多德也产生了怀疑与隔阂。亚里士多德本来是主要依靠安提帕特庇护的，而当时在亚历山大和安提帕特之间也已经产生了矛盾。公元前323年亚历山大大帝正在巴比伦准备作更大规模的远

---

① 转引自杜林：《古代传记传统中的亚里士多德》，第284页。
② 参见第欧根尼·拉尔修：《著名哲学家的生平和学说》第5卷，第5节。

征时突然去世。关于他的死有各种传说,有说他是病死的,有说是被毒害死的,甚至有说他是自杀的。公元前2世纪的阿里安写的《亚历山大远征记》在记载了亚历山大在病榻上去世的详情后说:"关于亚历山大的死我知道还有人记述了许多其他细节,例如有人说安提帕特曾送给亚历山大一服药,亚历山大服用以后才死的,还说这服药是亚里士多德为安提帕特配置的,这是因为卡利斯赛尼死后亚里士多德害怕亚历山大……"但阿里安最后也承认"这些事情不一定可靠"。① 阿里安的著作主要根据亚历山大麾下著名大将托勒密的记载;亚历山大的主要将领如托勒密和安提帕特等人之间的矛盾十分尖锐,亚历山大大帝死后立即发生争权斗争,刚建立的亚历山大帝国立即分裂。

亚里士多德虽然被卷进马其顿内部的斗争之中,但在雅典人看来他还是和马其顿关系密切并受马其顿势力庇护的人。所以在亚历山大大帝去世的消息传到雅典后,以德谟斯提尼为首的反马其顿党人立即发起要和安提帕特作战以解放希腊的运动。他们将矛头指向亚里士多德,由祭司欧律米顿出面借口亚里士多德在铭辞中将坏人赫尔米亚和希腊的英雄神并列,从而犯了渎神罪,控诉亚里士多德。亚里士多德为了不让雅典人重犯处死苏格拉底那样的冒渎哲学的罪行,离开雅典去到优卑亚岛上的卡尔塞斯,让他的学生塞奥弗拉斯特留在雅典继续主持吕克昂学院。

亚里士多德来到卡尔塞斯,这里是他母亲的故乡,有她留下的房产作为她儿子的最后栖息所。亚里士多德只和家属住在一起,他的妻子皮提娅斯早已去世,给他留下一个女儿也叫皮提娅斯。亚里士多德后来和一个女人赫尔庇利斯同居,她为他生了一个儿子叫尼各马科,和祖父同名。他们在等待亚里士多德少年时代的监护人普洛克塞努的儿子尼肯诺到来和女儿皮提娅斯结婚。他们家里有一些仆人和奴隶。亚里士多德在这里生活的时间很短,第二年便因病去世,享年63岁。

第欧根尼·拉尔修的书中记载了一份据说是亚里士多德的遗嘱。在亚里士多德的著作中从未有谈到过他自己的生活情况,这份遗嘱给我们提供了窥

---

① 阿里安:《亚历山大远征记》第7卷,中译本,第27节,第256页。

视这位伟大哲人晚年的生活和心情的窗口。试译如下:

万事如意,不过任何情况都是会发生的,亚里士多德特作如下安排:安提帕特将是一切事情的总执行人。在尼肯诺到来以前,阿里司托美涅、提玛库斯、希帕库斯、狄奥泰勒斯①以及塞奥弗拉斯特(如果他愿意并且环境也允许的话)将负起照料赫尔庇利斯、孩子们和财产的责任。女儿长大时可以和尼肯诺结婚;但如果在结婚前或婚后有孩子前她遇到任何事情,(但愿不要发生!)尼肯诺可以全权处理孩子们以及对他自己和与我们的财产有关的一切事情,他可以作为父亲和兄弟那样照顾我的女儿和儿子尼各马科。如果尼肯诺发生任何事情,无论是在他和我女儿结婚以前或是结婚后有孩子以前,他所做的任何安排都是有效的。但如果塞奥弗拉斯特愿意和我女儿一起生活,他有和尼肯诺同样的权利。不然的话,遗嘱执行人可以和安提帕特商量作出对我女儿和儿子的最好安排。遗嘱执行人要想到我的以及赫尔庇利斯对我的深厚感情,应该在各方面好好照顾她。如果她希望再婚,就给她找一位不是没有价值的男人,并在她已经接受的财产外再给她一塔兰特银子,在她现有的一个女仆和一个男仆外再由她任选三个女仆。如果她选择居住在卡尔塞斯,就给她花园边上的房屋;如果她选择斯塔吉拉,就给她我父亲的房子。无论她选择哪一处房子,遗嘱执行人都应该为她装备合适的家具让她满意。尼肯诺将以合适的方式照顾密尔美克斯这个奴隶,将他送回他自己的朋友那里去,并付给他适当的回报。应该给昂伯拉西斯自由,在我女儿婚礼时她应得到500德拉克玛(当时币制是1塔兰特等于6000德拉克玛)和她现有的女仆。对于泰勒,除了她现有的女仆外,还要给她1000德拉克玛和一个女仆。而西蒙,在已经给他买一个仆人的钱外还要再为他买一个仆人或是再给他一笔钱。提柯、斐洛、奥林皮乌斯和他们的孩子,在我女儿结婚时都应得到自由。所有待候过我的仆人都不应出卖,要继续使用,当他们达到一定年龄时应按他们应得的给他们以自由。我的遗嘱执行人要注

---

① 这几个人都是亚里士多德的学生和朋友。

意,当委托格律莱翁建造的像完成时要将它们树立起来,那是普洛克塞努的和尼肯诺的,这是我要建立的;还有为尼肯诺的母亲建立的,以及为阿里涅斯图①已经制好的胸像,因为他去世时没有孩子。他们应该将我母亲的像献给涅美亚或其他他们认为最好地方的德美特耳(希腊的农业和丰产女神)。无论他们将我葬在哪里,应该和皮提娅斯的遗骸埋在一起,这是她自己的遗愿。为了祈祷尼肯诺平安归来,按照我为他许下的誓言,应该在斯塔吉拉树立和真人一样大小的雕像献给救主宙斯和雅典娜。②

这份遗嘱的真实性是有人怀疑的,但这是我们现在所有的唯一材料,可以从中看到亚里士多德的个人生活和他的品德,看到他对妻子、儿女、母亲、兄弟姐妹、监护人以及奴仆们的那种充满人情味的感情。

## 第三节　亚里士多德的著作及其历史命运

在古希腊哲学家中亚里士多德的著作可能是最多的,其中许多已经佚失,我们现在能看到的还有 46 种,外加 19 世纪 80 年代新发现的《雅典政制》。1830—1870 年由德国柏林研究院校印的《亚里士多德著作集》(*Aristoteles Opera*,又称贝刻尔 I.Bekker 本)第 1、2 卷希腊文本是一般公认的标准本,它的页码和行次是一般学术著作通常引用的。以下是亚里士多德著作的名称(西方对亚里士多德著作一般用拉丁文译名,中文译名按苗力田中译《亚里士多德全集》的译法)及贝刻尔本的页码:

1.《范畴篇》*Categoriae*　　　　　　　　　　　　　1—15

2.《解释篇》*De Interpretatione*　　　　　　　　　16—24

3.《前分析篇》*Analytica Priora*(2 卷)　　　　　24—70

4.《后分析篇》*Analytica Posteriora*(2 卷)　　　71—100

---

① 他是亚里士多德的兄弟。

② 第欧根尼·拉尔修:《著名哲学家的生平和学说》第 5 卷,第 11—16 节。

31.《机械学》*Mechanica*         847—859

32.《问题集》*Problemta*（38 卷）         859—967

33.《论不可分割的线》*De Lineis Insecabilibus*         968—972

34.《论风的方位和名称》*Ventorum Situs et Appellationes*         973

35.《论麦里梭、塞诺芬尼和高尔吉亚》*De Melisso,*

    *Xenophane,Gorgia*         974—980

36.《形而上学》*Metaphysica*（14 卷）         980—1093

37.《尼各马科伦理学》*Ethica Nicomacheia*（10 卷）     1094—1181

38.《大伦理学》*Magna Moralia*（2 卷）         1181—1213

39.《欧德谟伦理学》*Ethica Eudemia*（8 卷）         1214—1249

40.《论善和恶》*De Virtutibus et Vitiis*         1249—1251

41.《政治学》*Politica*（8 卷）         1252—1342

42.《家政学》（《经济学》）*Oeconomica*（2 卷）     1343—1353

43.《修辞术》*Rhetorica*（3 卷）         1354—1420

44.《亚历山大修辞学》*De Rhetorica ad Alexandrum*     1420—1447

45.《诗论》*De Poetica*         1447—1462

46.《雅典政制》*Atheniensium Respublica*

此外还有从古代有关著作中辑录的《残篇》。

    我们现在看到的这些亚里士多德的著作是经过两千多年来复杂的历史演变过程流传下来的,它和古代流传的亚里士多德的著作有很大不同。古代记录的亚里士多德书目不只一种,据说公元前 1 世纪安德罗尼柯在编纂亚里士多德遗稿时就编了一份亚里士多德的著作目录,有人说是赫尔米波斯编的,已经佚失了。现在我们能看到的亚里士多德著作目录有三种,最早是公元 3 世纪第欧根尼·拉尔修在《著名哲学家的生平和学说》第 5 卷亚里士多德传中提供的著作目录（第 22—27 节）①;第二种是 Menagius 的匿名者、据认为是米利都人赫叙奇（约公元 500 年）在《亚里士多德传》中提供的;第三种是阿拉伯

---

① 这份目录在苗力田的《亚里士多德全集》中译本第 10 卷中全部译出。

文的,原来附在《托勒密传》中。后两种均见于 Rose 和 Heitz 编的《亚里士多德残篇》(1863 年),在巴恩斯(J.Barnes)主持的牛津英译《亚里士多德著作集》的普林斯顿修订版的《残篇》中收有这三种书目,但在后两种书目中删去和第一种重复的部分。现在将这三种书目和现存著作目录作些比较。

第欧根尼·拉尔修的书目共列举 150 种书名,约 400 卷 445 270 行,数量是惊人的。主要有以下几类:

1. 大约是早期模仿柏拉图的著作,主题相同甚至篇名也是相同的,如《论正义》、《论诗》、《论哲学》、《政治家》、《智者》、《会饮》等。

2. 有关逻辑的,如《演绎》、《范畴》、《前分析》、《大后分析》、《论题》、《命题》、《省略推论》、《辩驳》等。

3. 对哲学家的评述,有《驳麦里梭》、《驳毕泰戈拉学派》、《驳高尔吉亚》、《驳塞诺芬尼》、《驳芝诺》、《论阿尔基塔哲学》、《论斯彪西波和色诺克拉底的哲学》等。

4. 哲学摘要,有柏拉图的《法篇》、《国家篇》、《蒂迈欧篇》的摘要。

5. 有关物理学的,有《论自然》、《论运动》等及《物理学》38 卷。

6. 有关心理学的,有《论灵魂》、《论记忆》等。

7. 有关动物学的,有《动物学》、《解剖学》、《论动物的构成》、《神异的动物》等。

8. 其他自然学科,有《数学》、《医学》、《植物学》、《星象学》、《论磁体》、《光学》等。

9. 有关伦理学的,有《伦理学》5 卷、《论幸福》、《关于品德的命题》、《论爱》、《论友谊》等。

10. 有关政治学的,有《政治学讲义》8 卷、《政治学》2 卷、《法篇》等。

11. 有关艺术的,有《论诗的技艺》、《论悲剧》、《论音乐》、《技艺篇》等。

12. 关于问题的,有《论问题》、《问题续集》、《荷马问题》、《德谟克利特问题》等。

13. 值得注意的是在这份书目中没有直接讨论形而上学的主要问题如论神、论第一哲学、论本体的,但有些著作是和形而上学有关的,如《论至善》、

《论相》(*Idea*)、《论属和种》、《论知识》、《论本原》、《论相反》、《对定义的论题》等。

14. 除以上这些学术性著作外还有一些资料汇集,最重要的是 158 种城邦政制,还有《奥林匹亚获胜者名录》、《皮提亚获胜者名录》、《狄奥尼修剧赛获胜者名录》。

15. 书信,主要有《致腓力书》、《致亚历山大书》4 封、《致安提帕特书》9 封。

从以上不完全的列举中已经可以看出亚里士多德著述方面之广,在哲学家中几乎是无与伦比的,他真不愧有"最博学的人"和"百科全书式的哲学家"的称号。

在第二种书目中出现了一些重要的著作,如《形而上学》10 卷、《智者的辩驳》、《物理学讲演》16 卷、《生成和消灭》、《气象学》、《论灵魂》3 卷、《动物志》、《论动物的构成》、《论动物的运动》、《论动物的生成》、《尼各马科伦理学》等我们现在见到的书名;此外还有《论数学的本质》、《论时间》、《论差异》、《论世界的生成》、《论人的本性》以及《论尼罗河水的上升》、《罗马习惯》、《外邦习惯集成》、《论夫妻的共同生活》、《男人和女人的法律》等。

在第三种书目中增加的有:《论不可分割的线》、《大伦理学》、《论天体和宇宙》、《论感觉及其对象》、《论记忆和睡眠》、《论生命的长短》等我们现在见到的书名,此外还有《质料问题》、《柏拉图的划分》、《假设的划分》、《论知觉》、《论摄生》、《论耕作》、《论潮湿》、《论干燥》等。

为什么在这三种书目彼此之间以及它们和现存书目之间出现这么多的不同? 这就要从亚里士多德的著作,从他的思想在这两千多年的不同时期所遭遇的反复起伏的历史过程来说明了。以下分古希腊罗马时期、中世纪和近现代三个阶段概述它的历史命运。

## 一　古希腊罗马时期

从古代起一直流传一个故事,最早是斯特拉波(约前 63—21 年)在《历史纲要》第 13 卷第 54 节中说的,普卢塔克(约 40—120 年)在《苏拉传》第 26 节中也讲到,说是亚里士多德的继承人塞奥弗拉斯特于公元前 288 年逝世前将亚里士多德和他自己的著作交给他的同事吕克昂学院的图书馆负责人奈琉斯带回他在小亚细亚的故乡斯凯帕西斯,后来为了避免国王向民间收缴书籍,就藏在他的地窟中一百多年,才被哲学家提奥斯的阿培利柯在霉烂的情况下发现了,将它们带回雅典。公元前 86 年被罗马暴君苏拉作为战利品带到罗马,交由吕克昂学院的第十一任主持人安德罗尼柯和文法学家堤兰尼俄加以整理编纂并发表。为此安德罗尼柯还写了 5 卷著作说明亚里士多德著作的先后次序并讨论它们的真伪,这大约是公元前 40 年在他担任漫步学派首脑后不久。现在由安德罗尼柯编定的亚里士多德著作的原书及目录都已佚失,他写的著作也只留下一些残篇。

由于这个故事,后来有些学者推论说:亚里士多德的主要著作埋藏在地窟里一百多年,漫步学派在塞奥弗拉斯特死后这段时间内并不知道亚里士多德的主要著作及其哲学体系。近现代学者对这种说法表示怀疑。策勒在《希腊哲学》第 2 卷(即英译《亚里士多德和早期漫步学派》)中曾专门写了一章(第 3 章)讨论这个问题。他承认塞奥弗拉斯特通过奈琉斯将亚里士多德的手稿最后藏在地窟里,被阿培利柯所发现,大概是真的;他也肯定由安德罗尼柯编纂亚里士多德的遗稿对于保存原著和研究亚里士多德的思想具有时代的重要性,这也是没有问题的;但是他怀疑,是不是在此以前漫步学派根本不知道有这些著作,因而这是对亚里士多德这些主要著作和思想的崭新发现?他承认在塞奥弗拉斯特死后漫步学派确实从自然哲学和形而上学逐渐转向专注于伦理学和修辞学的研究,但他认为这个变化是在塞奥弗拉斯特的继承人斯特拉托死(前 269 年)后才发生的,不能说是由于他们完全丧失了亚里士多德的主要著作才发生这种变化。策勒说,谁能相信亚里士多德的重要著作除了由奈琉斯保存的以外没有其他抄本存在?比如最忠实于亚里士多德的学生欧德谟斯的伦理学和物理学著作不仅模仿亚里士多德著作的题目,而且模仿它的内容,甚至在文字和思想线索上都很接近。还有公元前 3 世纪的斯多亚学派的克律西波的逻辑和物理著作都很接近亚里士多德,有明显证据说明他是看到过亚里士多德的原文的。还有许多证据可以说明从塞奥弗拉斯特去世到雅典被苏拉占领,这两个世纪中学者对亚里士多德的主要著作并不是一无所知的,当时还有其他许多手抄本存在。策勒认为不管亚里士多德有没有公开发表他的严格的学术论著,它们仍是这个学派的教科书,被它的成员们所使用。他们彼此引用的许多章节可以证明,它们不仅被学生们阅读,而且被他们严密地研究比较,说明有许多复本被保存和抄录。①

我们知道,在中国的印刷术传入西方以前,西方的任何著作都只能以抄本形式流传。亚里士多德的著作无论在他生前或死后都会有许多抄本在他的学生和一般读者中流传,这是没有问题的,成问题的是哪一类著作在哪些读者中流传? 前面讲过亚里士多德有两类著作和学说,一类是公开发表的通俗性著作 exoterikos,其中包括亚里士多德早期在学园中模仿柏拉图对话的作品以及其他许多著作,是由亚里士多德亲自写定,论证严密,文字优美流畅,被西塞罗誉为"金子般的作品",是当时在希腊罗马各地广泛流传的。另一类是亚里士多德和他亲近的学生与朋友讲授和讨论的深奥的学说 akroaterion,是他不准备公开发表,所以是秘传的学说,是亚里士多德尚未最后定稿的著作,它们往往以讲稿、笔记和学生们的记录形式存在;亚里士多德生前还在不断修改,有所增补和删节,因而出现前后重复或矛盾不一致的地方。在现存著作中《形而上学》出现这种情况最为明显,其他有些重要著作也有类似情况,是许多亚里士多德学者要费力讨论解决的问题。古代被藏在地窟中后来由安德罗尼柯编定的当然是后一类而不是前一类作品。虽然如策勒指出的,即使是这类秘传学说,难道只有藏在地窟中的这一份抄本? 在漫步学派内部亚里士多德的学生们手上可能有其他抄本,其中有些本来就是学生们听课的笔记。但这类抄本的数量是极少的,它们只在少数人中流传而不为广大读者所知悉。在安德罗尼柯以后三百年才出现的第欧根尼·拉尔修的书目中居然没有《形而上学》,就可以说明这种情况的严重。即使是在雅典受过哲学教育的罗马著名作家西塞罗(前106—前43年),他学问渊博,但他提到的亚里士多德著作主要也只限于那些早期对话以及《修辞学》、《论题篇》等,他大约没有看到现存

① 参见策勒:《亚里士多德和早期漫步学派》第1卷,第137—143页。

的许多亚里士多德的重要著作。

亚里士多德去世以后，对他的学说的研究在吕克昂学院内部就逐渐发生变化。他的学生和继承人塞奥弗拉斯特撰写过有关伦理学、形而上学和逻辑学的著作。其他嫡传弟子如欧德谟斯曾和塞奥弗拉斯特一起研究整理过亚里士多德的哲学，他主要从事科学史和文化史的研究，撰写过有关算术史、几何学史和天文学史的著作，还有亚里士多德《物理学》的注释。阿里司托森从事自然学科、心理学、数学、伦理学和历史等的研究，是最早的音乐理论权威，著有《论音乐》《论旋律》等著作。狄凯亚尔库修正过亚里士多德的灵魂学说，主要致力于各种专门学科包括文学史、音乐史、传记、政治学、地理学等的研究，他所写《希腊生活》是到当时为止的希腊文化史著作。这些学生虽然没有放弃哲学的研究，但主要却致力于其他各门专门学科了。继塞奥弗拉斯特之后主持吕克昂学院的斯特拉托吸收德谟克利特的原子论学说重新解释亚里士多德的思想，并致力于伦理学、逻辑学及其他自然学科的研究；他曾担任过埃及国王托勒密二世（前288—前269年）的老师。正是这位托勒密二世将吕克昂的藏书收购运往亚历山大里亚城，使它成为希腊化时代的文化中心，代替原来雅典的地位。继斯特拉托之后主持吕克昂学院的是吕孔，他领导学院长达半个世纪（约前269—前225年），他主要从事伦理学和修辞学的研究。从这时开始，吕克昂学院就不重视亚里士多德的哲学形而上学的研究，而只偏重于伦理学和修辞学了。

也正是这段时期由于晚期希腊的社会生活发生了重大的变化（本书第四卷将重点论述），促使哲学上的关注点转向修辞学和逻辑学，尤其是伦理学的研究。在这段时间内亚里士多德的哲学在希腊罗马的影响远远不如柏拉图哲学，柏拉图学园继续发展成为新柏拉图学派。晚期希腊各哲学学派为宣扬自己的理论也广泛利用亚里士多德的逻辑学和辩证法，比如斯多亚学派接受亚里士多德逻辑理论的影响，怀疑论者往往利用亚里士多德的辩证论证形式提出他们的系统的怀疑，甚至剧烈批判亚里士多德的伊壁鸠鲁学派也在某些观点上接近亚里士多德。这些都将在本书第四卷中论述。

从公元前1世纪末到公元2世纪初这段时期对亚里士多德哲学的研究留

下了一段空白,直到公元 2 世纪漫步学派阿斯帕西乌(约 100—150 年)对亚里士多德的《范畴篇》、《解释篇》、《形而上学》、《物理学》等进行诠释,但都已佚失,只有《尼各马科伦理学》的诠释部分保留下来。柏拉图主义者伽来努斯(约 129—200 年)对柏拉图、亚里士多德和塞奥弗拉斯特的一些著作进行了诠释。赫尔米努斯(130—190 年)诠释了亚里士多德的《前分析篇》,他的学生阿菲罗狄西亚的亚历山大(鼎盛年在公元 2 世纪末 3 世纪初)是漫步学派末期的主要代表,从 198 年开始在雅典讲授哲学,有"亚里士多德第二"之称。他主要以诠释亚里士多德的著作出名,获"诠释者"的称号,现在还留存的有他对《前分析篇》、《论题篇》、《形而上学》(仅 1—5 卷)等的注释,《物理学》的诠释已佚失。他的诠释受到后代学者们的普遍重视。

学者们普遍认为新柏拉图学派受亚里士多德的影响很深。普罗提诺的学生波菲利(232—305 年)说,普罗提诺的著作中充满了隐蔽的斯多亚学派和漫步学派的学说,他尤其重视亚里士多德的《形而上学》。[①] 因此可以说新柏拉图主义是柏拉图和亚里士多德学说的结合。波菲利本人也写过不少柏拉图、亚里士多德和塞奥弗拉斯特的著作的诠释,他写的《〈范畴篇〉导论》是研究亚里士多德思想的重要读物,直到现在还受学者们重视。

斯多克(J.L.Stocke)在《亚里士多德主义》(Aristotelianism)中说:虽然安德罗尼柯致力于编订亚里士多德的手稿,但当时亚里士多德哲学的推动作用已经消失,对他的著作进行诠释成为他的后辈纪念先师的最好贡献。一位伟大的哲学家给世界留下的竟是如何去理解他的任务,这是亚里士多德遭受到的挫折。没有一位伟大的思想家像亚里士多德那样获得那么多的注释,可是他的创造性思想却又发挥那么少的推动作用。[②] 我们可以补充说,正因为亚里士多德的主要著作是由后人整理编订的,从而产生许多疑难问题,这是产生大量诠释的重要原因。

初期拉丁教父哲学家对亚里士多德所知甚少,如奥古斯丁(350—430 年)

---

① 参见波菲利:《普罗提诺传》,第 14 节。

② 参见斯多克:《亚里士多德主义》,第 121 页。

在他的著作中很少提到亚里士多德，只在《上帝之城》第 4 卷第九章中认为在人的情感问题上，柏拉图学派和亚里士多德学派的见解是一致的。但随着亚里士多德著作被译成拉丁文传播，基督教神学家们对亚里士多德思想日益注意起来了。

新柏拉图学派中继以普罗提诺为代表的亚历山大—罗马学派后兴起的是叙利亚—帕加马学派，它的创始人是普罗提诺的再传弟子杨布利柯（约 270—337 年）。他企图将柏拉图、亚里士多德和毕泰戈拉的学说，还有赫拉克利特和德谟克利特的学说以及奥菲斯教、犹太教和诺斯替教派等结合起来成为一个综合的神学体系。他也写过一些柏拉图和亚里士多德著作的有倾向性的诠释。

最早将亚里士多德的逻辑著作从希腊文译为拉丁文的是波埃修斯（480—约 524 年）。他曾发下宏愿要将亚里士多德的全部著作以及柏拉图的对话译成拉丁文，并促使这两位哲学家的观点协调一致。他译成的亚里士多德著作有《范畴篇》、《解释篇》、《前分析篇》、《后分析篇》、《论题篇》、《论智者的辩驳》以及波菲利为《范畴篇》所写的《导论》，并且为《导论》写了注释。这些译作成为早期经院哲学家们获得亚里士多德思想的资料库。波埃修斯致力于使希腊文化成为拉丁文化，是最后一位通晓希腊文化和语言的罗马学者。

公元 529 年东罗马帝国皇帝查士丁尼下令封闭所有非基督教学校，柏拉图的学园和亚里士多德的吕克昂学院都被封闭。476 年西罗马帝国被日耳曼人灭亡，古典的希腊罗马时代宣告结束。

## 二 中世纪时期

公元 476 年西罗马帝国被日耳曼人灭亡，欧洲进入长时间的所谓黑暗时期，希腊罗马的古典文化被破坏殆尽，亚里士多德的著作几乎绝迹。希腊哲学只是在东方的东罗马（拜占庭）帝国，又经过叙利亚和阿拉伯得以保存延续，然后于 12 世纪又进入西班牙，重新在欧洲传播。

小亚细亚的西利西亚人辛普里丘（鼎盛年约 530 年）大约是最后在雅典

学习哲学的人,后来避往亚历山大里亚城研究,他注释亚里士多德的《论天》、《物理学》、《范畴篇》、《论灵魂》等著作,保存了许多材料,受到学者们重视。

叙利亚的神学家、医师和翻译家塞尔吉乌斯(?—536 年)是基督教聂斯脱利派(Nestorianism,中国古代称为景教)的神父,他开始用古叙利亚文翻译亚里士多德的著作。

埃及学者艾哈迈德·爱敏在《阿拉伯—伊斯兰文化史》中介绍:阿拉伯人的翻译事业开始于倭马亚王朝(阿拉伯帝国的第一个王朝,661—750 年),但多是个人的工作。到阿拔斯王朝(750—1055 年)时阿拉伯帝国和拜占庭帝国的关系比较缓和,交通畅通商旅发达国库充实,翻译事业有了政治的和经济的基础。哈里发马蒙在位(813—833 年)时译书事业达到顶峰,形成中世纪著名的"翻译运动"。马蒙和当时拜占庭皇帝有密切联系,他鼓励和支持治下的穆斯林和非穆斯林学者去君士坦丁堡(即拜占庭,东罗马帝国的首都)和塞浦路斯搜集希腊罗马古籍,将翻译工作当做国家的一项主要事业,投入巨资有组织有计划地进行。马蒙本人是一位博学多才的学者,特别爱好古希腊哲学;诸如柏拉图和亚里士多德的著作一旦译为阿拉伯文,他总是先睹为快。他特别爱好亚里士多德的哲学,以至在梦中见到亚里士多德。他在首都巴格达建立"智慧宫",当时有两位大翻译家:一位是侯赛因·本·易司哈格(809—?年),他精通波斯语、希腊语、阿拉伯语和古叙利亚语;另一位是萨比特·本·古赖。亚里士多德的几十部著作几乎都是侯赛因一手翻译的,一部分直接译为阿拉伯文,大部分则先从希腊文译为叙利亚文,再由其助手译为阿拉伯文。爱敏说侯赛因及其学派是"希腊文化最优秀的代表,是向阿拉伯读者介绍希腊智慧成果的杰出人物"。①

公元 9 世纪兴起的拜占庭文化复兴运动中也复活了对亚里士多德研究的兴趣。君士坦丁宗主教福修斯(约 820—891 年)是这一文化复兴的领袖人物,在他的百科全书式的著作中也编入了亚里士多德的逻辑纲要。到 1278

---

① 艾哈迈德·爱敏:《阿拉伯—伊斯兰文化史》第 2 册,中译本,第 268 页。

年,亚里士多德的许多著作基本上都由希腊文译为拉丁文。15世纪印刷术在欧洲兴起,许多拉丁译文的亚里士多德著作出版了。

在东西方文化交流中起过重要作用的阿拉伯哲学家有三位,他们是:法拉比(al Farabi,约870—950年),他主要在大马士革和巴格达等地进行学术活动,做了大量的亚里士多德著作的诠释和汇编工作,重要的有对《形而上学》和《工具论》的注释,他对逻辑学、心理学、政治学、自然学科、数学和音乐都有研究和论述。他力图调和柏拉图与亚里士多德的哲学,但倾向亚里士多德,有"亚里士多德第二"之称。阿维森纳(Avicenna)即伊本·西拿(Ibn Sina,980—1037年),他是阿拉伯哲学的集大成者,又是著名的医学家,著有《医典》和《治疗论》等著作,后者是主要的哲学百科全书,已有中文译本的《论灵魂》就是其中的一部分。他被誉为"学者之王,医师之首"。他对亚里士多德的著作做了全面注释,但他的解释带有柏拉图主义倾向,渗入了宗教神秘主义因素。他的思想标志了阿拉伯世界的"东部亚里士多德主义"的顶峰。阿威罗伊(Averröe)即伊本·路西德(Ibn Rushd,1126—1198年)是出生于西班牙的阿拉伯哲学家、医生、法学家,伟大诗人但丁称他为"伟大的注释者"。他注释了除《动物志》和《政治学》以外的几乎全部亚里士多德的著作,他不懂希腊原文,只根据阿拉伯译文加以注释,但他忠实于原著的精神,力图恢复亚里士多德思想的原貌。他是"西部亚里士多德主义"的著名代表,在中世纪,阿威罗伊主义几乎成为亚里士多德主义的代名词。

12世纪亚里士多德的著作通过两条通道传入欧洲:一条是通过诺曼人统治下的西西里岛,这里是希腊、拉丁、阿拉伯和犹太四个民族文化的交汇点,有通晓各种语言的学者,他们或从希腊文原著或从阿拉伯文译本将亚里士多德及其注释者的著作译为拉丁文。西西里岛著名的希腊—拉丁文翻译家是威尼斯的詹姆士和亨利克·阿里斯提波。另一条通道在西班牙,这里的阿拉伯人是西欧新学问的主要来源。基督教徒从摩尔人(非洲西北部阿拉伯人和柏柏尔人的混血后代,8世纪成为伊斯兰教徒,进入并统治西班牙)手中夺取西班牙北部地区后,一些僧侣跟来传教,同时收集古代典籍。当时亚里士多德在西班牙已被公认为哲学权威,对他的著作的翻译工作已大规模展开。托莱多城的主教莱蒙德建立一个翻译中心,其中最著名的翻译家是意大利僧侣冈萨里兹,他本人并不懂阿拉伯文,先由他的合作者约翰和索拉蒙将阿拉伯文译为西班牙文,再由他将西班牙文译为拉丁文。13 世纪亚里士多德的拉丁译文著作在西欧各大学流行后,人们要求更为准确和易于理解的译本。1203 年十字军攻陷君士坦丁堡后,一些希腊典籍流回西方,极少数懂希腊文的学者根据希腊文原本翻译亚里士多德著作,或对原有译本加以校订修正。牛津大学第一任校长格罗斯特(Grosseteste)和他的助手依希腊文原著翻译《尼各马科伦理学》等著作;尤其重要的是多米尼克修会僧侣莫尔伯克的威廉的新译本,依希腊原著订正了过去译本的错误,并且完成了剩余的亚里士多德著作如《政治学》、《诗学》的翻译。这样,从 12 世纪中期到 13 世纪后期一百多年中,亚里士多德著作全部被译为拉丁文。①

　　欧洲的黑暗时期延续到公元 9 世纪初,法兰克王国的查理大帝(约 742—814 年)为了提高贵族和僧侣的文化水准,下令各修道院与教区开办学校,恢复古代教育制度,传授语法、修辞、逻辑等学科。这些学校的教师称为 Scolastique。希腊人称学校为 schole,称学校里教学研究人员为 scholastikos,这就是"经院哲学(Scholasticism)"名称的来源。

　　当时在修道院传播的哲学当然是基督教哲学,它崇奉的最大权威是奥古斯丁。他将基督教神学和柏拉图哲学结合在一起,成为长时期基督教哲学的正统。但是他们使用的逻辑学教材是亚里士多德的《工具论》。由波埃修斯翻译为拉丁文的《范畴篇》和《解释篇》在中世纪早期已被广泛用作教材,后人称为"旧逻辑"。他翻译的《前分析篇》、《后分析篇》、《论题篇》、《辩谬篇》则到 12 世纪才被人发现。亚里士多德的逻辑思想对经院哲学起了重要作用。波菲利在《亚里士多德〈范畴篇〉导论》中首先提出了共相即一般和个别的关系问题:"种"和"属"是独立存在的还是仅仅存在于理智之中? 如果它们是独立存在的,究竟是有形的还是无形的? 如果它们是无形的,它们究竟是和感性

---

　　①　本段据赵敦华:《基督教哲学 1500 年》第 6 章第 3 节"亚里士多德著作的翻译",该节并列有亚里士多德各篇著作的注释者、译者及时间表(第 305—310 页)。

事物相分离的还是存在于感性事物之中并和它一致的？他认为这是最高的问题。这个问题实际上就是亚里士多德和柏拉图争论的问题,在经院哲学内部展开了一场长时期的唯实论和唯名论的斗争。安瑟谟(1033—1109年)提出的上帝"是(存在)"的"本体论证明"证明上帝是实的。罗瑟林(1050—1125年)则根据《范畴篇》的思想认为只有个别事物才是真正实在的,他的唯名论思想和安瑟谟的唯实论思想相对抗。

12世纪末开始,亚里士多德的思想在欧洲广泛传播,这和当时大学的诞生有密切关系。由于教区和修道院的学生虽大量增加,却已不能满足城市繁荣兴起的需要,因此在一些城市中建立了大学。大学虽设有神学院,但学生必须学习一些世俗知识,这些知识和古代文化有联系。因此大学是培育亚里士多德思想的温床。亚里士多德的逻辑学著作早已被用作教材,他的《伦理学》《物理学》《形而上学》等也被用作教材或被师生广泛阅读,甚至一些神学院的师生也热衷于亚里士多德的思想。这在当时形成了冲击教会神学的一股强大力量,因此从13世纪开始以来,教会一再以各种方式宣布禁止亚里士多德著作和思想的传播,1277年教会宣布全面禁令,对亚里士多德主义实行大清算、大迫害。

但是早期基督教神学在理论上已经无力阻挡亚里士多德主义的进攻,因此在经院哲学内部除了主张全部亚里士多德哲学的激进派和主张全面维护奥古斯丁主义,将亚里士多德哲学斥为"异端"的保守派以外,又出现了一种主张改造和吸收亚里士多德思想,用以建立新的基督教神学的哲学,其主要代表就是托马斯·阿奎那(1225—1274年)。

托马斯·阿奎那是意大利人,巴黎大学毕业后在巴黎大学及那不勒斯等大学任教,并受修道会委托创办罗马总学馆,主要著作有《神学大全》《反异教大全》《论真理》《论灵魂》等,对亚里士多德的《形而上学》《物理学》《论生成和消灭》《论天》《论灵魂》《后分析篇》《解释篇》《政治学》《伦理学》等都作过评注。他发现亚里士多德的哲学可以为基督教神学服务,用他的目的因和第一动者的学说证明上帝的实在。他创造了一个以亚里士多德哲学为理论基础的神学体系,代替旧的奥古斯丁以柏拉图哲学为理论基础的神学体系。奥古斯丁主义混淆哲学和神学,将哲学当做神学的附庸,理性只能是信仰的驯服工具。托马斯却将哲学和神学区分开来,承认理性也能认识真理;但他也反对激进的阿威罗伊主义,反对将哲学和神学绝对分离。他认为神学来源于信仰之光,哲学来源于理性之光;他虽然承认哲学有独立性,但又认为人的理性是不完善的,最后只能依靠对上帝的爱,依靠天启和信仰才能达到最高的智慧。哲学的作用被限定在证明、解释和保护信仰的范围以内。这和奥古斯丁主义并没有根本不同,哲学仍旧不过是神学的婢女。所以托马斯虽然在教会清算亚里士多德主义的大迫害中也受到株连,但是不久罗马教廷就逐渐认识到托马斯主义对维护基督教神学的巨大作用。1323 年教皇约翰廿二世册封托马斯为圣徒,肯定"托马斯著作的每一章节都包含有无比的力量",他被授予"天使博士"的称号。托马斯主义成为后期经院哲学的正统,被托马斯解释过的亚里士多德学说成为中世纪后期思想界的绝对权威,凡是违背它的都要遭受迫害。哥白尼(1473—1543 年)提出"太阳中心说"违反了亚里士多德—托勒密的"地球中心说",因而遭到宗教裁判所的迫害,布鲁诺(1548—1600 年)竟因此被活活烧死。

### 三 近代和现代

欧洲的文艺复兴运动就是要推翻基督教会在思想领域的专制统治,矛头指向由经院哲学造成的亚里士多德的教条。随着资本主义工业的产生和发展,经验科学蓬勃兴起,它要求有新的理论和方法。弗兰西斯·培根(1561—1626 年)写的《新工具》就是要和亚里士多德的《工具论》相对抗。他在《新工具》中系统地制定了经验的归纳法和经验论即反映论的认识论学说,以与经院哲学凭借亚里士多德逻辑中的演绎推理三段论形式进行空洞烦琐推理的神学先验论相对立。其实重视经验事实和归纳逻辑都是亚里士多德最早提出来的,只是他这方面的思想被经院哲学家阉割掉了。后来康德在《纯粹理性批判》最后讲到"纯粹理性的历史"时公正地指出:"关于由纯粹理性所得知识的起源问题,即这种知识是由经验得来还是与经验无关而是来自理性的问题,亚里士多德可以说是经验论者的领袖,柏拉图则是精神论者的领袖;在近代,洛克追随亚里士多德,莱布尼兹则追随柏拉图。"①黑格尔对亚里士多德给予很高的评价,说他是"一个在历史上无与伦比的人","应当称为人类的导师";说"他是许多世纪来一切哲学家的老师,但却从没有一个哲学家曾像他那样被传统这样多地歪曲过","人们把与他完全相反的观点归之于他"。他认为"如果一个人真想从事哲学工作,那就没有什么比讲述亚里士多德这件事更值得去做的了"。②

黑格尔提出的发展的历史观对于哲学史的研究起了重大的作用,从19世纪开始西方出现了许多研究亚里士多德的重要学者和研究著作。深受黑格尔影响的策勒(E.Zeller,1814—1908年)所著《希腊哲学发展史》(1844—1852年),全书3大卷5个分册,其中第2卷的第1分册论述苏格拉底和柏拉图,第2分册论述亚里士多德和早期漫步学派,英译本将这第2分册作为一部独立的著作,分为2卷。策勒将苏格拉底—柏拉图—亚里士多德作为一个哲学思想的整体来对待,提出亚里士多德和柏拉图的关系问题,认为亚里士多德虽然时常攻击柏拉图,但从整体说,他和柏拉图的一致远远超过他们的分歧。他已经开始触及亚里士多德思想的发展变化问题。他的著作全面地探讨了亚里士多德思想的整个体系,可以说是从古代以来到他那时为止的亚里士多德思想的研究和资料的全面总结,尽管其中不少观点在今天看来是已经有些陈旧了,但还是有价值的开创性著作。

法国是经院哲学的重镇,中世纪的许多重要争论都是在巴黎大学展开的。19世纪法国的亚里士多德学者的主要代表是阿墨兰(O.Hamelin,1854—1907年),他翻译了亚里士多德的《物理学》,并撰有《亚里士多德的体系》(由他的学生罗斑编订于1920年出版)。他认为亚里士多德早期的著作有许多未曾流传下来,凡流传下来的都是已经定型的思想,所以要在它们中进行时间先后的排列,企图找出亚里士多德思想发展的逻辑线索是没有意义的。他说,亚里士多德的思想和柏拉图的思想不一样,它是已经终结的,并没有发展的过程,所

---

① 康德:《纯粹理性批判》,蓝公武中译本,A854,B882,第578页。
② 黑格尔:《哲学史讲演录》第2卷,中译本,第269—270、284页。

以应该以著作内容的系统秩序决定其写作顺序。另一位主张系统研究亚里士多德思想的是法国哲学家拉维松(Felix-Mollier Ravaisson,1813—1900 年),他的主要著作是《亚里士多德形而上学研究》(2 卷本,1837、1848 年出版)。他认为亚里士多德的哲学有一种内在的必然性,这正是哲学的基础,因此哲学的方法应该是严谨的、系统的。他认为亚里士多德哲学的起点是形而上学即对绝对的研究,为了达到绝对便必须通过对个体的具体探讨,而不能仅仅停留于对普遍的泛泛论述。哲学不应当停留在抽象之中,只有在对具体事物的探讨和沉思中才能获得尽可能多的真理。正是在这种思潮影响下,学者们普遍将亚里士多德的哲学作为严格的体系进行研究。

20 世纪早期针对这种系统研究的方法产生了另一种称为发生的方法。先是英国牛津大学教授凯斯(Thomas Case)在 1910—1911 年第 11 版《不列颠百科全书》第 2 卷"亚里士多德"的长篇条目中提出了亚里士多德学说的发展问题,他认为亚里士多德从柏拉图主义者转变到产生他自己的体系之间是有一个发展的过程的。

发生法的主要代表是德国学者耶格尔,他的《亚里士多德形而上学发展史研究》(1912 年)和《亚里士多德发展史纲要》(1923 年)两部著作奠定了对亚里士多德思想进行发生发展研究的方法,尤其是后一部著作对亚里士多德思想的发展作了全面的历史研究。他分析了亚里士多德在柏拉图学园时期的早期著作,并具体提出了亚里士多德在形而上学、伦理学、政治学等各方面的发展线索。他认为亚里士多德是从原先的柏拉图主义者逐渐发展成为完全的亚里士多德主义。耶格尔的历史方法很快得到西方一些著名的亚里士多德学者的赞同,如德国的斯坦策尔(J.Stenzel)和霍夫曼(E.Hoffmann),法国的维尔纳(Werner)和罗斑(Robin),意大利的卡尔利尼(A.Carlini)和金蒂雷(M.Gentile)以及英国的泰勒(A.E.Taylor)等。

特别是英国著名的亚里士多德学者罗斯(W.D.Ross,1877—1971 年)也表示赞同,他对亚里士多德的《形而上学》、《物理学》、《前分析篇》、《后分析篇》、《论灵魂》等重要著作都做了研究、校订和诠释,是研究这些著作的重要参考用书;他和斯密司(J.A.Smith)一起主编 12 卷英译《亚里士多德著作集》,

其中一些重要著作如《形而上学》、《尼各马科伦理学》是由他自己翻译的；他还积极参与创建于 1880 年的亚里士多德学会（Aristotelian Society）及按年出版的学会会志的工作。他在 1957 年发表的《亚里士多德思想的发展》一文中仍旧认为耶格尔的著作"对《形而上学》作出了详尽和完美的分析"。

耶格尔的学生克鲁斯特（即《亚里士多德生平和佚著新解》一书的作者）在 1967 年发表的纪念老师的文章《耶格尔和亚里士多德佚著的重建》中重申现代亚里士多德学术研究始自耶格尔。

虽然几乎有 30 年之久欧洲许多学者采用耶格尔的发生法研究亚里士多德的学说，但对耶格尔提出的那些具体论据却纷纷提出质疑和反驳。发生法的一个致命弱点是：必须先确定亚里士多德著作的先后编年次序，然后才能讨论他的思想的发展变化。可正是在这点上，亚里士多德著作不像柏拉图著作那样容易得到比较公认的先后次序，因为亚里士多德的著作大多是由后人整理编纂汇集而成的，不可能用区别柏拉图著作先后的那种根据文体风格和语言等比较客观的方法①辨别其先后，这位学者可以找到某些根据证明某篇著作是在先的，另一位学者却可以找出另外一些根据证明它是在后的。耶格尔和有些学者认为亚里士多德是从柏拉图主义者越来越远离柏拉图，另外一些学者却从另一个角度，认为亚里士多德越到晚年越接近柏拉图主义。

20 世纪 50 年代末耶格尔的发生法受到严重的打击，首先是杜林在《古代传记传统中的亚里士多德》等著作中通过对残篇、古代传记及生物学著作等三方面的研究，认为亚里士多德从来未曾有过一个"柏拉图主义阶段"，他认为残篇在内容上与现存作品没有多大区别。另一位是著名分析哲学家欧文（G.E.L.Owen），他在《亚里士多德某些早期著作中的逻辑与形而上学》一文中指出：耶格尔将亚里士多德在学园中的形而上学方面和逻辑方面完全割裂，一方面让亚里士多德在那时提出自己的范畴论和谓词学说，另一方面又让他在形而上学上信奉柏拉图；可是欧文认为从亚里士多德的逻辑中必然会得出反柏拉图的结论。1957 年由这两位教授联合召开的国际第一届亚里士多德学

---

① 参见本书第二卷，第 534—538 页。

术大会,欧文在会上发表的这篇论文系统地建立了亚里士多德学术研究领域中的逻辑分析方法,与耶格尔的发生法相对立。这次会后出版的会议文集《公元前四世纪中期的柏拉图和亚里士多德》宣告亚里士多德研究中的发生法让位于逻辑分析方法。①

20 世纪后半叶在西方特别是在英美两国中对亚里士多德的研究几乎全是逻辑分析派的天下,主要代表人物是欧文(G.E.L.Owen),他的主要论文收集在《逻辑、科学和辩证法》文集(1986)中。其他学者有 J.L.Ackill,他有对《范畴篇》和《解释篇》的翻译和研究,巴恩斯(J.Barnes)有对《后分析篇》的翻译和研究;还有 M.F.Burnyeat, M.Frede, R.G.Albritton, G.E.M.Anscombe, B.A.O.Williams, P.F.Strawson, D.R.P.Wiggins, T.H.Irwin 等,他们的著作大多是对亚里士多德的某篇著作,其中的某个问题,甚至某一关键的语句作逻辑分析,从而得出结论,因而大多是以一篇篇论文形式发表。他们的主要论文由 J.Barnes 和 M.Schofield, R.Sorabji 共同编成《关于亚里士多德的论文集》(*Articles on Aristotle*, 1975—1979),共 4 卷:第 1 卷《科学》;第 2 卷《伦理学和政治学》;第 3 卷《形而上学》;第 4 卷《心理学和美学》。

逻辑分析法在目前西方学术界还占相当主要的地位,但由于它往往只分析比较某些句子和段落,而不大顾及哲学家的整个思想框架,只见树木不见森林;它大量运用现代逻辑和分析哲学的术语,把古代的亚里士多德变成一个现代的分析哲学家。因此现在有些学者对这种倾向提出怀疑,主张在某种程度上恢复系统的和发生的方法。

以上简略地介绍了亚里士多德研究中的系统法、发生法和逻辑分析法的演变情况,以及其代表学者和他们的主要著作。还有一些重要的学者和他们的著作,将在以下各部门学科中分别介绍论述。

近现代亚里士多德著作的编辑出版情况:

随着印刷术在西方广泛使用,亚里士多德著作比较齐全的版本陆续出现。最早的拉丁文译本的亚里士多德著作集(附有阿拉伯哲学家阿威罗伊的注

---

① 参见余纪元:《陈康与亚里士多德》,《北京大学学报》1992 年第 1 期。

释）在 1489 年出版于威尼斯，以后 1496、1507、1538、1550—1552 年相继再版。第一部希腊文版亚里士多德著作集（未收入《修辞术》《诗学》和《家政学》）5卷本是由 Aldus Manutius 主持于 1495—1498 年出版于威尼斯，被称为 Venetiis apud Aldum Manutium；接着在 Erasmus 和 Simmon Grynaeus 的指导下于 1531、1539、1550 年在巴塞尔出了 3 版，第 3 版由于 Isengrin 参加主编被称为 Isengriniana 版。其他版本有 Joh Bapt Camotias 编的 Venetiis apud Aldi filias，1551—1553 年；Friedrich Sylburg 编的版本，1584—1587 年出版于法兰克福；Issac Casaubouns 编的希腊文和拉丁文版，1590 年出版于里昂，1596、1597、1605、1646 年相继再版；Du Val 编的希腊文和拉丁文版，1619 年出版于巴黎，1629、1639、1654 年相继再版；最后一个完整的拉丁文版本在 1668 年出版于罗马。

19 世纪为了当时重新兴起研究亚里士多德的需要，在对以前各种版本整理和修订的基础上，由柏林皇家科学院出版了由贝刻尔（Bekker）和布兰迪斯（Brandis）主编的《亚里士多德著作集》（*Aristotelis Opera*）5 卷本（1831—1870年），其中第 1、2 卷是由贝刻尔主编的希腊文本；第 3 卷是文艺复兴时期的拉丁文译本；第 4 卷是由布兰迪斯主编的从古以来的重要诠释，包括阿菲罗狄西亚的亚历山大、辛普里丘、波菲利等人以及叙利亚人的重要注疏；第 5 卷包含两部分，一是由罗泽（V.Rose）辑录的亚里士多德著作残篇，另一是由布尼兹（Bonitz）编的《亚里士多德索引》，后者是受研究学者普遍重视的参考用书。由贝刻尔主编的亚里士多德著作的希腊文本是当前学术界普遍引用的，被认为标准本，通常都根据它的页码和行次，本书也是这样。柏林版的《亚里士多德著作集》近来又由 Otto Gigon 主持编辑新版，于 1960—1961 年出版。其中第 1、2 卷贝刻尔编的希腊文本照原样印行；删去了第 3 卷拉丁译文，代之以一个更完整的残篇汇编；添加了 1890 年发现的《雅典政制》，对后两卷作了补充修改。此外柏林科学院又于 1882—1909 年间出版了《亚里士多德著作的希腊文诠释》（*Commentaria Aristotelicium Graeca*）23 卷及补编 3 卷。

除此以外还有 1848—1874 年在巴黎出版的由 Fimin 和 Didot 编订的希腊文和拉丁文合刊的《亚里士多德著作集》（*Aristotelis Opera omnia* Graece et Latine)。其他陆续出版的还有：德国图布奈(Teubner)丛书本(1868—1901年)，英国牛津古典丛书本(Oxford Classical Texts，1894—1968年)，法国布德(Bude)学会丛书本(1926—1960年，附有法文译文)，以及20世纪前期在英国出版的25卷希腊文和英译文对照的洛布(Loeb)丛书本，这是学者常用的参考书籍。

亚里士多德著作的英文全译本最有代表性并为学者们经常引用的是由J. A.Smith和W.D.Ross主持出版的牛津版12卷本《亚里士多德著作集》(The Works of Aristotle)，是由当时英国著名的亚里士多德学者们参加翻译，前后经历半个世纪(1908—1952年)才完成的。1971年这部著作的版权所有者乔伊特(Jowett)基金会决定修订，除由牛津出版社出版原有12卷外，由巴恩斯(J. Burnes)主持修订牛津译文版，改名《亚里士多德全集》(The Complete Works of Aristotle)2卷本，由普林斯顿大学出版社出版，其中3部逻辑著作《范畴篇》、《解释篇》、《后分析篇》改用分析学者J.L.Ackrill和J.Burnes的新译文，扩大了《残篇》的收辑范围，并增加了全集的人名索引和总索引。这两种英文译本是本书主要参考用书。

亚里士多德著作的德文全译本有1921—1922年在莱比锡出版的由E. Rolfes编译的亚里士多德哲学著作集，近年新出版由E.Grumach主编的《亚里士多德著作集》20卷本，由柏林科学院出版。

至于我们参考用的亚里士多德各篇著作的译本及注释本，将在本书以后论述各部门学说时分别介绍。

在西方著名哲学家中，亚里士多德是最早被介绍到中国来的，早在17世纪明朝末年利玛窦来中国传教，将西方的科学和哲学思想介绍到中国来时，由李之藻和传教士傅泛际合译的《寰有诠》是译述亚里士多德的物理学思想的，《名理探》是译述他的逻辑思想的。但是亚里士多德的思想不能为中国人接受，长期湮没，直到20世纪30年代才有向达译的《亚里士多德伦理学》节译本。50年代开始陆续出版了方书春译的《范畴篇》和《解释篇》，日知、力野译的《雅典政制》，罗念生译的《诗学》和《修辞学》(节译)，张竹明译的《物理学》，李匡武译的《工具论》(节译)和吴寿彭译的《形而上学》、《政治学》、《动物志》和《动物四篇》(即《动物之构造》、《动物之运动》、《动物之行进》和《动物之生殖》)。吴寿彭的译文特别是动物学著作的译文中作了许多注释,有助于读者。

值得欣幸的是从1990年开始由苗力田主编的中文译本《亚里士多德全集》10卷本陆续出版,这是我国第一部西方著名哲学家的全集的翻译,其中《形而上学》和《尼各马科伦理学》是由苗力田自己翻译的。它对我国亚里士多德思想的传播和研究将起重大的推进作用,是本书的重要参考用书之一。

对现存的46种亚里士多德著作是不是他自己的原作?历来都有争议。尤其是19世纪欧洲疑古成风,对亚里士多德著作甚至包括《形而上学》在内都有人怀疑是伪作。经过许多学者的考据论证,现在一般承认现存的主要著作作为整篇著作说,是亚里士多德自己写下的,但其中某些部分章节如《范畴篇》的后半部分及《形而上学》的少数章节可能是后人写的,但在学者中还有争议。对《问题集》的怀疑较多,许多人认为是后来漫步学派的人整理汇编的;对《大伦理学》和《家政学》的怀疑也较多。以下这些短篇著作:《论宇宙》、《论气息》、《论颜色》、《论声音》、《体相学》、《论植物》、《论声音的奇异》、《机械学》、《论不可分的线》、《论风的方位和名称》、《论麦里梭、塞诺芬尼和高尔吉亚》、《论善与恶》、《亚历山大修辞学》等13种,一般认为是后人的伪作。

前面已经讲到由于发生法提出亚里士多德的思想是有发生发展的,必须对它作历史的研究;学者们纷纷重视分辨亚里士多德著作的先后次序,企图确定它们的编年。但由于亚里士多德著作不像柏拉图对话那样是由哲学家自己写定的,原稿和后人编纂中有许多修改、补充和颠倒重复,所以编年问题特别困难。学者们各自做了大量工作,对一些重大问题作出某些结论,其中有的得到较多学者承认,有的还有重大分歧。这些问题本书将在以后论述各部门学说时分别介绍讨论。

## 第四节　亚里士多德研究中的几个问题

要全面论述亚里士多德的思想,一般会遇到这样四个问题:第一,亚里士多德的思想是一个完整的不变的体系,还是有变化发展的? 第二,亚里士多德的最主要的哲学范畴"on",应该怎样理解和翻译? 第三,亚里士多德的哲学和柏拉图的哲学是一致的,还是不一致甚至对立的? 第四,亚里士多德的思想包含有许多方面,将以什么方式、次序论述它们?

### 一　体系和发展

一直到 20 世纪初年以前,西方学者都认为亚里士多德的哲学学说是一个完整的体系。当然亚里士多德的体系不像黑格尔的体系那样是"绝对精神"的辩证运动,也就是概念的内在发展——从逻辑学到自然哲学再到精神哲学,成为一个完整的整体。所以在黑格尔看来,亚里士多德只是采用一种"经验的方法",即"对象在表象中是怎样,就照样接纳过来,在那里是没有必然性的"。他认为亚里士多德是将宇宙整体、精神世界和感性世界这一大堆东西当做一系列的对象列举出来:"这里有的只是把对象逐一加以考察,这是一种经验方面的考察,它是属于外表的方式,但有极深刻的思辨。亚里士多德不是系统地进行的,亦即不是从概念自身发展出来的;他的进行方式是从外面开始的,因此就发生了这样的情况,即他常常是一个又一个地讨论每个规定,而没有指出它们之间的联系"。① 黑格尔确实看到了亚里士多德的思想和他自己的不同,他也确实指出了亚里士多德思想的一个重要特征(虽然这也可能只是"外表的"),每个读亚里士多德著作的人都会发现他常常把一个又一个的范畴和规定排列出来,而没有指出它们之间的联系。

说将亚里士多德的思想当做一个体系,乃是说亚里士多德在写他那些主

---

① 黑格尔:《哲学史讲演录》第 2 卷,中译本,第 285 页。

要著作时在他心中已经形成一套完整的思想,因而这些著作形成为一贯的体系。这一点在策勒的《希腊哲学发展史》中论述得很清楚。策勒虽然认为亚里士多德著作中有原文损坏、逻辑脱漏以及整节摆错位置和添加等等,但认为这些著作有统一的风格,不可能是后人窜改作成的。他认为亚里士多德虽然最早在柏拉图学园时就开始写作,有些著作是在小亚细亚和马其顿等地写成的,但大量著作是在雅典吕克昂学院写作的;而且现存著作主要是为他教学用的,所以必然在吕克昂时期统一修订构造过。他认为"观察到在这样一个综合集成中,很难发现在他的教导或术语中有明显的改变,一切都是成熟的有准备的,一切都是严格一致的,所有重要著作都严密地组合在一起,不仅有明显的交叉引证,而且有完整性的特征。它们没有在生活的不同时期分别创作的迹象,我们只能看到它们是有秩序的成就,是作者已经完全了解了他自己,将他自己一生的哲学成果集中起来的有计划的作品。所以当我们使用这些文本时,那一本著作写得比另一本早一点或晚一点是无关重要的,虽然我们还是得处理这个问题。"①将亚里士多德思想处理成为体系的学者大多持类似的观点。

但到 20 世纪初这种情况开始发生了变化,学者们在亚里士多德主要著作中发现有重要的不一致的地方。1957 年罗斯在《亚里士多德思想的发展》一文(载《纪元前四世纪中的亚里士多德和柏拉图》论文集)中介绍了当时的情况,他说那时一般学者倾向于将亚里士多德大部分著作当成一个统一的学说,如果有什么著作和这种学说不同,便认为不是亚里士多德的著作。例如罗泽看到对话的残篇和现存学说不同,就认为那些对话是假的;研究《欧德谟伦理学》的学者看到这部著作和《尼各马科伦理学》的学说不同,便认为它不是亚里士多德的著作而是欧德谟写的;同样有人认为《解释篇》中的判断学说和《分析篇》中有不同,便认为它不是亚里士多德的著作。罗斯指出,对此提出不同意见的最早是前面已经提到过的英国学者凯斯(T.Case),他在 1910 年提出三点看法,后来被许多学者接受了。第一, 他证明现存的对话残篇是真

① 策勒:《亚里士多德和早期漫步学派》第 1 卷,第 155—156 页。

的，它表明无论从形式或学说内容看，亚里士多德从一个柏拉图主义者到他自己的体系之间总有一个逐渐转变的过程。第二，他指出《解释篇》中的判断学说和柏拉图在《智者篇》中的学说相似，这可以代表亚里士多德从作为柏拉图的学生以后发展到自己的思想的变化过程。第三，他表明《欧德谟伦理学》比《尼各马科伦理学》更接近于柏拉图的伦理学。这样他不仅证明对话残篇、《解释篇》和《欧德谟伦理学》是真的，而且将它们摆在亚里士多德思想发展的正确位置上。

更重要的是德国学者耶格尔提出对亚里士多德学说作发生法的研究。他在1912年出版的《亚里士多德〈形而上学〉的发展史研究》一书中指出，在《形而上学》一书的不同部分中的学说之间有不同，可以看做是他的思想有变化发展。其中最明显也是后来常被提到的例子是：在《形而上学》第1卷(A)中亚里士多德用第一人称多数说"我们(柏拉图主义者)"，而到第13卷(M)中他却改用第三人称多数说"他们(柏拉图主义者)"了；这表明在写第1卷时亚里士多德还自认为是柏拉图圈子中的成员，虽然他对柏拉图已经持批评态度，到写第13卷时他已明确站在柏拉图圈子以外。到1923年耶格尔发表《亚里士多德：发展史纲要》，全面阐述了他对亚里士多德思想发展的研究成果。他论证亚里士多德的早期对话和著作残篇是真的，其中《欧德谟斯篇》和《劝学篇》有柏拉图主义的特征，而《论哲学》则开始批判柏拉图的哲学，可以看做是以后思想发展的先声。他还具体阐述了对《形而上学》、《伦理学》、《政治学》等重要著作中思想发展的看法。耶格尔的结论认为亚里士多德思想的发展是从柏拉图主义向着注重经验的实证科学方向的转化。

耶格尔的发生法提出以后立即得到当时许多著名的亚里士多德学者的赞同，采用发生法研究亚里士多德的学说，将亚里士多德研究推进到一个新的阶段。正如后来有学者指出的：19世纪后期开始正是达尔文的进化学说在欧洲产生广泛影响的时期，人们将自然界、人类社会以至思想意识都看成不再是静止不变的，而是不断向前进化发展的活生生的东西。耶格尔的发生法也是在这种潮流的影响下产生、发展并得以广泛传播的。

耶格尔的理论虽然得到许多学者的认同，但是他所提出的具体论证却一一遭到反驳。就以他提出的《形而上学》中的"我们"和"他们"的问题说，1944年彻尼斯（H.Cherniss）在《亚里士多德对柏拉图及学园的批判》书中就提出怀疑，他认为在 A 卷中是有九处（990b9，11，16，23；991b7；992a11，25，27，28）使用了"我们"，但亚里士多德在同处也多次使用了可以作第三人称解释的字眼。① 区别亚里士多德著作和思想的先后次序，往往以他和柏拉图之间的关系亲疏作为标准，而在这点上学者们又产生分歧甚至完全相反的看法，我们将在以下第三个问题中论述。前面已经讲过亚里士多德的著作不同于柏拉图的对话，要分辨它们的先后次序是件非常艰难的工作，由于许多学者的努力，在这方面取得不少成绩，但也引起不少争议和问题。

分析派哲学家们从根本上反对耶格尔的发生法。他们认为应该对语言和命题作准确的逻辑分析，他们对耶格尔的理论和论据一一进行驳斥。但是能不能完全否认亚里士多德思想曾经有过变化和发展呢？我们看一位分析哲学家伊尔文（T.H.Irwin）的说法。伊尔文的《亚里士多德的第一原理》（*Aristotle's First Principles*，1988）一书是当前颇受重视的著作，他是主张以静止的观点去代替并放弃那种不成熟的发展的观点的。他认为从静止的观点可以解释两种不一致的学说实际上是一致的。因为不同的著作可以有不同的目的，使它有理由在解释一种学说时或是详细些或是简略些，或是精密些或是粗率些；这样来解释它们的不一致，常常比将它们解释为发展更为合理。在任何情况下哲学家总会有不一致的观点，但又不会是完全不一致的，即使出现不能消除的矛盾现象时也不必然要用发展的观点来解释。因此他认为静止的观点看来是有道理的。但是伊尔文也承认亚里士多德在一些有争议的观点中是暗示有发展的假设的，他说："我所讨论的两个主要的争论点，我认为在亚里士多德的心中是有变化的，即：一、正如我在上面提出的，亚里士多德的早期著作看来是排斥有普遍性学科的可能性的，而在《形而上学》中却接受这门普遍的学科。二、在《形而上学》中心几卷中关于本体的说法看来是和《工具论》及一些自然哲学的著作中的说法是不同的。"他认为这两点不能简单地

---

① 参见彻尼斯：《亚里士多德对柏拉图及学园的批判》，第 481、489 页以下。

用静止的方法去说明。①

伊尔文的这段话值得重视,因为:第一,他所承认的这两点变化,正是亚里士多德《形而上学》中很重要的关键问题;第二,他所作的静止观点的解释,即认为同一哲学家在不同的著作中对自己的学说可以作出或详或略或精或粗的陈述,它们看来不一致,实际上却是一致的。他这种解释只说明一个方面,对于亚里士多德说重要的是他的分析法。亚里士多德对许多重要范畴都常常分析它们的各种歧义,在一种著作或某一章节中他着重讲的是这一种含义,而在另一著作或另一章节中他着重讲的却是另一种含义;他在提出哲学问题时往往不是简单地只从一个方面进行考察,而是从不同的方面尤其从相反的方面进行考察。这种情况正如前引黑格尔所说的"他常常是一个又一个地讨论每个规定,而没有指出它们的联系"。亚里士多德自己没有明确说明的这种联系,恰恰正是研究者应该探讨的问题:为什么亚里士多德在不同的著作或章节中对同一问题会有不同的说法? 它仅仅是因为不同著作的目的需要所以要采取不同的说法呢,还是因为亚里士多德自己思想上已经发生了变化,所以要采用不同的说法,甚至提出新的观点去代替原来的观点? 亚里士多德的思想为什么会发生变化? 这些不同的观点究竟哪个在前哪个在后? 这些问题正是当前许多亚里士多德学者在努力探讨的问题。尽管这种探讨有的已经取得一定的成果,大多却仍在不断地争议之中;但人们可以认识到这些问题决不是用静止的观点可以说明的。不能设想所有这些不同的观点和说法在亚里士多德思想中先都已经完全齐备了,只是在不同的场合下他有时拿出这种观点说得详细和细致些,有时又拿出那种观点说得简单和粗率些。亚里士多德决不是一个天生已经掌握了一切知识和真理的神,他是一位孜孜不倦的真理的探索者。今天他从这个方面和角度发现了一些真理,明天他又会从另一个方面和角度去寻求新的真理;一直到最后他并没有达到一个完满无缺的真理体系,但是却在人类探索真理的过程中作出了许多有价值的贡献。

在这点上格思里说得比较公平,他在 1981 年出版的专门讨论亚里士多德

---

① 参见伊尔文:《亚里士多德的第一原理》,第 12—13 页。

哲学的《希腊哲学史》第 6 卷开始谈到发生法时,虽然并不赞同耶格尔提出的某些论据,但是他说:"认识到亚里士多德的哲学不是一些静止的东西,不是一个单一的自足的体系,而是一个从柏拉图的根中不断生长起来的动的过程,这种总的概观已经不得不渗透在今天任何一位亚里士多德研究者的著作中了。无论人们对它的结论的正确与否如何看,它已经教导了比迄今为止的传统观念更好的看法。它不仅表现为学术研究的健全的方法,而且因为这种方法要求对这位哲学家,他的生活(尤其是他长期作为柏拉图学园中的成员),他的精神风貌和个性特征,他的著作的多样性等等的历史背景作批判性的研究,带来了新的活力和吸引力。"①

### 二 "是"和"存在"

亚里士多德继承和发展了爱利亚学派巴门尼德关于 einai(英文 to be)的学说,并将这个词的中性分词 on(英文 being)确定为最重要的哲学范畴。在他的《形而上学》中提出:有一门专门研究 on,他叫做 to on hei on(being as being)的学问,后来被称为"本体论(ontology)",是西方哲学中一个重要的方面;亚里士多德的《形而上学》是西方哲学中第一部主要分析讨论 on 的著作。因此,对于希腊文 on 以及和它同义的拉丁文 ens,英文 being,德文 Sein 应该如何理解和翻译的问题,便成为我们理解亚里士多德的哲学思想,以至于理解从古代希腊直到近现代的西方哲学思想中一个关键性的问题。近年来国内哲学界有些学者提出这个问题,引起了重视和讨论,我们也应该说明自己的看法。

在 1949 年以前,国内对"on,being,Sein"没有统一的译法,有些学者因为这是一个最普遍、外延最广的概念,在中国哲学中只有"有"可以和它相比,所以将它译为"有",也有些学者将它译为"存在"或"存有"等。从 20 世纪四五十年代开始,由于《反杜林论》、《费尔巴哈论》等马克思主义经典著作中都将"Sein,being"译为"存在",于是"存在"便成为唯一的公用的译词了。估计这个译词最初可能是当时的译者借用日本的译名,因为日本翻译西方著作早于

---

① 格思里:《希腊哲学史》第 6 卷,第 5 页。

中国,所以中国译者往往借用日本的译名,"哲学"这一译词也是从日本借用过来的。老翻译家贺麟几次讲到:日本学者对翻译西方著作作出很多贡献,但他们作出的某些译词,并不是很恰当的。近年来有些学者在研究现代西方哲学如海德格尔的思想时,对"存在"这个译词的看法也产生了同样的问题。

在有关希腊哲学方面,最早将这个译词作为问题提出的是陈康。1940 年他刚从德国留学回国,写了一篇文章纪念他的老师德国著名哲学家尼古拉·哈特曼,说他是从新康德主义的马堡学派中分离出来的;他反对马堡学派的认识论的唯心论,这种理论认为:凡是对象总是意识的对象,离开意识无有对象;这样便使"万事万物(Sein)消灭于思想里,认识论侵吞了翁陀罗己(ontologie)"。哈特曼认为现象即对象"洒殷(Sein)"并不皆是吾人所可知的,这样就将"洒殷"从思想里解放出来,开创奠定了新"翁陀罗己"的基础。陈康说"因此哈特曼在哲学上开辟了一个新局面"。① 在这里陈康将"Sein"译为"万事万物",表示哈特曼认为:Sein 并非只是我们所认识的、只在思想中的,而是至少有一部分并不是在思想中,而是客观实在的。因此他加了一个注说明:"on 和它的动词 einai 以及拉丁、英、法、德文里和它们相当的字皆非中文所能译,因为中文里无一词的外延是这样广大的。"在这里他指出"Sein"是一个外延最广的词,在中文里没有相应的词,因此他采取将德文音译的方法,将"Sein"译为"洒殷","ontologie"译为"翁陀罗己"。② 1944 年陈康在译注柏拉图《巴门尼德篇》时,将其中 134E 的"menon ei estin"(estin 是 einai 的主动语态现在陈述式单数第三人称,相当于英文的 it is)译为"如若每一个是"。他在注 149 中解释说:"这 estin 在中文里严格讲起来不能译。第一,它所表示的比'存在'广得多,因此我们不能译这句为'如若每一个存在'。第二,如若我们用中文里外延最广的哲学术语'有'来翻译——'如若每一个有'——至少是不成词。在这种情况下我们以为,如若翻译只能采取生硬的直译。这样也许不但为中国哲学界创造一个新的术语,而且也给读者一个机会,练习一种新的

---

① 参见《陈康论希腊哲学》,第 467—469 页。
② 《陈康论希腊哲学》,第 476 页。

思想方式，因此译如上。"他还进一步解释："译文确当与否暂且勿论，这字所表示的意义可从以下见出：设以'甲'代表每一个，'甲'是'子'、'甲'是'丑'、'甲'是'寅'……'存在'只是'子'、'丑'、'寅'……中之一，比如'寅'。'甲是'决不同于'甲是寅'。正如'甲是'不同于'甲是寅'，它也不同于'甲是子'、'甲是丑'……中的任何一个。'是'和'是子'、'是丑'、'是寅'……的分别，乃是前者是未分化了的，后者是已分化了的。'是'在这样的意义里代表一个范畴，'甲是'事实上表示'甲'+'是'，即'甲'和范畴'是'的结合。"①

在这里陈康表示了几点意思：第一，这"estin"严格讲起来不能译，因为中文里没有这样外延最广的词。第二，他不赞成将"estin"译为"存在"，因为中文"存在"的含义不如"estin"那样广。第三，他认为如果用中文里外延最广的术语"有"来翻译，至少是不成词，即在中文里是不通顺的。第四，因此他提出采取生硬的直译，将"estin"译为"是"。他说这样也许不但为中国哲学家创造一个新的术语，而且也给读者练习一种新的思想方式的机会。他所指的读者是专指中国读者，所说的新的思想方式实际上就是西方哲学的思想方式。以往中国哲学界虽然已经学习、介绍、研究了西方哲学，但基本的思想方式并没有完全脱离原有的中国的思想方式，没有完全理解和接受西方哲学的思想方式，其中一个关键问题就在于还缺少这个将"estin"、"being"作为"是"的理解上，因此他要为中国哲学界贡献一个新的术语"是"，以便更完全地理解西方哲学。他又对"是"这个范畴作了解释：任何一个东西都可以说它"是"，如是X、是Y、Z，"存在"也是"是"，即"是存在"（所以"是"所表示的比"存在"广）。"是"和"是X"、"是存在"等的区别，在于"是"是未分化的，而后者是分化了的。他指出："是X"是表示"是"+"X"，是X和范畴"是"的结合。由于以后陈康发表的哲学著作大多是用英文写作的，所以对这个译词问题没有再作进一步的阐述。

50年代吴寿彭翻译《形而上学》，对这个词的译法也写了一条长的注释："on出于动词eimi，意谓'是'或'存在'。凡'物'各为其'是'，故'是'为物之

---

① 陈康译注：《柏拉图〈巴曼尼德斯篇〉》，第105—108页。

'本体(ousia)'。或问'这是何物'？答曰'这是某物'。又问'这怎么是某物?'答'这因么而是某物';故'怎是(to ti en einai)'为某物之所以成其本体者,包括某物全部的要素。……本书译 to on 为'是'或'实是'。'是'通于'有','非是'通于'无'。'是'通用于'事'与'物'及'行为','非是'通用于'无事'、'无物'及'无为'。旧译以'是'为'有',以'万物'为〈众是〉'万有',义皆可通,本书均译为'是'。"①他认为将 on 译为"是"、"存在"或"有",义皆相通,但他仍选译为"是";将 to on(英文 the being)译为"是"或"实是";将亚里士多德的专门术语 ousia(由动词 eimi 的阴性分词 ousa 变来的名词,英文一般译作 substance)译为"本体";将 to ti en einai(英文一般译为 essence)译为"怎是"。吴先生将 to on 译为"实是",实际上是将 einai 这个词的实质动词(存在、实在)和系动词(是)的意思结合到一起了,这样从一方面讲,是比较完全地表达了希腊文的原义;但从另一方面,从中文意思讲却发生了问题:"实是"是实在的是,是不是还有非实在的是即抽象的是呢? 显然,"是"的外延比"实是"广,"实是"只是一种特殊的是。

近十几年来这个术语的翻译问题又引起了注意和讨论,1993 年的《学人》第 4 期发表王太庆和赵敦华的文章。王太庆在《我们怎样认识西方人的"是"?》中从中国和西方的语言和思想的不同来说明这个问题。他说西方人所说的"是"(希腊文 einai,英文 to be)作为联系主语和谓语的系词,用系词表现的判断形式从希腊哲学开始受到重视,这个系词成为西方哲学的重要范畴。而在中国,本来没有系词,后来在西汉、东汉之交才借用代词"是"(当"这"讲)作为系词,但也不如西方语言那样广泛使用;中国人不如西方人那样密切注意判断,因而在传统的中国哲学中也见不到"是"这个哲学范畴。他认为西方的 to be 之类的词里同时包含着我们的"是"、"有"、"在"三个意思,西方人认为这三者是一个意思,这个三合一的意义就体现在 being 这个范畴里。我们说中国话的人从古到现在都没有这样的想法,因此也没有这样的说法,更没有这样的哲学理论,所以我们难以理解西方人的"是"。他认为这个西方本体

---

① 吴寿彭译:《形而上学》,第 56 页。

论哲学中的基本范畴 being 支配了西方人上下几千年的思想,是我们了解西方哲学的关键所在。我们只有根据西方人的想法和说法才能理解西方的哲学,不然便难免在自己的想象中兜圈子,很难掌握西方思想的本来面目。他认为在"有"、"在"、"是"中,"是"的系词意义标志着西方哲学的特色,因此他主张用"是"直译 einai,esti 这类词。① 他实际上是发挥了陈康提出的思想。

赵敦华在《"是"、"在"、"有"的形而上学之辨》中提出了不同的主张,他认为 being 既兼有"是"、"在"、"有"三种含义,在西方哲学史中,不同的时期、不同的学派、不同的哲学家在使用这个范畴时各有不同的着重点;因此我们应该根据适合哲学家原著精神的"是"或"在"或"有"来翻译它,不宜用一个统一的词来翻译。

由此,being 这个范畴的翻译问题逐渐引起学者们的重视,纷纷发表文章加以讨论,近年来可以说已经形成一个亮点,在有关的学术讨论会上也围绕这个问题展开了讨论和争辩。原来近几十年来西方语言学和哲学界对于 being 的问题也展开深入的讨论,他们中有的人从荷马史诗中有关这个词的分析开始,有的人将希腊语和其他多种语言对这个词的用法进行比较;从语言框架到哲学范畴,对从古希腊哲学家赫拉克利特、巴门尼德以来的许多有关问题都在进行重新探讨。早在两千多年前,柏拉图在《智者篇》中就借"爱利亚(这是巴门尼德的故乡)客人"之口宣说:"当你们说'是(on)'时,你们当然明白它指的是什么;我们以前也认为自己是懂的,但现在却感到很困惑。"(244A)亚里士多德的《形而上学》的主题是对"是"进行全面的分析,其中第 7 卷(Z)是专门研究本体的,它的第 1 章在概述了"是"的各种范畴,指出本体是中心以后,立即提出问题:"'是(to on)'是什么? 以及'本体(ousia)'是什么? 这个问题不仅过去和现在提出来,而且会永远提出来,它是永远令人困惑的问题。"(1028b2—4)柏拉图和亚里士多德是最早奠定将 on 作为主要的哲学范畴的哲学家,但同时他们也已经预见到关于什么是 on 的问题,不但是过去、现在,而且是将来永远要提出来讨论的问题。事实上两千多年来的西方哲学史上一

---

① 参见王太庆:《我们怎样认识西方人的"是"?》,《学人》1993 年第 4 期。

直在讨论这个问题,现在不过是又掀起了一番讨论而已。西方讨论中的一些问题,现在被中国学者陆续引入国内,不但使我们的讨论增加了广度和深度,而且可以提高我们对西方哲学的理解,使我们的学术研究能逐渐和西方的研究接轨。

古代希腊哲学家提出以 on 作为重要的哲学范畴时,柏拉图和亚里士多德就已经预见到这将是一个永远令人困惑的问题。现在我们中国人要理解它,又要隔着古代与现代、西方与中国、印欧语系的希腊语与汉语这样三重困难。这样复杂的问题,不属于本书所能讨论的范围。我们只能限于讨论如何用现代汉语去翻译古希腊哲学中的这个术语,在本卷中则限于如何以现代汉语去翻译亚里士多德哲学中的这个术语,也就是如何尽可能地让讲现代汉语的中国人能够理解这个术语和这种思维方式。

这里首先遇到一个哲学术语、范畴和日常语言的关系问题。哲学范畴是从日常语言中发展起来的,古代希腊哲学家在提出一个新的观点时,往往只能从日常用语中选来一个词,加以阐述和论证,使其具有比较明确的哲学含义,逐渐形成为哲学术语和范畴。这样,哲学范畴和日常用语会有一些不同,尤其是一些经过变化发展的哲学范畴,会和日常语言有相当大的差别。但是也应该看到,这些哲学范畴终究是从日常语言发展出来的,它们在字面上还是相同的;因而在理解它时,终究也不能完全抛开它在日常语言中的意义,对于那些在这方面专业知识较少的读者尤其如此,所以我们也只能以日常语言的用法开始。

西方语文中的"on"、"ens"、"being"、"Sein"都是兼有"在"、"有"、"是"的三合一的意义,它可以根据时态语态和上下文作不同的理解。但在现代汉语中,"存在"、"有"和"是"却是三个完全不同意义的词,作不同的用法。其中,"有"和"存在"还多少有些相通;而"存在"和"是"却是完全不同的。我们日常语言中所说的"存在",是指它是实实在在的,是在那里的,是有的,更明确地说,是在时间空间中的。尤其是多少年来我们已经习惯于承认:存在和意识的关系问题,与物质和精神的关系一样,是哲学的基本问题,因此已经习惯于将"存在"和"物质"等同,认为它是和意识、思想对立的。这是我们对"存在"

这个哲学范畴的最普遍的理解。虽然后来逐渐承认除了物质性的存在以外，还有抽象的存在，思维中得到的观念、概念，也是一种存在。这样理解的哲学范畴已经和西方的这个范畴的"存在"意义基本一致了。而"是"这个词，在现代汉语中只作系词用，是在句子和判断中作联系主语和谓词的；在汉语中，"是"基本上只作系词，不作（或极少作）名词用，从来没有将它用作哲学范畴的。因此，对于亚里士多德所使用的这个范畴，译为"存在"呢，还是译为"是"？是我们现在要讨论回答的问题。当然，如果我们能够从现代汉语中找到一个能兼有"存在"和"是"意义的词，用来翻译它，那是最好的。上文提到吴寿彭先生在《形而上学》中将它译为"实是"，是这样一种尝试，但它没有成功，因为"实是"既不能表示"存在"的完全的意义，更不能表现"是"的系词作用。

我们以为，既然西方语文中的这个词兼有"在"、"有"、"是"的三合一的意义，所以将它译为"存在"或"是"都是不错的，但是要根据哲学原著，选用合适的译词。就对亚里士多德的著作说，尤其是他的逻辑著作和《形而上学》中的主要思想说，却以译为"是"比较合适，因为他在这些著作中强调的是逻辑和哲学的求"真"意义，他认为"真"和系词"是"是不可分的。

亚里士多德的逻辑著作《工具篇》的第 1 部《范畴篇》是从分析语词得出范畴的。其中第 2 节和第 4 节将语词分析为简单的和复合的两种，简单的就是非复合的词，它或者表示本体，或者表示性质、数量、关系、动作等，他列举了10 种，就是通常所说的 10 个范畴。而复合词就是由词和词组合起来的句子、命题和判断，他举的例子是"人奔跑"、"人获胜"。他认为简单的语词本身并不包含肯定或否定，只有这种由词组合而成的命题和判断才有肯定和否定；也只有肯定或否定的命题，才有"真"和"假"的问题。比如对于一个在奔跑的人，肯定他"是在奔跑"，便是真的，如果否定他"不是在奔跑"，便是假的。而那些非组合的词，如"人"、"白"、"奔跑"、"胜利"等，却既没有表示肯定或否定，也就无所谓真和假的分别了。（2a5—10）可见亚里士多德认为：只有由词和词复合而成的命题和判断才有肯定和否定，只有肯定或否定的命题和判断才有真或假之分。而命题和判断总是由主词和谓词构成的，即使是没有用系词"是"的命题和判断,也可以变成用"是"作系词的命题和判断,如"人奔跑"可以转换成"人是在奔跑",这在现代汉语和西方语言中都是一样的,不过西方语言中更可以加上时态语态的变化。因此系词"是"和"不是"成为表示肯定和否定的最普遍的形式,也成为判断"真"和"假"的常用的关键词。而"存在"不但不能起这样的作用,而且汉语中的"存在"是和"胜利"、"奔跑"一样,只能属于亚里士多德所说的简单的非复合的词,其本身是无所谓真假的。

亚里士多德创立逻辑学,原来是为了反对当时的智者和一些政治野心家的诡辩,他们以一些貌似正确的命题、推理和论证蛊惑人心。因此亚里士多德在逻辑著作中为命题、推理和论证寻求判别正确和错误即"真"和"假"的标准。其中命题是基本的,推理和论证都由命题组合构成;而命题的真和假,以及由命题构成的推理和论证的真和假,都离不开系词"是"和"不是";亚里士多德得出三段论的各种格式,是由肯定、否定、全称、特称命题的各种不同组合构成的,这些命题现在都用"是"和"不是"表示,虽然亚里士多德当时常用的是"属于"和"不属于",但显然不能译为"存在"和"不存在"。

《形而上学》第2卷(α)是讨论本原和原因的,在第1章中亚里士多德明确提出哲学的目的是求"真"。他说:"将哲学称作求真的知识是正确的。思辨(理论)知识以求真为目的,实践知识以行动为目的。尽管实践的人也考虑事物是什么,但他们不从永恒方面去研究,只考虑和当前有关的事情。我们认知真是离不开原因的,必须知道在一类具有相同特性的东西中,那个能赋予其他东西以这种共同性的东西是最高的。例如火是最热的,它是其他热的东西所以是热的原因;使其他真的东西成为真的原因就是最真的。那些构成'永远是的'的原因必然是永远真的,因为它们不只是有时是真的;也没有任何东西是它们是什么的原因,它们是其他东西之所以'是'的原因。因此,是和真是一致的。"(993b19—31)他认为求真就是寻求事物之所以是如此的原因,比如同一类热的事物,造成它们是热的原因就是火;因为只要它是火,它总永远是热的,只有这永恒是热的火,才是一切是热的东西所以是热的原因。同样的道理,使一切是真的东西所以是真的原因,只能是那永远是真的。只有那些永远是的东西才是永远真的。比如"人是两足的动物",这是永远是的,也是永远真的;又比如"苏格拉底是人",只要承认苏格拉底是个人的名字,无论他现在是不是存在,这个命题是永远是的,也是永远真的。所以亚里士多德要寻求的真的原因,是"永远是的",也就是"永远真的"。因此他说:"是"和"真"是一致的。这个"是(on to)"显然不能译为"存在","存在"只能说是实在的,却不能说它是真的。亚里士多德要求的这种既是永远是的又是永远真的东西,它只能是:(一)逻辑的命题和推理论证的形式;(二)自然科学发现的公式、公理和规律。由此可见亚里士多德提出哲学的目的是求真的思想,对于西方文化重视逻辑、重视科学的传统是起了十分重要的作用的。

亚里士多德将知识分为理论的、实践的、创制的三种,在这里他将理论知识和实践知识加以区别,说理论知识的目的是求真,而实践知识的目的是行动。他将人的实践活动的知识如伦理学、政治学都归为实践知识,说它虽然也考虑事物是什么,但不从永恒方面去考虑,只考虑和当前有关的事情。这一点他在《伦理学》中有过解释,他认为人的行动既有理性又有欲望,而欲望是有选择和追求的,选择对自己好的、善的事情,并不追求永恒的真。他认为理论知识是要判断真和假,而实践知识是要判断善和恶。(1139a21—31)他所作的这个分析,对我们比较中西方哲学和文化的差异,是可以有启益的。

《形而上学》第5卷(Δ)被称为"哲学辞典",其中第7章是专门分析"是(to on)"的各种含义的。亚里士多德分析了作为偶性的"是"和作为本体的"是",说有多少种范畴就有多少种"是"。接着他将"是"和"真"联系起来,说:"'是'表示真,'不是'表示不真,是假;肯定和否定也是这样,例如说'苏格拉底是有教养的',这是真的,说'苏格拉底是不白净的',也是真的,但是说'正方形的对角线不是可通约的',这个'不是'就是说它是假的。"(1017a31—35)有的译文将前面的 to on 译为"存在",后面的例句中却又不得不译为"是"和"不是",这就很难令人读懂了。

至于范畴和"是"的关系,以及作为本体的是和作为属性的是的关系,亚里士多德在《形而上学》第7卷(Z)第1章开始作了说明。他说:"是"有多种含义,一种意义是"是什么(ti esti)"和"这个(tode ti)",另一种意义是性质、数量等范畴。其中"是什么"是首要的、基本的是,它表示事物的本体。我们问这个事物是什么时,不会说它是白、是热或是三肘长,而说它是人或神。其他的"是"只是这个"基本的是"的性质、数量、关系、变化等属性。如果问这些"行"、"坐"、"健康"等属性是不是各自存在的? 就其本性说,它们没有一个是能脱离本体而独立存在的,存在的只是那个在行、坐或健康的事物(人)。如果没有"这个",便无从使用"好"或"坐着"这类词。显然是由于这个范畴之为"是",其他范畴才得以为"是"。这个单纯的、原始的"是"就是本体。(1028a10—31)①有些译本将这段话中所有的"是"都译为"存在",就使人难懂了:为什么还要问作为属性的"存在"是不是各自"存在"呢? 可是另一方面,如果将这段话中的这个词都译为"是",也会发生同样的问题:为什么还要问作为属性的"是"是不是"是"呢? 只有吴寿彭的译文将它分别译为"存在"和"是",才将问题讲清楚了:本体和属性都是"是",只是"本体的是"是可以独立自存的,是存在;而"属性的是"是不能离开本体而独立自存的,只能依附于本体,所以它们被称为属性。《形而上学》第 7 卷是专门讨论本体的,它论证本体是"是"的中心,被称为"本体中心说"。亚里士多德提出的 10 个范畴都可以说是"是",其中只有本体是独立存在的,可以译为"实体(实在的存在)"或"本体(包括抽象的存在)";而性质、数量等属性范畴,还是不要译作"存在"为好。从这里也可以看出,"是"这个范畴的外延比"存在"大,"存在"只是一种特殊的"是"。

　　前面已经提到:系词"是"和"不是"是判断"真"和"假"的关键词,但对于这两个词也还有不同的译法,主要可以《形而上学》第 4 卷(Γ)第 3 章以下讨论关于"是"的思维的公理——矛盾律和排中律为例。亚里士多德对矛盾律是这样表述的:"同一东西不可能在同一时间、同一方面既属于又不属于同一事物。"(1005b19—20)这个"既属于又不属于",接着便指明说即是赫拉克利特所说的"einai"和"me einai",过去许多译本都将它译为"既存在又不存在"。既然希腊文"einai"兼有"在"、"有"、"是"三合一的意义,这"einai"和"me

---

① 　参见吴寿彭译:《形而上学》,第 125 页。

einai"在汉语中译为"既存在又不存在"、"既有又没有（无）"以及"既是又不是"，都是可以的；但是这三种译法在汉语中却是有不同的意思和理解的。在我们日常语言中，存在的就是实在的、有的，不存在就是没有，就是无。所以"既存在又不存在"和"既有又没有（无）"是同样的。在中国哲学中，老子和魏晋玄学都以"有"和"无"作为主要的哲学范畴，但他们都没有讲"既有又无"。所以在一般人看来，怎么能说一个事物是"既存在又不存在"或"既有又无"呢？在古代希腊，赫拉克利特提出这个命题是专指运动变化的事物而言的。他认为万物皆流，一切都在不断运动变化之中；因此他认为"人不能两次踏进同一条流水之中"，因为你两次踏进的虽然是同一条流水，但当你第二次踏进去时，原来的水早已流走，它已经不是同一条流水了。所以他认为当你第二次踏进去时，它"既是又不是同一条流水"。我们可以说一切运动变化的事物都有这种"既是又不是"的情况。巴门尼德认为按照赫拉克利特的说法，事物既是又不是，便失去了事物的确定性，因为如果说它"是"是真的，说它"不是"也是真的，究竟它是"是"还是"不是"呢？所以他提出了反对的说法：只有说它"是"，不能不是的，才是真的；而那"不是"的，必然不是的，便是假的。他这个说法，对要断定事物的确定性，分辨命题的真和假，是不可少的。我们看到，赫拉克利特是从事物的运动方面论述的，而巴门尼德是从事物的确定性即静止方面论述的，实际上他们各自都只说了一个方面。亚里士多德对于矛盾律的表述可以说是将赫拉克利特和巴门尼德的说法融合起来了。他一方面肯定巴门尼德的说法，认为不能说"既是又不是"；另一方面又将这个说法加以限制，说它是"不能同时、同一方面（还可以加上：对同一个人、同一事件等等）既是又不是"。而事物的运动和变化就是在不同时间或不同方面进行的，从这时的这样变成那时的那样，从这一方面的这样变成那一方面的那样，这就是说：在不同的时间、不同的方面，事物是可以"既是又不是"的，所以赫拉克利特并没有错。人是不是两次踏进同一条流水？从长远的时间说，这一条溪流中的水总是同一条流水，它不同于其他溪流中的水；但是从人踏进去的瞬间说，他再次踏进去时已经不是第一次踏进去时的水了，所以他踏进去的"既是又不是"同一条流水。这个例子如果用"存在"和"不存在"翻译,是很难令人理解的,如果译为"是"和"不是",即使用日常语言,也是可以说清楚的。而这样的思维方式,在西方哲学中是最常见的,可是在中国传统哲学中却很少见,先秦名学中曾提出过相似的命题,却没有继续下去。

以上只是从亚里士多德的逻辑著作和《形而上学》中选择列举几个例子,试图说明希腊文"eimi"、"einai"、"on"虽然本来具有"在"、"有"、"是"的三合一意义,从日常语义层面说,可以根据语境分别译为这三个词,但在亚里士多德认为逻辑和哲学的求"真"的意义上说,将它译为"是"比译为"存在"比较恰当。因为"是"和"不是"是判别"真"和"假"的关键词,这一点在西方哲学重视逻辑和分析的传统中起了重要的作用,形成西方文化重视逻辑、重视科学的传统。Being 作为一个重要的哲学范畴,译为"是"有助于我们学习和理解西方哲学的思维方式,也有助于理解西方文化的传统精神。当然,作为哲学范畴的 Being,它仍有作为"存在"和"有"的含义。因此我们有时译为"是(存在)"或"存在(是)",或注上原文。

### 三　亚里士多德和柏拉图

亚里士多德和柏拉图的关系问题是哲学史上一直讨论的话题,也是研究亚里士多德思想无论在哪一方面都不能避开的问题。前面已经说过有关他们师生间的私人关系,从古以来就有不同的相反的传说,"吾爱吾师,吾尤爱真理"可以表示亚里士多德的品质。

关于这两位哲学家在学术思想上的同异问题,黑格尔在《哲学史讲演录》中叙述了当时——19 世纪初欧洲流行的看法:"认为亚里士多德和柏拉图的哲学是正相对立的,后者是唯心论(idealism),前者是实在论,而且是最不足道的实在论。柏拉图以'相'、理想为本原,使内在的'相'从自己创造自己;而依照亚里士多德,则灵魂乃是一块白板,它的所有的规定性都是完全被动地从外界接收过来的。他的哲学乃是经验论,而且是最坏的洛克式的经验论等等。但我们将要看到事实并不是这样,实际上亚里士多德在思辨的深度上超过了柏拉图,因为亚里士多德是熟识最深刻的思辨唯心论的,而他的思辨的唯心论又是建立在广博的经验材料上的。"①黑格尔的深刻处就在于他能从这两种貌似不同的哲学中,看到它们有深邃的共同点。

深受黑格尔影响的策勒在《希腊哲学发展史》中将这些特点论述得更加具体,他说:"亚里士多德一贯设定苏格拉底—柏拉图的'相的哲学'特征的总的观点,他的任务只是在这个总的路线上建立更完全的知识系统;他用更精确定义的指导原则,用更准确的方法,更广泛和日益增进的科学材料来建立这种系统。在他自己的著作中确实很少表现出同意他的老师,而是经常同柏拉图的观点进行争辩,可是实际上他对柏拉图是同意大于分歧。只有将他的整个体系看做是柏拉图体系的发展和进步,是由苏格拉底建立、由柏拉图推进的'相的哲学'的完成,我们才能理解亚里士多德。"②策勒也特别强调亚里士多德哲学的经验基础,说他"不仅是一位最高思辨的哲学家,同时也是一位最精确和不知疲倦的观察者,是在这个世界上我们知道的一位最博学的人。在他的一般学说中他认为经验是思想的先行条件,思想材料都从知觉中产生,所以在实践上他为自己的体系提供了广阔的经验知识基础,将他的哲学建立在对事实材料的全面评估上。特别是关于自然学说,他认为我们应该首先知道现象,才能寻求它们的原因"。③ 所以策勒认为亚里士多德和柏拉图的根本区别在于:"柏拉图对于从'相'下降到现象世界中的个别事物很少兴趣,对他来说只有纯粹的'相'才是哲学知识的唯一本质对象。亚里士多德承认科学知识必然是有关事物的普遍本质的,但是他不停留在这一点上,他认为从普遍推演个别乃是哲学特有的任务;而科学却从一般不确定的东西开始,但又必须进入确定的东西。它必须解释材料,解释现象,所以它不能忽略任何东西,即使那是毫无意义的,因为那里可能有知识的无穷宝藏。"④

黑格尔和策勒一方面指出:苏格拉底—柏拉图—亚里士多德共同完成了"相的哲学",即承认有普遍的必然的理性知识,这是哲学的对象;另一方面又

① 黑格尔:《哲学史讲演录》第2卷,中译本,第270页。
② 策勒:《亚里士多德和早期漫步学派》第1卷,第162页。
③ 策勒:《亚里士多德和早期漫步学派》第1卷,第175页。
④ 策勒:《亚里士多德和早期漫步学派》第1卷,第166—167页。

指出亚里士多德和柏拉图的不同在于：柏拉图只承认普遍的相而忽视现实世界中的个别事物，而亚里士多德却认为普遍知识只能从个别事物中获得，所以他重视个别事物和经验事实。这两点几乎为多数亚里士多德学者所认同。

耶格尔提出发生法，同时也就提出了有关亚里士多德和柏拉图的关系方面的一个新的问题，因为他认为亚里士多德思想的发展变化是以他和柏拉图思想的接近、疏远以至反对的情况来分辨的，所以他要确定亚里士多德的不同生活时期中和柏拉图的思想究竟处于什么关系。耶格尔开始研究亚里士多德的早期著作残篇，认为在《欧德谟斯篇》和《劝学篇》中亚里士多德接受灵魂不朽和回忆说，同意纯思辨的辩证法，承认最高的善是最精确的尺度等等，都是接受柏拉图思想的，因此他将这段时期称为亚里士多德的"柏拉图主义"（Platonism）时期。他认为稍后的《论哲学》是亚里士多德自己独立的哲学宣言，他从此开始批判柏拉图的哲学，经过《形而上学》对柏拉图相论的批判等，他一步步离开柏拉图的哲学。耶格尔认为亚里士多德哲学的发展过程是从柏拉图的思辨形而上学向经验科学的转变。他不同意策勒所说的现存的亚里士多德的主要著作都是在吕克昂时期构成的；他认为亚里士多德的哲学基础已经在他的中期阶段完成了，而将亚里士多德在雅典的最后阶段即吕克昂时期称为第三时期，说它完全是一个新的开始，转向经验的研究细节。他认为前面讲到的亚里士多德所作的大量资料汇集整理工作，如德尔斐神庙遗址中发现的皮提娅斯赛会优胜者名单以及158种城邦政制的收集等，都是亚里士多德在吕克昂时期完成的。耶格尔认为亚里士多德在他的最后时期对自然和自然生活作了详细的研究，他举出《动物志》中有些记载，如大象的生活习惯希腊人原来不知道，是亚历山大大帝在远征印度途中为亚里士多德收集来的。他认为这可以表明亚里士多德的动物学著作也大多是在后期完成的。耶格尔认为只有对经验事实进行深入的研究，才能对实在世界得到科学的知识，所以他认为"亚里士多德所作的正是一个革命的变革，科学思想才能一步一步地达到现在的程度"。① 耶格尔认为亚里士多德思想的发展就是从原来的柏拉图主义

---

① 耶格尔：《亚里士多德：发展史纲要》，第324—336页。

逐渐离开，转向经验科学的过程。因此在评定一部亚里士多德的著作时，他就问这部著作的哲学观点离柏拉图主义有多远，以此作为判断亚里士多德著作先后的标准。

尽管许多学者接受耶格尔提出的发生法，但对他提出的这种具体的划分办法，在学者中却大多持反对态度。杜林也分析研究了亚里士多德的早期著作残篇，却得出和耶格尔完全相反的结论，他反复强调亚里士多德是"从开始起"（von Anfang an）就采取和柏拉图对立的观点。对于杜林的这个论断，格思里认为下得太绝对了，因为亚里士多德初进柏拉图学园时还不到 20 岁，一个刚从北方文化落后的城市来到雅典接受一位如此有名学者教育的青年，怎么可能一开始就和老师持对立的观点呢？[1] 杜林还注意到亚里士多德在《论动物的运动》中讲到"永恒的运动"（700b32 — 35），说这是"柏拉图主义的爆发"，并且解释说：亚里士多德"在时间上离柏拉图越远，在赏识那最高的超验原理上，却是离他的老师最近"。[2] 这似乎是和耶格尔唱反调，但不是毫无道理的，因为亚里士多德所说的"形式"实际上就是柏拉图所讲的"相"。

欧文（G.E.L.Owen）在 1965 年专门写了一篇文章《亚里士多德的柏拉图主义》（载《逻辑、科学和辩证法》论文集），他说：虽然最早是由凯斯和耶格尔提出亚里士多德思想的发展是从柏拉图主义转变成他自己的体系，但对"柏拉图主义"如何理解？他们二人的看法实际上是不同的。凯斯写的"亚里士多德"条目出版于 1910 年，当时对柏拉图对话的编年分期还没有比较公认的意见，因此他所说的"柏拉图主义"还是一个笼统的概念，并没有因不同时期的对话而有不同的内涵。可是耶格尔提出"柏拉图主义"时对柏拉图对话的分期已经有了比较一致的意见。欧文指出：当亚里士多德进入柏拉图学园时已经是柏拉图写后期对话《泰阿泰德篇》、《巴门尼德篇》、《智者篇》等的时候了，从这些对话中可以看到柏拉图对原来的相论已经有所批判，尤其是从"第三人"的论证等可以看出他已经对逻辑学开始研究。欧文强调当时亚里士多

---

① 参见格思里：《希腊哲学史》第 6 卷，第 7 页。

② 转引自格思里：《希腊哲学史》第 6 卷，第 15 页注 3。

德已经开始形成的逻辑思想是和柏拉图的相论互相矛盾的,可是耶格尔所说的亚里士多德的"柏拉图主义"时期乃是指柏拉图前期对话《斐多篇》、《会饮篇》、《国家篇》中的相论,这岂不是学生思想的发展落后于老师的思想了。欧文在文章的结尾时说:所谓"柏拉图主义"是一个不可捉摸的字眼,我们最好还是从各个方面——形而上学、逻辑学、物理学、心理学等方面去切实地探讨柏拉图对亚里士多德的影响。①

耶格尔提出的一些论证确实是经不起推敲的,比如他说亚里士多德从批判柏拉图的相论开始便逐渐离开了柏拉图主义,其实当他进入柏拉图学园时,学园内部已经对原来的相论进行讨论和批判,柏拉图自己在《巴门尼德篇》中对少年苏格拉底的相论的批判就是证明。所以与其说亚里士多德批判相论是离开柏拉图主义,还不如说他是更接近当时柏拉图的思想。又如上面所引杜林指出的亚里士多德在《论动物的运动》中讲到关于永恒运动的思想,基本上是和他在《形而上学》中的神学思想——不动的动者有密切联系的。一般认为亚里士多德的神学思想是他的形而上学的顶峰,它固然和柏拉图的前期相论中的目的论思想有关,更和后期对话《蒂迈欧篇》的宇宙创成说和创造者(Demiurgos)的学说有密切联系,所以上引杜林说亚里士多德在时间上离柏拉图越远,在最高的超验原理上却离他老师越近,是有道理的。

陈康在《智慧,亚里士多德寻求的学问》一书中接受了耶格尔的发生法,对亚里士多德的形而上学思想作了历史的分析,讨论了他在各个不同阶段中的神学和本体论(ontology 及 ousiology)相互之间的交替变化发展情况,最后得出结论说:"在亚里士多德寻求智慧的过程中,柏拉图的影响之广是惊人的。在我们的这项研究中,亚里士多德的每一个主要方面都以柏拉图哲学为背景。"②这就是说在亚里士多德的思想发展过程中,无论哪一阶段哪一方面都可以发现柏拉图哲学对他的影响,因此要在亚里士多德的思想中去划分什么

①　参见欧文:《逻辑、科学和辩证法》,第 200—202、219—220 页。
②　陈康:《智慧,亚里士多德寻求的学问》,第 387 页。

柏拉图主义阶段和非柏拉图主义阶段,实际上是徒劳的。耶格尔认为亚里士多德是到后期才转向经验科学的研究的,这一点也受到驳斥。一个重要的证据是,在亚里士多德动物学研究中的大量材料并不是由亚历山大大帝东征时提供的,而是要早得多。我们在上面提到过的罗斯在《亚里士多德思想的发展》一文中引用了《动物志》的英文译者汤普逊的意见,认为亚里士多德在书中讲到的许多动物都是在列斯堡岛东南海角和小亚细亚沿海才有,在雅典附近是没有的,因此这部分材料只能是亚里士多德离开柏拉图学园在小亚细亚漫游时期收集研究的,并不是他最后在吕克昂时期的工作。所以汤普逊认为亚里士多德的自然研究先于他比较严格的哲学著作的研究,我们可以用前者去解释后者。当然,亚里士多德著作后来是经过增删修订的,会补充许多材料包括亚历山大东征时提供的材料。许多学者指出:亚里士多德出生于医生世家,从小就向他父亲学习实验医学,他对经验事实的兴趣是贯彻始终的。他在《范畴篇》中认为个别事物才是第一本体,经验世界中的具体事物是他注意的重点,即使在作抽象的概念分析时他也注重从经验事实中寻求验证,这是他和柏拉图的根本不同点。罗斯在《亚里士多德思想的发展》一文结束时说:“可以认为亚里士多德整个一生中并存着两个调子——哲学的和科学的。”

亚里士多德一生中确实并存着两个调子,一个是从柏拉图影响下的理性思辨,另一个是他自己特有的重视经验事实。这两个方面在他那里都是贯彻始终的,我们不可能将他的几个时期严格划分为这一段是经验的,而那一段是柏拉图主义的,像耶格尔所做的那样。当然在不同的时期、不同的著作乃至不同的章节中,亚里士多德的侧重可以有所不同,有时偏重理性思辨,有时偏重经验事实,这是可以仔细分辨的;从而推断他在这一时期、这一著作或章节中的思想离柏拉图的思想比较近些还是远些。但是也应该注意到:即使当亚里士多德作理论思辨时他也重视经验事实,或者从经验出发或者以经验为例证;而当他观察研究经验事实时他也总是采用分析论证的方法,作出理论思辨的结论。这两个不同的调子在他身上已经融为一体不能分离了。如果说苏格拉底—柏拉图—亚里士多德开创了西方理性主义哲学的传统,则我们以为亚里士多德有他自己的特点,可以说他是最早的一位重视经验的经验论的理性主义哲学家。

### 四　知识的分类

现存的亚里士多德的著作不像柏拉图的对话那样已经有比较公认的先后次序,可以循序论述他的思想的发展变化,因此我们只能按照他自己划分的知识的各个部门,分别论述他的思想,这是现在一般哲学史通用的写法。

在亚里士多德以前的希腊人还没有多少分门别类的学科,从柏拉图《国家篇》中所列的课程表看,当时的数学已经相当发展了,它本身已分成算术、平面几何和立体几何,天文学和谐音学则被看成是数学的分支。柏拉图虽然对伦理、政治、宇宙自然和灵魂等问题都分别作过具体的研究,在一些对话篇中作过专门的讨论,但还没有将它们当做一门门独立的学科来分别研究。这项工作是从亚里士多德开始的,他将它们分门别类地进行独立的研究,他是许多学科的创始人。

亚里士多德在《形而上学》第 6 卷(E)中将知识(episteme)分为三类:实践的、制造的和理论的。他所说的实践知识主要包括伦理和政治,都是关于人的活动的,他的政治原则是建立在伦理原则——"人的至善"上。他还有一部现存著作叫 Oeconomica,原来被译为《经济学》,所以有人说他也是经济学的创始人。但他自己在这部书上说这门学科和政治学的不同,不仅是家庭和城邦的不同,而且政治总是有几个统治者,而 oeconomia 则是由一个人(家主)治理的。(1343a1—4)它主要讨论的是家庭财产关系等问题,苗力田将它译为《家政学》是准确的,虽然其中已经讨论到财政管理、货币流通、货物的输出和输入等后来属于经济学中的重要问题。而且这部著作的真伪在学者中也还是有争议的。

亚里士多德所说的制造的知识相当于我们现在所说的有关技艺的实用性知识,古代希腊将诗人、戏剧家的文学艺术才能看成是和建筑者的建筑术、医生的医疗术属于同一类制造性知识。在现存的亚里士多德著作中属于这一类的大约只有《诗学》了;从古代书目中可以看到亚里士多德也写过有关医术和解剖学等著作,还有不少关于文学的著作,可惜都佚失了。

亚里士多德将理论知识又分为三类:自然哲学、数学和神学。他所说的自然哲学原文是 physike,它的词源是 physis 即自然,应该译为自然学或自然哲学;但后来拉丁文摹写的 physica,近代欧洲语如英文译为 physics,则是一门近代科学——物理学了。可是亚里士多德的《物理学》显然还不是近代物理科学意义的著作,它讨论的是自然界——物理世界的最一般的范畴和规律,如运动和静止、有限和无限、空间和时间等,它们属于自然哲学的范围。但是亚里士多德的自然哲学包括的范围却应该比这本《物理学》广泛得多,在现存亚里士多德著作中可以列为自然哲学的有三个方面:第一,在物理天体方面,除《物理学》外还有《论生成和消灭》、《论天》等,这些是亚里士多德在总结苏格拉底以前的自然哲学家们和柏拉图在《蒂迈欧篇》中的宇宙论和其他自然哲学思想基础上发展而成的。第二,以《论灵魂》为主,还有《论感觉及其对象》、《论记忆》等短篇著作,是亚里士多德总结了以前的自然哲学家以及苏格拉底和柏拉图有关灵魂的思想发展而成的,可以说是他的心理学和认识论。第三,《动物志》《论动物的运动》《论动物的生成》等研究动物学的著作,其中大部分可说是属于具体的经验科学了,但在若干章节中亚里士多德也阐述了他的重要的哲学思想。

虽然亚里士多德将数学划为理论学科中一个独立的分支,但在现存的亚里士多德著作中却没有关于数学的著作,在古代书目中有亚里士多德极少论及数学的著作也都佚失了。因此亚里士多德和数学的关系也是学者们讨论的话题,有人认为因为亚里士多德注重经验科学,所以将数学忽视了;有人认为亚里士多德因为反对斯彪西波和色诺克拉底将柏拉图的"相"数学化,所以他对数学产生了一种敌视的心理。但是许多学者为亚里士多德辩护,认为他在数学领域内虽然没有像在别的学科那样作出创造性的贡献,但他运用数学解释天文、物理甚至伦理现象,在方法论上为哲学理论作出了贡献。尤其是亚里士多德在逻辑学中阐述的公理、假设与推理论证的形式和当时几何学的证明与建立体系的工具方法是相互促进的。罗斯认为亚里士多德在数学方面虽然没有作出创造性的发现,但是没有另一位思想家对于数学本性的哲学理论作出过像他这样大的贡献。① 著名的数学史家克莱因则将亚里士多德创立逻辑学和数学联系起来，并指出这对后来欧几里德的《几何原理》影响巨大。他说，亚里士多德虽在发现新的数学结果上没有重要贡献，但他对数学的本性及其与物理世界的关系所发表的看法却影响很大。他对定义的看法是合乎时代精神的。他讨论了数学的基本原理，把公理和公设区分开来，认为公理是一切科学的共同的真理，而公设却只是某一门科学接受的基本原理，这种主张被欧几里德接受了。希腊人在制定正确的数学推理规则时就已奠定了逻辑的基础，但是要等到有亚里士多德这样的学者才能将这些规则典范化和系统化，使之成为一门独立的学科。② 今天我们读亚里士多德在《前分析篇》中讨论形式逻辑三段论的各种推理形式时，可以明显感受到它们和几何学论证之间的血缘关系。另一位希腊数学史家希思在《关于亚里士多德的数学》（1949 年）中说亚里士多德："他显然不是一位专业的数学家，但是他能和当时基本的数学知识齐步前进。数学史家能够从他的著作中，如同在欧几里德以前直接使用的几何学教科书的内容一样，得到有益的启示。"③

亚里士多德将最高的理论学科叫作"第一哲学"，这就是他的哲学——形而上学思想。Metaphysica 这个词原来是安德罗尼柯在编纂亚里士多德著作时将其中一些论述最抽象的最高理论的著作编在《物理学》（Physica）以后，无以名之便称为 meta-physica，直接翻译应为《物理学以后诸篇》，中文按《易经·系辞》上说"形而上者谓之道，形而下者谓之器"，将它译为《形而上学》，这个书名后来被用为哲学上的专门术语，指超验的学问也就是哲学。

亚里士多德按这三种理论学科的对象的本质特征作了划分，他认为物理学是研究那些运动的却又不能和质料分离的本体（即具体事物）的，数学是研究那些不运动的却又是在质料之中不和质料分离的本体（即数）的，而第一哲学却是研究那些自身并不运动而又可以和质料分离的（就是抽象的）本体的，它是最崇高的知识。（《形而上学》E，1025b27—1026a21）他将自身不动而又

---

① 参见罗斯：《亚里士多德〈物理学〉校释》，第 70 页。

② 参见克莱因：《古今数学思想》第 1 册，第 62 页。

③ 希思：《关于亚里士多德的数学》，第 1 页。

与质料分离的、能够推动其他事物运动的本体叫作"不动的动者"也就是"神",所以这门最高的学问叫作"神学"(theology)。但是他在《形而上学》*Γ*卷中又将第一哲学说成是研究 to on("是")的学问,它的对象是 to on hei on("作为是的是")。这样的学问叫作 ontology,一般译为"本体论"。在亚里士多德的形而上学中既有 theology 的部分,又有 ontology 的部分,它们二者处于什么关系,是不是有先后主次之分? 这也是学者们一直争论的问题,我们将在第三编中专门讨论它。

亚里士多德是逻辑学的创始人,但他却没有将逻辑学列入上述三类学科之中。他认为逻辑学是研究一切学问从而获得正确知识的方法和工具。后人将他有关逻辑的著作——《范畴篇》、《解释篇》、《前分析篇》、《后分析篇》、《论题篇》、《辩谬篇》合编在一起,称为《工具论》(*Organon*)。亚里士多德是在探讨了各种判断推理,尤其是后期智者们所作的许多诡辩论证,加以分析整理,得出正确的逻辑推理形式以及它们的公理和规则。《范畴篇》主要讨论概念和范畴,《解释篇》主要讨论判断。亚里士多德将演绎推理的形式取了一个名称叫 syllogismos,一般译为"三段论式",它的主要格式是在《前分析篇》中论述的,《后分析篇》则主要论述证明知识的方法和本原问题。亚里士多德自己并没有使用"逻辑"(logike)这个名词,他是用"分析"(analytika)这个词表达逻辑的意思。在这些著作中亚里士多德并不是单纯讨论逻辑的形式即格式问题,而是也论述了他对语言和逻辑的普遍原则的观点即逻辑中的哲学问题;尤其在《范畴篇》、《论题篇》和《后分析篇》中谈到许多重要的哲学问题,可以和《形而上学》中的哲学思想比较印证。

本卷将按亚里士多德的学科分类,将他的思想分为下列四个部分依次论述:一、逻辑和哲学,二、自然哲学,三、形而上学,四、实践哲学(除伦理学和政治学外,将诗学亦列入其中,因为它和伦理学、政治学同是探讨人的实践活动的)。较早的黑格尔和策勒的哲学史著作中都认为形而上学是亚里士多德的第一哲学,自然哲学是第二哲学,所以都将形而上学列在自然哲学之前。我们以为亚里士多德并不像柏拉图那样从根本原理推演出其他思想,而是更着重于从个别事实中发现普遍原理,逐步上升到根本原理。而且实际上亚里士多德对运动和原因以及灵魂等问题都是在自然哲学著作中详细论述的,先将这些问题讲清楚有便于形而上学的论述,所以我们将形而上学部分列于自然哲学以后,现在有些学者论述亚里士多德思想时也有这样安排的。

在论述亚里士多德的各部分思想时我们还是以有关的主要著作为纲,但他的许多重要著作的内容丰富复杂,不可能再像第二卷论述柏拉图哲学时那样对各篇著作的主要内容作比较全面的介绍,只能尽可能通过分析有关章节的内容论述他的重要思想,希望能让读者对他的著作和思想两个方面都能得到比较完整的了解。对某些重要的哲学问题,亚里士多德常在不同的著作中重复论述,有时还作出不同的甚至相反的结论,我们只能在适当的地方进行分析比较。

亚里士多德的早期著作残篇是当前有些学者讨论的一个问题,它们和柏拉图的哲学思想关系密切,我们先在绪论中专列一节加以讨论。

## 第五节　亚里士多德的早期著作残篇

一般称为亚里士多德的早期著作是指他在柏拉图学园时期模仿柏拉图所写的一些对话和文章,第欧根尼·拉尔修记载的著作目录中的前十几种大约均属于这一类。[①] 这些著作在亚里士多德生前直至他去世后数百年间是公开流行、广泛传播的,西塞罗曾赞美它的文字优美,和现存那些著作的干巴巴的分析论述的文体完全不同。这些早期著作现在都已经佚失了,我们能见到的只是古代其他作者的著作中保留下来的引文和转述的一些残篇。19世纪后半叶由德国学者罗泽(V. Rose)将这些残篇收辑起来加以发表,以后数十年内有些学者研究这些残篇,发表了许多不同意见,引起了争论。在《公元前四世纪中期的亚里士多德和柏拉图》论文集中有 P. Wilkpert 的一篇文章《亚里士

---

① 参见苗力田主编:《亚里士多德全集》第10卷,中译本,第78—79页。

多德佚失著作的残篇》对这些情况作了介绍，以下根据这篇文章及其他资料作一概述。

罗泽辑录这些残篇时认为这些残篇中的思想和现在流传的亚里士多德著作中的思想有许多是矛盾的，因而断定它们是伪作。他于 1863 年将它定名为《亚里士多德伪书》(Aristoteles Pseudepigraphus) 出版。贝刻尔于 1831 — 1870 年编辑出版《亚里士多德著作集》时将罗泽辑录的残篇增添扩大成为该书第 5 卷，学者称为罗泽第 2 版，简写为 R2。后来罗泽又扩充内容，于 1886 年在莱比锡出第 3 版，简写为 R3。他在序言中仍坚持原来的意见，认为这些残篇是伪作。但和他同时的有些学者却得出相反的结论，如 Zucher 认为这些残篇原属的对话是当时公开流传的著作，而现在流传的亚里士多德著作是在他死后才被发现整理而成的，所以他认为对话比现存著作更是真正的亚里士多德学说。与此同时还有 J. Bernays 发表了《亚里士多德的对话》(1863 年)，也得出和罗泽完全相反的结论，他认为亚里士多德对话中的思想和现存著作的思想彼此并没有本质的不同，所以没有理由怀疑对话不是真的。①

相似的争论在古代已经发生过，耶格尔在《亚里士多德：发展史纲要》中介绍说：在安德罗尼柯重新发现亚里士多德的遗稿后，漫步学派的学者忙于解释这些长期被忽视的论著，进行注释；而新柏拉图学派却用当时还在流传的对话来对这些新发现的论著进行攻击，认为那些对话才真正是"没有被玷污的柏拉图主义"的资料。漫步学派的注释家不知道如何解释，后来就将这两类著作间的矛盾解释为：对话是公开的对外行人讲授的著作即 exoterikos，而新发现的论著则是在少数专业学者中秘传的学说即 akroterion，二者之间的不同正如意见和真理的区别。②

耶格尔对这两类著作间的矛盾提出看法，他认为在对话和论著之间没有谁真谁假的问题，二者都是真的。亚里士多德写早期对话是在严格的柏拉图影响下，他称之为亚里士多德的柏拉图主义时期；后来逐渐摆脱柏拉图的影响

---

① 参见《公元前四世纪中期的亚里士多德和柏拉图》，第 257 — 259 页。
② 参见耶格尔：《亚里士多德：发展史纲要》，第 32 页。

形成他自己的思想体系,这就是亚里士多德思想的发展过程。他具体研究了《欧德谟斯篇》、《劝学篇》和《论哲学》这三篇早期著作,指出前两篇属于柏拉图主义时期的作品,《论哲学》亚里士多德则开始提出自己的哲学体系。他在《亚里士多德:发展史纲要》书中作了详细论述。尽管学者们对耶格尔的说法提出过不少反对意见,但是我们以为在亚里士多德的这些早期著作中确实有浓厚的柏拉图思想影响,我们研究这些早期著作可以了解亚里士多德的哲学是怎样从柏拉图的"根"中萌发出来的。限于篇幅,只能选择学者们讨论较多的三篇著作——《欧德谟斯篇》、《劝学篇》和《论哲学》介绍论述。

罗泽辑录这些早期著作残篇时大体按照辑自古代作者的著作排列,而没有按照亚里士多德的各篇著作分别编排。罗斯在编辑《亚里士多德著作集》的英文译本时,从罗泽所编残篇中选择了一部分编为第 12 卷,但改为按亚里士多德各篇著作分别编排,并加了残篇编号,括号内注明的是罗泽编的第二版和第三版残篇的编码,如《劝学篇》残篇第三(R2,89;R3,57),这是现在学者们引述时常用的写法,我们也采用这种写法。巴恩斯修订成为英译《亚里士多德全集》两卷本时,比罗斯本增加了一些残篇,但不采用罗斯的按亚里士多德著作分篇编排的办法,只写出罗泽第 3 版的编码,如以上罗斯列为《劝学篇》残篇第三的,巴恩斯本只写为"F57R3"。这两种本子所选残篇各有不同,同一残篇的长短详略以及译文也有不同。我们以下主要根据罗斯的译本,也参照巴恩斯本的译文和苗力田主编《亚里士多德全集》第 10 卷的中译文。苗译的《残篇》主要根据罗斯选本略加删节,但未注明罗泽和罗斯的编码。

## 一 《欧德谟斯篇》或《论灵魂》

第欧根尼·拉尔修记载的亚里士多德的著作目录所列早期著作中只有《论灵魂》一卷,罗斯所列《欧德谟斯篇》残篇第一(R2,32;R3,37)中西塞罗和普卢塔克都说这篇对话是亚里士多德写来纪念他的朋友塞浦路斯岛的哲学家欧德谟斯的。这个欧德谟斯是柏拉图的学生,后来追随狄翁参加叙拉古的政治斗争时在那里战死的。和亚里士多德有关的还有另一位也叫欧德谟斯的,他是罗得斯岛人,是亚里士多德的一位著名的学生,后来曾和塞奥弗拉斯特竞选吕克昂学院首领失败,亚里士多德的《欧德谟伦理学》就是以他的名字命名的。这是两位同名的人,亚里士多德早期写的这篇对话显然是为悼念前一位欧德谟斯而作的。

《欧德谟斯篇》的主题思想和柏拉图的《斐多篇》相同,也是主张灵魂的不朽和轮回,主张回忆说,主张灵魂只有离开肉体才能得到真正的幸福。可以说它是一篇模仿《斐多篇》的作品。

残篇第一(R2,32;R3,37)辑自西塞罗的《论占卜》。西塞罗问:伟大而神圣的亚里士多德是不是犯了理性错误,还是想将人引入歧途? 他竟说欧德谟斯旅行到帖撒利的一个市镇时得了重病,医生们认为他快要死了;他却梦见一个漂亮的青年告诉他,说他的病不久就会痊愈,并且在 5 年后可以回到家乡;他果然迅速痊愈了,但是 5 年后他并没有回到塞浦路斯,而是战死在叙拉古。亚里士多德将这个梦解释为灵魂离开了肉体就是回到了自己的家里。残篇第二(R2,33;R3,38)辑自公元 4 世纪的泰米斯提斯的《〈论灵魂〉注释》,说柏拉图在《斐多篇》中用来证明灵魂不灭的论证是:灵魂是自己运动的,学习就是回忆,因此灵魂和神相似。亚里士多德在《欧德谟斯篇》中也是以这些理由论证灵魂的不朽。残篇第三(R2,33;R3,39)辑自埃利亚斯在《范畴篇》注释中说的:亚里士多德在他的秘传学说中证明灵魂不灭时,用的是使人不得不信服的论证,而在对话中却用了比喻的论证。他在对话中说,我们都本能地向死者献祭,对死者发誓,但是没有人是会向那根本不存在的东西去献祭和发誓的。他是这样宣告灵魂的不朽的。

陈康指出,亚里士多德在《欧德谟斯篇》中只是为柏拉图的回忆说提供了一个新的论证,①那就是保留在 5 世纪新柏拉图学派普罗克洛著作中的残篇第五(R2,35;R3,41)。对于这个问题——为什么灵魂从天国到人间时会忘记了已经知道的东西,而从今世回到天国时却不会忘记呢? 亚里士多德回答说:当人们从健康到患病时会忘掉已经学过的知识,但从患病恢复健康时却没有人会忘记那些事情。因为离开了肉体的灵魂合乎灵魂的本性,是自然的,相当

---

① 参见陈康:《智慧,亚里士多德寻求的学问》,第 2—3 页。

于健康;而在肉体中的灵魂是不自然的,相当于患了疾病。亚里士多德的这个论证是以经验中观察到的现象为论据的。

残篇第六(R2,40;R3,41)是在普卢塔克著作中保存下来的亚里士多德在《欧德谟斯篇》中的一长段对话,说到神话中的弥底亚斯王俘获了善于预言未来的精灵西勒诺斯,问他什么是对一切人最好的东西? 西勒诺斯开始不肯回答,被迫再三后才说:"对所有活着的人说,那最好的事情是根本不可能的,他们不愿享有这样的事情。因为对一切男人和女人说,最好的事情莫过于根本不要出生,其次则是一旦出生以后也要尽快地死去。"他的意思显然是说死亡比活着更好。

以上这些思想和柏拉图《斐多篇》中表述的思想是一致的。《斐多篇》中还批评了将灵魂说成是和谐的意见(见本书第二卷,第 607—610 页),亚里士多德在《欧德谟斯篇》也以相同的论证批评灵魂和谐说。残篇第七(R2,41;R3,45)摘自公元 6 世纪基督教哲学家菲罗波努在《论灵魂》注释中所说的:有些人认为灵魂是肉体的和谐,亚里士多德在当前这本著作(《论灵魂》)中只是报道了这种意见,但他在对话《欧德谟斯篇》中反驳了这种意见。柏拉图在《斐多篇》中用五个论证反驳这种观点,亚里士多德使用了其中的两个:一个是和谐有和它相反的状态即不和谐,而灵魂是没有和它相反的状态的,所以灵魂不是和谐。另一个是和肉体的和谐相反的是肉体的不和谐,那就是患病、衰弱和丑陋,而肉体的和谐应该是健康、强壮和美,可是灵魂却并不是这些东西——我是说灵魂不是健康、强壮和美,因为即使是最丑陋的人塞尔西特斯(荷马《伊利昂记》中描述的希腊军队中一个丑陋的将士)也是有灵魂的,所以灵魂不是和谐。这些论证在逻辑上的失误,我们在第二卷论述《斐多篇》时已经讨论过,这里从略。格思里认为柏拉图和亚里士多德这些论证的错误,乃是将作为生命能力的灵魂和作为道德价值的灵魂二者混淆了。①

以上所说的灵魂都是作为一个整体来说的,并没有分析灵魂的内部结构和部分。本书第二卷论述柏拉图的灵魂学说时曾经讲到,在《斐多篇》以后,

---

① 参见格思里:《希腊哲学史》第 6 卷,第 70 页。

柏拉图在《国家篇》和《斐德罗篇》中已经将人的灵魂分为三个部分,即理性、激情和欲望。他认为只有由理性统治并节制激情和欲望,才是灵魂的正义。这种关系实际上说的还是灵魂这三个部分之间的和谐。亚里士多德的灵魂和伦理学说后来也是沿着这个方向发展的,但在《欧德谟斯篇》中他是不是已经有这种思想? 只有在上述摘自泰米斯提斯著作的残篇第二中讲到:柏拉图论证灵魂不灭时是以理性为基础的,因为只有理性才能自己运动。泰米斯提斯说亚里士多德在《欧德谟斯篇》中也是这样相信的,显然因为只有理性才是不灭。但是泰米斯提斯并没有引证亚里士多德的原话,不知是不是他自己作的推论。

亚里士多德在《范畴篇》中列举的"本体"的特征之一是:本体是没有和它自身相反的东西的(3b25)。罗泽辑的一则残篇(R3,45;罗斯没有选这一则)说:亚里士多德在《欧德谟斯篇》中是这样论证的:和谐的缺失是与和谐相反的,而灵魂是没有相反的,因为它是本体。但辑自辛普里丘的《〈论灵魂〉注释》的残篇第八(R2,42;R3,46)中说得更进了一步:"因此亚里士多德在论灵魂的对话《欧德谟斯篇》中说灵魂是形式,而且赞扬那些将灵魂描述为不同形式的人——能认知次级真理的形式的并不是整个灵魂,而只是有限制的理性灵魂,因为理性大于灵魂,它是和真实的形式一致的。"这里辛普里丘说的是亚里士多德在《欧德谟斯篇》中,已经发展完成了他自己的灵魂学说——灵魂是本体、是形式,并且只有理性灵魂才能获得真理知识;还是他只是在重述和赞扬柏拉图的后期灵魂学说? 这是不够清楚的。

总起来说,分析现存残篇,可以得到比较稳妥的说法是:亚里士多德在《欧德谟斯篇》中的灵魂学说和柏拉图在《斐多篇》中的灵魂学说是基本一致的。学者们提出一个问题:柏拉图的灵魂学说以及形而上学和认识论思想后来都比《斐多篇》的思想有很多发展,而且亚里士多德进学园时也已经是柏拉图撰写后期对话的时候了,他为什么不根据柏拉图的后期思想,而是去仿效早期对话《斐多篇》呢? 对此,D.A.Lees 在《早期亚里士多德的灵魂学说》一文(载于《公元前四世纪中期的亚里士多德和柏拉图》论文集)中的解释是有道理的。他说,虽然柏拉图的思想有许多发展变化,但是他相信灵魂不灭,一直没有放弃对理性生活的最高价值的信念,在《国家篇》、《斐莱布篇》、《蒂迈欧篇》中都是贯彻始终的。① 我们还应该注意到,亚里士多德写《欧德谟斯篇》是为了悼念他已故的这位挚友,这和柏拉图写《斐多篇》是为了悼念他那位被不公正处死的尊师,具有同样的心情,因此同样以灵魂不朽说来安慰亡灵,应该说是人之常情吧。

## 二　《劝学篇》

《劝学篇》是亚里士多德写给当时塞浦路斯王塞米松的信,忠告他应该重视学习哲学。塞米松大约是当时一位比较开明的君王,伊索克拉底也留下两篇写给他的劝学信,关于他没有别的历史记载。想以自己的学说去影响当时各城邦的统治者,是柏拉图及其学园的一贯传统,亚里士多德的《劝学篇》残篇是我们现在能看到的一个实例。柏拉图在《欧绪德谟篇》中为了驳斥智者的诡辩,从正面提出学习知识的益处,教导青年要学习美德和智慧,才能引导人的行为不犯错误。(参看本书第二卷第444—447页)耶格尔认为亚里士多德在《劝学篇》中发挥的正是柏拉图在《欧绪德谟篇》中的思想,正如《欧德谟斯篇》是发挥《斐多篇》中的思想一样。②

《劝学篇》的残篇主要是在公元3—4世纪时的新柏拉图学派哲学家杨布利柯的同名著作《哲学劝学篇》(Logos Protreticus eis Philosophian)中保存下来的,这是一本通俗的哲学读物,其中引用了柏拉图和亚里士多德的许多论述。杨布利柯站在新柏拉图主义的立场上维护柏拉图比较早期的带有神学倾向的观点,他所引用或转述的亚里士多德的思想也明显带有这种"柏拉图主义"的倾向。罗泽选辑的《劝学篇》残篇大多出于杨布利柯的这部著作,罗斯在英译本中扩充选用的一些残篇也大多出自这部著作。巴恩斯在英译两卷本中扩充选编的残篇是根据杜林的译文和编码,杜林将残篇分为 A、B 两类,巴恩斯选的都属 B 类,写成 BX。录自杨布利柯的残篇有的说明是亚里士多德在《劝学

① 参见《公元前四世纪中期的亚里士多德和柏拉图》,第193页。
② 耶格尔:《亚里士多德:发展史纲要》,第62页。

篇》中说的,有的却没有说明是不是亚里士多德的原话,但对我们了解亚里士多德的思想是有帮助的。

残篇第二(R2,50;R3,51)是关于为什么要学习哲学的问题,其中一则辑自亚历山大在《〈论题篇〉注释》中说到亚里士多德在《劝学篇》中所说的:我们应该还是不应该学习哲学,这个问题只能由哲学自身来解决。另一则辑自大卫著作的残篇(巴恩斯本没有选这一则)详细转述的亚里士多德的这个论证:如果有人说哲学不是,他必须使用论证去摧毁哲学,而使用论证正是哲学的工作;但如果他说哲学是,他也要用论证去证明哲学的"是"。所以无论承认或是不承认哲学的"是",都需要用论证去证明,而使用论证就是哲学化,因为哲学是论证之母。

残篇第三(R2,89;R3,57;B2—5)是在埃及发现的古代纸草书中保留下来的,它是讲灵魂美高于形体美,说有些人认为物质享受如穿漂亮的衣服便是幸福,但这种人的灵魂如果没有接受好的教育,便是像带了金鞍辔的劣马一样。幸福并不在于那些物质的东西,而在于灵魂的状态,如果灵魂没有处理好,则财富、强壮、美丽都不是好事。有这些东西而没有 phronesis(智慧)的人是最可悲的。人们都同意 phronesis 来自学习和研究,哲学为此提供锁匙,所以我们应该学习哲学。

将灵魂和肉体、物质对立,认为物质享受不是善,只有灵魂才能达到真正的善,这是柏拉图在《斐多篇》中的典型思想;虽然他在后期对话如《斐莱布篇》中对此略有改变,但在《蒂迈欧篇》中仍坚持这个思想。耶格尔在《亚里士多德:发展史纲要》中专门分析了《劝学篇》中的 phronesis 这个术语,认为它是这篇早期著作中的一个中心思想。Phronesis 在希腊文中一般是思想或智慧的意思,罗斯编的残篇中译为 wisdom,巴恩斯译为 understanding,苗力田本译为"理智"或"明智"。耶格尔认为《劝学篇》中的 phronesis 表示理论知识和实践行为的统一。他将从苏格拉底到柏拉图到亚里士多德使用这个术语的发展变化作了一个概述:苏格拉底强调它的实践性即它在道德上和宗教上的意义。柏拉图早期接受了这种意义,后来特别注重其中的理性知识因素,他说的"相"就是从伦理方面扩大成为"是"的普遍原理,成为和伦理实践有所不同的纯理论知识。这样 phronesis 有越来越多的内容,柏拉图将他的哲学思想分为辩证法、伦理学和自然哲学等几个不同的 phronesis。但柏拉图是重视哲学的实践意义的,他并没有将理论知识和它的实践作用(即存在和价值)区别并对立起来,所以他的哲学被称为伦理的形而上学。亚里士多德在《劝学篇》中使用的 phronesis 完全是柏拉图意义的,但到后来在《形而上学》尤其是《尼各马科伦理学》中,亚里士多德将 phronesis 这个词的理论知识意义取消掉,将它当作只是一种实践能力,是人在选择伦理需求时寻求有利于自己的一种精明的认识,将它和理论知识完全区分开,称后者为 sophia 即智慧。《尼各马科伦理学》第 6 卷第 5 章中专门讨论 phronesis,甚至认为有些动物也具有这种能力,有些英译将它译为 practical wisdom 即实践智慧。可是他在早期著作《劝学篇》中用的这个 phronesis 术语,不仅在语言上而且在内容上都完全是柏拉图主义的。① 关于 phronesis 这个术语,我们以后在论述《尼各马科伦理学》时还要专门讨论它。

残篇第四(罗泽没有选这则残篇,杜林只选了其中后半,列为 B9)辑自杨布利柯的《劝学篇》,它说:我们为生活——肉体的和物质的东西而装备的事物是作为工具提供的,使用它们有危险,如果用得不当会产生相反的结果。所以如果想得到好的结果便应该学习知识,并正确地使用它。为了对生活有益,我们必须学习哲学。再说,有的知识能给生活带来好处,有的知识只是辅助性的,有的知识则居于发号施令的地位。只有后一种知识才具有更大权威,它是由真正的善构成的。只有这种包含正确的判断,运用理性对作为整体的善进行沉思的学问——那就是哲学,才能运用一切其他知识,命令它们按照本性活动。所以我们必须尽力学习哲学,只有哲学才能作出正确的判断,保持 phronesis。

残篇第五(R3,52)也辑自杨布利柯的《劝学篇》,它说:我们能够获得正确的有益的知识,还有那些关于自然和其他东西的知识,这是容易说明的。(B32)在先的比在后的更容易被认知,本身是好的比那些坏的东西更容易被

---

① 参见耶格尔:《亚里士多德:发展史纲要》,第 81—84 页。

认知；因为知识总是和那种确定的有秩序的东西有关，而不是和与此相反的东西有关；知识处理原因更多于结果。而好的东西比坏的东西更为确定也更有秩序，正如好人比坏人更为确定更有秩序，这些都是有区别的。此外，在先的总是在后的的原因，如果前者变动了，由此而来的后者也变动——如果数变动了，线就变动；线变动了，面就变动；面变动了，体就变动；如果字母变动了，音节也就变动。（B33）所以必须有关于原因和元素的知识，比那些在它们以后的东西的知识更为重要。因为后者并不是最高的知识对象，基本原理并不是由它们产生的，而是所有别的东西都是由基本原理产生和构成的。（B35）

耶格尔认为这里使用的"在先"和"在后"，"善（好）"和"坏"以及"基本原理"等等无疑是从柏拉图关于"相"的理论中来的，可以认为这在先的和善的就是指"相"。他将这种学说称为"伦理学和本体论的结合"。① 格思里认为耶格尔所作的关于 phronesis 的分析是过分了，因为当时人们广泛地使用柏拉图意义的这个术语是不足为奇的，耶格尔的这种说法只能成为批评他的人的一个口实。但是格思里认为耶格尔说的"伦理学和本体论的结合"确实是把握住了这种学说的本质要点，因为它不仅仅是一个术语问题，而是将实践生活（伦理与政治）和纯粹的毫无趣味的哲学（形而上学或本体论）紧密结合的问题。他认为亚里士多德在劝告塞米松从事哲学研究时提出了一个双重论点：一方面认为哲学理论不应以实践作为最后目的，哲学作为最好最高尚的工作在自身中就包含了目的，即使不带来最后利益也要追求它；另一方面又证明哲学是指导实践的最好的知识。（罗斯的残篇第十二——十三，B42—51）因为哲学的目的是准确的真理，它的对象是真正的"是"，它为正确的行为提供了必然的标准。②

学者们从这些残篇中发现了一个问题：亚里士多德在这里承认有一门在先的作为原因的学问，它是以作为整体的善或真正的"是"为对象的。这就是说亚里士多德认为有一门关于善和"是"的普遍的学问。但是不是有这样一

---

① 耶格尔：《亚里士多德：发展史纲要》，第94页。
② 参见格思里：《希腊哲学史》第6卷，第77页。

门普遍学问的问题,在亚里士多德著作中是有不同的说法的,因此引起学者们的争议。耶格尔认为亚里士多德在早期著作如《劝学篇》中承认有关于善和"是"的普遍的知识,这完全是受柏拉图思想的影响;后来他形成自己的思想时却重视经验中的个别事物,认为这是更可知的,因此专心致志于各门具体学科的研究;直到他晚年才又恢复对普遍的形而上学的兴趣。① G.E.L.欧文反对耶格尔的观点,写了一篇文章《亚里士多德某些早期著作中的逻辑和形而上学》,他认为在亚里士多德著作中对这个问题确实存在不同的说法,比如在他的早期著作《欧德谟伦理学》中虽然认为普遍的善自身是不能实践的,它对知识没有用处(1218a34—b1);但又认为在各类不同的善之上有一个作为人类行为目的的最高的善(1218b10—25)。而在后来成熟时期的著作《尼各马科伦理学》中却又认为"善"的意义和"是"的意义同样是很多的,没有共同的普遍的能适用于一切范围的善,所以没有关于普遍的善的知识(1096a23—34)。可是在《形而上学》$\Gamma$卷和$E$卷第1章中亚里士多德又提出有一门"作为是的是"的普遍的学问。欧文认为亚里士多德所以产生这些矛盾的说法,并不是他在某一时期接受或是拒绝柏拉图的观点,而是由于他的逻辑——这里指的不是亚里士多德的三段论的逻辑推理形式,而是指他从逻辑上分析词和概念(如"是"、一、善等)的各种歧义,以及他处理歧义的各种方法的不同而引起的。欧文提到的主要方法有"类比"(analogia)和"核心意义"(pros hen legesthai,英译 focal meaning)。他认为在柏拉图和他的学园中也经常使用这种类比和核心意义的逻辑方法,所以不能将亚里士多德在不同时期的说法划分为是或不是柏拉图主义的。欧文的结论是:正是柏拉图和他的学园帮助亚里士多德在不同时期关于第一哲学的主题形成不同的研究的逻辑。② G.E.L.欧文这篇文章是当代逻辑分析学派的一篇重要著作,现代许多学者的著作中常有讨论这种类比和核心意义的方法。的确亚里士多德十分重视分析,类比和核心意义也是他常用来解决问题的方法,有关这方面的问题我们以后还将

---

① 参见耶格尔:《亚里士多德:发展史纲要》,第339页。
② 参见 G.E.L.欧文:《逻辑、科学和辩证法》(论文集),第180—199页。

讨论到。

无论如何,《劝学篇》确实是带有浓厚的柏拉图思想的痕迹。

### 三 《论哲学》

《论哲学》是亚里士多德早期的一篇重要对话。我们在论述柏拉图对话时曾经提到,根据有些对话的内容和参加对话的人物看,柏拉图可能设想过要写一篇《哲学家》即他的《论哲学》的对话,但他的这个设想未能实现。(参看本书第二卷第538页)因此我们不能看到他的哲学思想(主要是后期思想)的全貌,实属憾事。亚里士多德倒是写了这样一篇《论哲学》,可惜的是对话全文已经佚失,现在只留下一些残篇。从这些残篇中可以看出这篇对话分为三个部分:第一部分是对他以前的思想家们的学说作了评述。第二部分是对柏拉图的相论进行批评。这两个部分和现在《形而上学》第1卷(A)的内容相似,学者们推测《论哲学》的写作时间大约略早于A卷,有人说是在他离开柏拉图学园以前或是离开以后不久写的,当时他还自称是"柏拉图主义者",但对柏拉图已经采取公开批评的态度。第三部分论述他自己的哲学思想,主要是神学。耶格尔认为这篇对话表示亚里士多德要将他自己和柏拉图的不同意见公之于众,是他个人的哲学宣言。①

残篇第一至第七(R2,3—9;R3,1—7)的内容属于第一部分,是从古代著作中辑录的亚里士多德对他以前的思想家们的评述,范围相当广泛。不仅谈到古希腊的"七贤",谈到泰勒斯以后的思想家们,而且谈到德尔斐神庙中铭刻的格言"认识你自己",引起苏格拉底的困惑和探究。(残篇第一至第三)他还广泛地谈到各种古代宗教,既有古希腊的奥菲斯教,也谈到古代波斯的Magi(中文译为祆教或拜火教),说它是波斯人琐罗亚斯德(Zoroaster,前7—前6世纪)创始的,尊奉善神Oromasdas(中译阿胡拉·玛兹达,即智慧神)和恶神Areimanius(中译安格拉·曼纽)。(残篇第六)这些都有重要的史料价值,可惜都非常简短。

---

① 参见耶格尔:《亚里士多德:发展史纲要》,第127页。

　　第二部分留下的残篇不多,辑自普罗克洛的残篇第十(R2,10;R3,8),它说:亚里士多德坚决拒绝柏拉图的思想莫过于他的相论了,不仅在逻辑著作中,也在他的伦理学和物理学著作中,更多的是在他的《形而上学》中。在对话中他明白宣告不能同意这种学说,即使因此被谴责为好争辩和有野心也罢。

　　残篇第十一(R2,11;R3,9)中一则辑自叙利亚文的《〈形而上学〉注释》,说:亚里士多德承认他并不反对柏拉图派的假设,只是不能同意那种认为有不同于数学的数的"相的数(ideal number,即数的'相')"的学说。接着引了亚里士多德在《论哲学》第2卷中的论证:"如果'相'是一种不同的数,不是数学的数,我们便不能理解它,因为无论如何我们极大多数人是无法理解任何别的数的。"这是说在事实上人们只知道由单位组成的数学的数,不知道别样的数,因此不能把握神圣的思想家的思想。另一则辑自亚历山大的《〈形而上学〉注释》的残篇,说:亚里士多德说柏拉图学派对于"一"的本原的说法是有不同的,有人说是数自身将"相"引进空间的量,如数2对于线,数3对于面,数4对于体那样。("亚里士多德在《论哲学》中这样说柏拉图,所以他在这里——《形而上学》中说得很简单。")另外一些人则用分有"一"来解释空间量的"相"。

　　耶格尔认为亚里士多德所反对的乃是柏拉图自己的"相的数",而不是斯彪西波的观点——将数学的数当做独立的本体;所以他说亚里士多德在这些残篇中反对的就是柏拉图的相论。[1] 我们在本书第二卷最后论述柏拉图的不成文学说时曾经讲到,因为柏拉图的这部分学说包括"相的数"等理论,它们的主要根据材料只有亚里士多德在《形而上学》中对它们的批评,缺乏柏拉图及其弟子们自己写的第一手资料,因此很难确定柏拉图和斯彪西波、色诺克拉底等人各自的主张有什么区别,学者们对此也有争议。[2] 耶格尔要将亚里士多德的批判一定说成是针对柏拉图的相论的,乃是为了以此证明他自己的论断,即认为亚里士多德从《论哲学》开始逐渐脱离柏拉图主义。我们以为,亚

---

[1]　参见耶格尔:《亚里士多德:发展史纲要》,第126页。

[2]　参见本书第二卷,第954页以下。

里士多德所反对的，与其说是柏拉图的相论，不如说是当时柏拉图学园中的一种思想倾向，就是要把柏拉图的哲学和毕泰戈拉学派的数论结合起来，将柏拉图的相论数学化。在残篇第十一（R2,11;R3,9）中还有一则辑自辛普里丘的《〈论灵魂〉注释》，它说：亚里士多德将根据柏拉图讲演写成的《论善》称为《论哲学》，在这里他论述了毕泰戈拉学派和柏拉图有关"数"和"相"的意见。这则残篇可以说明《论哲学》的主题思想。

《论哲学》的第三部分是亚里士多德阐述他的哲学思想，主要是论证他的神学，这对了解他的哲学是很重要的。从古以来学者们就有争议：神学是不是亚里士多德哲学形而上学的核心思想？ 他的神学即认为万物的最后动因是神，也就是那个"不动的动者"。这部分思想主要见于《物理学》第7、8卷和《形而上学》第12卷（Λ），但在那些著作中他对神的论证并不太多，难以理解他这种思想究竟是如何产生的。而在《论哲学》中他对神作了比较全面而又通俗的论证，可以帮助我们理解他的神学思想。

残篇第十二a（R2,12;R3,10）和b（R2,13;R3,11）都辑自塞克斯都·恩披里柯的著作，前者辑自他的《〈物理学〉注释》，说亚里士多德常说人们关于神的思想有两个起源——对灵魂和对天体现象的经验。前者是灵魂在睡梦中的启示和预见的能力，他说当灵魂在睡眠中处于孤立状态时便具备这种预见未来的天性，当灵魂离开肉体即人死亡后也是如此。人们正是由于这些事情而相信某种神圣的"是"，那是和灵魂相似的，具有对万物的完善的知识。天体也提供了同样的信念：当人们看到白天和黑夜循环运动，夜间则有许多星体作秩序井然的运动，他们便想到有一位神是这些运动和秩序的原因，这就是亚里士多德的信念。残篇第十二b辑自《反数理学家》，说有些人看到天体的不变的有秩序的运动时，便想到这是由神引起的；正像指挥官命令军队有秩序地前进，舵手指挥船只向正确方向航行一样。那些注视天体，看到太阳有秩序地升降，群星有规律地移动的人，便去寻求那可爱的设计师；想到这些不是偶然产生的，而是某个强有力的永远不朽的神的活动。

在神的这两个起源中，亚里士多德更着重的是后一个即天体的有秩序的运动。残篇第十三（R2,14;R3,12）中有一则辑自西塞罗的著作，赞美亚里士多德所作的比喻：人原来住在地下，因为有许多华丽的装饰而自以为很幸福；因为他们没有到地上去过，只是听说那里有神圣的权威和力量而已。一旦地口裂开，他们升到地面时突然看到大地、海洋和天空，看到阳光普照大地的壮丽，黑夜的天上布满了星星以及月亮的盈亏，这些天体的升和降，而且它们的行程又是永恒不变的。当他们看到这一切时必然会断定：是神，这一切正是神的伟大的工作。这是亚里士多德说的。亚里士多德的这个比喻和柏拉图在《国家篇》中的洞穴比喻（见本书第二卷第 677—678 页）相似，但陈康指出这两个比喻有根本的不同：柏拉图的洞穴比喻讲的是人从洞穴里走到洞外时认识到真实的"是"——相，而亚里士多德的比喻却是说人从地下升到地上后，看到种种自然现象因而认识到神，所以他是以神学代替了柏拉图的相论。不过陈康也说，亚里士多德还是接受了柏拉图后期对话《蒂迈欧篇》和《法篇》中神学的影响。①

残篇第十三（R2,14；R3,12）中还有一则辑自公元 1 世纪的基督教哲学的先驱者斐洛的著作，说最早的思想家们探究我们是如何认识神的，后来高明的哲学家们认为正是从世界以及它的部分和力量，人们才掌握了它们的原因。如果看到一所安排有序的房屋，人认识到这是由工匠的技艺完成的，一个城邦、一艘船、大大小小的建筑也都如此。人进入世界正像进入一个城邦或一所大厦一样，看到天按环形旋转，星球有秩序地和谐运动；地占据中心，其间有水和空气、有死的和不死的生物、各种植物和谷类。他由此推出这一切都必然是由完美的技艺造成的，总是有一个宇宙的组织者，那就是神。这样他们从神的影子中掌握了神，从神的工作中理解这位神圣的工匠。

上面说过亚里士多德在《欧德谟斯篇》中表示智慧用的是 phronesis 这个词，到《论哲学》中就改用 sophia（智慧 wisdom）了。辑自菲罗波努的残篇第八（R2,2；R3,13）：说 sophia 之所以这样称呼，因为它是一种清明（sapheia），它能使万物清楚明白。这种清明是从光（phaos, phoas）得到光明（phaes）这个名称的，它将隐蔽的东西带进清明。这就是亚里士多德所说的理性的和神圣的

---

① 参见陈康：《智慧，亚里士多德寻求的学问》，第 10 页。

东西。它们的本性原来是最清楚明白的（phanotata），却因为我们的肉体使它们被障蔽了；只能由知识将它们带进清明，我们说这种知识就是 sophia。但我们一般使用 sophia 这个词是多义的，亚里士多德在《论哲学》中说古人对这个词有五种用法，它们是：第一，能发现对生活有用的必需的东西；第二，能发明不仅对生活必需而且又是优美的技艺；第三，能注重政治、制定法律，有如七贤所做的工作；第四，能研究自然，认知自然的本性；第五，能认知神圣的超世的永恒不变的东西，这是最高的智慧。从这则残篇可见 sophia 这个词原来含义是广泛的，从日常生活的知识直到最高的智慧。这里对智慧的这种循序上升的看法和《形而上学》A 卷第 1、2 章中对认识过程的说法很接近，可以说是亚里士多德后来对认识发展和知识分类的初始阶段。

残篇第十六（R2，15；R3，11）辑自辛普里丘的《〈论天〉注释》，转述亚里士多德在《论哲学》中的一段论证：一般说有较好的总有最好的，如果有一个比另一个更好，也就会有最好的东西，那是属于神的。再如变化，或者是由于它自身或者是由于别的东西而变化；如果是由于别的东西变化，则或者是由于某些比它更好的东西，或者是由于比它更坏的东西；如果是由于它自身，则或者是变得比原来更坏些，或者是希望变得更好些。而神性的东西是没有比它更好的东西来使它改变，因为那样就是比它更神圣了；较好的东西也不会被较坏的东西所作用，如果它被坏的东西改变了，便得承认它自身中有坏的东西。可是神性的东西是没有坏的，它也不可能因愿望某些更高贵的东西而改变它自己，因为它自身并不缺少任何高贵性；它也不能使自身变得更坏，因为即使是人也不愿意使自己变坏，神更不会有任何恶念使自己变坏。它还说亚里士多德的这个论证是从柏拉图的《国家篇》第 2 卷得来的，这可能是指《国家篇》第 2 卷 379A 以下关于神的本性的讨论。

耶格尔说："在这里我们碰到了（中世纪关于上帝存在的）本体论证明的始源。"①的确这是用三段论的方式以神的绝对神圣性证明它的永恒性。亚里士多德的这个论证中值得注意的是，他不是用静止的观点而是用运动的观点，

---

① 耶格尔：《亚里士多德：发展史纲要》，第 158 页。

从主动和被动的观点,用神只能自己运动而不能被别的东西所动的观点来证明神是最神圣的,这是他后来的"不动的动者"的雏形。

但是在《论哲学》中亚里士多德是否已经达到了"不动的动者"的思想呢?在辑自西塞罗的《论神的本性》的残篇第二十六(R2,21;R3,26)中,记载了一位伊壁鸠鲁学派的人的说法,他说亚里士多德在《论哲学》第3卷中由于不赞成他的老师柏拉图的观点所以造成了许多混乱。他一会儿将所有神性都归于理性(nous),一会儿又说世界自身是神,一会儿又在世界之上设置了一个神,说它以一种逆向旋转起着支配和维持世界运动的作用。他又说天上的光辉是神,却没有发现天只是世界的一部分,而他自己已在别处将世界说成是神。而且他归给天体的这种神圣的感觉又如何能以这样的速度维持着呢? 再说,如果我们将天也算作神,则何处是大众相信的诸神呢? 而且亚里士多德要求神是没有形体的,这样他就将神的一切感觉以至预见都剥夺了。如果世界没有形体,它又如何能运动? 如果它总是自己运动,它又如何能是宁静幸福的呢? 这则残篇是当时能看到《论哲学》全文的人所作的评述,虽然西塞罗是站在怀疑亚里士多德主义的伊壁鸠鲁学派的立场上,难免有歪曲夸大之嫌,但也不能说他是完全虚构捏造的攻击,至少表明在《论哲学》中,亚里士多德关于神还没有一个确定统一的说法。

但是在辑自西塞罗的同一著作的残篇第二十一(R2,19;R3,23)中却说:因为有些生物是在土中生成,有些是在水中生成,有些是在气中生成;亚里士多德认为在最适合生物生成的地方却没有生物生成是荒谬的。天体占据的是以太领域,这个领域是最精细最活动最富生机的,所以在它里面肯定会生成一种具有敏锐的感觉和理性以及最迅速的运动能力的生物。因为天体是在以太中生成的,它们应该具有感知和理性的能力,所以天体应该归入诸神之列。同一残篇的另一则(R2,20;R3,24)也辑自西塞罗的同一著作,它说亚里士多德值得称赞,因为他判定万物的运动或是由于自然本性,或是由于外物强迫,或是由于偶然的机遇。日、月和一切星体都是在运动中的,由本性运动的事物或是因重而下沉,或是因轻而上升,可是星体却既不上升,也不下沉,它们只是循着轨道作环形运动。也不能说有某种更大的力量迫使星体向着和自然相反的方向运动,因为还有什么比它们更大的力量呢? 所以只能承认星体自身运动。如果有人看到这点还要否认有神,他就不仅是无知,而且是不虔敬。这则残篇说的就是所谓星—神说,这是亚里士多德在《论哲学》中主张过的一种神学理论。他后来的神学虽然也常用星体的有秩序运动来说明,但并没有说到星就是神,和这里的学说还是不同的。

耶格尔认为这个凌驾在世界之上的神就是超验的不动的动者,以他的纯粹思维的完善性,作为万物的最后目的因,支配并捍卫世界。① 罗斯不同意耶格尔的意见,认为引自西塞罗著作的这些残篇只能说明天体赋予生物以感觉和理性(这可以解释为由于太阳光照才有生命,才能有感觉和理性),并且说没有比星体更大的力量,所以不能说星就是不动的动者。② 陈康也不同意耶格尔的说法,他认为从这些残篇只能说明星—神是自己运动的,还不能说明它是万物的最后目的,是推动万物运动的最后原因。他认为亚里士多德是后来在《物理学》中分析"自我运动"的概念才得出"不动的动者",不能说他在《论哲学》中已经有了这个概念。③ 所以从《论哲学》的星—神说到亚里士多德后来成熟的神学学说之间还有一段发展的过程。

亚里士多德在《论哲学》中讲的神学实际上是受柏拉图后期对话《蒂迈欧篇》和《法篇》中神学的影响,不过他们也有根本不同:柏拉图认为神是世界的创造者,亚里士多德却没有明白主张这种神创说,他认为神只是一种理性的力量,他使神的观念向理性更前进了一步。

耶格尔认为亚里士多德在《论哲学》中既批判了柏拉图的相论,又提出了自己的神学思想,用第一动者代替了超验的相;所以他认为这篇对话标志着亚里士多德离开柏拉图主义,是他个人的哲学宣言。但事实上在柏拉图后期,也就是亚里士多德正在学园的时期,批判柏拉图早期相论已经是学园中普遍的风气,柏拉图自己在《巴门尼德篇》中就作过这种批判,在《蒂迈欧篇》和《法篇》中则有从相论转向神学的倾向。所以应该说亚里士多德在《论哲学》中既

---

① 参见耶格尔:《亚里士多德:发展史纲要》,第139页。
② 参见罗斯:《亚里士多德〈物理学〉注释》,"导言",第94页。
③ 参见陈康:《智慧,亚里士多德寻求的学问》,第15—16页。

批判了相论又设定了神学,也还是遵循柏拉图后期思想发展的轨迹的,从根本上说并没有脱离柏拉图思想的影响。

但是亚里士多德终究不是墨守老师教条的哲学家,他在接受柏拉图思想影响时处处表现出有不同的发展。对于他这些早期著作只能作如是观,不能绝对地划分某几篇著作是柏拉图主义的,某几篇则是亚里士多德自己的思想。但是从整体看,这些早期著作受柏拉图影响较深,而后来成熟时期的著作则更多地表现了亚里士多德自己的思想特色,这是他的思想发展的总的趋势。

第 一 编

# 逻辑和哲学

亚里士多德逻辑学说的形成

范畴——《范畴篇》

论题——《论题篇》、《辩谬篇》

命题与三段论——《解释篇》、《前分析篇》和《修辞学》

逻辑与科学知识论——《后分析篇》

创建系统的逻辑理论,是亚里士多德的一大功绩,是他对人类文明的重要贡献。他的逻辑学说在西方两千多年的思想长河中流传不衰,虽然时有修正与增补,但其基本理论颠扑不破,总不丧失其正确性、有效性,至今仍构成形式逻辑的主干内容,并且成为向现代逻辑发展的"起跳板"。它是人类文化宝库中一颗永久闪发智慧之光的明珠。亚里士多德逻辑学的建立,是希腊古典时期哲学自觉反思人的理性思维而结出的硕果,标志希腊科学理性精神的升华,奠定了西方分析理性的传统。这门思维科学总结、概括出正确思维的法则、公式与方法,不仅为亚里士多德本人构建严整、博大的哲学与科学学说提供了坚实的思想工具,而且它作为一种开发智慧的技艺,对以后西方哲学与科学的发展,一直发挥着深刻、有效的功用。

　　亚里士多德的逻辑论著,是在他的哲学思想趋向成熟时期完成的。耶格尔指出,他的论范畴的著作是在吕克昂时期写就的。① 他的"工具论"的其他著作及《修辞学》,也当是在吕克昂讲学时期的研究成果,还是属于他比较前期的思想。在这些论著中,可以看见他已经摆脱了柏拉图哲学的影响,形成自己独立的哲学见解。历史上众多编纂家、哲学家、逻辑学家对亚里士多德的逻辑论著作了大量注释与研究工作,卷帙浩瀚。但是这类文献大多是就逻辑论逻辑,而且比较注重研究亚里士多德的一种成熟的逻辑学说,即三段论学说。英国学者罗斯的《亚里士多德的前分析篇和后分析篇》、波兰学者卢卡西维茨

---

　　①　参见耶格尔:《亚里士多德:发展史纲要》,第46页。

的《亚里士多德的三段论》即是代表。无疑他们的研究成果具有相当高的学术价值，然而用发生学的方法考察，亚里士多德建立逻辑学说也有一个进展过程。耶格尔的《亚里士多德：发展史纲要》用发生学的方法论述亚里士多德哲学思想的发生和演进，但没有论述他的逻辑思想的发展变化。其实亚里士多德的逻辑思想也是动态演进的，有相当丰富的内容，涉及诸多方面，并不限于三段论学说。对此，中国学者王路所著《亚里士多德的逻辑学说》，作了较为开阔、较有深度的探究。更重要的是，亚里士多德逻辑学说的形成，同他的哲学思想紧密关联、互为影响。离开了他的哲学论述他的逻辑思想，难以展示他的逻辑学的本来面目及其深层意义。本编意图紧密结合亚里士多德哲学思想的演进，比较全面地考察他的逻辑学说的基本理论，研究它同他的哲学思想的内在关联，显示两者互渗、互动的作用。

作为一部希腊哲学史的组成部分，本编的论述注重以下几点：第一，勾画亚里士多德逻辑学说多层面的基本轮廓和主要观点，而对其中技术性的内容论述从简。第二，既论述逻辑是亚里士多德建立哲学和科学学说的工具，也论述他建立逻辑学说的哲学根据，亦即他的逻辑哲学思想，从中探究他的前期哲学思想的形成和特点，包括逻辑因素在其中所起的作用。第三，以"工具论"的六篇论著和《修辞学》为主要资料，并结合其他著作的有关论述，力求将对论著的述评与专题的研讨相结合，使读者对亚里士多德的逻辑学说和前期哲学思想以及两者的内在联系，有所了解。

# ❋ 第一章 ❋

## 亚里士多德逻辑学说的形成

亚里士多德创建逻辑学,是形成一门规范正确思维形式和构建知识体系的正确方法的学问。这在亚里士多德哲学思想走向成熟、形成体系的进程中,是一个相当重要的环节,也是希腊的古典文明与科学理性进向新阶段的一个重要契机。这门思维科学的诞生,并不是无源之水,只靠亚里士多德睿智迸发、一蹴而成的。而且亚里士多德形成逻辑学说,不只是干巴巴地提供一些公理、原则与公式,而是同他的本体论、知识论、科学方法论密切关联的,有丰富的内容和深刻的哲学意义。本章考察亚里士多德逻辑学说形成的思想渊源、哲学背景,介绍有关研究资料并概述他的逻辑学说和前期哲学思想的特色。

### 第一节 思想渊源

形式逻辑是以有效推理为核心内容,研究正确思维形式和思维规律的学问。英文 logic 一词,源于古希腊文λόγοs(logos,逻各斯),本书第一卷已经论述:在早期希腊文献中,"逻各斯"有语言、尺度、比例、真理、思想等多种含义,至公元前 4 世纪则已常指"理性的力量"。亚里士多德已在"一般的原则或规律"、表明事物本质的定义或公式的意义上,使用逻各斯。① 然而,他本人没有

① 参见本书第一卷,第 382—383 页。

用"逻辑学"一词指称他所建立的这门关于推理的思维科学。在《论题篇》中他称辩证的推理是一种"探索的方法"(100a20)。在《前分析篇》中,他研究证明的推理和证明的学问;他批评一些人未曾研究逻辑公理就企图讨论真理及相关词项,表明他们"缺乏分析学的学养"。① 可以说,他本人是用"分析学"这个名词称呼逻辑学的。

公元前 3 世纪斯多亚学派创始人芝诺已说"逻辑"包括辩证术(dialectica)和修辞学。公元前 1 世纪罗马的西塞罗最早用"逻辑"一词表述推理学说。公元 2 世纪逍遥学派注释家阿斐罗狄西亚的亚历山大在注释《论题篇》(74·29)中,最早在学科意义上使用"逻辑"一词,指出"逻辑学在哲学中占有一种工具的地位"。② 中世纪学者有时用"逻辑"、有时用"辩证术"表述作为"七艺"(教会学院的必修课)之一的这门学科。到欧洲近代,才通用"逻辑"一词表述这门思维学科。如 17 世纪法国波尔—罗亚尔修道院修士 A.阿尔诺和 P. 尼柯尔合著的广有影响的教科书《逻辑或思维的艺术》(又称《波尔—罗亚尔逻辑》)。中国近代学者严复在译著《穆勒名学》中,首先使用了"逻辑"这个译词。

亚里士多德虽然没有使用"逻辑学"一词,但这门思维科学无疑由他创立,他的逻辑学说已形成比较完整的系统。他在《辩谬篇》末尾曾自豪而又谦逊地声称:他所建立的关于推理的学说,是一种困难的"开端",效果将很巨大,它"以前根本不曾有过","我们完全没有任何早期的作品可以借鉴,而长期进行着试验性研究",取得了比较令人满意的成果。同时他也指出:他建立这一学说,注意到以往业已发生的有关研究,接受"他人的劳动成果"。(183b18—184b5)这里亚里士多德说得很实在,在他之前希腊确实没有系统的逻辑论著或资料,他通过艰辛的长期研究,才创建了逻辑学;然而,这有赖于他善于吸取、综合前人已有的思想积累和有关研究成果,有赖于希腊智慧与知

①  所引语见《形而上学》1005b2,在罗斯和巴恩斯的两种《亚里士多德全集》英译本中皆译为"缺乏逻辑的学养",格思里译"缺乏分析学的学养",较确切,见其《希腊哲学史》第 6 卷,第135 页。

②  格思里:《希腊哲学史》第 6 卷,第 135—136 页。

识的进化。我们可以从科学思想、论辩术与修辞学、逻辑思想等三个方面，考察亚里士多德逻辑学说产生的思想渊源。

## 一　科学知识趋向系统化

希腊古典哲学时期的多种科学知识已逐步趋向系统化，它们积蕴了逻辑思想，并且要求提供形成精确知识体系的逻辑工具。

自泰勒斯以来，希腊自然哲学家逐渐孕生出自然诸领域的科学思想，至公元前 4 世纪零散的科学思想迅速形成，步入迈向知识系统化的转折时期。热爱智慧的哲学大师柏拉图和亚里士多德，都以追求知识的系统化为己任，而后者在追求知识的科学性、系统性方面，超过了他的老师。亚里士多德在早期著作《劝学篇》中，就表示要"根据最精确的知识"来理解和沉思，达到"最高度的真理"，才有最高境界的生活。（残篇 B85）他批评有些老哲学家以为只靠自己的才智就能使哲学完善，那"是愚蠢的"；他看出科学与哲学已有巨大进展，"将在短时期中臻于完美"。（残篇 F53R3）他能成为百科全书式的学者，就是由于他善于综合、推进当时已有的科学知识，并能自觉提炼其中的逻辑思维，使之升华到逻辑理论与哲学的高度，用以构建知识体系。当时几种主要的自然科学思想如数学、天文学、物理学和生物学等有较大进展，从中可见逻辑学说的创立确有知识系统化的内在要求。

（一）数学的发展需要逻辑推理的能力。

早期希腊人从巴比伦与埃及接受了朴素的算术与几何知识；以后希腊的数学思想所以进展较快，得益于希腊哲人自觉运用演绎推理与证明，论证数与几何的定理，构建公理化的演绎系统。泰勒斯已证明了"对径分圆为两半"等几何定理；毕泰戈拉发现了勾股定理等几何原理，并开始了对 $\sqrt{2}$ 的无理数研究；该学派的菲罗劳斯已发明几何记数法。德谟克利特研究了圆锥体的体积和无理数，并将"无限小"概念引入数学；开奥斯的希波克拉底则已用代数法写出立方体加倍的公式。

至公元前 4 世纪，希腊的数学研究更为深化。对柏拉图有救命之恩和重要影响的阿尔基塔（Archytas）发现了立方体加倍的比例中项等定理，丰富了几何学;他还整理既有的几何学定理,并首先将它们应用于机械与仪器制作。柏拉图的数学老师赛奥多洛(Theodorus)和他的学生泰阿泰德(Theaetetus),分类展开研究无理数,研究立体几何。柏拉图本人很重视数学,他的学园内部探讨了大量数学问题,数与几何形式成为他晚期构建宇宙论与相论的重要手段。他的一位学生即亚里士多德很尊重的欧多克索(Eudoxus),创造了普遍的比例学说,可通用于公约数和不可公约数,他在推进数论与几何学方面卓有贡献。

当时数学知识已开始进入汇集整理和系统化的阶段。亚里士多德逝世不久,欧几里德的《几何学原理》问世,它已是具有严密的公理化的演绎系统。其实,亚里士多德在世时,已有莱昂(Leon)或修底乌斯(Theudius)编的这类教本。亚里士多德的学生欧德谟斯(Eudemus)则写了几何学史,在普罗克洛(Proclus)对欧几里德几何学的注释中,仍保留了它的一些资料。亚里士多德本人在数学方面似无创绩,但他无疑熟悉数学,故能在哲学上对毕泰戈拉的数的本原论,对柏拉图晚期宇宙论所述数为宇宙创生的居间体,以及学园中"型的数"的学说,均作出深入批判。他重视作为精确科学的数学,并深有研究,从中汲取逻辑思想资料。他的著作中多处运用数学实例,如"正方形的边与对角线不可公约"等,对它们作出逻辑分析。他在《形而上学》中指出数学证明与逻辑的亲似性,认为哲学家应建立一门学科(即逻辑学),来研究"数学中称为公理的真理","探索演绎(即三段论)的原则"。(1005a20—b5)伯奈特等学者认为亚里士多德注重经验科学,缺少数学才智与见识。格思里则赞同莱布尼兹、罗斯、欧文、巴恩斯等人的看法,认为亚里士多德熔冶了当时的数学知识,从而在其逻辑论著中探讨了"证明科学的方法与逻辑结构"。①

(二)天文学已从对天体现象的零散直观,进向对天体系统的整体化研究。

柏拉图最早提出天球层模型的假说,认为天体分布在若干以地球为中心的同心球壳的轨道上,作匀速圆周运动,并以此解释他观察到的一些行星不规

---

① 格思里:《希腊哲学史》第6卷,第45—48页,附注"亚里士多德和数学"。

则运动的现象。他的学生、著名的天文学家欧多克索建立观象台,发展天球层模型说,在《现象》一书中构建 27 个同心天球层,它们分别绕轴作方向不同的匀速转动。欧多克索的学生卡利普斯(Callippus)进而提出 34 个天球层。亚里士多德本人在《形而上学》中又提出 56 个天球层。(1073b18—1074a15)他还用运动学理论论证地球是球形的,周长为 40 万斯塔季亚(74000 公里,地球实际周长约 40010 公里)。当时天文学思想系统化的成就,不只靠观察,而且同数学的逻辑证明相结合,实际上已为希腊化时代托勒密的天体系统提供了雏形。虽然这一地心说的天体系统,流行长达约一千四百年后被哥白尼所否定,但在当时提出这种假说是巨大的进步,因为它已不是直观的猜测,而是在细致的天文观测的基础上,运用物理学、几何学观点,进行严密的逻辑论证,才能构建这样和谐、完美的天球体系。

(三)物理学既是自然哲学,又展开了对物质结构的物理现象的探讨。

物理学思想进展相对于数学、天文学较迟。早期只发现磁石有吸引力之类的零散事实。元素论、种子论、原子论主要表现为自然哲学形式,但它们也是关于物质结构的假说,具有科学价值。亚里士多德的物理学既是他的自然哲学,又开始成为一种界限较为分明的理论自然科学,致力于探究物体运动与变化的原因,形成一套运动学理论。其中区分了自然运动与非自然运动,否定虚空,论述了重力、速度、静止、惯性等等,已有相似于近代经典物理学的一些范畴。他的物理学著作,使长期积累的希腊物理思想得到了深化、系统化,体现了前所未有的逻辑论证的力量。在此基础上,希腊化时代的力学研究得以进一步发展。

(四)生物学知识明显进向系统化。

希波克拉底学派只从事一些动物生理解剖的研究。在推进生物学整体研究方面,亚里士多德本人卓有贡献,被称为"动物学之父"。他对 540 种动物进行分类,对 50 种动物作了解剖。他并不只是搜集、整理生物资料,而且探究动物发生及其生理构造的原因,形成最早的动物学理论。其中虽然有些观点并不正确,如自然发生说、动物构造的目的论,以及对一些动物现象解释的错误;但是他提出关于生物序列连续渐进的"生物阶梯"说,已有进化论思想雏形,他并且用环境的作用解释动物器官的变异,提出某种获得性遗传的见解,这类研究成果难能可贵。动物学知识系统化的成就,一方面得益于他在游历考察中,在向渔夫及猎人广求教益中积累了大量经验事实资料,传说亚历山大大帝赠他 800 塔兰特以资征集;另一方面也得益于他娴熟运用分析、综合、归纳、演绎等逻辑方法,发挥逻辑论证的作用,将经验资料上升为系统的理论知识。他在《动物志》中说:必须首先掌握各动物的种及其特殊性,研讨它们的差异和共性,然后进而讨论其原因,运用这种细致研究自然的方法,"我们研究的主题和证明的前提都会变得相当明晰"。(491a5—14)亚里士多德在其他学科领域的成就,也莫不是集前人和今人知识之大成,反复比较分析,自觉运用缜密的理性思维、有效的逻辑推理,造就新的系统化的学科知识。

亚里士多德认为科学知识是探究事实及其原因的真理。科学知识系统化,不是观察事实的资料集合,至关重要的是分析具有普遍性和必然性的原因,原因就是逻辑推理的中词(中项),这样才能构成证明的知识体系。当时知识系统化的历史进程,呼唤逻辑学的诞生,并且为它准备了大量科学中的逻辑思维的资料;而亚里士多德建立逻辑学,又为当时科学知识进向系统化、并在希腊化时代得到重大进展,提供了必要的理论条件和工具。

## 二 论辩术、修辞学的发展与演变

论辩术也称辩证法,本是指讨论或论辩问题的论证技艺。古希腊的修辞学不只是研究语词修饰、遣词用句,而且主要是研究各种演说、诉讼的论辩技艺,它同论辩术相应而产生和发展。在希腊城邦民主生活活跃的历史背景下,论辩术和修辞学到公元前 4 世纪时已得到长足发展,推动了语言学与逻辑思维的进展,积累了丰富的正反面思想资料,为逻辑学的诞生创造了条件。

亚里士多德称芝诺是辩证法的创始人,恩培多克勒是修辞学的创始人。爱利亚学派的芝诺提出的一些著名悖论,就逻辑意义而言,实质上是运用了"归于不可能"(reductio ad impossible)的论证,相似于后来的"归谬法"(reductio ad absurdum)。普罗泰戈拉提出任何命题都可有两个相反的论断(逻各斯),并认为论辩取胜的关键在于掌握变弱论证为强论证的技艺。这种见解影响了论辩术的演变。其积极意义是促使人们探究思维和语言中的矛盾,其消极意义则是在感觉论和相对主义支配下,论辩术蜕变为诡辩,可是其中也保留了许多可供研究的逻辑谬误的资料。苏格拉底和柏拉图批判智者将论辩术归结为"说服人的技巧",貌似有理、实无真理,他们称智者是强词夺理、制造假象的魔法师。他们自己也运用论辩术,力图将它纳入真正符合逻辑思维的轨道;但是他们尚缺乏坚实、系统的逻辑理论武器,所以未能深刻揭露智者诡辩的逻辑谬误所在;要完全澄清诡辩的迷雾,尚有待逻辑学的诞生。

再说修辞学,公元前 5 世纪中叶叙拉古的科拉克斯(Corax)及其弟子提西阿斯(Tisias)首先编写了修辞术教本,他们在雅典传授诉讼知识,教人如何论证取胜。之后塞拉西马柯(Thrasymachus)、赛奥多洛等人相继有著述贡献。在智者派中,普罗泰戈拉已用比较科学的方法,研究希腊语言的词性及语法;普罗迪柯则从语义角度细致研究了词义的区分;就语言起源问题展开了自然天生论和约定俗成论(Physis 和 Nomos)的重大争论。柏拉图《克拉底鲁篇》中的苏格拉底,则从哲学高度研究了命名问题。语言学层面的研究成果也是逻辑学产生的必要条件。高尔吉亚等智者在修辞学上都颇有成就。公元前 4 世纪更是修辞学的黄金时代,卓有成就的大师是伊索克拉底(Isocrates)和德谟斯提尼(Demosthenes),他们反对智者将修辞用于诡辩,主张修辞术是创造性技艺。他们是杰出的演说家,所发表的多种演说尤其是反波斯、反马其顿的演说,雄劲明畅,脍炙人口。伊索克拉底自公元前 392 年起在雅典讲授修辞学四十多年,弟子多达两百人,其中四位连同他本人被列为雅典十大演说家。亚里士多德早年曾从学伊索克拉底,摹仿其写作风格,后来在修辞学理论上自树一帜。他在《辩谬篇》中指出,当时那些著名学者,由于继承、推进了许多前辈的遗产,"已经使修辞学达到了现在日臻完善的地步","这门学问已具有大量丰富的内容"。(183b30—36)修辞学的蓬勃进展,从语言学方面为逻辑学的产生提供了必要条件。而且一些学者已将修辞学视为运用逻各斯的技艺,渐益注重研究演说、辩诉及文章写作中的思想内容、逻辑结构与方法,如柏拉图在《斐德罗篇》中倡导修辞学应首要地考虑什么是真理,应贯穿关于真善美知识的逻各斯。修辞学的逻辑内涵增加了,促进了思维科学的形成。

由于缺乏自觉的逻辑思维,论辩术与修辞学中发生的种种畸变或弊端、缺陷,也从反面表明,需要产生关于正确思维的科学才能革新这两种学问。

柏拉图的《欧绪德谟篇》揭露一些智者将论辩术畸变为诡辩术,而对智者自诩才智的极为荒唐的诡辩,苏格拉底主要只能以自己的追求真理的正确论证作为对照,来衬露诡辩的荒谬,他并不能进而深刻剖析这些诡辩在逻辑理论上的错误,①因此还难以彻底制止诡辩流行。亚里士多德建立逻辑学,也是因为驳斥诡辩、矫正论辩术的需要。他在《辩谬篇》中对智者的诡辩不仅抨击,更从逻辑理论方面深刻论述诡辩的错误根源和克服方法,彻底破除智者诡辩的雾障,将论辩术提升为以逻辑内容为主的辩证法,有利于科学知识的发展。

伊索克拉底确实促成修辞学的新鼎盛,他反对智者诡辩,主张演说应以实际政治问题为重大题材,体现高尚的思想与性格。然而在修辞学理论方面,他认为修辞术只是一种依凭天赋的创造,注重研究字音、词藻、句式、节奏、风格的和谐与美,他将修辞术看做只是一种运用语言形式的艺术,忽视研究内容的组织和逻辑分析。亚里士多德早年在学园时期就同他分道扬镳。早在公元前360年,亚里士多德写了有关修辞学的对话《格律罗斯》(*Gryllus*),批评伊索格拉底的修辞学思想内容贫瘠。后者的学生刻菲梭多鲁(Cephisodorus)即回敬一篇长文反唇相讥,指责亚里士多德本人将时间浪费在谚语的搜集中(这点表明亚里士多德当时已开始编纂修辞学的活动)。数年后,在《劝学篇》中,亚里士多德又批评伊索克拉底的修辞学只重实用,后者则在《安提达西斯》(*Antidosis*)一文中为自己辩护。他们虽有往复论争,但亚里士多德的《修辞学》中引用伊索克拉底的演说仍很多,对他的成就很为赞赏。亚里士多德在重返雅典之前就已动笔撰写《修辞学》,在吕克昂讲学时期完成,这和他撰写逻辑论著大体同步。他革新修辞学的一大重要贡献,就在于他将逻辑推理内容引入修辞学,使之具有较强的科学性。在《修辞学》开篇,他就批评当时修辞术课本的编纂者只从语言艺术方面提供了一小部分修辞术,指出只有"恩梯墨玛"

---

① 参见本书第二卷,第444—449页。

（enthymema）即修辞式推理，才是修辞术的"真实内容"和"主要躯干"，其他一切都是附属的。（1354a13—15）在他看来，修辞学和作为论辩推理的辩证法是紧密结合的，"两者都是提供论证的能力"，修辞学也可以说是"辩证法的一个分支"。（1356a25—35）

### 三 逻辑思想研究已有长期积累

希腊人逻辑智慧的成熟不仅表现在追求科学知识、从事论辩术与修辞术中积累了大量正确与错误的逻辑论证资料，而且表现在希腊哲学家们不断反思人的理性思维形式，积累逻辑思想的研究成果。

毕泰戈拉和德谟克利特都已在局部事物范围内，研究了概念的定义问题。苏格拉底在和对话者论辩中使用逻辑论证之多样、复杂，在往昔哲学家的资料中少见；他在探究普遍性定义和归纳方面的贡献，亚里士多德在《形而上学》中给予高度评价，指出"这两者都与科学的始点相关"（1078b20—30），因为两者都提供证明知识的初始前提，都是构建科学知识体系的首要环节。苏格拉底还初步阐述了形式逻辑的基本规律即同一律、不矛盾律与排中律，亚里士多德继承这一基本思路，进而对正确思维的基本规律作了更为精确和深入的论述。柏拉图后期著作《斐德罗篇》、《智者篇》、《斐莱布篇》及《政治家篇》，都研讨了"划分"问题，提出"按种划分"，通过"划分"（二分法）寻找定义。从逻辑学观点看，这并不成功，但对亚里士多德研究定义与三段论却有所启发。柏拉图在《巴门尼德篇》、《智者篇》等对话中，提出"通种论"，研究了"是"、"同"、"异"等一些最普遍的"相"（范畴）以及它们之间相通的联系，在某种意义上启发了亚里士多德研究范畴与谓词学说。柏拉图以相论为哲学根据，论述定义、知识和意见的真与假以及正确思维等问题，蕴涵着逻辑哲学思想；亚里士多德也重视研究逻辑的哲学根据，他批判柏拉图的相论，将系统的逻辑理论建立在他的本体论的根基上。

亚里士多德建立逻辑学说是开创性贡献，而前人已有的逻辑思想研究成果，是其重要思想来源之一。从第欧根尼·拉尔修记载的亚里士多德的著作目录看，亚里士多德写过不少诸如论定义、论划分等专题论文，可见他对前人已有的逻辑思想研究成果先作专题研究,集其大成,而后才建立自己的系统逻辑理论。公元前4世纪希腊逻辑智慧跃向构建系统理论,不仅表现在亚里士多德的逻辑学说,也表现在亚里士多德逻辑论著问世之前,如麦加拉学派已作过逻辑理论研究,该学派创始人欧几里德就论述了驳斥证明不是靠前提、而是靠结论的意见。在亚里士多德之后不久,麦加拉学派更研究了命题逻辑和模态逻辑,其成就固然不如亚里士多德,留存下来的资料也不多,但它开启了古希腊逻辑学的另一传统,深刻地影响了斯多亚派逻辑学和中世纪的传统逻辑的产生和演变。

## 第二节　哲学背景

后人编纂亚里士多德的逻辑论著,冠以"工具论"这个妥切的总题名。在亚里士多德心目中,逻辑学确有工具性意义,但它不只是指规范思维形式结构的技术性工具,而是探究全部哲学与其他学科知识所必需的一种思想性工具。他的知识分类包括理论知识、实践知识和创制知识三大类,没有单列出逻辑学,这并不表明他不承认逻辑学是相对独立的学科,实质上他将逻辑学看做哲学的一个分支,属于"哲学家的学科"。他建立逻辑学说,有其哲学背景的需要,同他前期的形而上学思想的产生密切关联。

亚里士多德在《形而上学》中指出:同靠表象和记忆生活的动物不同,"惟有人类才凭技艺和推理生活","求知是所有人的本性",智慧就是探求"某种关于本原的学问"。(980b26,980a22,1059a17)本卷绪论专门讲到:亚里士多德所说的"on"不仅指独立于思维的实体事物,而是指可用系动词"是"判定的一切东西,包括数量、性质、关系等各种属性,也包括精神意识性的东西。我们将他的"on"范畴理解为动名词"是",译为"是"。

亚里士多德认为各具体学科研究不同的特殊方面的"是",哲学则研究单纯的、未分化的"作为是的是",探讨本体,是探究普遍的"是"的学科。逻辑学作为关于推理与证明的学科,要研究证明的本原,在某种意义上同几何学更为相似和切近,因为两者都明显体现了证明学科的特征,都首先要"借助于公理",而"公理是最普遍的,是万物的本原,对它们的真和假的思辨,如若不属于哲学家,还能属于谁呢"?（996b25—997a15）所以,他指出:"毋庸置疑,应由哲学家即研究所有本体的自然本性的人,来考察一切推理的原理。"（1005b5—10）另一方面,他在《论题篇》中指出:这门关于推理与证明的学问,在"智力训练、日常交往及哲学学科知识"三方面都有用,由于它能使人对所提出的有关哲学知识的问题"容易洞察真与假",因而也有用于研究每门特殊学科的初始原理或本原。所以,逻辑学是"通达一切探索方法原则的途径"。（101a20—b5）总之,他理解的逻辑学从属于哲学,蕴涵哲学的意义和方法论的功用。

在他看来,逻辑与哲学紧密关联。说亚里士多德常常将主观逻辑和客观逻辑混淆起来,这只是今人的某种批判分析。他本人当时的有关立论,其实未必是幼稚的混淆。他认为逻辑公理也是客观存在的基本规定。例如在《形而上学》中,他将同一律表述为同一事物在同一时间、同一方面是同一的,不能说它既是又不是;他又说:"所有进行证明的人都把它作为一个可以追溯到的最终论断,因为它在本性上就是其他一切公理的本原。"（1005b18—34）今人固然可以批评他混淆了形式逻辑和本体论。然而应该看到他当时还没有"形式逻辑"的观念,他将同一律不仅看做逻辑的公理,也看做是客观存在的公理,这并非不能区别思维和思维的对象,而是认为建立逻辑学离不开对思维对象的研究,逻辑学的初始公理也是思维对象的普遍本性。他构建逻辑学说,注重其哲学的根据和功用。他的逻辑学中的一些基本范畴,在他的形而上学和其他哲学分支学科中,也作为重要哲学范畴使用。某种意义上说,没有这些兼有逻辑与哲学意义的范畴,就难以构建亚里士多德的知识体系。逻辑是他的哲学的有机组成部分,他的逻辑与哲学之间有互为渗透的内在联系。

我们还可以进而考察,他的逻辑学说也是因应当时哲学思想进展的背景而产生的。

亚里士多德批判地总结前人的哲学遗产,从而建立自己的哲学。早在《物理学》中,他研究自然事物运动与变化的本原,初步阐述了"四因"说（质料因、形式因、动力因、目的因)。在《形而上学》第 1 卷中,他主要根据"四因"说,逐一论评了先前的哲学学说,认为它们往往只是触及事物的某一方面的原因,没有深察本体及其全部原因。这里我们不应忽略一个重要事实:他在论评先哲和构建本体论的哲学中,他的逻辑与逻辑哲学思想发挥了重要的理论工具的作用。而且从中可见,他的逻辑学说也是适应公元前 4 世纪希腊哲学进展的产物。这表现在以下三点上:

(一)批判智者派的相对主义和爱利亚学派的绝对主义。

智者派的相对主义在公元前 4 世纪兴盛一时,使人们在判断真理、追求确实性知识上陷于迷乱,障碍哲学和科学思想的进展。苏格拉底、柏拉图虽然猛烈抨击了智者派的思想,但没有也还不可能提到逻辑理论与逻辑哲学的高度来剖析,因而难以彻底克服它。柏拉图的相论使实在世界二重化,使理性知识和现实世界分离,成为悬浮在思想太空的楼阁,缺乏逻辑与科学的栋柱。亚里士多德则在《形而上学》第 4 和第 11 诸卷中,以相当多的篇幅论述确定性是逻辑公理和"是"的基本原则,据以深入批判智者派的相对主义。

他指出:这种哲学思潮的根据集中表现为普罗泰戈拉所说的"人是万物的尺度。"(1062b15)实质上这是以人的感觉为测识现象的尺度,夸大了现象与感觉的变动性,因而说同一事物既是又不是,一切现象与意见既真实又虚假,对立的命题可同真或同假。亚里士多德强调:"同一东西不可能在同一时间内既是又不是",这是"是"的恒真原则,也是逻辑推理所依据的最可靠的原则。(1061b35—1062a10)因此对立的陈述不能同时为真,同一陈述也不可能既真又假。他这样说并不是否定事物有生成变化及其过程中有对立与矛盾的关系发生,而是强调"是"的确定性与知识的确实性。他又认为:不能只靠感觉,更要依靠以逻辑公理为依据的思想,才能洞察事物的本性或本原,获得确实的知识;智者沉溺于变动不居、无规定性的现象与感觉,实际上消解了事物的"本体"与本质,将一切都看做"偶性",而偶性"不能成为科学知识的对象",这也就消解了科学知识本身,于是,"只有诡辩术才投身于研究偶性"。(1006b20—25,1064b15—1065a10)这里,他深刻揭露了智者派的相对主义哲学背逆了逻辑与实在的公理,这已是科学知识进展的巨大障碍。亚里士多德在他较早撰写的《辩谬篇》中，也依据种种逻辑原理犀利、深入地揭露智者的种种虚假推理，有其逻辑上的谬误根源。由上可见，亚里士多德建立逻辑学的一个哲学目的，是要彻底澄清智者派的相对主义迷雾，以利拓展科学知识的发展道路。

以巴门尼德为代表的爱利亚学派，早就主张"是"是无生成变化、绝对静止不动的"一"，"是"不能从"不是"生成。这种抽象的绝对主义思辨哲学传统，一直深有影响。就连恩培多克勒、阿那克萨戈拉也都接受关于"存在"不能从"非存在"生成的主张，他们承认运动变化，也只是将它归结为既存元素、种子的混合与分离。直至柏拉图晚期，他的学园中的斯彪西波等人，主张"是"的本原是"一"与"不定之二"。麦加拉学派的基本哲学原则，也是主张"是"与最高的善是"一"。亚里士多德从哲学与逻辑角度，批评这种绝对主义思想传统的错误，指出它和智者派的相对主义殊途同归，都背逆"是"与逻辑的本性，同样堵塞了人们探求真理与知识的道路。

在《物理学》中，他就曾针对这种学说，论述了生成的事物从"存在"或"非存在"（不等于绝对的"不是"，而是指它是别的"是"）生成。在《论麦里梭》中他又指出："每一事物从其他事物中生成，形成无限的系列，所以没有什么妨碍事物的生成。"（975a25—30）他认为现实的事物，具有多种样式的运动变化，既生又灭，既有多样性，又有质的规定性；"非存在"作为相对某个"存在"的其他的"存在"，并非"不存在"，因而可以从"非存在"生成"存在"。

在《形而上学》中，他更结合逻辑原理，批评爱利亚派哲学传统将宇宙万物看做单一的、不变动的本性，"说法牵强"，"与自然脱节"，无法证明"宇宙万物是一的结论，而只能证明有某个'一'自身"，其后果只是"毁掉了对自然的考察"（986b10—15，992b10—993a5）。他认为：探求科学知识，必须对"是"的多种意义进行区别，并且运用定义、归纳、证明等逻辑手段；从逻辑上说，"一"和"是"可用来普遍地表述所有的事物，但它们"并不是事物的'种'，'一'不是，'是'也不是。"（998b20—25）也就是说，"一"或"是"并不是本原意义上的作为普遍谓词的"种"，这相似于康德所说"存在"不是谓词。如果只将抽象的"一"与"是"看做本原，有"一"无"多"，不见事物之差异，也就没有具体的科学知识了。他进而指出:如果将一切事物的本性归结为"一"与"是"这种抽象的普遍性,一事物与他事物无法区别,只能像阿那克萨戈拉所说的在原始混沌中万物混同一起,处在无差别境界,这就没有事物的确定性,就会同智者派的相对主义一样,导致"所有相矛盾的表述在同一时间里对同一事物为真",一切皆可同真同假,既肯定又否定,这就会使人对什么也无法认定,想与不想都一样,使人就像无知觉无思想的植物一样,陷入弃思绝智的境地。(1007b20,1008a20—25)由上可见,亚里士多德建立逻辑学说,同他的本体论哲学相辅相成,旨在破除绝对主义思辨哲学传统,引导人们面对现实世界、经验事实,从事逻辑分析,探求生动丰富、确实可靠的知识。

(二)批判柏拉图学派的相论。

亚里士多德在批判柏拉图及其学派的相论中建立自己的哲学。他的早期著作虽然尚未摆脱柏拉图相论的影响,但已表现出要突破的意向。耶格尔指出:"青年亚里士多德在逻辑与方法论方面已完全独立于柏拉图",这从他当时对柏拉图的"证明"的解析和构建自己的技巧娴熟的"证明"中可以看出。在他动摇柏拉图哲学的形而上学基础之前,他的范畴论(作为逻辑证明正确性的哲学前提)的基本态度与主要内容已经形成;他的《论题篇》中不少重要的逻辑知识,他在柏拉图的学园时期已有表现。[1] 他的逻辑论著大体完成于他返回雅典、在吕克昂讲学之时,罗斯认为完成得还更早一些,同他前期的形而上学思想大体相应。他在《形而上学》中从多方面犀利批判柏拉图学派的相论,这在本卷第三编"形而上学"中还要详论。这里只指出:他注重从逻辑思维和与之相关的科学知识论方面批判柏拉图学派的相论,深入揭露其理论根源,这也是他建立逻辑学的一个动因。可以说逻辑学也是他破除柏拉图形而上学的一柄利器。

据普罗克洛(Proclus)记述,亚里士多德在其早期对话篇中,"很清楚地宣称他不能同意相论这种学说,即使他被视为出于野心而反对这种学说。"(《残篇》F8R[3])从现存《论哲学》的残篇,已经可见他对柏拉图相论展开批判,尤其

---

[1]　参见耶格尔:《亚里士多德:发展史纲要》,第46页。

抨击了"型的数"学说,耶格尔称这篇著作是他的"哲学的宣言"。耶格尔又根据柏拉图书信指出:柏拉图老年时期学园内部对相论已很有争论,以致柏拉图说他的持怀疑态度的弟子厄拉斯图(Erastus)和科里司库(Coriscus)应当捍卫相论"这种高贵的学问"。(《柏拉图书信之六》,332D)亚里士多德在《形而上学》第 1 卷中对相论的批判,早于第 13 卷成熟时期的批判,它是他在阿索斯游历时期,同其师兄弟(包括捍卫相论的色诺克拉底及怀疑相论的厄拉斯托、科里司库等)自由研讨后成稿,它与《论哲学》大体属于相同时期。① 此卷尚未展开从方法论与逻辑论证角度的批判,但已指出柏拉图及其学派论证"相"存在的方法"没有一个是顶用的","一些推论并无必然性"。(990b10—15)而且此卷行文中主语皆用"我们",如说"按照我们据以肯定'相'存在的判断"。看来同他一起研讨的几位师兄弟,对论证"相"的方法皆是熟悉的。在后来成稿的《形而上学》第 13 卷中,对相论的批判更为深入,但对于对手论证"相"的方法,也只是概略点到。(1079a5—20)亚里士多德的已佚失著作《论相》,写作稍早于《形而上学》第 1 卷,略后于《论哲学》。(参见《残篇》F186R³ 亚历山大注 84,10)亚历山大在评注《形而上学》中,为我们保存了《论相》的较长的残篇。从中可见破除错误的逻辑论证、追求正确的科学知识论,是批判相论的重要手段与目的。

这里,亚里士多德紧密联系科学问题,娴熟运用逻辑推理手段,批判当时柏拉图学派从科学与技艺、"多"与"一"的表述、思想对象、相关词项、"第三人"、"一与不定之二"作为第一原理等方面,竭力捍卫"相"的存在。柏拉图学派利用科学知识来论证相的存在,说既然每种科学与技艺的构建都涉及同可感知个体相分离的永恒的"型",它们不同于特殊事物的某些共同特性,它们就是"相",是科学、技艺的本原。亚里士多德指出,科学与技艺诚然研究有共同性的对象即普遍性原理,使它们不是同可感知的特殊个体绝对分离而独立存在的。他后来在《形而上学》第 1 卷中也指出:如果主张脱离特殊、个别事物的"相"作为"知识的原因",似乎全部理智与全部自然通过这一原因而运

---

① 参见耶格尔:《亚里士多德:发展史纲要》,第 172—173 页。

作,那是毫无价值、不着边际的话,并没有真正找到知识的本原和出发点,因为"智慧在于寻求日常所见事物的原因"。(992a25—30)在《论相》中,他又驳斥说:如果根据"多"与"一"的表述(谓述),论证多中之一为"相",就会导致否定性的表述也是"相";如果思想的对象就是"相",可思想的"不是"的东西也有"相";如果相关词项表述关系的相似性、关系也有"相",那么"相"就不成其为本体或本原了;主张有所谓"第三人"(即居于具体人和作为"相"的"人"之间的第三人"),这同智者派关于"第三人"的论证就同流合污了;如果"型的数"高于"一与不定之二",后者作为第一原理也就自我破坏、不能成立了。(以上《论相》的内容见《残篇》F186R³)这里概述亚里士多德早期对柏拉图学派相论的批评,从中可见他的逻辑与哲学思想是在批判相论中锻炼出来的,而其宗旨是为了论证科学与一切知识,应当从现实存在的事物中探求普遍性原因,才有坚实的立足点。

亚里士多德在《形而上学》中更从逻辑与哲学角度,深刻揭露柏拉图学派产生相论的思想根源:青年柏拉图开始是赫拉克利特学派的克拉底鲁的同路人,认为一切可感觉的东西不断流变,后来又认为知识与思想的对象应是可感事物之外的某种不变的本性。苏格拉底的功绩是首次集中研究了同科学的始点即初始前提相关的归纳与普遍性定义,他还没有将普遍性定义当做分离存在的东西。柏拉图及其学派则在寻求可感事物的原因中,将非感性的定义同可感事物截然分隔、对立起来,主张凡是被普遍地表述的东西都有"相",使事物加多了一倍,而"相"处于真实的本体之外,成为凌驾于多之上的一。(987a30—b10,1078b15—1079a5)这里亚里士多德精辟地概述了先哲们探究科学知识的本原的逻辑线索,揭示了柏拉图学派相论的产生有其逻辑哲学方面的错误根源,同时也表明,他以不同于柏拉图学派的本体论和知识论,来建立科学的逻辑理论。

(三)亚里士多德哲学体系的构建与演进。

亚里士多德凭借他的逻辑与哲学范畴,将当时各领域的知识系统化,完成一个相当严整的知识体系;其博大精深,直至欧洲中世纪末,无与伦比。希腊分析理性缔造了这座壮伟的知识大厦,他建立的逻辑学说在其中起着重要的建构性作用。

从发生论角度看，亚里士多德的逻辑与形而上学思想有互动互渗的演进过程。他早期秉承苏格拉底的理性主义，在《劝学篇》中满怀信心地宣称："我们能够获得研究确实性与方法的知识，研究自然与其他实在的学科"，并且强调研究产生知识的理性、思想（"思想就是观照思想的对象"），是高尚的，"对人的实际生活有极大用处"。（《残篇》F52R³，B23，46）他所说的研究确实性与方法的知识和对理性、思想自身的研究，无疑包括他在学园时期早有讨论和酝酿的逻辑理论，如定义、划分等等。在他的学术生涯中投入逻辑学研究的精力相当大，统计一下，第欧根尼·拉尔修和其他人所保存的他的著作目录中，同逻辑学相关的著述达 39 种之多。① 现存他的主要逻辑论著"工具论"六篇，同《形而上学》中第 2、5、11、12 卷以及《物理学》，是大体同时的前期作品，其中所论述的有关逻辑与哲学范畴的思想，比较相近。逻辑学正是他从柏拉图哲学中脱胎而出、形成自己的前期哲学思想的"起跳板"。耶格尔指出：在这前期，亚里士多德的"本体"概念，"在物理学和逻辑学"中，如同在《形而上学》的早期诸卷中一样，有其起源"。而他的形而上学和"分析学"（逻辑学），总是紧密关联地关注探讨本体问题；因为研究本体、形式与质料等，都涉及"本质"及其与定义理论的关系，涉及抽象，作为种与属的概念的分类，等等。在《形而上学》第 7、8 卷中，他的"逻辑学与具体性结合产生了一个新的较为成熟的本体概念"。② 至于他主张有最高的无质料的形式，有截然分离的纯质料和纯形式，这同他在探求万物的生成时，要推求最后的动因，也有逻辑的关联性。可以说，在亚里士多德形而上学的建构与演变中，他的逻辑学说起了重要作用。

柏拉图集纳既有的知识成果，也着意构建一个知识体系，具有开创性；但就整体看，因为他将同现实事物分离的"相"作为全部知识体系的基础、原理和终极目的，并且缺乏系统的逻辑理论作为构建手段，于是他往往要凭借文学

---

① 参见巴恩斯主编：《亚里士多德全集》第 2 卷，英译本，附录"亚里士多德著作目录"。

② 耶格尔：《亚里士多德：发展史纲要》，第 200 页。

天赋和诗意想象来提供虚构的原因与联系。例如他在《蒂迈欧篇》中曲解数学和元素论,虚构宇宙创生论,就受到亚里士多德的抨击。亚里士多德的知识体系则比较严谨、完善。他的形而上学作为知识的理论核心,根植于人类的经验事实和理性,神学的比重与作用并不大。主要是由于他成功地建立逻辑学,所以他能娴熟地运用逻辑与哲学范畴,梳理各个领域的知识,力求将经验材料的归纳和理性的推理、证明有机地结合起来,切实作出知识分类,明确在理论知识、实践知识和创制知识中诸学科的性质、地位与功能,从而构建一个比较严谨、动态的知识体系,它能在他不断"解难"中改善自身。亚里士多德本人深入研究诸多学科,形成各种比较有系统的理论,也得益于逻辑工具。而且他从未在作品中夸示他已穷尽一切知识领域,他构建的知识体系是动态、开放的,他本人在不断运用逻辑工具"解难"中修正、改进它,并且期待后人用他提供的逻辑工具来发展这种知识体系。这也正是他建立、贡献逻辑学的一个目的。

在当代西方学者的研究中,有一种观点否认亚里士多德是知识系统的缔建者,认为他的哲学与其他学科研究,本质上是"解难式的"(aprometic),就是说,他在论著中总是提出许多问题或"解难式"(aporiai),随处加以解答;他的思想、概念、方法和论证方式也常常修正、改变,因此他的学问是片断的组合,不是系统的理论。① 其实所谓"解难式的"研究,正表明亚里士多德常常围绕一个主题,反复比较地探讨各种问题与意见,从中形成自己的见解,因而他本人的思想也在变化、演进。这正表现了他的严肃的探索真理的态度、严密的思维方式以及他的知识系统的开放性。从当代解释学角度,诠释他的思想在"解难"中如何演进,这是一种有价值的研究方式。然而正如巴恩斯指出的,不能因此否定亚里士多德努力以公理化或其他方式"表述、组织他辛勤聚集的科学知识",他是"传达一种系统的知识",他的理想与成就体现了一位"具有深刻系统性的思想家"的形象。② 逻辑学成就是他的知识系统化的关键环

① 参见巴恩斯:《亚里士多德》,第123—124页。
② 参见巴恩斯:《亚里士多德》,第123、128页。

节;从某种意义上说,正是逻辑学使亚里士多德得以奠定西方的分析理性的传统。

## 第三节 "工具论"

亚里士多德撰写过许多逻辑或与之有关的著作,从现存目录看,不少著述属于专题性的研究,涉及定义、种与属、特性、对立、关系、命题、划分、论题、诡辩术、演绎推理、论证、科学方法、修辞术,等等。这些著述,在吕克昂学园中,或者是用于他在上午同弟子们漫步时作内部的深入研讨(acromatic),或是用于他在下午、傍晚作公开讲演(exoteric)。可惜这些作品大多已经佚失。现存的主要逻辑论著有六种,内容相当完整、系统。相传这六篇著作由公元1世纪的安德罗尼柯编纂集成。至于"工具论"的总题名,现代有些学者如杜林(I.Düring)认为是安德罗尼柯首先使用的,有些学者如罗斯认为自公元6世纪以来才用此题名。① 这个题名是合适的。亚里士多德本人在《论题篇》中说到,论辩与反驳的训练是"科学与哲学的工具",使人能运用某种自然能力,"正确地选择真理、避免谬误"。(163b5—10)他心目中的"工具",不只是指三段论格式之类的思维形式结构,而是作为论证工具,有更为开阔的求知方法与科学方法论的意义,就是说,这门"分析学",通过分析思维、规范正确的推理和证明,使人们能获得各门学科的知识,构建系统的理论。

现存"工具论"六种,当初编定时依次为《范畴篇》、《解释篇》、《前分析篇》、《后分析篇》、《论题篇》及其附录《辩谬篇》。这似乎是后人按照概念、命题、推理、证明、论辩(论证与反驳)的逻辑主题顺序排列的。现代学者经考证认为,这些著作虽然都是吕克昂时期的作品,但是明显并非按照一个事先已统一拟订的计划,同时写成的。索尔门斯(Solmens)在《亚里士多德逻辑和修辞学的发展》(1929年,德文)中,将他的老师耶格尔的发生学方法用于研究这些

---

① 参见格思里:《希腊哲学史》第6卷,第135—136页注;罗斯:《亚里士多德》,第9页。

逻辑著作,主张从其思想发展角度来考察其写作年代先后的顺序;罗斯则认为这样考察会有任意性,他主张从语文学(术语使用状况)来考察它们的写作先后的顺序。现代逻辑学家如鲍亨斯基、卢卡西维茨,还主张根据取得的逻辑成就和逻辑思想水平的高低,来划分它们写作时期的先后;但是他们提出的有些标准,如形式化程度、模态逻辑思想的出现等,未必切合实际。① 我们认为:综合一些考证和现已一般公认的见解,可以确认这些论著写成的大体的前后顺序,运用历史与逻辑统一的方法,可从中既考察亚里士多德的哲学与逻辑思想的进展,又根据各篇的中心内容,研究他的多层面的逻辑理论。我们先简要地按写作前后顺序,介绍"工具论"的六篇著作。

《范畴篇》是最早写的一篇。在古代,安德罗尼柯编纂"工具论",以及公元3世纪以来波菲利(Porphry)等编纂家作评注,都不怀疑这篇著作的真实性。现代有的学者如杜朴列尔(E.Dupréel),认为它的文体风格是枯燥的论断式,不像亚里士多德的其他著作运用自由讨论难点的解难式推进方法,因此怀疑它的真实性。罗斯指出:这种怀疑难以成立,因为此篇作为指导学员研习逻辑的纲领性入门教本,可以采取这种论断风格;而且它的语法是亚里士多德习常使用的;再说编纂家安莫尼乌(Ammonius)说过,塞奥弗拉斯特和欧德谟斯(Eudemus)也都模仿其老师的著作,写过《范畴篇》。② 对《范畴篇》的最后六章(论述后范畴)的真伪,也有争议,但也难以确证其为伪作。

这篇著作的主要内容论述关于"是"的一些主要范畴,它们也是关于词项的分类。现代一些学者对这范畴和词项的双重内涵,对于所论范畴是一般词项分类还是谓词分类,都有不同看法。其实在亚里士多德心目中,这两种双重内涵是一致的。哲学范畴的研究,同时也是逻辑上的语词意义分析;一般词项分类中包容并突出了谓词分类。本篇前九章论述本体等十个主要范畴或称普遍词项,后六章论述"对立"等一些哲学范畴(也是常用的普遍词项),中世纪学者称它们是"后范畴"或"后谓词"。有的学者觉得《范畴篇》被编辑在"工

---

① 参见王路:《亚里士多德的逻辑学说》,第6—8页。
② 参见罗斯:《亚里士多德》,第10页。

具论"中难以理解,因为它的内容是形而上学的,而不是逻辑学的。① 确实这篇著作在词项意义剖析中论述关于"是"的一系列哲学范畴,它同《形而上学》中前期写作的几卷中的范畴论述基本相应,大体属于同一时期的哲学思想。如果只根据现代对形式逻辑的理解来判断逻辑学与非逻辑学的界限,自然会觉得《范畴篇》游离于逻辑学之外,仿佛是被硬塞入"工具论"之中。然而亚里士多德建立逻辑学的本来面貌并不全同于后来的形式逻辑,他的逻辑学有其建立的哲学根据,他没有将"是"和思维的规定性截然割裂、对立。逻辑哲学是"工具论"的题中应有之义,把握哲学范畴也是理解他的逻辑理论的首要环节。这些范畴或普遍词项,一直被贯穿并运用于他的其他逻辑论著中,实质上也是他的逻辑学说中不可或缺的基本范畴。所以无论从他本人建立逻辑学说着眼的始点,还是从编纂家收编时的理解来说,《范畴篇》作为"工具论"的挑头之作,都是合理的。

　　《论题篇》的真实性不曾被怀疑,而且现代学者已一般认为它是写于较早时期的作品,同《范畴篇》相距不久。表面看来它像是一部指导从事论辩的指南,共有 8 卷,篇幅较大,内容包括论辩中如何选择合适论题、进行有效论证,以及如何反驳对方的主张,等等。然而它并不是像智者那样教人论辩术,算计如何使用技巧在论战中取胜。实质上它是在研究论辩中,构建了一种独特的语义分析的逻辑理论。它不仅在论述哲学范畴(普遍词项)方面比《范畴篇》有进展,更切合建立逻辑学的需要,并且形成了"四谓词"说。十范畴加四谓词,成为他研究论辩推理、建立语义分析逻辑理论的纲。由此他赋予"辩证法"以确定的新含义。辩证法的要义包含立足语义分析的"论辩的推理",这不是为论辩而论辩的技巧,而是从意见进向知识的一种探索方法。它有别于后来两部《分析篇》中所论述的用于构建科学理论的"证明的推理",但同后者并不截然隔裂,在人们的求知途径上,它恰恰是后者的准备,两者使用的推理形式是一样的。这篇早期著作表明,亚里士多德自从在柏拉图学园就学以来,在研究大量积累的论证与反驳的实际资料的基础上,首先是从语义分析方面

---

① 参见威廉·涅尔、玛莎·涅尔:《逻辑发展史》,第33—34页。

建立了一种独特的逻辑理论,然后才在《解释篇》、《前分析篇》中,从思维形式结构方面建立了命题和三段论学说。这篇著作不仅是亚里士多德逻辑思想演进的一个重要环节,而且是他构建逻辑学说首先展开的一个理论层面,有其特殊的内容和价值。这篇著作过去不被学者重视研究,近二十多年来,西方学术界注意重新发掘它的意义与价值。

《辩谬篇》是《论题篇》的附录,有些学者认为它可谓为后者的第9卷。此篇原名 Sophistic Elenchi 即"智者的反驳"。这篇著述研究对智者的诡辩式的反驳,从语言和逻辑方面严谨地剖示这类诡辩是谬误的论证,深刻揭示其错误的根源,并论述了克服种种谬误论证的方法。它搜集、保存了不少智者诡辩的典型实例。亚里士多德从语义分析的逻辑理论方面批驳了智者的诡辩,远比前人的批判深刻、透彻。

古代安德罗尼柯曾怀疑《解释篇》的真实性,只因它开篇所述关于人类内心经验及其相似对象相同的一段话(16a8),在《论灵魂》第3卷第6章并无相应的出处。这种怀疑并不成立。梅耶尔(H.Maier)指出这是由于他对这段话的前后文理解有误。《解释篇》表明亚里士多德对逻辑学进入形式化的研究。它着重论述了命题的构成和真假值、命题的各种形式以及各命题之间的逻辑关系;对实然命题和模态命题中的逻辑关系以及模态命题的哲学根据,都作了细致的考察。这篇著作为亚里士多德建立三段论学说作了准备,也可以说命题的解释本身也是三段论学说的先导部分。

《前分析篇》和《后分析篇》一般被看做亚里士多德臻于成熟的逻辑理论。其实,前一篇从形式化角度详致研讨推理的形式结构,构建了一种系统的三段论学说,这是同他的语义分析的逻辑相对应的另一层面的逻辑理论;后一篇则是运用三段论学说,研讨证明的科学知识的建构,形成一种科学方法论。

《前分析篇》有2卷,重点在第1卷,建立了三段论学说。作者引入变元,即用符号表示普遍有效的正确推理形式,这被誉为一种"伟大的发明",奠定了"形式逻辑的基础"。[1] 三段论学说完成了一种逻辑推理的形式化系统。三

---

① 格思里:《希腊哲学史》第6卷,第156、157页。

段论作为根据逻辑形式从前提必然地得出结论的正确推理形式,既通用于日常论辩或探讨论题的辩证推理,也适用于获得科学知识、构建科学理论的证明推理。亚里士多德更注重三段论对后者的意义,认为"它所研究的对象是证明,它归属于证明的科学"。(24a10)三段论学说实质上是他研究科学知识论和方法论的重要阶梯。《前分析篇》讨论直言三段论,详致论述了它的 3 个格、14 个正确的式,阐释了有关的推理规则、不同式的转换、真假推理式的判定,等等,加上《后分析篇》的某些补充论述,构成一个比较严谨、完整的三段论演绎系统。在此基础上,本篇又详致探讨了模态三段论。虽然它同现代模态逻辑相比,多有差失,但是它同麦加拉学派的有关研究相比,自有特色、自成系统,留存的资料也远比后者丰富。

《后分析篇》共 2 卷,主要论述关于知识的证明理论,表明亚里士多德建立逻辑学的一个终极目的,是为了获得和建构具有普遍必然性的知识。本篇实为研究科学知识论和方法论,有深刻的逻辑与哲学意义。第 1 卷讨论产生证明的科学知识的前提与原则,不仅要求推理形式正确,而且强调证明的前提必须真,表达事物的真、首要的原因和普遍、必然的本原。所有学科有共同的证明本原与原理,也各有自己的作为初始前提的本原,因而有不同的学科范围。本卷不仅探讨了演绎三段论在建构证明的知识理论中的作用,而且指出只有通过归纳,才能认识普遍、把握前提。第 2 卷论述科学证明的关键是发现事物的原因(推理的中词),涉及"四因"说,剖析因果关系的各种样态,并详致讨论了揭示事物本质与原因的定义问题,这比《论题篇》的有关论述更为精确,并有所深化。此卷最后从人的认识起源角度,论述了科学知识的初始前提(不可证明的公理)的产生与确立,指出它们并非人心先验固有,而是在长期不断重复的感觉、经验中,凭借直观的理性(努斯)去把握,通过归纳获得。这就突出了经验和直观理性相结合,是科学知识的基础和始点。在《后分析篇》中,亚里士多德综合运用他的范畴论、四谓词说和三段论学说,首次提出一种建构知识体系的科学方法论,集中表现了他的本质主义的逻辑哲学思想、结合经验与理性的知识论思想。所以《后分析篇》也是研究他的前期哲学思想的重要文献。

亚里士多德的"工具论"同他的其他著作一样经历了坎坷的命运。它自从公元 1 世纪由安德罗尼柯编定后,因罗马战乱频仍,几乎长期不为人知。波菲利(约生活于 232—306 年)是新柏拉图主义者普罗提诺的学生,曾编辑其师的《九章集》、撰写《普罗提诺传》。他曾在西西里埋头研究亚里士多德著作,为了答复罗马元老院议员克利塞里乌斯来信请教《范畴篇》的一些问题,他写了《引论》,发展出"五谓词"学说,《引论》传入西欧成为标准的逻辑教材,对中世纪传统逻辑深有影响。公元 6 世纪初的学者、政治家波埃修斯(Boethius)曾任东哥特王国的宫廷顾问、执政官,后以通敌罪被处死,他被称为"最后一位罗马哲学家和第一位经院哲学家"。他将《范畴篇》、《解释篇》译成拉丁文,并写有译注。这两篇译本和波菲利的《引论》是最先传入西欧的古代逻辑论著。他后来又翻译《论题篇》、《辩谬篇》及《前分析篇》,所有这些译本和《引论》,成为中世纪的基本逻辑教材,促进了中世纪传统逻辑的研究。波埃修斯和波菲利关于一般与个别关系问题的注解,引起中世纪唯名论和唯实论的大论战。

亚里士多德的逻辑学说于 17 世纪前叶最早传入中国。明朝官员兼学者、数学才智杰出的李之藻(1564—1630 年),热心研介西方科学,曾与西方传教士利玛窦合译数种西方科学著作,又与波兰传教士傅泛际合译亚里士多德著作《寰有诠》(即《论天》)。葡萄牙高因盘利大学耶稣会会士的逻辑讲义《亚里士多德辩证法概论》(上下两编),是根据波菲利的《引论》解释亚里士多德的逻辑学,于 1611 年在德国印行。李之藻又与傅泛际合译此书上编,题为《名理探》,1631 年刊行。此书用"五公"(又称"五称"、"五旌")和"十伦"的术语翻译,介绍了"五谓词"和"十范畴"学说,但当时能卒读者寥寥。① 直至 1957 年方书春翻译出版《范畴篇》、《解释篇》。后来朱启贤译出《后分析篇》、《辩谬篇》及《前分析篇》前半部(稿本),所译用语较费解。1984 年李匡武的"工具论"中译本问世,但《前分析篇》、《论题篇》及《论诡辩式的反驳》(即《辩谬篇》)仍非全译。1990 年苗力田主编的中译《亚里士多德全集》第 1 卷,译出

---

① 参见周礼全主编:《逻辑百科辞典》,第 34、35、286—287、340 页。

"工具论"全本,使中国读者得以窥其全豹。

现代西方学者研究"工具论",或是专重于论述亚里士多德的逻辑思想,尤其是三段论学说;或是古典文献释义性研究,如罗斯著《亚里士多德的分析篇》,释义较为精细;或是根据现代逻辑观点,回溯研究其推理系统,如卢卡西维茨著《亚里士多德的三段论》。中国学者王路著《亚里士多德的逻辑学说》不囿于三段论学说,根据丰富的历史资料,对亚里士多德的逻辑理论作了比较开阔、深入的研究,对西方逻辑学家的一些观点有论评,提出了自己的见解。从逻辑与哲学相贯通的角度研究亚里士多德的"工具论"及其他有关著述,尚不多见。威尔(E.Weil)的论文《逻辑在亚里士多德思想中的地位》和利尔(Jonathan Lear)著《亚里士多德和逻辑理论》,对亚里士多德的逻辑哲学思想有一定探究。欧文(G.E.L.Owen)的论文集《逻辑、科学和辩证法》和巴恩斯等主编《亚里士多德研究论文集》第1卷中,对亚里士多德的逻辑与哲学思想的内在关联,有较多研究。

研究亚里士多德的逻辑与哲学思想,除了"工具论"之外,也要较多涉及他的另外两部著作。

《形而上学》是亚里士多德的主要哲学著作,本卷将另有专论。其中一些篇章的内容表现了他的逻辑哲学、科学知识论和前期本体论思想。第2卷学习哲学的导言,第5卷阐释30个哲学术语而被称为"哲学辞典",第12卷讨论"可感觉本体"与"不朽的本体",它们都写在较早时期,体现了和"工具论"、《物理学》大体同时期的哲学思想。其他各卷中也多处涉及论述逻辑与哲学的范畴、逻辑基本公理、科学知识的对象和方法等内容。

如前有所述,亚里士多德对修辞学的革新,主要在于给它注入逻辑论证的内容。他将修辞学看做辩证法的分支,看做逻辑与伦理、政治的结合。他的修辞学主要研究社会公共生活(演说和诉讼)中的逻辑论证,修辞式推理是他的三段论学说在社会生活中的应用,内容自有特色。修辞学也有论述演说(散文)写作风格和技巧的内容,同他的诗学相关。他在早期就写有讨论修辞术、批评伊索克拉底的对话《格律罗斯》,讨论风格和文章结构的论文《忒俄得克忒亚》;还编有一部《修辞学课本汇编》(实为他撰写修辞学的资料汇集)。这些作品均已失传。还有一部以亚里士多德名义传存的《献给亚历山大的修辞学》，一些学者认为它是赝作，出于亚历山大的随军侍从阿那克西墨涅斯（Anaximones，约前380—前320年）之手。现存《修辞学》这部著作，亚里士多德在重返雅典之前已动笔，在吕克昂讲学时期完成，作为必修教本用以培养弟子，他的弟子塞奥弗拉斯特、狄米特里乌（Demetrius）分别成为雅典著名的修辞学家与演说家。这部著作共3卷，前2卷主要讨论在典礼演说、议政演说和诉讼演说中，如何针对不同的主题，运用修辞式推理即"恩梯墨玛"（enthymema），涉及模态逻辑的应用，也论及演说者的性格与情感等问题；第3卷主要讨论演说（散文）的语言形式、表达风格及结构安排。以往研究亚里士多德的逻辑学说，往往忽视《修辞学》。其实，修辞式推理研究作为一种颇有特色的应用逻辑，也是他的逻辑学说的有机组成部分，是他的一种层面的逻辑理论。

通观上述"工具论"及其他有关论著，我们可以看出，亚里士多德创建了有多层面理论的逻辑学说，其中表现了他前期的哲学思想。从总体上说，他的逻辑与哲学思想，有以下四个特征：

第一，亚里士多德奠立了形式逻辑的基础，但他的逻辑理论的本来面貌，又不同于后来迭经演变的逻辑学。他在"工具论"中论述概念的定义、命题的逻辑关系、三段论演绎推理系统、证明与反驳等等，至今仍是形式逻辑的主干内容。但是他的逻辑学说同后来中世纪的传统逻辑和近现代的形式逻辑，在内容和表达方式上又多有差异；他论述的语义分析的逻辑理论（作为辩证法的重要内容）、修辞式推理以及科学方法论，则超越了后来的形式逻辑内容。中世纪传统逻辑修正了亚里士多德的"四谓词"说，提出"五谓词"说，并且融合了麦加拉学派、斯多亚学派的命题逻辑、条件句逻辑等内容。亚里士多德尚未明确提出概念的外延来据以论述命题的逻辑关系和三段论的格、式，他是根据种与属、普遍与特殊、肯定与否定、矛盾与反对等关系的意义分析来展开论述的。他将命题中的主词与谓词的关系，表达为"P表述S"，而不是后来采用的"S是P"的方式。他对归纳逻辑只是简略提及，未展开论述。自从近代的"波尔·罗亚尔逻辑"教本以来，形式逻辑才开始考察概念的外延关系，采用"判断"的提法，并且吸纳培根的《新工具论》中的归纳逻辑内容。亚里士多德的逻辑是严格的主谓逻辑。现代数理逻辑、哲学逻辑则突破了主谓逻辑框架，引入关系逻辑，并将命题、逻辑常项、逻辑变项等全都符号化，构建了精致的命题演算系统和谓词演算系统、模态逻辑公理化系统等等，并且从句法学、语义学、语用学等方面展开研究，不断地发展出许多现代逻辑的新分支学科。当今的形式逻辑教本中也吸收了一些现代逻辑的内容。因此不能将亚里士多德的逻辑学说和中世纪传统逻辑、近现代形式逻辑视为完全同一；只从现代逻辑的观点论评他的逻辑学说也难免会苛求于古人。本编主要着眼于历史的考察，概要述评亚里士多德建立逻辑学说的原貌，阐明它同当时哲学与科学进展的关系。

第二，亚里士多德建立多层面的逻辑理论，表现为一个演进发展的过程。他在逻辑学上的贡献，不限于建立成熟的三段论学说，构造一个演绎推理系统，而是有更为开阔、丰富的内容。他首先研究了范畴论，确立他建立逻辑学的哲学根据，这也集中表现了他的前期形而上学思想。其次，他在这种哲学的基础上，通过考察、提炼求知论题的论证与反驳的实际内容，形成"四谓词"说、研究辩证法，从论题的内涵意义层面，先是建立了一种语义分析的逻辑理论，尽管不甚成熟，却颇有价值。再次，他致力于研究命题和推理的形式结构，建立了比较精致、成熟的三段论学说，并将它应用于生活实际，发展出修辞式推理论。最后，他综合自己的逻辑与哲学思想，建树科学的证明理论，其中逻辑与科学方法论融为一体，以促进科学知识系统化作为他建立逻辑学的重要宗旨。由此可见他建立逻辑学说，有较为开阔的多层面理论，逐步展开、深化，各层面的理论都有特殊内容和价值，我们不可厚此薄彼，或论其一面不及其他。应当用历史与逻辑统一的方法，予以全面考察，力求理清他的逻辑理论进展的线索，比较全面地发掘他的逻辑学说的意义与价值。

第三，亚里士多德的逻辑学和他的哲学思想，有着互渗互动的紧密的内在的联系。在他看来，逻辑学本来就属于哲学学科，他的逻辑学说中蕴涵着丰富、深刻的哲学内容，即使在三段论学说中也有不少哲学分析；他的逻辑理论也用于建构他的哲学理论体系。这就涉及他的逻辑理论同他的前期形而上学思想、逻辑哲学思想、知识论的内在关联，理应结合起来研究，才能理解他的逻辑学说的历史原貌，更见其深刻性。今人一般认为形式逻辑研究思维的形式结构的正确性，它日益独立于哲学之外，成为一种普遍适用的思维学科。现代西方有的学者认为：应从亚里士多德的逻辑论著中剥离出纯形式化的演绎推理学说，因为这才是他对逻辑学的真正贡献；而"工具论"中的形而上学思想，则对他的逻辑学起了限制性的不良影响。我们认为：这种见解并不符合历史实际，也不必这样以今泥古、苛求古人。亚里士多德并没有将逻辑与哲学思想分离，二者始终有内在联系，这是必然的，有积极的意义。作为历史研究，我们应当既阐明他的哲学思想在建立逻辑理论中的作用，又阐明他的逻辑学在他的哲学思想的形成、进展中的地位和作用。这样才是研究亚里士多德本人的、本来意义的逻辑学说的方法。

第四，亚里士多德在建立逻辑学说中，表现了他的前期哲学思想的特点。他的逻辑理论有其哲学根据和哲学分析，蕴涵着丰富的逻辑哲学思想，同他的形而上学、知识论思想紧密关联。这种哲学思想的特征主要是：承认可感觉的现实存在的事物独立实在，主张第一本体与第二本体、个别与一般不可分离，第一本体高于第二本体；既强调"是"的确定性，又确认现实事物的运动变化与多样性；从多层面剖析"是"的多义性，由此建立范畴系统和谓词学说，成为建构逻辑理论的重要根据；既确认知识起源于经验，又重视理性与逻辑思维在探求知识、建构科学理论中的作用。他的逻辑与哲学思想，有本质主义的基本特色，确认逻辑与哲学的基本宗旨是求知，追求普遍的本质与原因。本质主义的逻辑热忱，反馈于他的哲学研究，对他的本体论思想的演变，也有很大的影响。

## ❋ 第二章 ❋

## 范畴——《范畴篇》

  《范畴篇》被列为"工具论"的开首之作。它所论述的范畴,既是对表述"是"的词项作高度概括的分类与意义分析,也澄析了正确思维必须掌握的普遍性语词的含义。所以它们具有本体论范畴和逻辑基本范畴的双重意义,二者内在关联、互为融通。联系亚里士多德的其他有关著述,剖析这部著作的具体内容,我们可以了解亚里士多德前期本体论思想的特点,以及它为建立逻辑理论奠定哲学根据、提供基本范畴。这表明他前期本体论的形成和他着手建立逻辑理论同步而生、相得益彰,也使他的哲学一直富有逻辑分析特色,并使他的逻辑学说一直浸渗哲学意义。《范畴篇》不是游离于逻辑学之外的赘作,相反,它在学理上同其他逻辑论著有机联系,表明"工具论"并非只是从形式化角度研讨正确思维的结构,而是贯穿着探求关于"是"的知识的深刻哲学意义。

## 第一节　本体是"是"的中心

  《范畴篇》是亚里士多德的真作,公元 3 世纪波菲利以来的古代注释家们一直未曾怀疑。现代少数西方学者从内容和文风上提出怀疑:该篇主张个体事物是最高本体,同《形而上学》第 7、8 卷论述形式是先于个体事物的第一本体不一致;该篇行文是论断式的,同亚里士多德的其他著作的解难式写作风格相异。① 然而如格思里指出,现代多数研究希腊哲学的学者,经过探讨,并不怀疑此篇的真实性。②《范畴篇》和《形而上学》第7、8卷观点不一致,恰恰表明亚里士多德的本体论思想有演变过程。此篇概论关于"是"的诸范畴作为逻辑的哲学根据,本为提纲挈领之作,自可采用论断式,他的其他著作如《解释篇》、《形而上学》第5卷,也用相似的写作风格,这不足为怪。耶格尔虽然仅据此篇同柏拉图思想歧异程度而怀疑它是否出自亚里士多德本人手笔,但也不怀疑其内容和细节"是亚里士多德的"。③

"范畴"(Kategoria,category)一词在希腊文中兼有指谓、表述和分类的意思。中文根据《尚书》中"洪范九畴"译为"范畴",表达了"分类"的含义,我们理解这一术语,应补入指谓、表达的意义。亚里士多德认为语言表述事物,名实相应。哲学范畴既是最具普遍性的语词,也是对作为哲学研究对象的"是"本身的分类和意义概括。《范畴篇》篇幅不长,共15章,凝炼地论述了西方哲学史上第一个关于"是"的哲学范畴表。第1—3章,通过分析名实关系,主词与谓词的关系,以及相应的谓词对象与主词对象(主体)的关系,确立范畴分类的标准。第4—9章,以本体为中心,进而剖析"是"的主要规定方面,论述了关于"是"的十个范畴,即本体主范畴和九个属性方面的次范畴。第10—15章,主要从对立与运动方面研讨了关于"是"的五个"后范畴",也颇有重要意义。

《范畴篇》是对谓词或词项的分类,还是对事物本身的分类? 对此问题有歧见。卢卡西维茨认为此篇中所述"存在的东西"不精确,它"所作的分类不是对存在的东西的划分而是词项的划分";洛伊德(G.E.R.Lloyd)和逻辑史家威廉·涅尔与玛莎·涅尔等学者则认为,此篇的范畴主要是对词项所指称的东西分类,不是对词项本身分类。④ 其实这两种见解各有偏颇,可以综合。说

---

① 有关怀疑观点,可参见《陈康论希腊哲学》,第311—312、321、249页;罗斯:《亚里士多德》,第9—10页。

② 参见格思里:《希腊哲学史》第6卷,第138—139页,注2。

③ 耶格尔:《亚里士多德:发展史纲要》,第46页。

④ 参见格思里:《希腊哲学史》第6卷,第139页;威廉·涅尔、玛莎·涅尔:《逻辑学的发展》,第36、38页。

此篇仅是作谓词分类,无疑不妥,因为表示主范畴第一本体(个体事物)的个体词项,就不能用作为谓词,只能用作为主词。亚里士多德论范畴,认为名以举实,他通过词项分析,显然也落实于对实在的意义分析,从而开始形成自己的本体论思想;同时,对普遍性词项的意义分析,又为他建立逻辑学说提供了哲学根据,以此作为正确思维中用词得当、概念明确的基本条件。这表明他首先着眼于语词的内涵意义角度创建逻辑理论,陈康精辟地指出,他的逻辑"是一种本体论的逻辑"。① 本体论(ontology)就是研究"是"(on)的学问。《范畴篇》是本体论与逻辑学兼融之作。亚里士多德在其他著作中使用一些范畴也往往有这种兼融性,如本质、种、特性、偶性、定义,既是本体论术语,也是逻辑术语。

《范畴篇》表明亚里士多德已从他早年接受的柏拉图主义思想中解脱出来,迈出构建他自己的哲学体系的重要一步,这也是希腊哲学思维的一大飞跃。以往的希腊哲学家探索世界的本原,将它或是归结为某种或某些物质性元素,或是归结为某种抽象的原理,如数、"是"即"一"和分离的"相",这些学说皆难以真实解释现实世界。亚里士多德尊重经验事实,他认为哲学的任务是要说明和解释现实的世界,所以应该从现实的具体事物出发,不能从抽象的原理出发,因此他明确认为具体的个别事物才是第一本体,抽象的"种"和"属"只能是第二本体,这样就将哲学的基本立足点改变过来了。他从经验事实中概括出表述"是"的核心即本体和它的诸方面属性的范畴系列,逐一作出严密的意义解释,体现了浓重的科学理性与逻辑分析精神,有很强的指导科学认知的功能。这就大大超越了前辈哲学家,成为他构建自己的哲学体系的坚实起跳板。范畴是探究现实世界的"是"的范畴,说明世界是什么,它们不是同现实世界分离的抽象实体,因此它们是探求科学知识的有效思想工具。从此篇中提到"吕克昂"地名来看,(2a1)本篇可能是在亚里士多德返回雅典、执教学园的前期所写。他和他的老师在哲学方向上显然已分道扬镳。

---

① 《陈康论希腊哲学》,第284页。

当然,亚里士多德从学柏拉图凡 20 年,不能说他的《范畴篇》丝毫未得益于其师。柏拉图后期著作《巴门尼德篇》、《智者篇》中的通种论,论述了"是"与"非是"、同与异、一与多、动与静等最普遍的"种"及其相互关系,这种范畴建构式的探讨,对亚里士多德思考范畴会有启发。然而两者之间并无直接的理论渊源或师承关系。通种论是为解决相论的困难,用纯逻辑推演方式探讨的几组最大的"种",未形成有序的范畴系列。亚里士多德则依凭经验事实,以本体为中心,展开论述实在世界诸层面的普遍属性与联系环节,形成一个虽尚未完备、却已严整有序的范畴表。这两种范畴论,在对象、意义、价值等方面迥然相异,其间并无衍生关系。对通种论和《范畴篇》的关系,本书第二卷已有详论。①

对《范畴篇》的内容,本节先从三方面论述作为存在的中心的"本体"这个主范畴。

## 一 范畴分类的原则和本体的中心地位

《范畴篇》开头指出:应当根据名字和它所表示的东西的关系,辨析词项的意义。例如,同一名字可用于表述两个东西,如果相应的两个东西的定义不同,此为"同名异义"(homonymous);如果相应的两个东西的定义也相同,此为"同名同义"(synonymous)。(1a1—8)由此可见,在语词的意义分析中,事物本身的定义更重要。语言的表达有简单的和复合的之分,前者是单独词项,如"人"、"跑",它们本身并没有肯定或否定、真或假的意义;后者是不同词项结合,形成语句,如"人跑",可构成肯定命题或否定命题,有真或假之分。一切非复合词可归结为属于十个范畴,同它们相应的东西,就有十类:本体,如人、马;数量,如四尺、五尺;性质,如白的、懂语法的;关系,如二倍、一半、大于;位置,如在吕克昂、在市场;时间,如昨天、去年;状况,如躺着、坐着;属有,如穿鞋的、武装的;动作,如切割、烧灼;承受,如被割、被烧。(1b25—2a4)这十个范畴,既是对一切表述的词项的分类,也是对它们所表述的不同方面的东西的

---

① 参见本书第二卷,第 755—759 页。

分类。

　　这里亚里士多德提出范畴分类的两条原则。第一条是逻辑上的原则：是否表述一个主体（主词的对象）。他建立的逻辑是主谓逻辑。一个词项能否用作谓词表述主词，其间的逻辑关系体现了这个词项的意义以及它所表述的东西属于何种对象。第二条是本体论上的原则：是否"存在于主体之中"。其确切含义不是指部分存在于整体中那样，而是指"离开了主体它便不能存在"。（1a23—24）陈康指其含义实为是否"依存于"主体，很是精当。① 所谓"依存"于一个主体，指它只是主体的某方面属性，由某个或某种载体或基质（hypokeimenon, substratum 原义为在背后的东西）所规定、所表现；所谓"不依存"于一个主体，指它自身就是主体，是独立自在的本体（包括作为第一本体的个体事物和作为第二本体的种与属），它拥有或派生其属性。实质上这是一条确认本体为中心的原则。名由实定，主谓逻辑关系有其本体论的根据，所以第二条原则比第一条原则更重要，是后者的基础。

　　是否"表述"一个主体和是否"依存"一个主体，这两者并不完全对应，因此有四组情况，表现以本体为中心，其他范畴依存于本体的序列。它们是：（一）表述一个主体、但不依存于一个主体。如作为普遍词项的"人"，可表述个别的人或某类人，但它自身是一类独立自在的主体，并不依存于"任何主体"。（1a20）普遍的"人"包括了所有个体的人，并不是同个体的人分离存在的。（二）依存于一个主体、却不表述任何主体。如个别的语法知识依存于灵魂，个别的白色依存于某个物体，它们作为个别的属性依存于个体性的主体，而它们自身作为个体词项不能作为谓词来表述任何主体。（三）依存于一个主体、又可表述主体。如普遍的"知识"既依存于灵魂这个主体，又可用作为谓词来表述"语法知识"这个主体（主词之对象）。（四）既不依存于一个主体、又不可表述主体。如个别的人、个别的马，它们自身就是独立自在的主体，而作为个体词项，不能用作为谓词表述其他主体，只能被其他词项所表述。（1a19—b9）

---

　　① 参见《陈康论希腊哲学》，第250页。

上述四组情况,实质上是用两种原则,对十范畴作了双重区分。第一重为本体论意义的区分:根据是独立主体还是依存于一个主体,对本体范畴与其他九个属性范畴作了二分。(一)组情况为一类本体即第二本体;(四)组情况为个别的本体即第一本体;其他九个范畴依据其是个体词项还是普遍性词项,分别属于(二)组或(三)组情况。本体独立自在,支撑、拥有其他范畴所表示的本体的属性包括关系,所以本体不依存于也不表述其他范畴的事物,后者则依存前者,后者的普遍性词项可表述前者。第二重是依据个别与一般的关系作逻辑上的区分:无论就本体或其他范畴而言,"个体和数目上单一的东西决不可能表述一个主体"(1b5),个体词项不能用作谓词表述一般的东西或其他个体,一般则可表述个别。因此,(四)、(二)组情况作为个别的本体或属性,皆不能表述任何主体;(一)、(三)组情况是作为一般的本体或属性,可表述个别的或一般性程度较次的本体或属性,即种可表述属和个体,属可表述个体。所以可以表述一个命题中的谓词的普遍词项,也可用以表述此命题的主词,如"动物"可表述"苏格拉底是人"中的"人",也可表述苏格拉底。而(一)组情况中的一般本体,可表述个别本体(第一本体),却不能用作谓词表述其他九个范畴的东西,例如说"数是万物"、"白色是人",都是错误的。

亚里士多德依据上述原则作范畴分类,突出了本体是"是"的中心,是其他范畴依存的基质。而本体最终具体表现为现实存在的个体事物,所以他说:"本体,在最严格、最首要和极大多数情况的意义而言,是不表述一个主体,也不依存于一个主体的,如个别的人、个别的马"(2a13—15),这就是第一本体,它自身是主体与基质。"由于第一本体乃是其他一切事物的主体,所以它被称为最严格意义上的本体。"(3a1)个体事物是第二本体的根基,因为第二本体实为第一本体的属或种,它们并不是"单个的主体",而是包括一类多个的个体,更主要地表明它们的共同性质,但不是"笼统的性质",而是可用来定义它们的性质,"表明它们是什么本体"。(3b15—25)因此,第二本体不仅其自身,而且用来定义它的种,都可以表述第一本体,例如用来定义"人"的种"动物",也可以用来表述苏格拉底。其他范畴自身虽可表述本体,它们的定义却不能也用来表述本体。例如说"这朵花是红色的","红色"的定义不能用来表述这朵花。总之，综合第一本体和第二本体而言，"所有的本体都有一个共同特点，即不依存于一个主体"（3a8），它们自身是主体，是其他九个范畴所表示的各种属性与关系的载体。

在亚里士多德看来，最严格意义的本体是不依存、不表述主体的第一本体，它们是各种东西的基本的、终极的载体，并使本体有其固有特性。他进而揭明本体还有两个区别于其他九个范畴的基本特性。

第一个特性，本体最终都表示某一"这个"（tode ti），它"不可分割，数目单一"，这种个体性是"无可争辩的真理"。（3b10）第二本体则只是概括了一类个体的共同性质。作为"这个"的本体整合、固定了诸多依存于它的属性，成为统一体。苏格拉底这个人是诸多属性的载体和有机统一体，如果肢解、分割这种个体的统一性，就不成其为苏格拉底。而其他范畴的东西皆是依存本体的属性（包括关系），如"有教养的"这种性质，无论是个别性质或一般性质，都依存于人的主体，而不能自成实在的个体性主体。陈康指出，亚里士多德在《范畴篇》中"着重的是个体性"，"将个体性作为衡量本体性的尺度，用来决定本体范畴的等级"，"将个体的第一本体看做万有的中心"，因而是提出了"一种个体主义学说"。①

第二个特性，本体自身没有相反者，但可容纳相反的属性。（3b25、4a10）作为第一本体的某个人和作为第二本体的一般的"人"、"动物"，数目单一，自身同一，不能说一个人是苏格拉底又不是苏格拉底，不能说动物又是另一种非动物的本体。就质的确定性而言，非本体的其他范畴也有这一特性，如数量，三尺长是确定的，10不能等同于9；如性质，同一种颜色不能既是白又是黑。但是自身同一的本体更有确定性，没有程度的不同，同一个人就自身而言或和别人比较而言，并不会更多地或更少地是个人；而同一个属性则在不同时间会有程度区别，如这个人现在比过去更为"白净"了，长得比过去高了。本体有别于属性的明显特性在于：它作为属性依存的基质保持自身同一，但又能在自身变化中，仅在不同时间容纳相反的东西。如某个人有时皮肤白、有时皮肤

---

① 《陈康论希腊哲学》，第256、288页。

黑,有时发热、有时发冷,有时坐着、有时躺着,有时行善、有时为恶。本体既保持自身基质的同一,又能在自身变化中容纳相反的属性。而非本体的其他范畴的东西则不然,白色自身同一,不能容有相反的黑色,善亦不能容有恶,白、善自身皆不能变成黑、恶,而是由于本体在性质上变化,才造成黑取代白、恶取代善。本体当其存在时,自身是变中之不变;依存本体的其他范畴的东西作为属性,是由于本体有变化而变化,变化后原有属性不复依存本体而存在。亚里士多德也确认本体自身可有根本的变化,即生、灭的变化,如水蒸发成为气,人的死亡,那是从"存在"到"非存在"或从"非存在"到"存在"的变化,并不是就既有"是"的规定性意义而言。他在《物理学》、《论生灭》等著作中,探讨这类问题。

亚里士多德的十范畴分类,突出了本体是中心的思想。它是基质,规定了一个事物"是什么";它是维系、拥有属性的载体,并且是属性变化的根据。而其他九个范畴是对本体的诸方面属性(包括普遍联系)的哲学概括。依据实在的全体,用范畴高度概括与把握中心基质和诸方面属性,这对观察和认知实在有重大的科学价值。黑格尔对此评论:"对于他(亚里士多德),最重要的是处处在关心确定的概念,将精神和自然的个别方面的本质,以一种简单的方式,即概念形式加以把握。"①在哲学思想上这是一大变革,其科学性、深刻性超越希腊以往哲学的本原论。本体中心、属性依存的范畴论模式,为以后许多哲学学说所沿用,对西方哲学深有影响。

亚里士多德的《范畴篇》,已以其前期本体论为哲学根据,初步展示了范畴之间的一些基本逻辑关系。这可概述为以下五点:第一,凡个体词项,不论表示本体或属性的,皆不能用作谓词表述主项;凡普遍词项包括表示本体与属性的,皆可作为谓词表述主项。第二,属性范畴的词项可用作谓词表述本体范畴的词项,本体范畴的词项不可用作谓词表述属性范畴的词项。第三,普遍词项只能用于表述普遍性程度不低于它的主项,反之则不然。"种"—"属"—"个体"是前者可表述后者的序列,"个体"—"属"—"种"不能成为前者表述

---

① 黑格尔:《哲学史讲演录》第2卷,中译本,第282页。

后者的序列。(3a35—b1)第四,第二本体同它所表述的主体(第一本体或第二本体)就属于同一范畴系列而言,有同名同义关系,作为谓词的第二本体的名字和定义,都可用以表述主体,如"动物"和"人"属同名同义关系,动物及其定义皆可用来表述人。(3a15—20)属性范畴的词项同它表述的本体范畴的主项,则有同名异义关系,它的名字可表述主体,它的定义都不能表述主体。如"这朵花是红色的","红色"的定义不能用来表述这朵花。亚里士多德的论述实质上蕴涵着更宽的逻辑关系:同一类范畴系列的主词与谓词若有个别、特殊与普遍的关系,"属"与"种"的关系,皆属于同名同义,如"白色"与"颜色"、"奇数"与"数";若语句表述中的主词与谓词分属不同范畴系列的词项,就属于同名异义的逻辑关系。第五,命题或意见作为认识,其真或虚取决于相应的命题是或不是;命题或意见自身保持同一不变,不像本体可以在自身变化中容纳相反者。它们的真、假值变化也不是自身造成,而是有关事实变化所造成的。例如"他坐着"这句话,当他坐着时是真的,他站起来后还坚持这个意见,就是假的。(4a35—b1)由此可见本体及其规定的属性,对人的认识与思想有在先的决定性。上述范畴间的逻辑关系,对亚里士多德建立逻辑学说,有重要的本体论规定的意义。

## 二　第一本体和第二本体

《范畴篇》还没有探讨本体自身的构成。以后在《物理学》中也只是从变化的原因提出质料、形式、动力、目的四因(198a20—25);直到《形而上学》第7、8、9卷中,亚里士多德已形成本体是质料和形式组合而成的复合体的思想,并强调形式是本体的首要本质,这成为他后期的本体论学说。《范畴篇》还只是比较笼统地区分了第一本体和第二本体。前者是个体事物,是严格意义的最主要的本体,是一切属性的真实、具体并且最终落实到位的载体。后者则是"属"与"种",所以说它们是第二本体,一是由于它作为一类事物的共同本性即定义内容,可表述这一类中的第一本体是什么,其他范畴则只能表述本体的某方面属性;二是由于它相对其他属性范畴而言,可成为一般性的主体,普遍的属性(即属性范畴系列中的属或种)依存于它,表述它,反之则不然,第二本体不能表述属性。

《范畴篇》主张第一本体是首要的中心,是一切所"是"的东西的最基本的载体,第二本体则是次级的本体。它从两重意义予以阐发:第一,个体性(tode ti,这个)是判断本体性程度的标准。现实的"是"落实于众多个体东西,个体性是实在的一个基本特征。因此第一本体是支撑、维系其他一切包括第二本体和属性的基本载体:"如果不存在可用'动物'表述的个体的人,那么就不存在可用'动物'表述的一般的人";颜色属性如若不存在于某个具体的身体中,它也就不存在于一般的身体中。所以"如果第一本体不存在,其他一切都不可能存在"。(2a35—b5)从逻辑关系说,离个体事物越近的"属",本体性越强,离个体事物越远的、越抽象的"种",本体性越弱。因此"属比种更能被称为第二本体,因为它更接近第一本体","属支撑着种"、"属比种更是本体"。(2b8—20)第二,从认识的序列而言,客观事物先于认识,对第一本体的感觉先于对第二本体的知识,前者则是后者的基础。在论述"关系"范畴时,亚里士多德指出:感觉的对象即个别物体先于感觉,感觉依存于对象及感知的主体,后者不存在,感觉就消失了;知识对象(包括第二本体)先于知识,前者不存在,就不会产生有关知识。所以"本体不是相对的",它对认知也是独立自在的。(7b20—8a10,8b20)亚里士多德认为知识都有普遍性内容,对本体的知识是关于个体事物的属或种的知识;这种对第二本体的知识无疑是很重要的,但是他在"工具论"中坚持经验主义的知识起源论。在《后分析篇》末尾,他论述:人的认识最初来源于在感觉活动中"灵魂保存的感觉、印象",在知觉中一个特殊的知觉对象"站住了","灵魂中出现了最初的普遍",尔后在不断重复的记忆中,才形成普遍性的经验和概念。(100a1—b5)由上可知从认知过程来看,作为认知对象和认知主体的第一本体,对第二本体也是在先的基础。

亚里士多德前期哲学思想有一个重要特征,那就是他主张:第一本体是中心与基础;第二本体寓于第一本体而不同它分离;一切属性终究都依存于第一本体,也不同它分离。这种本体论思想同柏拉图主张"相"是同具体事物分离的存在,迥然有别。它开创了一种新的哲学方向,开辟了根据实在事物和经验概括来建树科学知识的宽广大道。有些学者如威廉·涅尔等认为,亚里士多德将第二本体也认作为本体,"事实上就是复活了柏拉图主义,他自己永远不能完全从柏拉图主义里面摆脱出来"。① 这种论评未必完全确切。

亚里士多德的前期学说中似乎有一个矛盾。他在《范畴篇》中突出了可感觉的第一本体,在《后分析篇》中又主张"知识是对普遍的认识"(87b38),在《形而上学》中则说:"个别的可感觉本体是既没有定义,也没有证明的。"(1039b27—29)如格思里所指出的:"似乎要说明实在是个体,同时却不能有关于个体的知识",逻辑学是研究推理的思想,以普遍性的属、种而非个体为基本要素。② 乍一看来,仿佛他前期的本体论同知识论有矛盾,《范畴篇》和其他逻辑论著似乎不协调,他的知识论、逻辑学似乎只以第二本体和普遍的属性为基本对象。确实这是亚里士多德思想中的一个重大的矛盾问题,即在本体论和认识论之间产生了矛盾。亚里士多德在《形而上学》第3卷(B)中将它作为一个重要的问题提出来,在第7、8、9(Z、H、Θ)卷中则用形式和质料,现实和潜能的学说来解决这个问题,从而产生了他后期的本体论。在第13(M)卷第10章中明确提出:潜能的知识是普遍的,现实的知识是个别的。这个问题将在本卷第三编"形而上学"中详细论述。亚里士多德在写作《范畴篇》时尚未明确意识到这个矛盾,他的逻辑学是研究推理和证明的,自然要讨论普遍性的知识。但是他认为普遍性知识研究的对象,无论是第二本体的"种"和"属"或是其他属性都是依存于第一本体的个体事物的,并不是和个体事物分离的独立的存在。所以这个矛盾也就不明显了。

### 三 本体思想的演变

亚里士多德的本体论思想后来有所变化。《范畴篇》只是就个体事物同其属、种的关系,区分了第一本体和第二本体。他后来转向探讨本体自身的构成及其变化的原因,提出质料与形式组成本体,本体的变化是从潜能到现实;

① 威廉·涅尔、玛莎·涅尔:《逻辑学的发展》,第42页。
② 参见格思里:《希腊哲学史》第6卷,第144、146页。

最后他主张在复合本体中形式是在先的、更为现实的本质规定。形式和"属"在希腊文中都用同一个词eidos,但形式不仅有种的含义,而且指形状、型以及作为本质的普遍性规定。亚里士多德认为本体独立自在、不依存主体,是"这个",是变中之不变,这种见解一直没有变化,但有关的具体含义逐步有变化。在《范畴篇》之后,亚里士多德的本体观大体经历了三个阶段的变化。

第一阶段,稍后于《范畴篇》的其他前期著作,仍突出本体是个体事物,指出它由质料与形式组合,质料是事物的基质,并已显示形式对质料可分离的思想。在《物理学》中,亚里士多德指出:本体是"变化的基础",是"主体",(190a35)质料与形式结合成"个体",加上"缺失"因素,本体自身发生变化。(192a10—15)这里,突出了"质料"是本体,并且在某种意义上质料"是每一事物的原始基础,事物绝对地由它产生,并且继续存在下去"。(192a6—35)对形式的本性则未展开探讨。《形而上学》第5卷阐释哲学名词,也属较早的著作,第11章讨论"本体",(1017b10—25)列述四种:(一)土、火、水之类的单纯元素以及由它们所构成的物体和事物,如动物与日月星辰等"神圣的存在"及其构成部分,因为它们都不表述主体而由其他事物表述它们,所以被称为本体。这里显然皆指个体事物而非属或种。(二)存在于不表述一个主体的东西中而是事物所以是的原因,如灵魂作为生命之动因,是动物所以是动物的原因。可见这里他将个体事物所以是的原因也看做是本体。(三)存在于事物中的部分,并限定、标明这些事物是作为个体的,当这些部分毁灭时,事物整体也就毁灭,如有些人认为物体中的面、面中的线、线中的点就是这类本体。这里是从个体事物结构角度,探讨其本体性的构成部分。他说及"一些人认为一般的数也有这种本性",显然是指毕泰戈拉学派的观点,而不是他赞同的看法,因为在他看来,数量只是表述并依存于本体的一种属性,并不是本体。在《形而上学》第13、14卷中,他坚决反驳柏拉图学园中斯彪西波和色诺克拉底等人将数及数规定的点、线、面说成是本体的看法。(四)本质,其公式是定义,也被称为每个事物的本体。概括上述四种情况,亚里士多德得出本体的两种意义:第一,不表述任何其他事物的"终极的基质"(ultimate substratum);第二,是"这个"和可分离的(指变中之不变),每个事物的形状或形式具有这种本性。这里可见不仅个体事物有"这个"和"可分离"的特性,而且在探讨个体事物的内部组成中,确认"形式"也有这种本体的特性。

第二阶段,《形而上学》第12卷前5章,仍主张可感觉的个体事物是本体,但已剖明它是质料与形式的复合体,质料是变化的基质,形式及其缺失(即否定性形式)是变化的原因及其实现。质料、形式及其组合成的具体事物皆是本体。亚里士多德一直主张对立的东西各有自我同一的质的规定,不能转变为同其对立的东西。而可感觉本体的变化总是变为其相反者,质料是对立的"居间者"、"第三者",它有容许双向变化的能力,自身是变中不变的基质,事物本体变化的原因和原则有三个:"两个是一对'对立',其中一个是公式和形式,另一个是缺失,第三个则是质料。"(1069b32)缺失仅指本性的缺失,是否定性的形式。所以事物的变化实为以质料为基质,因形式的具有或缺失,造成潜能变为现实,这是质料"变成形式"即实现形式的变化。(1070a1—3)他指出:所述的这些变化的原因,都是具体的、个别的,"万物的最初因是现实的'这个'和潜在的另一个东西。因此我们说过的普遍原因(指'相')不存在。因为个体才是个别东西的来源。一般地说人是人的本原,但没有普遍的人",只有"你的父亲是你的本原"。(1071a18—22)因此亚里士多德说:"有三种本体:质料,它是被感知的'这个'……其次是本性,它也是'这个',是事物运动趋向的状态;再次是由上述两者组合成的特殊本体,如苏格拉底和卡利阿斯。"(1070a10—15)

上述质料、本性(即形式)和作为二者的组合物的个体事物,都是"这个",都有个体性,在逻辑上都是不表述主体而自身就是主体。这里只是从具体事物的构合层次及动变因素角度,分析了个体事物由质料与形式组合而成。形式作为本性,它同质料、同个体事物的关系,不是一般与个别、第二本体与第一本体的关系,而是个体事物的内在构成的关系。在事物变化中,质料是潜在的基质,形式是有规定的本性,是作为变化目标的现实,可见亚里士多德在这里已暗示在事物的构成与变化中,形式比质料更重要。但是形式和质料同个体事物并不是分离的。"某种意义上'这个'不能离开构合的本体而存在",如房屋的形式不能离开具体房屋存在。(1070a13—15)这类形式中只有作为"技艺"的形式可离开构成的本体而存在,如建筑技艺中房屋的形式是建筑师的样图或心中设计的图形。但这是另一种认识意义上的形式与质料的分离,而事物本体构成与变化意义上的分离则不可能;而且这类技艺的形式只发生于自然的对象,也只是就此而言,他认为"柏拉图说有多少种自然事物,就有多少种相,并不为错(要是它们都有形式的话)"。这里说的"自然对象"是指可由技艺加诸形式的某些自然事物,并不是火、肉、骨等质料。(1070a15—20)显然亚里士多德只是就技术原因生成事物的情况,在某种相对的意义上肯定形式与具体事物分离,但就事物自身的构成与动变而言,他并没有接受柏拉图的相论,并不认为一般的"形式"能同个体事物相分离而存在。

第三阶段,在《形而上学》的后期篇章第7、8卷中,虽然仍肯定具体事物是形式和质料的复合体,但已明确主张:就本体性而言,形式先于质料,形式就是本质,是"种的属"的定义。质料、形状及其构成的东西都是基质的本性,形式先于质料和二者所构成的具体事物,比它们更为现实。(1028b33—1029a7)质料已不是主要的本体,因为虽然质料也是不表述其他的东西而由其他的东西表述它,但纯粹质料自身是没有一切属性和规定性的,不能成为某个特殊事物。而变中之不变的"可分离性和个体性是本体的主要特征",所以"形式及形式与质料的复合体比质料更是本体"。(1029a28—30)寓于具体事物中的形式即本质,则是此事物的本体。它在逻辑上表示为"种的属"的定义,它是通过划分,不断分解属差,最后的种加属差就是个体事物的形式与本体。(1037b28—1038a28)可感觉的个体事物无定义,"种的属"才有精确公式,才有定义,才是本质。(1030a3—17)这里,亚里士多德已将本质取代个体性作为是本体性的尺度,主张形式即本质、定义,突出了形式是先在的、更现实的本体。这样,《范畴篇》中第一本体和第二本体的主次关系已经逆转,作为本质的形式取代个体事物成为首要的本体。

亚里士多德的本体论思想的这种演变很为复杂,本卷第三编形而上学还要详论。这里仅先概要勾勒其思想演变的轮廓,以求理解他的逻辑思想与哲学思想是在互动中演进的。这表现为两点:第一,他的本体论思想的变化,表明他对事物本体的构成与变化作了不断深入的分析和研究,从而提出质料、形式及其缺失、质料与形式的组合体、潜能与现实等本体性范畴,以求剖析本体的深层结构。这无疑有利于科学知识的研究,特别是本质主义思想的形成与强化,为他建构逻辑学说提供了深层次的哲学根据。第二,他的逻辑思想进展同本体论研究是结合的,相得益彰,逻辑研究也是促成他的本体论思想演变的一个重要因素。例如他在《论题篇》中最早提出本质范畴,并提出关于种、定义、特性与偶性的四谓词理论;对本质与定义的研究,是他的本体论思想演变的一个关键。再如他在《后分析篇》中指出证明的科学知识的初始前提或本原是公理与对普遍本质的定义,通过推理与证明才能建构的科学理论皆是关于普遍的必然的本质或原因的知识,这表明他后来的本体论思想突出关于本质的形式,有其逻辑和知识论的根源。有关内容本编后文还要具体论述。

## 第二节　次范畴和后范畴

《范畴篇》第6—9章论述了依存于主体、并可表述主体的九个范畴,相对本体而言,一般称它们为次范畴。其中着重论述了数量、关系和性质,因为这三个范畴表达事物的属性,有广泛性、多样性,更为重要。第10—15章讨论了同事物变化相关的对立、在先、同时、运动、所有等五个范畴,着重论述对立和运动,它们是十范畴后添加论述的,一般称它们为后范畴。《范畴篇》中论述次范畴和后范畴,占有较多篇章,内容相当重要。实质上它们是在确立本体为中心的基点上,进而探讨本体的属性,以及事物之间的普遍联系和运动变化的普遍性范畴,这也是亚里士多德前期本体论思想的重要内容;而且论述这些范畴时融贯了逻辑分析,这也是亚里士多德形成与发展逻辑理论的重要的环节和方面。

**一　数量、关系、性质**

(一)数量。

毕泰戈拉学派主张数是万物的本原,柏拉图学派则提出"一"与"不定之二"作为万物本体的原因。亚里士多德后来在《形而上学》中,对这些以数为本体的观点都作了批判。他在《范畴篇》中早就主张数量依存于本体,是本体的一种属性规定,并且着眼于现实事物,对数量范畴作了研究。

他从两个方面区别了数量的意义:第一,连续与间断。有些数量是连续的,如线、面、体,它们之中存在着连接其各部分的共同边界。线的界限是点,面的界限是线,体的界限是面。它们主要是表现时间与空间的数量。"因为时间的过去、现在和将来是一个连续的整体。空间是连续性的数量。"(5a6—9)有些数量是间断的,如数目即自然数1、2、3、5,以及语言的各音节,它们的各部分无连接的共同边界,是互相分离的。第二,数量皆由部分构成,各部分或有、或无相对的位置。表现空间的数量的部分有确定的相对位置,如构成面的线、构成体的面;表现时间的连续数量是流变的,间断的数量如数目的各部分,均无确定位置,或如语言不能持久存在,它们的部分皆无相对位置,只有先后的相对顺序。亚里士多德认为就上述两方面意义而言的东西,才是严格意义的数量。例如说一个白色物体有多大,不是就白色而言,而是依据此物体所覆盖的"面"。

实质上亚里士多德将数量理解为本体在空间与时间中存在方式的尺度。《范畴篇》对位置、时间两个范畴并未展开论述,而在阐述数量中初步表述了时空观。在《物理学》中,空间(topos,或译为处所)指一事物的直接包围者,大小等于其内容物,空间与事物是分不开、互相结合的,空间又有转移掉一物、容受他物的可分离性。他批判"虚空"说,主张空间同事物不可分,但又有牛顿所述"绝对空间"的思想萌芽。而且他将空间看做不受内容物的变化影响的连续体,看做量的区间,即是"质料"。(211b30、209b7)①时间则不能脱离运动与变化,运动存在于时间中,时间"是使运动成为可以计数的东西"(219b3),"时间是运动和运动存在的尺度,而时间计量运动是通过确定一个用以度量整个运动的运动来实现的"(22a1)。

当时尚无变数和微积分思想。在亚里士多德看来,一切数量都有确定性,

①　参见吴国盛:《希腊空间概念的发展》,第43—47页。

因而有两个特点。第一个特点：数量自身没有相反者。二尺长、线、面、数目等自身都是确定的量，不内含同自身相反的东西。"多"与"少"、"大"与"小"是相反的，但它们不是数量自身，而属于数量之间的"关系"范畴，一事物和不同的他事物相比，可以说既大又小，这只是由于外在关系的相对标准所造成，并不是此事物的数量自身不确定，更不是对本体可有相反的数量规定。第二个特点：一个数量自身无大小、程度的不等。某一物的两尺不会比另一物的两尺更长，一个"5"不会比另一个"5"是更大程度的5。对数量之间的比较，只能用"相等"和"不相等"来述说，而对性质（如颜色）的比较，只能用"相同"和"不相同"来述说。

数量是本体的一个基本属性。建立逻辑学说也必然涉及词项、命题、推理等思维形式的量化。亚里士多德论述次范畴，首先分析数量范畴，自有深意。

（二）关系。

关系是事物在相互联系中所表现的相关属性。亚里士多德指出关系范畴有两种含义与情况：第一，表述一事物同别的事物相关，如一座山同另一座山比较是大的，此山之"大"属于关系；某物的数量是其他某物数量的两倍，"两倍"或"一半"也是关系。第二，指一事物必须通过别的某事物来表述和说明它自身，习性（如品德）、状况、感觉、知识、姿势等，都事关他物，必须通过他物来加以说明。品德总是某人的品德，状况总是某事物的状况，感觉和知识总是关于某对象的感觉和知识，躺、立、坐等特殊姿势，也是事物主体相对别的事物的一种关系。

关系有时有相反者。如美德与邪恶是相反习性，知识与无知也互为相反者。但并非所有的关系都有相反者，如"两倍"、"三倍"就没有同它们相反的关系。关系有时可有更多、更少的程度不同，如有不同程度的相同、相似关系。但是像"两倍"之类的关系，不能说有更多、更少程度的两倍。所有的关系，都得在相互关联中说明，如奴隶是主人的奴隶，主人是奴隶的主人；两倍是一半的两倍，一半是两倍之一半；知识是关于知识对象的知识，知识对象是由知识认知的东西，等等。亚里士多德肯定关系的普遍性与多样性，这自然会促使他在研究人的思维时，致力于探究词项之间、命题之间和推理之间的逻辑关系的普遍性与多样性。

关系不是人随意认定的，不是偶然、任意的联系，它必须有适当的名称，才能揭示事物之间确切、必然的相互关联。例如将羽翼规定为鸟的羽翼就不恰当，因为不是鸟的其他动物也有羽翼；用"船的舵"说明船与舵的关系也不恰当，因为有些船没有舵。若用某个词项表述了相互关联的两个事物的某共同属性，如说奴隶和主人都是"两足的"，这也不是表述了主人和奴隶相互依存的关系。显然对关系的确切表述很重要，"一旦有了适当的名词，所有的关系词都会有相关的对象"。（7b13—14）

处于相互关系中的东西一般相互依存，是同时存在的，如主人的"是"蕴涵了奴隶的"是"，前者不存在，后者必不存在。但处在相互关系中的"是"，也有在先与在后、规定与被规定之分。对此亚里士多德特别论述了人的认知活动中的主体与客体的关系。知识对象先于知识，知识对象若被取消，就没有东西可认知，也就不能有任何知识；反之则不然，人们即使还没有关于某一特殊对象的知识，此对象自身依然存在。感觉的情况也是如此，物体作为感觉的对象先于感觉和感觉者存在，取消了感觉对象，就取消了感觉，而感觉消失时，物体仍然存在；感觉又依赖感觉者（动物）而存在，动物自身消灭，感觉亦不复存在。（7b30—8a13）显然亚里士多德在这里表现出一种鲜明的理论特色：主张客观的对象先于并决定了人的认知活动的发生及其内容，前者是后者的本原。这种朴素实在论的立论，同柏拉图的先验论的"回忆"说，是迥然不同的。

关系是体现普遍联系的一种特性，它是在相互关联中表现本体的属性。关系和本体自身不可混同，无论是第一本体或第二本体都独立自在，不会消解于"关系"之中，成为依存于他物、相对他物才存在的东西。奴隶与主人的关系固然是两者互相关联而存在的，可是两者皆是人，两"人"作为本体是独立自在的，主奴关系不过是两种特殊的"人"在特殊关系中所呈现的属性。所以亚里士多德指出：对本体，"人们不需要必然知道它们和什么东西相关，也能够确切地知道这些东西在本性上是什么"，"那么肯定本体不是相对的，也就是正确的了"。（8b17—23）

关系范畴有重要的逻辑意义。亚里士多德的逻辑学说也涉及探究事物之间、思维形式之间的各种关系，它们有一定的逻辑内容。例如在《论题篇》中考察优先选择论题的关系，关于更大、更少的推理与论证，研讨同一关系的传递、相似关系的推理，等等。在《前分析篇》第22章讨论优先关系推理。然而亚里士多德说的关系，终究仍是处在普遍联系中的本体的一种属性。属性依存于本体并表述本体，本体和属性的"是"的范式，本体与属性之间的表述原则，决定了亚里士多德建立的逻辑学是主谓逻辑，关系本身只是作为表述本体的属性谓词出现在逻辑学中的。当时还不可能建立关系逻辑的理论。现代意义的关系逻辑，是19世纪英国学者德·摩根（Augustus de Morgan，1806—1871年）于1859年在其所著《论三段论 IV 和关系逻辑》中创立的，而后皮尔士和罗素予以重大发展。然而也应指出，"工具论"中已有某些关系逻辑的思想萌芽，考察了二元以上的谓词关系，这方面内容以往研究较少。国内张家龙著文作过研究，指出它"对哲学与逻辑的研究具有重要意义"①。

（三）性质。

性质是以某种方式形容、描述事物的样子（8b25）。《形而上学》第五卷第十四章解释作为哲学名词的性质，有两层意思：一是本体的差异，如人和马都是动物，两足和四足是两者的差异；二是指运动本体的属性，如热冷、白黑、重轻，表征事物的变化。

《范畴篇》中区分了四类性质：第一，状况（keksis，state）和习性（diathesis，condition），前者是稳定、持久的品质，如人的知识与德性；后者是易于动变的性质，如热与冷、疾病与健康。第二，自然的能力与无能，如某人善于奔跑，某人不能抵抗疾病而多病，某物之软或硬。第三，感受的性质（pathos，在人作感受、情感，在物作规定的性质）和承受。甜、酸、苦、白、黑等是人的感官感受到的性质，它们是事物本身的性质，并不是由于感官作用而生成的。（9a27—35）对这类后来所谓的"第二性质"，德谟克利特认为是不同形状的原子同身体感官相互作用的结果，因而易变、有相对性。② 亚里士多德则认为，它们是

---

① 张家龙：《亚里士多德关系理论探究》，《哲学研究》1996年第1期。
② 参见本书第一卷，第881—883页。

事物本身所具有的性质,它们对感官作用引起视觉、味觉、触觉等等。承受则是受到某种作用的结果,较感受的性质易变而不稳定,如因害羞而脸红,它会很快消失,与红皮肤不同。第四,事物的形状与外表形式,如直、曲、三角,事物各部分排列的顺序、稠密或疏松等。这显然还不是亚里士多德后来所论的"形式"范畴,而是吸收了德谟克利特关于原子形状、次序、排列决定事物性质的思想。上述有的性质,如状况和习性同关系范畴有所重叠。但亚里士多德指出:状况和习性是就不同的意义分属关系和性质范畴。如知识作为种,相对于外在于它的知识对象,是关系词;但它作为人所拥有的具体、个别的知识,表现人的素养,就是人的性质。(11a20—25)

亚里士多德重视性质范畴,指出几乎在所有情况下,都是根据性质而对事物命名的,从性质的名称取得事物的名称,如某人有教养,称之为"有教养的人"。性质范畴有三个特点:第一,性质具有相反者,如白与黑,公正与不公正;这类对偶的相反者,其一是性质,其相反者也是性质。本体容受相反的性质,就有性质的变化。第二,大多数性质可有更多或更少的程度的不同,如两个事物相比较,一个事物可更白,或更公正。但是有些性质不能有程度的不同,如三角形和圆形,都符合有关的确定的定义,不能有程度差异。第三,在所有的属性范畴中,只有性质范畴,可用"相同"或"不相同"的词进行比较。

《范畴篇》对性质范畴还只是作了一般的规定与描述。实际上本体的性质多样复杂,有不同层次,有表现本质的性质,有使一事物区别于他事物的固有的特性,也有偶生易变、枝微末节的偶性。《范畴篇》对此尚未细加区别和阐释。在《论题篇》亚里士多德从逻辑哲学角度,将性质范畴提到更为开阔的较高层次,细致区别和研究定义(具体的本质属性)、种(普遍的本质属性)、特性和偶性,形成四谓词理论。

至于位置、时间、状况、属有、动作、承受六个次范畴,《范畴篇》认为它们都是意义明显的,只略举数例带过,未深作理论分析。这表明亚里士多德提出这些次范畴时,还只是对本体的属性作一般的分类,他的范畴思想有逐步深化过程。上述次范畴所涉及的时间与空间,在《物理学》中展开论述,而质料、形式、目的、潜能、现实等主要哲学范畴,《范畴篇》还没有提出。

### 二　对立、运动及其他

本体和次范畴,是就"是"自身,揭明了中心主体与属性的主次依存和逻辑表述关系。后范畴则是就事物的运动变化及其中所展示的相互关联,对一些普遍联系及相应的逻辑关系作了哲学的概括和分类。

(一)"对立"(antikeimenon, opposite)。

早期希腊哲学家早就直观到自然物向对立方面变化的现象,如干与湿、明与暗、稀与密的相互转化。他们认为对立是本原,甚至主张"是"即"一"的巴门尼德也提到冷与热是意见世界的本原。毕泰戈拉学派提出有限与无限、奇与偶、善与恶等十对对立范畴,认为对立是事物的本原,但他们只是孤立地列举这些对立,没有论述对立之间的相互关系。赫拉克利特以格言方式生动地表述了对立统一思想,而尚缺乏严格的理论论证和逻辑分析,因而他的学说后来也易被相对主义和怀疑论利用。亚里士多德既批判主张"是"即不动的"一"的绝对主义观点,也反对相对主义。他主张事物的运动变化是由相反的东西中的一者变成另一者,在《物理学》中他指出,"某种意义上说,对立是本原";但他又认为任何东西包括本体和属性自身当其"存在"时都有质的确定性,对立双方自身在质上同一,不能相互包含、直接作用或渗透,因此必须有第三者即变化的基质作为变化的载体,这就是本体,因为只有本体不表述其他而由其他东西表述它,所以变化的本原有三个,即本体和对立双方。(190a15—35,190b30—35)本体是对立的基质,对立是本体运动变化的表现,表现为对立的某种更迭或联接,它们都是依存于本体的。由此可见就事物运动变化而言,本体也是中心。他说的"对立",实质上是指以本体为基础,对立双方的变化关系,它也表现为确定的逻辑关系,有其独特的哲学和逻辑含义。它既不同于早期希腊哲学中素朴辩证法对对立的直观,也不同于现代辩证法对对立的理解。在他的逻辑、自然哲学和科学著作中,大量使用了"对立"范畴。《范畴篇》最早对"对立"作了界定和阐释,也表现了他前期本体论思想的特色,并且有重要的逻辑意义。

亚里士多德区别了四种意义的对立。第一,有相互关系的两个东西是对立的,如两倍与一半,知识与知识对象,也就是前面已论述的属于关系范畴的对立,可简称为相关的(pros ti, relative)对立。第二,两个相反者(enantia, contraries)是对立的,如好与坏、白与黑,这是本体的相反性质,可简称为相反的对立。第三,缺失(steresis, privation)和具有(nexis, possession)的对立,如盲和视力。这种对立不是一般地指具有或没有任何东西,而是指拥有或失去在本性上应当有的属性或能力,如盲与视力都是就眼睛的本性而言的,对那些本来就无视力或无牙的动物,就谈不上牙或视力的具有或缺失。(12a25—30)第四,肯定命题和否定命题是对立的,可简称为肯定和否定的对立,如"他坐着"和"他没有坐着"。这是逻辑上的对立。《形而上学》第5卷第10、22、23章对"对立"和"缺失和具有"的解释,同《范畴篇》的解释大体相似,但有两点差异:第一,多了一种"对立"即"矛盾"(antiphasis, contradiction)(1018a20),未加说明。实际上这是从相反的对立中又划分出一种无中间状态的相反情况,在逻辑上表现为命题之间的矛盾关系,有别于反对关系。第二,解释根据事物自身本性的"具有",已包含了质料具有形式的意义,如青铜具有雕像的形式。(1023a24)

亚里士多德区别相关的对立与相反的对立。前者指对立事物互为依存的必然关系,这种属于关系范畴的每一对立面,正好是其对立面之对立面,如两倍是一半的两倍,知识是关于知识对象的知识。这种对立往往不同于本体之间的相互作用与关联。它们在逻辑上未必处于同一"属"。相反的对立则指同一本体所有的属性的对立,相反的属性"可相互变更为对方,而其主体保持同一"。(13a21)因此处于相反的对立中的东西,不能表述为其相反者的对立物,不可说好是"坏的好",也不可说白是"黑的白"。相反的对立既然是同一本体的同一种属性的对立并且可发生变化,所以相反的对立双方在逻辑上必然或者是同属一个种,如白与黑皆属颜色;或者分属相反的种,如公正和不公正分属德性与邪恶;或者它们自身就是对立的种,如善与恶。(14a15—20)相反的对立又有两种情形:第一,两个相反者在现实的本性上必有一个属于所依存、所表述的主体,这就是说两者作为本体的同一类属性,在现实上总是非此即彼,两者之间没有中间属性,如健康与疾病在本性上是动物的身体状况,某动物不是健康的就是患疾病的;奇数与偶数在本体上表述数,二者必有其一属于某个数。这类无中间属性的相反的对立,在逻辑上表现为词项之间、命题之间的矛盾关系。第二,两个相反者并非在本性上必然有一方属于所依存、所表述的本体,二者之间会有中间属性,如身体或是白色,或是黑色,但也可以是褐色或黄色。这类有中间属性的相反的对立,在逻辑上表现为词项之间、命题之间的反对关系。

具有和缺失的对立,是一事物有和没有某种在本性上应有的属性或能力,这种对立在亚里士多德哲学中是一对重要的范畴。在《形而上学》中,形式的具有与缺失,成为事物本体运动变化的主要原因。这种对立和相关的对立显然是不同的,因为具有和缺失都不能借助其对立面来说明自身,视力就不能说是盲的视力。这种对立也不同于相反的对立:第一,同一主体具有和缺失某种按本性应有的属性或能力,是"有"与"无"的对立,双方在逻辑上并不属于同一个种,并不构成同一"种"内的并列关系。而相反的对立,不论有或无中间属性,都是主体的同一类属性,如白、黑、褐、黄都是颜色,在逻辑上是同一"种"中的并列关系。第二,相反的对立双方可以双向地变更为对方,而其主体自身始终保持同一(除非相反的一方属于某物的本性,如火必然是热的,当热变为冷时,火的主体便灭亡)。健康可变为疾病,疾病经治疗,可恢复健康;坏人可改造为好人,好人不保持道德修养也会蜕变为坏人。具有和缺失的对立则没有这种双向变化,变化只是从具有到缺失,如失明的盲人不再有视力,老人掉牙不再生齿。

肯定和否定的对立,则是逻辑上的命题的对立,和上述三种对立皆有区别。命题是语词的赋有意义的结合,并且依据命题的对象事实是或不是,可判定对立双方必有一方是真,另一方必然是假。这里命题的主词应是同一的个体词项或全称普遍词项,谓词亦应是同一的。前述的三种对立,在逻辑上都是未结合的词项的对立,如笼统地说健康和疾病的对立,双方都尚无意义的真与假。即使这些对立词项各自结合成句子,若无确定的事实对象,也不能判定真假。假如就相反的对立说"苏格拉底生病了"和"苏格拉底身体健康",若苏格拉底是乌有,这两句话皆无意义。就具有和缺失的对立说"苏格拉底有视力"

和"苏格拉底是盲的"，若他刚出生、尚未到应有视力之时，这两句话都无真实意义。另一方面，前述三种对立的词项若各自合适地结合成语句并有确定的事实对象，也可转化为肯定和否定的命题对立，而有真假值的意义。例如在亚里士多德看来，相反的对立的双方不能同时在同一事物中，由此构成的对立命题必有一方为假，不能同真；若是矛盾的对立（无中间项）的双方所构成的矛盾命题，必是一方为真、一方为假。

（二）运动。

亚里士多德的物理学是研究事物运动的一种自然哲学，《物理学》中指出一切自然物自身皆有运动和静止的根源，而人工技术产物并不内含制作自身的根源，动因来自外部。（192b14、30）万物皆动变，静止是相对的，运动是表征存在的东西的基本特性的一个重要范畴。《范畴篇》中还只是概略地指出运动有六种：生成、毁灭、增加、减少、变化及位移。后来亚里士多德在自然哲学中将生成和毁灭合并为生灭，将增加和减少合并为增减，论述四种运动形式。这四种运动互为区别：生灭是本体存在与不存在的变动；增减是数量的变动；变化是性质的变动，以及关系和其他一些属性的变动；位移是在空间所处位置的变动。运动与对立紧密相关：前面所述的四种对立，实质上都是在运动中所表现的普遍联系和特性，而运动变化皆是朝着对立方面进行的。静止即是运动的相反者，生与灭、增与减皆是互为相反者。变化则是向相反性质及关系等属性的变更，位移则有正向和逆向的相反者。《范畴篇》只是概略勾勒亚里士多德前期的本体论思想，探究建立逻辑学的哲学根据，对"运动"范畴及运动原因没有展开论述，《物理学》等自然哲学著作才有详论。而他着重剖析运动中的"对立"，又研究"在先"、"同时"等范畴，皆有重要的逻辑意义。

"在先"（protera，prior）是同运动变化的本原相关的一个范畴。中国传统哲学中有所谓"理在事先"与"事在理先"之争。《形而上学》第5卷第11章指出：在时间或地点上距本原近的比远的在先。（1018b10—15）《范畴篇》第12章列述"在先"的四种意义：第一，时间上更长久、古老；第二，次序的先后不能颠倒，如数目1先于2；第三，任何序列有在先、在后，如语法中字母在先于音节,如作为证明的科学的几何学中点、线、面等先于有关命题;第四,在相互蕴涵的东西中,作为原因的东西本性上先于另一作为结果的东西。例如命题对象的事实是此命题真与假的原因,某人存在这一事实在先,蕴涵着肯定他的命题是真的。

"同时"(hama, simultaneity)是和"在先"对应的范畴,有三种意义:第一,发生在同一时间、互非原因的东西无在先、在后之分;第二,两个互为原因、相互依存的东西,如两倍和一半;第三,逻辑上处于同等的次序的东西,即同一个种内相互区别、相互对立的属,本质上也是同时的,如动物分类中水栖动物和飞行动物两个属,就逻辑上的次序而言是同时的,无在先、在后之分。

讨论"在先"和"同时",实质上涉及事物生成变动的本原问题,亚里士多德的有关论述,已表现出他的前期本体论和知识论、逻辑学之间的差异,各有不同的判别标准。《形而上学》第 5 卷第 11 章从本体论上肯定本体和基质对其属性是在先的,因前者独立自在,后者依存于本体。由此推断,第一本体对第二本体也是在先的。他又从认识方面区别了感觉上在先和原理(logos)上在先:感觉上个别事物在先,原理上即知识意义上普遍的东西在先。也就是通常说的"逻辑在先"。(1018b30—35)在《范畴篇》中,他也已强调:"种先于属,就是说,这种次序是不能颠倒的",其理由为:"动物"这个种在先,不一定已有"水栖动物"这个属;而"水栖动物"这个属,则必须先有"动物"这个种。(15a1—5)可见,就知识与逻辑意义而言,亚里士多德早已有普遍的本质对特殊、个别"在先"的思想,之后通过深化探究本质、定义和普遍性知识,强化了这一思想,这也促使他后来强调形式才是首要的本体。

"所有"(hechein, having)这个后范畴比次范畴"属有"的意义更宽泛,不仅指"穿鞋的"、"武装的"之类拥有外在的东西,也指有某种习性、状况或其他性质,如"有德性"、"有知识";也指拥有数量,如人所有的身高;也指本体所拥有的部分,如人有手和脚;也指空间的容有,如瓶子里有酒,等等。总之,"所有"指本体在运动变化中生成和获有的一切属性和关系,既有内在的,也有外在的,体现事物运动变化的结果。

### 三　次范畴和后范畴的意义

亚里士多德论述上列次范畴和后范畴,有重要的哲学意义。以本体为中心,剖析次范畴和后范畴的多重含义,展示了一幅关于"是"的丰富多样、普遍联系、运动变化而又有确定性与秩序的世界图景,其现实性、科学性都超越以往的希腊哲学。与之相比较,以往的希腊哲学,或是将本原归结为单纯的物质元素,或是将"是"的原理归结为数、不动的"一"、或同现实事物分离的"相",或是主张以人的感觉作为尺度这种相对主义,它们都显得片面不足或是谬误,未能真实、全面、深刻地说明现实世界。次范畴和后范畴是以本体为中心的新的本体论哲学的重要组成部分,是认识"是"的特性和普遍联系以及运动变化的思想枢纽,为亚里士多德建构"是"的范畴体系、建树科学理论提供了新的思想工具。亚里士多德论述关系、运动、对立等范畴,细致分析"是"的多样性的内在联系、运动形式和对立的意义,也表现了丰富的后人所说的辩证法思想。由于他反对相对主义,强调"是"有质的确定性,因而否认对立面之间可相互渗透和直接转化,将变化理解为某种本性(包括后来所述的形式)的具有和缺失,理解为同一本体变更、转移所承受的相反属性,这种带有机械论色彩的特点,其一个原因也是他强调逻辑的分析理性所致,对此不能苛求于古人。

次范畴和后范畴有重要的逻辑意义。亚里士多德在论述这些范畴中明确指出:知识和命题以作为知识对象和命题对象的现实事物为本原,后者的"是"和"不是",决定前者的真假值。这表现了他的本体论的逻辑的特色。他在剖析事物的关系、性质、对立、在先、同时等范畴中,都揭示了其中的逻辑关系,这些逻辑关系本身也是这些范畴的意义和特点所在,并且表明,诸如词项之间的种属关系、对立关系,命题之间的同一、蕴涵、并列、矛盾、反对等逻辑关系,终究也本原于"是"的特性、联系与变化。这种逻辑的本体论哲学根据,后来在他建构逻辑学说中得到进一步展开;而一些次范畴和后范畴本身,如性质、关系、对立等,后来亚里士多德也将它们用作为逻辑范畴,并有更具体的分析与发展,据以建立既有语义分析,又有形式化结构的逻辑理论。因此他在

《范畴篇》所论的次范畴和后范畴，并非同逻辑不相干的哲学名词解释，而是他建立逻辑学所必需的一种哲学起步点。

## 第三节　意义分析和范畴建构

在《范畴篇》中，亚里士多德已展示了他那同柏拉图主义根本区别的新的哲学纲领，并为他创建逻辑学奠立了本体论的哲学基础。他的逻辑思想和他的前期形而上学思想同步发生，互为紧密关联。联系他的前期的其他一些著作考察《范畴篇》，可以看出：逻辑分析是他形成和演进形而上学思想的重要工具和内在动因之一，他的本体论则是他的逻辑思想产生和进展的哲学根据。当代西方一些研究古希腊哲学的著名学者，特别是持分析哲学观点的专家，注重研究亚里士多德的《范畴篇》和其他有关著作中的意义理论，从而剖析他的逻辑学和形而上学的内在关联。如欧文（G.E.L.Owen）研究希腊哲学的文集《逻辑、科学和辩证法》中的有关篇章，莱思齐（W.Leszi）的专著《亚里士多德的逻辑学和形而上学》，都就此课题作了详致研究，并且指出以往有些研究脱离亚里士多德的逻辑与哲学方法论来研究他的形而上学及其同柏拉图主义的关系，因而造成不少误解。对他们在研究中所提出的某些观点我们不尽赞同，但他们的研究思路和一些研究成果，值得我们借鉴和吸取。

前文已有论述，《范畴篇》建立的范畴系列对柏拉图的相论范畴体系已有根本的革新，它们既是对实在的最高的概括和分类，也是逻辑上对词项的最普遍的意义分析和分类。这种新范畴系列的建立，得益于亚里士多德面对现实，采用了崭新的意义分析方法。

苏格拉底和柏拉图均曾运用分析语词意义的方法，但是有自发性和局限性。苏格拉底探求普遍性定义，自有意义分析，但限于就一些实例问答辩驳，企图径直地归纳出某些美德的单一意义。柏拉图对话《克拉底鲁篇》中的苏格拉底已对语言作哲学思考，论述了命名中的意义赋予和一些哲学名词的词义,但主要是从词源学角度作考释。① 柏拉图继承、发挥苏格拉底探求定义中意义分析的方法,构建相论的范畴体系,并使"相"同现实事物分离,结果难以真实说明现实世界和相论诸范畴之间的复杂关系,他的后期对话篇提出通种说,意图用他的"辩证法"的意义分析来克服其中的矛盾与困难,也难以真正奏效。他们的意义分析的根本缺陷在于:对实在全体的丰富多样的意义缺乏具体分析;限于对语词或范畴作某种单一意义的抽象分析。亚里士多德在《形而上学》第1卷中批评柏拉图学说时指出了这种缺陷:"忽略了智慧在于寻求日常所见事物的原因","不对多种意义进行区别,就不可能找到实在的因素"。(992a25、992b20)由于不能直面实在,缺乏一种科学的意义分析方法,柏拉图也不能在相论的基础上构建逻辑理论,不能为建树各门科学提供合适的方法论工具。

亚里士多德在《解释篇》中指出,口语和文字是对象作用于灵魂所产生的内心经验的符号,是用以表示对象的。(16a3—7)语词约定俗成而被赋有意义。(16a20)动物的声音可以表达某种情感,但不是约定俗成、赋有意义的符号。对同一事物,不同民族可有不同的语词表达,但对象和内心经验的同一性,使它们仍具有同样的意义。他在《范畴篇》中又指出,孤立的语词自身并无真或假的意义,对它们不能产生肯定或否定(2a4—10),它们结合成语句,成为一连串有意义的符号,而且可判定意义的真假,才成为命题;而"人们是根据事实自身的是与不是来判断命题的真和假的"。(4b7—8)语词的意义要通过定义、判断、推理等思想活动才能揭示出来。由此可见亚里士多德作意义分析的基本出发点在于:主张语词和句子都是表示对象自身意义的符号,它们的意义归根究底本原于实在及其作用于灵魂而生成的感觉、意见与知识。因此构建作为具有最普遍意义的语词的哲学范畴,应当致力于对实在作具体、多样的意义分析,而不应局限于对概念或语词自身作抽象、狭隘的意义概括。

亚里士多德强调,不对"是"的多义性作具体分析,就不能正确地建立和

---

① 参见本书第二卷,第454—458页。

理解哲学范畴。从写于前期的"工具论"、《欧德谟伦理学》等著作到《形而上学》诸卷，亚里士多德一贯主张对"是"、"一"、"善"等各种范畴必须区别、分析它们的多种意义，并且尖锐批评柏拉图及其学园派和爱利亚学派的理论错误的根源之一，就在于无视"是"与"善"的多义性，而将它们归结为某种抽象的"一"，某种脱离特殊事物的多样意义的抽象的普遍性。在《辩谬篇》中，他指出："同语句的多义性、歧义性相关的错误，产生于不能区别一个语词的多重意义——因为有些语词如'一'、'是'、'相同'的多种意义不易区别"（169a22—25）；他批评巴门尼德、芝诺等哲学家，焦点也正在于辨明"是"和"一"是抽象的同一意义，还是有多样的具体的意义（182b20—28）。在《欧德谟伦理学》第一卷中，他尖锐抨击柏拉图学园派抽象地谈论善和其他的"相"，指出这是"一种逻辑上空洞的说法"，"对善的生活和行为没有任何用处"，因为"善"和"是"一样有多层意义，在本体、性质、数量、时间等等"是"的诸多方面，都能发现善的各种具体意义。（1217b20—35）在后来所写的《尼各马科伦理学》中，他又强调"善的意义和'是'的意义同样多"，任何范畴都不是只有某种"单一的普遍意义"；他并指斥学园派斯彪西波将善曲解为单义性的、可分离的"相"，说那只是"不能为人所实行"的无用范畴。（1096a24—30，1096b30—35）他在《论题篇》、《物理学》、《动物志》、《论灵魂》、《形而上学》第5卷等多种著作中，都强调要研究范畴的多义性，直到后期所写的《形而上学》第14卷，仍强调"是"和"非是"有多义性，批判柏拉图学园派将"是"的本原归结为抽象的"一"是"荒唐的"。（1089a10—15）

　　亚里士多德奠立西方分析理性传统，其实质就是对"是"以及人们所由产生知识的多样性意义作出科学的逻辑分析。《范畴篇》就以确认"是"的多层面、多重的意义为基本出发点，构建本体、数量、性质、关系等十个范畴，是对实在的中心基质及其在普遍联系中所呈现的诸方面属性，展开了前所未有的多种意义的分析；而它论述对立、运动、在先、同时、所有等后范畴，则是对实在在变动中所呈现的普遍联系与属性作动态的多义性分析。《范畴篇》对中心范畴本体（第一本体和第二本体）和每个次范畴及后范畴的意义分析甚为细致，脉络分明，这就构成一个层次分明、多重内涵的意义网络，揭示了"是"的丰富多样性,为探求关于实在的知识,提供了一张明晰有序的范畴意义网络,并可据以构建各种逻辑范畴,分析各类词项、命题之间的逻辑关系。这种多义性分析,对亚里士多德批判旧哲学、建立新哲学、创建逻辑学说和科学方法论,无疑是重要的。

亚里士多德立足于多义性分析,批判爱利亚学派和柏拉图学派,将"是"理解为抽象的"一",或是只作抽象的单义性分析,建立同现实事物分离的抽象空间的范畴即"相"。如他后来在《形而上学》第3卷指出的,抽象的"是"和"一","并不是存在的东西的种",因为它们并没有属和属差。(998b20—25)在他看来,"是"不是一种抽象的实体,它直接表现为现实事物的种和属,有具体的多义性。他前期所写的《形而上学》第5卷,解释早期希腊哲学以来常见的30个哲学名辞,这是他继《范畴篇》之后,对更多的哲学范畴作多义性分析。他指出:"'是'的意义或者就偶性而言,或者就自身而言","就自身而言的'是'的意义如范畴表(按:指《范畴篇》所列诸范畴)所表示的那样,范畴表列有多少种,'是'就有多少种意义,……每一范畴都表示了一种与之相同的'是'。"(1017a9—30)他又论述"一"的自身意义有多种:自然物连续性的一,本体或基质的一,具有对立属差而属于同一个"种"的一,定义的一,数量的一,一物与他物在类比意义上的一等等。(第6章)总之,强调对"是"作多义性分析,批判单义地、抽象地理解"是"、"一"及其他各种范畴,这是贯穿于亚里士多德的《形而上学》和其他各种著作中的一个基调,他的本体论思想是在对"是"的诸范畴的多种意义不断反思、反复推敲中演进的。他也正是运用多义性分析方法,建构不同学科领域的主要范畴,建树各领域的知识系统,包括建构逻辑范畴和创建逻辑学说。

亚里士多德建构"是"的诸范畴,主要运用了三种多义性分析的方法。

第一种方法:区别中心意义(pros hen, focal meaning)和从属意义。中心意义表示所是的东西的本性或基质,指一类是的东西必然具有的普遍本性,或者是其首要的、根本的意义,它是范畴的多种意义的核心内容;从属意义则是指由所是的东西的本性或基质所派生的特性或偶性,或是比较它们之间相同、相异、相似而有类比性的意义。《范畴篇》所列的十个范畴和五个后范畴中,本体无疑是"是"的中心意义所在,因此他后来在《形而上学》中强调:要区别"是"的多种意义,"只有承认本体,才能对此作出说明"(992b20—25);"科学都主要地研究首要的东西,其他的东西依赖于它,并由它而得名,假如这东西就是本体的话,那么哲学家应做的事就是掌握本体的原因和本原"(1003b10—15)。其他的次范畴和后范畴,都是本体自身在变动中、在同其他东西联系中所呈现的属性,相对本体而言,它们展示各种"是"的从属意义。整个范畴表,就是由本体范畴的中心意义和其他范畴的从属意义这两大意义系列构成的。再说,就每个范畴的多种意义而言,也有中心意义和从属意义之分。《范畴篇》中的第一本体具有中心意义,相对它而言,第二本体则有从属第一本体的意义。"数量"的中心意义是时间、空间的分割,其他东西称为数量,则是上述数量的普遍本性所派生的意义。"关系"的中心意义是一个东西同其他东西相关并须通过其他东西来表述、说明自身;而关系是否有相反者,是否有更多、更少的程度差异,可否用相同、相异等语词来表达,则是从属意义。"性质"的中心意义是本体的质的差异,从属意义则是变化中可容受相反者和性质有时有程度差异。《形而上学》第5卷解释哲学名词,往往区别"自身意义"和"偶性的意义",亚里士多德的其他论著阐释范畴时也经常作这种区别,实质上这也是作中心意义和从属意义的区别。这种意义区分,使亚里士多德在研究中得以分析所是的东西的本性方面和非本性方面,从而把握范畴的主次不同层次的丰富意义。

第二种方法:区别同名异义(homonymy)和同名同义(synonymy)。《范畴篇》一开头就指出:"当一些事物有一个共同名称,而相应于名称的事物的定义是不同的,它们被称为同名异义",例如一个人和一幅人物肖像,就"人"而言,两者都可称为"动物",而要说明一个现实的人和人的肖像画是什么,就要用不同的定义,它们分属两种不同的存在。(1a1—5)同名同义则指一些事物不仅可有共同名称,而且和名称相应的事物的定义也相同,如人和牛都可称为"动物",也都可用"动物"来定义他们。(1a7—10)应当指出,这里所讲的"定义"不是种加属差的完整定义,而是突出"种"在定义中规定事物的中心意义的首要作用。亚里士多德在这里并不是辨析语言学中的同义词和异义词,而是着眼于剖示存在诸范畴有不同的意义系列，同一范畴系列有同名同义性，分属不同范畴系列的事物，即使同名，也有异义性。他说的"同名异义"，不只是指一个名称可有多种歧义，而是指它所表示的不同事物的不同意义分属不同的范畴系列；而"同名同义"，既不是指词源意义的同一，如"勇敢"、"勇敢的"、"勇士"，也不是指两个逻辑意义等值的概念使用同名，如"人"和"有二足、会说话的动物"，而是指它们在同一范畴系列中有属于同一"种"的共同意义。实质上亚里士多德区别语词的同名异义和同名同义，并不是从语法上鉴别名词的意义，而是从事物的范畴归属方面，辨识它们的异质性和同质性，揭明它们在同一个范畴系列中属于同一个"种"而有同义性，它们分属不同范畴系列中不同的"种"而有异义性。如属于本体范畴中同一个"种"的东西是同名同义的，分属本体、数量、性质等不同范畴系列的东西，即使它们都可称为"存在"，也是同名异义的。

辨识同名异义，表明不同范畴及其包含的种、属系列，在意义上迥然有别，界限分明，有异质性，不能混淆。语词用来指称具体存在的东西时，不应有范畴的越界，如毕泰戈拉学派和柏拉图学园派说存在的本原（本体）是数，是"一"与"不定之二"，就是违背范畴的同名异义分析，是本体和数量范畴之间的错乱越位。辨识同名同义，则表明同一范畴及其包含的种、属系列，具有"是"的某种共同意义，所表示的一些东西可用其中某一个"种"来表述和定义，这就是同一个范畴系列内的东西的同质性。如奇数、偶数、线、面都是数量，是同名同义的。"本体和属差都有这样的特性，全部由它们所表述的东西都是同名同义的"，所有由它们所表述的同一范畴系列的东西，既有个体，也有种、属。（3a33—35）亚里士多德区别同名异义和同名同义的分析方法，使分属不同范畴的东西，在意义、辖域上都得到明确定位，不致发生本体论意义和逻辑意义上的混乱与错误；同时使属于同一范畴系列的东西，能厘清其普遍本质意义和种、属、个体的逻辑序列。同名异义表明，分属不同范畴的不同的东西，虽然属性可表述本体，本体却不可表述属性，而且就它们各自的自身定义而言，皆是不可互为表述的。但是也不能夸大这种不同范畴的异质性。如莱思齐就过于强调这种异质性，认为不同范畴的东西及其定义之间有"语义上的不可沟通性"①,这就说得太绝对了。因为"是"是由本体中心意义和属性意义构成的一个错综复杂的意义网络,在意义的揭示和表述上,必然也会有跨范畴的交叉,如属性范畴的语词可表述本体,而对立、相反、运动、在先等后范畴,既可用来表述本体,也可用来表述数量、关系、性质等等属性,不同范畴的东西在语义上仍有可沟通性,"是"的诸范畴的意义关系不是平行关系,而是有一定交叉的网络关系。同名异义和同名同义的意义分析,表明亚里士多德建立的范畴体系,既有同一范畴系列意义同质和不同范畴系列意义异质的特征,也有不同范畴间可互为表述的某种意义沟通性,构成一种泾渭分明、错综有序的意义网络。这对于亚里士多德在《论题篇》中根据哲学范畴和逻辑范畴的意义分析建立一种独特的语义分析逻辑,在《解释篇》和《前分析篇》中基于语义分析建立形式化的命题和推理学说,都是相当重要的分析方法。

　　第三种方法:区别自然意义和逻辑意义。自然意义是"是的东西"自身固有的或偶生的意义,包括对象作用灵魂而产生的感觉、知识、情感等内心经验自身所具有的意义。逻辑意义则是指范畴、种、属等用以指称词项、命题、推理、证明等逻辑思维活动所具有的意义。这两种意义既有区别也有联系,体现了逻辑和自然物并不割裂,而有相关性。《范畴篇》提出的关于"是的东西"及相应的语词分类的两条基本原则,一条为是否存在于一个主体之中,就体现了本体论的自然意义,另一条为是否可表述一个主体,就是指谓词与主词的逻辑关系的意义。这两条意义分析的原则,在范畴分类和建构中,是交错、结合地使用的。就自然意义而言,第一本体是一切事物的基质和载体,比第二本体即属与种有更高的本体性程度,本体性由强到弱的自然序列为个体—属—种。就逻辑意义而言,第一本体只能用作主词,不能用作谓词表述任何事物;而第二本体可用作为主词或谓词,它的种或它的定义可表述属,它的种、属及其定义皆可表述第一本体,它的属差及定义也可表述属和有关个体,因此第二本体及其属差所表述的东西都是同名同义的。(3a34—b5)

　　自然意义和逻辑意义的分析,也大量用于阐释其他范畴的意义。如论述

---

　　①　莱思齐:《亚里士多德的逻辑学和形而上学》,第42页。

"对立"的四种意义,相关的对立、相反的对立、缺失和具有的对立,这三种都是自然意义的对立;第四种肯定命题和否定命题的对立,则是逻辑意义的对立。命题中被肯定或被否定的东西自身,只有自然意义,并无肯定或否定的逻辑意义,如"他坐着"和"他没有坐着",就事实而言,是一种无中间状况的相反的对立,而就两个命题的逻辑意义而言,有真假值的意义,两个命题处于矛盾的逻辑关系。(12b5—14)在《形而上学》第5卷的哲学名词释义中,亚里士多德在分析各种范畴的自然意义之外,也往往揭明其逻辑意义。例如:阐释"本原"时提到"事物最初由之认识的东西也被称为此事物的本原,例如前提是证明的本原";(1013a15)阐释"元素(因素)"时指出"内在于众多证明的最初证明被称为证明的元素。原始的推理由三个项通过中项构成同样是这样"。(1014b1—5)阐释"必然"时则指出,不仅有自然的必然,还有逻辑的必然的意义,"证明也是必然的东西"。(1015b7—10)

综上所述,我们可得出两点看法:第一,亚里士多德用自然意义和逻辑意义分析所构建的同一个范畴,兼有本体论范畴和逻辑范畴的双重特性,表明他的逻辑思想和形而上学思想有内在关联。例如"种",人们习常理解为逻辑范畴,亚里士多德则首先就自然意义将它理解为一种"是"的范畴,不仅第二本体包括种,其他范畴系列也有种,各范畴本身就是最高的种。他解释"种"的自然意义:其一是指"同一形式下事物的连续生成";其二是指"和最初运动者同类的东西";其三是指"差异的载体"。他又解释"种"的逻辑意义为"定义中最初的成分",用以规定事物的本质。(1024a30—b10)第二,范畴的自然意义和逻辑意义有"在先"和"在后"的关系。就"是"的序列而言,自然意义在先、逻辑意义在后,后者派生自、依赖于前者,表明逻辑意义归根到底以"是"自身的意义为本原。《范畴篇》中论述"在先",指出存在的事实对命题在先,"如几何学的元素点、线等等就先于命题",(14b1)某人存在的事实蕴涵了肯定他存在的命题之真,前者是后者的原因,而真命题则不是某人"是"的原因,命题的真假要根据有关事实是否存在来判断。(14b10—25)然而就认知活动而言,情况比较复杂。亚里士多德在《形而上学》第5卷中解释"在先"时,指出这里"又有原理(logos)上在先和在感觉上在先的区别。在原理上普遍的东西在先,在感觉上个别事物在先"。(1018b30—35)就是说,感知的在自然意义上的个别事物包括第一本体,是感知活动中形成感觉的本原,而在构建知识系统中,就逻辑意义而言,公理和定义作为普遍性的初始前提,包括作为种的第二本体,是证明的本原,是在推理中建构知识的出发点。亚里士多德在认识的起源问题上,主张个体事物在自然意义上在先,认识起源于感知活动;而在建构知识问题上,他主张知识总是探求普遍的本质与原因,将普遍性原理视为证明的本原,置于逻辑意义的在先地位。这种强调,也是他后期形而上学思想嬗变的一个重要因素,即促使他后期的本体论思想中愈益突出"形式"的首要地位。

意义分析实为逻辑和语义的分析,它也是现代西方分析哲学的一个核心问题。亚里士多德在建构范畴中展示的意义分析方法,比苏格拉底、柏拉图的有关思想更为合理而周密,标志着希腊的分析理性精神臻于成熟,堪称为西方分析理性传统之古代奠基者。因此尽管当代西方一些分析哲学家对亚里士多德的本体论和本质主义持同情或批判态度者皆有,但不少学者重视重新探究亚里士多德的意义分析理论,并且进而研讨他的逻辑学和形而上学的关系。

考察了意义分析和范畴建构的紧密关联,我们得出结论:《范畴篇》不是同逻辑学无关的著作,它既是亚里士多德建立他前期的本体论哲学的纲领,也是他创建逻辑学的奠基之作。《范畴篇》和"工具论"的其他著作,有一脉相承的内在思想联系,可概述为四点:第一,《范畴篇》建构的范畴,为他建立逻辑学提供了本体论的哲学根据,使他的逻辑学说本身蕴涵着深刻的逻辑哲学思想。这是不同于后来相对独立于哲学的形式逻辑的。第二,《范畴篇》建构的范畴本身具有逻辑意义,也被他用作为建构逻辑理论的主要范畴。第三,《范畴篇》在建构范畴中,实际上已涉及偶性、特性、种、定义等逻辑范畴,由此直接发展出四谓词学说,而四谓词同十范畴及后范畴相结合的意义分析,构成他的辩证法,即一种语义分析逻辑的基本骨架。第四,《范畴篇》运用的意义分析方法,贯穿在他后来的全部逻辑著作中,多义性分析包括中心意义和从属意义、同名异义和同名同义、自然意义和逻辑意义的分析,对形成他的辩证法与语义分析逻辑、命题与三段论学说以及证明的科学理论,都起有相当重要的作用。

## 第四节　逻辑和形而上学

根据《范畴篇》并联系亚里士多德的其他前期著作,探究他的逻辑思想和前期形而上学的关系,这是一个值得研究的重要课题,涉及研究亚里士多德的哲学与逻辑思想的演进,以及他对逻辑和"是"的本性的理解。

### 一　逻辑思想和关于"是"的普遍学科

《范畴篇》是亚里士多德前期哲学的纲领,已运用多义性的逻辑分析方法,建构了以本体为中心、兼具本体论意义和逻辑意义的一些主要范畴。当代国外亚里士多德研究中一个颇有争论的问题是:他的前期著作是否已有建立关于"是"的普遍学科(即本体论)的思想或意向? 他的前期形而上学思想同柏拉图主义的关系如何? 他的逻辑思想在其中又起了什么作用?

亚里士多德17岁时即进入柏拉图学园学习,他对柏拉图后期著作中的哲学范畴论是熟悉的,他同学园中的其他成员在一些哲学与逻辑问题上早有争论,《论题篇》、《辩谬篇》和《形而上学》中的一些内容,实为这种争论的记录。不少学者认为亚里士多德的逻辑思想在柏拉图学园时期早有孕育。耶格尔主张以他摆脱柏拉图哲学思想的程度,作为判断亚里士多德思想演进的标准。可是他的《亚里士多德:发展史纲要》一书,对亚里士多德的逻辑思想的形成和进展,以及它对他的哲学思想的作用,却是略而未论,并且对亚里士多德前期的逻辑思想与形而上学的关系,作了缺乏说服力的论断。他认为:从亚里士多德的早期著作残篇包括写于柏拉图逝世前、约公元前354年的《欧德谟篇》来看,亚里士多德在学园时期以及离开学园后的相当长一段时期,依然在忠实地阐释他的老师的相论和灵魂不朽论;《范畴篇》也是孕育或写作于这一时期。而在一些早期著作(残篇)中,他主要只是用自己的逻辑思想为老师的学说提供新的、更为犀利的论证。耶格尔的结论是:亚里士多德在此时期,"当他在形而上学方面仍完全依赖柏拉图时,在方法和逻辑技术领域已是一位大师",而对柏拉图的"这种依赖明显地植根于亚里士多德深层的、无理由的宗教和个人的情感"。① 这样比较生硬地解释亚里士多德前期逻辑思想和形而上学思想的不协调,显得牵强附会。其实亚里士多德在学园时期参与争论、已孕育某些逻辑思想,这是一回事;他写作《范畴篇》《论题篇》等著作,提出同柏拉图主义分道扬镳的范畴论和多义性分析的逻辑思想,这又是另一回事。后者的写作当在《欧德谟篇》等早期著作之后,不能抹杀这种时间差。即使按照耶格尔自己的发生学研究的标准,他对《范畴篇》也作了错误的思想和时序定位,认为《范畴篇》和《欧德谟篇》等柏拉图思想尚浓重的早期著作是同时形成的。而且他将亚里士多德的形而上学和逻辑思想完全割裂开来,并且用宗教和个人的情感、信念来解释《范畴篇》同亚里士多德早期某些残篇中柏拉图主义的不协调,这也难以自圆其说。欧文批评耶格尔的这种错误论断的实质在于:"他将亚里士多德的哲学理论同他的逻辑和哲学方法的研究割裂开来,声称在学园时期后者的进行完全独立于前者",他力图牵强地用《范畴篇》中的思想来附会《欧德谟篇》,而不承认前者已是"对柏拉图的形而上学的主要部分的否定"。②

欧文在《某些亚里士多德早期著作中的逻辑和形而上学》与《亚里士多德的柏拉图主义》这两篇论文中③,批评了上述耶格尔的观点,他主张应将亚里士多德前期的逻辑和形而上学紧密结合起来研究,才能正确理解亚里士多德思想的演进。欧文的主要论述可概述为以下三点:

第一,他认为在《范畴篇》写作之前,亚里士多德在学园时期早孕育有逻辑思想,而且在同学园派争论中,同柏拉图的相论已有歧异。欧文反对 T. Case 的一种见解,即认为亚里士多德的前期的逻辑思想和柏拉图的《智者篇》等后期著作中关于范畴和真假陈述的学说一脉相承,仍囿于柏拉图主义。欧文认

---

① 耶格尔:《亚里士多德:发展史纲要》,第 46 页;并参见欧文:《逻辑、科学和辩证法》,第 202 页。

② 欧文:《逻辑、科学和辩证法》,第 202 页。

③ 这两篇论文均收入欧文《逻辑、科学和辩证法》。

为即使在早期著作残篇中,亚里士多德虽然还保留柏拉图主义的思想影响,但在《欧德谟篇》中他已指出灵魂是本体,自身不能有相反者,故不能用和谐来规定灵魂的本性。这说明在他的心目中,也已有《范畴篇》中关于本体自身不能有相反者的思想。①《论相》的残篇中已经批判学园派用所谓"第三人"来论证"相"的存在,指出柏拉图的"相",犯有两个逻辑错误:其一是不能正确使用谓词来划分和描述现实的个体事物;其二是将普遍性谓词当做脱离现实的具体事物的另一些"个体",这纯属虚构。② 这同《范畴篇》的思想以及《辩谬篇》中用谓词学说批判"第三'人'"和相论(178b36 — 179a10),是完全一致的。

第二,他认为"工具论"和《欧德谟伦理学》、《形而上学》第1卷,大体都属于前期著作,都强调对"是"和"善"的多义性分析,以此批判柏拉图的相论;但是,它们都还没有突出中心意义的分析,包括没有展开对"本体"的中心意义分析,所以还没有提出建立关于"是"的普遍学科即本体论的思想。他的主要旨趣还在于对各学科作分门别类的多义性探讨;在《后分析篇》中就指出各门学科的公理不能相互通约和证明,(75b12 — 15)以此反对柏拉图将他的"辩证法"看做主宰性学科,将各门具体学科看做从属"辩证法"的学科。亚里士多德在"工具论"中尚没有为建立"作为是的是"的普遍学科提供地盘,他在前期认为对一切学科共同有用的,只是他自己所论的"辩证法",它不是"第一哲学",而是逻辑的方法,"是各门学科知识用以澄清和锤炼思想的一种预备性技术"。③

第三,欧文认为:亚里士多德继《范畴篇》之后不久所写的《尼各马科伦理学》,虽然仍强调"是"与"善"的多义性,但已提出对"善"的完善、精确的讨论应归属于不是伦理学的另一种哲学(1096b30),这才稍见提出第一哲学之端倪。而《形而上学》第4卷,却是标志他的哲学思想转折的一篇关键之作,这里他突出了本体具有"逻辑在先"的中心意义,从而构成"是"的多种意义的系

---

① 参见欧文:《逻辑、科学和辩证法》,第204页。
② 参见欧文:《逻辑、科学和辩证法》,第207页。
③ 欧文:《逻辑、科学和辩证法》,第189页。

统联结;这就使他得以明确地提出建立一种关于"是"的普遍学科,即以本体为中心的第一哲学。"这看起来更像是对柏拉图宗旨的同情的复活,而不像是对后者的新的分手";循此演变,到《形而上学》第7、8卷,第一本体不再是个体事物,而突出了"属"是首要本体、"形式"在本体中有"逻辑在先"的中心意义,更为明显地表现了对柏拉图的形而上学的同情和复归。①

欧文的论述指出亚里士多德的逻辑分析思想对他在早期、前期批判柏拉图主义和他自己的哲学思想演变起有重要作用,这种研究成果是很有价值的。然而他论述的一个主要观点是:《形而上学》第4卷才提出建立关于"是"的普遍学科即第一哲学,这是他的前期、后期两个阶段哲学思想的转折点,即从只注重研究特殊学科及其逻辑分析的方法论,转向研究同情、复归柏拉图主义的形而上学;而从注重"是"的多义性分析转向突出本体的"逻辑在先"的中心意义分析,则是造成上述哲学思想转折的主要动因。这种观点,在当代西方的亚里士多德研究中很有影响。莱思齐指出,这已是一种流行观点,J.Owens、H.Cherniss、H.Wagner、I.Düring、P.Merlan、A.Mansion、V.Arnim、E.V.Ivanka、W.D.Ross和G.Patzig等著名学者都采取了类似观点,尽管他们的说法不尽相同。莱思齐认为这种观点在某种意义上并不新鲜,只是回复到从伪亚历山大等古代注释家到托马斯·阿奎那对亚里士多德的形而上学思想的解释上了。②

我们认为欧文的立论也有片面性,也有难以自圆其说之处,并不完全符合亚里士多德思想演进的历史事实。

第一,亚里士多德在《欧德谟伦理学》等前期著作中,研究特殊学科,强调"是"的多义性,没有提出建立关于"是"的普遍学科,这无疑出于批判柏拉图的相论以拓展科学之路的需要,然而这并不是说,他的心目中根本没有关于研究"是"全体的第一哲学思想。《范畴篇》已建立了关于"是"全体的范畴系列,尽管尚不完备,但已揭明了本体的中心意义,可以说这是他的前期形而上

---

① 参见欧文:《逻辑、科学和辩证法》,第180—181、183—184、209、220页。

② 参见莱思齐:《亚里士多德的逻辑学和形而上学》,第137—141页。

学已初具轮廓,而且在建树学科知识的实际活动中,亚里士多德已将这些范畴用作为认知各学科领域的"是"的思想枢纽,它们贯穿在物理学、动物学、伦理学等种种特殊学科的具体构建之中。和柏拉图不同,他不是从这些范畴演绎出特殊学科的内容,而是将这些范畴用作为探究各领域中的所是的东西,构建学科知识体系的思想工具。这表明他的前期形而上学思想纲要,对特殊学科的研究有重要的功能和价值。他在前期撰写《物理学》研究自然哲学即第二哲学,其中研讨本原、对立、变化的"四因",指出本体的中心意义(说别的东西皆是本体的属性,如无本体即无其他属性),(186b5—10)又论述本体中有形式、质料和缺失三元,乃至论述不动的第一推动者,都体现了他的关于"是"全体的形而上学思想。而且他已指出,详致研究形式的本性等问题,"是第一哲学的任务",可以"留到适当的时候"(实为撰写《形而上学》有关篇章时)再讨论。(192a35)由此可见欧文认为在《形而上学》第4卷写作之前,亚里士多德没有本体的中心意义思想,因而根本不认为有关于"是"全体的第一哲学的思想,并不符合事实;欧文将前期亚里士多德视为只讲"是"的多义性分析,只承认特殊学科,主张哲学只是研究建构特殊学科所必需的逻辑分析活动,似乎拒斥一切形而上学,这无异是将当时的亚里士多德描绘成一位古代的逻辑经验主义类型的分析哲学家。

第二,对《形而上学》第4卷的写作时期,本有不同见解,西方学者一般认为此卷不属于《形而上学》中的早期篇章,有人认为它是较后期的著作。因为"作为是的是"这个最重要的概括性的观念,只在《形而上学》第4和第6两卷中出现,在其他诸卷包括专门讨论本体等主要范畴的第7、8、9卷中均尚未出现这个概念。此卷明确提出第一哲学是研究"作为是的是"全体的普遍学科,并且论述了它的主要对象和功能(这方面内容本卷第三编形而上学中还要详论)。这不能说是亚里士多德前、后期思想的转折点,而是对《范畴篇》等前期著作中已有的形而上学思想,甚至可能还是在第7、8、9卷之后,作了一以贯之的推进和理论升华,提出"作为是的是"这个名称来概括研究"是"和本体的这门专门的学问,指出第一哲学(本体论)的研究对象包括"是"、科学与逻辑的公理,都在一切"是"之中。(1005a20)而且认为亚里士多德在第4卷提出建立关于"是"的普遍学科，就是开始同情、回归柏拉图主义，这种观点是缺乏说服力的。莱思齐是主张《形而上学》第 4 卷写于第 7、8、9 卷以前的，他也指出：亚里士多德在第 4 卷中提出关于"是"的普遍学科，那是旨在深入研究本体的构成，以及关于本体的知识的普遍意义；欧文却认为这必然导致一种演绎主义，即同柏拉图相似地旨在从第一哲学中演绎出特殊学科，这种见解是理解上的失误。①

第三，《形而上学》第 7、8、9 卷，论述本体的构成，突出形式或"种的属"，将它看做首要本原，这种形而上学思想的演变，固然有意义分析的原由，即突出形式在本体中有逻辑在先的中心意义；然而这种思想嬗变，不能简单地只被归结为中心意义分析必然导致的结果。其实在较早撰写的《形而上学》第 5 卷中，虽尚未颠倒第一本体和第二本体的主次关系，却已提到"种"和"属"在原理上即"逻辑在先"。亚里士多德后期形而上学思想的变化，有更为复杂的知识论与逻辑方法论的根源。如本编后文要论及的，他的本质主义和他的三段论学说排除使用个体词项、只以普遍词项为知识对象，他的证明的科学知识论突出普遍性的公理和定义的本原意义，等等，这些都潜存着导致他的后期形而上学思想嬗变的思想因素。而他在后期，即使突出了形式的中心地位和意义，甚至提出有纯形式与纯质料之分，但还不是主张形式或种可以同现实事物分离。然而，亚里士多德主张普遍在个别之中，当然和柏拉图有根本分歧。但他的后期思想不像前期那样强调个体事物为第一本体，而认为形式和本质是首要的本体，认为普遍原理更先于、高于个别事物，从这点说，认为亚里士多德复归到柏拉图主义，也不是没有道理的。

## 二　逻辑的公理和"是"的公理

现在认为有三条形式逻辑的公理：其一是同一律，即 A 是 A；其二是不矛盾律，即 A 不能是 A 又是非 A；其三是排中律，即 A 不能既不是 A 又不是非 A。这三条公理是一切逻辑推理和证明的前提，它们自身是不能再由逻辑证

---

① 参见莱思齐：《亚里士多德的逻辑和形而上学》，第 167 页。

明，而是自明的。人的正确思维必须遵守这三条逻辑公理，至今不能推翻。"工具论"的全部逻辑理论，实质上是以这三条逻辑公理作为初始前提，建构成公理化的推理系统。但在他的《工具论》6 篇著作中，并没有专门对这三条公理的论述，只在他的《形而上学》第 4 卷中，专门讨论了不矛盾律和排中律，将它们当做"作为是的是"的学问的公理来讨论。由此可见亚里士多德的逻辑学和形而上学的紧密联系。

《形而上学》第 4 卷首先论述"是"有多种意义，表现为不同范畴的解释，而它的首要的中心意义是本体，研究哲学应当首要地掌握本体的原因和本原。有多少种本体，哲学就有多少种分支。有多少种类的"是"的东西，就有相应的分门别类的学科知识。第一哲学是一门研究"作为是的是"的普遍学科，它要研究对全体"是"有普遍意义的范畴，比自然哲学的研究更为开阔、深入。亚里士多德接着指出：研究"是"的公理即逻辑公理的本原，也属于这门研究"作为是的是"的学问，这是哲学家的分内之事，因为这类公理"显然存在于一切作为'是'的东西之中"（1005a18 — 30）。因此亚里士多德说："应由哲学家，即研究所有本体的自然本性的人，来考察逻辑推理的本原"（1005b5 — 10），即研究作为推理的基本初始前提的逻辑公理及其根据。显然在他看来，这类公理是人们在探求真理中的思想的基本规定，逻辑公理本源于"是"的某种自明的普遍本性，逻辑的公理和"是"的公理是一致的。这种观点同他在《范畴篇》中主张语词和事物的意义一致，语词的自然意义和逻辑意义有区别、又有必然相应的联系，也是一致的。既然哲学家要确实地研究"是"的全体的本原，那么探究逻辑公理及其根据即"是"的普遍本性，也是哲学家责无旁贷的事情。

亚里士多德明确指出："是"的最确实的一种普遍本性就是："同一东西不能在同一方面既属于又不属于同一事物（所有可能的其他限制都应加上，以防止逻辑上的困难）"（1005b20），也就是说，"事物不可能同时既是又不是"（1006a5），这就是同一律。与此相应，逻辑公理的基本意义是："很明显同一个人不可能相信同一东西同时既是又不是。"（1005b30）上述"是"与逻辑的最基本的规定，是一切推理和证明所依据的最根本的公理，"它本性上就是一切其他公理的本原"。（1005b34）亚里士多德表述这一公理,并不是否定存在的多种意义和运动变化,所以他强调指出这是限制于"同一东西"、"在同一方面"、"同一时间"（这种限制要尽所有可能,如"同一条件"、"同一地点"以防止出现逻辑错误）有是或不是的确定意义,从而使这个东西有质的确定性。而事物的运动变化,如本体在生灭中变为另一本体,本体的性质变为相反者等,则是发生在不同的方面、不同的时间或地点等不同的条件的,也各有其确定的意义,并不有悖于同一律。在他看来,这一"是"的公理的逻辑含义就是"是或不是一词表明某种确定的意义"（1006a30）,即使运动变化的发生或不发生,都有其意义的确定性。这一"是"的公理,不是将"是"归结为抽象的、不动变的"一",不是僵死的同一性,它并不否定"是"的多义性、可变性。实质上只有根据这种"是"或"不是"的意义的确定性,才能正确理解相互联系的三条逻辑公理;遵守这三条逻辑公理,才能确实地把握运动变化中"是"的多样性意义。

同一律要求一个语词所表示的概念及其意义在使用中保持自身同一,实即指称和意义的确定性。其哲学根据就是它指称某一确定的所是的东西并表达其某种确定的意义。如果语词不表示确定的对象及其意义,人们就无从思想和交流。说同一个东西在同一时间是人又是其他动物,绝不可能是真实的。一个存在的东西固然有多种意义,但就同一时间、同一方面表述其一种意义,应是确定的。如果说"人是两足动物"为真,就不能又说人是三足或四足动物。抹杀同一个东西、同一意义的确定性,就不能清晰地说明"是"的多样性和多种意义,就会造成范畴之间、各种所是的东西之间的意义混乱。例如某个人的存在有多种意义,说这个人是两足动物,是表述他作为本体的意义;说这个人是白的,是表述他的某种偶性的意义;如果说这个人就是白,那就错了,违背了同一律。无视这个人的本体和性质各有确定性,就混淆了本体意义和属性意义。违背同一律谈论事物,就会将"是"和"不是"混为一谈,就会不辨别本体和诸属性范畴相互区别的多样意义,就会将万事万物混同为"一",造成思想混乱。

也是根据"是"或"不是"具有确定的意义,不矛盾律要求对同一概念表示的对象，不能说它既是又不是。"是"和"不是"的逻辑含义是肯定和否定，所以肯定和否定同一对象的对立陈述不能同时为真。假如所有相矛盾的表述在同一时间里对同一个东西为真，则明显地一切都是"一"了，因为若对全部所是的东西都允许既肯定它们是什么、又否定它们是什么，那就是允许任何所"是"的东西也是其他"不是"的东西，于是就可以说一个人是人又不是人，一个人也是一堵墙、一艘三桨船等等，这就会无法辨识"是"的多样性和多种意义，就会导致将万事万物混同为一，从而抹杀相互有别的东西的确定性，走向普罗泰戈拉的相对主义。

　　"是"和"不是"的确定意义既然是矛盾的，属于《范畴篇》中所说的无中间者的相反的对立（即矛盾的对立）关系，那么说存在的东西存在，不存在的东西不存在，必然为真，说存在的东西不存在、不存在的东西存在，必然为假，对存在或不存在必须有所断定，不得不置可否。据此排中律要求"在对立的陈述之间不允许有任何居间者，对一个东西必须要么肯定、要么否定其一方面"（1011b25），别无选择。应该指出，这里所说的"对立的陈述"，实指《解释篇》所述矛盾关系的命题，并不完全相应于《范畴篇》中所说的"对立"范畴的四种意义，因为：第一，排中律并不适用于相关的对立，因为如知识和知识对象的对立，并不是同一个东西的是和不是的对立关系，对知识和知识对象的两个陈述，并不构成逻辑上的"对立的陈述"。第二，排中律不完全适用于缺失和具有的对立，因为二者只就一事物是否拥有在本性上应有的东西而言，而"对于本性上并不需要有视力的事物来说，既不能说它是盲的，也不能说它有视力"。（13a5—10）第三，对同一东西的"肯定命题和否定命题的对立"，应遵守排中律，如"他坐着"和"他没有坐着"，必须判定一个为真、另一个为假。第四，相反的对立中，只有其间不存在中间的东西这种相反的对立，才构成适用排中律的"对立的陈述"；（12b30）如某人是疾病或健康，某自然数是奇数或偶数，必应肯定一方，否定另一方。至于表述有中间东西的相反的陈述，并不构成适用排中律的那种"对立的陈述"，在逻辑上则属于《解释篇》中所述命题间的反对关系，二者可以同假、不可同真。在是的东西中，相反者之间有中间东西的情况很多，如黑与白之间有其他颜色，人与马之间有其他动物，自然可以说此物不黑也不白,此动物不是人也不是马。居间者(中间的东西)本身也属于"相反者",相反者可以不只有两个,可有更多,事物的变化总是变成包括居间者的相反者,"除非变成对立或居间者,变化就不能发生"。(1012a1)对同一东西表述其是和不是,才构成肯定和否定的对立陈述;表述"是"和某种"不是"(包括居间者),并不构成肯定和否定的对立陈述。由上述可知不理解"是"、"不是"和各种"对立"的精确意义,就难以准确理解和使用排中律。

亚里士多德从"是"的确定性公理引申出逻辑上意义确定性的公理,这并不是用形式逻辑的基本规则否定运动变化和其中包含的对立。他强调的是"是的东西""具有确定的性质,这将是真的,不能同时又不真"。他指出,要是否认这一点,一个人就会同时说是某个东西又说不是这个东西,这就导致他什么也不认为,想和不想都一样,"他同植物又有什么区别呢"?(1008b8—13)《荷马问题》的残篇记载赫拉克利特说:"我们踏进又不踏进同一条河流,我们存在又非存在。"(DK22B49a)现代一些学者对此残篇的真实性有所怀疑。①亚里士多德在《形而上学》第4卷中批评说:"我们不能相信同一东西既存在又非存在,有人认为这是赫拉克利特说的。"(1005b23—25)从后文看,他对可以既存在又非存在的主张,也没有绝对否定。他指出:这种主张的根据是"由于看到对立物从同一个基质中生成,便以为对立的双方可以同时存在",这种说法在某种意义上也对,而在某种意义上则是错的,因为"认为变化着的东西在它们变化时不存在,是有几分真实依据的"。(1010a16—17)在某种意义上事物"可能从非存在中生成","同一事物同时可以存在也可以不存在,但不是就同一方面而言。因为同一东西同时可以潜在地是相反者,但不能双方都在现实中"。(1009a35)他的观点实际上可解释为两点:第一,从潜能而言,一个东西可以是相反者,可说它是又不是;但就现实而言,任何东西都有质的确定性,不能是其相反者,不能同时既是又不是此东西。第二,"是"的东西中无疑有对立,才有向相反的方面的变化,然而即使在生灭变化中,仍有是某一东西的确定性,某种运动变化自身也有确定的意义。在他看来,就"现实"而言,这

---

① 参见本书第一卷,第372页。

两种对立的双方只能先后更替地出现在本体中,造成它的性质的变化。就黑格尔以来的现代辩证法的意义而言,亚里士多德尚未认识到对立统一学说中对立面相互渗透和转化的意义,我们不能苛求于古人。而他肯定任何东西总是向相反方面变化,确认就"潜能"而言,它都包含相反者;他对各种"对立"和运动变化作了具体分析,并认为这和逻辑公理并不相悖,而是相容的。他的这些论述,处处闪耀着辩证法思想的光辉。而他论述"是"的确定性公理和逻辑上指称与意义确定性的公理,并不有悖于这种辩证法思想,并不等同于黑格尔批判的近代意义的形而上学。将形式逻辑看做这种形而上学,将它同辩证法对立起来,这并不符合亚里士多德确立逻辑公理及其哲学根据的历史事实。

亚里士多德当时批判主张既存在又不存在的观点,主要是针对两种相对主义。第一种是克拉底鲁的那种登峰造极的观点,他认为人连一次也不能踏进同一条河流,对变化的东西的本性无可规定,"不能作真实的陈述","什么也不应该说,只需扳动手指头而已"。(1010a5—15)亚里士多德批判这种相对主义:它否定"是"的确定性,必然取消了本体与偶性的区别,把一切都看做捉摸不定的偶性;必然不加区别不同范畴的"是"及其多种意义,将一切混同为"一";必然对各种不同样式的生灭变化的确定意义也不能作真实的陈述,因此对变化的东西只能"扳动手指头";这种主张使人日常处事不能作简单判断,更不能形成意见和知识,有悖于常理。实际上要是一个人处在井边或悬崖边,绝不会无确定的判断,绝不会认为掉下去和不掉下去是同样好或不好。

亚里士多德又批判第二种智者派的感觉相对主义。普罗泰戈拉主张人是万物的尺度,人的感觉生成的一切意见和现象都是真的,而感觉的现象可以因人而异,因此所有事物必然同时既真又假。亚里士多德着重揭露其中的两点谬误:第一,感觉不是对感觉自身的感觉,而是对感觉之外的先已存在的对象事物的感觉,"是"的确定性使得感觉对象和产生感觉的主体并不依赖感觉而存在,并使感觉内容有客观的真实性。即使同一事物对不同的人产生了不同的感觉,如同一种酒,一般人感觉为甜,有的人因生病而感觉为苦,但是酒有甜的性质并不会因而改变,事物中必然有某种属性不会既是这样又不是这样,正常的感觉内容也不会既真又假。(1010b20—1011a3)普罗泰戈拉等人的现象论,实质上是将一切事物包括作为感觉主体的人,都看做依赖感觉与意见而相关(相对)的东西。(1011b5—15)第二,人感觉的现象固然不会全都是真实的,而事物自身意义的本性,要靠正确的思想去把握,从而可以判断感觉的现象甚至伤病者昏迷中非正常思想的真和假;将感觉乃至昏迷中的意识迷乱当做思想,就会混淆真与假,承认自相矛盾的话,就会全盘否定知识的可能性,这样"追求真理就宛如追逐飞鸟一样"捕捉不住真理,这就会使向往哲学事业的人"感到绝望"。(1009b15—35、1011a15—20)

综上所述,亚里士多德根据"是"的普遍自明的确定性,引申出逻辑的公理即正确思维的基本原理,这表明他建立逻辑学说的基点同他的形而上学思想有内在关联。他建立的逻辑公理同他主张"存在的东西"因有对立而运动变化的思想并不相悖,前者恰恰是人正确地思想以获得对于变化事物的真实意见和知识的逻辑前提和基本保证。他明确区别了范畴的自然意义和逻辑意义,没有将所谓主观逻辑和客观逻辑混为一谈,而是力图探明两者的联系。他所建立的逻辑公理和逻辑学说,并不是黑格尔批判的"形而上学",后人如将他的逻辑学说曲解为否定对立和运动变化的"形而上学",不应归咎于亚里士多德。至于形式逻辑的哲学基础,这是一个相当复杂的逻辑哲学问题,亚里士多德最早对此作了较为深入的探究,他的一些见解,至今仍值得人们重视研究。继《范畴篇》之后,亚里士多德在"工具论"的其他著作中,紧密结合他的哲学思想,逐步展开、演进他的不同层面的逻辑学说。

# 第三章

## 论题——《论题篇》、《辩谬篇》

　　《论题篇》标志亚里士多德开始系统形成自己的逻辑理论。希腊文"topica"的词源意义指"地方"（place）（所以以前也有译为《正位篇》的），以后转义为日常谈话、讨论中往复出现的条项、论题。《修辞学》中解释 topics 可表现为"关于正确行为、物理学、政治学的问题以及其他许多种类的不同的问题，这些问题互不相同"，无论用辩证的推理或修辞式推理讨论这些问题，都得有规范的、普遍的论证程序。（1358a10—15）这就是《论题篇》的逻辑意义。

　　《论题篇》的篇幅较大，共 8 卷。它细致研讨了在探究意见与知识的论辩中，如何进行合理、正确的立论与驳论，历来被视为论辩的指南。《辩谬篇》的希腊文为"*Sophistikoi Elegkhoi*"（英译 *Sophistical Refutations*），直译为"智者的反驳"，其内容实为驳斥智者的种种错误论辩或诡辩，并深入剖示其逻辑错误的根由。此篇和《论题篇》一脉相承，紧相衔接，古代也有学者将它看做后者的第 9 卷。这两部著作记录的某些论辩内容和理论阐述，一般认为是柏拉图学园中曾经讨论的。安德罗尼柯编辑"工具论"时将这两部著作列在最后。现代较多西方学者认为，从这两部著作的内容以及亚里士多德的逻辑思想的演进来看，它们成书较早。它们大量运用了《范畴篇》所建构的十范畴和后范畴，并有修正，可见当写在《范畴篇》之后。两部著作主要从正确使用范畴与谓词的意义的角度，研讨论证和反驳论题的辩证推理，尚未从形式化角度研究命题，尚未建立有变元、形式化的三段论系统，也没有论述建构证明的科学知识理论，因此它们的主要内容当写在《解释篇》和两部《分析篇》之前。《论题篇》的个别章节提到《分析篇》，可能有关部分的写作时间同后者相近。罗斯认为《论题篇》第 1 卷、第 7 卷的第 3—5 章以及第 8 卷，还有全书的导言与结论，完成于发现三段论之后，但在写作《分析篇》之前。①

　　现代一些逻辑史家往往注重研究亚里士多德的三段论学说，认为这才是他的成熟的逻辑学说，而将上述两部著作视为关于论辩技巧的细琐讨论，是不成熟的逻辑思想，因而忽视研究它们。当代西方一些学者认识到这两部著作的内容相当丰富，是亚里士多德的哲学与逻辑思想演进的重要环节，对它们愈益重视，展开了多方面的重新探讨。逻辑学是研究推理的学说。从这两部著作可见亚里士多德建立逻辑理论，并非动笔即撰写一本现代体例的形式逻辑教科书，不是一开始就构建形式化的逻辑系统。他首先着眼于人们探求意见、进向知识的思想活动，从语义分析层面研究正确和错误的论辩与推理，以后才转入形式化层面，研究命题与推理的形式结构和形式化的推理系统。他首先引申、发挥了他前期的范畴学说，建立"四谓词"与"辩证法"学说，实为一种古代语义分析的逻辑理论；在此基础上才转向形式化的研究。他首先创建的逻辑理论有其如下特色：经纬交织地运用哲学范畴与"四谓词"，作语词意义的逻辑分析；研究辩证推理，规范在论题讨论中正确的立论与驳论；这种逻辑也就是他的"辩证法"，是哲学和科学研究的重要方法，深蕴着哲学的根据与含义。亚里士多德指出《论题篇》的宗旨是"寻求一种探索的方法"（100a20），其价值"对于哲学的知识也有用"，使人们在哲学探究中易于"在每个方面洞察真理与谬误"（101a30）；而且这部著作研讨的命题或问题的内容，主要涉及伦理、自然哲学和逻辑等三个方面（105b20）。这表明当时他着手创建逻辑理论，首先是用来作为研究哲学的思想工具，他特别关注他前期研究的那些哲学领域的问题。

---

① 参见罗斯：《亚里士多德》，第 56 页。

## 第一节　四谓词

《论题篇》第一卷是全书的总纲,它开宗明义指出,全书的目的是寻求一种探索的方法,那就是研究推理。推理是一种论证,从设定的前提出发可以必然地得出结论,这种论证不能内含自相矛盾。辩证的论证有归纳和推理(指演绎推理)两类,前者是从个别上升到一般的思想过程,后者是从一般到特殊的演绎过程。根据前提的性质,推理有四种:第一,前提是原初的、真实的,如前提是自身具有可靠性的第一原理,此为证明的推理;哲学的工作就主要是按照真实性原则作证明的推理。第二,从人们普遍接受的意见包括贤哲们公认的意见出发进行的推理,是辩证的推理。第三,从似乎被普遍接受而并不确定、可能似是而非的意见出发进行的推理,是争执的推理,通过论辩,才能确定其可信与否。第四,从虚假前提出发进行的推理,是虚假推论;而辩谬工作就是反驳这种推论,从中导出矛盾的辩证推理。而所有上述运用正确推理探求意见和知识的方法,亚里士多德称之为"辩证法","因为它的本性就是考察,内含有通向一切探索方法的本原之路"。(101b3)他并且指出,这种研究推理的辩证法有四方面的功用:其一是论证方法的智力训练;其二是交往与讨论中判断是非、纠正错误;其三是在研究哲学知识中洞察真理和错误;其四是研究各门具体学科的初始原理和相关的意见与知识。(101a20—b2)因此《论题篇》的基本内容就是研究亚里士多德所述的辩证法,即从语义分析方面研究论题的立论与驳论中的推理方法,用以探索意见和知识,辨明真理与谬误。

一切论证的始点是命题,推理由命题构成,又涉及问题,需要论证的命题就是问题,问题与命题只是表达方式不同。它们都由主词和表述主词意义的谓词组成,因此谓词在陈述命题的意义中起有关键作用。亚里士多德依据对谓词意义的逻辑分析,将所有的谓词划分为四类,那就是"特性(idion, property)、定义(horon, definition)、种(genos, genus)和偶性(sumbebekos, accident)"。(101b24—27)他据此提出了四谓词学说。谓词表述主词,也总是表述所是的东西。所以亚里士多德紧接着指出，必须区分范畴的种类，即十范畴："本质、数量、性质、关系、位置、时间、状况、属有、动作、承受。"（103b20）这同《范畴篇》所论的十个范畴基本相同。但是有一个重要变动，即用"本质"取代"本体"。这里的"本质"范畴，希腊原文 ti esti，牛津十二卷英译本和"洛布丛书"本中都英译为 essence，而在巴恩斯的两卷本中改译为 What it is（是什么，所是的东西）。它仍有本体的含义，因为本体为"是"的本质意义所在；但另一方面 ti esti 又指各种"存在"是什么，除本体外属于其他范畴的存在（如数量、关系、性质等）自身，也有"是什么"的本质意义，所以"本质"又有拓展的逻辑意义："揭示事物是什么（本质）的人，有时表示本体，有时表示性质，有时则表示其他的某一范畴"。（103b27）而且，"本质"范畴对于四谓词的划分，有重要的规定作用。这里对于本质是什么，没有展开论述，只是指出："既断言了这些词项的每一个自身，又指出了它所归属的种，这就是表明了它是什么。"（103b37）这就是说，本质是揭明一个东西自身的意义，以及它在某一范畴系列中所归属的"种"，前者是它的具体本性，后者是它所属"种"的普遍本性。十范畴是对语词及其表达的所是的东西的分类，四谓词是对谓词表述主词（及其表示的东西）的意义的逻辑关系的分类，二者并不相悖，而是经纬交织、相互配合的，因为"事物的偶性、种、特性和定义，总是这些范畴之一"。（103b24）就是说，四谓词总是表述属于十范畴的所是，四谓词和十范畴在意义分析中是不可割裂的，逻辑分类的四谓词，其具体意义总是表达属于某个范畴的所是的意义。

　辩证的命题存在于多数人或贤哲们的意见中，也存在于探讨技艺性学科的意见中，辩证的问题是一种探讨的题目。虽然几乎所有辩证的问题都可被称为论题，亚里士多德在这里却强调论题的哲学意义："论题乃是在哲学方面著名的人所提出的、与一般意见相反的假定"，"论题乃是我们所持的与一般意见相反的那些观点的论证"，如麦里梭宣称"'是'即一"，赫拉克利特提出"一切皆运动"，麦加拉学派说"矛盾是不可能的"，等等。（104b10—20）因此，论题都是问题，问题并非都是可供论证的论题。《论题篇》考察立论与驳论的逻辑方法，涉及的论题实例，大都是伦理、自然哲学和逻辑方面的命题或问题,这表明,他当时创建逻辑,注重运用于他所探究的一些学科知识中。

探讨论题,正确有效地立论和驳论,其首要方法是辨识"是"的同和异,揭示语词的多重含义,阐明语词所表示的"是"的多义性,(106a1—5)这样才能保证"推理依据事实自身"、"摆脱谬误"。(108a20—27)多义性辨析既可以从四谓词方面研讨,也可以从"是"的范畴(包括十范畴和后范畴)方面探讨。《论题篇》中的逻辑理论,以四谓词为经线,以"是"的范畴为纬线,通过辨析语词和所是的东西的多义性,细密地考察论题立论和驳论的逻辑方法,实为一种语义分析的逻辑。《论题篇》第2卷从偶性方面考察兼及一般的意义分析方法;第3卷从范畴角度考察论题选择的标准;第4卷从种的方面考察;第5卷从特性方面考察;第6、7卷从定义方面考察;第8卷论述问题的排列组合及提问的方法。各卷的考察中都交叉地结合运用哲学范畴作多义性辨析。亚里士多德论述这些多义性辨析的立论和驳论方法,极为细致,甚至令人感到琐碎,往往给人以仿佛在展示论辩技巧的错觉。其实把握了他的四谓词说及其同范畴论的关系,就抓住了这种语义分析逻辑之纲,就能理出其内在理论脉络和逻辑分析的规则,并可深察这种逻辑理论同哲学的关系。

《论题篇》第1卷这样提出四谓词说:"每个命题和每个问题所表示的,或是某个种(genos, genus),或是特性(idion, property,或译固有属性),或是偶性(sumbebekos, accident);因为属差(diaphoran)具有种的属性,应与种处于相同序列。然而既然某些固有属性的部分表示它的本质(这里和《形而上学》第7卷一样,用了 to ti en einai '本质'这个字),部分不表示本质,让我们将固有属性划分为两部分,称表示本质的部分为定义(horos, definition),用通用术语称余下部分为特性。根据上述,显然按照我们刚才的划分,要素变为四个,即特性、定义、种、偶性。不要以为我们是说上述每个要素本身就构成一个命题或问题,我们只是说问题和命题都是由它们形成的。"(101b17—28)这里是将固有属性分为两部分,一部分表示本质的,称为定义,一部分不表示本质的,称为特性。而固有属性是一事物恒常固有以别于其他事物的特性,不同于偶性。

命题或问题皆由主词和谓词构成,单独的谓词尚不是命题或问题。然而谓词表述主词的意义,在构成命题或问题中、在对它们作逻辑分析中是起有关键作用的要素。所以亚里士多德着重研究谓词,将谓词划分为四大类,即特性、定义、种、偶性。他划分谓词,实质上根据两个标准,即哲学标准和逻辑标准。上述引文已论及第一个本体论意义的标准,即谓词表述的"存在"有什么样的内容与意义。这里"本质"范畴对四谓词的划分尤为重要。本质实为所是的东西的内在本性的规定,它使此"存在"成其所是,表明它是什么,在"是"的范畴系列中处于什么地位、赋有什么中心意义,本质就是所是的东西的中心意义所在。在事物固有的属性中,作为它的本质部分就是定义。种(及属差)是表示本质的。特性是一事物固有并借以同其他事物相区别的属性,它不是本质,同表示本质的定义和种有区别;而根据亚里士多德的中心意义分析,究其本原的意义,特性毕竟由事物的本质派生或同它相关,这才能成为事物固有的属性,成为同他事物相区别的重要规定。偶性则是事物的非本质、非固有的属性,它同事物成其所是并无必然联系,是事物偶生的、可有可无的外在规定。上述本体论意义的标准,对于划分或判定四谓词是首要的标准,也是对四谓词作逻辑分析的哲学根据。亚里士多德在具体论述四谓词中,又贯穿着第二个划分四谓词的逻辑的标准:谓词对主词的逻辑关系,也就是主词和谓词所表达的范畴间或概念间的逻辑关系(同一、包含、并列、分离等),决定了主词和谓词可否相互表述、相互换位。这种逻辑关系是否正确表达,也决定了命题的真假和能否成立。定义和特性这两种谓词同主词处于同一关系,必可相互表述和换位;种和偶性这两种谓词的表述范畴大于主词的表述范畴,在命题中它们和主词不能作逆向表述和换位。主词和谓词的逻辑关系混乱不当的命题,表明对谓词的判定有误,是假命题。根据上述两个哲学的和逻辑的划分标准,亚里士多德进而具体论述四谓词。

(一)偶性。

偶性不是定义、特性或种,但也是一种属性。"它可以属于也可以不属于某一自身相同的东西,如坐姿可以属于或不属于某一自身相同的东西,白色也是如此;因为没有什么东西妨碍同一个东西在此时为白,在彼时为非白。"

(102b4—10)偶性是事物的暂时的或相对的属性,并非为事物所必然具有、所固有的,它的出现或消失并不改变事物的基质或本性。《形而上学》第5卷解释偶性:"它依存于某事物并被真实地说明,不过既非出于必然,也非经常发生",例如某人掘园地种菜发现了宝藏,宝藏发现对掘园地者是偶性或机遇,它没有确定的原因发生。(1025a15—25)这同《论题篇》中的解释是一致的。偶性不是事物固有的属性,只是可能地偶然地发生的,不是普遍的属性。从逻辑关系说,在命题中偶性的谓词和主词不能换位。例如白色是雪的偶性,"雪是白色的",不能换位为"白色的是雪";同样,"人能坐"不能换位为"能坐的是人"。换位必须以定义或特性为依据。偶性是暂时的相对的属性,而且可以也属于其他事物,以偶性作为谓词的命题,其逆向表述不成立。

就形成关于事物的意见和知识而言,偶性不如其他谓词重要,《论题篇》中论述偶性和从偶性方面辨析立论、驳论,分量相对较少。然而偶性是常见的,是所是的多样性意义之一,是"存在"的一个方面,亚里士多德在各种著作中一直很强调区别偶性和其他谓词。他在阐述各种范畴和名词时,总是辨析就"偶性而言"和"就自身而言"的不同意义,后者总是涉及定义、种或特性,特别是定义和种。例如他在《形而上学》第5卷解释"是":"就自身而言的'是'的意义就是范畴表所表示的那样,范畴表表示多少种,'是'就有多少种意义。"(1017a25—27)偶性而言的"是",则是指范畴系列中的并非必然具有的属性。《论题篇》指出,同一个谓词相对于处于不同情况的不同主词,可以或是偶性,或是特性,或是某个种的属,必须慎加区别。例如坐姿对人一般是偶性,但是当某人在某时某地是唯一坐着的人,坐姿就成为此人所固有的、有别于他人的特性;再如白色对猫而言是偶性,但是说白色偶然地是颜色,这就不对,因为白色不是颜色的偶性,而是颜色这个种的属。

古代注释亚里士多德著作的波菲利(Porphyry)的名作《〈范畴篇〉导论》,阐发亚里士多德的谓词学说,并提出他自己的五谓词说。对此后文还要另论。波菲利将偶性又分为两类:第一类是可分的偶性,即暂时的、可中止的偶性,例如睡觉是人与动物的可分的偶性;第二类是不可分的偶性,即事物主体经常具有、一般不变的偶性,如黑色对乌鸦与埃塞俄比亚人来说,是不可分的偶性。①
亚里士多德在《形而上学》第 5 卷解释偶性时,也提到有一类"偶性可以是永
恒的",如内角之和为二直角是三角形的永恒的偶性。(1025a33)波菲利从新
柏拉图主义观点出发并吸取亚里士多德的后期形而上学思想,来论述偶性和
种、属的区别:种先于属,而偶性后于属;同类事物均等地分有种,却不均等地
分有偶性(如一类事物同是黑色,但黑的程度可有差别),因为一事物的偶性
只在某种程度表示性质、关系或其他。偶性出现于个体,而种与属自然地先于
个体。② 他又指出不可分的偶性和特性的区别:特性只出现在一个属上,如能
够笑只出现在人中,不可分的偶性则可以出现在不同种、属的事物中,如黑色
不仅出现在埃塞俄比亚人身上,也出现在乌鸦、焦炭、乌木及其他事物中;在命
题中,特性谓词和表示有此特性的事物的主词可相互表述、换位,偶性谓词和
主词则不能逆向表述和换位。③ 看来这是波菲利对亚里士多德的发展,他说
的"不可分的偶性",近似于英文的 attribute,即"属性",希腊文 sumbebekos,在
英译文中也根据不同内容,有时译为 accident,"偶性",有时译为 attribute,"属
性"。

(二)特性。

特性是某事物固有的、却不表示本质的属性,它使此事物同其他相关或不
相关的事物区别开来;在命题中,特性谓词和主词能相互表述、换位,就是说,
以特性为谓词的命题,其逆命题也成立。例如人的一个特性是能学习文化,
"能学习文化的是人"这个逆命题也成立。(102a17—21)以特性或定义为谓
词的命题皆可换位,但特性不表示本质,定义表示本质。(103b7—11)

亚里士多德进而区别了四种特性:第一,出于自身本性的特性,如"人在
本性上是一种文明的动物","人是能获得知识的有死的动物",这两个命题中
谓词所表示的特性,都是由人的本性所派生、规定的,能使人同其他动物区别
开来,但还不是揭示人的本质的定义。第二,永久的特性,即在主体存在的一

---

① 参见波菲利:《〈范畴篇〉导论》,第48—49 页。王路中译文,见《哲学译丛》1994 年第 6 期。
② 参见波菲利:《〈范畴篇〉导论》,第 54—55、61—62 页。
③ 参见波菲利:《〈范畴篇〉导论》,第 54—55、61—62 页。

切时间中都真实有效、并不消失的特性。例如由灵魂和身体构成是动物的永久特性。第三,同特定的其他东西相关的特性,它并不使这个东西区别于其他一切东西,而只使这个东西区别于某种特定的东西。例如人相对于马的关系特性是"两足的";品德相对于知识的关系特性是:知识的本性只体现在理性能力中,而品德的能力却体现在人的多种能力中。第四,暂时的特性,只在某些时间真实有效,并不必然地永久伴随主体事物。例如在某个特定时间,只有某个人在运动场漫步。这种特性虽然是暂时的,但因为它在特定时间为这个人所固有、并使他区别于其他人,就是一种特性而非偶性。总之,使主体区别于其他东西的差异性,是"特性"的重要特征。"断定某事物相对于其他事物有什么特性,也就是以普遍的或永久的或通常的或经常的方式,说明它们之间的差别。"(128b15—129a15)上述四种特性中,对论题的论证最重要的是前三种,即出于本性的特性、永久特性和关系特性。

特性和种的区别是明显的。种表示普遍本质,特性虽可由本质制约、派生,虽为事物所固有以区别于他事物,却尚未表达事物的本质层次。所以波菲利指出:就本原意义而言,种在先,特性在后;在命题中,特性和主词可相互表述、换位,而种表示比主词更高、范围更宽的一类事物的普遍本质,它同主词不能逆向表述,不能换位。特性和定义中的属差看来相似,实应细加区别。特性只是一类事物专有的属性,和主词可换位;作为种加属差的定义则是一类事物专有的本质,可和主词换位,但单就属差而言,尚非专有的本质,甚至未必是专有的属性,往往可用来表述许多种、属的事物,同主词不可换位,因而不同于特性。①

(三)种。

种是表示属(eidos, species)之上的一类东西的普遍本质的范畴。回答一类事物是什么时,就要使用表示普遍本质的"种"的谓词。例如问"人是什么",可答"人是动物",动物是"人"这个属之上的种。种包含它所表述的属,也包含其他一些它现在尚未表述的另外一些属。所以在命题中,种和它所表

① 参见波菲利:《〈范畴篇〉导论》,第53—54、58—59页。

述的主词(属或个体)不能逆向表述和换位。而定义由种加属差构成,完整地表达作为主词的一个属的特殊本质,并使它同种内的其他属相区别,作为定义和谓词和主词可相互表述和换位。《形而上学》第5卷第28章解释了种的三种哲学意义:其一是同一形式的事物的连续生成,如"人"这个种就是由不断繁衍的人连续生成的,他们有共同的人的"形式";其二是一类事物源生自共同的本原,如作为种的希腊人的所有成员,都由希腊的远古祖先生育、传承下来;其三是表述包含不同的属、作为属之上的一类东西的本质,如立体图形是圆锥体、立方体、角锥体等属的种。(1024a30—b5)这是种的逻辑意义所在。

分析种以及种与属的关系,涉及定义及亚里士多德的范畴论,这对他的逻辑与哲学研究相当重要。种必须表达本质的意义,不能和特性、偶性相混淆。种所包含的诸属必须具有种的共同本质。例如既然有的快乐不是善,善就不是快乐的种。同一个种及其所包含的属,总是处在同一个范畴系列之中,是同名同义的;分属不同范畴系列的东西必定分别属于不同的种,即使就它们都是作为所是的东西,也是同名异义的,不能混淆范畴的区别,视为属于同一个种。例如雪和天鹅是本体,皆为白色,而白色是性质,就既非雪的种,也非天鹅的种。(120b30—35)波菲利解释种与属在同一个范畴中构成系列:每个范畴系列中有最高的种(只能是种)和最低的属(只能是属),中间的类在不同情况下可以是种或是属,最低的属之下就是个体事物。例如本体是最高的种,其下依次是物体、有生命的物体、动物、人、个体人。最低的属只能是最接近于个体的属,而不能成为种;范畴只能是种,没有比它更高的种,是"第一原则"。① 不同范畴的种属系列,形成所是的东西的多样性的分支序列。"是"的多义性表现在不同范畴的众多种属关系之中。亚里士多德所述的十个范畴,就是"是"的十个基本的种。属于同一个种的东西,总是同名同义地称呼它们的。"存在"或"一"仅仅表示十个基本种在名字上的共性,并不表示一切事物的共同本质。"任何'存在'都不是本质,因为它不是一个种。"(《后分析篇》92b15)人们称所有一切"存在",只是在同名异义的含义上称呼它们,因为所有的"存

---

① 参见波菲利:《〈范畴篇〉导论》,第35—37页。

在"分别属于不同范畴,要是在同名同义的含义上称呼所有一切为"存在",就会抹杀"是"的多义性。

(四)定义。

定义是揭示事物本质的"短语"或"论断"(101b35,153a15),"因为一个正确的定义应该是按照种加属差的方式作出的"(141b23)。因此它和其他三种谓词不同,它不能是单个的语词,而必定是作为种加属差的词组性的短语,来论断事物专有的本质。定义表述的主词表示被定义的对象,它必定是相对意义或绝对意义的属,定义是对属的特殊本质意义的确切、完整的规定。种表示属的某种普遍本质,但尚未完整地揭示属的具体本质;种只能使一个属同其他"种"的东西相区别,却不能使同种内的其他属的东西区别开来;而且在命题中,种和它所表述的属不能逆向表述和换位。作为种加属差的定义,则能具体、完整地揭示属的本质,使这个属不仅同其他种的事物相区别,而且能使它同它的上一层次的"种"的其他属相区别;定义同它所表述的属在专有的本质意义和表述范围方面都是相同的。所以在命题中,定义和主词可以相互表述和换位。例如下定义"生物是有生命的物体",可以换位作逆向陈述"有生命的物体是生物"。种只揭示属的部分本质,不能同主词换位;特性能和主词换位,却不揭示本质。只有定义既完整地揭示属的本质,又能和主词换位。

定义必须表达一类事物特有的本质,"定义的谓词应是唯一在本质范畴中陈述事物的谓项(种加属差都是在本质范畴中陈述事物的)"。(153a15—17)定义必须真实地揭示"属"的确切、完整的本质,这是正确定义的关键所在。使用含混语词或隐喻的表述,论断中加入不必要的赘语,用特性代替本质,或使用某种普遍适用的属性(如偶性、更高层次的种或其他种),这些都不能得出定义。亚里士多德指出,定义应当是种加属差,因为"种和属差比属在总体意义上更容易理解,也是先于属的东西。因为种和属差取消时,属也被取消了……而当属被认识时,种和属差必然也被认识(因为认识了人的属必定已经认识了动物和两足的东西),但是当种或属差被认识时,属却并不必然也被认识,因此属更不容易被理解"。(141b24—28)这里亚里士多德已突出了种作为高一级的第二本体和属差对于属,在本原和认识意义上具有的在先性。

关于用种加属差下定义,他强调指出两点:其一,必须使用被定义的属之上的最低的种,因为更高层次的种可表述低层次的种,其本质意义被包含在所有低层次的种之中,"特殊事物的本质是在于它的最低层次的种之中的",所以若用更高层次的种不能作出正确定义,不能完整说明所定义的属的本质,如称某类树为植物,没有揭示这类树是什么树的本质。(143a18—25)其二,必须按照被定义对象特有的属差下定义,既不能用偶性、特性代替,也不能使用种内或种外其他属的属差,"因为一切属都是靠那些相互区别的对等成分的属差才区别出来",如动物这个种内,有靠行走的、有翅的、水栖的等对等成分的属差,区分种内诸属动物,并使动物这个种和其他种相区别"。(143a30—35)

定义在探求、形成知识中有极为重要的作用,也是推理和证明的初始前提,在认知中,形成定义也是最难的。所以亚里士多德很重视考察定义。他不仅在《论题篇》中用了两卷从定义方面考察论题的论证,而且在《后分析篇》和《形而上学》中都有进一步研究。在《后分析篇》中,他结合探讨证明的科学知识,进而研究定义,本编后文还要论述。这里只先指出三点:其一,他指出"证明的本原是定义"。(90b24)定义不是假设,它作为关于事物本质的普遍性原理,是不可证明的,是推理和证明的初始前提,是科学知识的出发点。其二,定义的定义"是对事物是什么的解释"。(93b29)定义有三种情况:1. 关于名称的含义的解释,如对"三角形"名字的释义。这种名字解释性的定义,未必深入揭示事物的本质,只表明对于已知其所是的事物的理解,使用范围有限。《范畴篇》所列的哲学范畴,已无更高的种,不能用种加属差方式定义,只能采用名字解释性定义。2. 说明事物的原因的定义,如问为什么打雷,答"因为云中之火的猝灭",这是探究原因的推论,可以说明打雷是什么的定义。3. 确切说明事物的本质是什么的定义,如定义"雷是云中之火猝灭而发出的响声"。这是完整表达打雷的本质的种加属差的定义。上述三种定义方式,表现了认识本质的不同层次。(93b30—94a14)其三,定义的对象不能是数量无穷的个体事物,而只能是数量有限定的"属"。这就是说就本体而言,作为第一本体的个体事物不可定义,第二本体方可有定义。对其他范畴的东西,也不能对个体东西和个体词项作出定义,定义的对象至少是个体之上的最低的属。其理由是:对数目无穷的个体东西难以穷尽其个体的差异性,而表述本质的谓词系列是有限的,"我们无法定义由无穷数量的词项所表述的个体",这种个体词项若作为主词和定义的谓项也难以相互表述和换位。所以,被定义的对象必定是涵括一类个体的属,它定位在某个范畴的有限系列之中。(82b23 — 83a2,83b9 — 18)亚里士多德将逻辑和辩证法看做探求与建构知识的方法,旨在获得事物的普遍本质。知识皆有普遍性意义,以作为一类事物的种和属作为定义和研究的对象。

亚里士多德建立四谓词学说,表明他着手创建逻辑理论,在切入处就有其深刻的哲学基础,体现出逻辑哲学思想。四谓词说同他的前期的范畴论有紧密的内在联系。

第一,范畴论是四谓词说的哲学根据。在《论题篇》中,四谓词主要用作为逻辑范畴,用以对命题中的主词和谓词的关系作逻辑分析,然而四谓词自身内蕴哲学意义。四种谓词的具体意义总表现在《范畴篇》所述的十个范畴包括新表述的"本质"范畴的系列中,后者是前者的哲学根据。处在这些范畴系列中的所是的东西,皆可成为用四谓词作意义分析的对象,因而四谓词对"是"有普遍适用性。《论题篇》提出的第一个范畴表述为"本质",而非《范畴篇》中表述为"本体",两者的意义是相通一致的,但也有逻辑意义的差别,并且潜伏了本质=属=形式的思想。王路指出:"从亚历山大到阿克里勒,人们大都把这两个范畴(本体和本质)解释为等同的,真正认识到并指出它们之间的区别则是近几年的事。"①新表述突出本质范畴,对建立和区分四谓词实有重要意义:不仅本体,而且属于十范畴和后范畴的各种所是的东西自身及其普遍联系和运动变化皆有本质,皆可运用定义、种以及多少同本质相关的特性作逻辑分析,并使它们区别于认识价值较低的偶性。这正是形成关于事物的知识的重要途径。是否表示本质又是区分定义、种和特性、偶性的根据,而在命题中主词和谓词能否相互表述、换位,在某种意义上,也是由谓词表述本质的完整与否或相关性所决定的。定义完整地揭示属的本质,能和主词换位;特性

① 王路:《亚里士多德的逻辑学说》,第41页。

能使一事物区别于他事物,能和主词相互表述、换位,归根究底也由于它同本质有不同程度的相关性,有些特性就是本质派生的;偶性则不关涉本质,种尚未完整表述属的本质,所以两者都不能和主词逆向表述与换位。"本质"实为亚里士多德的逻辑哲学的中心范畴,贯穿在他的全部逻辑论著之中。所以现代分析哲学家将他的逻辑哲学称为本质主义。

第二,四谓词是逻辑范畴,但它们在命题与推理中总是具体表示不同范畴系列中的所"是"的东西的意义。《论题篇》实质上紧密结合四谓词和哲学范畴的意义分析,建立一种语义分析的逻辑理论,而后才发展出研究命题和三段论的形式结构的形式化学说。这种语义分析的逻辑,是亚里士多德创建逻辑理论的初始的首要环节,是他后来研究形式化逻辑理论的深层基础。现代有些学者只将三段论学说看做他的成熟的逻辑学说,未免失于偏颇,且会因而忽视研究他的逻辑哲学思想,忽视研究《范畴篇》和《论题篇》等其他逻辑著作的内在联系,并难以真正理解他的"辩证法"的实质。

最后,简述四谓词说对传统逻辑的重要影响及其衍变。波菲利的《〈范畴篇〉导论》详细阐述对种、属、属差、特性和偶性的看法,形成五谓词说。波菲利声称该书要阐明"古人们,特别是漫步学派是如何从逻辑角度"论述这些谓词的,并且指出"为了理解亚里士多德的范畴学说",必须认识上述五谓词的实质。① 五谓词说既包含了对四谓词说的阐发,也有其衍变。至中世纪这篇著作被译成拉丁文,并被收入拉立丁编译的亚里士多德逻辑著作中,成为中世纪学校的基本教材,也是学习哲学的导论。五谓词说在中世纪传统逻辑中占有重要地位。这篇导论的目的是为了理解亚里士多德的范畴学说,这表明谓词理论是学习他的哲学范畴论的必备思想工具,二者有密切联系。五谓词说和四谓词说的区别主要有两点:其一是前者没有论述定义,却增释了属和属差。可能由于种加属差即是定义,故略去后者;其二是前者有属所表述的个体词项作为主词,后者则排除个体词项作主词,只研究种、属的逻辑关系,不研究个体和类的逻辑关系。有的逻辑学家认为引入个体词项作主词,会给亚里士

① 参见波菲利:《〈范畴篇〉导论》,第27页。

多德的逻辑带来困难,甚至认为这成为历史上曲解四谓词说的根源。应当指出,五谓词说是在四谓词说的基础上形成、衍变的,由此促使了中世纪传统逻辑的发展。无疑五谓词说有自己的发挥与修改,但不能说是曲解四谓词说。它阐释五个谓词的意义、比较它们之间的同异相当细致,至今对我们理解和研究亚里士多德的四谓词说和范畴论,仍有重要的参考价值。

## 第二节　辩证法

贯穿浓厚逻辑分析精神的辩证法,是《论题篇》的基本内容。这部著作开宗明义指出:"本文的目的在于寻求一种探索的方法,通过它,我们就能从普遍接受的所提出的任何问题来进行推理"(100a20);又指出辩证法(dialektike)的"本性就是考察,内含有通向一切探索方法的本原之路",其功用则包括智力训练、交往会谈、洞察哲学知识(philosophian epistemes)以及探索每门学科的基本原理。(101a20—101b4)《论题篇》八卷围绕论题研讨辩证命题、辩证推理和辩证论证,实质上是根据四谓词的逻辑分析并结合哲学范畴的意义分析,探讨对哲学、伦理、逻辑以及其他学科的论题进行正确立论和驳论的逻辑方法,建立一种语义分析的逻辑。这种逻辑理论同亚里士多德在《解释篇》、《前分析篇》从形式化层面研究命题和三段论,恰相对映、相辅相成;前者为后者提供语义学层面的基础,后者为前者的意义提供形式结构的表达,两者都是探求意见和知识的方法,广义地说都属于他的辩证法。在《辩谬篇》末尾,亚里士多德指出:"我们的目的是要发现一种能力,即从所有被广泛认可的前提出发,对我们所面对的问题进行推理的能力;因为这就是辩证论证本身以及检验论证的功能。"(183a35—38)他并自豪地宣称,通过完成《论题篇》及《辩谬篇》,这种目的"已完满地达到了",在并无早期作品可借鉴的情况下,长期进行费尽心机的研究,"我们的体系还是能够令人满意的"。(184b1—5)

正确理解亚里士多德的辩证法及其蕴涵的逻辑与哲学意义,对于确切把握《论题篇》中的逻辑理论,合理评价这部著作在亚里士多德的哲学与逻辑思想中的地位与作用,是相当重要的。

近代以来西方一些哲学史家、逻辑学家不看重《论题篇》,片面理解亚里士多德的辩证法。这主要表现为两种看法:第一,认为《论题篇》不过是一部琐碎地讨论论辩技巧的手册,亚里士多德的辩证法只是一种立论、驳论的论辩术。第二,认为亚里士多德在两部《分析篇》中才形成成熟的形式化的逻辑理论,形成以证明的推理为根据的建构科学知识的方法论;《论题篇》写于较早的时期,只是对亚里士多德曾参与的柏拉图学园中论辩活动的素材整理,其中有他的萌发中的逻辑思想,它只研讨以普遍接受的"意见"为前提的辩证推理,并不造就科学知识,其水平远低于两部《分析篇》中系统成熟的逻辑理论。早在 19 世纪后半叶,格罗特(G.Grote)就认为:亚里士多德的"辩证法的本质特征",是"两个心智的冲突,每一方利用对方的错误概念、弱点与盲目性";他的辩证法"不过是论辩术,是语词抗争的游戏"。① 现代学者彻尼斯(H.Cherniss)同样认为:这种辩证法的目的是"使辩证法家在任何论题的处理中将他的对手挫败";《论题篇》中的"辩证的雄辩,并不涉及任何哲学学说的精确表达或严肃的辩驳"。② 罗斯认为:《论题篇》所研究的主要对象是"辩证的推理,其前提不必是真实可靠的",而只是或然的,有别于科学的推理,这种辩证法只用于智力训练与论辩,无助于科学研究,没有很高的价值。③ 格思里也认为:《论题篇》是一部辩证的、即论辩取胜技巧的手册;柏拉图的辩证法是哲学研究的最高阶段,依据真理的论证引入理解实在的本质,最终把握善的"相",而亚里士多德的辩证法则处于低下地位,近乎"谈话技巧"的原始意义,是非哲学性的问答方法,只适合跟从流行意见而不关注前提的真理性,因而不能用以证明任何事物的现实本性。④

然而近三十年来一些西方学者深入研究《论题篇》,研讨亚里士多德的

① 格罗特:《亚里士多德》,第 93—106 页。
② 彻尼斯:《亚里士多德对柏拉图及学园派的批判》,第 i、18 页。
③ 参见罗斯:《亚里士多德》,第 57 页。
④ 参见格思里:《希腊哲学史》第 6 卷,第 138、151 页。

"辩证法"的兴趣明显增加。1968 年出版的第三届亚里士多德学术研讨会论文集中,有 16 篇论文讨论他的辩证法。一些学者对格罗特以来的传统见解提出挑战。欧文(G.E.L.Owen)在其论文《"相"的研究中的辩证法和论辩术》中认为:亚里士多德在《论题篇》之外的其他著作中大量运用他的辩证法审察柏拉图和其他哲学家的思想,他形成自己的思想很得益于对其他哲人的辩证考察;如果将他的辩证法看做只是一种论辩技巧,这就抹杀了亚里士多德思想的内在一致性。他主张辩证法是通达各门学科的第一原理的探索方法,而且他的范畴论本身也是通过辩证法建立的(参见《前分析篇》43a37 — 39)。欧文还具体论述了《论题篇》如何用辩证法考察柏拉图的相论。① 威尔在其论文《逻辑在亚里士多德思想中的地位》中,研究《论题篇》与辩证法,认为:《论题篇》和两部《分析篇》在逻辑与方法论研究方面并无高低之分,都是运用三段论推理,并没有使用两种本质不同的推理方法;《论题篇》虽然写作较早,但已经形成亚里士多德的逻辑学说的有机构成部分。威尔分析了贬低《论题篇》的一些思想原因,如对亚里士多德所述知识与意见的功能的误解,对辩证法与三段论的关系的错误说明等等。在他看来,《论题篇》并不全是亚里士多德的较早时期的逻辑著作,此书最终完成,从行文可以推测,当和撰写《形而上学》后期篇章同时,已在建立三段论学说之后。他还指出:亚里士多德的辩证法不可被混同于智者的论辩术,它是探究科学知识不可或缺的出发点;他认为《论题篇》中的辩证法和三段论都是研究推理的方法,都有普遍的适用性与真实性,前者是依据公共意见对真理的探索,后者是在一种逻辑严密的程序中展示所发现的真理,因此《论题篇》中的辩证法和《前分析篇》中的三段论学说,是亚里士多德逻辑理论的不同层面,前者的价值并不低于后者。② 我们认为这些见解值得重视,我们应当深入理解《论题篇》,分析亚里士多德的"辩证法"的哲学与逻辑意义,理清这部著作的逻辑理论脉络,正确理解它在亚里士多德思

① 参见 G.E.L.欧文:《"相"的研究中的辩证法和论辩术》,收入其文集《逻辑、科学和辩证法》。

② 参见 E.Weil:《逻辑在亚里士多德思想中的地位》,见巴恩斯等编:《亚里士多德研究论文集》卷一:"科学"。

想演进中的地位。

在古希腊哲学思想发展中，"辩证法"的意义屡有嬗变，亚里士多德理解的"辩证法"则有较大更新的意义。

许多希腊早期自然哲学家确认万物的流动变易、对立和矛盾，包含着今人所说的素朴的客观辩证法思想；然而古代希腊哲学家自己没有用"辩证法"范畴作这样的概括。古希腊哲学家使用辩证法一词，本来同人的谈话、论辩、认知活动相关。如本书第二卷已有论述的，希腊文"辩证法"的词源意义是"通过说话、谈话"，善于提出和回答问题的人可称为辩证法家。苏格拉底的辩证法是通过问答讨论，在揭露对方矛盾和不断修正错误中，寻求普遍性定义、探求真理的哲学方法。这种积极的辩证法有别于芝诺的实质上已触及运动本质、最终却是为驳斥变化与运动的否定辩证法，也有别于智者派以矛盾的论证走向相对主义的消极辩证法。① 柏拉图在《国家篇》中提出的辩证法，则是指学习知识的最高等级，表明学习者实现灵魂的转向，不依靠感觉的帮助，凭借所把握的"相"认识事物的本质，对事物的实在作出理性说明，最终把握善自身。他在《斐德罗篇》中则将辩证法解释为综合与划分的方法，旨在进而研究"相"的等级序列；他在《巴门尼德篇》等后期著作中，论述哲学范畴的结合和分离，提出通种论，这里所说的"辩证法"已不同于《国家篇》中的"辩证法"，它是指通过分析"是"与"非是"、同与异、动与静等相反范畴之间的联系，以求建立哲学范畴体系的方法。② 苏格拉底的辩证法和柏拉图中、后期的辩证法的意义虽然颇为相异，但也有共同的特点：都反对智者派缺乏逻辑规范的论辩术，而旨在增进辩证法的逻辑含义；都注重对概念、范畴的意义分析；都使用揭露和克服思想中的矛盾的逻辑论证的方法。从苏格拉底的普遍性定义（"相"的雏形）到柏拉图后期的哲学范畴论，辩证法中的逻辑分析内容渐趋浓重。亚里士多德的辩证法，既继承了以上特点，又有很大的意义更新和发展，这是由于他的本体论范畴思想的突破性转向，由于在他那里逻辑思想已臻成熟和

---

① 参见本书第二卷第二编第八章第三节。

② 参见本书第二卷第三编第十八章第二节、第十九章第二节。

系统化。

亚里士多德在《论题篇》第 1 卷中阐明了他的辩证法的一些基本特点。

第一,辩证法本质上是一种探求真理与知识的哲学方法和逻辑方法。它使人们能就任何问题,从普遍接受的意见出发进行推理,并在论证中遵守逻辑的基本规则,不说出自相矛盾的话。所谓普遍接受的意见,指一切人或多数人或贤哲们公认的意见。以这种意见为前提的辩证的推理与论证,同两部《分析篇》中所论述的以真实、可靠的第一原理为初始前提所作的证明的推理,诚然有所区别,但也应当是可相互沟通的,并且有共同的推理方式和逻辑程序。在苏格拉底、柏拉图看来,就认知的层次而言,意见低于知识。但两者并不是截然隔裂和对立的,意见是通达知识的必经阶梯。亚里士多德研究辩证的推理与论证,不是教人在意见争执中强辩取胜的论辩术,而是依循认知的阶梯,教人从普遍接受的意见出发,考察论题,作辩证的论证,审察真假,以求通达真理与知识。所以他说:"一个辩证的问题就是一个探讨的题目,它或者引人选择或避免,或者引人得到真理和知识,或者它自身就能解决问题,或者有助于解决其他某个问题。"(104b1—5)因此他强调辩证的推理不同于谬误性质明显的争执的推论,更不同于从不真实假定出发所作的虚假推论。辩证法不仅用于智力训练、交往会谈,其更重要的功用是在论题的论证中洞察真理与谬误,以求形成哲学知识。而且每门学科的第一原理是证明的推理的初始前提,是建构科学知识的出发点,它们本身是不可证明的,必须通过辩证法,运用归纳、定义、对公理的理性直观(努斯)等方法,才能得到确立。从意见出发更有从经验事实出发的含义,说明亚里士多德重视经验是知识的来源,这不同于柏拉图的知识论。因此辩证法和分析学(作为科学知识的证明与建构的方法),并不隔裂、对立,两者都是获得知识的方法,是互相紧密关联的。它们只在认知方向上有所区别:辩证法从意见出发,经过对论题的辩证论证,通达知识乃至第一原理;分析学是从第一原理出发,经过证明的推理,建构科学知识体系。

第二,《论题篇》讨论的辩证法,作为一种研究推理与论证的方法,实质上是建立了一种有一定规则的语义分析的逻辑理论。它运用哲学与逻辑范畴,对词项作语义学角度的意义分析,从而规范正确的推理与论证。这和《解释篇》、《前分析篇》从形式化、量化角度研究命题和三段论的形式结构是不相同的;然而这两个层面的逻辑理论并不截然隔裂、对立,而是必须互补、相辅相成的。辩证法也要运用三段论的推理形式,正确运用三段论也要依靠辩证法提供确切的语义分析。用现代的逻辑术语说,他的辩证法可谓西方思想史上最早从一种古代语义学层面研究推理方法的理论,而三段论学说则是最早从一种古代的句法学层面研究命题和推理的形式结构。这两个层面的逻辑理论是相互依存、相互渗透的。辩证的论证也要运用从个别到一般的归纳推理和从一般到特殊的演绎推理这两种推理形式,(105a10—15)也要求正确运用全称命题和特称命题的逻辑关系以及三段论的诸种有效格式。《论题篇》中有些章节提到《分析篇》,表明这部著作的多数篇章虽然写得较早,但全书最终完成之时,亚里士多德已经建立了三段论学说。总之,亚里士多德的辩证法实质上包含一种较为系统的语义分析逻辑(其内容下一节详论),用以探求真理和知识。其浓重的逻辑含义,同苏格拉底、柏拉图的辩证法中尚较零散的逻辑思想相比,无疑是一大跃升。

第三,四谓词和哲学范畴的分析,是辩证法即辩证的推理和论证的根据。论证的始点是命题,命题的构成要素是特性、定义、种和偶性这四种谓词,依据四谓词的分析,才可分析命题中主项和谓项的逻辑关系,进行正确的推理和论证。辩证的命题中总表现了所是的东西之间的某种"相同性",须从四谓词角度分析这种"相同性"有不同含义:根本、首要的第一层含义是语词或定义的相同,如披风和斗篷,人和两足行走的动物;第二层含义是特性的相同,如人和能获得知识的动物,火和能作自然向上运动的元素;第三层含义是偶性的相同,如苏格拉底和这个坐着的人;还有种的相同,如人、马都是动物。(103a14—30)正是依据上述"相同性"的含义和四谓词对主词的逻辑关系(包含或换位关系),可以运用归纳或演绎推理进行论证。四谓词的确定有其哲学根据,即取决于词项所表述的东西属于是什么的范畴系列。因此在辩证的推理和论证中,对命题作意义分析,必须将四谓词分析和对词项表述的东西所属的哲学范畴的意义分析(本质、数量、性质、关系等十范畴和后范畴)结合起来,因为作为逻辑范畴的四谓词,其内容总是属于上述范畴所是的东西的意义。后范畴在辩证的意义分析中也起有重要作用。因此运用四谓词和哲学范畴作经纬交错的意义分析,来研究推理和论证,是《论题篇》中建立的辩证法和语义分析逻辑的一个主要特征。

第四,辩证法主要旨在研讨哲学、各门学科和逻辑的论题。这类论题是有普遍性意义的辩证命题。亚里士多德指出辩证法探讨的论题主要有三种:其一是"哲学方面著名的人所提出的与一般意见相反的假定";(104b20—23)其二是"技艺性学科方面的意见也显然属于辩证的问题",如医学、几何学中的论题;(104a33—35)其三是"在推理方面有冲突的种种疑问,也属于辩证的问题",(104b14)如关于"相反者"的知识是相同还是相异,这是逻辑的论题。由上可见辩证法是研究哲学、科学和逻辑的重要方法。亚里士多德又指出,《论题篇》中选择和考察的命题和问题分为三种,"有些命题是伦理的,有些是自然哲学的,有些则是逻辑的"。(105b19—20)他还指出:"就哲学的目的而言,研究这些命题必须根据其真理性;而对辩证法来说,只须着眼于意见,而要从意见上升到哲学论题的真理,就要将有关命题放在最普遍的形式中考察"。(105b29—32)这表明亚里士多德认为意见和真理、知识是可以沟通的,辩证法是先着眼探讨真实意见而后求哲学真理的重要方法,而不是像柏拉图那样强调意见和知识的对立和隔裂。以上所引述的有些现代学者贬低《论题篇》和辩证法,可能也是囿于柏拉图的成见来评论亚里士多德的学说。

第五,多义性分析是辩证法的主要手段。辩证的推理与论证的手段有四种:获得命题;区分每一表述的多层含义的能力;发现差别;研究相同性。获得命题就是对上述三类论题的区分和选择。多义性分析是后三种逻辑手段的实质,因为发现差别、研究相同性也有赖于细致的多义性分析。亚里士多德一直强调"是"的多种意义,十范畴、后范畴和四谓词本身的建立,就是对"是"和普遍词项作多义性分析的成果,将它们结合起来用于研究辩证的推理和论证,也必须贯穿多义性分析。《论题篇》第 1 卷第 15 至 17 章,论述研究命题的多层含义的一般方法,看起来有些细琐,实际上包括了三方面的多义性分析:1. 从哲学范畴方面作多义性分析。如从相反的对立、缺失和具有的对立、相同、相似、差异等方面考察多层意义。2. 从谓项的种、属、属差、特性、定义、偶性等方面,考察谓词的多义性以及相应的主谓项的逻辑关系。3. 从语词本身考察多义性,如同义词、反义词、多义词,以及语词的词尾变化造成意义的同和异。亚里士多德指出,这种多义性分析,对辩证法是相当重要的手段:首先,它"保证推理依据事实自身,而不只是相关于所用的那些语词",它使论证既有依据确切事实的真理性,又有针对同一含义的正确性,这就能使论者"摆脱错误"或辩识对方谬误。而如若利用语词的多种含义,故意将不知多义性的对方引向谬误,这种手法并不属于辩证法;"任何辩证法者都应提防这种玩弄语词游戏的论辩术"。其次,通过多义性分析才能发现事物的差别,"这对认识事物的本质有用",因为可以从中认识事物特有的属差,揭示本质的定义。再次,在多义性分析中考察相同性或相似性,用于从个别到一般的归纳论证,用于基于相似性而设立前提的假设性推理,也用于下定义中将被定义对象置入合适的种。(108a20—b25)

综上所述,从亚里士多德论述辩证法的本性和基本特征可见,他的辩证法并不是完全拒斥柏拉图后期辩证法中哲学范畴分析的意义,也不是简单地回复苏格拉底的对话的辩证法即在论辩中揭露思想矛盾以求普遍性定义。在某种意义上说,他的辩证法综合、吸取了苏格拉底辩证法中的逻辑分析思想和柏拉图后期辩证法中范畴意义分析这两种合理的内容。他的辩证法更有重大的意义更新,那就是以他本人的范畴论的意义分析当基础,结合四谓词的逻辑分析,使辩证法成为一种同逻辑相统一的探求哲学和各门学科知识的普遍方法论,可以说它本身的主要内容就是一种语义分析的逻辑,它同形式化的三段论学说并行不悖、互为表里、相辅相成。


## 第三节　语义分析的逻辑

《论题篇》中辩证法的具体内容实为一种语义分析的逻辑,即主要根据四谓词说和哲学范畴论,通过对命题和推理的意义分析,研究推理和论证(立论与驳论)的正确性。运用四谓词说研究命题中主项和谓项的逻辑关系,从而判断推理和论证是否有正确的逻辑程序。运用哲学范畴（十范畴和后范畴等）研究命题和推理内涵的意义，从而判断论题内容的论证是否合乎事实和逻辑。其中也有语言学的分析，但所占的比重较少。结合运用四谓词和哲学范畴作多义性分析，探究论题的确立与论证的具体规则，贯穿在《论题篇》的各卷之中。第1卷论述四谓词和辩证法，前两节已作述评；第2卷从偶性方面考察论题的论证比较简略，并补充论述多义性分析方法；第3卷考察论题的选择；第4卷从种的方面考察论题的论证；第5卷从特性方面考察论题的论证；第6、7卷从定义方面考察论题的论证，可见定义在亚里士多德的逻辑和哲学研究中居有重要地位；第8卷研讨论证中问题的提出和排列，涉及立论与驳论的逻辑方法和技巧。《论题篇》的篇幅大内容多，使用许多论辩实例作意义分析，这也表明亚里士多德是在总结论辩实际经验中提炼其逻辑理论的。究其理论脉络是以四谓词为纲，交织哲学范畴的意义分析，研究论题的真和假以及论证的正确性，从中确立论证的具体规则。下面概要述评《论题篇》第2卷至第8卷的主要内容。

## 一　从偶性方面考察

偶性不是事物的本质属性或固有的特性，对主体而言，"偶性方面的东西只可能是特定的，而不是普遍的。表达偶性的特定名称在命题中同主项难以换位，因为换位必然以定义、特性为依据"。（109a10—13）偶性对于确立论题和构成知识的价值较小；然而在论证中也经常遇见偶性，所以第2卷简略地从偶性方面考察论题论证的方法。在命题和论证中偶性方面的错误主要是由于"或误用语言或违背约定俗成的语言所致，因为那些误用语言的人，将本来不具有某属性的东西说成具有该属性时，就会出现错误"。（109a25—30）亚里士多德并不限于对误用语言的表面层次分析，而是进而从四方面深入考察偶性方面的论证规则，并据以深究有关错误的根源。

第一，不得将偶性和其他三种谓词相混淆，即"把某种以其他方式属于主项的东西说成是偶性的东西"。（109a32）例如说"白色偶然地是颜色"，这就是错误的立论，因为白色对某只猫、某件衣服说，可以是偶性；但作为颜色说，白色不是偶性,颜色是白色的种,白色必然地是颜色的属。种和属、特性及定义都具有某种普遍性、必然性,要将它们区别于偶性,对它们进行肯定或否定,这就要考察它们"属于一切或不属于任何一个",就要对一"类"运用划分方法,直到不可再划分,考察划分的每项是否具有这种普遍属性。例如要论证"对立的知识是相同的"这个论题,就要逐一考察涉及相关的对立、相反的对立、缺失与具有的对立、肯定与否定的对立等四种关于对立双方的知识是否有相同性,如有某个例证表明某种对立双方的知识无相同性,就驳倒了这个论题,表明这个论题中的谓项对主项是偶性。(109b15—25)这也表明以偶性为谓词的立论最易,反驳却最难。要判识一类事物是否能有某偶性,就要对偶性自身及偶性可属的事物均分别作出定义,考察两者的定义是否相容,从而断定事物有某偶性是否真实。例如考察命题"神受到伤害",伤害的定义是故意毁损,而就神的定义而言,神是不可能被损毁的,所以神不可能有受伤害的偶性。(109b30—35)

第二,辨析表达偶性的语词的多种含义。要立论某事物具有某偶性,就应证明所使用有关语词的多种含义中有某一含义属于此事物,这也就驳倒了有关类的任何东西皆无此偶性的陈述。而如果证明了表示偶性的语词的多种含义都不属于一类事物,也就驳倒了这类事物具有此偶性的论断。为了证明相反偶性属于相同事物,还可以考察此事物的"种"。例如认为判断是感知的"种"(亚里士多德并不将判断和命题视为等同,判断是包括感知在内的一种判别性的心智活动),判断的内容会有正确和不正确之分,这也就表明感知也会有真实成分和虚假成分这两种相反的偶性。事物的属性在时间方面也会呈现不同含义,应予以辨析,不容混淆。例如"回忆"的含义涉及过去的东西,知识则还要认识现在和将来的东西,所以柏拉图的论题"知识即回忆"不能成立,回忆只是知识的偶性,不能用来定义知识。(111b25—30)偶性还有普遍发生、经常发生和巧遇发生的不同情况。例如,内角之和等于两直角,是三角形的永久偶性,即波菲利所述不可分的偶性;等边三角形那样的三边相等,是三角形中经常会有的偶性;而三角形凑巧画在这张纸上,则是巧遇的偶性。剖析偶性谓词的多种含义的方法,也适用于对其他谓词的多义性分析。

第三,运用哲学范畴分析偶性的意义。这里主要用"相反的对立"范畴,考察相反偶性的结合问题。相反偶性如果分属于相反的主体,有不同的结合方式,造成命题之间相容或反对的关系,应予区别。例如"行好于友"同"使坏于敌","使坏于友"同"行好于敌",这两对命题皆有相容关系,不构成反对关系;而"行好于友"同"行好于敌","使坏于友"同"使坏于敌",则不相容,构成反对关系。(112b30—113a20)相容关系中的两个命题,可置换相反的主词和谓词,如果"美好的东西是快乐的"成立,"不美好的东西是不快乐的"亦成立。(113b20—25)把握"相反的对立"范畴,对考察论题很重要。亚里士多德认为两个相反的属性不可能同时属于一个相同的事物,而同一事物在不同时间中随着运动变化,能接纳相反的属性。据此他批评柏拉图的相论:具体事物在不同时间会有相反的偶性属于它,如果说"相"被具体的人或其他事物分有,那么就会得出结论:相是运动的,也是静止的,是感觉的对象,也是理性的对象。但是柏拉图学派的成员认为相只是静止的,只是理性的对象,这就不能自圆其说。(113a25—30)还应把握相反偶性系列的内在序列。例如品德包括勇敢,邪恶包括怯懦;健康伴随良好体质,但疾病并不必然伴随虚弱体质,而是后者伴随前者。缺失与具有的对立也有类似序列,感觉包括视觉,没有感觉必然没有视觉,而感觉与没有感觉、视力与盲,都是具有与缺失的对立。

第四,运用正确的逻辑推理方法进行偶性的立论和驳论。"把对手引入我们有充分理由加以反驳的论断中去",而每一断言必然推出许多结论,如断言甲是人,也就断言甲是动物、有生命、有两足、能获理性和知识,这些伴随的断定中只要有一个被驳倒,原初的论断也就被驳倒,表明所论断的人及所推出的结论都不是偶性。(111b33、112a15—20)实际上这里运用了归谬法。在两个偶性中必然只有一个为真的场合,如某人或者有病或者健康,证明了这一个属于主体,也就证明了另一个不属于主体。实质上这是对选言命题中两个相互排斥的偶性谓项,进行选言推理的方法。第3卷第5、6章也考察了偶性论题的逻辑方法。这里指出永久偶性、经常偶性比巧遇的偶性有更大的适用范围,更易论证。并且指出可以就偶性自身设立论题,偶性自身可形成种概念、属概念,这就可以根据一般与特殊的逻辑关系作论证,如果证明或驳斥了一般的偶性,也就相应地证明或驳斥了特殊的偶性。例如证明了"一切快乐都是善,一切痛苦都是恶",这就证明了"有些快乐是善,有些痛苦是恶"。(119a35—119b5)如果要反驳某种快乐是善,就应通过证明没有一种快乐是善。如果反驳了全部偶性的属,也就反驳了偶性的种;如果证明灵魂不是偶数,也不是奇数,显然也就反驳了灵魂是数的论题。

以上四种偶性方面论证的规则,也同样适用于从其他三种谓词方面考察论题的论证,有普遍意义。它们都具体体现了亚里士多德的多义性分析方法。

## 二　论题的选择

《论题篇》第3卷主要讨论在确立论题中,在两个或多个内容相近的论题中,哪个更值得选择,更倾向于论证哪一个。这涉及论题选择的评价标准。亚里士多德主要依据哲学范畴的意义分析,来判断这种选择的价值标准。选择价值的高低和论证的难易度是相应的,表现了真理和价值的统一。《论题篇》第3卷所列的论题大多是伦理方面的论题,表明当时他研究论题,同他的伦理学研究紧密相关。在论题选择中,善是基本的价值评估标准。他大体从以下两方面论述。

第一,更接近事物的本质、本性,也就是更接近善(好)的东西,更值得选择。一切事物向往善,善有持久性、稳定性,更持久或更稳定的东西比不持久、不稳定的东西更值得选择,如知识比不稳定的感觉更值得选择。"种"表现普遍的本质,作为种的东西比在种之内的东西更值得选择,如论证作为种的公正,比研讨某个公正的人更有价值。出于本性的东西比出于偶性的东西更值得选择,如正直的朋友比正直的敌人更值得选择,因为前者出于我、友双方的本性,后者指正直的敌人可能不伤害我们,这只是敌人的偶性。(116a30—35)相似地,总体的善比特殊的善更值得选择,目的比达到目的的手段更值得选择,都因为前者更能体现善的本性。

第二,当两个论题的内容非常相似时,应从它们的结果考察,能带来更善的结果或更少恶的结果的论题,更值得选择,能带来数目上更多善的论题比带来更少善的论题更值得选择。(117a1—5)例如保持健康比恢复健康更值得选择；适时的结果，如老年时的无痛苦、明智，比青年时的同样状况带来更适时的善，更值得选择；更有用的东西，如总是有用的公正和节制比有时有用的勇敢更值得选择。从事物的生灭、获得与丧失来辨析，凡更能避免毁灭、丧失的东西更值得选择；更困难得到的东西和更特有的东西能获得更好的评价，就更值得选择。（117b5—10、117b25—30）为朋友做善事、使朋友分有善的事比只为个人、不被朋友分有益处的事更值得选择。富余的东西能提高生命价值，比只为谋生所必需的东西更好，如研习哲学胜于挣钱，但对缺乏生活必需品的人情况就不同了，谋生仍是首要的。

总之，亚里士多德论述论题选择的标准，是一种伦理性的评估标准，这同他当时注重伦理研究相关；同时也是一种本体论的评估标准，因为在他看来，一切东西的生成变化都有向善的目的性，善是一切是的东西的本性和最高目的，也是人的一切活动追求的终极目的。

### 三 从种的方面考察

种表述一类事物的普遍本质，是同定义相关的要素，因为属的定义由种加属差构成。种蕴涵的本质有普遍性，是种内各属的一切事物必然共同具有的，因此种必然也可以用来表述它的各属的一切事物。如果一个属中有的事物不能用某个种表述，就表明这个种不是那个属之上的种。例如如果有人立论善是快乐的种，考察中发现有的快乐不是善，这就可用来论证此论题不成立。种谓词必须体现本质范畴的意义。白色表述雪，雪诚然是白色的，但白色不是雪的本质，只表述雪的某种性质，所以白色不是雪的种。亚里士多德从种的方面论述论题论证的一些规则。

第一，必须区别不同的谓词，防止将种和其他三种谓词混淆。为此，就要注意把握以下两点：1. 种必须表述同一个种的事物的普遍本质，不同于定义揭示一个属的特有本质，也不同于事物固有的特性，更不同于可能属于也可能不属于事物的偶性。如走动只是动物的属性，并不是某些生命物体的种。2. 种的谓项同主项不能换位，有别于可同主项换位的定义和特性。偶性谓项虽然也不能同主项换位，但是种若加上合适的属差可以同其表述的属换位，偶性则添加任何属差也不能同主项换位。

第二，辨析种与属所体现的范畴的意义，以及种、属与属差之间的逻辑关系。种与属在范畴系列中有同名同义的逻辑关系。种表示其各属事物的普遍本质，就范畴表而言，种不仅指谓本体的普遍本质，也可指谓属于其他范畴的东西的普遍本质，就是说属于性质、数量、关系等等范畴的东西也有种与属，如颜色是白色的种；对立是相关对立、相反对立、缺失与具有的对立、肯定与否定的对立的种，数是奇数和偶数的种。种和它的诸属，就它们体现所属哲学范畴的意义而言，应当处于同一个范畴的系列中，它们必须是同名同义的，"如属为本体，种也为本体；属为性质，种也为性质"，等等。（121a5—8）如果两个词项不处在同一范畴的系列中，即可断定二者并无种与属的逻辑关系，肯定这种逻辑关系的立论不成立。

第三，辨析种与属之间的"分有"关系。亚里士多德将"分有"理解为"容纳被分有的东西的定义"。（121a10）这不同于柏拉图所述事物分有"相"的本体论意义。显然"属能分有种，种却不能分有属；因为属能分有种的定义说明，种却不能分有属的定义说明"。（121a11—12）人分有动物的普遍本质，故可以用"动物"的定义表述"人"；动物却不能分有人的全部特有本质，不能用人及其定义表述动物，因为人的本质意义更加丰富，超过动物的本质意义。如果在论题的论证中考察出种分有属的情况，就揭露了立论的错误。例如"是"和"一"可以用来表述一切事物，如果有人设立某东西为"是"或"一"的种，就导致种分有属的错误，因为任何事物本应是分有是或一的。种和属是多层次的相对的序列。更低的属能分有属，也应能分有种。而更高层次的种能表述其下各个低层次的诸属的普遍本质，但不能分有诸属的特殊本质和全部意义说明。种的意义说明（相似于后来逻辑学所说的概念的内涵）窄于属的意义说明，但它的表述范围（相似于后来逻辑学所说的概念的外延）大于属的表述范围。种的意义说明同其表述范围必须相称。如果实际处于种之中的全部东西大于或小于种的表述范围，这就表明立论有错误。例如有人设立论题"意见的对象是'是的东西'"，这就不对，因为是和不是的东西，都可以是意见的对象。（121b1—5）此外属不应分有完全不属于种的意义，如灵魂分有生命的意义,而数不可能有生命,所以灵魂不是数的属。毕泰戈拉学派用数说明灵魂的本性,就是错误的。总之种表述诸属的普遍本质,但不囊括各属的全部本质;种的表述范围大于属,本质意义的说明窄于属,这就造成属分有种、种不分有属的逻辑关系。

第四,属差不是种,也不是属,不应混淆。在属的定义(种加属差)中,属差是属的本质意义的组成部分。但是属差自身作为某种属性,并不直接指陈种的普遍本质,也不包括属的全部特有本质,所以属差和种、属不可混淆。例如人是两足的动物,"两足"作为属差自身,不可混同于人或动物;"不死的"作为属差,也不是神的种;奇数之"奇",既不等同于奇数,也不等同于数。总之亚里士多德认为,"种比属差表述的范畴更大。而种所设定的本质更适于说明种而不是属差"。如称人是动物,揭示了人的本质,而称人是步行者,只是表明人的某种可能成为属差的性质。(128a20—25)

第五,根据后范畴,特别是相反的对立、相同等范畴,辨析种的意义。

首先,运用"相反"范畴,即《范畴篇》中说的"相反的对立",辨析种与属的意义与逻辑关系。这里有三种规定:1. 种所表述的属,不能分有相反的种,即同一属的东西不能同时分有相反的种。因为种表述一类东西的普遍本质,这一类中的任何东西都不可能同时具有相反种的相反的普遍本质,否则就会导致违背同一律和不矛盾律。例如立论某类事物是动物,这类事物就不能同时分有植物的全部普遍本质,否则就会说这类事物是动物又是植物。2. 同一个种之中可有相反的属,而且相反属之间可以有中间属,中间属也是相反者之一,属于同一个种。例如颜色不仅是白色与黑色的种,也是它们之间其他色彩的种。如果相反种之间有中间种,这两个相反种的各自的相反属之间也会有中间属。例如善与恶之间有中间种,公正和不公正之间也有中间属。有人或许会提出异议:不足和过度属于同一个种即恶,而它们的中间状态即适度(中庸)却属于善。亚里士多德指出,这里适度(中庸)是善的属,并不是恶这个种内"不足"和"过度"的中间属。(123b25—30)3. 如有一对相反的种,就会相应地有相反的属在相反的种之中。如善和恶是相反的种,分属于这对相反的种之中的健康和疾病,也是相反的属。

其次,运用"相同"范畴辨析种和属的意义与逻辑关系。在立论和驳论中,要根据各种可能的"相同"的意义,来分析不同的情况。亚里士多德举述了两种主要的"相同":1. 因果发生性的相同,其中一方能由另一方产生。如果快乐是有益的,就能发生善,快乐、有益和善有因果性相同,构成一定的逻辑关系;如果毁坏是分解所造成的,可推断被毁灭的东西是被瓦解的东西。(124a15—30)2. 属和种必然出现在同一个范畴系列的事物中,因而它们必定有特定的同一性关系,种必然出现在属的事物中,如白色中有颜色,语法学中有知识。怯懦与羞耻、痛苦与暴躁皆分属不同义的种,并无种与属的同一性关系,因此论断羞耻是怯懦、暴躁是痛苦,就是将相异种的属看做有同一性的种属关系,这是错误的。(126a1—10)而且属与种的同一性,表现为属的全体分有种的全部普遍本质,而不会只分有种的部分普遍本质。种总是同义地表述它的所有的属。如人应具有动物的全部普遍本质,既有躯体也有灵魂。如果某事物只有躯体而没有灵魂,缺乏人和动物的同一性,它就既不是人、也不是动物。从"属"的方面而言,人不会只部分地是动物,语法学也不会只部分地是知识。亚里士多德认为种属关系无疑不是整体和部分的关系;涉及种和属的本质意义及表述范围,也不能以部分表述整体、以偏概全。

第六,种和属应是同名同义地出现在同一个范畴系列之中,不应将分属不同范畴系列的东西视为有种和属的逻辑关系。如将承受与所承受的东西视为属与种的关系,说不朽是永恒的生命,而不朽正是永恒生命所承受的东西;风不能被说成是运动的气,而应是气的运动;凝固的水不是雪的种;发酵的水也不是酒的种,饮料才是酒的种。

最后,从语法角度辨析种属关系。不能将比喻性的词设定为种。例如说节制是和谐,以和谐为节制的种,这是错误的,因为这里的和谐只在隐喻意义上说明节制,其本义是就音乐(音调之和谐)而言。再如种和属在词尾变化上有表述的相似性,可以类推相关的种属关系。

## 四 从特性方面考察

前已解释:特性是一事物所固有的、使此事物区别于其他事物的属性。这相似于罗素提出的"摹状词"（description）。特性或由本质派生，或是永久的，或是相关于特定他事物的，或是在特定场合暂时的。（128b15—20）前三种特性对论题论证有重要意义。特性谓项和主项可相互表述、换位。关系特性的设定，会提出两个或四个辩证的问题。例如，人相对马的关系特性是"两足的"，在关系中要肯定与否定同一特性，即人有两足、马不是两足的，证明前一个论题、驳倒后一个论题即可。如果要肯定一个特性、否定另一个特性，如肯定人有两足、否定人有四足，否定马有两足、肯定马有四足，就面对四个问题，必须证明人有两足、马有四足，才能驳倒另两个问题。派生于本质的特性，往往要在和相关的同种、同属事物的对比、区别中设定。永久的特性则要在若干时间过程（过去、现在、将来）的观察与推断中设定。

从特性方面考察论题的论证，除了不得将特性和定义、种、偶性混淆这条基本规则外，亚里士多德又从两方面考察，提出一些具体规则。

（一）正确设定特性的规则。

第一，特性应通过容易认识和理解的确定的语词说明。（129b1—5）这是正确设定特性的一个重要标准。特性是一事物区别于其他事物的固有属性，对认识不同范畴的东西都有重要意义。正是为了认识，才设定、抽引出特性，所以应当通过比主项更容易认识、理解的语词来设定。例如将有感觉设定为动物的特性，就有助于加深对动物的认识，并使动物同其他物体区别开来。而说火的特性相似于灵魂，或说火的特性是"灵魂在本性上首先在其中的东西"，由于灵魂比火更不易被认识，这就没有真正揭示火的特性；说火的特性是最易做向上运动的东西，才是正确的设定。

第二，用以说明特性的语词或论断，应有一种确定的含义，不应有多种含义。（129b30）有多种含义的谓词会使意义说明含混，引起歧义，使人不能理解究竟是揭示哪种特性。在必须使用有多种含义的语词的情况下，必须明确指出哪种唯一、单纯的含义用以规定特性。

第三，说明特性的谓项，同主项语词不应同语反复。（130a27—30）否则会颠三倒四重复废话，模糊特性，造成思想涌乱。

第四，不能使用可属于（即可用来表述）一切东西的语词（即周延性语词），来说明某类（东西）的特性，因为这样就不能使这类东西和其他东西相区别。（130b10—20）例如有人说知识的特性是"不能被论辩颠覆的信念，因为它是一"。可是"一"是属于一切东西的语词，不能用以说明知识的特性。说明特性的语词同定义的语词相似，应能达到使某事物区别于其他事物的目的。

第五，同一事物会有多样特性，对每种特性应分别予以清晰陈述。（130b22—25）如果将多种特性混杂、糅合在一起表示，不能正确地说明特性。

第六，特性是主体固有的属性，必须说明特性是专门地属于主体的。例如说动物的特性是人在其中的一个本体的种，此命题看来也不错，但命题的谓项显不出是专属于动物这个主体的。（130b37—131a5）再如说善的特性是最与恶相对立的东西，用了主项的相反项，并不能揭示主项自身的特性。特性应当总是伴随主项而存在的一般情况下，有时在有时不在的东西不是特性。例如将动物的特性设定为有时运动有时站立不动，就不正确。特性有必然性、恒常性。例如将品德的特性设定为使具有他者成善的品性，这种特性总是随品德而在，这种设定是正确的。对特定情况下暂时的特性，要明确说清这种特性所在的时间背景，在这时间段内特性总和主体同在。

第七，事物的有些特性可凭感觉把握，但是许多事物的特性并不呈现在感觉范围之内，要凭借理性去洞察，如果只凭感觉说明，往往不能正确设定特性。（131b20—25）例如有人将太阳的特性设定为在地球上空运转的最明亮的星体，这就是囿于感觉、并不是正确的立论，因为在夜晚太阳下落的情况如何，就感觉不到了。

（二）检验所提出的特性究竟是否是特性，有多种方式。这对立论与驳论都很重要。

第一，首要的方法是考察所提出的特性是否真实、完全地属于主体。（132a28—32）陈述特性的名称应当符合所论断的主体固有特性的事实。主项和特性谓项的关系不可颠倒。不能将特性规定为主体分有的东西，因为主体分有的东西应当是种所表述的普遍本质，或是定义中的属差，两者都是不能同主项换位的。特性必定和主体一直同时存在，后于或先于主体发生的东西不是主体的特性，如"穿过市场"不是人的特性，只是偶性的行为；"能获得知识的动物"必然和人同时存在,虽然还不是人的定义,却是人的特性。此外同类事物应有相同的特性,如果某一属性并不是属于同类中的一切事物,它就不是这类事物的特性。同种的事物有相同特性,而其各属的特性会表现出属差(未必是用于定义的属差)。例如人和鸟都具有动物的共同特性,人和鸟的特性中则各有两足行走、双翅腾飞的属差。还有事物整体的特性是否事物部分的特性,对此要作具体分析。风是气的流动,整体的风和部分的风有一样的特性;而将海洋的特性规定为最大的咸水域,这个特性对海洋的部分即某个特定的海而言,就不适用了。总之"是"有多样性、多义性,使一事物区别于他事物的特性也是丰富多样的,可以从各种角度设定,而运用各种方法检验特性论题设定的正确或错误,在立论或驳论中是极为细致的工作。

第二,运用"对立"范畴的意义分析来检验特性。(135b7—10)如《范畴篇》所述,对立有四种,可分别据以考察。1. 相反的对立:相反者总是具有或不具有某种相反的特性。如做好事是善人的特性,干坏事就是恶人的特性;既然至善不是公正的特性,最恶也就不是不公正的特性。2. 相关的对立:判断对立的关系词是否表示相关对立事物的特性。倍与半是相关的对立,既然二比一是倍的特性,一比二就是半的特性。3. 具有与缺失的对立:这主要看语词描述的特性是否为一事物本性上应有而有,或本性上应有而没有。例如不能听是聋子的特性,不能看是盲人的特性,如果说没有感觉是聋子或盲人的特性,这就是错误的设定。4. 肯定是否定的对立:肯定谓项是肯定主项的特性,那么否定谓项就是否定主项的特性。例如有生命是生物的特性,没有生命就是非生物的特性。如果否定谓项不是否定主项的特性,肯定谓项也就不是肯定主项的特性。例如如果无生命不是非人的特性,生命也就不是人的特性。同一特性不可能同时属于肯定的和否定的东西,否则就会导致特性设定中的自相矛盾的错误。

第三,运用其他哲学范畴的意义分析来检验特性论题。如用"相同关系"范畴考察:有相同关系的事物具有或不具有相同的关系的特性。(136b32—35)例如医生对造成健康行为和建筑师对建筑房屋行为,两者有相同关系;然而造成健康的行为并不是医生的特性,因为其他人也可有造成健康的行为,那么建筑房屋的行为也不是建筑师的特性,因为其他人也可以有建筑房屋的行为。再如运动变化、生成毁灭等范畴,可具体体现为具体事物的特性,人就皆有死;柏拉图的"相"则是静止、不动变的,不可与具体事物的特性混淆,静止是柏拉图所述的人的"相"的特性,不可能是现实人自身的特性。(137a20—137b5)不仅事物的形状或外表形式,而且事物的多数性质可以有程度等同或程度大小的区别。所以可从更大程度、更小程度角度考察事物的特性。(137b15—20)更大程度的性质是或不是更大程度的东西的特性,则更小程度的性质也是或不是更小程度的东西的特性,反之亦然。例如愈高级的感觉是愈高级的动物的特性,那么愈低级的感觉是愈低级的动物的特性。同等程度的性质也可以是同等事物的特性。上述关于相同关系的考察和程度的考察,实质上都使用了类比推理。相同关系的考察,根据关系的相同推断类似的关系特性;而程度的考察,是根据对属性的综合比较来作类比推理的。这两种类比的方式也有区别。值得注意的是,亚里士多德在这里还提出了"能"、"能力"(dynamis)范畴来考察特性论题,指出"能"的特性"并不能属于不是的东西",如果将能的特性设定为属于不是的事物,它就不成其为特性。这种"能"也有可能的意义。例如,有人将可能被呼吸说成是空气的特性,这就是错误的,因为没有动物出现时,虽然空气早已存在,它却不可能被呼吸。所以"能"的特性必定同所是的东西相关,即使它尚未成为现实。例如,将能作用和被作用设定为所是的东西的特性,这就是正确的"能"的特性。(138b30—139a10)

### 五　从定义方面考察

定义由种加属差构成,完整地陈述作为属的事物的特殊本质;在定义的陈述句中,主项和谓项可以相互表述、换位。定义是通过证明的推理形成科学理论的初始前提,对于探求、建构科学知识尤其重要,因此它在四谓词中居有最重要的地位。亚里士多德在《论题篇》中用了第6、7两卷详致地结合哲学范畴的意义分析从定义方面考察论题的论证;在《后分析篇》中又进而研究定义的方法及其在建构科学知识中的地位与作用,本编第五章另有论述。《论题篇》主要从以下五个方面细致研讨了在论题论证中定义的逻辑方法。

（一）判断定义的逻辑形式正确与否。

这种判断应根据是否符合五项规则。前三项规则同考察偶性、种和特性所提出的有关规则是相似的，亚里士多德只是简要地论述：1. 定义谓项表述主项的论断必须是真实的。考察偶性等谓词表述主项是否真实所确立的一些规则，可略加修改用来考察定义，那就是：不能将定义和其他三种谓词混淆；如果主项和定义谓项有多种含义，必须明晰地确定其中一种含义，而且在意义和表述范围上，定义谓项和被定义的主项应真实地切合。2. 定义是种加属差，被定义的主体应被置于特有种之中，即主体作为属，必须是最接近的种的属，也就是说，定义谓项中的种应是被定义的主体所"分有"的普遍本质，它同被定义的主项应有最接近的种属关系。3. 定义谓项论断应是被定义的主项对象所特有的，同特性谓项相似，能使主项同其他东西区别开来。定义的谓项应表述主项专有的、唯一的本质，能从本质意义上使之区别于其他东西；因此在定义性的命题中，主项和谓项可相互表述、换位。（139a25—139b10）

亚里士多德着重研讨了以下两个问题：主体是否根本没有被定义？尽管下了定义，是否被正确地定义？他认为发生这两个问题，主要由以下两种情况造成，从而相应地提出另外两项规则。

一种情况是使用了含混的语言。而下定义的目的是要使人认识被定义对象的特有本质，所以定义必须使用最明晰的语言。（139b13—15）使用含混语词有多种情况，诸如：使用了多义词，不明确说明其中哪种含义，例如定义"生成"是通向本体的途径，定义"健康"是热与冷的均衡，这里的"途径"和"均衡"都是多义词，未确定用其何种含义。或者采用隐喻的表述，如称大地为乳母，定义节制是和谐。以及使用某种宽泛的描述性语词下定义，如柏拉图称眼睛是眉毛遮盖的东西，或称毒蜘蛛是咬得疼死人的东西，这些都没有揭示被定义对象的特有本质。更糟糕的是使用含糊不清的语词，如称法律是本性公正的尺度或映象，这使人无法揣测其确切含义。

另一种情况是定义的论断说了不必要的赘语，而定义谓项应当径直、简明地陈述主项的唯一的、特有的本质即种加属差。（139b15—18）使用赘语、画蛇添足的成分，不仅没有意义而且会使定义内容模糊、不正确。诸如：在种或属差中添加了更为宽泛的普遍属性，造成定义域过宽，不能使被定义对象区别于其他事物。陈述主项的特有本质应当简洁鲜明，按"经济原则"陈述，如果不删去任何多余的成分，会模糊本质。定义的论断中有某成分不属于谓项中的"种"内的所有东西，也就不能揭示被定义对象的特有本质，主项和谓项就不能换位。定义更不能是同语反复，如定义"欲望"是为了快乐的欲求，这类陈述句中的主项和谓项实为同样的语词，不成其为定义。

（二）考察定义是否揭示了被定义对象的特有本质。

必须使用绝对意义在先的、也是较易理解的语词作为定义谓项，才能理解被定义对象的意义，揭示其特有本质。所谓绝对意义在先，指本原意义在先的东西比在后的东西更容易理解。如点比线、线比面、面比体在先，更易理解，如果倒过来用在后的东西定义在先的东西，说点是线的界限，线是面的限，面是体的界限，就不能揭明被定义对象是什么。（141b5—20）正确的定义应当按照种加属差方式作出，就因为种和属差在总体意义上"先于属"，比属"更易理解"。因为如果种和属差被取消了，属也就被取消了；认识了种和属差，才是真正认识了属。形成种加属差的定义，不能停留在理解个别性事物的出发点上，个别的感觉对象变易无常，呈现芜杂的属性，会使人提出多种不同的并不确切的定义，而真正的定义应揭示事物唯一特有的本质。所以只有凭借理性认识把握种加属差的特殊本质，才能用总体在先、更易理解的语词作出精确的定义。（141b15—142a5）因此作成定义的能力不是常人皆能具有的，"总体意义上理解的东西或许并不是一切人所认识的东西，而是那些智力超群、天资聪慧的人所理解的东西"。（142a5—10）由上可知亚里士多德认为种作为普遍本质、种加属差作为特殊本质，在本原意义上对属及其涵括的个体事物是在先的，这和《范畴篇》中论述个体是第一本体、是绝对意义在先的，已有差异。这种逻辑研究中的本质主义，对他后来主张形式对质料在本原意义上在先，是有一定影响的。

亚里士多德进而剖析，不按照用绝对意义在先、更易理解的东西下定义，会发生四种错误的定义方式：1. 通过相反的对立中的一方定义对立的另一方。例如通过恶定义善，对立的双方在本性上无在先、在后之分，一方也不比另一方更易理解。然而涉及相关的对立,一方必须通过另一方来定义,例如半和倍,不使用半就难以定义倍,一方必然被包含在另一方的定义论断中。2. 被定义的词项实质上被包含在定义项中,造成循环定义的错误。如定义太阳是白昼出现的星体,而白昼恰恰是指太阳出现在地球上空。3. 用相互区别的一个对等属定义另一个对等属,例如用偶数加一或减一来定义奇数,就是用奇数和偶数这两个对等属来互相定义。4. 用低级的种定义高级的种,如定义善是品德的状态。

(三)考察定义中是否真实和合适地使用了种和属差。

被定义对象的特殊本质分有它的接近的种,所以定义谓项中的种应揭示主项分有的普遍本质,它同属差结合构成主项的特殊本质;而且其表述范围等同地切合主项的表述范围。定义谓项以偏概全,或谓项中的种的表述范围过宽,都是不正确的。例如将医术定义为"造成疾病和健康的技艺",就不对,因为医术造成健康是其本性,造成疾病则是由于其他原因或医术中的偶然事故所致,并非医术的本性。定义谓项中的种必须是主项的接近的种,用更高层次或更低层次的种来定义,都是错误的。

属差应是主项作为属所特有的本质属性。属差作为特殊本质的构成部分,使被定义的属和同种的其他属区别开来。因此存在着与所陈述属差相区别的对等成分,因为一切种及其属,都是靠了那些相互区别的对等成分的属差才区别出来的。(143a30—35)例如动物就由行走的、有翅的、水栖的等属差,使动物与其他种以及使动物中的诸属得以区别。因此所陈述的属差如果是真实的,必有相区别的对等属差成分,这些对等属差自身一起"要形成一个属"。(实即据以划分这些属差所依据的同一划分标准,如行走的、有翅的、水栖的,皆依据"动物的活动方式"这个属作为划分标准)如果没有对等属差成分以及据以划分这些属差的标准属,所陈述的属差就不是主项的特有本质,就不能用以作出正确定义。(143a30—b10)

亚里士多德剖析定义中属差方面的错误,并作出相应的规定:1. 除了涉及"缺失"范畴的定义必须用否定词(如盲是本性上应具有而实际上不具有视力)外,一般情况不应使用否定词来规定属差。(143b13、143b35)2. 属差的表述范围比属宽,认识上属差后于种、先于属,所以不应将属设定为属差。如定义傲慢是和嘲弄相伴随的骄横,而嘲弄就是骄横的属。3. 不应将种用作为属差。如定义品德是善的状况,而善是品德的种,所以此定义是错误的。4. 不应以偶性为属差,因为偶性不能构成事物的特有本质。5. 同一属差不能分属于互不包含的属。某属性有时可分属于同一种的两个互不包含的属,如"两足的",可分属于陆上行走动物和飞行动物,这类属性不能用作为定义中的属差。6. 属差有本质的稳定性,没有适当的属差,个体根本不可能是。因此不应将"承受"范畴的东西设定为属差,因为承受是被作用,被强烈作用时甚至会背离或改变事物的本质,而属差本身不能是变化不定的。7. 关系范畴中的事物的属差,仍然表示关系,如知识表示了同知识对象的关系,知识被区分为理论知识、实践知识和创制的知识,这三类知识的定义中的属差,仍然表明它们各自同沉思对象、行为对象和创制对象的关系。

(四)运用哲学范畴的意义分析考察定义正确与否。

定义揭示属的特殊本质,种加属差的谓项应确切地体现有关存在范畴的意义,从而阐明主项的本性。亚里士多德从多种范畴的意义分析角度考察定义的论题,确立有关规定。

第一,被定义对象是属于关系范畴的东西,定义项中应指明同它在本性上相关的东西。(146b1—5)例如定义知识必定涉及同它在本性上相关的知识对象。如果涉及多种关系,必须揭明首要关系。

第二,就时间范畴而言,定义中的主项和谓项应有时间的一致性。例如将不朽的生命定义为至今尚没有毁灭的生物,就是错误的。(145b22—25)

第三,一些定义应确定数量、性质或运动等方面的属差。(146b20)如定义贪婪钱财的人,应说明欲求的程度和欲求钱财的量度;定义云是气的凝聚或定义风是气的运动,或定义地震是大地的运动,都要从数量、性质、程度及运动原因等方面确定属差。

第四,定义"具有与缺失"范畴的东西,应考察有关事物应有的本性,并区别具有或缺失的不同情况,以资鉴别。(147a12—15)

第五,对属于"相反的对立"的双方,不能作互为依据的循环定义。例如

定义相等是不相等的相反者,定义不相等是相等的相反者,都是错误的。(147b10—15)

第六,生成、毁灭、作用、承受等等涉及运动变化的语词,适用于定义现实的事物,用来定义柏拉图的"相"则格格不入。这里亚里士多德通过研讨定义应正确运用范畴的意义分析,批判柏拉图的相论:柏拉图将"有死的"用于对动物的定义,而"相"(如作为人自身的"相")不是有死的,所以用生灭、变化、运动、承受等范畴作意义分析,有关的定义绝对、必然地要和"相"发生冲突。所以运用这些范畴的意义分析来鉴别定义,对驳斥相论是很有用的。(148a13—20)

第七,用"相同"范畴考察,定义中的主项和谓项在本质意义和表述范围上都应是相同的,有同一关系;如果两者"表明的不是同一个东西,那么显然这个提出的论断就不会是定义"。(153a1—5)"相同"范畴还蕴涵着传递性与替换性,相同双方的某一方与第三者相同,另一方也必然同第三者相同,如果二者并不与作为第三者的同一东西相同,二者之间也不能彼此相同。(152a30—35)这种"相同"的传递性,用符号表述,即 A 相同于 B,若 A 相同于 C,则 B 必然相同于 C。再则定义中对主项或种加属差的谓项作语词替换,替换语词应有语词意义的同一性,而且更易理解。上述"同一关系"的传递性及替换性,在现代逻辑系统中也是重要的定理。

第八,从整体和部分这对范畴的意义分析考察其不同定义。亚里士多德指出:整体的是必然以其各部分的是为先决条件,"当部分毁灭时,整体也会毁灭;但当整体毁灭时,部分并不必然毁灭"。(150a30—35)整体与其某个部分并不同义,如一些药物分别单独使用时都是良药,但它们混合成一体时可能有坏的药效。所以整体的定义和部分的定义往往是不同的。若给整体下定义,整体作为"构成事物的本质,并不在于它由什么构成,而在于其构成的方式"。例如不论什么材料堆放在一起不成其为房屋;必须将这些材料以特定方式构成,才成为房屋。说肉或骨是火、土、气构成的,并不是定义,必须揭明它们的构成方式才是定义,肉、骨用同样的元素构成,但构成方式不同,使二者各有特殊本质。(151a20—25)可见在研讨整体的特殊本质即定义时,亚里士多德已表露了形式比质料重要的思想。

（五）定义在论题论证中的地位。

辩证的论题总以四谓词之一作为其谓项。定义的论题探究事物的特有本质，对认知事物和建构知识，无疑最重要，难度也最大。"一切之中最容易的事情是反驳定义，而最困难的事情则是构造定义，因为构造定义必须推演出一切要素……论断还要揭示事物的本质，而且必须做得正确。"（155a16—22）因为构造定义应完整地在本质范畴中陈述种和属差，主项和谓项应能严格地换位，而且要严密地防备别人提出的各种诘问；所以在四种谓词的论题中，定义的论题立论是最难的。而驳斥定义则最容易，在表达形式、逻辑关系、范畴意义分析等方面，有更多受反驳的机会，只要驳倒其中的任何一点，就可推翻整个定义。根据相似的理由，除了定义之外，特性由事物专有的属性构成，特性论题的主项和谓项也应能换位，它也较难构造、较易反驳，仅次于定义。对种的论题，驳论比立论容易。就偶性论题而言，最易构造、最难反驳，反驳普遍的（永久的或经常的）偶性比构造普遍的偶性容易，构造特殊的偶性比反驳特殊的偶性容易；然而偶性论题在探求知识中价值较低。

## 六　辩证论证的基础是确立普遍性命题

《论题篇》第8卷从总体上研讨辩证论证的基础和一般方法。亚里士多德指出：哲学家建构知识体系，应当从熟知的、自明的公理出发，知识的推理才能构成，从而形成证明的知识。辩证法运用推理的形式和方法，和建构科学知识的证明推理在逻辑形式和语义分析方法上并无实质区别。但辩证法在用于探讨意见以求进向知识的过程中，在立论和驳论中如何提出和排列问题，很为重要。（155b1—10、157b35）这里的关键是获得必然的前提，它们有助于通过归纳来确立普遍性命题，或能加重论断的分量，或能使论证更清楚。（155b15—20）所谓排列与提出问题，实为如何合理运用必然的前提。亚里士多德谈到一些论辩的有关技巧，如不直接从必然前提的原初形式出发而尽可能远离它们，用归纳或演绎推理方式迂回地确保必然的前提；在说明自己的命题时做得仿佛不是为了自身而是为了其他命题，以含糊方式迷惑对方；还可以拖长论证并将一些无益的东西塞在论证中以障掩可能存在的错误,等等。然而亚里士多德认为,做好辩证论证的关键并不在于上述论辩的技巧,而在于扎实地确立普遍性命题,因为一个论题必定是一种普遍性命题,而用以论证论题的必然的前提也是普遍性命题,这样才能完成确凿的论证,达到获得普遍性知识的目的。他从四方面论述在辩证的论证中如何确立普遍性命题。

第一,通过归纳确立普遍性命题。归纳是从特殊到普遍的推理,从众多的特殊的东西中概括出普遍的本质,从而确立普遍性命题。它和相似性的类比不一样,后者只是在类比中表述一些事物的相似性,可用于论辩的提问,不能确立普遍性命题。《论题篇》第1卷第12章就已指出辩证的论证有归纳和演绎推理两类方法,归纳是"从个别到一般的过程","归纳更有说服力也更清楚,更容易由感觉知晓,因而能够被多数人运用"。(105a10—15)亚里士多德在《形而上学》中称赞苏格拉底在运用归纳形成普遍性定义方面的贡献。亚里士多德重视经验科学,因而重视归纳在形成普遍性命题中的作用。他强调"辩证的命题就是这样的命题,有众多事例为依据,而又没有什么事例反对它"。(157b33)一旦通过归纳形成普遍性命题,对方如不能对众多事例的依据提出反对意见,就得承认命题的真实性,否则会显得粗暴无礼。归纳不仅在辩证的论证中提供普遍性命题,而且对进而形成证明的科学知识的初始前提也至关重要。

第二,论证系列的出发点,除了公理之外,应是通过定义来确立普遍性前提。这是在论证中由意见进达知识的关键。论证往往是一个复杂的连续系列,必须从适当的初始前提出发,经过连续不断的论证,才能达到结论的终点,这个作为普遍命题的初始前提的确立,"必然要通过定义"。(158b2—3)正确的定义是全部论证的确实性的基本保证。例如在数学中,正确地给出平行线的定义,对论证平行线等比地分割某种几何图形,就不难做到。愈是切近地根据正确定义推导出的命题,就愈难以被反驳。当然形成的定义本身必须坚实可靠,它才能成为全部论证系列的有效的初始前提。为此作出定义的人应先对自己提出反驳,以预防在论辩中可能受到的攻击。总之,亚里士多德非常重视定义在辩证的论证中作为初始前提的重要地位,他强调"应该具有一些好的定义,并且得心应手地掌握一些通行的和首要性的定义。因为正是通过这些定义,推理才得以进行"(163b19—21)。在《后分析篇》中,他更强调定义在建构证明的科学知识体系中起有初始前提的基本作用,就此而言,辩证的论证和科学知识的证明之间并无截然相分的鸿沟,而是一致的。

第三,反驳错误的论题论证,最主要的关键是驳倒错误所由产生的依据即推理据以进行的普遍性前提。驳问的工作应支配驳论过程,使对方由论题必然地说出最悖理的答案,而最悖理的答案莫过于使对方承认推理的普遍性前提有悖于常理。人们常通过归纳设立普遍性命题,这也就蕴涵着承认一切相关的特殊命题,如果论证了与之相反对的特殊命题成真,也就驳倒了作为前提的普遍性命题。论证的错误可以是多种的,也可能是推理方法的错误,或推理和论证无关,或推理歪打正着从错误前提得出真实结论。驳斥错误的论题论证如不击中要害,便不能解决问题,要害就是驳倒论题依据的错误的普遍性前提。如果纠缠于细枝末节,甚至离开论题及其论证前提攻击对方,那就不是辩证的讨论,而是争吵,本人也成为坏的论辩者了。"想要正确地改变某人观点的人,应该以辩证的而不是争吵的方式进行,就像几何学家要按照几何学的方式推理一样。"(161a31—34)辩证的推理和建构科学知识中证明的推理,在要求普遍性前提真实可靠,以及推理方法合乎逻辑这两个根本点上,是完全一样的。亚里士多德还指出真实的结论有时也可由错误的前提推出,简单地批驳结论就不公正,难以奏效,他并且提到《前分析篇》(53b26)对此已有清楚论述。

第四,全部论题的论证应以普遍性原则为基础,正确处理一般与特殊的关系。亚里士多德认为:在论证中必须具有正确地选择真理、避免谬误的能力,因此比起论证的具体方法来,"更应该承认并记住具有普遍性的前提","应当总是考察论证,看它们是否以普遍性的原则为基础。因为一切特殊的论证也是对于一般的讨论,而且一般的证明在于特殊之中,原因在于:如若没有一般,就完全不可能推理"。(163b30、164a5—10)正确处理一般与特殊的关系,是全部推理得以进行的哲学根据。论题和知识都是由普遍性命题构成的。亚里士多德的逻辑即推理学说研究的是普遍性命题(包括全称命题与特称命题,而无单称命题),认为它是一切论证的基础。

综上本节所述,我们可得出以下三点看法:

第一,《论题篇》中展开论述的逻辑理论,是运用四谓词和哲学范畴作意义分析,从而建立一种语义分析的逻辑,它是亚里士多德的辩证法的主干。它虽然不像现代逻辑中的语义学那样系统、精致,但表现了亚里士多德创建逻辑学的最初切入点是在语义分析层面,他的逻辑学说融贯了哲学意义,有其哲学根据。

第二,这种语义分析的逻辑同《前分析篇》中建立的形式化的三段论学说并行不悖,从某种意义上说,前者的语义分析正是后者推理形式正确的先决条件。这种语义分析的逻辑,对于确保论题论证的意义真实性和逻辑关系的正确性,对于亚里士多德探求和建构哲学与科学知识,都有重要价值。

第三,《论题篇》中建立的辩证法和逻辑,实际上在亚里士多德的其他著作中得到广泛运用,是他建构哲学与各门学科知识不可或缺的思想工具;对它们在亚里士多德哲学体系中的地位,在西方逻辑史上的地位,应当给予合理的评价。逻辑史家威廉·涅尔、玛莎·涅尔将《论题篇》和《前分析篇》比较,批评前者在形式化方面太不足,没有形式系统,没有使用变元,在陈述句处理上缺乏一般性与精确性,等等。这类批评都是根据命题与推理的形式化理论的要求所作出的,没有考虑到《论题篇》主要着眼于运用四谓词和哲学范畴作语义分析,它同形式化的逻辑理论是并行、互补的。另一方面,涅尔也指出:《论题篇》比《前分析篇》的探讨更广阔,如容纳了析取谓词,有许多非三段论形式的论证,已有类逻辑、关系逻辑的思想萌芽,已提出"同一"理论(如同一关系传递原则),等等;涅尔认为《论题篇》是"一种普通语言的逻辑,而不是形式逻辑"①,但他们没有就此展开论评。我们认为,对《论题篇》中建立的逻辑理论的性质、意义和历史作用,值得进一步深加探究。

---

① 威廉·涅尔、玛莎·涅尔:《逻辑学的发展》,第49—56页。

## 第四节　辩　谬

《辩谬篇》的题目原文为"智者的反驳",实为研究智者以驳论形式出现的种种诡辩,剖析其逻辑错误,所以中译篇名为《辩谬篇》是切合内容的。这部著作可被视为《论题篇》的续篇,它运用《论题篇》中的辩证法即语义分析的逻辑,揭露智者的诡辩式的驳论实质上是违背逻辑规则的虚假推理。亚里士多德在《论题篇》第8卷就已指出,作为辩证法的应有之义,"辩谬工作是导出矛盾的辩证推理"(162a15)。从对方论题论证中导出矛盾,就是揭露包含逻辑错误的虚假推理。他在《辩谬篇》中又指出,"检验也就是一种辩证法"(171b5),辩证的推理也是一种检验的方法,既检验真实论题的论证是从前提到结论的真实推理,也检验那些似是而非的表面推理,特别要辩明智者的诡辩式的驳论不是真正的智慧。以智者的诡辩作为反面典型,从逻辑理论高度深入研究一切虚假推理的逻辑错误及其根源,这是亚里士多德的辩证法与逻辑学说的重要构成部分;这种辩谬使从苏格拉底以来对智者诡辩的批判,跃升为一种自觉的逻辑批判,达到比较透彻的程度。

智者派的论辩术对当时希腊人活跃思维、研究语言,曾起有积极作用;但它有很大的主观随意性,缺乏逻辑规范,后来一些智者更走向极端,使论辩术蜕变成为任意玩弄概念游戏的诡辩术,淆乱理性思维,造成很坏的风气。苏格拉底早已对此着手匡正、纠谬。他的对话的辩证法贯穿逻辑分析的理性,开始自觉形成一定的逻辑思想用以规范思维活动,在《欧绪德谟篇》中他已揭露智者种种诡辩的荒谬性和某些逻辑错误;但他毕竟尚未建立系统的逻辑理论,他驳斥的主要方式是将自己的正确逻辑论证同智者的诡辩相对照,来暴露后者的荒谬;他还不能从逻辑理论上系统、深入地驳斥智者的诡辩,并进而探究这类虚假推理的错误根源。柏拉图的后期著作《泰阿泰德篇》从认识论角度批判了智者派的相对主义感觉论,《智者篇》则运用"二分法"(划分方法)定义智者是制造幻象、假象的魔法师和摹仿者,并且用通种论研究"是"与"非是"

等对立范畴的结合与分离,论述智者制造虚假的思想、意见、现象何以可能。柏拉图后期辩证法有范畴分析的意义,但没有进入对智者诡辩的逻辑批判,无助于在实际的社会思想活动中对智者诡辩进行拨乱反正。

亚里士多德的辩证法已构建较为系统的语义分析的逻辑,他先立后破,已持有比较犀利的逻辑批判工具,运用辩谬的检验方法,深入解剖智者诡辩的逻辑错误,并进而审察一切虚假推理的错误根源,提出克服错误的逻辑方法,因此这种辩谬成为亚里士多德逻辑学说的有机组成部分。

亚里士多德和苏格拉底、柏拉图一样,对智者的诡辩深为痛恶,说"诡辩术只是一种表面的智慧而不是真正的智慧;智者们便是以信仰这种似是而非的智慧来获取金钱的人"。(165a20—23)他将靠"赢得反驳而谋取金钱的人称作诡辩家",指斥"诡辩术是一种利用表面智慧的赚钱术"。(171b28—29)智者总是喜欢抬杠,往往在诡辩式的驳论中提出种种背逆常理的奇谈怪论,它们"表面看来是反驳,而实质上是谬误的论证"。(164a20)"反驳是一种推理",必须从研究推理着手,才能戳穿智者的反驳,揭露其"谬误的原因在于推理,也在于矛盾的命题之中"。(171a5)就是说它们既有就意义分析而言的推理内容的错误,也有包含自相矛盾命题的逻辑错误。亚里士多德又指出:喜欢抬杠、以强辩取胜的人并不都是智者那样的诡辩家,两者的目的不一样,前者"追求表面的胜利",后者"追求表面的智慧"。(171b30—35)然而两者都使用同样的"争辩的论证",都是"从仿佛可以驳斥、实际却并未予以驳斥的前提出发所进行的虚假推理"。(165b8—10)就此而言,对智者的错误论证的辩谬也适用于一切虚假推理。

亚里士多德在《辩谬篇》第1、9两章中论述辩谬应有两个先决条件。第一,要"具有对有关的一切实在的知识"(170a27),因为谬误的论证会涉及各种学问的范围,"有些反驳涉及几何学的一些原理及其推论,有些反驳则涉及其他的知识原理"。知识无限,虚假的反驳也无限,"所有的学问领域都会有自己特有的虚假推理",若不具备有关实在的知识,就难以洞察各种特有的虚假推理。(170a25—30)再则,在命题和推理中总涉及名实关系,"名字作为事物的符号代表事物,人们总是设定伴随这些名字发生的一切,也就是伴随事物本身发生的一切,正如计数的人认为他数的是货币那样的东西"。名字和语句的数目有限,实在的数目则无限,所以有时同一个名字或语句表示众多东西而有多义性,如果不厘清名实关系,不熟悉名字的多义性,囿于名字的单义性,就容易被虚假推理所蒙蔽,难以洞察谬误。(165a5—15)第二,要掌握"和辩证论证有关的共同规则",就是掌握《论题篇》中根据四谓词和哲学范畴作语义分析所确立的论证规则,它们是规范推理的规则,是适用各门学科的共同的论证规则。掌握这类逻辑规则,不仅能洞察虚假推理的谬误所在,而且能获得消除这些错误的方法。"辩证法家的任务是能通过共同的原理把握驳论的形态,这些驳论或是真实的,或是表面的,亦即或是辩证的,或是表面辩证的,或是属于检验的论证。"(170a33—b13)

《辩谬篇》的主要内容是运用《论题篇》中建立的语义分析的逻辑规则,细致地剖析以智者诡辩为代表的谬误论证的种种逻辑错误,挖掘其错误根源,探讨消除虚假推理的基本方法。其内容可概述为以下三个方面。

### 一　诡辩的逻辑错误

智者的驳论是虚假的推理和谬误的论证,总体上说它们有两类情况:其一是和语言有关的错误;其二是和语言无关的错误。广义地说,一切推理都和语言相关,都涉及语言意义的理解与使用。这里从狭义上说的和语言有关的错误,指在语词使用上玩弄花样,淆乱意义、造成错觉;和语言无关的错误,则是指在推理中背逆范畴的意义分析和论证的规则,造成逻辑错误。

亚里士多德概括在语词使用上造成错觉的诡辩方式有六种:1. 对同名异义词不区别同名的不同意义,将它当做同名同义词使用。例如,柏拉图《欧绪德谟篇》中的智者欧绪德谟说,人学习他所知道了的东西,理由是学生总是知道了怎样拼写字母,才跟教师学习听写的。他抹杀了"学习"一词的双重含义,其一是指从无知到获得知识,其二是指在使用中理解和检验知识,如在拼写中理解与拼写语词。再如智者说"恶是善,因为必然是的是善,而恶是必然是的"。这里恶的必然是,是指它不可避免,而善的必然是则是指它是生成事物的目的因,二者有不同含义。(165b30—35)2. 不区别歧义语词在被使用时可有不同的意义。如智者说"沉默的说话是可能的",这里"沉默的说话"有歧义,既可指沉默的人说话,也可指说及沉默的东西。(166a10—15)以上同名异义词和歧义词在单独使用或和其他语词合并使用时都会有多种意义,智者的诡辩手法就是模糊这种多义性,使得奇谈怪论仿佛有理。3. 在语词合并使用中造成意义混淆。例如说"一个人能坐着散步",能"在不写字时写字",而这句话,应指一个人坐着时有能力散步,不写字时有能力写字。(166a25—30)4. 在语词拆散使用中造成意义混乱。例如说"5 是 2 和 3,因此 5 既是奇数又是偶数"。这里混淆了数目合并的整体和拆散的部分所具有的不同意义。(166a30—35)5. 希腊语中改变重音而造成意义混乱。6. 在希腊文中改变语词的表达形式造成意义混乱,例如以阳性表示阴性、以阴性表示阳性,混淆主动式与被动式,表达式不当也会混淆属于不同范畴系列的东西的不同意义。

亚里士多德又概括出诡辩中同语言无关的逻辑错误,也有七种方式。实际上它们可被归结为以下两类情况:

第一类,涉及哲学或逻辑范畴的意义分析方面的谬误,有四种方式:1. 使用偶性谓词不当而产生的谬误。种、定义、特性表述主项的普遍本质或特殊本质或固有属性,它们都是主项必然具有的,而偶性不是主项必然具有的属性,往往是可有可无的。不理解偶性的意义,将它和其他谓词混淆,就会造成虚假的推理。例如说"如果科里司库不同于某个人,那么他就和自己不同,因为他也是人"。(166b30—35)这里科里司库和某个人在偶性方面不同,但他们都属于人的种,都有人的普遍本质,显然不能据此推断出他和自己有种的意义的不同。亚里士多德认为演绎推理的前提和结论有必然联系,一般情况下以偶性谓词的命题为前提的推理不易成立,除非以偶性自身的种与属作为研究对象。例如难以通过演绎推理推断出某物必然有白色的偶性。科学知识总是研究具有普遍必然性的事物。智者诡辩的一个特点是夸大偶性,据以任意推论,而偶性论题又最难驳斥,最易用来混乱视听。2. 运用哲学范畴作含混不当的意义分析,造成谬误,例如说"'非存在'是意见的对象,所以'非存在'也是'存在'"。这里"存在"和"非存在"指事物是否成其所是,而作为意见的对象的"非存在",则只能在心智活动中,两者有不同含义。再如说"如果'存在'不是一种特殊的存在,如不是一个人,那么'存在'就是'非存在'"。这里也混淆了"非存在"范畴和"不是某个存在"这二者的不同意义。还有,说"一个埃塞俄比亚人全身是黑的,而他的牙齿是白的,所以他既是白人又不是白人"。这里,混淆了人种整体和部分身体的不同性质的意义。(167a1—10)3. 任意倒置因果关系的谬误。(167b1—5)这根源于感觉的欺骗,例如天下雨地便湿,一旦地湿,人们便以为下雨了,而这种推断未必真实。再如奸夫因其习性往往穿戴花哨、深更半夜在外游荡,如果只依据这些外在迹象就控告夜间在外漫步的某人是奸夫,便是荒谬的。爱利亚学派的麦里梭论证宇宙无限,其理由是:宇宙无生成(因为任何东西都不可能从不存在中生成);有生成即有开端,宇宙无生成即无开端,因此宇宙是无限的。亚里士多德不赞同宇宙无限的论题,认为麦里梭的论证有任意倒置因果关系的谬误,因为有生成固然是有开端的原因,但不能反过来从有开端必然地推出有生成、从无生成必然地推断出无开端。(167b10—20)4. 将非原因的东西作为原因而产生谬误。例如根据具体有生命的事物都有生成与毁灭,推断"灵魂和生命不是同一的",实质上前者不能成为后一个结论命题的原因即推理的前提。(167b20—35)

第二类,违背推理的逻辑规则造成的谬误。这类谬误有三种方式:1. 对推理或反驳无知,不懂得它们的定义,不懂得正确构成推理或反驳应遵守的规则。(168a20—25)例如推理与反驳应遵守同一律,就同一事物的同一时间、同一方面、同一关系、同一方式,从给定的前提出发进行必然的推理。而有的虚假的驳论就违背这个规则,说同一事物既是二倍又不是二倍,因为2是1的二倍,不是3的二倍。这里是否二倍,并不是就2对1的同一关系而论的。2. 假定了尚待论证的基本论点,并用来作为推理的根据,即推理的前提未经论证,是不牢靠的。从这类前提推出的结论,也就并非必然是真的。3. 将多个问题合并成为一个问题而产生的谬误。例如,设定两个人"他"与"他",驳问"他和他是人吗?"答曰"是人";于是推断"如果有人打了他和他,他是打了一个'人',不是打了多个人"。这种错误推理没有区分命题的不同情况,作为谓项的"人",既可用于表述某单一事物而构成单称命题,也可用于未加限定的一种事物构成不定式命题。"他是人"为单称命题,"某人打的是人"为不定式命题,将两个单称命题任意合并成一个不定式命题,并将人的"种"曲解为单个的人,这就是上述诡辩玩弄命题的实质。

以上亚里士多德列述的两类十三种方式的谬误,是他依据自己的逻辑理论,研究智者的大量诡辩,而总结、概括出来的。他并且指出,这些谬误也是造成一切虚假推理的谬误所在。这样他对虚假推理的普遍研究,就成为他的逻辑理论中颇有价值的独特内容。

### 二 虚假推理的谬误的根源

亚里士多德认为,所有上述诡辩或虚假推理,可"全部归因于对反驳的无知",归结为"违反了反驳的定义"、"理解反驳的定义有缺陷"。(168a20—b20)反驳是推理,谬误的根源在于没有完全具备构成一个真实推理所必需的要素。他论述真实推理必备的要素有五种,虚假推理往往是由于缺乏这些必备要素而造成的。

第一,"名字和它所表示的对象应当是同一的。"(168a30)名实相符,名以举实,名字的意义应当切合它所表述的对象本身的意义,推理的结论不能"只是从文字推导出来的"。(170a6)这里实际上已触及现代逻辑所说的名字的指称和意义的关系问题。亚里士多德倾向实在论,认为名字的意义在于它指称的实在的对象之中。对名字和实在对象的意义的理解,表现为推理的思想内容。他又指出:"语词的论证"和"思想的论证"应当"完全是同一的",(170b13—17)反对将两者割裂开来。有些论者将两者对立起来,认为语词有多种确定的意义,思想的论证则取决于推理者对有关观点的态度,可以公说公有理,婆说婆有理,因此主张论证只应"取决于语词"。亚里士多德认为这种说法是错误的,因为实在本身的意义正是语词论证和思想论证统一的根据。(170b20—37)

第二,运用四谓词和哲学范畴作确切的意义分析,准确把握语词的多义性。亚里士多德说:"澄清了我们所拥有的各种谓词范畴,如何对付用同一措辞表达并不同一的东西的那些谬误,也就清楚了。"如果将本体范畴的东西同属于关系、性质、数量等属性范畴的东西混淆,就会造成谬误的论证。(178a4—8)逻辑和哲学范畴的意义分析,是"推理的定义"即推理的特有本质的应有之义。智者诡辩的一个拿手好戏是利用"偶性","以偶性为根据进行推理",制造"用偶性代替本质属性的表面反驳",(170a5)这就造成种种缺乏推理的必然性的谬误。而产生有关偶性的谬误,"是由于人们不能区分同与异、一与多,以及什么样的谓项是其主项具有的同一的偶性"。(169b2—5)亚里士多德指出:要确保推理内容的真实性、必然性,必须掌握同各门学问相关的事物的知识,掌握和运用辩证论证的共同规则,这些都要求运用逻辑与哲学范畴作确切的意义分析,才能形成各门学科特有的真实推理。这又要求准确区别和使用语词的多种意义,同语言相关的谬误,都是抹杀语词的多义性,或是将语词的意义和对象本身的多义性割裂所造成的。

　　第三,命题应当是清晰、完善的。推理从命题出发,得出的结论也是命题,命题是推理的基本构成要素。命题的完善是真实推理的基本条件,一些虚假推理产生的原因就是"命题不完善"。(170a4)亚里士多德在《论题篇》第1卷已指出:"对于哲学而言,必须按照真实性的原则来处理这些命题",辩证法也要"着眼于意见",但是"应将所有命题都放在最普遍的形式中来考察"。(105b29—31)所谓"普遍的形式",有二重含义:其一,亚里士多德虽然承认有主项表示个别事物的单称命题,但他认为作为论题或科学理论知识的命题,单称命题不合适,而应是普遍性命题;其二,表示个别事物的个体词项,不应是用以表述主项的谓项,命题中的谓项及其表示不同范畴系列的东西的意义,皆有不同程度的普遍的形式。《范畴篇》中已指出,作为第一本体的个体事物不能用作谓项表述主体。亚里士多德指出:最易造成谬误论证的一个原因就是,"认为所有的东西的谓项都是一个个别事物……因为人们通常认为,'具体事物'和'是'乃是最真实的'一'与本体"。(169a32—35)他这样说,并不是在《论题篇》中否定第一本体的实在,而是强调命题中研究的主要是"事物的本质"。(169a38)本质必有一定的普遍性,如果将普遍的本质当做个别事物,就会造成谬误论证。例如他批判柏拉图学派的关于"第三人"的论证,即除了"人"和具体的人之外,还有"第三人"。他指出:具体的人是个别的本体,

"人"和所有全称名词表示的不是个别的本体,而是性质、关系等等普遍性的东西,将两者分离开来是不可能的,"决不能承认能全称地表示一个属的名词是一个别事物",分离出"第三人"的谬误论证的实质是将谓项表述的普遍本质曲解成"第三人"这种不实在的个别事物。(178b37—179a10)

第四,论证不应是"非推理性的","结论应当从所设立的那些前提推出,以便我们能够说它是必然的"。(168a22—24)推理用于论证,从设定的前提必然地推出结论。《形而上学》第5卷解释"必然"范畴的意义之一:"证明是一种必然,因为如果有完备意义的证明,结论不能是别样的;这种必然性的原因是前提,就是说推理据以进行的前提命题不能不是这样的"。(1015b6—9)《论题篇》中论述到:归纳是从个别、特殊到普遍的过程,演绎推理是从普遍到特殊的过程;种和属的表述范围有包含关系;定义和特性谓项因其表述范围和主项相同而可和主项换位,种和偶性谓项因其表述范围大于主项而不能和主项换位,等等,这些都表明推理有其必然性,它涉及主项和谓项之间的逻辑关系;而规范性的推理的形式结构,即推理的形式化层面的逻辑必然性,是在《前分析篇》中详论的,也是这里所说的推理的必然性的应有之义。而《论题篇》所论的推理的必然性,主要是从命题的内涵意义方面,依据四谓词和哲学范畴的意义分析,遵守辩证论证的规则,使从前提到结论的推理内容有必然联系,以求推理的真实可靠性。

第五,遵守逻辑推理的基本法则即逻辑公理,特别是同一律。亚里士多德认为:同一律是"是"的最普遍的规定,所是的东西在同一时间、同一方面、同一关系中保持自身的确定性。同一律也是思维的基本法则,在推理中考察"同一个名字如何出现在同一方面、同一关系、同一方式和同一时间中",才能具有推理的正确性。(181a2—5)违背这一基本法则就会产生各种逻辑错误。例如发生任意扩大周延谓项的表述范围(外延)的诡辩,像《欧绪德谟篇》中的诡辩,从狗是(小狗的)父亲、狗是你的,推出狗是你的父亲。再如会得出包含自相矛盾的命题,说2是二倍又不是二倍。还有,会将事物的非同一方面曲解为同一,产生诡辩式的悖论,如麦加拉学派的欧布里德最早提出的"蒙面人"悖论:你认识科里司库,但你不认识蒙着面罩走过来的那个人(科里司库),所以你不认识你认识的同一个人。亚里士多德剖析这种诡辩是将"蒙着面罩走过来"这种偶性同科里司库其人的本体混为一谈,并且指出"不能就同一方面说认识又不认识同一事物是可能的"。(179b1—5、179b33)

亚里士多德指出,智者的诡辩往往导向悖论,在驳论中使人陷入自相矛盾的命题。他认为对各种悖论要作具体分析,论述了三种情况:1. 常有的通例是论证中采用对立作为前提,推出互相矛盾的结论命题。例如智者往往将"自然"(physis)标准和"约定"(nomos)标准对立起来,据以就同一事物得出互相矛盾的命题。在《高尔吉亚篇》中,苏格拉底主张"自然"和"约定"并不对立,智者卡利克勒斯却将这两种原则对立起来,认为根据"约定"原则,可以人为地设想统治者迫害弱者是不公正的坏事,而依据"自然"原则,强者统治弱者、侵占弱者利益是人的自然权利,符合自然的正义。(481D—484A)就同一事情采用对立的前提作推理,就会产生这种悖论。2. 芝诺关于运动不可能的悖论,即"运动不存在"、"阿喀琉斯追不上慢跑者"、"飞矢不动"等悖论,这类悖论比较复杂,不能仅从逻辑上批驳,必须对时间、空间、运动的本性有深入理解,才能揭示其谬误的哲学根据。亚里士多德在《物理学》第 6 卷就根据时间、空间和运动既连续又可分,详致地反驳了芝诺的悖论。3. 对事物的多重意义不加分析和限制,笼统地将对立的肯定命题与否定命题强加于同一事物。例如"发誓者"悖论:一个人发誓要破坏自己的誓言,并且破坏了自己的这一誓言,因此他是既信守又破坏自己的誓言。这同欧布里德的"说谎者"悖论相似。亚里士多德认为:发誓者只是就破坏自己的某个誓言这一特殊意义上信守了誓言,而在一般意义上他并不信守誓言。对这两重意义不限定、不区分,就会造成矛盾命题的悖论。(180a23—27、180b1—5)20 世纪罗素用现代逻辑的集合论,指出混淆不同层次的逻辑类型就会造成这类悖论。无疑罗素解开这类悖论,使用了更为确切和科学的方法。而亚里士多德在当时已论述了解开这类悖论的关键在于区分悖论中矛盾的命题各有不同层次的意义,这也可谓切中要害,难能可贵。

### 三　消除虚假推理的方法

消除虚假推理,就是善于在论辩中对付、克服谬误的论证。消除谬误不能靠强辩争胜的技巧,因为那是表面的消除,不是真正的消除。要获得正确的消除方法应具有两种能力:其一是鉴别逻辑错误的能力,"将虚假推理暴露出来,说明谬误所依赖的问题的本性";(176b29—30)其二是通过实际论辩的逻辑训练,取得经验,才能在论辩中迅速地回应、对付各种谬误的论证。(175a20—25)亚里士多德认为培养上述鉴别与克服逻辑错误的能力,"对于哲学是有用的",因为哲学研究总涉及语词的多义性和名实关系,即使个人研究,在内心中也应避免陷入虚假推理的错误,这种鉴别谬误的能力和经验本身,就表明了一种良好的哲学素养。(175a5—15)

从推理的逻辑构成来说,虚假推理有两种情况:"所达到的结论是虚假的,或者推理只是貌似的而非真正的推理。"(176b30—32)它们或者是由于前提是虚假的,或者是由于从前提到结论的推理不正确。因此消除虚假推理的方式,总体上说有三种:第一种是确立真实的论题,推翻虚假的结论;第二种是推翻意义虚假的前提;第三种是推翻不正确的推理方式。这里所说的推理方式,既指对命题的意义分析中表现前提和结论的联系,也指三段论的格式,两者是一致的。

种种虚假推理各有特定的谬误方式和根源,如前面已列述的十三种谬误方式和五种谬误根源,应当认清每种谬误的实质,有针对性地提出消除谬误的具体方法。对此亚里士多德作了相当细致的研究,对各种谬误方式都提出了相应的克服办法,这里不一一细述,但可概括为三种类型的消除方法:1. 对同语言相关的谬误,如使用同名异义词、歧义词、语词合并或拆散而发生的谬误,可采用语词的多义性分析或语法分析方法予以消除。2. 对涉及逻辑与哲学范畴的意义方面的错误,则要通过正确地掌握和运用四谓词与哲学范畴的意义分析方法来消除。3. 对涉及违背逻辑基本法则的错误,要坚持同一律等逻辑公理,消除包含自相矛盾命题的论证。

亚里士多德还肯定"讥讽的论证"在消除虚假推理中很有积极作用。讥讽的论证使人进退两难,刺人最深。"在推理的论证中,愈是讥讽的论证,便愈能对研究有刺激,当推理的论证从最能被一般地接受的前提出发,推翻了最能被一般地接受的结论时,它就是最讥讽的论证。"(182b35—39)苏格拉底是娴熟运用讥讽论证的大师,他的讥讽实质上是消除谬误、导向正确论证的有效方法,通过显示前提和结论的极大反差,深刻地暴露了对方论证的不确实,使对方无所适从,然后自然地将讨论导向寻求正确的普遍性定义。

＊　　　　＊　　　　＊

《辩谬篇》最后的第 34 章,是《论题篇》和《辩谬篇》两部著作的结束语。它指出:这两部书的目的是发现"从广泛认可的前提出发进行推理的能力,因为这就是辩证法及其检验的功能"。(183a35—37)两部分根据丰富的思想资料,详致研究了论题的确立和论证,以及各种谬误论证的鉴别、检验和消除,完满地达到了目的,就是建树了一种研究推理的辩证法。它吸收了前人的有关研究成果,包括智者和修辞学家的论辩资料,而这个逻辑理论体系是独创的,以前根本不曾有过,无论是智者的论辩术或是以往的修辞学,都不是研究推理本性的系统理论。亚里士多德宣称"万事开头难",他的理论体系是首次阐发,也许开初进展甚微,不够完备,今后的发展必会有巨大效果。

亚里士多德的辩证法是一种语义分析的逻辑,是依据四谓词和哲学范畴的意义分析研究推理与论题论证的一种古代的哲学逻辑。它同亚里士多德的前期哲学范畴学说紧密关联,又是他发展哲学思想、构建哲学体系的重要思想工具。这种辩证法和哲学逻辑,同他的三段论学说和建构证明知识的科学方法论相辅相成,处于研究推理和通达知识的不同层面,两者相映生辉,都体现了成熟的分析理性精神。亚里士多德无疑认识到逻辑的必然性也在于推理的形式结构之中,《论题篇》和《辩谬篇》中建立的开创性的逻辑理论还不完备。所以他还要另辟蹊径,从形式结构方面研究命题和推理,以求完备地形成构建科学知识的方法论,这就是他又撰写的《解释篇》和《前分析篇》、《后分析篇》的主要内容。

# 第 四 章

## 命题与三段论——《解释篇》、《前分析篇》和《修辞学》

　　亚里士多德在《解释篇》和《前分析篇》中，主要从形式结构层面研究命题与推理。解释命题是探究推理结构的准备。通过主项和谓项的量化、引入变元，来探讨演绎推理中前提和结构具有逻辑必然联系，从而创建了比较严密的三段论系统（包括非模态的三段论和模态三段论）。一般认为三段论学说是亚里士多德的成熟逻辑理论，奠定了他作为形式逻辑创立者的地位。三段论学说是希腊古典科学理性自觉反思人类逻辑思维结出的辉煌硕果，为构建科学知识体系提供了坚实有效的思想工具。它促进科学知识系统化，提高了人类理性思维能力，确立了西方逻辑学发展的长远轨路。它深远地影响了世纪的传统逻辑、直至 19 世纪后半叶的西方逻辑学，至今仍是形式逻辑的主要内容。在数理逻辑基础上发展起来的现代逻辑，比亚里士多德的三段论学说大有超越、更为精致，开拓了更多的逻辑分支研究领域。可是实质上它也是在亚里士多德三段论学说的基础上发展起来的。

　　三段论学说既可用于以真实的初始原理为前提、建构科学知识的证明的推理，也可用于以普遍接受的意见为前提的辩证的论证，它和亚里士多德的辩证法与语义分析的逻辑并不对立，而是具有推理的内容和形式结构的一致性关系，并且表现了从意见通达知识的认识序列。三段论学说同亚里士多德的哲学思想并非完全独立、毫不相关的，它也有其哲学的根据与意义。本章概论亚里士多德的命题与三段论学说，注重研讨其中的哲学问题，而述评一些技术性的逻辑内容则力求简明。

## 第一节　命题的解释

命题是构成推理的基本要素。《解释篇》解释命题,实为《前分析篇》研究推理的准备,可以说它也是三段论学说的组成部分。《解释篇》共 14 章,篇幅不长,讨论命题的意义,从主项谓项的量化、肯定和否定的对立以及真假值角度,论述了命题的形式结构,以及不同形式的命题之间的逻辑关系,还探讨了特殊的模态命题。

亚里士多德所论述的命题,限于主项、谓项构成的陈述句形式的命题,他的逻辑是一种主谓逻辑。他研究的一般命题包括辩证命题,同《论题篇》的论述角度不同,却又是一致的。《论题篇》主要依据四谓词与哲学范畴的意义分析,研究谓项对主项的表述关系,据以进而探究辩证论证中前提和结论的必然联系,它依据的是推理内涵意义的必然性。如果将前提从"意见"转换成真实的初始原理,辩证推理就变成证明推理;就此而言辩证法也适用于探求科学与哲学知识。《解释篇》则主要从形式结构方面,精确地研究命题的构成和不同形式命题之间的逻辑关系,据此可进而发现主项谓项之间、不同形式与不同模态的命题之间、前提和结论之间的逻辑必然联系,这就成为形成三段论不同格式的直接依据。《论题篇》根据亚里士多德本人的哲学与逻辑范畴作意义分析,以此论述命题与推理,具有特定的哲学相关性。与之相比,形式化的命题与三段论学说则由于人类具有普遍的思维形式结构,进而作出更为严密精致的建构,具有更为悠久的生命力。意义或事实的必然性和逻辑必然性的关系,是一个复杂的哲学问题,至今各种哲学学说对此众说纷纭,莫衷一是。这里只指出:命题的形式结构可以抽象出来研究,但涉及具体命题,毕竟离不开意义分析;而研究命题的形式结构及其和命题意义的内在关联,都总是有其哲学根据与哲学意义。亚里士多德解释命题,也体现了他的哲学思想。

### 一 命题的本质

《解释篇》第1至4章从论述语言与思想的本性出发,解释命题的本质。语言包括口语与文字,是灵魂的承受作用的符号。各民族的语言不相同,但人类灵魂的承受作用都是由现实事物的作用所引起的,因而有共同的心理经验。亚里士多德在《论灵魂》中研讨感觉、想象、欲望、思维等不同的心理形式,认为灵魂的心智部分本是不着一字的白板,因能承受对象的形式(本质)而发生思维,它"潜在地和对象同一",而心智自身也"可以成为思维对象"。(429a10—20,429b30—430a10)《论灵魂》研究思维的心理发生,《解释篇》研究思维的逻辑形式,两者的研究角度不同,但又有相通之处。《范畴篇》认为单个的非组合的词如"人"、"白"、"跑"、"胜利",并没有真假之分,只有由它们结合而成的肯定或否定的命题,才有真和假。(2a4—10)《论灵魂》也指出,思维中分离的孤立成分并无真与假可言,这些成分结合起来,并须审察它们同事物是否一致,这才有真假之分。(430a27—430b5)《解释篇》肯定这些点,指出同上述相应一致,作为思想符号的语言,也必须"通过结合与分离,它才会产生正确与错误",孤立的名词和动词,如"人"、"白"、"行走"等,无所谓正确与错误可言。(16a10—15)

名词(声音或文字符号)因约定俗成具有某种意义,它和时间无关,不因时态而有意义变化;动词(包括最普遍的"是"动词)则不仅有特殊意义,而且和时间有关,它被赋予时态形式,才表示某种事实。"非人"之类的名词是不确定名词;无时态变化形式的动词是"不确定动词"。它们既可用来表示所是的东西,也可用来表示不是的东西。孤立的名词与动词都不表示肯定或否定。由名词与动词构成的语句,作为一连串有意义的声音文字符号,可以表示说话者的肯定或否定。然而"并非任何句子都是命题,只有那些自身或者是真的或者是假的句子才是命题"。(17a1—5)有些语句并无真、假可言,如祈使句、命令句,它们不是《解释篇》研究的命题,而是属于修辞学或诗学研究的范围。

命题有三个特征:第一,命题是由名词和动词构成的、有时态的陈述句。"所有的命题都含有一个动词或动词的变化式。"(17a11)"简单命题是一种关于某事物是否在某种时态中的有意义的陈述。"（17a23）第二，命题表示肯定或否定，它或是肯定命题，或是否定命题。简单命题的表达方式常用带时态的"是"动词。《解释篇》一般采用现在时态的命题作为范例。这种一般命题，现在可用符号表示为"S 是 P"、"S 不是 P"，而《解释篇》和《前分析篇》的规范表述却是"P 属于 S"、"P 不属于 S"："肯定命题是肯定某东西（谓项）属于另一东西（主项），否定命题是否定某东西（谓项）属于另一东西（主项）。（17a25）这种表述更精确，更适合于研究推理。第三，无论肯定命题还是否定命题必然或是真的或是假的。用现代逻辑的术语说，任何命题都有真假值，而且只有真假二值。亚里士多德建立的是二值逻辑。判断命题真假的标准，在于命题所指称的对象和表述的意义同事实是否一致。如果一个事物事实上不是白的，命题却肯定它是白的，这个命题就是假的，否定它是白的的命题则是真的。命题的真假同时态紧密相关。《论灵魂》指出，判断思想的真假，"应当结合时间考虑"。（430b1—5）思想的真假会随事物变化而变化，本来"真的意见"会因事物的变化而"变为假"。（428b8）一个命题非真即假，两个相矛盾的命题必有一真一假，这符合排中律，是由逻辑公理决定的。

总之根据亚里士多德对命题的本质的理解，命题是有指称对象（主项）和意义（谓项）、有肯定或否定、有真假值的陈述句。他研究的推理，都由这样的命题构成。

威廉·涅尔和玛莎·涅尔在《逻辑学的发展》中认为，亚里士多德规定各种语句中只有陈述句才有真假值，才是命题，将祈使句、命令句等都逐出逻辑学范围，这就"有某种混乱"。① 诚然现代逻辑扩大了逻辑学范围，如分析哲学的日常语言学派研究自然语言，包括了表达语旨行为（illocutionary act）或命题态度的语句，甚至进而研究这类自然语言的形式化规则。然而亚里士多德初创逻辑、研究命题与推理，旨在探求真实的论题、构建科学知识，他界定只是有意义、有真假的陈述句才可称为命题，这在当时切合他研究逻辑的宗旨，我们不必苛求于古人。

---

① 威廉·涅尔、玛莎·涅尔：《逻辑学的发展》，第59—60页。

涅尔还认为,亚里士多德论述命题的真假,是追随柏拉图,继承了《智者篇》的观点。其理由有两点。第一点,两人都主张名词、动词是心理经验或思想符号,陈述句由名词、动词组合而成才有意义与真假;第二点,亚里士多德在《解释篇》没有对真和假下定义,而是依据了《形而上学》第四卷所述"说不是的东西'是'或说是的东西'不是',是假的,说是的东西'是'或不是的东西'不是',是真的"(1011b26—27),这同《智者篇》论述真与假是一样的。① 这种论评不尽确切。《智者篇》论述错误的说话与思想,特别是智者的假意见如何产生,说到名词与动词结合才是逻各斯(说话、判断),逻各斯是通过语言(声音)表达的思想,有肯定与否定,有真与假。如逻各斯表述的东西存在,如"泰阿泰德坐着",就是真的;如逻各斯表述的东西不存在,如"泰阿泰德在飞",就是假的。就上述意义言,亚里士多德论述命题的本质,可能受到柏拉图的启迪,但是两者的论述实有本体论意义的根本区别。柏拉图依据他后期的通种说,认为逻各斯中词项的结合是"型"的结合,假的逻各斯产生是由于有的"型"和"非存在"结合,以"异"为"同",以"非存在"为"存在",真与假的标准在于逻各斯分有了"存在"还是"非存在"的"型"或"相"。② 亚里士多德则根据他的本体论,认为"存在"指以本体为中心的诸范畴所表述的所是的东西,命题中词项的结合是所"是"的东西的表述关系,命题的真假取决于它同"存在"或"不存在"的事实是否符合一致,这是"符合论"的成真说。在他看来,"非存在"是不确定名词,可指不是此事物的其他事物,"非存在"也是一种"存在",并非凡同"不是"结合的词项构成的命题都是假的。

## 二 命题的分类

亚里士多德论述的命题都是以陈述句形式表现的直言命题。假言命题与假言推理的研究,是后来斯多亚学派的贡献。选言命题中有析取或合取意义的谓项,亚里士多德将它们都看做包含单一或复多谓项的直言命题。

---

① 参见威廉·涅尔、玛莎·涅尔:《逻辑学的发展》,第59—60页。
② 参见本书第二卷第832—834页。

亚里士多德从形式和量化角度作命题分类,就其哲学根据而言,它同哲学与逻辑范畴的意义分析仍是相关的。这一点往往被忽视。

他区分了肯定命题和否定命题。《范畴篇》已指出:肯定命题和否定命题的对立是"对立"的四种意义之一,这一对命题"肯定或否定的东西是同一件事实"。(12b13)他在《解释篇》中又指出:肯定命题和否定命题若构成对立命题,它们的"主项与谓项必须相同,而且相同的词项不应是'同名异义的'",否则会发生诡辩的谬误。(17a30—35)这种对立命题中的主项、谓项的意义和表述范围都是同一的,构成矛盾命题,就同一对象、同一时间、同一方面而言,必有一真一假。而陈述相关对立、相反对立或具有与缺失的对立的命题,不同于上述肯定命题和否定命题的对立,并非必定是一真一假。

《解释篇》区分简单命题和复合命题,前者是"肯定或否定某东西属于另一东西"的单独命题,后者则由多个简单命题组合而成。(17a21—23)这相似于现代逻辑中所述的原子命题和分子命题。然而亚里士多德没有展开研究这两种命题的逻辑关系,因为他只是旨在通过词项分析建立一种主谓逻辑,虽然在《前分析篇》中个别地方他已用变元代表命题,但他没有建立一种命题逻辑。

《解释篇》还根据命题中谓项的意义数量及其构状,区分了两种命题:"单一命题陈述了单一事实,或将各部分结合为一体的事实";另一类命题"陈述了多个事实,或各部分的事实没有结合起来",(17a15—17)他对这类命题没有命名,其谓项中表示多个事实或各部分分离的事实,实际上可分解为多个主项相同、谓项不同的命题,可理解为一种复多命题。显然单一命题和复多命题的分类不同于简单命题和复合命题的分类。单一命题中的谓项是单一事实,并非指单个本体,因为《范畴篇》已指出单个本体作为第一本体不断表述主体;虽然也有"他是苏格拉底"那样的陈述句,但这并不构成揭示事物的本质或属性的命题。在《解释篇》第11章中亚里士多德根据谓词的意义分析确定单一命题是否成立,指出如果将不可结合的词项结合成表达单一事实的谓项,就会导致谬误。他认为谓项的诸多成分必须"不是偶然地、而是本质地属于那些事物",才能结合成一体,构成单一命题,(21a31—32)那就应当是定义、特性或种的表述。谓项中不同成分不可结合的命题有以下三种情况:1. 它们都是偶性,偶然地同属于一个主项,如"人是有教养的、白净的",只能是复多命题;某人是鞋匠,又是个好的人,不能结合起来说他是"好鞋匠"。2. 一个谓项被包含在另一个谓项中,两者不能结合成单一谓项,如不能将某人称为"动物人"。3. 对立的成分不能结合,如说某物是白的和非白的。(21a6—25)上述情况都不能形成单一命题。亚里士多德论述单一命题和复多命题,实质上已萌发了依据对谓项的意义分析来量化谓项的思想,但没有展开和发展,当时也还不可能通过量化谓词来建立一种谓词演算的逻辑。

通过量化主词作命题分类,对研究命题之间的逻辑关系和三段论,至为重要。从《范畴篇》可知,数量是重要的属性范畴,第一本体是个体事物,第二本体是表示一类事物的普遍本质,可用以表述第一本体,而它作为属或种,指称或包含了多个个体事物。这表明指称本体的主词可量化。推而广之,指称属于其他范畴系列的主词,也蕴涵或指涉个体和属、种的表述范围的数量关系。这就是量化主词的哲学根据。在分析命题中引入数量概念,可使命题的表述精确化,得以对命题和命题间的关系作深入、精致的逻辑分析。

《解释篇》中通过量化主词,区分了四种命题:1. 指称单个事物的主项是单称主项,构成单称命题。单称主项可表示第一本体,如"苏格拉底",也可表示属于属性范畴的个别东西,如"这个颜色"、"那个三角形"等。2. 指称一类(种或属)的全部事物的主词是全称主项,构成全称命题,用"每一个"或"所有的"来表示,它们表明主词"是周延的"。(20a9—10)王路指出,"周延"一词在中世纪逻辑学中才成为逻辑的专门术语,这里只是描述了一个类的表述范围包括了所属的每一个体。① 3.《解释篇》论及全称命题的某种否定形式的命题,如"并非每个人是白的"作为"每个人是白的"的否定形式,"有些人是白的"是"没有人是白的"的否定形式。《解释篇》对这种命题尚未命名,实际上已区分出特称命题,即主词指称一类事物的部分数目,在《前分析篇》中则命名为特称命题。然而《解释篇》中论述命题间的逻辑关系时,这种命题已有重

---

① 参见王路:《亚里士多德的逻辑学说》,第70页。

要地位。4. 主词没有量词限制、量化不明确,构成不定命题。如"人是白的"、"人不是石头",这种命题或可用作全称命题,或可用作特称命题,是两者的析取。而依据其用于推理的效力,《前分析篇》将不定命题作为特称命题使用。《解释篇》论述命题间的逻辑关系时没有涉及这种命题。以上四种命题,除单称命题外,其他三种命题的主词都有不同程度的普遍性,都是普遍性命题。《论题篇》说到普遍命题与特殊命题,是笼统地就谓词表述的意义具有普遍性或特殊性而言,还不是根据主词量化作精确分类。正是通过量化主词,结合关于肯定与否定的逻辑关系和意义的真假值分析,亚里士多德得以从形式方面深入探究命题之间的逻辑关系,并进而研究推理的逻辑结构。

### 三 命题间的逻辑关系

《解释篇》主要论述依据量化主词所区分的不同形式的命题间的逻辑关系。然而孤立的主词量化无助于这种研究,它必须结合肯定、否定的真假值的意义分析,才能构成命题间的逻辑关系。因此它和《范畴篇》、《论题篇》所论述的哲学与逻辑的意义分析,是有机联系的,只是研究的角度与层面有所不同。

肯定命题和否定命题的真假值的判定的根据,在于命题的意义和事实是否符合,这就要运用哲学范畴与"四谓词"说,对命题的主项和谓项的意义及其关系作出分析,才能有真假的判定。再说,不同形式命题的主词虽有量化,但构成逻辑关系的每对命题的主词与谓词必须是相同的,而且不能是同名异义的。所以,意义分析毕竟是研究不同形式命题间的逻辑关系的先决条件。当然《解释篇》主要是从形式上研究命题间的关系,《论题篇》则是从命题的内涵意义方面研究命题之间的必然联系(如陈述相反事实的命题是相反的命题),两者的研究角度不同。

然而亚里士多德论述不同形式的命题间的逻辑关系,实质上也运用了他的哲学范畴的意义分析。就全称肯定命题和特称或单称肯定命题的关系、全称否定命题和特称或单称否定命题的关系而言,前者真、后者必真,后者真、前者未必真;前者假、后者必假,后者假、前者亦必假。这种关系对他是不言而喻的,因为《论题篇》中论及普遍与特殊、普遍命题与特殊命题的关系,已有意义真假的分析,《解释篇》不再展开论述。后来中世纪逻辑称之为差等关系。《解释篇》主要运用"相反的对立"这个范畴,研究了主词量化的命题之间的反对关系和矛盾关系。《范畴篇》指出"对立"范畴有四种意义,其中论述肯定命题和否定命题的对立比较笼统,尚未精确阐述关于它们的真假值的逻辑关系。而论述"相反的对立",区别了两种不同的情况。第一种情况是对立双方无中间的东西,必有一方在本性上属于所表述的事物,如疾病与健康必有一方属于某人,奇数与偶数必有一方属于某个数,表述这类对立命题必是一真一假。第二种情况是对立双方有中间的东西,对立双方并非必然有一方本性上属于所表述的事物,例如"某物是白的"和"某物是黑的",二者对立,但不是必有一方为真,因某物可以是其他颜色。《范畴篇》所论上述两种相反的对立,是就事物的对立而言,据以构成的对立命题是依据谓词意义的对立。《解释篇》并不研究这种对立命题,它将有不同的主词量化形式的命题作为考察对象,将两种"相反的对立"情况用于分析它们的真假值的逻辑关系,判断相反命题之间有无中间命题,从而揭示出相反命题之间的反对关系和矛盾关系,详加研讨,使《范畴篇》中比较笼统的肯定命题和否定命题的对立,因主词量化而发生较复杂多样的命题间的关系,呈现出比较清晰的真假值的逻辑关系。

反对关系。处于反对关系的一对相反命题,它们之间可以有成真的中间命题,这一对命题不能同真,可以同假。可以一命题为真而否定另一命题之真值,但不能以一命题之假否定另一命题之假。全称肯定命题和全称否定命题("每个 S 是 P"和"没有 S 是 P")处于这种反对关系。后来中世纪逻辑称之为上反对关系。这一对处于"相反的对立"的命题,双方无疑不能同真,这符合亚里士多德主张"相反的对立"双方不能在同一时间、在同一方面属于同一事物;但这一对命题可以同假,因为它们之间可以有成真的中间命题,即特称肯定命题或特称否定命题。另一种反对关系是后来中世纪逻辑命名的下反对关系,《解释篇》已有论及,即第 10 章"命题的正确图式"中列有特称肯定命题和特称否定命题的关系,如"并非所有的人是公正的"和"并非所有的人不是公正的"。(19b30)这两个命题不能同假,却可同真。一对对立的不定命题,如"人是白的"和"人不是白的",因主项未明确是全称的,虽然谓项意义相反,不构成上反对关系,《前分析篇》将它们用作特称判断,只能构成下反对关系。

矛盾关系。处于矛盾关系的一对命题也属于"相反的对立",但它们之间没有可以成真的中间命题,根据不矛盾律和排中律,必然是一命题为真、另一命题为假,不能同真或同假,其对立的强度超过反对关系。单称肯定命题和单称否定命题,全称肯定命题和特称否定命题,全称否定命题和特称肯定命题,都构成这种矛盾关系。(17b16—23,17b26—30)对处于矛盾关系的一对命题,可以用一个命题最有效地否定另一个命题;或者根据矛盾关系,驳斥持两者同真或持两者同假的主张。《论题篇》中常说到,真实的驳斥是从对方论题中推出矛盾命题。

中世纪传统逻辑根据亚里士多德论述的命题间的反对关系与矛盾关系,又明确增加了差等关系与下反对关系,建立了著名的"对当方阵"的图形,这种有益的综合,有助于简明地把握命题间的逻辑关系。它用拉丁字母 A、E、I、O 分别代表全称肯定、全称否定、特称肯定、特称否定的命题,构图如下:

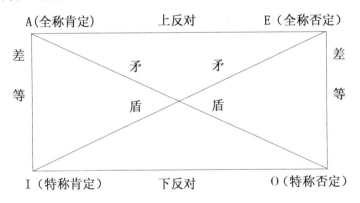

亚里士多德还从关于"存在"和逻辑的不同意义角度,论述处于矛盾关系的命题必然是一真一假,这种必然性不同于事实自身发生和不发生的必然性。实质上他已区别了逻辑的必然性和自然(事实)的必然性。他指出:"并非所有的事物都必然'存在'或必然地发生,而是有着偶然性";存在的东西当其现实存在时固然必然存在,但并不等于说它们的发生都是必然和命定的。当事物处于潜能状态而未成为现实时,有可能发生和可能不发生这两种可能性;何况有些未来事件取决于人的意志和行为,就现时而言,它们将是或将不是,这还不是必然的。因此"存在"的自然必然性,并不是指事物的发生或不发生、存在或不存在都是铁定的,而是含有可变动的偶然性或可能性。然而命题间的矛盾关系,必然是一个命题为真、另一个命题为假,这种(逻辑的)必然性是铁定的、无可变化的、永恒的。例如:"一场海战明天将发生或不发生",这个复多命题实为两个处于矛盾关系的单一命题,其中必有一真,这个复多命题成真有逻辑的必然性。而就将发生或不发生海战的事实而论,就现时来说,它还不是必然的,只是可能的,也不能排斥会有偶然性。如果将矛盾命题中一真一假的逻辑必然性,理解为生成的事实必然性,就会陷入宿命论,认为一切事物生成都出自必然,不可能有偶然,人将无所作为,毫无必要进行选择了。(参见 18b25—19a35)亚里士多德没有使用逻辑必然性和自然(事实)必然性的术语,而实质上已区别了这两种必然性。正是循着基于基本逻辑规则、从形式化和量化方面探求逻辑必然性的思路,亚里士多德得以建立形式逻辑系统。

亚里士多德还指出,不确定名词如"非人",用做主词或谓词时,构成的命题好像是否定命题,其实不然。"非存在"也是一种"存在"。"非人"可指称不是人的其他事物,由"非人"构成的命题,"一点不比使用'人'这个词更真或更假"。(20a35)如果"非人"是命题的主词,"非人是公正的"和"人是公正的"两者都是肯定命题,并不构成反对关系,它同"非人不是公正的"这个否定命题才构成反对关系。和肯定命题构成反对关系的否定命题,关键在于主项谓项相同和动词的否定。同理如果以不确定名词作为命题的谓词,如"所有的人是非公正的",它和"所有的人是公正的",只在谓词意义上构成一对对立命题,它和"所有的人不是非公正的",才构成命题形式的反对关系。现代逻辑将不确定名词作谓词的命题"每一个 S 是非 P",和否定命题"没有 S 是 P",即"SA$\overline{P}$"和"SEP",看做是等值的。其实只能在不确定名词表示不存在的事物,亦即它同相应的确定名词相矛盾、二者间无中间事物时,上述两个表达式才等值。现代逻辑将两种命题形式都用谓词演算式表示为 $\forall x(Sx \rightarrow \rightarrow Px)$,符号式无疑严格,但掩盖了两种命题的意义区别。亚里士多德指出这种区别,是很有意义的。①

## 第二节　三段论学说中的哲学问题

在解释命题的基础上,亚里士多德在《前分析篇》中构建了三段论学说。后来它一直是中世纪传统逻辑和波尔—罗亚尔逻辑以来的近代形式逻辑的主要内容。西方学者们对它作了大量研究,卷帙浩繁。古代最早有公元 2 世纪逍遥学派哲学家阿佛罗狄西亚的亚历山大著《亚里士多德的前分析篇注释》;19 世纪有德国学者普兰托著《逻辑史》。现代的著名研究著作有:罗斯的《亚里士多德的前分析篇和后分析篇》,德国学者帕兹希的《亚里士多德的三段论理论》(戈丁根,1963 年),波兰学者卢卡西维茨的《亚里士多德的三段论》,麦考尔的《亚里士多德的三段论》等。罗斯的著作注重原文校释,其他一些著作注重从现代逻辑角度重新解释与检验亚里士多德的三段论学说。

从现代逻辑或形式逻辑的观点看,三段论的格式作为人类的普遍有效的推理形式,可以同哲学不相关而相对独立。但是亚里士多德的三段论学说并不只限于研究三个格、十四个式,而更有它的哲学目标和根据;它的内容原貌和后来的中世纪传统逻辑、近代形式逻辑也有差异,而同他的《范畴篇》、《论题篇》则有内在的思想联系。他的三段论学说和哲学的关系,是一个颇有争议的问题。罗斯和格思里都认为,亚里士多德的三段论研究只是"研究科学方法的一个阶段"②;德国倾向新柏拉图主义的逻辑史专家肖尔兹在 1931 年所著《简明逻辑史》中认为,亚里士多德是在柏拉图思想的基础上形成逻辑的概念与体系,包括《前分析篇》③;卢卡西维茨坚决反对上述见解,认为《前分析篇》这部"纯粹逻辑著作完全免除了任何哲学的污染"④;帕兹希则主张,亚

---

① 参见王路:《亚里士多德的逻辑学说》,第 77—79 页。
② 格思里:《希腊哲学史》第 6 卷,第 156 页。
③ 参见亨利希·肖尔兹:《简明逻辑史》,第 26—27 页。
④ 卢卡西维茨:《亚里士多德的三段论》,中译本,第 15 页。

里士多德的三段论理论"建立在他所谓的概念形而上学的基础上，""这就阻塞并仍在阻塞真实理解逻辑本性之路"。①

我们认为：《前分析篇》上承《范畴篇》、《论题篇》中的范畴论、四谓词说和语义分析的逻辑，后续《后分析篇》中的建构科学知识的方法论；亚里士多德本人前期的哲学思想才是他建立三段论学说的理论根据，而追求构建严谨的科学知识理论体系，是这种学说的哲学的目标和意义所在，三段论学说本身就是他的科学方法论的有机构成部分。三段论格式揭示推理的形式结构，无疑是了不起的发现，是三段论学说的主要逻辑内容之一，但并不等于这一学说的全部内容。三段论格式本身有普遍有效性和对推理内容的相对独立性，然而我们不能以此否定亚里士多德本人赋予三段论学说以深刻的哲学意义。只从某种现代逻辑的视角，将他的三段论学说理解为只是构造了一个纯逻辑的推理形式系统，并将它同亚里士多德本人的哲学思想完全割裂、甚至对立起来，这就不能准确、全面地反映亚里士多德三段论学说的本来面貌。

《前分析篇》有两卷。第 1 卷计 46 章，论述三段论的对象与词项构成，三段论的格式及其推论规则，以及在实际运用中构造三段论应遵循的哲学与逻辑原则。第 2 卷计 27 章，补充论述关于前提与结论的真假值的判定，以及三段论在证明和反驳中的运用。在第 1 卷中讨论模态三段论占了相当多的篇幅，我们在下一节连同模态命题作简要论述。两卷中论述三段论格式的建立与运用，以字母作为词项的符号，实为引入变元，有大量细致的逻辑证明，这里从略。我们着重研讨三段论学说中同哲学相关的问题。

## 一 三段论的本质

《前分析篇》开宗明义指出："它所研究的对象是证明，它归属于证明的学科"。(24a11)这句话有两重含义：第一，它研究的"分析"即逻辑，亚里士多德一直称之为证明的学科，《论题篇》论述的辩证法与逻辑，也可从属、适用于这种证明的学科，成为其语义分析的基础。第二，虽然三段论普遍有效，也适用

---

① 帕兹希：《亚里士多德的三段论理论》，第 83 页。

于辩证的推理和修辞式的推理,但《前分析篇》提出三段论,注重研究证明的推理,即前提为真实的初始原理的推理,其主要目的也是"工具论"的终极目的,旨在通过研究证明即产生科学知识的三段论,为《后分析篇》探究建构科学理论奠立坚实的逻辑基础。

"三段论"(syllogism)的希腊文为 $\sigma\upsilon\lambda\lambda o\gamma\iota\sigma\mu o\varsigma$(syllogismos),其词源意义为"计算",在柏拉图著作中它已有推理的含义,《论题篇》和《辩谬篇》中所用此词也指推理。现代有些逻辑学家也将它译为"推理"(deduction)。然而亚里士多德用"syllogismos"一词毕竟有其特殊意义,中译"三段论"点出前提与结论的逻辑必然的联系,更易被人理解。他指出:"三段论是一种言辞表述(logos,discourse),其中陈述了一些确定的东西,另一些异于它们的东西必然地从它们之如此所是而推出,这种推出不需要其他词项便可使结论成为必然的。"(24b20—22)他又曾在《论题篇》中说:"一个推理(syllogismos)是一种论证,其中设定一些确定的东西,通过它们必然地得出另一些异于它们的东西。"(100a25—27)上述亚里士多德本人的两种关于"三段论"的解释是相仿的,都将它几乎等同于全部推理,都是对三段论的广义理解。实际上亚里士多德有时甚至也用三段论来解释归纳推理。

然而《前分析篇》主要研究狭义的三段论,是指从两个前提必然推出一个结论这种三段式的演绎推理结构,两个有所规定的前提必定由三个有确定逻辑关系的词项构成。亚里士多德认为这种三段论普遍有效,对辩证的推理与证明的推理都适用,两种推理只是前提内容的真实度不同,而"这种差异对三段论并无影响。三段论既可以从证明的前提推出,也可以从辩证的前提推出"。(24a24—28)这表明狭义的三段论不同于《论题篇》从语义分析角度研究推理,而是另辟蹊径,根据有确定形式的命题之间的逻辑关系,根据有所量化的词项之间的逻辑关系,来研究普遍有效的演绎推理的形式结构。它用于辩证的推理,有助于智力训练,求得真意见并可进而通达知识;而它用于证明的推理和建构科学知识,更显示它有重要的科学价值。

两个前提和一个结论,表现为主项量化的肯定命题或否定命题,都是断定某一谓项属于或不属于(表述或不表述)某一主项的命题,三个命题构成三段论。一些哲学著作说明亚里士多德的三段论形式,都举出一个古老的、人们常援用的例式:"凡人皆是有死的,苏格拉底是人,所以苏格拉底是有死的。"实际上,这不是亚里士多德的三段论的正确形式,而是中世纪传统逻辑所修正的三段论形式。他研究的三段论已排除了《解释篇》中有所论述的单称命题。《解释篇》中命题的表述用"是"或"不是"的系动词联结主项和谓项(如 S 是 P,S 不是 P);《前分析篇》则另用命题表述方式,用"属于"或"不属于"、"表述"或"不表述"来联结主项和谓项(如 P 属于 S,P 不属于 S)。上述变化,出于他构造三段论的哲学目标和逻辑意义,在希腊文中可更精确地表示谓项对主项的逻辑关系。

亚里士多德规定三段论中的前提只有三类命题:全称命题、特称命题和不定命题。不定命题以不定名词为主项,是主项没有量化的命题,如"人是白净的",这类命题在三段论中不重要,只能当做特殊命题使用。因此实际上在他的三段论学说中,作为前提与结论的命题只有四种形式:全称肯定、全称否定、特称肯定、特称否定。他排斥了单称命题。而且他认为三段论中,单称词项不仅不能用做命题的主项,也不能用做命题的谓项。他说,有些可感觉的个体事物如克里翁、卡里亚等个人,本性上不能用以表述任何东西,而只能被普遍的东西如"人"、"动物"所表述。除非只在偶然意义上有个体词作谓项的表述,如说"那个白净的人是苏格拉底","那个走来的人是卡里亚",然而这并不是三段论论证与研究的对象。(43a25—35)构成作为三段论前提的全称命题与特称命题的主项与谓项,都是普遍词项。亚里士多德的三段论学说排斥了单称命题和个体词的谓项,至于空的词项如"羊鹿"(goat-stag)更不能列入其中。卢卡西维茨认为,这是"亚里士多德逻辑的最大缺点",因为在日常生活和科学研究中个体词项和普遍词项同等重要。① 其实亚里士多德在《前分析篇》中所以不采用个体词项,原因有二:第一,他的三段论学说旨在求取知识,主要用于证明的推理,用以构建科学理论体系, 而科学研究事物的普遍性的本质与原因;它用于辩证的推理,也是为论证有普遍性意义的命题。第二, 他在

---

① 参见卢卡西维茨:《亚里士多德的三段论》,第15页。

《范畴篇》中早指出，作为第一本体的个体事物不能表述主体（主项表示的东西）。然而亚里士多德在将三段论运用于日常生活时，如《修辞学》所论述的修辞式推理（公众演说、法庭论辩等），并不排斥表述个体事物的词项。

关于三段论中命题的表达形式，他主要采用两种方式：B 属于 A，B 表述 A。有时也说 A 在 B 里如"在整体中"，即 A 词项整个地包纳在 B 词项中。上述三种表达式和"A 是 B"的表达式，就英文、中文来说是等值的。涅尔指出：希腊文中字的次序不固定，亚里士多德偶尔说到具体语句，也用"是"的表达式，因为在具体语句中主词与谓词的词性不同，使用"是"为系辞的表达式不会发生歧义，而在三段论中，亚里士多德引入变元（A、B 等符号），它们的词性为中性，在命题的换位中易生歧义，用"属于"或"表述"的表达式则可避免歧义。① 他采用这种表达式，也有哲学与逻辑的意义。在《范畴篇》中一个词项能否表述其他东西或被其他东西表述，这是区分不同范畴的一个重要标准。采用上述表达式，能较为解明地表达不同范畴的东西（词项）之间的必然联系，并且更能显示前提和结论中的三个词项，在表述范围方面的同一以及"包含"与"不包含"的逻辑关系，而三段论从前提推出结论的必然性，正是根据这种东西（词项）间的必然联系和表述范围的逻辑关系。

词项是构成前提和结论的基本要素。三段论中只有三个词项：中词被包含在另一词项之中，又包含其他一个词项于自身之中，它在两个前提中都出现，是从前提推出结论的中介关键。大词、小词都被称为端词，它们或包含另一词项，或被包含在另一词项中。亚里士多德对大词、小词无明确定义，只说在第一格的完善的三段论中，小词被整个地包含在中词中，中词整个地被包含在大词中。（25b33—35）有时他用对中词的位置远近区别大词和小词，理解上会有麻烦。实际上他一般将大词作为结论的谓项，其表述范围大于作为结论的主项的小词。在三段论中中词处于很重要的枢纽地位。《后分析篇》指出了中词的哲学与科学意义：三段论与证明的必然性在于"它所依存的中词

---

① 参见威廉·涅尔、玛莎·涅尔：《逻辑学的发展》，第80—82页。

必定也是必然的"。(75a14)对事实及其根据产生意见或知识,其"根据就是中词"。(89a17)"中词是原因,是我们一切研究的对象。"(90a9)"机敏是没有片刻迟疑迅速把握中词的能力。"(89b10)由上可知亚里士多德的三段论学说,本质上是一种词项逻辑,是分析主项谓项的表述关系的主谓逻辑,而不是以命题为变元单位的命题逻辑。就哲学意义而言,它通过中词揭示事物的根据与原因,从而认识大词、小词所表述的事物之间的必然联系;而建立作为正确推理形式的三段论格式,又是依据中词和大词、小词在表述范围上有所量化的逻辑关系,即普遍包含特殊,处于并列、反对、矛盾关系的词项则互不包含。这种使用变元所抽象出来的三段论格式本身,可撇开词项的意义,是有相对独立性的推理形式结构;但是在实际运用三段论进行推理中,又不可能撇开词项的意义分析,因为词项的表述范围要依据词项的意义来确定。

卢卡西维茨指出:亚里士多德阐述三段论时,不采用具体词项,而都用字母代表所有的词项,"把变项引入逻辑是亚里士多德的最伟大的发明之一",就像变元的引入开始了数学的新时代。① 变元引入逻辑,使他在语义分析逻辑之外,得以开拓新的逻辑研究层面,即从蕴涵量化的形式方面探究正确推理的结论及其推论规则,从而成为形式逻辑的创立人。然而这只是就建立三段论格式而言,广义地说他的三段论学说也含有语义分析方面的内容;而且他的三段论系统还没有完全形式化,他仍采用自然语言论述三段论的格式,还没有构造出一个形式化的符号系统。

现代学者对三段论的本质有不同见解,也由于亚里士多德对三段论格式的表达不同于中世纪传统逻辑的表达。例如第一格第一式,传统逻辑的表述为:所有的 A 是 B,所有的 C 是 A,所以,所有的 C 是 B。亚里士多德的表述为:如果 B 属于每个 A 并且 A 属于每个 C,那么 C 必定属于每个 B。这种表述不同于传统逻辑的表述,它没有用"所以"联结前提与结论,而是用"如果……那么……"来联结。因此,卢卡西维茨认为,亚里士多德的三段论是一个以

---

① 参见卢卡西维茨:《亚里士多德的三段论》,中译本,第 16 页。

AEIO 诸命题形式为常项的真命题系统,其中每个格式都是蕴涵式断定命题。① 蕴涵式是条件陈述句,其形式为"如果 P 并且 Q,那么 R",两个前提 P、Q 的合取为前件,结论 R 是后件。我们知道,斯多亚学派才开展对条件句的研究。所以,涅尔等一些学者不赞同上述关于三段论学说是蕴涵式命题系统的见解,认为这难以解释亚里士多德阐述三段论的本意以及他用换位、归谬等化归法证明三段论格式。一些学者认为他采用"如果……那么……",只是一种语言表达方式,并非条件句的蕴涵式,而仍是强调从前提推出结论的必然性,是阐述演绎推理的结构和推理规则。② 罗斯等人则认为,他的三段论是主谓逻辑,他是在主项与谓项的外延关系、概念作为类的集合的关系的基础上,建立三段论格式及推理规则的。③

我们认为,《解释篇》已根据主项的量化区别了 A、E、I、O 四种命题形式,研究了它们之间的逻辑关系;《前分析篇》则继续循着词项量化的思路,进而研究三段论中三个词项在表述范围方面的逻辑关系,揭示从前提推出结论的逻辑必然性,从而建立普遍有效的演绎推理形式结构。揭示这种形式结构的逻辑必然性,从而构建一个演绎推理系统、奠立了形式逻辑,这无疑是亚里士多德继《论题篇》依据范畴论、四谓词说探讨语义分析逻辑之后,作出的又一个更有持久生命力的伟大发现和理论创新。他的这两个层面的逻辑理论相辅相成、内在联系、交相辉映。三段论格式只是他的三段论学说的一个重要组成部分。他的整个三段论学说含有哲学的根据与意义。词项的表述范围和其内涵的意义不可分割;亚历山大说三段论的本质"不在于词而在于词的意义";④ 三段论格式的建立根据一定的公理;他论述在实际运用中三段论的构造,密切结合哲学范畴的意义分析;他的三段论是他的科学方法论的组成部分,《后分析篇》更从哲学和科学认识论角度论述了三段论的本质意义与价值。这些后

---

① 参见卢卡西维茨:《亚里士多德的三段论》,中译本,第 10—20、31—33 页。

② 参见威廉·涅尔、玛莎·涅尔:《逻辑学的发展》,中译本,第 104—105 页;王路:《亚里士多德的逻辑学说》,第 100—104 页。

③ 参见罗斯:《亚里士多德》,第 33 页。

④ M.瓦里士编:《亚历山大对亚里士多德〈前分析篇〉第 1 卷的注释》,372.29。

文还要论述。

## 二 三段论的格式与系统

三段论中的前提有三种形式:某一谓项是否属于、必然属于、可能属于某一主项。第一种形式是实然命题,后两种形式是必然命题和或然命题。只要有一个前提是后两种形式之一,则构成模态三段论。这在下一节另论。以实然命题为前提构成一般的实然三段论。其前提与结论有四种可能的命题形式:全称肯定(a)、全称否定(e)、特称肯定(i)、特称否定(o)。卢卡西维茨将亚里士多德的三段论理论称为"关于 AEIO 诸常项的一个真命题系统"。① 作为前提的命题可以作主项和谓项的逆向换位,真值不变。但这种换位不同于《论题篇》中依据四谓词的意义作不改变表述范围的主项和谓项的换位,而是依据主项、谓项的表述范围作量化关系有所改变的换位。若主项和谓项换位,就有三条规则:1. 全称肯定命题换位为特称肯定命题;2. 全称否定命题换位为全称否定命题;3. 特称肯定命题换位为特称肯定命题。王路用符号简明地表示上述三条规则:1. AB-a ├BA-i;2. AB-e ├BA-e;3. AB-i ├BA-i。② 其中 A、B 表示作为主项或谓项的词项,├表示推出,a、e、i、o 表示全称肯定、全称否定、特称肯定、特称否定这四种命题形式。换位法是证明不完善三段论格式的重要方法之一。

三段论的两个前提只有大词、中词、小词三个词项,三个词项的意义决定了它们的表述范围(外延)有同一、包含或不包含的关系,根据这种逻辑关系,可必然地推出以小词为主项、以大词为谓项的结论。这种逻辑必然性是依据中词的传递性而实现的。三段论的格式就是根据上述逻辑必然性所概括出来的普遍有效的推理形式结构,符合这些格式,只要前提真,得出的结论也必然为真。这里中词在两个前提中的位置相当重要。亚里士多德正是根据中词的位置,建立三段论的三个格:第一格,中词是大前提的主项、小前提的谓项;第

---

① 卢卡西维茨:《亚里士多德的三段论》,中译本,第 31 页。
② 参见王路:《亚里士多德的逻辑学说》,第 122 页。

二格,中词是两个前提的谓项;第三格,中词是两个前提的主项。A、E、I、O 四种命题形式在三个格中有四十八种可能的前提组合。他用换位法、归谬法与显示法,论证了十四个有效式,包括第一格、第二格各四个式,第三格六个式,并且排斥了三十四个无效式。他称第一格的四个式为完善的三段论式,它们是不需要通过其他词项或转换来论证就可必然成立的三段论式。第二格和第三格的十个式是不完善的三段论式,它们都要通过转换成第一格的第一、二式,才能获论证而成立。

亚里士多德细致地逐一论述了三段论的三个格、十四个有效式,由于他的语言叙述方式读来比较晦涩,我们采用符号表示:每个格中 S 是小词,P 是大词,M 是中词,字母按前后顺序表示主项和谓项,用小括弧注明命题形式 a、e、i、o,用 Λ 表示两个前提的合取,⊢表示必然推出,并且在每个式的最后用中括弧注明中世纪逻辑学家为便于记忆给每个三段论式的拉丁文名称。① 这样,三段论的三个格、十四个式可表述如下:

第一格:MPΛSM ⊢SP

1 式:MP(a)ΛSM(a) ⊢SP(a)  〔Barbara〕

2 式:MP(e)ΛSM(a) ⊢SP(e)  〔Celarent〕

3 式:MP(a)ΛSM(i) ⊢SP(i)  〔Darii〕

4 式:MP(e)ΛSM(i) ⊢SP(o)  〔Ferio〕

第二格:PMΛSM ⊢SP

1 式:PM(e)ΛSM(a) ⊢SP(e)  〔Cesare〕

2 式:PM(a)ΛSM(e) ⊢SP(e)  〔Camestres〕

3 式:PM(e)ΛSM(i) ⊢SP(o)  〔Festino〕

4 式:PM(a)ΛSM(o) ⊢SP(o)  〔Baroco〕

第三格:MPΛMS ⊢SP

1 式:MP(a)ΛMS(a) ⊢SP(i)  〔Darapti〕

---

①  彼得·希斯巴努斯(Petrus Hispanus, 1219—1277)在《逻辑大全》(1480 年)中,形成表述三段论式的记忆歌诀,共有四个格、十九个式,其中第四格的五个式是中世纪传统逻辑提出的,亚里士多德没有论述。

2 式:MP(e)∧MS(a)⊢SP(o) 〔Felapton〕

3 式:MP(i)∧MS(a)⊢SP(i) 〔Datisi〕

4 式:MP(a)∧MS(i)⊢SP(i) 〔Datisi〕

5 式:MP(o)∧MS(a)⊢SP(o) 〔Bocardo〕

6 式:MP(e)∧MS(i)⊢SP(o) 〔Ferison〕

对上述三段论格式,亚里士多德揭示了它们的一些推理规则:1. 至少有一个前提是全称命题,至少有一个前提是肯定命题。实质上这就是说中词至少有一次穷尽其表述范围(即周延的),才能在大词与小词之间起到有逻辑必然性的中介联系作用,使全称命题或特称命题能从全称命题推出。2. 第二格的大前提必须是全称的,小前提必须是否定的,结论必定是否定的。3. 第三格的结论必定都是特称的。亚里士多德排斥的三十四个不能构成三段论的无效式,都不符合上述推理规则,其实质是中词的表述范围(外延)在前提中不能起到联结端词的中介作用,不能使前提和结论之间发生有逻辑必然性的联系,例如,大词属于中词全体而中词不属于小词全体,大词不属于中词而中词又不属于小词,等等。(26a3—10)

亚里士多德强调指出,第一格是完善的三段论,是最根本的"初始格"。(26b34)其理由有两点:第一,它的四个式的中词能起到有逻辑必然性的中介传递作用,是自明的。其中第一式、第二式,根据两个全称前提中大词、中词、小词在表述范围上部分被包含于或不被包含于整体中的传递关系,可显而易见地得出全称或特称的肯定式或否定式的结论。第二,第二格和第三格的不完善的三段论,都可还原为第一格而得到证明。亚里士多德运用了三种还原证明的方法:1. 换位法,依据前文已述的三条换位规则,这两格中的一些式可转换成第一格得到证明。2. 归谬法,假定结论虚假,必然得出和已设的前提相矛盾的命题,根据命题间的矛盾关系,这就是指已设的真前提是假的,而这是不可能的,所以结论必真,所论证的式能成立。3. 显示法,引入一个从属的附加项,来显示原有三个词项之间的逻辑关系,依据第一格中自明的词项间的包含或不包含关系。

由上可见,亚里士多德论述的有效的三段论格式,是在以第一格作为自明公理的基础上,构成一个比较严密的演绎推理系统。这个公理系统的建立,有亚里士多德的哲学根据:同一律为"是"的普遍规定,也是思维的基本法则,三段论中的词项在其意义和指称对象方面必须保持自身同一,作为前提和结论的命题必须遵守同一律和不矛盾律。作为自明公理的第一格,实质上表现了三个词项的指称对象在"数量"范畴的意义上具有全体包含部分的关系或具有分离关系,这又蕴涵了三个词项在意义的"属于"或"表述"上有肯定或否定的传递关系。指称对象量化中的逻辑必然关系和意义传递的逻辑必然关系,实质上是相应一致的。因此三段论推理形式结构系统能用于有任何内容的推理与论证,呈现出普遍有效性,从而成为科学知识证明的坚实工具。三段论从形式与量化方面研究推理结构,这同《论题篇》从范畴和四谓词的意义分析方面研究推理,并行不悖,相得益彰。亚里士多德后又论述了如何运用具体词项构造三段论,论述了运用三段论建构证明的科学知识,也深刻地阐明了两者的内在联系。

亚里士多德的三段论形式系统,对后世传统逻辑与形式逻辑的发展有重大影响。古罗马哲学家波埃修斯将《前分析篇》译为拉丁文后,三段论成为中世纪传统逻辑的主要内容,并且有一些修正和演变:1. 将三段论的定义限于狭义的,不再广义地指一般推理。2. 概括出八条三段论规则,其中开始使用"周延"术语,指出中词至少在一个前提中周延,前提中不周延的词项在结论中不得周延。这就更鲜明地表述了词项的外延关系。3. 将表示个体的单一词项引入三段论的格式,将单称命题作为全称命题来处理。4. 提出并探讨了空类的问题。5. 使用拉丁文记忆歌诀,表述三段论的十九个式,其中增加了第四格的五个式,它们实为第一格的间接式,都是以中词为大前提的谓项、小前提的主项。至于亚里士多德是否承认或漏掉了第四格,现代逻辑学家众说纷纭,见解不同。① 逻辑教科书往往沿用一个说法,说第四格是公元 2 世纪著名哲学家、医生伽伦发现的,这个说法来自 16 世纪一个拉丁文文本引用阿拉伯哲学家阿威罗伊的话。卢卡西维茨根据 1899 年出版的古代阿蒙尼乌斯的

①　参见王路:《亚里士多德的逻辑学说》,第 112—121 页。

《前分析篇》注释本现存残篇中的一个注解,考证出伽伦发现的是含有四个词项的复合三段论有四个格,至于在亚里士多德的三个词项构成的三段论系统中增补第四格,这是不早于公元 6 世纪的一位佚名作者的贡献。① 近代古典形式逻辑以 1662 年法国出版的《波尔—罗亚尔逻辑》为范本。此书由巴黎郊外波尔—罗亚尔修道院修士、笛卡尔学说的信徒阿尔诺(antonie Arnauld,1612—1694)和尼柯尔(Pierre Nicole,1625—1695)合著,全书分概念、判断、推理、方法四部分,首次明确提出概念的内涵和外延,并用有心理色彩的"判断"这个词代替命题,还论述了简单三段论和复合三段论及其规则,并且在论述分析法与综合法中吸收了笛卡尔和帕斯卡的方法论原则。

亚里士多德的三段论理论,同现代逻辑有密切关系。三段论系统开创了从量化、形式方面研究推理结构的新领域。然而这种理论也有局限性:它只是一种主谓逻辑,是主要只研究演绎推理的词项逻辑;它承认归纳推理,但是只将它说成是三段论的特殊形式,是通过指称一定数量个体的第三个词项证明大词属于中词的特殊推理形式;(68b15—35)它虽然偶尔用变元表示命题,但是没有建立命题逻辑,以后斯多亚学派在研究条件句与假言推理中才形成命题逻辑的思想。从 17 世纪末至 19 世纪末,莱布尼兹、布尔、皮尔士等人,继承古典逻辑中量化、形式化方法,并突破其局限性,用数学方法研究逻辑,建立数理逻辑、关系逻辑。20 世纪弗雷格、罗素、希尔伯特、哥德尔等许多逻辑学家,进而高度发展了现代数理逻辑与哲学逻辑的诸多分支,构成新的逻辑学科群体。现代逻辑对亚里士多德逻辑有批评、有重大突破,但在内容与方法上也不同程度地得益于古希腊逻辑学的缔建者。

现代逻辑学家力图摆脱传统逻辑缺乏形式化研究的影响,运用各种人工语言重新解释亚里士多德的三段论,将它表述为形式化的符号系统,这些不同系统的重建与解释主要有:1. 谓词逻辑的解释。较为普遍,帕兹希等逻辑史家都采用。2. 卢卡西维茨独创的解释。用代入规则、分离规则和四条公理建立 A、E、I、O 的演绎系统。3. 类演算的解释。法国著名逻辑学家迈纳(A.

---

① 参见卢卡西维茨:《亚里士多德的三段论》,中译本,第 51—56 页。

Menne)运用布尔代数中开创的类演算,构造形式化的三段论公理系统,并发展了三段论有效式的推导。4. 自然演绎系统的解释。美国逻辑学家科科伦(J.Corcoran)认为亚里士多德的三段论不是公理系统,而是自足的自然演绎系统,他用语言 L、语义系统 S 及演绎系统 D,构造了用人工语言表述的自然演绎系统,能克服前述三种解释的一些缺点,能比较切实地反映亚里士多德对三段论系统的论述与证明方法,并可据以推出他的所有的三段论式及传统逻辑中第四格的全部的式。① 我国逻辑学家在对三段论的现代解释方面也有贡献。莫绍揆用一阶谓词逻辑作了尝试性解释。张家龙认为亚里士多德的三段论不是蕴涵式,而是历史上第一个自然演绎系统,其出发点是推理规则而不是公理。他根据亚里士多德的论述原意,构造了一个形式化的系统,含有三段论的排斥系统,并可解决复合三段论的判定问题。这是一个颇有价值的研究成果。② 现代逻辑的解释运用符号系统、模型方法,是有助于理解亚里士多德三段论形式系统的说明工具,但毕竟难以代替他的三段论学说的全部原意,更难以体现其中的哲学意义。

### 三 三段论的构造及其认识意义

《前分析篇》第 1 卷第 27 章至第 2 卷,进而研讨在具体应用三段论解决特定问题中,如何拥有构造三段论的能力,建立适当的三段论,判定前提与结论的真假值关系,并且讨论三段论是否有助于求得新知。这些论述又表明,三段论学说和亚里士多德的范畴论、四谓词说有内在思想联系,有其哲学意义。

构造三段论的能力,在于把握词项的意义。对此,亚里士多德论述了以下四点:

第一,一切词项就其表述所是的东西的意义而言有三类。1. 不能在普遍意义上表述其他任何东西、却可被其他词项表述的可感的个体东西。表述这类东西的词项不能成为三段论的构成部分,因为他的三段论学说排斥了个体

---

① 参见王路:《亚里士多德的逻辑学说》,第 159—179 页。
② 参见张家龙:《从现代逻辑观点看亚里士多德的三段论》,《哲学研究》1988 年第 5 期。

词项。2. 可表述其他东西而其自身不能被在先的东西所表述。实质上这是指最高的种,具有最普遍意义的范畴。它们可以是论证的出发点,却不能是三段论论证的对象。这类词项不能成为三段论中结论的主项。3. 既能表述其他东西,也能被其他东西表述的东西。表示这类东西的词项是居于哲学范畴和个体词项之间的普遍词项,三段论论证与研究的对象主要是这类词项表述的具有普遍性的东西,这正是科学知识的对象。(43a25—40)

第二,要把握同论证问题相关的事物主体及其所伴随或不可能伴随的属性,辨识出包含在本质中或和本质紧密相关的属性,即定义、种和固有的特性,将它们区别于偶性,区别于只是同主体表面相关的属性。把握真正和主体本质相关的属性越多,作出三段论的结论就越快、越真实,证明越可信。(43b1—10)所选择的属性应有普遍意义,同一类主体全部而不是部分相伴随。它们在命题中用作谓项,不能量化,"所有"、"有些"等量词,只能用在命题的主项上。同时要区别种、属共有的普遍属性和属所特有而不被种所具有的属性。

第三,把握命题中主项和谓项的必然联系。就是说,切实理解它们在属性方面有无共同的意义,一项必定属于或不属于另一项;在表述范围上,一个词项必定是或不是另一词项的全体或部分。后者的表述范围是由前者的属性意义决定的,因为属性的意义体现了词项间的主要的、普遍的联系。(44a1—7、44a39)这里运用三段论从事研究的目的是发现在每个前提中相同的中词。(44b40)以中词为传递性中介,才能发现两个端词在意义与表述范围方面的必然联系。人们在构造三段论时犯错误,往往是由于不能在前提中适当地设置词项,不能确立大词、中词、小词之间"属于"和表述方面的联系。就像"是"有多种含义,"属于"也有多层含义。例如,智慧是知识,智慧是相关于善的,可推出知识是相关于善的,不能推出知识是善。所以词项的意义把握和词项设置,同运用哲学与逻辑范畴作多义性分析紧密相关。直接证明的三段论和归谬法的三段论,其规则实质上是相同的,都是研究上述词项间的必然联系的,两种方法可达到同样的研究目的。区别只在于:前者的两个前提都被确定为真的,后者的一个前提先被设定为假的,根据不矛盾律和矛盾命题的真假值关系而得到确定的结论。

第四,在哲学、科学知识和各种问题的研究中,构造三段论的方法都相同,都是探讨词项所表示的本体和属性,通过考察三个词项的意义和表述范围,发现词项及其表达的东西之间的必然联系。证明的三段论和辩证的三段论的区别只在于前者的前提是真的初始原理(公理、定义等),后者的前提是普遍接受的意见。每门特殊学科的本原即初始原理用作为证明的三段论的前提,它们是在经验中获得的。例如只有在观察中透彻地把握天文现象,从中概括出普遍原则,才能获得天文学知识的证明。深入把握、研究对象的真正本质和属性,是构造三段论并将它娴熟地用于科学证明的关键所在。(46a5—25)

由上论述可见,亚里士多德建立三段论的格式,主要根据词项间有所量化的表述范围(外延)方面的逻辑关系,但这种逻辑关系和词项的意义分析是内在关联的。因此他强调实际构造三段论从事证明的首要工作与目的,在于深入认识对象及其同本质相关的属性,这就要同时运用以哲学范畴论与四谓词说为根据的语义分析逻辑。他的逻辑学说的这两个层面互为表里,有共同的哲学根据。

构造三段论用于证明,和所谓"划分"方法的证明有根本区别。柏拉图在《智者篇》、《政治家篇》中用划分方法对智者和政治家下定义。① 亚里士多德指出,划分看来像是一种弱的推论,但在逐步划分中,总是将本来应当通过三段论证明的主体及属差,当做预期设定的结论,并没有揭示词项或所是的东西之间的必然联系,并不是必然的推论,不能真正考察清楚论证的主题。只用划分方法不可能有证明,不适合于研究。(46b20—35)由此可见,认为亚里士多德的三段论学说直接渊源于柏拉图的划分方法,这种见解难以成立。

三段论的格式是正确推理的形式结构,不能完全保证推理内容的真实性,有效推理毕竟主要取决于命题的内容或意义的真实性。亚里士多德很重视这一点,所以在《前分析篇》第 2 卷,他以相当多的篇幅研讨了三段论格式中前提和结论的真假值问题。他指出,正确构造三段论,总是要求两个前提是真

---

①　参见本书第二卷第 22 章第一节,以及第 836—840 页。

的。正确运用三段论格式，从两个真的前提不可能得出假的结论，也就是说，能可靠地获得真的结论，这正是三段论格式的认识价值所在。然而如果一个或两个前提是假的，会有两种情况：第一种情况，从假的前提中不能推出关于原因的真的结论，因为原因涉及前提和结论在内涵意义上的本质、必然的联系，是严格的蕴涵关系。第二种情况，结论只涉及事实而不涉及原因时，从假的前提可能推出真的结论。如：石头是动物，人是石头，从这两个假前提推出人是动物。（53b5—40）如果推理方法正确，结论假，论证的前提必定全部或部分假，但结论真，推理方法正确，论证的前提未必全部或部分是真的。这里亚里士多德实质上已使用前提和结论之间的实质蕴涵关系来论述：作为前件的前提真，作为后件的结论必真，而后件真，前件却可能是假的。（57a37—57、b15）亚里士多德还逐一细致分析了运用三段论的三个格中从假前提推出真结论的种种可能情况。他的旨意在于提醒人们，不要以为单靠运用三段论的格式就能保证论证内容的真实可靠，鉴别前提与结论的意义的真假，还需要具体的经验和知识，还需要逻辑中的意义分析层面。

《解释篇》论述矛盾关系的命题必有一真一假，上反对关系的全称命题可同假、不能同真，下反对关系的特称命题可同真、不会同假。亚里士多德根据上述命题间的逻辑关系，研究前提与结论的真假值、前提与结论的转换等问题。例如在第一格中从相反对的前提中不可能得出三段论，在中间格中从相矛盾或相反对的前提中可产生三段论，在第三格中从相对立的前提中得不出肯定的三段论，从一个单一的三段论中得出相反的结论（如说不好的事物是好的）是不可能的，等等。把握矛盾关系的命题必有一真一假，就是把握了逻辑的必然性。就此而言，归谬法证明和直接的三段论证明有同等效力。直接证明一开始就设定三段论的真前提，归谬法证明则预先设定一个和结论相矛盾的命题作为前提，用它推出一个公认的谬误，反过来证明结论的真实性，因此用直接证明法建立的命题也可用归谬法证明。

运用形式逻辑的三段论，是否能使人获得新的知识，是一个有争议的问题。国内20世纪50年代末的逻辑学讨论中，就有截然相反的见解。一种看法认为，演绎推理的结论作为特殊知识，早已包含在作为普遍知识的前提之中,因此三段论并不能提供新的知识。亚里士多德则认为:在运用三段论中,人们可借助普遍知识思考特殊知识,拥有普遍知识未必就已知悉全部特殊知识;如果不通过三段论将普遍知识与特殊知识结合,仍有可能在特殊知识方面产生错误。就普遍知识、特殊知识这两个不同方面而言,一个人可以既知道又不知道属于同一范畴系列的东西。因此三段论能使人根据普遍知识获得新的特殊知识。例如,柏拉图的《美诺篇》论证学习就是回忆,苏格拉底作几何图形,启发童奴在识图的经验中认识到比某个正方形面积大一倍的正方形的边长是多少,仿佛是回忆起特殊知识。实际上,苏格拉底是根据毕泰戈拉学派的勾股定理,以此作为普遍知识,运用三段论求得关于正方形边长的新知识。①再如,有人知道骡子是不孕的,x(某动物)是骡子,如果他没有把握骡子、不孕和 x 三个词项的必然联系,他可能认为 x 是能孕的。(67a20—67b10)在亚里士多德看来,三段论有助于人们推出新知识,用于建构证明的科学知识,有认识价值,是人们获求知识、建构科学的有效工具。

总之,亚里士多德认为辩证的三段论、证明的三段论和修辞的三段论,都通过他所描述的格式产生。人的一切知识、信念都或是通过三段论(演绎推理),或是通过从特殊到普遍的归纳形成的。他没有展开研究归纳推理,在他看来,三段论是中词存在时通过中词证明大词属于小词,归纳则是中词尚不存在时通过小词证明大词属于中词;从本性上说,通过已存在的中词运用三段论在先,更可靠,而归纳在直观上更显明。(68b30—35)

三段论的认知价值,也表现在人们的日常生活和科学研究中,大量地使用省略式三段论。从已普遍被接受的、具有必然性的前提,迅即得出符合三段论格式的断定性结论。例如,知道一个人有奶,迅即断定她能孕育。这类普遍、必然的前提中的中词,是一种认知的"标示"(Semeion),往往就是一类事物的本质属性或同本质相关的特性,判识这类"标示",对人们娴熟运用省略式三段论以求新知,有重要价值。

---

① 参见柏拉图:《美诺篇》,81A—D,本书第二卷,第578—581页。

## 第三节　模态逻辑的哲学意义

亚里士多德在《解释篇》与《前分析篇》中,以相当多的篇幅研讨了模态命题与模态三段论。就留存的历史资料说,他是历史上对模态逻辑作了系统研究的第一位逻辑学家。由于种种原因,他的模态逻辑存在着难解的问题和一些混乱或错误,但是他努力创建了一种模态逻辑系统,实属难能可贵;它对中世纪和近代模态逻辑思想的演进深有影响。自20世纪30年代以来,西方一些逻辑学家运用现代逻辑重新探究、评价亚里士多德的模态逻辑,取得不少有价值的成果,如卢卡西维茨的《亚里士多德的三段论》和麦考尔的《亚里士多德的模态三段论》(1963年)。亚里士多德建立模态逻辑,和他的哲学思想有紧密联系,从中可理解他创建的模态逻辑的特点,以及某些混乱、错误的由来。

### 一　模态命题及其哲学根据

亚里士多德在《解释篇》第12、13章中,集中研讨模态命题。模态命题是包含模态词(现代逻辑称为模态算子)的命题。《解释篇》中提出了四个模态词:可能、不可能、偶然、必然。他在开列五对处于矛盾关系的模态命题时,又纳入"它真实—它不真实"一对,(22a10)将"真实"与"不真实"似乎看做一种模态,其实是指实然命题的真假值,他论述的一般命题都是指实然命题,所以没有必要再展开论述"实然"这种模态。亚里士多德注重研究模态问题,是出于实际思想活动的需要。如《修辞学》研讨的修辞的推理,涉及可能与必然的模态论题;《论题篇》中用四谓词说研究推理,也涉及论题中主项和谓项之间的必然或非必然的联系,偶性就是可属于也可不属于主项表示的东西。在日常生活和知识活动中,经常、大量地遇有模态命题和模态推理。因此他研究模态逻辑,读来颇觉烦冗,却是有实际意义的。

亚里士多德说的模态命题,是以一个陈述从句为主项,以模态词为谓项,模态词表述整个从句,而不是修饰句子中的某个词项。例如:"'人是动物'是必然的"，这是模态命题，而"人是必然的动物"，这就不是模态命题；"他明天早晨吃面包是可能的"，这是模态命题，而"他明天早晨可能地吃面包"，这就不是模态命题。如果用 p 表示主项从句，模态命题的表达式为：p 可能，p 不可能，p 偶然，p 必然。当然自然语言未必都采用这种表达形式，但是自然语言表达的模态命题，就其意义而言，模态词必须修饰整个句子，同上述表达式应是等值的。例如，"它可能是"，其意义就是"'它是'是可能的"，模态词的意义落实在整个命题，这是亚里士多德建立、研究模态命题的一个"基准"，（22a9）他的模态逻辑实为一种模态命题的逻辑，而不是模态谓词的学说。

模态词都有其否定形式。模态命题的否定形式即其矛盾命题，在于作为谓项的模态词的否定，而不是作为主项的句子中某个词项的否定。例如，在自然语言中以"它"表示某东西，"它可能是"的矛盾命题是"它不可能是"，而不是"它可能不是"；"它必然是"的矛盾命题不是"它必然不是"，而应是"它并非必然是"。亚里士多德将模态的肯定命题与否定命题，列为五对矛盾的表达式。以"它"表示模态命题中的主语从句，这五对表达式为："它是可能的——它是不可能的"；"它是偶然的——它是并非偶然的"；"它是不可能的——它是并非不可能的"；"它是必然的——它是并非必然的"；"它是真实的——它是不真实的"。他在论述模态命题之间的逻辑关系时，不涉及第五对实然命题，但在讨论模态三段论中，涉及实然命题。

同一个模态词的肯定和否定形式所造成的模态肯定命题和模态否定命题，总是处于逻辑上的矛盾关系，必有一真一假，不会同真。例如，"它"表示某类东西，在日常语言中"它可能是"的矛盾命题是"它不可能是"，两者不会同真；"它可能不是"则不是前者的矛盾命题，因为就事物的变化而言，"它可能是"和"它不可能不是"，可以是同真的。由于亚里士多德所论的模态命题，实质上以主项从句为主项、以模态词为谓项，不涉及主项的量化，所以同一个模态词的肯定命题和否定命题之间，只有矛盾关系，而无反对关系。

涅尔将亚里士多德的肯定与否定的模态命题间的逻辑关系，也用一个对当方阵简明地表示如下（其中 p 表示主语从句）：

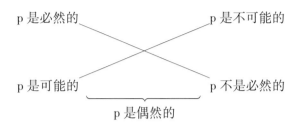

在这个方阵里,矛盾、反对、差等关系完全和直言陈述句的对当方阵一样;"p是偶然的"的定义为两个下反对命题的合取,即"p是偶然的"既可等值于"p是可能的",也可等值于"p不是必然的"。①

亚里士多德很注重研讨不同模态形式的命题间的逻辑关系。为理解这方面的内容,应分析他所理解的模态的哲学根据与意义。

他将偶然界定为并非必然、又等值于可能。所以他的模态词的哲学根据,主要在于可能性和必然性这两个范畴的意义。

可能(dynamis)有"能"、"能力"的含义,也包含"潜能"的意思。"可能"有双重含义:其一,指实际的事物有某种能力,如他能散步,这种散步的能力可以实现,所以说他"能"散步。他的这种实现的能力有必然性,因此可理解为必然性中蕴涵着可能性,这种可能性体现必然性,所以,"是必然的东西也是可能的东西"。其二,指运动的事物从潜能转变为现实的可能性,而事物可能变为现实,也可能不变为现实,在运动变化中,"某事物可能是"和"某事物可能不是"这两个命题,就并不构成矛盾关系,可以同真。这种含义的可能性并不必定体现必然性。就此意义而言,不能说可能的东西就是必然的东西。(23b7—20)亚里士多德又从另一角度论述两种"可能性":第一种是无理性的可能性,即不受人的理性行为支配的现实的东西,其本质或特性只有一种可能性,如火总是热的,它不可能有既热又冷的两种相反的特性。第二种是理性的可能性,即受人的理性行为支配的事物,可以有两种相反的结果,如某物可能被切割,也可能不被切割;人可能学习文化,也可能不学习文化。上述第一种

① 参见威廉·涅尔、玛莎·涅尔:《逻辑学的发展》,第111页。

可能性体现必然性,第二种可能性未必体现必然性。

　　事物是必然的,就是事物不可能不是它。《解释篇》中指出"具有必然性的东西就是具有现实性的东西"(23a23),必然性等值于现实性,既指现实事物有其必然性,也指运动事物从潜能变为现实有其必然性。非必然性则指不可能性。所以亚里士多德认为必然性与非必然性是更为根本的范畴,他说:"必然性和非必然性也许既是一切'是'的本原,也是一切'不是'的本原,其他一切都必须被看做是根据它们所推出来的结论。"(23a20—23)从 p 是必然的,可推出 p 是可能的;如果不能推出后者,就得肯定 p 是不可能的;而 p 是不可能的,等值于 p 不是必然的;这就会发生从 p 是必然的推出 p 不是必然的这种自相矛盾的命题。必然性即现实性,是本原,可能(潜能)蕴涵于必然之中。"现实性先于可能性,因为永恒的事物在先。"就"是"的模态而言,亚里士多德区别了三个层次:"首先是不涉及可能性的完全现实的东西,如第一本体;然后是既属于现实性又属于可能性的东西,在自然的序列中现实先于可能,虽然在时间上现实后于可能;最后才是只有可能性而决不会实现的东西"。(23a24—27)

　　《形而上学》第 5 卷解释必然性有两种含义。第一种含义是事物自身的不可能缺少的原因,"这一原因是某种必然"。第二种含义是证明的必然,即推理依据确定的前提必然得出结论。(1015b5—10)前者是自然事实的必然性,而后者是逻辑的必然性。周礼全指出:亚里士多德在《前分析篇》中实现上区分了绝对必然性和相对必然性。绝对必然性指事物的本质、定义、原因必然地属于主项表达的东西,如"人是动物","线是直的或曲的"等句子皆有绝对必然性;相对必然性则指正确推理中结论依赖于前提的必然性,依据三段论式从前提必然推出结论,然而由于前提的内容不同或真或假,结论命题中的主项和谓项之间未必有本质的、必然的联系,所以这种必然性是相对的。① 以上见解切合亚里士多德所解释的必然性的两种含义。我们还可进而引申:依据四谓词说,一般而言,以种、特性、定义为谓项的命题有绝对必然性,表达了自

---

　　①　参见周礼全:《模态逻辑引论》,第353—354页。

然事物的某种必然性,也蕴涵着可能性;而以偶性为谓项的命题却只有可能性。《解释篇》中研究的命题间的逻辑关系和《前分析篇》中研究的三段论的推理形式,都有相对必然性。这里实质上表现了自然模态和逻辑模态的区别。亚里士多德没有深入研究这两者的关系,而这是一个相当复杂的问题;他往往将两者混在一起论述,因而未能在分析模态的逻辑形式中做到更为严谨、精致,这是他构建模态逻辑系统中有缺陷或错误的原因之一。

亚里士多德在《形而上学》第 9 卷第 3 章中批评了同时代麦加拉学派否定可能(潜能)和现实的区别的思想。这种思想也表现于稍后的麦加拉学派的狄奥多罗的模态论中,他将可能的东西定义为或者现在是或者将来是的东西,他从时间角度,将可能和现实等同。① 亚里士多德指出:麦加拉学派的一些人认为"一件事物只有在现实时才是可能的;当它并未是现实时,它是不可能的。比如一个人不是正在建筑,他就不能建筑,只有他正在建筑时,他才能建筑"。这种说法是荒谬的,一位建筑师不在造屋就不能是建筑师了;同理若人不在感觉时,冷、热、甜、苦不复存在,这些和普罗泰戈拉的理论反倒一致了。瞎、聋的本来意思指视觉、听觉能力的缺失,按照麦加拉学派的见解,人闭眼、不听时就是瞎和聋,那样人一天就将瞎、聋无数次。亚里士多德认为,麦加拉学派的"可能"概念的错误在于抹煞了潜能和现实的区别,将可能等同于现实,其严重性更在于取消了运动与生成。根据这种逻辑,一个站着的人就永远站着,坐着的人永远坐着,坐着的永不可能站起来,万物皆无动变可能,世界永恒呈静态了。(1046b30 — 1047a20)麦加拉学派的一些人将时间断裂为"现在"片断的拼合,只用现实性界定可能性,实质上是否定了可能性,不仅否定现实事物的能力,也否定了动变事物从潜能进向现实的可能,否定了事物在本性上是可运动变化的。这种"可能"概念根源于他们秉承爱利亚学派关于"是"的学说。亚里士多德论述"可能"与"必然"的模态,则依据他的关于"潜能"与"现实"范畴的思想,他的模态论比麦加拉学派的论述更为深刻、合理。陈康对亚里士多德的上述批评,有专文深入论述,指出上述争论,"关键乃在

① 参见本书第二卷,第 475—476 页。

彼此所有的可能概念不同。第一,麦加拉学派所谓可能乃指一切条件的全备;亚里士多德所谓的可能乃指主要条件的具有,能力的具有。第二,麦加拉学派所谓的可能仅限于现在,不涉及将来;亚里士多德的却兼及现在和将来"。①

### 二 模态命题之间的逻辑关系

正是根据对必然性与可能性、潜能与现实的哲学理解,亚里士多德论述了模态命题之间的三种逻辑关系,即从一个模态命题可推导出另一个模态命题。这是他构建模态三段论的逻辑根据。

第一,等值关系。根据偶然、可能、必然等模态及其否定形式的意义,亚里士多德阐述了模态命题间的等值关系,即两个模态命题具有可相互推导的同等真值。王路将他的有关论述准确地概括出四个等值系列,以 p 表示从句主项,⊢⊣ 表示等值关系:

(a)可能p ⊢⊣ 偶然 p ⊢⊣ 并非(不可能)p ⊢⊣ 不必然不 p。

(b)不可能 p ⊢⊣ 不偶然 p ⊢⊣ (不可能)p ⊢⊣ 必然不 p。

(c)可能不 p ⊢⊣ 偶然不 p ⊢⊣ 并非(不可能)不 p ⊢⊣ 不必然 p。

(d)不可能不 p ⊢⊣ 不偶然不 p ⊢⊣ (不可能)不 p ⊢⊣ 必然 p。②

第二,矛盾关系。即前文已指出的五对模态的肯定命题与否定命题,处于相反的对立而无中间命题,对模态词的肯定与否定,使每对命题处于矛盾关系,不能同真或同假,必有一真一假,由一命题为真可推出另一命题为假,由一命题为假可推出另一命题为真。

第三,蕴涵关系。根据模态词的肯定形式或否定形式的意义,从一个模态命题可推出它蕴涵的同真的其他命题。《解释篇》中开列了"可能"与"偶然"的模态命题的蕴涵关系表。原文用"可能是"、"偶然是"、"必然是"的字样表述,为更易理解,我们用 p 表示模态命题的主项从句,此蕴涵关系表可表述为:

---

① 陈康:《麦加拉学派所谓的可能和亚里士多德所谓的可能》,见《陈康论希腊哲学》,第 400 页。

② 参见王路:《亚里士多德的逻辑学说》,第 81 页。

| 原命题 | 蕴涵的命题 |
|---|---|
| （a）可能 p | （a）偶然 p |
| | 并非不可能 p |
| | 并非必然 p |
| （b）偶然 p | （b）可能 p |
| （c）可能非 p | （c）并非必然非 p |
| （偶然非 p） | 并非不可能非 p |
| （d）不可能 p | （d）必然非 p |
| （并非偶然 p） | 不可能 p |
| （e）不可能非 p | （e）必然 p |
| 并非偶然非 p | 不可能非 p |

除了这张蕴涵关系表外，亚里士多德又论述了"必然"的模态命题也蕴涵其他模态命题。必然 p 蕴涵可能 p，从可能 p 则得不出必然 p；必然非 p 蕴涵可能非 p，从可能非 p 则得不出必然非 p。（22b12—17）对必然和可能的蕴涵关系问题，卢卡西维茨指出，亚里士多德在《解释篇》中错误地判定了可能 p 蕴涵不必然 p，在《前分析篇》中则予以改正，认为可能性对必然性的关系具有一种等值形式。王路则认为，《解释篇》中也证明了"可能 p ⊢ 不必然不 p"，已论及可能 p 和并非必然不 p 有某种等值关系，因此并不存在《前分析篇》中改正错误的问题。① 这一见解是确切的。我们认为关键在于亚里士多德解释"可能"模态有两种意义：就现实的东西出于自身本性而实现的"能力"而言，这种可能性可以用来表述"肯定必然性的东西"，因为这种"能力"已有现实性，"可能性"中已见必然性，《前分析篇》论述的正是这种狭义的"可能"和"必然"具有等值形式。另一种意义的"可能"是指运动事物从潜能变为现实的过程中的"可能"，在此过程中有"可能是"和"可能不是"这两种可能性，两者可以同真，这种"可能性"中尚未见必然性，因而不能用来"述说必然的东西"。（3a7—18）所以亚里士多德就广义的"可能"而言，认为必然 p 蕴涵可能

---

① 参见王路：《亚里士多德的逻辑学说》，第 84 页。

p,可能 p 蕴涵不必然 p;而就狭义的"可能"而言,又认为可能 p 蕴涵不必然不 p,即可能性中可以蕴涵某种必然性的意义。

亚里士多德概括出了上述三种模态命题间的逻辑关系,为他构建模态三段论系统做了理论准备。然而模态命题的逻辑关系比一般命题间的逻辑关系更为复杂,他只是依据自己对模态的哲学解释来建立这种逻辑关系,对事实(自然)的模态和逻辑(命题)的模态之间的关系并未厘清,也还没有引入变元与量词,因此和现代模态逻辑相比,他的模态逻辑系统不够严密精致,有缺陷、错误,但当时能建立系统的模态逻辑,实属难能可贵。

### 三　模态三段论

亚里士多德在《前分析篇》第 1 卷第 3 章和第 8 章至 22 章,详细论述了模态三段论。有些西方学者认为,这些章节可能是他后来插进去的,是他未经修订的初稿,也是他最后草拟的逻辑著作,也许这可用来解释他的模态三段论多有缺陷或错误,逊于他构建的严谨、明晰、几乎无错误的实然三段论。① 然而亚里士多德建立了历史上第一个模态三段论系统,毕竟有开创意义和深远影响。

三段论的前提中,如有一个是或两个都是模态命题,就构成模态三段论。一个实然命题和一个模态命题作为前提,也可构成模态三段论。根据前提与结论的模态意义,可将模态三段论区分为必然三段论和或然三段论两类。根据不同模态的大前提、小前提的组合,亚里士多德又将模态三段论区分为八组情况:1. 必然命题(大前提),必然命题(小前提);2. 必然命题,实然命题;3. 实然命题,必然命题;4. 或然命题,或然命题;5. 或然命题,实然命题;6. 实然命题,或然命题;7. 或然命题,必然命题;8. 必然命题,或然命题。同实然三段论一样,每组模态三段论也有三个格、十四个式,上述八组模态命题组合的三段论,可得出一百十二式。其中第一格的三十二个式是完善的模态三段论格式,以它们为公理,用换位法、归谬法、显示法,论证其他式正确有效,并排斥

---

① 参见卢卡西维茨:《亚里士多德的三段论》,中译本,第 165 页。

了无效式。这样就构成一个不严格的模态三段论公理系统。亚里士多德论述模态三段论格式,数目众多,读来烦琐,令人有树多不见森林的感觉,而且从现代模态逻辑观点来看,是有一些错误的。对他的关于模态三段论格式的论证,我们不逐一细述,主要论述他的模态三段论的逻辑与哲学的意义。

构成他的模态三段论的模态命题,其模态词修饰作为主项的从句,不修饰陈述句的某一词项,这种模态三段论实质上是一种模态命题逻辑,而不是模态谓词逻辑。这种命题逻辑思想的萌芽,对后来斯多亚学派建立命题逻辑,可能有所影响。但是他还没有自觉形成一种命题逻辑思想,他论述模态三段论的格式,仿照实然三段论格式的论证,仍然主要采用词项分析的方法,是一种词项逻辑,只是由于引入模态词,他对模态的意义又有自己特定的哲学解释,这就造成模态命题的换位、模态命题间的逻辑关系更为错综复杂,而且他还没有能用清晰的符号系统来构建模态命题逻辑,所以他的模态三段论系统不严谨,有一些缺陷与错误。然而后世的逻辑学家正是通过修正其错误、改善其系统、深化其哲学意义,而不断发展模态逻辑。现代逻辑学家则运用新的符号系统重新解释、评价亚里士多德的模态三段论。卢卡西维茨所著《亚里士多德的三段论》的第6、7、8章,以自己创造的形式化方法,重新构造亚里士多德的模态逻辑系统,并且论评了它的一些错误,在国际逻辑学界颇有影响。卢卡西维茨又指出:"在他的著作中可以找到对于一个完整的模态逻辑体系所需要的一切因素","不论从历史的观点还是从系统的观点来看,对于哲学都具有重大的意义"。①

亚里士多德的模态逻辑贯穿一种必然性原则。卢卡西维茨认为亚里士多德受柏拉图的相论的影响,他的模态逻辑作为普遍词项的逻辑,将必然性解释为客体的普遍的本质属性,实质上这是一种先验性或现代分析哲学所说的"分析性"。卢卡西维茨从实证主义观点出发,认为这对哲学是有害的,已肇始将科学区分为两类:一类是由必然性原理(分析命题)组成的先验科学,如逻辑学与数学;另一类是由实然命题(综合命题)组成的经验科学。他反对这

---

① 卢卡西维茨:《亚里士多德的三段论》,中译本,第252页。

种科学分类,认为普遍的因果律只是一种假设,真正是分析的总又是综合的。① 然而这种论评并不切合亚里士多德的模态学说的原意。他所说的"必然的",并不等同于现代分析哲学所述的"分析性";因为"分析性"只有先验的逻辑必然性,而亚里士多德的"必然性",既指事物的普遍本质的规定,也指证明的必然即逻辑的必然性;他的模态逻辑同时包容了这两种必然性的含义,但他没有明确区分事实模态和逻辑模态,这是一个缺陷。他的逻辑中的普遍词项表述事物自身的定义即普遍本质,不同于柏拉图的"相"。他在《后分析篇》中指出:"为了使证明可能,并不必然需要型式或和'多'相分离的'一',而正确陈述众多主体的一个谓项应当是必然的,否则就会没有普遍词项。如果没有普遍词项,那就没有中词,也就没有证明。"(77a5—10)他还认为,一切证明的科学知识的出发点即初始原理,作为科学必然性的本原,归根结底是在经验中形成,由理性的直观把握,不是心灵神秘地自生的。由上述可见,卢卡西维茨认为亚里士多德的模态逻辑受柏拉图的相论影响,并且将先验性(分析性)和经验(综合性)截然对立起来,并不确切。

科学研究和日常探讨问题,总要力图揭示事物的普遍本质与必然性,分析事物变化的可能性,广泛涉及模态问题。亚里士多德的模态三段论无疑很有认知价值。证明的科学理论就应当是一种具有事实必然性和逻辑必然性的知识系统,无疑大量涉及必然三段论。或然三段论也不可缺少,在修辞推理中有大量表现。亚里士多德在《前分析篇》中又区分"可能"的两种意义:第一种意义指经常发生而尚未见必然的性质,如人长出灰白头发,这是自然的、无连续必然性的属性;第二种意义指不确定的情况,如动物在行走,一般是偶性的发生。科学知识或证明的三段论不研究后一种不确定的情况,因为从中不能确立中词,而第一种意义的自然的可能性,却也是科学研究与证明的对象。

亚里士多德创建模态逻辑体系,对后世模态逻辑发展深有影响。他的弟子塞奥弗拉斯特修正了他论述或然三段论的一些错误,并且提出模态三段论的"从弱原则":必然强于实然,实然强于可能,模态三段论中结论的模态不强

---

① 参见卢卡西维茨:《亚里士多德的三段论》,中译本,第252—254页。

于前提的模态。公元 9 至 12 世纪的阿拉伯逻辑学家将亚里士多德的模态三段论和麦加拉—斯多亚学派关于模态的时间意义的思想相结合，建立了有"必然"、"可能"、"经常"、"有时"四种模态的模态谓词逻辑。在公元 12 至 15世纪，中世纪经院逻辑学家发展了模态逻辑的推导理论，并且区别了命题模态和事物模态，依据后者，模态词可构成命题中表述主词的谓词部分。莱布尼兹论述必然真理和偶然真理，康德论述必然性和判断的分类，区分分析判断、综合判断、先天综合判断、研究或然判断、实然判断、确然判断等，都涉及模态逻辑及其哲学意义。20 世纪美国哲学家刘易士（C.I.Lewis）是现代逻辑的拓进者，建立了严格蕴涵的模态命题逻辑系统；20 世纪 40 年代后，现代模态逻辑有很大发展，自卡尔纳普之后，构造了多种不同的模态谓词演算系统，并且深入展开模态逻辑的语义学研究。当代美国著名哲学家克里普克（S.A.Rripke）建立可能世界学说，这种模态语义学颇有影响，促进了现代逻辑各分支学科的研究，而在逻辑哲学方面，他深受亚里士多德的本质主义的影响。①

### 第四节　修辞的论证

古希腊的修辞学是一种研究演说的技艺，也是一种研究散文写作的理论。亚里士多德在知识分类中，将修辞学与诗学都归入第三类即创制性知识。在古代希腊修辞学早有创立和研究，至公元前 5 世纪希腊城邦政治生活活跃，演说和论辩是政治上谋进取、法庭上舌战取胜的重要手段，智者教习修辞术风靡一时。著名智者高尔吉亚、普罗泰戈拉、普罗迪柯等人对修辞学发展都颇有贡献。然而智者以征服听众为修辞术的本质与目的，修辞术沦为论辩乃至诡辩的技巧。在柏拉图的《高尔吉亚篇》中，苏格拉底批判智者的修辞术混淆是非、强辩取胜，是虚伪的知识。至亚里士多德所处时代，修辞学鼎盛不衰，在雅典，伊索克拉底、德谟斯提尼等人均为一代名家，他们留传下来的多篇演说，堪

---

① 参见周礼全：《模态逻辑引论》，第十一章。

称为风格壮美、激动人心的杰作。他们的修辞学注重研究演说中情感、性格的力量和散文的风格及艺术手法。亚里士多德在《辩谬篇》末尾说,当时有名的学者,继承了许多前辈的遗产,"已经使修辞学达到现在日臻完善的地步"。(183b30—33)然而他独具慧眼,既批判智者的修辞术是表面或虚假的论证,也不满意他曾师从的伊索克拉底的修辞学,认为它有逻辑薄弱的重大缺陷。亚里士多德建立的修辞学有重大革新:融会了他本人对众多学科的研究成果,特别是在修辞学中注入较大分量的逻辑论证内容,使修辞学真正成为一种合逻辑的"说服的论证"。

亚里士多德写过不少修辞学的论著,留传下来的代表作是《修辞学》一书,苗力田主编的《亚里士多德全集》第9卷有此书的中译本;另有罗念生节译此书的中译本。另一部流传下来的《献给亚历山大的修辞学》,主要重述了《修辞学》的部分内容,一些学者认为它并非出自亚里士多德的手笔,而是亚历山大的随军侍从阿那克西墨涅斯的著作。《修辞学》大概是作者重返雅典之前已经动笔,在吕克昂讲学时期完成的。这部系统的修辞学理论著作,共有三卷:第1卷论述修辞学的对象、修辞论证的特征与题材;第2卷论述演说中的情感与性格分析,修辞论证的主要方式;第3卷讨论演说散文的风格、结构及词章的艺术技巧。其中第1、2卷以较多篇幅研讨修辞的论证,讨论修辞的演说中又包含不少他的政治学、伦理学及心理研究的内容。第3卷可视为他的文艺理论的构成部分,同《诗论》相关。由上可知,他的修辞学和现代修辞学在内容上颇为不同。他在研讨"演说"中融会了逻辑学和其他学科的内容,所以他说"修辞学是分析学科和伦理方面的政治学的结合"。(1359b7)确立修辞的论证,是他的修辞学的思想精髓和革新意义所在,表现了他的三段论学说应用于日常社会生活这一重要方面,这也应是他的逻辑学说的重要构成部分。这是本节所要论述的内容。

## 一　修辞学的主要研究对象是说服论证

《修辞学》开宗明义指出:"修辞学是辩证法的对应部分"。(1354a1)两者都是在论辩中运用逻辑论证以形成正确的认识,两者都不从属于某一特殊学科,不限于研究某种确定的对象,而有普适性和实用价值。亚里士多德批评以往的修辞学总是大论特论敌意、怜悯、愤怒之类的激情,而且主要热衷于研究法庭诉讼的演说,力图以激情和感人的演说技巧影响陪审员的判断。其实这些只涉及修辞学这门技艺的一个小的附属部分,说服论证才是修辞学的主要内容,即研究在演说中以逻辑论证说服人。它的主干是修辞的推理和论证,其希腊文专用术语可音译为"恩梯墨玛"(enthymema),专指用于演说的、有或然性论题的修辞三段论。以往的修辞学家们对三段论学说和"恩梯墨玛"了无所知,就只好乞助于激情和演说技巧,力图凭借它们在诉讼中取胜。其实缜密的法律是审判的普遍性依据,凭借夹杂个人爱憎与利益的激情干扰陪审员的评判尺度,不充分考虑事实真相和理由,只会造成审判的不公正。亚里士多德认为,修辞学应主要研究以事实为根据、富有逻辑力量的说服论证,这样才能通过诉讼演说获得公正、适当的判决,并且可将这种说服论证普遍应用于政治机构的议事演说和公民大会的演说。亚里士多德的修辞学根据自己的政治、伦理、美学思想,也研究演说者和演说对象的激情、性格、品德和演说的艺术技巧,但是他认为这些都从属于说服论证这个主干。所以他说:"修辞学就像辩证法和伦理学说的分支","也可以纳入政治学的框架",他强调修辞学和辩证法"都是提出论证的某种能力"。(1356a25—35)他将修辞学定义为"在每一事例上发现可行的说服方式的能力"。(1355b26)其他种种技艺只在自身的对象范围内才有教导和说服的功能,修辞学则在给定的散文或演说范围内,发现普遍的说服方式。

亚里士多德所说的"说服论证"含义较宽,它的一部分指不属言辞技艺范围的见证,如依据契约之类来论证;它的另一部分指属于修辞技艺范围的内容,即言辞的说服论证。他认为有三种说服方式:演说者的品格;使听众处于某种心境;而最重要的是逻辑论证。演说者的品格和引发听众的激情固然也有说服力量,而事情得到证明能使人们达到最确实、最大限度的信服。所以在他看来,说服论证的本质、最有效力的核心内容,是"修辞的论证"。这种论证也运用例证的归纳方法,但更主要的是运用三段论的推理论证;如同辩证法一样,要求掌握和娴熟运用三段论推理,精通三段论及其构造方式,这样才能成为运用修辞的推理与论证的行家里手,才能使演说者与听者实现人类趋向真理的自然禀赋,才能通过证明与反驳从正反方面辨明真实情况、证实真理。真实和正义的东西在本性上总胜过同其对立的东西,要是法庭判决不当,原因必在于败诉者缺乏修辞的论证。

说服效力也来自演说者的品格和能使听众改变其判断的激情。《修辞学》第2卷研究演说者应具备的三种素质即实践智慧(phronesis)、品德(arete,virtue)与善意,并且具体分析了听众会产生的痛苦与快乐、愤怒与温和、友谊与友爱、恐惧与怜悯、羞耻与义愤、嫉妒与奴性等激情,以及不同阶层、年龄的人物的性格。和其他修辞学家谈论激情与性格不同,亚里士多德从伦理学和道德心理学角度论述品德、性格和情感,可以说是他的伦理学在修辞学领域的应用,具有严谨、深刻的学理性。然而他强调说服论证的首要方式是"应该能够进行逻辑推理",(1356a21)也就是运用修辞的论证,因为归根结底,最强的说服力量来自得到论证的事实和真理。

修辞论证的对象范围是三种演说:1. 议事演说,论证议事提案的利或弊,旨在劝说或劝阻通过提案。2. 法庭演说,旨在控告或辩护,论证案件判处的公正或不公正。3. 公民大会的展示性演说,旨在赞颂或谴责,论证具体人物的品格与行绩的高尚或丑恶。修辞论证采用两种方式:例证的归纳即修辞归纳法;推理论证即修辞三段论。

例证的归纳是一种枚举法的归纳,依据特殊的事例引出普遍性的结论。修辞的论证也采用它,但它不如推理的论证即修辞三段论更有说服力、更受人们欢迎。修辞三段论无疑要遵从《前分析篇》所阐明的三段论格式及其构成原则,它是三段论学说在城邦公共生活中的运用。在亚里士多德看来,不同学科或领域都要运用三段论的普遍原理与格式进行推理论证。然而由于不同学科的主题内容彼此相异,各有特定的命题和论证特色,如物理学和伦理学的命题的论证方式和模态程度就有不同。作为修辞论证的主干内容的修辞三段论,有以下三个特点:

第一,容纳个体词项和单称命题,论证可涉及个别的题材和个体事物。《前分析篇》建立的三段论格式,或是用于证明的科学理论,或是用于辩证法依据公认意见建立普遍性论题,所以证明的三段论和辩证的三段论都排斥个体词项和单称命题。修辞学作为一种技艺、一种学问,也研究普遍性的说服论证。然而修辞学的对象是公共生活中的三种演说,其内容并不都是普遍性的论题,会较多地涉及个别的题材,涉及个体的人或事。《修辞学》中所举的许多修辞三段论的实例,都涉及个体事物,使用个体词项和单称命题。由此可见,亚里士多德在《前分析篇》中论述三段论时不采用个体词项和单称命题,是由于他将三段论主要用于科学证明和辩证法这一宗旨,而不是出于逻辑的理由。他的修辞三段论有不同于上述宗旨的应用目标,因而可兼容个体词项和单称命题。

第二,修辞三段论主要是模态三段论。演说中说服论证的题目,在人们的心目中或在实际生活中,往往具有或然性,唯其主题有或然性,才需要说服人相信。修辞三段论也有必然的前提与结论,如法庭案件审理中使用确凿的证据和作出必然的结论判定。但是修辞三段论的前提或要论证的主题往往具有或然性,如人们的行为、意愿和筹谋的对象,是经常会发生的事,并非出于必然,可以是一种状况,也会有另一种可能的状况。"经常可能发生的事实可以根据另一些同类的事实被推知,必然的事实则根据必然事实被推知。"(1357a25—30)修辞论证的根据既有或然的东西,也有必然的证据,表现了模态三段论在城邦公共生活中的实际应用价值。修辞论证的题材往往是或然性的东西,修辞三段论往往有或然性前提,这并不是指修辞三段论的结论也都是或然的可能命题,因为说服论证的最终目的是要人们相信某种现实的结论是实然的或必然的,形成一种确定的判断。

第三,修辞三段论的前提即修辞论证的根据,是"或然的东西"和"必然的表证"。(1057a31—1057b7)或然的东西具有"经常会发生"这种意义上的"可能"模态,被表述为可能模态命题。种种"表证"都体现个别事物与普遍的关系,或是普遍事物和其个别部分的关系。表证有两种。一种是必然的表证,内蕴从普遍推知个别的逻辑关系,它可以作为修辞三段论的根据,因而被称为"肯定的证据或证明"。例如依据一个人在发烧这个必然的表证,可以推知他在生病;因为此人发烧和"凡发烧的人皆有病"这个普遍命题有必然的逻辑关系,根据这个表证可产生修辞三段论的推理。另外一种是非必然的表证,它缺乏个别和普遍之间的严格、必然的逻辑关系,不能用来构成修辞三段论的推理。例如苏格拉底既有智慧又是公正的,作为一个非必然的表证,并不内蕴个别和普遍的必然的逻辑关系,不能根据这个例证产生三段论,来推知所有有智慧的人都是公正的。再如某人呼吸急促作为表证,和"人发烧"这个普遍命题并无必然的逻辑关系,不能根据此人呼吸急促就推断他在发烧,因为也有既呼吸急促又没有发烧的情况。所以作为修辞论证的根据的表证即"肯定的证据",就事实而言应当是一种必然的原因,使证据和结论之间有因果关系;就逻辑而言,它内蕴普遍命题和特称命题或单称命题之间的必然联系,使修辞三段论具有逻辑必然性。

例证作为修辞归纳法,也不是任何事例都可用来作为归纳的依据,所用的证据和所要证明的东西必当处于同类对同类的关系,本原同一个种,共同具有一个普遍的根据,所以例证中也内蕴个别和普遍之间的联系,修辞的归纳论证才有一定的逻辑力量。例如,要证明叙拉古的狄奥尼修(Dionysius)要求配备一支卫队是图谋成为一位僭主,证明的事例是从前雅典的庇西特拉图(Peisistratus)要求并建立了一支卫队后即成为僭主,这个例证内蕴一个普遍的根据,即违背常规要求配备一支卫队的人意在成为僭主。

由上可知,虽然修辞论证的主题和根据往往是或然性的东西,涉及个别事物,而且较多使用模态三段论,也用例证的归纳推理,但这并不是指修辞论证的根据与结论之间可以缺乏个别、特殊与普遍之间的必然联系,可以违背三段论推理的规则;也不是指作为结论的论断可以暧昧不清、依违两可;相反,它仍然要求论证具有严格的逻辑必然性,作为结论的论断应当是明晰、确定的。要不然议事演说难以使人决策,法庭演说无助于判决,展示性演说在赞颂或谴责中会造成善恶不明,这些都不能达到修辞演说的目的。

## 二　三种修辞论证的特点

三类修辞演说各有自己的主题、题材和目的,相应地三类修辞的论证也各有特点。议事演说的主题在于劝说或劝阻,支持或反对议事提案,题材内容总涉及未来的事情。展示性演说的主题是赞颂或谴责,目的在于阐示高尚或丑恶,题材主要针对当下业已存在的人或事。法庭演说的主题是控告或辩护,目的在于捍卫公正、揭露不公正,题材则是证实过去已发生的事情。三类演说运用修辞的论证有共同的要求:都应当从自身题材范围的事实出发,有真实的前提;都应当掌握有关的肯定的证据(必然的表证)和或然性事件,用以构成命题,并且正确运用三段论进行推理论证或作归纳的例证。三种修辞的论证又各有特点,主要表现在:掌握不同题材的事实前提;论证内容同伦理、政治、经济、军事等领域的学理各有不同侧重的结合;论证方式各有特色,如议事演说、法庭演说因涉及未来和过去的事情,更多地涉及可能与必然的模态命题与模态推理,展示性演说较多地用实然推理证明当下存在的人与事的高尚或丑恶。

议事演说论证可以发生或不发生的事情,而出于必然已存在的事情以及不可能存在或发生的事情,都不属于计议的范围。亚里士多德指出,议事演说论证的题材是关涉国计民生的大事,大致有五种:赋税的征收,战争与和平,疆土的防卫,进口与出口,立法事务。他指出,要做好每种具体题材的演说与论证,不能只从个人的私自经验或偏窄见识出发,而应全面地调查、熟知有关题材的现实情势、历史状况,并且要对本邦与外邦、本民族与其他民族的政治、经济、军事、政体与立法等等作比较研究,考察有关要义乃至细节,做到知己知彼、知古鉴今。这表明他主张议事演说与论证,要从城邦事务的实际出发,依据真实、确切的前提进行推理论证,才能作出合理的决策。他进而论述:公民与城邦、抉择事务,应以幸福和善为最高目的。幸福是具备品德的优良行为,自足的生活,或有充足财产、安全保障的快乐生活。幸福有种种表现,如出身高贵,朋友众多,爱子女和多子女,拥有财富、名声与荣誉,以及身体方面的品德即健康、健美、竞技能力、舒心晚年等。善是有实践智慧的人就为事实的自身原因而选取的事情,是理智、科学与实践智慧所统辖、支配的事情,表现为幸福、公正、勇敢、节制、健康、美丽等诸多品德,以及科学领域的高尚事实。议事演说论证的具体目标,不应背离上述根本目的。他还认为,处理城邦政务中要使议事论证具有说服力,必须通晓各种政体,辨识各种习俗、法制及利益的要义所在。政体有四种形式,各有其目的和特征:平民政体以自由为目的,通过抽签分配官职;寡头政体以财富为目的,根据拥有财产份额分配官职;贤人政体的目的在于获得教育和奉公守法,根据受教育程度分配官职;君主政体是或受律法限制或不受律法限制的独裁制,以自卫为目的。在不同的政体中,议事演说的论证各有不同的法制及利益作为根据。总之亚里士多德指出:"说服论证不仅产生于证明的论证,而且也有赖于伦理的论证。"(1366a10)他的修辞论证的一大特色在于,将逻辑论证同城邦体制、伦理和公民道德目标紧密结合起来。议事演说常用例证,因为过去的事例有助于对未来的事情作出判断。

展示性演说论证美德与邪恶、高尚与丑陋等赞颂或谴责的目标,这种修辞论证也表现了逻辑论证与伦理论述的紧密结合。这种演说常用夸张的手法,但这不应是任意吹嘘,而应是有根据的夸张,只在于渲染某种超越,而超越属于高尚的事情。

法庭演说尤其需要推理的论证,因为过去的事情模糊不清,需要通过三段论推理,给出理由与证明。法庭总审理不公正的行为,它们是有意违反特殊法律(成文法)或共同法律(不成文法)而造成某种伤害。行为由动机支配。应当掌握三类构成控告或辩护的三段论的命题:1. 做不公正的事情的动机和数量;2. 行为不公正者的心理状态;3. 遭受不公正行为的性质和情况。(1368b1—5)亚里士多德指出,一切人的一切行为,或是出于自身,或是出于机遇,或是出于强迫或本性所致的必然,总计不外乎七种缘由:机遇、本性、强迫、习惯、心计、愤怒、无理性或有理性的欲望。(1368b30—35)这里实质上涉及犯罪心理与道德心理问题。他又指出:要注意行为不公正者的特征有时同指控事实相差甚远或相反,不易发觉,如文弱之人殴打他人,穷丑者与人通奸,这就要善于辨识假象。行为不公正者被发觉了,往往贿赂审判官员或拒不赔偿来逃脱惩罚,这就要予以揭露、穷究。遭受不公正行为者的情况也千差万别,都要具体分析。总之,法庭审理的公正行为与不公正行为都相对法律而言,以法律为准绳,是法庭论证的根本前提。法庭的论证有五种不需言辞论辩技艺的手段:1. 法律,包括强制性的成文法和非强制性的不成文法;2. 见证,包括古时的见证和近时的见证;3. 契约,总是私下签订的,但法律使其具有约束力,破坏契约就是破坏法律,但应辨识通过欺诈或强迫产生的无效契约;4.

考问,是强制产生的见证,应注意逼供刑讯得来的口供有时是假话,并不可信; 5. 誓言,要辨识真誓与伪誓。(《修辞学》第 1 卷第 15 章)上述五种手段,特别是法律、见证与契约是法庭论证的重要依据。法庭总审理尚模糊不清的过去的事情,在判决前,就主体认识说,还是"可能"或"不可能"的事情;但是法庭的论证与判决并不根据或然性,而应根据事实,以法律为准绳,通过有逻辑必然性的论证,推断出确凿、可靠的结论。

### 三 修辞论证的方式

《修辞学》第 2 卷第 18 章至 26 章,论述了三类修辞演说中共同的论证方式。

旨在说服的演说用于促成某种判断,判断过去可能或不可能发生的事情,判断确已发生或将会发生的事情。首先要根据事实本身的模态和哲理进行判断。就"可能"与"不可能"的模态而言:一事实可能是或生成,它的相反情况也是可能的,如可能恢复健康,也可能生病;开端可能生成,结果也可能生成;部分是可能的,整体也是可能的;种是可能生成的,属也可能生成,反之亦然;两种自然相关的东西中一种是可能的,另一种也是可能的,等等。就事情已发生或没有发生而言:生成在后的事情已发生,在先的事情就是已经发生,如已经响雷,就已经闪电,某人已有行动,就已先有图谋,这类情况或是必然如此,或是经常如此。将会发生的事情,也可依据上述哲理类推。( 1392a8 — 1393a20)这里可见,亚里士多德的哲学范畴说运用于修辞的论证,来判断事物的模态,有其具体意义。

一切演说共有的修辞的论证方式有两种:例证和三段论的推理论证。两者可相互关联、交叉使用。

例证有两种形式:第一种是援用已发生过的事实,这种事实的例证对议事尤其有用。如要论证应防范波斯帝国染指埃及、侵略希腊,就可以举述大流士、薛西斯均曾征服埃及后渡海侵犯希腊作为例证。第二种是演说者自己使用的比喻和寓言。如论证不应用抽签法任用官吏,可以用抽签法不能根据竞技能力选用运动员这种比喻作为例证。希腊有伊索寓言等深蕴哲理的生动故事,虽然是虚拟的寓意,却很适合于平民群众作深入浅出的演说。例证的说服力度虽不如推理论证,但在缺乏后者的情况下,例证仍能产生说服力;而在有后者的情况下,例证也仍能产生说服力,将它放在推理论证的收尾处,能起到加强证据的作用。

推理的论证是一种三段论。构造修辞三段论必须具备三个要点:第一,尽可能全面地掌握和主题有关的事实,对事实无知者无法进行推论。(1396a4—8)不应专注于不确定的东西或无关的事实,而应专注于隶属演说主题的事实,尽可能多地记下最接近主题的事实,掌握事实越多,越容易证明。第二,不能只依据必然的事情推论,也应依据经常发生的事情作推论。(1396a3)这就常要涉及“必然”与“可能”两种模态。第三,推出结论力求简捷明快,前提不应遥远,也不必遍列全部推理步骤,冗长的论证会使含义模糊不清。(1395b25—27)推理论证的前提有四种:1. 或然性事件,即多数情况下存在或伴随的事件;2. 例证,通过一个或数个类同事件归纳出的普遍结论,再以此为前提用于推论部分或个别的事物;3. 肯定的证据或已证明的事实;4. 必然的表证。(1402b13—20)格言是关于人的行为的凝炼、深刻的普遍性陈述,可以将它看做既定的前提,如德尔斐神庙中的箴言“认识你自己”、“毋过分”。格言对演说的推理论证颇为有用,因为它能使听众顿悟一种普遍的道理。

修辞的推理论证有两种形式:证明式和反驳式。表面的推理论证不是真实的三段论,而是虚假的论证。

证明式的推理论证要正面确证所选择的主题成立,所以选择主题相当重要。亚里士多德从哲理方面概括地分析了各种主题的来源及其可证明性,它们来自:各种相反的东西,相关的东西,更多与更少,时间,定义,语词的多义性,划分,归纳,对同一或相反东西的判断,事情的原因与后果,它们的存在或生成的目的,人的行为的正确与错误,等等。(《修辞学》第 2 卷第 23 章)他很注重对证明主题的哲学分析。

在修辞演说中,不真实的、表面的推理论证,类同于《论题篇》所述的表面、虚假的论证,它们是不真实的三段论。亚里士多德剖析产生这类谬误论证的种种缘由:内容并不构成三段论,却以“所以必定如此”等措辞显得像是三段论;利用同名现象生拉硬扯、牵强附会地论证,如论证狗表征荣誉时,引述诗人品达赞颂天狗星的诗句;对应当拆开的陈述作合并陈述,或者对应合并的陈述作拆开的陈述;用不合乎事实的夸张手法、耸人听闻的言辞作论证;采用无必然性的个别表证或偶然事件,得出普遍性的结论;误认为同时或先后发生的两个事实必有因果关系,造成并无真实原因或理由的虚假推论。还有混淆语词的一般意义与非一般的特定意义,类似于哲学论辩中的诡辩,如:"不是"为"是",因为不是的东西也"是"不是的;不可知的东西可知,因为不可知的东西的"不可知"也是可知的。修辞术中也有类似诡辩:因为背离可能性的事情确有发生,从而推断不可能的东西是可能的。一个人受指控犯有罪行,要么可能,要么不可能,二者必居其一,如果说这二者都可能,必定是虚假的无理强辩。(《修辞学》第2卷第24章)亚里士多德剖析修辞术中表面的虚假推理的根源,实为引申、发挥《辩谬篇》对虚假论证的原由的剖析。

反驳式的修辞论证,是对对方的三段论论证的驳论。有四种方式:1. 直面驳斥对方论证自身不成立;2. 用相反论题的论证来反驳;3. 论证相似论题不成立来驳议;4. 用著名人物已有的定论来驳议。(1402a30—35)修辞的论证中常涉及或然性、经常发生的或然的事情,对这类论证常可提出驳议,但是如若只表明对方推论并非必然,而没有论述对方推论不可能成立,这还是表面的、不真实的反驳;因为和"可能"模态命题处于矛盾关系的模态问题是"不可能"模态命题,而不是"非必然"模态命题。所以反驳依据或然事情的推论,"必须指明对方的推论是不可能成立的"。(1402b34)反驳例证式的论证,也应采取同样方式,因为例证会有或然性。反驳有肯定证据的推理论证,不能依据上述模态命题间的逻辑关系,唯一的办法是证明对方所说的事实不存在;如果对方所说的事实存在,而且无疑有肯定的证据和正确推理形式,对方的论证就无可反驳。反驳式推理论证能醒目地展示对立的论证和正反面的逻辑推理过程,往往比证明式推理论证更受人欢迎。

修辞的论证和辩证的论证、证明的论证,都遵从三段论的普遍规则和格式,这是三类逻辑推理的共性。而修辞的论证又有其特定的题材内容及论证方式,这表明亚里士多德的三段论,既有运用于日常交往、意见论辩和建树科学知识的普适性,又有应用于社会公共生活而产生的新内容、新特点,包括其中的运用哲学范畴的意义分析,词项与模态的独特意义,伦理证明,法律逻辑思想萌芽,等等。修辞的论证也是亚里士多德三段论学说的构成部分,这种古代的应用逻辑思想,值得重视,应进一步发掘与研究。

# 第 五 章

## 逻辑与科学知识论——《后分析篇》

亚里士多德创建逻辑理论的目的,是为构建系统的科学理论提供有效的方法和坚实的工具。"工具论"的末篇《后分析篇》,紧密交融逻辑与科学方法论,表明他的逻辑学说的终极目标是通达一种科学知识论。《后分析篇》共两卷,第1卷34章,第2卷19章,内容紧密衔接,论述了证明的三段论是科学知识的逻辑基础、本质特点与建构方法,并且最后综合地从认识论角度探讨了科学公理与定义的本原。"工具论"中从《范畴篇》到《前分析篇》的主要逻辑与哲学观点,在其科学知识论中融会贯通,深刻体现了他的逻辑学的哲学根据与意义,更加凸显了他的本质主义的逻辑哲学思想。《后分析篇》有浓重的逻辑内涵,但又超越了形式逻辑的视角,论及科学的划界、基本要素、建构方法以至知识本原等重要问题,这是西方第一部系统的科学方法论著作。亚里士多德作为百科全书式的学者,建树了诸多学科的知识体系,无疑得力于他自己的逻辑学与科学方法论;对当时希腊和以后西方的科学知识系统化和学科发展都有直接和深远的影响。这部著作所论述的一些重要理论问题,至今仍为当代逻辑哲学与科学哲学所重视探讨,仍有借鉴和启迪的意义。

## 第一节　证明与科学知识

亚里士多德依据前提的性质及其运用领域,将三段论形态分为三类:辩证的三段论,修辞的三段论和证明的三段论。证明的三段论以真实的初始原理为前提,用于科学知识的建构与研习,可称为科学的三段论。一切科学知识都是证明的知识。证明既是最有科学价值的三段论推理的特殊形态,又是建构与教学科学知识的主要方法,是修筑科学殿堂的坚实工具,是科学知识体系的逻辑基础。证明是《后分析篇》研究的一个中心课题。亚里士多德指出,作为证明前提的真实的初始原理是不可证明的,而且科学知识的形成又有其非证明的、来自经验归纳的本原与方法。然而一切初始原理都得通过证明,才能从而产生系统的知识,证明是造就科学知识的一种智慧、原动力,是其"内在的逻各斯"。(76b25)三类三段论的格式是相同的。《后分析篇》第1卷并不研究证明的三段论的形式结构,而是从哲学的高度,探究证明和科学知识的本性与特点,展示证明作为一种科学方法的重要作用。

罗斯认为,《后分析篇》是研究"科学的方法",构建一种"科学的逻辑",从"研究一切推理的共同形式,进向研究科学的推理,它具有不同于辩证的推理或日常推理的特点"。① 现代多数学者赞同这种观点。然而当代英国学者巴恩斯(J.Barnes)认为:"这种证明的科学理论绝非指导科学研究或使之形式化的理论;它只是关注已获得事实的教学;它并不描述科学家应当如何获得知识;它提供了教师们应如何展示、传授知识的模式。"②他并且以此说明,亚里士多德本人的哲学与科学著作,并没有将他的证明理论付诸实行。这种观点难以令人信服。诚然,《后分析篇》开卷指出:"一切通过理智的教育与学习都依靠原先已有的知识",各门科学知识与技艺运用各种推理,"都运用已获得的知识进行教育"。(71a1—5)但是通观这部著作,它所论述的证明理论,并不是总结一种教学的"辩证法",而是探讨如何运用证明的理论从事科学研究,获得真实、系统的科学知识。在某种意义上说,研究在证明之先,那只是指,证明需有在先的初始原理和已有的知识;但是系统化的知识须靠证明来建树。教学只是学习、得到知识的一种方式。亚里士多德在《形而上学》第4卷

---

① 罗斯:《亚里士多德》,第41页。

② 巴恩斯:《亚里士多德的证明理论》,《亚里士多德研究论文集》第1卷,第77页。

指出:考察事物本性的哲学家,既要研究"存在"的"公理",也要研究逻辑推理的本原,否则难以探察事物的本原。(1025b5—8)证明理论实为一种建构系统知识的科学方法论。格思里不赞同巴恩斯的见解,指出《后分析篇》确认证明是一种"获得知识"的方法(71b16—19),它是一种认知的方式,将科学研究和知识教学或将数学的证明和其他科学的证明对立起来,并不符合《后分析篇》的原意,是缺乏说服力的。①

## 一 证明的意义

亚里士多德认为,各种科学知识的获得,不论通过三段论推理或归纳推理,都要运用原先已有的知识。归纳推理是根据具体事实的明显性质概括出普遍命题,三段论推理则是根据初始的原理证实普遍或特殊的结论。原先具有的知识,或者是关于事实的肯定或否定的陈述,或者是对专门术语的意义分析即定义。因此认识事物"既需要原先已具有的知识,同时也需要在认识中获得知识"。(71a17—18)归纳推理是从特殊推断作为新知的普遍,特别是在研究不能表述主体的具体事物即第一本体时,不能通过中词认识端词的意义,就要用归纳推理。《前分析篇》将它看做从端词推论中词的三段论的特殊形式。《后分析篇》将它看做一种重要的科学认识方法,但是没有从逻辑学上展开研讨。《前分析篇》已论述三段论推理可以产生新知识,三段论的普遍前提虽然已蕴涵特殊的结论,但是通过中词的推论,人们把握了普遍与特殊的联结,发现了原因与根据,就可在推出的结论中获得新知。例如三角形的内角和等于两直角,这是普遍前提,但在论证半圆中内接三角形的内角和等于两直角中,就获得了这类特殊三角形的新认识。因此任何研究和学习知识,总是在一种意义上有已知的东西,在另一种意义上是获得未知的东西。在亚里士多德看来,《美诺篇》中的难题,即要么一个人什么也没学,要么他只在学习已知的东西,是并不成立的。

科学知识应能说明事物发生的原因,说明事实必是其所是、不可能异于自

---

① 参见格思里:《希腊哲学史》第6卷,第170—178页。

身的必然性。智者们只有偶然的"知识",并没有科学的真知。科学认知的方法有多样,而亚里士多德强调,人们总是"通过证明获得知识的"。(71b18)亚里士多德这里所用的"证明"(apodeixis,英译 domonstration)一词,有特殊含义,不同于我们现在宽泛所指的任何用论据论证论点的方法,而是严格地指运用三段论推理获得科学知识的方法,"是指产生科学知识的三段论"。(71b19)证明总是三段论推理,但并非所有的三段论推理都是证明;科学知识总是证明的知识,证明是获得科学知识不可或缺的手段,是形成系统的科学知识的主要逻辑支柱。《后分析篇》的核心内容,就是阐述证明的理论。

　　科学知识是探求事物原因与必然性的普遍知识。那么与之相应,作为特殊三段论推理的"证明",有什么区别于其他三段论推理的特点呢? 三段论的格式都是相同的,证明三段论的特点在于其前提,有四点特殊要求:1. 作为证明知识出发点的前提必须是真实的,是关于存在东西的知识,因为不存在的东西不可知,不能对它形成科学知识;而作为辩证三段论前提的意见,或作为修辞三段论前提的依据,有可能是虚假的。2. 具有首要的、直接的、自身不可证明的初始前提,它们是证明的本原,自身不需通过证明而是明显真实的,在它们之先没有其他前提。如果证明知识的基本前提还需要证明,从前提推得的全部证明的知识,就丧失了可靠的依据。证明的科学知识的初始原理,大体有两类:第一类是公理,包括适用于全部科学知识的逻辑公理如不矛盾律、排中律,以及数学与其他特殊科学所特有的公理;第二类是判定一类事物的本质意义的定义或假设,它们也是不可证明的,而作为首要的直接前提,在证明中可通过它们推导出一系列科学定理或推论。3. 这类前提本性上先于结果,比结果更易理解。这里所说的本性的在先与更易理解,不是就人的认识序列而言指同感觉更切近的东西,而是指事物的普遍本质对具体事物本性在先;在建构科学知识中,它们是更为明白、更易理解的前提。4. 这类前提必须是结果的原因,因为原因是事物的普遍本质,只有通过这类前提,掌握了事物的原因或普遍本质,这种表明事物不可能异于自身的必然性,才能有关于事物的知识。亚里士多德强调指出:为获得与建构科学知识,具有上述特点的证明的初始前提,是"我们的知识和信念的原因","正是从它们出发,我们才获得后面的知识;必须在更高程度上更加确信这种本原,胜过被证明的结论,对科学初始前提的信念不应动摇,因为任何和真实本原相对立的前提,必定会导致错误的三段论,使科学知识陷入误区"。(72a30—64)

就证明和知识的可能性问题,亚里士多德批评了两种极端的观点。一种观点认为全部知识都只能通过证明获得,因此知识不可能;因为证明总要有前提,在后的真理总要通过在先的真理得到证明,这样推溯前提就会导致无穷后退。而证明的知识要穿过无穷系列是不可能的,如果系列到了尽头,事物的本原便也不可认识,因为它们不能得到证明,也就不能据以推得一系列的结论或知识。这种观点的错误在于将证明看做知识的唯一条件。亚里士多德作为理性主义者,确认证明在获得知识并使知识系统化方面起有重大作用,然而他不是唯理性主义者,并不认为证明是获得知识的唯一方法,可用以检验全部真理。就知识的来源问题,他也重视经验,认为证明知识的初始前提或原理,如公理、定义等,是在反复经验中通过归纳与理性直观(不是经过证明)而获得,并确认其真实性,这就避免了证明的知识陷入无穷后退,肯定科学知识是从可靠的终极前提出发而连续推导获得的有限系列。

另一种观点也认为证明是知识的唯一条件,知识只能通过证明获得,但这种观点主张一切知识都可以证明,因为证明可以是循环和交互论证的,初始前提也可同结论交互证明。亚里士多德主张知识是可能的,而科学知识的初始前提作为证明系列后溯的终点,必然不可能通过证明获得,它们是"知识的本原,我们借助它去认识终极真理"。(72b24)他并且从逻辑上驳斥了循环、交互证明说:证明必须从在先的、更易理解的前提出发;循环证明则会导致同一事物在同一意义上既先于又后于它自身;循环证明最终只是陷入说"如果 A是,那么 A 是"这样的同义反复;三段论中只有第一格中的极少数命题,可作主词与谓词的交互证明,不能将它们推广于全部证明知识,作前提与结论的交互证明。(72b25—73a20)

亚里士多德论述证明的含义,我们可以从中得出两点看法:第一,证明的三段论和其他三段论并无形式结构或格式的区别,区别只在于证明的初始前提的内容,它们应表述事物的普遍本质,同结论有因果必然性的联系。因此研究证明的三段论如何构成科学知识,就要运用亚里士多德的以哲学范畴论和四谓词说为根据的语义分析逻辑;这也表明他的《范畴篇》、《论题篇》同《前分析篇》、《后分析篇》之间,确有相互贯通的内在思想联系。第二,证明的三段论是从已知原理推获新知、建构科学知识体系的重要工具与认识手段,但它不是唯一的认识手段与逻辑方法,它不能确证科学知识的初始原理,在知识活动中,它必须和归纳、定义、假设等其他逻辑方法结合使用,而科学知识的终极本原问题,则要通过更开阔的哲学认识论研究来解答。

### 二　证明的科学知识的特性

科学研究知识对象的普遍本质,它不是"异于自身的他物",也不是对象的偶性。证明是从前提必然地推出结论,因此,"科学通过证明而获得的知识具有必然性"。科学知识的特性首要地在于作为证明依据的前提的特性。(73a21—26)主要有以下三点特性:

第一,证明的前提是"表述所有的",亦即前提中的谓项所表述的主项是普遍词项,真实的时间上一贯地表述一"类"中的所有个体。不能只表述一类中部分的或个别的东西,也不能此时表述为真、彼时表述为假。如"动物"表述所有的"人","人是动物"的论断总是真实的。科学研究种、属的普遍本质,证明的三段论的前提中,排斥个体词项。

第二,证明的前提对知识对象"就其自身"表述它的本质因素,而不是表述与其相异的东西或其偶性。亚里士多德解释"就其自身"即事物的本质因素,有三种含义:1. 指本体自身,第一本体(个体事物)与第二本体皆自身同一,不和自身相异,但作为科学对象的总是普遍词项所表述的第二本体,如线构成的三角形。2. 指内在于主体中的本质属性,这种本质属性既包括一类事物的本质定义,也包括由于自身的性质成为他同本质相关的因素,即事物固有的特性。3. 指主体在意义上所包含的或用以表述主体的"种"。如"人"的意义包含"动物",动物是表述"人"的种。上述三种含义,即定义、固有特性与种,都是出于本体的,或同其本质相关的性质自身,它们都可被视为本质属性,它们作为谓项都是必然属于主项的,或是单一地总体上属于主项,或是相反属

283

性在不同情况下属于同一主项,如直和曲属于线,奇和偶属于数,表现为本质属性的具有与缺失,或矛盾的对立关系。因此对一个本质属性属于主体,在命题中要么肯定,要么否定。"就其自身而言的属性必然属于它们的主体。"(73b24)不属于上述三种含义、同事物的本质不相关的性质,则是偶性,如某些动物之"白色";不是由于自身性质必然属于他物的,也是偶性,如一个人行走时遇见天空闪电,闪电对人行走是偶然出现的偶性,天文学则研究闪电自身的原因与本质属性。一切偶性都不是科学知识的对象。

第三,证明的前提必须有"普遍"的意义。这里的"普遍",指前提的谓项有普遍的意义;而且它不是泛指共性,而是同上述两点证明前提的特性紧密相关,有其特别意义。其谓项的"普遍",是指它们作为"表述所有的"(这一类的全部个体),并且"就其自身"或"作为自身",而在初始的直接意义上必然属于主体。如"其内角之和等于两直角",是就三角形的自身本性属于所有的三角形,是在初始的直接意义上属于三角形的普遍属性。等腰三角形的内角之和也等于两直角,但这不是初始的直接意义,而要通过在先的"三角形"的普遍属性来证明。因此,证明的前提中的谓项,是和主项有本质的必然联系的普遍属性,这种普遍属性在意义和表述范围上都能真实地切合主项的所有事物,能揭示主体的本质意义或必然具有的特性。证明的前提必定是普遍的,那么,"这类证明——总体意义上的证明——的结论必定是永恒的"。(75b23)就是说结论是普遍、永恒地真实的,不是时真时假的。如果前提与结论的联系不是必然的、永恒的,只是在偶然意义上的联系,即属性只在特定时间和条件下属于主体,那就不是总体意义上的证明与知识。世界上存在间断性发生的事实,例如月食,但是证明月食发生的本性与原因而获得的结论,对月食这一特殊种类的事实,依然是永恒的,有普遍意义。所以证明前提的普遍性与结论的永恒性,也适用于关于间断性发生的事情的知识。(75b30—35)

科学知识通过证明而获得与建构,因此上述关于证明的前提与结论的特性,也表征科学知识的特性:知识对象应是普遍词项表述的种或属的所有东西,而不是一类中的部分事物或个别事物;应揭示对象自身的本质属性或同本质相关的固有特性,而不是偶性;作为证明的结论所形成的知识是真实、普遍、永恒而具有必然性的。

　　亚里士多德强调证明的知识是有必然性的科学知识。他指出"证明是必然的"，"必然性就是证明"。(74b13—17)证明知识的必然性表现为四种意义:1. 证明知识出自必然的本原,即作为证明的初始前提的公理或定义、假设,它们具有必然的意义。2. 证明知识揭示知识对象的普遍的本质属性或特性,普遍词项表述的主体是必然的。3. 证明三段论不仅前提具有必然性,前提与结论之间也有逻辑的必然联系。4. 从证明三段论的必然的前提推出永恒的结论,应能解释事物的原因,通过前提与结论的逻辑必然性的联系,揭示事物的因果必然性的联系;如果不能解释事物的原因,尽管表面上采用了证明的形式,也不是科学知识。同其他三段论不同,证明三段论的前提的中词,必须是事物的原因,是必然的,同结论的端词有因果必然联系。如果中词不是原因,不是必然的,也就不可能对结论作出具有事实必然性的证明,也就不可能形成证明的知识。(74b5—75a20)从前提推出结论的逻辑必然性,不同于事物自身的因果必然性。在论述证明知识的必然性中,亚里士多德特别指出两点:第一,某些人认为只要证明的前提是被普遍接受的,就获得了正确的证明本原,这种见解是愚蠢的,这就如同有的智者主张只要自认为有知识就堪称有知识一样。证明的本原有必然性,不在于"被普遍接受";被普遍接受的意见可构成辩证推理的前提,还不能造就证明的知识。证明的本原必定是关涉"种"的初始原理,"种"蕴涵普遍本质与必然性。第二,有时推理的结论是必然的,而使结论得到证明的"中词"自身未必是必然的,亦即前提未必是必然的,因为从不必然的前提(中词并非表述必然的原因)也有可能得到必然的结论,类似于从不真实的前提可能得到真实的结论。而中词是必然的,结论一定是必然的。所以证明知识的必然性,主要靠表述原因的中词来判定,不能只就结论来判定。

　　亚里士多德论述证明的科学知识的特性,可以说是西方古代最早的一种科学划界论,确立了区分科学知识与非科学知识的标准。这是一种本质主义的划界标准,它有双重意义:第一,在本体论意义上,科学知识应揭示普遍事物自身的本质属性或同本质相关的特性,揭示它的因果必然联系;第二,在逻辑学意义上,科学知识是一种证明的知识,证明的前提与结论,既表述事物自身的普遍本质与因果必然性,也具有符合三段论推理的逻辑必然性。这种划界标准适用于全部科学知识。近、现代研究《后分析篇》的西方学者中有一种见解,认为亚里士多德的证明理论不适用于全部科学,只适用于精确的数理科学,如算术、几何、测量学、力学、和声学、天文学、光学等,而并不适用于其他科学,其理由是《后分析篇》运用了大量数学实例来阐明证明理论。① 这种看法并不符合《后分析篇》原意,缺乏说服力。亚里士多德从未主张他的证明理论只适用于数理科学,而是认为全部科学知识都是证明的知识,虽然证明的初始原理不能证明,不是通过证明获得,但初始原理是证明的科学知识的构成要素,各门科学知识的系统建构都要通过证明。《后分析篇》诚然使用了许多数学实例,那是因为当时数学知识较早系统化,亚里士多德逝世不久,便有了欧几里德《几何学原理》。然而《后分析篇》两卷中,也使用了大量非数理科学实例,巴恩斯统计如下:

|  | 数理科学实例 | 非数理科学实例 |
|---|---|---|
| 第1卷 | 50 | 36 |
| 第2卷 | 19 | 46 |
| 合计 | 69 | 82 |

由上可见主张亚里士多德只是论述了一种数理科学知识的证明理论,并无事实根据。


### 三 科学知识的构成与辖域

人的认识手段不限于证明,但一切科学知识必须通过证明而获得与构成,科学知识总是证明的知识。科学知识的要素构成和证明的要素构成是相应一致的。亚里士多德指出,一切证明的科学知识包含三个要素:第一,一门科学提出要研究的主体的某一方面、领域,也就是一门科学要研究其本质属性的那个"种";第二,作为证明出发点的共同公理;第三,它肯定知识对象的各种属

---

① 参见巴恩斯等编:《亚里士多德研究论文集》第1卷,第68—69页。

性的意义。(76b12—15)在另一处他又指出证明也有三个构成要素:第一,被证明的结论,它们是归属于某个"种"自身的属性;第二,作为证明基础的公理;第三,由证明分析其本质属性的载体性的"种"。(75a40—75b4)上述两类构成要素显然是相吻合的,就是说一切证明的科学知识都有三重要素构成:作为研究辖域的"种";证明的本原;知识对象的本质属性。

每门科学都有其特定的所要研究的主体,即作为一个研究领域的"种"。如数学以数理为种,天文学以天象为种,生物学以生物为种,伦理学以行为规范为种,等等。每门科学都有其特定的证明的本原即公理、定义等,它们必须同其主体即"种"相适合;偏离"种"的辖域范围,即便从真实的、不证自明的公理出发作证明,也不能形成科学的知识。只有从合适的主体(种)和相应合适的证明本原出发,才能揭示这门科学知识对象自身特殊的本质属性,才能形成具有必然性的知识,而不是偶性的认识。亚里士多德在《形而上学》中也指出:除了第一哲学研究"作为是的是"全体外,其他各部类的科学都是研究"是"的某一部分或某一方面的(1003a20—25);各门科学都"有一个作为载体的种",即研究对象的主体领域,通过特定公理,"一切被证明的东西有一个单一的种"。(997a7—10)每门科学都有特定的作为研究领域的"种",这决定了它有特定的证明本原,它揭示特定知识对象的属性,它的证明知识也就是特定的命题系列,这类证明的"端词与中词必定属于同一个种"。(75b10)一般说在亚里士多德看来,用跨越学科领域的"种"来证明,是不成立的,不能产生正确的科学知识;一门学科的命题不能由另一门学科的命题来证明,例如当时还没有笛卡尔建立的解析几何学,便认为不能通过算术证明几何学命题,也不能用数学命题证明生物学或伦理学命题。然而亚里士多德当时也已指出,某些学科之间存在着可以相互沟通的联系,一门学科的命题可从属于另一门学科的命题,如"光学的命题从属于几何学,和声学的命题从属于算术",在这些学科之间,"证明是可以转换的",因为它们的作为研究领域的"种",有某种"同一性"。(75b8—17)

每门科学的作为研究领域的"种",都有其特定的证明的本原,即作为证明出发点的初始原理,它们自身不能被证明,只能由人们在经验和理性的直观中断定,"本原方面的'是'必须被断定,'属性'方面的'是'必须被证明"。(76a35)证明的本原是证明知识的真实的首要前提,依据这类科学的初始原理,并在和它们同"种"的范围内作为证明三段论的推理,才能获得科学知识。亚里士多德认为这种证明的本原也"是一切事物的本原",是证明知识的最先在的前提,规约人们根据事物的普遍原因推断出真正的科学知识。(76a18—23)他区分证明的本原有四种:第一,各门学科共有的逻辑公理,都使用的共同规则,实为指导证明的一些逻辑公理,如不矛盾律和排中律,它们使一切学科的证明都具有不可反对的"内在的逻各斯"。(76b25)辩证法作为一种逻辑,要研究这种逻辑公理、"共同原则",所以"辩证法分有一切其他学科的原则"。(77a29)如本编前已有所述,亚里士多德在《形而上学》中,将这类逻辑公理、证明的本原,也看做"作为是的是"的公理与本原。第二,每门学科特有的公理,如算术中两个相等数减去相等数,剩余的两个数相等;几何学中两点之间直线距离最短,平行线不相交公理等等。第三,各门学科的定义,如几何学中对"三角形"、"圆"的定义,它们只需要在理解中断定其意义,不可证明,而从正确的定义可得出一系列的科学定理和推论。第四,假设它们不是无根据的预设,人们有根据地提出它们时,并不认为它们是虚假的。假设是可证明而未证明的命题,人们接受它就是假设。从假设的断定中可推得真实知识的结论。亚里士多德说的假设,不是证明知识的最初始的前提,而是指证明系列中使用的可证明而尚未证明的命题,简捷地用做证明知识的前提,假设是相对特定认知者而言的。在上述四种证明的本原中,前三种最重要,因为它们是"自身必然真实的"。假设则是在特定的证明场合,将可证明而未经证明的命题当做证明的首要前提,它们在科学认识中也有价值,因为从假设推断的结论知识在经验中获得证实,也能反过来促使人们断定它是真实的前提。亚里士多德又指出:作为证明本原的命题总是使用作为普遍词项的谓项,正确、必然地表述一类主项。但是,使证明成为可能的证明本原,并不需要柏拉图的"相",即与"多"相分离的"一";与特殊事物相分离的普遍的"相",不能成为证明的本原,因为普遍寓于特殊之中,普遍词项才能成为中词,使证明成为可能。(77a5—10)

每门学科都依据证明的本原,通过一系列的证明三段论,得出一系列的结论,揭示知识对象所必然具有的属性。每门学科都有它自身的构成三段论的命题,都有自身特定的科学问题,在解决问题中从证明的本原推得相应的科学定理。科学家根据本学科的本原和结论解释科学问题,"只回答属于他自己的学科范围的问题"。(77b10)通过证明获得的科学的定理或推论,都揭示知识对象自身的属性。这类属性有两种情况:第一种是事物的本质自身,事物的普遍本质便是事物成其所"是"的原因或根据,这就构成关于事物的原因或根据的知识;第二种是同本质相关、由本质派生的东西的特性,这就构成关于事实的知识。关于偶然性或偶然的东西没有证明的知识,它们不属于科学知识的范围。科学的三段论要么借助必然的前提进行,要么借助经常的前提进行,其结论或是涉及必然的原因,或是涉及经常的事实。亚里士多德指出:在同一门科学中,要区别关于事实的知识和关于事物的原因或根据的知识。根据即理由、原因,源自事物的普遍本质。关于事实的结论知识不是从以原因或直接近因为中词的前提推得的;关于事物的原因或根据的结论知识,则是从以直接近因为中词的前提推得。区分两类知识的关键在于中词的性质和位置,例如说月亮是球形的,因为它有盈亏,这个三段论只是证明了事实;因为"盈亏"作为中词不是球形的原因,只能证明月亮为球形的事实。如果将中词与大词互换,说月亮有盈亏,因为它是球形的;在这个三段论中,"球形"作为中词是盈亏的原因或根据,这就证明了月亮盈亏的原因。关于事实的知识和关于事物根据的知识的差别,也表现在相互联系、有所从属的不同学科的研究对象上。航海天文学从属数学,前者注重收集资料、探察事实,后者则能揭示根据、证明原因,但数学家往往因此忽视事实。再如自然哲学家在探察气象中知道虹存在的事实,而认识产生虹的根据或原因,则是光学家的任务。亚里士多德主张这两类知识和相应、相关的学科之间应当沟通与互补。他又认为:既关涉事实也关涉事物根据的知识,比只关涉事实而不关涉事物根据的知识,更为精确、在先;直接研究对象主体的知识(如算术)比研究依赖于另一对象主体的知识(如和声学)更为精确、在先。(87a30—35)在证明的三段论的所有的格中,"最科学的格是第一格",因为所有的科学要研究事物的普遍本质、原因或根据,"实际上都通过这一格推进自己的证明",而"知识的最重要的部分就是对根据的研究";第二格是否定式的,得不到肯定的结论;第三格则是特称式的,得不到全称的结论。就在证明知识中的作用而言,"第一格独立于其他格,其他格则由它补充和增加,直到它们获得直接前提,很显然,第一格对于知识来说是最关键的"。(79a19—33)

各门学科都有自己的辖域。它们都有自己的对象主体即作为研究领域的"种",有自己的证明的本原,以及和"种"与"本原"相应的、通过证明系列推知关于事实或事物根据的系统知识。一些学科之间可相互贯通、有所从属或分有某些原理,但是各门科学的辖域是相对独立的。亚里士多德没有使用"域"(domain)这个术语,然而实际上他已萌发了关于科学的"域"的思想。

亚里士多德进而主张:每门科学都有自己的证明系列和知识系列,它们在朝更普遍的"向上"方向和朝更特殊的"向下"方向,都有界限,它们在数目上不可能是无限的,每门科学的领域都由有限的证明和知识系列构成。他从两个方面予以论证。

第一,逻辑的论证。证明系列的命题谓项,作为肯定事物的属性,在向上和向下方向上都不可能是无限的。否则向上无限就没有了证明的本原即科学知识的初始原理,证明中也就没有了中词;向下无限也不可能,因为科学证明的都是关于种、属的普遍性知识,从最高的种到最低的属的数目是有限的。肯定的证明系列有界限,否定的证明系列也相应有界限。再说证明只能采用三段论的三个格十四个式,证明的方法在数目上也是有限的。所以以有限数目的方法和有限数目的词项构成的证明系列和知识系列,向上与向下方向都是有限的。

第二,本体论的论证。1. 即使事物在数目上无限,不可穷尽,但是表述事物的普遍本质的谓项系列显然有界限,这样才能认识本质,作出作为证明本原之一的定义。2. 科学知识的证明系列中的谓项所表述的,总是本体、性质、数量、关系等十个范畴,范畴的种类有限,属于每个范畴的作为种、属的谓项也是有限的,不同范畴系列的谓项之间不能相互表述。所以在一门科学知识中,谓项表述主项的命题,向上和向下方向都不能构成无限系列,向下必定有某个不表述任何高于它的词项,即这门科学中最低"属"的概念,向上必定有某个词项,再没有任何高于它的词项来表述它,即这门科学的最高范畴。如果谓项无限,总是有更高的词项及相应事物,那就没有证明的终极本原,就不可能通过证明获得对事物的整体的知识,一切知识都成为假设性的了。3. 证明要揭示主体的属性,内在于终极主体的属性在数目上不可能是无限的,数目有限的科学对象主体(种、属,而非个体)所表现的属性也是有限的。科学对象主体及其属性的有限性,也表明证明与知识系列向上或向下都是有限的。

总之,证明的本原必定存在,科学知识研究种、属的普遍本体而非无穷多的个体事物。每门科学的证明与知识系列,向上必有不可证明的初始前提,向下必有推出的最低属的知识。所以它们不能构成无限的系列。每门科学都是有头有尾、有限完善的知识整体。

亚里士多德主要从静态的逻辑分析与哲学范畴分析角度,考察了科学的"域"及其构成的有限的证明与知识系列。他当时还不可能从科学史角度、从人类认识演进史角度,动态地加以考察,并且将无限多样的个体事物排除在科学对象之外。因此他并不理解,虽然既有的每门科学的知识系列是有限的,而人类认识却是无限的,科学知识的演进也是无限的。然而亚里士多德最早提出关于科学的"域"及其构成的思想,具有宝贵的价值。这促进了当时及以后各门学科分门别类,各自走向知识的系统化。关于科学的"域"的问题,当代科学哲学仍重视研究。当代美国新历史主义科学哲学学派创立者夏佩尔(Dudley Shapere,1928——　)就建立了关于科学理论的"域"(或称科学场)的学说,认为每门科学的"域"由"待研究的信息群"和"背景信息群"构成;科学的"域"在求知过程中历史地形成,不断分化、整合、深化、演进,每门科学的"域"都有动态可变的规则系统,包括以理由为基础的科学合理公设、科学推理可推广公设、科学推理原则可能系统化公设。① 这种科学理论"域"的学说,在当代科学哲学研究中颇有影响。无疑这种学说已大大超越了亚里士多德关于科学辖域的思想;可是亚里士多德在两千多年前即开始探究科学理论的

---

① 参见姚介厚:《当代美国哲学》,第 126—131 页。

"域"的问题,提出独特见解,这适应了当时科学知识分化与系统化的需要,有助于科学理论之建构,应该说是难得的创见。

## 第二节　建构科学知识的方法

亚里士多德在《后分析篇》第1卷后半部分和第2卷的多数篇章中,论述了建构科学知识的方法。它们不仅是逻辑的方法,也是从哲学高度探究建树系统知识的科学认知的方法。这对当时促进各门学科知识系统化,无疑有重要的理论价值和实际意义。亚里士多德根据科学知识的构成,步步深入地论述了以下三种互相关联的建构科学知识的方法。

### 一　证明的方法

证明的方法是运用证明的三段论,从真实的初始原理或首要的直接前提,推获结论知识。科学知识是证明的知识,证明的方法是获得知识并使之系统化的主要手段。在亚里士多德看来,从证明三段论的普遍性前提,能推得普遍与特殊结合的新知识。这种推理不仅运用逻辑的演绎方法,也内在地伴随着对知识对象主体及其属性的认知过程,它并不是纯思辨的手段,并非仿佛只要通过某个公理或定义,就能在头脑里自然地演绎出整个知识系统。实质上证明方法运用的每个步骤,都伴随着人的认知活动,体现了人对存在的事实、根据和本质不断深化的认识。证明是建构科学知识的坚实而有效的方法,使知识系统成为环环紧扣的因果之链、理由之链。

证明的三段论必须从真实的初始原理、首要前提出发作推理,前提的真实性至关重要。大前提是既有认知的普遍前提,小前提实为对特殊事物的认知环节,两个前提必须都真实,结论才是真实的。无论哪一个前提虚假,或两个前提虚假,三段论都是假的,结论不是确实的知识。证明方法的关键是把握中词,"因为中词是原因,是我们一切研究的对象"。(90a8)对不同程度的中词的把握,表征着人的认识从理解一般的事实到掌握它的根据与本质的深化。

事实的原因和使事物具有本质属性的原因都是中词,不同的中词有不同程度的意义,对不同中词的把握体现认识深度不同。例如结合观察,证明月食是月亮被遮蔽而生成月亏,月光被遮蔽是月食现象事实的原因,是中词,从中可得出关于月食的事实知识;而进一步探究得知,因地球遮蔽月亮使它失去光亮,这里就有作为月食的本质原因的中词,从中得知月食的根据与本质。(90a10—18)证明的知识包括关于事实的知识和关于它的根据的知识,它们都有不同范围和层次的原因即中词;知识系列既表述了不同层次的"是"与本质,也表现了人对不同层次的中词的认识。可以说科学的发现总是在新发现公理、定义、假设中把握中词。而已确立的科学知识在其增长或积累中,它的初始原理包括其作为出发点的首要中词,是稳定不变的,所以亚里士多德说:"科学的增长不是由于中词的插入,而是由于大词小词的附加。"(78a14)由此我们可推论,科学革命即科学范式的变革,总是科学的初始原理包括首要中词有所变化。

运用证明方法得到的知识具有必然性,这正是它同意见的区别所在。证明通过有必然性的前提和有逻辑必然性的程序进行,得到的结论知识也是必然如此、必然真实的。辩证的论证以普遍接受的意见为前提,它们不是必然的公理或定义,辩证三段论得出的一般是意见,要上升为公理或定义,还要靠经验结合理性的直观。意见有真实的,也有虚假的;真实的意见因尚未把握必然的本质,认识上尚有不确定性。同一事物可以"既是意见对象又是知识对象"(89a11),真实意见和知识的区别,实为人的认识浅、深的不同。产生意见的论证也要运用三段论推理,也要借助于中词,同样可以形成关于事实的意见和关于事物根据的意见。如果只理解事物属性的真实性,而不知道"它们由于本体和形式而属于主体",这就不是知识而是意见。这里亚里士多德已在"本质"的意义上用了"形式"这个范畴。如果以公理或定义为初始前提,通过证明方法所得到的,就是关于事物自身属性的具有必然性的知识。例如意见认为"动物"是"人"的属性,但尚未认知这是就人自身而言的属性,知识则认为"动物"是"人"自身本质必然具有的属性。(89a15—35)由此可见真实的意见和知识可以具有相同的对象,两者的区别并非真实和谬误的区别,区别只在于真理性的程度,在于是否通过证明使认识上升到必然性的高度。因此亚里士多德一方面区别了辩证的三段论和证明的三段论,区别了意见与知识,认为它们是不可随便混淆的两种认知阶段或形式,指出"对同一事物在同一时刻不能既有意见又有知识","关于同一对象的知识和意见可以分别存在于不同的心灵之中,但它们不可能同时存在于同一个心灵中";(89b1—4)另一方面他又认为,随着认识的深化,前提具有了必然性,辩证的三段论可转化为证明的三段论,真实的意见可升华为知识,两者之间并无不可逾越的鸿沟。正是因此,辩证法有普遍的认知意义。它所产生的意见,随着认识深化,不仅可转化为知识,甚至可成为证明的必然前提。

证明的知识都有普遍性,但普遍性程度不一,相对而言,仍有普遍知识和特殊知识之分,证明也有普遍证明和特殊证明之分。两者孰为更优越? 有些人认为特殊证明更好,理由是特殊证明认识了特殊事物,可使人们获得更多知识,普遍证明只认识某种普遍属性;普遍不能离开特殊存在,普遍证明比特殊证明更少涉及"是"的内容。亚里士多德反对这种见解,认为普遍证明优于特殊证明,列举了七点理由:1. 普遍证明涉及更大范围的知识,实质上拥有比特殊证明更丰富的知识,如知道一切三角形有"内角之和等于两直角"的属性,比只知道等腰三角形有此属性,无疑具有更丰富的知识。2. 普遍包含不朽的恒常的东西,它既不是脱离特殊的实在,又是更为真实的"是",特殊则倾向变易和消亡。3. 证明是证实原因和根据的三段论,普遍更具有原因的本性,普遍是原因,主体相对其自身的属性就是普遍即原因,本质也是普遍即原因,所以普遍证明能更深刻地证实事物的原因或根据。4. 普遍证明能达到对事物的终极因的认识,获得最完全的知识。5. 原因越特殊,越有不确定性,普遍证明倾向于简明和确定,比特殊证明更易理解,更可论证,是更为真实的证明。6. 知道普遍的人必能知道特殊,知道特殊的人未必能知道普遍。7. 普遍证明的中词更接近于事物的本原和证明的本原,普遍证明通达作为最高理性直观的努斯,特殊证明却以感觉为下限。(85b5—86a20)亚里士多德论述普遍证明优于特殊证明,并不是指在人对事物的认识阶段上普遍优先于特殊,也不是将人获取知识的过程简化为一个线性的演绎系列。在他看来,在认知过程中普遍证明和特殊证明总是相互交错、相辅相成的。亚里士多德是就知识的广度和深度论述普遍证明优于特殊证明。他理解的"普遍"不是脱离特殊的抽象共性，而是寓于特殊事物中的普遍本质，它不是和"多"分离的"一"，不是柏拉图的"相"，而是使事物自身成其所"是"的本质、原因与根据。这种"普遍"，类似具体的共相，同特殊相比，有更为丰富、深刻的本质内容和规定性。普遍证明所获得的知识也更有确实性，更能造就系统的科学知识。亚里士多德还认为，关于事物根据的证明比关于事实的证明更优越，肯定的证明优于否定的证明，直接证明优于归谬法的证明。

## 二　定　义

通过证明的三段论建构科学知识，要有证明的本原。亚里士多德认为，证明的本原多种多样。各门科学知识的建构无疑都要遵从共同的逻辑公理，如不矛盾律、排中律等，但这类共同的本原还不足以"证明一切结论"，因为各门学科都有特定的对象主体即作为研究领域的"种"，它们是"是"的某一方面。"前提就是本原"，因此，"本原在数量上并不比结论少多少"。（88a35—88b3）各门学科特有的本原，主要是它们特有的少数公理以及阐释各门学科的基本对象"是什么"的定义。假设实为可待证明的特有定理。所以定义规定了一门学科研究的基本对象，阐示其普遍本质。科学的"研究对象是中词"，定义就揭示了一门学科的首要的、基本的中词。知道了科学研究对象"是什么"即其本质，就是知道了它的"为什么"即原因。（90a24—33）因此定义作为一门科学的基本范畴的意义确定，为这门学科形成证明知识系列提供了首要的直接前提。定义不可证明，只能通过人的认识直接规定；它是证明知识的出发点，在各门学科的特有本原中，定义尤其重要。建构一门科学知识，首先要形成正确的定义，定义如若错误，不仅一门学科的"域"错乱，而且全部证明知识系列都会偏错。所以定义的方法是建构知识中至为重要的科学方法。亚里士多德强调"证明的本原是定义"，"最初真理是不可证明的定义"。（90b24—27）《后分析篇》第2卷主要围绕定义展开论述，兼及相关的其他方法。

亚里士多德在《论题篇》中提出四谓词说，将定义作为一种谓词加以研究，作为谓项的定义揭示被定义的主项的本质，主项和谓项的表述范围相同，主项和谓项可以换位。《后分析篇》论述定义，同上述内容一脉相承，但更注重将下定义作为一种获得证明知识的前提的科学方法来进行探讨，更具有本体论和方法论意义的哲学深度，并且展示了定义方法的多样性，以及它同其他科学方法的联系。

亚里士多德首先论述定义和证明的区别及联系，从而澄析定义的正确含义，有助于理解关于定义的定义。

定义是关于对象事物"是什么"即其普遍本质与原因的断定和意义解释，定义的命题不可证明，它自身也不是证明。并非每类可下定义的东西都可证明，也并非每类可证明的东西都可下定义，对同一东西既有定义又有证明是不可能的，"定义和证明不是同一的，也不互相包含"。（91a8—10）其理由有四点：1. 定义作为证明的本原、原始原理，不可证明；若可证明，回溯本原的本原，会导致无穷后退。（90b24—27）2. 定义以对象自身的普遍本质作为表述主体的谓项内容，不同于证明借助表示其他东西的谓项来证实一个属性属于或不属于某一主体。定义的主项和谓项在意义和表述范围上完全同一，且可互相换位。定义设定主体特有的内在本质因素的"集合"，不能是通过三段论证明得到的结论，因为这里没有借以推出定义的中词。若采用三段论推理形式来下定义，只形成同义反复，不是真正的证明三段论。（90b35—91a2、91a15—33、92a6—12）3. 划分方法有助于选择定义，但划分自身不能保证区别本质属性与非本质属性，而且划分虽也是一种断定，但它不是定义，而且并不是也不包括证明的推理。（91b13—35）4. 科学中有证实事实存在的证明，如几何学中证明各种三角形存在，这是科学进展、知识扩展的一种方式。无疑，任何东西的"是"必须要通过证明来证实，然而，除非这种"是"即是"本质"，不然，一般事实意义的"是"不是"种"，所以，"它不是任何东西的本质"。各种三角形存在的事实就不是揭示三角形本质的定义，这类证明也不是揭示事物本质的定义。而且定义要进一步揭示事物所以"是"的原因，而作为科学知识基本对象的初始原因，不能通过三段论证明，不能在第一格中通过另一个中词得到证实。(92b13—25、93a4—8)区别定义与证明相当重要,因为这表明下定义是对科学对象的普遍本质与原因的直接判定,不能通过逻辑演绎获得,而要更多地借助于经验归纳与理性直观(努斯),借助于深刻的哲学思维。

定义和证明之间也有相辅相成的联系,并非截然不相干。一方面定义是证明的本原,是证明得以进行、证明知识得以形成的直接前提。另一方面定义本身虽非证明,但在两种意义上也得倚仗证明作为辅助手段:第一,在下定义之前,即在探究对象"是什么"、认识其根据之前,总要先了解对象所是的事实。这种了解不应是偶然的,而有赖于真正对其所是的了解,这就往往要借助于关于事实所是的证明。例如在给月食下定义、认识月食的根据即原因之前,先须通过某种证明三段论,证实月食事实的所是:通过月球因圆盈而月光却亏损,推断月食所是的事实。而月食的原因是地球遮蔽光线造成月亏而非月光自行消失;作为月食的定义,不同于月食所是事实的证明。第二,某些事物所是的原因,并非出自某一对象自身,而是一种事件,不借助证明难以认识此事物"是什么"。如月食的原因是地球遮蔽投向月球之光,站在地球上的人无法通过直接经验来理解,而须借助证明的推理而理解。但月食的定义本身并不是证明,也不是证明三段论的结论知识,证明的推理在此只起辅助认识的作用,定义首要地仍有赖于观察的认识。亚里士多德关于定义和证明相互区别又相互联系的见解颇为深刻。当代科学哲学强调科学知识及其基本范畴以至范式的形成,并不只是依赖于观察经验,观察和包含证明的理论负荷是相互渗透的。亚里士多德的见解同这种主张有相吻合之处。

亚里士多德进而根据定义对象和认识层次的情况,区分了三种下定义的方法,并且从哲学本体论和科学认识论的角度,作了深刻阐释。

(一)名词解释性定义。

这也是对事物"是什么"的解释,但认识层次尚未达到对本质或原因的把握,就采用对表述事物的名称的含义作解释的方式,如几何学中对点、线、面、三角形等名词的解释。这类定义也是一种意义断定,不可证明,也不借助证明获得。它们也可以作为证明的本原,但不如其他定义有更坚实的可证度。科学的证明知识系列不能只靠这类定义作为首要的直接前提而获得。

(二)因果性定义。

这种定义是关于事物自身为什么是这样或事件为什么会发生的解释,揭示其原因,就是说明事物或事件"是什么"的定义,因为原因就是它们的某种普遍本质。例如问为什么会打雷,答曰因为云中之火猝灭。这就说明了雷"是什么":由于云中之火猝灭而迸发的响声。只有知道事物的原因,才具有关于事物的知识。

亚里士多德在论述因果性定义中,最早提出"四因"说,后来在《物理学》中展开论述。这里表述"四因"的方式尚不如《物理学》中那样精确、明晰,尚属较早的思想雏形。他称有四种关于原因的说明:"是其所是(本质)",确定事物所以是的"必然条件(质料)","变化的最初动因","为了什么"的目的因,"所有这些都要通过中词揭示"。(94a10—20)"是其所是(本质)"实为形式因,如"直角"是"半圆内切角"成其所是的原因,《物理学》中称为"形式"或原型、本质的定义及一般的"类",都属于这种原因,例如2∶1的比例及一般说的数是音程的原因。(194b27—29)"必然条件"实指使事物必然是的质料因,如光由极细微的粒子构成。质料因是事物所是之必要条件,但它是"事物所由产生并一直是的原因",如塑像之铜、酒盆之银以及包括这些属之"种"。(194b24—26)亚里士多德将构成音节的字母、结论所由推出的前提等都归属于质料因。(195a15—17)初始动因即动力因,如雅典人和埃莱特里人袭击色雷斯是雅典人卷入和波斯战争之最初动因;父亲是儿子的动因。《物理学》中称此为因为"变化与静止之最初源泉",将静止也包括在内。(194b30—33)目的因如健康是散步的目的,散步是为求健康的活动。《物理学》中称这种原因是"事物活动的结果和要达到的目标"。(194b33)

亚里士多德指出:同一事物的"是"或生成,可有多种原因。"四因"中的每一因,都是事物的本质因素,都可作为根据被表述为"中词"。自然的活动既有目的,也出于必然。必然性或是出于事物的自然倾向,或是出于同事物的自然倾向相反的强制力量,如石头向上和向下运动出于两种不同的必然。在人的智慧活动的产物中,有更为强烈、明显的目的因表现。他承认事物在不确定的情况下,也会有偶然的结果,即以偶然性为原因的结果。《物理学》中指出"偶然性和自发性也属于原因"。(195b30)如某位雕塑家是某尊塑像的偶然原因,某人到市场碰巧找到他要找的那个人。自发性指无必然、无目的。亚里士多德认为虽然这些偶然和自发的原因是有的,但不能用以解释事物的必然原因和本质,不能用作定义。恩培多克勒主张动物身体诸部分是在自发进化中偶然结合而产生,阿那克萨戈拉和原子论者认为自发的旋涡运动是天和宇宙之成因。亚里士多德强调"四因"才能揭示事物本性,批评上述见解将偶因与自发性当做动物与宇宙的本质是荒谬的见解。(196a20—196b5)

事物的因果关系复杂多样。就时间而言,因与果可以同时共存,也可以在时间进程中有先后间隔的序列,表现为过去、现在、将来的因果系列;可以是必然原因,也可以是偶因;可以是单一的因果关系,也可以是一果多因。并非任何因果关系都可构成因果性定义,因为定义应能揭示事物的恒定的普遍本质与根据。所以亚里士多德认为,因果性定义阐示因果关系,应有三个特点:1.原因和结果一般是同时出现、共存的,时态上一致,在有关论证中,"中词与端词必定是同步的",中词与大词必然直接联系,因果间即使有时间间隔,也应是确定的,能分析其"连续的纽带"。(95a23—63)2.同一结果依据事物或事件自身的同一必然原因而产生,所以因果性定义中的结果既不能出自偶然原因,也不能出自同事物本性不相干的多种原因。(99a1—5)3.因果性定义中的主项与谓项都是周延的,表述范围相等,可以相互换位。原因与结果可以互相推论,即原因必然蕴涵结果,从原因可推断结果,结果并不必然蕴涵其一切原因,但必然蕴涵某个所定义的原因,从结果可推断此原因,若结果存在,所定义的原因必定存在。(98a35、95b30—33、99a1—5)

(三)本质定义。

这种定义方法揭示对象的作为内在因素的本质属性,本质属性是一类事物的普遍、必然的属性,可据以判断这类事物"是什么"。亚里士多德在四谓词说中主张"种加属差"是定义的主要方法,依然适用于本质定义。但在《后分析篇》中,他进而阐发了一种本质属性集合的思想。种蕴涵着确定的普遍本质属性,属差也是一个或一系列本质属性,种加属差是本质属性的集合,从而能精确地规定一个事物"是什么",而不是别的;定义的谓项与被定义的主项的表述范围必是同一、相等的。例如,"3"是数、奇数兼奇数中最小的质数这些本质属性的集合。质数指只能被 1 和其自身整除的数。单就数、奇数、最小质数分别而论,各自的表述范围都大于 3(2 也是质数),但是它们的集合却规定了"3"的本质定义。事物的本质就是定义谓项中表述的包容种与最后属差的本质属性的集合。(96a34—38、96b12—14)定义既然是揭示事物自身的普遍本质,就不应用比喻下定义。类比有时有助于发现事物的共同特性,有助于定义,但不能代替定义。

科学知识体系的建树往往是从最普遍的东西的定义进向特殊的东西的定义。亚里士多德认为,从人的认识进程而言,"给特殊下定义要比对普遍下定义容易得多"。(97b29)可以从特殊定义上升到普遍定义。因此研究整个一类事物的定义,可先将这个"类"划分至最低的种,用上述方法把握其定义,定义项中较高种同被定义的"种"应当属于同一哲学范畴(本体、性质、数量、关系,等等)。逐步向普遍上升的定义系列,应当构成一个自然序列,如定义两足动物→养驯动物→动物,不应是两足动物→动物→养驯动物。前一个序列和从普遍到特殊的分类序列方向相反,但是序列内容一致,都构成一类事物的统一体。

亚里士多德认为,划分不是定义,不能取代定义;但他肯定划分在形成本质定义中有重要的辅助作用,而且是在定义中"保证不忽略任何事物的内在因素的唯一途径。"(96b36)划分种或属时,所依据的划分标准应以种差或属差为划分标准,不应是外在的或任意的标准,而应是内在的、本质的标准,为同一种、属的全部个体所具有。如不能将动物划分为全翼动物和裂翼动物,只能将有翼动物划分为全翼动物和裂翼动物。这样正确的划分有助于人们认识种,揭示其本质属性,不遗漏属差。依此方式,前进到最近种和不应再进一步划分的属差,有助于获得本质定义。借助于划分建立本质定义系列,应把握三点:1. 在划分中力求无遗漏地择定能说明事物"是什么"的各种本质属性,建立种加属差的本质属性集合。2. 被定义对象和定义项的种,有属与最近种的可划分的自然顺序,一门科学的"种"即其"域",或整类对象中的定义系列,应当按照种、属的不同层次有先后顺序的排列,被定义对象系列的划分顺序同定义系列的顺序是相应一致的。3. 划分中选择的本质属性完全而无遗漏。一门科学中的定义系列也应完全而无遗漏，构成一个整体。朝特殊的往下方向达到不能再分的最后属差，朝普遍的往上方向达到这门科学对象的最普遍的单一原理。如果最后获得的不是关于本门科学对象的最高的单一原理，而是更多的原理，定义系列就超越了这门科学的对象范围，必有偏误存在。(97a24—b15)

柏拉图在《智者篇》中径直用划分来作证明和下定义，亚里士多德反对这种做法，认为划分、证明和定义三者各自不同，定义是对事物的普遍本质的判定，它不可证明、又是证明的本原。定义属深层次认识，是对事物的内在本质属性的把握，不同于可有不同标准（包括非本质外在标准）的划分。同时他也肯定，只要对象合适，划分的标准是本质属差，证明方法和划分方法作为辅助手段，也有助于形成因果性定义或本质定义。（参阅第二卷第十三章）这表明亚里士多德的逻辑思想远比柏拉图的逻辑思想深刻、成熟；他对建构科学知识的各种方法，既有精确区分，又能娴熟地将它们结合起来驾驭和使用。《后分析篇》中关于证明方法和定义方法的论述，比《论题篇》中的有关论述更为深刻、丰富。

## 三　归　纳

亚里士多德主张科学是证明的知识，通过证明的三段论获得科学知识的演绎方法，在建构严谨的科学知识体系中起有至为重要的作用。有些学者认为亚里士多德只是一位演绎主义者，根本不重视归纳的作用。如格罗特认为：亚里士多德虽然声称归纳是各门科学中获得初始原理之源，但"他研究科学的方式总是同此声称并不相应，他看来常常全然忘却了归纳"。[1] 格里芬（N. Griffin）也认为，虽然亚里士多德等希腊哲学家首先认识了归纳，但是他们"不能认识到它的重要意义，而将科学探讨的全部重心放在演绎上。"[2]诚然从逻

---

[1]　格罗特：《亚里士多德》，第 264 页。
[2]　格里芬：《归纳问题》，《科学》杂志 1969 年第 104 期，第 251 页。

辑的观点看,亚里士多德研究演绎推理和演绎证明卓有成就,对归纳推理和归纳方法没有展开研究。然而他并非全然无视归纳在科学认知中的作用。他重视经验,认为经验是知识的来源与基础,在《形而上学》第1卷第1章指出:"人们通过经验得到知识与技艺","经验造成技艺",经验只知特殊,知其然不知其所以然,知识与技艺知道普遍,把握原因。(981a1—30)从经验上升到知识,就须通过归纳。在"工具论"特别是《后分析篇》中,他多处论述归纳,强调归纳是获得与建构科学知识的重要方法。在他看来,归纳和演绎是科学认知进程和知识系统化中两种不可或缺、不可截然分割的方法,归纳和演绎相辅相成、相互渗透;若无归纳,演绎的证明知识不可能,若无演绎证明,单靠归纳,难以求得具有必然性的确实知识。

《论题篇》第1卷第16章指出:辩证的论证有归纳和演绎推理两种,"归纳是从特殊到普遍的过程"。例如设定技术娴熟的舵工是最有能力的舵工,技术娴熟的战车驭手是最有能力的驭手,一般而论,技术娴熟的人是在其特殊工种方面最有能力的人。这就是一个归纳推理的论证。"归纳更有说服力,也更清楚,更易在使用知觉中知晓,一般能被大多数人运用"。(105a10—16)《后分析篇》第1卷第1章也指出,"归纳论证通过明晰的特殊证实普遍",修辞学中的例证也是一种归纳;他并且认为,归纳和演绎的论证都有赖于原先已有的知识。(71a1—10)第18章进而论述归纳在形成知识中的重要作用:感觉是经验和知识的最初来源,若感觉功能丧失,某些知识亦随而丧失;归纳无疑源生于感觉,但不同于感觉,因为感知特殊而无归纳,就不能上升到"普遍"而形成知识;人们求知和学习,只能通过归纳和证明两种方法进行,证明也有赖于归纳,"证明从普遍出发,归纳从特殊开始,但除非通过归纳,否则要认识普遍是不可能的",甚至一些看来似乎同实在分离的抽象的概念、范畴,"也只有通过归纳才能把握"。(81a38—81b9)由上可知在亚里士多德看来,归纳是一种从感知到特殊、再上升到普遍的推理和方法;它以感知为基础,而因把握了普遍,又不同于感知,而是获得知识的理性方法。演绎证明从普遍到特殊,无疑是推演与建构系统科学知识的重要手段,而演绎证明依据的各种普遍性程度不同的前提,都要靠归纳方法来获得;因此从科学认知进程而言,归纳先于演绎,是演绎证明的先决条件,而且在建构系统科学知识的过程中,归纳起有重要作用,它和演绎证明是相互交织、相辅相成的。亚里士多德在建构一些学科知识如动物学研究中,大量使用了归纳方法。

亚里士多德虽然没有明确区分完全归纳法和不完全归纳法,实际上他对两者各有论述,并认为两者都能从特殊上升到普遍,获得具有必然性的知识。完全归纳法是通过有限数目的特殊事例的总和,判断出普遍性的结论。在《前分析篇》第2卷第23章中,他指出这种归纳也是形成理性信念的方法,并且将完全归纳法看做是一种变相的三段论。他举例:少数的人、马、骡等有限数目属类,都是无胆汁的动物而又长寿,通过归纳推理得出结论,一切无胆汁的动物是长寿的。① 这里亚里士多德将无胆汁而长寿的动物看做特殊事例的总和,并将这种归纳看做三段论第一格的变相形式:A 表示大词"长寿",B 表示中词"无胆汁动物",C 表示小词"长寿的动物"。这种归纳实质上可理解为通过小词的概括,推断大词属于中词,即无胆汁动物是长寿的。(68b10—35)中词就是原因,因此这种完全归纳法推理的结论是具有普遍的必然性的知识。亚里士多德心目中每门科学研究的是数目有限的种与属,若以种、属作为考察单元,完全归纳法在获得、建构科学知识中是可行的。但是如涉及数目无限众多、不可能一一考察的事物或事件,显然无法运用完全归纳法。对这类个体事物的感官知觉,尚未告诉我们任何普遍的东西,尚未提供科学知识。然而通过不断地观察对象,从特殊经验的不断重复中也能作出归纳,"得到关于普遍的见解。普遍的价值在于它展示了原因",也是把握了中词,这种归纳获得的普遍原因也能用于证明。(88a1—5)这种不完全归纳法在形成科学知识中是经常运用的,往往表现为一种"机敏":"机敏是瞬即把握中词的能力。例如某人看到月亮光明的一面,总是朝向太阳,便迅即把握其原因,即月亮从太阳获得光线",在这种情况中,把握的端词"月亮"、"向着太阳的光明面",使人认识到

---

① 亚里士多德在《论动物的构成》第4卷第2章中讨论早先学者提出的关于无胆汁动物长寿问题,指出人和有些属类动物中只有少数缺胆囊。他认为,不能只根据碰巧观察到的动物来看超前的概括,而应根据观察所有无胆汁属类动物才能得出结论。当时学者限于条件,对动物有无胆囊的判断未必精确。格思里对此问题有注释,见其《希腊哲学史》第6卷,第194—195页。

其原因即中词"从太阳获得光线"。(89b10—20)亚里士多德认为这种从特殊中把握普遍本质或原因的能力，并不在于感官知觉本身，而是由于人的理性灵魂中具有一种领悟能力即"努斯"，能使人从对特殊事物的重复感知经验中，升华为把握普遍的理性认识。

亚里士多德没有展开建立一种归纳逻辑学说，但是他充分肯定归纳法在获得真理、建构科学知识中的作用。自从休谟以来，归纳是一个困惑西方经验论传统哲学家的问题，被称为"休谟问题"。休谟认为：因果关系历来似乎是全部科学知识的基石，但是因果关系的发现不能通过理性，只能通过经验，而从知觉、印象构成的经验中得不出因果之间有"必然联系"的论断，从过去的经验扩展到未来的归纳推理没有逻辑必然性。因此所谓"因果关系"或"自然的齐一性"，不过是知觉印象集合序列的习惯性联想，归纳的合理性在逻辑上得不到证明，通过归纳得到的普遍知识都没有必然性，而只有或然性，"只是假设，却永远得不到证明"。① 休谟的因果关系学说是对当时独断论的挑战，而归纳的本质及其认识作用问题，至今仍为当代西方哲学尤其是分析哲学所注重研究。亚里士多德早就提出归纳问题，有其独特的见识与理论价值。在他看来，因果必然性是事物固有的，归纳推理自身也有逻辑必然性；归纳依靠"努斯"这种理性的领悟能力，能获得关于事物的普遍本质或因果关系的知识，它同演绎证明可以交融、结合，用以建构具有必然性的科学知识。

亚里士多德认为，归纳方法在建构科学知识中，同证明方法相互关联，具有重要功用，表现在以下四点：第一，科学知识的不可证明的初始原理或首要前提，包括公理和定义，都通过经验的归纳而获得，"我们必须通过归纳获得最初前提的知识"。(100a4)无论是各门科学共同的公理，或是一门科学特有的公理，只能在经验的归纳中确定，科学基本范畴的定义也只能凭借归纳揭示事物的普遍本质和原因，"归纳法也为定义 …… 提供了充分的根据"。(90b15)公理和定义都是不可证明的科学知识的初始前提。归纳为证明知识

---

① 休谟：《人性论》，第109页。

的构成提供了本原性前提。第二,证明三段论的推理,能获得普遍与特殊相联结的新知识,这并非只依靠从前提到结论的逻辑演绎程序,而且也是由于在获得小前提中有归纳的认知作用。小前提往往是凭借归纳而得到的关于小词(特殊事物)和中词(普遍原因)相联结的知识。这也表明证明自身包含着归纳的认知成果,所以《后分析篇》指出:"如果某一证明具有归纳的小前提,我们就不应对它提出异议。"(77b35)第三,归纳可用于发现一类事物自身的普遍本质属性或其固有的普遍特性,形成普遍概念及其派生的特性规定。如气象学家在反复观察虹的现象中,揭示虹的特性与本质,形成虹的概念。一些实证性的关于事实的科学,如航海学、医学等,都要凭借归纳形成普遍性概念。(79a1—15)第四,发现与事实主体自身不同的外部原因时,也要凭借经验的归纳,发现普遍原因。例如月食的原因不在于月亮自身,而是地球蔽住阳光,把握这种"中词",依赖于在多次观察中从感觉通过归纳进而"把握普遍"。(90a24—31)研究这类原因,是"通过不断重复地观察对象,我们成功地把握住了普遍,那么我们便有了证明"。(88a1—6)这里观察、归纳和揭示根据的证明,也是相互渗透、交融结合的。当代美国的科学哲学,如托马斯·库恩的历史主义学派和夏佩尔的新历史主义学派,既反对逻辑经验主义片面强调观察,经验的还原证实论,也反对波普尔的演绎主义的证伪说,主张在科学知识的增长与变革中,观察经验与理论负荷、归纳与演绎是相互渗透的。从某种意义上说,亚里士多德很早就萌发了类似的真知灼见:建构科学知识必须紧密结合观察经验和既有的理论原理,结合归纳推理和演绎证明。

## 第三节　科学知识的本原

《后分析篇》第2卷最后的第19章,集中论述科学知识的本原问题。格思里认为:"它是亚里士多德全部著作中最重要的篇章之一。这是他的认识论信念的一个自白,陈述了全部知识的终极来源,如罗斯指出的,它气势恢弘地阐述了从感觉到理性的连贯发展。"①

　　亚里士多德阐述科学知识作为证明知识的获得与建构,主要表现为从真实的初始基本前提出发,作证明三段论的推理过程。这些初始基本前提指科学的共同公理、每门科学特有的公理以及科学基本范畴的定义。它们是证明的出发点,它们自身的真实性不可证明,它们自身作为终极前提也不可能通过更高层次的前提从推理中获得。要不然全部证明知识会陷入无穷后退,科学知识会永远缺乏坚实根据和确定性。亚里士多德称这些初始的基本前提为科学三段论的本原,它们是科学知识确实性的来源与保证。《后分析篇》最后一章就进而研讨:这些初始基本前提既然自身不可证明、又能保障科学知识的确实性,那么它们自身来源于何处? 它们自身的确实性又如何得以建立? 这个科学三段论的本原的本原问题,不是单靠逻辑学所能解决的,它本质上是一种认识论问题,就是要从人类认识的起源与过程来探究全部知识包括科学知识的本原。

　　亚里士多德极为凝练、精粹地解答这个根本问题,表现了他的认识论思想的特点。他强调科学知识起源于感知与经验,但并不流于主张一种简单、素朴的经验论,他同时肯定作为理性直观能力的"努斯"和分析理性,在建立科学基本前提中,在科学知识的获得与建构中,起有十分重要的作用。科学知识的产生与进展,不是单纯演绎的线性进程,而是演绎与归纳、确立初始基本前提和发生其他次级普遍性知识相互交织、有机统一的复杂过程。感知经验、作为理性直观能力的"努斯"和作为逻辑建构能力的理性,是构成知识本原的三重要素。在亚里士多德的科学知识本原论中,经验论与理性主义达到某种统一。

## 一　科学知识起源于感知和经验

　　亚里士多德在《后分析篇》第 1 卷第 10 章中,就将每门科学中"不能被证明的真理称为本原","本原必须被断定,而其他的知识内容必须被证明"。(76a30—35)这类本原就是三种证明知识的初始基本前提:各门科学的共同

---

　　① 　格思里:《希腊哲学史》第 6 卷,第 179 页。

公理,一门科学的特有公理,科学基本范畴的定义。它们在有关领域最具有普遍性,是不可证明、只可断定的证明知识的本原。每门科学若不建立、把握这类初始基本前提,通过证明获得与建构科学知识就不可能。于是亚里士多德提出问题:人们对这类初始基本前提是怎样认知的? 这种认知它们的状况是什么? (99b15—19)要澄析这个问题,就要解决两个相互关联的难点:第一,对这类基本前提的认知,同对其他普遍性的知识(如三段论中小前提知识的获得)是否同源、一致? 也就是说一切科学知识和其初始的基本前提是否源生于同一认知过程? 它们是否在科学知识建构中成为协调和连贯的部分? (99b20—25)亚里士多德的回答是肯定的,认为这两种知识同源、同真,起源于同一认识过程,因而同样真实、连贯一致,从而使得建构全部证明的科学知识成为可能。他在论述全部科学知识发源的过程中,探究关于初始基本前提的认知的发生。第二,关于科学的初始基本前提的知识,是在认识过程中产生的,还是人们一直天生固有的,只是不为人们所觉察? 亚里士多德主张它们是在人的认识中后天获得的,因为要是说人们一直先天拥有这类比证明更为精确的知识而竟不曾觉察到,那是荒谬的。(99b25—30)他无疑地主张人的全部知识都在认识过程中发生。在《论灵魂》中,他指出灵魂本是一块不着痕迹的蜡板,并无先天固有的"相"或天赋观念,感觉、知觉、记忆或思维中形成的观念,都是认知主体和外界事物相互作用中后天发生的。

亚里士多德进而指出:知识虽非先天固有,但是人类必定有某种先在、特定的认识能力,才能获得和学习知识。(99b30—35)这种认识能力是人的先在、固有的能力,就是潜能地存在的,并且表现了人和其他动物的重大区别。格思里认为亚里士多德所说的这种人的天生的认识能力,相似于当代美国语言哲学家、生成语法理论创立者乔姆斯基(A.N.Chomsky,1928— )的观点,并引述了后者1971年在剑桥大学罗素讲席演讲中的一段话:"心智组织的内在原则允许根据分散的证据建构丰富的知识和信念体系……这些原则……构成了人性的一种本质部分。"①我们知道,乔姆斯基推崇笛卡尔,但并不主张

---

① 格思里:《希腊哲学史》第6卷,第182页。

"天赋观念"论，只在承认语言发生能力是人天赋的、固有的心智特性这一点上，同笛卡尔一致。他认为生成语法是人天赋独有的心智特性，是在作为文化产物的"约定语言"的框架中组织心智活动、表达和理解新思想的能力，是人脑固有的遗传禀赋，它不是学会的，就像我们可以学习跳高而并不学习伸出双臂一样。就此而言，这种见解和亚里士多德所说的人的先在认识能力，有某种表面的相似性。但是两者实有重大区别：乔姆斯基主要只内在地诉诸语言与心智本身，来研究天赋的心智建构能力，亚里士多德则从科学知识起源方面，就认知主体和客体相互作用，来研讨先在的认识能力；乔姆斯基倡导一种现代唯理主义，经验只是激发固有语言智能、充实特殊内容的辅助条件，亚里士多德则相当重视经验，主张经验是使先在的知识潜能得以实现的基础和先决条件。总之亚里士多德所说的人的先在认识能力，有其很不同于乔姆斯基观点的特定含义，不可作唯理主义的解释。

亚里士多德认为：一切动物都具有一种"感官知觉的天生的辨别能力"。有些动物在感觉活动过去后，能在心灵中固定感官知觉，在灵魂中保存感觉印象，发生记忆，有些动物则不能，这是第一个分化。人又能在不断保存感觉印象的进程中，对同一事物不断重复的记忆中，产生经验，于是从感官知觉的固定中获得一种"逻各斯"，即普遍性的东西，思维性的意见或知识，其他动物则没有这种从记忆中产生经验的能力，这就在人和其他动物之间出现了进一步的分化与差别。（99b35—100a5）

亚里士多德在《论灵魂》中认为，感觉是感觉主体对感觉对象的"承受作用和被运动"。（417a16）感觉的产生是现实对象对感官的作用，是对象在感官这一"蜡块"上打下印迹。他并且详致阐述了视觉、听觉、嗅觉、味觉和触觉这五种感觉的产生，指出"感觉对象的现实和感觉的现实是同一的，虽然它们的本质并不是同一的"。（425b27）思维则是人的灵魂中心智部分特有的能力，它和感觉不同，由想象与判断构成，包含了"正确"（理智、知识、真实意见）与"不正确"（错误），思维"能接受对象的形式，并潜在地和对象同一，但不是和对象自身同一"，思想发生在"心智"中，就像在一块白板中写字一样。（427b10、429a15、430a1）他在《论记忆》中又指出：对现在只能感觉，记忆属于过去,记忆不是感觉或判断,而是时间流逝后感觉与判断的状态或影响。因此只有意识到时间的那些动物才有记忆,它是保留感觉所留下的精神影像的能力,只在偶性意义上属于思维能力,本质上仍属于感觉能力;因此除人类之外,其他某些动物也拥有记忆能力。(449b10—15、450a10—20)回忆则不同于记忆,它已是人特有的能力,因为回忆已含有某种推理,在"推断以前曾见过或听过或经历过的某类事情",它本性上属于有思维能力的动物,已有经验的意义。(453a10—15)

经验不只是感觉与记忆的积储,而是已有回忆与思维的作用,从中产生普遍性的意见与知识,是科学、技艺的温床。人与其他动物的区别不在于有无感觉和记忆,而在于能否从不断重复的记忆中产生经验。所以《形而上学》开篇就指出:"那些靠表象和记忆生活的动物,很少分有经验,唯有人才凭技艺和推理生活,人们从记忆得到经验,同一事物的众多记忆导致单一的经验。看来经验大致类似知识和技艺,人们通过经验得到了知识和技艺。"(980b26—981a2)

经验的本性在于从不断重复的记忆中把握普遍,因而能成为科学知识的直接源头。亚里士多德在《后分析篇》中指出:"经验在灵魂中作为整体固定下来就是普遍的,它是与多有别的一,是相同地呈现在那些记忆中的一"。(100a6—8)人所拥有的经验既不是天生的确定形式,也不是从更高层次的认识中产生的,而是从感官知觉中产生的。亚里士多德形象地比喻说:好像在战斗中溃退的队伍,只要有一个人站住,接着就不断有人站住,直到恢复阵形;从感官知觉到经验发生也有相似历程,只要一个特殊的知觉对象"站住"了,就是在灵魂的知觉活动中有了"最初的普遍",接着其他的特殊知觉对象不断在"最初的普遍"中站住。在这过程中,便会产生"动物"那样的普遍概念,在这永不停止的经验过程中,又会产生属、种以至最普遍的范畴。(100a10—100b3)

亚里士多德认为,人所知觉的虽然是特殊的事物,但在人的经验中知觉活动已涉及普遍,如在知觉中判断加里亚斯是一个人,这"人"便是普遍。从《论灵魂》中可知,亚里士多德所说的"判断",不同于近代形式逻辑所述作为思维形式的判断,他认为在感觉与思维中灵魂都"判断着并认识着所是的东西",(427a20)判断能力是"思想和感觉"两者都有的功能。(432a15)这就是说在知觉活动中有判断,或可称为知觉判断,判断中涉及普遍,因而人在不断重复的知觉判断过程中产生的经验,能形成普遍概念,并从知觉判断升华为思想的判断,从而形成命题,进向逻辑的推理。所以他在《后分析篇》中说"中词能为感官感知",在月食现象中,人们"从感觉中把握住普遍",即月光亏损,"由此获得普遍"。(90a25—30)亚里士多德指出:经验依靠归纳把握普遍,人们必须通过归纳获得最初的"普遍",在知觉活动中也正是以归纳方法注入了"普遍"。(100b3—4)由此可知就普遍性知识的发生而言,经验中的归纳起有重要作用。

在亚里士多德看来,经验是从感官知觉、记忆到产生科学知识的重要中介环节。经验源于又高于感官知觉,因为经验中已有知觉判断,并在思维中把握普遍。所以他说:科学知识虽然最终源于感官知觉,但它是普遍的,不能直接通过感官知觉而获得,人们要从特殊经验的不断重复中,得到关于普遍的见解。(87b27—34)另一方面,经验又是知识与技艺的直接来源,但是个人拥有经验,未必就把握了事物的普遍本质与必然原因,因此经验又逊于知识与技艺。所以他在《形而上学》中又指出经验和知识、技艺的差异。经验把握普遍,又更多地同特殊、个别相关,而且是经验者个人生发的,因此经验诚然有长处,如行医者素有经验,熟悉个体病人之种种病情与医案,比只懂普遍医理而无行医经验者强得多。但是总体上说,知识、技艺高于经验,因为二者把握普遍虽相似,但前者比后者更加智慧,因为知识、技艺知道原因,而经验中的"普遍"认识还未经证明,只知其然、不知其所以然;此外知与不知的一个标志是能否传授,知识、技艺能传授,经验不能传授,所以技艺比经验更接近科学知识。(891a15—b10)

二 努斯把握科学知识的基本前提

经验中已有知觉与思想活动判断"普遍",已有通过归纳甚或一般推理而获得"普遍",就是说已在运用理性能力追求真理,获得有些始终是真实的知识,有些则是可能错误的意见,它们也是"普遍"的,但还不是科学知识;因为科学知识是根据初始基本前提、通过严格的逻辑推理而获得的证明的知识。在亚里士多德看来,这类科学知识的基本前提(公理、定义),不能在感知与经验中自发地涌现,也不能从证明的推理中获得,而要借助于归纳方法。主要依凭人的心智固有的一种"努斯"(nous),在经验的基础上,精确地直观与把握科学知识的基本前提。它不同于知觉和一般思想判断"普遍",而是直观地洞悉终极前提、本质意义的"普遍",从它出发,就能通过证明构建科学知识。这是人区别于其他动物的最重要的第三个分化标志。

本书第一卷已有论述,"努斯"一词在荷马史诗及其他早期希腊文献中常出现,其原意是"心灵",泛指感觉、思想、意志等精神活动及其精神主体。阿那克萨戈拉最早将努斯用作为哲学范畴,视为理性的精神实体,是本体论意义上和种子相对的一种万物的本原。它无限、最精、最纯,具有关于一切事物的所有知识,能支配一切有灵魂的东西,支配宇宙的旋涡运动,使宇宙万物有合理秩序。他的"努斯"已非泛指心灵活动,而专指理智、理性与高级精神活动。① 亚里士多德说的"努斯",已很不同于早期希腊文献和阿那克萨戈拉所述"努斯"的含义,它并非泛指心灵,也不是独立的精神本体,而是指人的灵魂本体的一种能力,是人独有的一种心智能力,是人凭借理性在知觉与经验到的特殊事物中直观地把握普遍性定义、公理等科学知识基本前提的能力。努斯获得这种基本前提,无疑要借助于归纳,但不是获得一般知识或意见的归纳,而是一种从特殊事物中直观地洞察科学基本前提这种终极意义的归纳。在翻译亚里士多德著作中,穆尔(G.R.G.Mure)将努斯英译为"intuition"(直观),罗斯则英译为"intuitive reason"(直观理性),②巴恩斯则英译为"Comprehension"(领悟)。③ 我们认为,可将亚里士多德说的努斯,理解为一种理性的直观。

---

① 参见本书第一卷,第 762—774 页。

② 参见麦肯(R.Mckeon)编《亚里士多德基本著作》中穆尔译《后分析篇》(100b8)和罗斯译《尼各马科伦理学》(1143a35)。

③ 参见巴恩斯编《亚里士多德全集》中巴恩斯译《后分析篇》(100b8)。

亚里士多德在《后分析篇》末尾,径直断定:和可能错误的意见不同,科学知识和努斯理智地直观到的科学知识的基本前提,"始终是真实的","把握基本前提的必定是努斯"。(100b9—13)这里他对努斯的意义并未作具体阐发。

《尼各马科伦理学》第6卷第3至11章,论述实践智慧产生伦理知识和品德时,也探讨了科学知识的特点和本原。在那里,亚里士多德具体阐述了努斯的意义:1. 理性、实践智慧、哲学睿智和努斯都能获得关于不变或可变事物的真理而不受欺骗,而这四种心智状态中,只有努斯能把握科学知识的初始基本前提。(1141a3—8)2. 实践智慧以行为的个别事物为对象,努斯则以科学知识的"有限的基本前提(科学知识的极普遍的定义、公理)为对象",它不是"理智"(Logos)即逻辑思维自身所能提供的。(1142a25—27)3. 努斯从两方面关注、直观终极原理,初始前提和个别的可变事物都是努斯的对象,而非理智论证的对象。就是说努斯从个体事物中直观地获得证明知识的不变的初始基本前提(公理、定义),又能在实际推理中把握终极、可变的事实。既然普遍获自特殊,这些可变的个体事实就是努斯活动的出发点;对可变的特殊事实,人们必定有"一种直观"即洞察力,从个别、特殊洞悉普遍的基本前提的能力,这就是努斯。(1143a35—b6)由上可知,努斯是从个别、特殊的可变事物中直觉地洞悉科学知识的普遍基本前提的能力,它把握了逻辑证明不能把握的两方面的终极对象,即最普遍的基本前提和个别的可变事物;它确立了科学的基本前提,而在实际推理中,在科学知识建构中,仍然发挥作用,使基本前提、证明知识和具体的个别事物相联结,即实现从普遍向特殊、向个别的回归。努斯的功能是在理性直观的洞察中,达成个别、特殊和普遍的最高统一,因此它是科学知识的本原,又高于科学知识,使科学知识具有必然性和确实性。

根据上述,我们就可理解亚里士多德在《后分析篇》中用逻辑分析所论断的努斯是科学知识本原的意义:第一,没有其他种类的思想活动,而只有努斯,比科学知识更为精确,而且努斯所获得的初始基本前提比证明更可理解,一切科学知识都是从初始基本前提推理而得。第二,既然只有努斯比科学知识更真实,而证明不能是证明自身的本原,科学知识不能是科学知识自身的本原,由此可推断正是努斯领悟了科学知识的初始基本前提。第三,除了获得科学知识的理性外,努斯作为一种独特的理性直观,是其他各种思想活动中最真实可靠的,所以努斯是科学知识的本原。第四,努斯把握科学知识的初始基本前提,而科学知识作为一个整体,同样和全部事实整体在本原意义上相关。(100b8—18)这最终的结论就是说,努斯获得基本前提并据以建构全部科学知识,从根本上说,都是人的灵魂或心智对事物自身不同层次意义的领悟和认知。

### 三　全面理解科学知识的本原

亚里士多德在《论灵魂》、《形而上学》第1卷和《尼各马科伦理学》第6卷中都全面论述过人的认识过程。本卷以下三编都要分别详细论述。它们之间有些说法略有差别,但总体说是一致的。我们应当贯通《后分析篇》和这些有关著述,全面理解这一古代科学认识论与科学方法论思想。从中可以得出以下四点看法。

(一)亚里士多德从认识发生的角度,阐释了人类获得知识,是从感官知觉到科学知识逐步进展的过程,主张感知经验和科学理性相统一。

他相当细致地描述了人类全部知识发生的三个阶段:1. 人的认识最初起源于感官知觉以及固定知觉的记忆;2. 在不断重复的记忆中,进而产生固定"普遍"的经验,经验中已运用归纳,渗透理性思维的作用,已发生真实的知识、正确或不正确的意见;3. 在更高层级上,通过努斯把握了更具有普遍性的公理、定义等基本前提,使人类得以运用逻辑推理,结合演绎与归纳,探求事物的本质与原因,获得证明的科学知识。人类发生知识以至形成精确的科学知识,也是人类逐步和其他动物相分化的文明历程。

知识发生的每一环节,都是认识主体与客体相互作用,是对象事物在灵魂中模刻的印痕写下的文字,也是理性灵魂包括努斯对客体的一种能动的承受作用,表现了人对事物从外在现象到内在本质逐步深化的认识,人的全部真实的知识和意见,最终都是揭示事物的意义即是其所是。亚里士多德认为人的这一认识进程,不是被动的映象和自发的进化。他肯定人所以超越其他动物,正在于人有把握"普遍"、本质与原因这种理性的能动性。在古希腊他是第一个比较系统、科学地论述了知识发生过程,揭示了感官知觉、经验、理性与科学理智(作为理性直观的努斯)的循序渐进又互为渗透的统一,这是可贵的。

对他的论述,如果只撷取或突出某个环节就会作出片面的曲解:只强调他主张全部知识起源于感官知觉,并认为他仿佛主张从不断重复的记忆中会自然产生知识,就会将他看做只是一位素朴、自发的经验论者。将他说的努斯夸大为科学知识的唯一本原,而忽视努斯的能动作用也有赖于经验的基础,就会把他片面地曲解为古代的唯理论者。

(二)亚里士多德主张科学知识有三重认识能力的本原,即融合感官知觉和初级理性的经验、努斯以及科学理性(或称分析理性)。

在《尼各马科伦理学》中,他论述科学知识是什么,指出科学知识具有证明的品质,所认知的是不可变的东西,即普遍、必然、永恒的本质与原因。因此一切科学知识都是可传授、可学习的。(1139b20—30)知觉对象是个别、可变的事物,人的认识固然起源于感官知觉,但其中并无普遍、必然的认知,它还不是科学知识的直接本原。所以亚里士多德在《后分析篇》中强调:科学知识不可能通过感官知觉而获得,因为证明是普遍的,而"普遍"不能由感官所感知,只有在特殊经验的不断重复中,才能获得揭示原因的"普遍",才能进向证明的知识。(87b27—88a5)就是说经验已从积累知觉中融渗了把握"普遍"、却尚无证明的初级理性,科学知识首先是从这种经验中生发的。但经验自身不能提供证明,"努斯"把握了证明的基本前提即公理、定义,这就使得科学理性通过逻辑手段建构科学知识成为可能。而通过理性直观获得的基本前提是不可证明的,它自身不是证明的知识。亚里士多德甚至从人的认识可变、可演进角度,指出这些"科 学 的 出 发 点 或 本 原 是 可 以 改 变 的,不 是 证 明 的"。(1140a30—35)人类科学史的实际情况确实是如此,一门科学的公理和基本范畴定义的变化,会引起这门科学的知识体系的变化,即范式的改变引起科学革命,如相对论对牛顿经典物理学的变革。他的这一见识很深刻。

单靠经验和努斯还不足以形成科学知识,还需要科学理性即分析理性的逻辑运作。就是根据不证自明的公理、定义等基本前提,结合经验中已有判断的普遍知识作为小前提,进行逻辑推理,获得普遍、必然的本质与原因,推出新的普遍性知识。这种知识又可回到经验中验证,在经验中丰富对努斯所关注、直观的个体事物这一终极对象的认识。科学的证明知识建构,是交织着从特殊到普遍的归纳和从普遍到特殊的演绎这一复杂的过程,是努斯、经验和分析理性相互渗透、有机融合的过程。所以应当说在亚里士多德看来,经验、努斯、科学理性是科学知识的三重不可分割的本原。

(三)科学理性、努斯、实践智慧、哲学智慧,在人类求获真理中,各有不同的功能。

"是"有多种样式,人们求获真理、取得知识也有不同途径,科学知识并非是唯一的知识途径。相应地,人的理性认知能力也有多种。亚里士多德在《尼各马科伦理学》中指出:它们有四种,即科学知识(episteme)、实践智慧(phronesis)、哲学智慧(sophia)和努斯(nous)。(1141a2)具体而言:1. 科学知识实为一种分析理性能力的表现,它依据基本前提,在经验的基础上,运用逻辑分析与推理,形成证明知识,获得对普遍、必然的本质与原因的精确知识。2. 努斯直观地洞察事物的普遍性定义与公理,它们本身不是证明的知识,却是科学知识的首要原理和终极根据。3. 哲学智慧能获得"最为精致完美的知识形式",因为有哲学智慧的人"不仅知道从首要原理推出的知识,而且也拥有关于首要原理的真理。所以哲学智慧必定是努斯与科学知识能力的结合",这才使科学知识臻于完善。(1141a16—20)这里亚里士多德强调哲学智慧不仅能在终极意义上洞悉定义、公理等首要原理的真理性,而且它本身是努斯与分析理性的结合,能有效地促成科学知识的建构。这一见解至今仍很有价值。当代西方科学哲学研究科学范式的变革,摒弃了逻辑经验主义"拒斥一切形而上学"的口号,肯定形而上学作为科学的重要背景理论之一,在科学知识增长和范式变革中起有重要作用。4. 实践智慧不同于科学理性(科学知识),也非直观地洞悉首要原理的努斯,因为它的对象不直接是普遍的类,而是同人的活动相关的特殊事实、个别事物,如个体人的行为、政治活动,菲迪亚斯的雕塑那样的艺术作品。它们不是科学理性和努斯的对象,而是一种特殊的"知觉"的对象,这种"知觉"不是相应于某一感官而狭隘的知觉,而是人们察觉一个三角形那样的知觉。(1141a23—30)实质上这是经验与理智交融的一种知觉判断,特殊中潜寓某种普遍。在这种"知觉"的基础上,也可运用逻辑分析,来建构有普遍性的实践知识与创制性知识。实践智慧与努斯的能力往往随年龄增长而增长,那是由于年长者积累了丰富的经验。亚里士多德的以上论述实质上表明第一哲学、理论科学、实践知识和创制性知识,各有不同的对象和认知真理的途径,它们的统一构成人的全部认识能力。

(四)逻辑学既相似于又超越科学知识,蕴涵着哲学智慧。

亚里士多德建立的逻辑学,包括语义分析逻辑和三段论学说,都是旨在为探求知识与真理提供方法与工具。它有普遍适用性,对智力训练、交往会谈,哲学知识以及包括科学知识、实践学科、创制性知识的各门知识,对于探求一切知识与真实意见都是普遍有效的工具。逻辑作为分析理性的能力,在科学知识建构中起有特殊重要的作用。在亚里士多德看来,它就是一种科学方法。他建立的逻辑学说作为一种系统的知识,也具有和科学知识相似的特征。它也需要有逻辑公理和逻辑范畴的定义作为初始原理,也以此为基本前提,遵循自身的逻辑法则,构建出一种研究各种推理的证明知识,它研究"证明",它自身也是一种特殊的证明知识。用现代术语说,它是一个公理化体系。

逻辑知识也有其本原,需要哲学智慧来把握。不可证明的逻辑公理与逻辑范畴的定义,无疑也要靠努斯这种理性的直观来把握,要由哲学智慧来洞察和理解,努斯本身也可以说是哲学智慧的一种形式。所以亚里士多德说,应当由哲学家"既研究一切本体的本性,又考察推理的本原",研究同一律那样的"是"和逻辑的公理。(1005b6、1005b17—25)他根据他的哲学范畴论、形而上学,建立逻辑公理,作出逻辑基本范畴的定义,构建命题与推理系统。他的全部逻辑学知识,是运用哲学智慧,结合努斯与分析理性,以分析理性自身为对象构建一种关于思维科学的证明知识。和其他科学知识一样,逻辑知识也是在人类探求事物意义的经验基础上逐步升华而形成的,只不过这种经验是最普遍的语言交往活动的经验,探求知识与意见的经验,而从中升华出证明的逻辑知识,更需要哲学的智慧。所以在本编末尾,我们可以说,亚里士多德创建的逻辑学,具有严谨的科学知识的特性,不仅是一种科学方法,也是人们探求一切知识与真理的普遍有效的工具。它不是技术性的实用工具,而是一种有哲学意义的工具。它是公理化的逻辑知识体系,又浸润着浓烈的哲学智慧,深刻地蕴涵着亚里士多德本人的逻辑哲学思想。

## ❀ 小 结 ❀

本编剖析亚里士多德的"工具论"及其他有关著作,紧密结合他的哲学(主要是前期形而上学)思想,论述他的逻辑学说。不仅分析了他的前期本体论思想以及认识论、方法论的特点,而且对他的逻辑学说的理论背景、丰富内容与科学价值,作了比较全面、深入的解析。从中可以得出以下三点看法。

第一,亚里士多德的逻辑和哲学思想是紧密结合、交融在一起的,它奠立了西方的分析理性传统。亚里士多德无疑是形式逻辑的创立人,而从现代的观点看,形式逻辑研究思维的形式结构,对哲学有相对的独立性。我们对他的逻辑学说的本来面貌作了具体的历史研究,发现他的逻辑和哲学思想不可截然分割,而是相互交融、有内在关联的;他的逻辑学说也不限于形式逻辑,而有更为开阔的"思想工具"的意义。他的逻辑和哲学思想奠定了一种分析理性(或称科学理性)的传统,这对西方后世的科学昌明和文化演进有重大深远的影响。他的逻辑和哲学思想都是因应知识系统化的时代要求而产生的。他的逻辑学说作为希腊逻辑思想系统化有其深刻的哲学根据,那就是:他建立逻辑学说有创建新的哲学本体论的背景需要;他的本体论的范畴说、意义分析论及本质主义是他的逻辑学说的哲学基础;他形成四谓词、各种模态等基本逻辑范畴都有其哲学根据与解释;他论述命题间的逻辑关系、三段论的格式及其构造也渗透哲学意义;他的辩证法是语义分析的逻辑,他的证明理论实为科学方法论;他论述辩证推理与证明推理的关系(涉及意见与知识的关系),论述逻辑推理的初始原理及其他前提的来源,都是从认识论方面作出的探究。这些都表现了他的逻辑哲学思想。另一方面,他的逻辑学说在他的全部哲学中有重要的地位与作用:他的逻辑学说为他创建新的哲学提供了坚实的思想分析的工具;他的一些基本逻辑范畴也用作为重要哲学范畴;他的逻辑分析的方法贯穿在他的形而上学、自然哲学和实践哲学等全部知识的建构中;他的本质主义的逻辑理论又是他的本体论思想后来演变的重要因素之一。由上可知,必须把握他的逻辑和哲学思想的内在关联和互渗互动,才能全面理解他所奠立的分析理性传统及其重大影响。现代有些学者将亚里士多德的逻辑学说和哲学思想截然割裂开来,孤立地研究他的逻辑理论,将它归结为只涉及纯思维形式结构的三段论学说,甚或认为本体论的范畴说是他的逻辑学说中多余的障碍,这并不确切,是非历史主义的,而且是对他的有丰富内容的逻辑学说作了狭隘的理解。

第二,全面理解与研究亚里士多德的逻辑理论。运用哲学和逻辑的范畴作意义分析,是贯穿亚里士多德逻辑学说的一根主线,也是他的分析理性的核心含义所在。主要研究命题与推理的形式结构的三段论学说,成为后世形式逻辑的主干内容,也是发展现代逻辑的起点,无疑是亚里士多德的重大逻辑贡献。然而通过解读"工具论"及其他有关著作,我们发现他的逻辑理论有更丰富和多层面的内容,它们同三段论学说是互为表里、相互衬映、交相生辉的。其一,他的辩证法实为一种语义分析的逻辑,它正是三段论学说的语义(意义分析)基础,也有方法论意义,在探求意见和知识中它是不可或缺的,体现分析理性的深层逻辑结构。这种语义分析的逻辑对亚里士多德本人的哲学与全部知识建构,对西方后世的逻辑、哲学与科学知识的进展都有重要影响。它当然还不同于现代逻辑的语义学,但它强调运用哲学与逻辑的范畴作意义分析以求逻辑思维形式化的语义基础,至今不失为合理的思想,对现代逻辑中有的语义学理论,如作为模态逻辑语义学的本质主义的可能世界学说,也是有影响的。其二,后世形式逻辑较多地吸纳了亚里士多德的实然三段论理论,而亚里士多德结合哲学分析建立的模态命题与模态三段论系统,在他的逻辑理论中占有较大分量。它虽然还不完善、有所缺陷,但对后来西方的模态逻辑思想的进展颇有影响,对现代模态逻辑研究也有借鉴意义。其三,修辞的推理与论证是亚里士多德对修辞学的革新所在,是他的修辞学的实质内容,这是他的逻辑学说的一个应用层面，是一种在社会公共生活中的应用逻辑，自有其理论特征，并且表现了他的逻辑理论和伦理、政治、心理等其他学科交叉和结合的特色，表明他的逻辑理论有多样的实际价值。总之，我们不应狭隘地将亚里士多德的逻辑理论只归结为三段论学说，对他的多层面的逻辑理论应当全面理解，可以作更开阔、深入的探究，发掘和整理他的丰富的逻辑思想遗产。

第三，亚里士多德的逻辑学说最终也是一种科学知识论和科学方法论，体现了他的"工具论"的宗旨是建构科学知识。他的本体论的范畴学说，作为辩证法的语义分析逻辑和三段论学说，最终都融会贯通为一种科学知识论与科学方法论。他深入论述了证明的科学知识的本质，研讨了科学的划界、科学的域以及建构科学知识的方法，并且从认识论方面研究了证明的初始原理以至全部知识的本原，研究了经验、理性、理性的直观（努斯）、实践智慧、哲学智慧等认识能力及其关系。这种古代的科学哲学思想自有特色与深度，对古希腊及西方后世科学思想的进展起有重要作用，当代研究科学哲学也可从中获得不少启迪。

亚里士多德的逻辑和哲学，锻造成一种"思想工具"，一种分析理性的精神，也促成他本人动态地建构哲学与各门学科的知识，这表现在后面三编要论述的他的自然哲学、形而上学和实践哲学之中。

# 第 二 编

# 自 然 哲 学

亚里士多德著作的总量,按贝刻尔的标准页共1462页,每页有a,b两栏,折合现今的书页约3000页。其中,纯粹自然哲学的著作占了657标准页,即184a10至829b2及847a10至858b31,973a1至973b25。他的《形而上学》大量涉及自然哲学,后人编纂的《问题集》及残篇等也有不少自然哲学资料。"洛布古典丛书"中亚里士多德的著作共23卷,其中近11卷讨论自然哲学。巴恩斯(J.Barnes)主编,普林斯顿大学出版社于1981年出版的亚里士多德全集两卷本(又称牛津修订本),第1卷共1250页,除《工具篇》315页外,全是自然哲学著作。第2卷共1236页,除索引和近代发现的《雅典政制》和残篇外,共1090页,其中还有41页属自然哲学,合计共976页。总言之,纯自然哲学著作占总量五分之二强,加上《形而上学》等涉及部分,总共占了他的全部著作的一半。由此可见,自然哲学在他的讲学和研究中的地位。他的许多结论如今已过时,有的甚至是荒唐可笑的。但是在哲学史和科学史的历史长河中,他是最早将一般哲学与自然哲学区分开来,研究自然哲学和自然科学的一般原理和方法的。他的探索精神,他的观察自然的方法,他所提出的问题,至今仍令人惊叹不已。因此,有必要单列专编研究他的自然哲学。

　　在研究方法和叙述方法上,本编同本卷别的编章有所不同,这是研究对象的特点所决定的。因为亚里士多德主要的自然哲学思想散见在各篇之中,有的重复,有的从不同侧面展开,我们只能依据其内在的逻辑展现他的深层的思想。在叙述方式上,撇开其著作原来的卷、章顺序,按所涉及问题加以综合和阐述。同时,考虑到在我国,即使是专业队伍也极少有人通读他的这些著作,也考虑到我国当今对希腊哲学的研究水准和资料状况,因此在原作和作者本意的介绍方面有必要多费些笔墨。

# ❀ 第六章 ❀ ————————————

## 自然哲学的对象和任务

同第一哲学、实践哲学、创制学科(技艺学科)相区分的第二哲学——自然哲学,其存在的根据是亚里士多德的存在论(是论)和本体论,以及关于自然与社会、自然物与技艺制品的区分。这里的关键词是 φυσις(physis,自然)。因此,对 φυσις的辨析,就成了自然哲学研究的起点。

### 第一节 作为 Physeos 研究对象的 physis

本书前两卷介绍过苏格拉底以前哲学家关于 physis 的看法①,指出了他们识别自然物与技艺制品、physis 与 nomos 的程度和标志,同时也说明了他们仅仅看到自然的与人为创造的、本然如此的与约定俗成的区分,而看不到自然与社会的本质差异。亚里士多德不仅深化了前人关于 physis 与 techne、physis 与 nomos 的认识,而且看到了自然与社会、人与自然的重要区别。他在区分神、人、动物,神学、实践哲学、创制学科的基础上制定了关于自然学科的一系列原理。对自然与社会的认识上的飞跃,成了他在自然哲学和实践哲学上取得突出成就的基础。因此,我们要着重研究他的"自然"与"社会共同体"范畴。他对"社会"的理解,本卷第四编再讨论,这里重点诠释他的"自然"范畴。

————————————

① 参见本书第一卷,第511—512 页;第二卷,第169—205 页。

《形而上学》第 5 卷关于 physis 这一哲学词语，是这样说的：

> "自然"的意思，其一是指生长着的事物的生成；……其二是指生长着的事物所从出的内在的东西；……其三是指天然物体原初运动之根源，它就在物体自身中；……此外，"自然"也指无形式的，不变的，但有此潜能的原初质料，即任何天然物体所从出并由之构成的东西。……在这个意义上，人们也把天然物体的元素称为"自然"；在另一个意义上人们又把天然物体的本体（形式）叫做"自然"。（1014b18—35）

在印欧语系中，梵文的"bhu"，希腊文的 φυω（phyo），拉丁文的"fui"，"fuo"，本义就是"依靠自己的力量而生长、涌现、出场"的意思。由此观之，亚里士多德对"自然"诠释的第一、第二义就是 phyo 的本义，而第三义即自然是自身包含运动根源的天然物体，则是亚里士多德作出的哲学的诠释。行文"此外"以下的一段话，是他运用形式与质料学说于"自然"所得出的结论。所以，在这条词语解释的结尾，他说：

> 因此，从上所述，"自然"的原初的、固有的意思是指自身包含运动根源的那些事物的形式。质料之所以被称为"自然"，是因为它能接受形式意义上的"自然"；生成和成长之所以被称为"自然"，是因为它们是天然产生的运动。在这个意义上，自然就是天然物体的运动的根源。它以潜在的或现实的方式存在于事物之中。（1015a14—19）

亚里士多德这里对"自然"的解释，不包含用作"本性"、"性质"、"天性"、"天然"、"天然秩序"、"动物本能"、"天生模样"、"天然构造"、"人的禀赋"等的日常词义和引申义。[①] 在亚里士多德时代，作为日常词义的"自然"已广泛使用。大概也是由于这个原因，所以最早做亚里士多德著作索引的波尼兹仅收录哲学意义上的"自然"条目。[②] 由巴恩斯主编的普林斯顿两卷本（即牛津修订本）的"自然"条目索引也仅限哲学词义，重点收集了自然哲学含义上的"自然"共 33 条。[③]

---

① 参见《希英大辞典》，第 1964—1965 页。

② 参见波尼兹：《亚里士多德著作索引》，特罗伊·威尔逊·奥根英译本，第 123 页。

③ 参见巴恩斯主编：《亚里士多德全集》，第 2482 页。

亚里士多德在《物理学》和其他著作中对"自然"作了详尽的阐述,其核心就是他常说的一句话:"自然是事物运动的根源。"(192b20,268b17)因为能运动的事物,自身也就必然能静止,能运动的根源也就是能静止的根源,所以他又说"自然是事物运动和静止的根源"(1059b18),或者更准确地说:

> 自然是事物自身本来具有的,而不是因偶性而有的运动和静止的原理或根源。(192b23)

依据亚里士多德对"自然"的诠释,关于"自然"范畴,必须把握下列要点:

第一,区分哲学范畴的"自然"与日常词义的"自然",前者是自然哲学的研究对象,后者属于语义学、语用学的范围,不属于哲学所讨论的范围。当他讲"人的禀赋是天生的"(1153a1—7,1143b7),"政治方面的 dike(正义),部分是自然的,部分是约定俗成的"(1134b18);才能是天生加教育;训练养成习惯,"习惯成自然",但是石头向上扔 100 次,也无法养成向上运动的习惯(1103a11—30,1370a1—10,1152a30—35)等等的时候,他是在"本性"、"天生"、"天然"等一般词义上使用 physis,虽然这些词义同自然哲学研究的"自然"有关,但毕竟不是一回事。

第二,自然与非自然的区分的标志在于有无一个内在的变化和运动的根源,"一切自然物在自身内部都有一个运动和静止的本原(arche,根源),诸如位移,量的增减或性质的变化。反之,床、衣服或其他诸如此类东西,在它们各自的称谓范围内,即在它们是技艺制品这一范围内,都没有这样一个内在的变化的推动力"(192b14—20)。他说的"非自然",包括技艺制品和因偶性而成就的事。医生自己生了病又用自己的医术治好了,原因是他恰巧生病而又是能医治自己的医生,并不是生病内在地包含有治愈的根源。(192b24—27)技艺制品需用自然形成的质料,例如雕像需用石头作质料,但是石头本身并无成为雕像的动力或成像的原理,其动力因是雕刻家,其原理(形式)存在于雕刻家的心灵中。雕刻家追求心目中设计好的形式,然而石头本身并不存在供人追求的形式。① 雕像倒塌了,其自然倾向是向下移动而不会向上,这是石头这

----

① 参见《形而上学》第 7 卷第 8 章,主要见 1033a24—1034a7;《物理学》,194b1—8。

一质料的本性使然,而不是雕像的本性使之向下运动。所以他说,如果技艺制品"碰巧"是由石头或土,或是二者的混合构成的,那么在它们构成时就从原来这些质料中偶然地获得了这种内在的变化的动力。(192b20—22)

第三,亚里士多德是以第一哲学的观点为指导研究第二哲学即自然哲学的,因此当他将"本体"运用于自然时,他就对"自然"作出更为准确的表述:"自然就是自身包含运动和静止的根源的本体。"(1025b20)这句话出自《形而上学》第6卷;在第6、7、11、12卷中,他将本体分为三种:有生灭的,可感觉的,运动的本体;无生灭的,可感觉的,永恒运动的本体;不生不灭的,超感觉的,永恒不动的本体。前两类属于自然的范畴,而后者则是超自然的神。当他应用形式质料说于三类本体时,他认为神是纯形式,而前两类本体则是形式和质料的结合,因此在一个意义上可以说,自然就是包含运动根源的本体的质料。从这个意义上说,基本元素水、火、气、土和以太是"自然",由之构成的物体,动植物的躯体和星球也是"自然"。但是,按亚里士多德的观点,形式高于质料,形式往往同时又是目的因、动力因,因此更严格地说,自然就是包含运动根源的本体的形式,形式更应该说是"自然"。这就是《物理学》第2卷第1章的基本思想。下面一段结论性的话很重要,辑录如下:

> 上面是关于自然的第一种解释,即把自然看做是事物自身具有运动变化根源的事物的原初质料(prote ekasto hypokeimene hyle, the ultimately underlying material);但是从另一种见解看,我们可以把自然看做是事物的定义所规定的形状或形式(morphe kai to eidos, shape or form),……根据对"自然"的第二种解释,自然仍是自身内具有运动根源的形状或形式。质料和形式比较起来,还是把形式看做自然比较恰当,因为任何事物都是在现实地存在的时候才是我们所研究的自然事物,而不是(以质料方式)潜在地存在的东西。(193a30—b8)

因此,亚里士多德将几个词语作了区分。① $\kappa\alpha\tau\alpha\ \phi\upsilon\sigma\acute{\iota}\nu$(kata physin, ac-

---

① 参见《物理学》第2卷第1章,主要见192b32—193a4。巴恩斯主编的普林斯顿版本的英译比《洛布古典丛书》版本的英译准确、明白。

cording to nature），中译"根据自然"，指自身拥有某种本性或属性，例如火焰向上，而不是向下，根据就是火的本性。ἐχείφυσιν（echei physin），中译"具有自然"、"拥有自然"，指自身具备运动根源的本体，严格地说指它的形式；而处于潜在的东西不能说 echei physin。ἐστιν φυσεί（estin physei），中译"是自然"、"自然之所是"、"由于自然"，也就是现实地作为质料和形式相结合的个体的存在，所以他说"由质料和形式构成的事物，如人，就不是'自然'（指不具质料的人之形式——引者注），而是自然所是的东西。"（193b7—9）后句康福德译为"不是自然本身而是自然过程所形成的东西"①（《洛布古典丛书》，《物理学》，第 115 页）。这个思想很重要，就是说在亚里士多德那里，"形式"是严格意义上的"自然"即自身具有运动源泉的本体，质料获得形式的过程就叫生成（自然的词源意义就是生成的东西）。而形式与质料结合而生成的个体是"自然之所是的东西"。所以他说人能生人，但假若床也可栽种，长出来的一定是木头而不是床，因为人具有"人"这一自然（形式），而床不具有床这一"自然"，它的形式存在于技艺之中。（193b9—13）

第四，人为了某种利益和目的而结合成的家庭、村庄和城邦等是"由于自然"的产物，但是又超出自然，是"共同体"（κοινωνία, koinonia, community）。共同体的组织、管理和体制以及各种行为准则，是人们自己为了共同的利益和目的而制定的。正如自然不会长出床、雕像等技艺制品一样，自然也不会生长出上述各种社会共同体及相应的政制和规范，这些来自人的实践智慧。不过自然与共同体也不是绝然对立的、分离的。人的构造、人的灵魂（沉思理性除外）属于自然。自然造就了人的理性和语言，使人有智慧进行选择和表述与交流，进而按自己的选择行动。所以人不仅离不开自然，而且要在符合自然的基础上选择和活动。总之，人既是"由于自然"，属于"动物"这个种，同时又超出自然，受实践理性所支配。② 这里，亚里士多德已经涉及自然与社会的区别和联系。关于这个问题，往后我们在讨论自然哲学的对象

① 《洛布古典丛书》，《物理学》，第 115 页。
② 参见《政治学》第 1 卷第 1、2 章；《尼各马科伦理学》第 6 卷第 1、2、5、8、12、13 章。

和范围及第 4 章第 3、4 节关于动物与灵魂时还要论及。

弄清了亚里士多德关于"自然"的界定,关于自然与技艺、自然与社会共同体的区分和联系,我们就可以进而讨论关于自然哲学的对象和范围及其同第一哲学、实践哲学和数学的区别了。


## 第二节 自然哲学的对象和范围


关于自然哲学研究的对象和范围,亚里士多德在几部著作中有下列不同的论述:

第一,《物理学》第 2 卷第 1 章的主题就是自然哲学的对象,他认为凡"由于自然"而存在的本体(onta, being)都属于自然哲学研究的范围,包括"动物及其部分(结构),植物,以及简单的物体($\sigma\acute{\omega}\mu\alpha\tau\alpha$, somata, simple body)如土、火、气、水。"(192b9—10)

第二,《形而上学》第 8 卷第 1 章说:

> 我们已经说过,原因、原理和本体的元素是我们的研究对象。有些本体是所有思想家公认的,有的则是个别学派的主张。一般说,自然本体即火、土、水、气等简单物体,植物及其部分,动物及其部分,还有天及其部分是公认的本体。(1042a2—10)

第三,《天象学》第 1 卷第 1 章列举了已经研究过的及这里将要研究的自然哲学的五大项目,即:

> 关于自然的第一因及各种自然运动,天体的有序运动,元素的数量、种类和相互转化及生灭,天象,动物和植物。……完成这几项任务之后,也许可以说我们自己设定的全部任务就完成了。(339a9—10)

第四,《论天》要讨论天体的大小、数量、运动和构成。所以,亚里士多德在第 1 卷第 1 章开篇就说:

> 显然,有关自然的知识,大都涉及物体、量度以及可变的性质和运动,此外也涉及该类本体的原理。因为,一切由于自然而构成的东西无非是:

一,物体和量度;二,具有形体和量度的东西;三,这些东西的原理或原因。①

第五,在第 3 卷讨论天体和地上物体的不同元素及其性质时,亚里士多德认为本体及本体的属性和功能也在自然哲学研究之列:

> 我们所说的"自然之所是",一方面指本体;另一方面指本体的功能(ἔργον, ergon, function)和属性(πάθη, pathe, attributes)。我们说的本体是指单纯物体如火、土和其他元素以及由它们所构成的事物如整个天体和它的部分、动植物和它的部分。所谓功能与属性,指的是每一本体的运动,以及由于其自身的力量而发生的一切动变,包括它们的性质变化和相互转化。因此有关自然的研究大都与本体相关。原因是所有的自然本体毫无例外地或者是物体,或者要依赖物体和量度才能生成。(298a28—b5)

这里,亚里士多德将本体及其自然拥有的运动和一切属性列入自然哲学的研究内涵。

第六,《形而上学》第 11 卷第 1 章谈到第一哲学、数学和自然哲学的不同对象时说:"整个自然哲学所研究的是关于自身存在(或译'自身拥有')运动和静止根源的事物。"(1059b17—18)第 3 章又说:"自然哲学不是研究作为'是'的东西,而是研究分有运动的事物。"(1061b6)。或者换一个说法:"自然哲学研究作为运动而不是作为'是'的属性和原理。"(1061b28—29)这里的意思是,第一哲学研究"作为是"的东西,研究它是作为本体之"是"还是作为属性之"是",是作为 essence(本质),还是作为偶性,等等。物理学即自然哲学,研究作为运动或"分有运动"的本体,即自身具有运动之本原的这一类的"是"(是者,存在物),而不是研究"是"之为"是",也不研究永恒不动的最高的"是"。研究的重点是运动。围绕运动这一主题的时间、空间、运动分类,运动的表述等等也都是物理学应讨论的课题。

---

① 《洛布古典丛书》,《论天》,268a1—7。《论天》英译者格思里注:"物体和大小"指元素及其构成物,如石头、木头等;"具有形状和量度的东西"指动植物及其部分。

第七,《形而上学》第12卷第1章区分了三种本体,即前一节提到的有生灭的可感的本体、无生灭的永恒运动的本体与永恒不动的本体。然后说:"前两种本体是自然哲学的对象,因为它们都包含运动,而第三种本体则属于另一门学科。"(1069a30—b2)

第八,亚里士多德认为在"具有自然"或"由于自然"的事物中,形式与质料不可分,所以,"自然哲学家既要研究自然的形式,又不可忽略与它相关的质料"。(194a26)在《形而上学》第6卷第1章中,他以凹性和塌鼻子为例,凹性是与质料分离的某种形状,而塌鼻子是凹性的鼻子,即人体这一器官的形状。"所有的自然事物都类似于塌鼻子。眼睛,鼻子,面孔,肌肉,骨骼,以至一般而言的动物;树叶,树枝,树根,以至一般而言的植物,所有这些动变之物,无不涉及质料。"(1026a1—3)但是,从知识论角度看,认识一事物就是要认识它的本质,所以"自然哲学固然要认识事物的质料,但是更重要的是把握其形式"。(1037a15—16,参看194b10—14)在《物理学》第1卷,他认为早期哲学家的通病是,将质料意义上的"自然"当做本原和原理,而忽略了形式意义的更重要的"自然"之含义。在《论动物的构成》第1卷第1章中,他专门论述了"自然之所是"的事物中,质料、动力、形式和目的的关系,强调对自然的研究与别的学科不同,特别是关于动物和人的研究,要将几个原因结合起来考察。

上述八种提法表明,由于研究对象的差异,研究重点的不同,亚里士多德在不同地方有不同说法,但是总的来说,下列几个思想是很明确的:

第一,凡是自身包含运动根源的本体(包括地上的可生灭的本体与天上的永恒运动的本体),以及"由于自然"、"具有自然"、"根据自然"的本体的运动、性质、功能等都是自然哲学考察的对象。

第二,自然哲学的研究范围(外延),包括"原初本体"(又称"基本元素"、"原初质料"),植物及其部分,动物及其部分以及天体和天象等。

第三,与纯形式的永恒不动的本体不同,自然本体都是质料和形式的结合,所以,固然要重点研究其形式,但是也要考察其质料。

第四,自然哲学的根本任务,是认识自然本体的原理、原因和元素。偶然性和自发性的现象不属于科学研究的范围,它应研究"必然"的东西。

第五，自然哲学研究的重点是运动，所以《物理学》的主体部分是运动及相关的时间与空间，连续与非连续，有限与无限，运动的分类等。《论天》《天象学》主体部分是研究天体运动及所引起的天体现象；动物学著作中动物的运动也占有重要地位。

以上几点有亚里士多德本人的大量论述为证，后世学人的看法也大体一致。剩下的两个问题需要加以讨论。其一是，人是自然哲学的研究对象还是实践哲学的研究范围？其二是，灵魂由哪门学科来研究？

亚里士多德在上述谈到自然哲学的对象和范围时都未提及人的问题。但是在有的地方，他把对动物的研究扩展到人，将人作为自然的部分。在《论动物的构成》第1卷第1章中，他说"人、狮子、牛诸如此类"（439a18）都属于动物的不同种和属；不同种属有本质差异，但是有共同点。所以"马、狗和人"（439a25）有共同属性。之后说了下列一段话：

> 假如人与动物及其各个部分是自然的产物①，那么，自然哲学家就不仅要思考诸如肌肉、骨骼、血液等同质的部分，还要说明诸如脸面、手、足等不同质的部分，还要研究这些同质和异质部分何以形成这个样式？动因是什么？仅说动物是由什么质料（例如火和土）构成，那是很不够的。（640b17—22）

这里的说法同《形而上学》第7卷第7章关于生成的说法是一致的，在那里人和动物都看做是"由于自然"而生成的，具有不同的质料与形式。

《论动物的构成》中明确将人看做自然哲学的研究对象，而且还是"最高尚"的部分（τιμιστέραν, timisteran）（640a32—b4），在其他研究动物的著作中也有类似说法。归纳起来，属于自然哲学范围的属人的内容有下列方面：

第一，人的人类学特征，例如，《动物志》第7卷整卷讨论人的怀孕、流产、

---

　①　εστιν φυσει（estin physei）是亚里士多德的常用语，希腊文的第三格 dative 兼有拉丁文第五格 ablative 的功能，上节说过，准确的意思是"由于自然"，"出自自然"，"依靠自然"，用哲学方式表述，就是"自然之所是"，"以自然面目出场"，"呈现为自然的事物"。巴恩斯主编的《亚里士多德全集》普林斯顿版本即牛津修订本译为"自然现象"（第1卷，第996页），《洛布古典丛书》英译为"自然产物"。

月经、双胞胎、分娩、婴儿特征、小儿痉挛等。《论动物的生成》讲到胎生动物时专门研究了排卵与受精（726a29 — 729a34）；生育问题和性别成因（763b30—766b30）；人的皮肤、头发、眼睛、视力与声音及其同动物的差异（第5卷）；人脑特征与脱发（784a1—6），人和动物的寿命（777b3—778a10）。

第二，人的生理结构与机能。亚里士多德说："大自然像一位聪慧的工匠"（731a25），造就了植物、动物和人的不同结构和功能。自然也精确地安排了生殖，使之成为有规则的级别（733b1）。而且，为使每一个体完善，自然又给予不同的功能和器官（766a5）。从植物到动物，从动物到人三个级别也是自然的成就（778b3—7,588b4—589a8）。人的结构和功能，人有语言，有手还有理性，这是自然的赐予。①

（三）人的心理现象也是"由于自然"的。这是在谈论灵魂问题时涉及的。当时还没有心理学这一独立学科，后来的心理学 psycology 恰恰是来自希腊的灵魂 ψυχή（psyche）学说。亚里士多德认为，生物作为"具有自然"（ἔχει φυσίν，echei physin, having nature），其运动的根源就在于灵魂。植物自身能生长，动因是营养的灵魂（ψυχή θρεπτικη, psyche threptike）和生殖的灵魂（ψυχή γενητικη, psyche genetike）。因而有生长和繁殖的机能。动物除了上述两种灵魂外还有感觉的灵魂（ψυχή αἰσθητικη, psyche aisthetike），因而有不同程度不同种类的感觉如视觉、听觉、嗅觉、触觉，甚至高级动物还"知道"（γνῶσις，gnosis）趋利避害（731a30—31,《论动物的生成》第1卷第23章）。到了人那里，除了更发达的营养灵魂、生殖灵魂和感性灵魂外，还有理性灵魂（ψυχή νοητικη, psyche noetike），其中部分离不开肉体，部分（νοῦς, nous, 沉思理性）是与肉体分离的，神性的，分有神的智慧的。这部分理性灵魂不属于自然的部分，此外都是自然的产物。因此自然哲学至少应研究这部分灵魂。出自《论动物的构成》第1卷第1章中下面一大段话代表了亚里士多德的基本思想：

> 如此看来，生物的形式就是灵魂，或灵魂的部分，或包含灵魂的某种

---

① 参见 786b20,1253a10—15,1253a35;736b10—25,737a10。

东西。无论如何，一旦灵魂离去了，生物就不再是生物，而只是徒有其形，类似寓言中动物模样的石头而已。如果事实就是如此，那么很显然，研究灵魂，即使不研究整个灵魂也要研究决定生物之为生物的那部分的灵魂，就是自然哲学的职责了。他必须回答，灵魂是什么？至少这部分的灵魂是什么？而且在阐明灵魂的本质（essence）是什么的时候，他必须研究同本质相关的各种属性（συμβεβηκότων, symbebekoton，从属于形式本体的各种性质）。必须强调的是，确切地说，"自然"有双重含义，既指称"质料"，又指称"形式"本体（ousia），后者是包括动力因和目的因的本体。正是在后者这个意义上，整个灵魂或灵魂的部分就是生物的"自然"。正因为如此，自然哲学关注灵魂甚于关注质料，因为，不是质料使灵魂成为动物的"自然之所是"，而是灵魂使质料成为动物的"自然之所是"，犹如木头只是潜在地是椅子和三角架，形式才使木头成为现实的椅子和三角架。①

关于希腊文 psyche（灵魂）和 morion（部分）以及相关的学说，我们在本编第四章第四节有专门论述。这里仅限于证明，亚里士多德很谨慎地将灵魂，至少是相关的部分看做是自然哲学研究的不可缺失的部分。在《形而上学》第6卷讲到学科分类时，他说："在某种范围内，即不脱离质料而存在的范围内的灵魂，是自然学科的研究对象。"（1026a5）可以说，这个论断是关于此问题的结论。

自然哲学的研究范围和重点决定了本编的论域和重点。本编第二章专门探讨自然的原因、原理和元素；第三章论述运动诸问题；第四章讨论天体、天象和气象、动物、灵魂及心理现象。套用亚里士多德的话："完成这几项任务之后，也许可以说我们为自己设定的全部任务就完成了。"（339a10）

---

① 《论动物的构成》，641a18—33，译文主要依据《洛布古典丛书》1993年第3次修订版，参照普林斯顿译本。

## 第三节　自然哲学和其他学科的关系

在希腊哲学史和科学史上，亚里士多德最早分门别类研究各学科。ἐπιστήμη(episteme)在苏格拉底和柏拉图那里是普遍知识的意思。这种系统化的、普遍有效的、分门别类的 episteme，就是"学科"的意思了。西塞罗注重用拉丁术语表述希腊术语，用 scientia 译 episteme 可以说是比较合乎原意的。近代却走了样，似乎源自希腊文 episteme，拉丁文 scientia 的 science 仅指自然科学，直到 19 世纪孔德用"社会学"取代"社会物理学"之后，社会学科还被拒之"科学"之外。大概是 20 世纪社会学科充分发展之后才出现"社会科学"概念，在更高基础上回到了亚里士多德的"学科"概念。

亚里士多德的学科分类根据有两种。其一是依据他的"是"论（存在论）和本体论，以本体或以"是"之某一中心义为核心，例如前面提到的"研究作为是的学科"即第一哲学，研究作为运动之是的学科即自然哲学，还有他自己在《形而上学》第 4 卷举例言说的以医疗为中心词的学科如医学、医药学、运动学、药理学等等。在自然哲学的对象中，他以不同的自然本体为依据区分植物学、动物学、天体学、天象学等等。对此，我们在讨论到该学科时再予以解释。这里要谈的是第二种分类。他根据学科的性质和用途将各学科分为理论学科、实践学科和创制学科（详见本书第三编）。数学、自然哲学和第一哲学即神学都以求得普遍性的原理、原因为目的，而不追求实践和实用的效益。他们的原因和原理存在于对象中，而不像实践学科和创制学科，原理和原因存在于行动者的选择和生产者的知识、技艺或能力之中。在理论学科的范围内，亚里士多德依据是论和本体论加以划分，认为数学是割取"是"的部分，研究不动的，存在于本体之中但又可以同本体分离的性质；自然哲学研究自身存在运动根源的本体；第一哲学研究唯一的永恒不动的本体。这里要着重说明的是自然哲学同其他学科的关系。

亚里士多德在《形而上学》第 6 卷第 1 章和《物理学》第 2 卷第 2 章等地

方称研究"是"自身的学问为"第一哲学"（194b15，30，1026a24），又称"第一学科"（πρωτη ἐπιστήμη，prote episteme）、"第一种智慧"（1005b2）。在《形而上学》第7卷第11章中他把自然哲学称做"第二哲学"（φιλοσοφία δέυτεραρ，philosophia deuteras）。按照亚里士多德的词语释义，第一、第二可指顺序或时间上的先后，也可指逻辑上在先在后。他本人在不同地方使用"第一哲学"和"第二哲学"，未作任何说明。但是他认为学科有高尚程度的区别，关于神的学问高于关于自然的学问。① 而且在第6卷第1章说："如果除了自然形成的本体外没有别的本体，那么自然学科就是第一学科；但是如果有不动的本体，那么这门学科必定是在先的，普遍的，当然它才是第一哲学，因为它才是首位的。"（1026a28—32）。在《形而上学》第4卷第3章他还批评早期哲学家"自以为是研究整个自然和存在，……岂不知自然只是一种特殊的存在（是），……不过是一种智慧，而不是第一种智慧。"（1005a33—b1）在《物理学》第7、8卷，《形而上学》第12卷，《论天》第1、3卷，亚里士多德将不动本体称做"第一推动者"，认为它是运动的最后根源，唯有它才是"纯形式"，"是完全现实的"。很显然，他是以学科的重要性、高尚性和逻辑上在先等等来区分第一哲学和第二哲学的。既然自然哲学的对象（动变的本体）受制于第一哲学的对象（不动的本体），而且第二哲学的基本理论如本体论、四因论等来自第一哲学，那么本书的逻辑顺序应当是将《形而上学》的研究置于自然哲学之先。亚里士多德哲学的基本观点固然形成于柏拉图学园时期，而且正是根本观点的分歧促使他另起炉灶，但是他的哲学观点的成熟和完善却是在他研究自然和社会的过程之中。依据他的知识论，他主张从个别上升到一般，从感觉和经验上升到普遍知识，而且《形而上学》本义就是"在物理学之后"，因此，在叙述上先研究自然哲学，再研究体现第一哲学基本思想的《形而上学》亦有合理之处。总而言之，研究方法与叙述方法并不完全一致，无论怎么安排本书的编章结构，各有其利弊。

　　同现代的自然科学和数学概念不同，亚里士多德认为数学不是研究具备

---

① 参见《形而上学》第12卷第7章，第1卷第2章；《论动物的构成》第1卷第1章。

内在运动根源的本体,而是割取(抽取)存在物(是者)之某种性质(即事物的数量关系)来研究,所以不属于自然学科范畴。但是他认为在天体研究方面有重叠之处,研究天体的运动也属于数学范围。

在亚里士多德时代,自然科学与自然哲学乃是一回事,而且以脱离实用技艺,从事纯理论的探求为荣,因而他心目中自然学科同当代的自然科学与科技和工艺是不同的两回事。但是亚里士多德在 nomos 与 techne 的关系问题上比智者和苏格拉底时代进步。《物理学》第 2 卷第 2 章专门谈了技艺制品对自然的依赖性,使用者要懂得技艺制品的形式,制造者还要认识其质料。出自杨布利柯的残篇 B13 颇有代表性,辑录如下:

> 根据自然而生成的东西追求自然赋予的某种目的,因此它的构造总是好于技艺制品。因为自然并不模仿技艺,而技艺却模拟自然。技艺的存在有助于自然,充实了自然未曾完成的事业,因为有些自然的东西似乎完全能够依靠自己达到目的,而无需技艺的帮助;而有的却有困难,甚至完全不可能。

亚里士多德接着援引种子和动物为例。有的种子不必人工帮忙发芽成长,有的就需要人工栽培。有的动物不必人工照料,但是人生儿育女就需精心照顾。自然的创造优于技艺的制作,技艺模仿自然,技艺还可以补充自然的不足。这是亚里士多德比前人进步的地方。

值得一提的是关于自然哲学与实践哲学的关系。亚里士多德认定人和灵魂也是自然哲学研究的范围,这样就产生了两类学科的划界与接合的问题:人的哪些方面属于自然哲学,哪些属于实践哲学的范围,二者的接合部在哪里?虽然他没有发表明确的论述,但是《政治学》第 1 卷第 2 章①基本上回答了这个问题。纽曼(W.L.Newman)的校注本迄今仍是权威版本,吴寿彭的译文相当准确,除个别专业词汇和表述作些调整外,下面一段基本上用吴寿彭的译文:

---

① 《洛布古典丛书》H.Rackham 英译本第 1、2 章合为一章,第 1 卷共 12 章。纽曼、罗斯、普林斯顿两卷本都分为 13 章,从 1252a24 起为第 2 章。

对任何事物，无论是城邦或其他问题，只要追溯其起源（arche，origin）和发展就可以获得最清晰的认识。最初，互相依存的两个生灵（syndyadzesthai）必须结合，雌雄（男女）不能单独延续其种类，这就得先成为配偶，——人类和一般动物以及植物相同，都要使自己遗留形性相肖的后嗣，所以配偶出于自然的本能，而不是出于思虑（proaireseos，思考而形成的选择）。（1252a25—30）

接着，亚里士多德阐述从群居到家庭、村庄和城邦的自然过程。他说：人的后裔必须群居才能自保，并依其自然禀赋和能力而分成统治者和被统治者即主人和奴隶，"由于男女和主奴这两种关系的结合，首先就组成家庭（οικια，oikia）"。统治与被统治这种关系在群居动物中也有，但是由于"自然不造无用的东西"（1253a10），"由于自然"，赋予人类以语言和理性，所以人类不仅能发声，而且具备对善恶和正义的辨别能力，因而成为"最优良的动物"（1253a32）。"自然命令动物各自按照觅食营生的便利而养成各自的生活习性。……人类的生活方式也同各种动物相似，相互间具有很大的差异，……可以综合为五种不同方式：游牧、农作、劫掠、渔捞和狩猎。"（1252b26—40）

亚里士多德在论述了家庭组成村庄（κωμή，kome），村庄组成城邦（πολίς）之后，说了下面一段从自然到社会的重要的话：

早期各个社会共同体都是"自然之所是"（φυσεί έστιν，出于自然，由于自然）。一切城邦既然都是这一自然的生长过程的完成，也该是自然的产物，同时又是社会共同体发展的终点。无论是一个人或一匹马或一个家庭，当它生长完成以后，我们就见到了它的自然本性（或译"本是各种事物的自然本性就呈现在我们面前了"，phamen ten physin einai ekaston）。……由此可以明白，城邦是由于自然的产物，人的本性是政治动物。（1252b31—1253a3）

后两句关键性的话原文是：ek touton oun phoneron hoti ton physei he polis esti，kai hoti anthropos physei poli tikon dzon。that（hoti）后第一个从句中的physei esti，是亚里士多德的常用术语，加上 ton 的意思就是"城邦是自然之所是所展现的结果"。纽曼的著作共四大卷，第 1 卷是导论和导读，第 2 至 4 卷是《政治学》全八卷的希腊原文和注释,包括每卷的希腊原文,读解性诠释,版本和词语考证的注释,但是纽曼本没有英译文。《洛布古典丛书》英译为 the city-state is a natural growth。罗斯和普林斯顿版本译为 the state is a creation of nature,基本意思一样,都为了表述"由于自然"的结果。第二句从句中 physei 相当于 by nature,全句的意思是"自然把人造就为政治动物",上述英译本一致译为 man is by nature a political animal。这说明在亚里士多德看来,城邦、村庄和家庭不是人类随意选择的,而是自然造就了有语言和理性的人类,人类这一群居动物本能地结合在一起,按照人之本性(自然)、运用实践理性而作出的选择,以求得自足的生活。这么说来,家庭、村庄和城邦也属于自然的范畴,是自然哲学的研究对象了。然而,亚里士多德又把它放在政治学之中。显然这里有个必须说清的矛盾。

最早看到亚里士多德在理论和实践方面存在矛盾的是纽曼。在《亚里士多德〈政治学〉》导论中有一节题为"亚里士多德在政治学中实际遵循的方法同他所说的 politike 有多大差距?"纽曼说,按照他的实践哲学,政治学和伦理学的目标是研究个人的行动,个人的理想生活及与之相应的理想城邦,理所当然应该诉诸 doxa(意见,见解)和个人经验,众人认为是好政体和好人就应该判定为好的。但是在实际上他是按他的本体学说、四因说和潜能与现实甚至自然哲学来构思伦理学和政治学的基本理论。从动物的群居推进到人的共同生活;从动物追求符合本性的自足生活,推进到人类追求符合本性的良好生活;从灵魂的状态和机能出发得出符合灵魂优良状态的幸福生活,等等。①

格思里的《希腊哲学史》第 6 卷,仅用了最后一章即第 15 章研究亚里士多德的政治伦理学说,标题是"人生哲学"。全文未提及不一致之处。他认为亚里士多德反对智者的相对主义,但又不愿从神授法律或柏拉图的"分有"论中寻求根据,因而借助于他的自然哲学尤其动物学,在人的本性和人的需要中寻求政治伦理的稳定基础。人不同于动物,理性灵魂的功能就是人的活动的

---

① 参见纽曼:《亚里士多德〈政治学〉》第 1 卷,第 11—33 页。

基础。①

《亚里士多德政治伦理论文集》中收录了弗里兹和卡帕的论文《亚里士多德政治哲学的发展和"自然"概念》，该文明确提出《尼各马科伦理学》和《政治学》的矛盾：

> 比较一下《政治学》第 1 卷第 2 章同《尼各马科伦理学》导论，人们可以看到这位哲学家的一个有趣的转向。在《伦理学》导论中，同城邦和好的生活相关联的不是 physis（nature），而是政治技艺和政治学知识，"自然"这个词几乎没出现，而在《政治学》第 1 卷第 2 章中，政治技艺虽然没全部遗忘也只不过在最后一节（1253a30—34）出现过。②

作者还在第 126 页注 30 中说，《政治学》第 1 卷第 2 章中名词 physis 出现20 次。

在我们看来，上述三位学者代表了三种看法。纽曼的见解是，所谓实践学科其实还是理论学科，讲的是亚里士多德哲学指导下的政治伦理学说，并不是为自由民个体提供的行动指南。格思里的意思是政治学、伦理学是自然哲学的继续，动物学的引申，理性灵魂功能的显现。弗里兹等认为政治学与伦理学，至少导言部分是矛盾的。我们所要补充的是，由于古代社会条件所限，人们还没有作出自然与社会、自然科学与社会科学的区别，不懂人的自然属性与社会属性的关系，因此亚里士多德还不可能将二者的关系说清楚。但是亚里士多德的见解还是很有创见的，《政治学》第 1 卷第 2 章的实质是：自然哲学的终点就是实践哲学的起点，人与城邦则是两个学科的接合部。自然哲学研究人的本性和人这一高级动物的群居生活。如同蜜蜂筑巢，蜂群各有分工有统治者与被统治者一样，人类结成家庭、村庄和城邦，也是"由于自然"，"是自然过程的完成"，因而自然哲学的边界有理由延伸到人和城邦的形成。越过这一界线就是实践哲学的领域了。自然赋予人类以 logos（理性和语言）。理性用于追问"为什么"，就产生理论学科，相应的理性功能叫沉思理性。理性

---

① 参见格思里：《希腊哲学史》第 6 卷，第 340—345 页。
② 巴恩斯等编：《亚里士多德研究论文集》第二卷，第 125—126 页。

用于指导行动就是实践（praksis, practice）实践智慧叫"思虑"（phronesis），它的功能是两个：其一是策划（βουλεσίς, boulesis）；其二是"选择"（proairesis, choice）。凭借自然赋予的实践智慧（phronesis），思虑如何处理家庭中主奴、夫妻、父子三种不同关系，弄清什么是正当的财产收入和使用，并在行动中一以贯之，这就是理财学（oeconomica, 最早的经济学）的任务。比较和考查各种政治学说、伦理学说、城邦政制，然后择其善者而从之行之，这就是政治学、伦理学的任务。由此观之，一旦 phronesis, boulesis, proairesis, praksis 介入，就意味着进入实践学科的领域了。这就是自然哲学与实践哲学的划界的依据。

总结我们的研究，可以表述如下：

学科的划界和接合，是当代科学哲学研究的一个重要问题。上述引文中弗里兹和卡帕讲的矛盾实际上并不存在。《政治学》第 1 卷开篇两章是实践哲学（不仅是政治学，而且还是伦理学、理财学）的导言和入门，是自然现象向社会现象的过渡，是相关的两种学科的接合部。它的重点是阐明自然的最高产物——人及其符合本性的共同体（koinonia）①的自然成长。所以第 2 章中出现 20 个名词 physis 不足为怪。伦理学导论所导入的正是 phronesis, boulesis, proairesis 和 praksis，它阐明本书所要研究的课题是：什么是善？是幸福？前人是如何思考（boulesis）和选择（proairesis）的？伦理学的使命是什么？这些都是实践哲学的内容，当然就少谈"自然"了。不过，细读全书就不难发现，亚里士多德是以人的理性欲望和意志，以及人的生理需要为自然基础来谈道德规范和人生追求的，因而在亚里士多德那里自然学科与实践学科是统一

① 英译者都认为英语中没有相应的词。纽曼说 koinonia 的词义比 association 宽泛（见第 1 卷第 41 页注），在第 3 卷的注解中他说：柏拉图在《理想国》371B、462C、369C 中用过，亚里士多德才赋予确定的意义。在第 1 卷第 41—44 页中，纽曼说："但是，想在亚里士多德著作中找到系统的说明是徒劳的。"他依据亚氏的多处用法，概括为四个意思。中译者吴寿彭译为"社会团体"，他附加的注概括了纽曼的四层含义。《洛布古典丛书》英译者 H.Rackham 译为 partnership 或 political association，并加注说明："这个希腊词汇还没有英语 community 那样特殊的政治含义。"但是罗斯和牛津修订本即普林斯顿两卷本译为 community，中文一般译为"共同体"，这个词语倒是比较切合希腊文原意。

的。格思里的见解表明,他看到了社会现象的自然基础,但是他没有注意到,亚里士多德的"思虑"、"选择"和"实践活动"是在现实的社会关系中人们所作出的价值判断、价值选择和人生追求。纽曼的评论有一定道理,因为亚里士多德重在学科建设。但是不要忘记,在哲学史上正是亚里士多德最早明确提出"实践智慧",强调伦理学和政治学的目的不在于知道"是什么",而在于"怎么做"。这样,我们的研究的视野就开阔了,不仅要研究亚里士多德所划定的自然哲学著作和专门领域,而且要研究分散在其他学科著作中的自然哲学思想。

## 第四节 自然哲学的文献资料

有关亚里士多德本人的著作,绪论第三节已作了系统介绍,这里就有关自然哲学著作的版本、编纂、注释和当代的研究性论著作个简略的介绍。

### 一 原始资料

亚里士多德有关自然哲学的著作,除早期对话外大体都保存了下来。《物理学》相当于自然哲学概论,当时在学院内有这一类课程。全书八卷的主干部分就是他在学院内的讲稿,第 8 卷第 3 章(253b8)及第 7 章(267b21 — 22)两处都提到"讨论自然的课程",原文是 $\dot{\epsilon}\nu$ $\tau o\hat{\iota}s$ $\phi\upsilon\sigma\iota\kappa o\tilde{\iota}s$(en tois physikois)。牛津修订本即普林斯顿两卷本沿用罗斯主编的全集本 R.P.Hardie 和 R.K.Gaye 的译文,两处行文一样,都译为 in our course on physis。《洛布古典丛书》中康福德译为 in our discourse on physis。中译苗力田本和张竹明本都译为"关于自然的讨论",看不出原来是一门课程的意思。英译的 discourse 有讲演、讲座、讲义之意,同 course(课程)比较接近。古今注解者都认为指现今《物理学》前几卷。我们之所以强调这两个短语和翻译,是因为从古代的注释起就出现了分歧,认为至少第 8 卷原来不属于物理学课程的范围,而是属于论运动的课程,根据是亚里士多德本人在《论天》第 1 卷第 7 章说:"在关于运动的论著中我们已经证明过,有限的事物不可能拥有无限的潜能,无限的事物也不可能仅有有限的潜能。"(275b21—22)注释家都注意到,这里指的是现存《物理学》第8卷第10章。同卷第5章(272a30)也有完全一样的说法:"我们曾在论运动的论著中证明过有限的事物不可能越过无限的线。"《洛布古典丛书》译本和牛津修订本及原先的罗斯主编的版本注释中都指出,指的是《物理学》第6卷第7章。显然现今的《物理学》包括原来的自然原理和自然运动两个部分。但是,到底是两个课程?讲稿?专著?这就涉及对原文这句短语的理解了。原文ἐν τοῖς περὶ κινησέϖ ς(en tois peri kineseos),这个短语的格式同前面引过的两句略有差异,加了个peri。peri加第二格相当于拉丁语的de,英语的on和concerning。peri kineseos等于"论运动"或"关于运动"。到底是关于运动的课程还是著作?关键在于tois。前引《物理学》第8卷中两句中的复数阳性第三格tois只是定冠词,而《论天》中这一句中tois紧接着一个介词peri,译为英文应为"the⋯on motion",就是说有一个名词省略了,这一省略或为"work"(著作),或为"course"(课程)"discourse"(讲演、讲座、讲稿),就只有参照当时希腊文的语境和亚里士多德的著作和课程来确定了。亚里士多德在《天象学》开篇说:"我们已经讨论过关于自然的最初因,自然的运动,天体的有序运动,以及它们的构成元素——元素的数量、性质、转化,还有产生与消灭。"(338b20—22)显然,自然的原理和运动,同并列提及的《论天》《论生成和消灭》是相对独立的部分。这里用的动词是εἴρω(eiro,相对于英语speak, mention)的被动体的现在完成式εἴρημαι的第三人称εἴρηται,意思是上述各项已被谈论过了。《洛布古典丛书》英译为dealt with,普林斯顿本为have discussed。中译苗力田本译为"论述过了"颇为贴切。侧重点是speak,而不是writing(书写)。看来亚里士多德原来是有关于自然原理和自然运动的两个课程、两个大纲,最后形成了两个论著性讲稿。本卷绪论第三节中提到了第欧根尼·拉尔修和赫叙奇(Hesychius)的书目及《托勒密传》所附的亚里士多德书目。三个书目中也都有《论自然》和《论运动》。因此,安德罗尼柯编纂的《物理学》无疑是合并了学院内部讲授的关于自然与运动的两个课程的讲稿,属于acroatic,而不是供公开发表的exoteric。亚里士多德自己提到的 physis 指《物理学》前几卷，kinesis（movement）指《物理学》的后一部分。

问题是《物理学》两部分的分界。公元 5 世纪的辛普里丘在注释《物理学》时认为前五卷是关于自然原理的，后三卷是关于自然运动的。他说漫步学派的 Adrastus（公元 2 世纪）和波菲利（公元 3 世纪）也持此见解。罗斯在《亚里士多德的〈物理学〉》导言第一部分专门研究了本书的结构，他认为，实际上塞奥弗拉斯特是将第 5 卷作为独立部分，而波菲利认为前四卷属于论自然，后四卷属于论运动。罗斯作了考证，结论是：第 1、2 卷是从不同角度谈论自然，没有内在联系。第 2、3、4 卷是一个整体，或出于同一时期，第 5、6 卷是比较迟的讲稿，第 7 卷是早期作品，编纂时收录的，第 8 卷是公元前 334 年后不久写的。亚里士多德讲的论自然相当于前五卷，论运动指第 6、8 卷，既不是辛普里丘说的第 6、7、8 卷，也不是波菲利说的 4 至 8 卷。① 这一考证涉及许多希腊文，我们结合《洛布古典丛书》希英版本及普林斯顿版本的英译文和译者注作个简要的介绍：

第一，亚里士多德本人在《形而上学》986b30，1062b31，1076a9，1086a23 提到《物理学》第 1 卷。罗斯认为"似乎原先是一篇论本原（论原理）的论文"②，分析原文，我们认为这个结论可以成立。986b30 批评巴门尼德时说："对此我们在论自然中作过更详尽的论述"，这里的原文仍用 ἐν τοῖς περὶ φυσέως（en tois peri physeos），指的是第 1 卷第 3 章。第 13 卷第 9 章 1086a23 提法一样。第 11 卷第 6 章讲到生成时说："我们在论自然中（ἐν τοῖς φυσικοῖς，en tois physikois）解释过在什么意义上可以说某物从无中生或从有中生（1062b32）。这里注释家认为指《物理学》第 1 卷第 7 至 9 章。第 13 卷开头（1076a9）亚里士多德概述他的关于感性本体及质料意义上的潜在本体和现实意义上的本体时，用了一个不同于前面所有引文的提法：ἐν μὲν τῇ μεθοδῷ τῇ τῶν φυσικῶν（en men te methodo te ton physikon）。这是一个强调被修饰

---

① 参见罗斯：《亚里士多德〈物理学〉：附有引论和注释的希腊文校订本》，第 3—18 页。

② 罗斯：《亚里士多德〈物理学〉：附有引论和注释的希腊文校订本》，第 5 页。

部分的表述方法,直译为英语就是 in the treatise, I mean the treatise "on physis",这是关于第 1 卷是篇独立论文的重要根据。《洛布古典丛书·形而上学》英译者 H.Tredennick(托勒丁尼克)谨慎地认为"大概是指《物理学》第 1 卷",而罗斯在《形而上学》注释中说:"无疑是指《物理学》第 1 卷"①。查原著,《物理学》第 1 卷第 9 章及第 7 章部分内容(190b24—191a16)倒是论述质料意义上的感性本体的。

第二,《物理学》第 2、3、4 卷是连成一体的。《物理学》253b8,《形而上学》983a33,985a12,988a22,993a11,1059a34 等提及的是第 2 卷。《物理学》251a8,267b21 提及的是第 3 卷。这个问题古今注释家基本一致,本来意义上的《论自然》主要指这三卷。本卷绪论第二节及本节提到的古代三个书目都有《论自然》这一著作(或讲稿),很可能就是这三卷,因为第 2 卷才真正讨论"自然"的定义,自然哲学的研究对象、方法和范围。既然自然就是自身包含运动根源的本体,所以接着第 3 卷讨论运动及运动的界定。运动存在于时空中,时间和空间必须由运动来界定,所以第 4 卷讨论时空问题。从行文看也是顺理成章的。

第三,"第 7 卷处于《物理学》主干之外,而被岔开的第 5、6、8 卷则是一个整体"②,亚里士多德讲的《论运动》应是 5、6、8 卷,而不是辛普里丘说的第 6、7、8 卷。罗斯提出八条考证,证明第 7 卷不是《物理学》的有机构成部分,而只是像《形而上学》第 2、5、11、12 卷一样属于主干部分的附加。③

第四,亚里士多德本人在研究和撰写具体领域的自然对象时显然已经将《论自然》、《论本原》和《论运动》合起来作为一门自然哲学概论。后人将这三部分合在一起编为 ta physika(论自然,即物理学)是有根据的,因为亚里士多德同时在几处也称论运动的后几卷为论自然。如 1042b8 说:"我们在论自然中已经解释过绝对生成与相对生成的区别",指的就是第 5 卷 225a12—20。

① 《洛布古典丛书》,《亚里士多德著作》第 18 卷,第 176 页;罗斯:《亚里士多德〈形而上学〉:附有引论和注释的希腊文校订本》第 2 卷,第 407 页。

② 罗斯:《亚里士多德〈物理学〉:附有引论和注释的希腊文校订本》,第 17 页。

③ 参见罗斯:《亚里士多德〈物理学〉:附有引论和注释的希腊文校订本》,第 15 页。

1073a32 说："在论自然中我们已经证明过圆形运动的物体是永恒的，从不静止的"，指的是第 8 卷第 8、9 章，因为只有这里及《论天》第 1、2 卷两处作过此论证。而且，亚里士多德自己在第 8 卷第 5 章中也这么称呼第 6 卷①，这几处希腊文措词同以前引语一样。

第五，亚里士多德在三个意义上使用"论自然"。其一是指这一课程，如前引 253b8,267b21；其二是指现今《物理学》这本书，即上面说的《论本原》、《论自然》、《论运动》的统称；其三是泛指包括论天、论天象、论生灭等在内的关于自然的研究，如前面引证的《天象学》开篇一段。在政治学、伦理学著作中提到的"关于自然的研究"，往往是泛指自然哲学。

罗斯是近代详尽注释《物理学》的学者，他在导论第 1 节专门考察了《物理学》的结构。我们概括出来的上述五个论点是令人信服的，它推进了当代关于《物理学》一书的研究。

罗斯在研究《物理学》一书的结构时，顺便论述了《物理学》成书的年代。耶格尔认为亚里士多德是在离开柏拉图学园后开始撰写《物理学》的，罗斯认为第 1 至 7 卷写于离开学园之前，第 1、5 卷可能更早些，第 7 卷提到第 5、6卷，而第 7 卷显然还未抛弃柏拉图的数的相论。从所涉及的内容考证，这卷写于离开学园前夕或公元前 348 —前 346 年在亚述停留的时期，第 8 卷显然写于他在雅典定居的初期，即公元前 334 年之后不久。因为公元前 334 年创办吕克昂学院之后就开始讲授《物理学》。《物理学》没提到后来的著作，而后来的《论生灭》、《论天》与动物研究及《形而上学》都提到《物理学》。罗斯的这个意见可以参考。我们不想细谈这个问题，原因是绪论中已交代过，耶格尔的生成论有不少疑点，罗斯基本倾向也是生成论的维护者。我们将重点放在亚里士多德思想本身的分析上。

除了概论性质的《物理学》之外，亚里士多德还分门别类研究了天上地下的各个领域，各种自然现象，也专门就某个问题撰写专题论文，如本卷绪论第

---

① 《洛布古典丛书》版《物理学》的英译者康福德在注中说：辛普里丘认为指第 5 卷，但他引的一段话即 228a20 以下，实际上是在第 6 卷第 4 章。参见《洛布古典丛书》中《亚里士多德文集》第5 卷，第 328 页。

二节提到的论生灭、论风向、论梦等等。我们依照次序作些简略介绍。

《论生成和消灭》(*geneseos kai phthoras*),大约写于公元前347—前335年,即亚里士多德在阿塔纽斯、米提尼亚和马其顿期间。生灭问题在早期哲学中是个重要的然而又难以说清的问题,以一种本原(水、气、火)为依据,用凝聚与稀疏来解释生成与消灭,受到了巴门尼德的挑战,以至阿那克萨戈拉不得不说,希腊人用错了生灭两词。亚里士多德对爱利亚学派后诸位哲人的解释,也不满意。在《物理学》中他谈到了生成与消灭和其他三类运动的区别,但有些问题也阐述不清。在12年的漫游中他大量考察了动物的生成、运动与结构,使他对生灭问题有了深入的理解,因而就早期哲学家遇到的难题撰写了这一篇论文。全文仅两卷,才24个贝刻尔标准页(314a—338b)。据考证,这无疑是亚里士多德本人的著作,保存也比较完整,我们在本编第三章结合运动的分类予以考察。

《论天》(*ouranos*)是亚里士多德继《物理学》之后写就的著作。《洛布古典丛书》中《论天》的英译者是剑桥名流格思里。他认为贝刻尔本希腊文有许多差错,《论天》标题是后人加的。他以贝刻尔希腊文本为基础,参照牛津古典文献家阿朗(D.J.Allan)的校订,仿照他的老师康福德,在翻译时校正了原文,还加了一个长篇导言,每章附有一个分析和提要,同时附加了许多注释。我们主要根据《洛布古典丛书》中1985年再版的格思里的校注本,同时参考普林斯顿两卷本的斯多克(J.L.Stocke)译文。现今的各种版本都遵循贝刻尔的编排顺序,排在《物理学》之后,标准页268a至313b。《洛布古典丛书》出于编排考虑将《论生成和消灭》放在《物理学》之前,《智者的辩论》之后,即23卷本亚里士多德著作的第3卷,并不表示成书的先后。

《论天》共四卷。第1、2卷占全书的三分之二,研究和大地相对应的"第一天"和"第二天",这是由神和不朽的质料——以太构成的。较短的第3、4卷研究"月下的世界"(sublunary world)包括四元素构成的大地和包围大地的大气层。因此,注释家阿佛罗狄西亚的亚历山大认为篇名象征"环宇"无所不包。但是阿朗认为,古代编纂者是在更严格的意义上加上这一标题,指的是整个天体,英文译为"on the Heavens"是颇为贴切的①。本编第四章将以本书为主结合《天象学》、《论宇宙》、《论风向》等进行讨论。

《天象学》(*meteorologia*)希腊文 meteorologia 是近代气象学名称的来源,但原文的含义远比当今的气象学广泛,包括天文、地理、气象和地壳变动现象。中文苗力田译本译为"天象学"比较确切。本书写于《物理学》、《论天》、《论生成和消灭》之后。贝刻尔编目列在《论生成和消灭》之后(338a—390b)。继贝刻尔之后,英国学者霍伯士(Fobes)作了校订和注释,并编了一个详细的主题索引和人名地名索引。普林斯顿两卷本用的是 E.W.Webster(韦伯斯特)的译文,韦伯斯特是根据霍伯士的校订本希腊文译出的,《洛布古典丛书》用的是 H.D.P.Lee 的英译。由于译者也是采用霍伯士的校订本,参照了韦伯斯特的译文,所以二者相当接近。《洛布古典丛书》译本附有霍伯士的详尽索引,各卷各章有分析和提要,并有大量注释。因此我们主要用《洛布古典丛书》的译本,参照普林斯顿两卷本。

《天象学》是不是亚里士多德本人的作品?19 世纪疑古风盛行之际曾经有人认为是斯特拉波(Strabo)所作。1912 年卡佩勒(W.Kapelle)发表他的考证成果,否定了这一看法。目前学术界比较一致的意见是,全书四卷,前三卷是一个整体。第 1 卷第 1 章所列本书研究的纲目,正好到第 3 卷结尾论述完毕。古代的注释家阿佛罗狄西亚的亚历山大和奥林普斯认为第 4 卷原本是一篇独立的论文。因为其内容仍是天象问题,所以后人将它编纂在一起。到底是安德罗尼柯还是后来人所为,就无从考证了。

同《论天》和《天象学》一起的还有经近代学者考证,认为是伪作的《论宇宙》(περι κοσμος, peri cosmos,拉丁文 De Mando,英译 On the Cosmos),以及《论风的方位和名称》。《论风》这一篇很短,占贝刻尔标准页 1 页(973a—b),据说是从亚里士多德《论天象的征兆》(meteorological signs)中抽下来的,讲的是希腊和小亚细亚等地的风向变化和各地的命名,可能是漫步学派成员的作品。《论宇宙》比较长些(391a—401b),共一卷七章,像是一封公开信或一份

---

① 参见《洛布古典丛书》,《论天》,"导言",第 10—11 页。

意见书,规劝亚历山大学习哲学,特别是环宇中最值得学习的关于苍天的学问。第1章描述天体外延的"以太"到大地中心的情景;第2章介绍天体的形状和质料以及位于以太外围的气和火焰的性质;第3章介绍海洋和大地,除了我们居住的世界外,在海洋之外还有居民;第4章概述我们这个世界最奇妙的天文地理现象如地震、海啸、火山等;第5章讲永恒宇宙的和谐和奥妙;第6、7章论述确保宇宙和谐与永恒的根源——神。后人考证,这封信的风格及第6、7章所提到的神的观念显然不是亚里士多德时代的产物,而且收信人亚历山大也不像是马其顿腓力之子亚历山大。《洛布古典丛书》本英译者弗莱说,马克斯·波亨兹(Max Pohlenz)认为是公元63年埃及的统治者第比列斯·亚历山大(Tiberius Alexander)。因为除了马其顿的亚历山大,只有埃及这位亚历山大配称文中说的"伟大的王子"①。当代学者一致认为是伪作,但是伪作的日期看法不一,策勒认为是公元1世纪,第尔斯认为是奥古斯都统治时期,维拉莫威兹(Wilamowitz)认为是尤里奥·克劳狄王朝时期,卡佩勒(Capelle)认为是公元2世纪前半叶,罗里默(Lorimer)说是大约公元40—140年,马古勒(Maguire)说是公元1世纪初。《洛布古典丛书》本英译者弗莱认为是安德罗尼柯编纂亚里士多德全集前后不久。②

对于疑伪或者公认已是伪作的资料,我们不引为论点的证据。但是由于这些著作往往反映了古代某一时期的某种见解或诠释,因此涉及有关问题或某种意见的争议时,凡有学术价值的地方,我们会顺便涉及。这是我们处理所有伪作或疑伪著作的原则。

生物学著作。亚里士多德在经验科学方面最大的成就,就是他在长期的观察、搜集和解剖的基础上写成的有关动物学的五部著作:

第一,《动物志》(*History of Animals*)。希腊文ἱστορία(historia)本义是记述所见所闻的发生过的事。希罗多德记述希波战争史的书就以historia命名。各种传闻,甚至是离奇传说,希罗多德都作为historia加以记述。修昔底德写

---

① 《洛布古典丛书》,《亚里士多德著作》第3卷,第338页注1。
② 参见《洛布古典丛书》,《亚里士多德著作》第3卷,第340—341页。

《伯罗奔尼撒战争史》时，在第 1 卷第 1 节阐述了不同于希罗多德的撰史原则，报道真实发生的事才算 historia。亚里士多德这部书 τῶν περὶ τὰ ζῷα ἱστορίων(ton peri ta dzoia historion)直译应是"关于诸动物的记述(报道)"，旨在提供动物方面的信息。吴寿彭译为"动物志"相当准确，理解为"动物史"则有点离谱了。因为全书九卷并不是研究动物发展史，主要是记载水下、天上和陆地的各种动物的习性。前三卷还有他自己与学生一起作的解剖的记载。本书并非系统地分类介绍各种动物，有的动物如鱼类、鸟类重复出现。据考证，个别地方是后人编纂时插入的。这部著作占《洛布古典丛书》23 卷本亚里士多德著作中第 9 至 11 卷，分量可观。英译者皮克(A.L.Peck)撰写长达 97 页的导言，详细介绍本书的编纂、古今各种版本、有关专门术语的含义等等。书末还附有增补的注解，可以说是个很有价值的史料。《动物志》说明亚里士多德掌握大量的观察、解剖得来的资料，这是他研究有关动物的结构、进化、运动和生殖的基础。

第二，《论动物的构成》(Parts of Animals)一书的希腊文 περὶ ζῶον μοριῶν，拉丁文译为 De partibus animalium。亚里士多德所用的 morion，指的是动物按一定的目的、形式构成的有机组成部分，他把动物的构造分成同质的与不同质的两部分，认为血液也是属于 morion，因此这个词译为英语的 part，汉语的"部分"，都未能穷尽其意。若译为"构造"，用在血液等上面也未能表述原意。这里讲的实际上是同非生物对应的动物这一有机体的组织，比较而言还是将morion 译为"构成"比"部分"贴切些。

第三，《论动物的运动》(The Movement of Animals)。这是一篇短文，然而从自然哲学考察却非常重要。正是在这篇短文中亚里士多德研究了动物运动的形式，运动的根源，动物的灵魂(机能)，动物的有机组成与社会共同体的组织，还有就是有名的，又是令人困惑的"实践三段论"问题。

第四，《论动物的行进》(Progression of Animals)。这也是一篇短文，动物与植物的区别是能作位移运动。本文研究人、四足动物、爬行动物、飞鸟、鱼类等不同动物的运动功能与构造。从动物生理、动物解剖学角度看本文颇有地位。从哲学角度看，研究他的目的因与形式因、动力因的关系及三因合一思想，是不可多得的材料。此外,亚里士多德的自发的进化论思想这里表现突出。

第五,《论动物的生成》(*Generation of Animals*)。这是仅次于《动物志》的长篇著作。本书研究了卵生、胎生各类动物的生殖器官与繁殖和性别问题,还研究了蛆生生物。全书共五卷。《洛布古典丛书》中这篇也是皮克译的,附有长篇导言、注释和索引,此外还有一份增补,就涉及动物的哲学理论和术语如本体、灵魂、机能等作了说明,我们在本编第四章中还会提到。

亚里士多德对植物学也很有研究,他在《形而上学》、《物理学》等著作中多处援引植物事例论证他的哲学观点。遗憾的是这些著作已佚失,仅有一篇伪作《论植物》。本编不列专章论述。

有关心理、生理现象的著作。这类著作的主体就是《论灵魂》,共三卷。其次是后人命名的 Parva Naturalia,中译为“自然短论”,共八篇①:

第一,《论感觉及其对象》(*peri aistheseos and aistheton*, *On Sence and Sensible Objects*),全文共七章,基本上是《论灵魂》第 2 卷及第 1 卷先哲关于灵魂定义的发挥,但有区别,这里以研究动物和人的感性灵魂为基础,实际上不是研究宗教意义上的灵魂,而是研究生命现象和机体功能。

第二,《论记忆与回想》(*peri mnenes kai anamneseos*, *On Memory and Recollection*),可以说这是关于记忆与表象的一篇杰出的心理学著作。

第三,《论睡和醒》(*peri hypnou kai egregorseos*, *On Sleep and Waking*),仅三章,不足五个标准页(453b—458a)。

第四,《论梦》(*peri enypnion*, *On Dreams*),也仅三章,四个标准页(458b—462b)。

第五,《论睡眠中的征兆》(*peri tes kath hypnon mantikes*, *On Prophecy in Sleep*),共二章(462b—464b)。

第六,《论生命的长短》(*peri makrobiotetos kai brachybiotetos*, *On Length and Shortness of Life*),全文共六章(464b—467b)。

第七,《论青年和老年,论生和死》(*peri neotetos kai geros, peri dzoes kai*

---

① 这组著作的拉丁名称见本卷绪论第三节。

*thanatou*；*On Youth and Old Age*，*On Life and Death*），全文共六章（467b—470a）。

第八，《论呼吸》（*peri anapnoes*，*On Respiration*），全文共二十一章（470b—480b）。

另有《论气息》（*peri pneumatos*，*On Breath*），这篇短文才九章，四个标准页（481a—485b），据考证这是一篇伪作。

属于自然哲学范围的还有：《论颜色》、《论声音》（*On Things Heard*）、《体相学》（*Physiognomonics*）、《论声音的奇异》（*On Marvellous Things Heard*）、《机械学》（*Mechanics*）。这些经考证是伪作，本文不予采用。我们的研究以上述可靠的《洛布古典丛书》的希—英对照本，普林斯顿大学出版的牛津修订本原著为基础，参考其他译本、注释本。

**二　后人的评注和研究**

本卷绪论第三节详细介绍了亚里士多德著作的历史命运。下面仅就自然哲学著作作些补充，重点介绍现代的研究性原著。

在 13 世纪之前，除了注释和编纂亚里士多德的著作外，在研究方面主要有三种方式：其一是意译，包括中古时期的阿拉伯文译本其实也是加入作者的理解而作的意译；其二是按问题讲解，当时主要集中在修辞学和逻辑学；其三是按原著自然顺序讲解原意，寓研究心得于原著的讲解之中。按问题讲解，到了近代就发展为专题研究，文字形式就是专著和论文。按原意讲解演化为后来的评论和注释，区别于古代的注释。意译不足为取，译自阿拉伯文，和希腊文的原著出入很大。从 13 世纪的 Moerbeke 的威廉到 19 世纪的贝刻尔，一批人都致力于校勘和考证，出版比较标准的希腊文原著，并在这个基础上出版尽可能接近原意的译文新版，其成果就是本卷绪论第三节的第三个问题中提到的近代现代的德、英、法文等全集或选集译本。

就自然哲学而论，12 世纪以前《物理学》尚无拉丁译本，12—13 世纪在托马斯·阿奎那之前有五种译本：

第一，1150 年前克列蒙（Cremona）的格拉德（Gerard）在托莱多译的阿拉

伯—拉丁文译本,手稿现存奥斯塔(Aosta)神学院图书馆;

第二,1150 年左右的《物理学》前两卷希腊文—拉丁文译稿,译者不详;

第三,1170 年医生罗底的乌尔修(Ursus di Lodi)和萨列莫的茂鲁士(Maurus of Salemo)提到另一阿拉伯—拉丁全译本;

第四,13 世纪初阿威罗依的希腊—拉丁原文和评注,这个版本的拉丁文于 1235 年前由米切尔·司柯特(Michael Scottus)翻译;

第五,莫尔伯克的威廉(William of Moerbeke)的希腊—拉丁全译本,大概出版于托马斯·阿奎那生活期间。①

13 世纪托马斯·阿奎那曾经讲解和评论过亚里士多德的 11 部著作,属于自然哲学的有《物理学》、《论天》、《论生成和消灭》、《论灵魂》。Richard J. Blackwell 和 Richard J.Spath 将《物理学》的讲解译为英文,由 Vernon J.Bourke 写了导言。托马斯依全书八卷的自然顺序,每卷分几个问题,结合原文作了讲解和发挥。Kenelm Foster 和 Silvester Humphries 将莫尔伯克的威廉的拉丁原文和托马斯的评释都译为英文,由 Ivo Thomas 写了导言。与众不同,本书按托马斯原来的格式,引几节英译的拉丁文,接着是英译的托马斯的讲解。我们在谈到有关问题时,将引用这几部中世纪文献。

文艺复兴至 18 世纪,亚里士多德著作遭到冷落。在 19 世纪末 20 世纪初康福德和威克斯底(Wickstee)作新的评注,撰写新的导言。之前,无人做过这项工作。

罗斯对《形而上学》、《物理学》和《论灵魂》都作了新的校勘,并附有修订的原文和导言、注释。对亚里士多德有关理论的理解,重要词句的解释,这三本书有重要价值。

《洛布古典丛书》选用名家康福德、格思里等的译文,他们都附有导言和注解,甚至提供版本资料,前人考证和诠释的情况,有的如动物类著作还附有专门术语解释。有的还附上详尽的索引。目前的中译文所附的注释,例如吴寿彭的动物类译作的资料,绝大部分出自这里。手边无外文资料的读者可参

---

① 参见布列威尔等译:《托马斯·阿奎那的亚里士多德〈物理学〉评注》,"导言",第 16 页。

看吴寿彭附加在《形而上学》和动物类译作后的版本和术语的注释。《洛布古典丛书》的英译讲究准确和原文格式。罗斯主编的牛津版全集及普林斯顿两卷本着重原意的转述,语言表述方面也比较自由。本编引文的中译主要依据这两个版本。

20世纪60年代以来,关于亚里士多德的研究,集中在《形而上学》和他的政治伦理学说,政治哲学和伦理学成为学术界关注的热点。亚里士多德的自然哲学所得出的结论,如大地中心论,星球由"以太"质料构成,重物本性向下运动,轻物本性向上等等,早已成为背时的谬误,因此,自然哲学很少有人问津,论文和专著极少。60年代以来出版的较高水平论著主要有下列几种:

第一,巴恩斯(J.Barnes)、索费尔德(M.Schofield)和索拉比(R.Sorabji)共同主编的《亚里士多德研究论文集》,分科学、形而上学、政治伦理学、美学心理学四集,收集了近五十年英、法、德等国家学者的代表性的重要论文。第1集包括逻辑与自然哲学的12篇论文,第4集收集了论述美学和心理学的10篇论文。涉及本编内容的主要是这两卷。

第二,《亚里士多德物理学——论文集》(*Aristotle's Physics*, *A Collection of Essays*),鸠德逊(Lindsay Judson)编,牛津大学出版社,1991年初版,共283页,收集了20世纪80年代世界10名学者的论文。书后附有近200篇研究物理学和方法论的论文目录和刊物。

第三,《亚里士多德〈论灵魂〉论文集》(*Essays on Aristotle's De Anima*),鲁斯鲍姆(M.C.Nussbaum)和罗蒂(A.O.Rorty)主编,牛津大学出版社,1992年初版,共453页,收集了20世纪80年代以来22位学者的12篇重要论文(有两篇二人合著)。1995年再版时附有M.F.Burnyeat关于《论灵魂》第2卷第7至8章的一篇论文。本书除编者一篇导言外还附有一份1495年以来关于《论灵魂》的版本、评注和译本,以及重要论文、著作的目录,颇有资料价值。

第四,《亚里士多德关于现实的理论》(*Aristotle's Theory of Actuality*),策夫·柏希勒(Zev Bechler)著,纽约州立大学出版社,1995年初版,共270页。本书共4章,第2、3章同自然哲学家相关,第1章关于自然运动的解释全属自然哲学范畴。

第五,《亚里士多德关于灵魂的观念》(*Aristotle's Idea of the Soul*),赫伯特·格朗吉尔(Herbert Granger)著,哲学研究系列丛书,第 68 号,Kluwer 学院出版社,1996 年出版,共 7 章加 1 个附录,183 页。

第六,《亚里士多德论知觉》(*Aristotle on Perception*),斯特芬·艾瓦逊(Stephen Everson)著,牛津大学出版社,1997 年出版,全书共 6 章,309 页。

第七,《亚里士多德论自然及不完善的本体》(*Aristotle on Nature and Incomplete Substance*),谢尔敦·科亨(Sheldon M.Cohen)著,剑桥大学出版社,1996 年出版,全书共 5 章,190 页。

第八,《时间与外在性——亚里士多德、海德格尔和德里达》(*Time and Exteriority*:*Aristotle*,*Herdegger*,*Derrida*),约翰·普罗忒维(John Proteri)著,列维斯堡 Bucknell 大学出版社,1994 年出版,共 5 章及 1 个小结,218 页。

第九,《亚里士多德政治哲学论文集》共 2 卷(伟大的政治思想家系列之二)(*Aristotle*,2 Vols.,Great Political Thinkers 2),J.邓恩和 I.哈里斯(Dung,J.,and Harris,I.)主编,Cheltenham 出版社,1997 年。我们在本编第四章谈到亚里士多德关于"人是政治动物"的三种见解和人类学思想时要用其中的论文。

第十,《亚里士多德评论集》,4 卷,L.P.葛尔逊主编(Gerson,L.P.,*Aristotle·Critical Assessments*,4 vols.,Routledge,1999)。本书收集了最近几十年关于亚里士多德研究的最重要的论文,有的选出重要著作中某个问题的章节。

第十一,《亚里士多德的生物哲学——生命科学源流考》,J.G.列诺克斯著(Lennox,J.G.,*Aristotle's Philosophy of Biology—Studies in the Origins of Life Science*),剑桥大学出版社,2001 年初版。

从这两年的新书书目中,我们只能查阅到关于自然哲学的个别几部书。总的趋向是依托现代某种哲学思潮研究某些细微的问题,其中有的也许有较高学术价值,有的属于找题目做学位论文。就学术价值而言,20 世纪 60 年代以前有些知名学者的著作仍不失其地位。本编将引证的资料有:

第一,伏格尔:《希腊哲学 II,亚里士多德和早期漫步学派与早期学园派》,莱登 Brill 出版社,1953 年第 1 版,1967 年第 3 版。其格式同第 1 卷。

第二,罗斯:《亚里士多德〈物理学〉:附有引论和注释的希腊文校订本》,牛津大学出版社,1936 年。这是罗斯在主编牛津版全集之后完成的三部考证、诠释和读解之一,是撰写本编第一、二、三章的主要参考书。

第三,罗斯:《亚里士多德〈论灵魂〉:附有引论和注释的希腊文校订本》,牛津大学出版社,1961 年。

第四,查理斯·辛格(Charles Singer):《1900 年前生物学史》(*A History of Biology: to about the year 1900*),Abelard—Schuman 出版社,1959 年修订第 3 版。本书古代部分站在当代科学高度对亚里士多德的生物学(主要是动物学、动物生理学、动物解剖学)作了很好的评析。

除此之外,本卷其他编章用过的策勒《亚里士多德和早期漫步学派》,格思里《希腊哲学史》第 6 卷,冈珀茨《希腊思想家》第 3 卷,以及形而上学、政治伦理学等相关著作,也是本编的参考资料。

亚里士多德的自然哲学著作,译为中文者除了苗力田主编的全集本外,尚有张竹明译的《物理学》,吴寿彭译的《动物志》、《动物四篇》、《天象论》、《宇宙论》和《灵魂论及其他》。本编所引原著的中译参照上述译本。先辈吴寿彭先生对动物学有专门研究,全书附有《洛布古典丛书》本的详细注释。涉及动物学部分,本编基本上引用他的译文,个别哲学专门术语和表述作些改变。

牛津大学出版社于 1970 年出版了修订第 2 版,1996 年出版了修订的第 3 版《牛津古典辞典》,共 1640 页,这版收录了 1991—1994 年 364 位学者撰写的 625 个条目,覆盖面很广,不仅包括人名、地名、神名和历史事件,而且包括古代重要专门词汇解释。这是一部重要的工具书。

研究工作的基础是原始资料。上述介绍表明,如今,我国具备原始文献、考证、诠释、版本、不同译本的基本条件,对后人研究的状况也有一定了解,因而有条件研究亚里士多德的自然哲学。但是,我国由于历史的、现实的各种原因,不可能拥有西方某些国家那么多的图书资料,在语种方面也不齐全,因而我们的研究又有相当的局限。本编共四章将在上述资料基础上,就自然哲学的各个方面的要点作些系统的介绍和论述。

# ❋ 第七章 ❋

## 自然哲学的基本原理

康福德在《物理学》译者导言中说:以《物理学》命名的这部著作会引起误会,以为本书是研究后人所说的物理学科;若按希腊文原意标为"论自然",则稍近原意;但是,最切合亚里士多德本意的倒是18—19世纪的新名词——"关于自然哲学的原理"①。这个见解很有道理。《物理学》开宗明义第一段就印证了康福德的论断:

> 任何一门涉及原理、原因和元素的学科,只有认识了这些原理、原因和元素,才算认识或领会了这门学科。因为我们只有在认识了对象的第一因(τὰ αἴτια τὰ πρῶτα,ta aitia ta prota)、第一原理(τὰς ἀρχὰς τὰς πρώτας, tas archas tas protas),以及构成该事物的元素(στοιχεία, stoicheia)之后,才可以说认识了该事物。显然关于自然的研究也一样,首要的是确定相关的原理(arche)。(184a10—21)

这段话的前一半讲的是一门学科成立的标志。这就是遵循"研究的途径":"以对我们来说较为易知和明白的东西进到就其本性来说较为明白和易知的东西"(184a17—18,类似通常说的从感性到理性,从具体到抽象),确立关于所研究对象的原理、原因和元素的理论。比如第一哲学,它的目标是确立"关于诸本体的原因、原理和元素"(1042a5)。"因为本体是我们的研究对象,我们所探求的原理和原因就是本体的原理和原因。"(1069a18—20)"以往的

---

① 《洛布古典丛书》,《物理学》,"英译者导言",第15页。

哲学家也证明了这点,他们所探求的正是本体的原理、原因和元素。"(1069a25)如果说第一哲学是确立诸本体的一般原理、原因和元素,那么第二哲学的目标就是建立关于具备运动根源的本体的原理、原因和元素的理论。在第二哲学的各个分科中,例如动物学、天象学、灵魂学说,在亚里士多德看来就是研究具体对象的原理、原因和元素。即使是实践学科,也可看到他对政治学、伦理学原理的重视。

上述引语的第二层意思就是,关于自然哲学,"首要的事是确定相关的原理",这里的 arche 的复数第四格,托马斯·阿奎那和罗斯都解释为科学知识意义上的"原理"而不是本原。① 重点是"第一因"和"第一原理"。所谓"第一"(protes,primary)亚里士多德在《形而上学》第 7 卷第 1 章作了解释:"'第一'有几种含义,然而本体在任何意义上都是第一,就是说在定义上、认识上和时间上都是第一。"(1028a32—33)按照他的解释,所谓时间上"第一"是因为只有本体是独立存在的,质、量、时间、空间、状态等本体的属性都依存于本体,先有本体后有本体的属性;所谓"在公式上第一",因为关于本体的公式是最根本的,别的属性的定义需借助于本体;所谓"认识上第一",因为认识本体"是什么"先于认识别的属性。(1028a33—b7)所以这里所说的"第一原理"就是关于自然本体的最普遍、最一般的原理。"第一因"就是关于自然本体的普遍原因,即本章第二节所说的"四因"。动物、植物、星球是由各种成分构成的,这是该学科的研究范围。它们所由构成的最基本成分——地上的四元素和天上的"以太"及其性质,就是自然哲学所要研究的基本元素。因此,在研究亚里士多德的自然哲学的其他学说之前,首先要设置一章,专门研究自然哲学的基本原理,即关于自然本体的原理、原因和元素。

---

① 参见托马斯·阿奎那:《亚里士多德的〈物理学〉评注》,第 9 页;罗斯:《亚里士多德〈物理学〉》,第 19—20、337—338 页。

## 第一节　本原和原理

在亚里士多德的著作中,"本原"和"原理"是同一个希腊文ἀρχή(arche)。在英译本中,凡亚里士多德谈自己的思想时几乎无例外地译为principle,中译为"原理"、"原则"。但是,现有的两个《物理学》中译本都译为"本原",以往的资料选编和名著提要,也都译为"本原"。在中文中,"本原"与"原理"是两个词义不同的概念,前者指万物所从出又复归于它的原初本体,我国学者过去曾译为"始基"。就早期希腊哲学而言,将水、火、气、数、种子、四根、原子等译为"本原",是说得通的。但是,将亚里士多德自己的关于自然的"原理"译为"本原"就会误读他的思想,似乎《物理学》第1卷是研究传统意义上的"本原"。因此,我们首先要研究,arche在希腊哲学中的演变,还要研究,当亚里士多德将"原因"、"元素"、"基本质料"等从arche中分离出来、作为独立的范畴之后,他说的arche到底指什么。

在前哲学时期及哲学产生之后的史学、散文的一般词义中,arche的本义是beginning(开始、本初)和origin(起源、起始)①的意思,它的反义词是τέλος(telos,end,目的,终点)。它的引申义是"第一",与πρῶτος(protos,first,第一)同义,由此进一步引申为"为首"、"统治"②。亚里士多德在《形而上学》第5卷的词语解释中,arche的前七个含义也都是日常词义。自从阿那克西曼德引用arche表述"aperon"(无限者),提出aperon是本原之后,arche除了一般词义外,获得了哲学范畴"本原"的含义。这是一个伟大的转折。过去人们用神谱的形式,追溯到Chaos,把"混沌之神"看做衍生众神之始祖。早期希腊哲学尚未超脱神谱的思维方式,追求一个最初的根源。但是,他们开创了运用概念和理论解释世界的历史。Chaos是个混沌之神,而arche是个理性范畴,二

①　参见《奥德修斯》第8卷,第81行;希罗多德:《历史》第7卷,第51节;赫西奥德:《神谱》,第607行。

②　参见《希英大辞典》,第252页。

者存在本质的差异。前者是用神话解释世界，后者是用哲学和科学解释世界。前者属于过去，尽管这些神话是很动听的，引人入胜的；后者一开始就表现了它的强大的生命力。这种活力的深刻的根源就在于亚里士多德所说的人的求知的本性，对"为什么"、"是什么"的无穷追究，使得人类的认识陷入它所固有的根本的矛盾之中，即认识的无限性与个人认识的历史局限性和知识的有限性的矛盾之中。哲学家们为自己确定的使命是说明世界的来源、生成与变化，这是任何历史阶段、任何个人无法完成的使命，只有依靠人类认识的总和才能逐步接近真理。米利都学派哲学家们的使命是崇高的，他们想依靠本原加生成原理解释宇宙万物的来源与变化。坦率地说，我们现代人依靠先进的科技手段也还无法完成这个使命。他们制定的哲学学说在当时肯定是轰动性的，因而泰勒斯才获得"七贤"之一的称号。但是，任何个人都受他所处时代的限制，也受本人的寿命和教育与知识的限制，因而他对所提问题的回答总是有限的、不完备的。随着社会的进步，人类认识的发展，他们的"本原加生成原理"的思维定式就动摇了。他们的"本原"一般都是具备一定物质形态的本体，当他们将水、气、火（赫拉克利特）看做万物所从出而又复归于它的"本原"时，显然是将个别一般化了，随之而来的是必然将个别物质形态的属性一般化为物质的普遍属性。显然，一种特殊形态的物质及其属性，无论怎样普遍化、一般化，都无法解释其他特殊形态的性质和变化，而且更无法解释事物之间的关系。无论是气的稀化与凝聚，火的上升与下降，对于事物的性质和关系都无法给出令人信服的答案。毕泰戈拉学派以数为本原，借助于和谐与比例解释了事物的关系和秩序，是一大进步，但是无法说明运动的来源，以及同样比例的数的事物为什么具有不同的性质。这个追问——回应——再追问——再回应……的过程，表现为学说的演化和兴衰，就是希腊时期哲学的历史。其核心范畴就是 arche，所以在一定意义上可以说，也就是 arche 的历史。

　　早期哲学的 arche，可以说是真正意义上的"本原"，这种含义的"本原"受到了巴门尼德的挑战。在巴门尼德之后，除了我们在本书第一卷所介绍的个别人复兴伊奥尼亚学派之外，主流是恩培多克勒、阿那克萨戈拉和原子论所代表的思维模式，即寻求构成万物的基本成分，用基本成分的组合解释万物的生成,这个模式简单说就是"元素加组合与分解的原理"。尽管"四根"、种子和原子还被称为 arche,但是这个 arche 在亚里士多德看来就是 stoicheia(元素)了。正因为他们用元素的结合与分解解释万物的生灭,所以需要为元素的分合注入某种动力——爱与恨、努斯。这就意味着在 arche 之外还有一个动因,它对于"原因"范畴的形成有重要的推动作用。由于 arche 本身不具运动源泉,所以亚里士多德由此(或者说主要是由此)得出一个结论:四根(水、火、气、土)、种子和原子都是被动的、消极的质料(hyle,matter),仅仅在次要的意义上可以称为 arche;它无法完满回答"为什么"的问题。"为什么"要由"因为"提供充分的理由。在希腊文中,αἰτία(aitia)本来就是 responsibility,即对某种罪过、指责、不当行为承担应有的责任。这种"由于甲,所以有乙"的对应关系,古时叫 aitia。亚里士多德将"为什么"与"因为"的这种对应的责任关系、可靠的信用关系称为 aitia,并且认为感觉与经验无法提供充足的"因为"(即理由),完满地回应"为什么",必须由 sophia(智慧)的成果来回应。智慧所揭示的这种"为什么"与"因为"的对应关系就叫 aitia。这样,aitia 就由一般词义发展为哲学上的"原因"范畴了。aitia 仍有原来词义,亚里士多德本人也这么用过(如 984b19)。但是从此主要作"原因"使用了。[①] 在他看来,若问雕像、橡树的成因,先哲所说的 arche,仅仅是一个原因,至少还要有一个动力因。这个动力因不是原本意义上的 arche,即本原,而是他所说的原因或原理,因而有时他说,在恩培多克勒、阿那克萨戈拉看来,有两个 arche,即"四根"和"爱"与"恨","种子"和"努斯"。

但是,"为什么"与"是什么"是不同的两回事。"爱"和"恨"或"努斯"要把"四根"或"种子"组合成什么?它们在生成中追求成为什么?显然,苏格拉底以前的哲学家没有想过"为了什么"这个问题,他们是从现成的感性事物中逆向推导回去,寻找关于骨头、头发等等的成因,从而得到"四根"与"爱"和"恨","种子"与"努斯"的关于万物生成的理论。亚里士多德从苏格拉底的寻求"定义"的方法和柏拉图的"相"论和目的论中得到启示:"爱"与"恨"、

---

① 参见《希英大辞典》,第 44 页。

"努斯"作为动力,作用于质料,所追求的目的是把质料变成某种"是什么",即用定义或公式所表述的 eidos,idea 即 essence,form(本质,相)。当且仅当质料具有 eidos,idea 的时候,才能说它"是什么"。亚里士多德借用另一个希腊文 ἐνέργεια(energeia,现实)来表述在动因作用下质料已变成"是什么"的时候"之所是",即生成事物的"现实"。换言之,潜在的"是",仅仅是质料可能成为的"是",它还未具备"是什么"的 essence 或 form。

前面我们说过,arche 的反义词是 telos(end,目的)。思想敏锐的亚里士多德觉察到,"是什么"正是动因作用于质料所要达到的目的。这样,"是什么"就是生成过程或制造过程的实现了。种子长成树,砖瓦变成了房子,潜在的"是什么"就成为 enegeia(现实),这个生成过程和建筑过程就完成了,显然在 arche 与 telos 之间,essence(形式,相)兼有 telos(终极)的含义,如果开端(arche)与终极(telos)是绝对对立的,那么,形式本身就仅有"终极"(目的)的意义,而不可能有本原的含义了。因此还要将 essence(形式和相)与原先意义上的"本原"调和起来。这就是生活在柏拉图之后的亚里士多德所面对的关于 arche 的态势。除了客观地转述早期哲学家的 arche,将 arche 用作"本原"外,亚里士多德显然不可能在原先的"本原"意义上将 arche 运用于自己的哲学。他的著作大量使用 arche 这个词,究竟他本人赋予 arche 什么特殊含义呢? 具体地说,《物理学》第 1 卷的主题是论 arche,这个 arche 是什么意思呢?这就是我们在进入主题之前首先要弄清的问题。

亚里士多德创造了 hyle(质料)这个概念表述先哲们用本原表述的物质性成分,在他看来,什么"四根"、"种子"、"原子"等等都是造就某物的原材料(hyle 的本义)。同时在质料之中,他分离出构成事物的最终成分,命名为"元素"(stoicheia),即水、火、气、土。显然,hyle 和 stoicheia 是在 arche 之外了。或者说,质料和元素仅在早期哲学家那里才是本原意义上的 arche。在 arche 这个哲学根本范畴的发展过程中,派生了"质料"(基质、底层)和"元素"、"原因"等等范畴之后,还能引申出什么概念呢? 我们的研究结论是:亚里士多德综合"本原+生成原则"的思维定式,将 arche 发展为"第一原理"。这是 arche 范畴史上的重大转折。当 arche 指称对象本身时,arche 就是指该对象"之所

是"的原理；具体到运动本体时，就是指自然本体的存在和生灭原理；当 arche
指称某一学科时，就是指这一学科之所以成立的基本原理。下面，我们就这个
结论作些论证。

本书第一卷第一编已说过，由于早期希腊哲学资料的大量佚失，后人无法
断定泰勒斯是否用过 arche 这个词，也无从知道他是怎样解释水如何衍生万
物。按辛普里丘的说法，是阿那克西曼德第一个提出作为本原的 arche。① 因
为本原是万物所从出的来源，又是复归于它的最后归宿，因此本原本身就含有
周而复始的生灭原则，例如，气遵循 dike（正义）的原则按凝聚与稀化衍生万
物，万物又遵循同一规则复归于气。火按上升之路与下降之路这一 logos 生化
万物，万物又按同一条路复归于火。这一生成原理是本原所固有的，可见在最
早的学派中，本原就包含着原理的萌芽。不同的本原包含不同的原理，而这一
原理又是 arche 本身所固有的（如气与火的不同道路），而不是脱离"水"、
"气"、"火"而独立存在的本体。它是贯穿于本原之中，运行于其中的
"ananke"（必然性）。当亚里士多德将"元素"、"基质"（质料）、"原因"从
arche 中分离出去，用这些新范畴去表述之后，他心目中的 arche 既包含有开
端、本原、元素、原因的含义（或因素），但又高于上述意思。他从存在、生成和
被认知三个角度去定义 arche。作为存在之开端的 arche 就是"之所是"的
"是"，即 essence 或 ousia（形式或本体）。他认为"具有形式"或"具有本质"，
才成为"之所是"的"是"。作为生成的开端的 arche，不是早期哲学家说的某
一个或几个元素，而是四个原因。在亚里士多德看来，这才充分说明变化之根
源。作为被认知起点的 arche，就是原因和原理。因此，英译者都将亚里士多
德自己理解的 arche 译为 principle 是有道理的。对此，我们可以从《形而上
学》第 5 卷关于"arche"的解释中得到一些启发。他在列举了 arche 作为开端、
出发点、产生之始、运动之起点、秩序之首、认识之起点等六个意思之后说：

> 原因（aitia）也有这么多含义，因为所有的原因也是 archai（arche 的复
> 数）。所有的 arche 有个共同点（《洛布古典丛书》译为"共同属性"）；它

---

① 参见本书第一卷，第 124—131 页。

们是事物存在(estin)、生成和被认知的起点(开端,to proton,first thing)。
但是,它们中有的在事物之内,有的在事物之外。因此,physis 是 arche,
元素、理解(dianoia, understanding)、选择(proairesis, choice)、本体
(ousia, essence, substance)、终极因(to hou eneka,或译 for the sake of)等
都是 arche。终极因之所以是 arche,因为在许多情况下善和美是知识和
活动的起点(arche)。(1013a18—24)

上面这段话,英译本有稍许差异。《洛布古典丛书》英译本将 dianoia 译为
understanding。牛津修订本译为 thought,并将最后一句译为"善和美是关于许
多事物的知识和运动的起点"。牛津修订本将 1013a18 译为"the nature of a
thing is an origin"(事物的本性是开端),《洛布古典丛书》译本译为"自然是开
端"。本书第一卷译为"作为 arche 的本性,它是事物的元素,事物的倾向和选
择,事物的本质,事物的目的因",其中第一句"作为事物的本性"应予更正。
行文中 aitios 应为 aitia。①

这段话有几个要点,对 arche 的研究颇为重要:

第一,亚里士多德在多种意义上使用 arche,除了日常词义方面的六个含
义之外,在哲学上他将 arche 看做是事物存在、生成和被认知的起点(开端),
这点很重要。arche 作为本原或原理,不仅是早期哲学意义上的生成的本原,
而且是事物"之所是"的 arche,这样,"是什么"(essence,form,本质,形式)就
更有充分理由成为该事物存在之开端了,这个 arche 已经突破传统意义上的
"本原",它不是时间上在先,而是逻辑上在先、本体上在先。只有现实地具有
essence、form 的事物才是本体,才能独立存在,才能用思想去把握它,显然这个
arche 已是英文 principle(原理、原则)意义上的 arche 了。认知上的 arche 是学
科建立的基石。按照亚里士多德的知识论,认识的顺序是起于感觉和经验,或
者像他在《物理学》第 1 卷第 1 章所说,"从对我们来说较为易知和明白的东
西"开始,可以说感觉和经验是认知的开端,但是从学科(episteme + logia)即
系统化的知识体系看,只有上述引文中的 dianoia 才是开端。将这个词译为

---

① 参见本书第一卷,第 127 页。

understanding 不甚确切,还是译为 thought 好。洛克的著作叫《人类理解论》,反驳洛克的莱布尼茨的著作叫《人类理解新论》,说明对这个词,经验论和唯理论可以作出相反的解释。Dianoia 是个复合词,dia 相当于 through(通过),noia 与 nous,动词 noeo,名词 noema 的词根都是"no""noe",意思是"通过心灵思考而得的结果"①。正因为一门学科的原理是经过理性思维而获得的知识,所以从认知角度看,dianoia 是 arche,也就是说,知识的原理、原因和元素是起点,或者说就其本性来说较为明白和易知的东西是该学科知识的 arche。显然这个 arche 是知识论的基本原理。下面我们还要说到,托马斯·阿奎那为什么将《物理学》第 1 卷统称为"关于自然物的原理"(the principle of natural thing),将第 2 卷称为"关于自然学科的原理"(the principles of natural science)。

第二,事物存在、生成和被认知的 arche"有的在事物之内、有的在事物之外"。显然,这个 arche 如理解为"本原"、"开端"、"元素",就等于说有的事物的本原、开端、元素在事物之外,这是说不通的;如理解为原理与原因,就解释得通。因此,亚里士多德在转述前人的思想时,有时将"爱"与"恨"和"努斯"(心灵)也称为恩培多克勒和阿那克萨戈拉的"本原"。谈到他自己的思想时,他认为事物之外的动力因,以至"不动的第一推动者",也是 arche,即原理、原因意义上的"本原"。

第三,arche(开端)和 telos(终点、目的)本来是反对词,但是"因为在许多情况下善和美是知识和活动的起点",所以终极因即目的因也是开端(arche)。这个包含终极目的的 arche,显然超出了传统意义上的"本原",而是解释事物存在或生成的"原则"、"原理"、"原因"。在《形而上学》中,他经常举散步、建筑为例,还举德行与政体的选择为例,认为活动之始就包含目的。正是为了健康和房子,为了好政体和好公民,才有此活动的开端。这样,亚里士多德就为希腊人的循环论的历史观和时间观加上了一层目的论的色彩,将开端和终点统一起来,使终点转化为开端。往后我们可以在本书第四卷中看到,在晚期希

---

① 参见《希英大辞典》,第 405、1177 页。

腊和早期基督教中发生了由循环论的时间观、历史观向线性发展的时间观、历史观的有趣的变化。这里暂且按下不表。

第四,原因既然是事物存在、生成和认知的开端,由于它,才回答了事物的存在、生成和认识的"为什么",所以,"所有的原因也是本原(原理)",而且其数量一样多。因此,四种原因也可以说是四种原理或四种本原。这是亚里士多德关于原因与原理(本原)关系的最重要的、最明确的一个论断。《物理学》第 1 卷和《形而上学》第 1 卷,都用大量的篇幅评介先哲关于本原的见解,表面看似乎没什么差别,内容方面还有不少重复。其实细究其中奥秘,二者是有区别的。《物理学》第 1 卷的主线是研究事物存在和生成的原理是什么? 有几个? 而《形而上学》第 1 卷是论述作为普遍智慧的哲学的性质和任务,认为哲学的使命是用智慧回答"为什么"? 因而将哲学规定为关于第一因的学说,然后从这个视角去评介前人关于原因的见解。前者得出的结论是原理有三个:形式、质料及形式的缺失;后者的结论是第一因有四个:质料、形式、动力和目的。显然,两部书的论述代表两个不同的角度。但是从实质看二者又是一致的,根据就是"所有的原因也是本原或原理"。熟知亚里士多德关于形式因又是动力因和目的因,关于形式与形式的缺失的论述之后,就明白二者之间没有矛盾。由于亚里士多德从不同视角提出问题、观察问题,因而关于本原、原因与原理,人们就获得了新的认识。正是亚里士多德将"是什么"、"为什么"、"为了什么"三者明确区别开来。正因为他不断追问"是什么",所以使他有可能对"是"(存在)作了详尽的分析,提出了划时代意义的"是"论(存在论)和本体论。又正因为他将"为什么"作为一个哲学的最高问题,作为哲学的求知本性提到日程上来,所以探求原因成了他的哲学的特色和重要组成部分。正因为他结合"是什么"、"为什么"来追究"为了什么",因此,他关于目的的见解远远超越了苏格拉底和柏拉图。关于合目的性的研究,无疑推动了他关于动植物的构造和效用的研究以及关于选择、思虑与目的在社会生活中的地位的研究。此外,"为了什么"的探求,对他在神学方面的建树也起了不可忽视的作用。

所有这一切最后都集结到 arche 上。所以他的 arche 远远超过前人,成了最丰富最重要的一个哲学范畴。我们必须从原理和原因两个方面去把握他的 arche 的内容。而且他不像早期哲学家仅仅从万物生成角度谈本原，而且从存在、生成和认知三个角度谈作为本原的"原理"和"原因"。

分析了亚里士多德关于 arche 问题的见解之后，我们就可以具体研究《物理学》第 1 卷关于事物之原理的论断了。

亚里士多德的论证大体如下：

> 必定有一个或多个自然的"原理"(《洛布古典丛书》译为 There must be either one principle of nature or more than one)，如果只有一个，那么它或者是不变的，如巴门尼德和麦里梭所言，或者是可变的，如自然哲学家们所说的；如果不止一个，那么它们或者是有限的，或者是如德谟克利特所说是无限的。前人的探讨证明无非是上述几种情况。(184b15—25)

首先，巴门尼德和麦里梭的意见可以排除，因为"这不是自然哲学的命题（或译这同自然的研究无关）。这是第一哲学研究的课题或者说是各门学科共同研究的问题"。(185a1—4)自然的本原或原理必定是可变事物的本原或原理。从先哲所述可见，他们的主张可分为两派。"其中一派主张单一的一个基质物体(to on soma ta hypokeimenon, a single underlying body)，它或者是水、火、气之一，或者是某种比火更密集，比气更稀薄的东西。通过凝聚与稀化从它产生别的事物，从而达到多。所谓凝聚与稀化就是一组对立，可以说从属于更一般的对立——过度与不足。"(187a12—16)"另一派主张对立存在于一之中，借助于分离从一中产生对立。"(187a20)例如阿那克西曼德从"不定者"中产生对立运动，阿那克萨戈拉和恩培多克勒主张从混合体中分离出万物。他们的具体说法不一，但是，"显然，所有的思想家都把某种对立当做原理(arche)"(188a19)，包括巴门尼德，他也把热和冷看做一个原理，德谟克利特也是把"充实"与"虚空"这一对立看做是产生万物的原理。"因此，很显然，我们讲的原理，必定是对立。"(189a10)第 5 章最后这一句是前面四章的总结。牛津修订本译为：It is clear then that our principles must be contraries。《洛布古典丛书》译为：But in any case it is clear that the 'principles' must form a contrasted couple。二者的意思是一致的。这是亚里士多德考察先哲思想后得出的关于 arche 的初步结论,即自然本体的原理必定是对立的两个。

从《物理学》第 1 卷第 6 章开始,亚里士多德进一步论证对于自然本体而言,有一个生灭过程,必须具备一个支撑生灭的基质:

> 既然原理(本原)是有限的,就有理由假定不止两个。因为谁也没见过凝聚具备某种性质以何种方式作用于稀散,或者是稀散具备某种性质以何种方式作用于凝聚。同样,任何对立也是如此。例如,"爱"不能把"争"凝聚在一起并使之成为某物,反之亦然。二者只能是作用于第三者才生成某物。事实上有的学者也已经提出若干构成万物基础的东西。如果不提出另外一个东西作为对立的基础,我们还会遇到新的疑难:何人见过对立本身构成自然物的本体?(189a21—30)

亚里士多德的倾向很明显,他是要论证质料就是这个对立存在的根基,生灭的基础。但是他不急于把自己的结论端出来。遵循他的独特的思维方式和习惯,他要靠论据、论证来说话。所以,第 6 章的结论仅仅是说"显然,元素不止一个,但也不会超过两个或三个。到底是两个还是三个,仍然是个要进一步考察的问题。"(189b28—29)亚里士多德的用词经常不甚严密,这里他把 arche 换成 stoicheion,牛津修订本直译为"元素",《洛布古典丛书》康福德译为"元素或原理",这是妥当的,因为亚里士多德讲到学科知识时,常常统称原因、元素也都是原理。从前面一段引语可以看出,明明是三个,可是他又要说两个或三个还难以确定。后面我们要说到其源出自他对形式和缺失的理解。现在我们先介绍他在第 1 卷最后三章即第 7、8、9 章中对原理有几个,原理是什么的论证。

《物理学》第 1 卷第 7 章开头,亚里士多德就转换了视角,从"变化"入手讨论自然物的原理问题。他说:"为了确定我们自己的结论,我们首先从最广义的'变化'入手。我们遵循研究的自然顺序,先阐明'变化'的一般性质,然后阐明各类变化的特殊性质。"(189b30—32)康福德在这章的提要和注释之前加了一个将近两页的"导引式注释"。他说,动词 ginesthai 在希腊文中是个最广泛的用词,英语没有对应的词,它含有英语的 become,come into existence,它还含有 change,move 的意思。这个词相当于中文的"变"、"变化"

和"生成"。康福德引 1862 年托士内克（Torstrick）的考证，认为这里是把不同的原稿编在一起，所以论证重复、冗长，其实他的论证很简单。① 这里我们作个概括性的介绍。

生成或变化（gignesthai 或 ginesthai）有几种情况：A 变成 B（如无教养的变成有教养的，黑的变成白的）或 AX 变成 BX（如无教养的人变成有教养的人，黑脸变成白脸，X 代表基质即例子中的"人"和"脸"），在这种情况下，不管是单一的（A 变为 B），或组合的（AX 变为 BX），当 B 生成时，A 就不存在了。第二种情况，X 变成 AX，如人变成有教养的，铜变成铜像，这种情况下，可以换一种说法："一个有教养的人生成了"、"一尊铜像生成了"。用公式表示就是-AX 变为 AX 了。在这里，当甲变成乙时，甲仍存在，它存在于乙中，变成了 AX 了。这个 AX 是由原来的-AX 变来的。

在第一种情况下，A 变为 B，是某种性质、数量、处所、状态的变化，"它必须有一个主词，即基础（ὑποκείμενον τινός，hypokemenon tinos，underlying subject）"，这就是本体，"只有本体才有绝对意义上的生成，本体以外的别种变化，无论是性质、数量、关系、时间还是地点方面的变化，都必须有一个变化的基础，即变化者。"（190a31—36）所以，实际存在的，或者说能独立存在的是 AX 变成 BX，X 是支撑者、主词。

在第二种情况下，AX 是由-AX 生成的，在这里，X 是基础。X 取得了 A 这一形式，如一个人变成了有教养的人，一块铜获得了铜像的形式。前者是将这个人施以教育，使之成为有教养的人；后者是将这块铜加以雕刻，使之成为雕像。严格意义上的 gignestai（生成）应指这一种情况。这里，显然有三个东西：X，-A，A。X 是支撑变化的基质，A 是变成了的东西，即形式；-A 是形式的缺失。A 与-A 即形式与形式的缺失是对立的两个原理。这就是第 7 章的结论。所以他说：

作了这些辨析之后，人们就能从上述各种变化的考察中得出结论：在

---

① 参见《洛布古典丛书》，康福德译本，第 66—69 页；另参见《希英大辞典》，第 349—350 页，亚里士多德写作 ginesthai。在他之后 γίγνεσθαι，γίνεσθαι 通用。

各种变化中,必定有某种东西作为变化的基础,即变化者。基础为数只有一个,但是就形式而言不止一个。(190a13—16)

首先我们说明了只有对立的两个是原理,然后说明了还必须有某种支撑的东西作为基础,于是原理就有三个。最后我们论述了对立两个原理的区别和相互关系,以及支撑者的性质。只是基质与形式何者更是本体还未论及。但是,原理有三个,在什么意义上说是三个,已经论证过了。(191a16—20)

但是,-A、A、X 三者之所指,以及它们之间的相互关系在第 7 章只是隐约出现,在第 8、9 章中,亚里士多德才展开作了论证。

在《物理学》第 1 卷第 8 章,亚里士多德首先回答一个问题:从-A 变成 A,是否由不存在变为存在? 早期哲学家误入歧途,以为生成就是无中生有。亚里士多德说,他们不懂从-A 变为 A,是指例如"作为医生,从不是医生变为医生",而不是说"作为建筑师,他变成了医生"。后者才是无中生有,而前者则是指形式的缺失,从不具有作为医生的本质变为获得作为医生的本质,亚里士多德用了 στέρησις(steresis, privation)这个词,中文译为"缺失",表示基质在生成过程中获得了某种本质(形式),具有形式前叫"缺失"。或者是原先具有某种本质,在变化过程中丢失了,失去后也叫形式的"缺失"。早期思想家(指爱利亚学派)之所以在生灭问题上迷路,原因就在于不懂得这个原理。(191b30—33)

在《物理学》第 1 卷第 9 章中,亚里士多德说,柏拉图学派似乎懂得这个道理,提出了"相"及"大和小",似乎也是三个原理,其实还是两个,因为大与小相当于质料,而我们说的质料、形式和形式的缺失才是真正的三个原理。形式的缺失在一个意义上可以说是不存在(191b13—27),但它是指质料尚不具有这种形式。缺失是形式的对立面,而不是同属于质料,所以不同于柏拉图的"大和小"。(192a5—15)

这样,亚里士多德最后通过对柏拉图的辩驳,维护了他的"缺失"概念,从而论证了自然本体有三个原理。因为缺失就是形式的对立面,定义上是一个,所以在这个意义上也可以说原理是两个。

显然,这个意义上的 arche 不同于早期哲学家们的"本原",而是"原理"的意思。当然,它同现代词义的"原理"又有所不同。它还兼有原来的"本原"的含义。arche 用于先哲的思想,可以译为本原,用于亚里士多德自己,译为"原理"更加贴切。从科学史、认识史和哲学史发展的角度看,由早期哲学的"本原"演化为"原理"有重要的意义。如同亚里士多德说的,学科成立的标志就是建立该学科的原理。而要做到这点,就必须具备初步的然而又是必需的科学认识的方法论,还必须对自然的、社会的、心灵的现象作分门别类的探求。亚里士多德建立了范畴的学说,因而为各门学科的专门术语和概念提供了理论根据。他所建立的逻辑学和论证方法,从方法论上同晚期智者的诡辩划清了界线,确保了思维过程的准确,加上他的长期的观察和探求的实践,使它有可能摆脱早期哲学的朦胧的、直观的、混沌的观念,将"本原"提升到关于事物存在的原理和学科知识的原理的高度。16 世纪以后形成了若干经验科学,具体科学也从哲学中分化出来成为独立的学科,说到底,就是人们按照实证的方法发现了作为独立学科存在根据的原理,而这些原理大体符合客观事物的本来面目,因而也就是该类对象存在的原理。因此,尽管亚里士多德讲的"原理"还很不成熟,然而却是伟大的开端。如果人们还停留在追求事物生成的原初本原或元素,或者是注意到作为各类事物内在根据的 idea,eidos(相,范型),然而又是存在于事物之外,那么后人就永远不可能建立哲学的以及各门具体科学的知识体系。因而我们完全有理由说,亚里士多德是早期自然哲学的总结者,又是近代科学的先驱,他起到了古代的自然哲学到近代自然科学的中介的作用,从"本原"经过亚里士多德兼有本原含义的"原理",发展到现在纯粹表示对象内在关系和学科基本知识的"原理"。

对于亚里士多德自己的学说,特别是就他自己的自然哲学而言,arche 作为原理的见解更有重要的地位。他将 arche 分为事物存在的原理和对事物认识即学科知识的原理,又将学科分为关于第一哲学的原理与第二哲学及其具体学科的原理,而且将自己的目标聚集在探求原理上,这就为我们研究亚里士多德的学说指明了方向和重点。往后我们可以看到他在各门具体学科和第一哲学中是怎样运用和贯彻他的思想的。

说到这里,我们可以明白,如果将亚里士多德自己所认识的 arche 都理解为、翻译为"本原"这是同原意不符的。现在我们再来讨论自然哲学有无"另外的本原"。

亚里士多德在《物理学》第 1 卷第 9 章对本卷的结论和继卷的主题作了如下概括:

Hoti men oun eisin archai, kai tines, kai posai ton arithmon, dioristho hemen houtos; palin de allen archen arksamenoi legomen.(192b5—7)

这段话,苗力田本中译如下:

这样,我们已经确定的问题有:本原存在着,它是什么,它的数目有多少。下面,我们要开始谈论另外的本原问题。

译者把 allen archen 译为"另外的本原",给人的印象是,似乎除了本卷所谈的三个本原或原理外,还有"另外的本原"或原理。对照一下几个英译本,原意可能比较清楚。《洛布古典丛书》译为 In the next book we must make a fresh start with fresh question,意思是:在下一卷我们必须从新的角度面对新的问题。牛津修订本与罗斯原版本一样译为:Now let us make a fresh start and proceed,意思同上述一致,强调"新的开端并继续讨论"。张竹明译为"下面我们将开始论述另外的问题",意思同几个英译本基本一致,但是体现不出原文的转换视角的含义,同英译本 fresh start 有差距。英译本和注释都将这里的 arche 当做一般词义,解做"开端"、"开始",这是符合亚里士多德的本意的。因为前面已经说过,《物理学》是由原来的《论原理》、《论自然》、《论运动》合编而成的,第 1 卷讨论自然事物的基本原理或本原,第 2 至 4 卷讨论自然的运动及其原因。由此转换到一个新的角度,研究运动本体即自然本体的运动问题,因而译为"新的开端"和"另外的问题",体现了这两卷的关系。

现在的问题是 allen archen(另一个角度,另一个开始,重新开始)指什么?托马斯·阿奎那将整部《物理学》分为两大部分,"第一部分研究自然科学的普遍原理,第二部分从第 3 卷开始研究运动物体的共同性质","第一部分可以分为两个方面,前者研究这门学科的对象的原理,也就是说,运动物体自身的原理;后者研究关于自然的学说的原理,这就是第二卷的任务"。① 托马斯分别以第2、3卷开卷语为证。因此,他将第1卷定为"the principles of natural things"(关于自然事物的原理),第2卷定为"the principles of natural science"(关于自然学说的原理),第3卷定为"mobile being in common"(运动物体的共性),而且将第4、5、6卷解释为关于运动物体的度量、分类和诠释的学说,第7、8卷看做关于动者、推动者和第一推动者的学说。托马斯对《物理学》的评注不一定都有道理,特别是他的独特的思维方式和叙述方法,每一个问题,每一章他都一分为二,分为两个部分,然后每一部分又分两个方面。显然这不是亚里士多德自己的论证方法和叙述方法。但是,托马斯关于第1、2、3卷的关系的见解有一定道理。亚里士多德的确是将事物存在的原理与学科知识的原理作了区分。他认为,对于自然物,我们应该用《后分析篇》和《物理学》第1卷第1章所说的归纳、分析和证明的方法,从整个事物(现象)中找出它的基本元素和存在的方式,这就是他在第1卷的结论中所说的,自然物总是以质料加形式的方式而存在,或者是质料加潜在的形式(缺失)而存在。因而说自然物的存在离不开这三个原理或本原。但是,自然物同技艺制品不同,对技艺制品必须懂得制造技术,目的在于按人预先设定的形式和目的加以创造。对于自然物,我们的目的不是制造,而是求得关于自然物的知识。一旦我们懂得什么是自然,什么不是自然,自然物生成的原因是什么,作为自然的本性的运动是什么,运动如何计量,等等,那么我们就可以说我们有了自然学科的知识原理了。也就是说,我们有了关于自然本体的智慧,掌握了第二哲学的基本知识。因此,托马斯对《物理学》第1卷总结性的一段,作了如下解释:

> 最后,亚里士多德作了总结,说是他已经证明了存在着原理(principles),原理是什么? 有多少? 但是,在我们研究自然学科时,必须确立新的起点,也就是说,要研究这一学科的诸原理。②

---

① 托马斯·阿奎那:《亚里士多德的〈物理学〉评注》,第9页,另参见该书第69、131页。

② 托马斯·阿奎那:《亚里士多德的〈物理学〉评注》,第66页。

托马斯将 allen archen(新的起点)解做"研究这一学科的诸原理"。假定我们接受托马斯的这一见解,那么中文苗力田译本略作改变(将"另外的本原"改做"另外的原理"),并加以说明(不是在三个原理之上又加上若干原理,而是另一系列的即学科知识的原理),那么前面引证的译文就可以成立了。但是,从罗斯关于《物理学》一书所写的导言、提要和注释看,他是不赞成托马斯的这一划分的。他在导言中说:"《物理学》第 1 卷宣称它以自然作为研究对象,但是它不去定义自然是什么,而是直接探求自然的第一原理、必要条件和元素。""在第 2 卷中他开始研究自然,区分日常语言所说的' existing by na-ture'(依据自然而存在)和' existing as a result of other causes'(因别的原因而存在)。"关于第 1 卷最后一章的提要,与他的译文一致,就这么一句"now let us make a fresh start"。关于 192b2—4 终卷这几句的注释,罗斯引介 10 世纪初 Parisinus(帕里辛)的原文和第尔斯的见解:"帕里辛的原文是最早的,表明第 2 卷本来是同第 1 卷相连的。"①

我们没有历史上的那些资料,从已有的资料和诠释看,现在我们看到的《物理学》很早就是如此编定的,说明《论原理》、《论自然》、《论运动》早已被亚里士多德本人或传继人编纂为一部书,定名为《物理学》。因此,第 1、2 卷从行文看已经联成一体。问题在于"新的开端"指什么。托马斯认为是从自然物的存在原理转到自然学科的知识原理,而罗斯似乎认为都是学科的知识原理,只是从研究自然之原理转到研究自然的运动而已。我们认为,亚里士多德在解释"第一"、"本原"、"在先"等词语时,明确区分了存在与认识的不同。从巴门尼德的"是"与"非是","非是"与意见,高尔吉亚的三个命题,到柏拉图的知识论,希腊人已经对存在与认识作了明确的区分。而且亚里士多德在 arche 这一词语解释中,前面引证过,已经区分了存在和认知的 arche。因此,第 1 卷首先研究自然存在物的本原或原理,第 2 卷起研究我们关于自然的知识原理,是有根据的。但是,由于自然存在物的原理或本原不是感官所能感知

---

① 罗斯:《亚里士多德的〈物理学〉:附有引论和注释的希腊文校订本》,第 19—20、24、348、499 页。

的现象,而是靠亚里士多德所说的研究方法分析得出的一种见解;由于知识原理本来就与事物的存在原理一致,因此二者实际上难以区分。当亚里士多德在各门学科中运用形式、缺失与质料时,也就无法同作为原因的形式与质料区分了。不过,作为史料学,我们还是要阐明亚里士多德本来的思想,尽可能还其本来的面目。

总结这一节,可以表述如下:

古希腊有表述"言辞"、"理性"、"尺度"、"途径"、"定义"、"公理"和"必然性"等的词语,如 logos、hodos、nous、horismos、axioma、ananke,但是没有表述"原理"的词语。现代英语的 principle 来自拉丁文 principium,这个词有希腊语的 arche 的词义,表述 a beginning(开始),origin(原初、太初),转而表述系列、权力、地位之首,或根据、根源、来源。西塞罗当时就用这个词译希腊文 arche。在古典拉丁时代,人们用 principium 表述一篇演说,一个讲稿,一件事情等等的"要义"、"真谛"、"原则"。① 在近代拉丁文中,principium 仍有"原初"、"根源"、"为首"、"主旨"的含义,同时用于表述知识体系之要义。牛顿的《数学原理》就叫 Newton's Principia(中性名词 um 的复数形式)。在近现代,principle 更多用做知识原理。正因为 principle,principium 有本原和原理的双重意思,因此,在英译本中一般都将 arche 译为 principle。从语言史、认识史角度看,从"开端"、"原初"到"原理"的词义演化中,principium 指称一篇演说、一件事情的"要义"、"真谛"起了中介的作用;"原理"词义的形成条件是学科知识体系的确立,亚里士多德正是处于这个历史时代。早期哲学家仅将 arche 看做万物的生灭回归的本原。苏格拉底和柏拉图实现了希腊哲学的转向,不再探求生成事物的本原问题,他们一般是按普通词义使用 arche。亚里士多德总结以往哲学,以建立各门学科知识体系为己任,因此他必须确立各门学科的原理和方法。假如他创造一个新词表述"原理",那么后人就省事多了。可是他仍沿用 arche,除"元素"、"基质"含义之外,将 arche 引申为"根本原则"、

---

① 参见《拉丁大辞典》,第 1445—1446 页。

"第一原理"。同时又将 arche 的运用范围扩大为"存在之要义"、"知识之要义"、"考虑和选择之要领",这样,arche 就延伸为存在之理、理论学科之原理和实践学科之原理了。因此,本章"自然哲学的基本原理"有双重意思。其一是狭义的,研究"本原"范畴的演变及《物理学》第 1 卷所言自然物存在之理(似乎"存在之理"比"存在之原理"更符合亚里士多德的本意),在这里,arche既有本原又有原理的意思;其二是广义的,作为学科之原理,与 principle 的现代含义基本一致。本卷各编章的宗旨之一,是站在现代角度研究亚里士多德第一、第二哲学及实践科学各门类的一般原理。因为在英语世界 principle 兼有本原和原理两重意思,一般不会误读原意,而在汉语世界,"本原"与"原理"相去甚远,因而我们有必要专列一节研究"本原"范畴的演化及亚里士多德关于自然物存在之理的基本思想。

## 第二节 原因范畴和四因说

亚里士多德从《物理学》第 2 卷开始换一个视角,讨论自然与运动的问题。其中第 1 章他给"自然"下了个定义,将自然看做自身具有运动根源的本体。第 2 章研究自然学科与数学、天文学和第一哲学的区别。第 3 章开始讨论自然物生成和运动的原因,提出四因学说。第 4 至 6 章研究作为"原因"的偶然性、自发性、机遇与命运的问题;第 7 至 9 章研究四种原因之间的关系,并且提醒人们,四因不适用于不动的推动者,不动的推动者不存在运动与质料,不是自然哲学的研究对象。综观全篇,这一卷的宗旨在于确立关于自然运动和生灭之原因的知识,是后面两卷讨论运动和时空问题的先导。我们在本编第六章讨论自然和自然学科时,引用和介绍过《物理学》第 2 卷关于"自然"的论述和资料,这里我们重点讨论亚里士多德自然哲学另一个基本理论,即原因范畴和"四因"说。

《形而上学》开篇第一句,亚里士多德就说"求知是人的本性"。凡是奇异的现象,人们就会问"为什么"? 相应地就会作出回答"因为……"但是这个答案可能是经验式的、个别的、表面的,或者是起因于某种偶然因素,自发而为的因素,或者干脆就是巧遇。亚里士多德不满足于这些肤浅的回答。他提出了下列四个见解:

第一,"为什么"与"因为"之间的可靠的责任对应关系,称之为 aitia("原因"),后一项("因为")承担对前项("为什么")的理由和说明。

第二,感觉和经验只能做到"知其然,不知其所以然"。有经验的工匠可以在单个房子、雕像等的制作上获得成功,但是不具有这方面的知识,不知其所以然,他们只是靠不断积累的经验和反复操作而练成的技巧获得成功。只有依靠 sophia(智慧)形成普遍的判断,有了这方面的知识,才知其所以然:"工匠靠习性(经验)操作,师傅在智慧上优于工匠,并不是因为能制作,而是因为他们有理论(logos),知道原因(aitia)。"(981b5—7)所以"原因"是依靠智慧,用"思"与"言"即"逻各斯"表述的知识。

第三,因此,原因属于知识(episteme)的范围。自然物本身,例如砖瓦、铜块、建筑师、雕刻家等等,就是某种显现出来的"这一个",当且仅当人们追问为什么生成房子、雕像? 寻求"因为"背后的知识时,才有"原因",才说这是某种原因。《物理学》第 2 卷第 7 章开头有一段论述"原因"属于学科知识的重要的话语,现摘引如下:

> 我们在作了上述辨析之后,必须进而考察原因,研究它们的性质和数量。既然获得知识是我们的目标,那么在未知道事物的"为什么"即事物的"第一因"(proten aitian,primary cause)之前,人们是不该认为自己已经认识了某一事物。所以很显然,我们必须研究生成与消灭及各种自然变化,以便认识它们的原理(archas),把各类问题归结到各自的原因。(194b16—23)

《洛布古典丛书》版本的英译者将开首一句译为:"We have next to consider in how many senses 'because' may answer the question 'why'"("其次我们必须考察同'为什么'对应的'因为'有多少个含义")。在亚里士多德展开论述 aitia 之前,康福德作这样的处理,以体现 aitia 的本来含义,是有道理的。上面引文的最后一句,康福德译为 in order to trace back any object of our study to the principle so ascertained（以便对每一研究对象追溯到所确立的原理）。这里的两处原文都是 arche，两个英译本都译为 principle，中文苗力田本译为"本原"，张竹明本译为"原因"。原文紧接着就换用了 aitia：hena men oun tropon aition legetai, in one way, …is called a cause。亚里士多德目睹晚期智者利用一词多义玩弄诡辩，因此很注意词义的辨别。但是，像原因、原理、元素本来就是从"本原"衍生出来的，而且词义上又有相近之处。所以，他又常常换用这几个词。在《形而上学》第 12 卷第 2 章总结三种本体和四种变化时，他干脆将原理与原因等同，"因此，原理和原因有三个，其中两个是成对的，即形式与形式的缺失，第三个是质料"。在一定意义上，他又把这三个原理、原因叫做本体。① 这同亚里士多德的知识论有关：对象和关于对象的知识是不同的两件事，可以从不同视角，用不同言辞来陈述对象，而原因、原理甚至本体又是同一知识层面的，都起源于 arche，所以可以换用。

第四，早期哲学家没有原因概念，将原因等同于本原，而且仅仅认识一个或两个原因。综合以往的哲学，应该有四个原因：质料因、形式因、动力因、目的因。这是亚里士多德用以解释自然的一个重要学说。下面我们着重讨论关于四因的问题。

1. 质料因（hyle，matter）。

Hyle 在荷马史诗中用作森林、树林、树林地（IL, 11, 155；Od. 17, 316），同时也指杂木。荷马和希罗多德还用作砍下的木料，木屑（Od. 5, 257；Hdt. 4, 164；6, 80）。② 亚里士多德还用以指称筑鸟巢的小树枝。③ 后来这个词引申为事物借以构成的材料及诗歌方面的素材。亚里士多德加以抽象化成为一个哲学范畴——质料。从这个词的演化中可以看出，在上古时代万物有灵论流行时期，hyle 作为森林、林地、杂木，还都是有灵性，有生命活力的，也就是说 hyle（matter，物质）上古时代还是有内在动力的。转而成为砍下后的木料、木屑、建筑材料后就失去灵性和活力了，而亚里士多德正是在无灵性、无活力的

---

① 参见《形而上学》，1069b33—34，另参见 1042a31—b9、1069a20—b8。

② 参见《希英大辞典》，第 1847—1848 页。

③ 参见亚里士多德：《动物志》，559a2。

"材料"这个意义上定义质料因的,所以他说质料因是:"事物因之生成并继续存留于其中的东西,例如青铜之于铜像,白银之于酒杯,以及诸如此类的种。"(194b24—26)所谓"诸如此类的种",他在两个意义上用过,其一指个别质料所从属的种类,如从这块铜是这尊铜像的质料,得出"铜是铜像的质料";其二是指定义中种加属差,属差是形式(本质),种是质料。

质料因的地位在于它是事物生成变化的基础,所以在《物理学》第1卷第9章他又换个说法给质料下定义:"我所说的质料,确切地说就是指一切自然事物所依托的原初的基础(to proton hypokeimenon ekasto, the ultimate underlying subject),万物不是偶然地而是绝对地由之产生并且继续存在下去。"(192a32—34)从这个意义上说,在亚里士多德那里,质料对自然事物而言是必不可少的基础,但是也仅仅如此而已,相对于其他三个原因而言,它不过是个被制作、被加工的材料,它是被动的,消极的。在这个意义上,亚里士多德又是前进中的一个退步。因为在早期哲学家那里,无论是水、火、气,还是原子,它们作为本原是活生生的,自身具备运动根源的。特别是德谟克利特的原子,它是自然运动的,由于相互碰撞,按不同位置、次序、排列结合成不同事物,这同近代科学所认识的分子、原子、电子、质子等自己运动的思想比较接近。亚里士多德批评它没有指出运动根源,似乎要像恩培多克勒、阿那克萨戈拉加上个"爱"与"恨"、"心灵"才行,其实这个批评曲解了原子论。实际上,早期哲学家的物质观,是素朴的然而是哲学意义上的物质观,而亚里士多德在划分第一哲学与自然哲学的前提下所说的"质料",已经使自然哲学沿着实证科学方向迈步了。他的物质观是实证科学意义上的(虽然还是初级的、粗糙的)物质观,同近代的机械论有相近之处。物质是堆消极的,没有内在活力的物体。特别糟糕的是,在举例说明时他常常混淆自然物与技艺制品,用铜块、木头、石头、砖瓦等等来说明质料因及其他原因。这样,质料仅仅是堆等待加工制作的材料。显然,这已经远离哲学上的物质观了。

2. 形式因。

亚里士多德通常用柏拉图的"相"(eidos)表述"形式",有时他换用"形状"(morphe),有时用"范型"($\pi\alpha\rho\acute{\alpha}\delta\epsilon\iota\gamma\mu\alpha$, paradeigma, archetype)。苏格拉

底发现定义方法之后,柏拉图就用定义的方法来说明"相"是什么。他认为诸如"三角形就是三个内角之和等于180°的图形","图形"是种,属差"内角和等于180°"就是相的本质。亚里士多德完全继承了这个思想,在这点上没有新的创造。他认为此属差就是此物的形式;一般而言,定义的属差就是一般形式的界说,甚至可以说,"定义就是形式","公式就是形式",或者说"阐明属差的公式就是对形式和现实的说明"。① 所不同的是,柏拉图认为相或形式在具体事物之外,具体事物模仿或分有它而存在。亚里士多德认为形式与事物不可分,形式就在事物之中,同质料相结合而存在。一栋房子,如此如此构造因而可以遮盖物体和住人,这就是这栋房子的形式。用以建筑这栋房子的木头、砖瓦就是其质料,二者相结合也就是形式与质料的结合,就是木头或砖瓦按如此样式建筑用以遮盖人和物体,所以二者不可分离。显然,亚里士多德认为"理在事中",而不是"理在事外",这比柏拉图进步。但是他在解释二者的关系时,他并不懂得"一般通过个别而存在",而是认为"理在事先"。形式与质料不可分,但形式是第一位的,形式是真正的本体,形式是现实,是质料追求的目的。② 因此,最终他还是未能正确解决个别与一般的关系。

3. 动力因。

关于动力因,亚里士多德尚未创立一个类似质料、形式、目的的确切概念,在《物理学》第2卷第3章专门解释动因时,他用了如下一段话来说明:

> 第三个(原因)就是变化和静止的最初根源,例如出主意的人是某种事业的原因,父亲是孩子的原因,一般说,制动者是被动者的原因,变化者是被变者的原因。(194b30—32)

这段话中"最初根源"仍用 he arche…he prote(the primary cause),从"出主意的人"起举例说明时就换用了"原因"(aitia)。这说明,亚里士多德常常在"本原"、"原理"、"原因"、"根源"同一意义上使用 arche,aitia。这是希腊时

① 《形而上学》,1042a28、1043a20、1069b33,另参见 1016a33—b10、1035b4—17、1037a13—20、1084b10—14。

② 参见《形而上学》第7、8卷及本书第三编第十四、十五章的论述。

期即哲学刚刚起步时期,专门学术范畴与日常词语、哲学与宗教、自然科学与社会科学等范畴尚未明确分化的时代,人们用语词表述思想时的特点。即使是现代,主张非理性主义的哲学家,或者是反逻各斯主义、反书写语言学的哲学家,在用词方面也是相当随意的。尽管如此,人们并不难于捕捉亚里士多德行文中的意思。他认为任何变化或运动必有一个制动者,这个制动者就是事物变化的动力因,所以他有时把动力因称为"运动的原初发动者"(eis to kinesan proton,to that which first initiated the movement)(198a24),有时用一个强调型的修饰语:hai archai hai kinousai physikos(the principle which direct physical movement,"那个引起运动的根源",198a36)。在《形而上学》第 1 卷第 2 章讲到智慧就是研究四种原因的哲学时,他起用了一个较为简洁而固定的复合词 he arche tes kineseos(the source of motion,动力因,983a31,984a27)。同上第 1 卷第 8 章,他将 arche 换为 aitia(原因),用希腊语中非强调型修饰方式表述为 to tes kineseos aition(the cause of movement,988b27)。同上第 3 卷第 2 章,他简称为 he kinesis(英译为 efficient cause 或 moving cause,996b6,参看 1013b9)。但是《形而上学》第 5 卷,即通常称做"亚里士多德的词语辞典"中,第 2 章关于"原因"的解释同《物理学》第 2 卷第 3 章,即我们开头引的一段话完全一样,不用 kinesis,而用 metaboles(1013a30—33,b25),称动力因为"致变因"(he arche tes metaboles)。

关于动力因,大体上有上述各种表述方式。我们之所以在动力因问题上多费些笔墨,原因是同本编讨论运动问题密切相关。亚里士多德以技艺制造和自然界的生灭和位移运动为主要考察对象,而且受恩培多克勒和阿那克萨戈拉影响,认为凡是动变必有一个制动者。这是推导出宇宙必有一个第一推动者的大前提。这个思想也使他背离他自己提出的"自然是自身具有运动根源的本体"的结论。在下章讨论运动时我们可以看到他是如何倒退回去,作出新的解释的。

4. 目的因。

亚里士多德一直用 τέλος(telos,英译为 end 或 purpose)或 τò οὗ ἔνεκα (to hou heneka,英译为 for the sake of)表述"目的"范畴。在《形而上学》中他

也维持这一表述。① 在第 5 卷哲学词语解释中,关于目的因一段话与《物理学》第 2 卷第 3 章一样:"再一个原因是目的因,例如散步的目的是健康。因为若问为什么散步? 回答是'为了健康'。这样说的时候,我们认为已经指出了原因。所有达到目的的手段和中介措施,例如消瘦法、清泻法、药物和器械等,都是为了健康。"(1013a33—b3,参见 194b33—195a2)。技艺制品显然是受目的支配的,问题是自然物是否有目的。亚里士多德说,有些人否认,他们反驳说:晒谷子时天下雨了,因而谷子霉烂了,难道下雨是为了使谷子发霉? 腐烂的草堆中长出了虫,难道是为了长虫才腐烂? 亚里士多德说,这些人不懂得这是由于偶然性或自发性,凡是"由于自然"而生长的东西,像技艺制品一样包含着目的,"这一点在人以外的其他动物里看得最清楚。它们做着各种事,既不由于技艺,也不是出自思考或研究"。蜘蛛、蚂蚁并不是由于"努斯"而活动。"如果我们继续仔细观察,我们就可以发现连植物也是由于某种目的而生长的,如叶子长出来是为了保护果实。"(199a21—30)推而广之,因此在动物著作中,他说出了一句重要的话:"自然就是一个最聪慧的工匠。"

亚里士多德不满足于经验的观察和论证。在《形而上学》中他从哲理上提出两个论据:任何一个系列都有一个终点;凡不完善的东西总要朝着完善的方向努力。第一,他认为原因不是无限系列,否则导致无穷倒退。目的因就是系列的终点:"事物的终极因(the final cause)就是目的。作为终极因,它不为别的,而是所有其他的事物都为了它。所以,如果有终点,那么系列就不是无限的;如果没有终点,那么就没有终极因。"(994b9—13)第二,不论是技艺制品还是自然物都追求完美和现实,而终极和目的就是善,就是现实:"目的因不仅是追求某种善,而且是活动所追求的目的。前者(指追求某种善——引者注)不能运用于不动的推动者,而后者可以是,它是所追求的目的。"(1072b3—5)所以他认为凡运动的东西都是不完善的,一切运动的目的必定是神性的。(1074a30)不完善的东西都要追求完善,唯有不动的推动者才是

① 参见《形而上学》,983a32—35、994b9—14、1013a21—b3、1013b26—28、1044a36—b2、1050a8。

最后的终极因,是完全的现实,是神性的本体。因此作为终极因,最后的善在自然哲学范围之外,属于第一哲学。(1059a34—37)

那么在自然哲学中目的因起什么作用呢?他认为,目的因为具体的生成物、创造物提供某种活动目标。对质料而言,它是质料所追求的结果,因而在自然哲学中目的因可以合并于形式因。这个见解在关于动物的学说中得到充分的体现。不同动物的构成元素或质料,不同器官的组合及其功能的发挥,一开始就朝向一个目标,有的为了能在水中游,有的为了能在天上飞;弱者必须善于保护自己,多多繁殖后代;强者必有凶猛的气质,锐利的角或刺,等等。既然在自然物的生成中,目的一开始就支配元素、质料、成分的组合方式和发展趋势,那么作为终极的 telos 和作为开端、本原、起点的 arche 就可以合一了。因此,在亚里士多德那里,目的可以作为本原、原理、原因,也就得到充分的论证了。

关于四因的解释,在《物理学》第 2 卷第 3 章中就那么一段,不足半个标准页。综合其他著作中的论述,大体也就是上述那些内容。至于形式和本体、形式和质料与现实和潜能的关系,本卷第三编第十四、十五章还有专门的论述。这里我们仅仅是从原因和原理的角度作些说明,而且更多地是从自然哲学的研究来考虑。这也是亚里士多德自己的安排:第一哲学研究四因论本身,第二哲学应用四因于具体对象的研究,且看《物理学》第 2 卷第 7 章他自己的结论:

> 因此,显然存在着原因,其数目已如上所述就那么四个。这个数目正好等于"为什么"这一问题的解答。……既然原因就这么四种,那么自然哲学家就应该运用所有这些原因——质料因、形式因、动力因、目的因——来回答"为什么"这个问题。(198a14—25)

不过说来容易做起来难。四因说用于人工制品还算得心应手,但用于自然生成物就麻烦了。亚里士多德不厌其烦地不下百来处在几部著作中举雕像和房子为例,说明铜块、石头、砖瓦是质料因,工匠是动力因,雕刻家、建筑师脑子中的形象和图形是形式因,雕像和房子本身就是目的因。但是在自然生成物中,哪个是质料?动力因在哪里?形式可用定义或公式来表述,其属差就是形式,目的如何表述呢？它的内涵是什么？亚里士多德显然意识到这个难题。他的可贵之处是不回避困难,而是如同在《形而上学》第3卷第1章说的,难题如同绳子的结,问题就是思维之结,只有解开思索之结,"才能在思想上获得自由"(995a27—36)。他的解题办法是:一方面将相对性引入质料因中,将质料区分为原初质料和切近质料,又将质料和元素、成分、部分加以区分,下节我们将详细讨论;另一方面就是将动力因、形式因、目的因合一,认为"后三个原因通常可以合一"(198a25)。这就是《物理学》第2卷第7、8、9章重点讨论的问题。他的论证如下:

> 形式因、动力因和目的因三者常常可以合并。因为"是什么"(ti esti,
> what is)与"为了什么"(to hou heneka,for the sake of)是同一的(hen esti,
> is one),而运动的原初根源就是同属形式因、目的因的那个属($\varepsilon\check{\iota}\delta\varepsilon\iota$,$\varepsilon\check{\iota}\delta os$
> 的第三格),例如人生人。一般说来,凡是运动者与被动者同一的事物都
> 如此,否则它就不是自然哲学的范围了。(198a26—30)

这段话用中文很难表达清楚,我们不得不加上几个原文。亚里士多德认为,"是什么"(ti esti,what is)就是对象依靠自己的力量显现出来的那个东西。小孩长成大人,种子长成大树,材料建成了房子,大人、大树、房子才把"之所是"呈现出来。呈现出来,用他的专门术语来表述就是由潜能变为现实了。现在的问题是呈现出来的那个"东西"是什么？苏格拉底和柏拉图开始用idea($\varepsilon\check{\iota}\delta os$,相,型式)来表述。普通人也能辨认这是牛、那是马。但是他们不懂辩证法,没有源自"努斯"的直观能力,犹如洞中看影像,仅仅依靠感觉,凭现象去辨认对象。相反,懂得辩证法,有理性直观能力的人,犹如洞外看本真的事物,一下子就认出其不同的 idea 或 eidos。这个 idea、eidos 不是后人将本质与现象分离之后所误认的现象,它是"之所是"的本真的显现。苏格拉底和柏拉图想用归纳法、定义来捕捉。可是《智者篇》暴露出他们不懂得逻辑上的分类,不懂定义是种加属差,而属差就是本质。既然本质是"这个"的支撑者,所以也就是本体。亚里士多德终于找到了这个 eidos,而且在《形而上学》第7、8卷中作了论述。在亚里士多德看来,eidos 是形式,又是"为了什么"所要达到的目的。人之为人,树之为树,这个"人"、"树"的形式就是小孩和种子成

长的目的,遮盖物和住人这一房子的本质也就是房子所要追求的目的。那么,一旦成为大人,长成大树,建成房子,其 telos 也就达到了。因此形式与目的可以合一。既然运动是趋向目的的动变,显然运动包含制动和被动两个方面,如果自己不动而推动他物运动,那么它就是不动的推动者,它就属于第三种本体——永恒不动的本体,因而就不是自然哲学研究的范围。现在我们研究的是自然本体。凡自然本体必有自己运动的根源然而又能被推动(这个问题见下一章),如人生人,父亲生儿子,然而父亲又是被生的。显然,从怀孕、分娩到长大成人,这个变化的动因就是为了获得"人"的 eidos。换句话说,动力因就是为获得形式而朝着它运动的根据。所以,目的因、动力因、形式因三者的"属"(species,eidos)是一个。因此,结论是三因可以合一。

本来,形式就高于质料,先于质料。现在形式还兼有动因和目的因的身份,早期哲学家所用的解释自然的物质根基,在亚里士多德那里就成了完全消极、被动的一堆僵死的材料了。唯物主义和唯心主义是近代哲学才出现的哲学术语。但是,将物质看做低级的、消极被动的东西,却是起源于亚里士多德对质料的解释。他的四因说的影响是相当大的,托马斯·阿奎那的形式质料说就源自亚里士多德。近代科学产生之后,四因说自然也就失去其地位。但是,若要理解亚里士多德的学说,不论是第一哲学、自然哲学还是实践哲学,四因说都是一个重要问题。在精神学科中,他将灵魂看做形式,肉体看做质料。在政治学中,他认为政体是形式,构成城邦的人口、土地、资源是质料;符合定义的政体是好政体,违背政体定义,不以普遍的善和公共利益为目的的政体是"缺失"的政体,即专制政体、寡头政体、民主政体。在自然哲学中,从本编第九章中可以看到他是如何运用四因说于天体及动物的研究的。

亚里士多德的"原因"范畴和四因学说,已经有近代哲学因果关系的萌芽,在因果范畴和因果律的认识史上具有重要的地位。他已经看到原因不会是无限系列,也不会有无穷多,否则不可能有知识(《形而上学》第 2 卷第 2 章);原因可以分为近因与远因(195a29,参见 1044b1、1071b1—3),原因还可分为外因与内因,而且他把内因定义为生成物中质料的内在潜能,例如种子自然要长成树,疾病会自然康复,胚胎发育成人;外因就是外在力量摧毁其自然的成长,使潜能不能成为现实(1049a5—20)。他还纠正了前人否认偶然性的错误,提出偶因和自发因,肯定偶然性在事物生成过程中的作用。① 但是,同近代的因果理论不同,亚里士多德的"原因"是以他的三个原理、四个原因及潜能与现实为理论基础的。在他看来,原因之所以是有限系列和有限种类,根据就是任何事物追溯到底只有三个原理(形式、缺失和质料)与四个原因。所谓近因就是物之切近质料。如砖瓦是房子的近因,水土等元素则是远因。所谓内因就是生成物中质料的内在潜能,外因就是外在力量摧毁其自然的成长,使潜能不能成为其现实。

亚里士多德关于"原因"范畴的释义表明,在"四因"范围内,aitia 与 arche可以换用,而在此之外,aitia 已向因果律过渡,难以将"本原"与"原因"等同。细读亚里士多德著作,可以看出,他在谈及远因与近因,内因与外因,偶因与自发因及原因是有限系列时,就比较严格地用 aitia,而不像《形而上学》第 1 卷及《物理学》第 2 卷第 4 章,将 aitia 与 arche 换用。下面我们可以看到,关于元素的理论也有类似情况。

## 第三节 元 素

前面我们提到过,亚里士多德认为一个学科能否成立,其标志是确定关于原理、原因和元素的论证的知识(184a30)。自然哲学及其分目如天象学、动物学、植物学等,除了探求其原理、原因外,第三个目标就是研究物体的构成元素(184a25),并用元素的知识说明其结构、生灭和运动的原因。因此,元素的研究同原理、原因的研究处于同等重要的地位。自然哲学必须追问元素是什么? 有几个? 为什么正好是两对四个? 它们各自的性质和关系如何?(302a15—17)

---

① 参见《物理学》第 2 卷第 5、6 章;《形而上学》第 5 卷第 30 章、第 6 卷第 2、3 章;并参见本书第三编"形而上学"有关论述。

但是亚里士多德现有的著作中没有关于元素的单篇论文和专著。本卷绪论提到的古代书目也没有《论元素》。关于元素的理论散见于其他著作中,其中主要是《论天》第3、4卷,《论生灭》第2卷,《论天象》第1卷第2、3章,第4卷第1、4章以及《论动物的构成》第2卷。此外《形而上学》也有若干论述。一般说来,他是在解释某类本体,例如天体、地上自然物及技艺制品的质料、结构、特性和运动时,顺便论述其元素及性质的。所以在研究方法和叙述方法上同本卷其他编章不同,我们将散见于各篇中关于元素的一般理解集中起来,做个综合的研究,以逻辑形态再现元素理论。

### 一 stoicheion 释义

"元素"的希腊原文是 $\sigma\tau o\iota\chi\varepsilon\hat{\iota}o\nu$,演化为哲学范畴有一个过程。1996年修订的第3版《牛津古典辞典》说:"stoicheion(拉丁文 elementa)是逐步演化为标准的希腊术语'元素'的。从词源上说,它指 one of series(系列中一个)。公元6世纪辛普里丘在注《物理学》中说是柏拉图首先在'元素'意义上使用 stoicheion。"① 《希英大辞典》作了较为详尽的解释。这个希腊字起初指太阳照射下物的阴影,以后用于日晷计时上的一个单位。亚里斯多芬在 Ecclesiazusai 652行说:When the shadow(stoicheion)is ten feet long,意思是指当时日晷的影子(stoicheion)正好10尺长。作为影子之一,它是虚的,可以分割的一个单位。作为"成分"讲,开始出现在语言上。一个 stoicheion 就等于一个单词的语音中的一个音素,或一句话中的一个成分。亚里士多德和柏拉图著作中都有这个用法。② 显然,无论是一个单位的影子长度还是语音中的一个音素,都同"本原"搭不上关系。所以即使恩培多克勒的火、气、水、土有了后来"元素"的含义,但是他不称之为"元素"而是称之为 rhidzomata(root),中译为"四根"。

用 stoicheia 指称水、火、气、土,称之为构成自然物的"元素",的确是起于柏拉图。他在《蒂迈欧篇》中讲到 Demurgue(创造主)以 eidos 为范型创造世界

---

① 《牛津古典辞典》,第519页。
② 参见亚里士多德:《诗学》,1456b22;柏拉图《克拉底鲁篇》,424D、426D;《泰阿泰德篇》,202C。

时,用 stoicheia(复数)而不用"四根"(rhidzomata)这个词语。他说:太初、宇宙是杂乱无序的,那时 chaos(浑沌之物)没有水、火、土、气之分。造物主用 nous(努斯)和数加以安排。神选择两种最好的三角形,借以构成八面体、二十面体。四面体最小但最有活力,赋予火,所以火最有活力。二十面体最大但动力最小,给予水,所以水形态最稳定。处于中间状的八面体给予气,所以介于水火之间。正立方体最稳定,给予土,所以土成为大地的基本成分。创造主将这些规则的、按比例构成的几何图形注入"接受器"(空间)之中,使接受器中的浑沌物按上述图形和比例构成四种最基本的物体,称之为 stoicheia。英文译为 element,中文表述为"元素"。①

亚里士多德深受柏拉图的影响。在《形而上学》第 5 卷词语注释中,他把 stoicheion 分为六种用法:1. 事物所由构成的,原初的,按 eidos 无法再分的最后成分,例如音素就是语音的最后成分。每一词的音可以分为几个音素,而音素在 eidos 上不能再分了。2. 物体分到最后不可再分为形式(eidos)上不同的东西,我们就称之为一种元素(stoicheion),或几种元素(stoicheia)。3. 同样含义运用于几何图形和证明,例如三段论中的大词、中词和小词就是三段论的构成元素。4. 隐喻式地用于任何不可再分的最小单位。5. 因此,有的人将最普遍的东西也叫做 stoicheion,因为它存在于多中构成多,所以"一"、"点"也可叫做 stoicheion。6. 因此,"种"也是 stoicheion,因为种(指最高的种)是最普遍的、唯一的、不可再分的;定义是种加属差,种是基本因素。(1014a26—b15)

亚里士多德总结六种释义说:"六种用法的共同点是,每一事物的 stoicheion 就是存在于该事物中的原初成分。"(1014 b15)显然 stoicheion 这个词不像别的多义词,从语用学角度看,它指自然物、语言、三段论、定义等由之构成的不可再分的最后成分。在自然哲学中,stoicheion 就是指上述六种释义的第二种,即自然物由之构成的最后成分。在拉丁语、英语和中译中,可以说

---

　　① 参见《蒂迈欧篇》56B,61A;参见本书第二卷第 899—904 页及《洛布古典丛书》中《蒂迈欧》英译者的注释第 128、129、132 页。

没什么分歧,都译为"elementa"、"element"、"因素"。在亚里士多德的其他著作中,他也作了类似的解释。例如,点是线、面、体的元素(972a10),月轮之下,月轮上至天体外层、天体最外层,是天体构成三元素(277a14—21)。质料、形式及形式的缺失是本体构成三元素(1070b23—25)。这些释义大体上同柏拉图是一致的。

但是,当他将潜能与现实,形式与质料和本体论运用于元素时,元素就获得了新的含义。一方面,元素被提升为"原初本体",有"本质"和"原因"的含义,同 arche,aitia 范畴相接。另一方面,又被贬为潜在的,失去内在活力的原初质料。他在《形而上学》第 1 卷第 3 章转述早期哲学家的思想时,将万物所从出而又复归于它的东西叫做"元素或原理"(983b12),第 3 卷讨论第一哲学应研究哪些问题时说:"种或事物构成的最单纯的成分是否更有理由称之为存在物的元素或原理?"(998a21—22)《物理学》第 1 卷第 5 章开头说,所有的自然哲学家"把原理(arche)看做是成对的"(188b28)。但在结论中换成了"元素",说"元素(stoicheia)有三个,但也不超过三个"(189b19、189b29)。在第 7 章同样内容又换成 arche,说"原理有三个,但也不超过三个"(190b37—191a22)。将元素提升为原理或本原、原因,这是柏拉图所没有的。但是另一方面,亚里士多德又将元素贬为消极被动的,潜在的质料。《论天》第 3 卷第 3 章他给"元素"下了个定义:"我们所说的'元素',指的是别的物全可以分解为它,而它又潜在地或现实地存在于其中的哪个东西。"(302a15—17)《形而上学》第 8 卷讨论形式与质料的关系时,他用"单纯质料"或"原初质料"表述水、火、气、土四元素。显然这是把《蒂迈欧篇》中的思想用他自己的概念表述出来了:自然物体的元素是潜在的,不具形式的原初质料。这个思想对后来的思想家产生了消极的影响,直到近代化学提出化学元素的理论之后,元素是消极被动的,不具活力的质料才销声匿迹。但是亚里士多德将元素提升为本原、原因和原理,却使 stoichein 获得了"要义"、"基本原理"的词义。生于公元前 370 年的亚里士多德弟子阿里司托森(Aristoxenus)写了《和谐要义》,原文就叫 to hermosmenon stoicheion,拉丁文译为 Elementa Harmonica。颇有意思的是,波菲利在转述托勒密的同名著作时却用 archai 取代了 stoicheion。生活在公元前

325—前 250 年的欧几里德把自己的《几何要义》称为 Stoicheia Eucleides。[1]
这是亚里士多德之后受亚里士多德影响的"元素"的新义。在研究亚里士多德自然哲学尤其是动物的构造和天体运动时,我们必须记住亚里士多德的元素理论的特点。

## 二　元素的数目和性质

自然物体的元素只有水、火、气、土四个,恩培多克勒和柏拉图都是这样说的。亚里士多德不满足于现成的答案,他认为前人的这个结论还未提供充分的论证。他以自己的独特风格在《物理学》、《论天》、《论生成和消灭》、《天象学》中提出了如下论题:

(一)元素不是无限数,也不是无限大;

(二)元素也不只一个;

(三)元素也不可能是永恒的;

(四)冷热、干湿两种基本的对立运动决定了元素的数目只能是四个;

(五)水、火、气、土四元素的自然运动和反自然运动都不可能产生圆周运动,所以天体必须是由另一种元素构成。

第五点我们在本编第九章中讨论,下面我们介绍亚里士多德的前四个论证。

(一)元素不是无限。

在先哲中有两个学派认为元素是无限的,即阿那克萨戈拉和原子论。亚里士多德着重驳斥"同素体"的无限的观点。他说,阿那克萨戈拉认为同素体的种类无限,这是错误的,因为:

第一,"作为无限是不可认识的。如果数量和大小是无限的,那么在量的方面就不可认识;如果种类无限,那么在性质上就无法认知;如果是所寻求的原理(本原)在数量和种类上都是无限的,那么我们就不可能知道由它所构成的事物,因为仅当我们知道该事物的构成数量和性质时,我们才知道这个复合

---

① 参见《牛津古典辞典》,第 519 页。

物。"(187b8—14)这是亚里士多德知识论的一个基本观点:只有种类、数量和性质等有限的事物才是可认识的。

第二,如果构成事物的成分是无限大或无限小,那么该事物就一定也是无限大或无限小。然而这是不可能的,我们无法设想构成动物的骨和肉,植物的果实是无限大或无限小。(187b14—20)

第三,如果说万物混成,肉从混有肉、骨、头发、水等等的混合物中分离出来构成动物的肉,依此类推,骨头、头发亦然。那么如此不断分离下去总有个尽头,再也没有混合物了,或者说在混合物中再也没有肉、骨头、头发的种子了,否则就得承认有无限数的物体包含于一个有限的混合物中,或者是有无限数的物体存在于无限的混合物中,然而二者都是不可能的。(187b21—188a5)

上述反驳主要在《物理学》第1卷前两章。

对原子论的反驳主要在《论天》第3卷第4章(302b10—303b8),二者大体一致。

(二)但是人们也不可误以为元素只有一个,或者(三)元素是永恒的。

亚里士多德认为巴门尼德的"不动的连续的一"不属于自然哲学的问题。"人们无需去同否认本原的人争论这个问题,因为如果是一而且不动,那就不是本原了。"(184b26—185a5)他在《论天》第3卷第1章中说"属于另一门更高的学问",也就是说属于第一哲学研究的问题。米利都学派和赫拉克利特承认有一个本原性的元素,即水、气或火,别的因素都是由它派生的。亚里士多德在《论生成和消灭》第2卷第1至4章对此作了论述。他认为在诸多对象中,冷热、干湿是最基本的对立,这两种基本对立运动正好形成四种元素,而不是一种元素。详细的论述参看下面关于元素正好是四个的论证。

(四)元素不多也不少只能是四个。

为什么不是一个元素而是四个元素构成 rhidzomata(四根)?恩培多克勒没有论证。柏拉图的论证有神秘主义的神创论的色彩。从《形而上学》第13、14卷看,亚里士多德对柏拉图学派的数论持强烈的批评态度。他提出了一个纯粹自然哲学的论证。现将《论生成和消灭》第2卷中的论证作个大略的介绍。他说:在第 1 卷中我们已经研究过自然物体所承受的各种变化,即混合、接触、作用和被作用;也解释过自然物及其生灭的原因,以及"变更"与"生灭"的不同。剩下的任务就是研究经受变化的物体的元素到底是什么?(328b26—32)现在要讨论的是可感觉的有生灭的物体的元素,永恒运动的物体的元素(指构成天体的以太)另行讨论(见《论天》第 1、2 卷)。关于有生灭物体的基本质料(英译为 the matter underlying these bodids,直译为支撑有生灭物体的质料),有人认为是一个(水,气或火),有人认为四个,还有人认为不定形者(aperon)。不管是哪种主张,有一点是一致的,本原或元素指的是"由结合或分离,或其他种类的变化而引起的生灭的原初质料"(329a6—7)。大家也都同意,原初质料是冷热、生灭等的承担者,而且性质变化事实上是成对的,如由冷变热,由热变冷。(329a25—b5)这种成对的变化可以列出很多。亚里士多德在《论生成和消灭》第 2 卷第 2、3 章列举了一批,然后一一加以讨论。首先是甜与苦、黑与白。这是两种对立的性质,然而不是最基本的对立。因为它们仅同视觉、味觉相关,最基本的对立应同触觉相关,既能作用于他物又能承受作用,是别的对立受制于它,它却不受他物所制约。轻与重也不是最基本的对立,因为它不能作用于他物,也不能被他物所作用,作用者或承受者不是轻重本身而是具有轻或重性质的物体。粗与细、韧与脆、硬与软固然与触觉相关,但也不是最基本的对立,它们不过是干与湿的变种,细和韧源于湿,粗与脆源于干。冰冻与沸腾也不是最基本的对立,因为冰冻源于冷,沸腾源于热。所以唯有冷与热,干与湿才是两对最基本的对立。

在《论生成与消灭》第 2 卷第 3 章,亚里士多德接着论证,冷热与干湿只有四种组合:

热——干

热——湿

冷——湿

冷——干

下一步的论述就是从这四种对立中寻找承担者了。亚里士多德依靠经验和观察证明:热与干是火的属性,依附于火,或者换个说法,火是由热和干构成的。热与湿是气的属性,依附于气。依此类推,冷与湿构成水,是水的属性。冷与干构成土,是土的属性。因此,最后的结论是:元素一定是水、火、气、土四种,最基本的性质对立是冷与热,干与湿。为什么元素不可能是一个,因为人们不可能进一步将两种性质对立归结于其中的一对或一对中的一个。亚里士多德说,恩培多克勒弄错了,以为四元素的性质可以互相生成。其实冷不能生热,只有冷的物变成热的物。冷性与热性不能互相生成。冷或热更不可能生干与湿。反之亦然,任何一个性质不会派生另一性质。

以上就是《论生成和消灭》第 2 卷第 2 至 4 章关于元素不多不少正好四个的论证。从他的论证中可以看出,在亚里士多德那里,两对基本性质的地位高于水、火、气、土四种元素的地位。他的思想很细致,他不否认水、火、气、土相生相克,否则元素就是永恒的了。但是他有自己独特的解释,他用性质变化解释火变为气,气变为水。所谓火变为气,就是干与热变为湿和热;气变为水,就是湿与热变为湿与冷。为什么火化为气,快于化为水,因为火是干与热,气是湿与热,干被湿化了就成了气。水是冷与湿,既要湿克干,又要冷克热,当然就慢于气了。水成为气容易,但是由水成为火就难,原因是既要热克冷,又要干克湿。(331a7—b25)这一点很重要,本编第九章第三节谈到动物的结构和感官的构成元素时我们还要涉及。他认为与其说用四元素来解释动物的一级结构,不如说用元素的冷热、干湿解释其基本功能更加确切。(626a12—20)

亚里士多德根据两种基本运动论证了四元素的根本性质;火为干与热,气为湿与热,水为湿与冷,土为干与冷。完成这一论证之后,他就依据基本性质论证四元素的轻重与运动方向。这些论述非常分散,[①]其中主要是《论天》第4卷,《天象学》第2卷。他认为元素的基本性质决定了重量及它的合乎自然的运动方向。既然火是干而热,自然就最稀薄、最轻,本性就向上。向下就是反自然、反本性的运动。介乎于二者之间的就是气和水。然而热而湿的东西(气)自然比冷而湿的东西(水)轻,但又比火重,而水比气重但又比土轻,所以

---

① 参见 312a21—26、254b1—16、208b1—25、214b14—15、276a22—277b8、302b5、310a14—311a14、311a16—312a22、334b31—335a2、335a18—20、337a7—15、355b1—16、823b3—7、824a6—7、824a10—12、1103a19—22。

气的自然趋势是向上向外扩散,水的运动方向自然是向低处流,本性是向下。这样,在《论天》第 4 卷第 5 章他得出如下结论:

> 因此,那种轻的质料总是向上运动。反之,重的质料总是向下运动。但是各类物体的质料构成不同,依其构成成分的差异倾向于向上或向下的运动。气和水各有轻重两种性质。水比气重,因此水下沉而气总是上浮,但是水轻于土,总是在土之上;气重于火,总是处于火之下。(312a22—30)

在《天象学》中,亚里士多德将四元素分为四层:土为最底层,上面是水,尔后是气,最上层是火。(354b1—16)

亚里士多德惯于将属性分为本性、固有性和偶性。运用于四元素,他也论及四元素的别的属性。在《论感觉》中他认为四元素本身是无味的,味是由于加入了某种有味的复合物,例如海水的咸味,不是因为水元素有味,而是源于某种水土混合物。(443a7—21)《论灵魂》第 2 卷讨论到视觉、听觉的媒介时,他认为气和水有某种透明性。在《论颜色》中,他认为四元素的本色是单纯的,水和气呈白色,火呈黄色,土的本色为白但不纯正。(791a1—15)

亚里士多德关于四元素的理论的致命弱点是关于轻重与运动方向的问题。在他那个时代,人们不知道地心引力,也没有比重、原子量和物质结构的观念。关于轻与重,亚里士多德在《论天》第 4 卷作了专门讨论,他批评早期哲学家只懂得较重与较轻,而不懂得绝对的重与轻。可悲的是批评者自己也不懂,且看他在该卷前三章是如何论述的:

亚里士多德说:"事物被称为重与轻,既有绝对的,又有相对的含义。……我们前辈们没涉及这两个词的绝对意义,而只涉及其相对意义。"(307a6—11)有些事物的本性是离开中心向外运动,而另一些则是朝向中心。前者也就是向上运动,后者就是向下运动。离开中心,朝向外缘属于向上;指向中心,就是向下。"所谓绝对的轻,指的是向上朝着边缘运动;绝对的重就是向下朝中心运动。"(308a28—30)所以在第 2 章中他说:"火总是轻的,故向上运动;土和一切土性物体朝下,朝向中心,所以是重的。"(308b14—15)前人只懂得较重与较轻,柏拉图在《蒂迈欧篇》中说,由较多的相同部分构成的物体就较重;反之就较轻。亚里士多德批评说,事实上要看是什么元素。如果是火,相同元素凝聚越多就越轻;反之,土元素凝聚越多,火元素越少就越重。(308b5—26)另一种意见认为,含有较大虚空者就较轻;反之,就较重。亚里士多德认为这要看什么元素和物体。火元素所含虚空越大,意味着有更多的火元素作支撑,所以越轻。反之,土元素所含虚空越多,就要越多的土元素作依托,所以反倒更重了。(309a6—19)

以上述理论为基础,亚里士多德得出了科学史上最大的两大谬误。其一是重物向下,越重,它的运动的速度越快;轻物向上,越轻,它的自然归宿就越是向上。这个谬误延续到伽里略时代予以纠正。另一个谬误就是地球中心论。他接受当时的流行观念以月轮为界,将月轮以下包括大地上的一切现象例如云、雨、雾、风与冰霜,叫做"月轮之下"的事物,月轮之上为天体,属于天上(ouranos,heaven),天上的东西是很神秘的,星球也是由另一种元素构成的。他以人所处的大地为观察点,认为大地自远古神话以来都属于该亚。土元素都往大地凝聚,其运动方向是向下,朝向中心。大地之上是水,水上为气和火,它们的运动方向是向外缘和上面,所以大地自然成为中心。第一推动者推动星球绕着大地作圆周运动。这个观念经由托勒密就成了系统的"地球中心论"理论了,含有"太阳中心论"萌芽的毕泰戈拉"火"为中心的理论被绞杀了,这两大错误其源盖出于亚里士多德。

不过亚里士多德的元素理论还是有他的辉煌的业绩的。他着眼于研究事物的构造和组成部分,启示了后来的化学元素和物质结构理论,也开创了动物解剖学这一学科,而且他看到了元素、结构与动能的关系。《论天》第3卷最后一章即第8章的结论可以作为本章这一节的结束语:

> 从上所述,显然,元素的区别不是由于形状。物体之间最重要的区别是属性、功能和能力,因为这些才是我们所说的每一自然物体所固有的。因此,这些才是我们首先要注意的,以便从属性、功能和能力的考察中把握元素之间的差异。(307b19—27)

这段话表明,亚里士多德已经看到"物体之间最重要的区别是属性、功能和能力",而这些区别同四元素及其两种基本性质密不可分。重视经验和观察的亚里士多德,看到同属于天象的雨、雾、云、雹,同属于动物的不同种属,甚至同一种属的群体或个体,也是千姿百态,而且其功能与能力悬殊很大。显然,这是无法用 essence(本体,或译本质)作出圆满回答的。其奥妙就在于不同自然物(或译"存在物")的不同构成元素及其所产生的构造和能力的差异。所以,这段话中他甚至说这是"首先要注意的"。可见,亚里士多德在第二哲学中其实是很重视质料和元素的。

研究了元素之后,我们可以将原理、原因、元素作个概括。

本章研究贯串在自然哲学各个学科中的用以解释自然的基本原理:概而言之有三个。第一个就是作为自然物之本原的"第一原理",这就是一切自然物得以生成和消灭的质料、形式与形式的缺失。这是第二哲学的特点,因为它的对象不同于永恒不动的纯形式、纯现实的最高本体。自然物都会有质料和元素,都是不完善的,都追求高于它的目的,所以它的原理必然是这三个。在阅读本章时,请注意不要把本章标题所示的"基本原理"同作为本原的"第一原理"arche 混同起来。标题所示的"基本原理"指贯串亚里士多德自然哲学中的基本理论,以及自然哲学所要达到的基本目标。同"原因""元素"并列的"原理"是由 arche 引申出的亚里士多德的基本概念。

自然哲学的第二个基本理论,也是第二个追求的目标,就是寻求对象的"原因"。"原因"起源于人类的求知的本性,即追求"为什么"。"为什么"一定要用一个称得上对应关系的"因为"来回答,这就是 aitia 的本义。早期哲学家用一种"元素"(水、气或火)来回应。这是不够的,称不上 aitia,也就是不足以承担与"为什么"相匹配的"责任"、"责职"。"责任"(aitia responsibility),如同债务一样,远不足以偿还"为什么"这一"债务"(aitia 的另一引申义为credit)。阿那克萨戈拉加上个"nous",算是进了一步,在"为什么"与"因为"之间加了一个筹码。但是无法说明为什么自然物会如此"完善"和"美妙"。苏格拉底和柏拉图加了目的因和形式因。四者并用,算是使"为什么"与"因为"相平衡了。这就是作为哲学原理的 aitia 了。

在自然本体中,我们追问"原因"与追究其"本原"或"原理"是一致的。因为作为本原的原理就是自然本体生成的原因,而且形式因还起到目的因和动力因的作用。但是我们不能忽视自然物体所构成的元素。因为元素既是"原初质料",又是"原初本体"。它不是无限多,无限种类,但也不是仅有一个,而是四个:水、火、气、土,原因是冷热、干湿是一切对立性质中的最基本的两种性质。干而热则为火,干而冷则为土,热而湿则成气,冷而湿则成水。四元素和两对基本性质之所以是自然哲学的第三个基本原理,因为在自然哲学各门学科,主要是天象和动物学中,它可以解释自然物体的结构、功能和能力。这就是亚里士多德自然哲学中广泛运用的三个基本理论。

# ❋ 第八章 ❋ ────────────────────

## 运 动 论

《物理学》的主体部分是运动论。前两卷是运动论的先导,后四卷是关于自然本体的运动问题。下面一段话集中体现了前后两部分的关系及后一部分3至6卷的主要内容和内在联系:

> 既然自然是运动和变化的本原(arche kineseos kai metapoles),而我们这门学科(methodos)所研究的又正是关于自然的问题,因而必须了解运动是什么。若不懂运动,也就断然无法了解自然。我们界定运动或由此及彼的动变时,必须借助相关的术语。首先要考虑的(直译:首先进入我们考察域的)就是"连续"(syneches,continuity),而同"连续"相关的术语是"无限",因为在定义"连续"时总要出现"无限"这一词语(无限地可分者就是连续)。此外,因为空间、虚空和时间是运动的条件,而且是所有自然物普遍的共有的条件,所以我们必须逐一考察空间、虚空和时间,而特殊对象特有的属性则必须在考察共同属性之后。(200b12—35)

这段话非常重要,意思是:自然是运动之本原。所以首先要研究 physis 与 arche。《物理学》编纂人将 arche 与 physis 分别编为第 1、2 卷,这是符合亚里士多德本意的。按他的思想进路,自然是物体运动的本原,技艺是创制物的本原,心灵是理性思维的本原。Phronesis(深思熟虑)是选择和实践之本原。如把本原"arche"当做"种",那么重要的是揭示其"属差",也就是让不同类别的aletheia(本真之是)显现出来。《物理学》属于理论学科。对理论学科而言,就是用 logos(言辞、一个判断、一席话)来诠释它的 eidos(essence 本质、本真)。

然后将进入眼帘、经过思考、记录下来的内容装入各个 categoria(category,范畴之本义)之中,达到回应"为什么"、"是什么"的目的。那么怎样让"运动"显现出它的"本真之是"呢? 这就是他惯用的定义法。第 3 卷第 1 至 3 章就回答运动"是什么"的问题。由于运动是一个过程,因而要研究"连续"是什么,而"连续"又是用"无限"来界定的,它同 ama(together,一起)、aptesthai(tauching,接触)、ephekses(next in succession,顺联)、choris(apart,分离)、metaksy(between,之间)、echomenon(contiguous,顺接)等词义相关联而又不同,所以第 3 卷第 4 至 8 章讨论无限,第 5 卷第 3 章专门讨论"连续"的有关词汇。依此类推,他逐个讨论了空间、虚空和时间等。

《物理学》不是亚里士多德本人审定的专著,而是后人按他的思路和提纲收录他的讲稿而编纂的,所以第 3、4 卷是个整体,第 4 卷共 14 章,紧接第 3 卷讨论空间(第 1 至 5 章)、虚空(第 6 至 9 章)和时间(第 10 至 14 章)。第 5 至 8 卷就显得松散,彼此难以相接。因此,我们不按顺序分卷讨论,而是综合为下列五个问题来研究,这就是:运动与自然、连续与无限、时间与空间、运动的分类、关于第一推动者的推论。

## 第一节　运动与自然

早期希腊哲学以宇宙万物的生成为热点,所以表述生成方面的一些日常词汇首先被提升为哲学范畴,例如 genesis(产生),phthora(消灭),metabole(变化)以及用以解释生灭成因的凝聚与稀化、冷与热、干与湿。

Kinesis(motion,movement,运动)起初仅仅是一个日常词汇,表示物体状态的变化、人的心情变化、体育锻炼、政治方面的骚动、军队的移动、动词的变位、法律上的惩治活动等。[①] 在这些词义中,Kinesis 除了表示中性的"动变"外,还有与汉语中褒贬对应的"静"与"动"的意思。"静"犹如汉语中的"文

---

① 参见《希英大辞典》,第 952 页。

静"、"持之以恒"、"坐得下来";"动"犹如"好动"、"变动不居"、"坐不下来"。所以在毕泰戈拉学派的十种"对立"中,静与一、善、右、直、雄、有限、光明、奇数、正方形为一方;动与多、恶、左、曲、雌、无限、黑暗、偶数、长方形为另一方,前者优于后者。

真正将 kinesis 提升为一个普遍概念的是柏拉图。他在《蒂迈欧篇》中讲到天体运动时,用 kinesis 表示天体的运动,而且将运动分为七种:旋转、向前、向后、向左、向右、向上、向下。同一地点按同一方式旋转者惟有恒星,这是最完善的运动。永远向前的运动是天体四周的行星,也是完善的。月轮下(包括地上、海里和天空)的生物一会儿向前、向上、向右;一会儿又向后、向下、向左,所以要长耳目,要有感官,有生长和衰亡,是不完善的。柏拉图将旋转与向前归于"同"的系列;其他归入"不等"的系列。① 所以亚里士多德在第 3 卷第 2 章批评说,"有些人给运动下定义,把它说成是'不相同'或'不存在'(非是)"。(201b20)

真正从哲学上把握运动,将 kinesis 当做一个普遍范畴的是亚里士多德。他将自然的生灭、位移、数量和属性的变化都看做是不同类别的运动,而 kinesis 是包涵一切类别运动的最普遍的 gen(genus,种)。他用自己的两套词语给运动下了两个不同表述的定义。

首先他用潜能与现实来把握运动②。他说:

he tou dynamen outos entelecheia he toiouton,kinesis estin.(201a11)

《洛布古典丛书》康福德译本译为:

We can now define motion or change as the progress of the realizing of a potentiality qua potnetiality.

中文可译为:"我们可以把运动或变化定义为潜能之为潜能的实现过程。"

"变化"(metbole)原文中没有出现,是译者加的,但有一定道理。因为在

① 参见柏拉图:《蒂迈欧篇》,33A—39E。
② 关于潜能与现实,见本书本卷第三编第十五章。

《物理学》第 3 卷第 3 章中亚里士多德几处将二者等同使用。在第 5 卷中作了区分，认为"变化"包括四种运动，而"运动"不包括第四种即产生与消灭。

牛津修订本译为：

Thus the fulfillment of what is potentially, as such, is motion.

中文可译为："潜能的事物作为潜在者的实现就是运动。"这个英译突出了原文中的 outos（特指的本体、事物、自然物）。而且用副词 potentially 译出对应的副词 dynamei。不是"潜能"本身而是有潜在能力的东西，当它的这种能力和可能（＝潜能）向着现实变化的时候，就叫做运动。砖瓦有成为房子的可能和能力，当砖瓦作为建材用于建房时（用亚氏的专门术语就是"潜能作为潜能"），就称之为建筑活动。所以在上述引文之后他接着说：

能质变的事物，作为能质变者，它的实现就是性质变化。能增加的事物及其反面即能减少的事物（增减没有共通的名称），作为能增减者的实现就是数量变化。能生灭的事物，作为能生灭者的实现就是产生与消灭。能位移的事物，作为能位移者的实现就是位移。这就是运动。（201a12—16）

亚里士多德在《形而上学》第 9 卷中专门讨论潜能与现实时作了同样的表述。在那里他特别强调了运动既不是潜能也不是现实，而是从潜能到现实的过程，因此，康福德译本加了个 progress，是符合亚里士多德本意的。

1999 年出版的《亚里士多德评论集》收录了两篇关于运动定义问题的论文。一篇是科斯曼（Aryeh Kosman）的《亚里士多德关于运动的定义》（Aristotle's Definition of Motion），原载《思想》（Phronesis）1969 年，第 14 卷第 40—62 页。作者引我们在开首援引的关于运动的界说："潜能之为潜能的实现就是运动。"（201a11）然后说这一界说也出现在 201a29、201b5、202a7、251a9、1065b16、1065b23 等处。通常以为这个定义是简明扼要的、精确的。然而"这个理解是错误的，亚里士多德的定义比通常所理解的精细得多"。① 作

---

① Cdited by Lloyd P Gerson, Aristotle: Critceal Assessments, Vol. 2, Physies, Cosmology and Biology, Routledge, 1999, P.35.

者从几个侧面作了论证。首先用"现实"(acturalization)译希腊文 entelecheia
就会引致误会。Entelecheia 可指过程,也可指过程的结果。如果指过程,也仅
仅是一种特殊的过程,因为心灵的意向的活动,理性的思考,技艺的发挥等等
也是 Entelecheia 的过程。然而这不叫运动。再者砖瓦作为潜在的房子的实
现,那是潜在的房子的实现过程,而不是建筑这一活动的过程。雕刻的过程同
雕像的成型过程,也是不同的两回事。那么在这里运动是指人的雕刻活动、建
筑活动,还是指对象(房子、雕像)的形成过程? 如果是前者,那就不叫 kenesis
(运动)而叫"act"(包含目的活动),然而"运动"按亚里士多德的说法是不包
含目的,白脸变成黑脸,人从生到死,树叶春发秋落,并不是以黑脸、死亡和
落叶为目的。显然这里的运动是指对象即房子、雕像的形成过程。所以亚里
士多德指的建筑过程应该表述为:the acturlity of the buildable qua buildable,
that is, the constitutive acturality of being buildable, must be the process of
building(建筑过程指的是:可建筑物作为可建筑物的实现,换言之实现可建筑
物的建构过程,就叫建筑过程)。① 论文集同时收集了格拉罕(Daniel W.Gra-
ham)的同名称论文 Aristotle's Difinition of Motion,原文载 1988 年《古代哲学》
第 8 期第 209—215 页。作者引亚里士多德关于运动的解释和范例,反驳柯斯
曼,认为亚里士多德关于运动的定义,应是明白无误的。②

　　由于这些资料是在我们修订稿子期间从海外购得的。我们无法打破原来
的论述框架做更多的评述,仅在此做些简要的介绍,为读者们的研究提供些
信息。

　　亚里士多德在《物理学》第 3 卷第 2 章中引入另外两对概念,给运动下了
另一个定义,他用了下面的表述:

he kinesis entelecheia tou kinetou he kineton.(202a8)

《洛布古典丛书》译为:" the movement is the realization of the thing's

---

　　①　参见 Cdited by Lloyd P Gerson, Aristotle: Critceal Assessments, Vol.2, Physies, Cosmology and
Biology, Routledge, 1999, P.46。

　　②　Cdited by Lloyd P Gerson, Aristotle: Critceal Assessments, Vol. 2, Physies, Cosmology and
Biology, Routledge, 1999, PP.55—64。

capacity for being in motion。"中译为"运动是具有动变能力的事物的实现"。牛津修订本译为："motion is the fulfllment of the movable as movable。"中译为："运动是能动变的事物作为能动变者的实现。"前一个译法没有体现 he kineton 即"作为有动变之能力的事物"。后一个译法用 as movable 表述了原文。我们倾向于后者。

同上第 3 章中,亚里士多德认为关于运动的定义,下列表述是准确而明确的:

> Ti men oun estin kinesis eiretai kai katholou kai kata meros…eti de gnorimoteron,he tou dynamei poietikon kai pthetikon,he toiouton.(202b22—29)

《洛布古典丛书》英译为:

> We have now explained the nature both of movement in general and of the special kinds of movement … or to put it still more clearly:motion is the acturalization of the potentially active and of the potentially passive,as such.

牛津修订本译为:

> What then motion is, has been stated both generally and particuary.…(or, more scientifically,the fulfillment of what can act and what can be acted on, as such )

按照原文,我们省略去的几句是加了括号的。牛津本改动较大,正好将后面主要的句子加了括号。但是牛津本用 What then motion is(运动是什么)译 ti men oun estin kinesis,用 has been stated 表述被动语态 eiretai,用 scientifically 译 gnorimoteron 显然是较为准确的。

我们以牛津修订本为主,参照《洛布古典丛书》译本,补上省略部分,该段落表述如下:

> 运动是什么(包括一般运动的定义和各类运动的定义)至此我们都已阐明了。如何给每种运动下定义其实并不难。以性质变化为例,所谓质变就是能质变的事物,就它有此潜能而言的实现。或者我们说得更准确些,能推动的东西作为能推动者、能被推动的东西作为能被推动者,它

的实现就是运动。我们先给出一般运动的定义,然后再分别给各种运动(例如"建筑"或"治疗")下定义,并且以同样方式给其他各种运动这样的定义。(202b22—29)

显然,亚里士多德给运动下的这些定义不同于他通常所用的种加属差的定义。这是诠释性的定义,旨在用他的专门术语提示被定义者的本质。他认为这个定义是更确切的。在这个定义中用了 tou dynamei poietikou kai pathatikon,即"潜能而言能推动者与能被推动者"。因为《物理学》原是学院内讲稿,而他的弟子都知道老师的基本概念和思想,所以用学院内的讲稿编纂的著作有一个通病,许多术语未加诠释,置换使用,行文也不紧凑,脉络不清,前后重复。这几个概念还涉及后面关于第一推动者的论证,这里我们参考康福德和罗斯的诠释,对几组重要术语加以阐述。①

1. 原文:kineton(200b32,201a24, 202a8)  kinetikon(200b31,202a8,202a15)

 英 译:Movable, capacity for being in motion  which is active 或 which has the power of producing a change

 中译:能动变的,或能动者,或有动变能力的东西  能推动的,有能力引起变化者

2. 原文:kinoumenon(201a25, 202a22,a30)  kinoun,kinountos(201a26,202a30)

 英译:be moved,which is acted on, patient,suffer  Actor,mover,Agent

 中译:被推动者、被动者,遭受推动的东西  推动者、主动者,致动者

3. 原文:pathetikon(200b31, 201a24, 202a24,  poietikon(200b31,201a24,202a23,b27)

---

① 参见《洛布古典丛书》,《物理学》第 1 册,第 192 页注 2、第 196—197 页注 2、第 198—199 页注 3;罗斯:《亚里士多德〈物理学〉》,第 44—48、359—362、534—541 页。

202b27）

| 英译: | Capable of being acted up-on, potentially passive, what can be actul on | Capable of acting, potentially active, what act can capable of making |
|---|---|---|
| 中译: | 能接受影响的, 被动的受动者, 遭受者 | 能创制的, 能施加影响的, 能动者 |

这里的关键词是三个词根及相关的动词、名词、形容词和被动语态的分词。讨论运动的前三章大量用了这些词。

首先是以 kin 为词根的前两组词: kineton 与 kinetikon, kinoumenon 与 kinoun 或 kinountos。我们前面已论过 kinesis 的词义变化。它的动词 kineo 的词义也很广泛。在这两对术语中只有动词现在式被动语的分词 kinoumenon 是纯粹表示被动的, to be put in motion, to be moved（被推动的）、to be disturbed（被打扰）、to be stirred（被激起了）。而 kineton 和 kinetikon 都是同主动语态形容词 kinetios 相关的形容词或名词化的形容词。共同点是都含有内在的可动变的能力或可接受变化之影响的能力。差别是 kinetikon 有激起变化的能力。《英希大辞典》举了亚里士多德、伊索克拉底、伊壁鸠鲁和斯多亚学派的用法, 如 of or for putting in motion, urging on, exciting, spantaneous, stimulating, mobile, turbulent 等。Kineton 相当于汉语的"可动的"（moving）。亚里士多德在《尼各马科伦理学》中用做 Liable to altenation 易变的（NE1134b29）, 法律上用作 movable property（可变资产）。所以 kineton 没有推动的含义, 它指自身拥有的可变能力, 可以接受外力施加的影响。① 亚里士多德很巧妙地利用了这两个词汇提示潜能的内涵及运动的"能"（potency, can）。他喜欢举例作辅助论证。在《物理学》第 3 卷前三章中, 他援引自然物体如水、颜色（201a5, a17—24）工艺制品如建材、铜像之铜（201a30—35, 301b10—15）; 以及人的健康与疾病、成长与衰老、学与教等（202a34—b6, 15—20）。他说, 铜作为铜与铜作为雕像的质料, 二者是不同的。铜之为铜, 它的 entelecheia（现

----

① 参见《希英大辞典》, 第 953 页。

实、实现)仍然是铜,无发生运动或变化。铜作为铜像的质料,有能力和可能(＝潜能)被雕刻家雕为铜像。显然在这里铜发生了变化。原因是铜有成为铜像的潜能,这说明铜有此变化的能力(capable for being in motion),这说明它是"可变的"(movable)。(201a30—35)依此,砖块作为砖块,它没变化,它可用于铺路,也可用来打人等等,仅当它用做建材,被建筑师用于建房活动时它才是"作为建材"之潜能的实现。建好了就是 entelechia(完全实现)。未被使用于建筑,它就仅仅是潜能。仅当作为建材用于建筑时这个过程才叫运动或变化。(201b6—15、201b31—202a2)这里,可变的,"有动变能力的"(kineton),从另一角度讲就是"能接受作用的"、"能被推动的"(be moved,which is acted on)。kinoumenon 同主动语态的分词 kinountos 正相反,仅有被推动的意思。运动就是有变化能力的东西(铜、砖、病人、学生等)作为被推动的对象,接受推动者的推动的过程。因此这是同一过程的两个方面。他说:

> 运动是在能动变的事物内进行的。因为现实是能运动的事物(kine-
> ton)的实现,它又是在能推动的事物(kinetikon)的推动下实现的。但能
> 推动的事物的实现活动,并不是在能运动的事物之外。应该说这是双方
> 共同的实现过程。能运动者之所以是能运动的,是因为它有这个潜能,而
> 推动者(kinoun)之所以是推动的,是因为它正在实现着。推动者的实现
> 活动体现在能运动者的实现活动中。因此二者的实现活动是同一的,正
> 如由一到二和由二到一,以及上坡与下坡是同一间隔一样。(202a14—
> 21)

这里我们基本上采用张竹明的中译文。亚里士多德用教学活动来解释,就潜能而言,我们说学生能学好,能学会,所以可用 kineton 表述,但是学生不可能脱离老师自然学会。对老师而言,他有施教的能力,即 kinetikon,施教的能力是教师才有的,唯有教师是施教者、主动者,推动教学的推动者 kinoun。学生有学会的能力(kineton)。从另一角度看就是有接受教育、被教育的能力,所以,kineton 与 kinoumemon 是一致的。铜有成为铜像的潜能,砖瓦有成为房子的潜能,学生有学会的潜能等等,换言之就是被雕刻家变为铜像,被建筑师建为房子,被教师教会的潜能。这是同一性质的两种表述:"有成为铜像

的潜能"与"有被雕刻师变为铜像的潜能"二者是一致的。但是它没有推动的属性。引起变的推动者叫 kinoun,它的活动特点是创制、制作、塑造,亚里士多德称之为 poietikon。动词 poieo(词根 poi),相当于英语的 make, produce, create, bring on, existence, bring about, cause,①希腊人讲到雕刻、写诗、造船、制鞋等的制作和创造时,就用这个词。它的特点是有引发运动,推动可动事物运动的含义。poieo 的形容词 poietios 相当于 capable of making, creative, productive,指有创造、制作、生产的能力。这种致动的性质是上述 kineton, ki-nounemon, pathetikon(有动变能力的,能被推动的,受动者)所没有的。亚里士多德在上述一段引言及接下去的解释中说,推动与被推动不是同一事,否则教也就是学、医生也就是病人了。但是二者是在同一过程中实现的。老师施教于学生,学生接受教育;医生为病人治病,病人接受治疗,这个过程就叫教育过程和治病过程,差别在于前者是推动者,后者是被推动者。所以前一个表述:"运动就是能运动的事物作为能动变者的实现"(202a8),可以用另一种表述:"运动是能推动的事物作为能推动者,能被推动的事物作为被推动者,二者在同一过程中的实现。"(202b27)他认为这是较科学准确的表述,因为它指出"能运动的事物"(kineton)也就是能被推动的事物。仅当推动者作为推动者在推动(工匠在造房,雕刻师在雕刻,老师在教等等),有变化能力的被推动者(铜、砖、病人、学生)正在接受推动者的作用时,这时才叫运动。他在《形而上学》第9卷说,有建筑能力的工匠不在建房,医生不在看病,那就不叫运动,而只是有此致动能力而已。

这是亚里士多德关于运动问题的核心思想。他把任何运动分为被推动和推动两个方面。潜在事物只有起变化的潜力,它要变为现实非得有一个推动者不可。因此他一定要设置一个动力因。在人工制品那里,动力在建筑师、雕刻师等致动者那里,它存在于变动的事物之外。在形式和质料组合的自然物体那里,动因就在自然物体的形式因中。所以他说:"推动者总是形式(eidos)"(202a10),在自然物体中形式与质料是相对的。砖对房子而言是质

---

① 参见《英希大辞典》,第 1427—1429 页。

料,但砖对土而言就是具有形式的东西。所以被推动与推动在这个意义上是相对的。不过,最后有一个推动者自身不被推动(201a24—28)。这就是本章第五节要讲的关于第一推动者的论证。

阐明亚里士多德关于运动的定义和解释后,我们就可以更深一层理解他的关于"自然是运动的本原"的论述了。从苏联到中国,许多教材和论著都把亚里士多德关于自然与运动的论断看做古代辩论法和唯物论的范例,其实这倒不如说是把亚里士多德思想现代化的一个范例。下面我们援引海德格尔的分析。

1939 年,海德格尔撰写了《论 physis 的本质和概念——亚里士多德〈物理学〉第 2 卷第 1 章》。1958 年发表于《思想》第 3 卷第 2、3 期。1960 年以单行本形式收入《哲学文集》。海德格尔晚年自编了以《路标》(Wegmarken)命名的论文集。1967 年初版,收录了 1919 至 1961 年的 12 篇重要论文。1976 年以全集第 9 卷形式出版时,编者根据作者生前的意见,增录了《评卡尔·雅斯贝尔斯〈世界观的心理学〉》和《现象学与神学》。这 14 篇文章可以说是海德格尔关于存在(是)之思的标志。《论 physis 的本质和概念》是其中有代表性的一篇。海德格尔在《〈形而上学是什么?〉导言》中说,传统的形而上学混淆了"存在者"(是者)与存在(是),从巴门尼德以来仅追问过"存在者"是什么,而遗弃了"存在之真理"①,但是他指出,亚里士多德将"自然"当做"存在者"思考时,却讲出了关于"自然"的深刻的思想。海德格尔说:

> 亚里士多德的《物理学》乃是西方哲学的被遮蔽的,因而从未被充分深思过的基本著作。

> 对运动(Bewegung)之本质的规定成了《物理学》问题的一个核心项目。……诚然,亚里士多德以前的希腊人已经经验到,天空和海洋、植物和动物在运动中;亚里士多德以前的思想家固然也已经试图证明什么是运动。但尽管如此,只有亚里士多德才首次达到那个追问阶段,其实也正

---

① 参见海德格尔:《路标》,孙周兴译,第 430—435 页。往后同一著作的引文,仅在行文中注出页码。

是他才创造了那个追问阶段,在此阶段上,(运动不只被看做某种在其他东西中间出现的东西,而毋宁说)运动存在(Bewegtsein 即"运动之是"——引者)是作为存在的基本方式而特地被探究和被把握的。而这就意味着:倘若没有对运动之本质的洞察,则对存在之本质的规定就是不可能的。(第 279、281 页)

运动论是《物理学》的中心,这不是海德格尔的创见,古代注释家如辛普里丘就已经指出。海德格尔的独到见解是他对"自然是运动的本原"与"运动是自然的本质"的分析。

删去几个虚词,《物理学》第 3 卷第一句就是 physis estin arche kineseos (kinesis 的单数第二格,200b19)。这句话的意思是"自然是运动的本原"。整段话我们在本章开首引过。"自然"、"是"、"本原"、"运动"是《物理学》的四个关键词,正好也是海德格尔这篇文章分析的重点。自从希腊哲学提出 eimi ("是"的原生动词)以来,人们就用"是者"掩盖了"是"本身的追问。这同希腊文本身的特点有关,人们可以用现在式主动语态第三人称单数表示存在或"是",也可以用不定式 einai,动名词 on 及不同词性的现在式主动语态分词 on,ousa 来表示。海德格尔认为这正是希腊语的特长:"希腊语言——作为真正哲学的语言——中异常丰富而多样的分词构成并不是偶然的,而其意义也还未被认识。"(第 302 页)希腊哲学的思维方式的特点之一是,把所见到的万物分类,为各类事物找一个"支撑者"或原初的根据(hypokeimenon, substratum)。这个 hypokeimenon 没有后来主客分离之后的主体的含义(第 283、278、290、302 页),只是主词、基质、支撑者或主客未分前提下的主体。自然、人工制品、神、数、政体等等不同东西有不同的"之所是"的"是"。但是当你说不同类的"是"(存在)时,"是"已经变为"是者"(在者,存在者)。因为不同的是,已经不是语法上的"是"而是 to on, ta onta(复数)。在《范畴篇》中,自然物首先是一个个的本体(第一本体),其次是一类类的个体(第二本体)。海德格尔说,亚里士多德观察自然用的是 epagoge 方法,即通常所说的"归纳"法。其原意是把……提升入洞察目光之中,同时"把收入视野的东西确定下来"。(第 282 页)用归纳法观察自然,显而易见,自然物都有运动、变化和生灭,而且同技艺制品不同,运动的本原或原因、原理就在自然的 ousia(本体)之中。亚里士多德认为自然和运动的存在是无须证明的。海德格尔将 it is evident from the induction(185a15)译为"从直接的引导来看是显然的"(第 282 页)。但是,归纳法无法回答自然"是什么"以及运动的本质(eidos,essence)是什么? 这就需要《形而上学》第 1 卷第 1、2 章所论的"哲学智慧"(philosophia)。它不顾及实践目的和实用需要,而只是执著地追求 philos,不断追问 physis 是什么? arche 在哪里? 如何把握运动? 海德格尔说:

> 受缚于科学思维的人立即会对这种 epagoge(引导)感到可疑,并且总是与之格格不入的。……唯有 petere principium(对本原的追求),即对根本原因的寻求,才是哲学的唯一步骤。才能开启并进入那个领域之中——而唯有在此领域中,科学才能安营扎寨。

> 如果我们径直地去经验和意指从 physis 而来的东西,那么"运动的东西"和运动状态就总是已经处于我们的洞察目光中了;但这个处于洞察目光中的东西,尚未被确认它所是和它所现身的那个东西。(第 282 页)

为了认知"它所是"和显现出的本真状态,就必须诉诸同"经验思维"相对应的哲学思维。步骤如下:首先是区分"由于自然的存在"与"通过其他原因的存在",将前者看做包括动植物及其部分和四元素的整体(第 283 页)。然后分析自然与神赐、技艺、历史、精神的不同。physis 来自 gen 即"让……从自身中起源"。罗马人用 natur 译 physis,natur 出于 nasci 即"生于……来自……"(第 257 页)。arche 是"开端和支配"(第 286 页)。所以"自然是本原"也就是自然作为本体(ousia)"对运动状态的占有"(第 286 页)。海德格尔认为"亚里士多德的关键性的指导原则是:physis 必须被理解为 ousia,理解为一种在场化的方式"(第 303 页)。这样,海德格尔就把"自然是运动的本原"理解为"physis(自然)是对凭其本身而运动的事物的运动状态的占有(arche)"(第 308 页)。这就是说,自然作为本体与别的东西(人工制品、神、数)不同,它的开端就拥有运动的潜能,而且它正是在运动中显现其本然面目,运动正是自然"之所是"的基本方式,"在场化的方式"。通过这一番同经验引导(epagoge,归纳法)不同的哲学式考察,海德格尔得出:

由此我们不难得出,只有当 physis 是什么东西的起始……及对什么东西的占有这一点已经得到了某种本质洞察时,亦即完成了对 kinesis[运动的状态]的本质洞察时,physis 的起始特征才能够获得充分的规定性。(第313页)

这里,"是什么东西的起始"与"对什么东西的占有"是一个问题的两种提法,指的都是运动,所以紧接着海德格尔就说:"在《物理学》第3卷前三章中,亚里士多德给出了对 kinesis[运动状态]之本质的决定性解释。"(第313页)海德格尔在上述引文之后提醒人们:切勿忘记,亚里士多德在第2卷中将自然分成 hyle 与 morphe(中译为质料与形式),而且强调后者才是自然本体。海德格尔引入亚里士多德另一对术语来解释 hyle 与 morphe①,阐明 hyle(质料)是原本无机制的东西。动词 arrythmeo 原指诗歌中不合拍、不合韵,缺乏韵律或比例的诗语。形容词 arrythmiston 指无序的,不成形的。亚里士多德在《形而上学》和《物理学》中用做 not reduced to form,unorganized(未成形的,无组织的)。海德格尔将它理解为无内在机制的或无内在功能的东西,这是符合亚里士多德本意的。反之,morphe(形式)是具有 eidos 或 idea 的,也就是有机制、有节拍、合韵律的。但是 hyle-morphe 与 arrythmiston-rythmos 又不能等同,hyle-morphe 包含更深刻、更丰富的内容。接着海德格尔说了一段很重要的话:

hyle-morphe 这一区分并非简单化,只是 arrythmiston-rythmos[无机制与机制]的另一种形式,不如说,它把关于 physis 的问题置入一个全新的层面上,而正是此层面上,那个未曾被追问的关于 physis 的 kinesis[运动状态]之特征的问题才能得到解答。Physis 才充分地被把握为 ousia 即被把握为在场化的方式。……只有当我们以亚里士多德的方式,即以希腊的方式去理解现在出现的 hyle-morphe 这一区分,并且没有立即又失去这种理解时,我们才能充分清晰地看清上述这一切。(第317页)

海德格尔的话比较晦涩,但也不难理解。他的意思是说:亚里士多德反对

---

① 参见《形而上学》,1014b27;《物理学》,193a11;《英希大辞典》,第247页。

安提丰把质料看做是自然（193a10 — 15），认为质料是无机制的（arrythmiston），仅有潜在的能力，而真正说得上自然的是形式（morphe）。唯有 morphe 具有 eidos(相、形式、本质)，才是真正的作为自然的 ousia(本体)。所以，所谓"自然是运动的本原"，并不是"哲学原理"教科书所理解的物质是运动的源泉。今人说的"物质"相当于亚里士多德的无机制的无 eidos 的松散的材料，仅当它作为某物的质料（如铜像的铜）时才有动变的潜能。所以"自然是运动的本原"可以置换为"作为 eidos 的形式本体是运动的本原"。成形的树、大人、健康、铜像、房子等，已经具有 eidos 形式，它们是真正的自然，具有运动的本原。它使小孩以成人为目标长为人，种子长成树，缺失健康这一 eidos 的病人成为获得健康这一 eidos 的人。所以海德格尔的上述一段话是有道理的。哲学史研究的职责是尽可能还古人以本来面目，剥掉后人加在上面的成分。哲学史家并不是古人思想的鉴定家，任何一个"鉴定"必然招致后人对鉴定者的重新鉴定。至此，关于自然与运动的诠释，可以说比本编第七章更具体、更准确、更深入一个层次了。我们往后各章节的论述可以说就是对"自然"、"是"、"本原"、"运动"四大范畴的不断丰富和补充。

## 第二节　连续与无限

按照亚里士多德在《物理学》第 3 卷第 1 章开篇所表述的研究顺序，在阐明了"运动是什么"之后接着要研究运动的属性与表述。既然"运动被认为是一种连续的东西，而首先出现在连续性中的概念是'无限'"（2000b18 — 19），所以我们首先讨论连续与无限，然后研究空间、时间与运动的分类。

### 一　运动是连续的

在亚里士多德看来，"运动是连续的"这个命题没有什么奥妙需要加以论证，只需同相关的几个词语加以区分和限定，"连续"的含义自然就清楚明白了。在第 5 卷第 3 章中他解释了相关的五个词语。第 6 卷第 1 章又补充说明了连续与不可分的问题。

第一是 ti esti to hama 与 choris。前者英译为"什么叫 together(在一起)",指两个以上物体在一个共同的空间里,或者说在同一位置上。后者英译为"a-part"(分离),也就是不同的物体在不同的空间里。

第二是 to aptesthai,英译为 touching(接触)。指不同物体的外限即长宽高中至少有一个维度的外限(ta akra)在一起。

第三是 to metaksy,英译为 between,张竹明本译为"间介",苗力田全集本译为"居间"。亚里士多德认为矛盾关系无居间,对立关系才有,如起点与终点之间有不同的"居间"。

第四是 to aphekses,《洛布古典丛书》译为 next in succesion 即"依序相联"。牛津修订本译为 in succesion,即"顺联",二者一致,指的是若干物体依序排列,一个接一个,而没有其他的不同物体介于其间。顺联应是后者依序连接前者,而不是相反。我们不能说 1 顺联 2,2 顺联 3,⋯⋯只能反过来说才对。

第五是 to echymenon,英译为 contiguous(顺接,相接),"指既相联而又相接触"。(227a16)原文就这么一句,《洛布古典丛书》英译者康福德加了一个注:"参看罗斯《形而上学》1068b26 — 69a14 的评注"。罗斯认为亚里士多德对这个词的解说和区分没说清楚。罗斯在《物理学》的注释中错将 227a16 写成 227a6,对"顺联"也没多说一句。① 我们结合下一个概念一起来解释。

第六是 to syneches,英译为 continuous(连续),我们采用张竹明的中译文:

> "连续"是顺接(contiguous)的一种。当事物赖以相互接触的外限变为同一个,或者说(正如这个词本身所表明的)互相包容在一起时,我就说这些事物是连续的;如果外限是两个,连续是不可能存在的。作了上述这个定义之后,可以明白,连续的事物是一些靠相互接触而自然地形成一体的事物。并且总是互相包容以某种方式变为一体,其总体也以这同一方式变为一体。(227a10 — 17)

---

① 参见《洛布古典丛书》,《物理学》第 1 册,第 38 页英译者注;罗斯:《亚里士多德〈形而上学〉:附有引论和注释的希腊文校订本》,第 344 — 345 页;《亚里士多德〈物理学〉:附有引论和注释的希腊文校订本》,第 397 页。

按亚里士多德的解释,如果一块木板叠在一起,彼此仅有"接触";如果把它们编成号,依序排在一起,那么编号3"顺联"编号2,2顺联1;如果是有编号的木板依序叠在一起,既"接触"又"顺联"那就是"顺接"(contiguous);如果将依序叠在一起的木板钉在一起,或粘合成一体,那么各块编序板之间的关系就叫 syneches(continuous,连续,227a10—16)。依序叠在一起的木板,其外限(extremity)是分离的,各自所有的。若粘合在一起,外限就合一,互相包容连成一体了。

亚里士多德研究连续、顺联、顺接、接触、分离、居间、共处等的目的是阐明运动是可分的,然而是连续的。芝诺的"二分法"和"飞矢不动"的论题的错误就在于把运动和时间、空间看做是无限可分的、静止的点的总和,而在亚里士多德看来,无限的静止的点,彼此之间只不过是顺联关系:充其量是顺接(既接触又顺接),而不是连续。在第8卷第8章中,他论证在有限的时间内能越过无限可分的无限数单位之后,接着说:

> 这个答案虽然足以回答所提出来的问题:在有限的时间内能否越过或者计数无限数的单位,但是作为对事情本身的实情和真象(to pragma kaiaoletheian)的说明,则还是不够的。……我们必须讨论我们刚才所提到的真象和实情。如果有人将连续的线量分成两半,那么他就把一点当作两点了:既使它成为起点,又使它成为终点。计数的活动也产生了同样的结果。如果以这种方法来区分和计数,那么运动就不是连续的了。(263a15—27)①

亚里士多德的意思是这样:如果人们听从芝诺的二分法和飞矢不动的说法,那么运动就像是依序顺联或顺接的无限数的木板。序号 n 的木板的一面顺接序号 n−1,另一面顺接 n+1,依此类推,每一块木板有两个外限:其一面是上一序号的终点,另一面是下一个序号的起点。显然这就不叫连续了。连续的运动中的物体恰恰是只有一个互相包含的外限,用黑格尔的话说,就是它既是起点又是终点:"运动的意思是说,在这个地点同时又不在这个地点;这就

---

① 关于芝诺否认运动的资料,参看本书第一卷,第588—603、609—611页。

是空间和时间的连续性,并且这才使得运动成为可能的条件。"①如果像芝诺一样,将运动看做无数静止的点的总和,那么每一个点就有各自独立的两个外限了。尽管亚里士多德在上述引文之后用潜能与现实来解释,认为每一个点既是潜在的起点又是潜在的终点。但是,他对连续性的解释,他对运动是连续的论断,在哲学史和科学史上都是首创性的。

## 二 运动是无限可分的

"无限"(aperon)最早由阿那克西曼德提升为本原范畴。毕泰戈拉学派开始研究数学上的"无限",但又赋予哲学的、宗教的和伦理的性质。在十大范畴中,他们将有限与正方形、直、光明、善九个范畴并列,而将无限与长方形、曲、黑暗、恶等九个范畴并列,视无限为恶。麦里梭将它倒转过来,认为有限是多,是恶;存在或"是者"既然是不动的一,是圆满的,那就应该是无边界,无限定的。如果是有限的,那么至少它就要他者所限定,这样必然是可以度量的,也就是可分的"多"了。柏拉图将"不定的二"看做质料,他的学员研究了数学上的无限。但是,当他要从相论的角度界定"无限"的 eidos 时就感到困惑了。由于无限问题的重要和困惑,所以亚里士多德在《物理学》第 3 卷用了五章专门讨论无限,在后几卷中也多处涉及。概括起来,他主要提出了下列见解:

(一)"无限"是自然哲学必须研究的问题;

(二)前人发表了许多好的见解,但是没有圆满的答案;

(三)无限不是感性本体,不是本原,而是数和度量的属性;

(四)只有潜能意义上的无限,而没有现实上的无限。

下面我们择其要者加以介绍和评论。

(一)在什么意义上说无限是自然哲学应考察的对象?

亚里士多德认为,无限不是第一哲学,也不是纯数学的研究对象,它在两个意义上说是自然哲学的研究范围。其一是自然的本性是运动,运动是连续的,而连续又要用无限来加以说明,"因此要研究无限"(200b16—20);其二是

---

① 黑格尔:《哲学史讲演录》第 1 卷,中译本,第 289 页。

研究自然和运动,必须研究时间和空间,而时空不是无限的就是有限的。"因此研究自然的人必须讨论有关无限的问题,研究是否有无限? 如果有,它是什么?"(202b30—35)这是我们研究无限时要记住的一个要点,亚里士多德拒绝本原意义上的无限,但是又不像近代科学将无限看做数学的问题。这就是说,亚里士多德主要是从解释运动与自然的角度来考察运动性质与计量的问题。

(二)前人关于无限的研究。

亚里士多德说,所有的有名的自然哲学家都研究过无限,这就进一步证明无限是自然哲学的研究对象(203a1—3)。他重点评述了毕泰戈拉、柏拉图和元素论者。毕泰戈拉和柏拉图不属于自然哲学家。他们都把无限看做是自在的本体,而不是属性。但是,毕泰戈拉认为无限处于感性事物之列,并认为九天之外为无限;而柏拉图却认为无限存在于感性事物之中,也存在于理念之中。毕泰戈拉将无限与偶性等同看待,柏拉图却认为有两个无限,即大与小(203a4—16)。自然哲学家认为无限是元素的属性,其中一些人认为元素的总数有限,如恩培多克勒。阿那克萨戈拉和德谟克利特认为有无限数的元素集合体和无限数的形状。(203a17—22)关于这些哲学家的思想,特别是毕泰戈拉的无限与偶数的关系问题,托马斯·阿奎那和罗斯作了相当详细的解释。托马斯着重每一章节的分析,特别指出无限不是第一哲学的研究对象。罗斯除了引证辛普里丘的注释外,还援引了伯奈特和希思的《希腊数学史》的图例和证明。《洛布古典丛书》英译者援引这一图示。手边无外文资料的读者可参看张竹明译本的注释。① 因为这不是本书所要讨论的重点,所以仅向有志于研究无限问题的读者介绍上述注释性资料。我们在这里要强调的是,亚里士多德从历史的考察中得出一个重要的结论:"无限不能有自己的本原,否则无限这一本原会成为无限的一个限度"(203b6),"无限是神圣的,因为神圣的东西是不会灭亡的,如同阿那克西曼德和大多数自然哲学家所说"(203b15)。从《物理学》第3卷第4章后部分开始,至本卷结尾的第8章,亚里士多德正面

---

① 参见托马斯·阿奎那:《亚里士多德〈物理学〉评注》,第153—157页;罗斯:《亚里士多德〈物理学〉:附有引论和注释的希腊文校订本》,第541—545页;《洛布古典丛书》,《物理学》第219页;张竹明:《物理学》,第76页。

阐述了他自己的下述思想。

（三）无限不是本体，也不能作为元素独立存在。

亚里士多德说，无限无疑是存在的，其根据有五：时间是无限的；量度是无限可分的；产生和消灭是无穷无尽的、此生彼死连绵不断；任何有限物都以他物为限依此类推不可穷尽；数、量及九天之外没有界限，天外有天没有极限。亚里士多德认为第五点尤为重要，几乎所有的思想家都感到困惑。（203b16—30）现在的难点是：无限是本体还是属性？是否有一个可以感觉得到的无限？《物理学》第3卷第5章先回答第一个问题，后一个问题在第6章中用潜能与现实的理论作了回答。

亚里士多德首先证明，不可能有独立存在的无限本身（204a8—34）。因为能独立存在的只有本体，然而本体是不可分的。假若是不可分，那就没有无限了；假若是可分，那就说明无限不是本体。无限也不可能像数、量度、现实性那样存在，只能说"无限是作为属性属于本体的"（204a30）。那么是否有无限的感性物体呢？也不可能。因为，物体以面为界，如果是无限大，那么长、宽、高三维都可以无限增大，这样就没有限面了。（204b4—10）如果是多于一个元素的复合物，其中的任意一个元素也不可能是无限的，否则对立双方就不均衡，最后成为单一元素，不然这一个元素无论怎么增大，也要受到另一个元素的限定。如果两个以上元素都是无限的，也不可能，因为都可以无限延伸，但彼此互相限制。（204b11—22）也不可能有阿那克西曼德的作为本原的aperon，因为一切事物都是可以分解的，分的终限是四种元素，而没有超越四种元素的aperon。（204b25—35）四元素中也不可能像赫拉克利特说的，其中一种（火）是最普遍的元素，因为变化存在于对立双方之间，二者的地位一样。（205a1—8）而且同感性物体一样，四元素都有固定的位置，土向下，趋于中心；火向上，趋于外层。若只有一种元素，它就要占有无限的空间，然而这是不可能的。如四种元素都无限，那就应有无数的无限的空间才行，否则会有没有空间的元素或没有元素的空间，然而这都不可能。（205a10—b1）所以，亚里士多德的最后结论是：既没有作为本体的无限和作为元素的独立存在的无限，也没有作为可感物体的无限或无限大的可感物体，无限只是数和量度的一个属性。

（四）只有潜在意义上的无限,不会有现实上存在的无限。

在第 6 章中亚里士多德就回答了"是否有可以感觉到的无限"? 他区分了几种含义上的无限,无限可以指空间量度和数的无限延展,时间上的无起点和终点,同时也可指有限量的线的无限分割,即通常所说的"一尺之锤,日取其半,万世不竭"(206a26—b14)。所以不论从何种意义上讲,无限的真正含义正好同常识所理解的相反,无限不是"此外全无"而是"此外永有"(206b33),所以人们不可能有朝一日见到一个真正的"无限",它只能以潜能的方式存在。它是潜能意义上的 holon(whole 圆满),而不是现实意义上的圆满。(207a21)因此,巴门尼德说的无限比麦里梭正确。(207a16)因为麦里梭以为宇宙就是一个现实意义上存在的,没有边界的无限。

亚里士多德研究无限的最后目的,是为了说明连续、时间、空间与运动。时空与运动都是连续的,无限可分的。每一个连续者都是由连续而又可分的部分组成(见第 6 章第 1、2 节)。任何运动的事物也都是可分的。既然有限的量度可以无限地区分,那么人们就可以在相应的有限时间内越过有限空间或有限量度内的无限的点。显然,亚里士多德关于无限的论述,从哲学上说,有力地驳斥了无限是本原、无限可以独立存在、无限是本体的错误观点;从科学史上看,他对无限从数学和自然哲学角度作了深入的考察,推进了人们对无限的认识。

## 第三节 时间与空间

《物理学》第 4 卷专门讨论空间、虚空与时间的问题。之所以如此安排,原因是"若没有空间、虚空和时间,运动就不可能显现出来"。(200b21)这句话的原文是: aneu topou kai kenou kai chronou kinesin adynaton einai, aneu 加第二格的三个名词等于 without place, void and time, adynatan 即 be unable, impossible。这里的 einai, 形式上是 to be 、但仅译为"是", 则不足以表述亚里士多德的本意。他的意思是:若没有时间和空间这个条件,就不可能将运动之所是显现出来。《洛布古典丛书》本译为 movement(it is said)cannot occur except in reation to place, void and time, 用 cannot occur(不可能出现,不可能发生)译 adynaton einai,用括号 it is said 表述原文第四格的运动即"对运动而言"。牛津修订本用 besides those 译原文 pros de toutois, 指上述连续与无限,然后将原文译为肯定式陈述句:place, void and time are thought to be necessary condition of motion(空间、虚空和时间被认为是运动的必要条件)。这就把亚里士多德的原话变成近代科学的语言了。很显然,康福德的英译是比较标准的,它表述了亚里士多德关于"运动的本体"这一类的 being(ontology)的基本思想。最高的 being,即永恒不动的本体(神),它无须依靠运动,因而无须依靠时间、空间、连续、无限等等显现出它的 essence(本性),而自然本体相反,它必须在运动(包括位移、生灭、质变和量变)中,因而在时空中才能显现出它之所是。因此,"时空是运动的必要条件"这句近代科学的语言,或辩证法基本原理的陈述,都不足以表述亚里士多德的本意。我们在具体讨论时空问题之前,之所以要详细注释原文中这一句话,目的就在于提醒读者:应在每一个具体问题上领会亚里士多德《形而上学》中 being 的理论。在哲学史领域要坚持历史主义的原则,古人的话语,自有他们的深刻的道理。

## 一　空　间

现代人所说的"空间",在古希腊有两个词:其一是 topos,原来指地点、地方,英译为 place。"en hellados topos"就是"在希腊这个地方"。这个词加以抽象化,就指"方位""位置",相当于英语的 position,因而有上下左右前后六个方位。芝诺用这个词表述他的"运动场"的论证。这个词的转意有"容身之地","给某人一个机会或地位"。[①]　其二是 chora,《希英大辞典》译为 space or room in which a thing is(一物所处的地点或场所),它的抽象的词义也指 posi-

---

①　《希英大辞典》,第 1806 页。

tion, place 。① 亚里士多德一般是不加区分地用这两个词(如 208b8,209a9),
但是大都用 topos。《洛布古典丛书》英译者在第 4 卷的译者导言中说:

> 本卷第 1 至 5 章专门讨论了希腊文的 topos,这个词可以指 place,相
> 当于拉丁文的 locus,也可指 space,相当于拉丁文的 spatium 。但是亚里
> 士多德这里所指的只是 place(处所),意指 position(位置),而不是抽象
> 的,绝对意义的 space(空间)。不了解这一点必然导致对亚里士多德学
> 说的歧义的误读,而且低估他的才智。②

我们同意康福德的见解。亚里士多德所要研究的运动主要是位移的空
间,即"某物在那里"的那个具体的位置或地点,而不是抽象的"大地"、"环
宇"。所以,苗力田全集本译为"地点"是有道理的。但是,考虑到空间这个概
念本来就有个发展过程,而且亚里士多德是把它当做自然哲学的范畴来讨论
的,虽然指具体的空间而不是泛指"某物在大地上"、"某物在环宇之中",但是
具体的空间不等于就是感官所感受的"这一个"场所,而是讨论它的一般意
义,所以译为空间不无道理。像别的研究对象一样,亚里士多德提出的研究问
题也是这么三个:ei estin e me? kai pos esti? kai ti estin? (有没有空间? 如何
存在? 它是什么?)这是亚里士多德经常提出的问题。如果 estin 都译为汉语
的"是",反倒不符原意。《洛布古典丛书》英译本译为 whether such a thing
exists at all, and(if so)after what fashion it exists, and how we are to define it?
(空间这类东西是否存在? 如果存在,那么它是什么样子? 我们如何定义
它?)牛津修订本译为 whether there is such a thing or not, and the manner of its
existance and what it is? (是否有空间? 它是如何存在? 它是什么?)

在《物理学》第 4 卷第 1 至第 5 章中亚里士多德回答了这三个问题。

首先,空间是一定存在的:

> 因为大家公认,凡存在的东西一定存在于某处。哪儿也不在,一定就
> 不存在。羊鹿(progelarphos,goat-stag)和狮人(sphinx)在哪儿? 而且运动

① 参见《希英大辞典》,第 2015 页。
② 《洛布古典丛书》,《物理学》第 1 册,第 267 页。

的最基本的形式和最确切的含义就是空间方面的变化,我们称之为位移(locomotion)。(208a29—31)

巴门尼德只认不动的、不可分的 to on(being)为真实的存在。在柏拉图的《智者篇》中,来自爱利亚的客人不得不承认运动既是又不是;既分有"是",又分有"非是",①以便同纯粹的梦幻境界区分开来。亚里士多德将 being 当做最高的哲学范畴,将语言符号与所指对象统一起来,认为语言上的划分与对象的区分是一致的。他在《形而上学》中划分出一类运动的 ousia(本体)。按照他的范畴理论和真假学说,这类本体及其属性都是真实存在的。从自然哲学的运动论开始,直至每一天体现象和动物,他的研究的进路大体一样,都离不开三个问题:是否存在?如何存在?是什么?(即什么是它自身具有的 essence 或 property)他在自然哲学中涉及形形色色的各种存在物,我们无法笼统地都译为"是"、"是者",而要标识其具体的"是者",可能是某种物体,也可能是指某种属性。在巴门尼德那里只有一个唯一的 to on,译为"是"、"是者",还好理解。但是到了亚里士多德,特别是在自然领域有众多的 to on。显然,这些都是具体的物体或属性。"是者"已经变为形形色色的"存在物"。如果都还笼统地译为"是"就不足以表述从巴门尼德到晚期希腊的变化。上述一段引文用词还是 to on, ta onta(复数)、to me on(非是,非存在),einai, estin。这里的 to on, to me on 指的就是"有没有"。他在《后分析篇》(89b)中也举过"羊鹿"的例子,认为首先要弄清是 to on 还是 to me on,即有此物还是无此物?若有,然后才问在哪儿?它是什么?

亚里士多德先借助于常识来论证空间的存在。人人都知道,任何东西都有一个处所。正如卡恩在他的论文和著作《希腊动词 to be》中所说,希腊人的一般观念是,认为存在的东西总是同处所(topos, place)结合在一起,以至连阿那克萨戈拉和柏拉图都要为他们的 nous 和 eidos 找一个处所。卡恩称之为系词 eimi 的存在——处所的含义(the existential— locative sense)。② 在举

---

① 柏拉图:《智者篇》,256B。

② 见卡恩的论文:《希腊动词 to be 和 Being 概念》,载国际语言与哲学杂志《Foundations of Language》1966 年,第 2 卷,第 257—258 页,参看《古希腊动词 to be》第四章第六、七节。

证常识为例后,亚里士多德就用实验和论据证明空间的存在。他说,一个容器,将水倒出,气就进去。将口朝下压入一池水中,水无法进去。说明有一个不同于气和水的空间。(208b3—8,209b25—27)另外,物体和元素都有其位置,轻的东西和火元素总是在上面、重物和土总是在下面。(208b9—25)再者,主张有虚空的人也已证明过空间的存在,甚至赫西奥德也说"先有混沌,尔后产生大地",也肯定了空间的存在。(208b26—34)因此空间的存在是毫无疑义的。

亚里士多德认为最难的是回答"空间是什么?"这位思辨大师不高兴直接给出答案,而是按他特有的探索精神自我设定六个诘难:第一,空间自身是不是物体? 空间有三维,是限定物体的,显然不是物体,否则同一空间就有两个物体了。第二,如果说物体有空间或处所(这里 topos 与 chora, place 与 space 并用),那么限定物体的面和其他界面也就有空间,这样,点与点之间也有空间,如何区分点之间的空间与点占有的空间呢? 第三,空间不可能是元素或元素的组合,也不是有形物与无形物的组合,也不可能由无量度的理性构成。第四,空间是四因中的一种吗? 第五,空间自身是否也是一个"存在物"(ti ton onton,"是者")如果是,那么像一切存在物一样它也要有一个处所(空间),这样就像芝诺说的有空间的空间,乃至无穷。第六,如果物体在空间里,空间里都有物体,那么如何解释生长的事物呢? 空间是否也同生长物一起生长? 以上就是《物理学》第4卷第1章后半部(209a3—30)所提出的问题。后面四章,亚里士多德重点回答了前五个问题。

首先,亚里士多德排除了空间是质料或形式。他的论证如下:topos 可以有两个含义,一是广义的、间接的,例如不说"你在房间中"而说"你在大地上","你在环宇中"。另一个是直接包容和限定物体的。亚里士多德称之为 proton topon, primary place 康福德译为 immediate place(209a30,b31—35),如"你在这间房子里"。那么能否说直接限定物体的空间是该物体的质料或形式呢? 如果把空间看做物体的体积,它像是质料;若看做限定物体的形状,它似乎又像形式。其实都不是,"因为物体的形式或质料是不能脱离物体的,然而空间是可以分离的"。(209b24—25)"既然空间可以同包容物分离,它就不

是形式;就它既可以包容此物,又可以包容他物而言,显然它也就不是某物的质料。"(209b30—31)

第 3 章一般认为是插入的。亚里士多德解释了"在……里面"的八种含义。其中第八种是"物体在空间里",接着继续论证空间不是四因。他说:如果空间是物体,是质料,那就变成"某物在某物里",然而这是不可能的。"如果事物可以在自身内,那么二者中的任意一个都必须同时是二者,例如坛子必须同时既是容器又是酒,酒也既是酒也是容器。"(210b11—12)所以空间既不是物体也不是形式和质料,进而驳斥了芝诺的"空间的空间"的诘难。(210b24—27)

在第 4、5 章中,亚里士多德正面回答了"空间是什么"。这里我们先纠正许多著作和文章中的一个差错:把 ti estin(what it is,是什么)看做就是 essence(本质、形式、本体)。亚里士多德将范畴分为十个,其实仅对 ousia(本体)而言,ti estin 才是 essence。亚里士多德在自然哲学中,对属性范畴、空间、时间以及连接、无限等都问 ti estin。第 4 章开首就是 ti de pote estin ho topos? 意为"那么空间到底是什么呢?"(210b32)同第 4 卷开篇三个问题中的第三个 ti estin 一样(208a28)。这里问的是九个属性范畴中的"空间"是什么? 亚里士多德的回答当然也不可能是指出空间的 essence。否则空间就是本体、形式了,而是阐明它的属性(symbebekos)。这里他用了一个词 hyparcho 即前缀 hyp 加动词 archo(开始、原初、原本是)。这个复合词的意思是"本来就归属于……的属性"。他认为至少有下列四重属性:第一,空间是物体的直接限定者,但又不是该物体的部分;第二,直接空间既不大于也不小于被包容物;第三,空间可以在被包容物移开之后留下来,因而是可以同物体分离的;第四,所有的空间有上下之分,每一物体按其本性都趋向它们各自特有的处所,并在那里停下来。这里说的"物体"康福德译为 elemental substance,牛津修订本译为 body。应该说不只是指元素,还包括亚里士多德说的"轻物"与"重物"。(210b32—211a5)

亚里士多德认为这四条可以作为进一步研究"空间是什么"的基础。空间只有四种可能:形式、质料、独立存在的体积、物体的限面。亚里士多德又回过来证明不是前三种,因为前三种都同前面已确定下来的公认的四条特性相矛盾,最后只有一个可能:空间是物体的限面。(211b8)康福德将 ta eschata 译为 containing surface itself(包容物体的限面本身)。牛津修订本译为 extremities,即物体大小的终端,也就是包容物体的限面。例如一个箱子的空间,就是这个箱子的长、宽、高的限度。这一限度就是这只箱子的 topos(位置、处所、空间)。因此全部讨论所得的最后结论如下:

> 因而如果空间不是这三者中之一种,即既不是形式,也不是质料、也不是一个独立于被包容物体的体积。那么,空间必定是剩下的第四种,即包容物体的限面。而我们所说的被包容的物体是指一个能作位移运动的物体。(212a3—6)

这里说的"独立于被包容的物体的体积"在前面(221b7)称做"限面与物体间的体积"。康福德将 pragmatos tou methistamenou 译为 dimensional entity(量度体),指的是物体的最外层的面,形象地说就像箱子的最外层的一层薄薄的包装。这同芝诺的论辩有关:这一层薄薄的包装是不是一个以量度为特性的 entity(实体)? 如果是的话,这层包装也还有一个更薄的外层,依此类推以至无穷。亚里士多德否认在空间(包容物体的限面)与物体之间还有一个芝诺说的 dimensional entity。如果有的话,人们就得承认芝诺的论辩。(208b24—26)亚里士多德的意思是,房子四周的墙,就属于房子这一物体本身。即使是四周的墙抹了三层灰、沙和涂料,也不能将外层的灰沙和涂料叫做空间与物质之间的独立的体积。所以剩下的第四个可能就是包容物体的限面了。亚里士多德认为,说完这点,"关于空间的论断:它是否存在,它是什么"就圆满回答了。(213a11)

这就是《物理学》第 4 卷最后一章即第 5 章的结论。这里的 esti kai ti estin,前一个 esti 就是 is there(有没有)的意思。如译为"是",同后面的 what it is(是什么)就变成一个意思了。但是从他的全部论述看,他在前部分显然是论证"有没有空间"? 然后才讨论"是什么"? 而在回答"是什么"时,他从不用 essence 而是用 symbebekos(属性)或 hyparcho(210b33)即前缀 hyp 和 arche(本原、原初)的动词 archo 的复合词,即本来就归属于它的特性,或者在另一处(212a4)论的 aei hypachon 即"总是属于它的特性"。这里我们也看到，希腊文系词 eimi，在语义上本来是像海德格尔说的"自己显现出来"。但是在哲学的意义上就复杂了：本体显现出来的是 essence。本体之属性显示出来的，尽管也用"是"，但是这里的"是其所是"就是"原本属于它的特性或属性"了。往后关于时间，四种运动及各种天象、气象，亚里士多德都追问：有没有？是什么？大体都是一个思路。不同的是，气象方面多为其成因，即形成冰雹、云、雨的原因。这点在本编第九章将予以阐述。

## 二 虚 空

κενόν(kenon)在荷马和希罗多德等诗人和历史学家那里指常识意义上的 empty(空的)，反义词是 πλέως(pleos, full, fulled, 实的，充实的)。另一反义词是 πλήρης(pleres, satisfied with, infected by, solid, 充满，……被感染，坚实的)。① 所以，kenon 这个词原指的、空无一物、空的状态，并没有 place, space 即地方、处所、位置等等的"空间"含义。原子论者认为原子是坚实的，不可入的，不可分的，但是原子之间有"空隙"，这一"空隙"叫做 kenon，中文译为"虚空"。中文的"虚空"就有空间的含义了。本书第四卷我们要说到，因为空隙可大可小，谈到"大的空隙"时，伊壁鸠鲁用了"the void of space"(空间中的空隙)，就含有更多的空间的含义了。亚里士多德觉得"空隙"或"间隙"容易同"空间"相混淆，而且因为毕泰戈拉学派也认为有虚空，所以自然哲学理应研究三个问题：有没有虚空(ti estin he me)？在哪里(pos esti)？它是什么(ti estin)？(213a13—14)亚里士多德列举前人的论证与否证，然后着重证明第一个问题：有没有虚空，或者只有前面所说的"空间"。estin、einai、to on 是否应该都译为"是"，《物理学》第4卷第6至9章是个重要的资料。随便读一下哪一个中译本就可以知道这四章是证明没有 kenon，而不是"非是"虚空。关于"是"与"真"的问题，一旦进入哲学领域也就复杂了。原子论认为"是虚空"(即"有虚空")是真的；而亚里士多德证明虚空恰恰是假的，"不是虚空"(即

---

① 参见《希英大辞典》，第1414、1419、1108页。

没有虚空)才是真的。下面我们就简略介绍亚里士多德的论证。

亚里士多德在《物理学》第 4 卷第 6 章中先介绍先哲们关于虚空的不同见解。"我们先考察主张有虚空的人提出的理由,再考察那些主张没有虚空的人提出的理由,最后再考察与此有关的一些流行的说法。"(213a20—22)

亚里士多德认为反驳虚空存在的人没有击中要害,倒是主张有虚空的人说得振振有词。他们的论据是:第一,如无虚空,就不可能有位移和增长;第二,也不可能有凝聚和收缩;第三,生物的生长也不可能,吸收食物就是因为有空隙,否则无法吸收和生长。毕泰戈拉学派还增加了一个论证,即宇宙的无限的呼吸(参看本书第一卷第 301—302 页)。(213b4—25)阿那克萨戈拉否定虚空,但它的论据软弱无力。他说一个灌满气的漏壶置入水中,用手指按住孔道,水就进不去。手指移开,水就进入,上面不断冒水泡,这说明空灌内不是"空无",而是有气。但是主张虚空的人并不否认里面有气,充满气可以同时又是空隙。(213a24—33)

亚里士多德在后三章中提出了他自己的否定虚空的证明。他说:"为了确证是否有虚空,首先应弄清 kenon 的含义。"(213b30)他们的说法是"虚空是里面什么也没有的空间",或者说"虚空是不包含任何轻的或重的物体的地方"。第三种说法是"虚空是里面没有任何'这个'即有形本体的地方"。(213b30—214a15)亚里士多德认为这些说法含糊不清。"那些主张有虚空的人是把虚空看做空间了。"(214b25)空间如前所述是确实存在的,不能把证明空间的论据当做虚空存在的论据。假若把证明空间存在的论据排除掉,剩下来的就是他们把虚空看做同原子一样的存在。错误恰恰是他们将虚空看做是同物体分离的独立的存在。(214a23)如果虚空就是原子(物体)的空隙,那么这些间隙一定是分离的,非连续的,静止的,这样,"正好相反,如有空隙,就不可能有任何运动"。(214b29—34)他们以为虚空是运动的条件,结果正好相反否定了运动。认为有虚空存在的人,往往以凝聚和稀化,增长与缩小,生物的生长,运动的快慢以及燃烧后的灰烬可以吸进同样容积的水等等来证明虚空(空隙)的存在。遗憾的是,亚里士多德的反驳同阿那克萨戈拉一样软弱无力,而且有的是以一种错误反对另一种错误。不过我们还是作些介绍,以便现代人了解古人的想法。亚里士多德认为，物体中的间隙不是无任何物体，而是有气在里面。浓缩、凝聚是挤出了其中的气。灰烬能吸收同样容积的水，一桶水倒入空罐正好满满的。装上一桶灰烬，再倒进同样的一桶水，一点也不外溢。这是主张有虚空的人的最有力的证据，以此证明有虚空，同一空间可以有两个物体（水和灰烬）。亚里士多德不赞成这一说法，但他自认"靠证明驳斥他们很难"（214b5）。《物理学》第 4 卷第 6 章（213b19 — 21）及第 7 章（214b4 — 11）都逃避了灰烬吸水的问题。接着马上转入第 8 章驳斥虚空与位移，运动的快慢与虚空的问题。他认为虚空不是位移的原因，火向上，土向下是本性使然，即使顶上没有空的空间，燃烧的火苗也不会向下。土亦然，上面的空间再大，土也不会向上移动。（214b14 — 18,215a1 — 14）运动的快慢取决于媒介物及自身的轻重，而不是由于虚空的有无和大小。物体在空气中运动就比在水中快，原因是媒介物的影响。（215a29 — 216a11）物体自身的重量与形状也影响运动的快慢。轻的东西，尖的物体阻力小，自然就快，这不是由于虚空的缘故。（216a12 — 25）

在《物理学》第 4 卷第 9 章中，亚里士多德又回过来证明空无一物的虚空不存在，至少里面有气。物体内部的虚空也不存在，因为间隙仅证明空间的存在。最后潜能意义上的虚空也不存在，因为不论是小的可能变大、大的可以变小;冷变热、热变冷，都不是因为有潜在的虚空，而是物体的质料有此潜能。（217a31 — b11）

至此，亚里士多德从不同角度否定了虚空的存在。我们的关注点不在于这些具体的论证，也不想以当代科学为依据批驳古人的错误。要做到这点并不难，但证明不了我们现代人比古人高明多少。我们研究的是古人的自然哲学。在虚空的讨论中，我们关注的是下列两个问题：

第一，在《物理学》第 4 卷第 6 至 9 章关于虚空的讨论中，亚里士多德关于希腊系词 eimi 的不同形式 estin, einai, to on 等的用法。语言框架制约哲学的思维方式和表述形式，反过来，哲学的发展又影响了语言的结构和语义、语用的变化。在《形而上学》第 4 卷中，亚里士多德对哲学上的 being 作了划分。第一哲学仅讨论些抽象的哲理和最高本体，第二哲学如本编第六章所述，要具体研究各种运动本体及其性质,还有它们的成因、相互关系以及成分和结构。这样他所发问的"ei estin e me","pos esti"和"ti estin"就复杂多了。从早期哲学到亚里士多德,关于自然本体和自然现象(包括天象和气象)意见纷纭。因此首先一个问题是:自然界自身是否显现过某个 ousia 或某种现象。在希腊语中还是用 estin 来表述。这里我们看到"ei estin e me"同系词"是"的语源关系。这里的"is there…"(有没有)所追问的是"有此'是'吗?"例如这几章所研究的"有虚空这一 to on(是者)吗?"这里的"是"或"是者"是一定要借助于"有"或"存在"来提问的,所以 ei estin e me 就成了"is there…"(有没有? 是否存在?)。卡恩的统计有可取之处,estin, einai 作"有"或"存在"讲,在荷马史诗中极少出现,其 einai 单独作存在谓词,……只见于后来哲学和智者思潮影响下的语境之中。① 卡恩以智者的追问"有没有神"为例证。我们所要补充的是,哲学的思维,哲学的理论反过来对语言的影响。eimi 在荷马史诗中的确如卡恩所说至少百分之八十是做系词用。但是在书写语言之前如何? 有待于人们对希腊文字,线形文字 A,线形文字 B,乃至源自中亚两河流域的阿卡德文字、苏美尔文字的考证。在哲学产生之后,并非智者玷污了希腊文 eimi,而是整个哲学思维的发展推动了从语言学上的 being 到哲学范畴的 being 的变化。由于哲学上的 being 之所指远不是巴门尼德的单一的 to on,而是越到后期越是指向形形色色的本体、个体和各种属性、结构、关系等等,因而,犹如"理一分殊"一样,"理一"乃是那个源自希腊系词的 eimi 及各种形式,"分殊"乃是各个具体的东西和性质了。因而作为"存在"和"有"的 eimi 日益大众化,这是必然的。通过亚里士多德关于虚空的讨论,可以看出 estin, ti estin 的变化。

第二,作为哲学范畴的"空间",正是综合 topos 和 kenon 而产生的。为什么原子论者提出 kenon 而且认为虚空同原子一样都是 estin, to on(有,存在,"是")? 原因是,当时的哲学家还都是把 topos, chora 看做具体的处所、地点、

---

① 参见卡恩:《动词"to be"与 Being 概念研究之回顾》,韩东辉译,《世界哲学》2002 年第 1 期,第 65 页。

位置。原子是万物构成的最小的不可再分的单位,若没有"空隙"就无法运动,无法按不同位置和组合构成万物。然而最小的构成万物的原子,在哪儿呢?他们感到无法用安置物体的 topos 来表述,于是创造了个"虚空"概念。应该说,虚空比处所更加抽象,更有哲学味道。但是原子论者又认为由原子构成的物体离不开 topos,这样,topos 与 kenon 就是两个不同的概念了。亚里士多德主张只有一个"空间"概念。但是亚里士多德的"空间"还是从具体的物体出发来定义的,所以说它是"物体的外限",而原子论恰恰是从物质(原子)的存在方式出发来定义的。唯有这两个概念的综合才是哲学的"空间"概念。近代所说的空间既适合于微观世界也适合于宏观世界,认为它是物质的存在方式,运动的基本条件,可以说是在古人的 topos 与 kenon 基础上形成的。

### 三 时 间

"时间"(chronos,也写作 cronos)来自时间之神 Chronos。因为时间之神同我们现在的研究有关,所以顺便作些介绍。在希腊上古时代有不同版本的传说。在赫西奥德《神谱》中,他是收获女神赫斯提亚(Hestia)、谷物女神得墨忒耳(Demeter)、天后赫拉(Hera)、冥神哈得斯(Hades)、海神波塞冬(Poseidon)及宙斯的父亲、天神乌剌诺斯(Uranos)的儿子。他与母亲大地女神该亚合谋,阉割了父亲,并娶妹妹瑞亚为妻。但是地母女神预言他同父亲一样将被他的子女所推翻。于是他吞食了自己的子女,但是中了妻子瑞亚的计,留下了宙斯,最后为宙斯所推翻,并被逼吐出了所吞食的其他子女和那块石头。但是鲍萨尼阿(Pausanias)、阿波罗多洛(Apollodoros)、普卢塔克和琉善(Lucius Accius)比较偏重于民间传说中时间之神同农业的关系。由于古代农牧社会同季节和气候休戚相关,季节和气候给人们带来希望和喜悦,所以人们崇拜他,将第一批丰收果实奉献给他。同时时间的流逝、季节的错过又给人们带来失望和恐惧;而且人生又是短促的,岁月不饶人,所以亚里士多德说:

> 在时间里的所有事物必然受到时间的限制,正如在空间的事物被空间所包容一样。因此,事物必然受时间的影响,正如习惯所言,"什么都给时间消磨掉了","一切都因时间的推移而衰老了","由于时间的流逝

人也变得健忘了",等等。然而我们并不说,随着时间的推移人们学会了什么,人们变得年轻了,或变得更美好了。可见时间本身与其说是个积极的因素还不如说是个破坏性因素(牛津修订本译为:Time is by its nature the cause rather of decay;《洛布古典丛书》译为:We regard time in itself as destroying rather than producing——引者注)。因为运动用时间来计数,而运动总是危害着事物的现状,由此可以明白,为什么永恒的东西不存在于时间之中。他们不被时间所包容,也不用时间来计量。(221a28—b6)

在远古社会,时间之神是位手持镰刀的长者,他是无情、残酷的象征。人类尊敬他又害怕他,民间祭典中甚至要用小孩献祭,否则他就要扰乱季节,该下雨时不下,该热时又不热,甚至缩短你的生命。所以同研究空间、虚空、无限和连续不同,亚里士多德在上述民间传说和神话的背景下考察与时间之神同名称的时间,不纯当做一个自然现象来研究,而是带有人生价值和伦理的意义。这是我们研究时间问题时必须注意到的特点。

亚里士多德的研究进路同其他问题一样,先问有没有时间? 然后问它是什么? (217b33)不同的是,这里没问如何存在,而且在"它是什么"中明确说所指的是"时间的本性(physis)是什么"。这是亚里士多德常用的表述。涉及本体,才问 essence 或 eidos 是什么? 对于各种属性范畴,则追问它的本性、特性。

关于时间是否存在的问题,亚里士多德的发问饶有兴味。他说,时间就已流逝的部分而言已不存在;就尚未到来的而言也不存在。无论是选取无限长的时间还是某一段的时间,它都是要么已流逝因而不存在,要么是尚未到来还未存在,这样两个方面都不存在的时间合起来怎么就会是存在呢? 人们困惑不解。(217b32—218a5)也许人们会问:"现在"不是正在存在吗? 然而"现在"本身人们也感到困惑。"现在"是始终同一的还是由不同的一个个"现在"组成? 如果是后者,则"现在"是由"现在1"、"现在2"……"现在n"组成,那就不可能有并存的"现在",后一个"现在"出现时,前一个"现在"就消失了。如果"现在"是始终如一的,凡有限的、可分的东西可以多维延伸,但是时间是一维的,人们只能在一个维度上任取一段当做"现在",将在先的叫"过去"、在后的叫"未来"。如果是始终同一的,那么一万年前发生的事同今天发生的事就是同一时间了,也就无所谓过去和将来了,也就没有所谓在先的与在后的东西了。(218a10—30)

至于"什么是时间或时间的本性是什么"( ti de estin ho chronos kai tis auton he physis, 218a32,牛津修订本译为 as to what time is or what is its nature),亚里士多德说前人没留下什么有价值的见解。柏拉图认为时间是无所不包的天体的运动;毕泰戈拉学派认为是天体运动本身。亚里士多德先驳斥柏拉图的观点,指出将时间看做天体的旋转运动是不对的。因为旋转的物体是沿着同一轨道周而复始,永不停止。如果时间就是天体的运动,那么旋转的部分也就是时间的部分;周而复始的旋转就是无数的"同时"了,每年的春天也就是同一个春天了。而且天体运动是多重的,许多天球在不同轨道上旋转,照柏拉图的理论就应有好多时间了。至于毕泰戈拉学派的观点就更荒唐。(218a31—b9)这样,亚里士多德通过历史的考察,否定了时间就是天体,就是天体运动的观点。在《物理学》第 4 卷后四章中亚里士多德发表了自己的见解。他说:"时间既不是运动,也不能脱离运动。……我们必须以此为出发点去探求确切地说时间同运动究竟是什么关系。"(219a2)

他的分析分几个步骤:第一,我们总是同时感觉到时间与运动。如果发生了某种运动,我们立刻就想到某一段时间过去了;反之亦然。(219a4—10)第二,运动与度量相关,而且是连续的,时间也是连续的,它总是通过运动来体现。运动完成了多少,就被认为时间也过去了多少。时间的前后与运动的前后的基础都是运动,当我们感觉到在先的运动已过去,在后的已开始时,我们同时就觉察到一段时间已过去了。(219a11—25)第三,判断一段时间已过去了,是以"当下"(现在)为界的。我们就是以"当下"来计算已过去的运动和将至的运动。如果不动,无先后,也就没过去了的时间。只要对象一动,就有过去与将至,于是就有时间,所以可以说"时间就是前后运动的计数"(Time is just this number of motion in respect of ' before ' and ' after ' (219b1))。"因此时间不是运动,但是依靠时间运动才成为可以计数的东西"(219b4),或者换一种说法"时间是运动的尺度"(221b8),这就是亚里士多德的结论。

在第 4 卷后面的章节中,亚里士多德补充说明了时间与运动的关系,以便自己的结论更加完善,准确而不被误读。首先时间是用来计数的数,而不是数本身。(219b4—9)其次,时间是连续的,一维的,所以表现为不间断的、连续的"即刻"(现在)。每一个"现在"连续地、不断地变为"过去",同时未至的不断地、连续地变为"现在"。"现在"的本性是同一的,都是"当下","即刻",但是作为不间断的连续的"现在"又不是同一的。(219b10—15)因为前一个"现在"与后一个"现在"毕竟是不同的。"时间因'现在'得以连续,也因'现在'得以划分。"(220a5)这样,亚里士多德又给时间下了一个更完善的注释性的定义:"由此可见,时间是关于先后运动的计数,而且是连续的,因为运动是连续的。"(220a25)

在阐明了时间的本性后,亚里士多德在第 4 卷最后三章中澄清了前人的混乱,回答了前人感到困惑的问题。他说,时间本身只能说"多少"、"长短",而不能说"快慢",因为作为一个维度的连续体只有长短;作为计数只有多少,其本身无所谓快慢。(220b1—5)

时间本身也无所谓循环,但因为天体运动周而复始,所以"如同运动过程能一再反复出现一样,时间也能如此,例如年份、四季等"。(220b12—14)人们可以用时间来计量运动,也可以用运动来计量时间,因为二者不可分,而且都是连续的,可以度量的。前者如"长期的旅行",用时间之长计量旅行;后者如"长途跋涉",用运动之距离表示时间的长久。(220b15—32)而且时间是运动的尺度,同时又是静止的尺度,因为静止是实际上能运动的事物当下不在运动,因而也在时间之内。"凡没有运动和静止的事物,都不在时间里。"(221b21—22)

以上的论述大体上属于自然哲学甚至是实证科学的。应该说同前人相比,亚里士多德对时间的研究有了大的进展。柏拉图在《蒂迈欧篇》中,将空间看做"创造主"安置水、火、气、水的"接受器",将时间看做是理性的创造物,它以永恒的原型为本,摹仿原型创造永恒的天球运动,七个星球的同的运动(指旋转)和异的运动(指不同轨迹)产生了年、月、日,人们再从年、月、日中学会计算时间。① 亚里士多德批评柏拉图把时间等同于天体运动。相形之下，亚里士多德的论述更接近近代自然科学和哲学。他认为时间和空间是运动的必要条件，由于自然的运动才有时间，而时间是用于计数运动的。同时，亚里士多德在《物理学》第4卷最后两章中还从人生哲理角度探讨了"心理时间"的问题。他说："时间同灵魂的关系值得研究。为什么我们会把时间看做存在于地上、天上和海里万物之中呢？"(223a16—17)他的答案是"因为所有这些地方的事物都能运动"(223a20)。紧接着他提出另一个相关的问题："如果没有灵魂本体，时间是否存在？"(223a22)这里的 psyche(灵魂)指理性的认知的部分，所以康福德译为 consciousness(意识)。牛津修订本译为 soul 。亚里士多德在另一处(223a26)用 "psyche or psyche nous "(灵魂或理性灵魂)。显然这里所指的是用于认知的部分灵魂。亚里士多德的见解是：因为计数者是人，如无有心智能力的人去计数，当然就无所谓时间了。可是运动的物体总是有的，因而有"在先"和"在后"，"这样，作为计数的时间实际上是存在的"。(223a28—29)但是由于"月轮下的世界"是由四元素构成的，运动的，有生灭的，因而人也是有生有死的，除了永恒事物外都逃脱不了时间的消磨。② 因此人们就为自己一生的短暂和死亡的到来感到无可奈何和畏惧：

> 一切变化按其本性(pasa physei)都是"消亡"(ekstatikon, passing a-way)。万物皆在时间里产生和消灭。所以有的人(指泰勒斯——引者注)说时间是"最智慧的"，但是毕泰戈拉学派的帕朗(Paron)说时间是"最无知的"，因为一切皆在时间之流中被遗忘。他的说法是有道理的。的确是如此，如上所述(222a30—b5，见本小节开首的引语)，时间本身与其说是产生的原因不如说是灭亡的原因。(222b18—22)

因此，亚里士多德谈到时间时是很伤感的。这同他对永恒本体的称赞恰成鲜明的对照。这个问题我们在本章第五节还要论及。这里我们所要指出的是，透过亚里士多德的时间观，再对照《形而上学》第12卷关于永恒本体的论

---

① 参见本书第二卷，第872—885页。

② 参见《论天》第1卷第9章，第2卷第1章，以及本编第九章第一节和本章第五节关于不动的推动者的证明。

述及《尼各马科伦理学》关于沉思美德的赞赏可以看出他关于"形而上"与"形而下"的观念。从巴门尼德、苏格拉底、柏拉图到亚里士多德直到后来的普罗提诺，他们都追求人生终极的永恒的东西。凡是动变的，生灭的东西，都是转瞬即逝的，不值得追求的。亚里士多德根据 phronesis（实践理性）所作出的"好的选择"实际上还是以他根据沉思理性所作出的结论为基础的。

## 第四节　运动的分类

运动分类问题主要在《物理学》第 5 卷和《论生成和消灭》、《论天》中涉及。但是，在亚里士多德的全部自然哲学著作中没有专门一卷论述运动的分类问题。我们只能将散见各篇章中的论述归在一起来讨论。这里主要论述如下几个问题。

### 一　运动分类的根据

《物理学》第 5 卷第 1 章，亚里士多德以不同的"变化"（metabole）为根据，先将变化分为三种：第一种是因偶性的变化，例如"一个有教养的人在走路"，"有教养的"仅仅是正在走路的这个人的偶性；第二种是因部分的变化，例如一个人的身体的某部分有病，我们说"这个人生病了"，治好了我们则说"他的病好了"，其实都是部分的变化；第三种是因本性的变化，即本性能运动的"这个"直接在运动，例如一个物体的变化或移位。（224a21—31，b18—26）

亚里士多德所要讨论的是第三种即因本性的变化。他说 metabole 这个词本身就是"在……后（meta）出现了另一事物"。它有四种可能：由"是"到"是"，由"是"到"非是"，由"非是"到"是"，由"非是"到"非是"。（225a1—10，21—34）亚里士多德在两处有两种表述。前面（225a1—10）用的是 hypokeimenon 与 me hypokeimenon，《洛布古典丛书》译为 positive 与 negative（肯定判断与否定判断）。牛津修订本译为 subject 与 non subject。紧接着译了亚里士多德的说明：where by 'subject' mean what is affirmatively expressed（所谓

"主词"我指的是肯定式所表述的东西)。按亚里士多德的逻辑学,也就是 S 是 P 判断中断定 P 是属于 S 的陈述。《洛布古典丛书》的译文是:Using 'positive' to mean something denoted by an affirmative term(我所说的 positive 指的是肯定词"是"所指的东西)。在后面第二处(225a21—34)亚里士多德就换用 to on 与 to me on("是"与"非是",有与无,存在与非存在)。to on 指肯定判断"S 是 P"中 P 是属于主词(subject)的。"非是"即相反。例如,如果 S 指白颜色,那么"非是"就是非白。所以,to on 这里指 hypokeimenon,译为 substratum(基质、承受者)或 substance(实体)。这章对我们了解亚里士多德关于 to on, to me on 的用法颇有价值。它可以指本体,也可指某一种性质的承受者 hypokeimenon。亚里士多德特地说明运动的主体不是 eidos(形式)而是指 subject itself(主体本身)。(224b26)

亚里士多德认为第四种从"非是"到"非是"是没有的。前三种落到范畴上就是质、量和位置的变化,所以运动可以分为三种:性质的变化、数量的变化和位置的变化。(225b7—9)前两种属于从"是"到"非是",或从"非是"到"是",第三种属于从"是"(在这里)到"是"(到那里)。

## 二　三种运动

亚里士多德以他的范畴理论为依据研究运动的分类。这是他的运动分类理论的特色。他说:

> 既然范畴分为本体、性质、数量、处所、时间、关系、活动和遭受,那么运动必然有三类:性质方面的运动、数量方面的运动和空间方面的运动。[1]　(225b7—9)

这里,亚里士多德将 metabole(变化)换成 kinesis(运动),他说 treis einai kineseis 即 there are three kinds of motion 。之所以换用,原因是原著前一段说的"凡是运动都是变化,而变化只有上述三种"(225a34),也就是前面讲的由

---

[1]　康福德在修订 P.H.Wisksteed 的译文时加了一个注,认为第 5 卷第 1 章最后这一段,应属于下一章,因为第 2 章接着展开其论述。见《洛布古典丛书》,《物理学》第 2 册,第 19 页注 1。

"是"到"是",由"是"到"非是",由"非是"到"是"。因此 kinesis 在亚里士多德这里是一个涵括一切运动的普遍范畴。同《范畴篇》不同,这里略去了另两个范畴即"持有"(having)与状态(state)。在紧接的第 2 章中,他作了如下论证:

为什么八大范畴中只有质、量、空间有运动呢? 首先"本体没有运动,因为没有与本体相反的非所是的本体存在"。(225b10—11)在第 1 章中亚里士多德已论证过运动存在于相反关系之中,而且相反关系有各种中介。例如颜色由白变为非白,这是相反关系。非白可以是蓝的、黑的、灰的等等。数量关系可以有由大变小,由重变轻,中间还可以有较小、较轻等。但是本体无对反关系,马不会变为非马及其中介。在《论生成和消灭》中我们要说到运动的本体可以有生灭,但没有"是"与"非是"的本体变化。牛津修订本准确译出了原文"dia"(因为)后面的从句:Because substance has no contrary among things that are(因为本体没有相反的是其所是的东西)。

"关系"也没有运动。(225b12)关系之一方变了,可以引起彼此关系的不适应。亚里士多德称之为"偶性方面的变化"(225b13)。但是"关系"本身无所谓运动,因为其对反关系是"非关系",也就是没关系了。

"行动"与"遭受"或主动与被动也没有什么运动。因为一切行动和被动就已是运动。(225b14—15)关于这个问题,他在《物理学》第 7 卷第 1、2 章及第 8 卷第 4 章中还有所涉及。亚里士多德认为凡运动都有推动与被推动,除不动的第一推动者外,推动与被推动,活动与遭受活动,影响与被影响都是在变化、在运动。如果这类运动本身还有所运动,那就有"运动的运动"、"变化的变化"、"产生的产生"了。(225b15)也许是亚里士多德认为问题的重要,也许是由于某种思辨的嗜好和能力(因为在我们看来,有的该论证的地方他又放过去了),他用了大量篇幅(225b16—226a19)论证没有"运动的运动"、"变化的变化"、"产生的产生"。亚里士多德的哲学集中体现了希腊人的两种精神:其一是在知识领域不顾利害得失的探求,他不断地设问,自己给自己为难,提出许多别人想不到的问题;其二就是论证,任何论点都力求通过证明以理取胜。本卷,特别是本编有关自然哲学的问题,从他的理论本身看没多大价值,有的答案甚至荒谬可笑。但是从另一个角度看,他的提问和论证恰恰体现了哲学作为寻求智慧的本性和功能。正是在这一点上希腊人的探求与论证的精神是不朽的。我们要给予读者的不是哲学史上各位哲学家的答案,而是他们的追问与辩驳,以及作为其底蕴的理论思维能力和思维方法,这是永远不会过时的。没有"运动的运动"、"变化的变化"、"产生的产生",似乎一目了然没什么要证明的,但是亚里士多德却提出了下列颇有意思的论证:

第一,有运动的主体,如果有"运动的运动",那么就还应有一个"运动的运动"的主体。然而这是不可能有的。因为"运动的运动"可以有两种理解:一是运动的主体在运动中同时产生另一变化如跑步中人体由冷变热了,然而这是同一个主体即运动的人,而不是又有一个"运动的运动"的主体。其二是指,例如一个人先是生病了,我们说"他由健康变为有病了",接着又恢复健康了,这个意义上可以说"变化的变化",然而这是指同一主体前后的两个变化。(225b16—32)

第二,如果有"变化的变化","产生的产生",那么就会导致无穷倒退,因为前一个变化又是在先的另一个变化的结果。这样就会有"变化的变化的变化"。而且彼此仅有顺接的关系,而没有连续性。无连续性也就无所谓运动了。(225b33—226a6)

第三,运动发生于对立的双方,例如由甲地到乙地,由黑脸变白脸,由轻变重。对生灭而言,仅有生与灭的矛盾关系。不管哪一种,都有对立的双方。如果主体是脸,运动是由黑脸变白脸;那么"运动的运动"就应是由白脸变黑脸,因为如前所述,运动只能发生于对反之间。这样,如果说有"运动的运动",那么事情就变成这样:同一主体(脸)由黑变白的同时,发生了由白变黑,然而这是不可能的。同理,产生就是从"非是"(不存在)到"是"(存在)。"产生的产生"就是"产生"(存在)又发生了向相反方向的变化,就是说变为不存在了。如果"产生"是从不存在到存在,"产生的产生"也是从"非是"到"是",那么二者又是同一了。以橡子发芽,人的生育从胚胎到分娩为例(这是亚里士多德常举的例),显然,发芽了,分娩了,意味着橡子和婴儿产生了,从不存在到存在了。如果"产生的产生"指同"产生"相反的变化,那就是说产生同时就是死亡;如果也是从不存在到存在,那就是一个意思。从种子发芽到长成橡树,从婴儿到大人,意味着获得了橡树与人的形式,也就是产生的完成。显然这个获得形式的过程是产生的完成,也不可能有"产生的产生"。至于产生完成后的过程,那本来就是从"存在"走向不存在,从产生走向死亡的过程。显然这已不是产生过程而是走向死亡的过程了。所以"产生的产生"不可能。(226a6—10)

第四,产生和变化以质料为基础,而且其运动的"所从出"和"趋向"是一目了然的。"产生的产生"、"变化的变化"以什么为基础呢? 如果有的话,它的"所从出"和运动的"趋向"是什么? 亚里士多德在这里(226a14)指出,"运动本身"、"产生本身"不可能是它的质料,也不可能是"变化的变化"、"运动的运动"的目的。(226a11—15)

原文和英译文还有第五:"既然只有三种运动,那么运动的主体(承受者)和目的也应是三种运动中的一种。例如位移,其主体和趋向的目的也是某种位置的移动;或者是质的运动中性质发生了变化。"(226a16—18)从这条看不出同上述关于"变化的变化"的论证有什么关系。康福德的提示是:就质、量、位移三种运动而言,如果有"变化的变化",那么"承受变化的变化与承受变化者必定是这三种运动之一,然而这是荒谬的"。[①] 康福德的意思是,如果有"变化的变化",比如亚里士多德自己在这里说的位移与"位移的位移",那么"位移的位移"也只能是质、量、位移三种运动之一。如果位移是某物从 A 到 B,那么"位移的位移"的承受者和目标(趋向)是什么? 如果是由 B 到 A,那是荒谬的。因为不可能同时发生 B 到 A;如果指同时发生质的变化或量的变化,也不可能。亚里士多德在偶性的变化中反复说过,位移的物体如前面说的一位正在跑的运动员,他的身体可能由冷变热或脸色变得苍白。但是按亚里士多德的解释这是因偶性的变化,而不是"位移的位移"自身有的特性。罗斯的解释略有差异,他认为亚里士多德的意思是:运动的物体有推动者和被推动者,但是运动本身不可能又有一个被推动。如有也只有这三种运动之一。"位移的

---

① 《洛布古典丛书》,《物理学》第 2 册,译者的提要,第 21 页。

位移"被位移本身所推动或被另两种运动所推动,这都是荒谬的。①

由于亚里士多德著作原来大都是讲课稿和提纲,或是学生的笔记,所以留传后世的书面语言往往仅有简略的几句。讲授者不一定要全文书写出来,他可以在讲授时口头解释和发挥。记录者也不可能全部记录下来。这样,后世人要通过书面语言揣摩当时语境下的论证,就有相当的难度。关于"变化的变化"、"产生的产生",罗斯和康福德的解释也不多。对汉语读者而言也不易理解,而且现在的中译本同原著和英译都有相当差距。所以我们根据原文和后人的注释作了再解释,目的是让读者理解亚里士多德的论证。

通过上述论证,亚里士多德最后得出结论:

> 既然本体、关系、活动和遭受都不能有运动,那么剩下来就只有质、量和空间方面的运动了。因为这三者都各自包含一对对立。质的方面的运动,我们称之为"变更"($\alpha\lambda\lambda o\iota\omega\sigma\iota\varsigma$, alloiosis, modification 或 alteration),又称"性质变化",这是适用于一切质的变化的共同的名称。……至于量的变化,没有适用于一切量变的共同的名称,我们可以称呼趋向完满的运动叫"增加",趋向与完满相反方向的运动叫"减少"。空间方面的运动既没有共同名称也没有各自的称呼,姑且称之为 $\phi o\rho\acute{\alpha}$( phola, locomation, 位移)。(226a25—33)

这就是亚里士多德所说的三种运动。这三种运动唯有质的变化,在亚里士多德本人看来需要做些解释。他说这里说的"质",不是指本体的种或属差。种(gen)或属差 essence 不会变,否则圆不为圆,三角形不叫三角形了。"质"的变化仅指受影响的性质即感性的性质,(226a28)而且包括同一种性质的程度的变化,如白的变得更白。(226b2—9)现代人根据物质运动的具体形式分为机械运动、化学运动、生物运动等等。古代的亚里士多德根据本体的属性的变化区分了三种运动。现代人看来似乎是很平凡,然而在古代是了不起的。正是亚里士多德最早区分运动的不同形式,而且正式提出三种类型的运动,尽管在他之前已有不同运动的论述。然而亚里士多德的运动分类学说是

---

① 参见罗斯:《亚里士多德〈物理学〉:附有引论和注释的希腊文校订本》,第624页。

受他的哲学观点和理论倾向支配的,所以本编第九章要说到,在另外的场合他又认为还有最为圆满的天体运动。

### 三　产生与消灭

在希腊哲学史上,产生与消灭的问题远比质、量和位移的问题重要,而且普遍感到这是个难题。米利都学派和赫拉克利特解释万物的生成的模式都是"本原+生成原理"。如阿那克西美尼以气为本原,气的凝聚与稀化产生万物:

> 气通过稀化与凝聚而成为不同的东西。当它稀化时,便成为火;凝聚便成为风和云,更密聚时便成为水、火、土和石头;别的东西都是由这些产生的。(DK13A5)

赫拉克利特以火为本原:"火死则气生,气死则水生","土死生水,水死生气,气死生火,反过来也一样"。(DK22B76)[①]

这里说的生成用的都是 $\gamma\varepsilon\nu\varepsilon\sigma\iota\varsigma$(genesis,生成、产生)。灭亡或用 $\phi\theta o\rho\acute{\alpha}$(phthora)、$\phi\theta\acute{\iota}\sigma\iota\varsigma$(phthisis)即消逝、消灭的意思,英译为 passing away 或 decay,或者像 DK22B76,都用名词 thanatos,相当于英语的 death(死亡),或动词 thnesto(die)。此外也用过动词 apollymi,英译为 destroy,lose(毁灭、消失)。不管气或火作何解释(如火是指火焰还是元素),他们都面临一个共同问题:一物产生意味着另一物的死亡或消逝,那么生灭是否意味着无中生有,有成为无? 所以阿那克萨戈拉说:

> 希腊人在说到产生和消灭时是用词不当的。因为没有什么产生和消灭,只有混合与分离。所以他们应该确切地称产生为混合,消灭为分离。(DK59B17)

> 在阿那克萨戈拉看来,任何事物从无(tou me ontos 非是)中产生,或者从有中消解为无(to me on),都是不可能的。(DK59A46)

但是阿那克萨戈拉的"万物从混合的同素体中产生又分解为同素体"的

---

① 有关早期希腊哲学家论述生成与消灭的资料,参见本书第一卷,第 181—198、350—309 页。

观点,以及原子论的生灭观点,也碰到后人的挑战。亚里士多德认为生灭问题既重要又有许多疑难,因此他专门写了一篇论文《论生成和消灭》(peri geneseos kai phthoras),《洛布古典丛书》英译为 *On Coming to be and Passing away*,牛津修订本译为 *On Generation and Corruption*。《洛布古典丛书》英译者 E.S.Forster 在译者序言中说:

> 《论生成和消灭》是迄今从未被怀疑的确实的亚里士多德的著作。它属于《物理学》、《论天》、《天象学》等这组自然哲学的论著之一。它的写作日期大约是公元前 347 至公元前 335 年之间,也就是亚里士多德移居特洛阿(Troad)、米提利尼(Mitylene)和马其顿期间。①

按照贝刻尔的编排顺序,《论生成和消灭》在《物理学》和《论天》之后。《洛布古典丛书》中亚里士多德的著作共 23 卷,大概是出于各卷篇幅的考虑,将《论生成和消灭》放在《智者的辩驳》之后,《物理学》和《论天》之前,但是没改变贝刻尔的标准页顺序。

《论生成和消灭》专门研究生灭问题,仅两卷 24 个标准页(314a 至 338b)。此外在《物理学》、《形而上学》等著作中也有所涉及。我们以《论生成和消灭》为主,结合其他论述一起讨论。因为产生与消亡的问题是自然的、可感受的,是有生灭的本体的变化的,而质、量、位移是运动本体三种属性的变化,因而生灭问题有其特殊的地位,但又是同一主题即自然的运动问题。所以我们放在运动的分类这一节中一起讨论。

亚里士多德研究了前人关于生灭的解释,生灭与质变的区别,元素的生灭与个体的生灭等等,其中核心部分是根据四种元素和四因的理论,提出他自己关于生成与消灭的解释。

同别的研究主题一样,关于生灭问题,亚里士多德认为必须研究生灭的原理和原因(314a3);要研究有没有生灭,生灭如何存在。(315a26—27)不同的是,由于先哲们将生灭与质变混为一谈,由于生灭有两个含义:一是指元素的生灭,即相对意义上的生灭;另一个是指纯粹意义上的生灭(unqualified

---

① 《洛布古典丛书》,《论生成和消灭》,第 159 页。

coming to be and passing away）。而我们所要讨论的主要是后一种意义上的生灭。所以亚里士多德在第 1 卷第 1 章开篇就说：

> 在讨论本来意义上（ton physei）的生成与消灭时,我们必须考察到处普遍显现出来的生灭事物的各自的原因（aitias）和定义（logous）（即生成的原因与原理,以及消灭的原因与原理——引者注）。再者,我们必须研究增长与变更,研究它们各自的含义是什么？ 变更（质变）的本性（physis）与生成的本性是否一样？ 或者是有同其名称相呼应的不同的本性？（314a1—6）

这段话两个英译本有些差异。牛津修订本开首一句"our task is to study coming to be and passing away",在原文中是找不到的。苗力田全集本根据《洛布古典丛书》英译本的翻译,比较接近原意。亚里士多德首先说明他的重点不是研究非绝对意义上的生成与消灭（详见《论生成和消灭》第 1 卷第 3 章）,而是研究自然界到处显现的："由于自然"而成的,本来意义上的生成与消灭,也就是先哲们所研究的绝对意义上的生灭。这里亚里士多德不用 arche,而用 logos,是有道理的。凡本体（含本体所指的质料）,可以有本原、原因、原理意义上的 arche。非本体类东西,亚里士多德一般不用 arche,essence 等词汇,而用 logos,physis,symbebekos（属性）等。从赫拉克利特到亚里士多德,logos 的用法有相当大的进展。亚里士多德在哲学和逻辑学著作中常用 logos,英文大都依据前后文译为 ration（理性）,ratio（尺度）,definition（定义）,principle（原理）,discourse（谈话）,words（言辞）。总的意思是用言辞表述的一番道理,一种思想。这同亚里士多德关于语言的研究,关于语言、逻辑和哲学三者关系的思想密切相关。奇怪的是布尼兹的索引和牛津修订本的索引都没有 logos 的条目,也许是索引编纂者将 logos 看做是亚里士多德的一个惯用语。上述引文中的 logos 两个英译文都译为 definition。亚里士多德关于定义用过两个词：logos 与 horos。本书第三编关于《形而上学》第 7 卷的研究中将详细讨论亚里士多德关于定义的思想。严格意义上的定义是用种加属差表述的关于 essence 的陈述,另一种定义就是诠释式的。关于运动、时间、空间、无限、连续和生灭等,都属于这一类。从《论生成和消灭》看,亚里士多德翻来倒去不厌其烦地说的就是要阐明到底什么是生灭？它同质变在本性上有什么不同？

亚里士多德说，凡是主张万物来自众多本原（arche 的复数第二格 archaion）中之一而又复归于一者，认为生成就是质变，主张多于一个本原的人如恩培多克勒、阿那克萨戈拉和留基波，把生灭看做是元素的聚散，因而不同于质变；柏拉图在《蒂迈欧篇》中仅研究了水、火、气、土四元素的生成，而没有研究具体事物的生成。对生灭真正有所研究的只有德谟克利特，他认为生灭是不同形状的原子的结合与分解，而性质的变更则是由于不同原子的排列与位置，从而区分了生灭与变更（质变）。（315b7—10）但是德谟克利特也没有领悟到根本的区别，他以为生灭就是结合与分离。（317a12—26）以上就是《论生成和消灭》第 1 卷第 1、2 章的内容。接着在第 3 章，也就是最重要的一章中，亚里士多德区分了"绝对意义上"（haplos, unqualified, 或 without qualification）的生灭与"非绝对意义上"（ouch haplos, qualified, with qualification）的生灭。前者又称"严格意义上"或"本来意义上"（kyrios, in proper sence, in strict sence）的生灭。所谓"绝对的"或"无限定的"（unqualified）指的就是"范畴中首位那个（即本体）或最普遍的、无所不包的东西"（317b6）。所以"绝对意义上的生灭"，指的就是"这个"（本体）的生灭；如果是本体的某种属性的变化，例如一个人从没有教养变得有教养了，就是"非绝对的"生灭。我们说一个人诞生了，就是绝对的生成，因为是"这个"的出现（出场）。"一个有教养的人生成了"，本体并没有变，变的只是这个人的一个方面，这种"如此性质"生成了。所以亚里士多德说：

> 答案就是取决于范畴的不同。因为有的表示"这个"，有的表示"如此性质"，有的表示"如此数量"。因此，凡不表示本体的东西就不能说是绝对的生成，而只能说有此"如此性质"的东西生成了。（319a12—15）

这样，亚里士多德就澄清了先哲们说到生灭时的含糊用法。"一个有教养的人生成了"，"一个健康的人消失了"（指生病不健康了），是指本体的如此属性形成或消失了。本体意义上的，能独立存在的"这个"的产生与消灭，才是"绝对意义上的"生灭，或本来意义上的生灭。这样，关于质变与生灭的不同本性也就阐明了。

在区分两种含义的生灭,分清了生灭与质变的不同之后,亚里士多德就着手研究属于本体的变化,即"绝对意义上的"生灭问题。他的研究分两个方面:

第一,某一种元素的生灭,如火死气生,气死水生等等是不可能的。其理由是我们在本编第七章第三节"元素"中所论述过的,两种基本对立性质(冷与热,干与湿)决定有并存的水、火、气、土四种元素,而不是一种元素。干与冷的结合就是土,干与热的结合就是火,湿与冷结合就是水,湿与热结合就是气。四种元素之间不存在谁为本原谁为生成物的问题。

第二,四元素所构成的复合物体,即自然本体的生灭问题。这是《论生成和消灭》研究的重点。亚里士多德认为首先应研究由什么元素构成的事物才有生灭? 在《论生成和消灭》第2卷第1至8章中,他作了回答:只有由水、火、气、土四种元素构成的,月轮下的自然本体才有生灭;天上的由以太元素构成的呈圆周运动的天体不存在生灭的问题。其次要研究四元素构成的事物是如何生灭的? 亚里士多德的结论是:四种元素按对称与不对称的比例构成物体的潜在的"这个"。潜在的"这个"有能力和可能变为现实的"这个",所以生成不是无中生有,消灭也不是有化为无,而是从潜在的"是"变为现实的"是"。而要成为现实的"这个",则必须借助于动力因、形式因和目的因。① 所谓消灭,就是形式的"缺失",作为质料则是永存的。不论是产生或消灭,都必须有致动者与被动者,而且必须通过"接触"才得以发生。② 月轮下的事物生灭不已、循环往复的根本原因就在于天体的运动:

> 既然上天的旋转是圆周式的,那么太阳的运动也是圆周式的;既然太阳的运动是如此,那么季节的生成也必然是如此,亦即循环式的,不断回复自身的;既然季节的生成是如此,那么它们所引起的万物的生成也就必然如此了。(338b3—6)

这就是亚里士多德关于生成与消灭的基本思想。他提出生灭是对本体而

---

① 参见《论生成和消灭》第2卷,第9、10章;《物理学》第1卷,第8章。

② 参见《论生成和消灭》第1卷,第6至8章。

言,生灭决不是无中生有,有化为无,而是从潜在的有变为现实的有,又从现实之有转化为永存的质料。这样,运动本体的变化或运动就有四种了。当然还有第五种,这就是本编第九章第一节谈到的旋转运动。

## 第五节 关于第一推动者的论证

如果人们仅读过亚里士多德的《形而上学》,很可能会觉得奇怪:这位讲究经验和实证、追求最高智慧的、从不盲从的哲学家,怎么会如此推崇那个永恒不动的本体,即第一推动者,而且称第一哲学为神学。如果我们结合自然哲学来研究第一哲学,就可以发现亚里士多德理论上的失足在哪里。概括起来主要是四个:第一是他的运动论的致命弱点;第二是他关于天上的和地上的,或者说"月轮上的"与"月轮下的"观点,唯有天上的才是完满的,永恒的,高贵的,值得追求的;第三是以动物学为主的目的论;第四是他的灵魂学说。本章最后这一节,以及第九章的一、二、四节,我们将从不同角度分析他的自然哲学的最后归宿。现在先来看看,他怎样从自然的运动的三个要素推导到第一推动者。

### 一 运动三要素

《物理学》第5、6卷其实是对前四卷关于自然与运动的补充说明和论证,同时也驳斥一些不同的观点。第7、8卷是《物理学》的大转折,转向关于第一推动者的推论。前四卷与最后两卷的结合部,或者说从前面过渡到后面的"引桥",就是他的运动三要素以及本章第一节所说的运动是致动与被动相统一的观点。

亚里士多德在第5卷第1章中,先将运动的要素分为五个:"直接推动者即致动者(kinoun proton, direct mover),运动者(kinoumenon, is moved)即被推动者,运动所经历的时间,运动所从出的起点,运动所趋向的终点。"(224a34—b1)。这五个要素中,亚里士多德认为最重要的是三个:推动者、运动者和运动所趋向的目的。(224b7)其中运动者就是运动的主体即运动的承担者,如位移中的物体,量变中的事物的数量,质的变更中的性质。任何运动都包含这三个要素。其中矛盾趋向的变化即 A—非 A,没有中间状态,一旦变成就在趋向处,如生与死。(235b32—236a6,235b14—18)趋向对立的变化有中介,如从白经过灰到黑,虽是变化但不一定在终点,可能是变成某种中间状态。(236b1—18)

不论是矛盾关系的变化还是对立关系的变化。事物能在一定时间内从 A 到 B,决定性的因素是致动者推动运动者在运动。所以,亚里士多德用推动与被推动两大要素给运动下了第二定义(见本章第一节):运动就是能推动的东西作为能推动者,能被推动的东西作为能被推动者的实现。(202b27—28)"推动者的现实活动体现在能运动者的现实活动中"。(202a20)

按照这个定义,凡运动必有推动者。按照运动三要素的说法,推动者推动事物运动都有一个趋向或目的。按照他的第一哲学,不完善的总要追求完善的,而且原因不是无限的系列。这样就必然导致第一推动者的结论。这点亚里士多德始终是清楚明白的。在《物理学》第 3 卷第 1 章给运动下定义的时候,他就说"现在只要知道有一个推动者自身不被推动就够了","这个问题有待别的论证"。(201a27—28)这些论证就是我们在这一节中所要介绍的。《物理学》第 7、8 卷关于第一推动者的推论正是从前面关于运动的定义和要素的结论出发的。

## 二 直接的推动者与间接的推动者

《物理学》第 7、8 卷都是关于第一推动者的证明。第 7 卷只有五章。第 1 章首先论证任何运动的主体(载体),必有一个直接的推动者。这种情况在性质变化中最复杂,所以第 3、4 章重点讨论了质的变化问题。第 5 章讨论位移和量变的一个难题。古今注释者都感到费解,因而我们结合康福德和罗斯的解释,介绍他的主要论据。

亚里士多德从凡运动必须同时具备动者与被动者的前提出发,得出第 7 卷第 1 章开首的结论:"凡运动着的事物都必须被某物所推动。"(241b24)其根据就是我们在前面第一节所说的,所谓自然是运动之源仅指其潜能而言。凡能位移、能质变、能量变、甚至能生灭的运动主体,必须同时有一个致动者才得以从潜能变为现实。这个见解本身就潜藏着一个最大的隐患:把自然本身固有的运动的源泉转移到事物之外的某个推动者。这个过渡可以分为几个阶段。首先是区分直接推动者与间接推动者。亚里士多德说,凡运动的事物有两种情况,如果自身不含运动的源泉,显然它必须由他物所推动,这是不证自明的。如果有运动源泉,即运动的源泉在自身之中,所谓"自身之中"不是指自身中某一部分,也不是偶然如此(正巧是医生生病又是自己治好了),而是本性上是如此。亚里士多德认为这也是被他物所推动的。(241b25—27)康福德在提示中说:"这个证明很含糊,连早期注释家也感到困惑。"①罗斯只是转述了原文,没提供新的解释。亚里士多德的意思是,设有一个由 KL 与 LM 两个系列组成的物体,若是 KL 推动 LM,对 LM 而言显然是被 KL 所推动(犹如现代的火车头与车厢)。就 KL 而言,既然是 LM 的推动者,人们就以为似乎是依靠自身而运动,其实它也是被他物所推动。为什么这么说? 亚里士多德没有解释。在《物理学》第 8 卷有所论述,所举例子是动物,身体在运动,运动的源泉是灵魂,而它似乎是不动的。第二种情况是,若是一个整体,而不是由 KL,LM 等组成的系列,如果整体在运动,那么由于运动是可分的,任取一点或一部分也应是运动的,否则整体就会是静止的。(241b26—242a15)

从 242a16 起有一段证明存在第一推动者,很简单,内容就是推动者不可能是无限系列,甲被乙推动,乙为丙推动,……最后"必然有一个第一推动者"(242b20)。同第 8 章相比,过于简单,可能是不同时期写的讲稿,也可能是考虑到后面第 2 至 5 章的需要。从第 2 章起证明直接的推动者必定同被推动者相接触,或共存于运动的主体之中,或推动之后自己不跟着动。242b16 至 243a2 的目的是证明:运动物体的推动者可分为两种:一是指直接推动者,二是指万物为它所推动的第一推动者,即第 8 卷第 5 章所说的"非直接推动

---

① 《洛布古典丛书》,《物理学》第 2 册,第 206 页;罗斯校释:《亚里士多德〈物理学〉:附有引论和注释的希腊文校订本》,第 419—420 页。

者"。(关于第一推动者的证明主要在第 8 卷,那里详尽得多,而且包含了242b16 至 243a2 的内容。)

亚里士多德说,推动者有两种情况:一是非直接的真正的推动者;二是直接的引动者。例如人用棍棒拨石头,可以说棍棒是石头的推动者,也可以说手是推动者,或人是推动者。其实棍棒是最切近的推动者(proximate mover, last mover)而人才是真正的"第一推动者"(first mover),因为"first mover 使 last mover 运动,而后者不能使前者运动"(256a13)。在第 7 卷第 2 章,亚里士多德称之为"直接的致动者",原文也是 proton kinoun,牛津修订本也译为 first mover,但是这里说的"第一"(proton),指"最切近的"意思。康福德译为 initiator of movement(运动的直接发动者)。亚里士多德认为"直接的推动者"总是与被推动者一起,而且相接触,三种运动无一例外。

首先是位移。若是自身在运动,那么动者与被动者显然在一起,无中介物隔开。亚里士多德在第 8 卷及动物学中举动物为例。动物从 A 地到 B 地,肉体在动,推动者是灵魂,像是不动,其实推动整个肉体在一起运动。假如是被他物所动,无非四种情况:推、拉、带、转。推有几种:持续的推,即推进,推动者与被推动者一起前进;另一种是推开,推动负荷物后自己不动。拉可分拉开与拉向自己。转是推和拉的合成,即围绕一个核心的推与拉(用近代科学的语话就是离心力与向心力的统一)。所谓带,是从属于推、拉、转的,三者都可以有带。(243a18—b4)显然,推、拉、带、转都无别物介于中间。按照前面关于"接触"的注释,这是被动者与推动者相接触。直接的或最切近的推动,一定是共处和接触。(243b5—244a7)

其次是变更(质变)。发生质变的事物和引起质变的事物之间也是直接接触的。(244b7—245a5)为了证明这个论题,避免同产生与消灭相混淆,亚里士多德在第 3 章中专门论述了质变的特征。他说:

> 任何性质的变化都是由可感知事物的变更引起的。而且这种变更仅限于那些可感知的性质,它能直接接受影响。并且的确存在于能被感知的事物之中。(245b3—5)

事物发生性质变化是由于那些能受影响的性质(affective qualities)

发生变化的结果。(244b5)

康福德加了一个注:在《范畴篇》第 8 章中亚里士多德区分了四种质,第四种才是"能受影响的性质",即感官所感知的色、声、香、味、冷热与干湿。显然,对这些性质的变化而言,"引起变化者的外限与产生质变者的外限总是'在一起'的"。(244b5)所以产生与消灭不属于质变,它的发生不一定"在一起",相接触。砖瓦建成房子、木头做成床、铜雕成铜像,是形式的获得,而不是木头发生变成了床,砖瓦发生了变更成了房子。(245b5—246a5)

最后是数量的变化。所谓增加是指将推动者自己的部分加到增长者上面,反之减少是由于自己的部分被削去因而变少了。"因此引起增长者和引起减少者同增长者、减少者必定是彼此连续的。既然是连续的,就不可能有他物介于其间。"(245a15—16)

通过三种运动的考察,亚里士多德最后得出结论:"在相对应的推动者与被推动者之间没有任何事物介于其间。"(245b1)按照亚里士多德的词语解释,这三种运动属于直接的推动,其特点是,推动者与被推动者是"在一起"的(hama,together)、相互"接触的"(aptesthai,touching)。

亚里士多德在这里的论证还完全是实证性的,以至他在最后一章即第 7 卷第 5 章还详细论证:力量 A 推动物体 B 在 D 时间里通过距离 C,那么力量 1/2A 是否能推动物体 B 在 1/2D 时间里通过 1/2C 距离?答案是否定的,他以船夫拉船为例加以否证。(250a14—19)但是1/2A,可以推动 1/2B,在 D 时间里通过距离 C。(250a9)2A 也可推动 2B 在 D 时间里通过距离 C。(250a25—28)之后还驳斥了芝诺的"一粒米落地也有声音"的错误。一袋米为 A,被推动的空气为 B,在时间 D 里通过距离 C 达到地面,被推动的空气与地相撞发出声响。这里 B、C、D 不变。因为响声必须有 B 量的空气与地相撞才形成,所以当推动者由 A 成为 1/2A,1/4A……1/nA 时,就不能推动一定量的空气与地相撞了。(250a20—24)由此可见,亚里士多德是从自然现象的实证考察开始的。他认为自然物体的三种运动,都存在直接接触的推动者与被推动者,二者无中介,是"在一起的"。接着他就要推论大自然有一个非直接接触的、不在一起的第一推动者。

### 三 不动的推动者

就某一个、某一种运动而言,推动者与被推动者一般是在一起的,相接触的,这点业已证明。现在,亚里士多德要证明整个自然,必然存在一个不必在一起, 也不必接触的, 在外的 "第一推动者", 而且它自身是永远不动的。这就是《物理学》第 8 卷前半部即第 1 至 5 章的任务。

亚里士多德从"世界只有一个,时间上无始无终,而且是永恒运动的"出发展开他的论证。他说所有的自然哲学家都承认有运动,至于有多少个世界则看法不同。有人主张有无数个,有人主张有一个。第一章中的这一表述比较混乱,康福德在注释中将它分为三类,张竹明中译本全文引用了这个注。第一类是赫拉克利特和亚里士多德本人的,认为世界只有一个,运动是永恒的,时间是无始无终的。第二类是阿那克萨戈拉的,认为当下的世界只有一个,时间上有开端,"努斯"使之动起来。第三类是恩培多克勒的,主张有一系列的世界,但是被无时间、无运动的间隔分离开。① 第二、三类都主张世界不是永恒的、时间上有开端。不同的是,阿那克萨戈拉认为仅有一个开端,而恩培多克勒认为有多次开端。在第 1 章中,亚里士多德驳斥了第二、三类观点。在第 2 章中,他又回过来驳斥运动有开端的观点。亚里士多德认为,他们的根据都局限于某种具体运动,因为所提出的三条理由都指具体事物。(252b7 — 29)亚里士多德认为,任何一个具体事物的变化的确是有始有终而非永恒的,但不排斥有某种连续的、永恒的运动。(252b30 — 253a3)

就整个宇宙而言,显然是有的永远不动,有的永恒在动,有的有时动有时不动,即可以动也可以静止。这就是《物理学》第 8 卷第 3 章的根本观点。(253a30)亚里士多德认为这点很重要:"我们必须接受这个原则(hypothesis),因为只有这个见解能解决所有的疑难,并使我们的研究获得结论。"(253a31 — 32)这里的所谓"永远不动"指的是永恒不动的本体;永恒运动指的是星球的圆周运动;有时动有时静止指的是月轮下的自然运动。显然,亚里士

---

① 参见《洛布古典丛书》,《物理学》第 2 册,第 268 — 269 页注 2。

多德的这个最重要的前提恰恰是未经论证的预设。实际上他没有办法从具体的三种运动的共处的相接触的推动与被推动，推论到有一个在先的、分离的"第一推动者"。所以他就换一个角度，从月轮下的有时动有时不动的自然物开始推论。他说，我们已说过，有因偶性而运动，因部分而运动及因本性而运动三种。因本性而运动的事物可以分为"被自身所推动"（如动物）与被外力所推动。同时我们可以按另一分法，分为自然的运动（如土向下，火向上）与反自然的运动（土向上，火向下）。（254b13—15）如果将上述两种分类组合，可以得出四种：第一种是既是自然的，又是被自身所推动的，如动物的正常的运动，是自然的，又是被动物的灵魂所推动；第二种是反自然的，但却是被自身所推动，如动物的躯体，为了某种目的向上跳跃，跳起来必然又回到地上，因为回到地上才是自然的；第三种是被外力所推动，而且又是反自然的，例如人将一重物向上提，既是外力作用于物，又是反自然的；第四种是被外力所推动，但却是自然的。（254b12—24）

亚里士多德认为最难的，也是最重要的是第四种。一个热源，引起周围空气变热而上升，显然这是外力引起的，但又是合乎自然的。第四种的重要性就在于"它在任何情况下，推动者和被推动者都是分离的"（255a17）。经过这一番论证，亚里士多德得出如下结论：

> 既然一切运动着的事物都是或者依据自然而运动，或者反自然而强制地运动；既然所有强制的、反自然的运动都由某个外在的推动者所推动，而合乎自然的运动也是由某一推动者所推动，其中有些事物如动物是被自身所推动，有些不是被自身所推动，例如轻的、重的东西。既然如此，显然，所有运动着的事物都是由某个推动者所推动。（255b31—256a3）

在《物理学》第8卷第5章中，亚里士多德先以地上的事物为例，证明的确有同被动者相分离的第一推动者。人用手拿棍棒拨动石头使石头按自然趋势下落，人、手、棍棒都可以说是推动者。但是人是"第一推动者"（256a10—13，a25—33）。在自然界中不管是哪一种运动，推动者不可能是无限系列的，"总有一个终端"（257a26）。作为终端的"第一推动者"一定是自身不动，但又有推动能力，例如人的心灵，动物的机能推动人体和动物活动，但自己不发生位移、量变或质变。老师教学生、医生治病人。作为推动者的教师和医生是"第一推动者",而且在学生和病人之外。(257b1—16)但是他们自身不动,否则"教的人就会同时被教,医治别人的人自己也在作同一种治疗"(257b1)。"因此我们得出结论:凡自己运动的事物,必定是一个因素引发运动而自己不动,另一个因素是被推动的;因为只有这样自己运动才有可能。"(258a2—3)

在一些教科书和论文中有所误会,以为亚里士多德的"第一推动者"就是指《形而上学》第 12 卷那个最高的永恒不动的本体。其实,亚里士多德是在两个意义上用"第一推动者"的。第一个含义是指在自然物中,那个手持棍棒拨动石头的人,那个治病的医生,教学生的老师,亚里士多德在《物理学》第 7、8 卷也称之为 proton kinoun(first mover 或 primary agent,第一推动者)。① 第二个含义是指那个永恒不动的"第一推动者"(258b10,259a7—15),亚里士多德接着要证明,整个月轮下的世界,还有月轮上的天体运动,都有一个最后的"第一推动者"。

亚里士多德在《物理学》第 8 卷第 5 章的后一部分②用类比法证明这个结论。他把整个自然的运动比做由 A、B、C 构成的系列整体。"A 只推动而自身不动,B 被 A 推动,自己又推动 C,C 被 B 推动,自身不再推动别的事物(虽然可能有更多的环节)。"(258a9—10)就像前面讲的人手用棍棒拨动石头一样,运动包括三项:推动者、被推动者和推动的工具。(258b13)但是,"只有 AB 是自己运动"(258a20),石头是纯粹被推动的,类比于整个自然,亚里士多德就得出下列重要结论:

由于运动必然包括:运动者(被推动者)、推动者和使之运动的东西(to o kenei 指工具、手段或中介——引者注)。运动者必然被推动而自己不可能引发运动,作为中介的事物必然是自己在动同时又推动某物运

①　参见《物理学》,256a10—13、a22—26、257b31—33、258b5—8。
②　《洛布古典丛书》采用古代注释家的意见,认为 256b13—27 应接在 258b9 之后。牛津修订本按贝刻尔原序排版。我们采用《洛布古典丛书》,《物理学》修订译者康福德的意见。这里所指的"后一部分"包括 258a4—b9、256b13—27。苗力田全集本和张竹明译本也都采用《洛布古典丛书》的编排。

动,……而推动者不像工具,它只推动而自身不动。既然在整个系列(to eschaton,a series of being)中有一个等级,它能被推动但不能推动别的事物(指非生物——引者注),还有一个等级是具有运动本原(arche),既能推动同时又能被推动(指生物有机体——引者注),那么,我们依此类推有一个第三阶,即自身不动的推动者(to triton einai ho kinei akinetin on),当然是合理的了——姑且不说是必然的。(256b13—25)

这样,亚里士多德将整个宇宙分为三个级别,最高一阶就是永恒不动的"第一推动者"。关于第二、三阶需要作些解释。

本来以为托马斯·阿奎那对第一推动者的论述会大加发挥,发表些独到的见解。令人失望的是,他对《物理学》的解释,绝大部分是一个模式,先分为两部分,每部分又再分两点、三点,每点又再分两点。在第一推动者的推论中,上面一段引言是很重要的。但是托马斯·阿奎那的解释不到半页,其中有所启发的是他关于推动又被推动的"中介"或"工具"(instrument)的解释。"所谓既推动又被推动的工具,指的是它既被 principal mover 即第一推动者所推动,又推动最后系列的被推动的事物。因此一切既是动者又是被推动者的事物都有工具的 nature(ratio,本性)。""从第一推动者到最后的被推动者,一切事物都同另外事物相关联。"①也就是说,从天上那个永恒不动的推动者到地上最后一个系列的纯粹的被动者,这中间的所有系列,包括星球、灵魂、人与动物都是第一推动者借以推动万物运动的工具。康福德加了一个注,亚里士多德讲的 eschoton(系列)指的就是"神性的(divine)和无质料的动者,动物自身的运动机能及无生命的运动者"。②

怎样通过一系列中介上升到不动的推动者?亚里士多德在第8卷最后五章即第6至10章中讨论第一推动者如何推动及它的"是什么"时有所涉及。另外他在《论生成和消灭》、《论天》也有所提示。我们在上一节讲到产生与消灭时提到过,他认为天体的周而复始的旋转运动是大地上一年四季生生灭灭

---

① 托马斯·阿奎那:《亚里士多德的〈物理学〉》,第 1044、517 页。
② 《洛布古典丛书》,《物理学》第 2 册,第 338 页注 1。

的动因。天球是不朽的质料以太构成的,处于永恒的圆周运动中,如同动物一样,它一定有一个"努斯"在推动,这个纯粹的努斯就是不含质料的、永远现实的、永恒的第一推动者。所以上段引文后接着他就举阿那克萨戈拉为证,说"他把'努斯'(nous)看做是运动的根源,而且是不受影响的,纯粹的。他这样说是说对了。"(256b25—29)至此,关于不动的"第一推动者"的论证就完成了。

### 四　不动的推动者的 pos esti 与 ti estin

《物理学》第 7 卷及第 8 卷前五章的主题就是论证有一个"第一推动者"。在自然哲学的三大主题:estin X(有没有 X?或 X 是否存在)、pos esti(如何存在)和 ti estin(它是什么?即它的本质或本性,属性是什么)中用了一卷多(即第 7 卷和第 8 卷前五章)回答 estin proton kinoun(有一个第一推动者)。这说明在《物理学》中论证它的存在占有何等地位。接下来的两个问题就是"第一推动者"如何存在和"是什么"。亚里士多德认为它是最高一级的本体,是第一哲学的对象,所以"是什么"的问题主要在《形而上学》尤其是第 12 卷中讨论。西方学者中有一种观点,以为从《物理学》到《形而上学》有一个发展过程,因而《物理学》未能展开讨论永恒不动的本体。我们认为,根本原因是,"是什么"是第一哲学回答的问题。我们在第三编中将讨论这个问题。亚里士多德在《物理学》中用了五章回答前两个问题,而且都是从自然哲学的实证的角度来回答。换言之,同别人的神学语境不同,也同他自己的第一哲学不同,这里没什么神学的、神秘的言辞,甚至连纯思辨的东西也很少见。亚里士多德所提出和论证的不过下列内容:

首先是完善前几章的论证,证明不动的第一推动者只有一个而且是永恒的。他说:"不动的推动者"可以有许多。每一种动物以至每个动物之所以能运动,就是因为其中有一个推动运动的灵魂。关于这个问题,我们在本编第九章第三、四两节讨论动物学与灵魂学说时还要详细介绍。亚里士多德在论证不动的推动者时多处拿动物的灵魂做类比推理。他说,动物的运动的灵魂(运动的机能)推动整个动物运动,灵魂其实不动,仅因为动物走到哪里,就将身内的灵魂带到哪里而已。对于灵魂而言,充其量不过是"偶性的运动"。但是,动物的灵魂,随着动物肉体的死亡,也就消失了。所以,对动物而言,不仅有无数的推动者,而且推动者是非永恒的。前面已经证明过,有永恒的运动。那么永恒运动的推动者必然也是永恒的了。(258b17—259a7,259a22—b30)

既然第一推动者是永恒的,那就不可能是多个,而只能是一个,而且有一个也就足够了。因为运动是连续的、永恒的。如果不止一个推动者,某个时候被这个推动,另一个时候又被另一个所推动,那么,运动就不是连续的,充其量不过是顺联罢了。(259a8—21)这就是说,可以感觉的有生灭的本体,以及永恒运动的本体(星球)有多个,但是永恒不动的本体仅只有一个,而且有一个就足够了。

那么这个唯一的永恒不动的第一推动者如何实现其"是之所是"呢?换言之,如何实现它对第二阶、第三阶的推动呢?这就是 pos esti(如何是? 如何动作?)所要研究的问题了。《物理学》第 8 卷第 6 章后半部(259b31—260a19)及第 7 章开首"我们再从另一个角度来论证"(260a20),直至第 9 章,其主题都是论证如何推动的。康福德和其他的近代注释家都注意到,亚里士多德关于天体运动及其同月轮下世界的关系,受当时的天文学的影响,其中主要是萨摩斯的阿里司塔库(Aristarchus of Samos)的影响,所以前后不一致,比较混乱。在《论天》第 2 卷第 6、8、10、12 章及《形而上学》第 12 卷后几章又作了补充。康福德概括如下:

1.永恒不动的第一推动者(A)引发太空最外层的单一的旋转运动;

2.由永恒的、单一的旋转运动(B)推动非单一的、有规则的天体运动;

3.由非单一的、有规则的运动(C)推动更复杂的天象的运动;

4.由上述 A、B、C 推动大地上更为复杂的运动。①

亚里士多德认为,天体由同心圆之网构成。最外层的处于第一轴心(prime axis),不动的本体处于第一轴心的核心。正如前面提到的卡恩所说

————————

① 参见《洛布古典丛书》,《物理学》第 2 册,第 338—341 页。

的,希腊人用 estin 指称"有"或"存在"时总为之找一个处所,阿那克萨戈拉的
"努斯",柏拉图的"造物主"概莫能外。亚里士多德也为不动的推动者找到了
一个居所,即第一轴心的核心部位。第一轴心与第二、第三阶的天体的轴心保
持一定角度的倾斜。围绕第一轴心的单一性的旋转便属于第一阶 order Ⅰ,这
是最外层的天体的运动。这就是上面说的 B。第二阶由第一阶派生,它由多
个星球组成,各依一定的轨道作圆周运动,形成非单一的,然而是有规则的旋
转。这就是上述 C,也就是《论天》说的"月轮上"的星球。由上述 A、B、C 所
派生的更为复杂的运动,属于第三阶(order Ⅲ)。这就是"月轮下",然而还是
属于太空的各种天象(日食、月食、风、雨、冰雹等等,见本编第九章第二节)。
亚里士多德认为地上的各种运动,包括产生和消灭,就是由前面的 A、B、C 引
起的,属于第三阶以下的事物。这样,他就把永恒不动的"第一推动者"如何
推动从天体最外层至大地上事物的运动,都讲清楚了。由此可见,哲学上的
being,尤为最高的本体(ousia),比起古代人从日常生活中所体验的"是"的解
蔽,复杂得多了。最高本体 essence 通过如此复杂的途径才彰显出来。

　　为什么第一阶、第二阶的圆周运动和旋转优于地上的四种运动? 圆周运
动为什么是圆满的,而且如同动物的灵魂一样是有灵性的? 亚里士多德在第
7、8、9 章作了补充论证,这一部分的补述在《论天》中讲得更清楚,我们将在本
编第九章第一节中一起讨论。下面主要谈谈《物理学》最后一章关于"永恒不
动的推动者"的属性的问题。

　　在《形而上学》中,亚里士多德从研究 being as being 中提出 ousia(本体)
的问题,认为 ousia 是 being 的核心,然后再将 ousia 分类,确定三种本体中永恒
不动的本体为最高的本体,属第一哲学的对象。所以在那里,他研究了最高的
本体 essence,同时用潜能与现实,形式与质料,目的与至善这些主要哲学范畴
研究这个 essence 的本质。《物理学》研究自然本体的运动,这里的主要任务
是从自然本体的运动推导出第一推动者的存在,以及它是如何推动天体和地
上事物的运动的。关于永恒不动的推动者的 essence(本质)及纯形式,完全现
实等等《物理学》中一字未提。他只是证明:表述自然运动的范畴如运动、时
间、空间、连续、无限、量度等,不适用于第一推动者。因为它是永恒的、唯一

的、不可分的。关于永恒性与唯一性,他在《物理学》第 8 卷第 6 章中证明过。这里仅介绍《物理学》第 8 卷最后一章即第 10 章关于不可分性的证明。

在第 10 章前一部分(226a10—b26)中,首先确定三个前提。第一,有限的事物不可能进行无限时间的推动。因为运动有推动者、被推动者和所需时间三个要素。① (226a15)分别用 A、B、T 代表,A1 推动 B1 需用 T1 时间;A2 推动 B2 需用 T2 时间。同理,任何有限的运动 Bn,只需要推动者 An 用有限的时间 Tn 就够了。(266a16—25)第二,无限的能力不可能存在于有限的量中,换言之,有限的量不可能包含无限的能力。因为一定量的力 F,能在 T1 时间内推动 B1(如加热)达到一定程度 h1。力量 F 不断增大,获得同一结果的时间就越少。(266a26—b5)亚里士多德的意思是,一个拥有无限量能力的推动者,当它推动某一事物运动时,它就无须一定度量的时间了,严格说就是 t→0 的时间了。第三,有限的力不可能存在于无限的量度中。这个证明太烦琐,意思就是有限的力只能存在于有限的量度中。(266b6—24)亚里士多德从这三个前提得出的结论是有限的能力存在于有限的量度中,无限的能力是不可度量的。(266b25)所以拥有无限能力的推动者自然是不可度量的。因为是不可度量的,当然就是不可分的,没有部分的。

《物理学》第 8 卷第 8 章的后半部(266b27—267b18)又从另一个角度论证第一推动者是不可分的。因为它是永恒不动的,又有无限推动能力的,所以它就像扔石头一样,不必跟着一起跑。扔石头和用弹弓弹出石子都是一个道理。人用一定的力推动之后,顺联的空气就会传递这种推动,直到空气作为中介的推动力趋向零时,石头就落地了。他认为水波的推动更是一目了然。一石激起的波浪前浪推后浪,直至最后趋向零。一浪推一浪,既是推动者又是被推动者。但是永恒不动的推动者推动整个环宇运动却是波浪和石头无法比拟的。它首先推动天球作圆周运动。圆周运动是无始无终的,任意起点也是终

---

① 在 224b7,亚里士多德说运动的三要素是:被推动者、推动者与运动的趋向。在这里,第三个要素改为运动的时间。在 256b13 又说是被推动者、推动者与介于推动与被推动之间的工具。前后说法不一样,但是推动者与被推动者这两个因素不变,第三个因素则根据论证的需要而突出某一个。

点,所以既无起点也无终点。天球运动还是均匀速度的、无大无小,而且永不停息。可见这个推动者的推动是不可分割的,没有部分的。这样,全书最后一段,他得出如下结论:

> 确定了上述论点之后我们可以看得很清楚,不动的推动者不可能有(echein, to have)量度。因为如有的话,它必定或者是有限的或者是无限的。我们在《物理学》的课程中(en tois physikois)已经证明过,不可能有无限的量度。(康福德注:指第 3 卷第 5 章 205a7 以下)现在我们又证明了有限的物体不可能拥有无限的能力,任何有限的推动者不可能推动事物作无限时间的运动。唯有第一推动者能推动永恒的运动并使它超越时间之外持续下去。因此,很显然,这个第一推动者是不可分的,没有部分的,不可度量的。(267b19—26)

这就是亚里士多德关于自然哲学研究的最终的结论。我们可以这样说:自然哲学的开篇是宏伟的,它的终篇却是可悲的。其根源就是当亚里士多德说"自然是运动的根源(本原)"时,指的是有此潜能。由潜能变为现实需要有运动的推动者。因此,按本节所展现的论证,最后必然得出第一推动者的结论。在第九章中,我们将研究各种自然本体或自然事物的原因、原理和结构,以及其不可避免的结局。

# 第九章

## 各类自然本体的运动

按照亚里士多德《形而上学》的说法，being 的核心是 ousia（本体）。本体分三类，其中可感的，有生灭的本体和永恒运动的本体都是自然本体，是自然哲学的研究对象。它们同最高本体的区别主要是动与不动，所以运动问题是自然本体研究的重点。从现存亚里士多德著作看，他研究得最充分的是天体运动和动物的运动。由于天体、人、动物运动的根源都是灵魂。人介于动物与神之间，既有运动的灵魂、感觉的灵魂，还有神性的理性灵魂，因而灵魂问题也在亚里士多德的视野之内，成为他关注的焦点之一。围绕灵魂问题，亚里士多德也有一批著作。关于植物和无生命的机械运动，在亚里士多德全集中仅有疑伪的各一篇论文。所以，我们只能以资料的准确性和多寡为依据，重点研究天体运动、天象成因、动物的运动及灵魂问题。

### 第一节　天体运动

《论天》是亚里士多德关于天体运动的专著，此外《天象学》、《形而上学》及疑伪著作《论宇宙》中也有所涉及。我们以《洛布古典丛书》的译本为主讨论亚里士多德关于天体的论述。牛津修订本即普林斯顿两卷本用 J.L.Stocks 1936 年的译本，由于 Stocks 早逝，未能出版他的修订的译文，而且没有详尽的注释，所以《洛布古典丛书》采用 1939 年格思里的译本。这两个版本都以D.J.

Allan 校勘的希腊原文为依据。按照格思里在《论天》序言中的说法,贝刻尔版本固然是权威版本,但还是有许多出入。格思里的译本于 1945 年、1953 年、1960 年、1971 年、1986 年再版过五次。我们这里用的是附有导言、注释和章节分析的版本。格思里于 1982 年春逝世,1986 年后都以第 6 版为依据排版印刷。

### 一　天神 Ouranos 与《论天》

从原始宗教的发展看,远古时代各部落的人限于当时的抽象思维能力,总是先把具体的各种自然现象拟人化、人格化。象征整个太空的天神起初并未成为人们的崇拜对象。关于 Ouranos,赫西奥德的《神谱》及阿波罗多洛的《文库》(Bibliotheke)有详尽的描述,说 Ouranos(或写作 Uranos,乌剌诺斯)为地母该亚所生,后又与该亚匹配生了泰坦诸神(Titans)和百臂多头的巨灵(Gigantes)。① "天"的地位还不如滋润万物的大地女神该亚②,这同母权制的社会观念有关。当希腊的父权制形成时,以宙斯为首的新神系统取得了支配地位。人神距离拉近了,其神富有人性,主神宙斯偷盗,抢劫,拐骗民女,无所不为;其人也分有神性,英雄时代的首领们及立法者梭伦、莱喀古斯等都有神性,有的还是神人交配而生。众神就住在奥林帕斯山上,荷马甚至说把三座大山叠起来就登上天,所以对"天"的观念不像希伯来人、埃及人和巴比伦人那么强烈。奥林帕斯的十二主神中甚至没有"天神"乌剌诺斯的地位,他的生殖器被克罗诺斯阉割扔到海里后溅起了浪花——爱神,阿佛洛狄忒(Aphrodites)倒拥有一席之地。

希腊人淡化对天的崇拜,为哲人对天的探求留下了更自由更广阔的空间。希腊的第一个哲学学派就开始了对天体现象的思考,而且用自己的哲学解释天体现象的生成。亚里士多德的《论天》正是希腊这一哲学传统的继续。

---

① 参见赫西奥德:《神谱》,126 行以下;阿波罗多洛:Bibliotheke,第 1 卷第 1、2 章。关于二者的论述的差异见《洛布古典丛书》英译者的脚注。

② 《洛布古典丛书》《阿波罗多洛》第 2 册附有阿波罗多洛名下的 13 个附录,其中之二是"地与天之战",地占上风(参见该书第 318—326 页)。

亚里士多德《论天》的另一个思想来源是古代希腊的天文学成就。20 世纪 90 年代,剑桥大学罗吉尔·弗兰兹(Roger French)主编了一套《古代科学》系列丛书,已经出版了《古代占星术》、《古代自然史》、《古代宇宙学》三部。汤逊·巴顿(Tamsyn Barton)撰写的《古代占星术》于 1994 年出版,1998 年再版。全书 245 页,附有 16 张图,简要介绍了古代埃及、巴比伦、希伯来、希腊、罗马等时代的天文学和占星术。作者认为无论是天文学还是占星术,希腊都受美索不达米亚地区,其中主要是巴比伦的影响。前期希腊侧重天文学,而晚期希腊则关注占星术。赫西奥德的《工作与日子》(Works and Days)关于星座升落与农业劳动的关系的描述,希腊人七星(太阳、火星、木星、土星、月亮、水星、金星)的名称与来历,柏拉图《蒂迈欧篇》中关于宇宙与天体的说法,甚至 Ouranos 的名称,都可以追溯到古埃及尤其是古代西亚两河流域。当然,从原始资料看二者有区别,"希腊人的天文学受后几个世纪的哲学的影响变得富有哲理","他们按照大地的距离安排星宿的顺序,而巴比伦人是按照同自身利害得失来安排的"。① 亚里士多德时代,希腊人的天文学早已超过了埃及和西亚。出生于克尼杜(Cnidos)的欧多克索[Eudoxus,切勿与罗得斯(Rhodus)的欧多克索,库齐库斯(Cyzicus)的欧多克索相混淆]是著名数学家和天文学家,他听过苏格拉底的论辩,认识柏拉图,欧几里德说他是柏拉图的学生,他还向埃及祭司学习过天文学。《物理学》谈到的不可度量问题与天球按一定倾斜的轨迹作同心球旋转的理论就是他提出的。② 欧多克索略早于亚里士多德,《牛津古典辞典》第 3 版说他的生卒年代是公元前 390—前 340 年,按普洛克鲁的推算是公元前 408—前 355 年。③ 亚里士多德在《形而上学》第 12 卷和《论天》中都运用过欧多克索的理论。

在亚里士多德时代,人们普遍认为大地是世界的中心,月亮离地球最近,风、雨、云、雾等都在月球之下。所以将太空(天)分为三个部分:月轮之下,月

---

① 汤逊·巴顿:《古代占星术》,第 18—19 页,另参见第 21—23、199—202 页。

② 参见《洛布古典丛书》,《希腊数学》第 1 册,第 408—415 页。

③ 参见《牛津古典辞典》,第 563—564 页;《洛布古典丛书》,《希腊数学》第 1 册,第 409、150—153 页。

轮之上与最外层太空之间，及最外层太空。所以古代的 ouranos 可指英语的 sky（天空、太空），也可指"天"（heaven）。亚里士多德的著作，据希腊文校订者阿朗（D.J.Allan）的说法，是后人编纂时加了《论天》的篇名。亚里士多德在该著第 1 卷第 9 章说，ouranos 有三重意义：

> 首先我们要弄清 ouranos 的含义，以及我们如何使用这个词，以便更清楚地理解我们的研究对象。我们使用 ouranos 时，其一是指宇宙最外层的本体（ousian）或者说是位于宇宙最外层的自然物体（soma physikon），即通常习惯上所说的"天"的最远的、最外层的世界，那里是神的住所。其二是指位于宇宙第二地带的月亮、太阳和星辰。其三是指最外层空间覆盖下的所有物体，也就是通常所说的整个世界。

> 因此，ouranos 可以在三种意思上使用。最外层空间覆盖下的整个世界必定是由全部可感知的自然物体所构成，其理由是，没有，也不可能有某个物体在天体之外。（378b11—25）

亚里士多德的《论天》共四卷，前两卷研究最外层神居住的世界和第二层星球所处的世界。第 3、4 卷研究月轮下的世界，包括四元素所构成的大地。由此观之，他的 ouranos 包括上述三层含义。《洛布古典丛书》《论天》英译者格思里在导言中说，阿佛罗狄西亚的亚历山大认为 ouranos 包括大地，阿朗认为指的是整个天体不含大地，所以才称之为"天"；格思里认为，最好按亚里士多德宇宙系统的全貌来理解。[①] 我们认为从《论天》看，他在两个含义上使用。其一是等同于 cosmos（宇宙、世界），包含大地。他认为宇宙是球形的，地为中心，日、月、星辰环绕着它旋转，由近而远，由低到高，其神性和永恒性也随之越来越高，直至最外层神的居所。所以，《论天》研究的对象是包括大地在内的全宇宙，因而第 3、4 卷讲大地的构成元素。当然大地上的具体的有生灭的本体是另一门学科的对象。但是亚里士多德往往是狭义上使用"天"，仅指月轮上的两个层次，而不含月轮下的气象与天象，这是另一门学科《天象学》的对象。"天"恰恰是与"地"相对而言，当然不含括大地。下面我们就以《论天》

---

① 参见《洛布古典丛书》，《论天》，"导言"，第 11—13 页。

为主研究若干具体问题。

## 二　第五元素"aither"

本书第一卷第一编讲到,希腊哲学的第一个学派就用自己的本原理论解释宇宙的形成。泰勒斯以水为本原,因而也以水为本原解释天体,认为"太阳的火和星辰本身,以及整个宇宙都是由水蒸发出来的湿气滋养的","水蒸发的部分就成为气,其中最精细的部分点燃起来就成为 aither(以太)"。(DK11A22)阿那克西曼德以 apeiron 为本原,于是,他认为"有无数个世界连续地从它们的本原中产生,又消灭复归于它们的本原"。(DK12A14)阿那克西美尼用"气"解释日月星辰的形成和运动。[①] 从那以后,一直到柏拉图的《蒂迈欧篇》都是用水、火、气、土四种元素解释宇宙的成因和构造。不同的是,柏拉图认为四种元素按一定比例构成宇宙的躯体,"德穆革"(创造主)将灵魂置入宇宙之中。[②]"以太"是后人转述米利都学派的观点时用的。最早用"以太"指称天上东西的人可能是毕泰戈拉本人或他的弟子,其含义从属于水、火、气、土四元素。"以太"如上所述,只是点燃起来的最精细的气。毕泰戈拉学派指宇宙的尘埃,"他们将气叫做冷的以太,将海和湿叫做稠密的以太"[③],亚里士多德否定了前人的见解,在《论天》第 1 卷中提出天体是由水、火、气、土之外的第五质料——以太构成的观点。《论天》第 2 章作了详细的论证。概括如下:

1.四元素的运动,按其本性仅仅是向上或向下运动,而天体是圆周运动,必定有另一种作为圆周运动本原(根源)的质料。

亚里士多德论证:"我们已经把自然定义为自己运动的本原(根源)……我们就从这里开始"(268b14),因为自然的本性是运动,运动的基本形式是位移,位移有两种:直线的运动,其方向是向上或向下;圆周的运动,围绕一个中心旋转,既离开中心又趋向中心才成为旋转。既然物体(somata)都由元素组

---

① 参见本书第一卷,第 132—133、171—174、195—196 页。

② 参见本书第二卷,第 872—875 页。

③ 参见本书第一卷,第 300 页。

成,那么我们就要研究什么元素才具有圆周运动的本性。显然不是水、火、气、土这四种元素。"如果运动的方向是向上,必定是火或气;如向下,必是水或土。"(269a18)反自然的方向,也只有一个,即火或气向下,水或土向上。由此观之,很显然圆周运动不是四种元素的本性或反自然本性,必定有一种其本性是圆周运动的质料。(269a31—32,b13—17)

2."月轮下"的物体是四元素组成的,因而是复合体,有组合与分解,产生与消灭。天体是不生不灭的,必定是由另一种单一的元素构成。

亚里士多德在第1章中分析了月轮下的"物体"的特点,他说自然哲学研究的中心是运动的物体。月轮下的物体在一切方面都是可分的。所谓"一切方面"就是长、宽、高三维。"三维就是全部(ta panta,all)"(268a10)。所以毕泰戈拉说"三"是神圣的。"全部"与"大全"(ta pan,the whole)、"完全"(to teleion,the complete)在定义上是无区别的。对地上的物体而言,如果是由单一元素构成,就只有一个运动方向,或是向下或者向上,而不会旋转。如果是复合元素构成的组合体,其运动方向由主导地位的元素而定。(268b27—269a2)其组合体必有分解之时,因而必有生灭。在《论生成和消灭》中已经证明,所谓产生和消灭,从质料方面说就是分化与组合。但是天球及其运动的轨迹(方向)是不变的、不生不灭的。对 ouranos(天)而言,"全部"、"大全"、"完全"就是月轮上的整个天体;它是不生不灭的、单一的。显然不是四种元素的组合,必定是由另一种纯粹的元素所构成。① 这就是"以太"。

因此,亚里士多德批判他以前的哲学家(包括柏拉图),认为他们用地上的四元素来解释天上的星球,尤其是太阳和月亮,全部错了。这些转述和批评有史料价值,我们在本书前两卷中引证过,这里不另转述。我们要着重介绍的是从第3章开始的关于"以太"质料的特性的论证。因为《论天》原是吕克昂学院内部的讲稿,听众也是该学派的核心成员,比较晦涩难懂,我们参考英译者格思里在第3章开首所作的提要,概述如下:

1.无轻无重。所谓重指朝向中心的运动,轻则相反。最重者处于最底部,

---

① 参见《论生成和消灭》第3卷;《论天》第1卷第2章,第3卷第1、6、7章。

最轻者处于最上层。但是,"圆周运动无轻无重,因为它既不自然地朝向中心或离开中心,也不反自然地朝向中心或离开中心"。(269b32—35)亚里士多德在《论天》第4卷还专门研究了轻与重的问题。这一卷过于单薄,一共六章,主题就是轻与重的问题:

> 我们研究的下一个论题就是重(barys)与轻(kouphos)。它们是什么(ti estin)? 其本性(physis)是什么? 以及为什么有此特性?(307b28—29)

> 事物被称为重与轻,既有绝对意义的,又有相对而言的。……我们的前辈们没涉及这两个词的绝对意义,仅涉及其相对意义。(307a6—11)

颇有意思的是,亚里士多德自己关于绝对意义的重与轻,即重与轻的"是什么",反倒比前辈荒唐可笑。他用四元素的合乎本性的运动来解释:"绝对的轻指的是向上,朝向边缘移动;绝对的重,指的是向下,朝向中心移动。"(308a28—30)所谓较重、较轻,指的是所含元素及其数量。关于这个问题,我们在本编第七章第三节关于四元素的论述中已讲过。这里我们要谈的是他用这个观点分析星球的运动。他接受当时的几何学的见解,所谓"圆"就是没有角的图形,从中心到边上每点的距离相等。圆周运动按《论天》第3卷第5、6章的说法是匀速运动,任取一点既是起点又是终点,而且永远以圆心为中心向前。它所构成的质料必定是单一的,它只有圆形轨迹的自然的运动方向,而没有反自然的方向,也无向上或向下的属性,所以无轻无重。

2.它既无产生也无消灭。因为生灭必有相反的两极,而圆周运动没有。关于无生灭、无量度、无质变的论证,基本上一样。在《形而上学》第12卷第2章中有一个总的说明。那里把变化归为四种,他说:

> 变化有四种:本体(essence)的变化、量的变化、性质的变化及位移。凡属于"这个"的变化就是生成与消灭;数量的变化就是增减;性质方面的变化就是变更;位置的变化就是位移。总之,凡变化都是从一种状态过渡到各自相对应的另一种状态。在这里,经受变化的质料就是两种对反状态的承担者。(1069b9—13)

生成是从潜在的"是"到现实的"是",消灭是现实之"是"成为"非是";从质料看生成是潜能的实现,是元素的组合,而不是无中生有,有化为无。所有这些变化都是以质料为依托(hypokeimenon)。显然"以太"这一质料没有上述四种变化的潜能,不具对立变化的基质的性质。既然天上没有与圆周运动相对立的非圆周运动的星球,因此它们就是永远现实的,不生不灭的。这就是《形而上学》第12卷及《论天》第1卷第3章的论证的要点。

3.无数量的变化。因为增加是同一物体或同一质料的一定的量加到同一构成的本体上,"但是以太不是这种质料"(270a25)。

4.无性质的变化。"既然这种质料的本体是无生灭的,那么同样的道理它也不会发生性质的变化。"(270b26—27)

5.没有无限大的"以太"。《论天》第1卷第5至7章,他证明任何元素都不可能是无限大的,同时也证明以太不可能是无限大的。因为若有无限大的以太,就不可能旋转。

这是亚里士多德以四元素为参照系,得出了关于第五种质料的特性的结论。这种无重量、无任何变化的质料当然是完善的、神圣的,是"神的居所"的"基质"。他借助人们的日常经验和传说证明其神圣性质:

> 从上所述,显然,如果我们的论证是可靠的,那么所有物体中的第一物体(to proton ton somaton)就是永恒的,无生灭,无变化的。对此,从人们的经历中也可得到证明。不论是希腊人还是野蛮人(barbarian),所有人都有神的信念,都认为天的最高处是神的居所。而且同信神一样,认为不朽的神总是同不朽的东西在一起。他们都认为不可能有什么例外。既然如此,显然一定有某种神性的东西,这就是我们前面说的诸物体中的第一本体(protes ousias ton somaton)。……这个第一本体的名称从古代一直传到现在。……他们都相信这个第一本体(tinos ontos tou protou)不同于水火气土;都称宇宙的最上层为 aither(以太),它来自 aei thein,即"永远如此运动"的东西。仅有阿那克萨戈拉错用这个词,用来指称火。(270b1—23)

这段话很重要。我们省略去的几行是叙述古人关于神的传说和感受。人有人的居所,由此推想神一定也有神的居所。我们曾经引卡恩的见解,希腊系词 eimi，当它表示有和存在时，总联想到处所。甚至"努斯"、"得穆革"、"不动的推动者"、"太一"都有其处所。神的居所当然也是神性的，它由不朽的、神性的质料构成。人们看到日月星辰万世如一在那儿转动，于是用"永远"（aei）和动词 theo（跑动）的不定式 thein 的合成词 aither 来称呼它。这是亚里士多德对"以太"的解释。阿那克萨戈拉将 aither 看做火，亚里士多德认为他错用了这个词。柏拉图认为 aei 指"气"（air）。意为气的永恒不息的流动。[1]亚里士多德不同意用四种元素解释天体的质料，当然不同意将"以太"看做是火或气的流动。在这段话中，他将"另一种质料"改称为"物体（复数）中的第一位本体"或"第一物体"。这是他对"以太"的另一种称呼。他换用 soma、ousia、on，因为"以太"是永远现实的，不像四元素仅是潜在的"这个"。这就意味着"以太"=第一物体=第一本体。也就是说，在天体那里"以太"这一质料与形式是合一的，"以太"（或者说"天"）就是 essence。这就是亚里士多德《论天》的一个最重要的观点。

### 三　圆周运动与世界灵魂

既然天体都是同一质料构成的，那么世界就只能是一个。亚里士多德在《论天》第 1 卷后五章即第 8 至 12 章中驳斥阿那克西曼德、阿那克萨戈拉和恩培多克勒关于多个世界，甚至无限个世界的思想，认为只有一个天，"天外无物"。他的论证有几个：

第一个论证是：大地是世界的中心，只有我们所居住的一个大地。因为大地是土元素构成，土的本性是向下，朝向中心，所以必然集中在一起。即使有多个世界，多个大地，除非那里的土的本性不同甚至相反，但这是不可能的，否则必然依本性向下，向一个中心集中。

> 这样，要么我们必须否认各个世界的单纯体（元素）有共同的本性，要么就必须承认其本性一样。如果本性一样，那么如上所述必定只有一个中心，一个外层。这就意味着只能有一个宇宙（cosmos）。（276b20—22）

---

[1]　参见柏拉图：《克拉底鲁篇》，410B。

　　这里亚里士多德用 cosmos，中译为"宇宙"或"世界"，在 276a18、276b19 中他又换用 ouranos。Cosmos 包括大地，但是在另一个含义上有区别，指月轮以上，不含大地。这从下面一个论证就可以看出来。

　　第二个论证是：月轮上的"天"只有一个。他说，如果"天"有多个，它的"形式"或"定义"只能是一个。有人认为有的天离我们太远了，我们不知道它的构成，或者像毕泰戈拉说的还有一个"对地"；似乎有一个反自然运动的世界。这是不可能的。（276b22—277a12）"天"的含义就是我们在前面引证过的。（278b12—21）从古到今，人们都是站在大地上指称整个太空。

　　　　因此我们可以得出结论：过去，现在，或将来，都没有也不可能有多个天（这里都用 ouranos——引者注）。这个天是唯一的（monos），单一的（eis），完善的（houtos teleios）。而且很显然，在这个天之外没有空间和虚空，也没有时间。（279a9—12）

　　因此这个天是永恒的，完美的，神性的（279a22—b3）。奥菲斯教、赫西奥德、柏拉图、原子论以为天也有生灭，这是毫无根据的。恩培多克勒以为可以交替生灭也是荒唐的。（279b4—280a34）

　　《论天》第 1、2 卷其实是一个整体。因为第 2 卷前两章继续第 1 卷末的论证。大意是：古人以为阿特拉斯（Atlas）支撑着天柱，所以天掉不下来。恩培多克勒以为天体的旋涡运动大于朝下倾向的运动，所以掉不下来。柏拉图以为是世界灵魂支撑着。所有这些说法都是错误的，因为他们都把天看成是有重量的，而不知"以太"是无轻重的。（283b26—284b5）有人以为天也有前后左右，其实只有生物才有，神性的天是没有的。（284b6—286a1）

　　天是特殊质料构成的，唯一的，最完善的本体。那么它应取何种形状，按何种方式运动才最适合自己的本性呢？从第 2 卷第 4 章起，亚里士多德着手讨论天体的运动。他说：

　　　　天体的形状（schema）必定是球形的。因为球形最适合于永恒运动的本体（ousia），而且球形在本性（physis）上是在先的（proton, primary）。（286b10—11）

这里几个词值得注意。按照《形而上学》中本体的分类,天体属于永恒运动的、无生灭的本体。按亚里士多德的定义法,它的 genus(种,另一译为属)就是本体,它的属差(种差)就是"永恒运动,无生灭",这也就是"天"的 essence(本质),其外延就是前面讲的"天"的三重含义。《论天》前一部分详细论证了天的构成元素,以及天的性质(属性)。这一部分相当于《物理学》第1、2卷的主题。第2卷的主题相当于《物理学》后五卷,中心就是天体的运动以及这种运动的属性和表述。第2卷第4章,他首先是证明天的形状(scheme)是球形的。scheme 不同于 eidos,它指形状(shape)、外表(apperrance)、外形(figure)。德谟克利特用 scheme 指称原子的形状和结构。它的词义正好同 essence、reality 相反。它还可以指称 fashion、manner(式样,样式),在几何学上指图形。① 这个词就是英语 scheme 的词根。亚里士多德在这章中作了两个论证,其一是,球形在本性上(physei,按本性)是在先的。他说,图形可以分为由直线构成的(rectilinear)和曲线构成的(curvilinear)。前者所构成的几何图形须有几条线,而后者不管是圆、椭圆,只要一条线就行。"既然在本性上一先于多,单一(simple)先于组合的,那么球形一定是先于其他形体了。"(286b15—16)同理,以圆形为基础的立体即球体也就优于其他的立体形状,而且唯有它适宜滚动和旋转。因此,"sphaira(球形)是所有形体中在先的(第一的)"(286b26—30)。

因此第一形状(proton schema,primary figure)当归第一形体(protou somatos,primary body)。而第一物体就在天的外层(天穹)(to en te eschate periphora,at the fartest circumference)。天穹呈圆的形状,它必定就是球形的。(287a3—5)

亚里士多德的另一个重要论证比较简单。大意是,既然天只有一个,天外没有空的空间或虚空,也无天外的时间。那么天的形状就必定是球形的。假定它是凹凸形的(lentiform)或卵形的(oviform),当它旋转时就不可能在所有的时间中占有同一空间,就一定留下在它之外的一些空间,等待别的物体来填

① 参见《希英大辞典》,第1745页。

补它。然而这是不可能的。(287a7—22)

亚里士多德还提供了另两个论证(287a23—287b22),此外还借助于大地上人们的经验观察,证明大地是扁平的,覆盖在上面的天空是球形的。这些论证的细节这里不予转述。我们仅想说明一点,古代的巴比伦、埃及等都知道天体是球形的,日月星辰是沿着轨道旋转的。亚里士多德时代的希腊天文学、占星术也都将上述论断当做自明的。唯有亚里士多德,诉诸哲学和数学从各个侧面论证天体是球形的。但是他的论证往往有一个预设的前提:最完美的、单一的形状一定是球形的。所有这四个论证都有这个预设。第三个论证也是从天体运动是最快的、连续的、均衡的、永恒的出发,证明它是最圆满的,因而它必定是球形的。第四个论证是从地上的四元素出发,水环绕大地,水是球面的,按照"距离越远的元素越完善"(287b19)的预设,因而推断气是球面的、火更是球面的、太空的以太当然更是球面的。(287a31—b20)究其根源,还是他的目的与至善的神学—哲学观点作祟。在第5章论证天体总是朝一个最好的方向运动时,也是这样很巧妙地将数学论证与目的的论证结合在一起。他认为球体可能沿直线流动,也可能作抛物线运动,但是圆周运动是最圆满的。唯有它才总是朝一个方向。他说:任取圆周上一点,从两相反方向出发,最后都是一个方向,即朝向前方的运动。犹如人们从北极由相反方向飞行,最终都走到南极。似乎方向相反,其实都由北向南。圆周运动就有这个特点,表面看朝相反方向走,其实都是向前。这在数学上是成立的。他用这个道理证明天体运动是永远向前的。纯粹从数学上说,无所谓哪个方向更优越,更完善。可是亚里士多德却一定要同时渗入他的目的论。他说:"自然(physis)总是制造最好的结局。"(288a3)"如有两个方向,总是向上优于向下,因为在上的地方总是比在下的地方更神圣。"同理,向前优于向后。因此,最优越的方向总是赋予单一的、向前的、永恒运动的本体。(288a2—11)

亚里士多德关于自然哲学的研究方法有一个内在的不可克服的矛盾。他注重经验、观察和归纳,他力求对每一个结论作出自己的论证。这是他的优点。但是在关键问题上往往又背离他在《分析篇》中所确定的方法。他依靠沉思理性所确定的自然哲学方面的三段论大前提,往往就是他的神学和哲学的观点,因而利用数学所作的论证必然从属于他的根本观点。且看他在《物理学》第8卷第7、8章关于圆周运动的论证。大前提是:在质变、量变和位移三种运动中位移运动在先。根据"在先"(prior)的三个含义,他先证明在逻辑上在先,理由是没有位移就没有别的运动,反之就不成立,(260b19—29)其实这是不确切的。接着证明时间上在先,理由是个别事物有生灭,产生者、推动者先于被产生者、被推动者。(260b29—261a12)(注:这又是个似是而非的说法)最后是所谓"本性上"(定义上)在先。理由是在自然的顺序中,位移的完善性高于另两种运动。(261a13—26)显然这里他把他自己的伦理的价值判断当做三种自然运动的标准了。于是从第7章后半部分开始,他就转入第二个命题的论证了:

> 位移先于其他的运动业已得到证明,现在必须继续前进,证明那种位移运动先于其他的位移运动。(261a28—29)

他的结论是"第一位移"即圆周运动优于其他位移。其证明大致如下:位移可以分为直线形的与圆形以及二者的混合(指螺旋形的)。直线位移都是有限的,有起始的。它到终点后如再运动就必须折回,而折回就意味着新的位移的开始,也就意味着有瞬间的静止。因为无限长的直线位移是不存在的,所以位移不可能是一直连续的。圆周运动是连续的、单一的。"圆周上的任何一点都同样既可以是起点又可以是中点或终点。因为作圆周运动的事物,既可以说永远在起点或终点上,也可以说永远不在起点或终点上。"(265a35—b2)按照他的哲学的大前提:单一的、永恒的、连续的运动优于杂多的、有限的、非连续的运动,结论就不言而喻:圆周运动是最完善的运动,而最完善的运动从属于最完善的本体,所以天体运动就是所有自然运动中最完善的运动。

本来,几何图形、数字概念、物理运动其本身无所谓善恶、好坏。但是古代希腊从毕泰戈拉以至原始宗教开始,就把哲学、伦理与科学混在一起,使得范畴、数字、图形等有了宗教意义和伦理的价值属性。亚里士多德在他的神学和目的论的诱惑之下,他的关于"天"的论断的神秘主义色彩越来越重。按照古希腊的天文学和日常知识,日月星辰是在运动的。但是亚里士多德觉得静优于动,动的东西总是不完善的,于是在《论天》第二卷第八章提出星球不动,整

个天体在旋转的观点。设 A 为星球,B 为整个天体,从理论上说有下列四种可能:

A 动,B 也动

A 动,B 不动

A 不动,B 也不动

A 不动,B 动。

首先第三种可能不存在。因为作为宇宙中心的大地是不动的,所以 A、B 之间必有一个动或两个都动。(289b5—8)

第一种可能也不存在。因为如果 A、B 都在动,那么各个星球就必须与整个天的运动的速度保持一致,这就意味着那么多的星球不论远近与大小,都必须保持一样的速度和距离,然而这是不可想象的。(289b9—27)

A 动,B 不动也不可能。道理同上,不同速度、大小和距离的星球在运动中要保持一致是不可能的。(289b28—29,290a8—19)

所以只能是 A 不动,B 动。(289b30—33,290b8—11)亚里士多德的结论是:天穹作为整个球形天体,上面有不同层次的轨迹,各保持一定的倾斜。日月星辰都固定在不同层次的不同轨迹上,整个天体在不停地旋转,从而带动镶在上面的星球旋转,犹如坐在船上的许多人,各自的位置没动,整只船在运行,因而带动全船的人在动,而且是不发声的。(281a10—15)亚里士多德的想法就像儿童乐园里的玩具。各个小孩的位置是固定的,整个大飞轮在旋转,每个座位的人也就旋转了。仅是在这个意义上说,星球在旋转。亚里士多德说其实星球是不动的,甚至连自转他也否认,理由是连最低层的月亮,脸总是朝着我们。(290a25—26)

根据格思里的注释,古希腊的阿里思塔库(Aristarchus)已有这一观点。①亚里士多德着重发挥和论证这个见解有其特殊的原因。他在否证 A 动 B 不动时附加了两个论证:第二个附加论证是,如果各个星球自身是运动的,那么为了保障它们在各个轨迹上移动而不偏离,就必须像动物一样有运动器官和

---

① 参见《洛布古典丛书》,《论天》,第 188 页注 2、第 189 页注 3。

感官。（260a20—35）也就是说各个星球必须有各自的灵魂，各自的运动根源。这同他的最高本体的思想是不相容的。《物理学》第 8 卷、《形而上学》第 12 卷、《论灵魂》第 3 卷及《论天》关于以太的灵魂和神性的资料表明，亚里士多德否认星球的个体灵魂，承继柏拉图《蒂迈欧篇》的世界灵魂的传统，认为宇宙是一个整体，不动的推动者处于最外层，推动整个天体旋转。它也就是"努斯"，世界灵魂。人的灵魂在伽伦之前都认为居于心脏，身体各部分的运动受心（phren）所推动。同理，宇宙灵魂处于宇宙最要害处即宇宙最外层，天体的旋转受制于它。这就是说只有一个世界灵魂，而没有各个星球各自的灵魂。显然，他是先有这个结论，然后寻求论据的。结论的需要促使他如此安排论证。

因此，《论天》的结论同《物理学》、《形而上学》是一致的，最后导向神学和神秘主义。当然这是一种同理性相融的神秘主义，而不是反理性的宗教神秘主义。格思里在《论天》导言的第二部分专门讨论了耶格尔在《亚里士多德：发展史纲要》提出的问题。耶格尔认为《论天》属于亚里士多德思想过渡期的作品，第一推动者和世界灵魂是后来才引入的。格思里不同意耶格尔的观点。格思里引 279a30—b5、284a18—b5、300b18—22、286a9—13 等段落证明这里明确讲到神、第一推动者与世界灵魂，指的都是一个意思即永恒不动的本体。①

现在我们可以以《论天》为主，对亚里士多德的天论做一个小结：

亚里士多德的 ouranos 指的是覆盖大地的整个天。《论天》共四卷，后两卷讲大地的四元素、大地形状等，原因是他认为地是宇宙的中心。为了解释为什么大地是中心，他就必须讲到四种元素及其性质。土向下，向中心凝聚，气与火向上，再上一层即月轮上的"以太"，无轻无重，所以整个"天"可以说就是整个宇宙，包括作为中心的大地。大地至月轮下的各种天象，我们在下一节讨论。月轮上至宇宙最外层就是《论天》第 1、2 卷的主题。作为自然哲学的对象之一，首先研究这一本体的质料和本原。因为构成天体的质料（以太）不同

---

① 参见《洛布古典丛书》，《论天》，"导言"，第 21—23 页。

于四元素,它是无轻无重,无变化的,所以它是在先的物体,称之为"第一位物体"或"第一物体"。它又是现实的而非潜在的,单纯的而非复合的,甚至是神性的,是神的居所的质料,因而它是同形式合一的,故可称"第一本体"。同地上可生灭的本体的运动形式不同,它是球形的,按最完美的圆周运动形式旋转。其中各个星球固定在不同层次的不同轨道上,由第一推动者(也就是神,世界灵魂)推动整个天体旋转,从而带动星球旋转。这种运动是永恒的、均速的、和谐的,是一首无声的乐曲。

《论天》追问天体的质料是否与大地相同? 天是一个还是多个? 天外是否有天? 天体"是什么"? 如何运动? 等等,在哲学史和科学史上是有一定地位的。然而亚里士多德的答案几乎都是错的。他认为圆周运动的质料是特殊的"以太",岂不知地球也是在作圆周运动,那么也是"以太"而不是四元素构成的了。他的地球中心说、以太学说、星球不动既无公转也无自转的结论,既同所处时代的天文学、占星术有关,也同他自己的第一哲学即神学的观点休戚相关。他讲究论证,然而他预设了许多错误的大前提。这就是他的天论的悲剧。

## 第二节　天象与气象

涉及天象、气象与大地变化的著作有《天象学》、《论宇宙》、《论风的方位和名称》。后两篇属疑伪的著作。所以在这一节中我们主要以《天象学》为主讨论亚里士多德对月轮下世界和大地变化的解释。

### 一　月轮下世界与《天象学》

按照亚里士多德自己在《天象学》开篇的陈述,他依次研究了"自然的第一因"(proton aition tes physeos),"自然的运动","天体的有序运动",四种元素及生成与消灭之后,还要研究"先辈称之为 Μετεωρολογια(meteorologia)的这一自然哲学的分科"。(338a20—27)meteor 原指"把某物挂在上面"、"悬在上面",名词指挂在上面或漂浮在上的东西。古人认为云、雾、雨、雹及彩虹、星星、彗星、流星等是浮在或悬在天空上的东西,自然觉得很神秘。哲人能解释其成因,不愧为智慧的巨人。Lego meteor 即谈论悬在天空上的东西就成为一门学问"meteorology"。① 从米利都学派到柏拉图,meteorology 包括关于天上的星球的学问。亚里士多德将月轮上的物体看做是以太构成的本体,月轮下的东西才是四元素构成的,因而将它分为自然哲学的两门分科,用两个讲稿即《论天》和《天象学》来讨论。由于这部著作不仅研究气象而且还研究彗星、流星、陨石、地震、海啸等,所以中文译为"天象论"(吴寿彭)或"天象学"(苗力田)是颇为贴切的。其实《天象学》的研究范围很广,包括近代科学研究的化学反应、物理变化、生物化学及生理现象等等。

关于《天象学》的研究,19 世纪着重原著的考证和注释,20 世纪上半叶发表了些研究性著作,例如《古希腊的天象理论》、《亚里士多德的化学著作——〈天象论〉第四卷研究》、《亚里士多德的金属与矿物成因理论》等,20 世纪后几十年关于《天象学》的论文很少。本编第一章提到的三部论文集,仅仅录用了一篇,作者 Cynthia A.Freeland,题为 *Scientific Explanation and Emperical Data in Aristotle's Meteorology*(《亚里士多德〈天象学〉中的科学解释与经验资料》),主要研究《天象学》中前人见解(endoxa)、经验观察与《后分析篇》中的论证方法的关系,作者认为《天象学》所体现的亚里士多德的科学实践,在关键性的方面是偏离《后分析篇》的规范性的方法的。他实际上使用的方法是现代哲学所说的实证的方法。②

《天象学》共四卷。前三卷是一个整体。在开篇第 1 章中,亚里士多德列举了本书研究的范围,正好到第 3 卷止。第 4 卷讨论大地的物理化学变化,开篇中未提及,所以古代注释家阿菲罗狄西亚的亚历山大认为,可能第 4 卷甚至全书都不是亚里士多德本人的著作。《洛布古典丛书》英译本《天象学》附有译者的导言和再版序言(1961 年)介绍了若干情况。导言中说有一个时期人

① 参见《希英大辞典》,第 1120 页。

② 参见 Lloyd P.Gerson 编:《亚里士多德评论集》第 2 卷,第 178 页。

们认为是早期漫步学派斯特拉波的作品,后来人们同意 W.Capelle 的观点,认为前三卷肯定是亚里士多德本人的,对第 4 卷仍有不同看法。罗斯否认第 4 卷是亚里士多德的手笔,耶格尔认为是疑伪著作。《论生成和消灭》英译者约亚钦(Joachim)认为是亚里士多德作品。《洛布古典丛书》《天象学》英译者论证第 4 卷也是亚里士多德作品。吴寿彭在他的译者绪言中作了这些论据介绍,无外文资料的读者可参看吴译本绪言。关于《天象学》的写作年代,吴译本绪言第 2 节大体就是英译者 H.D.P.Lee 导言页第 23 至 25 页,英译者参照别的资料证明《天象学》完成于公元前 335 年亚里士多德回雅典建立自己的学派之前,后来可能作些修正和补充。这里不详细介绍。我们要着重谈的是《天象学》的基本思想及其同亚里士多德哲学根本观点和方法论的关系。我们主要采用《洛布古典丛书》的英译本,它还附有提要和注释,牛津修订本是 E.W.Webster 的译文,二者都以 Fobes 的希腊文校勘本为根据。H.D.P.Lee 还采用了 Fobes 的注释,为英译本增加了提要和注解。目前中文有两个译本,即苗力田的全集本和吴寿彭的《天象论·宇宙论》。吴寿彭采用了《洛布古典丛书》中的大量注释,并附有两部著作的译名索引、解释和书目索引,颇有价值。

　　《天象学》第 1 卷第 2 章是亚里士多德关于天象全部见解的理论基础。这段话很长,而且插入几个附加的说明。我们转述如下:他说,我们已经说过,天体是由"第一物体"(指以太)构成,而地上的物体却是由四元素构成。土向下,火向上,水与气介于之中。"整个大地地带就是这四种元素组成的。"(339a20)这一地带(指月轮下)必定同天体运动相连续,天体运动制约着月轮下各种可能的运动。人们必须把"火、土及同种类的元素(指水和气——引者)看做是所有月轮下的变化的质料因,而永恒运动物体的致动的能力才是地上物体运动的最后的根源"。(399a28—31)

　　这段话中的 peri ten gen holos kosmos 意为"环绕大地(peri ten gen)的整个(holos)世界(宇宙)"。《洛布古典丛书》译为 the whole terrestrial region(整个大地这一地带)。然后加注"指月轮下领域,参见 339b5"。牛津修订本译为 the whole world surrounding the earth(环绕大地的整个世界)。亚里士多德《论天》中常把 whole kosmos 等同于整个 ouranos(天)。《洛布古典丛书》英译者可能是担心"环绕大地的整个（宇宙）"会引起误会，所以将它换成"整个大地这一地带"再加上注"指月轮下"。在第 3 章中，亚里士多德讨论了两个问题：大地与最远的星球之间这一地带即所谓"大气层"（aera）到底是什么？第五元素构成的"天上地带"的本性又是什么？前部分（339b5—16）明确说大地和星球之间是四元素构成的。按亚里士多德的说法，所有这一地带的天象和大地变化都是以四种元素为质料因，以天体运动为动力因，在月轮上天球运动的影响下形成的。这就是说，月轮上与月轮下是个分水岭。

这是亚里士多德同早期哲学的天象论的重大区别。亚里士多德时代还没有"本质与现象"这对范畴，他笼统地称之为 ton gignomenon（复数第二格）即承受变化的东西，英译者都译为 events（事件、事情）颇为贴切。因为在亚里士多德看来，云、雾、雨、地震、雷电、月蚀、流星等等既不是本体，也不属于九个范畴所指的属性，然而它们又都是"estin"，即都是某一种"是"（being）的变化，同九个属性范畴中的"遭受"（being affectied）有些关联。《天象学》不必追问"是否存在"？因为这是古今人人公认的事实、事件。也不追问"essence 是什么"？因为这些都不是本体，而是水、火、气、土"原初本体"的变化。《天象学》要研究的是诸天象的成因及其特性。因此，亚里士多德把原因当做是研究的重点，aitia 是本文的核心范畴。但是，同雕像、房子、橡树等《物理学》《形而上学》常常提到的事例不同，这里的重点是研究天象（含天气）和大地变化（如地震、海啸）的成因。他将月轮下分为四个层面。大地以土为主，土上面一层为水，水上面是气，它浮悬在大地上空，气之上接近月轮处则以火为主。在天球运动影响下四个层次中四种元素发生的变化，导致各种天象的形成。[①] 这是他解释天象的总的原则、原理。下面我们就看看他是如何在这个总的原则指导下解释各种天象的。

## 二 天象与大地变化

从《天象学》第 1 卷第 4 章起，亚里士多德开始对各种天象和大地变化提

---

① 参见《天象学》第 1 卷，第 3 章。

出具体的解释,为研究方便,我们将它们分成下列几类:

1.流星、彗星、陨石、银河及对大地的影响;(第 1 卷第 4 至 8 章)

2.云、雨、冰雹、雾、霜、雪;(第 1 卷第 9 至 12 章)

3.江河、泉水、湖泊与大海的成因及旱涝;(第 1 卷第 13、14 章;第 2 卷第 1 至 3 章)

4.风的成因、方位、风向与类别;(第 2 卷第 4 至 6 章;第 3 卷第 1 章)

5.地震、雷鸣与闪电;(第 2 卷第 7 至 9 章)

6.日食、月食、日晕、月晕与彩虹;(第 3 卷第 2 至 6 章)

7.软、硬、刚、柔、溶解、熔化等物理、化学现象;(第 4 卷 1 至 6 章)

8.有机物、无机物的不同构成与性质。(第 4 卷第 10 至 12 章)

我们无法具体介绍和评论亚里士多德关于这八类天象的解释,这不是本书的任务。本编重点论述亚里士多德自然哲学的基本原理,以及他的 being 学说在自然哲学各个领域中的体现。上述八类现象分别属于紧挨月轮的上层,地表与上层之间的蒸气层以及地表、地里这一层的大地变化。下面分别讨论这三个层次的天象。

(一)邻近月轮的,以火为主的,大地上层天象。

月亮运行的轨迹和层面,希腊天文学称之为"月轮"。"月轮下"(sub-lunar)紧邻月轮的大地上层,火元素居统治地位。地表为太阳所烘热,嘘出两种气(即 preuma),下层为蒸气,地里和地表的水受热上升而成,这是云、雨等形成的质料。上层为干而热之气,"是最易于点燃的"。(341b16)天体因旋转而产生热量,点燃了大地最上层的干而热的气,于是就形成了天上的"火焰"。这些燃烧物在大地最上层向外流射,就成了"山羊"形状或"火把"形状的火沟、红霞。(341b25—34)"这些火焰由于凝聚而向下沉降",就成了流星。(342a1—10)我们昼夜见到,火焰自寂静的天空落到大海,落到地上冷却了就成陨石。

> 所以,所有这些(天象),其质料因就是地表嘘出物(anathymisis, exhalation),其动力因则是由于天体的运动,此外是由于气的凝聚。所有这些都发生在月轮之下。(342a27—31)

现行几个英译本都在亚里士多德原文 panton touton（all these，所有这些）后面加上 phenomena（现象）。其实亚里士多德尚无"现象"范畴。他都用指示代词"这些"、"那些"指称"天象"。

关于彗星，亚里士多德提供了古希腊于公元前 427/前 426、前 373/前 372、前 341/前 340 年出现彗星的史实，还转述了阿那克萨戈拉、德谟克利特、希波克拉底、毕泰戈拉等关于彗星成因的见解，这些我们在本书第一卷中引用过。有趣的是亚里士多德自己的解释，他分两种，其一是带长尾，由大地干而热的气嘘出，上升成一团烈火，受天体旋转加热燃烧而成，因为热气向外延伸成了长尾巴；其二是不带长尾的、由上层的星球旋转时产生的热，致使上层的火炽烈燃烧而成。他说："可以用一个形象的比喻来说明。农田收割后垛起的干草堆，若干草堆是延续堆放，点燃后火势迅速蔓延，就成流星；若堆成一大堆，一堆干草未烧完而熄灭了，但火种还在干草堆的最厚层里燃烧，就成了彗星，它可以维持相当长时间。"（344a25—30）

因为大地上升的气凝聚燃烧这是多年不易形成的，所以彗星出现机会少。但是，彗星是炽热的火球，干而热，又连续几天燃烧，所以一旦彗星出现，大地就干旱。热极生风，因而又起狂风。（344b18—345a5）

关于银河、日晕、月晕等，亚里士多德的解释大同小异。这些都是"紧挨月轮"，大地最上层火元素为主的层次的现象。所以在第 1 卷第 8 章结尾说："我们就此结束关于大地上层这部分天象的讨论。这部分是紧联上层天体运动的。流星、天火、彗星以及天河，实际上都是这个领域的天象。"（346b13—15）

（二）湿而热的蒸气为主的天象。

亚里士多德在上面引证的一段话后，在第 9 章的开篇作了如下的说明：

> 现在我们开始研究天界下第二层、大地上面第一层的情况。这一地带是水和气的接合部，大地上空的水在这一地带形成了各式各样的（天象）。我们必须研究它们的原理（archas）和原因（aitias）。（346b16—21）

吴寿彭中译本将"接合部"译为"境界"，将"大地上空的水在这一地带形成各式各样的（天象）"译为"水的种种形态在地面以上，作种种表现"似嫌不妥。这里说的"水"实为"水蒸气",亚里士多德认为地表上的水在太阳的作用下嘘出湿而热的蒸气,这些蒸气处于第二层。这层不算很高,因为他说高山的山峰往往在蒸气之上,所以云、雾漂泊在山峰之下、山腰之间。古代注释家将第二层叫做"气层",第一层为"火层",地面一层叫"水层"。亚里士多德说第二层的动力因,或者说"第一原理"、"第一根源"是太阳的旋转。日与夜,向阳与背阳引起地上事物的聚合与分解。地上的水受热而蒸发,在空中又被加热而上升。有些蒸气散撒在天空,就成云。有些蒸气被冷却就复归于水,水重于气,就从天而降成为雨。(346b21—31)由于冬季和夜晚较冷,所以雨在冬季和晚上比夏天和白天多。(360a1—5,注:希腊的冬季多雨)雾是蒸气聚结的残余,所以比云重,接近地面。云生育雨,但雾是蒸气聚结的残余,没有生育能力,太阳出来就散了。(346b33—35)如果是白天上升的蒸气,未升至高处就遇夜寒,骤然冷凝就成了露,若是冬天就成了霜。(347a13—27)雪与霜的成因大体相同,不同的只是雪是在云层中的云被冰冻而成的,而霜是上升的蒸气被冰冻而成。所以下雪是寒冷的征兆。(347b22—25)冰雹是较难解释的,有人认为是高空中的水被冰冻而成,问题是水为什么不掉下来,而等冰冻后下落?为什么冰雹多在春秋暖和的季节?阿那克萨戈拉认为是寒冷的云被逼到高层而成冰。但是这同事实不符。雪从高空飘落,而冰雹是自低空急速倾泻,所以有的块头大,若是高空而下,就变小了。亚里士多德认为是因为空中冷、热二气相互包围,犹如山洞中夏天外热内冷,热包围冷,冬天相反,外冷内热。由于空中热气包围冷气,如在云层中快速运动,被热包围的冷气急速收缩成大小冰块而落,就成冰雹,所以春秋季节易形成,因为这一季节多有冷热相围,热气包围冷气。(348a1—349a4)

　　火层、气层、水层不是截然分开、纯而又纯的,特别是两层交界处两种元素都有。气层中的云若包围了火焰,突然遇冷,云层收缩,"被围的干而热的嘘气就撞击其周围的密云,由此碰撞而造成巨响,就是我们所称呼的雷"。(369a29—30)"这就是什么叫雷(bronte),以及它是由什么原因(aitias)产生的说明。"(369b4—5)这句希腊文较长,《洛布古典丛书》译为this,then is what thunder is and this is its cause。牛津修订本译为this,then,is thunder,and this （is）its cause。《洛布古典丛书》的译文会引起误会，以为亚里士多德在追问"雷是什么"？其实，后面我们要说到，所有这些天象都不是 ouisa（本体），essence 这个意义上的 ti estin 是没有的，只有日常词义和语法上的"什么是 X"或"X 是什么"。这里的希腊原文是个指示代词，tauto 加 esti，意思是"因此，雷（he men oun bronte）就是（esti）如上所述"。原文中常有这种句型。由于涉及亚里士多德关于本体的理论及其应用的重大问题，所以我们以此为范例作些说明。

亚里士多德正确地指出雷鸣与闪电是同时发生的，但因为声音的传递媒介慢于光，所以人们先看到光。这就如同看海边的划船，其实划船的动作与发生的声响是同时的，但是人们总是先看到动作后听到声音。（369b7—13）

《天象学》第 3 卷第 2 章至最后一章即第 8 章讨论日晕（pare-tion，haloes）、彩虹（iridos，rainbows）、"假日"（parelion，mock sun 又称"幻日"）、"日极"（hrabdon，rods）。亚里士多德的提问方式与前面的一样，追问它们的"自然是什么"，以及其成因。（371b18—20）他说，太阳、月亮甚至星星有时有一个色彩的环形圆盘。白天与黑夜或中午常可看到，唯有早晚少见。它的质料是蒸气与干热的气凝结的云，然而是匀整的，其微粒也细小。因为它在任何方向都是对称的，阳光反射在上面，就是圆形彩环，所以其动力因仍是天球的旋转，光线从星球（中心）射向气层（即大地的第二层）的对称而匀整的微粒上，形成一个圆锥形图形。人从地上看去，就像一个对称的倒立的圆锥，这样看上去就像这个环状是套在太阳或月亮上，其实这个环是在大地的气层。仅仅是因为光源是太阳或月亮，站在大地上的人看上去觉得这个环跟着星球转。（372a16—373a20）吴寿彭译本援引了《洛布古典丛书》中的作图，读者可参看吴寿彭译本第 140 页的插图。

亚里士多德认为，彩虹也是阳光的反射，"两者都是反射，虹是从远处深暗的水反射来的，而晕乃出于近处的气的反射"（374a1）。由于亚里士多德对感觉和光学有研究，而且他细心观察过光的折射与反射，研究过各种感觉的传媒（参看本章第四节），所以他对晕与虹的解释远在同时代人之上。他以划桨时激荡起来的水波和反射，灯烛下的彩环，室内朝阳光照入方向喷水在明暗交界处出现彩虹为例,说明天空上彩虹其实是逆阳光方向远处水气的反射。(373a32—374b8)亚里士多德对颜色有专门研究,写过《论颜色》,在第3卷第4、5章中对晕和虹的色彩,以及为什么彩虹的弧形决不会超过半圆作了图示和解释。可以说,这是《天象学》中最精彩的、同近代科学基本一致的见解,只可惜他那个时代不懂得波长与色谱。

风也属于第二层(气层),但是最接近地表,往往处于二、三层之间,对大地影响很大,所以亚里士多德将风和江河、大海结合在一起,同时又把风同云、雨、晕等联结在一起来研究。在结束了雨、雹等研究后,他开始转向研究大地二、三层面的天象。他说:

> 关于雨(hyetos)、露(drosos)、雪(niphetos)、霜(pachne)和冰雹(chaladza)的成因(aitian gignetai)以及它们各自的本性(he physis auton estin)就说到这里。

> 现在我们继续研究风(anemos)及其在气中的各种变形(preumata),还有江河和大海。(349a10—13)

关于风,亚里士多德提出的课题是:

> 事实上,下列的问题是值得研究的:什么是风?(ti estin ho anemos)它是如何形成的?它的根源(arche)是什么?(349a32—34)

但是,亚里士多德并没有接着就讨论风,而是先讨论江河和大海的成因和性质,①然后从第2卷第4章起用三章讨论风的问题,继而又中断下来讨论地震和雷电,第3卷第1章再回过头来讨论狂风与旋风。究其原因就是涉及风向、方位和微风、狂风的原因时分别同地面或火气的天象有关。亚里士多德对风有专门研究,疑伪著作《论风的方位和名称》可能出自他的弟子之手,但同他的基本思想还是一致的。他自己提到在《问题集》中还讨论些遗留问题(363a24,参看《问题集》XXVI)。这里涉及古代地中海、爱琴海、西亚及现在的亚得里亚海等许多风的名称和风向,以及风暴和清风。我们无法一一介绍。我们仅从亚里士多德本体论和自然哲学角度谈一个问题。亚里士多德将

_____

① 参见《天象学》第1卷,第13、14章;第2卷,第1至3章。

being 分为本体之"是"与属性之"是",又将属性分为 essence（本质）、property（固有属性）、accident（偶性）。在《形而上学》中仅仅说偶性不是一门专门学科,但是在自然界有大量偶然因素存在,所以在《物理学》第 2 卷第 4 至 6 章中他专门研究了偶然性、自发性与必然性的问题。他认为偶然性也属于原因（195b30,198a4）,而且也有近因与远因之分（197a25）,所以研究自然的运动和变化时不可不顾及。《天象学》讲到上百种天象、气象和大地变化,每一种变化如云、雨、风等又有许多差异。这些无所谓目的因,大自然不是有意制造这些天象与人作对。但是这些五花八门的现象,亚里士多德感到仅仅用一个质料因和动力因难以解释清楚。同样是蒸气质料的云、雨、雾,同样遇冷凝聚的雪、霜、冰雹,又有许多差异。论及这些现象的成因,亚里士多德大量引入偶然性来解释。关于风的问题,每年甚至每季都有例外情况发生。《天象学》与下一节谈到的动物学正相反,在那里"目的"范畴是一个核心范畴。在《天象学》中亚里士多德只字未提目的因。全书出现过九次 telos（目的、终点、完成）,但不是某一天象的成因。他常常提到的是质料因和动力因。在讲到天象成因时经常提及偶然的因素。这些天象都不是哪年哪月哪日必然出现的。正好干热之气被湿而冷的蒸气包围而且收缩发生碰撞,就雷鸣闪电了。"若依南（半球）与北（半球）两个区域的气候作完全相符应的设想,那么我们该得有一从夏季回归线上起始吹来的风。事实上我们这里只有（一个从极北地区）吹来的风"。（363a10—13）究其原因,都是偶然因素。所以《天象论》放在亚里士多德的整个哲学体系和哲学本体论中来考察,有其特殊的意义。

（三）大地表层和里层的诸现象。

按照亚里士多德的大地与月轮下世界的分层见解,地表和地里属于水和土为主的第三层。尽管是水与土为主,但也有气与火。在天体运动和火层、气层天象的影响下,大地有地震、干旱、涝灾及江河与大海的许多变迁。

亚里士多德认为大地发生的变化如地震和干旱,同天体运动和大气变化休戚相关,这是值得肯定的见解。他认定大海没有独立的本原,大海就是由江河之水汇聚而成的。（353a35—b35,354a32）他批评了柏拉图地下大储水库是大海海水来源的观点,对大海的咸味也在前人基础上作了补充。但是限于当时的科学水平,他对地震等的解释全是背理的。他认为地震是由于大地嘘出干、湿二气,在地火和太阳的影响下,热极生风,地内的往外冲,在外的嘘气往里冲,大地为之震撼。(365b21—366a5)关于大地变化,最值得关注的倒是第 4 卷关于物理变化和化学反应的解释。

《天象学》第 4 卷无疑是亚里士多德的作品,但原先是独立的讲稿,其内容同天象无关,而且同第 1 卷第 2、3 章的总原则不符,不是以天体运动为动力因解释地上的变化。亚里士多德从人们日常生活中接触最多的厨房烧饭做菜出发,他说,食物的烹调或调制(pepsis)有三种:煮、溶、烤。做成一道菜,或者说做好了,就是成熟,熟透、炒熟(pepansis, ripening),蒸熟、煎成、煮成(epesis, boil-ing),烤熟(optesis, roating)。反之,叫夹生(未熟,apepsia, nawness),淋烫(半煮,即烫一下拿起来,外熟内不熟,molynsis, scalding),干炙(外焦内不熟,stateusis, schorching)。这里,所谓烹调就是主动的因素作用于被动的因素,归根到底就是四元素中冷与热、干与湿两对性质的作用,即体现主动因素的冷与热作用于被动因素的干与湿。自然界的"生成"在于具有热与湿,死亡就是"干枯"了,成了冷与干。[①] 烹调的道理就是用火元素加热,热(thermos)的效应(effect)就是促使食物由生到熟。反之,冷(psychros)的效应相反,就是使之未熟,夹生。接着亚里士多德说了一段重要的话:

> 但是,人们必须了解,这些术语并不能恰当地表述当下讨论的话题,也无法覆盖同类的所有(现象)。因此,刚才提到的术语必须加以注释,使之能够涵括同类的(现象),而不仅仅是指称日常的词义。(379b14—17)

《洛布古典丛书》英译者在这里加了个注:"请注意:亚里士多德把各种化学变化比附于人们日常所见的烧烤食品和果子的成熟过程。"[②]具备广博生物化学知识的中译者吴寿彭加了一个长注:"以炉火为中心的厨房,就成了他的宇宙化学的模拟实验室。"[③]在当时的科学知识的限制下,亚里士多德从厨房

---

① 参见《天象学》第 4 卷,第 1 章。

② 《洛布古典丛书》,《天象学》,第 298—299 页。

③ 吴寿彭译:《天象论、宇宙论》,第 163 页。

现象开始,将上述几个术语引申到果园、消化、冶炼、制陶、熔化、溶解、凝固等等现象上。本来,语言就是随着人们活动领域的扩大,从本义到引申义,再到抽象的概念。亚里士多德时代的雅典已有相当发达的园艺、制陶和冶炼技术。这些词已经有所引申。亚里士多德在这一卷的后几章中将这几个词演化为物理、化学、生物学上的学科术语。Pepsis 指烹饪、调制,还指生理学上的消化、排泄(381b6—10,380a1—5);生物学上的同化作用(379b20—33);冶炼方面的加热熔化(383a32—4b)。"蒸煮"引申为溶化、融解、分解(380b13—381a11)。这几章对于我们了解亚里士多德自然哲学的研究方法,以及他的概念、范畴的形成过程颇有启迪。

亚里士多德时代还无法区别化学反应与物理变化。所以他在讲四元素构成的物体之变化时往往混在一起讲。在第 8 章亚里士多德总结了 18 种性质变化:

1. 能凝固或不能凝固;

2. 可熔或不可熔;

3. 可加热软化或不可加热软化;

4. 可用水软化或不可加水软化;

5. 可弯曲或不可弯曲;

6. 可折断或不可折断;

7. 可破碎或不可破碎;

8. 可烙印或不可烙印;

9. 可塑或不可塑;

10.可挤扎或不可挤扎;

11.可延展或不可延展(指面的扩展);

12.可延伸或不可延伸(指单向延伸);

13.易裂变或不易裂变;

14.可切割或不可切割;

15.有粘结性或松散的无粘结性;

16.耐压的或不耐压的;

17.可燃烧的或不可燃烧的;

18.会冒烟的或不会冒烟的。(385a11—18)

亚里士多德对地上自然物的不同性质一一作了解释。从现代的物理学、化学看当然难免有些滑稽可笑。但是,他的探索精神,他那么细致地观察和思考日常所见所闻的千变万化的现象,却是令人赞叹不已的,鲜明地体现了哲学的探求的精神。《天象学》不到 53 个标准页(338a20—390b20)涉及天上地下上百种天象与地上自然物性质和形态的千奇百怪的现象,启发了后来的物理学、化学与生理学。从哲学方面考虑,下列几个问题值得注意:

第一,《天象学》前五卷,实际上谈的都是自然本体的"象"的变化,《天象学》追问的是变化的原因与质料,尽管在语言表述上也用过"冰雹是什么"或"什么叫日晕",但是这里的 ti estin 仅仅是语言学上的"what is",而不是"是之为是"的 essence。

第二,《天象学》仅用了动力因和质料因,个别地方提到"形式",但不是从原因上讲。《洛布古典丛书》附有详尽索引,eidos(形式)和 telos(目的,终结)这两个词语出现过,但不是讲这些天象的形式因或目的因,不能说,火、气、水等追求成为流星、彗星、云、雹、雨、风等。这些都是"象",不是 ousia(本体),所以也无所谓形式因。即使是现有的中译本,人们细读之,也可发现这同亚里士多德《形而上学》第 1 卷,《物理学》第 2 卷说的"四因"有差别。若是如此,关于四因,我们就必须根据《天象论》作个补正:四因仅对本体而言,用于说明自然本体生成的原因;对于本体的样式,本体的性质变化及所形成的现象,人们要探索其原因,但这里说的是"成因",涉及的往往是质料与动力因。此外,各种偶然性、自发性,如同《物理学》第 2 卷所说的,也是应予关注的原因。

第三,我们在本编第一章第二节讨论自然哲学的对象时曾经引证过《论天》第 3 卷第 1 章一段话,大意是:"自然的"既指本体,也指其功能和属性,本体的功能和属性也是自然哲学的研究对象,"所谓功能与属性,指的是每一本体的运动,以及由于其自身的力量而发生的一切动变,包括它们的性质变化和相互转化"。(298a28—b1)通过《论天》第 3 卷中四元素的论述(参看本编第七章第三节)以及《天象学》中关于各种天象的解释,关于本体的功能和属性是自然哲学的研究范围,就有更深入的理解了。四种元素的两种对反的性质(冷与热,湿与干),在《天象学》中奥妙无穷。中国古代的五行学说也是如此,在"天气"、"大气"、"气流"等等中,"气"的地位特殊。在《天象学》中,干而热之气构成上层的"火焰",湿而热之气是第二层的"主角"。热气(火)遇冷或湿气遇热,互相包围,相互转化,相互影响,在天体运动尤其太阳阳光的作用下,产生了万千气象、天象。这就是"简单物体"四种元素的功能与属性。在下一节中我们还可以看到由四元素构成的动物的同质部分与异质部分,及其功能和属性。

## 第三节  动物学与人类学

亚里士多德把可感的、有生灭的本体分为两类,其中的一类是仅有营养的、生殖的灵魂而无位移运动能力的本体,这就是 phyton( 即 phy+to on ),指有自然生长能力的本体,这是亚里士多德植物学研究的对象,也是希腊文"植物学"的词源,但在亚里士多德现存著作中,仅有一篇疑伪的《植物学》,所以我们不设专节研究;另一类是不仅有营养的、生殖的灵魂,而且还有感觉的灵魂,并具有位移运动能力的本体,这就是 dzoon( 即 dzo+to on ),指有生命能力的本体,这是亚里士多德的动物学研究的对象,也是英文"动物学"( zoology )的词源。

亚里士多德留给我们的动物学著作有两类:第一类著作是他和他的弟子所收集的动物标本的解剖和观察的记录,这就是《动物志》。此书的书名,吴寿彭老前辈译为《动物志》,颇为贴切。此书名的希腊文原文是 *Peri ta dzoia historion*,中文意译应为"诸种动物的记实",英文译为 *Histories of Animals*。这里的 histories 容易引起误会,以为讲的是动物的历史。关于 historia,希罗多德用它指事件的记述、包括传闻的记述。修昔底德的《伯罗奔尼撒战争史》第 1 卷中则认为 historia 应该是真实发生的事件的记录,而不包括那些不可靠的传闻。色诺芬在续《伯罗奔尼撒战争史》后依然遵循这个原则。亚里士多德也是在这个意义上使用 historia 的。从书的内容上看,《动物志》全书共 9 卷 49 章,全都是有关动物的解剖结构、生活习性、运动方式和生殖活动等等的记载,并不是有关每一类动物的历史的记载。第二类著作是关于《动物志》中所记载的那些动物的结构、运动、功能和生殖的原因、本原的研究,共四篇,吴寿彭分别译为《动物之构造》、《动物之运动》、《动物之行进》和《动物之生殖》,并将这四篇合为《动物学》一书。除此之外,还有一些残篇段落散见于亚里士多德的其他著作之中。当今的关于亚里士多德动物学的研究性著作,基本上也可以分为两类:第一类是动物学科的研究,例如我们在本篇第一章第四节所提到的查理斯·辛格的《1900 年前的生物学史》,另一类是从哲学角度所作的考察,如上述章节提到的列诺克斯的《亚里士多德的生物哲学》,谢尔敦·科亨的《亚里士多德论自然及不完善的本体》。策勒和格思里等的哲学史著作未设专门章节研究。我们认为亚里士多德的动物学著作中有很多重要的哲学思想,是他的自然哲学的不可缺少的组成部分,而且同他的第一哲学和实践哲学都有密切的关系。因此,从哲学的角度来考察亚里士多德的动物学还是很有必要的。

本节的中译文基本上采用吴寿彭译文,个别专门术语重新翻译。

### 一　动物的合目的性结构

亚里士多德的动物学著作主要关注两个方面的问题,其一是动物的构成,即动物机体的组织;其二是动物机能,包括"繁殖,生殖,交配,醒,睡,行进,及其他类似的生命活动"(645b35)。前一部分着重考察各类动物的构成的质料及如此构造的目的。后一个方面着重考察各类动物运动、繁殖的动力因及形式因(本体、本质)。总之,他力图通过各类动物的研究,追问每类动物"是什么"、"如何是(存在)"、有什么属性(pathe)、如何运动。①

按照亚里士多德的理论,元素、质料是属于事物开端性的本源。在自然本

---

① 参见《论动物的构成》第 1 卷第 1、2 章;《论动物的运动》第 2 章;《论动物的行进》第 2 章;《论动物的生成》第 1 卷第 1 章及 742b17—35。

体中作为事物变化之终点的 telos(目的),是支配该事物变化方向的动力,更是该事物本质(essence)的实现,体现事物的 essence 也就是体现自然本体的 telos,因此,telos 在事物变化中起着决定性的作用。亚里士多德这一目的论观点的形成同他的动物学研究关系极为密切。在动物学中,亚里士多德要研究的第一事项就是动物的结构。在《动物志》中,亚里士多德通过大量的观察和解剖,记载了世上各种各样动物的生活习性,并分门别类地对有血动物(包括鸟类、鱼类和哺乳类等)和无血动物(包括软体动物、软甲动物、介壳动物和节肢动物)的头部、颈、肢体等外部结构以及肺、胃等内脏器官的构造依次作了详尽的描述,同时指出了存在于动物世界中的一个重要现象,即各种动物的身体构造都与其本性和谐一致,比如鸟类的嘴形、舌头和羽毛等的构成非常适合于它们在空中的飞行;鱼类的鳃与须、流线型身体等的构造特别适合于它们在水中的游动;蛇类身体的构造适合于它们在地上的爬行等等。在《论动物的构成》中,亚里士多德又进一步对《动物志》中所记载的各种动物的构成的原因、本原进行了考察。亚里士多德试图用水、火、气、土四种元素和冷热、干湿两对性质,及同质部分与异质部分两个概念来解释动物的构成成分。在《动物的构成》第 2 卷中,亚里士多德指出动物的构成可分三个层次、级别:

> 三级的第一级之组成出于所谓"元素",即土、气、水、火。也许,较佳的说法是出于"基本性能"……因为所有组合物体的原材料都是液体与固体,热物与冷物;至于其他的性能,如重与轻、稠与稀、粗糙与光滑,以及物质的其他所能有的类此诸禀赋的差异皆从属于这些基本性能。组成的第二级是动物们的"同质(匀和)诸部分",同质诸部分有如骨骼、肌肉,以及相似的其他事物都是由基本质料制作的。组成的末级,即第三级,是由同质诸部分所制作的异质(不匀和)诸部分 ton anomoiomeron,有如脸、面、手和其他。(646a13—24)

亚里士多德认为,从生成的次序来说,先有四元素及基本性质,然后有由之构成的"同质部分"及"异质部分"。homoiomeron(同质部分)最早出现在阿那克萨戈拉的著作中,在那里我们译为"同素体"。亚里士多德在《论天象》第 4 卷第 10 章讲到非生物时也用这个词,金子、银子加以分割仍然是金银,谓之

"同质"。在动物学著作中,亚里士多德广泛使用"同质""异质",《动物志》开篇就说:

> 构成动物的各个部分有些是单纯的,有些是复合的;单纯部分,例如肌肉,加以分割时,各部分相同,仍还是肌肉;复合构造,例如手被分割时,各部分就不成为手,颜面被分割时各部分就不成其为颜面,被割裂的各部分互不相同。(486a5—7)

吴寿彭译为"单纯",原文就是 homoiomeron,《洛布古典丛书》英译为 uniform portions,只是名词受变格的语法关系所支配,词尾发生了变化。"复合"原文就是 anomoiomeron,即"异质",英译为 non-uniform portions。《洛布古典丛书》英译者 A.L.Peck 在词语解释中作了专门介绍。就整个动物体来说,各种动物既"由同质部分组成,又由异质部分组成"(647b11),其中动物的感觉部分(感觉器官)都是同质的,行动部分(工具器官)都是异质的,动物身体的各种功用和一切活动就由这些部分来实行。然而,为什么由同样四种元素构成的不同动物的上肢下肢和翅膀等外部体形会有那么大的差异? 而且其构造又都特别适合于各类动物的运动? 不同动物的心脏、肠胃等内部器官为什么也有那么多的不同? 而且其构造也是那么好地体现了各种动物的本性? 显然,亚里士多德很难对各种各样的动物的内外构成作出合理的解释,如果说亚里士多德用四元素理论来解释前面提到的诸天象,如风、霜、雨、雪、云等的形成时尚有一些活力,那么,由于亚里士多德固执于陈腐的四元素理论,排斥代表实证科学方向的原子论,在解释动物的构成成分、结构及其差异的时候就显得苍白无力,最终使四元素理论陷入了困境。为了摆脱这一困境,亚里士多德引入了目的范畴,提出他的合目的性理论。亚里士多德说,在动物的"三级构成"中,构成动物的"基本物质"(水、火、气、土)是必须"为了"那"同质部分"而先行存在的,"同质部分"则是"为了"那"异质部分"而存在的,"异质部分"又是"为了"那动物的本性、本体而存在的,也就是说动物本体的每一级构成都是合目的的,各种动物的存在都是各自有目的的。总之,亚里士多德一方面把整个动物世界看成是一个合目的的世界,另一方面又反过来把合目的性原理作为研究动物现象的根本的指导原则,认为"自然绝不创造任何无谓的事物,于各类属动物的基本构造而论,她常尽可能为之造作最优良(至善)的体制"。而且把这条原则看做是"常行应用的原理"。(704b10—16)

在动物学的研究过程中亚里士多德渐渐意识到,在天象研究中所涉及的风、霜、雨、雪、云等还不是本体,它们不过是以四元素和两对性质为基础而形成的诸天象,只有动物个体才是真正的独立存在的本体。在《范畴篇》中亚里士多德称这些动物个体为第一本体(2a15)。亚里士多德还认为可以根据动物的某种共性,运用"本体差异"方法(《论动物的构成》第1卷第2至3章),把这些无数的动物个体分为不同的门纲、科目及种属,比如可以把所有的动物分为有血动物和无血动物两类,其中有血动物又分为鱼类、鸟类、多脚动物、四脚动物、两脚动物及人类等;无血动物又分为软体类、软甲类、介壳类和节肢类(虫)等。在《范畴篇》中亚里士多德又把这些动物的纲、目即种属称为第二本体(2a18)。此外,我们只要稍加注意还可以发现,在《范畴篇》中亚里士多德经常以动物作为例子来说明问题。因此,可以说亚里士多德《范畴篇》中关于本体的思想是在他的动物学研究过程中渐渐形成的。而且,在后来的《形而上学》中,亚里士多德力求指出每类本体的 essence(本质)和 property(固有属性),并用 genus(种)加 species(属)来为每类本体下定义(1037b29),这在亚里士多德的动物学中也能看出来。在动物学中,亚里士多德曾力图指出不同类别动物的本质、属性、习性和功能,如鱼的本性在于游泳、鸟的本性在于飞翔、马的本性在于奔跑以及人的本性在于过社会的生活等,并认为每类动物之目的的达成也就是它的本质、属性、习性和功能之圆满实现。换言之,圆满地实现了该类动物的本质、属性、习性和功能就达到该类动物的目的了,比如鱼能在水中怡然自得地游泳、鸟能在空中自由自在地翱翔、马善于高速地奔跑以及人过上了幸福的城邦生活等就都算实现了它们的目的了。可见,亚里士多德的本体是合目的的,在亚里士多德看来,自然本体就是自然目的,各种动物的本体就是各自的目的,自然就像是一个最聪慧的工匠,能使得每一类动物的结构都合乎它的本体、合乎它的目的。比如亚里士多德在谈到鱼类为何体上无肢时说:"这是相符于它们原为一游泳动物的本性的;自然永不作任何无谓的事情,也不构制任何无用的事物。"(695b16)因为鱼要在水中游而不在陆上走,所以"自然"以鱼鳍代肢以实现鱼的本性(695b17—21);在谈到蛇类何以无肢时,指出:由于蛇的身体很长,而蛇又是有血动物,不可能多于四脚,如果给蛇以四脚,蛇也不可能行走,所以自然"为每一个体尽可能求其尽善,保存每一动物的各自的本质和它所本有的习性"(708a10),就不给蛇安上脚了;在谈到人何以有手时,则指出:"自然""总是如其可能,为诸动物作最优良的安排",即正由于人是诸动物中最明智的,所以"自然"给人以手(687a17),而不是相反。类似的例子在亚里士多德的《论动物的构成》等中比比皆是。因此,如果说用目的论来解释动物的结构是亚里士多德动物学的一大特点,那么反过来更可以说亚里士多德目的论思想的形成是同他的动物学研究密不可分的。

在动物学中,亚里士多德的基本思路是:动物为了生存和繁殖产生了合乎目的的结构。后来,亚里士多德的这一目的论思想在人类社会领域中又得到了进一步的发展,在政治学中,亚里士多德分析了家庭、村庄和城邦以及不同城邦的各种政体的结构,指出家庭、村庄和城邦等社会共同体都是个人为了求得普遍的利益和最高的善(目的)、为了优良生活而组成的(1252b28—35),也就是说城邦公民的生活是合目的的。在伦理学中,亚里士多德指出,人的合目的的生活是由人的沉思理性和选择所决定的,即人的这种目的是具有明确的自觉性的,是不为动物所具备的。可见,在亚里士多德看来,整个宇宙就是一个有等级的合目的的体系,其中人是自然的最高目的,理性(神)则是全宇宙的最高目的。

合目的性结构问题是亚里士多德自然哲学中应该加以研究的一个课题,当代西方一些学者有所研究。列诺克斯研究了目的论同机遇、自发生成论的关系。他的文章说,亚里士多德在《物理学》第2卷第4章至第6章中讲到四因与机遇(偶然性)、自发生成的关系。病人未经医治慢慢康复了;我到市场正好碰到债务人,讨回了一笔债。这是"因自发而生成","因机遇而成",并非无原因,但不是四因。在动物学著作中,他讲到雌雄结合为的是繁殖后代,但是像草堆中生虫,腐烂物品中生蛆,这是自发生成的。列诺克斯认为,《物理学》和动物学著作的思想是一致的,亚里士多德从大量的观察出发认为在生成论方面有些现象是无预定目的的,但是从动物的结构说,任何纲目的动物的结构都是合乎目的的,没有因自发或偶然而形成的纲目的动物,偶因与自发因仅仅影响到个别动物的结构,产生例如怪胎和畸形。① 在罗依德·吉尔逊(Lloyd P.Gerson)主编的四卷本关于亚里士多德研究的论文集中,也有两篇研究目的论与必然性、偶因、机遇的关系。② 这些论文不是专门研究动物学中的目的论,但是他们提出了几个富有启发的问题, 例如, 几位作者都注意到目的论与四因中的目的因是有区别的;柏拉图的目的论是"非自然的目的论"(unnatural teleology),亚里士多德的目的论是"自然的目的论"(naturnal teleology),③当然西方有些学者反对这种区分,Susan 反驳了这些意见。他认为,"自然目的论的论题是亚里士多德自然哲学的中心信条"④。我们认为区分自然目的论与非自然目的论是有道理的。同柏拉图的神学目的论不同, 亚里士多德是将动物的这种精细的目的论结构归结于大自然的创造, "自然总是如其可能为诸动物作最优良的安排"(687a18), "自然的所有这些作为, 正像一位智慧的工匠"(730b25)。以上这些思想更接近达尔文的进化论和自然选择学说。当然, 如何评价这个合目的性结构的思想也有待进一步的研究。宇宙奥妙无穷,任何一种学说都难给予圆满的解释。

## 二 动物的运动与功能

按照亚里士多德的学说,自然本体就是自身具有运动本原的本体,即在一个意义上它具有接受推动的能力,在另一个意义上它具有能运动的能力。作为自然本体之一的动物,与植物有很大的区别,植物固定在某处生长,一般不会自己移动自己,而动物或是能走或是能爬,或是能游或是能飞,能够自己主

---

① 参见列诺克斯:《亚里士多德的生物哲学》,第 10 章"目的论、机遇与亚里士多德的自发生成理论",第 229—249 页。

② 参见 Lloyd P.Gerson 主编:《亚里士多德评论集》第 2 卷,第 75—89 页(Michael Bradie and Fred D.Miller:《亚里士多德的目的论与自然必然性》);第 90—117 页(Susan Sauve Meyer:《亚里士多德的目的论与演绎法》)。

③ 参见列诺克斯:《亚里士多德的生物哲学》,第 13 章"柏拉图的非自然的目的论"(第 280—302 页);Lloyd P.Gerson 主编:《亚里士多德评论集》第 2 卷,第 90—117 页。

④ 《亚里士多德评论集》第 2 卷,第 90 页。

动地从甲地运动到乙地,总之,动物能感受、能移动位置、有位移运动的能力。那么动物的这种运动的动力来自何处呢? 动物又是怎样辨别它的运动方向,并按照一定的目的从甲地来到乙地的呢? 这就是亚里士多德动物学所关注的第二个问题。亚里士多德认为,所有的自然本体都是形式与质料的结合体,其中的质料与形式就像"凹鼻"中的"凹"与"鼻"那样不可分离,任何一个动物也都是肉体(质料)和灵魂(形式)的组合体,动物的灵魂与肉体也是不可分离的,灵魂作为动因存在于动物的肉体之中,并推动整个动物肉体的运动。

　　亚里士多德认为,动物的灵魂可分为几个部分,各个部分有不同的功能。首先,动物和植物一样,有营养的灵魂,即营养的功能,能够吸收营养,自己生长,同时还具有生殖的功能,能繁殖自己的后代,维持种族的延续性,这在非生物中是不存在的。其次,动物还有感觉的灵魂,即感觉的功能。有无感觉是动物的标志,"不可能有无感觉的动物"(647a23),"所谓'动物'(to dzoon)必是具有感觉的本体(是者)"(653b22),但不同的动物其感觉的种类和强度并不相同,有的动物视、听、嗅、味、触五种感觉齐全(532b30),如胎生的有脚动物;有的动物只有其中的几种感觉,如介壳类的某些动物;有的动物犹如植物近乎没有感觉,如海鞘等"只有微弱的感觉"(588b20)。一般说来,触觉是任何动物都具有的,而且除了人的触觉优于其他动物外,很多动物的听觉、视觉、味觉和嗅觉都比人还强(494b17),有些动物甚至还有记忆等认知(gnosis)的能力,可以对它们进行训教(588a24、488b25)。不过动物不拥有理性,永远不会思想,只有人才会思考,因为只有人才有理性灵魂。再次,动物还有位移的灵魂,或说有位移的能力和功能,即动物能够移动它的空间位置,并能够通过感觉作出各种趋利避害,求生存、乃至求快乐的行动。(641b6—9、700b25—30)下面着重研究动物的这种运动的功能。

　　动物的运动问题主要是在《论动物的运动》与《论动物的行进》中加以探讨的。前者探讨了动物运动的一般原因、一般本原,后者考察了各类动物运动器官与运动方式的关系。原文 poreias,英文译为 progression,吴寿彭译为"行进",意思就是动物如何存在、如何运动,回答"pos estin"(如何"是",即存在方式问题)。以下我们综合这两篇文章讨论几个问题。

亚里士多德指出,所有本体不是神圣不动的就是能运动的,能运动的本体不是永恒运动的就是时而运动时而不运动的,时而运动时而不运动的本体不是无生命的就是有生命的(有灵魂的),其中无生命物(无生命本体)也是能运动的,但"一切无生命事物是被另些事物所运动的"(700a17),也就是说无生命物运动的本原在于那些"能自行运动的诸事物"。亚里士多德认为动物是其中的一种能自行运动的事物,从广义上说,它的运动方式有"禀赋运动"(即质变,如感觉)、"生长运动"(即量变,如形体的增大)和"位置运动"(即处变,如向右移动)三种,其中的"处变"是动物的最基本的初级运动。动物"处变"的本原、原因也应是其"质变"和"量变"的本原、原因(700a26—35),所以考察动物运动的本原,首要是考察动物"位置运动"的本原。在《论动物的行进》中,亚里士多德首先指出,不同动物的"处变"方式有很多种类,比如人能直立行走、能跑、能跳,四脚兽能踮脚行进,多脚动物和无脚动物等能在地上爬,鱼类能在水中游,鸟类能在空中飞等等。接着亚里士多德还对各种运动的原因作了考察,并指出所有这些运动的基本方式为冲(推)与拉(拖)两种(704b22)。如果从"量向"看,动物的"位置运动"不外乎作上下、前后、左右几个方向的区分,而且以上每对相反方向的区分都是与动物的功能相应的。当然,严格说来,与动物"处变"功能相应的只是"左右"两向。亚里士多德说:

> 生物所由决定其分限者为六向,上与下,前与后,右与左。与这六向而言,一切生物统都有一个上体与下体;上下之分不仅见于动物,也见于植物。这一区别不仅依据生物对于大地和我们头上的穹苍的相应位置而言,也是凭其功能而言的。上向是生物的营养配给所由注入的方向,也是生长的方向;下向则是营养分配所流注的方向,其流注终止于这一方向。……前与后是凭感官而作成区分的。前面是感官所在的部分,从前向,每一动物得其感觉;与前面相反背的诸部分为后背。……相似于上述诸向,左右之别也是凭其功能而不是凭位置为区分的。右方是当动物们变换其位置时,自然从之开始的一方,自然地有赖于右方,而与之对向的则为左方。(705a26—b20)

亚里士多德认为尽管动物的位置运动的方式繁多,有前面提到的跳、走、跑、爬、游、飞等等,但它们都是从右边开始的,像介壳类那样"左右不分"的固着(定居)的生物实在不是一个完善的动物,只可把它看成是"动植物间体"(714b17),总之,"尚右(右性)为一切动物所皆然"(706a11)。既然"一切动物都是从右侧发始其运动",那么动物的"运动本原在右边诸部分之内是够明白的了"。(706b18)

然而,我们若进一步寻求动物运动的本原,又可以发现,动物运动的本原在于寄托于动物之对称身体中心的灵魂。亚里士多德认为,动物要运动其自身,除了有动物躯体之外的不动之物作为支点外,还得把动物自身躯体分为主动(能动)和被动(不动)两个部分,并由主动部分来推动其被动部分。尽管动物的运动总是从右侧开始的,但由于动物躯体是左右对称的,并且"与两端而言,中间是它们的限点(极点)",所以动物处变的真正的主动部分不在右边,而在动物躯体的中间部分。在亚里士多德看来,处于动物躯体中心的主动部分又是由动物的"运动灵魂"发动的,动物的"运动灵魂"就寄托在动物之对称身体的中间(即心脏或它的比拟物)(702b18、703a15),而且那也是动物的感觉灵魂所在之处。可见,动物的躯体其实是由动物的灵魂推动的。那么动物灵魂的活动又怎么能与动物整个躯体的运动和谐一致呢? 亚里士多德说,是自然设计了"潜在地为一,现实地为二"的关节,使得动物的躯体通过关节连结成一个统一的整体,整个动物就像一个"自动傀儡"或一个"治理良好的共和城邦"一样(701b1、703b31),由寄托于动物对称身体中心的灵魂来指挥,动物的灵魂一旦活动起来,动物的中心就产生冲(推)与拉(拖)的主动运动,由此动物的整个身体也就会依次和谐地运动起来。因此,动物的灵魂才是动物运动的本原,正是动物的灵魂在推动动物躯体作位置的运动,动物的灵魂具有运动的功能。

不过,在亚里士多德看来,动物的灵魂还不是动物运动的最高、最后本原。因为动物的灵魂并不是单一的,它包含很多方面,如"理智、臆想、爱恶、志愿与欲念"等,它们可简化为"理性和愿望"(700b16—17)。动物运动是由愿望引起的,当动物有所愿望时,即对目的物(即善物)有所愿望时,灵魂"就开始引发运动"(700b24)。引发动物灵魂运动的目的物可能不是真正的善,而是

"貌似的善"（即快乐的事物）（700b28），如果动物的灵魂中还有理性部分，则理性会对目的物进行思索判断，如人的欲望说"我欲饮"，人的理性说"这是饮料"，我随即就去饮。可见，就算动物有所理智才运动，也只有符合动物目的的善物才能起作用。总之，在某种意义上说，动物的灵魂也是被引动的，即动物灵魂的活动也是有目的的（700b16）。我们只有进到宇宙之"最高的善"，才能求得动物运动的最高、最后的本原。那么，动物灵魂又是怎样与最高的善（即自身不动的推动者）相关联的？其内部的各个部分或者说动物的各种类灵魂到底是怎样依次推动的？亚里士多德在动物学中的有关论述不是很清楚，因为它已超出亚里士多德动物学的主题了，按亚里士多德自己的说法，那是第一哲学的任务，他说：

> 灵魂是否运动，以及如何运动，这是怎么实行的论题，曾已在有关这题的论文中（指《论灵魂》——引者注）陈述过了。又由于一切无生命（无灵魂）事物皆得由别事物使之运动，而那最初的永恒的被运动诸事物的运动方式以及那原动者怎样运动它们，曾已先在我们的《第一哲学》（指后人编的《形而上学》——引者注）中论定了。（700b5—10）

"最初的永恒的被运动诸事物"是指天体，"原动者"指"第一推动者"。我们在本编第八章已作了介绍。天体运动引起自然界四季和昼夜的变化，以及各种天象的变化。这种变化影响地上动植物的生长季节和繁殖期，及动物的活动规律和趋利避害的行动。动物学要考察的是动物"灵魂怎样运动身体，以及于一活动物而言，什么是他的运动本原"（700b12），而这正是我们前面所作的那些简要说明。关于灵魂问题的进一步探讨，我们将在第四节中进行，这里仅仅强调一点，即古希腊的灵魂观念同中国、印度和希伯来的灵魂观念有着重大的差异。古希腊人认为动物和植物中的灵魂相当于它的 function（功能、机能）。从动物学中我们已经可以看出，亚里士多德所说的灵魂就不完全是一个精神性的范畴，在很大意义上它是指与动物的结构相关的一种功能，如动物运动的灵魂基本上就是动物的一种运动机能。事实上在亚里士多德时代，人们还没有明白地意识到精神与物质的对立，他们的灵魂观念仅仅在我们下一节说到的"主动的心灵（积极理性）"意义上才是独立的精神本体。

### 三　人类学与人的定义

亚里士多德在动物学著作中大量地谈到的一个重要问题是人的问题。亚里士多德认为,自然不作飞跃、自然万物是渐进发展的:

> 自然的发展由无生命界进达于有生命的动物界是积微而渐进的,在这级进过程中,事物各级间的界线既难划定,每一间体动物与相邻近的两级动物也不知所属。这样,从无生物进入于生物的第一级便是植物,而在植物界中各个种属所具有的生命活力(灵魂)显然是有高低(多少)的;而从整个植物界看来,与动物相比时,固然还缺少些活力,但与各种无生物相比这又显得是赋有生命的了。(588b4—11)

公元前 4 世纪古人说的话至今乃不失其光辉。就像动物与植物之间存在"动植物间体"一样,人与其他动物之间也不存在不可逾越的鸿沟,人不过是动物的自然延续(参见《论灵魂》414b33—415a12),当然,因为人除了有营养灵魂和感觉灵魂之外还有理性灵魂,能言语会说话,是一种合群的社会性动物,所以人的确也是最高级的动物。亚里士多德说到的关于人的这些问题,恰恰是当今哲学人类学所要研究的问题,尽管在古希腊时期还没有人类学这个概念,亚里士多德也不可能按现代人类学的框架来系统地谈论人,但我们应该重视亚里士多德这方面的思想。亚里士多德动物学著作中涉及的人类学方面的问题很多,归纳起来主要有以下四个方面:

第一是人体的结构方面。在动物学中,亚里士多德经常把"人体解剖"当成"动物解剖"的"钥匙",即从考察人们最熟悉的自己身体的构造开始(491a20—23),进而考察其他动物体的构造并与其作比较研究。亚里士多德指出人体的构造与其他动物的构造有很多相似或可相比拟的地方,而且其构造一样都适合各自的本性与目的。由于人的本性不同于其他动物的本性,因此人体也有很多不同于其他动物体的独特构造。在谈到人与动物的四肢时,亚里士多德指出人的下肢与鸟类的下肢、四脚动物的后肢以及多脚动物的后两肢之间是很相似的,而且无论就其长度、肌肉与骨骼的强度还是弯曲的方向来说,它们又都适合各自的不同本性,如人的双腿适合于人的直立行走,鸟的两腿适合于其飞行与行走两用,四脚动物的后腿适合于它的踮脚行进,多脚动物的后腿则适合于它的爬行。在这里,亚里士多德还特别强调:只有人能作真正的直立行走(494b1、656a14),而且人的直立行走又进一步为人的双手(前肢)的解放和人的感觉能力的发达提供了必要的前提。亚里士多德还认为人的两手与鸟的两羽,四脚动物的前肢及多脚动物的前两脚也很相似,并且也各有适合各自功能的不同构造,如人手的五指分叉、指关节及指甲等都特别利于发挥人手的功能,鸟则把前肢改成了适合于自己飞行的翅膀,四脚和多脚动物有时也把前肢当手用,但主要还是用于行走或爬行。这里亚里士多德还特别论述了人手是"优先于诸工具的工具"的观点(687a21),他说,很多人错误地认为,其他各种动物在寻求食物与进行防卫等方面有比人类更多、更好的天然构造,所以其他动物的生存力比人类强,其实不然,自然赐给人以理性和双手才是更有威力的,就拿手来说,人手直接作武器虽不如某些动物的蹄、爪等,但人手能制造出各种各样的、威力强大的武器,如刀剑等,再说如果真的在人手上长出蹄、爪什么的,那还能当人手吗?人手还有那么大的作用吗?人手的这种未确定的多样化的特性正是后来哲学人类学中常说的人类未定化特征的一个重要方面。此外,在动物学中,亚里士多德还提出了人体的构造与人的性格相关联(如人的眉与性格,491b15)等很多值得我们重视的人类学观点。

第二是人的繁殖方面。亚里士多德认为"宇宙间的万物,有些是永在而通神的,另些却时而在时而不在"(731b25),生物就属于后者,但生物(包括动植物)有一种至于永恒的方法,那就是繁殖。生物个体都会死亡,但通过繁殖可使生物的种类得以永存(731b35)。生物繁殖的方式很多,如植物可由植物的种子生成也可由"自发生成"(538b15);动物则有的自发生成,如"有些鱼会从泥与沙中发生"(569a11),有的由亲属繁殖生成,凡有性别的动物则都由亲体交配生成;有性别之分的人也都是通过两性交配的方式产生后代。人(包括较完善的动物)在生殖过程中,先由主动的雄性(父亲)提供作为动因的"精子"和被动的母亲(雌性)提供作为质料因的"分泌物"一起合成"籽液"(gone),再在母(雌)体内或母(雌)体外逐步生长成"子嗣"。这样,"亲子"之间就有了"相肖性"(omoiotetos),人类(动物)也因此得以延续。因为人与动物的生殖目的就在于种类的延续,所以,虽然动物有感觉,人还有最好的知识,不像植物只是营养求生存,但是人与动物也得为求生存而"作相似于植物的并合而行雌雄的交配"(731b7)。然而,在亚里士多德看来,即使从人与动物的生殖方式看,自然也安排了"有规则的级进"(733a30),使得人与较完善的动物都从事最高级的内胎生殖,其他的动物或是外胎生,或是卵生,或干脆变成蛹后再生。在此,我们可以看到,亚里士多德不仅比较研究了人与动植物的生殖方式的异同,而且还间接地对哲学人类学所关注的首要问题,即"人在宇宙中所处位置问题"作出了一种回答,他认为"于人而论,超乎一切动物"。(694a26—27)

第三是人的群居生活方面。亚里士多德认为动物的生活习性、生活方式各种各样,而且大多与它们生活的环境、食物来源等相关。从居住地来说,有的动物水居、有的陆居、有的水陆两居。从居住方式说,有的动物喜欢独居,有的既独居又群居,有的是群居。亚里士多德曾对群居的动物作过观察、比较、研究并指出,群居的动物虽也很多,但有共同目的的不多,只有"人、蜜蜂、胡蜂、蚁与玄鹤",而这些有共同目的的群居动物也可以称为"社会性动物"(politika)(488a10)。不过,人的集体的社会的生活与蚂蚁、蜜蜂等动物的群体的生活又不完全相同,如人通过理性选择自己的生活,而动物不是。当然,关于人的社会性问题是亚里士多德政治学的主题,并不是亚里士多德动物学的主题,我们在这里只想指出,人具有社会性的思想,在亚里士多德研究动物的时期就已经开始形成,而且这也是后来哲学人类学很关注的一个问题。

第四是人的言语和理性能力方面。在动物学中,亚里士多德对声响(phone),声音(psophos)和言语(dialektos)作了区分,认为动物凭身体的运动也能发出声响,而声音是有肺的动物通过咽喉发出的声响,"至于言语则是用舌为工具,调节那些声音而造成的。这样,喉声可得元音(母音),辅音(子音)是由舌由唇调成的;而言语就由这些元音与辅音组合起来"。(535a30)所以即使是能发喉音的动物,也是不一定会言语的。"言语为人所独擅。"(536b2)即使人在孩童时,由于不能自如控制他的舌,也是讷于言语的。亚里士多德认为,是"自然赋予人类以发音的最高功能,让他独能运用言语"的。(786b19)

比如人的喉管不仅需要呼吸还要发声,所以必须光滑,但这样又会妨碍食道进食,于是自然就巧妙地构制了"会厌"(664b21),使得它们互不妨碍;自然还使"人舌于活动的自由,于柔性,于幅宽皆达到最高的程度"(660a19);就唇来说,"于其他诸动物,唇的作用只在于护导牙齿,但于人类,唇的作用就更着重在一较高的机能,唇与其他一些部分共同完成了人类的言语机能"。(659b31—35)总之,是自然构制了人的喉、舌、齿、唇等器官,使得人成为唯一会说话的动物。与言语问题相关,亚里士多德又指出另一个所有的哲学人类学家都极为重视的问题:即人的理性问题。亚里士多德认为"除了人有理性,别的动物全都没有理性"(641b8)。"人就是这样一类动物,在一切生物之中,就我们所知所识的而言,唯独人为赋有神性,或至少可说,人比之于其他动物为较富于神性。"(656a7—10)也就是说在动物中只有人分有理性,只有人拥有理性灵魂,人是一个独一无二的有理性的动物。

这里,我们着重讨论一个问题:什么是人。到底什么是人? 人的本性、定义、公式是什么? 亚里士多德曾有过多种表述,比如"人是两脚直立的动物"(710b10)、人是"唯一会笑的动物"(673a30)以及前面提到的"人是会说话的动物"、"人是有理性的动物"、"人是社会的动物"(1253a2)等等。人们一般都认为,亚里士多德在政治学中所着重阐述的"人是社会的动物"代表亚里士多德关于人的本质的定义,而我们认为"人是 logos 的动物"是更根本的,只有"人是社会的动物"加上"人是逻各斯的动物"才能完整地体现亚里士多德关于人的本质的定义。logos(逻各斯)在亚里士多德的著作中主要有两个含义,一个是语言、言词,另一个就是理性。在亚里士多德那里,"人是 logos 的动物"标志着人与动物的根本区别,有着深刻的含义。正是因为人有 logos(言词和理性),人才有丰富的精神生活和社会生活;也正是因为人过上了社会生活,并随着社会的发展,人才越来越高于其他的动物。亚里士多德认为,人如果把这种 logos 的能力用于思辨,就产生第一哲学和第二哲学等理论科学;人如果把这种 logos 的能力用于实践,即用于思考人的什么行为是最好的、采用什么组织才是最有利的、什么样的生活才是最值得人去追求的等等,则不仅产生实践科学,同时还使人结成社会共同体,过上优良自足的城邦生活。亚里士多德在政治学中强调的"人是社会的动物"仅仅表明人需要过城邦的生活,至于"什么样的城邦生活,什么样的社会共同体"才值得人们去追求,正是依靠人的 logos 能力来做判断和选择。所以,亚里士多德在政治学和动物学著作中分别谈论的"人是有理性的动物"和"人是社会的动物"其实是他关于人的本质定义的两个不可分割的方面,我们只有把两者看成是一个不可分割的整体,即把人看做既是城邦的动物、又是 logos 的动物,才符合亚里士多德哲学思想的本意。

　　亚里士多德的动物学著作,从哲学方面考虑也还有许多值得探讨的地方,例如动物学的研究方法及其与《分析篇》中提出的一般方法论的关系;关于灵魂与生命科学的若干理论;动物的分类与逻辑学,尤其是关于划分的根据,关于归纳与演绎的问题等等,这里我们无法一一加以探究。至于生物学、动物生理学、解剖学等方面的专门科学问题只好留待科学史研究者去探讨了,下面我们集中讨论本节中已大量涉及的灵魂问题。

## 第四节　灵魂学说

　　灵魂问题是希腊哲学尤其是亚里士多德哲学的重要论题。在《论灵魂》第 1 卷第 1 章中,亚里士多德就指出各学科的优越性和地位是不一样的,关于灵魂的研究是一门最高尚、最有价值的学说。他说:

　　　　正如我们所认为的,所有知识都是应受尊崇和珍视的。就知识的准确性,或就知识对象的尊贵和奇妙而言,有的知识更值得推崇并富有价值。就这两方面来说,我们都理当把灵魂的研究列为第一位。(402a1 — 20)

　　在现存的亚里士多德著作中,涉及灵魂和相关问题的有《论灵魂》、《论感觉及其对象》、《论记忆》、《睡与醒》、《论梦》、《梦占》、《论生命的长短》、《论青年和老年·生与死》、《论呼吸》。除《论灵魂》外,其他八篇亚里士多德著作的编辑者称之为《自然诸短篇》。中译者吴寿彭根据《洛布古典丛书》的注释、前言和提要就诸篇的成书、编纂等作了简明扼要的介绍,手边没有外文资料的读者可参考吴寿彭译本关于各篇的简介和索引。

亚里士多德的灵魂概念含义很广,分为几个等级,从低到高可以分为:作为生物营养、繁殖和运动的功能;动物和人的心理现象和生理机制;人的理性认识的机能;人类的灵性的培育和训练,伦理和教育的生理基础;还有作为哲学本体论的灵魂的 essence(ousia,本质,本体)。罗斯认为灵魂的诸形式是一个顺序确定的系列,"它的每一种形式预先假设所有其顺序在先的形式,并且不为它们所蕴含"。[①] 在这一节中,我们将重点论述亚里士多德所总结的希腊人的灵魂观念、心理学学说和心灵哲学的基本思想。

## 一 希腊人的灵魂观

希腊文 psyche,中文译为"灵魂",其实不甚确切。人们往往望文生义,将希腊文的 psyche 理解为中国人平常所理解的同肉体相分离的灵魂,甚至鬼魂。其实 psyche 的含义很广,而且有一个演化的过程。在远古时代,它指人和生物的内在的活力、气息、呼吸,相当于后人说的"生命"。《希英大辞典》未设专门条目,仅在动词 psychadzo 中列了灵魂分目,注释为"life"(生命),如同中国俗语所说"生命就是一口气"。psyche 原意是同呼吸功能相关的"气",与 psyche 基本同义的一个词是 thymos,《希英大辞典》解释为"作为生命资源的灵气、精气,特指强烈的感情和情绪"。[②]

本书第一卷曾经引用过理查德·奥奈恩斯著《欧洲思想的起源:关于肉体、心灵、灵魂、世界、时间与命运》,这是迄今最细致的考察这些观念的起源的一部权威性的著作。该书第二部分专门探讨了灵魂与肉体观念的演化史,其中第 1 章(第 93 至 122 页)介绍了 psyche 的演化,起初指 breath-soul(呼气与吸气之气息)。动词 psycho 就是指 I brow(我吸气或喘气),嘴被看成是体内之气进出的自然通道,任何一种 psyche 都被看做是无形体的然而是可见的

① W.D.罗斯:《亚里士多德》,王路译,第 142 页。
② 《希英大辞典》,第 2026、2027、810 页。

气。作者引荷马史诗中的资料,说明在当时 psyche 就是人活着所依靠的气,同 thymos 基本同义。萨庇同(Sarpedon)[①]被长矛刺伤了胸部,psyche 也就受伤了,原因是气接不上。赫克托耳(Hector)死了,因为气断了,气跑到人体之外了。人们从梦的活动中以为谁的气就像谁,因此阿伽门农能看见赫克托耳的 psyche。所以后来的鬼魂的概念大概就是从这里引申出来的。中文译为赫克托耳的鬼魂,在荷马时代的希腊人看来其实就是漂泊在外的赫克托耳的气。thymos 同 psyche 不同的地方是它同心联在一起,不漂泊在外。希腊人讲到生气和心情平静一般都用 thymos 这个词,人死了,thymos 就没了。由于各个人的 psyche 漂泊在外之后,同各人的身体一样,所以后来就演化为鬼魂和死魂的观念。希腊人以为人死后,psyche 就失去了热气,只能到又冷又黑的地方去,那里就是哈得斯的住所,俗称"地狱"。希腊人还以为这个漂泊在外的 psyche 一年后也就散掉了。在中晚期希腊有的地方就有这种风俗,一年之内要让灵魂进入到地狱那边去,以为灵魂是漂泊到最西边的大西洋那里,那里有一片丛林,亡灵到斯提克斯河边,舱公卡隆用船将孤魂摆渡到地狱的入口,收取一文钱,所以死者口中要含着一文小钱。

因为人体是以心为主,头最重要,所以位于这一部分的灵魂的地位也显得重要。但是,人们当时还没有精神和物质相分离的观念,此外,因为气飘在空中,古人以为空中也充满着这种 psyche。这也是最早的世界灵魂的观念。早期希腊哲学就是在这种背景下开始他们关于灵魂的思考的。他们关于灵魂的见解,在本书第一、第二卷中已经作了介绍。

希腊人还未能将精神与物质作出第一性与第二性的区分,往往把灵魂也看做一种物质的东西。米利都学派的泰勒斯认为磁铁吸物是灵魂之故,阿那克西美尼认为灵魂是精细的气构成的,早期毕泰戈拉学派坚持灵魂像尘埃,赫拉克利特主张灵魂是一团活火,原子论者则说灵魂是又圆又精细的原子。这都说明他们把灵魂看做是一种物质性的东西,而不是现代哲学意义上的同物

---

① 在《伊利亚特》中,Sarpedon 是宙斯和劳达美亚(Laodamia)之子,特洛伊的盟军首领。在荷马之后的传说中,Sarpedon 是宙斯和欧罗巴之子。参见《牛津古典辞典》,第 3 版,第 1357 页。

质相对立的精神。亚里士多德《论灵魂》的第 1 卷论述了关于灵魂学科的对象及其地位,详细地介绍了在他之前的哲学家关于灵魂的各种见解。亚里士多德把它们归结为三种:

第一种观点认为灵魂是独立运动的本体。亚里士多德先论述运动的形式。他说运动有四种形式,包括位置的变化、状态的改变、生成和消灭。如果说灵魂是独立运动的本体,那么它的运动或者是其中之一,或者是其中的几种,或者是全部。然而这些情况都是不可能的。(406a10)理由如下:如果灵魂具有运动,它必然位于某个地方,即具有空间,然而说灵魂占有空间的观点是荒谬的;(406a15—20)如果灵魂的运动出自本性,那么它可以借助于外力而运动或者静止,但是关于灵魂的被运动和被静止,是我们难于解释的;(406a20—30)如果灵魂推动其他物体运动是正确的,那么它也必然推动身体运动。由于肉体的运动是一种位移,那么,灵魂也应该以同样的方式运动。如若这样,灵魂就有可能进入另一个肉体,那么死去的事物复活就是可能的。(406a30—406b15)但是亚里士多德又否定了灵魂轮回的思想。

亚里士多德关于身体和灵魂的运动的观点与柏拉图及之前的思想家确实有所不同。他从今天物理学所谓的参照系的角度看待事物的运动,认为运动着的事物处在某种关系之中。他把身体和灵魂的关系比喻成船和乘客的关系,乘客的运动和船的运动是不同意义上的,船是由于自身而运动,而乘客则是由于处在船的运动之中而被看做是运动的。(406a5—10)灵魂的运动也应如是看,它是指居住在动物肉体之内,虽引发动物运动,但自己是不动的本体。后来,托马斯·阿奎那在说明亚里士多德的灵魂与躯体的关系时,把这种本原性的支配作用看成是通过知来发动的,他还把知分为拥有的知识本身和知的活动两者。① 这与我们后面所提到的亚里士多德关于主动心灵(理性)是有一定的契合之处的,也说明灵魂作为本体在躯体之中并不是如许多人所认为的那样是一种运动的本体,而是知的本体。

第二种观点主张和谐说,认为灵魂是一种和谐。亚里士多德认为这样的

---

① 参见 W.Stark:《Moerbeke 的希腊原文及托马斯·阿奎那的评注》,第 163—164 页。

说法也是错误的。所谓和谐,是指一定的比例和混合成分的构成,然而灵魂不可能是这两种中的任何一种。况且,和谐不可能引起运动,尽管许多人认为这是灵魂的基本特征。他又说,与其把和谐与灵魂联系起来,还不如把和谐与健康联系起来更适合,因为和谐似乎与身体更有关系。最后,他还指出了和谐这个术语的特定用法。和谐有两种意义:一是指具有广延的运动和位置的事物的结合,然而正如上述论述所表明的灵魂不可能有广延;二是指各种构成成分混合的比例,但是认为灵魂是混合物的比例同样是荒谬的。亚里士多德举例论证道,在动物的身体中,骨头和肌肉的混合物比例不同,由此类推,血、毛发等都有各自的混合物比例。按照和谐是灵魂的观点,不同和谐比例的构成就有不同的灵魂,因此有许多个灵魂在身体之中。然而,这是不可能的,因为每个身体只有一个灵魂。(407b30—408a15)

第三种观点认为灵魂是由元素构成的(409b20)。亚里士多德说,提出这一观点的思想家的本意是要回答灵魂为什么能感觉并且认识一切事物(409b20)。他认为这样一种设想是不可能的,他从两个方面作了反驳。首先,这些思想家认为,灵魂能够感觉和认识一切事物是因为同类相知,即所谓的同只能通过同来认识。然而,若这一观点是正确的,那么就把灵魂与灵魂的认识对象等同了起来。由于元素是多种多样的,并且事物不是由一种元素而是由多种元素构成的,而且它们构成的比例又多有不同。因此,除非元素的比例和结合原则存在于灵魂之中,否则即使元素存在于灵魂之中也无助于说明上述观点。(409b25—410a10)

其次,"存在"一词有多种含义,例如本体、数量、性质或其他的一些范畴。那么灵魂是由它们的全部构成的吗? 似乎不是,因为这些范畴没有共同的元素。那么灵魂是由构成本体的元素构成的? 如若这样,根据同类相知说,灵魂就不可能认识其他范畴如数量等。如果这些思想家坚持认为,所有的种都有特别的元素和本原,灵魂又是由它们结合而成的,那么灵魂就将是数量、性质以及本体。但是,由数量和性质构成的事物只能是数量和性质,不可能是本体,因此是自相矛盾的,即灵魂不可能由实体、数量和性质混合而成。他还说那些认为灵魂是由元素构成的人还将面临着其他诸多的困难。(410a10—

25)

此外亚里士多德还提到一些比较次要的灵魂观念,例如奥尔菲教的灵魂轮回观,柏拉图学派的继承人斯彪西波、色诺克拉底的数论等等。

亚里士多德在《论灵魂》及有关的著作中阐述了他自己关于灵魂的观念,要点如下:

第一,灵魂是一个统一的,但可以划分为各个部分的本体,由低到高包括营养的灵魂、繁殖的灵魂、运动的灵魂、感性的灵魂、被动心灵的灵魂、主动心灵的灵魂。他认为灵魂是一个统一的整体,只有一个本质(本体),一个定义。这就是他所说的灵魂是运动的本原,换一句话说是居住在动物和人体之中,支配肉体活动的"第一原理","在某种意义上说,灵魂就是动物生命的本原"。(402a5)按照这个定义,很显然动物的营养、繁殖和运动的功能,动物和人的心理现象,人的理性认识功能都属于灵魂的范畴。也就是说在哲学和各门自然科学尚未分离的古希腊,灵魂包括近代人所说的动物的功能和人的认识功能等等。教育学和伦理学所涉及的人的灵性和素质的培养也是灵魂所包含的内容。

同佛教不同,古希腊人没有灵魂轮回和因果报应的观念。毕泰戈拉和奥尔菲教的一些代表人物受古埃及的影响有过灵魂轮回的主张,但影响很小。在亚里士多德看来,动物的营养的灵魂、繁殖的灵魂、运动的灵魂同肉体是不可分的。肉体死亡了,这些功能也就消失了。动物的感性灵魂和人的某种感觉也是依存于动物和人的感觉器官的。即使是理性的灵魂,其中的一部分也是依存于肉体的,仅仅是积极理性才能脱离肉体而存在。关于这个问题参见后面第二、第三小节的论述。

第二,灵魂是自然运动的本原,特别是生物运动的本原。我们在本编第六章就说过,亚里士多德认为自然是运动的源泉,在非生物的本体中表现为能够运动或能够被推动的能力。泰勒斯明确地说过这种能力就是灵魂。亚里士多德虽然没有如此明确地论证过,但是他认为整个世界是有一个宇宙灵魂在推动。在关于"努斯"的论证中,他认为"努斯"是充满宇宙的,人仅仅分有了这种神圣的"努斯"。在《形而上学》第12卷中,他认为那个永恒不动的最高本体就是"努斯",就是由纯思构成的。而人,仅仅极少数像他那样的哲学家才分有神圣的"努斯"。柏拉图和亚里士多德这种世界灵魂的思想到了晚期希腊的柏拉图主义和斯多亚学派得到了充分的发展。亚里士多德在动物学和有关灵魂的著作中谈得最多的是动物和人的各种活动的源泉。在动物那里主要是感性的灵魂在起作用,在人类社会中则是理性的灵魂在起作用,它使得人有论证和辩驳的能力,还有思虑和选择,即实践理性的能力。教育学的目的主要是培养人的灵性,其次才是人的体魄。伦理学则以灵魂的锻炼为基础。人在精神上有了涵养,在行为上才会选择中道。换句话说,人的合乎目的的社会活动,其动因也就是人类的理性灵魂的训练和培育。

第三,灵魂这门学科的主要任务是研究灵魂"是什么"(ti estin)以及它的属性和功能。就灵魂的各个部分而言,它要追问各个部分的灵魂的本质、属性和功能。这就是亚里士多德在《论灵魂》的第 2 卷、第 3 卷及其他自然短篇中讨论的主题。本体的问题,是亚里士多德整个哲学关注的核心问题。关于自然本体的研究充分体现出亚里士多德在《形而上学》中提出的关于 being 的问题。

亚里士多德的《论灵魂》是希腊哲学关于灵魂问题的总结,是希腊关于灵魂问题研究的最高的理论成就。晚期希腊的各个学派关于灵魂问题在理论上并没有大的发展,他们主要是在世界灵魂、宇宙理性和人的灵性修养上有了突破性的进展。关于人的灵性的修养最后就从道德导向了宗教。这个问题我们在《希腊哲学史》第四卷中将详细探讨。

亚里士多德的灵魂观念还影响到了中世纪的经院哲学家,主要是托马斯·阿奎那,并成为基督教关于灵魂理论的组成部分。这个观念在 16、17 世纪由耶稣会士传到中国,他们感到希腊文的 psyche、拉丁文的 anima 同中国儒家和佛教的灵魂是不同的。艾儒略在《性学初述》中作了比较详细的论述,他不同意将 psyche、anima 译为中文的灵魂,而是把它们译为性学。他认为西方的灵魂含有更多的中国人讲的灵性、习性等精神涵养上的意义,以及认识论上的认知功能,所以可以而且应该加以培育和锻炼,使人在灵性上达到更高的境界。而中国人所说的灵魂往往是同个体相对应的魂魄,死后就为鬼魂。佛教上讲的灵魂要在死后的大轮回中由阴间的世界加以审判,或投胎于动物,或投胎于人,以示对前世行为的审判。所以研究亚里士多德的灵魂观念对于了解后来西方历史尤其是灵魂观在犹太—基督教希腊化有重要的意义。基督教思想家强调灵魂在人的救赎中的作用,是犹太传统本身所不常见的。犹太传统强调律法、人的行为以及对上帝的敬畏的关系,把人放入一个宗教性团体的具体的宗教实践中加以说明,但是基督教思想家明显地吸收了希腊人的灵魂观念,希腊的灵魂观在与基督教救赎结合后,讲的实际上就是人的成圣之道。基督教在强调教会的团契对于人的教化的同时,也强调个体的灵魂提升,在恩典和个人的自制之间存在明显的张力,这种明显的张力最后都落实到了灵魂的上升之路上,体现为希腊主义的救赎论形式。①

因此,希腊人和基督教讲的灵魂与古代中国的灵魂观不同,在亚里士多德看来,人的灵魂的最佳状态,也就是人的 arete(德性)的发挥,人的品性就是人的灵魂状态,下面的第二、第三小节我们再详加阐述。

## 二 心理学的先驱

希腊文的 psyche 是近代心理学 psychology 的词源,亚里士多德则是心理学的先驱。在《论灵魂》及有关著作中,他详细分析了感觉、情感、欲望等心理现象的生理基础。他认为对这一现象,不同的学科可以从不同的方面进行描述和定义。比如说愤怒,自然学家与逻辑学家(辩证家)会提出不同的定义。逻辑学家(辩证家)将阐说这是种企求报复的欲望,或其他类似的称述;若自然学家,则会说愤怒是心脏周围血液的膨胀,是发热的一个形式。(403a30—b1)这里所说的实质上是生理学和社会心理学关于愤怒的不同描述。亚里士多德特别细致地观察了感觉的生理机制和心理现象。这里我们着重介绍他关于感觉、情感和欲望的论述。

感觉对象是通过媒介而引起的,感官接受它的形式,而不是质料,犹如

---

① 参见奥利金:《论首要原理》,石敏敏译,第 2 卷第 8 章,此外参见舍潘勒士(Constantine N. Tsirpanlis):《东方教父思想与正统神学导论》(*Introduction to Eastern Patristic Thought and Orthodox Theology*),第 65—76、145—146 页。

"蜡块接受指环图章的印纹而排除其质料"。(424a19—21)感觉包括三大项：对象,媒介和感觉器官(418a6—10)。每一种感觉都有它自身的本体(418a24—25),研究者的任务就是要考察各类对象是什么,有没有中介,如有中介,又是什么,感觉器官的构造如何,感觉是如何发生的。

亚里士多德认为感觉有五种,而且也只有五种,即视觉、听觉、嗅觉、味觉和触觉。他详细记述了各种感觉的对象、传播介质和感觉器官的不同结构,以及各种感觉的不同特点,动物的感觉和人的感觉的不同特点等等。他将感觉分为三类,第一类是视觉和听觉。从感觉对象到感觉器官有明显的传导媒介。第二类是触觉和味觉,它们是由感觉对象直接作用于感官引起的。第三类是嗅觉,介于二者之间。下面我们以《论灵魂》第 2 卷和《论感觉及其对象》的资料为主作综合的介绍。

首先是视觉。亚里士多德认为视觉是对象以光为介质传导到视觉器官,由感觉器官作出的回应。他认为,正是光这种中介物在感觉对象和眼睛之间的运动,使内在于眼睛里面的灵魂或灵魂的感觉器官受到作用,从而感知感觉对象。眼睛里面的部分是水,是透明的,所以一定能够接受光线。(438b10—20)所谓色盲,就是感觉器官失去了对光线的感受。眼球的功能丧失了,也就成了盲人。在五种感觉中视觉是认知的主要功能,《形而上学》开宗明义就说：

> 求知是人类的本性。我们乐于使用我们的感觉器官就是一个说明：即使并无实用,人们总爱好感觉,而在诸感觉中,尤重视觉。无论我们是有所作为,或竟是无所作为,较之其他感觉,我们都特爱观看。理由是：能使我们识知事物,并显明事物之间的诸多差别,此于五官之中,以得于视觉者为多。(980a25,译文见吴寿彭译本。)

其次是听觉。听觉的对象是声音,声音是对象发出的响声,以空气或水为介质传导到耳室所作出的回应。有意思的是他关于耳朵结构的研究,他论证了耳朵的涡旋式的结构和耳膜的作用,这种耳膜的振动使人感觉到声音的大小和不同类的声音的区别,他猜测耳聋是耳膜坏了的缘故。人们听到不同的声响就会产生不同的心理反应,或恐惧,或喜悦,或愤怒等心理现象。听觉同情感最为密切,在《修辞术》中,他清楚地指出演说与听觉及人的情感之间的关系,"当听众的情感被演说打动时,演说者可以利用听众的心理来产生有说服的效力,因为我们在忧愁或愉快、友爱或憎恨的时候所下的判断是不相同的"。(1356a13—15,译文引自罗念生译本)

第三是味觉。亚里士多德认为味觉是有味的物体作用于舌头所引起的感觉。亚里士多德当时还不懂得味蕾,但是他猜测到舌头一定有某种传输的渠道,使人的身心体会到酸甜苦辣的味道并引发心理现象。

第四是触觉。触觉是物体的形状和性质作用于人体的任何部位所引起的感觉,或是疼痛,或是舒适。他还不懂得神经系统,但是他猜测人体内有一种传导的介质,使人的心脏(实际上是大脑)对某种刺激作出回应。亚里士多德特别看重心脏的作用,认为在所有有血动物中,对于感觉器官起决定性作用的器官是心脏,心脏是所有感觉器官的中枢。味觉和触觉是以心脏为中心的,其他部分的感觉器官也是如此。心脏所产生的刺激会扩展到味觉和触觉,形成人和动物的特有的心理现象。(469a5—20)在诸感觉中,触觉是人生活中最重要的,是其他感觉的基础。如果没有其他感觉,触觉可以继续存在,但是如果没有触觉,其他感觉就不可能存在;(415a5)拥有触觉的动物同时就拥有了欲望(414b14)。人的其他感觉都不如动物,唯有触觉高于其他动物,人能够准确地判断出各种触觉的性质和强度。

第五是嗅觉。嗅觉介于视觉、听觉与触觉、味觉之间,它的特点是以空气为介质,但又必须直接作用于人和动物的嗅觉器官。亚里士多德分析了嗅觉与气味的关系,区分了味道例如气味的不同种类,指出它们对于人的心理的影响也是不同的。有些气味的性质是偶性的,有些则是本质如此的。偶性的气味有时引起人的快感,有时引起人的难受;有些气味则在本性上就能引起人的快感。(443b15—444a5)他认为嗅觉一定是有某种东西刺激嗅觉器官引起的,其理由是如果人们屏住气,就嗅不到味道,反之,一呼吸,就能闻到味道,其原因就是某种东西刺激了感觉器官。

在《论灵魂》第3卷的前部分和《论感觉及其对象》中,亚里士多德研究了知觉和想象的问题。亚里士多德当时没有知觉的概念,他也用 aisthesis 表示

"知觉"。他发现人们能够同时对某一个对象产生多种感觉。在几种感觉的作用之下，可以产生非单一的影像。在《论感觉及其对象》中详细考察了哪几种感觉是可以同时发生的，他认为触觉和嗅觉是最能够综合在一起的。听觉和视觉也是容易结合在一起发生的，人能够同时接受多种感觉，形成综合的印象，其实这就是知觉。知觉是区分动物与植物的标志，"动物之为动物是由于知觉，我们根据知觉的有无来区分某一存在是否是动物"。(436b10—12)知觉使人及动物与目的因联系在一起，"动物一定被赋予了知觉。因为自然不作无益的劳作，一切依本性而存在的事物都是为了追求某种事物，或者是和这样的事物同时发生的。如果能够位移的一切躯体没有知觉，它就会死亡，不可能达到其自然能力所要追求的目的"。(434a30—33)知觉还与思维紧密地联系在一起，如果没有知觉，灵魂就不能更好地思维，肉体也就无法更好地存在。因此，知觉与人的理智能力要有更密切的联系，它也是灵魂的更高部分。但是知觉与知识还是不同的，它不属于知识的最高级形式，因为它的对象是特殊的、个别的，只能形成具体的关于某物的印象。亚里士多德在《论灵魂》第3卷第3章比较了知觉与思维过程的同异，批评了恩培多克勒将二者等同的错误，然后说：

> 于是，这就明白了，知觉过程与思维过程实际上是不同的。所有动物都有感觉，但是仅仅个别种属的动物有认知能力。再者，思维与知觉还有另一区别，思想有对与错，也就是说有正确的和错误的理解、知识与见解。知觉是针对特殊对象的，正常的知觉无对错之分，它总是对的(同对象一致的)。但是思想就可能正确，也可能错误，因为思想是在理解的过程中发生的。(427b7—14)

亚里士多德的意思是，面对感觉和知觉的对象，正常状态的动物不会作出错误的反应，趋利而避害。反之，思维过程就不同，它是靠理性的功能去判断、推理或证明，就可能有两种结果。关于知觉的问题，近代学术界一直有争议，有的人否认亚里士多德有知觉的概念。1997年牛津大学出版社发表了斯忒芬·艾瓦逊(Stephen Everson)的著作《亚里士多德论知觉》，作者从亚里士多德的《论灵魂》及自然短论和动物学著作出发，从亚里士多德的著作的具体内容出发,认为他是有"知觉"及其对象的理论的。这里我们不可能就心理学的这一特殊内容展开论述,专业研究者可以参考艾瓦逊的这部著作。

关于记忆与想象,亚里士多德认为它们属于灵魂的同一部分,所有记忆的对象本质上都是想象的对象,但是想象的对象则是偶然地成为记忆的对象。(450a20—25)记忆既非感觉也非判断,而是时间流逝后保留下的感觉或判断的某种状态或影响。感觉属于现在,希望属于将来,记忆则表明时间的过去,并且只有能意识到时间的动物才能有记忆。(449a20—30)想象则是相对于当下感觉所形成的意见(428b1),想象(phantasia)这个名称是从光(phaos)这个名称演变过来的,没有光就不能看见。(429a4)但是想象不是意见与感觉的混合物,因为伴随意见的是相信。(428a10—30)

亚里士多德对情感和欲望的主题作过仔细的观察。他认为情感是灵魂的一种特殊状态,当然他还认识不到它的生理机制是什么,但是他认为情感和欲望是人的灵魂的两种主要状态。他特别研究了欲望的灵魂,研究了人的求生的欲望、生殖的欲望和求知的欲望,他不否认欲望的重要性和作用。在上一节中,我们已经讲到欲望是灵魂推动身体运动的动力。若是可欲的对象,动物就会扑上去,反之,如果是有害的,它就会躲开。他认为应该对有的欲望加以克制,有些欲望例如求知的欲望则是人的天性,在促进人的求知上起了重要作用,因此无需加以限制。

在亚里士多德的时代,人们还分不清心理现象和生理机制,也分不清认识论意义上的感觉与伦理学上的快乐,所以他往往将四者混在一起来谈。但是,无论怎样,他已经看到了这些现象,并作了论述。这对于后来的心理学、生理学、认识论和伦理学都是颇有启发的。特别值得一提的是他考察了睡与醒、呼吸、青年与老年、长寿与短命等现象。最有意思的是,他对于睡与醒的分析:它们是专属于灵魂的呢,还是专属于躯体抑或通属于两者?倘若说它们通属于两者,须问明它们属于灵魂或躯体的哪一部分?有些动物有睡与醒的区别,有些则没有睡与醒的区分。那么在有醒与睡的区别中,只有醒着的时候,才真正的体现出它的"是其所是",即它的本质。那么,睡着是否就是非存在,或者说非是。他的答案是,睡是介乎"是"与"非是"之间(也就是存在与非存在之间）。人们不能够说它睡着了就不是此类动物，但是它又不像醒着时那样将它的本质显现出来。亚里士多德还从生命的现象和生理机制的衰退这个角度论述了老年和死亡的问题。他从自然元素构成人的生命的角度来看待老年和死亡，把人的死亡与火元素的活动联系在一起。亚里士多德说，火停止燃烧的方式有两种，一种是因耗尽而自行熄灭，另一种是被扑灭。（469b21）因老年而死亡，犹如火之熄灭，它是由于燃烧无法得到供应所致。（469b25）因此，一切生命的灵魂都需要有自然热的供应，如果离开足以维持生存的自然热，生命就将终止。（470a20—24）总之，生命是一种自然的行为，而不是神秘的力量造成的。

### 三 心灵哲学

心灵哲学（the philosophy of mind）是19世纪以来形成的哲学。所谓心灵哲学，中文又译为心的哲学、心智哲学和精神哲学等等。事实上，关于心灵的哲学思考古希腊就已有之，自从阿那克萨戈拉提出"nous"（mind）以来，心灵的问题就一直是古希腊哲学家思考的重要问题。亚里士多德在《论灵魂》第3卷第4至5章作了相当完整的阐述。

亚里士多德说："所谓'心灵'（nous，mind）我指的是灵魂中从事思维活动，而且作出判断的那一部分。"（420a23）这就是他常说的"理性灵魂"。亚里士多德认为心灵就其本性而言，它是不依存于肉体和思维对象的，是永恒的，永远现实的，纯粹的。世界理性就是如此。在第一推动者那里，心灵与心灵的对象是同一的。亚里士多德认为，只有少数人才分享有"心灵"这种机能。它不像感觉，不必在对象作用下才能思想。它可以由自己愿望要思想时就思想。当心灵完成了它的思考任务后，它就可以随心所欲地停止思考，使心灵处于潜在状态。（429b5—7）亚里士多德认为，心灵就本性而言，无所谓潜在状态。它之所以有潜在状态是因为心灵居住在人体中，受人的肉体和欲望的影响，也受认识对象的制约。因为你所要思考的任务完成了，所以你不再思考了，才处于潜在状态。这种受认识对象和肉体影响的心灵状态，亚里士多德称之为"pathetikos nous"，中文译为"被动的心灵"（430a24）。一旦与肉体分离，

"才显示其真实的存在(本真之是)"。(430a23)因此,心灵或理性灵魂是独立存在的,仅在脱离肉体,不受对象限制的条件下才成立,也就是说实际上只有世界理性才是"积极的理性"(主动的心灵),而在人那里,人的理性灵魂总要受对象和肉体的限制。在人那里,就是理性认识的机能。正是如此,所以亚里士多德说:"作为被动的心灵是要死灭的,而灵魂失去了被动心灵(即失去了思维的功能——引者注),心灵也就不再能思想任何对象了。"(430a24—25)

由于"主动心灵"与"被动心灵"原意不清,古今诠释家就有争议。这里我们参照托马斯·阿奎那和罗斯的评注,作了上述简明的阐述。过去有的人将它解释为两种心灵,显然不合原意。准确说,是指一个本质,两种存在方式。

尽管体现在人身上的心灵是被动的心灵,但是它的地位和作用是很重要的。在人体中,"努斯"的功能主要有二,其一就是哲学的沉思,这是一种神圣的思维,它追问对象的为什么而不问为了什么这一实用的目的,其成果就是第一哲学或神学。本书第三编关于形而上学的研究中有详尽的论述。亚里士多德认为只有极个别的人才有这种能力,它是神赋予的神圣的纯思活动。亚里士多德的时代人们还不知道大脑的机制和功能(伽伦时代才发现大脑的特殊功能)。亚里士多德以为人类不依靠眼前的认识对象,就能够认识事物的原因和原理,而且这种思维活动也不受身体状况的影响,于是就认为"努斯"是寓于身体之中,但又能够脱离身体而独立存在。人体死亡了,作为个体的思维功能当然消失了,但是"努斯"继续存在,它与世界理性、世界灵魂相通,这就把"努斯"神秘化了,成为一种独立的精神本体,认为只有"努斯"才真正体现了"灵魂是什么"这个问题的实质。

"努斯"的另一个功能是会思索人类的社会问题然后作出选择,这就是实践理性。他使人的灵魂处于一种最佳的状态,在《尼各马科伦理学》中,他作了详尽的论述。亚里士多德讲灵魂实际上讲的是生命本身,讲那终极性的"努斯",正如有的论者指出的,"对于亚里士多德来说,灵魂是一种特殊的本质或本性,即有生命躯体的本质或本性。正是灵魂从本质上将有生命的躯体与无生命的躯体区分开来"。① 也正是"努斯",把人的生命与动物的生命从根本上区别开来。从而证明了"人"的又一个定义:"人是拥有'逻各斯'和'努斯'的动物。"②

亚里士多德认为人类都具有感性的灵魂、情感的灵魂和欲望的灵魂,在社会生活中灵魂处于什么状态、灵魂是否经过教育和训练对社会的行为起着重要的作用,人们可以无止境地追求某种享受,也可以拒绝任何一种快乐和享受,在伦理上就表现为过度与不足。过度和不足都是灵魂的状态,如果没有实践理性的指导,没有实践理性所制定的一套规范,人们会误以为灵魂的这种沉醉的状态或者是匮乏的状态就是最佳的状态。亚里士多德认为人的心灵经过沉思和选择提供一套道德的规范化标准,使人们自觉地去调整自己的精神状态,以中道为最佳选择。教育和伦理上的训练其实就是灵性的训练,使灵魂变得有涵养。这就是亚里士多德关于灵魂与伦理的关系的基本思想。

亚里士多德的灵魂学说涉及面很广,除了上述几门学科外,美学、修辞学、甚至工艺制造的技巧都涉及灵魂问题。因为在古代,肉体的任何活动,人的任何技巧,人对外界的感受或者鉴赏都是灵魂活动的显现。换言之,灵魂这个本体之"是"通过方方面面显现出来。这些我们就不作专门考究了。

---

① M.Frede:《亚里士多德的灵魂观念》,见 M.C.Nassbaum 和 A.D.Rorty 编:《亚里士多德〈论灵魂〉论文集》,第 96 页。

② C.H.Kahn:《亚里士多德论思维》,见 M.C.Nassbaum 和 A.D.Rorty 编:《亚里士多德〈论灵魂〉论文集》,第 379 页。

## ❀ 小 结 ❀

亚里士多德的自然哲学主要是研究具有运动本源的自然本体的元素、原理和原因。其中一类是有生灭的、可以感觉到的自然本体,主要是植物、动物和人类学意义上的人;另一类是无生灭的、永恒运动的本体即天体。作为运动源泉的灵魂也属于自然哲学的研究范围,而且是一门更高尚的、更重要的学科。亚里士多德的自然哲学的一些具体结论许多是过时的,甚至有些是荒唐可笑的,但是他把自然本体作为独立的对象,由日常的经验和观察出发,运用他的哲学观点以及他在《分析篇》中所制定的论证方法对他所提出的理论展开系统的论述,这是富有启迪的。对他的自然哲学,可以从近代的实证科学出发,从科学史的角度加以研究,以便确定他在科学发展史上的地位。同时也可以从他的第一哲学的观点出发,从哲学上来论述他关于第二哲学的具体观点。我们根据现今的英译本阅读希腊原文发现,亚里士多德在每一篇甚至每一个自然哲学中提出来的问题都是以他的本体学说为核心的,对每一个自然本体或者是每一类的自然现象,他都要追问"是什么","是否存在","如何存在"的问题,而这点在英译本,尤其是中译本中,往往体现不出来。所谓"是什么",就本体而言就是追问是其所是的那个 essence(ousia);就自然现象和属性而言就是追问它的性质、功能和成因,这在天象的研究中尤其明显。所谓"是否存在"就是追问有没有这类本体,或者有没有这类现象或属性,例如关于虚空,他的答案就是否定的。所谓"如何存在",也就是如何显现其是其所是,例如关于无限只能是潜能的存在,而没有现实的存在。这三个问题在动物学就显得尤其复杂,亚里士多德力求分门别类阐明各种纲目的动物的本质(essence）、属性和功能。就动物"如何是"（如何存在）而言，就是追问动物的运动方式，就爬、飞、游、走、跑五类运动方式而言，又进一步探究它的构造与运动方式的关系，为什么这五种形式都是从右边开始？在灵魂的研究中，他研究灵魂的本质是什么。就灵魂的各个部分而言，他进一步追究营养的灵魂、生殖的灵魂、运动的灵魂、感性灵魂和理性灵魂各自的本质是什么，有什么区别，它们的功能以及与肉体器官构造的关系。就灵魂各个部分如何存在而言，就是研究营养、生殖、感觉和思想是如何发生的，同肉体器官有什么关系？特别值得注意的是，他将理性的存在方式分为依存于肉体和思想对象的被动的理性（又译"被动的心灵"），以及不依存于肉体和思想对象的主动的理性（又译"积极的心灵"），而且用 nous（努斯）来命名理性灵魂，将世界灵魂等同于世界理性，即 nous。这对后来的哲学产生了深远的影响。所以我们可以说，亚里士多德的哲学的核心就是本体论，而自然哲学就是研究这一类本体的本质、属性以及它的存在方式。自然哲学是他的本体论哲学的体现，同时又丰富了他在《形而上学》中提出的本体论的思想。从这个角度去研究亚里士多德的自然哲学，我们就可以发现他在自然哲学中的丰富的内容，而不是停留在一些具体的自然哲学的结论上面。近几十年来，亚里士多德的自然哲学受到冷落，原因之一是人们较多地关注他的自然哲学的具体结论，这样难免觉得他的结论是幼稚的、荒唐可笑的，例如地球中心论、轻者向上重者向下、第五元素"以太"以及关于各种天象的解释。如果我们从亚里士多德关于 being 的学说出发，研究各类自然本体的本质、存在方式及属性，并且关注他研究自然哲学的方法，那么应该说他的自然哲学是有丰富内容的，甚至可以说，不研究他关于自然本体的观点也就难以全面理解《形而上学》中提出来的关于本体的一般理论。这就是本编研究的重点。

# 第 三 编

# 形 而 上 学

# 亚里士多德的形而上学和《形而上学》

形而上学(Metaphysics)这个名称在西方一般是指哲学思想中最基本的部分,是讨论最根本最普遍最抽象的哲学理论的。希腊哲学从泰勒斯开始探讨万物的本原(arche),自然哲学家们认为本原是水、气、火、土等物质性的元素(stoicheion);而另一方面毕泰戈拉学派认为万物都是由数构成的,爱利亚学派则将一切归为"是"(on)这样抽象的东西,西方一般将这一类 arche 译为拉丁文 principium,即英文 principle,中文可以译为原理。柏拉图将最高的哲学理论叫做辩证法,他在《国家篇》中将认识分为四个等级,最高的是理性(noesis),第二级是理智(dianoia)。理智阶段如算学和几何学等,是从假设出发,并不是从假设再向上探寻最后的根本原理,而是由假设向下推出结论;理性阶段却是要从假设上升到根本原理,即对他所说的"相"(idea, eidos)作系统的研究。柏拉图所说的这二者的不同实际上相当科学和哲学的区别,他将这种探寻根本原理的理论叫做辩证法。(参见本书第二卷第 672 页以下)亚里士多德也强调辩证法,但在本书第一编中说过他所讲的辩证法更着重于苏格拉底使用这个词的原义——从谈话讨论中发现矛盾,找出解决矛盾的方法。亚里士多德将理论学科分为三类,第一类自然哲学和第二类数学相当于柏拉图所说的理智阶段即科学知识,第三类是第一哲学。亚里士多德在《形而上学》书中对第一哲学有两种不同的说法:一种是在第 4、6 卷(Γ、E)中所说的专门研究 on 的学问,他称为"作为是的是"的 ontology 即本体论;另一种是在第 12 卷(Λ)中所说的研究最后原因——"不动的动者"的神学。这两种理论是《形而上学》一书的主题,也是亚里士多德的形而上学思想的主要内容。他自己并没有使用"形而上学"这个词,这是安德罗尼柯在编纂他的遗稿时才开始使用的。安德罗尼柯将亚里士多德论述关于自然中变动事物原理的论著编成一本《物理学》(*Physica*),将另外一些论述更普遍更抽象的原理的论著也编集起来,列在《物理学》后面,无以名之便用希腊字 meta(之后)称它为 $\tau\alpha$ $\mu\epsilon\tau\alpha$ $\tau\alpha$ $\phi\upsilon\sigma\iota\kappa\alpha$,后来的罗马人用拉丁字母转写为 ta meta ta physica,再省去两个拉丁文所没有的冠词 ta,缩写成为 metaphysica。陈康按照原义直译为《物理学以后诸篇》,但我国早期译者根据《易经·系辞》中的"形而上者谓之道"将它译为"形而上学",意义还是恰当的,已经为学者们所接受。

"形而上学"原来并无贬义,但在近现代西方哲学中却出现了两种贬抑形而上学的思潮:一种是黑格尔将形而上学说成是抽象的静止不变的思想方法,是和他的辩证法根本对立的,这种说法近几十年来在中国影响很大;另一种是实证论者认为传统形而上学讨论的问题如:外部世界是不是存在的、世界的本质是物质的还是精神的、时间空间的观念是绝对的还是相对的等问题,都是不能由经验证实它们是真或假的,所以是没有意义的假问题,他们主张将形而上学拒斥于哲学之外。

因此很有必要追溯一下形而上学的历史,看看亚里士多德当初是怎么提出形而上学的问题和思想的。他的形而上学思想主要表现在他的《形而上学》书中,因此要先介绍《形而上学》这部书。

现存《形而上学》一书有 14 卷,按希腊字母排列为:*A*、*α*、*B*、*Γ*、*Δ*、*E*、*Z*、*H*、*Θ*、*K*、*I*、*Λ*、*M*、*N*。各卷主要内容如下:

第 1 卷(*A*)共 10 章,前两章是哲学总论,第 1 章说明认识发展的过程,第 2 章阐述哲学的性质。第 3 至 9 评述以前各家哲学学说,其中 6、9 两章是专门批评柏拉图学派的相论的。第 10 章是简短的结论,指明哲学是探求原因的。

第 2 卷(*α*)共 3 章,和前后两卷(*A*,*B*)都没有直接联系,像是另外一篇比较简短的哲学导言。它讲到哲学是求真的知识,"是"和"真"是一致的;哲学探求的原因不能是无穷尽的,它要寻求最初的第一因。

第3卷（B）共6章，亚里士多德提出他认为是研究哲学必须讨论解决的十几个问题。有些学者认为它是《形而上学》全书的总纲，亚里士多德原来可能计划对这些问题逐一进行讨论的，后来实际上并没有这样做，虽然这些问题在书中基本上还是都讨论到了。

第4卷（Γ）共8章，第1章提出哲学是研究 το ον η ον（to on hei on，英译 being as being，一般译为"作为存在的存在"，我们译为"作为是的是"）的学问，第2章讲为此要研究"是"、"一"以及"多"、"对立"等范畴和有关的原理和公理；第3至6章讨论普遍的公理即矛盾律和排中律，它们都是有关"是"和"不是"的关系的。

第5卷（Δ）共30章，阐述了"本原"、"原因"、"元素"、"是"、"本体"等三十个范畴，说明每个范畴的各种歧义，所以被称为"哲学辞典"。

第6卷（E）共4章，讨论"是"的各种不同含义。第1章按照不同的"是"将理论学科进行分类，第2、3章讨论偶性的"是"，第4章讨论真的"是"。

第7卷（Z）共17章，反复讨论本体，认为事物的本体就是它的形式，也就是它的本质。

第8卷（H）共6章，讨论形式和质料。

第9卷（Θ）共10章，讨论潜能和现实。

第10卷（I）共10章，讨论"一"和"多"、"对立"、"同"和"异"等范畴。

第11卷（K）共12章，第1至8章是《形而上学》第3、4、6卷的简述，第8至12章是《物理学》第2、3、5卷的简述。有些学者认为这一卷不是亚里士多德自己写的著作，而是他的学生写的笔记或摘要；但也有学者认为它是亚里士多德自己写的提纲。

第12卷（Λ）共10章，前五章讨论可感觉的具体事物的原理和原因，和《物理学》的内容接近；后五章讨论最后的目的因即"理性（nous）"和"善"，也就是"神"。这是《形而上学》书中唯一讨论神学的地方。这一卷和其他各卷相比，论证特别简略，学者们认为它原来可能是一篇独立的著作，而且写得较早。唯有第8章例外，它详细论述了柏拉图学园中著名天文学家欧多克索的学生卡利普斯（他是吕克昂学院的成员）的天文学说。卡利普斯的鼎盛年是公元前330年,所以只有晚年的亚里士多德才可能讨论他的学说。有些学者推测这一章是后来插进这一卷的,而这一卷又是后人编纂时插进本书中的。

第13卷($M$)共10章,是批判柏拉图学派的相论和数论的。其中第4、5章(1078b34 — 1079b3,1079b12 — 1080a8)几乎是逐句重复第1卷第9章990b2—991b8反驳相论的论证,而其他各章对数论(即将相说成数,主张有"相的数")的批驳论证却比第1卷中的论证详细复杂得多。其中第10章却又从总体上讨论本体的根本原理是个别的还是普遍的问题。有些学者认为这一章和前九章联系不多,应是下一卷($N$)的导论,写得较早。

第14卷($N$)共6章,主要也是批驳柏拉图学派尤其是斯彪西波和色诺克拉底将"相"等同于"数"的学说的。论证的角度和$M$卷有所不同,第4章特别讨论了"善"的问题。有些学者认为$M$卷和$N$卷是两份主题相同却是在不同时期写的著作,$N$卷早于$M$卷。

从这十四卷的内容可以明显看出《形而上学》不是一部完整的有计划的系统著作,而是由后人将一些性质相近的不同的文稿集中在一起编纂而成的。学者们认为以下四卷和上下卷没有联系,显然是插进去的,它们是:1. $\alpha$卷,它用的是小写的希腊字母,和其他各卷都用大写的希腊字母排列有明显不同,可能是最后才加上去的。2. $\Delta$卷。3. $\Lambda$卷。4. $K$卷。在古代保留下来的亚里士多德著作目录(参看本卷"绪论"第三节)中,第欧根尼·拉尔修的书目中根本没有《形而上学》,只有《论术语和谓词的各种意义》,学者们认为可能就是$\Delta$卷"哲学辞典"。由Menagius的匿名者即赫叙奇在《亚里士多德传》中提供的书目中已有《形而上学》十卷,可能就是将这插进去的四卷除掉以后的十卷本。附在阿拉伯文《托勒密传》的书目中有《形而上学》十三卷,可能当时$\alpha$卷尚未列入。由此可见《形而上学》一书在安德罗尼柯编成以后又曾经后人修订增补,才成为现在这样的形式。

从思想内容上可以将《形而上学》诸卷分为以下几个部分:

一、$A$、$\alpha$、$B$三卷可以说是形而上学即哲学的总论,包括哲学的性质、特征、历史的回顾(哲学史)以及它所要解决的问题。

二、$\Gamma$、$E$、$I$三卷可以说是亚里士多德的本体论(ontology)思想。$\Gamma$卷提出哲学要研究 to on hei on(作为是的是)以及和它有关的主要范畴如一和多、对立、同和异等,还有公理——矛盾律和排中律。E 卷则提出要研究各种不同的"是",并据此将理论知识进行分类;它又专门讨论了偶性的"是"和真的"是"。

三、Z、H、Θ 三卷主要讨论本体(ousia,substance),论证只有事物的定义即形式才是第一本体;H 卷讨论形式和质料;Θ 卷讨论现实和潜能。这部分内容被认为是亚里士多德形而上学思想的核心,这三卷被称为《形而上学》全书的中心卷。有些学者将亚里士多德的这部分学说叫做 ousiology,照字面译法应为"本体论",但"本体论"一词通常用来译 ontology,于是有人主张将 ontology 译为"存在论"或"是论"。但希腊文 ousia 本来和 on 一样是动词 eimi 的分词,按照亚里士多德的范畴学说,ousia 是各种 on 的核心,所以 ousiology 应该是 ontology 的核心部分,它们并不是两种不同的学说。

四、Λ 卷是全书唯一主要讨论神学的一卷。

五、M、N 卷是批判柏拉图学派的相论的,尤其是 N 卷对斯彪西波和色诺克拉底将"相"归结为"数",主张"相的数"学说进行了反复详细的批驳。

以上没有提到 Δ 和 K 两卷。Δ 卷分析了三十个范畴各自的不同歧义,并没有讨论各范畴之间的联系和关系,没有形成推理论证的理论学说,所以只能在讨论其他学说中涉及某个范畴时和 Δ 卷中对这个范畴的歧义分析联系起来论述。K 卷是 B、Γ、E 卷的简述,二者之间也有一些不同,只能在论述 B、Γ、E 卷时附带论及。

本卷绪论中讲到近现代西方对亚里士多德学说的研究有系统法、发生法和分析法的不同发展过程。从理论上讲,研究哲学史应该是注重哲学家思想的发生和发展变化的,但在实践上因为现存的亚里士多德著作主要是由后人编纂而成,很难确定它们的编年次序,在现代学者中至今对此没有得出比较一致的公认意见。但是我们终究还是可以将一些有比较客观的根据、为多数学者认同的先后次序确定下来,主要有以下几点:

第一,Δ 卷可能写得最早,它列举了三十个范畴,分别论述它们各自的歧义,可是其中既没有"形式"也没有"质料";在第 12 章分析 dynamis 的歧义时只讲到"能"和"不能"、"可能"和"不可能"，没有提到亚里士多德后来着重论述的"潜能"的意义；全卷没有提到"现实"范畴。而形式和质料、潜能和现实是亚里士多德哲学思想中最重要的范畴，在较早的《物理学》等著作中已经专门讨论了。可见 $\Delta$ 写于这些著作之前。

第二，$A$、$B$ 两卷写于 $\Gamma$、$E$、$Z$、$H$、$\Theta$、$I$、$M$、$N$（可能还有 $\Lambda$）卷以前，因为 $B$ 卷提出的问题正是在这些卷中讨论的；$M$ 卷中对于相论的批驳几乎是逐句重复 $A$ 卷第 9 章中的批判论证，而 $N$ 卷中对数论的批判论证却比 $A$ 卷详细复杂。

第三，$\Gamma$ 卷的写作后于 $Z$、$H$、$\Theta$、$\Lambda$、$M$、$N$ 各卷，因为 $\Gamma$ 卷已经提出 being as being 的学说，而 $Z$、$H$、$\Theta$、$\Lambda$、$M$、$N$ 各卷中讨论的主题都属于这个学说的范围，却没有出现这个学说的名称，只能解释为亚里士多德已经写了这些卷以后才提出用 being as being 这个名称来概括这些学说，写成 $\Gamma$ 卷的。

第四，$\Lambda$ 卷写于 $Z$、$H$、$\Theta$ 卷以前，因为 $\Lambda$ 卷是从分析事物的运动得到"不动的动者"即目的因——理性、善和神的，接近《物理学》的思想；而 $Z$、$H$ 卷是从静止状态中将事物分析为形式和质料，认为形式即本质（to ti en einai），是第一本体。这是《形而上学》书中突出的重要思想，可是 $\Lambda$ 卷中却没有出现这一个论点。

这几点意见也还不是学者们普遍认同的，许多研究《形而上学》的学者各自提出对各卷的先后次序的不同看法。因此正如本书全卷对亚里士多德全部思想的写法一样，对他的形而上学思想也不能按著作先后次序论述，只能按思想内容分以下几个部分来写：

一、哲学的性质、特征和它要解决的问题，主要是 $A$、$\alpha$、$B$ 卷。

二、Ontology 思想："作为是的是"的意义，以及它的主要范畴和公理，主要是 $\Gamma$、$E$、$I$ 卷。

三、有关本体的思想，包括形式和质料、现实和潜能，主要是 $Z$、$H$、$\Theta$ 卷。

四、神学，主要是 $\Lambda$ 卷。

$M$、$N$ 两卷是批判柏拉图学派的相论和数论的，主要内容已在本书第二卷最后一章"不成文学说和老学园"中论述过，本卷不再专门讨论。

应该说明：亚里士多德的形而上学思想，决不限于在《形而上学》一书中所论述的。在他的其他著作中也有所论述，尤其如逻辑学著作中的《范畴篇》、《论题篇》、《后分析篇》，自然哲学著作中的《物理学》、《论生成和消灭》、《动物志》，还有《尼各马科伦理学》等著作中，都包含有他的形而上学思想，其中有些还是相当重要的。在本卷其他各编中，已经作了介绍论述。为了避免过多重复，本编只能扼要提及。

W.D.罗斯的《形而上学》英文译本是学者们经常引用的，它和苗力田、吴寿彭的中文翻译《形而上学》，是我们的主要参考用书。在文字释义上主要参考罗斯的《亚里士多德的〈形而上学〉》校释本；在哲学思想上，陈康的《智慧，亚里士多德寻求的学问》是我们的主要参考书。其他参考用书均在有关章节中另行介绍。

## ❈ 第 十 章 ❈

### 寻求智慧的学问——《形而上学》*A*、*α* 卷

《形而上学》*A*、α 卷是亚里士多德哲学形而上学的导论。*A* 卷第 1、2 章论述哲学的性质和特征,第 3 至 10 章作历史的回顾,评述以前哲学家们的思想,其中第 6、9 章专门批判柏拉图学派的相论。α 卷是另一篇比较简洁的哲学导言,它从另一个角度讨论如何才能获得真的知识。

### 第一节　智慧是研究原因的知识

亚里士多德在《形而上学》*A* 卷开始第一句话便说"求知是人的本性"。(980a21)在第一章中他从认识的发展阶段说明求得知识的过程,他将认识分为感觉、记忆、经验、技艺和知识、智慧等五个阶段。

#### 一　感觉(aisthesis)

亚里士多德以前的希腊哲学家一般都认为只有理性才能认识真理,感觉(意见)会将人引向错误。不但爱利亚学派的巴门尼德这样主张,连比较重视感觉的赫拉克利特和德谟克利特也将感觉说成是"坏的见证"和"暧昧的知识"。柏拉图在前期对话中也将感觉和理性绝对对立,认为只有理性才能认识真理,感觉只能得到假象;在后期的《泰阿泰德篇》中对此有些松动,但还是强调感觉(意见)不是知识(episteme)。亚里士多德却重视经验,他明确指出:

没有感觉便不能有知识。他在《后分析篇》第 1 卷第 18 章中论证：只有通过感觉才能认识特殊，只有将特殊的认识归纳起来才能得到普遍的知识；所以如果感觉功能丧失了，便不可能获得知识。（81a39 — b9）在《形而上学》第 1 章中他对从特殊到普遍的认识过程作了细致的分析，认为感觉是开始阶段。他说人都喜欢感觉，尤其是视觉，因为它能识别事物，将它们的各种各样的不同区别开来。（980a22 — 27）

## 二　记忆（mneme）

感觉的多次积累成为记忆。亚里士多德说：动物生来具有感觉，但有些动物能从感觉中产生记忆，有些不能。他是重视知识的传授的，而传授需要听觉，所以只有那些既有感觉又能记忆的动物（如狗、马等）才能接受教导；他说蜜蜂虽然聪明但不能受教，因为它们没有听觉。（980a27 — b5）

## 三　经验（empeiria）

从现有资料看，将经验作为认识论的一个专门术语，说它是认识过程的一个阶段，大约是从亚里士多德开始的。他说：人们从记忆中得到经验，同一事情的多次记忆导致单一的经验；人们通过经验得到技艺和知识。（980b28 — 981a1）单从这点还不能理解他所说的经验，必须将它和下一阶段的认识——技艺和知识进行对比。

## 四　技艺（techne）和知识（episteme）

亚里士多德认为人是通过经验得到技艺的，从反复得到的多次记忆中产生了经验，对同一类事物得出普遍的判断，就是技艺。他举的例子是：判断某种药物对患某种疾病的某个人有效，并且对别的个人的类似情况也有效，这就是经验；由此得出普遍判断：凡是患有这种疾病的任何人，用这种药都有效。这就成为医疗技艺。（981a3 — 24）

接着他将经验和技艺作对比：从人的实践活动说，有经验的人比那些只懂道理而没有经验的人更能取得成功，因为经验知道的是特殊的个体的情况，而技艺知道的是普遍的原理;可是一切实践活动都只和个别事物有关,医生治疗的并不是一般的人,而是这一个或那一个个别的人,所以医生如果只懂一般的原理而没有经验,行医便要失败。(981a13—24)亚里士多德出身医生世家,他很知道经验的重要性。但是他又指出另一方面:知识和理解属于技艺而不属于经验,所以有技艺的人比只有经验的人更智慧。因为有技艺的人知道原因,而仅有经验的人却只知道事物是这样而不知道为什么是这样,不知道原因。所以技师比工匠智慧,工匠只凭经验工作,技师却懂得原理和原因。(981a24—b2)亚里士多德又补充了一条:知与不知的标志在于能不能传授,技艺知道它为什么的原因,所以成为知识,它能传授而经验不能传授。尽管我们认识个别事物是通过感觉的,但感觉不能告诉我们有关事物的原因,它只知道火是热的却不知道火为什么热。(981b7—13)

亚里士多德再三强调感觉和经验只认识个别而不认识普遍。罗斯对此提出问题:既然经验是对同一类事物的反复认识,就是已经认识到不同对象间的共同因素,已经认识了普遍。① 亚里士多德在《后分析篇》最后一章中谈过这个问题。他说:从感官知觉中产生了记忆,从对同一事物的不断重复的记忆中产生了经验;数量众多的记忆构成一个单一的经验,经验在灵魂中作为整体固定下来即是普遍的,它是与“多”相对立的“一”。(100a4—7)接着他又将这过程说得更为具体:只要有一个特殊的感觉对象站住了,灵魂中便出现了最初的普遍;因为虽然我们感觉到的是特殊事物,但知觉活动却涉及普遍,它是“人”而不是某一个个别的人如苏格拉底;然后另一个特殊的知觉对象又在这种最初的普遍中站住了。这个过程不会停止,直到不可分割的终极的普遍产生。(100a15—b2)可见亚里士多德对于经验的看法——它只认识特殊的个别事物,还是在这种感性知觉中也包含有普遍性的因素?——是有些变化的,显然后一种看法比较全面。因此有些学者认为《后分析篇》写在《形而上学》A卷之后。

亚里士多德所说的技艺知识不仅包括医术、建筑、文学等,也包括学术研

---

① 参见罗斯:《亚里士多德〈形而上学〉校释》第1卷,第116—117页。

究在内。他将技艺知识分为两类，一类是为生活必需的，另一类如学术研究是给人提供快乐幸福的；他认为后一类比前一类更加智慧，因为这些技艺知识并不是为了实用的目的。（981b16—20）

### 五　智慧（sophia）

亚里士多德说：以前的思想家们都主张只有研究最初的原因和本原的才可称为智慧。这种知识既不是为了满足生活必需，也不以提供快乐为目的，只是在人们对周围世界发生问题、感到惊奇时才去研究它。必须当人们有了闲暇的时候才会去研究这类理论学科，数学所以在埃及首先形成，就是因为当地僧侣享有闲暇。因此亚里士多德认为有经验的人比只具有感觉的人智慧，有技艺知识的人比有经验的人智慧，思辨（理论）学科比创造学科智慧。它们之间的区别主要在于是不是认识到原因和本原，所以智慧就是能认识原因和本原的学问。（981b20—982a3）这就是亚里士多德对于"什么是智慧"所得出的定义。

可以将亚里士多德这里所作的认识过程的分析和柏拉图在《国家篇》第6卷中对灵魂的认识能力的四个阶段的分析作个对比：柏拉图作的是概念分析，比较抽象（参看本书第二卷，第675—677页）；而亚里士多德比较注重实际，他分析得比较具体，所以比较重视感觉和经验的作用。他们两人所作的认识阶段的分析，对西方近代哲学认识论的发展影响很大；无论是理性论者还是经验论者，不是倾向柏拉图，就是倾向亚里士多德。

亚里士多德在A卷第2章提出的问题是：我们要探求的这种称为"智慧"的知识，是有关于哪一种原因和本原的呢？以下列举了他认为是智慧的几个特征。他的论述有些错综反复，罗斯将它概括为六点，比较明白。①

第一，智慧的人应该尽可能通晓一切，而不是一个一个地认知个别事物。只有最高的普遍的知识才能通晓一切，因为认识了普遍就能知道属于它的一切实例。

---

① 参见罗斯：《亚里士多德〈形而上学〉校释》第1卷，第120页。

第二,智慧的人还要能知道那些困难的不易知道的知识。感觉是人人都有的,所以是容易的,算不得智慧;只有离感觉最远的知识才是最难认知的。

第三,智慧应该是最确切的知识。根本原理(本原)的知识是最确切的,只包含少数原理的知识比那些包含多数辅助原理的知识更确切,所以数学比几何学更确切。

第四,善于传授的知识才是智慧。关于原因的思辨易于传授,因为传授就是要讲出事物的原因。

第五,在各种知识中,那种为知识自身而不是为其他目的去寻求的知识,是更加智慧的。因为这种为知识自身而寻求知识的人,能以最大的努力去寻求最高的知识,他自然会选择那最真的最应知道的知识。

第六,智慧不是附属品,智慧的人应该发号施令而不是服从别人,智慧低下的人却应该服从他。根本原理和原因是最值得知道的,因为由于它们,人们才能获得别的知识,而不是由附属于它们的知识去认知它们。只有认知了个别事物"为什么"(即目的)的知识才具有权威,它对一切从属的知识起指导的作用,它就是"善",在自然整体中它就是"最高的善"。(982a9—b7)

亚里士多德最后总结说:智慧就是寻求根本原理和原因的知识,这就是"善"和"为什么"的知识。(982b7—10)他认为可以称做智慧的知识应该是最普遍的、不容易认知的、最确切的、善于传授的、是为知识自身而不是为其他目的的、是具有权威能起指导作用的。只有认知最高的原理和原因的知识才符合这些条件,这就是智慧,也就是他认为的哲学。值得注意的是,他在这里将普遍性和完善性这两个方面并列为根本原理即最初原因的特征,而从古以来对于亚里士多德的形而上学思想究竟着重于这二者中的哪一方面,却一直发生争论。这是本编以后要重点讨论的一个问题。

亚里士多德接着从哲学的起源来说明这些问题。他说:最初人们是由于好奇而开始哲学思考,先是对身边发生的感到困惑的事情,然后对重大的如日月星辰的变化以及万物的生成产生疑问。一个感到疑难和惊奇的人会觉得自己无知。为了摆脱无知而去进行哲学思考,显然他是为了知道而去追求知识,并不是为了其他某种实用的目的。事实表明,只有当种种生活必需品全部具备以后,人们才会去进行这样的思考。我们追求它并不是为了其他的用处,正如我们将一个为自己而不是为他人活着的人称为自由人一样。在各种知识中唯有这种知识才是自由的,只有它才是为它自身的。(982b12—28)这就是亚里士多德提出的为知识而知识,认为哲学应该是自由思想的宣言。我们在本卷"绪论"开始时已经引证论述过了。

亚里士多德最后又说:这种思想是超出人的能力的,因为人的本性在许多方面是受束缚的,只有神才具有这样的能力。只有这种智慧是最神圣最高尚的。说它神圣有两层含义:一是说它是神所特有的,一是说它是对神圣的对象的知识。因为神是万物各种原因的本原,只有神才能超越一切而具有这种知识。如果从实用和必需方面讲,别的任何知识都超过它,但是只有它才是最好的。(982b28—983a11)亚里士多德大约意识到人不可能穷尽一切哲学知识,不可能获得绝对真理,只有神才具有这种能力。认为有超越一切的神,本来是古代人普遍具有的朴素的思想,亚里士多德也不例外,由此产生他的神学。

## 第二节　对柏拉图相论的批判

《形而上学》A卷第3至9章对哲学作了历史的回顾。亚里士多德说哲学是寻求事物的原因的知识,他根据《物理学》中提出的四种原因,即质料因、本质(形式)因、动因和目的因,对以前思想家的观点分别进行考察。他指出最初的哲学家认为本原是质料,如泰勒斯所说的火,阿那克西美尼所说的气,赫拉克利特所说的火,恩培多克勒加上土成为四元素,都是物质性的质料;还有些是无形体的质料,如柏拉图学派所说的"大和小",意大利学派所说的"无限"。有些哲学家提出运动从何产生的问题,阿那克萨戈拉认为动因是努斯,恩培多克勒认为是爱和争即善和恶。意大利学派进一步探求事物的本质,毕泰戈拉学派将万物归为数,爱利亚学派认为是"是"和"一"。这些哲学家说的"善"就是目的。亚里士多德对苏格拉底以前的自然哲学家的观点的评述,我们在本书第一卷中都已经引证讨论过了,不再重述。

柏拉图及其学派的观点是亚里士多德评述的重点。在第 6 章中,亚里士多德对柏拉图的相论和后期学园中人将"相"解释为"数"的学说作了概括的解释和评论,本书第二卷已全文引用分析过。在第 9 章他又对柏拉图及其学派的观点提出具体的批评。从他的批评论证中可以看出他在哪些点上不同意柏拉图的观点,又为什么不同意,由此可以看到亚里士多德和柏拉图在哲学思想上的分歧。所以在这里要介绍分析他的批判论证。

A 卷第 9 章前半部分对相论的批判和 M 卷第 4、5 章的批判几乎是逐字逐句重复的,只在有些词和短语上有所变动。主要一点不同在于 A 卷中说是"我们(柏拉图学派)"的,在 M 卷中改为"他们(柏拉图学派)",这就是耶格尔认为亚里士多德从自认为柏拉图学派中人转变为学派以外的人的根据。在 A 卷中对柏拉图学派的数论的批判论证在 M、N 卷中变得更加烦琐复杂,由于以前讲过的理由——我们看不到被批判的思想本身的材料,所以现在主要只介绍 A 卷中的论证。柏拉图自己在《巴门尼德篇》中对相论也提出许多批评论证(参见本书第二卷,第 729—739 页),可以对照考察。

第一个论证

亚里士多德开始就指出:那些认为"相"是原因的人,在寻求周围事物的原因时却引进了另外一类与这些事物数目相等的东西——"相",如同一个要计数事物的人认为它们太少不易计数,便将它们扩大一倍再来计数一样,是可笑的。"相"和事物在数目上相等,至少并不少于;它们和事物同名并且在事物之外,是在众多之上的一,无论这众多是现实世界的还是永恒的。(990a33—b8)

亚里士多德认为柏拉图在寻求具体事物的原因时,设定有另一类与事物同名却在事物之外(这里亚里士多德用的是 para 即"在……之外"这个词,不是 choris"分离",苗力田译为"并行")的"相",作为它们的原因,这便是柏拉图常说的人有"人之相",大有"大之相"。柏拉图有时也将某物之相称为某物自身,如"人自身"、"大自身"。亚里士多德在 Z 卷第 16 章中嘲笑说,他们不过是为可感觉的事物加上了一个"它自身(auto)"而已。(1040b33—34)对每一类事物设定一个同名的"相"或"它自身",在亚里士多德看来并不能说是找到了这一类事物的原因,因为究竟什么是"相",我们是怎么得出这个"相"的,为什么这个"相"是这类事物的原因?这是需要经过艰苦的分析思辨才能得到这样的结论的。亚里士多德自己所讲的"形式(eidos)"也就是"相",它是艰苦思辨才得到的结果。所以亚里士多德并不反对认为"相"即形式是事物的原因,他只是反对像柏拉图等人那样简单地设定了这个结论。他对柏拉图的嘲笑当然是柏拉图不能同意的,所以在《巴门尼德篇》中柏拉图在批判少年苏格拉底的相论时,没有提出相似的论证。

在A卷第9章的这个论证中亚里士多德只说柏拉图认为"相"是在具体事物之外的,并没有明确说它们是彼此分离的;但在M卷第4章这同一论证前面亚里士多德却明白地说:苏格拉底并没有把普遍和定义当做是分离的东西(chorista),而他们的后继者却把它们当做分离的东西,将它们叫做"相"。(1078b30—32)亚里士多德认为柏拉图学派中人所说的"相"是和具体事物分离的,这是他反对相论的根本立足点。

### 第二个论证

亚里士多德说:我们(柏拉图主义者)用来证明"相"的论证是不可信的,其中有些并不是必然推论到的,有些则会使我们认为没有"相"的东西也有"相"了。按照一切知识对象全都有"相"的原则,按照多中之一的论证,则否定的东西也可以有"相",而消失的东西也可以被思想,它们也可以有"相";还有将关系也说成是有"相"的,可是关系本身并不是一个"种"。(990b8—17)

这个论证就是柏拉图自己在《巴门尼德篇》中提出的第一个批评论证。柏拉图提出是不是任何东西都有"相"?使他感到困惑的是那种没有价值的丑恶的东西如头发、污泥、秽物是不是有它们各自的"相"?他认为要肯定它们有"相"是荒谬的,因为柏拉图的相论是目的论,"相"是事物的目的也就是"善",这些丑恶的东西怎么能是善呢?但是否定它们有"相"也有困难,因为相论的前提是同一类事物(知识对象)有一个同名的"相"。(130B—D,参看本书第二卷,第731—733页)这就是亚里士多德在这里说的否定的东西也可以有"相"的问题。但是亚里士多德在这里又加了另外两类问题:一类是他认为可消失的东西也属于思想对象,那便应该承认有消失的"相"。但柏拉图的相论却认为具体事物是可消失的,而"相"却是永恒的不消失的,是以这种对立作为出发点的;如果承认有消失的相,岂不是从根本上破坏了柏拉图的相论。另一类问题是关于关系,柏拉图认为正如人有"人之相"一样,大也有"大之相";但亚里士多德在划分范畴的时候却认为大和小、先和后等都不是"种"或"属"即本体,而只是这个本体和那个本体之间的关系。如果关系也有关系的相,那么说"苏格拉底先于柏拉图"时,单说苏格拉底分有"先之相"而不说明他是先于谁,显然是不合理的。从这两点也可以说明亚里士多德对相论的批判比柏拉图对他自己的批判更为深入。

第三个论证

亚里士多德只说了一句话:有些论证引进了第三者。(990b17)

这个问题柏拉图在《巴门尼德篇》中说得比较清楚:有许多大的事物在一起,它们有一个共同的同名的"大之相";可是当这个"大之相"和另一些大的事物在一起时又可以有第二个共同的同名的"大之相",这样的过程可以无穷后退,得到无数个"大之相"。(132A—B,参看本书第二卷第734—735页)"大之相"本来是从许多大的事物概括出来的普遍的抽象物,如果再将它(第一者)和别的大的事物(第二者)并列在一起,又可以概括出另一个普遍的抽象物即第二个"大之相",这就是第三者。应该说这是当时的思想家还不能将普遍和个别区分开,将普遍的"相"看做是和个别事物同样的东西;在哲学上说就是将"相"个体化了。这个论证在当时柏拉图学园内部可能是普遍流传的,所以亚里士多德认为无需解释,只用简单一句话带过。当代分析哲学家G.E.L.欧文对这个所谓"第三人"的论证作过专门的分析,我们在以后有关的地方再来介绍它。

第四个论证

亚里士多德说:总之,关于"相"的论证毁掉了那些我们认为是比"相"更重要的东西。因为由此得出在先的不是"二"而是"数",与他物有关的东西比它自身更为在先。这些附和"相"的意见的人的观点是和根本原理相矛盾的。(990b17—22)

他在这里说的比"相"更重要的东西,究竟是什么?一种解释说这就是指具体的东西。从亚里士多德前期的思想说,他认为只有具体的个别事物才是第一本体,它在"相"(这里用的是 eidos,即"形式"或"属")之先,比"相"更为重要。但从后半句话看,他是将"二"和"数"对比而言的。西方学者多将这个"二"解释为"不定的二"即"大和小"。柏拉图后期数论认为这个"不定的二"是一切数的本原,任何数都是由"大和小"构成的,它们都是由于二的,即与"二"有关,是相对的;只有这个"二"才是由它自身的,是绝对的;所以"二"比"数"更根本更重要。可见亚里士多德是将柏拉图所说的"不定的二"解释为数的质料因的(987b33—988a1,参看本书第二卷,第873—874页),带有质料的东西就是具体事物,所以仍可以说亚里士多德认为具体事物比"相"更为重要。重视个体事物是亚里士多德的一个重要的基本观点,直到 Z 卷才有改变,因此他说主张这种"相"的人的观点是和这个基本原理相矛盾的。柏拉图在《巴门尼德篇》中理所当然地没有提出这个论证。

第五个论证

亚里士多德说:按照我们肯定"相"的判断,不但本体有"相",其他许多非本体的东西也同样有"相";因为可以有关于它们的知识,对它们也可以形成单一的概念。但是如果"相"是可以被分有的,那就必然只有本体才能有"相",因为只有主体自身的"相",而不是表述主体的那些属性的"相"才能被分有。(990b22—34)

柏拉图没有将本体和非本体的性质、数量、关系等范畴区分开,所以按照他的相论,苏格拉底不但分有"人之相",还可以分有"丑之相",是柏拉图的"老师之相"等等。亚里士多德将本体和其他范畴区分开,认为只有本体才能有"相",其他非本体的范畴虽然也是知识的对象,也可以形成单一的普遍概念,但不能有它们的"相"。因为性质、数量等非本体的范畴都是表述本体的,它们不是"相"也不能被分有。《巴门尼德篇》中虽然也有关于分有的论证,但柏拉图提出的论证和亚里士多德的批评论证角度完全不同。(参看本书第二卷,第733—734页)

第六个论证

既然"相"是本体,这样的本体("相")和那样的本体(具体事物)既然都是本体,它们又有什么区别? 那个是多中之一的、在具体的本体之外的(这里用的还是 para)本体和这些个具体的本体,在它们二者之间当然有共同点;正如我们将卡里亚这个人和一个木雕的像都叫做"人"那样,它们是有共同的实质呢,还是只有一个共同的名称? (991a1—8)

这个问题是:和具体事物同名的"相"只是一个空洞的名称呢,还是实在的、比具体事物更为真实的东西? 对于相论说,这当然是一个最根本的问题,亚里士多德提出这个问题是引起后来中世纪唯名论和唯实论争议的开始。

第七个论证

亚里士多德指出,这是一个重要的问题:"相"对于那些可感觉到的永恒的事物(指日、月、星辰)和有生灭的具体事物到底有什么用处? 他认为"相"既不是其他事物的运动变化的原因,对于我们认识其他事物,以及认识其他事物之所以"是"其他事物也没有帮助。因为"相"并不在其他事物之中,所以它不是其他事物的本体。(991a8—14)

亚里士多德在这里的论证比较简单,这个论证的前提是:"相"不在事物之中,是和事物分离的。因为"相"不在事物之中而是在事物之外,要是"相"能使事物运动变化,它就得像木匠能造房子或是火能使事物发热一样;木匠和火能成为事物的动因,乃是因为木匠和火自身都是运动的,而"相"却是静止不动的,它如何能成为动因? 柏拉图在《巴门尼德篇》中也提出过有关分离的论证,认为如果"相"和具体事物分离为两个不同的世界,则具体世界中的认识主体即人,不能认识相的世界中的"相",而相的世界中的认识主体即神,也不能认识具体世界中的一切事物。而且具体世界中的主人不是相的世界中的

"奴隶之相"的主人;具体世界中的奴隶也不是"主人之相"的奴隶。所以无论"主人之相"或"奴隶之相"都不能说明具体世界中的主人或奴隶之所以"是"主人或奴隶,即不能说明他们的本质。(参看本书第二卷,第735—736页)柏拉图在那里举的这些例子可以解释亚里士多德这里的论证。

相论所以要设定"相",原来是以它作为事物的原因和本原的,但现在"相"既不是事物运动变化的原因,又不能说明事物之所以"是"的本质,对我们认识事物也没有帮助。这样,在事物之外设定一个同名的"相"又有什么意义和用处呢? 所以亚里士多德认为这对于相论说,是一个重要的问题。

第八个论证

说"相"是事物的模型,其他事物模仿它或分有它。亚里士多德认为这不过是一句空话,只是一种诗的比喻。他分三点批判模型说:第一,具体事物的"是"和产生并不需要模仿别的东西,不论有没有一个永恒的苏格拉底之相,这个苏格拉底总是苏格拉底。第二,任何一个事物有多少个"相"也就有多少个模型,如苏格拉底既是"人",又是"两足的""动物",这几个都是他的"相"(形式),他模仿哪一个呢? 第三,"相"不仅是感性事物的模型,还是相自身的模型。苏格拉底的"属(eidos)"是人自身,他的"种"是动物;动物是人自身的模型,而人自身又是苏格拉底的模型,所以同一个东西——"人自身"便既是模型又是模仿物了。(991a19—b1)

柏拉图在《巴门尼德篇》中也批评模仿说,但他是以模型和模仿物的相似,因而要得出"第三者"的论点来批评的。(132C—133A,参看本书第二卷,第735页)柏拉图只提出一个笼统的"相",亚里士多德却分析出有不同层次的——个体的、属的和种的"相",指出了柏拉图的缺点。

第九个论证

亚里士多德说:作为事物的本体的"相"如何能和事物分离(这里用了choris 这个词)呢? 他说柏拉图在《斐多篇》中说"相"是事物所以"是"和变化的原因,但是尽管有"相",如果没有推动的东西,事物也是不能产生的。别的许多事物如房屋、戒指,虽然没有"相",却也产生了;显然这些事物是由于以上所说的(那四种)原因,所以能存在和生成。(991b1—9)

亚里士多德作了一个总结:如果"相"是和事物分离的,它便不能是事物所以"是"和生成的原因;只有用质料因、形式因、动因和目的因才能说明事物的"是"和生成。这是亚里士多德对柏拉图相论批判的一个基本点,认为柏拉图设定和事物同名的却又是相互分离的"相",并不能说明事物的所以"是"和生成,是没有意义和用处的。亚里士多德要以他的四因说代替柏拉图的相论。

我们在本书第二卷论述柏拉图的《斐多篇》时,曾指出那里的"相"在价值上比具体事物高贵,是事物追求的目的,它是目的因而不是动因(参看本书第二卷,第625—626页);但是柏拉图说事物努力追求"相"而永远不能达到它,从这个意义说目的因也有动因的意义。陈康曾根据这些理由认为柏拉图所说的"相"和事物不是分离的,他认为《巴门尼德篇》中所批评的少年苏格拉底的相论并不是柏拉图在《斐多篇》和《国家篇》中的相论。① 关于房子和戒指之类的人造物是不是有"相"的问题,柏拉图在《国家篇》中肯定人造物如床是有"相"的,而在《巴门尼德篇》中,少年苏格拉底对人造物是不是有"相"却表示困惑说没有把握;现在亚里士多德则明白肯定人造物如戒指是没有"相"的。

以上这些论证都是对柏拉图相论的批判,以下的几个论证是针对柏拉图及其学园中人将"相"解释为"数"(即作为"相的数")的数论进行批评,现在将它们综合作简单的介绍。

亚里士多德说:如果"相"是数,它们怎么会成为事物的原因呢? 因为每个事物是不同的数吗? 如这个数是苏格拉底,另一个数是卡里亚,为什么说这个数或那个数是他们的原因呢? 或者说事物像和音一样是以一定的数的比率组成的,如一定比例的火、土、水、气组成了卡里亚,那么"相"就不是数而是数的比率了。(991b9—20)再说,一个数可以由几个数构成,一个"相"怎么能由几个"相"构成呢? 如果说构成各个数的单位是同类的,便会引出荒唐的结论;如果说构成同一个数的单位或构成不同的数的单位是不同的,既然这样的

---

① 参见陈康:《少年苏格拉底的相论考》,载《陈康论希腊哲学》。

单位没有共同的规定性,它们又如何能彼此区别呢?(991b21—27)再有,除了这种作为相的数以外,还要有另一种用来计算的数,有人将它们叫做居间者,那么这种居间的数又是由什么本原构成的?为什么说它们是在事物和作为相的数之间的居间者呢?(991b27—31)如果将本体归结为本原,我们主张线出于长和短,面出于宽和窄,体出于高和低,这些都是"大和小";则平面怎样包含线,立体又怎样包含面和线呢?因为宽窄和高低是不同的种,较高的种不属于较低的种,而且宽的种也不包含高,不然平面便会变成立体了,此外,点为什么在线段之中呢?(992a10—20)以上这些论证在 M、N 卷中展开为更细致的批判,本书第二卷最后讨论柏拉图的不成文学说时作过介绍论述,这里从略。

在作了这些论证以后,亚里士多德总结说:

> 总之,虽然智慧是要寻求日常所见事物的原因,但是我们将它忽略了,因为我们没有说出发生变化的原因。我们提出了本体("相"),但所说的只是与日常事物不同的另一类本体。为什么那些本体会成为这些事物的本体?我们只说了一些空洞的话,所谓分有,正如前面所说是毫无价值的。(992a24—29)

他说我们要寻求的知识的原因,是所有理性和自然界因为它而活动的;可是我们所说的原因却没有一个是本原、是起点。现在有些思想家将哲学等同于数学,虽然他们也说数学本应作其他用途的。(992a29—b1)

他又指出几点:第一,所谓"大和小"的数学化的质料,与其说它们是本体,还不如说它们是本体的属性和差异。第二,如果事物都是运动的,那么"相"也应该是运动的,不然事物的运动又是从何产生的呢?第三,随着数而来的线、面、体,既不是"相"(因为它们不是数),也不是居间者(因为居间者也是数学对象),也不是可以消灭的事物,只能说它们是在这三者以外的第四种东西;它们又是什么呢?(992b1—18)

面对这些困难和问题,亚里士多德指出:如果我们不能分辨这些东西的"是"的各种含义,要寻求事物的元素是不可能的。这样找不到能动和被动,也不能说明真是怎么构成的。只有承认本体,才能对这些作出说明。所以自以为找到了所有是的东西的元素,是不正确的。(992b18—24)亚里士多德认为以前的思想家都在寻求万物的元素,但因为他们没有分析各种不同的东西所以是的"是"的含义,笼笼统统地去寻求万物的元素,实际上却陷入种种谬误。比如"数",亚里士多德分析认为它只是事物本体的一种属性——数量,而不是本体;可是柏拉图学派却追随毕泰戈拉学派,将"数"说成是事物的本原和本体。这是他们主张的数论的根本错误。因此亚里士多德自己最主要的工作就是要分析各种"是"的不同含义,才能分别从各种不同的方面得出正确的结论。这就是亚里士多德在《形而上学》中要做的主要工作。

亚里士多德还进一步从认识和学习方面来论证,他说,我们如何认识万物的本原? 显然不能在学习之前已经认识了这些知识。学习几何学的人虽然在学习以前已经有许多别的有关的知识,但对于他所要学习的东西是还没有先在的知识的,别的学问也是这样。所以如果有一门如某些人所设想的关于宇宙万物的学问,学习它的人也不会有先在的知识。不过学习却要部分地以先在的知识为前提,无论是通过证明,或是通过定义(因为定义的一部分总是已经知道的),或是通过归纳得到的。所以如果真正有内在的与生俱来的知识,在这门最伟大的学问中我们对此却毫无觉察,这真是怪事。(992b24—993a2)

罗斯认为亚里士多德在这里攻击的对象是柏拉图主张有包括一切的最高的学问——辩证法。亚里士多德在这里确实提出这样的论证:学习几何学的人可以有许多别的先在的知识,但是还没有关于几何学的先在的知识;由此推出要学习关于所有万物的知识的人,不可能有关于万物的先在的知识(因为它是包括了所有一切的知识),因此不可能有统括一切万物的知识,这就似乎是否定了柏拉图的辩证法。但是哲学就是关于宇宙万物的最根本的知识,如果亚里士多德否定了柏拉图的辩证法,岂不就是否定了哲学本身? 我们以为亚里士多德在这里批评的真正对象,乃是柏拉图在《斐多篇》中提出的先验论的回忆说。亚里士多德和柏拉图的主要分歧在于,柏拉图认为感觉经验是虚幻的,根本不可靠;而亚里士多德却认为一切知识都从感觉经验开始。他在紧接这段话后面说过一句:"如果一个人没有那种感觉,他怎么能知道那些感性对象呢?"(993a7—8)所以他认为学习总是要从前提开始,这种前提无论是通过证明、定义或是归纳得来的,总是部分地或全部是已经得到的知识。这种先在的知识首先是从经验得来的,而不是像柏拉图所说的是灵魂在出生以前已经知道的。因此他最后提出的问题是:如果在哲学这门最伟大的学问中,我们有天生的先在的知识,可是我们自己却没有觉察到,这不是怪事吗? 由此可见,他反对的正是柏拉图的先验论的回忆说。柏拉图的"相"不是从感觉经验得来的,而是先验的,因此亚里士多德在批判相论时,指出这种理论的认识论根源,即认为"相"这种普遍的理性知识是先验的,不是由经验中归纳得到的。这个批评是必要的、也是顺理成章的。

## 第三节 哲学是求"真"的学问

《形而上学》第 2 卷(*α*)是另一篇哲学导言。它所讨论的问题和 *A* 卷不同,而又有联系,它是以"哲学是求真的学问"为主题的。

亚里士多德开始时指出:研究真理是既困难又容易的,因为任何一个求真的人都不会毫无所得,总会得到某些真理;但又没有一个人能把握真理自身,即得到完全的整个的真理。他说这种困难的原因并不在于真理自身,而在于我们自己,因为我们的灵魂的眼睛看不清那些最明白清楚的东西,正如蝙蝠的眼睛看不清白昼的光亮一样。(993a30—b11)他已经提到了人不能认识绝对真理的问题。

他在这一卷中不是使用"智慧",而是用"哲学"这个术语。对此他说了一段重要的话:

> 将哲学称为求真的知识是正确的。思辨的知识以求真为目的,实践的知识以行动为目的。尽管实践的人也考虑事物是什么,但他们不从永恒方面研究它,考虑的只是它们的关系和当前的状态。我们是不能离开原因去考察"真"的。一个东西能由其自身而赋予其他东西以相似性,它自身就是较高的,例如火是最热的,它是使其他热的东西所以是热的原

因。使其他是真的东西所以是真的原因，就是最真的。由此看来，"永恒的是"（aei onton，英译 eternal being）的本原必然是永远最真的，因为它们并不只是有时是真的，也没有任何别的东西是它们是什么（ti esti）的原因，它们是其他东西所以"是"的原因。因此，每个东西的"是"（einai），也就是它的"真"（aletheias）。（993b19—31）

亚里士多德在这里提出一个很重要的问题，即"是"和"真"的联系问题。他认为哲学是求真的学问，这个"真"（不是一般所说的"真理"，而是"真"和"假"对立的"真"）从哪里去寻求呢？他指出要从"是"去寻求。凡是永远是的，就是真的。比如"人是两足动物"这个命题，无论男人女人、大人小孩，只要是人，就必然是两足动物。这种永恒的是，就是"真"的原因。又如"苏格拉底是人"，不论苏格拉底活着（存在）还是已经死去（不存在），他总是人，这是真的。由此可见，这个和"真"联系的 einai，只能译为"是"，不能译为"存在"。只有神才被认为是"永恒存在的东西"。在我们探索一个东西的"真"时，总是要说明它的"永恒的是"，也就是亚里士多德所说的这个东西的本质，而不是那些表面的暂时的现象，即亚里士多德所说的"偶性的是"。认识了事物的本质即"永恒的是"，也就是认识了它的"真"。所以说一个东西的"是"，就是它的"真"，"是"和"真"是一致的。这个"是"和"真"的联系，亚里士多德在《形而上学》中还多次谈论到，对我们理解"是"这个范畴是十分重要的。

既然求真就是探讨原因，而事物的原因是可以无穷无尽地推论的；我们要求真，这个因果推论应该有个极限。所以在第 2 卷第 2 章中，亚里士多德专门论述不能对原因作无限的推论。他对四种原因作分别论证：就质料因说，一种事物出于另一种事物，如肌肉出于土，土出于气，气出于火，不能这样无穷尽地推下去，当时的科学还没有达到那样的程度。就动因说，人由于气而运动，气由于太阳而运动，太阳由于恩培多克勒所说的"争"而运动，也不能老推上去没有尽头。从目的（为什么）说也是如此，走路是为了健康，健康是为了幸福，幸福又是为了别的什么，也不能无限推论。就本质因说，起点是一，终点是多，中间点无论多少是没有关系的：只有起点是原因，中间点和终点都不是原因，因为我们寻求的是同一类事物共同的原因，它是一，是本质。所以只有起点才是原因,起点是本质因。(994a1—19)希腊文 arche 是本原,也是起点。

不但向上不能无限推论,向下也不能无限延伸。他说:从火生成水,从水生成土,说一个东西从另一个东西生成,就是说它后于那个在先的东西。如从儿童变为成人,成人是后于儿童的;同样的,知识后于学习,白昼后于清晨,已经生成即完成了的东西后于正在生成的东西。生成就是处于"不是"和"是"之间的,在生成过程中可以有中间环节,但是这种中间环节不能是无限的,总有一个终点。有一类生成是不能逆转的,如成人不能再变成儿童,另一类生成是可以逆转的,如水变为气,气也可以变为水;这一个消灭了便是那一个的生成。这种逆转也不是无限的。(994a19—b7)

亚里士多德主要是说明目的因和本质因不能无限延伸。他说:事物为了什么,这就是它的目的。有个目的就是有终点,所以目的因就是最后因,它不能是无限的。目的就是要达到最好的状态,也就是"善"。理性(nous)要求达到善,要有目的,也就是要有界限;所以主张在这个方向上无限的人,就是排除了善,否定了理性。(994b9—16)从事物的本质即定义说,原初的定义总比派生的定义更为确切;如果第一个定义不够确切,后来的更不行。知识不像线段那样可以无限分割,即使线段的无限划分也是不可理解的,只能将它假设为许多极短的线,不然便无法计数。定义只能停止于不可再分的地方,才能形成知识。我们要认识的原因在数量上也不能是无限的,如果它们可以无限增添,我们便不能认识它们,也就不能有知识。(994b16—31)亚里士多德认为给事物下定义即寻求它的本质时,只能停止在不能再分的地方,那就是它的"属"即形式(eidos)。

这里又遇到了有限和无限的矛盾。亚里士多德在这里强调的是:求真的知识必然有确定性,所以不能是无限的;它只能是有限制、有目的的。只有有限制的东西才能被认知,无限制的东西是不能成为知识的。古代希腊哲学自从阿那克西曼德提出"阿派朗"(apeiron)以后,许多哲学家都认为万物的本原是"无限",本书第一卷(第 151—162 页)对此作过详细讨论;亚里士多德在《物理学》中专门讨论过有限和无限的问题,本卷第二编也作过详细论述。现在亚里士多德讨论的是知识的有限和无限的问题:一方面,我们的认识应该有无限的要求;另一方面,求真的知识必须有确定性,它只能是有限制的,不能是无限的。这种限制主要是由于人的认识能力受到时代条件的限制,从亚里士多德所举的实例中,我们可以看到,许多问题是由于当时的科学水平只达到那一步,所以他不能有再多的认识。亚里士多德的逻辑学和哲学都为科学的认识,即为认知"真"提供了方法和工具,提高了人的认识能力,对两千年来西方科学的发展起了重要的作用。但是他提出的这些方法和工具,终究也受时代的限制,在近几百年中,被一些新的方法和工具发展和替代了。这就是认识的辩证法。

# ❀ 第十一章 ❀

## 哲学的问题——《形而上学》*B* 卷

亚里士多德在《形而上学》*B* 卷中提出了十几个他认为是哲学（形而上学）应该解答的难题（aporemate），这些问题是他从评述以前的哲学家们的观点中概括归结出来的。他说：

> 为了研究学问，应当先列举我们必须讨论的问题。这里包括人们的各种不同意见，还有些被他们忽视的问题。讨论这些疑难对那些想弄清楚问题的人是有益的，因为解决了已有的疑难才能在思想上前进，如果不知道症结在哪里是不可能解决它们的。所以应当对全部疑难加以考察，既是为了研究问题，也是因为研究者如果不首先弄清问题所在，就像行路者不知道自己要走向何方。这样的人甚至不知道他探求的东西是不是已经找到了，因为对他的目的并不清楚。只有先讨论了疑难问题的人，才会有清楚的目的。再说，正像在法庭诉讼那样，只有听取了双方的证词和全部辩辞，才能做出好的判断。（995a24—b4）

亚里士多德认为这些问题是哲学家思想上的症结，只有解开它们，哲学才能自由前进。《形而上学》以后诸卷可以说多是在解答这些问题，所以有些学者认为 *B* 卷列出的这些问题实际上是《形而上学》全书的写作提纲；也许亚里士多德曾经打算按这些问题的内容顺序写作的，但是后来改变了。现在书中对其中一些问题讨论得很详细，而对另一些问题却谈得比较简略，甚至好像没有专门讨论。

亚里士多德讨论这些问题的方式也不是像许多哲学家的著作那样，先有自己的定见,然后按逻辑顺序展开论述,而是他自己所说的像在法庭诉讼那样,要听取双方的辩护词后,再分析判断。在 B 卷中对每个问题他都申述了正面和反面的理由,这些理由大多是以前和当时某些哲学家提出的各种不同的看法,但是亚里士多德依自己的理解作出的解释,并不完全是亚里士多德自己的思想。将不同的意见列举出来进行探讨,是符合当时希腊流行的论辩术即辩证法精神的,是寻求真理的方法。

B 卷第 1 章先列举这些问题,第 2 至 6 章对这些问题逐一进行分析,举出正、反的各种论证。K 卷的前八章是 B、Γ、E 三卷的摘要,其中第 1、2 两章重述 B 卷中的问题,但谈得比较简略。B 卷究竟提出了多少个问题? 不同的译本和学者有不同的说法。罗斯在他的英译本和校释本中将它们分为十四个问题,但在第 2 至 6 章论述时实际上有十五个问题。罗斯分别了每个问题的正、反两方的论证。吴寿彭的中译文按罗斯的分法翻译,我们以下的论述也基本上按罗斯的分法。

第一个问题

他问:所有各种原因是由一门还是由多门学问研究的? (996a18—20)亚里士多德在《物理学》中论述了四种原因——质料因、形式(本质)因、动因和目的因。在《形而上学》A 卷论述以前哲学家们的思想时,他认为他们所主张的各种本原可以分析归结为这四种原因。所以他在这里提出问题:研究这四种原因是不是一门学问——哲学的任务,还是要由几门学问来研究它们?

正题  不可能由同一门学问来研究,因为:第一,不是互相对立的本原是不能由同一门学问研究的。(996a20—21)当时希腊人认为互相对立的东西可以由同一门学问研究,如医学研究健康与疾病,和声学研究和谐与不和谐;但是四因却并不是彼此对立的。第二,他认为有些事物并不具有全部四因,如不动的东西就没有运动的本原,目的因——“善”也是这样,凡是“由其自身”的东西才是目的,别的东西都是由于它才是“是”和生成的。所以“善”是行动的目的,没有运动的东西是没有目的也就无所谓善的。数学就是这种没有运动和目的的学问,智者阿里斯提波(居勒尼学派创始人)讽刺说:其他技艺如铜匠木匠都有好和坏的分别,只有数学是不讲好和坏、善和恶的。(996a21 —
b1)柏拉图的早期相论认为"相"虽然是永恒不动的,但它是事物追求的目的,
所以既是目的因又是动因。亚里士多德却认为不变动的东西便不能有动因和
目的因,他认为数学的对象是不变动的数,所以数学没有善和恶而只有真和假
之分。西方思想从希腊哲学开始就将善恶和真假区分开,所以发生美德是不
是知识的问题,亚里士多德在伦理著作中对此作过详细的论证。这不像中国
哲学以伦理为主要问题,我们思想上往往将善当成是好的也就是真的,对此没
有严格划分。

　　**反题**　如果原因的研究分属于不同的学问,那么究竟研究哪一种原因才
是哲学的任务呢? 亚里士多德说,从以前关于智慧的讨论看,只有关于目的和
善的知识最具有权威性,其他知识只能像婢女那样百依百顺地服从它。但是
从最初的原因和最易通晓的知识说,只有关于本体的知识才重要,因为它是知
道事物是什么,而不是知道它的性质、数量等等属性。必须认识事物的本质,
才能真正认识它是什么;例如对于长方形如何成为正方形,只有认识到在长方
形的边上求到适当的中间数,才是具有了本质的知识。还有对于生成、运动和
变化的事物,则只有认识它们的动因才能认识它们,而事物的动因和目的因是
不同的,甚至是对立的。(996b1 — 26)

　　亚里士多德在这里说如果不同的原因由不同的学问研究,则研究不同原
因的学问各自有成为最高智慧的理由。值得注意的是,他只提到目的因、本质
因和动因,却没有说质料因,因为他认为研究构成事物的质料,乃是各种具体
学科的任务。在这三种原因中,研究目的因即善的学问被他称为神学,最具权
威性,其他学问只能成为它的婢女。中世纪神学家说其他学问是"神学的婢
女",可能出于亚里士多德的这句话。但是他又认为只有认识了事物的"是什
么"即认识了事物的本质,也就是认识了事物的所以是的原因,才是真正认识
了事物。这种知识属于他的本体论。他在这里是将神学和本体论并列论述,
申述它们各自有成为最高智慧的理由,亚里士多德对此并没有作出判定:究竟
是神学高于本体论还是反之,或者二者是并列的? 这个问题就成为两千多年
来亚里士多德的研究者们一直争论不休的问题,本编以后还将重点讨论它。

以下讨论的问题都带有这个特点:亚里士多德列举不同的相反的观点,却没有作出明确判断究竟谁是谁非。即使在以后诸卷对这些问题展开分析讨论时,我们也会看到他常常是作了许多分析,提出各种论证,也指出其中的困难,却不大能领会他最终的明确结论是什么。这表明亚里士多德始终是一个真理的探索者,他不是一个自认为掌握了绝对真理的独断论者。

第二个问题

他问:那些用来进行证明的根据,是属于同一门学问还是由不同的学问研究的? 他说所谓证明的根据就是用作论证的公理,如事物只能或者肯定或者否定,它们不能既是又不是等。有关这些公理的知识和有关本体的知识是不是归于同一门学问研究的? 如果属于不同的学问,那么其中哪一门是我们要探求的学问呢? (996b26—33)亚里士多德在这里对公理所举的两个例子,前者是排中律,后者是矛盾律,后来被称为思维的基本规律,它们都是用以确定逻辑论证的“是”和“不是”即真和假的,所以是基本规律。凡是作逻辑推论都不能违背这些规律,它们是有关论证的公理。他提出的问题是:研究这些公理和研究本体,是不是属于同一门学问的任务?

**正题**　不是属于同一门学问,因为这些公理对任何一门学问都是同样有效的,对几何学并不比对其他学问更为有效,同样的它对研究本体的学问也并不比对其他学问更为有效。再说,如何能有关于这些公理的知识呢? 因为这些公理是我们所熟知的,任何学问都将它们当做已知的原理进行论证;凡是证明的知识都需要有确定它们是真或假的公理,这些公理应该是自明的,不需要证明,因为它们是证明的出发点,一切证明的知识都要借助于这样的公理。(996b33—997a11)亚里士多德在这里用了两个论证:第一,公理是普遍的,任何一门特殊的学问都要使用它们,以之作为证明的前提,因此它们不是属于哪一门特殊的学问的,对几何学是这样,对关于本体的学问即本体论也就是哲学,也是这样。第二,他认为公理是被普遍承认的自明的知识,它是证明的前提,因此它不再需要证明,如果它还需要证明的话,就要发生无穷尽的证明了。所以有关公理的学问和要证明的有关本体的学问是不同的。

　　**反题**　如果有关本体的学问和有关公理的学问是不同的,那么其中哪一种学问更具有权威性,是在先的呢? 公理是万物的根本原理,是最普遍的,有关它们的真和假的思辨,如果不属于哲学又能属于什么别的学问呢? (997a11—15)亚里士多德认为关于本体的知识即哲学和关于公理的知识都是最普遍的知识,在它们之间没有谁更具权威性,谁在先的问题。它们是相同的。

　　第三个问题

　　亚里士多德认为哲学主要是研究本体的学问,但他又认为有几种不同类的本体,所以他提出:所有这些不同类的本体是不是由同一门学问进行研究的? (997a15—16)

　　**正题**　如果不是由一门而是由几门学问研究,那么其中哪一种本体是哲学研究的对象呢? (997a16—17)

　　**反题**　但是如果由一门学问来研究所有的本体也不合理,因为那样就得有一门证明的学问来研究所有一切属性了。可是每一门证明的学问都是从公理出发,去研究某一类事物自身的(即特殊本质的)属性;所以研究某一类事物的本质属性只能是一门学问的任务,研究不同的本体和它们各自的属性只能属于不同的学问。(997a17—25)

　　亚里士多德在 $\Gamma$ 卷中提出"作为是的是"是哲学研究的对象,学者们一般都认为这是指最普遍的本体。但他又区分了各种不同的本体,这各种不同类的本体是不是由同一门学问——哲学来研究呢? 亚里士多德在这里只一般地提出问题,只讲到一类事物的本体和它的属性是由同一门学问研究的。至于各类不同的本体的研究问题,在以下的问题中分别予以讨论。

　　第四个问题

　　亚里士多德首先区分本体和属性,他问:我们的思辨是只以本体为对象,还是也研究它的各种属性? 他说:我的意思是如果体、面、线是本体,那么它们的属性——这是要用数学证明的——是由同一门学问认知呢,还是由别的学问认知?(997a25—30)他在以下第十二个问题问体、面、线是不是本体?他的回答也是不确定的,所以他在这里说"如果它们是本体"。它们的本质属性是:如果线=a,则面=$a^2$,体=$a^3$,这是要由数学来证明的。

**正题**　如果属于同一门学问,那么关于本体的知识也成为要证明的知识了,然而关于"是什么"的问题看来并不是证明的。(997a30—32)亚里士多德在《后分析篇》第2卷第3至8章论证本体即"是什么"不是证明的知识;而有关属性的知识是需要证明的,所以二者不属于同一门学问。

**反题**　如果它们不属于同一门学问,那么由什么学问来研究本体的各种属性呢?亚里士多德认为这是很困难的问题。(997a32—34)

这里他说的本体的"属性(symbebekos)"指的是什么?亚里士多德将本体以外的性质、数量、关系等范畴都称为本体的属性。但是这里所说的属性,既不是这些普遍的属性,也不是指某个个体或某一类事物的特殊的具体的属性,如白的、大的等,而是指普遍的(也就是抽象的)本体的普遍的属性。在 B 卷第1章亚里士多德列举这些问题时,在提出这个问题后面还有一段话,在第2章讨论这个问题时却没有这段话了。其实这段话很重要,他说:还要研究相同和相异、相似和不相似、对立、先于和后于以及其他同类词项。这是那些辩证论者应该研究的,不然它们又是属于哪门学问的任务呢?要研究这些由其自身(kath auto)的属性,不只研究它们每一个是什么,还要研究它们每一个是不是都有相反的。(995b20—27)许多学者认为这些范畴——相同和相异、相似和不相似、对立、先于和后于等等就是亚里士多德所说的由其自身的属性,也就是最普遍最抽象的属性。这些概念或范畴在亚里士多德的形而上学本体论思想中是很重要的,他在 Γ 卷第1、2章提出"作为是的是"的学问以后,接着就谈到这些最普遍的概念;在 I 卷中又专门讨论了"一"和"多"以及"对立"等范畴。学者们认为这些是亚里士多德的本体论思想的重要组成部分,本编以下将专章讨论它们。

在 B 卷第1章列举问题时将这个问题列为第五个,在第2章讨论问题时却将它移前作为第四个。这个变动看来是有道理的,因为以上四个问题都是关于原因、本原、本体、属性等的一般性的问题,从下一个问题开始,亚里士多德提出有关各类不同的本体的问题。

第五个问题

他问：只有感性的本体呢，还是有别的本体，即只有一种本体呢，还是有几种不同的本体？像有些人说的，在感性的本体外，还有"相"和居间者即数学对象，也是本体。(997a34—b3)这里说的有些人是指柏拉图学派，他们认为在具体的个别事物之外还有和它们分离存在的"相"，后来又发展认为在个别事物和"相"之间还有"居间者"即数学对象如点、线、面等。他们认为这三种都是本体，即有三种不同的本体。

**正题**　这种看法正如我们在开始时所说的，"相"被认为既是事物的原因又是由其自身的本体，这有许多困难。没有比这种说法更荒唐的了，说在现实的感性事物以外，还存在另外一种东西，它们和感性事物一样，只不过它们是永恒的而感性事物却是要消灭的。有些人将它们说成是人自身、马自身、健康自身，却没有做更多的说明，正像那些将神说成是人形的东西一样。他们杜撰出来的不过就是永恒的人而已，"相"不过就是永恒的可感事物。(997b3—12)亚里士多德一再说柏拉图学派将"相"和感性事物说成是两种不同的本体，但对这二者的不同，除了说"相"是永恒的而感性事物是要消灭的之外并没有作更多的说明，正像将神说成是永恒的人一样。

至于所谓居间者的问题，他说如果在"相"和可感事物之外再设定居间者，也会遇到许多困难，因为这样就在可感的线和"线之相"以外还得有一种中间的线了，它又是什么呢？天文学是研究这类数学对象的，我们能承认在可感觉的天和日月星辰以外还有另外一种天和日月星辰吗？无论说那种天是动的还是不动的，都不可能。如果在"相"和个别事物之间还有一种居间者，就得承认在动物自身和可消灭的动物之间还有另一种居间的动物了。由什么学问来研究这些居间物呢？如果认为测量术和几何学的区别在于前者是研究可感事物的，而后者是研究不可感知、只能由理性认知的东西的，那么是不是在这二者之间还要另有一门居间的学问呢？如果再有一门居间的医学，就要有它的研究对象，就得在可感的健康事物和健康自身之间再有一个居间的健康，而这些都是不可能的。他还指出，认为测量术是研究可感的要消灭的量度也是不对的，如果那样，当这些量度消灭时，测量术也将随之消灭了。（997b12—34）

**反题** 如果认为在可感的本体以外没有别的本体，也有问题。他指出：天文学作为一种知识，确实是既不涉及可感的量度也不涉及我们头上的天的，因为可感的线和几何学上的线并不一样。亚里士多德举毕泰戈拉嘲笑几何学家的话说：现实的圆圈和直杆并不像几何学家所说的只相交于一点；天的运转和天文学家推出的理论也不完全一样，几何学上的点和天上的星也不相同。（997b34—998a6）他明确指出由学习得到的普遍知识和具体的个别事物之间，即普遍和特殊之间确实是有不同的。

亚里士多德又指出：有人认为在永恒的"相"和可感事物之间的居间者并不是和可感事物分离的，而是在它们之中。这种观点产生的困难说起来太长了，只提几点：第一，按照这种说法，不但居间者在可感事物之中，"相"也应该在可感事物之中，它们的理由是相同的。第二，这样就要得出结论，在同一个地方可以有两个甚至三个本体了。第三，居间物是不动的，它却存在于运动着的物体之中，这如何可能？总而言之，既然说它们在可感事物之中，又为什么要设定这些本体呢？它必然会遇到上面所说的荒谬结论：在这个天以外还有一个天，只不过它不和这个天分离，而是在同一个地方，这就更不可能了。（998a6—19）亚里士多德认为柏拉图相论的根本错误是认为普遍的一般的"相"是在特殊的个别事物之外独立分离存在的；而亚里士多德自己则认为普遍的形式只能存在于个别事物之中。那么他为什么在这里又批评这种认为普遍是存在于个别之中的学说是"更不可能的"呢？因为他批评的柏拉图学派的学说认为，无论"相"或居间者都是像具体事物一样的本体，是彼此独立分离存在的，都是在空间中存在的个别的本体，所以才发生在同一个地方出现两个甚至三个本体的问题。其原因在于他们分不清普遍和个别，也就是抽象和具体的关系。这个现代人比较容易区别的问题，在当时希腊人还是不容易认识的：苏格拉底和别人讨论问题时，往往就在这个问题上纠缠不清；柏拉图提出相论时也因为分不清具体和抽象的区别，所以将它们说成是两种独立分离存在的本体。

第六个问题

他问：事物的本原究竟是它们的"种"呢，还是构成它们的原初部分即"元素"（stoichion）？（998a21—22）希腊哲学从探求万物的本原开始，哲学家对此作的解答实际上分为两个不同的方向：许多哲学家考虑事物是由什么东西构成的，由此得出事物的元素，从水、气、火、土到根、种子、原子，说这些元素是组成事物的部分。另一部分哲学家则认为本原是普遍性的原理（这种 arche，一般英文都译为 principle），如毕泰戈拉学派所说的"数"，爱利亚学派所说的"是"和"一"，柏拉图学派所说的"相"，亚里士多德将这种普遍性的原理也叫做"种"（genos），所以他这样提出问题。

**正题**　事物的本原是构成它们的本原即元素，比如语言是由字母和音节构成的，这些就是语言的元素；几何学上用来证明的前提也被称为元素。人们认为物体的本原就是构成物体的元素，无论它是一种还是多种；比如恩培多克勒就将火、水等叫做元素，并不将它们叫做事物的种。如果我们要考察任何事物总是要考察构成它的部分，例如知道床是由哪些部分构成的，才是认知了床。（998a24—b3）

**反题**　但是我们认知每个事物是通过它的定义的，而"种"是定义的本原，所以种也是被定义的东西的本原。我们必须通过规定事物的"属"（eidos，即柏拉图所说的"相"，亚里士多德所说的"形式"，这里和"种"相对应，一般都译为"属"）才能得到它的知识，而"种"就是"属"的本原。那些说"一"、"是"或"大和小"是事物的元素的人，实际上是将它们当做"种"看的。（998b3—11）在亚里士多德看来，"一"、"是"、"大和小"是规定事物的普遍性原理，而不是组成事物的部分，所以它们是事物的种，不是元素。

亚里士多德特别指出：不能说这两种说法都可以表述本原，因为本体的定义是单一的，用"种"下定义和用事物的组成部分下定义是不同的。（998b11—14）组成事物的元素是比较具体的，是亚里士多德所谓的质料因；而事物的种却是普遍的，是亚里士多德所谓的形式因（包括目的因和动因）。

对于本体如苏格拉底这个人，用组成他的元素水、火或肌肉、骨头等为他下定义呢，还是用他的"属"（人）和"种"（动物）为他下定义？显然亚里士多德认为应该是后者，所以有以下的问题。

第七个问题

他问：如果认为"种"是真正的本原，那么应该将最高的种呢，还是将那些直接表述个体的东西叫做本原？（998b14—16）"种"就是普遍性的原理，而事物的普遍性原理是从高到低分为许多不同层次的。亚里士多德认为最高的普遍是"是"和"一"，最低的也就是最接近不可分的个体的，他称为 eidos 即"属"、"形式"，如"人"就是苏格拉底、加里亚斯等个别人的属。他的问题是：应该将最高的还是最低的普遍性原理看成是事物的本原？

**正题**　如果普遍的东西是真正的本原，那么最高的"种"应该是本原，因为它们是表述所有一切东西的。这样"是"和"一"就是本原和本体了，因为它们是最普遍的。但是亚里士多德认为无论"是自身"或"一自身"都不能再划分为种，因为只能根据它们彼此的差异进行划分，可是"是"和"一"的差异自身仍然只能是"是"或"一"，（否则便不成其为普遍的"是"或"一"，而是具有某种特殊性了）因此"是"或"一"划分的种和属差仍旧是"是"或"一"，它们是不能再划分为种的，因此"是"或"一"既不是种，也不是本原。而且按照这种理论，从最高的种到不可再分的属之间各个层次的普遍都包含有差异，这样"差异"似乎比"种"更是本原了。可是如果说差异是本原，因为事物间的差异是可以有无限多的，就会有无限多的本原了。再说，如果"一"更是本原，每个不可分的个体在属上是一，它们的种也是一，而属的一是先于种的一的，所以那直接表述个体的属便是一，更是本原了。（998b17—999a6）亚里士多德的这些论证是要说明：并不是越普遍的东西越是本原。最普遍的"是"和"一"不是本原，因为它们不能再划分为别的种。

**反题**　从以上这些理由看，应该说直接表述个体的"属"似乎比"种"更是本原，但是不容易说明"属"在什么意义上是本原。因为本原和原因是在事物以外的，为什么说它们是分离的呢？只能说因为它们是普遍地表述同一类个

体的。可是如果根据这个理由,必然要得出越是普遍的东西越是本原,所以最高的种应该是本原了。(999a14—23)

亚里士多德的这个问题是从普遍和个别以及普遍性程度高低上提出来的:如果"种"因为它的普遍性所以是事物的本原,则最普遍的"是"和"一"更应是本原,但"是"和"一"不能再划分为别的种,只能是"是"和"一",所以不能是本原。直接表述个体的"属"是先于"种"的,但如果说"属"是本原,它所以是本原的根据就在于它的普遍性,那样又得承认越普遍的种越是本原了。

第八个问题

亚里士多德说这是最困难而在理论上又是必须考察的问题,即如果在个别事物以外没有别的东西,而个体是无限多的,我们如何能够获得关于无限多的个体的知识呢?(999a24—28)这个问题和以上第五个问题(即在可感事物以外是不是还有别的本体)是同样性质的问题,罗斯认为这第五个问题是亚里士多德针对柏拉图学派主张在可感事物以外还有"相"和居间者——数学对象存在而提出的反驳,而在这里亚里士多德是从这个问题自身提出来的,即在个别事物以外是不是还有别的本体存在?① 我们以为亚里士多德是从认识论的角度提出这个问题的:如果只有个别事物而没有别的东西,而个别事物是无限多的,我们如何能够获得无限多的个体的知识呢? 他说这是最困难而又必须考察的问题。

**正题**  如果我们能认识这些个体,必须它们是"一",是自身同一的,因此必须在这些个体以外有个普遍的"种",无论是终极的还是最初的种。不过我们刚刚驳斥过这个论点,说它是不可能的(以上第七个问题)。但是如果在由质料组成的具体事物以外没有别的东西,则第一,没有思想对象,因为具体事物都是感觉对象,除非说感觉就是知识,不然便没有关于具体事物的知识。第二,没有不变动的永恒的东西,因为所有可感觉的事物都是在变动中要消灭的。第三,如果没有永恒的东西,甚至也没有生成。因为生成的东西总是从

① 参见罗斯:《亚里士多德〈形而上学〉校释》第 1 卷,第 240 页。

"是"生成的,生成或变动总有个目的或终点。如果质料是"是",它不是生成的,所以是本体;那么所生成的"是"更有理由是本体,那就是形状(morphe)和形式(eidos)。(999a28—b16)亚里士多德认为具体事物是变动的、众多的,只能是感觉的对象,要认识它们必须有一个统一的永恒不变的普遍的种,才能使它们成为知识的对象。这个普遍的种就是形状和形式。这是亚里士多德所坚持的一个重要的观点。

**反题** 如果认为在具体事物以外还有别的本体,也会发生困难,因为第一,显然并不是所有情况都是这样,我们不能设想在具体的房屋以外还有某所房屋存在。第二,是不是所有个体只有一个本体,如所有的人只有一个"人"?但这是荒谬的,因为其本体为一的东西,只能是一,说它们是多和不同是不对的。第三,质料如何生成为个体,具体事物又是如何由质料和形式组成的?(999b17—24)

亚里士多德原来是从如何认识众多而又变动的个别事物提出问题的,他指出只有通过永恒不变的普遍的东西才能认识具体的个别事物。这种普遍的东西只能是理性的概念,它是主观的,和具体事物不同。但当时许多思想家包括柏拉图在内都分不清这种区别,把主观的概念也当成是客观存在的东西,从而以为在众多的房屋以外还有某个房屋的"相"存在。而且如果所有事物的本体是同一的"一",它们怎么又能是多和不同的呢? 这就是说,为了要认知众多的个体,必须有一个普遍的概念。他现在的问题是,这个普遍的一既然是众多个别事物的本体,这些事物怎么又会是多和不同的呢?

第九个问题

他问:本原是在数目上单一的呢,还是在种属上单一的? (996a1—2)亚里士多德所说的数目上的单一,即在数目上是一个,也就是个体,这一个人和那一个人在数目上都是一个,是个别的特殊的"一";而他所说的种属上的单一是指众多个体属于同一个"属",这个人和那个人都属于同一个"人",这是普遍的"一"。所以这个问题其实还是:本原是特殊的呢,还是普遍的? 亚里士多德在 Δ 卷第 6 章区分"一"的不同歧义时,就分别了属上的一和数目上的一；当时别的思想家没有认识到这种分别，他们认为既然在众多变动的个别事物之外还有某个永恒不变的东西，那么这个东西也是一个，也是数目上的一，所以柏拉图的"相"也成为特殊的个体了。

**正题**　如果本原是在属上单一的，那么在数目上就不会是单一的；无论"一自身"还是"是自身"都不是数目上的一。因为如果在所有个体之上没有一个（普遍的）东西，认识如何可能呢？（999b24—27）这是说在一个个的个体之上还应该有一个普遍的共同的东西，才能认识它们。

**反题**　如果本原也是数目上的一，每个本原也是一个；但本原的一和可感事物的一是不同的。例如这些特殊的音节无论是在何时发生的，它们在属上总是相同的，它的元素——众多字母在属上是同一个；但在不同的上下文中的每一个音节或字母在数目上却是不同的个体。如果不是这样，则除了一个音节或字母外，便不需要有别个音节或字母了。因为我们所说的个体是数目上的一，而表述个体的普遍是属上的一。可是组成语言的字母在数目上也是有限的，全部用文字写成的东西只能限于这些字母，这里并不存在两种或多种相同的东西。（999b27—1000a4）

亚里士多德反复说明"属的一"和"数目的一"的不同：以语言中的音节和字母为例，我们在说话中讲了许多个 b、a 和 ba，它们每一个都是数目上的一，是特殊的一；但它们都同属于"b"和"a"，这些字母是普遍的属的一。而这些是属的一的普遍的字母，每一个又各自是数目的一，不过它们的数目是有限的，只有二十几个，不像那些具体特殊的音节或字母，它们每一个只是数目的一，而它们的数目却可以是无限多的。由此可见这个普遍和特殊的关系问题是当时一般人也搞不清楚的问题，所以亚里士多德要反复举例说明它。

第十个问题

亚里士多德说这是现在的哲学家和他们的前辈们都忽略了的问题，即：可消灭的事物的本原和不可消灭的东西的本原是相同的呢，还是不同的？（1000a5—7）他所说的可消灭的事物是指在这个具体世界中可感觉的具体事物；而对不消灭的东西，亚里士多德有两种说法，一种是天上的日月星辰，我们现在知道它们也是要消灭的具体事物,但在亚里士多德的时代,人们认为这些是永恒不消灭的东西;另一种是指组成事物的元素,如水火土气等质料,以及事物的形式,它们也都是永恒不消灭的东西。但是后一种永恒不灭的东西正是一切可消灭的事物的本原,可是它们之为本原和可消灭事物的本原是不是相同的呢?我们可以认为亚里士多德在这里所说的不可消灭的东西实际上就是指普遍一般的东西。他提的问题仍旧是关于普遍和特殊的,问它们的本原是不是相同的?

**正题** 如果是同一个本原,为什么由它产生的东西,有些是可消灭的而有些是不可消灭的呢?过去如赫西奥德说:没有喝过神酒的难免一死,饮过神酒便能不灭。他讲的是神话,超出了我们的理解。过去的自然哲学家也不能作出说明,如恩培多克勒说"争"是使事物毁灭的原因,"爱"是使事物生成的原因;因为爱将事物结合成一个统一体,争将它们分解为万物。亚里士多德说:这样,"争"不仅是毁灭的原因,它也是生成的原因了,因为它在破坏"一"的同时将万物生成了;同样"爱"将事物结合为"一"时也将原来的事物毁灭了。所以恩培多克勒没有能说明事物变化的原因,他也没有说哪些东西是可消灭的而哪些是不可消灭的;他只是说除四种元素外其他都是可消灭的,在这点上他还能自圆其说。但现在的问题是:如果它们都由相同的本原组成,为什么有些是可消灭的,而有些却是不可消灭的呢?(1000a7—b21)

**反题** 如果说可消灭的事物和不可消灭的东西的本原是相同的,也会发生困难:这共同的本原是可消灭的呢,还是不可消灭的? 如果本原是可消灭的,则还要去寻求这些本原的本原,一直找到那不可消灭的本原;因为如果本原消灭了,如何能有事物生成呢? 如果本原是不可消灭的,为什么从不可消灭的本原却产生可消灭的事物呢? 亚里士多德说从来没有人主张有不同的本原,所有的思想家都认为本原是相同的,可是他们却都忽视了这个问题。(1000b21—1001a3)

亚里士多德提出的这个问题实际上也还是普遍和个别的关系问题,不过是从不可消灭和可消灭的角度提出来的:既然可消灭的事物的本原是不可消灭的东西,无论它是元素还是形式,都具有普遍性,那么从不消灭的普遍的东西如何会生成可消灭的个别事物呢？

　　**第十一个问题**

　　亚里士多德说这是最困难却又是认识真理所必须解决的问题，即："是"和"一"究竟是不是事物的本体？他说有些人认为"是"和"一"就是本体，柏拉图和毕泰戈拉学派认为是就是是，一就是一，这就是它们的本性也就是本体。但是有些自然哲学家认为在"是"和"一"的背后还有另外的东西，它们既是"是"又是"一"，"是"和"一"只是这些本体的属性。如恩培多克勒所说的爱和有些人说的火或气，它们都是单一的本原，每一个既是"是"又是"一"；那些认为有多个元素的人也是一样，每个是本原的元素也既是"是"又是"一"。(1001a3—19)以上第七个问题讨论普遍的"种"是不是本体时，已经说到"是"和"一"的问题，因为它们是最普遍的。亚里士多德认为"是"和"一"不是"种"，所以不是本体。现在他又正面提出"是"和"一"是不是本体的问题，并且指出以前的思想家对此有两种不同的看法，一些人认为它们就是本体，另一些人却认为它们不过是本体的属性。

　　**正题**　如果"是"和"一"不是本体，那么第一，任何别的普遍的东西都不能是本体，因为"是"和"一"是所有普遍中最普遍的，如果没有"是自身"和"一自身"，则在个体以外便没有其他的本体了。第二，如果"一"不是本体，"数"也就不能是在个体以外的本体了，因为数要归到单位，而单位就是一。(1001a19—27)

　　**反题**　如果有"是自身"和"一自身"，则"是"和"一"必然就是本体，因为除了"是"和"一"以外，再没有别的东西是可以普遍地表述是"是"或"一"的东西的。但如果"是自身"和"一自身"是本体，那么第一，在它们以外如何能有别的(不是"是"的)东西，又如何能有多于一的东西？按照巴门尼德的说法，异于"是"的都"不是"，必然会得出结论：所有一切都是"一"，也就是"是"。再说，如果"一"是本体，怎么会有异于"一"的东西呢？异于一的必然是非一，可是每个东西或者是一，或者是多，而多的每一个也是一。第二，如果"一自身"是不可分的，按照芝诺的原则，它就是无，因为在它增添时并不加大,减少时并不缩小;他认为凡是"是"的东西都是有空间大小的,是具体的,具体的事物在每个方向上都是可以增大或减少的。可是不可分的东西能够在数目上而不是在空间大小上增加或减少。但是从这种不可分的东西怎么生成具体事物的呢? 第三,如果像柏拉图学派所认为的,数是由"一"和别的东西(即"大和小")生成的,那么由这两个本原怎么会一会儿生成数,一会儿又生成有空间大小的东西呢? (1001a27—b25)

亚里士多德在这里谈的还是最普遍的"是"和"一"与个别事物的关系,但已经涉及抽象和具体的关系问题。不可分的一就是抽象的一,它是没有空间大小也不能增大或减小的;如果它们是本体,这抽象的一如何能生成为有空间大小的具体事物呢?

第十二个问题

他问:数、体、面、点是不是某种本体? (1001b26—27)这个问题在 B 卷第1章列为最后第十四个问题,但在第 5 章讨论时却移前为第十二个问题。从内容看它应该紧接在第十一个问题以后,所以移前是对的。希腊哲学家中先是毕泰戈拉学派主张数和几何学对象的数、体、面、线、点是事物的本体,后来柏拉图学派接受这种观点。亚里士多德在以上第十个问题讨论最普遍的"是"和"一"是不是本体时,已经谈到点、线、面、体的问题,接下来讨论它们是不是本体的问题是恰当的。

**正题** 如果数、体、面、线、点不是本体,那么还有什么东西能是事物的本体呢? 因为性质、运动、关系、位置和比例都不是本体,它们都只是表述本体的,不是"这个(tode ti)"。那些看来是最能表示本体的东西,如水、火、土、气和由它们组成的物体,以及热、冷等类的属性也都不是本体,只有在它们背后的常存的实在的"体"才是本体。但体是由面、线、点规定的,有点才有线,有线才有面,有面才有体;所以从本体性说,体不如面,面不如线,线又不如点。如果没有点、线、面就不能有体;相反,如果没有体,仍可以有面、线、点。所以早期的哲学家认为只有物体才是本体,后来那些更聪明的哲学家却认为只有数才是本体。除了由数组成的点、线、面、体外,还有什么别的本体呢?

（1001b27 — 1002a14）

**反题**　如果说点、线、面是本体,也有许多困难:第一,点、线、面属于哪一类东西? 显然它们不是可感的物体,它们只是从物体分割而成的,有的是从深度上分割（成面）,有的是从宽度上分割（成线）,有的是从长度上分割（成点）。如果一个平面没有从立体中分割出来,就没有这个平面,正如赫尔米斯的像如果没有从大理石中雕刻出来就没有这个像;同样的,线如果没有从面中分割出来,点如果没有从线中分割出来,就没有线和点。所以,怎么能说点、线、面是本体呢? 第二,从生成和消灭说更有不少困难:本体如果以前不存在而后来存在了,就是生成,如果以前存在而后来不存在,就是消灭。可是面和线的情况却不是这样,当两个体合而为一时,它们原来各有的一个面现在消失了;当一个体分割为两个面时,原来没有面的地方却出现了两个面。如果说体、面是本体,它们是从何产生,又是如何消失的呢? 时间中的"现在"也是这样,它既不生成也不消灭,它看来是永远变化着的,但却不是本体。点、线、面也是这样,它们都不过是界限,或是分割。（1002a15 — b11）

这里明显可见:那些主张数、点、线、面、体是事物的本体的人,是将物体抽象化而得出的结论;而那些反对这些抽象的东西是本体的人,都是从具体的物体来进行论证的。可见这个问题的争论还是关于抽象和具体的,也仍然是关于普遍和个别的争论。

第十三个问题

人们还可以提出问题:在可感觉的事物和居间者以外,为什么还要寻求另一类东西,即我们设定的"相"呢?（1002b12 — 14）在 B 卷第 1 章中并没有列举这个问题,但相近的问题却有两个,一个是第五个问题,问在可感的本体以外,是不是还有另外的本体,提到"相"和居间者。另一个是第八个问题,问在个体以外还有没有别的东西。那两个问题都是以可感的个体为主,问在它以外有没有别的东西或本体;现在却是问在可感事物和居间者以外,为什么要设定"相"? 这显然是针对柏拉图学派提出的问题,亚里士多德在这里用的还是"我们",他将自己也包括在内,探讨为什么要设定"相"的理由。

**正题** 因为数学对象（居间者）和感性事物虽然在某些方面有不同，但它们都是在同一种类中有许多个，在这点上是相同的，所以它们在数目上是无限的。正如我们的语言的本原——字母在种类上是有限的而在数目上是无限的；除非你选取一个特定的音节，它们的元素即字母在数目上才是有限的。居间者也是这样，同一类居间者的数目是无限的。所以如果在可感事物和数学对象以外，没有像我们所说的"相"那样的东西，就没有在数目上和种类上都是"一"的本体，那么事物的本原也只能是在种类上有限，而不能是在数目上有限。如果这是必然的，便应该为此而设定"相"。尽管这样主张的人说得并不清楚，但这确实是他们想要表达的观点。他们认为"相"的每一个必然就是本体，而不是就偶性说的。（1002b14—30）

亚里士多德说可感事物是同一种类中在数目上有无限多个，如在马这一类中有无限数目的个别的马，这就是普遍和个别的关系。但是可感事物在种类上是无限多的，而数学对象无论是数字1、2、3、4，还是点、线、面、体，在种类上却是有限的，也就是说抽象的普遍的数学对象和几何对象在种类上是有限的，而具体运用的数字和几何图形在数目上却是无限多的。柏拉图学派可能正是因为看到数学对象既具有这种种类上有限而数目上无限的特性，如同字母在种类上有限而在数目上无限一样，所以说数学对象是普遍的"相"和个别的具体事物之间的居间者。以上第五个问题中他是将数学对象和"相"一起作为可感事物以外的东西，第十二个问题中又说数不是生成和消灭的，显然都是就数学对象的普遍性方面说明它们和个别事物的不同；而现在的问题中他却是就数学对象的个体性（同一类中可以有许多个）方面，将它们和具体事物列在一起了。

亚里士多德在这个问题中着重要说明的是："我们"柏拉图学派（包括亚里士多德自己）为什么要设定"相"？他提出的理由是：因为数学对象和个别事物一样，都是在同一种类中有许多个个体，现在需要在它们以外设定一个不仅在种类上同一，而且在数目上也只有一个的本体，这就是"相"。柏拉图所说的"相"，无论是"人之相"还是"善之相"，都只有一个，是数目上的一。但是这种一，是多中之一，是普遍的一；实际上它们只是表示种类上的一，并不是

真正的数目上的一。亚里士多德从《范畴篇》开始,认为第一本体是"这个
(tode ti)",是个别事物;而个别事物是数目上的一,所以他同意要寻求在数目
上只有一个的本体。

**反题**　如果认为有"相",而且它是数目上的一,不是种类上的一,这样也
将产生困难。(1002b30—32)

亚里士多德没有进一步具体说明将产生什么样的困难,这从他对柏拉图
相论的批判中可以看到一些,即如果"相"是数目上的一,在这点上它又和个
别事物一样,是将"相"个体化了。而对亚里士多德自己说,第一本体究竟是
数目上的一,是个别的呢,还是应该是普遍的一,即种类上的一? 看来他已经
发现这里存在着困难了。

第十四个问题

亚里士多德现在提出潜能和现实的问题:元素是潜能的呢,还是以别的方
式存在的? (1002b33—34)

**正题**　元素如果是以别的方式存在,而不是潜能的,那么在本原以前得先
有某些别的东西。因为作为原因,潜能是在现实之前的,而且潜能的东西并不
一定都能成为现实。(1002b34—1003a2)

**反题**　如果元素是潜能的,那么就不是任何东西都能现实存在的。因为
可能实现的东西也许还未实现,现在还未实现的东西也可能成为现实,而那些
原来不能实现的东西是不可能成为现实的。(1003a2—5)

亚里士多德在这里对潜能和现实的问题谈得很简单,他只提出本原即元
素是不是潜能的问题:如果它们不是潜能而是现实的,那么在它们之前必须有
某种在先的潜能的东西;如果它们是潜能的,则万物可能是也可能不是,如果
没有另一种东西(现实的形式)使它们成为是的东西,它们便可能根本不存
在。关于潜能和现实的问题,亚里士多德在 Θ 卷中作了详细论述。

第十五个问题

亚里士多德说:在这些难题以后,还必须讨论本原到底是普遍的呢,还是

如我们所说是个别的?（1003a5——7）这是一个总结性的问题。从以上对各个问题的分析中我们已经指出，其中大多数问题都和普遍与个别的关系有关，可见这是亚里士多德思想中感到最困惑的问题。现在我们可以看到这个问题的症结究竟在哪里了。

**正题** 如果本原是普遍的,它便不是本体。因为每个普遍的东西所表示的不是"这个(tode ti)",而是"这样(toionde)",但本体是"这个"。如果我们将那共同的表述设定为"这个",是单一的个体;那么就会有几个苏格拉底,既是他自己,又是"人",又是"动物",它们每一个都是"这个"单一的个体。（1003a7——12）从《范畴篇》起亚里士多德肯定第一本体是"这个",是单一的个体。如果坚持这一点,那么任何普遍的共同的东西,无论是"相"或"形式","种"或"属",它们都是"这样"而不是"这个",所以都不是本体。要是将这些普遍共同的东西都设定为"这个",是单一的个体,那么同一个苏格拉底便可以有几个层次不同的个别的本体了。

**反题** 如果本原不是普遍的而是个别的,那么它们就不是可知的。因为任何东西的知识都是普遍的,所以如果要有本原的知识,就必须有先于它们的别的本原,那是能普遍地表述它们的。（1003a12——17）这是从认识论提出的问题:个别事物只是感觉的对象,不是理性知识的对象。所以如果本原是个别的"这个",对它便没有知识,它是不可知的。本原怎么能是不可知的呢? 哲学正是要寻求本原和原因的知识的。正是这个最深刻的矛盾,使亚里士多德在这个问题上彷徨不决。

*　　　　　*　　　　　*

我们可以对他提出的这些问题作概括的探讨:

第一个问题是问事物的四因是不是同一门学问(就是哲学)研究的对象。亚里士多德在论述时根本没有提到质料因,他认为对构成事物的质料的研究,是其他具体学科的而不是哲学的任务。使他感到困惑的是在目的因和本质因这二者中,究竟哪一个更重要,更是哲学研究的主题。第二个问题问证明的原则——公理是不是哲学研究的对象。第三个问题问各种不同类型的本体,是不是都同属哲学研究的对象。第四个问题问本体和属性是不是同为哲学研究的对象。以上四个问题都是探讨哲学研究的对象和任务的。

亚里士多德感到最需要解决的是第三个问题。他在探讨以前哲学家的学说时发现：当他们在寻求事物的本原时，已经在具体的可感事物以外提出了另外两类本体，一类是具有质料性的元素，另一类是普遍性的原理；后者如毕泰戈拉学派的"数"和爱利亚学派所说的最普遍的"是"和"一"。柏拉图学派使这个问题更加复杂化，他们在普遍的"相"和个别事物以外又加上数学对象——数、点、线、面、体，称它们为居间者。以前的思想家将这各种不同类的东西都说成是事物的本体，亚里士多德以下提出的十个问题都是与此有关的：第五个问题问在可感的本体以外有没有别的本体。第六个问题问事物的本原是普遍性的"种"呢，还是质料性的元素。第七个问题接着问：如果是普遍性的种，它是最高最普遍的种呢，还是最低的直接表述个体的那个"属"。第八个问题是从认识论角度提出来的：个体是无限多的，如果在它们以外没有别的东西，我们如何能够认识它们。第九个问题又问本原是属上的一还是数目上的一？所谓"属上的一"就是共同的普遍的，"数目上的一"就是只有一个，是个别的个体。第十个问题问可消灭的事物的本原和不可消灭的东西的本原是不是相同的？这里所说不可消灭的东西就是普遍的东西。第十一个问题问最普遍的"是"和"一"是不是本体。第十二个问题问所谓居间者点、线、面、体是不是本体。第十三个问题问为什么在可感事物和居间者以外，还要设定另一类"相"呢？这些问题都是和当时主张有各种不同类的本体的学说有关的。亚里士多德在探讨这些问题时发现所谓各种不同类的本体，归根结底是普遍和个别、也就是一般和特殊的不同，而普遍中又有高低层次的区别。所以他在最后的第十五个问题中提出：本原到底是普遍的呢，还是如我们所说是个别的？亚里士多德原来主张第一本体是个别的主体，但是从认识论上他又不得不承认具体的个别事物只能是感性知觉的对象，我们要认知它们必须经过普遍的理性知识，因此必须承认有普遍性的本体。在这点上他是继承爱利亚学派——柏拉图的思想路线的。如何解决这个矛盾，是他思想中的一个关键问题。由此可见在《形而上学》书中他着重讨论了和本体有关的问题，而且在讨论中他感到最难解决的就是普遍和个别的关系问题。

　　亚里士多德提出问题时并不只从一方面考虑，而是从多方面思考。他既要在理论上作逻辑推理，又要考虑到经验中的实际情况；因此对同一个问题，他往往看到有不同的理由，可以作出不同的甚至相反的结论。所以对每个问题，他都提出正题（thesis）和反题（antithesis）。《形而上学》书中许多卷都是分析讨论这些问题的，究竟亚里士多德自己对这些问题作出了什么结论？其中有些问题比较明确，有许多却并不明确。许多学者想从书中找到明确的答案，往往失败了。有人从书中找到一些证据，说某个问题的正题是亚里士多德的主张，另外有人找到另一些证据，说这个问题的反题才是亚里士多德的答案。近几十年来西方亚里士多德研究者中争论的一个问题：亚里士多德所说的"形式"究竟是普遍的还是个别的？就处于这种情况，争论的双方都从书中找到根据，认为自己的意见是正确的，实际上双方都带有片面性。亚里士多德对这个问题的正题和反题，并没有确定其中哪一个必然是正确的，另一个必然是错误的。他认为双方都是有道理的，尽管这种有理的程度并不相等，但不能简单地肯定一面否定另一面。因此有人认为《形而上学》一书前后不一致，自相矛盾，很难理解亚里士多德究竟讲了些什么。

　　如果认为一位哲学家的思想必须是首尾一致的完整的体系，那么亚里士多德的《形而上学》确实很难说是这样的著作。我们知道《形而上学》是亚里士多德和他的亲近的学生与朋友一起研讨问题时的讲稿和笔记，可以想象他是将他所考虑的问题，无论是比较成熟或是还不成熟的，都提出来和大家讨论。这是一位追求真理的哲学家在探索过程中的记录，并不是一位独断的哲学家在向人们宣布他的绝对真理。亚里士多德既从逻辑推理考虑问题，又要考虑到经验事实的实际情况，因而往往得出不同的甚至矛盾的结论。他自己也发现其中一些重要的矛盾，曾努力想解决它，但并没有成功。在哲学史常常出现这样的情况：哲学家在解决了某些哲学问题的时候，他自己或后来的哲学家往往又提出了一些新的问题。所以只要人们能自由思索，哲学问题就不会最后解决，哲学也就永远不会终结。

# 第十二章

## 第一哲学,研究"作为是的是"的学问——《形而上学》*Γ*、*E*卷

　　"哲学"这个名称并不是原初就有的,古代希腊开始只有一门笼统的知识或学问,叫做"智慧(sophia)",据第欧根尼·拉尔修说,是毕泰戈拉第一个使用"爱智(philo-sophia)"这个名称,并说它是寻求真理的学问。[①] 后来便以这个名词称呼这门学问。中文"哲学"这个译词,最早也是从日本译文中借用过来的。在希腊哲学中,一直到柏拉图,还只有一门包罗一切的学问,他叫做"辩证法",有时也叫做哲学。第一个将哲学和其他学问区别开,成为一门独立的学问的,是亚里士多德。亚里士多德说这门学问是专门研究"是"(on)的,他叫做 τὸ ὄν ἡ ὄν(to on hei on,拉丁文 ens qua ens,英译 being as being),一般译为"作为存在的存在",我们改译为"作为是的是"。它被称为"第一哲学",因为亚里士多德并没有完全放弃广义的"哲学"的意义,将一些别的理论性、思辨性学问如物理学等也称为哲学,"作为是的是"这门学问只是其中最根本的、第一的。

　　希腊哲学从巴门尼德开始提出"是"和"不是"的两条不同的认识路线——真理和意见,也就是要区别"真"和"假"以后,柏拉图继承和发展这个思想,提出了理性和感觉两个认识阶段的划分,得出主张"相"和具体事物这两个世界的相论;在他的后期对话《巴门尼德篇》和《智者篇》中已经对"是"和"不是"的关系作了专门的研究论证。但是将"是"作为哲学的核心范畴,认

---

① 参见本书第一卷,第 223 页。

为哲学就是一门专门研究"作为是的是"的学问的，却是亚里士多德。

亚里士多德虽然将"作为是的是"作为第一哲学，但是在《形而上学》全书中，却只有第四卷（$\Gamma$）和第六卷（$E$）中论述到"作为是的是"这门学问。$\Gamma$卷开始就提出有一门研究"作为是的是"的学问。第1、2章中说明这门学问的性质和范围，在第3至8章中论述了它的两条公理——矛盾律和排中律。$E$卷是从另一个角度讨论与"作为是的是"的学问有关的问题，其中第一章中亚里士多德提出有三种理论学科，即物理学、数学和神学，它们有各自不同的对象。神学是研究不动的、可分离的本体的，也被他称为"第一哲学"。第2至4章讨论两种意义的"是"——偶性的"是"和真的"是"。$\Gamma$卷和$E$卷可以说是亚里士多德形而上学的总论，但是在这两卷中有互相矛盾的说法，从古以来便在亚里士多德研究者中发生争论。

这两卷原来可能是两篇单独的著作，是被编纂者摆在一起的，而在它们中间又插入$\Delta$卷，可见它们原来不是直接联系的。以前认为这两卷是《形而上学》书中比较早期的著作，是紧接在$A$、$B$卷以后的，近来许多学者指出："作为是的是"这个重要的术语只见于$\Gamma$、$E$卷以及作为它们的摘要的$K$卷，甚至在《形而上学》的中心诸卷$Z$、$H$、$\Theta$卷中也没有出现，因此推断$\Gamma$、$E$卷可能是比较后期的著作。

在本卷绪论中已经专门说明过"是"和"存在"这个译词问题。希腊文einai，on现在一般都译为"存在"，我们主张改译为"是"。因为在西方语中，无论希腊文einai，拉丁文ens，英文being，德文Sein，都有"在"、"有"、"是"三合一的意义，但是在中文里，"是"和"存在"的意义是不同的。亚里士多德强调哲学是求"真"的学问。只有由"是"和"不是"构成的肯定或否定命题才能辨别事物的真和假，逻辑和科学都是以此为前提的。所以只有用"是"来译它，才能有助于我们理解亚里士多德的思想，也有助于理解西方哲学的传统精神。

# 第一节　"是"的普遍性和完善性

在介绍论述亚里士多德的"作为是的是"的思想前,必须先将西方学者有关这个问题的争论意见作点简略说明,让读者了解背景情况。

我们发生"是"和"存在"的理解和翻译问题,是由于我们的语言与思维方式和西方的不同而引起的。近现代西方各种语言与思想都是从古代希腊拉丁语流传演变下来的,近几十年他们也从语言学和哲学的角度讨论如何理解这个词的问题;可是在如何理解亚里士多德的这个术语和思想上,从古以来,西方学者一直是有不同的意见和争论的。他们争论最大的一个问题是:亚里士多德所说的"是"和"作为是的是"究竟是最普遍的东西呢,还是最完善的神圣的东西? 我们看到:巴门尼德最初提出的"是",实际上已经包含有这两方面的意思:一方面他将一切归为"是",这是包容一切的,它具有普遍共同性;另一方面"是"和变动的现象对立,是永恒不变的真实的东西,所以是完善的;而且巴门尼德的"是"是从塞诺芬尼的单一的不动的无生灭的神发展过来的,所以也带有神圣性。从巴门尼德的"是"演变而成的柏拉图的"相"也有这两方面的意义:一方面"相"是多中之一,是这一类事物共同的东西,具有普遍性;另一方面"相"是具体事物追求的目的,是事物永远不能达到的理想——善,所以它也具有完善性和神圣性。亚里士多德的"是"和"作为是的是"是从巴门尼德的"是"和柏拉图的"相"这条思想路线发展下来的,当然也具有这两方面的意义。学者们争论的是:在这两种意义中究竟哪一方面是主要的? 有的学者认为,亚里士多德是将"是"归结到它的首要的核心——本体,又将各种本体归结到最高的一种即不动的分离的本体,他称为"不动的动者"也就是神,所以亚里士多德将他自己的形而上学叫做神学,说它是最高的理论学科。但是另外一些学者认为,亚里士多德说研究"作为是的是"是一门普遍的学问,它所研究的基本范畴和原理是其他一切特殊学科都要使用,但却并不专门研究的。它研究普遍的本体,研究本体的特征和分类,而不动的分离的本体只是其中一类特殊的本体。所以亚里士多德说他的形而上学是研究"作为是的是"的学问,是普遍地研究"是"的本体论,神学只是其中的一个特殊的方面和部分。前一种意见可以在 E 卷第 1 章中找到根据,后一种意见可以在 Γ 卷第 1 章中找到根据,两千多年来研究亚里士多德的学者们一直在这个问题上争论不休。

我们需要知道这个问题的发生和历史发展情况,但这样需要掌握的资料太多,远超出我们的可能条件和能力,幸而 J.欧文斯在《亚里士多德〈形而上学〉中的"是"的学说》(J.Owens:The Doctrine of Being in the Aristotelian Metaphysics,1951,Toronto,我们只找到该书第 1 版,没有见到 1963 年略有修订的第 2 版)一书中第 1 章"《形而上学》中的'是'的问题"中,对这个问题的历史发展情况作了比较详细的概述。虽然这属于第二手资料,而且 J.欧文斯是位神父,他的引述不免带有倾向性;但是他介绍的这些材料对于了解这个问题以及我们以后的论述都是有帮助的,以下扼要介绍论述。

J.欧文斯是从对当时有人提出的一种意见的批评开始的,这种意见认为:柏拉图和亚里士多德的"是"的观念的本质区别在于:前者认为作为是的是(相)是一个完善的东西(ens perfectisimun),而后者认为它是一个共同的东西(ens commune)。将这种区别应用于中世纪的思想家,凡是认为"是"的概念本来是神的概念的,便是柏拉图的"是";凡是认为"是"的概念是最抽象,内容最空洞,外延最广的,便是亚里士多德的学说。他们以为用这个标准容易识别亚里士多德的学说。欧文斯批评这种简单化、绝对化的说法,他说难道有哪一位中世纪的思想家会认为"是"是最抽象、最空洞的概念吗?① 因此他追溯这个问题从古代到近代的发展历史:②

J.欧文斯说亚里士多德自己在《形而上学》中对研究"是"的第一哲学有各种不同的说法,如说它是研究事物的最高原理和原因的(982a9—10),说它是研究"作为是的是"的原因的(1003a26—32),又说这门学问是普遍地对待

---

① 参见 J.欧文斯:《亚里士多德〈形而上学〉中的"是"的学说》,第 3—4 页。
② 参见 J.欧文斯:《亚里士多德〈形而上学〉中的"是"的学说》,第 6—23 页。

"作为是的是"，而不是对某种特殊的"是"的（1003a21—24）；它又被限于神圣的和不动的"是"，故被称为神学（1026a19—23），在这种意义下"作为是的是"似乎又成为分离的"是"的同义词（1026a23—36）。可是在另外的地方第一哲学又成为研究本体的学问（1028b4—7），是研究第一本体的学问（1005a35），是研究本体的原因的（1003b18），或是研究可见的神圣事物的原因的（1026a16—18）；又说它是关于"真"的知识（983b2—3）。而在《物理学》中又说第一哲学是研究形式的学问（192a34—36）。J.欧文斯认为亚里士多德在作这种种不同的说法时，他自己并不像我们现在这样意识到其中有不一致和矛盾。

古希腊的亚里士多德注释的传统也没有意识到这种矛盾，如亚里士多德的继承人塞奥弗拉斯特没有提到"作为是的是"，他认为哲学研究的第一原理必然是确定不变的，是理性的对象而不是感觉的对象。永恒不灭的东西总是先于并统治那些可以消灭的东西的，统治万物的原理就是使万物"是"和持续的东西，它是神圣的。希腊第一个注释《形而上学》的阿菲罗狄西亚的亚历山大认为哲学作为普遍的学问，第一哲学是它的一个属，是研究神圣的"是"的。但他同时也认为第一哲学是普遍的，因为它处理的是一切别的东西的"是"的原因。他说第一哲学就是智慧，是关于永恒不变的神圣的东西的知识；它是和"作为是的是"有关，而不是关于某一种特殊的"是"的。

J.欧文斯说：最早的注释家们认为亚里士多德的"作为是的是"的普遍性就是神圣的本体的普遍性，所以说它是普遍的，就是说它是其他一切"是"之所以为是的原因，这样他们就将"作为是的是"的普遍性和神圣性统一起来了。J.欧文斯认为正如那托普（Natorp）所说的：在古代从来没有人怀疑过亚里士多德认为第一哲学和神学是同一回事。

中世纪的哲学家们在接触亚里士多德的著作时已经接受了《圣经》的说法：神就是"是"——《出埃及记》（Exodus）III.14："神对摩西说：'我就是我所是的（I am Who I am）'。"（《圣经》中译本译为"我是自有永有的"。）在基督教会的思想家们看来，神就是第一的完善的"是"。这个最高的第一的"是"是全能的至上的自由创造者。它的本性是超越人类的理解的，不能成为人类知识的对象,因此基督教哲学家们认为形而上学的对象应该是这种最高的"是"以外的另一种"是"。他们认为"作为是的是"是形而上学的对象,在某种意义上它包括"是"的一切差异,所以不是一个空洞的概念,但是和最高的"是"有明显的区别。他们知道亚里士多德说第一哲学是关于最高的原因和分离的本体的学问,所以认为有责任来解释亚里士多德所说的其他的公式。例如大阿尔伯特(Albert the Great)认为说神是形而上学的主题的说法完全是柏拉图式的,是错误的。托马斯·阿奎那认为当知识讨论到第一原因和分离的主体时,只有"共同的是"(ens commune)才是它的主题。邓·司各脱认为这个问题包含有不同的概念,将形而上学解释为"作为是的是"即"共同的是"的学问,是阿维森那的观点;而认为神和分离的本体是形而上学的主题,则是阿威罗伊的观点。司各脱也讨论了形而上学是研究本体的学问,在他看来第一原因的观念已经并入"共同的是"的概念之中,这就是他所坚持的观点。威廉·奥康也持同样的观点,从他关于神的本体的知识的论述中,可以看到他认为这二者都是通过"共同的是"被认知的。

(J.欧文斯这里提到的主张"共同的是"的神学家,除阿奎那外,都是中世纪被称为唯名论者的哲学家。中世纪神学中的唯名论和唯实论的争论,可以说就是在"是"的普遍性和完善性这二者之间,究竟强调哪一方面而引发的争论。——引者)

J.欧文斯指出:这些中世纪的哲学家们都是学习了亚里士多德的方法,都运用他的公式说明他们自己的论点,又有共同信仰的神的学说,怎么会产生种种不同的形而上学呢?他认为这不仅由于他们思想上的不一致,而且也因为对亚里士多德的文本作了不同的解释。

到了近代19世纪末,对亚里士多德著作的研究兴趣复活了,那托普第一个明白指出:在亚里士多德的《形而上学》中有"不能容许的矛盾"。他认为在Γ卷中的"作为是的是"是最普遍最抽象的概念,可是亚里士多德又说第一哲学是关于非物质的不动的"优越的是"的学问,这二者是相互矛盾的。

策勒也认为有这个矛盾,他以为这个矛盾是深深地植根于亚里士多德的整个体系中的,因为在整部《形而上学》中存在着本体概念的双重意义:一方面像柏拉图那样认为只有无质料的形式才有完全的现实性，是本体或现实的"是"；另一方面又不能否认现实性属于个别事物或质料，事实上只有个体才是第一本体。按照前一种观点，研究本体必然限于非物质的不变的"是"，即神；按照后一种观点，它便必须同等地包含所有的"是"，也包括具体的"是"。策勒认为这两种本体的概念，一个指形式，一个指个体，它们是互相排斥的。

耶格尔认为关于第一哲学的这两个矛盾的观念，是在亚里士多德自己的思想发展过程中出现的。当他认为第一哲学研究的是一类特殊的"是"即超越的不动的本体时，他说的是神学，这是柏拉图式的。亚里士多德以"第一动者"代替柏拉图的"相"，属于亚里士多德思想的早期阶段。但当他将形而上学规定为"作为是的是"时，实际上是各个不同层次的"是"的统一体，更加属于亚里士多德自己的思想，符合他思想发展的最后的也是最具特征的阶段。①

罗斯认为这两种都是真正的亚里士多德的观点，他说：亚里士多德研究形而上学的主题是从两种方式出发的，一种以"作为是的是"开始，研究作为"是"的整体。这个观点是在 Γ 卷中论述的，有时偶然也在别处见到，它也隐含在他将智慧描述为研究实在的第一原因和原理中。但更经常地是将形而上学描述为研究"是"的一定部分，即分离的独立存在的本体。在 E 卷中他企图调和这两种观点，提出问题：第一哲学是研究普遍的"是"呢，还是研究某一类特殊的"是"的？回答是：有一种"是"即不动的本体，它既是第一哲学的对象同时又是普遍的和首要的。② J.欧文斯指出：形而上学研究第一原因和原理，在耶格尔那里是将这点归为早期神学的内容的；而在罗斯这里却是将它归到"作为是的是"的研究内容了。

但是还有学者不同意将这两种观点对立起来，说它们并不是互相矛盾的，有的学者以不同的方式解释亚里士多德所说"作为是的是"的普遍性。如罗斑说亚里士多德说的"作为是的是"是"是"的普遍性，另一方面亚里士多德又认为哲学的对象是天上的星辰和分离的不动的"是"即神，这是完全不同的概

---

① 　参见耶格尔：《亚里士多德：发展史纲要》，英译本，第 218—219 页。

② 　参见罗斯：《亚里士多德〈形而上学〉校释》第 1 卷，第 252—253 页。

念。罗斑以为这是一个根本的问题,他认为不同的"是"的类比(这个"类比"源自希腊字 analogia,意思是根据 logos;亚里士多德常用这个术语为各种事物或概念,以及同一个词的各种不同含义进行比较区分,以确定它们之间的关系。——引者)对此提供了回答。他说:"作为是的是"同时既是普遍的又是个别的,它是最高的普遍,同时它又是最高的个别,因为它在重复它自身时具有使它自身普遍化的能力。可是必须理解它的普遍性正是由于它的必然性,……即使它在其中重复其自身的以及模仿它的"是"也并不是以同等程度接受它的,无论如何它们都和它有关。在这个意义上,它在它们之中的普遍性是和"关系"或"类比"相同的。他认为"第一本体的个体的统一性,正是通过类比在一切单一的事物中普遍地发展的"。(这就是说:最高的本体的统一性通过类比,普遍发展在一切个体的本体之中,所以最高的本体也就是最普遍的。——引者)

J.欧文斯将这个问题从古代到近代的发展情况作了介绍,最后作出总结。他说:在希腊传统中"作为是的是"最终似乎和分离的本体的"是"是同一的。在阿拉伯哲学家中,阿维森纳将它解释为"共同的是",亚里士多德的这个术语是在这种意义下被理解为中世纪的普遍;它并不被认为是一个空洞的概念,但是和最完善的"是"是有尖锐区别的。这两种解释到现代又通过各种不同方式的理解重新出现了。有些现代哲学家认为在这两个概念间有不可克服的矛盾,另一些哲学家却认为从亚里士多德有关本体和普遍的学说,可以看到它们是完全一致的。从历史的回顾可以看出:这个问题的中心在于亚里士多德所说的普遍和"是"的关系,最后又在于形式和个别事物的关系。那托普和耶格尔意识到矛盾的重点是前一种考虑:亚里士多德所说的普遍和"是"是同义词呢,还是互相对立的?任何事物在"是"性上增加了,就变成更普遍的呢,还是相反?他们认为普遍性意味着抽象,所以最普遍的就成为最抽象的,因而也是最少"是"的。用一句话说,就是在第一哲学中是不是有任何抽象?而策勒提出的怀疑,更主要的是考虑形式和个别事物的关系:亚里士多德的形式本来是个别的,还是它需要质料的本原使它个体化?形式是不是普遍性的本原,它是否也是个体化的原理?如果它同时是这二者,那么普遍和个别就应是一致的,不仅在超感性的"是"上一致,而且在所有的"是"上一致,普遍性越大则实在和"是"的程度也就越高。但是将形式当做是可感事物的个体化的本原所产生的困难是明显的,因为质料是它们的个体化的本原;这样普遍便只是一种抽象,普遍性越大,它的实在和"是"的程度也便越少。所以这个问题的最后关键在于亚里士多德所说的形式的特征,以及它和普遍与个别的关系。(这就是后来产生的问题:亚里士多德所说的"形式",究竟是普遍的,还是个别的? 我们在下一章将详细讨论。——引者)但是所有这些运作的概念——普遍、单一、个别、质料、形式等等,在长期的亚里士多德的研究中,已被理解为各种不同的意义了,加上它们在不同的哲学背景下被翻译成别的语言,更使它们的意义模糊不清。因此,J.欧文斯最后认为我们现在唯一的办法,只能是根据亚里士多德自己的著作,以及形成这些思想的可靠的历史和语言学知识;因此必须研究亚里士多德的著作,他所使用的术语和概念,将他的思想准确地翻译为英语。这些是很费力的,却是必不可少的。①

　　J.欧文斯提出的这些办法是:认真研究亚里士多德的著作以及他所使用的术语和概念,将它们准确地翻译成自己的语言,确实是每个亚里士多德研究者应该努力去做的工作。但尽管如 J.欧文斯这样自以为不带偏见地研究这些问题,由于各人的学术观点和生活经验的不同,还是会提出各种不同的意见甚至得出相反的结论。自从欧文斯发表了他对亚里士多德的"是"的学说的看法以后,许多学者纷纷发表不同意他的解释的著作。我们选择意大利学者 W. Leszl 的著作《亚里士多德的本体论概念》(*Aristotle's Conception of Ontology*, 1975, Padova),他的观点可以说是和欧文斯针锋相对的。以下简要介绍他们争论的主要问题。

　　E. Gilson 在为 J.欧文斯这本书写的"序言"中说:"J.欧文斯神父的结论是:本体论的科学概念在《形而上学》书中是找不到的。即使作为 being qua being 的学问,形而上学也是处理确定类型的现实的'是'的,实际上这就是首要的'是'。这个结论遭到那些习惯于对形而上学知识作不同解释的,也就是

---

① 参见 J.欧文斯:《亚里士多德〈形而上学〉中的"是"的学说》,第 22—23 页。

传统归给亚里士多德思想的那些历史学家的反对。"①这就是说J.欧文斯认为在亚里士多德的《形而上学》中只有神学(虽然他没有直接使用这个名称),根本没有本体论思想。

J.欧文斯是怎样得出这个结论的呢? 他说亚里士多德的"是"是一个多义词,它的不同含义相互间有关系,这就是类比的关系;可是它们有统一性,不同的含义集中于一点上,亚里士多德称为 pros hen(希腊文意义是"和一有关",分析哲学家欧文 G.E.L.Owen 将它译为 focal meaning,中文可译为"核心意义"或"中心意义"。这个词和 analogia 一起是许多当代学者解释亚里士多德哲学时常使用的术语——引者)。"是"的各种意义(范畴)可以归到一个中心即本体。本体又有各种类型,它们又可以 pros hen 集中到一个核心即第一本体,它是现实活动的形式,也就是独立分离的本体即理性(这就是亚里士多德所说的神)。通过这两重 pros hen,J.欧文斯得出结论:亚里士多德的第一哲学是探求事物的最高原因的学问,就是讨论"作为是的是"的,关于本体——第一本体的学问,也就是关于形式,关于"真"的学问。所有这些不同的名称说的是同一种训练,这就是哲学。② 他认为普遍地讨论"是"的学问,和讨论一定类型的"是"——首要的"是"的学问是不同的,在亚里士多德那里并没有普遍地讨论"是"的学问——本体论。因此他认为亚里士多德的哲学,比人类思想史上任何人更接近柏拉图的哲学。不过他也指出亚里士多德的第一哲学和柏拉图的辩证法有不同:柏拉图的"相"只是在可感的本性上加上"不朽"的特征,而亚里士多德的分离的本体,却是对可感事物进行分析而得到的独立的结果。③

W.Leszl 在《亚里士多德的本体论概念》中却认为在亚里士多德的哲学中,除了神学以外还有一门独立的本体论。他说神学是讨论有关实在(reality)的原理,说明实在的因果作用;而各门具体科学只讨论在自己范围以

---

① J.欧文斯:《亚里士多德〈形而上学〉中的"是"的学说》,第 vii 页。

② 参见J.欧文斯:《亚里士多德〈形而上学〉中的"是"的学说》,第 298 页。

③ 参见J.欧文斯:《亚里士多德〈形而上学〉中的"是"的学说》,第 298—299 页。

内的因果关系,提供接近的原因(proximate causes);可是神学讲的不动的动者却是所有事物的最后原因。从这个意义说,神学也是一门普遍的学问。① 他认为本体论也是一门普遍的学问,不过它并不直接和实在有关,而是概念的(即主要是语义的和认识论的)和方法论的。② 他认为本体论的任务是考察"是"的各种范畴,区分它们的各种观念(notions)如本体和属性、属和种、形式和质料、在先和在后等等。这些观念是我们理解经验实在以及整个世界所必需的。"作为是的是"的学问讨论这些观念之间的区别和联系。这些问题是其他科学研究的基础,但任何一门具体的科学都不研究它们,只有本体论以它们作为自己研究的对象,它研究的结果可以应用于其他科学。所以本体论也是一门普遍的学问,但它和神学不同;我们既不需要将神学从属于本体论,也不需要将本体论从属于神学,因为它们是两门不同层次的学问。③ Leszl 在书中着重分析了《形而上学》*Γ* 和 *E* 卷,因为只有在这两卷中亚里士多德讨论"作为是的是"的问题。他认为亚里士多德归给本体论的任务有:第一,可以中立地应用(neutral application)的观念,如在先、在后等。第二,讨论属于"一"的范畴和观念,如一和多以及从属于它们的相同和不相同、相似和不相似、相等和不相等,还有对立、相关等等。第三,讨论各种基本类型的本体,陈述关于它们的"是"和本质。第四,讨论像矛盾律这样的公理。Leszl 认为这些可以说是"理解实在所必需的概念工具,也可以说是实在能被谈论的、而且是必须具有的结构(就是和语言的各种作用以及起决定作用的概念相符合的客观条件)。④ Leszl 最后也谈到亚里士多德哲学和柏拉图哲学的不同。他认为柏拉图是将一切归到少数几个原理,从这些原理推出一切实在;这样就否认了各门特殊科学的独立性,所以柏拉图的哲学是超乎一切科学之上的学问。而亚里士多德的本体论并不以任何方式代替特殊科学的任务;特殊科学有它们自身的内容,不能以任何方式从本体论推论出来,在这点上是完全独立自主

---

① 参见 W.Leszl:《亚里士多德的本体论概念》,第 535—538 页。

② 参见 W.Leszl:《亚里士多德的本体论概念》,第 23 页。

③ 参见 W.Leszl:《亚里士多德的本体论概念》,第 32—34 页。

④ 参见 W.Leszl:《亚里士多德的本体论概念》,第 60—61 页。

的。本体论所提供的只是理解实在的可能条件,哲学家只是在一定的概念体系的反思中,对科学家已有的各种观念进行澄清和证明,从而对特殊科学起基础作用,所以它只具有形式的特征。① Leszl 所说的这些本体论概念的意义,我们在本书第二卷论述柏拉图《巴门尼德篇》中的一和多等范畴时,也曾联系亚里士多德所讲的范畴,说它们都是最普遍、最一般的概念。它们是一切特殊科学共同使用的,然而任何一门特殊的科学都不研究它们。这些范畴不是直接经验的,然而我们要对经验事实作表述、下判断时都离不开它们。"所以亚里士多德说范畴是表述的形式;用近代西方哲学的术语说,范畴是组织经验材料的形式。"(参看本书第二卷,第 763—764 页)

这样,J.欧文斯和 W.Leszl 的争论可以说是将原来对"作为是的是"的普遍性和神圣性的争论推进到一个新的更尖锐的问题:在亚里士多德的形而上学中,在神学以外是不是还存在一门本体论? J.欧文斯根本否认亚里士多德哲学中有本体论,这和西方的传统看法:本体论是由巴门尼德开始,由亚里士多德正式奠定的,正好相反,当然会遭到许多哲学家的反对。

我们还要介绍陈康最后一部系统研究《形而上学》的著作《智慧,亚里士多德寻求的学问》。作者在序言中说,他是在看了欧文斯上述著作以后,认为"这位作者的解释引起我的兴趣,但不能令我信服"。于是他采用耶格尔的发生法研究亚里士多德有关"是"和"神"这两种学说之间的关系。他认为亚里士多德的 sophia(智慧)即第一哲学是从早期神学(《论哲学》和《形而上学》Λ 卷的原因论)开始的,然后发展到 K 卷中提出"作为是的是"的学问,建立了本体论。但在 Λ 卷和 M 卷第 10 章中发现了本体论和神学的矛盾,即"作为是的是"是普遍的,而神学的对象却是一种特殊的"是",因此需要修正本体论以调和二者的冲突。B 卷修正了 K 卷中提出的问题,Γ 卷和 E 卷第 1 章全面修正了本体论和神学的关系。亚里士多德以 ousiology 代替 ontology,以调和它和神学的矛盾;从而出现两种 ousiology:先是《范畴篇》、《物理学》和 Λ 卷中的 individualistic ousiology(个体的本体论),然后是 Z 和 H 卷中的 essentialistic

---

① 参见 W.Leszl:《亚里士多德的本体论概念》,第 544—546 页。

ousiology(本质的本体论),以及作为其补充的 $\Theta$ 卷中的潜能和现实的学说。但是采用这种方法要将对具体事物的分析和神学连接起来,这只在逻辑上有可能,而在事实上是不可能的。所以在 $E$ 卷第 4 章又回到本体论,专门讨论作为真的"是"。在 $\Theta$ 卷第 10 章和《论灵魂》第 3 卷第 6 章中又企图将本体论作为神学的导言。这种种想调和本体论和神学的矛盾的企图都失败了。陈康认为亚里士多德在《尼各马科伦理学》第 6 卷第 7 章中所说的"智慧是最高尚的东西的知识(episteme)和理性(nous)的结合"(1141b2 — 3,1141a18 — 20),可以说是他的最后结论。因为作为知识总是能证明的,它需要先设定证明的原理;可是最后原理却不是知识自身的对象,它只能是直观理性——nous 的对象。由直观理性获得的第一原理虽然是哲学家用以证明的前提,但它自身却是超越证明不能证明的。陈康最后得到的结论是:亚里士多德发现,用来代替一门 sophia 的是两门独立的学问,即神学和本体论;它们中的任何一门都不能单独和 sophia 等同,企图寻求将这二者统一起来成为一门单一的学问,并没有成功。①

W.Leszl 认为在亚里士多德的形而上学中既有神学,也有独立存在的本体论。陈康是从亚里士多德思想的发展变化上考察这个问题的,他认为亚里士多德自己发现了神学和本体论的矛盾,寻求各种方法企图将它们调和统一起来,却没有成功,因而神学和本体论在亚里士多德的哲学中不能形成一个完整的体系。他们两人使用不同的研究方法,得出了相似的结论,都是反对 J.欧文斯的观点的。

现代西方研究讨论《形而上学》的著作还有很多,但大多是以某个问题或某些卷章作为研究的主题。我们能够收集和读到的资料非常有限,在我们看到的书籍中,以上三部是对《形而上学》的主要内容作了全面的探讨和论述的著作。它们所争议的问题可以说是从古代已经产生,一直流传到近现代,是近几十年来西方关于亚里士多德的形而上学思想中争论最大的问题。

对于"是"的普遍性和完善性问题,以上介绍的从古至今的各种意见,概

---

① 参见陈康:《智慧,亚里士多德寻求的学问》,第 384 — 386 页。

括起来就是这样两种：一种认为完善的神圣的"是"是统治一切的，因此它也具有普遍性，完善性和普遍性是统一的。这种意见比较接近柏拉图的哲学，用于亚里士多德的思想则认为他的形而上学就是神学，神学可以包括一切。J.欧文斯是这种观点的代表。另一种观点则认为亚里士多德所说的"作为是的是"是普遍的"是"，而那种完善的神圣的"是"只是这种普遍的"是"的一个特殊部分。所以既要承认亚里士多德形而上学中有关于完善的"是"的神学，又有研究普遍的"是"的本体论。W.Leszl 和陈康都是持这种主张的。

我们介绍了从古代到现代对这个问题争议的历史情况以后，现在可以探讨亚里士多德自己是怎样说的。

## 第二节　"作为是的是"

### 一　什么是"作为是的是"

亚里士多德在 Γ 卷第 1 章提出有一门研究"作为是的是（to on hei on）"的学问。这一章很短，希腊文只占标准本 12 行。他说：

> 有一门学问研究"作为是的是"，研究那些由它自身（kath auto，拉丁文 per se）依存于它的东西。各种号称特殊的学问却不是这样，因为别的学问没有一种是普遍地研究"作为是的是"的，它们是截取"是"的某个部分，研究这个部分的属性，例如数学就是这样做的。既然我们在寻求本原和最根本的原因，就一定有一个由它自身是这样的东西。如果那些寻求万物元素的人是在寻求这样的本原，那元素就必定不是偶然是的，而是它作为"是"所是的。所以我们必须掌握"作为是的是"的最初原因。（1003a21—33）

我们从这段论述中领会亚里士多德所说的哲学——研究"作为是的是"的学问——和其他特殊科学的关系是：第一，所有各种学问包括哲学在内都是研究"是的东西（to on）"的，但其他学问都只切取"是的东西"的某一部分为它的研究对象，只有哲学是以整个"是"作为研究的对象。所以哲学和其他科学是整体和部分的关系。第二,就它们研究的内容说,哲学研究单纯的未分化的"作为是的是",而其他特殊科学则研究已分化为某种特殊内容的"是",比如数学研究作为数的"是",物理学研究有运动变化的自然物的"是"。所以哲学和其他特殊科学的区别是单纯的未分化的"是"和已分化为有特殊内容的"是"的区别,是普遍和特殊的区别。

但对于这里的第一句话,学者们是有不同的理解的。W.Leszl 认为对这句话可以作两种解释,一种解释是:这门学问研究的主题是 hei on( que on,"作为是")的 to on( 是的东西),而 to on hen on 也可以按德文译法 das Seiendes als solches 译为"作为是自身的是",这里的 hen on"作为是"和"它自身"( per se)是同一的,都是指"共同的是",是"是"的普遍性。它和后面指的"由它自身依存于'作为是的是'的东西",这二者是并列的。所以这种说法应该译为:有一门研究"作为是的是",以及(并列的)由它自身依存于它的东西,这二者是并列的。另一种解释是:这门学问研究的主题就是 to on( 是的东西),而 to on hei on 就是那些由它自身依存于它的东西的学问。W. Leszl 作这种解释,罗斯将这句话英译为:There is a science which investigates being as being and the attributes which belong to this in virtue of its own nature.他更是明确指出后一种是"作为是的是"的属性。可是另一种解释却认为:这里的 hei on( 作为是)就是"是自身",这是从"是"的完善性讲的,所以研究"作为是的是"就是要研究最高的最完善的"是"。在各范畴中,就是要研究那核心的范畴——本体;而在各种不同的本体中,就是要研究那最高的不动的本体——神。这就是 J.欧文斯的主张。

J.欧文斯认为这句话中的"作为是"和"是自身"是等同的。他在书中也专门写了一节解释"作为是的是",他认为亚里士多德的这个公式和柏拉图的不同,柏拉图的公式是 to ontos on,是辩证法研究的"真正是的"。(《斐莱布篇》58A, 59D)而亚里士多德将它代之以 to on hei on,他认为这两个公式是对立的:柏拉图的公式是从 logos 推出,而亚里士多德的公式却是从分析个体事物得来的。他认为在 Γ 卷出现的几个观念:"普遍的"、qua being 和 per se 之间的关系,可以从亚里士多德的《后分析篇》中找到说明,那里说:至于"普遍",我是说它作为"表述所有的"而属于其主体,并且是"由其自身"(per se)和"作为自身"(qua itself)而属于那主体的。显然所谓"普遍的"都必然属于它们的主体,per se 和 qua itself 是等同的,例如点和直是由其自身属于线的,同时它们也是作为线而属于它的。(73b26—30)J.欧文斯根据这点认为"作为自身"和"由其自身"是相同的,他说这是事物的必然性和普遍性的根据。因此他认为这句话中的"由它自身"的"是",也就是"作为是的是";所以亚里士多德说的研究"作为是的是"的学问,也就是研究"是自身"的学问。① J.欧文斯认为所谓"是自身"也就是绝对的首要的"是",也就是他译为 entity 的"本体"。这样,"作为是的是"就是"是自身",也就是本体。J.欧文斯书中第7章的标题"作为是的是的学问"也就成为"研究 entity 的学问"了。

但是 J.欧文斯(还有些别的学者)的主张还有更强有力的根据,那就是亚里士多德所说的"核心意义"即"指向一个中心含义"(pros hen legesthai),这是在 Γ 卷第2章中论述的:

　　"是"有多种意义,它们都指向一个中心,并不是同名异义。如所有健康的东西都和健康有关,有的是保持健康,有的是造成健康,有的是健康的朕兆,或者是能够健康。而凡是医疗的东西都和医术有关,有的是由于拥有医术,有的是适用于医术,另一些则是医术的功能。我们还可以找到别的相似的词语。所以"是的东西"也有多种意义,但都和一个本原有关,有些被称为"是的东西"因为它们是本体,有些是本体的属性,有些是达到本体的过程,有些是本体的消灭、缺失,或是本体的创造和生成,或是和本体有关的,或者是这些方面的或本体自身的否定。因此我们说"不是的东西"也是不是的"是"。正像有一门处理所有一切有关健康的东西的学问一样,别的学问也是这样。不仅对某种共同的东西的研究属于同一门学问,而且对有共同本性的东西也是这样,因为它们也是共同的。所以研究"作为是的是"也是一门学问的任务。可是无论哪一门学问主要都是研究那首要的东西,其他都是依存于它的,并且由它而得名。如果这

---

① 参见 J.欧文斯:《亚里士多德〈形而上学〉中的"是"的学说》,第147—148页。

就是本体,哲学家便必须掌握本体的本原和原因。(1003a33—b19)

这里说的所有一切与健康有关的东西都可以归到一个中心——健康,所有一切与医疗有关的东西都可以归到一个中心——医术,亚里士多德说所有一切"是"的东西也可以归到一个中心——本体。欧文(G.E.L.Owen)在《某些亚里士多德早期著作中的逻辑和形而上学》一文中将 pros hen legesthai 译为"核心意义"(focal meaning),对它在研究亚里士多德思想中的作用作了论述。G.E.L.欧文这篇文章的影响很大,是西方许多现代哲学家经常引用的,我们扼要介绍他的观点:

这个问题实际上就是哲学上讲的"是的统一性"问题。"是"有多种意义,却不能用一个同一的词去表述它们;因为我们只能用一个比主词更普遍的词去表述这个主词,如只能说苏格拉底是人,人是动物,而不能相反地说人是苏格拉底,动物是人。可是"是"是最普遍的范畴,没有比它更普遍的概念可以用来表述它,这样就发生多种意义的"是"如何统一的问题。亚里士多德在 *B* 卷中提出是不是有一门研究各种原因和各类本体的单一的学问?而在 *A* 卷和《欧德谟伦理学》中却否认有一门单一的关于"善"和"是"的学问。G.E.L.欧文正是从这点谈起的。他说亚里士多德在逻辑著作中只是简单地使用"同名异义"和"同名同义"的二分法,没有用"核心意义"去解释次级范畴(性质、数量等)对一级范畴(本体)的依存关系。在 *Λ* 卷第4章中他提出了"类比"的统一性,说可以将各类本体通过类比得出三种共同的本原或元素,即形式、缺失和质料。(1070b19—21)G.E.L.欧文认为在 *Γ* 卷中提出的"核心意义"和在 *Λ* 卷中提出的"类比"是有不同的。他区别两种"在先性":一种是逻辑在先性也就是定义(logos)的在先性,次级范畴(属性)的定义中一定包含本体,如性质是本体的性质;而本体的定义中却不必包含属性,因此属性必须依存本体,这就是"核心意义"所表示的意思。另一种是自然的在先性,它说的是 A 先于 B,就是 A 可以没有 B 而存在,却不是相反——B 不能没有 A 而存在。典型的例子是点、线、面、体,点可以没有线而存在,线却不能没有点而存在,所以点先于线。G.E.L.欧文认为"类比"说的只是这种自然在先性。"类比"和"核心意义"是两个不同的、不可比的概念,但不知从何时开始,注释家将 *Γ* 卷的学说也说成是"是的类比",这是不对的。他认为通过核心意义,可以将多种含义的"是"归到一个中心——本体;即使是"非本体"也可以还原为有关本体的表述,例如非本体的月食不过是本体(地球)的阴影而已。(1044b8—11)这样亚里士多德就得到了一门关于"是"的学问即本体论。G.E.L.欧文还用这些思想解释亚里士多德对柏拉图的批评,主要是"第三人"的问题。亚里士多德在 A 卷第 9 章和 M 卷第 4 章中批评柏拉图对"相"和分有相的具体事物,使用了同一个名词是一词多用,并且是一词同义地使用这个共同的名称。(991a2—8,1079a33—b3)后一种用法的实例就是所谓的"第三人"。柏拉图将形式的"人"和个体的"人"当做是同一类的(同义的),所以再需要另一个形式的"人"作为"第三人",由此产生无穷倒退。G.E.L.欧文认为这可以用"核心意义"来解决:苏格拉底被称为"人"和形式的"人",二者既不是等同的,也不是完全不同的。苏格拉底之作为"人"是从形式的"人"推出,因而依存于形式的"人"的。所以如果一类依存于 X 的东西的"是",需要有(逻辑在先的)X 的"是",这并不表示这依存 X 的"是"(第一者)和 X 自身的"是"(第二者),这二者还需要再有另一个 X(第三者)的"是",这样就不会无穷倒退了。① G.E.L.欧文的这些论点,尤其是他对于"第三人"的解释经常被学者引用,我们作这点介绍希望对读者理解这些问题和争论有所帮助。

J.欧文斯认为亚里士多德所说的"作为是的是"和本体是同一的。他说本体就是永恒的载体,它和变动的属性是相对的。他认为以上亚里士多德引文中所说的本体的生成、消灭、缺失、否定等都不过是本体的属性。所以本体是"是"的首要实例(核心意义),别的一切都由于本体才能是"是的东西",因此只有本体自身才具有"是"的本性。从而 J.欧文斯得出结论:"由其本性的是"(being in its own nature),"依据它是'是'的是"(being according as it is being)和"作为是的是"(being qua being)都是只有在本体中才能发现的。因此"作为是的是"和本体是同义词,他称之为 Beingness。② 他又说:可以认为"作为

---

① 参见 G.E.L.欧文:《某些亚里士多德早期著作中的逻辑和形而上学》,载《逻辑、科学和辩证法》(论文集),第 180—199 页。

② 参见 J.欧文斯:《亚里士多德〈形而上学〉中的"是"的学说》,第 153 页。

是的是"乃是一定类型的"是",就是首要的"是",也就是本体。在《形而上学》中找不到不是首要的"是"——本体的"作为是的是"的学问。后来他又进一步将本体和所有一切"是"的关系,与第一本体和所有一切本体的关系作了类比,他说:显然,作为多义词的核心意义,本体就是"是"。正如本体可以扩展到一切"是",第一本体也可以扩展到一切本体。第一本体的知识就是第一智慧,而且可以用多义词的核心意义方式普遍地扩展到一切事物。J.欧文斯就是用这种核心意义的方式作了两重还原:先将所有的"是"还原到本体,然后又将所有的本体还原到第一本体,从而得出结论:所谓"作为是的是"的学问就是关于第一本体的学问。而所谓第一本体就是不动的分离的神圣的本体,亚里士多德也称为神。这样,J.欧文斯便将亚里士多德的形而上学归结为神学。

许多学者不同意J.欧文斯的这种还原法,以陈康在《智慧,亚里士多德寻求的学问》一书中对J.欧文斯的批评为例。陈康认为,说"是"的本性只在它的首要实例——本体之中,而不在其他东西即属性之中,是不正确的。如果它不也在后者之中,亚里士多德怎么能说"别的被称为'是'的东西"? 属性的"是"和本体的"是"同样是亚里士多德所承认的,正是因此才产生"怎么能将不同意义的东西都说成是'是'"这样的问题。虽然本体和属性都是"是",但它们的情况不同,属性的"是"依存本体的"是",而不是相反——本体的"是"依存属性的"是"。这是亚里士多德的本体中心论的要旨。但是这种依存关系并不是设定"是"只在于它的首要实例——本体之中。① 陈康指出:"是"的每个实例都有两个方面:一方面是所有实例都有共同的没有分化的方面,就是"作为是的是";另一方面则是每个实例自己所特有的即"如此这般的是"。"作为是的是"是在"如此这般的是"之中的,永不和它们分离。② 陈康认为"作为是的是"是普遍的,是"是"的普遍性;而每个具体的"是"都有两个方面,既有普遍性,又有自己的特殊性;普遍性在特殊之中,是不和特殊分离的。

---

① 参见陈康:《智慧,亚里士多德寻求的学问》,第116—117页。

② 参见陈康:《智慧,亚里士多德寻求的学问》,第120页。

用余纪元在《亚里士多德:作为存在的存在》(载《中国人民大学学报》1993 年第 4 期)一文中的话说:"亚里士多德往往是在范畴异质的基础上提出本体中心论的。由于种种原因,人们常常注重其本体中心论,而忽略各范畴本身的独立性。"

## 二 研究"作为是的是"包含什么内容

我们同意这种意见,即不能将亚里士多德所说的"作为是的是"的学问归结为神学。这门学问以"是"(on)为研究对象,所以被称为 ontology(本体论,严格说应该译为"是论")。本体(ousia)是"是"的核心,所以研究本体的 ousiology 应该是这门学问的最主要内容,这是没有问题的,在《形而上学》书中,研究本体及其有关问题的 $Z$、$H$、$\Theta$ 三卷被称为全书的中心。但是除了研究本体之外,这门学问是不是还有其他内容?

亚里士多德在 $\Gamma$ 卷第 2 章中接着说:对每一类事物都有单一的知觉,从而有单一的学问,例如语法是研究所有语言说话的单一的学问。所以研究"作为是的是"的所有的属(eide)都归到同一种学问,而研究它的不同的属的则归到这门学问的各个专门部分。(1003b19—22)这是说研究"作为是的是"是一门总的学问,它下面又有各个分支,研究它的特殊专门部分。它们的关系是种和属的关系。可是我们知道亚里士多德认为最普遍的"是"和"一"并不是"种",因为它们是不能区分为不同的属的,那么这里所说的"作为是的是"的属是什么呢?

亚里士多德就从"是"(on)和"一"(hen)说起,他说:"是"和"一"在本性上是相同的,正如本原和原因一样可以彼此相通。但这并不是说它们可以用同一定义(logos)来说明——即使我们假设这样也可以,反倒有助于我们的论述,因为"一个人"(eis anthropos)和"人"(anthropos)是相同的;"是人"(on anthropos,真正的人,吴寿彭译为"现存的人")和"人"也是相同的;双重使用说"一个是的人"(eis on anthropos)也是一样,显然它们在生成和消灭上是没有分别的;同样"一个是的人"对"是人"也没有加添什么,因为所添加的是同样的东西。再说,如果某个是"一"的东西,不是由于偶性,而是由其本性就是

"是"。这样,有多少个"是"的属,便也有多少个"一"的属,研究它们"是什么"(ti esti)便是这门学问的任务。他说这就是对相同、相似以及其他类似东西等的研究,几乎所有相反的东西都可以归入这个本原,在《相反选编》中已经讨论过了。(1003b22—1004a2)亚里士多德说"是"和"一"实际上没有什么不同,只有在说明它们的定义上有所不同,只是概念上的不同,在客观实际上并没有不同。所以"作为是的是"就是"作为一的一",可以用研究"一"的属代表研究"是"的属。而"一"的属就是一和多,以及相同和不相同、相似和不相似等等相反的东西。这些便是本体论研究的一方面内容。《相反选编》是亚里士多德已经佚失的著作,关于一和多以及相同、相似等范畴在《形而上学》I卷中作了专门讨论。

从1004a9以下亚里士多德简单说了一和多以及对立等等,他认为这些是"作为是的是"的固有属性。研究这些性质——他提到的属于一和多的对立的范畴,有相同、相似、相等,以及和它们对立的不相同、不相似、不相等,还有否定、缺失、在先和在后等等——都是哲学家的任务,因为除了哲学家以外还有谁来研究这些问题呢?比如苏格拉底和坐着的苏格拉底是不是同一个东西?或者一个东西是不是总有和它相反的东西,以及相反是什么等等问题。因为这些都是"作为一的一"和"作为是的是"的本来的属性,而不是作为数、作为线或作为火的"是"的属性。所以应该有一门学问来研究它们是什么以及它们的属性。他说以往研究这些对立的思想家们所以犯错误,并不是由于这种研究离开了哲学的范围,而是因为他们忘记了本体是在先的这一点。他说,作为数的"是"也有它的固有属性,如奇和偶、通约和相等、超过和不足等,它们都属于数自身或数和数的相互关系。同样的,立体,不动的和在运动着的东西,没有重量的和有重量的东西,都有各自的固有属性。哲学家正是通过这些"是"的固有属性去认知"真"的。(1004a34—b17)亚里士多德认为以往哲学家讨论对立,如毕泰戈拉学派提出的十对对立,他们的错误是在于离开了本体中心论,没有能区别这些对立是属于哪个本体的,比如有些是属于"是"的,有些是属于数的,有些是属于位置的(如左和右)等。

亚里士多德指出:在求真这点上,辩证论者、智者和哲学家看起来是一样的,但智者的论辩术只是表面上的智慧,辩证论者探讨的是有关"是"的共同的问题,是哲学所固有的问题。他们和哲学家的不同,只在于所要求的能力不同:辩证论者讨论这些问题只当做是一种训练,而哲学家的目的是求真。智者的论证看起来像哲学,其实并不是。(1004b17—26)关于哲学家和辩证论者、智者三者的区别,亚里士多德在逻辑著作中讲得比较详细,我们在以上第一编中已经论述过了。

亚里士多德在 Γ 卷第 2 章最后总结说:显然,这门学问的任务是研究"作为是的是"以及那些属于它的固有的特性。这门学问不仅要考察本体,还要考察那些作为是的东西的固有的特性,即上面提到过的在先和在后、种和属、整体和部分以及与此类似的东西。(1005a13—18)这样亚里士多德便指明了"作为是的是"的学问的研究任务,除主要是研究本体以外,还要研究那些作为是的东西的固有特性如一和多、对立等等。亚里士多德在 Δ 卷中对这些范畴逐个进行分析,在 I 卷中对一和多、对立等范畴作了系统的讨论。我们以下将专章论述。

### 第三节　公　理

亚里士多德在 B 卷中提出的第二个问题是:研究公理和研究本体是不是属于同一门学问? Γ 卷第 3 至 8 章回答了这个问题,认为研究公理和研究本体同属于"作为是的是"这门学问,可见研究公理是这门学问的第三方面的任务。他指出的公理是矛盾律和排中律。

公理(axioma)这个名词是从数学借用过来的,亚里士多德说是"数学中所谓的公理",与 Γ 卷这部分内容相应的 K 卷第 4 章中说是数学的共同原理,举的例子是从等量减去等量所余的量相等,亚里士多德说它是所有的量都适用的共同原理。(1061b19—21)凡是符合这个公理计算得出的数必然为真,违背它的必然为假。哲学上的公理便是所有论证(推论和证明)都适用的共同原理。符合这个公理的推论必然为真,违背它的必然为假。

亚里士多德认为研究公理也是哲学家的任务,因为这些公理是对所有的"是"都适用的,并不只对某一特定的"是"有用。虽然每一种学问都在它们各自的范围内使用这些公理,但无论是几何学还是算术都不专门探讨这些共同的原理,研究它们的真和假。所以应该由研究所有本体的本性的哲学家来探讨这些推理的原理。它们是在所有原理中最确定的原理,也是人们知道最多,不可能弄错的;并且因为我们在知道任何"是"以前必须先知道它们,所以它们并不是假设。(1005a19—b17)这些公理是对所有的"是"都适用的,任何推理都必须遵循它们,不能违背它们。亚里士多德认为它们是最普遍的公理,只能由研究"作为是的是"的哲学家来研究。

亚里士多德认为这种最确定的公理就是矛盾律和排中律。这两条公理都是讲"是"和"不是"的关系的,这种关系在希腊文中有几种表述法:estin——me estin(it is——it is not), to on——to me on(being——not being), einai——me einai(to be——not to be);中文也有相应的表述法:它是——它不是,是的——不是的,是——不是。以下按照中文习惯语法论述。

## 一 矛盾律

Γ 卷第 4 章开始亚里士多德明白地说:有些人主张同一个东西可以既是又不是,有些自然哲学家也这样说,但我们明白断言:同一个东西不能既是又不是,这是最确定的公理。(1005b35 — 1006a5)他又详细规定:在同一时间内,同一属性不能在同一方面既属于又不属于同一事物。(1005b18 — 21)亚里士多德在逻辑著作中往往用"属于"和"不属于"表述"是"和"不是",在本卷第一编中已经论述过。这里是说:如果 A 是 B,它就不能同时又不是 B,这就是说 A 不能同时既是 B 又不是 B。是 B 和不是 B 是相互矛盾的,如果同时承认二者就是自相矛盾,所以矛盾律也可以称为不矛盾律。亚里士多德指出,有些人要求证明这条公理,这是由于他们的学养不足,分不清哪些是可以寻求证明,而哪些是不能寻求证明的。矛盾律是无须证明的自明的公理,因为要证明任何东西,必须以某个原理为根据;如果这作为根据的原理又需要被证明,必须有这个根据的根据,如此会无穷倒退,因此最后总要有一个无须证明的原理作为一切根据的根据。矛盾律就是这样一个最后的自明的公理,它是人人都知道,作论证时人人都在使用的公理。但是亚里士多德强调指出:这条公理虽然不能从正面证明它,却可以从反面来证明:如果违反这条公理就会产生不可能的结果。如果有人反对这条公理,除非他什么都不说,像植物那样;要是他说什么,便必须是对他自己和别人都是有意义的东西,要说出某种确定的事情,如说某个东西是什么。说它是什么的时候不能同时又说它不是什么,不然便是自相矛盾。这就是说要反对这条公理的人实际上必须接受这条公理。(1006a5—28)

在 Γ 卷第 4 章中以相当长的篇幅用反面的方法论证矛盾律,不易读懂。①罗斯在注释中将它们分解为七个论证,以下依次转述。

第一个论证

说"是"和"不是"是有确定意义的,并不是说一个东西可以是如此又不是如此。如说人是两足动物,那么只要他是人,他就必然是两足动物。如果说"人"有许多含义,不能确定是其中哪一种,那就只能说是用词含混,无法讨论。所以只能是指有一定含义的东西,不能是我们称为人而别人称为非人。问题并不在于一个东西是不是在名称上可以同时是人又不是人,而是在事实上能否如此。如果是人和不是人只是名称不同,像外衣和披风那样本来是指同一个东西,则是人和不是人也就没有什么不同。但是真实的人必然是两足动物,他不能同时又不是两足动物。"是人"和"不是人"都有确定的含义,它们是不同的。亚里士多德又区别事物的本体和偶性,说一个东西可以既是人又是白净的或其他别的偶性。如果问这个东西是不是人时,却回答说:是的,他是白净的和高大的。这不是回答问题,因为白净、高大这类偶性无穷多,不能用来代替本体。也不能因为偶性白净不是人,从这个意义上推论说:他是白净的,所以他不是人。亚里士多德认为这样说话的人是取消了本体和本质。

---

① 周礼全于 1981 年发表的《亚里士多德论矛盾律和排中律》(载《周礼全集》,中国社会科学出版社 2000 年版)对亚里士多德的论证作了详细的分析,读者可以参看。

再说,如果一切都是偶性的,不是指向一个基本的主体,便将陷于无穷。如果两个都是偶性,它们不能互相结合,这个偶性不是那个偶性的偶性,白净的不是文雅的,文雅的也不是白净的;这二者只能都是同一个本体的偶性,如苏格拉底既是白净的又是文雅的。任何情况都要归到本体,只要是表明本体的东西便不能作矛盾的表述。(1006a28—1007b18)这是说矛盾律是指同一个指称对象讲的,不能说他是人又不是人,或人是两足动物又不是两足动物。

### 第二个论证

如果所有矛盾的表述同时对同一东西都是真的,那将是一切混同了,因为同一事物可以同时既是人又是船又是墙,而且都是既可肯定又可否定的。这是赞成普罗泰戈拉的观点的人所能接受的,这样就可以说人既是船又不是船。阿那克萨戈拉说万物都混同在一起,因而没有东西是真实的。他说的似乎是无规定,其实是"不是",因为无规定只是潜能的"是"而不是现实的"是"。这样他们对主体的任何表述都可以加以肯定或否定。肯定他"是人"和否定他"不是人"都没有错,说他"是船"和"不是船"也都没有错。那样就可以任意地对这个主体作出任何肯定或否定了。(1007b18—1008a2)

### 第三个论证

持这种观点的人会得出结论说:对一个东西并不必然要作出肯定或否定。如果一个东西"既是人又不是人"是真的,那么它的反面"既是非人又不是非人"也是真的。(1008a2—7)这是说否认矛盾律的人同时也否认了排中律。

### 第四个论证

说一个东西"既是白的又不是白的"或"既是又不是",是说它整个情况如此呢,还是只有部分情况如此? 如果只是部分情况如此,就是承认可以有例外的情况即另一方面的情况。如果是整个情况如此,那就什么东西都不是,是人的也不是人,对方这个人也不是,他就什么也没有说,因为不是人的东西怎么能说话和走路呢? 而且会得出一切都可以是真也都可以是假,对方也得承认他可以是假的。那样我们和他讨论也没有意义，因为他既不说"是"也不说"不是"，而是说"是和不是"，也就是说"既不是'是'也不是'不是'"，他什么也没有说。（1008a2—34）

第五个论证

如果肯定是真，则否定是假；反之如否定是真，则肯定是假；不能同时肯定和否定同一个东西。（1008a34—b2）

第六个论证

如果说一个东西既是这样又不是这样，这个东西是什么呢？这样的人同时"是"又"不是"，他想和不想没有什么区别，那样他和植物又有什么不同？实际上没有什么人会真正持这种观点的，一个人出门不会走进一口井去，因为他不会觉得掉下井去时"好"和"不好"是一样的。他并不认为一切东西都是相同的，必然认为一些东西是人而另外的不是，一些东西是甜的而另外的不是。看来所有的人对事情都作单纯的判断，至少对什么是好什么是不好是这样的，即使这并不是知识仅是意见。他们更盼望"真"，如同病人盼望健康一样。（1008b2—31）

第七个论证

尽管有些东西可以既是这样又不是这样，但它们的本性总有程度不同的区别。不能说 2 和 3 同样是偶数，也不能说将 4 当做 5 的人和将它当做 1000 的人同样地错；总有错得多些或少些，那些对得多些的便更接近"真"。我们必须去掉那些不相宜的学说，它们妨碍我们的思想作出规定。（1008b31—1009a5）

亚里士多德提出这许多论证来说明矛盾律的正确，但他知道这个最后的原理是不需要证明的，他只能从反面论证：如果否认矛盾律必然得到错误的结果。他的证明看来都是逻辑推论，但这种推论的最后根据和基础实际上却是事实和人的普通常识。凡是反对矛盾律的说法都是违背事实和违反常识的。像矛盾律和排中律这类思想的基本规律,本来是从事实中得来并为人的常识所认可的。亚里士多德完全承认这一点。所以说他的根本思想属于朴素的实在论,是可以接受的。

但是亚里士多德还要进一步探讨:对于变动的现象世界,以及人们由于感觉而产生的不同意见,矛盾律是不是适用? 在Γ卷第5章中亚里士多德指出,以上这种反对矛盾律的观点和普罗泰戈拉的学说相似。这种学说是以现象和意见为根据的,现象是变动的,因此各个人产生的感觉和意见可以是不同的;如果意见和现象是真的,那么所有事物必然同时既是真的又是假的。因为很多人的意见是和别人的意见对立的,各自以为对方的意见是错的而自己的意见是真的,所以同一事情既是又不是,既是真的又是假的。( 1009a6 — 15)他认为对于那些为此进行论辩的人必须加以反驳。

亚里士多德对此作了层层分析。

首先,他指出:那些持这种意见并为此感到困惑的人,是由于他们看到在可感事物中矛盾双方可以同时是真的,因而以为同一事物能成为相反的东西,所以矛盾双方都是已经先在的。这就是阿那克萨戈拉所说的"万物混同一"的"种子"。他认为这种说法在一种意义上是对的,在另一种意义上是不对的。因为同一事物可以既"是"又"不是",是从不同的方面说的,如果说同一事物可以潜能地既"是"又"不是",这是对的;但如说它是现实地既"是"又"不是",便是错的。( 1009a22 — 36)

其次,如果真和假的问题由意见确定,则持这种意见人数的多少便成为决定的标准。同一事物正常人感到是甜的,而病人感到是苦的;若是所有的人都病了或疯了,只有两三个人是健康的,这两三个人会被认为是病人或疯子,而不说大多数人是。动物得到的印象和我们得到的不同,即使同一个人看到的东西也不总是相同的。所以这些感觉究竟是真的还是假的,是不清楚的,并不是这一个比那一个些。因此德谟克利特说:要么是没有真理,要么是我们无法弄清它。亚里士多德说:所有这些都是因为他们将变动着的感觉当做知识,认为我们感觉到的现象一定都是真的。这样看待"真",追求真理就像追逐飞鸟一样,哲学怎么能不感到绝望呢?(1009b12—1010a1)他说这些人只看到感觉和可感事物,而感觉和可感事物的本性是不确定的。对于变动着的东西不能作真实的陈述。正是因此才产生那种追随赫拉克利特的克拉底鲁的学说:人对什么都不能说,只能动动他的手指。(1010a1—15)

但是亚里士多德指出:在这些思想中有合理的成分,即承认事物是运动变化的,当它们变化时不能说是"是";但是这种想法毕竟应该遭到反驳。因为在变化的背后总有不变的东西。当失去某种性质时总有某个东西失去它的"是";当事物生成和消失时也总有一个生成和消失的"是";而且事物总是从某种"是"生成,又由于某种"是"生成的。即使事物在数量上不断变化,我们还可以由"形式"认知它的本质。持这种观点的人只看到感觉世界是不断变化的,但和天相比,感觉世界只是其中一小部分,所以这种说法是不全面的。亚里士多德又指出:说事物既是又不是的人,实际上是认为一切在一切之中,那便没有什么变化可言。与其说他们认为事物是变化的,还不如说是静止不动的。(1010a15—35)

亚里士多德又分析现象和"真"的问题,他说并不是所有的现象都是真的。首先,感觉至少对它的特定对象说,不是假的;但现象不同于感觉,大小和颜色对于在近处和远处的人,对于健康的人和有病的人所显现的是不同的;睡着的人和清醒的人所见的现象也是不同的,人不会将梦境中的事情当做真的。其次,是关于将来会发生的情况,正如柏拉图所说,在将来能不能恢复健康的问题上,医生的意见比不懂医学的人有权威。在感觉自身中,对陌生事物的感觉和对熟悉事物的感觉,对派生的东西的感觉和对事物本身的感觉,各自的权威性也是不同的。对于颜色,视觉比味觉有权威,而对于味道,则味觉比视觉可靠,而且每种感觉在同一时间里对同一东西不会说既如此又不如此。即使在不同的时间里也不会对同一属性有不同的感觉,只是对属性所属的事物会有不同的感觉,如对于酒,只会由于酒或人的变化而感到酒甜或不甜,可是对甜之为甜却绝不会改变。所以认为一切现象都是真的这种观点破坏了必然性,因为它取消了事物的本质,任何必然的东西都不会是既是如此又不是如此的。(1010b1—30)

亚里士多德总起来说:如果认为只有可感的东西才"是",那么如果没有有生物时便什么都"不是"了,因为没有了感觉它们的能力。认为如果没有可感的性质便没有知觉,这种看法大体是真的,但是认为引起感觉的主体(对象)不能离开感觉,却是不可能的。因为感觉当然不是对它自身的感觉,而是有某种在感觉以外的东西,它必然先于感觉,因为主动者总是先于被动者的,尽管它们是彼此相对的。(1010b30—1011a2)这是从感觉和感觉主体的关系讲的:不能认为感觉是决定真理的要素,因为如果没有感觉的主体——有生命的人和他的感觉能力,便没有感觉。所以说既没有感觉活动(知觉)又没有感觉到的现象,这是可能的;但认为离开了感觉便没有感觉的对象,这是不可能的。只有感觉的客观对象是绝对的、真实的,感觉和感知的现象都是相对的、不真的。

最后亚里士多德在 Γ 卷第 6 章中指出:现象是相对于感觉、相对于意见的东西,是凭借他物的东西,不是单凭自己的真的是的东西。他说那些相信现象的人提出的问题:谁来判断这个人是不是健康的? 这正像问我们现在是睡着还是醒着一样。提出这样问题的人是想对每件事都做出说明,寻求证明。但是他们要寻求证明的事情是不能证明的,因为他们开始就是自相矛盾的。亚里士多德指出:并不是一切东西都是相对的,而是有些东西单凭自己就是那样,并非每一个现象都会是真实的;因为现象就是对某人显现的,所以那种说一切现象都是真实的人,是把一切东西都当成相对的了。应该承认:并不是现象就是那个样子,而是它对某人、在某个时间、以某种意义和方式显现成为那个样子。如果不如此说明,就会立刻发现自己陷于自相矛盾。因为很可能一样东西某人看起来是蜜,尝一尝却不是;我们有两只眼,如果它们的视力不一样,看起东西来也会显得不同。对于那些认为现象是真的人说,万物都是既真又假的,因为事情并不是同样地显现给一切人的,对同一个人也不总是显现为同样的,并且常常会在同一时间内显现为相反的东西。因为它们不是同样的感觉,不是在同样的方面和条件下,在同样的时间中的感觉。现象只有在这些限制下才是真的。所以并不是现象是那样,只能说它相对于某人是那样。承认现象的人将一切都当成是相对的东西,即相对于感觉和意见的;这样如果没有感觉和意见,就没有自在的东西了。(1011a3—b9)亚里士多德对于现象问题做了细致的分析,批驳了将现象当做真实的东西的种种意见。

亚里士多德最后作出结论:所以不可能同时是"真"地肯定和否定,相反的东西不可能同时属于同一主体,除非两者都在特定的关系中,或者其中之一在未分化的关系中,而另一在特定的关系中。(1011b20—22)这就是他所说的"在同一时间内,同一属性不能在同一方面既属于又不属于同一事物",这是他对矛盾律的完全的表述。

## 二 排中律

$\Gamma$ 卷第7、8章论述排中律。亚里士多德说:在矛盾的双方之间不能有任何中间物,对于一个主词,要么肯定要么否定它的某个谓词。首先这是要确定真和假时都清楚的,因为说是的东西"不是",或说不是的东西"是",是假的;只有说是的东西"是",不是的东西"不是",才是真的。那些说任何东西是"是的"或是"不是的",所说的或者是真,或者是假。但是说它既非"是的"又非"不是的",这也就是说它既"是"又"不是"。(1011b23—29)罗斯的英译本中对最后这句话作了解释:这就是说在对立双方之间有中间物,认为这种陈述既不是真的又不是假的,这是荒谬的。因此这条公理被称为排中律。我们说甲是 A 和不是 A(即"非 A")这一对对立的陈述时,必然只能肯定一方和否定另一方,不能有第三种中间的情况即对二者全都肯定或全都否定,那是荒谬的。肯定二者是违反了矛盾律,否定二者则是违反了排中律。

亚里士多德说:或者也可以说有对立之间的中间物如黑和白之间的灰色,人和马之间的非人非马。(1011b29—31)显然黑和白、人和马都不是亚里士多德所说的矛盾的对立,黑和白是他所说的相反的对立,只有白和非白、黑和非黑才是矛盾的对立;人和马只是同一个种(动物)下的不同的属,并不是矛盾的对立;只有人和非人、马和非马,也就是"是"和"不是"才是矛盾的对立。亚里士多德在《范畴篇》中讨论过对立的各种意义,在《形而上学》$\Delta$ 和 $I$ 卷中也讨论了对立的问题,尤其是在 $I$ 卷中作了详细的分析,我们以后专章讨论。

亚里士多德指出:任何认识和理性(nous)都是以肯定或否定的方式表述的,这是从真和假的定义可以明白的。一个命题或是肯定,或是否定;如果以一种方式连接起来便是真的,以另一种方式连接起来便是假的。他说:如果不是为辩论而辩论,也可以说在所有对立之间都有中间的东西,这样他可以说有既不真也不假的东西,在"是"和"不是"之间也有中间的东西,在生成和消失之间还有发生在中间的变化。而且在所有否定一种属性,即肯定相反的属性的情况中,也可以有中间的东西;比如在数的范围内,有既不是奇数又不是非奇数的数。但是亚里士多德认为:从定义看,这是不可能的,因为这样将使中间的过程无限延伸,"是的东西"也将成倍增多。如在 A 和非 A 之间有中间的 B,它又有 B 和非 B,它们中间又有 C 和非 C,这个系列可以无限地增加。他认为进行辩论的出发点应该是定义,定义就是要确定我们所说的必然是什么。当被问到这个东西是不是"白"时,回答"不是",所否定的并不是别的,而是"是白",这个"不是"就是否定。(1012a2—18)

他认为要反对两种诡辩:一种是赫拉克利特所说的万物既是又不是,这样会使任何东西都可以是真的。另一种是阿那克萨戈拉说万物都混合在一起,这混合物既不是这个又不是那个,所以只能说一切都是假的。(1012a24—28)

亚里士多德在第 8 章对矛盾律和排中律又作了综合论述,他说:从以上分析可以看到这是两种片面的说法,即一方面说一切都是真的,另一方面又说没有什么是真的。这种观点大致和赫拉克利特的说法一样,说"一切皆真和一切皆假",将这两点分开来说是不可能的,合在一起说也不可能。矛盾的陈述不能同时皆真或同时皆假。这不是说某物"是"或"不是",而是说要从定义的基础上掌握什么是真和什么是假。肯定它是真时,也就是否定它是假,这二者是一致的,所以不可能一切都假。一对矛盾中总是一方面是真,另一方面是假。持一切皆真或一切皆假的观点的人实际上是毁坏了他们自己,因为说一切皆真的人使得和他自己相反的陈述也成为都是真的,因而他自己的陈述反倒不真了;而说一切皆假的人则使他自己的说法也成为假的。如果前者排除了相反的陈述，说只有它才是不真的；后者则排除了他自己，说他自己也是假的。这样他们就被逼到要假设无限多的真和假，进入无穷的过程。（1012a29—b22）

第8章最后还有一段话，亚里士多德说那些认为一切都是静止或一切都是运动的说法都不正确。（1012b22—31）这一节和以上的论述看不出有什么联系。罗斯说，古代注释者亚历山大告诉我们，在有些古代抄本中没有这一节，因为对于《形而上学》说，这一节更和《物理学》一致。可是罗斯认为这种怀疑没有根据，因为亚里士多德对形而上学和物理学的领域并没有作绝对的划分。① 这一节大概是编者误插进去的，这里可以从略。

《形而上学》Γ卷共8章，亚里士多德只在前二章中提出"作为是的是"这门学问，后面却以六章篇幅讨论最普遍的公理——矛盾律和排中律。他为什么这样安排呢？从这里我们至少可以看到：亚里士多德认为这些公理是研究"作为是的是"中的重要部分，是它的最普遍的公理。亚里士多德认为哲学的任务是求真，什么是"真"呢？他在逻辑著作中指出，只有由单个的词组合而成的肯定命题和否定命题才有"真"和"假"的分别；而单个的非组合的词（"存在"就是这样的词）是没有真假之分的。（2a4—10）肯定命题和否定命题是由"是"和"不是"组成的，"S是P"是肯定命题，"S不是P"是否定命题；说"苏格拉底是人"是真的，而说"苏格拉底不是人"是假的；如果单个地说"苏格拉底"或"人"这样的"存在"，是无所谓真或假的。矛盾律说"同一事物不能既'是'又'不是'"，排中律说"同一事物不能既不是'是'又不能'不是'"，即在"是"和"不是"这对矛盾的对立中，没有中间的东西。可见这两条公理都是判别"作为是的是"在什么情况下为真，什么情况下为假的公理。所以亚里士多德要紧接着花这么大的篇幅讨论它们。

---

① 参见罗斯：《亚里士多德〈形而上学〉校释》第1卷，第289页。

## 第四节　神学是第一哲学

《形而上学》*E* 卷和 *Γ* 卷有相同点,即它们都论述"作为是的是"这门学问,但是它们讨论的内容却是不同的。*Γ* 卷是讨论"作为是的是"的本体论这门学问自身的性质及其研究的范围。而 *E* 卷却是从普遍的"作为是的是"的学问和研究特殊的"是"的学问之间的区别说起。亚里士多德对所有学问进行分类,明白提出神学是第一哲学;接着在第 2 至 4 章分析了两种意义的"是",即作为偶性的"是"和作为真的"是"。

这两卷的论述彼此间不但看不出有严密的逻辑联系,甚至还有明显的矛盾。它们不像是同时写成的先后连贯的著作,更像是两篇有类似的主题却是独立完成的论文,所以后来的编者可以在它们之间插进 Δ 卷。由于 *K* 卷是将 *B*、*Γ*、*E* 三卷的主题合在一起写成的摘要,不管它是不是亚里士多德自己写下的著作,至少表明在那时候已经将这几卷的内容看成是一致的或接近的。现代学者多将 *Γ* 和 *E* 两卷联在一起,尤其是将 *E* 卷第 1 章和 *Γ* 卷前两章进行比较,认为它们是亚里士多德的形而上学学说的总论。

亚里士多德在 *E* 卷第 1 章开始时说:

> 我们探求的是各种是的东西的本原和原因,显然是那些作为"是"的。因为既有健康和身体良好的原因,也有各种数学对象的本原、要素和原因;总之,各种理性的或推理的学问,都是或精或粗地研究原因和本原的。但是那些学问都是分出某种特殊的是的东西、某个种来,对它进行研究,而不是研究那个单纯的"是",不是研究"作为是的是"的,也不是说明那个"是";而只是以它为出发点,有些人将它描述得比较明白,有些人只是将它当做一个假设,然后证明所研究的那个特殊的种有哪些固有属性。所以很明显,根据这种情况,可以说那些学问并不对本体或那个"是"提供证明,而只是以另一种方式来显示它们。同样,那些学问也不问所研究的那个种到底是还是不是,因为说明是什么和说明它"是",是属于同一

　　类思想的。(1025b3—18)

对这一节文字一般多是这样理解的:所有的学问都是研究本原和原因的,但是其中有一门普遍的学问,它是研究没有分化的"是"的,即"作为是的是",也就是研究那个单纯的"是"的。而其他各种学问都是各自分出某个特殊的是的东西、某个种来,将它作为自己研究的对象。这些特殊的学问并不对普遍的本体和"是"提供说明和证明,因为那是属于普遍的本体论的研究对象;它们只研究从"作为是的是"中分割出来的那一种特殊的是的东西的本原和原因以及它的固有的属性。也就是说,除了研究"作为是的是"这门普遍的本体论以外,其他各种特殊的学问都各自分出了某一种特殊的"是"或是的东西作为自己研究的对象。所以哲学本体论和其他各种特殊学科的关系就是普遍和特殊的关系。这部分思想和 $\Gamma$ 卷基本一致。

　　亚里士多德接着就讨论各种特殊的学问,他说:研究自然的物理学和其他学问同样是研究某一种特殊的"是"的,这种"是"的本体自身有运动的和静止的本原。显然它既不是实践的又不是制造的学问,因为制造的本原是在制造者之中,或者是他的理性(nous),或者是他的技术和能力;实践的本原也在实践者之中,如意志,他要做的事情和他所做的事情是同一的。因此如果将一切思想分为实践的、制造的和理论的,那么物理学是理论的学问,它所思辨的是那种能够运动的"是",是那种大多不能和质料分离的本体。我们应当注意的是它们的定义(logos)和本质(to ti en einai),离开了这点便将一无所得。(1025b18—30)

　　亚里士多德将物理学的对象规定为有运动和静止的"是",它们的本体是不和质料分离的,这就是一切带有质料的具体事物。重要的是他在这里将一切学问分为实践的、制造的和理论的三类。在《论题篇》第6卷第6章中提到过这种三分法(145a15),但没有作进一步论述。在《尼各马科伦理学》第6卷第2章中也讲到这种区分,但那里主要区分实践的和思辨的(理论的)思考,认为前者有善和恶的问题,而后者却只有真和假的问题。(1139a27)所以亚里士多德认为这三类学问的区别在于:实践的和制造的学问的本原在知识主体之中,即它们的原因是实践者或制造者的意志、选择、理性、技术和能力;而理论学问的本原是在"是"自身或认识和"是"是否一致的问题上,所以它们只有真和假的问题。亚里士多德提出的这种区别是很重要的,他认为只有"是"自身以及人的认识和"是"是否一致的问题上,才有真和假的问题。

亚里士多德说要注意事物的定义和本质。什么是定义? 他说定义就是要说明这个事物是什么,比如"塌鼻"和"扁平",塌鼻是扁平的鼻子,这就是塌鼻的定义。塌鼻和扁平的区别在于塌鼻是和质料结合在一起的,而扁平则是和感性质料分离的。自然界一切事物,无论是动物或植物以及它们的部分,其定义总离不开运动和所具有的质料。所以要规定自然对象是什么,显然是物理学家(自然学者)的任务。(1025b30—1026a6)

亚里士多德说:物理学显然属于理论学科,数学也是理论学科,数学的对象是不是既不运动又能和质料分离的? 现在还不清楚,但有些数学的对象是不动的和可以分离的东西。(1026a6—10)古代希腊将天文学与和音学都包括在广义的数学之中,天体与和音是不能和质料分离的,只有纯数学的对象是和质料分离的。

除物理学和数学外还有第三种学科,那是研究永恒不动的独立分离的"是"的学问,也属于理论学科,它是先于物理学和数学的。这样,三种理论学科各自的对象是:物理学研究可以分离的但不是不运动的东西;某些数学研究不运动的、也不是和质料分离的而是在质料之中的东西;只有第一哲学才研究既不运动又可分离的东西。一切原因都必然是永恒的,这些不运动的"是"的原因更是永恒的,因为它们是我们所见的神圣事物(指运动着的天体)的原因。所以理论学科有三种,即数学、物理学以及我们称之为神学(theology)的,神圣的"是"就出现在它们之中。最高的学问应该是研究最崇高的种的。(1026a6—22)

这样亚里士多德完成了第二个三分,将理论学科又分为物理学、数学和神学。但是在他分别规定这三者的各自特征时却出现了矛盾,主要在分离的问题上。前面说物理学的对象是不和质料分离的,后面又说它是分离的;前面说有些数学对象是可以和质料分离的,后面又说某些数学对象是不和质料分离的。这是因为亚里士多德常说的"分离(chorismos)"这个词有不同的用法,看它是什么和什么的分离。物理学研究的对象(即自然事物)是不能和质料分离的,但在它们自己之间,这个自然物和那个自然物却是相互分离独立存在的。至于数学对象是不是和质料分离的问题,亚里士多德在 M 卷第 2、3 章中作了冗长的讨论,他认为纯数学的对象只是人们可以在思想上将它们和质料分离开来的,就是后来所说的抽象。所以只有神学的对象才是和质料真正完全分离的。这种分离的又是不动的"是"就是神(theia),它是日月星辰等天体运动的原因,亚里士多德认为天体的运动规律是永恒不变的,所以它们是永恒的。希腊早期自然哲学家的宇宙论就是研究这些对象的,因此罗斯说,在亚里士多德那里,所谓神学常常是指早期的宇宙论。①

亚里士多德接着提出一个重要的问题,他说:理论学科应该比其他学科更受重视,神学应该比其他理论学科更受重视。但人们会提出问题:第一哲学是普遍的呢,还是研究某一特殊种的"是"的? 因为数学也是这样,几何学和天文学各自研究某种特殊的数,而纯数学则可以普遍地应用于一切数。如果在自然形成的物体以外没有别的本体,那么物理学便成为第一学问了。但如果有永恒不动的本体,那么有关它的学问就是在先的,是第一哲学。而且因为它是首先的,所以它是普遍的,由它思考"作为是的是",它是什么,以及它作为"是"的那些属性。(1026a22—32)

亚里士多德在这里提出的是一个关键的问题:作为第一哲学的神学是普遍的呢,还是只研究一种特殊的"是"的? 为说明这个问题,他举数学为例,说作为数学分支的天文学和几何学是各自研究一种特殊的数的,只有纯数学是研究普遍的"作为数的数"的。按照这个标准便应该承认神学只是一门特殊的学问,因为它不是研究普遍的"作为是的是"的,而只研究一种特殊的即永恒不动而又是分离的"是"。可是亚里士多德接着又提出另外一个标准,认为永恒不动的"是"先于运动的"是"。他论证说:如果只有运动的"是"而根本没有永恒不动的"是",那么物理学就是第一学科了,因为它是普遍地研究一

---

① 参见罗斯:《亚里士多德〈形而上学〉校释》第 1 卷,第 356 页。

切运动的"是"的;但既然有永恒不动的"是",而且它是先于运动的"是"的,是最高的"是",所以研究它的神学应该是第一哲学。可是怎么又能说神学是普遍的呢? 亚里士多德只用一句话来论证:因为关于永恒不动的学问——神学是首先的、第一的,所以它是普遍的。由于亚里士多德自己用这样两个标准提出了这样两种不同的说法,所以产生了本章第一节所说的从古以来学者们有两种不同的解释:一些学者认为神学只研究一种特殊的"是",所以只是一门特殊的学问,不是普遍的;另外一些学者则认为不动的、分离的"是"是首要的、第一的本体,因此神学就是一门普遍的学问。这两种不同的观点一直到近现代还在发生争论。

J.欧文斯念念不忘"核心意义",他认为即使按照 $\Gamma$ 卷,第一哲学也是和歧义词的核心意义有关的,所以首要的实例的本性就是所有一切别的实例的一种本性。他引用 $K$ 卷中一句相应的话:人们可以提出问题,"作为是的是"的学问到底是不是普遍的? (1064b6—8)J.欧文斯认为在这里"作为是的是"显然不是作为抽象的东西,而是有某种规定性的。因此亚里士多德不需要再作更多的解释,因为听众已经知道这是指研究分离的本体的学问,研究这种分离的本体便能充分保证学习到万物的第一因,这就是"作为是的是"的原因,它是能普遍地适用于一切"是"的。①

W.Leszl 看到 $\Gamma$ 卷和 $E$ 卷的矛盾,提出问题:决定第一哲学的先在性的,究竟是由于它所研究的本体的先在性呢,还是由于这门学问的普遍性? 他认为 $E$ 卷第 1 章的论述本身存在矛盾:它开始讨论的是普遍的学问和特殊的学问的关系问题,后来转向讨论不同类型的"是",从而提出了神学。这是两个不同的论证。W.Leszl 认为用神学的首要性解释它的普遍性是有问题的,因为神学提供的原因的解释只是最后因,即一切运动的最后根源在于不动的动者。它虽然是必要的,但要用它解释一切自然现象却是不够的。每一门特殊的学问各自对它所研究的主题提供接近的原因,神学则提供最后因。二者互相补充,但不是最后因便可决定和代替一切,不然神学便成为唯一的真正的学问

---

① 参见 J.欧文斯:《亚里士多德〈形而上学〉中的"是"的学说》,第 176 页。

了,可是亚里士多德是承认特殊的学问的自主性的。所以 Leszl 认为 E 卷第 1 章有许多困难,不能以它作为确定神学和本体论二者之间的关系的根据。①
W.Leszl 认为哲学并不是高高在上的"科学的科学",本体论只是为科学知识提供可能的条件。②

在这个问题上,J.欧文斯和 W.Leszl 可以说是代表了两种完全相反的观点。

## 第五节　偶性的"是"和真的"是"

E 卷第 2、3 章讨论偶性的"是",第 4 章讨论真和假的"是",这是两种不同意义的"是"。亚里士多德在 Δ 卷第 7 章专门讨论"是",说它有四种意义:1. 偶性的"是";2. 自身的"是",就是范畴表上的那些"是"——本体以及数量、性质、关系等属性的"是";3. 真和假的"是";4. 潜能的和现实的"是"。其中作为范畴的"是"转变为集中讨论最主要的范畴即本体,是 Z 和 H 卷的主题;潜能的和现实的"是"则是 Θ 卷的主题。其余两种"是",在 Δ 卷和其他卷中也有谈到的,但只在 E 卷中讲得比较全面,也比较简略。

### 一　偶性的"是"

E 卷第 2 章开始就说到"是"的这四种含义,说现在先讨论偶性的"是"。偶性希腊文 symbebekos,亚里士多德用这个词有两种意义:一种是和必然对立的偶性,英文 accident;另一种是指属于本体的属性,英文 attribute。偶性也是一种属性,但不是全部属性,亚里士多德认为所谓属性,除了偶性以外还有固有属性和本质属性。Δ 卷第 30 章讲 symbebekos,就说它有两种意义,一种是既非必然也不是经常发生的,而是机遇碰巧的,例如一个人掘地种菜时却发现

---

① 参见 W.Leszl:《亚里士多德的本体论概念》,第 529—539 页。
② 参见 W.Leszl:《亚里士多德的本体论概念》,第 546 页。

了宝藏,这是偶性;另一种是自身依存于个体却又不是在本体(本质)以内的,例如三角形的内角之和等于二直角相加,这是三角形的属性;这一类属性可以是永恒的,前一类却不是。E 卷所讲的 symbebekos 是指前一种偶性。

亚里士多德认为对于偶性,是不能形成任何知识的,例如造房子的人并不制造那些随房子而来的事情,如它对有些人合适、对有些人有害、对有些人有利等等,建筑术并不制造任何这类偶性。亚里士多德认为偶性正如柏拉图所说的,是智者们论证中所说的"不是",因为智者们的论证都是有关偶性的论证,比如他们说文雅的柯里斯科和柯里斯科这个人是不是相同等等。所以亚里士多德认为偶性是非常接近"不是"的。(1026b2 — 21)这种有关偶性的论证,亚里士多德在 Z 卷第 4、5、6 章讨论本质和偶性时作了详细论述,我们在下一章中再来讨论。

亚里士多德接着说明偶性是什么。他说有些东西是永远如此必然如此的,这个必然不是出于强制,而是说它是不可能不如此的。还有些不是必然的东西,既不永远如此也不经常如此的,那就是偶性的"是"。比如伏天酷暑时发生寒潮是偶然的,天气闷热则是必然的;人是动物是必然的,但他是不是文雅的却是偶然的;一位建筑师治好了病是偶然的,因为治病不是建筑师而是医师的任务,只是碰巧这位建筑师也是一位医师;厨师的目的是给人享受,但他也做出了有益于健康的事情,这不是由于他的烹调术,我们说这是偶然的只是在某种意义上做出来了,并不是在单纯的绝对的意义上做出来的。对别的事情都有相应的能力造成它们,而对偶性的东西却是没有确定的技术或能力能够造成的。所以并不是一切东西都必然或经常地"是"或生成的,大多数只是偶然地"是"的。例如白净的人并不永远也不经常是文雅的,只是有时如此。所以必须承认偶性,不然的话,万物都是出于必然的了。能够不同于常规的质料,就是造成偶性的原因。(1026b27 — 1027a15)亚里士多德解释了偶性是什么,并且指明产生偶然的原因不是在于事物的形式,而是在于质料,这又是在 Z 卷中详细说明的问题。

亚里士多德最后概括说:如果说没有既非永远也非经常的东西,那是不可能的,总是有偶然发生的东西。但很明显,对这种偶然发生的东西是不可能有知识的,因为知识总是有关长久或经常的事情的,不然怎么能传授给别人呢?
必须是永远或经常发生的事情,例如蜜水对发烧的病人是有效的,这样的知识
才能学习和传授;至于新月那天会发生什么事情,完全是偶然的,没法确定说
的。(1027a15—27)

在 E 卷第 3 章中亚里士多德指出偶性也是有原因的。他说:任何生成和
消失的东西也都是有本原和原因的,不然的话万物都只能是必然的了。因为
凡是生灭的东西都必然有原因,而且这原因并不是偶然的。A 是或不是,如果
B 发生了,A 就是,如果 B 不发生,A 就不是;如果 C 发生了,B 就是;……可以
不断地这样推下去。例如一个人如果走出去,他就会死掉;如果他口渴,他就
会走出去;如果他吃了口味重的食物,他就会口渴。这些都是有原因的,但是
这些事情都是可以发生也可以不发生的,所以他可以死也可以不死。可是每
个活着的人都是要死的,至于他死于疾病还是死于暴力,那是不确定的,这依
赖于某些别的事情的发生。显然这过程要回到某个出发点,那就是偶性产生
的原因。至于这原因是质料因、目的因还是动力因,那是需要慎重考察的。
(1027a29—b16)

亚里士多德在这一节中提出的有些论证是不够清楚的,学者们作了不同
的翻译和解释。但有一点是清楚的:他认为在一件事情的发生过程中会遇到
许多偶然的事情,每件偶然事情的发生都有它自己的原因,而且这原因对这件
偶然的事情说却是必然的。正是这些(对人的死亡说是)偶然的事情最后决
定必然的事情——人一定死亡。他说的就是偶然和必然的辩证关系,不过在
他那时候还不可能作出清楚的论述。

二 真的"是"和假的"是"

巴门尼德开始将"是"和"不是"作为真理和意见两条对立的认识路线,已
经将"是"和"真"联系起来。亚里士多德发展了这种思想,但在他的早期著作
《范畴篇》中,还只是从词的角度谈到"真"和"假"。他说:单个的词自身并不
能产生任何肯定或否定,只有把这样的词结合起来时,才产生肯定和否定。而
每个肯定或否定,都或者是真的,或者是假的。可是非组合词如人、白、跑、胜

利等,却既没有真,也没有假。(2a4—10)这就是说,只有当词和词结合起来,成为肯定或否定的命题时,才有真和假的问题;而单个的词如"存在",和"胜利"一样,是没有真和假的。后来在《形而上学》中,亚里士多德确定"是"作为最普遍的哲学范畴,并且将"是"和"真"直接联系起来,认为"真"是"是"的一种含义,说有"真的是"和"假的是"。由此可见,亚里士多德在这里所说的"是(on,einai)"并不是作为单个的实义词(可以译为"存在"),而是作为联系词的"是",因为只有作为联系词的"是"和"不是"才能将不同的词结合起来,产生肯定或否定的命题,才有"真"和"假"的区别。只有这样的"是"才有真的意义,才能说真的"是"。

所以在《形而上学》E卷第4章讨论真的"是"和假的"是"时,亚里士多德说:凡作为真的"是"和作为假的"不是"都是根据结合和分离的,和对立有关。对实在是互相结合的东西加以肯定,对应该分离的东西加以否定,便是真的;如果作相反的判断,便是假的。所以真和假并不是在事物中的,并不是好的东西便是真的,坏的东西便是假的;真和假是在思想中的。至于那些单纯的是的东西和那些个是什么的东西,它们的真和假并不是在思想中的。对这个意义的"是"和"不是"应当怎样看,以后再来讨论。(1027b17—28)

在亚里士多德所说的四种意义的"是"中,自身的"是"即范畴的"是"和偶性的"是"是彼此对立的,而真和假的"是"却和它们不同。关于真的假的"是",亚里士多德认为:真和假是与事物的彼此结合和分离有关的,凡是对实际上是结合的东西加以肯定,对实际上是分离的东西加以否定,便是真的;如果作相反的判断便是假的。亚里士多德的这种对于真和假的看法可以追溯到柏拉图。柏拉图在《泰阿泰德篇》中讨论假意见如何可能的问题时,认为假意见就是人们在思想中将一种是的东西当做为另一种是的东西。他以蜡板和鸟笼来说明,人们印在蜡板上的印象或从笼中取出的鸟与实际情况不符合,便产生错误的意见。(187E—199A,参看本书第二卷第797—804页)在《智者篇》中柏拉图在阐述了通种论以后也谈到错误的说法和思想的问题,认为只有将名词和动词结合在一起的逻各斯(说话、判断)才发生真和假的问题,比如在"泰阿泰德坐着"和"泰阿泰德在飞"这两个判断中,前者是真的,因为泰阿泰德和坐是可以并且正在结合的；而后者是错误的，因为泰阿泰德和飞是根本不能结合的。（261C—263D，参看本书第二卷第833—834页）亚里士多德对真和假的看法和柏拉图在那两篇对话中的说法是一致的，他所说的结合和分离就是《智者篇》中所说的结合和分离。亚里士多德在 $\Theta$ 卷第10章中详细地讨论了真和假的问题，那里说的是客观对象中"是的东西"的结合和分离，亚里士多德强调凡是主观思想符合客观情况的便是真的，不符合客观情况的便是假的。在柏拉图哲学中只有后期几篇对话中出现这种朴素实在论的思想，而在亚里士多德的哲学中，这种朴素实在论的思想几乎是贯彻始终的。

亚里士多德说这种真和假只是在思想中、在认识中的，实际上就是只有在逻辑判断中才有真和假。关于这方面的真和假，他在逻辑著作中讲得很多，我们在本卷第一编中已经讨论过了。亚里士多德又提出那些单纯的是的东西，即不是在判断中思想中的那些单个的、不和别的东西结合或分离的本体或各个属性，如何说它们是真是假呢？他说这个问题以后再讨论。这也是在 $\Theta$ 卷第10章中论述的。

亚里士多德在 $\Delta$ 卷即"哲学辞典"中没有专门讨论"真"这个范畴，只在第29章专门讨论了"假"。他说"假"有三方面的意义：第一是关于实在事物的假，如说正方形的对角线和它的边可以通约，这永远是假的；而说你坐着，这可能暂时是假的，因为你现在并不是坐着；还有阴影和梦中的幻象，它们不是实在的东西，也是假的。第二是逻各斯（定义、陈述）的假，将一个定义应用到不是它的对象上，如将圆的定义应用到三角形上，便是假的。第三是假的人，指有意说假话的人，他们比那些由于推理有误而作出错误判断的人更坏。亚里士多德在 $\Delta$ 卷所讲的假，似乎比 $E$ 卷中讲得更为复杂，但是从理论上讲，$E$ 卷讲的比 $\Delta$ 卷深刻。由此可以看到 $\Delta$ 卷的写作时间在 $E$ 卷之先。

亚里士多德在 $E$ 卷第4章最后说：这种真和假的"是"和主要意义的"是"（本体和性质、数量等）是不同的。作为偶性的"是"是不确定的，作为真和假的"是"是属于思想的，这两种"是"都不是本来的"是"，不是揭示"是"的本性的,因此我们讲这点就够了。现在让我们去考察"作为是的是"的本原和原因。(1027b28 — 1028a3)这样编纂者就转到下一卷即 Z 卷,可是在 Z 卷中却不再出现"作为是的是"这个名词,因此学者猜测这一节大概是编纂者添加上以连接后一卷的。现在我们也可以转入下一章了。

# ❁ 第十三章 ❁ ────────────────────

## 本体和本质——《形而上学》Z 卷

　　$Z$、$H$、$\Theta$ 三卷被称为《形而上学》一书的中心卷,因为它们论述的是关于本体、形式和质料、潜能和现实的学说,是亚里士多德的形而上学思想的核心。以前一般哲学史家多认为亚里士多德这部分思想是前后一贯的、完整的体系,20 世纪一些研究者从这些篇章中发现存在有矛盾,对它们是否构成完整的体系提出怀疑。我们分三章讨论这三卷的内容,本章先讨论 $Z$ 卷的本体学说。

　　$Z$ 卷是《形而上学》中最长的一卷,共 17 章,各章主要内容如下:

　　第 1 章　分析"是"的各种含义,其首要的含义是本体,从而将"是"是什么的问题归结为本体是什么的问题。

　　第 2 章　评述以前的思想家们关于本体的学说。

　　第 3 章　指出在形式、质料和由这二者组合成的具体事物这三种基质中,形式和具体事物与质料相比,更是本体;而具体事物是在后的,所以只有形式才是首要的第一本体。因此应该考察形式,但形式是最令人困惑的。

　　第 4、5、6 章　讨论什么是本质,认为偶性和特性以及它们的组合物都不是本质,只有由"种的属"构成的定义,也就是形式,才是事物的本质。

　　第 7、8、9 章　讨论事物的生成问题,认为形式和质料都不是产生的,只有具体事物才有生成和消灭。人认识了事物的本质便可以制造事物。

　　第 10、11、12 章　继续讨论本质定义问题,在定义中包括哪些部分,它们是如何统一的。

　　第 13 章　讨论有关普遍的问题,认为普遍的东西不是本体。

第 14 章 认为和个别事物分离的"相"不是本体。

第 15 章 区分两类本体,一类是带有质料的具体事物,它们是有生成和消灭的;另一类是形式即定义,它们不是生成和消灭的。他认为前一类可感觉的个别的本体是既不能下定义也不是能证明的。

第 16 章 论证最普遍的"是"和"一"不是本体。

第 17 章 从一个新的出发点,即从"为什么"来讨论本体,认为本体是事物的原因,形式即本质是决定这些质料成为这个事物的原因。

从这个简单的内容介绍中可以看到:亚里士多德从"是"是什么归结到首要的"是"是本体;然后在形式、质料和由这二者组成的具体事物这三种基质中确定形式是最先的,是第一本体,它就是事物的本质。接着便讨论本质是什么,他认为偶性和特性都不是事物的本质,只有"种的属"的定义才是本质,这就是形式。定义的公式是由部分组成的,这些部分(即"种"和"属差")如何能成为统一的定义。在对形式本体作了这样的讨论以后,他又分别论证:普遍的东西不是本体,和事物分离的"相"也不是本体,最普遍的"是"和"一"更不是本体。从他的这个思想逻辑看,第 4、5、6 章和第 10、11、12 章是密切联系,都是讨论本质问题的;而第 7、8、9 章却和前后的章节没有联系,讨论的问题比较接近《物理学》的内容,学者们认为这是编纂者插入的。还有,过去都将第 17 章认为是全卷的总结,现在有的学者看到亚里士多德在这一章开始时说:让我们从一个新的出发点来讨论这个问题,指出这就是从"为什么"方面来讨论原因。因此它并不是 Z 卷的总结,倒更像是下一卷——H 卷的导言。

Z 卷在《形而上学》一书中占有重要地位,是理解亚里士多德的形而上学思想的关键;并且它的内容非常复杂,难以理解。许多学者对它进行专门的研究,从不同方面提出种种问题和看法,几乎对每个重要的章节、句子和概念都发生争议,在西方产生了所谓 zetology 这样一门学问。我们没有可能接触如此广泛的材料,在我们简单的论述中也不可能讨论许多复杂的问题。这里只想介绍一个引起很大争议的问题,即亚里士多德所讲的形式究竟是个别的呢,还是普遍的?亚里士多德在《范畴篇》中说第一本体是个体,是"这个(tode ti)"。这个观点在 Z 卷中还坚持着,他认为本体是"那个是什么(ti estin)"和

"这个(tode ti)"。即使在他认为形式是最先的本体时,他也认为具体事物的
tode ti(个别性)不是由于质料而是由于形式,认为形式是 tode ti。所以在后面
几章中专门论证普遍的东西不是本体,最普遍的"是"和"一"不是本体。一些
学者根据这些和其他一些理由,认为亚里士多德所讲的形式不是普遍的而是
个别的,是 tode ti。可是亚里士多德在 Z 卷第 8 章中却明白地说:形式表示的
是 toionde 而不是 tode ti,是"这个"。(1033b21 — 22)这个 toionde 是指普遍
的,英译一般作 such,也有译为 this sort 的;吴寿彭译为"如此",苗力田译为
"这类",我们拟译为"这样"。还有,在第 10 章中又出现了陈康称之为"普遍
的复合物"的东西,那是由形式和普遍的质料组成的。[①] 并且在认识论方面,
亚里士多德在第 14 章中认为个别的本体是不能下定义证明的,因为它们是只
能感知而不能由理性认识的;可是在第 7 章却说人可以认识事物的本质从而
制造事物。有些学者根据这些以及其他理由,认为亚里士多德所讲的形式应
该是普遍的,是 toionde。于是亚里士多德所讲的形式究竟是个别的还是普遍
的问题,便成为近几十年来西方许多亚里士多德学者争论的一个重要问题。
余纪元的博士论文《亚里士多德的双重形而上学——〈形而上学〉Z、H、Θ 卷
释义》(Aristotle's Dual Metaphysics——An Interpretation of Metaphysics ZHΘ,
1994),阐明 Z 卷中 tode ti 和 toionde 的矛盾,以及亚里士多德自己如何试图解
决这个矛盾的。他的论文为我们提供了西方讨论这个问题的背景材料。陈康
在《智慧,亚里士多德寻求的学问》一书中对这些问题作过细致的分析。这些
是我们以下论述的主要参考资料。

## 第一节　本体是什么

### 一　"是"和本体

Z 卷第 1 章开始,亚里士多德便将关于"是"的研究归结为它的首要意

---

① 参见陈康:《普遍的复合体——一种典型的亚里士多德的实在二重化》,载《陈康论希腊哲
学》。

义——本体的研究。他说:我们说过"是(to on)"有多种含义,它或者表示"是什么(ti esti)"和"这个(tode ti)",或者表示性质、数量,或其他任何范畴。尽管"是"有这许多含义,但"是什么"是首要的,因为它表示本体(ousia)。(1028a10—15)

Ousia 原来是 eimi 的阴性分词 ousa,变成名词 ousia,它的词义和 to on 相当,只是不同性,本来应该和 to on 一样译为 being(是)。To on 这个词在亚里士多德那里的意义和柏拉图与巴门尼德使用时没有什么不同,而 ousia 这个词在巴门尼德和柏拉图使用时还没有别的专门意义,亚里士多德却给了它新的特殊意义。他在《范畴篇》中将 ousia 确定为十个范畴中的第一个首要的范畴,说它是其他一切属性(即其他九个范畴)的载体(hypokeimenon)。(2b37—38)希腊字 hypokeimenon 的原义是在背后、在底下的东西,在判断中的主词、主体,一般译为载体或基质。亚里士多德用的 ousia 这个词,现在英文一般译为 substance,也有译为 essence 的。这两种译法都是从拉丁文翻译传下来的:拉丁文 sum(是)的不定式 esse,变为分词 ens,再变为名词还是 ens,英文便是 being。拉丁文译者在译亚里士多德的 ousia 这个词时,力图表示它和"是"的衍生关系,便根据拉丁文阴性分词译为 essentia。波埃修斯在译注亚里士多德的逻辑著作时根据 ousia 的 hypokeimenon 意义,将它译为 substantia(在下面的东西)。虽然波埃修斯在神学著作中仍译为 essentia,但由于他的逻辑注释在中世纪欧洲影响很大,所以 substantia 成为 ousia 一词最通用的译词。将 ousia 译为 substance 和 essence 这两种译法各有利弊:将它译为 essence 可以表示它和"是"的关系,却不能照顾到主体或载体的意思;而且现在一般都用 essence(本质)翻译亚里士多德的另一个重要术语 to ti en einai。将 ousia 译为 substance 可以表达后一层意思,却看不出它和"是"之间的联系。

因为英文译著中一般都将亚里士多德的 ousia 译为 substance,而且这个术语已经成为西方哲学中最重要的术语之一,现在我国一般都将它译为"实体"或"本体",这种译法只表示它的 hypokeimenon 的意义,却看不出它和"是"的联系,这也是使读者对西方哲学尤其是亚里士多德哲学不易理解的原因之一。在"实体"和"本体"这两个译词中,我们以为:"实体"指的是具体实在的东西,用它来翻译亚里士多德比较早期的思想,即认为具体的个别事物是首要的 ousia 时是恰当的,但亚里士多德在《形而上学》Z 卷中改变了他的看法,认为只有形式即本质才是首要的 ousia 时,这个 ousia 已经是抽象的而不是具体实在的,再译为"实体"便不够恰当了。所以我们主张译为"本体",它既有实在的意义,也可以有抽象的意义。

在这里亚里士多德又将 ousia 和 ti esti 等同起来。Ti esti 原义是"是什么"或"什么是",这是回应苏格拉底常提的问题"正义是什么"、"什么是美德"的。亚里士多德从对 ti esti 的回答分析出十个范畴,即可以是本体、是性质、是数量、是关系等等,即 ti esti 呈现于这些范畴中,每个范畴有它的 ti esti。(《论题篇》103b28—30)但 ti esti 主要是指 ousia,所以亚里士多德又将 ti esti 作为 ousia 的同义词。因此他接着上文说:当我们说一个东西是什么性质时,我们说它是好或是坏,而不说它是三肘长或是人;而当我们说这个东西是什么时,就不说他是白净的或是三肘长的,而是说他是"人"或是"神"。所有其他东西被称为"是",是因为它们是这种首要的"是"的数量、性质等等。人们可以问:像走路、康复、坐等,它们每一个是不是各自存在的?就其本性说,它们没有一个是能脱离本体而独立存在的;存在的只是那个在走路、在康复、在坐着的事物(人)。它们所以存在,是因为有一个确定的在它们底下的基质,这就是本体和个体,离开了它便没有什么好、坐等等。所以显然正是由于本体这个范畴,其他一切范畴才得以为"是"。因此那单纯的(haplos)"是"必然是本体。(1028a15—31)这里他说:只有本体才是单纯的自身的"是",其他范畴只是由于依存于本体,是本体的性质、数量等等,才是"是"的。既然 ousia 原来和 on 一样,都是 eimi 的分词,都是"是",那么亚里士多德将所有的"是"归到一个核心——"本体",便容易理解了。

然后亚里士多德指出本体的在先性,就是说本体和属性相比,总是在先的首要的。他说尽管首先的(to protos, primary)有许多含义,而本体在每个含义上都是在先的,即在定义上、认识上和时间上都是本体在先。第一,定义在先。这定义原文是 logos,亚里士多德在 Z、H、Θ 卷中常用的 logos 不是一般意义的说法或陈述,而是有确定的逻辑含义的,一般都译为定义(definition),所以定义在先也就是后来常说的逻辑在先。亚里士多德的解释是:"在定义上本体是在先的,因为在每个东西的定义中都必须出现它的本体。"比如为白下定义时就得说它是事物的一种颜色或性质。第二,认识在先。亚里士多德说:"只有当我们知道了这个东西是什么,知道它是人、是火时,比我们知道它的性质、数量或位置,是更完备地认识了它。而且只有当我们知道了这是什么的性质、数量时,才是认识了这些范畴。"(1028a31—b2)亚里士多德在这里没有解释时间在先。罗斯根据古代亚历山大的注释,认为这是指其他范畴都不能离开本体而单独存在,只有本体可以和属性分离存在,这就是说本体在时间上在先。①

这一章最后一节中亚里士多德说:"是"是什么? 本体是什么? 这个问题不论古老的过去、现在和将来是永远要提出来的,是永远令人困惑的问题。(1028b2—4)"是"是什么? 本体是什么? 这正是亚里士多德在《形而上学》书中一直探讨寻求解决的问题,Z 卷更是专门探讨这个问题的,为什么他自己却先说它们是永远要提出并且是永远令人困惑的问题呢? 他在 B 卷提出的疑难问题中并没有直接列入这两个问题,虽然那里的问题都和它们有关,是具体地讨论这两个问题的。联系到柏拉图在《智者篇》中借爱利亚客人之口宣说的:当你们说"是"时,你们是明白它指的是什么,我们以前也认为自己知道,但现在却感到很困惑。(244A)由此可见,"是"是什么的问题是柏拉图和亚里士多德都感到困惑因而一直在探索的问题。并且正如亚里士多德所预见的,直到现在西方学者还为此争论不休,关于本体的讨论将永远继续下去。

## 二　对本体的几种看法

第二章列举以前的思想家们对本体是什么的各种看法:大多数人认为本体是物体,不仅动物、植物以及它们的部分是本体,而且像水、火、土这类自然物,它们的部分以及由它们组成的物体也都是本体,还有天和它的部分如日月星辰等等都是本体。(1028b6—13)这是说无论是地上的或天上的具体事物

---

① 参见罗斯:《亚里士多德〈形而上学〉校释》第 2 卷,第 161 页。

是本体。但是另一些人却认为物体的界限如面、线、点以及单元比物体更是本体。有些人认为在可感事物以外再没有别的"什么是"的东西了，有些人却认为在可感事物以外还有更多更真实的永恒的"是"。如柏拉图认为"相"和数学对象是两种本体，可感的物体则是第三种本体。斯彪西波主张有更多种本体，每一种都有自己的本原，一种以数为本原，一种以大和小为本原，另一种以灵魂为本原，他们以这种方式增加了本原的种类。还有人（指色诺克拉底）则认为"相"和数是同一的，别的那些线和面，直到天和可感事物都是从它们来的。（1028b16—27）最后亚里士多德总结说：对这种种看法，我们必须研究哪些是正确的，而哪些不正确。有什么样的本体，在可感事物以外是不是还有其他的本体？可感的本体如何"是"的，是不是有分离的本体？如果有，它们是为什么以及如何是的，或者在可感事物以外没有别的本体。这些问题都必须加以讨论，让我们先简略地谈谈本体。（1028b27—32）

第 3 章便对本体是什么作了概括的论述。他说本体至少有四种主要的意义，即本质（to ti en einai）、普遍（to kathlou）、种（to genos），它们都是个别事物的本体，此外还有第四种即基质（to hypokeimenon）。（1028b33—36）关于这几种本体的问题下文再来讨论，现在先将它和 Δ 卷即"哲学辞典"第 8 章作对比，那一章是专门讨论本体的不同含义的。它列举本体有四种意义：第一，单纯的物体如土、火、水以及由它们组成的物体，动物和神圣的"是"（指天体日月星辰）以及它们的部分。这一切被称为本体，因为它们不是表述其他主体（hypokeimenon），而是其他东西都是表述它们的。（1017b10—14）这就是《范畴篇》中所说的第一本体——个别事物的固有特征。而在 Z 卷的四种本体中，这些特征是只被归到基质的。第二，出现在那些不表述其他主体的东西之中的，是它们所以是"是"的原因，如灵魂是动物之所以是动物的原因。（1017b14—16）在《范畴篇》中没有提到灵魂这种本体；在《论灵魂》中说动物的肉体是质料，灵魂是动物的形式；Z 卷中也说灵魂是形式。第三，在这些事物中的某些部分，起限制和规定事物的作用，标明它们是"这个"；当它们消灭时整体也就消灭，如某些人说的面之于体，线之于面，有人以为数就是这样的东西。（1017b17—21）这是毕泰戈拉学派的观点，柏拉图学派斯彪西波等接受这种主张；但却是被亚里士多德坚决反对的，他多次论证数和点、线、面等不是能和具体事物分离的独立的本体。第四，本质，它的公式就是定义，它被认为是个别事物的本体。（1017b21—22）在《范畴篇》中没有讲本质是本体，《形而上学》Δ 和 Z 卷都将本质列为本体。亚里士多德在 Δ 卷第 8 章最后总结说：本体有两种意义，一种是它是不表述任何东西的最后的基质；另一种是它是一个"这个"，而且是分离的，每个事物的形状（morphy）和形式（eidos）便具有这样的性质。（1017b23—26）他将本体的四种意义归结为两种，即基质和形式。值得注意的是他在这里归给形式的两个特征，即"这个（tode ti）"和分离性，在《范畴篇》中是归给第一本体即具体事物的，在 Δ 卷却归给形式。这表示亚里士多德对第一本体的看法发生了根本的转变，这是在第 3 章中分析论证的。

### 三　形式是第一本体

亚里士多德在 Z 卷第 3 章中虽然列举本质、普遍、种和基质，但它们只是本体的四种不同的意义，并不是并列的彼此不同的四种本体。比如形式，在 Z 卷中说它既是一种基质，又是本质，又是"种的属"，在第 7 至 9 章中又说它是普遍的。可见这四种意义只是从不同角度来看本体，并不是本体的不同种类。因此亚里士多德并不按照这四种顺序讨论本体，而是从基质开始讨论。他说：其他一切都是表述基质的，而基质自身却不表述其他的东西。所以首先必须确定它，因为看来首要的基质应该是真正的本体。（1028b36—1029a2）Hypokeimenon 从本体论说是在底下的东西即基质或载体，从语法逻辑上说是主词或主体。《范畴篇》中讲本体的第一个特征是：其他一切都表述它，而它不表述其他的东西。这是从逻辑上说的，从而得出只有个别事物才是第一本体。个别事物的种和属（eidos）虽然也是主体，但它们是表述个别事物的，所以只能是第二的次要的本体。

但是在 Z 卷中亚里士多德的说法就不同了，他说：有几种意义的基质，在一种意义下质料被认为是基质，在另一种意义下形状（morphe）是基质，第三种意义则是它们的组合物。我说的质料如铜，形状是它的相（idea），它们的组合物就是雕像。如果形式（eidos）先于质料并且是更真实的，由于同样的理由，它也先于二者的组合物。（1029a2—7）这里和《范畴篇》与 Δ 卷不同，那两处只讲了个别的具体事物和形式（eidos，属），现在却加上了质料。质料是亚里士多德在《物理学》中分析事物的运动时发现的，哲学史上称为"质料的发现"。既然个别事物是由形式和质料组合而成的，就得考虑这三者的关系，究竟哪一种是首要的？原来认为个别事物是第一本体的观点，现在得重新考虑。从柏拉图学派的观点看，当然是形式更为真实，所以是在先的。因此亚里士多德说，如果形式先于质料并且更为真实，它也必然先于二者的组合物。但这点需要论证。

亚里士多德解释说：如果本体的特征仅在于它不表述别的东西，而是别的东西表述它的，这样说是不够的，它本身是含混的。因为按这个标准，便只有质料才是本体；如果质料不是本体，便没有别的东西能是本体；因为如果将别的东西都从具体事物那里剥掉，留下的便只有质料。那些别的东西是事物的性质、能力以及长、宽、高的数量等等，如果将这些都去掉，留下的便只是那个被它们所限制的东西，那就是质料，那样就只有质料才是本体了。我说的质料是这样一种东西：它既不是一个特殊的事物，也没有任何确定的质量或任何别的范畴的规定性。那些规定性都是表述那个最后的基质的，因而这个基质不但没有任何肯定的规定性，也没有任何否定的规定性，否定的东西只是偶然地才属于它的。从这个观点看，便只有质料才是本体。（1029a7—27）这就是说，如果单从表述的主体这个标准看，便只有这最后的质料才是本体。这最后的没有任何规定性的质料可以说是哲学史上最早提出的物质概念。

但是亚里士多德认为，说只有质料才是本体，这是不可能的，因为分离性和"这个"主要是属于本体的。因此人们认为形式和由形式与质料组合而成的具体事物比质料更是本体。而这种组合成的本体可以不论，因为显然它是在后的。质料在某种意义下也是清楚的，我们必须研究第三类本体，因为它是最令人困惑的。（1029a27—33）

整个第 3 章中亚里士多德讨论的问题是：在形式、质料和由这二者组合而成的个别事物这三种本体中，究竟哪一个是在先的？也就是要在这三个候选者中确定哪一个是第一本体。他作的第一个推论是:如果从这个标准——别的东西是表述它的,而它不表述别的东西——看,则只有最后的质料才能是这样的本体。但是他立即作出第二个推论:这是不可能的,因为决定本体的还有另外的标准,就是分离性和"这个"。按照这两个标准,则第一,形式和由形式与质料组合而成的个别事物应该先于质料;第二,在形式和个别事物之间进行比较,个别事物显然是在后的;由此得出第三个最后的结论,那就是在这三个候选者中,形式是最先的,只有形式才是第一本体。

在《范畴篇》中,分离性和"这个"是归于个别事物的,所以个别事物是第一本体;可是在《形而上学》Δ 和 Z 卷中,因为质料是没有任何规定性的,所以分离性和"这个"的特征不能归于质料,只能归于形式了,因此亚里士多德对第一本体的看法也发生了改变。这是因为在《范畴篇》中,个别事物还没有被分析为形式和质料,所以竞选第一本体的是个别事物和它们的"种"和"属";而在《形而上学》中,个别事物已经被认为是由形式和质料组合而成的,所以第一本体的候选者已变成形式、质料以及由这二者组成的个别事物。虽然"属"和"形式"原来是同一个词 eidos,但以"属"和个别事物相比较,个体性和分离性当然属于个别事物;"属"是普遍的,而且是表述个别事物的,所以只有个别事物才是第一本体。可是"形式"却不同了,它首先和质料相比较:质料是没有任何规定性的东西,它既不是这个,也不是那个,当然也没有分离性,所以在这三个候选者中,它是最后的。其次是形式和个别事物相比较:在个别事物中包含有质料,这已经使它后于形式了;而且个别事物所以成为这个事物,它具有分离的特性,其决定的原因不在于质料,而在于形式,是形式决定这个事物之所以"是"的。所以亚里士多德说,这种组合成的个别事物可以不论,因为它显然是在后的。这样亚里士多德对第一本体的看法发生了根本变化,从认为个别事物是第一本体转变为主张形式是第一本体。这在亚里士多德哲学思想中是一个很重要的转变,他从原来注重个别事物(即单纯的经验事实),现在要转向寻求这些事物的内在本质了。现代西方学者们多承认亚里士多德思想发生过这样一次重大的转变,陈康为此写过两篇文章:《从发生观点研究亚里士多德本质论中的基本本质问题》和《亚里士多德〈形而上学〉Z 卷和 H 卷中的第一本体概念》（均载《陈康论希腊哲学》）。可是我们有些学术著作中，在讲到亚里士多德的哲学思想时却往往只说他认为个别事物是第一实体，根本无视他发生的这个根本转变。

亚里士多德最后说，我们必须研究第三种本体，那就是形式，这是最令人困惑的。以下便转向讨论形式了。

## 第二节  本质是什么

但是亚里士多德并不是开始便讨论形式，而是先讨论本质。他说：以上说过决定本体的几种标志，其中之一是本质，我们先来研究它。所谓本质就是由其自身（kath auto, per se, by itself）的的。因为"是你"并不等于"是文雅的"，文雅自身并不是你的本性，只有由其自身的是，才是你的本质。（1029b12— 16）

希腊语词组 τò τí ἤν εἶναι（to ti en einai），现在英文一般都译为 essence，中文多译为"本质"，这是亚里士多德创造的一个术语。吴寿彭认为它是表示事物之所以"成是者"，将它译为"怎是"。① 苗力田为这个术语写下他主译的《亚里士多德全集》中唯一的一条长注。他认为 to ti en einai 这一词组亚里士多德经常和 ousia 相通用。此处显然不是指质料或载体意义下的实体，而是指形式或本质意义下的实体。可是他以为将这个词组简单化、现代化为一个单词"本质"，就失去了亚里士多德原来用法的古朴风采和深邃内涵。所以主张将它译为"是其所是"。② 后来他又改译为"其所是的是"。③ 苗力田的学生余纪元在《亚里士多德论 ON》一文中对这个词组作了解释，他指出亚里士多德在《形而上学》Z 卷中交替使用"形式"和 to ti en einai，仿佛它们没有任何区别，但他也没有证明这二者的等同。这个术语令人惊奇的是那个

① 参见吴寿彭译：《形而上学》，第 6 页注 3。
② 参见苗力田译：《亚里士多德全集》第 7 卷，第 33 页注 1。
③ 参见苗力田：《亚里士多德〈形而上学〉笺注》，《哲学研究》1999 年第 7 期。

"en"，这是 to be 的过去式，等于英文的 was，故英文直译乃是 what the "to be"（of something）was 或 what it was（for something）to be，中文直译为"一个事物的过去之'是'是什么"。学者们一直对亚里士多德为何要用过去式表示费解，名之曰"哲学的过去式（philosophic imperfect）"。亚里士多德认为一个事物的 to ti en einai 就是这个事物的根本特征，"每物的 to ti en einai 即是那被说成是该物自身的东西"。（1029b13—14）你的 to ti en einai 不是"白"，也不是"有教养的"，因为这些都不是你之所以是你的根本性质。"你，就你本性所属的'是'，即是你的 to ti en einai。"（1029b15）在亚里士多德著作中，to ti en einai 有时通过定义来解释，如"只有那些其公式即是定义的事物，才有 to ti en einai"。（1030a6—7）所以 to ti en einai 乃是在定义中被给予的东西。有时定义又根据前者来解释，如"定义即是陈述 to ti en einai 的公式"。（1031a12）亚里士多德交替使用这两个词，对 to ti en einai 的研究即是对定义的研究，反之亦然。我们可以由此明白《形而上学》中心的 Z、H、Θ 卷以很多篇幅讨论定义，也可以明白为什么在许多英文译本中，学者们抛弃了 to ti en einai 的字根含义，将它译成 essence（本质）。亚里士多德提供了一个具体例子，即什么是一个动物的 to ti en einai 或形式？他回答说：是灵魂。（1035b14，1037a5、28—29，1043b1—4等）余纪元说：总而言之，第一 ousia 正是可以说明一个事物真正的"是"的东西。要知道事物的根本的"是"，就必须知道它的本质。正是本质决定了一物的特征和它的"是"的方式。它是事物中最持久的东西，是知识的对象。由此出发，我觉得亚里士多德在 to ti en einai 这一术语中使用过去式是有深意的，他强调的是事物中恒久不变的东西。因此他主张将这个术语译为"恒是"。①

我们以为 to ti en einai 既有其恒久不变的方面，即它的逻辑在先性；但也有其使该事物成为该事物，即成其所"是"的原因的方面。在没有更恰当的译法时，原来通用的译词"本质"虽有简单化的问题，但还比较符合亚里士多德所说的"用定义表现事物的根本特征即形式"的思想，而且它又确实是后来最

---

① 参见余纪元：《亚里士多德论 ON》，《哲学研究》1995 年第 4 期。

通用的哲学范畴"本质"的最早词源之一(另一词源是 ousia)。所以我们还是译为"本质",虽然它在字面上没有明白表示和"是"之间的联系。

Z 卷第 4 至 6 章是讨论本质的,以它的复杂著称。陈康指出,用《论题篇》第 1 卷中的谓词学说可以帮助我们理解亚里士多德在 Z 卷第 4 章是如何论证,确定本质是什么的,并作了细致的分析。①《论题篇》第 1 卷第 4 章说命题的谓词有四种:定义、特性、种、偶性;(101b25 — 26)第 5 章论述它们的区别,本卷第一编中对此作过详细论述。亚里士多德在 Z 卷第 4 章中讨论在这四种谓词中,哪些是本质,哪些不是。他得出的结论是:偶性和特性都不是本质,只有定义即"种的属"才是事物的本质。

## 一 偶性和特性不是本质

亚里士多德首先用"由其自身(per se)"和"不是由其自身(non per se)"的二分法,判定偶性不是本质。比如上面所说的"文雅的"并不是由其自身属于你的,你作为人,可以是文雅的也可以不是文雅的,可以是高的或矮的、白净的或黝黑的,这些都不是自身必然属于你的,不是由于你的本性,只是你的偶性,当然不是你的本质。

不是"由其自身"是的东西便不是本质,但也并不是所有"由其自身"是的东西都是本质。亚里士多德举出特性(idion,拉丁文 proprium,英文 property,也可译为固有属性)是"由其自身"是的,但却不是本质。他举的例子是:"白"自身是属于平面的,但它不是平面的本质,因为"是白"和"是平面"是不同的。(1029b18 — 19)这个例子并不太恰当,因为"白"如果作为一种颜色,只能说是平面的偶性,作为平面,它可以是白的也不是白的。陈康以《论题篇》中举的例子:人的特性是能够学习文化的。如果他是人,他就是能学文化的;反过来可以说,凡是能学文化的,他就是人。(102a18 — 22)虽然能学文化是人的固有特性,但它不是人的本质,因为人之所以是人,并不是由于他是能学文化的。

不但偶性和特性不是事物的本质,而且它们的组合物也不是事物的本质。

①　参见陈康:《智慧,亚里士多德寻求的学问》,第 229 — 252 页。

亚里士多德说:白的平面不是平面的本质,因为这里加上了平面这个主词,成为自身重复的。他说:只有这样的公式,它的主体的名称没有出现在其中,但却是表明了主体的本性的,才是这个东西的本质的公式。(1029b18—21)在"白的平面"中出现了"平面",所以不是平面的本质,他还作了个逻辑推理:如果白的平面是平面的本质,光滑的平面也是平面的本质,那么白的平面和光滑的平面就是同一的,"是白"和"是光滑"也就是同一的了。(1021b21—23)显然这是不对的,所以这类组合物都不是本质。亚里士多德还用了一个术语"恰恰是这个"(hoper tode ti,罗斯英译为 precisely what some 'this' is)。他说本质应该是恰恰是这个,而偶性组合物如白净的人,并不是恰恰是这个人。(1030a3—5)

## 二　本质是定义即"种的属"

亚里士多德将偶性、特性以及它们的组合物排除以后,四个谓词便只剩下本质和定义两种。他立即作出断定:只有那些东西,它们的公式就是定义的,才是本质。(1030a6—7)这是从《论题篇》中所说"定义是揭示事物的本质的"(101b38)得出的。但亚里士多德立即说明:不能说凡名词和公式的意义相同便是定义,因为任何公式或词组都有个名称,甚至"伊利亚特"这个名词,也可以被说成是定义了。(1030a7—10)

亚里士多德作出正面的论证:本质是首要的东西的公式,它不是以其中这一个述说另一个的。所以除了"种的属"以外,没有别的东西是本质,只有属才是本质。(1030a11—13)希腊文 eidos 这个字,和质料相对是形式,和种相对是属。这里亚里士多德特别指明是"种的属"(genous eidon,英译 a species of a genus)。他说这种"属"不同于一般的公式,别的公式都是以其中的一个表述另一个的,比如白净的人,其中的白净就是表述人的,而本质"属"却不是这样,《论题篇》中说揭示主体的本质的谓词是定义(103b9—10),而定义是由"种"和"属差"构成的(103b15—16)。比如人的定义是"两足的动物",其中"动物"是种,"两足的"是属差。这"两足的动物"和"白净的人"这两种公式,表面上看很相似,为什么前者是人的本质,而后者不是呢?亚里士多德作了解释:因为在"属"中,并不是其中的一个因素(种)分有或参与了另一个因素(属差),也不是那个因素(属差)作为它的性质而属于这个因素(种)。(1030a13—14)这就是说,种和属差的关系既不是种分有属差,属差也不是种的属性。亚里士多德认为种和属差构成内在的统一体,二者是属的内在结构。这点以后要详细论证。

亚里士多德又提出一个问题:次级范畴如性质、数量等是不是也有它们的定义和本质? 他认为定义就是回答这个东西是什么的问题。它有不同的含义,它的首要的单纯的意义是指本体和"这个",而次要的有限制的意义则是指次级范畴。对于次级范畴如性质等等,我们也要问它是什么,不过不是在单纯的意义上的。在这种意义上,甚至有人说,不是也是"是",它就是"不是"。本质也是这样,它的首要的和单纯的意义即第一义是属于本体的,次要的意义即第二义则属于其他范畴如性质、数量等等。我们可以同样地说这些东西"是",比如将病人、手术和医疗器械都称为医术的,这是因为它们都和一个东西有关(pros hen),是为了一个共同的目的。无论如何,定义和本质在其首要的第一义上只属于本体。正如问那个东西是什么时,在第一义下指的是本体,而在第二义下指的是性质、数量等等。所以即使是"白净的人"也有公式和定义,不过白净的定义和本体的定义是不同的。(1030a17—b13)亚里士多德还是用"pros hen"(核心意义)这种方式,将定义和本质首先归于本体,然后承认次级范畴如性质、数量等等也有它们各自的定义和本质。

在 Z 卷第 5 章中亚里士多德又提出另一类型的困难,他说,如果我们不承认一个有添加的规定性的公式和定义,那么如何解释这类事物呢? 他最喜欢举的例子是"塌鼻"(simon),因为 simon 这个词既是指鼻子所特有的这种凹性,也指有这种凹性的鼻子。所以说 simon 的鼻子就等于说是凹的鼻子的鼻子,可以无限地重复下去。(1030b28—1031a1)这种情况也可以在其他一些事物的固有特性中看到,如数目的奇和偶,动物的雌和雄。"奇"既是数目的一种特性,也表示有这种特性的数目;雌和雄也是同样。亚里士多德认为,对这类情况也可以说有定义和本质,不过是以不同的意义使用的。总之,定义和本质,最多地、首要地、单纯地是属于本体的。(1031a2—14)

在第 6 章中亚里士多德又提出一个问题:每个东西和它的本质是不是同一的? 他说,这对我们研讨本体是有帮助的,因为一般认为每个东西和它的本体没有不同,而本质又被认为是每个东西的本体。(1031a15 — 18)他列举三类不同的东西加以讨论:第一类,偶性的组合物如白净的人,一般认为它和它的本质是不同的。因为如果它们是同一的,则人的本质和白净的人的本质也是同一的;而且人的本质和文雅的人的本质也是同一的;由此可以推出白净的人的本质和文雅的人的本质是同一的,最后得出白净的本质和文雅的本质是同一的。这当然是错误的。(1031a18 — 28)再说第三类,偶性如"白"和它的本质是不是同一的? 他认为偶性白有两种意义:一是它是某个主体的偶性,如白净是人的偶性,它和人的本质当然是不同的;另一它就是偶性"白",这是和它的本质同一的。(1031b22 — 29)前面说过,次级范畴如性质、偶性也都有它们自己的本质。

亚里士多德讨论的重点是第二类,由其自身(per se)的东西和它的本质是不是同一的? 比如某些本体,在它们之前既没有别的本体,也没有有些人称为"相"(idea)的东西。(1031a28 — 31)亚里士多德这里说的就是柏拉图的"相",他多次批评柏拉图的"相"不过是对同一类事物给了一个同名的东西,只是加上"它自身"而已。他说:如果善的本质和善自身是不同的,动物的本质和动物自身是不同的,"是"的本质和"是自身"是不同的,那么在所设定的东西以外就会有别的本体和"相"了;而且,如果本质就是本体的话,这些别的东西就会先于本体了。如果在先的本体(本质)和在后的本体("相")是彼此不同的,就要得出:1. 对在后的本体不能有知识,因为只有当我们知道它的本质时才能对它有知识。2. 在先的本体将不是"是"的,即善的本质不是善的,"是"的本质不是"是"的,别的也都这样。可是,不是善的本质的东西就不会是善的,所以善和善的本质、美和美的本质应该是同一的。一切不是依存于别的东西,而是自在的首要的东西都应该是这样,不管它们是不是"相"。(1031a31 — b15)这就是说,如果"相"和本质是不同的,就要得出对于"相"是不能有知识的,而本质却是"不是"的这样的结论。这些论证在柏拉图《巴门尼德篇》中批评少年苏格拉底的相论时出现过,在《形而上学》A 卷第 9 章中批评柏拉图相论时也出现过。根本理由是将"相"和具体事物分离了,从而得出双重的本体;在这里就表现为本质和"相"的不同,也成为双重的本体。

亚里士多德认为本质是有确定的内涵的,并不是像柏拉图的"相"那样只是一个空洞的名称。所以他说:如果有人要给每个东西的本质另加上一个名称,那是荒谬的,因为那会是在原来的本质以外再有另一个本质,在马的本质以外还要有第二个本质。既然本质就是本体,为什么不开始就是它们的本质呢?从以上所说可以明白,不仅一个东西和它的本质是同一的,而且它们的公式也是相同的;因为"一"的本质和"一",并不是偶然地是同一的。如果它们不同,这过程将无限地持续下去。所以显然,每个首要的和自在的东西和它的本质是同一的。因此智者论辩中提出的问题:苏格拉底和所以是苏格拉底的本质是不是同一的?也可以得到明白的回答。(1031b28—1032a8)

亚里士多德明白地看出:柏拉图所说的"相",本来就是事物的本质;但是柏拉图却将它说成是一个独立自在的本体,给它加了一个名称"相",因而发生两个独立分离的本体的问题,产生了许多矛盾。而且柏拉图所说的"相"或"X自身",只是一个空洞的名称,并不能说明这个事物的真正的本质是什么。亚里士多德正是针对柏拉图这两个方面的问题,企图说明一个事物的本质是什么。他提出 to ti en einai 这个词语,既表示一个东西的本质应该是永恒不变的"是"的东西,是知识的对象;同时又表示它是使这个东西所以是这个东西的原因,即"其所是的是"。柏拉图所说的"相"本来具有这两方面的特性,但将它叫做"相",便成为一个空洞的名称,人们除了知道是"它自身"外,并不能得到其他任何新的知识。亚里士多德将这个"本质"具体化了,说它是这个事物的形式即定义,也就是"种的属"。比如"人"的本质就是"两足的(可以再加上'无羽毛的')动物"。这样就可以将人和其他动物区别开来,认识到在"动物"这个"种"中,"人"这个"属"的本质特征,这就是他所说的人的本质。这样,我们对于"人"便开始有了科学的知识,而不再像"人之相"那样只是一个空洞的名称了。

当然,从我们今天看来,将"两足的动物"说成是人的本质,是太简单了,它只有最早的动物分类学上的意义。我们只有从人类认识发展的历史过程来认识这个问题:任何一门科学的根本任务,就是要探求所研究的对象的本质;但是对事物的本质的认识是随着科学的发展而不断深入的。今天我们可以从生物学、生理学以至社会学、政治学等各种科学的发展,对人的本质有多方面丰富的知识;可是这些认识在亚里士多德的时代是根本不可能有的,他只能认识到"人是两足的动物"、"人是有理性的动物"、"人是政治的(社会的)动物",即便是那样的认识,在他那时候已经是非常难能可贵了,因为这已经是跨出了科学研究的第一步。从这样的历史观点看便应该承认:亚里士多德在当时能够提出认识事物的本质问题,是一次伟大的创举,他开启和奠定了以后西方各种科学从现象探求本质的途径,为各门科学的发展提供了方法,指明了方向。虽然现代西方(以至在中国)有人提出"反对本质主义"的口号,对此我们暂不置评,只想指出一点:如果在历史上没有亚里士多德那样提出探求事物的本质,能有以后科学的发展,以至能有现代社会吗?

可是亚里士多德得出事物的本质就是它的"种的属"的结论,也产生了问题:一般学者认为无论"种"或"属"都是普遍的,只有具体事物才是个别的,这在《范畴篇》中讲得很清楚。因此亚里士多德在这里讲的本质是"种的属"也就是"形式",应该是普遍的,而不是个别的。但是近来有些学者研究提出:亚里士多德在这里强调决定本质的主要特征是它的分离性和"这个",这两点恰恰是事物的个体性而不是它们的普遍性,在《范畴篇》中是以这两点确定个别事物即个体是第一本体的。而且亚里士多德再三说这是每个东西的本质,最后又明确地说苏格拉底和苏格拉底的本质是同一的。从他的这些说法表示他认为事物的本质,它们的属或形式乃是个别的,而不是普遍的。这里存在着矛盾。

## 第三节　本质是统一体

Z 卷第 7、8、9 章虽然也是讨论本质的,但它们是从事物的生成方面来讨论,和它们以前与以后各章没有直接联系,学者们都认为这三章是编纂者误插在这里的，我们将在下一节论述。第 10、11、12 章是继续第 4、5、6 章的讨论的，现在先论述这三章。

第 4、5、6 章得到的结果是：本质的公式就是定义，而定义的对象在主要意义上是"种的属"，它是由"种"和"属差"两个部分组成的。可是它是这二者的统一体，而不是像"白净的人"那样是本体和性质组合而成的复合体。这是亚里士多德的本质论的基本观点。他在第 12 章阐述本质是如何成为统一体的，而第 10、11 章则为此做准备。

## 一 定义的整体和部分

第 10 章开始讨论定义的整体和部分。亚里士多德说：既然定义是一个公式，而每个公式都是有部分的。正如公式是对应于事物的，公式的部分也对应于事物的部分。因此问题是：部分的公式是不是必然出现在整体的公式之中？他的回答是：在有些情况中部分的公式出现在整体的公式之中，如在音节的公式中包括字母的公式；有些情况则不是，如圆形的公式并不包括其中的弧段的公式。再说，如果部分是先于整体的，那么锐角是直角的部分，它就先于直角；指头是动物的部分，它也先于动物了；但人们却认为整体是在先的，因为部分的公式只能由整体来说明，比如锐角的公式是"小于直角的"。从能不能独立分离这点讲，整体也是先于部分的。（1034b20—32）

以下他分析组成本体的部分有三个：一个是质料，一个是形式，第三个是这二者的组合物，它们都是本体。他说：质料在一种意义下是本体的部分，另一种意义下却不是，只有构成形式的公式的那些因素才是本体的部分。比如肌肉是生成为塌鼻的质料，但它不是凹性的部分，它只是塌鼻的部分。铜是具体的雕像的部分，却不是被称为形式的雕像的部分。他说，因为形式和有形式的事物都可以称为"这个"，而质料自身却不能称为"这个"。所以圆形的公式不包括弧形的公式，而音节的公式却包括字母的公式，因为字母是形式的公式的部分，却不是质料的部分；可是弧形却是圆的质料意义的部分，但和生成为圆形的质料——铜相比，弧形又较近乎形式。但是在另一种意义下，并不是每一种字母都出现在音节的公式之中，例如写在蜡板上的字母和在空气中运动着的说话中的字母,它们只是作为可感觉的质料而成为音节的部分的。线可以分解为半线,人可以分解为骨头、肌腱和肉,但它们都不是线或人的本质的部分,只是它们的质料;它们是具体事物的部分,却不是形式的部分即公式所指的东西,因此并不出现在公式之中。在一类公式中,这些部分是不出现的,只在另一类公式即具体对象的公式中才出现这些部分。所以有些东西消失时分解为这些部分,有些东西却不。那些由形式和质料组合成的事物如塌鼻或铜圈分解为这些质料,质料是它们的部分;而那些不包括质料的东西的公式却是形式,它们是不会消失的。因此质料是具体事物的本原和部分,但对于形式说,质料既不是它的部分也不是它的本原。(1035a1—32)他在这里反复说明:质料是具体事物的部分,却不是形式的部分;所以质料不出现在严格意义的定义之中,也就是不出现在形式即本质之中。当亚里士多德将具体事物分析为形式和质料时,一般人还不容易理解这种区别,所以他要反复用经验事实说明它。

但是亚里士多德还要进一步说明哪些部分是在先的,哪些部分是在后的问题。他说,公式分解成的部分中,或是全部或是有些是先于公式的。锐角要用直角来定义,半圆要用圆来定义,指头要用整个身体来定义,因为指头是"人的这样的部分"。所以作为质料的部分,即事物分解成为质料的部分是在后的,而那些作为公式的部分和按照公式作为本体的部分,却是全部或其中的一些是在先的。比如动物的灵魂,它按照公式即按照形式和本质说,是动物的本体;至少在我们要定义动物的每个部分时,都不能离开它的功能,即不能离开灵魂的作用来定义。因此灵魂这部分总是先于具体的动物的;而肉体这部分在一种意义下先于具体事物,因为是它和形式一起组成事物的;而在另一种意义下却不是在先的,因为它们不能离开整体而存在。指头并不是在任何状态下都是动物的指头,一个已经死亡的指头就只是徒有指头这个名称。他说还有些部分既不先于也不后于整体,就是那些占主要地位的本体(灵魂)直接出现在其中的,可能是心或脑,这二者无论哪个是主要的,并没有关系。(1035b3—27)亚里士多德在以上第 3 章中说形式先于质料也先于具体事物,却没有具体论证。现在他用灵魂和肉体以及由它们组合而成的生物,这三种本体的先后关系来具体论证以前所下的判断：灵魂这个部分即形式是先于具体事物的，而肉体和它的部分即质料是后于具体事物的，当然是后于形式即灵魂的。但是他也提出了一个例外情况，就是心或脑，它是肉体中灵魂所在的部分，它究竟是先于还是后于整体呢？亚里士多德就说不清楚了。这里可以看到他十分尊重事实，而不是仅仅依靠抽象论证的。

### 二　普遍的复合体

但是亚里士多德分析到这里时却发现了问题。他说：人、马以及这类普遍地应用于个体的名词，并不是本体，而是由这个特殊的公式和这个作为普遍的质料组合而成的复合体；至于个体如苏格拉底，在他之中是包含了最接近的个别的质料的，其他例子也是这样。（1035b27—31）他发现了"人"和个别的人的区别：个别的人如苏格拉底是由这个特殊的公式即人的形式和他的特殊质料即他所特有的骨和肉等组合而成的，可是"人"却是由这个特殊的公式和另一类质料组成的，这一类质料也是骨和肉，但不是某一个人的特殊的骨和肉，而是作为普遍的骨和肉。"人"是由这个特殊的公式和作为普遍的质料组合而成的。这就是通常所说的人、马这些普遍的东西，它们不是"相"或形式，因为"相"或形式是不带质料的，而通常说的人、马等却是带有质料的，不过这类质料是普遍的。亚里士多德在这里说这些普遍的东西不是本体，因为它们既不是"相"或形式，也不是个别事物。陈康指出：亚里士多德提出这样一个重要的概念，从古以来由于注释家们只重视对亚里士多德学说作系统的解释，没有对它给予注意。罗斯是第一位促使人们注意它的学者，并且将它命名为 materiate universal（质料化的普遍），但也没有对它作充分的分析。① 陈康将它叫做普遍的复合体（universal concrete），并且专门写了两篇文章详细分析这个概念的特征：它和形式、具体事物的区别，并且阐明这个概念在亚里士多德本体论思想中的重要意义。他指出的重要意义是：第一，我们研究的对象是个别事物，它们是形式和可感质料组成的复合体；就人、马这类东西说，它们也应该

---

① 参见罗斯：《亚里士多德〈形而上学〉校释》第2卷，第197页。

是由形式和质料组成的复合体,而不能像柏拉图那样将它们说成是完全排除质料的"相",即他所说的"人的相"、"马的相"。亚里士多德认为形式和质料是相互作用的,虽然形式发挥主要的主动作用,但质料也反过来为形式规定了实现的条件。如果要锯子发挥它的功能,它的形式只能在铁这种质料中实现,不能在木头中实现。所以人、马这类东西的定义应该是带有质料的公式,不过这种质料不是可感的具体的质料,而是普遍的质料,所以它们是普遍的复合体。第二,这种普遍的复合体的重要性还在于:我们研究的对象是个别事物,而亚里士多德一贯认为个别事物只能为知觉所感知,不能为理性所认知,个别的自然物是科学考察的直接对象,可是科学研究必须以普遍的命题为中介。这样的普遍命题就是以普遍的复合体为直接对象,只是间接涉及可以感觉的复合体即个别事物。所以这个普遍的复合体,是在认识论上为一直困扰亚里士多德的难题提供了解决的途径。第三,陈康指出:这个普遍的复合体却使亚里士多德自己又陷入了他批评柏拉图的"二重化"的毛病。他批评柏拉图在具体事物以外设立了另一种本体"相",是将实在二重化了。可是他自己却承认有:1. 个别的人;2. 人的形式,这是改头换面的柏拉图的"相";3. 普遍的复合体——"人",这是亚里士多德的创新。他批评说柏拉图是将不易计数的东西扩大了一倍,则亚里士多德自己又再添加了一倍。因此陈康说它是"典型的实在的二重化"。第四,亚里士多德在 Z 卷第 10 章这里明确地说像人、马这类普遍的复合体不是本体,但是在 H 卷中又明确地肯定它们是本体了,这说明了亚里士多德的变化和发展。① 这个问题我们到下一章再来讨论。

为什么亚里士多德会提出普遍的复合体和普遍的质料?从他以下的论述可以看出这是逻辑分析必然得出的结论。他说:部分,或者是形式的部分,或者是形式和质料的组合物的部分,或者是质料自身的部分。对这三方面他分别作了分析:第一,只有形式的部分才是公式的部分,而公式是普遍的,因为"是圆"和"圆"是相同的,"是灵魂"和"灵魂"也是相同的。第二,具体事物如

---

① 参见陈康:《亚里士多德哲学中一个为人忽视的重要概念》和《普遍的复合体—— 一种典型的亚里士多德的实在二重化》,见《陈康论希腊哲学》,第 326—345 页。

这个圆即一个个别的圆,或者是可以感觉的或者是可以思想的(他说可以思想的是数学的圆,可以感觉的是铜制或木制的圆)。它们都是没有定义的,只能借助直观感觉认识它们,如果离开了现实便不清楚是不是还是它们,可是我们总是用普遍的公式来陈述和认知它们的。第三,质料自身是不可知的,但是有些质料是可以感觉的,如铜、木等质料;而有些质料却只是可以思想的,那就是出现在可感觉的事物中,却不是作为可感觉的东西的,即数学的对象。(1035b31—1036a12)亚里士多德在分析个别事物和质料时都发现它们既有可感觉的又有可思想的,而可思想的就是普遍的,因此既有普遍的个别事物即普遍的复合体,又有普遍的质料,他举的例子是数学对象。

亚里士多德在这里指出了个别的人如苏格拉底和普遍的"人"的区别:普遍的"人"也是由形式和质料组成的,不过它的质料不是个别的人如苏格拉底的特殊的骨和肉,而是普遍的、抽象的骨和肉。这里实际上蕴含了另一个问题:个别的人如苏格拉底,他的形式和普遍的"人"的形式是同一个呢,还是两个不同的形式? 亚里士多德没有分析这个问题,从他的论证看,应该是同一个形式即本质;但是这个形式是个别的,还是普遍的呢? 这恰恰是亚里士多德留下的问题,后面我们要专门讨论它。

### 三　本质的部分

亚里士多德在第 10 章提出的问题是:公式是有部分的,它的全体和部分,是哪个在先呢? 他在作了以上种种分析以后说:这个问题不能简单地一概而论,因为以上分析表明这个问题是复杂的,组成个别事物的既有可感觉的质料,又有可思想的质料。但是他承认:既然公式是由部分组成的,则部分先于全体也就是先于公式。可是包括在具体事物之内的可感觉的质料并不包括在公式之中,所以它是后于公式全体的。(1036a12—25)

因此在第 11 章便自然地提出这样的问题:哪一类部分属于形式,而哪一类部分却不属于形式而属于组合体? 这个问题必须弄清楚,不然便不可能定义任何东西,因为定义是普遍的,是形式。如果不清楚哪些部分是作为质料的,哪些部分不是,事物的公式也就不会清楚了。(1036a26—30)他分析事物可以有不同种类的质料,例如"圆",它既有如铜、木之类的可感的质料,也可以有数学对象(数量)这类可思想的质料。他作了复杂的讨论,最后总结说:我们已经说过,作为质料的部分是不出现在本体的公式之中的,因为它们并不是这种意义的本体(即形式)的部分,而只是具体的本体的部分。对于"这个",一种意义下是有公式的,另一种意义下它没有公式。如果它是有质料的就没有公式,因为这是不能定义的;但如是首要的本体就有公式,例如对于人就有灵魂的公式,因为这种本体是内在的公式,它和质料共同构成所谓具体事物。例如凹性就是这类形式,从凹性和鼻子产生塌鼻,在塌鼻这样的具体事物中是有质料的。我们已经说过,在有些情况中事物自身和它的本质是同一的,这就是在首要的本体中,例如凹性和凹性的本质是相同的。他指出,他所说的首要的本体是指那个并不出现在另外的东西之中的,即不是出现在作为质料的基质之中的。可是那作为质料的东西以及那包括质料的整体,和它们的本质是并不相同的。(1037a24—b5)亚里士多德在这里作了一个明确的结论:只有在具体事物即具体的本体中才包括有作为质料的部分,而在本质即形式这种首要的本体之中,是不包括作为质料的部分的。他将本质即形式明确地称为首要的也就是第一本体,显然是将《范畴篇》中所说的第一本体的位置改变了,而且将那里所讲的本体的特征之一即"它不出现在主体(hypokeimenon)之中"也归给形式,说"它不出现在作为质料的基质(hypokeimenon)之中"。由此可见,在写《范畴篇》时,亚里士多德还没有将具体事物分析为形式和质料;后来他将具体事物分析为形式和质料并将这二者进行比较以后,在 Z 卷中便认为事物的本质是它的形式,那是先于质料的。这样,形式便代替具体事物成为第一本体。

**四　本质如何成为统一体**

形式虽然不包括质料的部分,但它是"种的属",它的定义是由"种"和"属差"这两个部分组成的。因此亚里士多德在第 12 章讨论这个重要的问题:为什么由"种"和"属差"组成的这个定义是一个统一体? 这个问题在《后分析篇》第 2 卷讨论定义时曾提出过:为什么人的定义"两足的陆生的动物"是一个统一体,而不是"陆生的"和"动物"呢？（92a27—33）亚里士多德说,在那里提出的这个逻辑难题对我们现在探讨本体也是有用的,因为本体的定义应该是一个单一的公式,它必然是一个统一的公式,我们已经说过,本体是"一"和"这个"。例如人的公式是两足的动物,为什么这个定义是一而不是多——"动物"和"两足的"呢？正如"人"和"白净的",当白净的不属于人时,"白净"和"人"便没有统一,是多;如果白净属于主体人,是人的属性,"白净的人"便成为一个统一体,不过它是一个偶性的统一体,是人分有了偶性白净。这种分有是可以同时分有不同的对立的属性的,既可以分有白净也可以分有黝黑。而种和属差的关系却不是这样的分有的关系,种不能同时有对立的属差,动物如果同时既是两足的又是四足的,那就既是人的定义也可以是马、狗的定义了。所以亚里士多德要提出为什么在人的定义中,动物和两足的会成为统一体？可是亚里士多德又提出第二个统一的问题:即使说"种"分有"属差"也有问题,因为出现在人的定义中的属差也是多样的,如地上走的、两足的、无羽毛的等等,这许多属差为什么在人的定义中会成为统一体,是一而不是多呢？并不是因为它们都出现在一个主体之中,如果那样则一个事物的所有属性都可以形成为一个统一体了,这是不可能的。可是在一个定义中的所有属差却应该成为一个统一体,因为本体的公式应该是单一的、统一的。（1037b8—27）亚里士多德在这里提出了两个统一性的问题:一个是在定义中的"种"和"属差"如何能成为统一体？另一个是在一个定义中,种的属差可以不止一个,而是有几个,这些属差如何能成为统一体？他在第 12 章中要回答这两个问题。

亚里士多德认为定义是用划分的方法得到的。这种划分的方法就是柏拉图在《斐德罗篇》中讲的"综合和划分"的划分法,也就是《智者篇》和《政治家篇》中所讲的二分法。亚里士多德在逻辑著作中多次讨论用划分法得到定义的问题,在《后分析篇》第 2 卷中他曾批评划分法不能证明什么,不能保证得到本质的定义。（91b15—27）可是他还是认为如果要得到种和属差的统一体,还是必须使用划分的方法。（92b32—35）

亚里士多德在 Z 卷第 12 章中是接着这个问题进行讨论的。他说:首先考察由划分得来的定义。在定义中除最初的种和属差外没有别的东西。至于别的种乃是由最初的种和随后推出的属差构成的。例如最初是动物，后来是两足动物，再后是两足无翅的动物，还可以有更多的词来描述它。但不论有多少个词，总是两个东西，一个是种，另一个是属差。种是不能在"种的属"以外的，它只能作为质料而存在，例如声音只是作为种和质料，是它的属差即某几个字母才使它构成为属即某个音节的。因此显然，定义就是由属差构成的公式。（1037b27—1038a9）这段话的前面大部分是说定义由种和属差构成，属差可以划分再划分，最后形成统一体。这点他在下一节再作说明。重要的是最后两句话：第一，他将"种"比做质料。在 Δ 卷第 28 章分析"种"的各种意义时，曾讲过"种"的一种意义是质料。因为"种"是有各种差异或性质的，它是这些差异的基质（载体），所以是质料。（1024b8—9）这种质料当然不是可感的质料，而是可思想的质料。他为什么将种说成是质料？因为它和可感的质料有相似的特征：1. 可感质料如铜，总是出现在某种形式之中的，或是铜矿石，或是铜块，或是铜像，并没有在这些形式以外的、不具任何形式的赤裸裸的铜（那是只能在思想中存在的）。亚里士多德在这里说种是不能在"种的属"以外存在的，就是说除了人、马等动物以外，并没有什么赤裸裸的动物（这也是只有在思想中才能存在的）。2. 但是作为质料，它具有哪一种规定性即形式，却是自由的，铜既可以是矿石，也可以是雕像；动物既可以是人，也可以是马。在这两点上，种和质料是相似的。第二，虽然定义是由种和属差这两个因素或部分组成的，但亚里士多德认为起主导作用的是形式，所以亚里士多德说定义是由属差构成的公式。他举的例子是：声音是种和质料，字母是属差，发出那个音节是由使用那几个字母决定的。在这个问题上亚里士多德的思想是有发展变化的，陈康作过分析。他指出：亚里士多德在《论题篇》中认为定义必须是将被定义的东西摆在"种"上，然后再加上属差；因为在定义的构成因素中，"种"是揭示被定义的东西的本质的（139a27—31）。如果从定义中省去"种"，就不能揭示事物的本质，因为特殊事物的本质是在它的"种"中的。（143a15—17）这个论点和 Z 卷第 12 章的上述论点是矛盾的。陈康认为所以产生这种不同，是因为亚里士多德对"种"的看法发生了变化。在《形而上学》

中将"种"比做质料,这种看法在他的逻辑著作中是找不到的。① 这个问题最后还要由他的潜能和现实的学说来解决,那是我们以后讨论的问题。

下一节亚里士多德讨论划分为"属差的属差"的问题,实际上是继承和发展了柏拉图的二分法。柏拉图在《智者篇》中为智者下定义时用的是二分法,比如说技艺可以分为制造的和获得的两种,获得的技艺又可以分为交换的和强取的两种,如此划分下去,最后得出智者是"制造幻象的魔法师和模仿者"的结论。(219A—237A,参看本书第二卷第812—815页)但是这种一分为二的划分方法完全根据所要达到的目的而定,是主观任意的;所以柏拉图在《政治家篇》中修正了这种二分法,提出要按"种(genos)"或"型(eidos)"划分,即要按照同一"种"内的差异或构成同一"种"的两个部分划分,如将数分为奇数和偶数,将人分为男人和女人。他举了一个例子:动物可以分为两足的和四足的,两足动物可以分为无羽毛的和有羽毛的,人就是无羽毛的两足动物(266E,参看本书第二卷第836—837页),但是柏拉图没有再作进一步论述。亚里士多德就是接着柏拉图这个观点讲的,并且直接批评了柏拉图提出的这个人的定义。② 他说:必须进一步划分属差的属差,如"有足"是动物的属差,还应该在有足的动物中再找出它的差异来。如果要说得准确,便不应该说有足的动物有的有羽毛,有的没有。这样说也许并不错,但是显得无能。而应该说有足的是分趾的还是不分趾的,这才是足的差异,分趾的和不分趾的都是足。这样一步一步推论下去,一直达到不再有差异的"属"。有多少种的足就有多少个差异,有足动物的"种"在数目上是和属差相等的。这样,最后的属差显然就是事物的本体和定义。在定义中如果将同一个东西说上不止一次便是多余,是不正确的。如果说人是有足的两足动物,那是废话,因为说了两足便无须再说有足。由此亚里士多德得出结论说:如果将"属差的属差"这样一层层分下去,最后一个属差就是形式和本体。显然如果按照正确的划分方法,最后的属差中已经包括了它前面的那些属差,所以它的公式就是定义。他又

---

① 参见陈康:《智慧,亚里士多德寻求的学问》,第267—268页。

② 我们在本书第二卷中说亚里士多德"接受了"柏拉图的这个定义(第837—838页),是不正确的;虽然亚里士多德有时也说"人是无羽毛的两足动物",如1037b21—22。

补充说:如果按照偶性划分,将有足的划分为白的和黑的等等,这样的任意划分可以得出许许多多个属差。(1038a9—35)

亚里士多德回答了以上第二个问题:"种"可以按照差异划分为属,属又可以划分为次属,从上一级属差到下一级属差,上一级属差的内容已经包含在下一级属差之中,因此在揭示下一级属差时无须再重复说上一级属差。以这种方式一级一级地向下划分,直到最后的属差,它就是最接近个体的形式。因为所有各级属差的内涵都已经包含在这个最后的属差之中,所以这个最后的属差是这些属差的统一体。这样,亚里士多德解答了许多个属差如何成为统一体的问题。他也由此得出结论:这个最后的属差就是形式,就是本质,它的公式就是这个事物的定义。他对本质即"种的属"所作的这种划分方法,实际上是后来一直沿用的科学分类法的最早的哲学表述。

## 第四节　本质和生成

Z 卷第 7 至 9 章虽然也是讨论本质问题的,但和在它以前的 4 至 6 章及在它以后的 10 至 12 章不同,那六章是从静态方面讨论本质是什么,它有哪些部分以及这些部分是如何统一的;而 7 至 9 章却是从动态方面讨论本质和生成的关系。所以许多学者认为这三章可能是亚里士多德写下的另外一组著作,被后来的编纂者插入这里的。不过它对我们了解亚里士多德的本质学说以及其中存在的矛盾,还是很重要的。

### 一　认识本质和制造事物

第 7 章开始便像是一篇独立论文的开头,和上面的第 6 章没有联系。他说:在生成的事物中,有些是自然生成的,有些是人工制造的,有些是自发产生的。每个生成的事物总是由某个东西生成,从某个东西产生,并且生成为某个东西。我所说的某个东西,可以是属于任何范畴的,它可以是"这个",也可以是大小、性质或处所。(1032a12—15)

接着先谈论自然生成,他说:自然生成的东西是由本性自然生成的,从而它所产生的东西叫做质料,它所生成的东西是人、植物或某个这类东西,我们统称为本体。一切由自然或人工生成的事物都是从质料生成的,因为它们每一个都可以既能是这样也可能不是这样,这种能力(dynamis)就在于质料。一般说来,自然物既是从自然产生的又是由自然所生成的,植物或动物都是自然的产物。它们所由以生成的东西是另一个个体,在形式(eidos)上是同一的,如人生人。(1032a15—25)自然生成的事物是从自然的质料中产生出来的,又是由自然的形式生成的(这种形式因又是动因),不过这自然的形式属于另一个个体,如人生人。亚里士多德说这两个个体的形式是同一的,他已经承认形式具有共同性、普遍性。

然后讨论人工制造,他说除了自然生成的外就是人工制造的,这种制造或是由于技术,或是由于能力,或是由于思想(dianoia)造成的。由技术造成的事物的形式是在制造者的灵魂中的。他还特别申明:我说的形式就是每个事物的本质和它的第一本体。因为即使是相反的东西,在一种意义下也具有相同的形式,缺失的本体也就是和它相反的本体,例如健康是疾病的本体,因为疾病就是健康的缺失。而健康是出现在灵魂中的公式和知识,所以要造成健康必须由思想中生成。如果这样——身体达到平衡状态是健康,病人要恢复健康便必须出现这种平衡状态;而要出现平衡必须有温暖。医生这样思想下去,直到最后找到他所能做的事情。然后再从这一点出发,一直做到使病人恢复健康,这就是制造的过程。所以在一种意义下也可以说是健康生成健康,房屋生成房屋,这是由无质料的形式(公式和知识)生成为有质料的事物;因为医术是生成健康的形式,建筑术是造成房屋的形式。我说的无质料的本体就是本质。(1032a25—b14)他又进一步说明:生成的过程一部分叫思想(noesis),另一部分叫制造(poiesis)。从始点和形式开始进行的是思想,从思想的终点开始进行的是制造。别的中间步骤也是以相似的方式进行的,如要使病人恢复健康,必须使身体保持平衡;而要使身体平衡,必须让它维持一定的温暖;而要使身体温暖又必须有一定的别的条件(如按摩)。这些条件都是潜在的,都是已经在医生的能力之中的。这就是思想的过程。而制造就是使病人恢复健康的过程,它的本原和出发点如果是使用技术,那就是在灵魂中的形式即知识;如果是自发生成的,那就是制造的起点即身体中的热。因为用技术制造的人,在医疗中的起点就是要产生热,医生用摩擦造成热;而身体中的热或者就是健康的一部分,或者是随健康部分来的,这就是制造健康的最后的东西,正如制造房屋时砖石是它的最后的东西一样,其他情况也是如此。(1032b15—29)

在这长段论述中亚里士多德具体说明了人工制造的两个过程:先是思想的过程,也就是认识事物本质的过程。医生治疗病人的目的是要使他恢复健康;健康的本质就是要使身体保持平衡,而要身体平衡必须有一定的温暖。医生认识到这一点便是他思想中已经认识到健康的本质即形式。这是思想过程的终点同时也是制造过程的起点。医生既然知道要使病人恢复健康必须使他保持一定的温暖,他或者用技术如按摩来产生这种热,或者通过一定方法使身体的热保持平衡,以恢复健康。亚里士多德用这样一个明白易懂的例子,同时也是当时的科学水平所能达到的认识,在人类认识史上第一次说明了科学的认识和实践的关系。尽管人的认识归根结底起源于实践,但是科学的认识是要先能认识事物的本质,然后才能根据这种对本质的认识去进行科学的实践。所以科学的认识过程应该先于科学的实践,如果没有比较正确的认识事物的本质,则实践只能是盲目的、不免犯错误的。当然要获得正确的科学认识是需要有认识——实践——再认识的过程,要不断修正错误以获得比较正确的科学认识。从这里也可以看到:亚里士多德提出事物的形式就是事物的本质,并且对本质给予极大的重视和详细的分析;他的这些观点在哲学尤其是科学的发展史上具有重大的开创性的意义。

## 二　普遍的形式不是生成的

以下是亚里士多德讨论质料和形式对于事物的生成起什么作用的问题。他说:正如人们所说,如果没有任何先已存在的东西,便不可能有生成。显然必须先有某些部分存在,质料就是一种先在的部分,它在生成过程中成为某个事物。可是质料是不是这个事物的公式的一个因素呢? 我们对铜圈有两种说法：从质料说它是铜，从形式说它是这样的（toionde）圆形，而圆形就是铜圈的最接近的种。所以在铜圈的公式中是包括它的质料的。（1032b29—1033a5）

在这段话中最值得注意的是他说形式是"toionde，这样的"。因为最近二三十年西方亚里士多德学者中发生一场争论：亚里士多德所说的形式究竟是普遍的，还是个别的？依旧是普遍和个别二者的关系这个老问题。一部分学者如罗斯等根据传统的观点，认为形式是普遍的；另一部分学者却主张形式是个别的，如 M. Frede，G. Patzig 等；又有一些学者如 J.欧文斯认为形式既不是普遍的，也不是个别的；还有些学者如 E. C. Halper 则认为形式既是普遍的又是个别的。在亚里士多德著作原文中确实有许多处讲形式是普遍的，另外也有许多处讲形式是个别的。在 $Z$ 卷其他各章讲到形式都说它是"这个（tode ti）"，只有在第 7 至 9 章中说形式是"这样（toionde）"。关于 toionde 这个词，英文一般都译为 such 或 such and such，中文翻译吴寿彭译为"如此如此"，苗力田译为"这类"或"某种"。我们看到金岳霖先生在《势至原则》一文中区分"这样的世界"和"这个世界"，前者表示普遍，后者表示特殊，[①]正好用来翻译亚里士多德的 toionde 和 tode ti 的对立，所以我们将 toionde 译为"这样"。前述余纪元的博士论文《亚里士多德的双重形而上学——《形而上学》$Z$、$H$、$\Theta$ 卷释义》中重点讨论了这个 toionde 和 tode ti 的问题，最后还讨论了亚里士多德的本体论和神学的关系问题。后来他又写了一篇专文《〈形而上学〉$Z$ 卷中的 Tode ti 和 Toionde》（发表于希腊《哲学研究》杂志 1994 年第 3—4 期第 1—25 页）。这两篇文章对西方学者有关这场争论的情况和各种不同观点作了介绍和分析，由于涉及内容复杂，不可能在这里多作介绍。在写作本章和下一章时，参考了余纪元的这两篇文章，他的一些观点在以下论述时再作介绍。

在第 8 章中亚里士多德论述形式和质料都不是生成的，生成的只是个别事物。他说：任何生成的东西都是由某些东西生成的，我将这叫做生成的本原（动因）；而且是从某些东西生成的，这是指质料；从而生成为某个事物如铜圈。我们并不制造基质——铜，也不制造环形，因为铜圈是环形的，我们制造

---

① 参见《金岳霖文集》第 2 卷，第 404 页。

的是铜圈。制造一个"这个"乃是从完全意义的基质（罗斯解释为包括形式和质料两个方面的基质）中将"这个"制造出来。这就是说，制造铜圈并不是制造环形或圆（这是铜圈的形式），而是将这形式放在某个和它不同的质料之中。如果我们制造形式，便必须从某个别的东西中将它制造出来，如同制造铜球是将它从铜中制造出来那样。如果我们制造基质自身也必须以同样的方式，将它的形式放在它的质料之中，这样制造的过程就要无限推下去，形式也是如此。所以那个出现在可感事物中的形状自身并不是制造成的，本质也不是制造出来的，它是先已有的，只是由技术、自然或能力将它放在别的质料之中。制造成的事物是铜圈，这是由铜和环形造成的，是我们将环形放在这个特殊的质料铜中造成的。如果普遍的形式也是制造成的，它又必须是由形式和质料造成的。如果圆形是"从中心到周围各点均相等"的图形，它是造成铜圈的形式，只有它和质料组合起来的整体即铜圈，才是制造成的。显然由此可见，形式本体不是生成的，只有具体事物才是生成的。在每个生成的事物中都有质料，这种事物的一部分是质料，另一部分是形式。（1033a24—b19）

将具体事物分析为形式和质料两个部分是亚里士多德的首创，为了使人能够理解，他不得不反复举例说明。他的基本思想是：第一，形式不是制造而成的，因为制造事物就是将已有的形式放在质料之中，所以制造出来的总是具体事物而不是形式。形式不是制造出来的，它是已有的；它存在于哪里？作为具体事物的部分，它存在于事物中，人工制造的事物的形式则存在于制造者的思想和能力中。实际上形式是抽象的而不是具体的，所以只能是人的思想将它从具体事物中划分出来的。因此这种在思想中的形式只能是普遍的，不是个别的。第二，构成具体事物的质料，就其作为这个事物的质料说，也是在制造这个事物之前先已有的，不是这次制造出来的。但是事物的质料和事物本身不是数目上的同一个，而只是形式相同。自然生成的情况如人生人，就是这样。除非遇到偏离自然的情况如马生骡，但即使在这种情况中，骡也是一种具体事物，像铜、木一样，它们也是自然生成或人工制造而成的。只有那最后的没有任何规定性的赤裸裸的质料，也是在思想中抽象出来的。这个问题以后还要专门讨论。

但是亚里士多德又针对柏拉图主张的在个别事物以外有分离独立的"相",对他自己所说的形式作了进一步的解释。他说:是不是在众多的球体以外还有另一个球?如果这样就没有任何的"这个"可以生成了。因为形式是"这样",而不是一个确定的"这个";而工匠制造的或是父亲生成的,乃是将"这样"造成为"这个",产生了"这个这样的东西(esti tode toionde,英译 this such)"。作为整体的"这个",如卡里亚斯或苏格拉底可比做这个铜球,人和动物可比做这样的铜球。显然作为形式的原因,如果像有些人主张的是在个体以外的"相",对于生成和本体都毫无用处,至少它不是"自身是"的本体。在有些情况中,生成者和被生成者确是同类的,但并不是同一的,不是数目上的同一个,而只是形式相同。自然生成的情况如人生人,就是这样。除非遇到偏离自然的情况如马生骡,但即使在这种情况中,骡上面的种——马和驴也还是有某种共同的东西,是和骡相似的。亚里士多德又说,没有必要把形式当做模型,因为我们在具体事物中就可以发现形式。生成者能够制造事物,因为他们是将形式置于质料之中的原因。造成的整体就是将这样的形式置于这些个肌肉和骨骼之中,这就是卡里亚斯或苏格拉底,他们的质料是不同的,但形式是相同的,没有分别的。(1033b19—1034a8)

在这长段中,亚里士多德指出柏拉图认为"相"是独立于个别事物以外的另一个个体,柏拉图所以产生这样的错误,就是因为分不清普遍和个别,将本来是在具体事物中的普遍的形式当做是在具体事物以外的另一个个体的"相"。上面讲到 G. E. L.欧文对柏拉图的"第三人"的批判,就是指出他看不到这种普遍和个别的对立。

亚里士多德在这里还指出:个别事物如卡里亚和苏格拉底这两个人,他们的形式是相同的,都是人;但是他们的质料是不同的,有各自特殊的肌肉和骨骼。这就是说,事物的个体化原则(本原)在于质料。第9章中他还提出这样的问题:为什么有些事物既可以由技术造成也可以自发产生,如健康;而有些事物却只能由技术造成,如房屋?他认为所以有这种不同情况,原因在于质料,制造房屋的质料是不能自己运动的,只能由工匠制造而成;造成健康的人

体中的热,却是能自己运动的,它既可以由医生来调节,也可以自动调整即自发地恢复健康。(1034a9—21)

他又说任何生成的事物都是由一个同名的形式生成的。制造房屋的建筑者总是在思想中先有房屋的形式才能造成房屋;自然生成的事物也是这样,麦的种子长成麦,稻的种子长成稻,人生人。亚里士多德将这比做演绎推理(三段论),他说本体即本质是推论的出发点,三段论是从"什么东西是(ti esti,或'是什么')"开始的,现在我们发现制造过程也是从它开始的。(1034a30—32)这里他说的形式和"什么东西是",都是指本质。上面第 7 章说本质既是认识过程的终点,又是制造过程的起点,都是从事物的生成方面说明形式即本质所起的这种始点的重要作用。

第 10 章最后亚里士多德说:我们的论证不仅证明本体的形式不是生成的,而且也可以证明其他范畴如数量、性质等等也不是生成的。只有具体的铜球才是生成的,球形和铜都不是生成的。不过他也作了解释:如果铜自身是生成的,那也只有具体的铜才是生成的,它的形式和质料都是先在的,不是生成的。数量和性质也是这样,只有具体事物的特殊的大小和性质才是生成的,数量和性质自身并不是生成的。可是从这些例子可以看到本体的一个特点,即在本体产生以前,必须有另一个本体已经现实地存在着,如一个动物生成以前必须先有另一个动物;可是数量、性质等却不是这样,它们只有潜能的先在。(1034b7—19)

为什么在其他各章中亚里士多德都说形式即本质是个别的,是"这个",只有在第 7 至 9 章中他却强调形式是普遍的,是"这样"呢? 因为在这三章中亚里士多德是从事物的动态方面去研究本质问题的。事物的生成,无论是自然生成的、人工制造的或是自发产生的,总是有一个先在的形式即本质,它或是在事物中或是在思想中;将这个先在的形式传递到生成的事物中,这里就有先在的本质和后来生成的本质,它们虽然是相同的,但终究属于两个不同的个体,因此形式有共同性,是普遍的而不是个别的。而且亚里士多德又强调形式不是生成的,按照他的原则,凡是生成的东西都是个别事物,普遍的东西都不是实际生成的,只能是在思想中抽象生成的。形式既然不是生成的,它就只能是普遍的,是只能在思想中抽象生成的。这就是从对生成的事物作动态分析必然得出的结论。可是这个结论和 Z 卷其他各章是明显矛盾的,而且在以下第 13 至 16 章中,亚里士多德都是论证普遍的东西不是本体的。

## 第五节　普遍的东西不是本体

Z 卷开始时亚里士多德对以前的论述作了简单的回顾。他说:让我们回到研究的主题即关于本体的问题。基质和本质以及它们的组合物都被认为是本体,普遍也被认为是本体。我们已经讨论过其中的两个,即本质和基质。所谓基质有两种意义,或者是一个"这个",如属性背后的一个动物;或者是在现实底下的质料。有些人认为普遍的东西是最完全的原因和本原,我们现在就来讨论这一点。(1038b1 — 8)在 Z 卷第 3 章开始提出讨论的是四种东西:本质、普遍、种、基质,它们是不是本体。接着又将基质分为三种即形式、质料和它们的组合物;他反复论证形式就是本质。所以在这四种中只讨论了两种即本质和基质,还有两种即种和普遍是不是本体尚未讨论。为什么他没有提到种? 因为在他看来,种就是普遍的。他在第 13 章论证普遍不是本体时,就是论证种不是本体。第 14 章论证"相"不是本体,第 16 章论证普遍的"是"和"一"不是本体,这三章都是论证普遍的东西不是本体的,中间插了第 15 章,是从认识论讨论的,论证个别的具体事物是不能下定义、不能证明的。以下按他的次序论述。

### 一　普遍的"种"不是本体

亚里士多德提出要讨论普遍是不是本体以后立即宣称:似乎不可能将任何普遍的东西都称为本体。他从两个方面论证:第一,因为每个事物的本质都是它所特有的,不能属于其他任何东西;但普遍的东西却是共同的,它被称为普遍,是因为它是不止属于一个事物。那么它是哪一个个体的本体呢? 或者属于所有这类个体,或者不属于其中任何一个个体。可是它不能是所有个体的本体;如果它是其中某一个的本体,那么这一个也就是其他个了,因为本体是一、本质是一的事物自身也只能是一。第二,本体是那个不表述主体的,而普遍却总是表述某些主体的。(1038b8—16)前一个是本体论的论证:每个事物的本体都是它所特有的,是个别的;而普遍的东西却是共同的,所以普遍不是本体。后一个论证是从逻辑来论证的,在《范畴篇》中曾作为规定本体的一个特征提出过。

以下他作了一个复杂的难以理解的说明。他说:或许普遍不能以本质那种方式成为本体,它只能在本质之中,如动物只能出现在人和马之中。那么显然它是从个别得到的公式,即使这公式中没有包括出现在本体中的每个东西(如属差)也没有什么不同。无论如何,普遍是某些事物的本体,如"人"是出现在其中的个别的人的本体,普遍的"动物"也是出现在其中的特殊的动物如人或马的本体。如果这样,个别的人苏格拉底将包括在本体(人)中的本体(动物)中,而这个本体(动物)将是两个事物(人和苏格拉底)的本体了。由此可以得出,如果"人"这类东西(属)是本体,那么在它的公式中的任何因素(如种——动物)不能是任何事物的本体,它也不能和属分离存在,或在任何别的事物之中。这是说:"动物"不能和它的特殊的类(即属如人或马)分离存在,在公式中出现的别的因素也不能独自分离存在。(1038b16—34)陈康详细分析了这段话,认为亚里士多德是要说明普遍的"种"(动物)和"属"的不同:普遍的"种"不是本体,而"属"即本质和形式却是本体。在《范畴篇》中以表述作为确定本体的标准,动物和人都是表述个体的,所以只有个别事物才是第一本体,种和属都是第二本体。种对属的关系和属对个体的关系相同。如果单从表述的标准说,普遍的种和属没有什么不同,它们或者都是本体,或者都不是本体。自从亚里士多德将事物分析为形式和质料,并且确定形式是本质、是第一本体以后,这二者的关系就不同了,不能再单纯地以表述作为划分它们的本体性的标准。普遍的"种"可以出现在本质(属)的公式中,并作为它的一个因素(如"两足动物"中的"动物"),但它不是本体。如果普遍的"种"——"动物"是本体,则它既是"人"又是苏格拉底的本体,那么苏格拉底这个人便有两个本体("动物"和"人")了,这是不可能的。①

亚里士多德由此得出结论:从这个观点看,便可以明白任何普遍的东西都不是本体,因为共同的表述不能表示"这个"(tode ti),只能表示"这样"(toionde)。不然就会导致许多困难,尤其是"第三人"的难题。(1038b34—1039a3)他的逻辑推论是这样的:因为普遍即共同的表述只表示 toionde,而不表示 tode ti,所以不是本体;如果将"这样"当成"这个",就要发生第三人的困难。在他看来,只有 tode ti 才是本体,这和他从《范畴篇》到《形而上学》Z 卷中许多章中的观点一致,但和 Z 卷第八章中所说的"形式是 toionde 而不是 tode ti"(1033b21—22)刚好相反。余纪元认为 Z 卷第 13 章是批评第 7 至 9 章的观点的。许多学者发现亚里士多德在 Z 卷中有自相矛盾的观点,但究竟是什么矛盾却有不同的说法,如 G. E. L.欧文认为是 tode ti 和 ti esti 的矛盾,他认为形式是普遍的还是个别的这个问题的争论是与此密切关联的。余纪元将它归结为 tode ti 和 toionde 的矛盾,认为在 Z 卷中存在着双重形而上学。

为了解决这种矛盾,亚里士多德考虑到现实和潜能的区别。他说:本体显然不能由在它之中的现实的本体构成,正如现实的"二"决不能成为现实的"一",只有潜在的"二"才能成为现实的"一";例如"倍"是由两个潜在的"半"组成的,而"半"的实现就是将它们从"一"中彼此分开。所以如果本体是一,它便不能由现实地存在于其中的本体组成。正像德谟克利特所说的不可分的原子,一不能成为二,二不能成为一。(1039a3—14)他在这里暗示,这个问题只能由现实和潜能的区别来解决,详细论述则在 Θ 卷中。

最后亚里士多德指出:如果本体不能由普遍组成,也将产生困难。因为普遍表示的是这样而不是这个,如果本体不能由现实地在其中的几个本体组成,那么每个本体都不会是组合物了,这样也就不会有任何本体的公式。但是早已说过,所有的人都认为只有本体或主要是本体才是可以下定义的,而现在却几乎连本体也不能定义了。(1039a14—21)他的逻辑:如果本体不是普遍的而是个别的,它就是单一的个体,这是不能下定义的,因为定义是本体的公

---

① 参见陈康:《智慧,亚里士多德寻求的学问》,第 294—298 页。

式,公式是由部分组成的,他在以下第 15 章专门论述这个问题。可是本体应该是能定义的东西,现在却得出本体不能定义的结论,所以是困难的问题。这个问题实际上就是 B 卷中提出的最后一个问题:本体究竟是普遍的还是个别的? 如果它是普遍的,它便不是本体,因为它表示的是这样而不是这个;如果它是个别的,它便是不可知的。( 1003a5 — 15)

陈康认为:亚里士多德一方面在本体论上坚持本体是个体,它不能由普遍的东西组合而成,不是组合物;另一方面又从认识论上认为,作为个体是不能定义,不能认识的。陈康说这个两难推论是深深植根于亚里士多德的思想之中的。① 余纪元将这个矛盾归结为 tode ti 和 toionde 的冲突,认为 Z 卷中的形而上学是沿着这两个方向发展的:在第 7 至 9 章中试图采用本体是 toionde 的方式解决,第 13 章又批评了这种方式回到 tode ti。但他也指出这种说法在认识论上的矛盾。②

## 二　分离的“相”不是本体

在 Z 卷第 14 章中亚里士多德将第 13 章的结论“普遍不是本体”具体化为:分离的“相”或“形式”不是本体。他说:从以上所说可以明白:那些认为“相( idea)”是本体并且是分离的,还有认为“形式( eidos)”是由种和属差组成的人,会得到什么样的结论。( 1039a24 — 26) 亚里士多德对柏拉图的“相”持批评态度是众所周知的,但在这里却将认为形式是由种和属差构成的人也包括在批评之内;柏拉图也用 eidos 这个词,可是他没有说 eidos 是由种和属差构成的。历史上查不到在亚里士多德以前有持这种说法的人,即使另外有人也这样主张,亚里士多德自己至少是其中之一。余纪元认为这是亚里士多德批评他自己,我们以为还不如解释为:亚里士多德为了担心别人将他所说的形式,误解为像柏拉图的“相”那样的分离的个体,才在这里以批评的方式作出申明。

① 参见陈康:《智慧,亚里士多德寻求的学问》,第 301 页。
② 参见余纪元:《〈形而上学〉Z 卷中的 Tode Ti 和 Toionde》。

他提出的问题是：如果有形式，则出现在"人"和"马"之中的"动物"，在数目上是同一个呢，还是不同的？他说，在公式中它们当然是同一的，因为说"人和马的公式"之中的"动物"当然是相同的。那么，如果有"人自身"，是一个"这个"并且是分离的，则组成他的部分如"动物"和"两足的"也必然表示是两个"这个"，并且是分离的，是本体，因为"动物"和"人"是同样的东西。（1039a26—33）在柏拉图的相论中，"动物"和"人"都是"相"，没有什么不同；亚里士多德对此批评的问题是：苏格拉底这个人是不是既分有"人的相"，同时又分有"动物的相"？因为亚里士多德认为"人"是形式也就是"属"，是由"动物"和"两足的"组成的；如果"人"是"这个"，是分离的本体，则它的"种"——"动物"也同样是"这个"，是分离的本体。因此他的问题是：在人和马的公式中的"动物"是不是在数目上的同一个？并不是问在苏格拉底和卡里亚这些个别的人中的"人"是不是同一个？这是值得注意的。

以下的论证又采取他常用的方法，从正反两面论证。先从正面论证：如果在马和人之中的"动物"是同一个，就像你和你自己一样，那么第一，在分离的事物如人和马中的这个"一"怎么能是一呢？作为人的"动物"怎么能避免和作为马的"动物"分开呢？第二，人是两足的，马是四足的，而"动物"是一个"这个"，如果它同时分有"两足的"和"四足的"，则相反的东西同时属于同一个，这是不可能的。如果动物不是分有它们，则说"动物是两足的"时，"动物"和"两足的"这二者是什么关系？无论说它们是"合并"、"联接"、"混合"，都是含糊不清的。（1039a33—b6）然后又从反面论证：如果在每个"属"中的"动物"是不同的，那么无数事物的本体都是"动物"了，因为"动物"作为人的公式中的一个因素并不是偶然的，所以许多动物都将是"动物自身"了。因为第一，每个"属"中的"动物"就将是这个属的本体。第二，组成"人"的每个因素都将是"相"，但如果"动物"是这个事物的"相"又是另一个事物的本体，那是不可能的。因此出现在每个"属"中的动物只能是动物自身。再说，每个"属"中的"动物"又是从哪里来的，它又如何从动物自身来呢？而且动物的本质就是"是动物"，它又如何能和"动物自身"分离呢？（1039b6—16）

这两个正反的论证简单说就是：如果动物（种）和柏拉图的"相"一样是

"这个",是分离的个体,那么在不同的属——人和马之中的"动物",既不能是在数目上的同一个,因为那样它就要和它自身分离,也就成为在数目上的无数个了。但也不能是数目上的不同的,因为在人和马中的动物都是"动物",本质是同一的,都是"动物自身",所以只能是在数目上的同一个。这就是两难推论。而所以产生这个两难推论的根本原因,就在于说"动物"是"这个",是分离的个体。

亚里士多德最后说:在可感觉事物的情况中也会产生这种结果,并且更为荒谬。因此显然没有像有些人所主张的那种和可感事物分离的形式。(1039b16—19)以上说的都是"种"(动物)和"属"(人和马)之间的关系,说"种"不是能和"属"分离的个体。现在将这个关系转移到"形式"(即"属")和可感事物之间的关系上来,说如果认为形式是和可感事物分离的个体,也会产生同样的结果,并且更为荒谬。这就是宣称:亚里士多德自己所说的形式,并不是和个别事物分离的个体。

### 三 具体的本体是不能定义的

Z 卷第 15 章开始,亚里士多德区分了两种不同的本体:一种是带有质料的具体事物,另一种则是不带质料的公式。他说只有具体的本体才是有生成和消灭的,而单纯作为公式的本体是没有生成和消灭的。"作为房屋的是"不是生成的,只有"这个"房屋才是生成的。没有生成和消灭的公式只有"是"或"不是",没有人能将它们产生或制造出来(而"存在"却是产生或制造出来的)。他由此推出结论:因此可感的个别本体是既不能定义也不能证明的,因为它们是带有质料的,而质料的本性却是既能"是"又能"不是"的,所以一切个别的本体都是可以消灭的。而定义和证明都是必然的、确切的知识,不能一会儿是知识一会儿又是无知;只有意见才是这样变化的,定义和证明是不变的;因此对于可感的个体,只能有意见,不能有定义和证明。对于那些原来有知识的人说,可消灭的事物如果超出了感觉的范围便是不清楚的;尽管公式还留在灵魂中不变,却已经不再是这个事物的定义和证明了。因此一个人如果要定义任何个别事物,他必须承认他的定义总会被推翻,因为这种事物是不能定义的。（1039b20—1040a7）因为个别事物是有生灭变化的,而定义和证明是必然的知识,是不变的。由此得出结论:个别的本体是不能定义和证明的。

他又说:对"相"也是不能定义的,因为支持"相"的人说它是分离的个体。可是公式总是由词组成的,下定义的人不能创造新词,因为那是别人所不懂的,他只能使用已有的词。而已有的词对同一类事物是共同的,它可以应用于被定义的事物以外的事物。例如有人给你下定义,说你是瘦的或白的动物,这些也都是可以应用到你以外的别的个人的。或许有人说这些属性分开来可以属于许多个体,但合在一起却只能属于这一个。（1040a8—14）读到这里,我们本来可以希望亚里士多德讨论:既然公式是由词组成的,而词总是普遍的,因此只有以普遍才能认识个别事物的问题。还有,众多属性合在一起,是不是属于或组成一个个别事物的问题,即柏拉图在《巴门尼德篇》中涉及的"相的集体"的问题(参看本书第二卷第753—755页)。但是亚里士多德没有这样讨论下去,他念念不忘的是:事物的本质应该是它的定义,而支持"相"的人却只是提出了一个和一类事物同名的"相",它只是一个空洞的名称,这个名称既没有说明"相"是什么,也没有为它下定义。因此亚里士多德按照他自己关于定义的思想进行反驳。他说:作为"相"是属于它的因素的,如"两足动物"是由"动物"和"两足"这两个因素构成的,而因素是组合物的部分,又是先于组合物的。如果"人"是分离的个体,则"种"（动物）也能和它的各个"属"（人、马等）分离,"属差"（两足的）也是分离的个体。而且"动物"和"两足的"是先于"两足动物"的。当在后的个别事物是可以消灭的时,在先的因素是不会消灭的。（1040a14—22）

亚里士多德又说:如果"相"是由几个"相"组成的,那么组成"相"的因素如"动物"和"两足的"应该是可以表述许多主体的,不然这些主体便是不能认识的了。是不是有的"相"是不能表述多于一个的主体的呢? 这被认为是不可能的,因为每个"相"都被认为是能被分有的。可是亚里士多德又指出有些永恒的个体,如太阳和月亮是不能定义的。有些人给它作了错误的规定,如说太阳是"绕地运行"或"夜间隐蔽"的,那么如果它停止运行或夜间可见,它就不是太阳了吗? 显然不是这样,因为太阳是个确定的本体。但是也可以用一些能属于另一个主体的属性来定义它,如果另一个事物也具有这样的属性,它就是太阳。显然这样的公式是共同的、普遍的。可是太阳却被认为是像克莱翁或苏格拉底一样的个体。亚里士多德最后问:那些支持"相"的人为什么不给"相"下定义呢? 如果他们试着做做看,便可以看到以上所说是真的。(1040a22—b4)

亚里士多德对主张"相"的人提出批评:如果按照他们的相论,则无论"两足的"和"动物",以及"两足动物"都是同样的独立分离的"相",都是个体,是不能定义不能证明,也就是对它们不能形成知识的。只有按照亚里士多德的方法,将它们区别为"种"、"属差"和"属";因为种和属差是属的组成部分,是先于属的,所以它们是不变的,具有普遍性;它们结合在一起,成为属的定义,才能使属这个个体成为可以认知的。亚里士多德又提出即使是永恒的个体如太阳能不能认知的问题,他认为一般人对太阳所作的规定并不能说明太阳的本质,只有用具有普遍性的东西,如指出太阳的"种"和"属差"才能说明它。但在当时的科学水平上,这是不能做到的。

## 四 "一"和"是"不是本体

亚里士多德在 Z 卷第 13 章论证"普遍"不是本体以后,接着第 14 章论证"相"不是本体,到第 16 章又扩展到论证最普遍的"一"和"是"不是本体。

但在第 16 章的前半他谈的是另一个问题,关于潜能的问题。他说,有些被认为是本体的东西,其实只是潜能的本体。他举了两种:一种是动物的部分,说它们是不能和整体分离的,如果分离了便只能是质料。另一种是土、火、气这类元素,他说它们只是一堆潜在的东西而不是单一的个体,只有将它们组合起来才成为个体。人们可以设想生物的部分和灵魂的部分相互关联,因而既是潜能的又是现实的,因为在它们的连接处有运动的本原,所以有些动物在分割以后还能生存。可是所有这些部分也只能是潜能的,因为它们的本性应该是连续的一,并不是强制而成为一的,分割为部分还能生存只是一种反常的现象。(1040b5—16)在 Z 卷第 2 章中列举各种本体时,曾说动植物的部分及水、火、土等元素是本体,但以后没有再提到这些本体。直到这里才说它们这些本体是潜能的，可是在此以前又没有专门讨论过潜能和现实，所以许多学者认为这一段是编纂者误插在这里的。不过这里将潜能和现实归为一，并且认为是本性连续的一，并不是强制造成的。这是 Δ 卷第 6 章区分"一"的各种含义中的一种，与由此引出以下讨论的"一"的问题还是有联系的。

亚里士多德说：那些说是"一"的东西和说是"是"的东西是一样的，那些是"一"的东西也是"是"，数目上是一的东西本来是数目上的一。所以显然无论"一"或"是"都不是事物的本体。正如元素或本原不是本体一样，因为当问本原是什么的时候，我们必须将它归到某些更易于知道的东西。而"一"和"是"是比元素、本原、原因等更加普遍的东西；可是它们都不能是本体，因为任何共同的东西都不是本体，本体只能属于它自身，属于那个以它为本体的东西。再说，是一的东西不能同时在许多处所，而那共同的东西是可以同时出现在许多处所的。所以普遍是不能在个体以外分离存在的。（1040b15—27）这段话比较不易理解，陈康作过解释：如果"一"是事物的本体，因为每个事物都是一个东西，那么每个事物的本体便全都是"一"了。这种不可能性也可以应用到"是"上，因为每个事物都是"是"的东西，它们的本体便全都是"是"了。"一"和"是"是比元素、本原、原因更加普遍的东西，它们都不能是本体，因为本体只属于那个以它为本体的个体。一个个体不能同时出现在许多处所，而普遍共同的东西却是可以同时出现在许多处所的，所以任何普遍的东西都不能和个体分离存在。① 任何和个体分离存在的普遍都不是本体，最普遍的"一"和"是"更不能是事物的本体。

但是亚里士多德又说：那些主张形式（eidos）的人一方面是对的，即他们认为如果形式是本体，它们是分离的；但另一方面又是错的，即他们说形式是在众多之上的一，理由在于他们说不清楚这类在可感事物之上的不可消灭的东西是什么。他们将这种不可消灭的本体看成是和可消灭的事物是同一类的；只是将"自身"这个词加在感性事物上，得到"人自身"、"马自身"而已。（1040b27—34）这里发生一个令人惊奇的问题：一般认为分离问题是亚里士

---

① 参见陈康：《智慧，亚里士多德寻求的学问》，第 299 页。

多德批评柏拉图的重要武器,而现在却说主张形式的人说形式是分离的,这是对的;他们的错误只在于将形式这种不可消灭的本体,说成是和可消灭的个别事物同一类的东西。余纪元认为:由此可见亚里士多德以为柏拉图的错误并不在于分离本身,而在于他的分离方式,他不能说明这种分离的"相"或形式的本性是什么。余纪元将亚里士多德和柏拉图作了比较:认为柏拉图哲学是从这个事实开始的,即知识是普遍的,所以必然有一种普遍的知识对象,他叫做"相",它不同于特殊的可感事物。可是在亚里士多德看来,柏拉图将"相"分离了,但同时又将这种普遍的"相"当成个别事物,因而"相"既是 toionde 又是 tode ti,这是亚里士多德所不能接受的。亚里士多德认为,如果本体是 toionde,它便应该在个别事物之中,不是分离的;如果本体是分离的,它就只是 tode ti 而不是 toionde。要解决这个矛盾,只能采取两种办法:或者肯定本体是 toionde,不是分离的个体;这是亚里士多德在 Z 卷第 7 至 9 章采用的方式,但是后来放弃了,主要理由是普遍不是本体,这就是第 13 章批判第 7 至 9 章的论点。另一种办法是肯定本体是 tode ti 而且是分离的,不是 toionde,这是亚里士多德在其他诸章采取的方式。可是这种方式也遇到问题:如果本体不是 toionde 而是 tode ti,我们如何能对它定义呢? 这就是第 15 章提出的问题,即知识的普遍性如何可能? 所以柏拉图是从认识论走向本体论的,而亚里士多德却是从本体论上肯定本体是 tode ti 出发,然后试图处理它的认识论问题。因此余纪元认为柏拉图没有弄清楚这个普遍和特殊的问题,亚里士多德在 Z 卷中也没有能弄清。他的这番探索并没有得出确定的结论,没有得出一个可以令人接受的本体的概念。那些将亚里士多德的形式解释为普遍的和解释为特殊的这两种主张的人,都只是各自摘取了亚里士多德论述的一个方面,而丢掉了另一个方面,所以是不正确的。①

　　只要是对 Z 卷的各个章节作过具体分析,便会得出类似的结论。陈康早先指出:亚里士多德的个体的本体论(individualistic ousiology)和认识论之间有个矛盾:按照前者,个体的本体是每个个别事物所依存的;而按照后者,则知

---

　　①　参见余纪元:《〈形而上学〉Z 卷中的 Tode Ti 和 Toionde》。

识的对象不是个别的,而是普遍的。这样,凡是本体论上在先的,即个别的本体或一个"这个",在逻辑和认识论上却是在后的;反之,凡在逻辑和认识论上在先的,即普遍或"这样",在本体论上却是在后的。这两种(本体论的和认识论的)先在性却落在两个相反的东西上,这是亚里士多德思想的内在冲突。①

一直到 Z 卷第 16 章结束,亚里士多德对于本体是什么的问题,并没有得到确定的结论,所以第 17 章开始时亚里士多德说:让我们重新开始,讨论哪一种东西应该被称为本体,因为从这里或许能对那和可感的本体分离存在的本体,获得一个清楚的观点。(1041a6—9)许多学者同意这第 17 章是后来插进去的,但一般学者还是将它当做 Z 卷的结束语。也有学者如 J.欧文斯则认为亚里士多德是要进一步讨论分离的本体即"不动的动者"。② 罗斯发现亚里士多德是要作一个新的开始,阐明本质是本体,但是从本体是原因这方面来考察的,回答"那个是的东西"的问题。③ 余纪元在他的博士论文中专门列了一节讨论 Z 卷第 17 章,认为这是亚里士多德在 Z 卷讨论不能得到确定的结果以后,又试图重新开始探讨这个问题,想为这个难题找到一个解决的办法。这就是 H 卷的内容。所以 Z 卷第 17 章并不是 Z 卷的结论,而是 H 卷的导论。④我们以为余纪元的意见还是有道理的,所以将 Z 卷第 17 章的内容留到下一章,论述 H 卷时再来介绍。

\*　　　　\*　　　　\*

Z 卷是《形而上学》中很重要的一卷,也是最复杂难懂的一卷。亚里士多德在这卷里阐述他有关本体的思想。

亚里士多德将"是"归到一个中心:首要的"是"就是本体。本体是什么?在各种被认为是本体的东西中只有形式才是首要的,它既先于质料,也先于具体事物,所以形式是第一本体。这样就将《范畴篇》中关于第一本体的观点颠

---

① 参见陈康:《智慧,亚里士多德寻求的学问》,第 299 页。

② 参见 J.欧文斯:《亚里士多德〈形而上学〉中的"是"的学说》,第 376 页。

③ 参见罗斯:《亚里士多德〈形而上学〉校释》第 2 卷,第 222 页。

④ 参见余纪元:《亚里士多德的双重形而上学——〈形而上学〉Z、H、Θ 卷释义》,第 1 章第 2 节。

倒过来了。所以产生这种改变的原因,是由于他将具体事物分析为形式和质料,即所谓"质料的发现",从而不得不重新考虑原来的观点并加以改变。

他认为形式就是事物的本质。本质是什么? 他认为本质就恰恰是这个(hoper tode ti),本质的公式就是这个事物的定义。因此Z卷中有九章都是讨论本质和定义的问题的。他先分析偶性和特性以及它们的组合物都不是事物的本质,只有"种的属"即形式才是本质。公式即定义是由部分组成的,具体事物是由形式和质料组成的;而组成"种的属"即形式的两个部分是"种"和"属差",其中不包括质料。可是亚里士多德分析时却又将"种"比成质料,他在分析形式和质料的问题时,处处都遇到普遍和特殊,也就是抽象和具体的问题。这个问题从希腊哲学开始起就成为摆在哲学家面前的难题,柏拉图的相论是因为混淆了普遍和特殊的关系而遭到亚里士多德批评的。亚里士多德是西方哲学史上第一位自觉地将普遍和特殊的问题提出来加以讨论研究的哲学家,但在Z卷的讨论中,他自己也陷入将普遍和特殊混淆不清的境地。最突出的是他所说的形式究竟是个别的,还是普遍的? 在本体论上他认为形式应该是个别的本体,是"这个";但在认识论上他又承认个别的本体是不能定义、不能认知的,因此又认为在先的形式是普遍的,是"这样"。在质料问题上也发生相似的情况:一方面他认为任何一个事物的质料都是它所特有的,是事物个体化的本原,是特殊的;另一方面他又认为有普遍的质料,比如"人"、"马"等便是由特殊的形式和普遍的质料(普遍的骨和肉,而不是每个个体所特有的骨和肉)组成的所谓"普遍的复合物"。柏拉图的相论将"相"和具体事物对立起来,使实在二重化了;亚里士多德还要加上这种普遍的复合物,使问题更加复杂。

这些矛盾都是亚里士多德在探讨形式、本质、质料这些问题时,从分析它们所作的逻辑论证中推论出来的。我们只有追从他的逻辑论证才能认识这些矛盾,所以本章的论述显得烦琐复杂。Z卷的论证一向被认为是最复杂的,学者们对它作了各种不同的解释。我们同意其中一种观点,即亚里士多德在Z卷中主要是对真理的探索。我们几乎可以说,只有在认为形式即"种的属"是本质,是先于质料和具体事物的第一本体,在这一点上他作了明确的肯定外,在其他问题上他还只是在探索,并没有得出明确的结论。亚里士多德是不断探索真理的哲学家,既然在 $Z$ 卷中没有得到结果,他便不得不另觅重新探讨的途径。这就是以下 $H$ 和 $\Theta$ 卷讨论的内容。

## ❀ 第十四章 ❀

### 形式和质料——《形而上学》H 卷

我们同意这种观点:Z 卷第 17 章开始时说的,"让我们重新开始说明哪一种东西应该被称为本体",这是表示亚里士多德要提出一种与 Z 卷前十六章有所不同的本体学说。因为他在第 3 章中虽然确认形式是第一本体,但随着提出本质是什么的问题,说本质是事物的"种的属",实际上就是形式。但他接着讨论本质的公式即定义,它的部分如何统一的问题;并且专门论证普遍不是本体的问题。不但他讨论的问题非常复杂,而且引出了普遍和特殊的矛盾。因此他的探讨没有得出积极的成果,不得不另觅新的途径。他采取的新方式便是直接讨论形式和质料的关系问题,讨论形式和质料是如何统一的。他认为形式和质料只是事物的两种不同的"是"的形态,质料是潜能的,形式是现实的,由潜能实现为现实,便是二者的统一,也就是事物的生成。这些思想是一般哲学史上讲的亚里士多德的形而上学的主要部分,就是他的形式和质料、现实和潜能的学说。这种学说在 H 和 Θ 两卷分别论述,而 Z 卷第 17 章则可以说是它们的导论。现在先介绍 H 卷中的形式和质料的学说。

### 第一节　新的探讨

Z 卷第 17 章开始,亚里士多德说:让我们重新开始说明哪一种东西应该被称为本体,因为从这里或许能对那和可感的相互分离的本体,获得一个清楚的看法。既然本体是本原和原因，我们便从这里开始。因为问"为什么"（dia ti）常常采用这样的方式：为什么这东西是那一个？当问文雅的人为什么是文雅的人时，就是探讨这个人为什么是文雅的，或是说他为什么是某个别的东西。（1041a6—14）因为这里说这种新的探讨可以对和可感事物"分离"（亚里士多德在这里用的是"在它以外 pera"，而不是"分离 chorismos"——引者）的本体获得一个清楚的看法，J.欧文斯认为这是为研究分离的本体作准备。① J.欧文斯念念不忘的是神学，他所说的"分离的本体"就是指第一动者——神。其实亚里士多德讲的"分离"，在不同的处所是有各种不同含义的。陈康的博士论文《亚里士多德论分离问题》中对亚里士多德所说的各种分离作了全面分析，将它们分为三大类型十六个问题。三大类型是：1."是"方面的分离，2.定义方面的分离，3.思想或认知方面的分离。② 亚里士多德在这里所说的分离，显然不是J.欧文斯所设想的在"是"方面和具体事物分离的第一动者，而只是在思想和认知方面可以和具体事物分离的形式和质料。在 $H$ 和 $\Theta$ 卷中讨论的主要是形式和质料以及它们的"是"的状态即现实和潜能的问题。

余纪元认为：亚里士多德提出的这个新的出发点就是探讨事物的原因，问为什么这个东西是那一个东西，即问为什么 A 是 B？这是要从原因方面来解释的。而 $Z$ 卷原来讨论的是什么东西"是"（ti estin），是要作本质的和结构的说明。所以这是两种不同的探讨方式。亚里士多德在作本质的说明中遇到了困难，便转而采用新的方式，从原因即"为什么"（die ti）方面寻求解决。③ 为什么 A 是 B？亚里士多德在这里举的例子是：为什么这个人是文雅的？"文雅的"是人的偶性，它之归属于人只是偶性的组合。亚里士多德主要问的是：为什么这些砖木是房屋？他的回答是：原因是由于形式。我们看他是如何分析的。

他说：问"为什么这个东西是它自身"是没有意义的。对于所有这类问题

---

① 参见 J.欧文斯：《亚里士多德〈形而上学〉中的"是"的学说》，第 235 页。

② 参见陈康：《〈亚里士多德论分离问题〉一书摘要》，载《陈康论希腊哲学》。

③ 参见余纪元：《亚里士多德的双重形而上学——〈形而上学〉Z、H、Θ 卷释义》，第 26—27页。

如"为什么人是人"、"为什么文雅的人是文雅的",最简单的理由和原因就是
回答"这个东西就是它自身";有人也许回答说"因为每个东西都不能和它自
身分离,而它恰恰就是这个",这是一个共同的最简单的回答。但是我们可以
问"为什么人是这样一种动物",显然这不同于问"为什么'是人的人'是人"。
我们是在探讨为什么这些东西是表述那些东西的。例如为什么打雷,为什么
云层中发出声音? 这就是探讨为什么一个东西表述另一个东西。为什么这些
砖木是房屋? 显然我们是在寻求原因。(1041a14—28)他的意思是:我们要
探究的是"为什么 A 是 B"而不是问"为什么 A 是 A"。因为后一种问题是没
有意义的。问"为什么 A 是 B"这里有两个因素 A 和 B,要探讨它们的关系,
为什么这一个是那一个的原因?

接着亚里士多德说:人们寻求的原因从定义上讲就是本质。在有些情况
如房屋和床就是它们的目的;有些情况则是最初的动者,这也是原因,当涉及
生成和消灭时便寻求动因;涉及"是"的情况则是寻求其形式因。(1041a28—
32)在亚里士多德看来,无论本质因、动因、目的因,都是形式;只有形式才是
使这些质料成为这个事物的原因。他在这里虽然说到最初的动者,但只是其
中的一种情况,并不占突出的地位。

亚里士多德再三申明:我们必须探究为什么这个词表述另一个词,为什么
这些因素构成一个整体,而不能只是单纯地问"人是什么"(这正是 Z 卷前 12
章所问的问题),因为那样问是没有结果的。既然有些东西已经给予了,显然
问题就是问为什么这些质料是房屋? 因为房屋的"是"出现在这些质料里面。
所以我们寻求的是原因,是使这些质料成为某个事物的原因。它是形式,也就
是本体。显然对那些单纯的东西是既不能寻求也不能传授,对这类东西是不
能探究的。(1041a32—b11)这个"单纯的东西(haplos)"指的是什么? 学者
有不同意见:大多数学者将它当做纯形式或神,也有学者认为它是抽象的观
念,是最后不能解释的东西。余纪元将这和 Z 卷第 4 章作比较,指出亚里士多
德在那里认为"种的属"是定义、是本质,他说本质的定义是一个单纯的公式
(1030a16),在这个公式中不包括质料。Z 卷第 4 章没有说到变化和原因,也
没有说到潜能和现实,所以出现许多难题无法解决。而第 17 章却将本体作为

原因来探讨,找出其原因即形式如何与质料结合成为一个组合物,从而铺下了区别潜能和现实的道路。这就是第 17 章和第 4 章的根本区别,所以第 17 章开始了一个新的起点。余纪元认为这个"单纯的东西"是指第 4 章中所说的本质,并不是神。说它不能探究,就是因为上一次探究已经失败了。①

亚里士多德用两个例子:字母组成音节、火和土组成肌肉,来说明这个道理。音节 ba 是由字母 b 和 a 组成的,但音节 ba 和字母 b 与 a 是不同的,肌肉和火与土也是不同的;因为当字母 b 和 a 分开时,音节 ba 便不存在。所以要使 b 和 a 组成音节 ba,必须由另外某个东西来使之完成。这个东西既不能是某个字母即因素,因为那样就得由 b、a 和另一个字母组成,就会无穷推到无数个字母;这个东西也不能是一个组合物,因为那样,除了 ba 这个组合物外还得有另一个组合物,也同样可以推到无穷。所以使字母组成音节、使火和土组成肌肉的这个东西是原因,是它使这些东西成为音节,使那些东西成为肌肉的原因。这个东西就是每个事物的本体,也就是它的首要的原因。(1041b11 — 33)这个首要的原因就是形式。

这便是 Z 卷第 17 章最后得到的结果。可以看出这并不是结论,更不是 Z 全卷的总结;它只能是另一场讨论的开始,仅仅是一个导论。


## 第二节　形式和质料

H 卷第 1 章开始一长节(1042a3 — 24)是对 Z 卷讨论的问题作了概括性的回顾,显示 H 卷是 Z 卷的继续。但是在这概述中没有提到第 17 章,也看不到第 7 至 9 章的内容,可能亚里士多德在写这段概述时,这几章还没有并入 Z 卷中。

---

① 参见余纪元:《亚里士多德的双重形而上学——〈形而上学〉Z、H、Θ 卷释义》,第 31 — 35 页。

## 一 质料是什么

接着亚里士多德开门见山地说:现在让我们讨论一般公认的本体,那就是可感觉的本体。可感觉的本体全都具有质料。基质是本体,它的一个意义是质料。他说,我所说的质料是指不是现实的"这个",而只是潜能的"这个"。本体的另一个意义是公式(logos)或形状(morphe),它是"这个",是能够在公式上分离自存的。第三个意义则是这二者的组合物,只有它们是能生成和消灭的,是能单纯分离(choriston haplos)的;而那些以公式表示的本体则有些能分离,有些不能。(1042a24—32)这里又重新提出基质的三分法,即质料、形式和具体事物。在 Z 卷中也讲过这种三分法,但是比较其中的哪一种更是本体,结论是形式是第一本体。而形式就是本质,从第 4 章起主要讨论本质的问题,将质料抛在一边。H 卷却一开始就提出质料和形式,并且说形式是现实的"是",质料是潜能的"是",以后便循着这个方向讨论下去。由此可见,H 卷和 Z 卷是两种不同的思想线路,Z 卷第 17 章提出的问题和 H 卷的思想是一致的,和 Z 卷大部分章节的思想并不一致。在这里亚里士多德还说到两种分离:一种是形式,它只是在公式(logos)上分离,也就是在逻辑上是分离的;另一种是具体事物,它们彼此间是单纯的即在实际上是分离的,属于陈康所说的"是"方面的分离。

在 Z 卷中没有专门讨论质料,在 H 卷接下去亚里士多德先谈论质料。他说:无疑质料也是本体,因为在发生任何对立的变化时,总有某个在变化底下的基质,比如从位置方面说,总有个东西现在在这里,后来到了那里;从增长方面说,有个东西现在这样大,后来变大或变小了;从转变方面说,有个东西现在健康后来有病了;在本体方面说,也是有个东西现在产生,后来消灭掉;现在是"这个"的基质,后来是"缺失"的基质。在本体的变化中包括有别的方面的变化,而别的方面的变化却不必包括本体的变化,因为具有位置变化的质料并不必然是具有生成和消灭的。至于单纯意义的变化(生成和消灭)和非单纯意义的变化(位置、性质和大小的变化)的区别,已经在《物理学》(225a12—20)中说过了。(1042a33—b8)

## 二　形式是什么

　　$H$ 卷第 2 章是接着第 1 章讲的,亚里士多德转而讨论形式,并且立即将它和德谟克利特的学说联系起来。他说:既然作为基质的质料是潜能的,已经为一般所承认;现在要说的是现实性意义的本体。德谟克利特似乎认为事物之间有三种差异,而作为基质的原子是没有不同的。差异或者是在样式即形状上,或者是在转动即位置上,或者是在接触即次序上有不同。可是显然差异是多种多样的,例如,有些事物是由于质料组合方式的不同,如蜜水是混合而成的,一束木棍是捆在一起的,书是胶粘在一起的;别的是由于位置的不同,如门槛和门框是由于安放位置的不同;也有是由于时间的差异,如早餐和午餐;也有是由于地点的差异,如不同的风向;别的是由于可感事物的属性的不同,如硬和软、密和疏、干和湿;有些是由于其中的某些性质,有些是由于所有这些性质。总而言之,有些是过度,有些是不足。( 1042b9 — 25 )由此可见亚里士多德的形式和质料的学说是从德谟克利特的原子说转变过来的,至少是受到原子学说的启发。不过德谟克利特认为事物的本原是原子,原子在形状、位置和次序上的差异,仅仅是原子的样式,是次要的。而亚里士多德却将这种主次关系颠倒过来了。他认为原子只是事物的质料,只是潜能的;决定事物之所以是这个事物,而不同于别的事物的,是它们彼此间的差异,这就是形式,它是现实的,这才是首要的本原。德谟克利特和亚里士多德在这点上的对立,也许就表示了古代希腊唯物论和唯心论的一个根本区别。亚里士多德在这里所说的"差异( diaphora )"就是在 $Z$ 卷中所说的公式"种加属差"中的"属差",他认为这是决定事物性质的。

　　所以亚里士多德接着说:显然,"是"有这样多的意义:说它是门槛,是因为它被摆在这样的位置上,它的"是"就表示它处在这样的位置;说它是冰,就表示它以这样的方式冻结的。说它是某个东西,都是由这些来规定的,有些东西的部分是混合的,有些部分是捆绑在一起的,有些部分是凝聚的,其他东西具有别的差异,如手和足便需要有复合的规定。因此我们必须掌握各种不同种类的差异,因为它们是"是"的本原。如事物是由多和少、密和疏等等规定的,这些都是过度和不足。有些东西的"是",就是指它们是被混合的,它们的"不是",就是没有被混合。(1042b25—1043a1)他反复举例说明事物的差异是各种各样无限多的,决不止德谟克利特所说的那三种。正是这些差异规定了这个事物之所以"是"这个事物,所以差异即形式是一切事物所以"是"的本原。

但是对差异还要加以分析,他说:既然每个事物的本体是它所以是这个事物的原因,我们就要在这些差异中寻求这种原因,这些差异并不都是本体,即使将它们和质料合在一起也不是本体。但在每个情况中都有和本体可以类比的东西,在本体中那表述质料的谓词自身就是现实的。例如为门槛下定义时说它是"这样放置的木或石",房屋是"这样放置的砖和木材"(在有些情况中还有它的目的);冰是"以某种方式冻结的水",而和音是"以某种方式混合的高音和低音"等等。(1043a2—12)因为有些差异只是表示事物的性质、数量、关系,即使它们和质料合在一起也不表示本体;只有那表述质料的差异的,才是现实的,可以和本体类比,因为它使这些潜能的质料成为现实的了,它是使这个事物所以"是"这个事物的原因。这种差异就是形式。

所以他说:如果将房屋定义为砖、石和木料,那是说潜在的房屋,因为这些都是质料。如果说它是"遮蔽人和物品的处所",则是说现实的房屋。将这二者结合起来便是第三种本体,是由形式和质料组合成的具体的房屋。他认为关于差异的公式是形式或现实的公式,而关于组合物的公式则更多说的是和质料有关的公式。(1043a12—21)所以关于房屋,亚里士多德先后说了两个公式:一个是"这样放置的砖和木材",这是指具体的房屋,讲了它的质料;另一个是"遮蔽人和物品的处所",讲的是房屋的目的,也就是它的形式。

### 三 形式和具体事物

为了进一步说明形式和质料的关系,亚里士多德在第3章又提出一个问题:我们有时分不清一个名词是表示一个组合物呢,还是表示现实和形式?例如"房屋",是表示一个组合物"由砖、石以某种方式安排而成的遮蔽处所"呢,还是现实的形式"遮蔽的处所"?"线"是"长度中的二"呢,还是"二"?(当时将点说成是"一"，线是"二"，体是"三"。）"动物"是指"灵魂在躯体中"呢，还是只指"灵魂"？因为灵魂是躯体的现实和本体。"动物"在这两方面都可以用，它并不是只由一个公式规定的，而是和单一的东西有关。这个问题对于研究可感觉的本体并不重要，而对另一目的却是重要的，因为本质确实是属于形式和现实的。"灵魂"和"是为灵魂"是相同的，而"人"和"是为人"却是不同的，除非将赤裸裸的灵魂也叫做"人"。在一种情况下它们是相同的，在另一种情况下是不同的。（1043a29—b4）亚里士多德提出这个问题是为了将形式和具体事物分开，在形式的公式中不包含质料，只有具体事物的公式中才包含质料。他认为这个问题所以重要，因为它可以说明形式就是事物的本质。他举的例子是灵魂和人：灵魂是人的形式也就是人的本质，所以灵魂和灵魂的形式即本质（"是为灵魂"）是相同的，而人和人的本质（"是为人"也就是灵魂）是不同的。这里亚里士多德回到 Z 卷讨论的问题，即关于本质的问题。但显然可以看到他已经修改了原来的说法，不再说人的本质是"两足动物"，而说是灵魂了。"两足动物"最多只能说是人的形式因，是区分人和马、狗等"四足动物"的原因，而"灵魂"才是人之所以是人的真正原因。

所以他说：在这种探讨中我们发现音节并不是字母加上结合组成的，房屋也不是砖木加上结合组成的，因为结合和混合并不是组成那些事物的东西，其他情况也是这样。位置并不是由门槛构成的，毋宁说门槛是由位置构成的；人也不是动物加上两足的，如果这些是质料，便必须在这些以外还有某个东西。这个东西既不是整体中的因素，也不是组合物，而是本体；可是人们往往将它忽略了，只说到质料。可是这个东西是事物所以"是"的原因，而且这原因就是本体，因而他们没有说到本体自身。（1043b4—14）亚里士多德在这里继续说明形式，但不是从正面说形式是什么，而是从反面说形式不是什么。他说形式不是那些组成事物的质料，也不是组合或混合，而是在这些质料以外的某个东西，它是使这些质料成为这事物的原因。这里他专门说人不是"两足的"加上"动物"，因为它们不过是整体的两个因素，并且将它们比做质料。这是修正了 Z 卷的观点，那里是将"两足的动物"当做人的形式和本质的。后来他也将动物这个"种"比做质料，但两足的这个"属差"还是形式。可见在人的形式这个问题上,亚里士多德也是在不断探索的。

　　亚里士多德又说形式必然是永恒的,不是在生灭过程中的;因为已经证明没有人能制造或产生形式(Z 卷第 8 章),只有由形式和质料组成的具体事物才是生成的。至于可消灭事物的本体(和这个事物)是不是分离的,他认为不清楚,但有些情况如房屋、器具这类个别事物和它们的形式本体是不能分离的。但是他又说:或许这类人造物自身以及任何不是自然形成的事物都不是本体,因为人们可以说在可消灭的事物中只有它们的自然本性(形式)才是本体。最后亚里士多德认为安提斯泰尼学派(小苏格拉底学派的昔尼克学派,见本书第二卷第 478—481 页)和别的没有受过教育的人提出的难题是有道理的:他们认为那个是什么的东西(ti esti)是不能下定义的,对它们只能说一串冗长的废话。例如对于银是什么? 他们认为不可能现实地说明它是什么,只能说它"像锡"。只有对于一种本体是可以下定义说明它的公式的,那就是组合物,无论它是可感觉的或是可思想的;但是组成它的首要部分(即形式)是不能定义的。因为定义的公式总是以这个表述那一个,其中一部分是质料,另一部分是形式。(1043b14—32)

　　亚里士多德将形式和具体事物区别开,说具体事物的公式是包括形式和质料两个部分的,而形式的公式中却不包括质料。但是不包括质料的形式如何定义? 它的公式是什么? 亚里士多德发现这实在是个难题。他甚至承认那些没有受过教育的人的意见,认为对那个是的东西(即形式)是不能定义的。比如问"银是什么",只能说它"像锡"。所以发生这样的难题,根本原因还是在于当时科学发展的水平很低,不可能说明许许多多事物的本质。比如对于银和锡,便根本不可能说明它们的本质区别。亚里士多德的形式本来就是柏拉图的"相",他批评柏拉图没有能说明"相"是什么,只是在同一名词后面加上"它自身"而已。亚里士多德说形式是事物的原因,是本质,确实将人们的认识大大地推向前进了,因为人们不再说空洞的"相",而要去探求事物的本质,寻求这个事物之所以是这个事物的根本原因,这样就使哲学和科学都可以不断发展了。但是在亚里士多德所处的历史条件下,他虽然在哲学方面提出了这种具有划时代性的理论,但在科学方面却受到当时条件的限制,无力说明众多事物的本质即形式是什么，他只能说形式的问题是"最令人困惑的"（1029a33）。如果我们考虑到，两千多年来各种科学的发展，正是表示人们对各种事物的本质的认识在一步步加深的过程，就可以认识亚里士多德的形式学说的历史意义了。

## 第三节　最接近的质料和形式

*H* 卷第 4 章又讨论质料。亚里士多德说：我们不要忘记质料本体，即使万物都来自一个最初的东西，或是有同一个东西作为它们的最初原因，即由同一质料作为它们产生的本原；但是每个事物总有它最接近的固有的质料。例如黏液的质料是甜汁和脂肪，胆液的质料是苦汁或别的东西，虽然这些东西可能都出于同一个原始质料。而且同一个事物可以有几个质料，例如黏液出自脂肪，脂肪又出自甜汁；即使将胆液分解到最后，也可以说它来自苦汁。因为说一个东西来自另一个东西有两种意义，或者是发现它的过程的前一个阶段，或者是将它分析到最后的本原。（1044a15—25）这里说的是最后的质料和最接近的质料。早期自然哲学家认为万物的本原是水火土气这类元素，将它们当成是最后的质料。但在亚里士多德看来，这些元素各有不同的规定性，仍是由形式和质料一起构成的，所以还不是最后的质料。他在 *Z* 卷第 3 章中说，要将各种各样的性质和能力，以及长、宽、高等各种规定性都去掉以后，剩下的那个赤裸裸的没有任何规定性的基质，才是最后的质料。（1029a10—25）他认为即使万物都是从最后的质料产生出来的，每一个事物也都有它自己的最接近的质料。他举的黏液和胆液的例子，只能表示当时的科学水平还不足以认识它们的最接近的质料。用亚里士多德常举的房屋为例：房屋是由砖瓦构成的，砖瓦是由泥土构成的，泥土是由水和土构成的；将水和土的冷热、干湿以及长宽高、动和不动等规定性全部去掉以后，剩下的才是最后的质料，这就是最早的物质概念。由此可见在最接近的质料和最后的质料之间有一系列中间的质料。质料的这个系列和在 *Z* 卷第 12 章中用二分法划分属差，得到属差的属

差,直到最后的属差的系列极其相似。亚里士多德实际上是将那里所说的最后的属差,也就是这个事物的形式,和这里说的最接近的质料看成是同一个东西;不过它们的"是"的形态不同,前者是现实的,后者是潜能的。H 卷最后得出这样的结论。

既然一个事物的质料可以推出一个系列,因此可以说同一事物也可以有几个质料,如砖瓦、泥土、水和土都可以说是房屋的质料。而且同一质料由于不同的动因可以造出不同的事物,如木材既可以造成床又可以造成箱子。但是有些不同事物的质料必须是不同的,例如木材不能造成锯子,这并不是因为动因的能力不同,而是因为木材自身是造不成锯子的。可是也有同一事物能由不同的质料造成,这是因为造成它们的技术即动因是相同的。如果质料和动因都是不同的,那么造成的事物也一定是不同的。(1044a25—32)造成事物同或不同的原因有两个方面,即它的质料和动因。如果这两个方面都相同或者都不同,那么造成的事物必然都相同或者都不同;如果这两个方面有一方面相同而另一方面不同,则造成的东西可以相同也可以不同。

亚里士多德又分析四因,他说:既然原因有多种意义,我们探究事物的原因时就应说出一切可能的原因。例如人的质料因是什么? 是月经;动因是什么? 是精子;形式因是什么? 是他的本质;他是为了什么? 是他的目的。他说,后二者(形式和目的)可能是同一个,这就是我们必须说出的最接近的原因。问一个事物的质料是什么? 不能说是火或土,必须说出这事物的最接近的质料。(1044a32—b2)在这里他说形式因和目的因可能是同一个,是最接近的原因。这当然不是指最接近的质料,而是指它的形式。要是具体说这个最接近的形式是什么呢? 用他自己讲过的例子,如房屋的形式因是"如此安排的砖石和木头",它的目的因是"遮蔽人和物的处所",如果将它们合起来说就是"将砖木如此安排成遮蔽人和物的处所"。可是关于人的形式因和目的因呢? 他先将人的本质定为"两足的动物",后来又改为灵魂;可是灵魂又是人的动因,而现在亚里士多德却说人的动因是精子;人的目的因,照他在伦理学著作中所说应该是"善"。那么人的最接近的形式因和目的因究竟是什么呢?

大概亚里士多德也觉得这些问题不容易说清楚,所以他分别各类不同的本体,列举一些实际情况进行讨论。他说:对那些自然生成的本体,如果它们的原因确实就是这些,那么我们这样探讨就是正确的。但对那些自然的却又是永恒的本体,道理便不一样,其中有些可能没有质料;或者不是这一类(有生灭的)质料,而只有能在地点上运动的质料(指日、月等天体的质料)。对那些自然的却不是本体的东西(指性质、数量等次级范畴),它们是没有质料的,只能说它们的载体是它们的质料。例如月食的原因和质料是什么?它没有质料,月亮只是那个遭受蚀的东西,是载体;消灭光的动因是地球;它可能没有目的因;形式因是定义的公式,但如果不包括原因(这里专指动因)便是不清楚的,如问月食是什么?是光的缺失,如果加上"地球插入中间",便是包括了原因的公式。至于睡眠这种情况,起最接近作用的东西是什么呢?便不清楚了;我们也可以说是动物,但动物又是由于什么,即最接近的主体是什么,是心脏还是别的部分?再说睡眠是由什么产生的?它是由最接近的主体感受的,还是由动物整体感受的?我们能说睡眠是某种这样的静止吗?可以,但又是由于什么使它发生这样的改变呢?(1044b2—20)亚里士多德虽然得出事物有四种原因的结论,但他首先还是尊重事实。他分析各种不同的本体,认为并不是任何本体或属性都一定具有这四种原因,有的东西可能没有其中某种原因。他又具体分析某些经验事实:他对月食的分析,即使从现在的观点看也基本是正确的,因为当时希腊的天文学已经认识月食的原因是地球插入中间。但是对于睡眠的原因,即使是亚里士多德这样在当时是杰出的生理学家,也说不清楚,因为受科学水平的限制。

第5章继续提出这类问题讨论,首先提到的是那些不是生成和消灭的东西,例如"点",一般说"形式"是没有质料的。所有生成的东西都是从某个东西生成,并生成为某个东西。但是只有木头成为白的,并不是"白"生成了;也并不是一切相反的东西都能相互生成,白的人来自黑的人和白来自黑是不一样的。并不是所有的东西都有质料,只有那些生成的或变成别的事物的东西才有质料;那些不在变化中的东西是没有质料的。(1044b21—29)抽象的东西如点、形式以及和本体分离的性质、数量如"白"等,都是没有生成和消灭,没有变化,也没有质料的。只有某个事物的黑的颜色能变成白的颜色,某个黝黑的人会变成白净的人;"白"是抽象的,它不能变成黑。

亚里士多德认为变化是一对相反状态的互相转变,所以他提出一个困难的问题:每个事物的质料和它的相反状态是如何发生关系的? 例如身体是潜在的健康,而健康和有病是相反的,那么身体是不是既是潜在的健康又是潜在的有病呢? 水是不是潜在的酒和醋呢? 可以说身体和水是质料,一方面是从它们的正面状态即形式方面说的,另一方面是从它们的负面状态即缺失方面说的。但是这样也有困难,因为醋是由酒变成的,为什么不能说酒是醋的质料和潜在的醋呢? 为什么不说活人是潜在的死人呢? 事实上不能说酒和活人是质料,因为消灭或腐败出于偶然,而活人的质料自身毁坏才成为死人的潜能和质料,酒的质料的毁坏才成为醋的质料。这一些东西来自另一些东西,正像黑夜来自白昼一样。凡是这样互相转化的东西,都要先回到质料,例如活人来自死人,必须先回到它的质料(水和土),然后才能产生生命;醋要先回到水,然后才能再生成为酒。(1044b29—1045a6)由此可见,亚里士多德想说明的本来都是科学研究的问题,比如健康的人如何变成有病,活人如何成为死人,酒如何变成醋? 等等。亚里士多德对这些问题,在它们的形式和质料的关系上已经能够作出基本正确的解释;至于它们变化的具体原因,则要随着科学的不断发展,人类才能逐步地认识。

## 第四节　形式和质料的统一

亚里士多德在Z卷第12章讨论过本质的统一问题,本质的公式即定义是由"种"和"属差"两个部分组成的,这两个部分如何成为一个统一的本质? 他还提出第二个问题:属差可以一层层划分下去得出许多个属差,它们又如何成为一个统一体? 对于后一个问题他用二分法作了回答,认为前一层划分的内容包含在后一层划分之中,因而最后划分的属差包含了以前所有属差的内容,所以所有的属差都统一在最后的属差之中。但是对前一个问题他并没有作出回答，说人的本质是"两足的动物"，其中的"种"（动物）和属差（两足的）为什么是统一的？亚里士多德说属差就是形式，他将种比为质料，但这二者为什么是统一的呢？他并没有作出说明，也许这是使他要重新作一次探索的一个重要因素。在这个新的探索中他先将具体事物直接分析为形式和质料，认为形式是使质料成为这个事物的原因。因而他要解决的统一问题不再是本质的公式中的两个部分"种"和"属差"如何统一的问题，而是具体事物的两个因素"形式"和"质料"如何统一的问题。这就是 H 卷最后第 6 章要说明的问题。

亚里士多德在第 6 章开始时说：现在回到已经说过的难题：使定义和数目成为统一体的原因是什么？凡是有几个部分的东西，并不仅仅是一堆东西，而是在这些部分以外的一个整体，它们成为"一"都是有原因的；或者是由于接触，或者是由于黏合，以及其他类似的原因。由一组词组成的定义是统一的，并不像 Iliad（伊利亚特）那样只是字母连在一起，因为定义总是关于一个对象的。那么是什么使"人"成为"一"的？为什么他是一而不是多，不是"动物"加上"两足的"呢？尤其是有人认为有"动物自身"和"两足自身"。为什么"人"不就是那些"自身"呢？为什么人不是分有"人"也就是分有"一"，而是分有二，即动物加上两足的呢？（1045a7—20）他认为一个由几个部分组成的整体应该是一个统一的整体，所以由部分组成的定义也应该是统一的。如果像柏拉图学派那样对每一类东西都设定一个"相"，那么"人"便要分有"动物的相"和"两足的相"，便是多而不是"一"了。

因此他说：显然如果人们用通常的定义和说法是无法解决这个难题的；只有按照我们说的：一方面是质料，另一方面是形式，一个是潜能的，另一个是现实的，这个问题才能解决。这个难点和说头盔的定义是"圆形的铜"相同，它是一个定义的公式，问题在于"圆形的"和"铜"二者统一的原因是什么？说它们一个是形式，另一个是质料，这困难就解决了。在生成的事物中，使潜能的东西成为现实的原因，除了制造者之外，还能是什么呢？因为使潜能的圆成为现实的圆，除它们的本质外没有别的原因。（1045a20—33）亚里士多德认为在生成的事物中，使潜能的东西成为现实的原因是那个动作者，是动因；但他同时又说使潜能的圆成为现实的圆的，是圆的本质。这样他将动因和本质因结合起来了,说这就是形式。因为在这里他已经指出质料和形式的关系是潜能和现实的关系,任何事物的运动变化以及生成消灭都有从潜能到现实的过程。因此他在 H 卷中分析形式和质料,已经将它们摆在动态过程中考虑,和 Z 卷中第 4 至 6、10 至 12 章中只将"种"和"属差"作静态的分析,已经是两种不同的研究方式。

他又进一步指出:质料有的是可思想的,有的是可感觉的;而在公式中总是既有质料也有现实的东西,例如圆是一个平面的图形。但是那些既没有可感觉的质料又没有可思想的质料的东西,它们每一个都是"一",是一个是的东西;是某一"这个"或某一性质或数量。正因为这个缘故,在它们的定义中既不出现"是",也不出现"一"。它们每一个的本质既是"一"也是"是";所以不需要为它们的"是"和"一"寻求解释,因为它们每一个直接是"是"和是"一"。既不是因为它们属于"是"和"一"的种,也不是说"是"和"一"可以和个别事物分离存在。(1045a33—b7)亚里士多德认为不带任何质料的纯形式自身就是一个"是的东西",是一个这个;它们每一个的本质就是"是"和"一",所以不必为它们的统一性寻求解释。

亚里士多德最后说:由于有些人说"分有",所以又产生了关于统一性的难题:分有的原因是什么? 以及什么是分有? 别的人说是"共有"(sunousian,英译 communion),如吕科弗隆(智者高尔吉亚的学生)说知识就是认知活动和灵魂的共有;也有人说生命是灵魂和肉体的结合或联结。可是这种说法可以应用于一切情况,如说健康的人就是灵魂和健康的共有、结合或联结,这个铜的三角形就是铜和三角形的结合,这个白的东西便是它的表面和白色的结合。这是因为人们都是在寻求潜能和现实之间的统一的公式,以及它们之间的差异。但是正如我们所说的:最接近的质料和形式是同一的"是",不过一个是潜能的,另一个是现实的。所以寻求它们统一的原因,也就是寻求它们是"一"的原因。因为每个个体都是一个统一体,它的能力(潜能)和现实作用总是同一的。它的统一的原因不过就是从潜能到现实的运动。而一切没有质料的东西都是单纯的"一"。(1045b7—23)这就是亚里士多德最后作出的结论:为什么形式和质料是统一的? 因为最接近的质料和形式本来就是同一个东西,不过一个是潜能的,而另一个是现实的,使潜能向现实运动就是这二者的统一。

亚里士多德既然将质料和形式的统一归结为潜能向现实的转化,因此只有理解了亚里士多德的潜能和现实的学说以后,才能完全理解他的质料和形式的学说。这样我们便应该转到下一章,讨论 Θ 卷中的潜能和现实的理论。

# 第十五章

# 潜能和现实——《形而上学》Θ卷

《形而上学》Θ卷讨论潜能和现实,是亚里士多德本体论思想的一个重要方面。"潜能"这个词是对希腊字 dynamis 的翻译,陈康分析亚里士多德所说的 dynamis 有三种含义:1. 能或能力,2. 可能,3. 潜能。在西方语文中,能和潜能没有明确区别,如英文 potency 既是能力又是潜能;中文的"潜"字表示潜在尚未实现的意思,用来翻译亚里士多德的和"现实"相对的 dynamis 是很恰当的。但是亚里士多德形成"潜能"这样的概念也是有发展过程的,在 Δ 卷第12 章分析 dynamis 的不同含义时,只有能力和可能两种,还没有潜能的意思。Θ 卷共 10 章:第 1、2 章讲的是能力,第 3、4、5 章讨论可能和不可能,第 6 至 9章讨论潜能和现实的关系,第 10 章讲真和假的问题。

陈康在 20 世纪四五十年代对亚里士多德这方面的思想进行过专门研究,在《陈康论希腊哲学》书中保存了他当时在国内外发表的四篇论文:《亚里士多德哲学中"哀乃耳假也阿"(Energeia)和"恩泰莱夏也阿"(Entelecheia)两个术语的意义》、《亚里士多德的两个术语 Energeia 和 Entelecheia 之异同》、《亚里士多德哲学术语 Energeia 的几种不同意义》和《麦加拉学派所谓的可能和亚里士多德所谓的可能》。陈康将亚里士多德的潜能和现实的学说称做"准是态的意义"(Quasimodal bedeutung)。他说:亚里士多德在 H 卷中的主要学说是"最接近的质料"和形式在内容方面是同一的,然而它们却不是同一事物,而是有差别的。它们的差别只是在它们所是的状态上的差别,一个是潜能的"是",另一个是现实的"是"。为什么说是"准是态"呢? 陈康认为亚里士多德所说的潜能和现实,还不是后世所谓三种是态(必然的、真实的和可能的)中的那两个;它们和是态的最大分别,乃是亚里士多德的潜能和现实概念中都含有目的的成分,这是后来的模态概念中所没有的,所以将它们称做准是态。① 陈康后来在《智慧,亚里士多德寻求的学问》书中,对这对概念也作过分析。他的这些著作是本章的主要参考资料。

## 第一节 主动的能和被动的能

在本卷第二编"自然哲学"中曾讨论过亚里士多德的"运动(kinesis)"概念,现在专门论述他在《形而上学》书中有关这个问题的论述。

我们先从 Δ 卷第 12 章讲起,那里分析 dynamis 的各种意义,主要是区别主动的能力和被动的能力。他说:dynamis 的一种意义是运动和变化的本原。它是在被变动事物以外的另一个事物之中,或是在被变动事物自身(却是作为另一个事物的)之中;前者如建筑术是一种能力,它不在被建造的房屋之中;后者如医疗术这种能力也可以在被治疗的病人之中,如果这个病人恰巧是位医生,他不是作为病人而是作为医生具有这种能力。Dynamis 的另一种意义是被变动的本原,就是能承受另一个事物(或作为另一个事物的它自身)的运动的能力,是被动的能力。他说有时我们将所有主动的和被动的能力都叫做 dynamis,有时却只将那些做得好的才叫做 dynamis。他又说,那些绝对不变,不能被变动或不能变坏的东西也叫做 dynamis,而破碎、毁坏以及一般的消灭等并不是由于有能力而是由于缺乏某些能力;至于在这些过程中很少或不受作用的,也是由于一种能力,使它"能"做某些事情,并且是在某种积极状态中的。(1019a15—32)亚里士多德在这里区分了主动和被动的能力,他后面提出的那种只是主动不是被动:不受作用的东西,便是所谓"不动的动者"的伏笔了。

---

① 参见《陈康论希腊哲学》,第 355—360 页。

他从这种 dynamis 的意义推到可能和不可能,他说:不能就是能力的缺失,一般说有或没有能力是自然的,一个孩子、一个成人和一个阉人之不能生育,意义是不同的。(孩子是还不能生育,成人是不能生育,阉人是不可能生育。)对每一种"能"都有相反的"不能";"不可能"也是一种不能,但是和它相反的东西必然是真的。比如正方形的对角线不能和它的边线通约,这种通约是不可能的,必然是假的;而和它相反的——二者不能通约,却必然是真的。但是和"不可能"相反的"可能"却不是这样,如说他可能坐着,则他不坐着并不必然是假的。所以"可能"的一个意义是并不必然是假的,另一个意义是真的,再一个意义是可以是真的。(1019b15—33)

Δ 卷第 12 章分析 dynamis 时只讲到这两种意义,没有谈到和现实相对立的"潜能",在整个 Δ 卷中没有专门讨论"现实"这个范畴。

Θ 卷第 1 章也是从主动和被动的能力的意义上谈的,亚里士多德说:我们已经讨论过首要的"是"即本体以及性质、数量等依存于本体的范畴,"是"还可以从潜能和现实的作用方面来划分。我们现在就来讨论这一方面。(1045b27—35)亚里士多德在 Θ 卷一开始就将潜能和现实的意义和"是"联系起来。在 Δ 卷第 7 章分析"是"的不同意义时,他指出有四种:1. 偶性的"是",2. 自身的即范畴的"是",3. 真的"是",4. 潜能的和现实的"是"。所以潜能和现实是"是"的一种形式,是一种"是态";因为它们含有目的的意义,所以陈康称它们为"准是态"。Θ 卷是在这种意义上讨论潜能和现实的问题的。

亚里士多德说:先讨论严格意义的 dynamis,虽然这对我们所要讨论的目的并不是很有用的,因为潜能和现实的意义是超出了和运动有关的范围的。我们先说明第一种 dynamis,然后在讨论现实时再来解释别种 dynamis。他说已经在别处(即 Δ 卷第 12 章)指出过 dynamis 有几种意义,首先这种 dynamis 是变动的本原,它是在另一个事物中,或者是在作为另一个事物的这个变动事物自身之中的。另一种是承受变动的本原,它是被另一个事物,或作为另一个事物的这事物自身所变动的。再有一种是不能变坏也不能消灭的变动的本原,它是在另一个事物,或作为另一个事物的它自身之中的。所有这些都是首要的 dynamis 的公式。它们被称为"能",或者是主动的能,或者是被动的能,

或者是变好的主动,或者是变好的被动的能;后一种的公式已包括在前一种
"能"的公式之中。(1045b35 — 1046a19)这里所讲的主动的和被动的能,和 Δ
卷第 12 章是一致的,不过更加突出了向好的方向变动的方面,这就是目的,亚
里士多德的潜能和现实的学说是贯彻目的论思想的。

亚里士多德说:在一种意义上主动的能和被动的能是同一个,因为同一个
事物既能被动又能使其他事物变动。但在另一种意义上,能又是不同的,一种
能是在被动的东西中的,因为它包含被动的本原,质料便是被动的本原,这个
东西被另一个东西所动,如油是能被燃烧的,脆的事物是能被打碎的,等等。
还有一种能是在动作的东西中的,如热是能产生热的,建筑术是在建筑的人中
的。作为一个整体,一个事物是不能为它自己所动的,因为它是一个东西而不
是两个不同的东西。至于"不能",它是"能"的缺失,是和"能"相反的;对于
相同的主体和相同的过程,每一个"能"都有一个相应的"不能"。这种缺失也
有几种意义,或者是没有这种能,或者是自然应有的却没有,或者是一般地没
有,或者是特殊地没有,如不完全有,或者是根本没有。自然可以有的东西被
剥夺了,就是缺失。(1046a19 — 35)

在第 2 章中亚里士多德区分理性的能力和非理性的能力。他说:变动的
本原有些是在没有灵魂的事物中,有些是在有生命的事物中,在灵魂的理性
(logos)部分中;显然有些能是非理性的,有些能是理性的。所以一切技艺即
一切创造性知识都是能,它们是在一个事物中的,或者是在作为另一个东西的
技术者自身中的变动的本原即动因。(1046a36 — b4)

接着他分析理性能力,他说理性能力能造成相反的结果,而非理性能力却
只能造成一种结果,如热只能造成热,可是医术却既能造成健康,又能造成疾
病。因为知识是理性的说明,它既能说明一个东西又能说明它的缺失,只是以
不同的方式而已;在一种意义下它可以应用于这两方面,在另一种意义下它主
要应用于正面。所以这样的知识必然可以处理相反的两面,不过对这一方面
是由于它的本性,而对另一方面却不是由于它的本性;因为理性应用于这个对
象时是根据它自身,而应用于另一对象时却只是根据偶性。它总是用否定来
揭示那个相反的,相反的是首要的缺失,是对正面的否定。相反的东西不会出

现在同一事物之中,但是知识是一种理性的能力,灵魂是运动的本原。当健身术只能造成健康,热量只能造成热,冰只能造成冷时,有知识的人却可以造成两种相反的结果;因为运用于这两方面的理性虽然是相同的,却可以不同的方式起作用。理性能力就在具有运动本原的灵魂之中,灵魂能从同一个本原出发,作两种不同的行动。所以理性的能力能够对没有理性能力的事物起相反的作用,因为它所造成的东西,都是包括在同一个本原即理性之中的。显然那做或被做的能,总是被包括在做得好或被做得坏之中的,可是被做得好或做得坏却并不总是被包括在被做或被不做之中;因为想要做得好的人必然会去做它,而仅仅想去做的人却未必能做好。(1046b4—28)这里亚里士多德区别理性能力和非理性能力,论证非理性能力只能造成一种结果,而理性能力却能造成两种相反的结果。最后他又区别一般的做和要将事情做好,认为是后者决定前者。可以说他已经提出了自由和必然的问题,这不仅对以下讨论现实性问题是重要的,而且也是亚里士多德的伦理学说和政治学说的一个重要理论基础。

## 第二节　可能和不可能

Dynamis 的第二种意义是"可能"。但在亚里士多德时代还没有形成专门的"可能"的词,它和"能"、"能力"、"潜能"都是用 dynamis 及其变化形式来表述。后人翻译和解释时往往根据上下文意义,将它们译为不同的词。如罗斯的英译,一般将 dynamis 译为 potency,但也根据不同情况,分别译为 power, capable, possible, potential。R. Hope 的英译本后面附的"术语索引"中,在 dynamis 条下写出拉丁文译文 potestas, potentia,英译文 power, potency, potentiality;而在 dynaton 条下写出拉丁译文 possibile,英译文 possible, potential, capable。陈康将 dynamis 概括为能或能力、可能、潜能这样三种意义,是按照中文用法比较准确地表述亚里士多德所说的不同意义的。我们将它分别译为这三个词,在不可或不必区分时则统译为"能"。

　　亚里士多德在第 3 章中主要批评麦加拉学派关于可能的思想。本书第二卷论述麦加拉学派哲学思想时,曾讲到狄奥多罗和斐洛的模态学说(第 563—565 页),但那是在亚里士多德以后公元前 3 世纪时的思想,早期麦加拉学派关于可能的思想,没有其他历史资料。

　　亚里士多德在第 3 章开始时说:有些人如麦加拉学派认为,一件事情只有在现实时才是可能的,当它没有现实时,它是不可能的。一个人当他不是正在建筑时,他就不能建筑,只有当他正在建筑时才是能建筑的;其他情况也同样如此。亚里士多德立即批评说:人们不难看出这个结论是荒谬的。因为一位建筑师,如果他不是正在建筑,难道他就不能建筑、不会建筑了吗?(1046b29—36)

　　他提出几个论证说明“可能”的问题:第一,如果人不经过一段时间学习并获得这种技术,他是不能具有这种能力的;如果他有了这种能力,不经过丢失(或者由于忘记掉,或者由于长期不用),他是不会不具备这种能力的。如果建筑师一旦停止建筑便没有这种能力,那么当他再建筑时,他又是从哪里重新得到这种技术和能力的呢?(1046b36—1047a4)第二,亚里士多德认为这正好像说没有生命的事物,如果它们没有被感觉者所感知时,它们便不是冷的、热的、甜的等等。持这种观点的人只能去赞同普罗泰戈拉的学说。但是如果感觉者在没有现实地感觉时,他便没有感觉的能力;一个本性能看并且仍然能看的人,只是因为他现在没有在看,便说他没有看的能力,是个瞎子,那么同一个人在一天中便要瞎多少次?聋也是这样。(1047a4—10)第三,如果说不可能就是能力的剥夺,凡未发生的就是不能发生;这样如果有人说不能发生的是它曾经发生过或将来要发生,他就是错误的。可是不可能正是表示它现在虽然没有发生,但是在过去或将来是能够发生的。所以持这种观点的人是取消了运动和变化,认为站着的永远站着,不能坐下去。我们不能这样说,因为可能和现实是不同的,而这种观点恰恰是将可能和现实混淆了,他们取消的并不是一项无足轻重的事情。(1047a10—20)

　　经过这样分析以后,亚里士多德得出“可能”的概念,他说,可能就是一个现在还不是的东西却能够是,现在是的却能够不是;其他范畴也是这样,那能够走的现在不走,现在不走的却能够走。凡是没有什么使它不能实现的东西,它就是可能的。如果没有什么东西使他不能现实地坐的,他就是能够坐的,可能坐的。其他那些可能运动或被动、是或不是、生成或不生成的都是如此。(1047a20—29)

亚里士多德接着谈到"实现"的问题,他说:和"实现"(entelecheia)这个词相连的"现实"(energeia),主要是运动;从运动的意义进到其他方面,现实主要就是运动。所以人们不将运动归给不是的东西,他们说不是的东西是可以思想可以欲求的,但不是能运动的,这是由于设定它们不是现实地存在的;如果它们是运动的便是现实存在的。因为不是的东西只能是潜能的,它们不是完全实现的。(1047a30—b2)这里将"是"与"不是"和"现实"与"潜能"联系起来。这个问题只能在下一节讨论潜能和现实时才能说清楚。

在第4章中亚里士多德从两个方面讨论"不可能"的问题:第一,如果以上关于可能的说法是真的,那么显然说"有些东西是可能的,但它不会是",是错误的,因为这是取消了"不可能"。比如有个不承认有"不可能"的人会说"正方形的对角线和边是能通约的,不过它不会被通约",他的根据是,有些可能是或可能生成的东西是不会是或不会生成的。但是从这个前提必然要推出:我们假定不是或不生成的东西也会是或会生成的,这样就没有什么不可能的东西。可是不可能的东西是有的,正方形的对角线和边便是不可能通约的。因为"假的"和"不可能的"是不一样的,说你现在站着是假的,但是你站着却并不是不可能的。(1047b3—14)第二,他说如果 A 和 B 是蕴涵关系,即如果 A 是,则 B 必然是;当 A 是可能时,B 也必然可能是,因为没有东西阻止它成为可能。如果 A 和 B 是这样的关系,在这样的条件下,如果说 A 是可能的,而 B 却不可能,A 和 B 就不符合设定的关系。因为说如果 A 可能,则 B 必然可能时,乃是说如果 A 在某个时间并以某种方式被设定为能够是时,B 也必然是在这个时间以这种方式能够是的。(1047b14—30)这里亚里士多德提出了可能和不可能的条件问题。

第5章就分析这些条件。他先区别各种能力,说所有能力或者是内在的,如感觉;或者是由实践得来的,如奏笛的能力;或者是由学习得到的,如技术能力。那些由实践或理性得来的能力必须经过事先的练习才能得到,而那些由于本性的和只是承受的能力却不需要事先的练习。(1047b31—35)

他分析可能的能力,并且区分理性能力和非理性能力。他说:可能的东西是以某个事物在某个时间以某种方式,以及其他一切必然出现在这个过程中的条件,而成为可能的。既然有些事物是按照理性而变动的,它们的能力也必然包含理性,而那些非理性的能力则是非理性的。理性能力必然是在有生命的事物中,而非理性能力却是既可以在有生命的也可以在无生命的事物中。非理性能力只要动作者和受动者在符合有关的可能条件中相遇,一个必然动作,另一个必然承受动作;但是理性能力却并不是必然如此。因为一切非理性能力的每一个只能产生一种结果,可是理性能力却可以产生相反的结果。但是这种相反的结果不能同时产生,还必须有某些别的东西来决定它,这就是欲望和意见。因为动物无论对什么对象,必须在有了欲望时,它才会去做,以符合这种可能的方式去处理这个对象。而每个有理性能力的生物,总是只对他有能力处理,并在可能的环境中才将欲望付诸实施;并且只有在对象出现了,又在一定的状态中,他才能这样做,不然他就不会去做也不能去做。这里没有必要再加上"如果没有外力妨碍它",因为他具有这种动作的能力,并且不是在任何环境中而只是在一定的条件下,即外来的妨碍已经被这些正面条件排除掉了。即使一个人有同时做两件事情或做相反的事情的愿望,他也不会这样做,因为他没有条件这样做,也没有同时去做相反事情的能力;他只能做他有能力去做的事情,并且是在他有能力去做的条件下才能去做。(1047b35—1048a24)这里亚里士多德分析理性能力和非理性能力,认为非理性能力是简单的,只要在一定的客观条件下,动作者和承受者之间必然会产生这样的运动。而理性能力却是复杂的,它既可以这样做又可以不这样做;它不是只能产生一种结果,而是可以产生几种不同的甚至相反的结果。采用哪种动作是由主观的欲望和意志决定的,但是这种主观条件又必须和一定的客观条件相结合才能实现。由此可见,关于可能和不可能,亚里士多德认为首先是要有这种能力,其次是要有一定的条件即某种时间、某种方式等;对理性能力说,除了一定的主观条件即欲望和意志外,还要与其相适应的客观条件相结合,才能使可能成为现实。

现在我们可以回过来讨论Θ卷第3章开始时亚里士多德对麦加拉学派的可能学说提出的批评。亚里士多德说他们认为：一件事物只有在现实时才是可能的，当它并未实现时它是不可能的；因此一位建筑师如果不是正在建筑，他便是不能建筑的；如果一个人不是正在看，他便是不能看的，是瞎子，这样一个人一天就可以瞎好多次。人们不禁会问，怎么会出现这样违反常识的学说呢？陈康的文章《麦加拉学派所谓的可能和亚里士多德所谓的可能》专门解释了这个问题。他指出最有贡献的亚里士多德注释家如Bonitz、Schwegler、罗斯，均未能明白指出亚里士多德和麦加拉学派争执之点究竟何在。陈康认为：麦加拉学派以为一件事物只有在现实时才是可能的，亚里士多德说他们是将可能和现实混同了，所以他们取消的并不是一件无足轻重的事情。由此可见麦加拉学派的可能概念，是认为可能和现实是一致的甚至是同一的，而亚里士多德的可能概念却是可能和现实是不同的。怎么理解麦加拉学派说的可能和现实是一致的呢？以建筑为例，一个人不是正在建筑时他就不能建筑。为什么不能建筑呢？因为他虽然有建筑的技术能力，但如果没有其他的条件，如客观条件建筑材料等以及主观条件欲望和决心，他便不能建筑，只有这一切条件具备时他才能建筑。而当一切条件具备时他已经正在建筑了，所以他们认为可能和现实是一致的。不过一个人即使有看的能力，如果没有看的客观条件——光，他便不能看，但这时候他并不是瞎子，只是可能看而不能看。亚里士多德是将"能建筑"和"能看"等能力解释为"可能"的首要方面，他认为"不可能"是能力的剥夺，不可能建筑就是失去了建筑的能力，不可能看就是失去了看的能力成为瞎子。亚里士多德又批评麦加拉学派的可能学说是"取消了运动和变化"，因为坐着的只能永远坐着，不可能站起来。陈康以为这也是亚里士多德根据他自己的可能概念，对麦加拉学派的理解中推求出来的。麦加拉学派所说的"坐着的不能站起来"，乃是指站起来的条件，如骨骼现在还不在站立的位置，所以不能站起来，如果条件具备便能站起来。由此可见，这里所说的"不能"，仅限于现在而不涉及将来。可是根据亚里士多德的思想，"不能站立"便是丧失了站立的能力，不但现在不能站立，将来也不能站立。

陈康分析麦加拉学派和亚里士多德关于"可能"的争论,关键在于彼此的概念不同:第一,麦加拉学派所谓的可能乃指一切条件的具备,而亚里士多德所谓的可能乃指主要条件即能力的具有。第二,麦加拉学派所谓的可能仅限于现在,不涉及将来;而亚里士多德却兼及现在和将来。①

## 第三节　潜能和现实

Dynamis 的第三种意义是潜能。这种意义只有和现实相对照才能说清楚,Θ 卷第 6 至 9 章都是讨论潜能和现实的关系的。亚里士多德讲现实时用了两个词 energeia 和 entelecheia,前者是"在工作中(en-ergeia)",后者表示"达到了目的(en-tel-echeia)"。我们依陈康的意见将前者译为"现实",后者译为"实现"。亚里士多德在《物理学》、《论灵魂》以及《形而上学》Λ 卷和《伦理学》等著作中都谈到过现实和实现的问题,各处着重的含义也有所不同。正像 dynamis 可以分析为三种意义一样,energeia 和 entelecheia 也有各种不同的含义,陈康将它们分析为静的意义和动的意义,又分析为有应用于形式和灵魂的,应用于感觉和理智认识的,应用于"善"的等各种不同的 energeia,见他的《亚里士多德的哲学术语 Energeia 的几种不同意义》(载《陈康论希腊哲学》第381—393 页)。我们现在只论述 Θ 卷中的这四章的内容,其他有关问题在本卷有关的章节中论述。

### 一　现实和潜能

亚里士多德在 Θ 卷第 6 章开始时说:既然我们已经讨论过和运动有关的"能",现在让我们来讨论现实:现实是什么? 它有什么性质? 从我们以上的

---

① 参见陈康:《麦加拉学派所谓的可能和亚里士多德所谓的可能》,载《陈康论希腊哲学》,第394—401 页。

分析可以清楚看到:除了那些无条件地或是以特种方式进行的主动的和被动的"能"以外,还有另一种意义的"能",这是我们要进一步探讨的。他说:"现实"就是以和我们所说的"潜能"不同的方式出现或"是"的。例如赫尔米斯的雕像是潜能地在木头中,半条线是潜能地在整条线中,因为它们是可以从其中分离出来的。我们可以将一个并不是正在研究的人称为学者,只要他有研究的能力。每个和这种潜能相对应的就是现实。它的意义只要将众多个别情况加以归纳便可以看到,不必为每个东西寻求定义,只要掌握类比就行。例如正在建筑的相对于能够建筑的,醒着的相对于睡着的,正在看的相对于能看的却是现在闭着眼的,已经从质料中制造出来的相对于质料,已经制造成的相对于尚未制造成的。所有这些相对的一方是现实,另一方是潜能。但是所有被说成是现实的东西并不都是同样意义的,只是由于类比才说它们都是现实的;如这个是在那个之中或相对于那一个的,因为有些现实是作为和潜能相对的运动,而有些现实是作为和某种质料相对的本体。(1048a25—b9)亚里士多德用归纳实例说明现实和潜能的相互关系,现实是已经动作或已经完成,或正在动作的;而潜能是能够动作却尚未动作的。他说这些是只能通过类比而不能寻求定义的,但在最后他说现实是:第一,相对于潜能的运动;第二,相对于质料的本体,它既可以是形式也可以是具体事物。前者是动的意义,后者是静的意义。

接着他谈了一类只能是潜能却不能成为现实的东西。他说:"无限"、"虚空"这一类东西的潜能和现实,和许多别的东西如看、被看、走等是不同的;因为后一类东西是可以被真实断定的,如看,有时是正在看,有时是正在被看;但是"无限"之是潜能,却是永远不会现实地独立分离的,它只能在认识上分离存在。因为事实上只有永远不停地划分下去,才能使潜能的"无限"成为现实,可是这样的无限划分是不能实现的。(1048b9—17)虚空也是这样,因为事实上不可能将一切具体的内容都抽象掉,得出一个现实的一无所有的虚空。像"无限"和"虚空"这样的范畴,是只能在思想中独立分离存在的,不能在实际上现实地分离存在的。

亚里士多德一般认为运动就是现实,现实就是运动;但在第 6 章中他又将现实和运动作了区别。他认为在现实活动自身中包含了目的,活动的同时便达到了目的;而一般运动的目的却是外在的,运动只是达到目的的手段。他说,那些有限度的活动虽然指向目的,但还不是目的,例如减肥法虽然每天减少一点脂肪,但在运动过程中还没有达到消瘦的目的,它至少不是一个完全的活动。但是那些有目的的活动却是在活动的同时便已经达到了目的,例如正在看的同时已经看到了,正在想的同时已经想了;但是说正在学习的同时已经学到了,正在治疗的同时已经治愈了,那也是不真的。可以说我们生活得好好的同时已经生活好了,快乐的同时已经快乐了。不然的话,这种活动就像减肥法那样,只有在某个时候已经消瘦了,才是达到了目的。可是这种活动却不是这样,我们在生活的同时便已经生活了。我们将这两种过程中的一种叫做运动,而将另一种叫做现实。减肥法、学习、建筑等都是不完全的活动,因为正在建筑的并不是同时已经建成,正在生成的并不是同时已经生成,正在被动中的并不是同时已经被动成,因为正在被动中的东西和已经被动成的东西是不同的。可是正在看的和已经看到的,正在想的和已经想到的却可以是同时发生的。我们将后一过程叫做现实,前一过程叫做运动。(1048b18—36)亚里士多德在这里举的例子并不容易划分,因为从活动到实现了目的总是有个过程的,实施减肥法的同时也可以说是部分达到了目的,正在看的时候可能还没有完全看到所要看的东西。但是他要作的区别是清楚的:他将含有目的的运动叫做现实,而一般的运动自身并不包含目的,它只是达到目的的手段。

亚里士多德在第6章解释了现实是什么以后,第7章又解释一个东西什么时候是潜能,什么时候不是。他说:并不是任何东西在任何时候都是潜能的,例如,土能说是潜能的人吗?当然不能,也许只有当土变成了种子时才是,甚至那样还不是。正如治疗,并不是任何东西都能被医术或机遇治愈的,只是那种能被治愈的东西才是潜能的健康。一种思想的结果能从潜能成为实现(entelecheia)的标志是:如果动作者想要这样做又没有外因阻碍它,就能实现;在被动者方面,如果没有东西阻碍它,也能实现。同样在潜能的房屋中,如果被建筑的质料没有东西阻碍它成为房屋,也不需要再有添加、去掉或改变,它就是潜能的房屋;一切变化的原因属于外在的事物都是这样。至于变化原因是在事物以内的,如果没有外来的阻碍,它自身就潜能地是那个将要实现的东西。例如精子还不是潜能的人,因为它还需要进入其他东西(卵子),经历一番变化才生成人;不过通过它自己这个动因,它已经具有这样的性质,已经是潜能的人了。而在前一种状态中,它还需要有另一种动因,所以土还不是潜能的雕像,因为它还必须先变成铜。(1048b37—1049a19)亚里士多德这里所说的潜能的某物,如不再需要增添、减少、改变的房屋质料,已经进入卵子的精子等,实际上就是H卷中所说的"最接近的质料",也就是潜能的这个事物。

亚里士多德又从另一个角度讨论潜能和质料的问题。他说:我们称呼一个事物时不是说它是别的,而是说它是"那个的",例如箱子不是"木头"而是"木头的",木头不是"土"而是"土的",土也不是别的而是"那个的"。在这个系列中凡是在前的总是潜能的后一个东西,例如箱子不是"土",也不是"土的",而是"木头的",因为木头才是潜能的箱子,是箱子的质料。普遍的木头是普遍的箱子的质料,特殊的木头是特殊的箱子的质料。如果有最初的东西,它就不是别的东西的"那个的",因为它是最初的质料。例如,如果土是"气的",气不是"火"而是"火的",火是最初的质料,它就不是一个"这个"。因为主体或基质是由它是或不是一个"这个"而有所不同的:属性的主体如人,是由身体和灵魂结合成的"这个";他的属性则是"文雅的"或"白净的"。当文雅出现在主体中时,并不说主体是"文雅"而是说他是"文雅的";人也不是"白净"而是"白净的",也不说他是"行走"或"运动",而是说他是"行走的"或"运动的",这些都和"那个的"相似。无论它是什么,最后的主体都是本体;但如果它的宾词是形式或"这个",那么最后的主词就是质料和质料本体。由此可知"那个的"既可以用于质料,也可以用于属性,它用于哪一种则是不确定的。(1049a19—b1)我们称呼一个事物时常常用它的质料来表示它,如说箱子是"木头的",雕像是"铜的";这和我们说一个主体的属性相似,如说这个人是"文雅的"、"白净的";但前者是质料的主体,后者是属性的主体,虽然它们的主体都是一个"这个",是一个本体,但是二者的意义是不同的。所以提出这个问题是由于语言上有相似的用法,因此要作分析区别。

### 二 现实先于潜能

Θ 卷第 8 章专门论述现实先于潜能。Δ 卷第 11 章分析"在先"和"在后"的各种意义时，讲"在先"有三种含义：1. 在位置上、时间上、运动上、力量上、安排上更接近于始点的；2. 认识上的在先，从定义（logos）上说是普遍先于特殊，从感觉上说是特殊先于普遍；3. 本性和本体的在先，这类东西不依存他物而是他物依存它们，所以基质或本体先于属性。

亚里士多德在 Θ 卷第 8 章说：现实在定义上、本体上都是先于潜能的，在时间上则有时在先，有时在后。（1049b10—12）以下分别论证。

第一，定义上在先，也就是逻辑上在先。潜能的最初意义就是能够成为现实的，例如能建筑的是可以建成的，能看的是可以看到的，能被看的是可以被看到的。这道理可以应用于所有其他情况，现实的知识和定义必然先于潜能的知识和定义。（1049b12—17）必然要先知道建筑才能够建筑。陈康认为这里讲的潜能是指 dynamis 的第一种意义——能力。[1] 必须先知道建筑术才有建筑的能力。

第二，时间上在先的问题，他区别了两种情况。一种是当现实的东西和潜能的东西只是在属上相同而在数目上不同，即不是同一个个体时，总是现实的先于潜能的。但如果是另一种情况，现实的和潜能的是同一个个体时，却总是潜能的先于现实的。前者如谷的种子先于谷物，后者如精子是潜能的人，它在时间上先于现实的人。但是他又说，精子这个潜能的人是由另一个现实的人生成的。所以潜能的东西总是由另一个现实的东西生成的。这样推下去，总有一个最初的第一动者，它是现实的。（1049b17—27）这里说的就是"蛋生鸡，鸡生蛋"的问题；但是亚里士多德认为最后要推到第一动者，它是现实的。

然而从潜能成为现实乃是一个过程，他说：这就是为什么认为一个没有造过房屋的人不是建筑师，没有奏过琴的人不是琴师的原因，其他学艺也是如此。可是因此产生一种诡辩，说正在学习的人还没有具备这种知识，可是他也

---

[1]　参见陈康：《智慧，亚里士多德寻求的学问》，第 357 页。

能做了,岂不是尚未具有这种知识的人也会做这种技艺了? 亚里士多德论证说:凡是生成的东西,总是其中有些部分已经生成,凡是变动的东西总是其中有些部分已经变动,这是在讨论运动时(《物理学》第6卷第6章)曾经说过的。因此正在学习的人必然获得了这种知识的某些部分。这里可以看出,这种意义的现实在生成和时间上也是先于潜能的。(1049b29—1050a3)

第三,本体上在先。这是亚里士多德论证现实先于潜能的重点,他分两大段论证。第一大段将它们和目的联系起来,明确解释了现实和潜能的严格的意义。他说:凡是在变化中在后的东西,在形式上和本体上却是在先的。如成人先于儿童,人先于精子;因为一个已经具有形式,另一个却还没有。凡是生成的事物都是趋向本原即目的的,现实就是目的,而潜能则是要达到这个目的。动物并不是为了有视觉(这是能力,dynamis的第一种意义)而看的,而是为了要看而有视觉。同样的,人有建筑能力是为了建筑,有思辨能力是为了思辨;并不是为了有思辨能力而思辨,除非他们只是在练习,作有限的思辨。再说,质料是潜能的,当它实现时已经进入形式中。这也适用于一切以运动为目的的事情,教师将成果教给学生时认为自己已经达到了目的,自然也是这样,它在显时时已经达到了自然的目的。不然就像著名画家保索罗斯画的赫尔米斯的像一样,人们分不清这像是在画中还是在画外。因为活动是目的,而现实就是活动;所以现实energeia这个词就是由活动ergon来的,由此引申到实现entelecheia,就是达到了目的。(1050a4—23)

从这段论述中可以分析亚里士多德的现实和潜能的思想:他要论证现实在本体性上是先于潜能的,典型例子是先有人而后才能有精子,精子是人的质料也就是潜能的人。从时间上讲精子可以先于人,但从本体性上讲却只能是人先于精子,因为精子还不具有人的形式。可是精子是要成为人,以人为目的的。质料以形式为目的,潜能以现实为目的。所以陈康认为亚里士多德所说的现实和潜能是"是"的状态,但和后世哲学中所说的"是态"不同,因为他说的现实和潜能都有目的的意义,所以陈康将它们叫做"准是态"。这是亚里士多德所说的现实和潜能的意义。他所说的潜能和现实完全是目的论的。他说"动物并不是为了有视觉而看的,而是为了要看而有视觉的";这和后世说的

"牛马等动物是为了要给人吃,才生长的",是同样的道理。它成为后来阻碍科学发展的理论,直到达尔文进化学说出现,才遭到致命的打击。

从潜能变成现实有个转变的过程,这是动的过程即工作或活动;转变的结果达到了目的,也就是现实实现了,达到静的状态。亚里士多德对这动的过程和静的状态一般多用 energeia 这个词,有时也使用 entelecheia。这两个词有没有不同,有什么不同?波尼兹和罗斯认为:严格意义的 energeia 是指活动或现实化,而 entelecheia 是指静止的实现和完成。① 他们认为前者是动的意义,后者是静的意义。陈康收集了亚里士多德在《形而上学》、《物理学》、《论灵魂》中所有使用这两个词的文句,发现这两个词都既有用于动的意义又有用于静的意义的。他作了细致的分析得出结论:在 energeia,用作动的意义是基本的,静的意义是次要的,其发展是由动的意义到静的意义;在 entelecheia,用作静的意义是基本的,动的意义是次要的,其发展是由静的意义到动的意义。② 他还指出:entelecheia 的字根在亚里士多德的著作中从未构成动词,可见它不是从动词孳生出来的。③ 所以我们将 entelecheia 一般译为"实现",它既可以表示静态的也可以表示动态的。本节最后一句话说的是典型的意义:现实就是活动,作为活动的 energeia 达到了目的就是 entelecheia 完全实现。亚里士多德所说的"现实性"既有动的意义(向目的的运动),又有静的意义(达到了目的)。

这样我们就容易理解亚里士多德以下所说的话:在有些情况中"使用"是最后的东西,如视觉最后是看,视觉不会产生别的结果;但在有些情况却要生成某些东西,如由建筑能力可以产生建筑活动,可以造成房屋。在前一情况中活动就是目的,而在后一情况中,在动作之外还有目的,因为建筑能力在建筑活动中实现的同时造成了房屋。所以凡是在活动以外还有结果的地方,现实

① 参见罗斯:《亚里士多德〈形而上学〉校释》第2卷,第245页。
② 参见陈康:《亚里士多德哲学中 Energeia 和 Entelecheia 两个术语的意义》,载《陈康论希腊哲学》,第367页。
③ 参见陈康:《亚里士多德的两个术语 Energeia 和 Entelecheia 之异同》,载《陈康论希腊哲学》,第379页。

性是在那被造成的事物中,如建筑能力是在建筑物中实现的,纺织能力是在纺织物中实现的,一般说变动是在变动成的事物中实现的。但凡是在只有动作没有产物的地方,现实性只出现在动作者中,如看的能力在看的主体中实现,思辨的能力在思辨的主体中实现,生命在灵魂中实现,幸福也是这样,因为幸福也是某种生命。因此本体或形式是现实;而且按照这个论证,现实在本体性上显然先于潜能。已经说过总是有一个现实的在时间上先于另一个现实的,一直推到永恒的最初的动者。(1050a23—b6)亚里士多德将现实性区分为产生成果的活动和不产生成果的活动,说后者是在动作者中实现的。这样就将现实性归到动作者,最后归到最初的动者。波尼兹和罗斯都将这和 Λ 卷的"第一动者"的学说联系起来。陈康将这个论证解释为:亚里士多德在前面论证过,在时间上有些情况是潜能先于现实,有些情况是现实先于潜能,在现实和潜能的这种交替的先在性中,应该承认有第一动者这个绝对先在的现实性。①

　　亚里士多德论证现实先于潜能的第二大段(1050b6—23),是从永恒的东西在本体上先于可消灭的东西来论证的。他说:任何永恒的东西都不是潜能的,因为每个潜能同时也是相反的潜能。凡是不能够是的东西就不能以任何方式"是",而所有能够是的东西却可能不实现。所以能够是的东西可以是也可以不是,同一个东西既能是又能不是。而能不是的东西是可能不是的;可能不是的东西就是会消灭的。或者是完全意义的消灭,即在本体方面的消灭;或者是在某一方面即地方、数量、性质方面的消灭。所以任何一个完全意义的不消灭的东西都不是完全意义的潜能的东西(虽然并不妨碍它在某些方面如某种性质或地点是潜能的);所有不消灭的东西都是现实的。(1050b6—18)这是他的第一个论证:一切永恒的不消灭的东西都不是潜能的,因为潜能的东西可以是(成为现实)也可以不是(不成为现实),这样的东西就是可以消灭的,而永恒的东西却总是不消灭的,由此得出结论:在本体性上现实先于潜能。

---

　　① 　参见陈康:《亚里士多德哲学中 Energeia 和 Entelecheia 两个术语的意义》,载《陈康论希腊哲学》,第 363—364 页。

他的第二个论证是:任何必然的东西都不能是潜能的,因为它们是首要的,如果它们不是,就没有东西能是了。如果是某种永恒的运动,它就不是潜能;如果某个被运动的东西是永恒的,它就不是潜在的,它只有在从何处来、向何处去方面可以是潜能的,没有任何东西阻碍它的质料运动。太阳、星辰和整个天体都是永恒运动的,不必像自然哲学家那样害怕它们会在某个时候停止。它们不会倦于活动,因为它们的运动和可消灭的事物的运动不同,可消灭事物的运动是和相反的潜能联在一起的,所以连续运动很费劲,因为形成它们的本体的是质料和潜能,不是现实。(1050b18—28)这是从当时认为永恒的太阳、星辰等天体运动来论证的,亚里士多德认为这些天体运动是必然的也是首要的,如果没有它们的运动便没有世界上任何可消灭事物的运动。这种天体运动是永恒的,因为它们的本体就是永恒的现实性;它们的质料只能影响它们的运动方向,不能停止运动。而可消灭事物的运动的质料是潜能的,它们可以运动也可以不运动。因此从这方面也可以得出结论:在本体性上现实先于潜能。

亚里士多德又推论到水、火、土、气等包含运动的元素,说它们是模仿不消灭的永恒运动的;不过它们既有自身的运动(主动)也有在它们之中的被运动。但是别的潜能都有相反的可能,如果是理性的活动,便可以这种或那种方式活动;而非理性的潜能则以它们是否成为现实而可以得出相反的结果。(1050b28—34)他认为水、火等元素也是永远运动的,不过它们只是模仿永恒的运动,因为它们是有时主动有时被动的。他认为理性的潜能是可以有选择的,以这种或那种方式活动,而非理性的潜能如水、火等的运动却只能或者实现或者不实现。

最后他又批评柏拉图的相论,说如果像辩证论者所说的,有"相"这样的实体或本体的话,那就要有比知识自身更是知识的知识,比运动自身更是运动的运动。因为"相"是被认为具有更多的现实性,使得知识自身和运动自身只能是它("相")的潜能。(1050b34—1051a2)任何是或运动的东西,以及有关它们的知识都是可以从潜能变为现实的,如果要在它们之上设定一个更为现实的"相",那就是更为知识的知识,更为运动的运动,也就成为更为现实的现实了,这样会使原来的现实成为潜能。亚里士多德以此证明:柏拉图学派设定

"相"是不必要的,是错误的。

第9章将现实与潜能和价值的好与坏联系起来,说现实不仅好于潜能,而且比好的潜能更好,更有价值。他说凡能有所作为的东西总同样能做相反的事情,既能做好也能做坏,既能造成健康也能造成疾病,既能运动也能静止,既能建设也能破坏,既能被建设也能被破坏。所以相反的潜能是同时存在的;但是相反的现实,如健康和疾病却不能同时存在。当其中之一即好是现实时,潜能却能同样地既是好又是坏,或者既不是好又不是坏,因此可以得出:现实比潜能好。但是在坏的情况中,目的和现实却必然比潜能坏,因为潜能是能同样地既是坏的又是好的。显然恶(坏)是不能离开坏的事物而独立存在的,因为恶的本性后于潜能。所以我们可以说那从本原来的东西、永恒的东西中是没有恶、没有缺陷和破坏的,因为破坏是一种恶。(1051a4—21)亚里士多德是这样安排好与坏(善与恶)的价值次序的:凡是现实的东西不能同时是相反的两面,它只能或者是现实的好,或者是现实的坏;而潜能的东西却可以同时既是潜能的好又是潜能的坏的。因此它们的价值次序应该是:现实的好优于潜能,潜能优于现实的坏。而来自本原的永恒现实的东西则是绝对的好,没有坏的。这是亚里士多德的目的论的理论。

下一节中用几何学的作图说明我们的思想活动如何将潜能变为现实:三角形的内角之和如何等于二直角?只要将三角形的一边延长,在角点上作一条和三角形另一边平行的线,就可以看到在这点上的三只角等于三角形的三内角,正等于二直角。半圆内包含的角为什么总是直角?只要在圆心作一垂直线,三条线(都是圆的半径)都相等,便可得出这个结论。① 亚里士多德认为这就是将潜在的结构带进现实,几何学家的证明就是发现这种现实的活动,从而得到这种知识。(1051a21—32)

---

① 这个几何图形可参见汪子嵩:《亚里士多德关于本体的学说》,第231—232页。

## 第四节　真和假

　　$\Theta$ 卷第 10 章是讨论真和假的。有的学者认为整个 $\Theta$ 卷是讨论潜能和现实的,第 10 章和其余九章没有直接联系,可能是编者误插在这里的。但是第 10 章开始说:"是"和"不是"首先和范畴有关,其次和潜能与现实有关,第三和真与假有关。(1051a34—b2)这三个方面恰恰与 $\Delta$ 卷第 7 章中分析"是"得出的三种主要意义(还有一种是偶性的"是")一致。由此可见,研究真和假的"是",是亚里士多德对"是"的研究的一个重要方面。在他研究了本体、形式和质料、现实和潜能以后,当然要研究真和假的"是"。

　　亚里士多德在 $E$ 卷第 4 章中讨论过真和假的问题。那里将真和假与事物间的结合与分离联系起来,认为凡是对实在是彼此结合的东西(如"某人坐着"是人和坐结合)加以肯定,对实在是分离的东西(如"某人在飞",人和飞是不能结合只能分离的)加以否定,便是真的;反之,凡对实际结合的东西加以否定,对实际分离的东西加以肯定的,便是假的。(1027b17—28)这就是说:凡是主观认识中的判断和客观实际符合一致时便是真的,凡主观和客观不符合的就是假的。这是认识论中的朴素实在论。$E$ 卷第 4 章对此并没有详细论述,只说以后再来讨论。

　　$\Theta$ 卷第 10 章比较详细地论述了真和假的问题。他说:真和假是根据事物是结合还是分离而定:凡是认为分离的东西分离,结合的东西结合的,便是真的;相反,认为结合的东西分离,分离的东西结合的,便是假的。所以要考虑说真和假是什么意思。他说,并不是因为我们说你是白的,这是真的,你就是白的了;而是因为你是白的,我们说你是白的,才是真的。(1051b2—9)不是主观认识决定客观实在,而是客观实在决定主观认识。这种朴素实在论的观点,是亚里士多德和普通人一样坚信的。

　　亚里士多德区分了三类东西:一类是永远结合而不分开的,一类是永远分开而不能结合的,再一类是既能结合又能分开的。说"是"就是可以结合成为一的,说"不是"就是分开的,是多。至于对那些偶然不定的东西,同一意见或说法可以是真也可以是假,因为它可能在此时是正确的,而在那时是错误的。但是对那些确定的东西,却不能一时是真,一时是假;同一意见要么永远对,要么永远错。(1051b9—17)这里说的永远结合而不分开的东西如事物的本体和它的固有特性,动物必然是雌或雄,数必然是奇或偶,人必然有理性等等。永远分开而不能结合的例子如正方形的对角线和边是永远不能通约的。既能分开又能结合的东西,如事物的本体和它的偶性,那是变化不定的。

亚里士多德又提出一种"非组合的东西(asyntheta)",问:什么是非组合的东西的"是"和"不是"、真和假呢? 这类东西不是组合的,所以并不是当它们结合起来如"木头是白的",就"是";当它们分开如"正方形的对角线和它的边不能通约",就"不是"。它们的真和假也和以上所说的情况不同。(1051b17—22)

这种非组合的东西在《范畴篇》中曾经说过,那里说:所有单个的范畴都是非组合词。非组合词如果不和别的东西结合便不能形成命题和判断,也就没有真和假,如人、白、跑、胜利等。(2a4—8)在那里亚里士多德认为这些非组合词不能形成判断,所以没有真和假;现在却要问怎样区分非组合的东西的真和假的问题。他说,非组合的东西的真和假是这样的:接触和断定(断定和肯定是不同的)就是真,而不接触就是无知。他说对于这个接触到的非组合的东西是不可能发生错误的,除非某种偶然的情况;对非组合的本体也是如此。它们都是现实的而不是潜能的,不然它们就会有生成和消灭;但是现在的"是"是既不生成也不消灭的,不然它们就要从某些东西生成。凡是本质和现实的东西是不可能错误的,只有我们认识或不认识它们,我们只问它是不是这个。(1051b22—33)他认为对于这些非组合的东西即单一的词,是不能用逻辑判断去肯定或否定它的真和假的,只能用直观的接触,断定它是真的。在这种直观的接触和断定中是不会发生错误(除非是偶然的情况)、没有假的;只有不接触,便是对它没有认识,也就是无知。

亚里士多德在这里说的非组合的东西和非组合的本体究竟是指什么? 有些学者看到这里说它们是现实的而不是潜能的,又说它们是不生成不消灭的,便认为这是亚里士多德所说的"神"。耶格尔认为亚里士多德用这种直观的理解,逐渐地向非物质的本体范畴上升,以建立从形而上学向神学的平稳过渡。① 他们认为 Θ 卷第 10 章中这一段论述是企图将本体论和神学联系起来。但是如果我们按照《范畴篇》中的说法,认为这种非组合的东西就是单个的范畴,没有和其他东西结合的,如人、白、跑等。当我们和它直接接触时,问它是什么? 我们凭直观回答说它是人、是白、是跑。这种直观是不会有错误的,而且是现实的,因为这个人或这个白就在我面前;当我看到这个人或这个白时,它是没有生成和消灭的,因为直观总是发生在瞬间,瞬间是不可能有生成和消灭的。所以如果我们将这种非组合的东西理解为当下直观的对象,如这个人、这个白,和亚里士多德的说法并没有不符。当然,如果经过分析,人应该是组合物;可是当下直观接触的东西,是没有经过分析的,这个人就是现实的个体(tode ti),是一个非组合的东西。这样理解可以为亚里士多德的困难提供一个解决的途径。前面多次讲到亚里士多德的困难问题在于:一方面他认为本体是个体,普遍不是本体;另一方面他又认为知识总是普遍的,从而得出普遍的知识不能认识个别的本体,个别的本体是不能被认知的结论。现在亚里士多德提出:个别的不是组合的本体,并不是不能认知的,不过它不能用逻辑分析的那种理性的方法去认识,只能用直观的方式去认识。这种直观的接触并不是单纯的感觉,因为它还是有理性认识的背景的。为什么我们能说这是人呢? 因为我们先已经有关于人的知识,知道人是有理性的动物。这是潜能的知识,有了这潜能的知识,当我现实地看到这个人时,就知道他是人。亚里士多德用他的潜能和现实的思想解决了这个难题。这是他在 M 卷第 10 章中论述的,我们就来介绍那里的论证。

中文常说"真实",我们可以将"真"和"实"分开,"真"是指逻辑和科学的真,是要通过理性思维才能得到的;而"实"却是指现实的东西,是凭当下的直观可以确定的;比如看到苏格拉底,确定他存在,便是确定它的"实";但如要由此作出判断:"这个人是苏格拉底"或"苏格拉底是人",这才产生"真"或

---

① 参见耶格尔:《亚里士多德:发展史纲要》,第 205 页。

"假"的问题。所以亚里士多德这里说的这些非组合的词的"真",实际上相当于中文通常所说的"实"。

## 〔附〕M 卷第 10 章论潜能和现实

《形而上学》M、N 两卷是亚里士多德批判柏拉图学派将"相"解释为毕泰戈拉学派的"数"的理论,主要批判老学园中斯彪西波和色诺克拉底在这方面的思想的。但在现存的柏拉图的著作中,只有《蒂迈欧篇》中有些思想带有毕泰戈拉学说的色彩。亚里士多德在《物理学》中曾提到柏拉图的"不成文学说"(209b11—17),但这是没有流传下来的著作,斯彪西波和色诺克拉底也没有著作流传下来,因此这部分学说的资料只见于 M、N 两卷。可是在这两卷中亚里士多德只以自己的观点批判他们的学说,并没有正面介绍这些学说的内容。我们只能通过亚里士多德的批评,大致了解这种学说,在本书第二卷最后一章"不成文学说和老学园"中作过介绍。本卷论述亚里士多德思想时,对这两卷的内容不能作更多的专门论述,只能对有些属于亚里士多德比较重要的思想作点补充论述。M 卷第 10 章就是其中之一,许多学者常引用它说明亚里士多德是如何解决普遍的知识和个别的本体之间的矛盾的。

亚里士多德在 M 卷中主要批评柏拉图学派将数学对象——数、点、线、面、体说成是本体,也就是"相"。他认为这些数学对象是只能在可感事物之中,不能和可感事物分离独立存在的本体。他在 M 卷第 3 章中说明这些数学对象是人们从具体事物中抽取出来的。他说:数学中的普遍命题不是那些和大小与数分开的对象,而是关于大小和数的,它们并不是作为具有大小或可分割的东西。显然关于可感觉的大小是有命题和证明的,但并不是将它们当做可感觉的事物,而是当做某种确定的性质来进行研究。他说,正如运动着的事物可以有许多命题,但不是将它们作为运动着的事物,而是作为体、面、线以及不可分的又有位置的点、作为不可分的"一"来研究。正是在这种意义上,不仅可以说那些能独立分离的具体事物是"是的东西",而且也可以说那些不能独立分离存在的东西如数学对象,也是"是的东西"。这是数学归给它们的特性,其他学科也是这样,它们各有自己研究的对象;当然不是那些偶然属于它们的东西,比如健康的人是苍白的,研究健康的学问就不是研究苍白而是研究健康。几何学也是这样,它面对的是可感的事物,却不是将它们当做可感事物来研究;数学既不是研究可感事物的,也不是研究其他那些可以和可感事物分开的性质的(而是只研究那些作为数的东西的)。(1077b17—1080a5)数学对象无论是几何学的体、面、线、点,或是数学的数,原来都是具体事物中的某种确定的性质,人们为了研究的需要,将它们从具体事物中抽象出来进行研究,这是思想所做的工作,也只有在思想中,这些特性才能和具体事物分离而独立存在。所以亚里士多德这段话,可以说是对"抽象"所作的最早的说明。

这类从具体事物中抽象出来的东西,无论是毕泰戈拉学派所说的"数",还是柏拉图学派所说的"相",都是普遍的,但是柏拉图学派却将它们说成是可以和具体事物分离开的独立的本体,是和具体事物一样的个体。这就是他们的错误根源。亚里士多德在 M 卷第 9 章最后说明这个问题,他说:那些相信"相"的人的思想方法,以及他们陷入困境的原因在于:他们既将"相"当做普遍的,同时又将它们当做分离的个体。已经说过这是不可能的。为什么他们会将这两种性质(普遍和个别)在普遍的本体中结合在一起呢?因为他们认为本体和可感事物是不同的。可感的个体是在流动状态中的,不是持久不变的,而普遍是在它们以外(para)和它们不同的。苏格拉底用他有关定义的问题推动了这种理论,但是他没有将普遍和个体分离,在这点上他是正确的。结果是明白的,因为没有普遍便不能得到知识,而分离正是引起对"相"的批评的原因。可是他的后继者却认为如果在可感事物以外还有本体的话,这种本体必然是分离的。这不过是将"分离"这种性质给予那些普遍表述的本体,从而得出,普遍和个别几乎是同一类东西,这就是这种观点的困难所在。(1086a29—b13)亚里士多德将普遍和个别区分开,他认为由思想中抽象得到普遍是必要的,如果没有普遍便没有知识。普遍是在思想中得到的东西,是在现实的个体以外的;普遍和个别是两类不同的东西,但是普遍的东西只能在个别事物之中,不能和个别事物分离开独立存在。所以柏拉图学派的错误,就是将普遍的"相"当做是和个别事物分离的、独立存在的个体。

这样就可以来讨论 M 卷第 10 章。亚里士多德是这样提出问题的:现在提出一点无论是相信或是不相信"相"的人都会碰到的难题,即在开始时提出的,事物的本原究竟是普遍的还是个别的? 他说,如果不将本体设定为和个别事物一样分离存在的,我们就要毁灭了我们所理解的本体(因为他认为本体是 tode ti,是独立分离的个体)。可是如果认为本体是分离的,那么组成本体的因素和本原又是怎样的呢? (1086b14—20)他又从正反两个方面来分析。

**正题** 如果这些因素是个别的而不是普遍的,则第一,事物和因素在数目上是同样多,都只能是一个(即 tode ti)。第二,这些因素将是不可认知的。因为第一,设定说话的音节是本体,音节的因素是本体的因素,那么任何一个音节如 ba,只能有一个 ba,因为它们不是普遍的即形式上是相同的,而是每一个音节都是数目上的单一,是一个"这个",而且他们设定每个自身是的东西("相")也是一个个体。如果音节是单一的,组成音节的因素——字母也是单一的,那就只能有一个 a 或一个 b,而不能有多于一个的字母 a 或 b 了。同样的,同一音节不能出现在许多个之中,同一因素即字母也不能出现在许多个之中,因为它们都只是一个,是个体。第三,这些因素是不可认知的,因为因素不是普遍的,而知识却是普遍的。从证明和定义可以看清楚:除非任何三角形的内角之和都等于二直角,不然就不能得出这个三角形的内角之和等于二直角的结论;除非任何人都是动物,不然就不能得出这个人是动物的结论。(1086b20—37)即个体是不能认知的,只有普遍才能形成知识。

**反题** 如果本原是普遍的,则或者是由它们组成的本体也是普遍的,或者是非本体在本体之先;因为普遍不是本体,而因素和本原却是普遍的,它们在本体之先。(1086b37—1087a4)

亚里士多德在这里并不像在 B 卷中提出问题时那样只将正反两面的矛盾摆出来,不做结论;他现在要指出造成这种困难的原因,并提出解决问题的办法。他说造成这种困难是自然的,因为他们使"相"由因素组成,同时又主张"相"和本体具有相同的形式,却又和本体分离,成为一个单一的独立的实体。但例如在说话的因素中,诸 a 和 b 已经够多了,并不需要在这许多个以外再有 a 自身和 b 自身,不然便有无限多的相同的音节了。(1087a4—10)这里说的还是"第三人"的论证。

重要的是亚里士多德的最后一段论证。他说:说一切知识都是普遍的,所以事物的本原也必须是普遍的,不能是分离的本体。这一点是我们所有论点中最大的困难。但是这种说法在一种意义上是真的,在另一种意义上却不真。潜能的"是"如质料,是普遍的、不确定的,是关于普遍的不确定的东西的;现实则是确定的,是"这个",是关于确定的"这个"的。因为视觉所看到的这个个别的颜色是颜色,只能说他是由于偶然才看到普遍的颜色;语法学家所研究的这个个别的 a 也是一个(潜能的、普遍的)a。如果本原必须是普遍的,像在证明中所表示的,由本原推出的东西也必须是普遍的;这样便没有分离的个别的东西,也就没有本体了。所以知识显然在一个意义上是普遍的,在另一个意义上却不是。(1087a10—25)

亚里士多德认为最大的难题在于:既然认为本体是"这个",是个别的;而知识却是普遍的,普遍的知识不能认知个别的本体,从而得出个别的本体是不可知的结论。现在他提出来的解决办法是:知识在一种意义上是普遍的,在另一种意义上却是个别的;即潜能的知识是普遍的,而现实的知识却是个别的,从而可以用普遍的知识去认知个别的本体。亚里士多德在别处讲到过潜能的知识和现实的知识,陈康曾将它们作过比较:《形而上学》Δ 卷第 7 章讲"是"的各种意义中的最后一种——潜能的"是"和现实的"是"时,曾区分潜能的"能够看"和现实的"正在看",潜能的"能够知"和现实的"正在知"。(1017a35—b5)那里只是一般地讲到潜能的知和现实的知。在《后分析篇》第 1 卷第 24 章讲普遍的和特殊的证明时,他说:对于一先一后的两个普遍命题,我们如果掌握了前一个,对后一个也就有了潜能的知识。例如,如果知道了所有三角形的内角都等于二直角,也就在潜能的意义上知道了等腰三角形的内角等于二直角,即使他并不知道这个现实的等腰三角形是三角形。但是掌握了后一个命题却并不能知道前一个普遍的命题,无论是潜能地或是现实地知道。(86a22—29)这里说的是两个普遍的命题,但前一个讲的是所有的三角形,后一个讲的只是等腰三角形,前者比后者更为普遍。所以他讲的是:如果现实地知道了普遍的,也就潜能地知道了特殊的。这和 M 卷第 10 章的说法是相反的。但是在《后分析篇》最后讲到人是怎样通过感觉经验和记忆,从个别上升到普遍认识的过程时,亚里士多德说,灵魂是这样地进行相同的过程的:只要有一个特殊的感性知觉对象站住了,灵魂中便出现最初的普遍。因为虽然我们知觉到的是个别的东西,但知觉能力却以普遍为对象,是以"人"为对象,而不是以卡里亚斯这个人为对象。然后另一个个别的知觉对象又在这种普遍中站住了,这种过程不会停止,直到不可分割的"种"即最后的普遍建立起来。(100a10—b3)陈康认为:这里说的现实知觉到的是个别的东西,但是知觉的能力却是以普遍为对象的;这种说法和 M 卷第 10 章中所说的现实知识以个别为对象,潜能知识以普遍为对象,这两种说法是相似的。① 因此可以说这是亚里士多德解决普遍的知识和认识个别本体之间的矛盾的基本思路。

M 卷第 10 章明确地认为潜能的知识是普遍的,现实的知识是个别的。这种说法虽然从我们今天看来并不准确,因为只要是理性的知识总具有普遍性。但是这种说法从我们的认识过程看,还是可以理解的。我们的认识是从个别事物开始的,从发现一个三角形的内角之和等于二直角这样一个个别的认识,它站住了;然后又在第二个、第三个三角形中得到相同的认识,也站住了。这样逐渐概得到普遍的知识,认识三角形内角之和等于二直角。这种普遍的知识并不专指哪一个个体,所以是不确定的,因此亚里士多德说它是潜能的;正像质料是没有规定性的,所以是潜能的一样。人有了这种普遍的知识,如果不去使用它,不将这种知识应用到现实的个别事物上去,只能说他是有了这种知识的能力,只具有潜在的可能性,所以只能说它是潜能的知识。只有将这种知识应用于现实的个别事物,才是普遍知识的实现。所以亚里士多德说现实的知识是个别的。为什么我看见当前这个三角形,无论它是等边的、等腰的还是不规则的,我能立即知道它的三内角之和等于二直

① 参见陈康:《智慧,亚里士多德寻求的学问》,第 88—90 页。

角？就是因为我们思想中已经有了这方面的潜能的普遍的知识。人的认识总是从个别到普遍，又从普遍回到个别的。亚里士多德在这里说的正是这个过程。

亚里士多德主要想解决的是个别的本体如何能被认知的难题。因为如果知识都是普遍的，它如何能够认知个别的本体？他现在的回答是：知识既是普遍的（但这是潜能的），又是个别的，所以它以潜能的普遍的知识去认识现实的个别本体，当然没有什么困难了。

用潜能和现实的学说不仅可以解决认识个别本体的难题，而且可以为 Z 卷中争论最大的问题，即亚里士多德所说的"形式"究竟是个别的，还是普遍的？也提供一个解决的办法。M 卷第 10 章开始时提出的问题是：组成本体的本原和因素是普遍的还是个别的？所谓组成本体的因素是什么？按照亚里士多德的说法，就是质料和形式。他现在说质料是潜能的不确定的，当然只能是普遍的。所以他所问的实际上只能是：组成本体的形式这种因素，是普遍的还是个别的？当然按照他在 Z 和 H 卷中再三强调的，是"形式"是现实的而不是潜能的。但是他所说的形式，实际上是事物的本质规定性；对这种本质规定性，人们的认识也有从潜能到现实的发展过程，而且从事物自身的生成和发展说，也同样有从潜能到现实的发展过程。任何生物的种子，其中既包含了产生新的生命的质料，它是潜能的普遍的；但是它也包含了新的生命的形式，它还没有成为现实，还是潜能的，因此它是普遍的，还不是个别的。它还不是苏格拉底或卡里亚斯这样的个别的人的形式，而是普遍的"人"的形式。由此我们可以说：形式也有两种意义：潜能的形式是普遍的，现实的形式是个别的。为什么在 Z 卷中，第 4 至 6 章和第 10 至 12 章中讲的形式是个别的，是 tode ti，而在第 7 至 9 章中讲的形式却是普遍的，是 toionde 呢？因为在第 7 至 9 章中是讲本体的生成，是对本体作动态的分析，讲本体从潜能到现实的发展过程。在发展过程中，旧的本体和新的本体有共同性，它们的形式就有普遍性。可是在第 4 至 6 章和第 10 至 12 章中都是对本体作静态的分析，这样的本体便都是现实的，它们的形式也必然是个别的。

因此我们可以说，M 卷第 10 章认为：从事物的生成和发展以及我们的认识,都是从潜能到现实的发展过程;在这个过程中,潜能的东西是普遍的,现实的东西是个别的。从而为一直困扰着亚里士多德的难题,即个别和普遍之间的矛盾问题,提供了解决的途径。

# 第十六章

## 一和多、对立——《形而上学》Δ、I 卷

在亚里士多德的形而上学中,有些最普遍的范畴如一和多,以及由此派生的同和异、相似和不相似、相等和不相等,还有各种对立等等,究竟摆在什么位置上? 在《范畴篇》中划分十个范畴时,已经将它们归在本体以外,列为数量和关系范畴。《范畴篇》在分别讨论十个范畴以后,第 10 章又专门讨论对立。这些在本卷第一编中已经论述过了。在《形而上学》中,这些范畴也被排除于本体以外;在讨论本体时,亚里士多德几次论证:最普遍的"一"和"是"不是本体。那么它们是什么呢?

这些范畴都是从希腊哲学开始以来就被重视的哲学范畴。一和多是毕泰戈拉学派很早提出来的,赫拉克利特对于对立范畴作过全面阐述,其他哲学家也多次论述过这些范畴。在柏拉图的对话中经常运用和讨论这些范畴,尤其在后期对话《巴门尼德篇》和《智者篇》中专门论证这些范畴之间的关系和联系,《蒂迈欧篇》又特别指出"同"和"异"是我们分辨事物的重要手段。

亚里士多德在《形而上学》Γ 卷开始提出"作为是的是"这门学问时,曾经指出这些范畴自身是"作为是的是"的固有属性。(1003a21—22)这些范畴是最普遍的"是"的固有属性,它们也是最普遍的,其他学科都要使用这些范畴,却并不研究它们。因此研究这些范畴只能是哲学家的任务,应该说这是亚里士多德的本体论的一个重要部分。这些范畴是最普遍的本体的固有属性,是本体的数量和关系,从这方面说它们具有客观性。但是亚里士多德在《范畴篇》中也说它们是"表述的形式",是表述客观对象的不同情况的;用近代西方

哲学的术语,也可以说它们是组织经验材料的形式,即康德所说的"先验的形式"。当然亚里士多德不可能走到这一步,只能从思想发展史上说这是它最初的雏形。

《形而上学》中有两卷是专门讨论这些范畴的,即 Δ 卷和 I 卷。Δ 卷讲了三十个范畴,分析它们每一个的不同歧义,但没有将它们联系起来考察,因此被称为"哲学辞典",一般学者认为它是亚里士多德的早期著作。I 卷则明显是他成熟时期的作品,它主要讨论了一和多的对立,又专门分析了对立的各种不同情况。我们不可能也没有必要逐个论述 Δ 卷的三十个范畴,其中有些已经在其他章节中引述过了。本章以 I 卷的内容为主,在论述时介绍 Δ 卷中讲到有关这些范畴的思想。

## 第一节 一和多

### 一 "一"的各种意义

亚里士多德在 I 卷第 1 章开始时说:"一"有多种意义,以前在词义区分中已经说过了。(1052a15—16)他指的是 Δ 卷第 6 章,那里是区分"一"和"多"的各种歧义的。实际上他只分析了"一"的各种意义,所谓"多"就是一的反面。他所说的"一"就是指一个统一的东西,它是在什么不同的意义上成为一个统一体的。Δ 卷第 6 章说"一"的意义有两类:一类是由于偶性的一,另一类是由其本性的一。所谓偶性的一,他举的例子是科里司库这个人和文雅的;文雅的是科里司库的偶性。偶性无论是表述一个个体如科里司库这个人的,或是表述一个种或一个普遍的东西的,都可以和那个被它表述的主体构成统一体,如"文雅的科里司库"或"文雅的人"。(1015b17—34)

I 卷第 1 章没有讲这种偶性的一,而是直接讲 Δ 卷第 6 章中所讲的由其自身的一。主要有四种,讲得比 Δ 卷简略。

第一,"一"是指连续的东西,尤其是自然连续在一起的东西,而不是由于接触或捆绑在一起的东西。那些单纯而不可分的运动,是更为统一而且是在先的。(1052a19—21)Δ卷对此有解释:所谓自然连续的东西,如人体的各部分是自然合成一体的;而直线是比曲线更为单纯而且是不可分的运动。(1015b34—1016a17)

第二,"一"是指有一定形式或形状的整体。尤其是这种形式是出于自然,而非出于强制如被粘、捆、钉在一起的,是自身具有连续的原因的。这类东西的运动,在地点和时间上都是同一不可分的。有些东西是这样地作为连续的或整体的一,而有些东西则是由于定义(logos)是同一的,在思想上是同一的,即关于它的思想是不可分的,在种上或数目上是不可分的。(1052a22—31)Δ卷讲得比较具体,说有些东西是一,是由于它们的基质是同一的,可以说所有的水都是一,所有的酒也都是一;但也可以说油和酒是一,因为它们都是流体。有些东西则是由于它们的种是同一的,如人、马、狗都是动物,等腰三角形和等边三角形都是三角形。有些东西则是由于它们的本质和定义是不可分的,即使在数量上有所增减,它们仍然是一,因为它们的定义是不可分的。最同一的东西是那些思想到的,无论在时间上、地点上、定义上都是不可分的东西。无论在哪个方面是不可分的,就可以被称为一。如共同作为人(即在定义上)是不可分的,就都是人;共同作为动物而不可分的,就都是动物;共同作为大小而不可分的,就都是大小。(1016a17—b6)

第三,在数目上,每一个个体,都是不可分的一。(1052a31—32)

第四,在形式上,关于它的理解和知识是不可分的东西,就是一。所以那使本体成为一的原因,即形式上的一,必然是首要的一。(1052a32—34)

他说:"一"有这多种意义:它是自然连续的,是整体或个体的一,或其他普遍的一。所有这些都是一,因为它们的运动、思想或定义是不可分的。(1052a34—b1)

亚里士多德进一步指出:必须注意到哪一类东西可以说是一,它们怎样是一,它的定义是什么? 应该说这些是有不同的。凡是具有这些意义中的一个的,便可以说是一。可是"是一",有时是指其中的一种意义,有时却是指别的某种和一接近的意思。"元素"和"原因"就是这样,它既可以说是它所表述的东西,也可以指这个词的定义。在一种意义下"火"是一种元素,但在另一种意义下它不是元素,因为"是火"和"是元素"是不同的。当火作为一种特殊的东西,它自身具有这种性质时,火就是元素;而元素乃是具有这种作为构成事物的基本因素的性质的东西。这点也适用于"原因"和"一"这类词。因为说"是一",就是说它"是不可分的,是一个'这个',是在地点上、形式上、思想上可以独立分离开的",或者说"是不可分的整体"。亚里士多德说:"一"尤其是指"每个种的最初尺度",严格说是"数量的尺度",并由此引申到其他范畴。因为数量是用尺度,是由"一"或数目认知的,而一切数目又都是用"一"认知的。所以一自身就是认知数量的最初的单位,它是数目之为数目的本原和始点。即使在别类东西中,尺度也是用来认知的最初的东西,每个尺度就是单位,就是一。无论在长度上、宽度上、深度上、重量上、速度上都有单位"一"。(1052b1—27)他将多种意义的一归结到数量,又归结到尺度,是计算数量的单位。

接着他对尺度单位"一"作了说明,他说:在所有这些东西中,尺度和始点都是不可分的一,在线上就以一尺作为不可分的单位。在任何方面都以某种不可分的一作为尺度,它在性质上或数量上是单一的。那看来既不能增加又不能减少的单位,是精确的尺度。所以数目的尺度是最精确的,人们将单位一看成是在一切方面都是不可分的,在其他事物中都仿效这种办法。因为较大量的增减不如较小量的增减那么明显,所以人们都将那些在知觉上不可再减的东西作为尺度。人们认为只有通过这种尺度,才能认识这些东西的数量。以最快的、最短时间的单一运动去认知运动,天文学就以这样一种单位作为始点和尺度;音乐上用四分音符,发音上就用字母。所有这些都是这种意义的一,并不是以同样的意义表述所有这一切的,只是在以上所说的意义上,它才是"一"。(1052b31—1053a14)

但是他又分析说:尺度并不是在数目上总是一,有时也是多;例如两个四分音符,不是由听觉而是由比例确定的;用来度量声音的字母也不止一个,比如正方形的对角线和它的边是只能由两种量测定的,一切大小则是显示相似的各种单位。所以说"一"是万物的尺度,这是因为我们是从量的方面或种的方面去分析本体是由什么因素组成的。可是每个"一"并不是同样不可分的,例如一尺和单位一,后者在任何方面都是不可分的,而前者却只是以上所说的在感性知觉上是不可分的,因为每个连续的东西无疑都是可分的。(1053a14—24)

他又加了一个说明:尺度和被尺度的东西总是同种的:大小的尺度是大小,长短的尺度是长度,宽狭的尺度是宽度,声音的尺度是声音,重量的尺度是重量,单位一的尺度是单位。但是不能说数目的尺度是数目,因为数目是由单位一测定的,数目就是多数的单位一。(1053a24—30)

亚里士多德又提出一个新的问题,他说:按照同样的理由,也可以说知识和感觉是事物的尺度,因为我们是用它们认知事物的。但与其说它们在测量别的东西,还不如说它们是被测量的。我们就是这样,只有在别人测量我们,量出我们有几尺高时才知道我们有多高。普罗泰戈拉说"人是万物的尺度",他说的"人"乃是认知的人或感知的人,因为他们有相应的知识和感觉,才说他是事物的尺度。这些话看来很出奇,实际上并没有说出什么来。(1053a30—b3)将普罗泰戈拉说的"人是万物的尺度",解释为知识和感觉是尺度,因为我们是通过知识和感觉才能认知事物,也就是测度事物的。

最后亚里士多德作出结论说:显然,按照它的名称下定义,"一"就是尺度,主要是数量的尺度,其次是性质的尺度。有些在数量上是不可分的东西,是一;有些是在性质上不可分的。所以"一"是不可分的,或者是绝对不可分,或者作为一是不可分的。(1053b4—8)

在希腊哲学中最早提出"一"是万物本原的,是毕泰戈拉学派。亚里士多德在《形而上学》A 卷中说毕泰戈拉学派认为万物的本原是数,而数是从一开始的。(986a20)在他的《论毕泰戈拉学派》残篇中认为"一"是本原,它由偶数和奇数组成,一加上一个偶数成为奇数,加上一个奇数成为偶数。所以一能产生奇数和偶数;而奇数和偶数是数的本原,因此一是本原的本原,是最高的本原。他又说:他们将理性(灵魂)和本体、"一"等同起来,因为它们都是不变的,到处一样的,而且是一种统治的原则。他们将理性叫做"单位"或"一"。(残篇 R3,203)在《尼各马科伦理学》中,亚里士多德说毕泰戈拉学派将"一"摆在"善"的行列中,是作了一种合适的解释的。(1096b5—7,参看本书第一卷第 235—236 页）爱利亚学派认为只有"是"是真实的，"是"是唯一的，也就是"一"。从此哲学家们都以"一"为最高的哲学范畴，都要寻求一个最高的唯一的原理。柏拉图认为"相"是唯一真实的，它是"一"也是"善"。而亚里士多德却要探讨："一"究竟是什么？他从实际出发，分析"一"有各种歧义。说一个东西是一（一个统一体），或者是因为它们的质料是同一的，或者是因为它们的形式、种、定义、思想是同一的。我们是从这些不同的方面说它们是"一"的。他认为"一"本身乃是一种数量，是测量的单位；我们用不同的单位作为测量大小、长度、宽度、运动、速度、声音等等的尺度，每个单位都是一，但它们是不同的一；而尺度和被尺度的东西是属于同一个种的。这样，亚里士多德将被毕泰戈拉学派神秘化了的"一"，还原为我们实际上所说的"一"。由此他便论证"一"不是本体。

## 二　"一"不是本体

I 卷第 2 章便讨论"一"是不是本体的问题。他说：关于"一"的本体和本性的问题，正如我们在问题讨论中提出来的："一"是什么，以及我们如何看待它？是不是要像先是毕泰戈拉学派后来是柏拉图所主张的，认为"一"是本体；还是说"一"不过是一种基本的性质。那些自然哲学家们说得更加聪明些，他们有的说"一"是爱，有的说是气，有的说是"无定限 apeiron"。（1053b9—16）以下他便论证"一"不是本体。

第一，在讨论本体和"是"时已经说过：任何普遍都不是本体。如果"是自身"作为和"多"分离的"一"（它是"多"所共有的），它便不能是本体，只能是一种表述；则显然"一"也不是本体，因为"是"和"一"在所有表述中是最普遍的。一方面，"种"并不是和它的个体分离的一种实体或本体，另一方面，"一"也不是种，和"是"与本体不是种一样。（1053b16—24）这是从亚里士多德一再论证的"普遍不是本体"说的。从《范畴篇》开始，他认为作为本体的一个主要的标准是：别的东西都是表述本体的，而本体却不是表述任何主体的。（2a12）"一"和"是"一样是最普遍的表词，可以表述一切本体的，"种"也是普遍的表词，所以它们都不是本体。

　　第二,在各个范畴中的"一"都是这样,因为"一"和"是"一样有许多意义,无论是性质或数量范围内的"一"都是有确定意义的,我们必须探究在每个范畴中的"一"是什么。正像问"是"是什么一样,说它的本性就是"一"或就是"是",是不够的。在颜色中的一是一种颜色如白色,别的颜色被认为是由白色和黑色生成的,黑色是白色的缺失,正如黑暗是光明的缺失。所以如果是的东西是颜色的话,它们会有一个数目;是什么的数目呢? 当然是颜色的数目;它们的"一"就是一种特殊的颜色即白色。同样的,如果是的东西是音调,它们会有一个数目即四分音符,它们的本质不会是一个数目,而是四分音符。声音也是这样,它们是一些数目的字母,它们的一就是元音。直线图形也有数目,它们的一是三角形。其他的种也是这样。无论在承受、性质、数量、运动中都有数目和一,数目是某种东西的数目,一是某种东西的一。所有一切情况都是这样。(1053b24—1054a9)无论在颜色、声音、图形等哪一类东西中,用来作为它们的尺度的一,都是一个和它们同种的东西。将这个东西作为一,用它来计数,它是"一";但"一"并不是这个东西的本质,它的本质还是一种颜色、一种声音等等。

　　亚里士多德最后作出结论:因此在每一类东西中的一,乃是一种确定的东西;可是它们的本性恰恰并不是一:在颜色中我们寻求的一乃是一种颜色,如果在本体中寻求一,也应该是一种本体。所以在这个意义上,"一"和"是"的意义是一致的。可是"一"并不包括在任何范畴之中,因为它既不在本体中,也不在性质中,而是像"是"那样和它们发生关系。说"一个人"并不比说"人"增添些什么,正如"是"并不是在本体、性质、数量以外的东西。而"是一"恰恰就是"是一个特殊的东西"。(1054a9—19)亚里士多德认为"一"和"是"一样,是最普遍的范畴,并不是在本体、性质、数量等范畴以外独立存在的东西。"是"或者是本体的是,或者是性质的是、数量的是等等;但即使是本体的是,这个"是"也并不就是本体。"一"也是这样,或者是一个本体,或者是一种性质、一种数量等等;即使说是一个本体,这个"一"也不是本体。说这个人或整个宇宙是"一",乃是说它们是一个统一体;是说"是一个人"或"是一个宇宙",人或宇宙才是本体。所以"一"不是本体,它只能表示一种数量,是最

初的那个数目,是可以用来计算数目的单位,也可以是用来计算任何种东西的
尺度单位。总之,"一"不是本体。

### 三  "一"和"多"的对立

在 Δ 卷第 6 章中亚里士多德只分析"一"的各种意义,对于多,他只说多
的各种意义都是和一相反的,没有再作分析。I 卷第 3 章到第十章可以说都
是在讨论"一"和"多"的对立;但其中许多章节是讨论对立的各种意义的,将
在下一节专门论述。在八章中明确讨论"一"和"多"的对立的有三处,现在依
次论述。

第一,I 卷第 3 章开始,亚里士多德说一和多有几种方式的对立,其中之
一是不可分和可分的对立。凡是可以分割和可分的是多,而不可分割和不可
分的是一。(1054a20—23)在《范畴篇》第 10 章中亚里士多德提出"对立"有
四种:相关的、相反的、有和缺失、矛盾(肯定和否定)。本卷第一编中已经作
了论述。《形而上学》Δ 卷第 10 章分析"对立"的歧义时也指出这四种。所以
I 卷第 3 章亚里士多德接着说:一和多的这种不可分和可分的对立,是相反
的、有和缺失的对立,而不是相关的和矛盾的对立。"一"是从和它相反的
"多"得到解释的,不可分是从可分来的,因为多和可分比不可分更容易被感
知,所以从感觉说,多的定义是先于不可分的定义的。(1054a23—29)值得注
意的是:亚里士多德认为先有多和可分的,然后才能认知一和不可分。这和许
多哲学家的看法刚好相反。毕泰戈拉学派认为数是万物的本原,而一又是数
的本原,有了一才有二、三、四这些"多"。柏拉图也认为先有作为一的"相",
而后才有众多的事物。他们都以"一"作为逻辑的起点。而亚里士多德却将
这个先后次序颠倒过来了。他的理由是:我们的感觉总是先认识那众多而又
可分的事物,是从这种多和可分中推出一和不可分的。这表示他重视经验事
实的特点。

第二,I 卷第 6 章又讨论一和多的对立,是接着第 5 章中讨论"相等"和
"大与小"的对立讲的。"相等"是在"大"和"小"之间的居间者,它和"大"与
"小"的对立不是绝对的。第 6 章开始时说:一和多也有同样的问题,如果它

们的对立是绝对的,便会推出不可能的结果。因为"多"和"少"也是对立的,这样"一"就将是"少"或"少些"。而"二"将是多了,比二少的只能是一,没有比一更少的了(希腊文的"少"和"多"有单数和复数之分:少 oligon 是单数,oliga 是复数,可译为"少些"或"若干少";多常用复数 polla,它的单数 poly 只用于不可数的液体如水等)。比二少的一只能是单数的一。正像单数的多和复数的多都是"多"一样,单数的少和复数的少也还是"多"。这样,说"一"是少或少些,也还是某种"多"。"多"用于可分的东西,一种意义它是相对的或绝对的过量(少是一种不足的多),另一种意义是数目,只是在这种意义上,多和一是对立的。(1056b3—20)正如第 5 章中在大和小之间插入一个"相等",这里在一和多之间也插入一个"少"。一和多是对立的,少和多也是对立的;相对于多说,一就是少;但相对于一说,少也是多了。所以一和多的对立是相对的。

他又指出:说一和多正如说单数的一和复数的一,或单数的白和复数的白,是将计数的尺度和被计数的东西相比。正是在这个意义上,每个被说成是多的数,因为是由复数的一组成的,是由"一"来计数的,这就是和一对立的多,而不是和少对立的多。在这个意义上,二也是多,是第一个复数。(1056b20—27)他将一归结为尺度单位,多是被尺度的;一和多的对立是尺度和被尺度的对立。

对此他又作了说明:"一"和"多"在数目上的对立,是作为尺度和被尺度的对立;这种对立是相关的对立,可是它们的本性却不是相关的。他说:已经在别处(Δ 卷第 15 章 1021a26—30)说过,"相关的"有两种意义:一是彼此相反的,另一是作为知识和被认知的东西那样彼此相关的。多少是数的一个种,多的数目是由一尺度的。一和数在一种意义下是对立的,但不是相反的对立,而是一个作为尺度另一个作为被尺度的东西的对立。这就是为什么每个是一的东西却并不都是数的理由,例如不可分的东西都是一却并不都是数。虽说知识和被认知的东西与此相似,却并不相同。因为知识可以被认为是尺度,被认知的东西是被尺度的;因而一切知识都是可以认知的,但并不是一切可以认知的东西都是知识;因为在一种意义上,知识也是由可以认知的东西去加以尺度的。(1056b27—1057a13)亚里士多德是这样比较的:在一和多的关系上,作为数目,一是尺度,多是被尺度的,"多"就是多少个"一";但一并不都是数,说任何一个统一体是一,这个是"一"的统一体只是说它是不可分的,却并不都是数。可是在知识和可知的东西的关系上,知识是尺度,可知的东西是被尺度的,在这点上和一与多的关系是相似的;但只能说一切知识都是可以被认知的,却不能说一切可以认知的东西都是知识。因为可以认知的东西不一定都被现实地认知,当它没有被认知的时候它还不是知识。正是在这个意义上,亚里士多德说知识要由可以认知的东西来尺度,因为你有没有知识,有多少知识,是要看你对于可认知的东西认识了多少来测定的。

亚里士多德最后作出结论说:"多"并不在任何意义上都和"少"、和"一"相对立,只有在一种意义上即上述可分和不可分的意义上,多和一是相反的;而在另一种意义上,如果"多"是数目而"一"是尺度,则一和多的对立像知识和可认知的东西那样,是相关的对立。(1057a13—17)

第三,I卷第10章讲的是可消灭的东西和不可消灭的东西的对立问题。可消灭的东西总有许多个,是多;而不可消灭的东西是多中之一,是一,这就是柏拉图所说的"相"。因此第十章所讲的不可消灭和可消灭的东西的对立,实际上就是一和多的对立,而且是亚里士多德批判柏拉图相论的一个重要论证。

他说:既然相反的东西在形式上是相异的,而可消灭的东西和不可消灭的东西的关系是相反的,它们必然在种上也是相异的。有人可能认为并不是每个不可消灭的东西在形式上必然和可消灭的东西相异,正如同一个东西如果是个体,是一个人,他就可以既是白的又是黑的,白和黑是相反的。(1058b26—35)这里讨论的问题是:相反的东西在形式上是不同的,它们在种上是不是也是不同的呢?所说相反的东西,主要是指不可消灭的"一"和可消灭的"多",它们是不是属于同一个种的?

亚里士多德认为:在相反的东西中,有些是属于偶性的,比如上述的白和黑;有些则不是偶性的,其中主要有"可消灭的"和"不可消灭的"。任何东西都不能是由于偶性而是可消灭的,因为偶性的东西是可能出现也可能不出现的,而可消灭性却是这类事物所必然出现的,是可消灭事物的本质。不可消灭性的情况也是这样,因为这二者是这两类事物的必然属性,一类是可消灭的,另一类是不可消灭的,它们是对立的,必然在种上是相异的。(1058b36—1059a10)他认为可消灭性和不可消灭性是这两类事物的本质特性,所以它们必然是两种不同的东西。

亚里士多德以此驳斥柏拉图的相论。他说:所以有些人所说的"相",是不可能的。因为那样说这个人是可消灭的,而另一个"人"("相")却是不可消灭的,又要将它们说成是相同的。他们说"相"和个别事物不仅是同名的,而且在形式(eidos,即属)上也是相同的;可是在种上不同的东西比在属上不同的东西相差更大。(1059a10—14)柏拉图的"相"不仅和个别事物是同名的,而且和个别事物一样,也是分离和独立存在的,这样就将"相"和个别事物当做是同一种类的东西,将"相"也当做个别事物,将它个体化了。而亚里士多德却认为"相"(即他所说的形式)是不可消灭的"一",可是个别事物却是可消灭的"多",它们是不同种的,是两类不同的东西。这是亚里士多德驳斥柏拉图相论的根本论点,也是"一"和"多"的对立的一个重要方面。由此应该推出:"相"和"形式"是普遍的"一",而具体事物却是个别的"多"。所以,如果将形式也说成是个别的,亚里士多德岂不要重蹈柏拉图的覆辙?

# 第二节　对　立

亚里士多德在《范畴篇》中专门讨论过对立范畴,本卷第一编已经论述过。《形而上学》Δ卷和 I 卷也讨论了对立,Δ卷是分别讨论三十个范畴各自的歧义的,其中有四章和对立有关,即:第 10 章讲对立和相反,第 15 章讲相关,第 20 章讲有,第 22 章讲缺失。但Δ卷的重点只是分析各个范畴自身的各种歧义,没有讨论这些范畴之间的关系和联系,这项任务是由 I 卷完成的。

## 一　Δ卷论对立

Δ卷第 10 章分析"对立(antikeimenon,英译 opposite)"的各种意义,认为有六种对立:1. 矛盾,2. 相反,3. 相关,4. 有和缺失,5. 生成和消灭发生的那两个极端,6. 双方不能同时出现在同一接受者的那两个因素,也被称为对立,例如灰色和白色不能同时出现于同一事物,所以它们的组成因素(罗斯解释:组成灰色和白色的因素是白和黑)也是一种对立。(1018a20—25)这里讲的前四种对立,亚里士多德在《范畴篇》和《论题篇》以及 I 卷中都讲过,是他认为对立的四种基本的意义;后面两种不过是"相反"的特殊情况。

第 10 章接着就讲"相反(enantia,英译 contrary)"的各种意义。他说有以下几种:1. 在种上有差别,不能同时属于同一主体的东西;2. 在同一种中最有差别的东西;3. 在同一接受主体中最有差别的东西;4. 属于同一能力的最有差别的东西,5. 或是无条件地,或是在种上、属上最有差别的东西。他说:至于别的被称为相反的东西,有的是由于它们具有这些性质,有的是由于能接纳这些性质,有的是由于能产生这些性质,或被它们所作用,或是失去或得到它们,即它们的缺失或有,等等。既然"一"和"是"有多种意义,从它们推出的词也有多种意义;每个范畴都有相应的"相同"、"相异"和"相反"。(1018a25—38)相反的就是在某一方面有最大差别的东西,有最大的极端不同的东西。相同和相异就是极端不同的,它们是相反的。在每个范畴中,都有这种相同和相异及类似的相反的东西,如以前提到过的相似和不相似、相等和不相等,它们都是彼此相反的。

Δ 卷第 15 章讨论"相关(pros ti,英译 relative,也可以译为相对)",认为它有三种不同的意义:第一,数目上的相关,如 2 倍对于一半,3 倍对于 1/3;一般说就是超过或被超过多少倍的关系。(1020b26—28)他说这些相关的关系是用数表示,由数确定的。而数的关系有确定的和不确定的之分,不确定的是指任何数和任何数的关系,如 3 对 2,4 对 5 的关系;确定的是指任何数和一的关系,"一"是数的开始又是数的尺度,因为任何数都是由于它和一的关系而成为这个数的,如 2 就是由于它是 1 的 2 倍,所以是 2。(1020b32—1027a14)第二,主动和被动的关系,如热和被热,切割和被切割。(1020b28—30)他将这种主动和被动的关系与运动和现实联系起来,说这双方的一方具有主动的能力,另一方具有被动的能力,前者使后者成为现实。因为运动有时态的不同,所以主动和被动的关系也有时态的区别。(1021a14—26)第三,被尺度和尺度、被知和知、被感觉和感觉的关系。(1020b30—32)亚里士多德说这种相关的关系和以上两种不同:数和能力上被称为相关的,是因为它们自身涉及那个东西,而不是因为那个东西涉及它们。可是那被尺度的、被知的和被思想的东西所以被称为相关的,是因为那个东西涉及它;可思想的东西表示有关于它的思想,但是思想并不和"是思想所想的东西"相关,因为那样就是将同一事情说了两遍。同样的,看是对某些东西的看,并不是对"是它所看的东西"的看。虽然这样说也没有错,但是将同一件事情说了两遍。(1021a26—b2)罗斯解释说:亚里士多德所以要将知识(思想和感觉)和其他两类相关区别开,因为在他的思想深处是相信知识和它的对象(客观实在)的关系,与对象和知识的关系是并不一样的。① 这就是说,亚里士多德认为认识依存于客观实在,而客观实在却并不依存于认识,是可以离开认识独立自在的。这是亚里士多德的朴素实在论的观点。

Δ卷第20章讲"有"(hexis,英译 having,habit,permanent,指持有的状态和过程),说它有三种意义:第一,指持有者实现了他对事物的持有,是一种动作和运动。在制造者和被制造的事物之间有一个制造的过程,在一个有衣服的人和他的衣服之间有一个持有的过程。显然这种持有的过程是持有者所不能有的,不然便是持有持有,将无穷进行下去。第二,"有"或"固有"是一种安排处置。根据这种安排,无论对它自身或对某些东西说,可以安排得好或不好。例如健康是一种常态,是这样一种安排。第三,如果有一部分是这样安排的,可以说是习惯和常态,是它的品质。(1022b4—14)"有"既有动态的持有过程,又有静态的持有状态;它是一种安排,有安排得好的也有安排得不好的;一个事物如果总是这样安排的,便是它的常态和品质。

Δ卷第22章讨论"缺失"(steresis,英译 privation),说它有几种意义:第一,如果某物本性自然应有的某种属性,现在没有,就是缺失。这是亚里士多德所说的缺失的典型意义。可是如果是本来不会有的属性,现在没有,也仍是

---

① 参见罗斯:《亚里士多德〈形而上学〉校释》第1卷,第330—331页。

缺失,如植物没有眼睛。第二,事物或是由它自身或是由它的种,本来应有某种属性,现在没有,就是缺失。如盲人和鼹鼠是在不同的意义上被剥夺了视力,盲人是他个人不能看,鼹鼠则是它的种不能看。第三,它本来会有这种属性,可是在它本来会有这种属性的时候,它却没有,这是缺失。如盲是一种缺失,但一个人并不是在任何时期都可以说是盲,只有在他应该能看的时候却不能看,才是盲。他还加添说:要在一定的介质(光),一定的环境下他应该能看却不能看,才是盲。第四,被强力夺去的东西也可以说是缺失。(1022b22—32)在这几种意义以外,亚里士多德又专门指出:实际上有多少个否定的词头开始的词(希腊文以字母 α 开头的词,就是"不"或"无"开头的否定词),便有多少个缺失。比如"不等"是本来会相等的而没有相等,"不可见"则是它根本没有颜色或只有不明显的颜色因而看不见的,"无脚"则是根本没有脚或只有不完全的脚。所以"缺失"可以指根本没有或部分、不同程度地没有。如"不可割切"可以指根本不能割切或很难割切。最后他还专门指出:所以我们不能说某个人一定是"好"或"坏","公正"或"不公正",因为在这两个极端之间还有许多中间状态存在。(1022b33—1023a7)

亚里士多德在 Δ 卷的这四章中对于这四种对立,作了细致的分析,分析它们的各种不同意义;他的分析比较重视经验事实,根据实际情况作具体分析。这里的缺点是,他比较忽视从理论上、逻辑上分析这几种对立之间的关系和联系。

## 二 Ι 卷论对立

Δ 卷是将对立的各种不同意义孤立地加以分析,而 Ι 卷则是将对立的各种意义联系起来,考察它们的差别和关系。亚里士多德主要讨论了四个方面的问题。

(一)相同、相异和差别。

Ι 卷第三章在说了一和多的对立是不可分和可分的对立,是相反的(见上节之三)以后,接着说明相同、相似、相等都属于一,而相异(不相同)、不相似、不相等都属于多。以下说明这些范畴以及它们的关系。

他说，"相同"有几种意义：1. 指数目上的相同；2. 在定义上和数目上都是一的东西，是相同的，比如你和你自己，无论在形式上和质料上都是同一个；3. 基本的本质定义是一的东西，是相同的，如相等的直线或等角等边的四边形等，它们都是相等的，它们的相等性就使它们成为"一"。（1054a32—b3）

"相似"不是绝对的相同，在具体的本体方面也不是没有差别的，它们只是：1. 在形式上是相同的，如大的正方形和小的正方形、长短不等的直线，都是相似的，并不是绝对相同；2. 有些形式相同的东西在程度上却有差异，如深浅不同的白色就是相似的；3. 有些东西的共同性（无论是一般的还是主要的）多于差别的，就是相似的，如锡和银作为白色的东西是相似的。（1054b3—13）

因而"相异"和"不相似"也有几种意义：1. 相异是对相同说的，万物之间的关系或是相同，或是相异；2. 除非它们的质料和定义都是一的东西，不然它们总是彼此相异的，如你和你的邻人是不同的人；3. 表现在数学对象中的相异。所以每一个东西和另一个东西之间都有相同和相异，只要它们是"一"和"是"。因为"相异"和"相同"并不是矛盾的，所以不能说"不是"都是"相异"，只能说它和"是"不同。"相异"可以表述一切是的东西，因为每个是"是"和"一"的东西，在本性上都可以和别的东西是"一"或不是"一"。（1054b13—22）

接着亚里士多德区分"相异"（heteros，英译 other）和"差别"（diaphoros，英译 difference）。他说："相异"和"相同"是对立的，但是"差别"和"相异"并不相同。凡是"是的东西"彼此不是相同就是相异（不同），彼此相异的东西，可以在无论哪一方面彼此有所不同，并不是在某一确定方面彼此不同。可是有差别的东西只是在某一特殊的确定的方面有差别，当它们在这一方面有差别的时候，必然在另一些方面是同一的。这同一的东西就是"种"或"属"，因为每个有差别的东西只是在种上或属上有差别。所谓种的差别是说那些事物的质料不是共同的，不能彼此相互生成，如那些属于不同范畴的东西。所谓属的差别是说那些事物有共同的种，种是表述那些有差别的东西的同一本质。他说，相反的东西是有差别的，相反就是一种差别。这是可以用归纳表示的：我们看到的所有差别的东西,它们不单是相异,而且有些是在种上相异,有些是在范畴上相异;因为它们是在同一个种的,在种上是相同的。(1054b22——1055a2)亚里士多德将相异和差别区分开,认为相异并不是在某一确定的方面不同,而是在任何方面有所不同的,都可以说它们是相异的。而差别却只是在某一确定的方面有不同,或者是在种(有时就是范畴)上不同,或者是在属上不同。在属上不同的东西,就是属于同一个种的;这种属的差别就是亚里士多德所说的"属差"。它原来就是 diaphoros 这个词,英文译为 differentia,在亚里士多德的形而上学中将它作为一个专门术语"属差"。

(二)相反和矛盾、缺失。

根据异中有同的思想,亚里士多德在 I 卷第 4 章中分析他所说的各种对立之间的相同和相异的关系。

从第 4 章开始,亚里士多德反复强调他所说的"相反"就是最大的差别的思想。他说:既然有差别的东西相互间的差别有大有小,它们间最大的差别便称为相反。这也可以用归纳表明:那些在种(范畴)上有差别的东西彼此不能沟通,它们相距最大也不能比较;而那些在属上有差别的东西所产生的两极端就是相反的,它们之间的距离也就是最大的。每一类东西中最大的差别也就是完全的,是不能被超出的;完全的差别标志这一系列的终结,没有东西能够超出终结。所以相反就是完全的差别。既然相反有各种意义,完全的相反也可以有各种方式。显然一个东西只能有一个相反的,不能多于一个,不然便要在极端以外再有极端。既然相反是一种差别,而且是完全的差别。无论是在种上或是在属上,最大的差别是完全的差别;在同一接受质料中的最大差别是相反的,在同一能力中的最大差别也是相反的;在处理同一类事物的知识中,最大的差别也是相反的。(1055a3——33)他用归纳举例说明"相反"是最大最完全的差别。

接着他讨论相反和有与缺失以及矛盾之间的关系。他说:主要的相反是出现在有和缺失之间的。不过缺失也有多种意义,那完全的缺失才是相反的。和这些有关的就被称为相反的,有些是由于有,有些是由于制造了或能够制造它,有些是由于获得了或是丧失了它。如果对立是矛盾、缺失、相反和相关,那么首先是矛盾。而矛盾是不允许有中间状态的,相反却允许有中间的状态,所以矛盾和相反是不同的。但是缺失却是一种矛盾,因为遭受缺失的,或是一般的或是在某一确定方面的缺失;或者是完全不能具有这种属性,或者是本来应有这种属性的却没有,我们已经在别处(Δ 卷第 22 章)说过缺失的多种意义。所以缺失是一种无,缺失和有是一种矛盾,它由接受的质料规定并随之一起变化。这就是为什么矛盾是不允许有中间的,而缺失却有时允许有中间的。因为所有东西都可以相等或不相等,但并不是每个东西都等于或不等于,只有在能接受相等的范围内才有等或不等。如果发生在质料上的生成是从相反方面开始的,是由形式的获得或缺失进行的,则显然所有相反都必然是缺失;但大概不是所有缺失都是相反,因为缺失也有各种不同的方式,只有从极端进行的变化才是相反的。他说这些也可以用归纳看清:因为在每一对相反之中总有一方是缺失,可是情况并不一样,如不相等是相等的缺失,不相似是相似的缺失,而另一方面恶也是善的缺失。由于情况不同,在一种情况下只简单地说它遭受缺失,另一种情况下则说它在某个时间或某个部分或整个地遭受缺失。这就是为什么在某些情况下会有中间的,如有不善不恶的人;而在另外情况下却没有中间的,如数只有奇数和偶数。再说,有些相反的是有确定的主体的,有些却没有。他最后又说:所以显然在一对相反的东西中总有一个是缺失,但只要知道最初的相反——“一和多”就可以说明问题,因为别的相反都是由此推出来的。(1055a33—b29)

从这长段论述中可以将亚里士多德对相反、有和缺失、矛盾三者的关系的看法,概括为:第一,相反就是有和缺失,但并不是所有的缺失都是相反的,只有最大的完全的极端的缺失才是相反的。第二,相反和矛盾不同,矛盾不能有中间状态,而相反却可以有中间状态。第三,有和缺失也是一种矛盾,不过它们和矛盾又有不同,矛盾不能有中间状态,有和缺失却有的有中间状态,有的没有。

(三)中间。

有没有中间状态,是亚里士多德区分这几种对立的一个重要标志。他认为相反和矛盾的区别就在于前者有中间状态,而后者没有;缺失和矛盾也有这种区别,不过他认为有些缺失有中间状态,有些没有。其实他所说的中间,是两种不同的情况:一种是矛盾的命题如"A 是 B"和"A 不是 B",这两个命题中总有一个是真的而另一个是假的,不可能有中间状态说它们同时都是真的。另一种是在相反和两个极端的状态之间,可以有多少程度不同的中间状态。这两种中间是不同的。

亚里士多德在 I 卷第 5 章和第 7 章中都讨论了中间的问题。第五章开始时他提出问题:既然一个东西只能和一个东西相反,那么一和多、相等和大与小是怎样相反的? 如果我们用"是……还是……"来表示这种对立,如说"是白的还是黑的"或"是白的还是非白的",决不会说"是人还是白"。而当说"是相等还是较大或较小"时,这"相等"和其他两个是怎样对立的? 这相等既然不能只和其中的一个相反,也不能和两个都相反,因为它为什么只和大相反,而不和小相反呢? 相等只和不相等相反,如果它既和大又和小相反,大和小都是不相等,那么相等就要和两个东西相反了,这是不可能的。因此看来相等是大和小之间的中间者。可是相反不能是中间者,因为从它的定义说相反是完全的极端的,不是中间。那么能不能将相等和大与小的对立,说成是否定和缺失呢? 一个东西也不能是两个东西的否定或缺失,为什么相等的否定或缺失是大而不是小呢? 可以说"是大还是相等"和"是相等还是小",可是这就有三种选择了。而且它们也不是必然的缺失,因为并不是任何"不大"或"不小"都是相等,只有在大或小到一定数量才是相等。(1055b30 — 1056a22)这里他提出相等和大或小的关系问题:大和小是相反的,但相等却既不和大相反,又不和小相反,相等只能说是在大和小之间的中间状态。

从而他得出结论:相等既不是大也不是小,但它的本性却可以是大也可以是小,所以它是在大和小之间的。那既不好也不坏的东西也是和好或坏对立的,不过它没有名称。因为所谓中间的东西有几种意义,接受它们的主体也不只是一个。如那既不是白色也不是黑色的东西,应该也是一种颜色,它或是灰色或是黄色或是别的颜色。可是我们不能因为那既不好也不坏的东西,是在好和坏之间的中间者,便将这种说法推到一切情况中去,如说那既不是鞋也不是手的东西,是在鞋和手之间的中间者。因为前一类情况是在好和坏这对对立之间有自然的中间者的,而后一类情况是鞋和手属于两类不同的东西,它们之间并不是差别,它们的基质是完全不同的,在它们之间不能有中间的东西。(1056a22—b2)所以亚里士多德所说的中间,是在一对相反的东西之间的居间者,它不一定是在中点,也不只是一个。但是中间和这一对相反者必须属于同一类的东西,在不同类的东西中,既不能是相反的,也不能有中间。

I卷第7章再讨论中间。亚里士多德说:既然相反允许有中间,而且有些相反的东西有中间,所以中间必然由相反的东西构成。因为第一,所有的中间和它的两端是同种的,我们说它是中间,因为在发生变动时必然先变成它,如由高音变为低音时必须先变成中音;在颜色上要从白色变为黑色时必须先变成灰色,所有别的情况也是这样。可是要从这一个种变为另一个种是不可能的,除非是偶然的情况,如由颜色变为形状。第二,所有的中间都是在某种对立之间的,因为只有在对立中才会发生由它自身的变动;在不是对立的东西之间不可能有中间,因为那种变化不是从对立的一方向另一方的变化。在各种不同的对立中,矛盾是不允许有中间的,因为矛盾这种对立的双方都各自附着于别的东西,那是没有中间的。至于相关的对立,那些不是相反的相关,也没有中间。因为它们不是同一个种的,比如在知识和可知的对象之间能有什么中间呢?但是在相反的相关,如大和小之间是有中间的。第三,如果中间是在一对相反的对立之间的,而且它们是同种的,中间必须由这些相反的东西组成。因为或者是有一个将这些相反的东西都包括在内的种,或者没有。如果有这样一个共同的种,它是先于这些相反的;而且组成这些相反的"种的属"的相反的"属差"也是先于属的,因为属是由种和属差构成的。例如白和黑是相反的,白是明亮的颜色,黑是昏暗的颜色;它们的属差"明亮的"和"昏暗的"是彼此相反的,是在先的。并且只有这种相反的属是真正相反的,别的在中间的属则是由它们的种——颜色和一定的属差构成,可是这些属差不是基本相反的,不然的话所有的颜色都会是白色或黑色了,所以相反只是在基本属差之间的。再说,如果相反不是属于同一个种的,首先要问它们的中间是由什么构成的?如上所说,如果它们是同一个种的东西,则"种"是构成中间的一个因素;可是现在既然没有在相反之前的"种",相反和中间也不是同一个种的。

而中间只能由相反的东西组成,那些次一级的相反和它们的中间还是只能由基本的相反组成。由此亚里士多德得出结论:显然,中间是:1. 和两端属于同一个种的,2. 是在相反之间的,3. 是由相反的东西组成的。(1057a18—b34)

在这一长段中,亚里士多德反复并举例说明:中间是处于两极端相反的之间的,中间和相反必须处于同一个种(范畴)之中;或者同为本体,或者同为性质、数量等。种以下分为属,所以既有极端相反的属,又有中间的属;这些属之间的差异就是属差。因此每个属(形式)的定义是由它们的"种"和各自的"属差"构成的。

(四)属差。

"属差"在亚里士多德的本体论中占有重要位置。他认为一个事物的定义是由它的种和属差构成的。I 卷第 8、9 章专门讨论属差。亚里士多德所说的"属",希腊文 eidos 也就是他所说的"形式";当它和质料相对时便译为"形式"(form),当它和"种"(genus)相对时便译为"属"(spece)。所以"属差"也就是作为属的意义的形式和形式之间的差别。

第 8 章开始时亚里士多德说:在属上相异的东西,是说它们在某个东西中是彼此相异的,而这某个东西是彼此相同的,如在属上相异的动物同为动物,所以在属上相异的东西必然是在同一个种的。他说,我所说的"种"是指那可以共同表述那些有差别的东西,这种差别不是偶性的,而是在质料或其他方面的差别。因为这些有差别的东西不仅必须有共同性,如它们必须都是动物;可是这种动物性在它们每一个中又必须是有差别的,如这一个属是人,那一个属是马;动物这种共同性在不同的属之间是不同的,这种不同只是在同一个种之中的不同。所有在属上的差别只是在某个共同的东西中彼此的差别,它们的共同的东西就是它们的种。(1057b35—1058a13)亚里士多德说明每一个属差既有普遍的共同性,又有特殊的个别性;前者说它们是属于同一个种的,后者指不同的属各有自己的差异性,这就是属差。

他说,作为属的差异有相反性,它们是同种的并且是不可分的;而那些在属上相同的东西也是不可分的,不过不是相反的。所谓不可分的,是说在划分的过程中,即使在达到那不可分的(最低的个体)以前的中间阶段中也都会出现相反的东西。所以相对于种说,任何"种的属"都既不是在属上相同又不是在属上相异的。相对于不是同种的东西说,它们的属是在种上也是有差别的,而同种的东西则是在属上有差别。在属上有差别的东西的差别,必然是某种程度的相反,不过它们是属于相同的种的。(1058a16—28)这里说的"不可分"和"相反",是和Z卷第12章中讲的"定义的统一性"有关的。亚里士多德用划分的方法,将相反的东西如"有足的"和"无足的"、"两足的"和"四足的"划分开,分到最后不能再分的形式,就是属差。

第9章提出的问题是:为什么有些差别是属差,而有些却不是? 亚里士多德说,当雌和雄的差别是相反的时,为什么女人和男人却不是属上的差别? 虽然动物之有雌和雄的差别是由于它们的本性,并不像白和黑那样只是偶性,为什么雌性动物和雄性动物的差别却不是属的差别呢? 这个问题和别的一样,即为什么一类相反会构成属的差别,而另一类却不会构成属的差别;如"有足"和"有羽毛"等可以构成属的差别,而白和黑却不能构成属差。可能是因为前一类是种所固有的特性,后一类却不是。既然组成事物的一种因素是定义(形式),另一种是质料;在定义中的相反可以构成属差,而质料中的相反却不能。所以在人中的白和黑不构成属差,在白净的人和黝黑的人之间没有属的差别;因为这种差别是从质料产生的,而质料并不构成属差。虽然这个人的肌肉和骨骼和那个人是相异的,但这种质料的差别并不构成人的属差。具体的人彼此都是相异的,但不是在属上相异,因为他们的定义不是相异的。定义才是最后的不可分的东西。卡里亚这个人是由定义和质料组成的,白的人也是这样;说卡里亚这个人是白净的,白净只是偶性。铜做的环和木做的环不是属上的差别,如果铜做的三角形和木做的环是属的差别,也不是由于它们的质料,而是由于它们的定义(三角形和圆形)是相反的。但是质料,是不是只在一定方式上不构成事物在属上相异,而在另一种方式上也可以构成属上相异呢? 为什么这匹马和那个人在属上是相异的? 虽然它们的质料是包括在它们的定义之中,但它们在属上相异无疑是因为它们在定义上是相反的。在白的人和黑的马之间也是相反的,是属的相反;但不是由于这一个的白和那一个的黑;即使这两个都是白的,它们也依然是在属上如人和马是相异的。可是雌和雄,作为动物的固有特性,它们的差异并不是由于它们的本质,而是由于它们的质料即肉体造成的。这是由于相同的精子以不同的作用造成了雌和雄。他说:这样,我们已经说明了什么是属差,以及为什么有些差别是属差,而有些却不是。(1058a29—b25)

亚里士多德认为事物之间的属差只是由于它们的本质或定义中的相反因素构成的,即由形式构成的,与质料无关。质料只能构成事物间的偶性差别,如人的白净或黝黑是由他的质料即肉体构成的。可是对于动物的雌和雄,一方面他承认它们是动物的固有特性,另一方面又认为它们不是动物的属的差别。他的理由是:动物的雌和雄不是由形式决定的,而是由质料决定的。因为他认为只有精子才起主动的作用,是形式;而卵子却是被动的,只能起质料的作用。因此他得出这样的结论。由此我们看到:第一,亚里士多德虽然是当时最伟大的生理学家,但他的认识终究受到客观条件的限制,他对精子和卵子所起的作用的看法显然是不够全面的。第二,他对于形式和质料的划分也显得过于绝对化。从而对于属的划分也显得绝对化和简单化。比如对于人,他既可以定义为两足的无羽毛的动物,又可以定义为有理性的动物,以将人和其他动物区别开。那么为什么不能将动物的雌性和雄性,作为不同的属而加以划分呢?

\*　　　\*　　　\*

一和多,以及由它们派生的相同和相异、相似和不相似、相等和不相等;还有各种对立——相反、相关、矛盾、有和缺失等等,都是最普遍的范畴。亚里士多德说各门学问都在普遍地使用它们,却没有哪一门学问专门讨论它们。因此他在《形而上学》Γ卷中说这些范畴是"作为是的是"的固有属性,应该由哲学家加以讨论。亚里士多德在《范畴篇》中曾专门讨论过对立,在《形而上学》Δ和I卷中对这些普遍范畴作了细致的分析讨论。这些是他的本体论学说的重要组成部分。

柏拉图在《巴门尼德篇》中对这些最普遍的范畴也作过专门的讨论,但柏拉图使用的是概念的逻辑演绎法,从这个概念逻辑地推演出其他概念,使它们成为一个逻辑的体系。可是亚里士多德使用的方法却和柏拉图不同,他注重实际,从大量经验事实中分析每一个概念都有各种不同的意义,对它们加以分析比较,以明确它们在各种情况下的含义。他比较重视归纳法,多次说到"归纳可以证明这点"。他要求使用的概念必须明确,比如对于"对立",不但分析它有四种不同的意义,而且对每一种又再分析它的各种不同含义。这样就不会将它们笼统地称为"矛盾",从而引起许多混乱。

# ❀ 第十七章 ❀

## 神学——《形而上学》Λ 卷

　　《形而上学》Λ 卷是阐述亚里士多德的神学思想的。亚里士多德所说的神并不是宗教的人格神,而是理性的神,即他所说的第一推动者,是自身不动的动者。关于这个自身不动的第一推动者的学说,在《物理学》第 7、8 卷中论述得比较充分,在本卷第二编中已经作了分析研究。《物理学》本来是讨论自然界的运动变化的,被亚里士多德称为第二哲学;而不动的推动者的思想应该属于第一哲学的范围,怎么会摆到《物理学》中去呢? 古代的亚里士多德遗稿的编纂者大概是看到它是一切事物运动的最后原因,而且在那里主要是从运动和静止的角度讨论不动的动者的,所以将这部分手稿编在《物理学》的结尾,在逻辑上讲是顺理成章的。《形而上学》Λ 卷讨论第一动者的角度和《物理学》显然有些不同,它虽然也讲到第一动者是一切运动的最后原因,但更多地是从本体、从现实和潜能的关系说明第一动者,最后将它归结为理性和善。这些和《形而上学》其他卷中的论述比较一致,所以古代编纂者将它编在《形而上学》中也是有道理的。

　　古代希腊哲学从赫拉克利特和爱利亚学派开始,就产生将宗教神改变为理性神的思想倾向。这种理性神的思想,在苏格拉底和柏拉图的哲学中表现得非常明显。亚里士多德的神学思想是从这个传统中发展起来的。在他的早期著作《论哲学》中论证了理性神的存在,在本卷绪论中已经作过介绍,所以他的神学思想也是前后贯彻的。因此产生一个问题:亚里士多德的神学在他的哲学形而上学思想中究竟占什么样的位置? 以前将亚里士多德的思想当做一个完整的哲学体系解释的人,都将神学作为他的哲学体系的顶峰:神这个不动的第一推动者是永恒的独立分离的本体,是第一本体;它就是无质料的纯形式,是潜能的完全实现,它就是理性和善。所以无论就实在或认识说,它就是最高的"一"。从中世纪托马斯·阿奎那利用亚里士多德的神学思想解释基督教教义,一直到现在西方有些哲学家还是继承了这个传统,认为神学是亚里士多德哲学思想的顶峰和核心。黑格尔在《哲学史讲演录》中阐述亚里士多德的形而上学思想时,实际上主要引述的就是 Λ 卷,因为他认为亚里士多德这部分思想和他自己的辩证法思想是一致的,他说这是亚里士多德的最深刻的思辨。但是从 19 世纪末开始,一些学者对这种系统的解释产生了怀疑。在对亚里士多德著作本身的研究中,许多学者认为 Λ 卷原来可能是一卷独立的手稿,写作时间较早,是后来的编纂者将它和其他诸卷编在一起的。而且这卷手稿除第 8 章外,都写得比较简略,没有像其他卷那样作详细的分析论证,有点像提纲性质。罗斯说它"是一篇独立的论文,它的主要目的就是为世界树立一个永恒不动的推动者"。[①]

于是在亚里士多德学者中引发出争论:在亚里士多德的形而上学思想中,主要的是神学,还是本体论? 像 J.欧文斯那样坚持亚里士多德的形而上学就是神学,本体论只是附属于神学之中的主张,虽然赞同的人不多;但在神学和本体论之间究竟是什么关系,谁主谁次的问题却一直是众说纷纭。对于这个问题,我们到本编结束时再来讨论。

现在先论述 Λ 卷,它共有 10 章,前 5 章和后 5 章可以分为两个部分。第 1 至 5 章讨论本体和运动,主要是分析运动的原因。第 6 至 10 章主要是阐明第一动者,它就是理性和善。其中只有第八章例外,它介绍当时的天文学说以说明天体的理性运动。

---

① 罗斯:《亚里士多德〈形而上学〉校释》,"导言",第 XXIX 页。

# 第一节　本体的本原和原因

Λ卷明显带有提要的性质。第1章开始便说明:对本体的思辨就是要探讨各种本体的本原和原因。(1069a18—19)他在这里不是像在Z卷那样探讨本体"是什么",而是从本体的原因即"为什么"方面来讨论本体。

## 一　本原和原因

亚里士多德首先复述他的本体中心论思想。他说:如果宇宙是个整体,则本体就是它的首要部分;如果将宇宙看成是连续的系列,则最先是本体,然后才是性质、数量等等。那些不是完全的"是",只是本体的属性,是本体的性质和运动。即使"不白"、"不直",也是一种"是",至少我们说它"不是白"。再说,本体以外的范畴都不是能独立分离存在的。(1069a19—25)

接着他指出:古人探讨的是本体的本原、元素和原因,而现代一些人却认为普遍的东西才是本体。因为"种"是普遍的,他们从逻辑方面认为普遍的东西更是本原和本体。而古代思想家却认为特殊的东西如火和土是本体,并不是普遍的东西。(1069a25—30)他认为古代的思想家们以水、火、土这类具体的变化的元素为本体,而现代一些哲学家却以普遍的不变的东西为本体,如柏拉图学派所说的"相"和数学对象。

他说:这样可以认为有三种本体:一种是可感觉的本体,它又可以分为永恒的(这是指天体日、月、星辰)和可消灭的(地上的事物)两种。后者包括动物和植物等等,是所有的人都承认的;对这些事物必须把握它们的元素,无论其元素是一还是多。再有第三种是不动的本体,这些思想家肯定它们是能独立分离存在的。有些人将它们又分为两类,即"相"和数学对象;有些人将"相"和数学对象等同,有些人只承认有数学对象。前两种本体是物理学研究的对象,因为它们都是运动的;而第三种却属于另一门学科,它和其他两种没有共同的本原。(1069a30—b2)罗斯在他的英译本中说明:这里所说的主张有"相"和数学对象的是柏拉图,将"相"和数学对象等同的是色诺克拉底,只主张有数学对象的是斯彪西波。

第 1 章以下和第 2 章是讨论可感觉的本体的,实际上是概述《物理学》第 1 卷第 5 至 7 章的研究成果。他说:可感觉的本体是变动的,而变动是从对立的或中间的东西发生的;但不能从任何对立发生,因为声音是不会从不白变为白的,变动只能来自和它自身相反的东西。而且在变为相反的状态时必然是有某个在底下的东西在变,因为相反自身是不会变动的。再说,在变动中总有某个东西持续存在,这持续存在的东西不是相反的东西,在变动中的相反的东西是不持续存在的;它必然是在相反以外的第三个东西,那就是质料。既然变化有四种,即本体方面的"那个是的东西"的变化,以及性质方面的、数量方面的和地点方面的变化。在"这个(tode ti)"(本体)方面的变化是单纯的生成和消灭,数量的变化是增加和减少,性质的变化是质变,地点的变化是移动;变化就是在这些不同的方面从已给的状态到相反的状态。所以变化着的质料必须能"是"这两种状态。而"是"有两种意义,任何东西的变化都是从潜能的"是"到现实的"是",如从潜能的白到现实的白,增加和减少也是这样。所以任何东西都是从潜能的而不是现实的"是"来的。这就是阿那克萨戈拉所说的那个混沌的"一",或恩培多克勒和阿那克西曼德所说的"混合物",其实最好还是说"万物潜能地而不是现实地混合在一起"。看来这些思想家已经有了一点质料的概念。一切变化的东西都有质料,那些永恒的不是生成的、只在空间运动的东西(天体如日、月、星辰)也有质料,不过不是生成和消灭的质料,而是地点移动的质料。(1069b3 — 26)

由此亚里士多德得出结论:原因和本原有三个:一个是定义和形式,另一个是它的缺失,第三个是质料。(1069b32 — 34)本来只有形式和质料,但因为是在变化中,由形式向它的缺失方面转变;形式和它的缺失是一对相反的东西,这样便有三个本原了。

第 3 章开始时亚里士多德提出:要注意质料和形式都不是生成的。他说:因为变化总是某个东西在变化,它被某个东西所变动,变成为某个东西。被什么东西变动呢?被推动者(proton,这里显然不是指第一推动者,罗斯认为只能说是中间的或最接近的推动者①）。被变动的是质料，变成的是形式。如果不仅铜（质料）生成为圆，而且圆（形式）也是生成的，则生成过程便将是无穷的，可是它必须有个终结。（1069b35—1070a4）这里在形式和质料以外又加上一个推动者，它是事物生成和变动的原因。在Z卷第7至9章讲本体的生成时并没有强调这个推动者，这是Λ卷的特点。

亚里士多德又提出：每个本体都是由和它同名的东西产生的。它们的生成或者是由于技术，或者是由于自然，或者是由于机遇，或者是自发产生的。技术是在他物（有技术者）之中的运动本原，自然本性是在事物自身中的本原，因为人生人；别的两种是这两种的缺失。（1070a4—9）本来要由技术产生的而没有使用技术的，是机遇；本来是由自然本性产生的而不是的，便是自发产生。

他说：有三种本体：一种是质料，它表现为"这个"，因为所有只是由于接触而不是联结在一起的东西如火、肌肉、头等都是质料；但是只有最后的质料才是完全的质料。另一种是自然本性（形式），它也是"这个"，是运动向它进行的持续状态。第三种是由这二者组成的特殊本体，如苏格拉底或卡里亚。在这些情况中，"这个"是不能和具体事物分离的，如房屋的形式不能和具体的房屋分离，只有建筑术才是分离的；形式也不生成和消灭，建筑、医疗等技术是以其他方式（即在思想中可以）分离存在的。如果有和具体事物分离的"这个"，只有在自然对象中才能有。所以柏拉图说有多少种自然物便有多少个"相"，他说得并不太错，如果是说"相"和自然事物是有不同的。作为事物的动因是先于结果的，但是在定义上，原因却是和结果同时的。因为当人健康时，健康的形式是同时存在的；铜球的形式和铜球也同时存在。可是任何形式是不是都是持续存在的，却要加以考察。因为在有些情况中确是如此，如灵魂是持续存在的，不过只是灵魂的理性部分；说全部灵魂持续存在大约是不可能的。根据这个理由，便没有必要说"相"存在。因为人是由人生成的，由这个父亲产生这个人；技术也是这样，医疗术是产生健康的原因。（1070a9—30）

① 参见罗斯：《亚里士多德〈形而上学〉校释》第2卷，第354页。

柏拉图认为任何事物之所以是这个事物,生成为这个事物,其原因在于那个同名的"相"。如果说这个相就是事物的形式因,而且和具体事物是不同类的,那就不能说是错误的。但是亚里士多德指出:作为产生事物的动因,既有在这个事物以外的某种技术,如建筑术是造成房屋的原因;也有事物本身的自然本性,如人生人,不过是两个不同的个体。这样对事物的动因作了具体分析,便可以看出设定"相"是不必要的。

## 二 普遍的和个别的原因

第4章提出的问题是:不同事物的原因和本原,在一种意义上是不同的,但在另一种意义上,如果是普遍地或类比地说,则可以是相同的。他说,可以提出:本体和关系的本原和元素是相同的,还是不同的? 如果说它们都是相同的,便要产生悖论,因为这样,本体和关系便都来自相同的元素了,可是这共同的元素又是什么呢? 因为在本体和别的范畴以外再没有共同的东西。而元素应该是先于由元素组成的东西的,所以本体不是相反的东西的元素,任何相反的东西也不是本体的元素。再说,万物如何能有共同的元素呢? 因为任何元素和由元素组成的东西是不同的,例如 b 或 a 和 ba 是不同的。任何普遍的东西如"是"或"一"都不是元素,因为它们既可以表述每个元素又可以表述组合物。因此任何元素既不是本体又不是关系,万物的元素都不是相同的。(1070a31—b10)

可是亚里士多德又反过来说:已经说过它们在一种意义上有共同的元素。可感觉物体的共同元素是:形式,如热,还有冷,这是热的缺失,以及质料,它是潜能地具有热和冷的属性的;还有由形式和质料组合成的具体事物。形式和质料是组合物的本原,但每一个由热和冷生成的物体如肌肉和骨骼,它们各自的组成元素又是有不同的。因而这些事物有相同的元素和本原,但只是在类比的意义上说万物有共同的元素。这种共同元素有三个,即形式、缺失和质料。但是在各类不同的东西中它们是不同的,如在颜色中它们是白、黑和平面,在昼夜中它们是光、暗和空气。(1070b10—21)他在论证了不能有共同的元素之后,又承认它们有共同的元素,不过这种共同性只是类比地说的,因为不同类东西各自特殊的形式、缺失和质料还是不同的。

他又指出：不仅出现在事物中的元素是原因，而且还有外在的原因即动因。本原和元素是不同的，但它们都是原因。本原可以分为两种，无论产生动的或是静的，起作用的都是本原和本体。所以类比地说，事物有三种元素和四种原因。但它们在不同的情况下是不同的。健康、疾病和身体，它们的动因是医疗术；房屋的形式、某种无秩序的砖木，它们的动因是建筑术。在自然物中，人的动因是人；在思想的创造物中，动因是形式或它的缺失。所以原因在一种意义上是三种，在另一种意义上是四种。因为医疗术在某种意义上就是健康，建筑术也就是房屋的形式，而人生人。可是在这些之上还有最初使万物运动的东西。（1070b22—35）亚里士多德在 Λ 卷中特别强调动因即动作者的作用，所以在肯定了形式、缺失和质料这三个元素，说它们是原因外，还加上一个动因。它不是元素而是本原和原因，这样便成为四种原因。这里说的四种原因是形式、缺失、质料和动因，不是亚里士多德平常说的"四因"，这里还没有提到目的因，而是将缺失（它是形式的缺失，有时也归为形式）也算做一种原因和元素。

第 5 章说：有些东西是可以分离的，有些东西是不能分离的，前者是本体。没有本体就不会有性质和运动，所以万物有相同的原因。这些原因可能是灵魂和肉体，或者是理性、欲望和肉体。可是从类比的方式讲，各种本原是相同的，它们都是现实的或是潜能的；但是这些也不仅在不同的事物中是不同的，而且是以不同的方式应用于它们，因为同一个东西在有些情况中有时是现实的，有时却是潜能的，这些都属于所说的那些原因。形式和缺失如果是分离的，它就是现实的，还有形式和质料的组合物也是现实的；但质料是潜能的，它能成为形式或缺失。可是在质料和形式不是相同而是相异的事物中，现实和潜能的差别也是不同的。例如人的原因有：1. 人的元素，即作为质料的火和土，以及他的特殊的形式；2. 某些外在的东西，如他的父亲；3. 在这些以外还有太阳和黄道，这既不是形式和缺失也不是质料，而是他的动因。（1070b36—1071a17）他再三强调的是动因，在分析人的原因时，除人的质料和形式外，还有一个是同属的内因即他的父亲，另一个是外在的客观条件即太阳和黄道,二者都是产生人的动因。

亚里士多德特别指出:有些原因是普遍的,有些不是。万物的直接接近的本原是个别的"这个"和潜能的另一个,这里没有普遍的原因,因为产生个别的事物的本原也是个别的。当"人"是普遍地产生人的本原时,并没有普遍的人,只有珀琉斯是产生阿喀琉斯的本原,你的父亲是产生你的本原,而这个个别的 b 和 a 是产生这个个别的 ba 的本原;虽然一般地普遍地说,任何 b 和 a 是产生任何 ba 的本原。(1071a17—24)亚里士多德在这里讲的本原即原因是接着上文讲的,主要指动因。从动因方面说,每个个别事物的动因也是个别的,阿喀琉斯是他的父亲珀琉斯生的,你是你的父亲生的。但是亚里士多德在这里否认普遍的动因,是令人惊奇的。他在 Z 卷第7至9章也是讲本体的生成的,但在那里却承认形式是普遍的(toionde),和这里明显不同。

亚里士多德又说:即使本体的原因是普遍的,可是已经说过,除非是由于类比,不然不同类的事物的原因是不同的。如颜色和声音的原因、本体和数量的原因都是不同的;同属的东西的原因也是不同的,不过不是在属上的不同,而是同属的各个个别事物之间有不同。你的质料、形式和动因与我的不同,虽然它们的普遍定义是相同的。在探索本体、关系、性质的本原和元素是不是相同时,因为原因有多种不同的意义,不同意义的原因就不是相同而是相异的。只有在下列意义上,万物的原因才能相同:第一,类比的相同,万物的质料、形式、缺失和动因,从类比说,是共同的。第二,本体的原因是万物的原因,那是在这个意义上,即当本体消灭时事物也就消灭这点说的。第三,从现实方面说,那最初的东西是万物的共同原因。除此之外,不同的事物的原因都是不同的;每个事物都有各自的一对相反的形式和缺失,有各自的质料。(1071a24—b1)

亚里士多德在这里全面地讨论了事物的原因的普遍性和个别性。他认为每一个个别事物都有它自己的个别原因,包括它的形式、质料和动因,都是彼此不同的、个别的。但是它们的原因也有普遍的共同性,他指出这种普遍性是从三个方面说的,即从类比说,任何事物都有质料、形式、缺失和动因;从本体和其他属性的关系说,当本体消灭时其他属性也就消灭;从现实方面说,最初的即第一个现实的东西,是万物的共同的原因。在这段分析中,有两点值得重视:第一,他既然认为你的形式和我的形式不同,即认为形式是个别的 tode ti,却又说他们的定义是共同的普遍的 toionde,可见他所说的形式,是有个别的和普遍的两种不同的含义。第二,他说从现实方面说,最初的现实是万物的共同原因。因为他认为归根结底是现实先于潜能,所以从事物的动因方面说,只有那最初的现实也就是第一动者,才是万物的共同的原因,也就是一切事物的最后的、根本的绝对原因。这样,他将讨论转到第一动者。


## 第二节　第一动者、神、理性

### 一　永恒的本体——第一动者

Λ卷前五章讨论的是可感知的本体,它们是变动的。从第 6 章开始亚里士多德讨论不动的本体。他说:必须肯定有一种永恒不动的本体。因为本体是首要的“是的东西”,如果它们都是可消灭的,万物也就都是可消灭的了。但是运动本身是既不生成也不消灭的,因为运动是永远运动,时间也是这样,如果没有时间也就不会有在先在后了。运动是连续的,时间也是连续的;时间和运动或者是同一的,时间就是运动,或者是运动的一种方式。除了地点的运动外,不能有连续不断的运动,只有环形的运动才是连续不断的。(1074b4—11)他从运动和时间论证有永恒的本体,因为运动和时间都是永恒的。其实无论运动或时间都有普遍和个别、整体和部分的区别;只有那普遍和整体的运动和时间才是永恒的,至于个别的即某个具体的运动和时间,却是都有生成和消灭的,不是永恒的。亚里士多德在这里要强调的是绝对的永恒的运动和时间,为的是说明最后的动因。

他又从潜能和现实方面讨论这个问题,他说:如果只是有运动和创造的能力(dynamis),却没有现实地实施它,仍然是没有运动;因为具有这种能力的不一定去实现。除非有引起变化的内在的原因,不然的话,即使假设有永恒的本体,像相信“相”的人那样,也无济于事;因为这是不够的,即使在“相”以外再加一个本体，也是不够，如果它没有动作，仍是不会运动。再说，即使它动作了，如果它的本体只是潜能的，也还不够；因为潜能的东西可以是也可以不是，所以也没有永恒的运动。因此必须有这样一种本原，它的本质就是现实性。这样的本体必须是没有质料的，它才必然是永恒的，也必然是现实的。（1071b12—22）亚里士多德认为永恒的本体不能是潜能的，因为潜能的东西可以是也可以不是，是可以消灭不能永恒的。永恒的本体必须有内在的动因，柏拉图学派的"相"缺乏这种内在的动因，即使再加上另一个本体——数学对象，也仍是这样。亚里士多德认为永恒的本体必然是不带质料的完全现实的本体，这样就将一切物质性的事物完全排除在外了。

亚里士多德说，这样又会遇到一个难题，因为一般认为凡是现实活动的都是具有活动能力的，可是凡有活动能力的并不是都在现实活动着，因而是潜能在先。但若只是潜能，便没有必然是的东西了，因为能够是的东西也可能不是。亚里士多德从以前的思想史来说明这个难题。他说：或者如神学家赫西奥德所说，万物是由黑夜产生的；或者如自然哲学家所说"万物都混合在一起"，但这都是不可能的。因为如果没有现实的原因，如何能产生运动？木头自身不会运动，除非木匠作用于它；月经和土自身也不会运动，是精液和种子使它们运动的。这就是为什么有些人如留基伯和柏拉图要设定有永恒的现实性的原因，他们认为这是永恒运动的；但是他们没有能说明白这永恒的运动是什么，也没有说明它以这种或那种方式运动的原因是什么。任何事物都不是由于碰巧而运动的，总必然有某种东西使它运动，或者是由自然本性而运动，或者由强力而运动，或者由理性或别的东西而运动。再说，哪一种运动是最初的？争议便更大了。至少柏拉图有时曾设想过有自己运动的本原（《斐德罗篇》245C），但是他也说过灵魂是在后的，与宇宙同时产生（《蒂迈欧篇》34B）。所以说潜能先于现实，在一种意义上是正确的，另一种意义上却不正确。阿那克萨戈拉是主张现实在先的，他所说的理性（nous）就是现实性；还有恩培多克勒所说的爱和争，以及留基伯认为运动是永恒的。混沌或黑夜是不会永恒存在的，但是有些东西是永恒的，或是通过圆周运动，或是以某种别的方式运动，现实是先于潜能的。如果有永恒的圆周运动，就是某个东西持续以同样的方式运动。而且如果有生成和消灭,必然有某个别的东西在以不同的方式进行活动;这种活动一方面是它自己那样,另一方面是和它相反的,但还要有第三个即推动者。还必须推到最初的第一动者,不然还要去找原因的原因了。所以最好是说第一动者,因为它是永恒的一致性的原因,而别的不过是多样性的原因,二者合起来才是永恒的多样性的原因。这就是现实显示的运动的特征,难道还需要去寻求别的本原吗?(1071b22—1072a18)

从思想史看,虽然早期思想家认为最初是混沌和黑夜,但潜能自身是不能成为现实世界的,所以还是现实在先。应该寻求现实的本原,这就是推动者,而且应该是第一推动者,不然还得去寻求原因的原因。由此亚里士多德得出结论:只有完全现实的第一推动者才是我们寻求的永恒的本体。

## 二　理性、目的、神

第7章说:由此可知,认为万物出于黑夜、混沌和"不是",是不正确的。总有某种运动的东西在不停地运动,作圆周运动,这不仅在理论上而且在事实上也是明显的。所以第一天体必然是永恒的,而且也必然有某个使它运动的推动者。那些既主动又被动的东西都是在中间的,只有那个自身运动而不被动的才是永恒的本体和现实。愿望和思想的对象就以这种方式运动的,它们运动而不被动。最初的愿望和思想的对象是同一的,因为那显得是好的东西只是欲望的对象,只有那真正美好的善的东西才是理性愿望的第一对象,因为思想(noesis)是出发点。再说,理性(nous)被理性对象所推动。在对立的两方面中有一个系列是理性对象,其中首先是本体,在本体中又首先是那单纯而现实的本体。善也是自身被愿望的对象,属于同一系列。在任何一类中居于首先的便是最好的,或者可以和最好的相类比。(1072a19—b1)他认为天体的圆周运动是永恒的,正是由于日月星辰的永恒运动才产生地上的动植物,所以天体运动是地上万物的推动者,但它们自身也是被某种东西所运动的。地上的万物也是这样,它们既是推动他物的动者,又是被他物所推动的。因此无论天上的还是地下的万物都是既运动又被动的,都是中间的居间者。亚里士多德认为必然有一个最初的第一动者,它是只运动而不被动的,是纯粹的现实性。他说这就是理性和愿望的对象，是最好的，就是善和美。

亚里士多德接着讨论目的因，他说目的因可以是不动的东西。"为了什么"或者是为它而动，或者是由它而动；前者是不动的，后者不是。目的因造成运动，因为它是被爱好被追求的，其他运动都被它所动。它的现实性就是最初的运动，它产生的不是在本体方面的而是在空间方面的运动，是空间的位移，它是最初形式的圆周运动。这是第一动者所创造的，所以是必然的"是"，作为必然的东西它就是美好的善，就是本原。所谓必然是和冲动或强制相反的，没有它便不能是美好的、善的，因此它只能是单纯的"是"。（1072b1—13）他认为目的因就是那个所有事物都是为了它，以它为目的而运动的；它自身是不动的。

他说：天体和自然界都依存于这个本原，这是我们所能享受的最美好的生活，可惜我们只能短暂享受；因为虽然它是永恒如此的，我们却不能这样。它的现实性就是幸福，因此清醒、知觉和思想都是最幸福的，希望和记忆也是幸福的。思想所处理的是它自身中最美好的，最美好的思想是以最完善的东西为对象的。理性因为参与了思想对象而思想它自身，当它和思想对象接触并且想到思想对象时，它也就成为思想对象，所以理性和思想对象是同一的。因为能够接受思想对象即事物的本质的，只有理性。当它具有对象时就是理性的实现，所以在理性所有的东西中，现实活动比对象更为神圣。因此纯思活动是最幸福最美好的。如果我们有时能享受到神所永远享受的善，便要受宠若惊了，享受更多便更加惊奇。生命是属于神的，因为思想的现实活动就是生命，神就是现实性。神的自我的现实性就是最美好的永恒的生命，所以我们说神是有生命的、永恒的、至善的；不断延续的生命只能属于神，因为这就是神。（1072b13—30）

在《哲学史讲演录》中，黑格尔讲述亚里士多德的形而上学思想时，几乎完全是在发挥这一节中所论述的思想，对其中每一句话都作了解释和引申；特别是对思维和思维对象的同一，说是"亚里士多德哲学中的主要环节"。① 其

---

① 黑格尔：《哲学史讲演录》第2卷，中译本，第299页。

实亚里士多德的思想并不神秘:人之所以异于禽兽者就在于人有理性,是理性的动物。所以对于人,尤其是对于哲学家来说,难道还有比理性更为神圣的东西吗? 在人的一切活动中,理性活动是最高的永恒的。人在一步步深入认识事物的本质,逐步发现并明确自己的目的,以期达到更幸福的生活。这难道不是整个人类一直在进行、并且要永远进行下去的事情吗? 人的永恒的幸福生活难道不正是在这种不断的探索之中吗? 亚里士多德将这种理性活动叫做神,这就是他的理性神学。他在《形而上学》A卷哲学导论中提出:为知识自身而不是为其他目的而寻求知识,才是更加智慧的。(982a17—19)在Λ卷最后两章,尤其是在《尼各马科伦理学》第10卷中,他还要发挥这方面的思想。

亚里士多德批评毕泰戈拉学派和斯彪西波的意见,他们认为最善最美的不在事物的开始,因为动植物的开始是原因,而美好却完全在于它们的结果。亚里士多德说这种意见是错的,因为种子来自另一个在先的完全的个体;所以首先的东西并不是种子而是完全的个体,必须说在精子以前已经有了人,并不是从精子产生人,而是从人产生精子。(1072b30—1073a3)从表面看这两种意见的结论似乎是相同的,但毕泰戈拉学派和斯彪西波是从原因和结果的关系论证结果更为美好;而亚里士多德却是从潜能和现实的关系,论证只有现实才是最美好的。

亚里士多德最后得出:显然有某种永恒不动的本体,它和可感觉的事物是分离的。这种本体没有大小,没有部分,所以是不可分的。因为它是通过无限的时间产生运动的,而任何有限的东西都没有无限的能力;并且任何大小或者是有限的,或者是无限的,可是它既不是有限的大小,也不是无限的大小,因为无限的大小是根本没有的。此外它既不能被作用也是不能变动的,因为所有别的变动都是后于地点的变化的。这些就是这种本体的特性。(1073a3—13)这种永恒的本体是不可分的,它既不是有限的大小也不是无限的大小,是不占空间的,别的变动都是后于它的;它也是不能被作用、不能变动的。关于它的特性,Λ卷最后两章还要论述。

### 三 永恒不动的天体

Λ 卷第 8 章讲的是当时的天文学说,和上、下两章没有任何直接的联系。学者们认为这一章是编者后来插进去的。耶格尔认为 Λ 卷其余九章都是亚里士多德的早期著作,只有这第 8 章是他的后期著作。因为这一章中讲到卡利普斯的天文学说,所以写作时间很难早于公元前 330 年(这是历史上确定的卡利普斯的鼎盛年),已经是亚里士多德的晚年时期了。耶格尔认为第 8 章不仅打断了第 7 和第 9 章之间的联系,而且在风格上也和其余九章不同,其他各章都是以简短的提要方式论述的,只有第 8 章是以细致的方式写成的,所以只能是编者后来插进去的。①

但是古代编者将这一章插在这里也是有道理的。在本卷绪论中论述亚里士多德的早期著作《论哲学》时,曾说亚里士多德的神学思想有两个根源,一个是灵魂的影响,另一个是观察到天体运行的作用。人们正是看到日月星辰按一定的季节进行,人类和动植物才能生长发育,他们以为这是神的力量。从早期自然哲学家到柏拉图的《蒂迈欧篇》都有相似的思想。在第 7 章中亚里士多德说第一动者首先创造了圆周运动,这主要是指日月星辰运动的轨道,亚里士多德认为它们是永恒的运动。第 8 章开始提出的问题便是这种天体的运动的数目有多少个? 由于这点关系,编者将它摆在第 7 章以后。

在这一章中,亚里士多德主要谈到欧多克索(Eudoxus)和卡利普斯(Callippus)的天文学说。欧多克索(约前 408—前 355 年)是柏拉图的朋友和学生,本书第二卷介绍柏拉图学园中的科学家时曾提过他,他是当时著名的数学家和天文学家。罗斯在注释中介绍说:科学的天文学可以说是从欧多克索才真正开始的,他第一个超出了对宇宙结构仅仅作些哲学推理,而是企图对行星运动作出系统的解释。罗斯还引用希思(Heath)在《希腊数学史》中所说的,欧多克索的观点从古代一直流行到开普勒(Kepler)的日心说,认为圆形运动足够说明一切天体运动。欧多克索认为这种圆形运动采取不同的圆形旋转的

① 参见耶格尔:《亚里士多德:发展史纲要》,英译本,第 366—392 页。

形式,每一个圆都绕轴心转动。所有这些圆有一个共同的中心,就是地球的中心,因此后来被称为同心圆系统。这些圆大小不等,一个圆在别的圆之中。每个圆都固定在圆形转动的赤道点上,绕着连接两极的直径匀速旋转。但是单只一个这样的圆形还不够,为了解释行星运动速度的变化,它们的位置和纬度的偏离,欧多克索对每个行星设定了几个这样的圆形运动,它们结合起来便产生一种不规则的运动,这是从观察中推论出来的。这样欧多克索认为太阳有3个圆形,月亮也有3个,其他行星每个各有4个,合起来总数是26个。希思认为这整个系统纯粹是几何学的假设,是以理论上计算的结构去表现所看到的行星轨道,使它们成为可以计算的东西。① 卡利普斯据说是欧多克索的朋友波勒马库(Polemarchus)的学生,曾在雅典和亚里士多德一起,在亚里士多德的帮助下纠正了欧多克索的发现。②

第8章开始亚里士多德提出的问题是:我们不能忽视这种永恒的本体是一个还是多少个? 以前人们对此没有作过明白的回答,相论也没有专门讨论这个问题;那些说"相"是数的人,一会儿说它是无限多的,一会儿又说是10个,既没有说出理由也没有提供证明。我们必须讨论这个问题,从已经说过的假设和分析开始。(1073a15—23)这里说的主张"相"是数的人认为永恒的本体是10个的,罗斯说是斯彪西波,他认为点是1,线是2,面是3,体是4,合起来是10。

亚里士多德说:本原或第一个是的东西,无论它自身或是出于偶性,都是不动的,但是它产生最初的永恒而单一的运动。既然被动的东西都必须是被某些东西所推动,第一动者必须自身不是被推动的。永恒的运动必然被永恒的东西所推动,单一的运动必然被单一的运动所推动。而且我们看到在那个由第一个不动的本体所产生的宇宙的单一的空间运动以外还有别的空间运动,那就是行星的运动,也是永恒的。每个这样的运动也必然是由自身不动并且是永恒的本体造成的。星球是永恒的本体,动者是永恒的而且先于被动者,

① 参见罗斯:《亚里士多德〈形而上学〉校释》第2卷,第385—386页。
② 参见罗斯:《亚里士多德〈形而上学〉校释》第2卷,第390页。

而先于本体的必然也是本体。因而必然有和星球运动的数目相等的本体,它们是永恒的、自身不动的、没有大小的,其理由已经上述。(1073a23—b1)第一动者自身是不被推动的,不然还要有使它运动的原因。除了这个永恒的第一动者外,还有永恒不动的本体,亚里士多德认为那是圆形运动,实际上是星球运动的轨道。行星是按照一定的轨道运动的,这种圆形的运动就是亚里士多德所说的产生地上动植物等各种运动的推动原因。

他说:这些运动着的是本体,而且按照星球运动的秩序,有第一、第二等等。至于这种圆形运动的数目问题,必须由数学中那门更接近于哲学的天文学来研究,这门学科观察的是可感觉的却又是永恒的本体,而别的数学如算术和几何学所研究的却只是抽象的数,不是本体。这种圆形运动的数目多于运动的星体,即使中等水平的观察者也会注意到这一点。至于这些圆形运动的确切数目,我们现在引述一些数学家的说法。别的部分可以由我们自己来研究,部分可以向别的探索者学习。(1073b1—15)

他首先谈到欧多克索的意见,说欧多克索设定太阳和月亮的运动各自有3个圆,第1个是恒星(地球)的圆,第2个是沿着黄道中线的圆,第3个是穿越黄道带宽度的圆,月亮运行的斜度比太阳运行的斜度更大一些。而每个行星的运动都包含4个圆,前2个圆和上面说的相同(恒星的圆是推动所有别的圆的,在它下面的平分黄道带的圆对所有行星都是共同的),但每个行星的第3个圆形的轴是在平分黄道带的圆轨上,第4个圆形运动的轨道和第3个圆的赤道呈倾斜角。每个行星的第3个圆形的轴是彼此不同的,只有金星和水星的轴是相同的。(1073b17—32)

卡利普斯修正了欧多克索的意见,他设定的圆的位置和欧多克索的相同,但当他肯定木星和火星的圆的数目和欧多克索相同时,却认为对太阳和月亮要各加两个圆,别的行星则要各加一个圆,才能解释观察到的事实。(1073b32—38)

但是亚里士多德自己又要修改他们的学说。他说:如果要将所有的圆结合起来以解释观察到的事实,则每个行星还应该有和已说的圆相平衡的圆,土星和木星是8个,其余行星是25个,只有在最下层的行星月亮是不需要有平衡的。可是平衡的圆在数目上要少 1 个,以便在这个星球下面的星球的最外面的圆恢复它原来的位置。只有它们全部活动起来,才能得到观察到的行星运动现象。这样行星运动中包含的圆是:那两个行星的圆是 6 个,依次 4 个行星的平衡圆是 16 个,因此所有的圆包括使行星运动的和使它们平衡的圆便是 55 个。如果对月亮和太阳的运动不再加添,则圆的总数是 47 个。(1073b38—1074a14)

对于他们三位的假说,各种译本和解释均有不同。我们主要根据罗斯的解释,他还列了一个表,可以帮助了解。

|  | 欧多克索 | 卡利普斯 | 亚里士多德 |
|---|---|---|---|
| 土星 | 4 | 4 | 7 |
| 木星 | 4 | 4 | 7 |
| 火星 | 4 | 5 | 9 |
| 金星 | 4 | 5 | 9 |
| 水星 | 4 | 5 | 9 |
| 太阳 | 3 | 5 | 9 |
| 月亮 | 3 | 5 | 5 |
| 总计 | 26 | 33 | 55 |

罗斯认为亚里士多德最后怎么得出 47 这个数,是不清楚的。①

亚里士多德总结说:圆的数目就是这么多,不动的本体和本原可能也就是这么多;至于它们为什么是必然的,那就让更有能力的思想家去解释吧。(1074a14—17)他承认自己没有能力解释这种必然性。

他更进一步说:如果没有引起星球运动的空间运动,如果每个“是”和本体都不受变化的影响,它自身达到最好的至善,则它便应被认为是目的。除我们说过的以外没有别的本体,则本体的数目就是这么多。因为如果还有别的本体,它们便会作为运动的目的而引起变化;但是在那些已经说过的以外不能有别的运动。从被运动的事物作这样的推论也是合理的,因为如果每个运动

---

① 参见罗斯:《亚里士多德〈形而上学〉校释》第 2 卷,第 393 页。

的东西都是为了那个被运动的东西,那就不能有为自己的运动了,只能是为了那些星体而运动。如果是为了运动,那运动又必须是为了某个别的东西,这样将成为一个无限的过程。因此每个运动的目的,必然是在天上运动的神圣的天体。(1074a17—31)罗斯对这里的论证作了解释:不动的完善的本体是目的,它必然是由不同的运动造成的。但是每个运动最后都是为了被动者;我们已经列数了被动者必需的运动,不能再有更多的运动了,因而也就没有更多的不动的完善的本体,即更多的星球运动了。① 亚里士多德从永恒的运动归到永恒的本体即日月星辰等天体的运动。亚里士多德的天体学说主要见于《论天》,在本卷第二编中已经论述过。这里讲的只是由神创造的永恒的本体和永恒的运动,属于神学范围,所以被编者插入Λ卷中。

亚里士多德在第八章最后说:远古的祖先已经以神话方式流传下来,说这些天体都是神,神圣的东西包围了整个自然。后来为了告诫群众和立法的方便需要,说这些神具有人或动物的形式。如果将这些添加的东西去掉,认识到第一本体就是神,这是很有意思的。这使人想起,各种技术和学问都是时而发展时而消失的,独有这种意见保留至今,从这方面我们可以了解祖先和先辈思想家们的信念。(1074a38—b14)亚里士多德说的就是从宗教的人格神转变为哲学的理性神的过程。

### 四 理性和善

Λ卷第9、10章是接着第7章讲的,讨论永远是现实性的本体——理性。他说:理性(nous)的本性包含一些难题,它被认为是最神圣的东西,但是它具有哪些特征呢?(1074b15—17)

他认为理性的第一个特征是必须以它自身为对象。他提出几个论证:第一,如果它想到的是"无",那就是什么都不想,像睡着的人一样,它还有什么尊严呢? 第二,如果它思想,但这思想又要依靠某些别的东西,那些东西又不是现实思想的本体,仅只是潜能;则理性便不能是最好的本体,因为它只有在

---

① 参见罗斯主编:《亚里士多德全集》,牛津英文版,本节的注。

思想中才有价值。第三,如果理性的本质就是思想能力或思想活动,那么它所想的是什么,是它自身还是别的东西? 如果想的是别的东西,那是和它自己相同的还是不同的东西? 想善的东西和想随便什么东西不是没有区别的,总不应该去想那些不可思议的东西吧。显然它应该去想最神圣最尊贵,又是不会发生变化的东西。如果思想不是思想的活动而只是潜能,则不停顿地思想将是一件劳累的事情。就会有某些别的被思想的东西比思想更为尊贵了。即使是想最坏的东西的人也会有思想和思想活动,当然应该避免这类思想,不然思想活动便不是最好的东西了。所以理性必须想它自身,因为它是至高无上的,它思想的就是思想的思想。(1074b17—33)

他又从另一个角度论证:显然,知识、感觉、意见、理解都是以某些别的东西作为它们的对象的,只是偶然地以它自身为对象。可是,如果思想和被思想是不同的,又凭什么说思想是最好的呢? 在某些情况下,知识就是对象。在创造学科中,知识是对象的本体和本质,质料被略去了;在理论学科中,定义和思想就是对象。所以在没有质料的东西中,思想和思想的对象是没有不同的;理性和它的对象同一,思想和思想的对象合一。(1074b33—1075a5)思想的对象是客观事物,但是纯思想的对象却是不带质料的形式和本质,这些东西自身本来就是理性和现实的思想,因此它们是同一的,都是理性。

他说:还有一个问题即理性的对象是不是组合而成的? 如果它是组合成的,思想就会从整体的一个部分转到另一部分。可是任何不带质料的东西都是不可分的,作为人的理性,在一定时间内是不可分的,因为它并不是在这一时间或那一时间内才是善的,而是在整个时期内达到至善,因此以自身为对象的思想是永恒的。(1075a5—10)以自身为对象的理性是不可分的整体,是最高的善,是永恒的。

第10章论述理性的另一个特征,它是最高的善。他说:应该考虑自然万物是以哪种方式是善和至善的,它是作为自身分离的东西呢,还是作为万物有安排的秩序? 可能二者都是,像军队一样,军队的善既在于它的秩序,也在于指挥它的将领;更多的是在将领上,因为不是将领依靠秩序,而是秩序依靠将领。一切都是有秩序地安排的,可是并不一样,如鱼类、鸟类和植物,它们并不是彼此无关，而是互有联系的，因为万物都是为了一个目的安排在一起的。但正如在家里一样，自由人只有很少的自由行动，因为他们的活动都是已经安排好了的；而奴隶和动物却很少参与公共的善，能够随意行动。这就是构成每一类东西的本性的原则。我的意思是：一切都可以被分解为元素，也同样的，一切都要有益于整体的善。（1075a11—25）在亚里士多德的早期著作《论哲学》的残篇中曾有将神比做是指挥军队有秩序地前进的指挥官，他认为万物被安排在一起是为了一个共同的目的即整体的善。被安排在其中的每个东西各自起自己的作用，既各自分享了善，又却是为了共同的善。

最后亚里士多德又对以前哲学家们的不同思想进行批评。

首先是批评那些主张万物是由相反的东西构成的人。他说他们没有能说明有相反性质的事物如何能由相反的东西构成，因为相反的东西是不能相互作用的。而我们主张有第三个东西即基质，这难题便解决了。这些思想家认为一对相反之一是质料，如"不等"是"等"的质料，"多"是"一"的质料。这种观点站不住脚，因为在任何相反的性质底下的质料并不是和这对相反中的任何一个是相反的。再说，按照他们的观点，除了"一"以外的所有一切都是恶，因为恶是一对相反之一。可是别的学派并不承认善和恶是本原，却认为在万物之中，善是最高的本原。有些人主张善是本原，是正确的，可是他们没有说明善如何是本原，没有说明作为本原的善是目的，是推动者，还是形式？（1075a28—b1）最早主张万物是由对立构成的，是毕泰戈拉学派和赫拉克利特，可是亚里士多德在这里批评的却是柏拉图学园中的斯彪西波等人，他们以"不等"即"大和小"即"不定的二"作为"等"的对立面，以"多"和"一"相对立；而不像亚里士多德认为在相反的对立底下有一个承受相反的变化的基质即质料。至于主张除了"一"以外都是恶的，据说也是毕泰戈拉学派和斯彪西波。亚里士多德认为主张善是万物的最高的本原的人是对的，可是他们没有能说明这个最高的善是万物的目的因、动因还是形式因。

其次他批评恩培多克勒，认为他的观点也是矛盾的。虽然他说善就是爱，但又认为爱这种本原既是动者（它将事物结合在一起），又说它是质料（是结合物的一个部分）。亚里士多德认为作为动者和作为质料的本原，这二者的

"是"是不同的,"爱"应该是哪一种本原呢? 他认为说"争"永不消失也是不对的,因为争的本性是恶。(1075b1—7)亚里士多德是不同意赫拉克利特将斗争说成是最好的东西的。

他又批评阿那克萨戈拉的学说,说他将善作为运动的本原,因为理性(nous)推动万物运动。可是推动运动的原因和它要达到的目的是不同的,除非按照我们的解释,即医疗术在某种意义上就是健康(动因就是目的)。而且对善即理性没有设定一个相反者,也是问题。但是所有说相反的人都不能合理运用,没有一个人说明为什么有些东西是可消灭的,而有些却不是,因为他们认为一切都来自相同的本原。有些人说"是"来自"不是",有些人为了避免这点,将一切说成"一"。(1075b7—16)亚里士多德认为那些主张有相反和对立的哲学家,没有能说明最主要的对立乃是可消灭的和不可消灭的之间的对立。

亚里士多德又批评柏拉图学派的相论,他说:为什么有生成,生成的原因是什么? 也没有人说明。那些设定两个本原的人必须设定一个最高的本原,因此他们必须承认"相",但是事物为什么分有"相"呢? 所有别的思想家都会得出这样的结论,认为有和智慧即最高的知识相反的东西,但我们并不认为是这样。因为没有和首要的东西相反的东西,一切相反的东西都包含质料,而有质料的东西只能是潜能。无知的人会引向智慧的反面,所以首要的东西是没有相反的。(1075b16—24)学者们认为这一节主要是批评柏拉图的,说他虽然肯定了最高的本原"相",但是没有说明事物生成的原因,事物为什么分有"相"呢? 此外柏拉图在《国家篇》(477)中认为最高的智慧也有相反的东西即无知;亚里士多德说这样便得有一个无知的对象,这显然是不可能的。他坚持首要的"是"是没有相反的。①

最后他又批评柏拉图学派如斯彪西波等将"相"归结为数的思想。他说:如果在可感事物以外没有别的东西,那就没有本原、秩序、生成以及天体了,但是神学家和所有自然哲学家都承认在本原以前还有本原。可是如果有"相"

---

① 参见罗斯:《亚里士多德〈形而上学〉校释》第2卷,第403—404页。

和"数"，它们也不是原因，至少不是运动的原因。再说，有广延的连续体如何能从没有广延的"相"和"数"产生呢？因为"数"，无论是作为动者还是作为形式，如何能生成为连续体呢？再说，对于一个本质上是生成或运动的本原是不会有相反的东西的，因为那样它就可能不成为"是"，至少它的现实活动会后于潜能。那样世界就会不是永恒的。但是世界是永恒的，因此这些前提中必须有一个被否定，我们已经说过这是什么（指 1075b24 — 1076a4，说必须有一个本原，它的本原就是现实性）。再说没有人告诉我们，数，或是灵魂与肉体，形式与事物等是由于什么而成为一的；除非是像我们说的，是动者使它们成为一。那些说数学的数是第一的，然后产生一种又一种的本体，并且给每一种以各自的本原的人（指斯彪西波），使宇宙的本体成为不相连续的系列；因为无论是或不是，一种本体不能影响另一种本体。他们给了许多本原，事情反而被弄坏了。（1075b24 — 1076a4）

亚里士多德认为最高的本原只能是一，如果是多于一便会产生许多说不清的难题，必须说明这几个本原之间有没有联系以及如何联系等等。阿那克萨戈拉提出理性是最高的本原，这是正确的；但是他又将动因和目的区分开，要在理性以外设定其他的目的，这样又陷入不止一个最高的本原的困境。亚里士多德认为理性既是动因又是目的，它以自身为对象，所以理性和理性的对象是同一的，它就是最高的善。亚里士多德是理性的一元论者。

\*　　　　\*　　　　\*

亚里士多德将这样的理性（nous）叫做神，Λ 卷后 5 章阐明它的神学思想。他的神学，可以简单概括为以下几点：

第一，理性是永恒的，它没有生成和消灭，是永恒的运动。它是万物运动的原因，通常说它是"不动的动者"（the unmoved mover），是说它永远是主动地推动万物运动的动者，而不是被别的东西推动的被动者，所以准确地应该说它是"永不被动的推动者"。亚里士多德说理性是在永恒的运动中，是永恒的纯粹的现实性，不带任何质料和潜能。

第二，这样的理性只能以自身为对象，因为它所想的乃是纯粹的形式和本质，是完全的现实性，不带有质料和潜能的，所以理性只能以自身为对象。黑格尔说:"神是纯粹的活动性,是那自在自为的东西,神不需要任何质料——再没有比这个更高的唯心论了。"①理性只能以理性的思想为对象,排除掉一切物质性的东西,当然是纯粹的唯心论。

第三,理性既以自身为对象,也以自身为目的。因为理性是最好最尊贵的,没有比它更高更好的东西了。它是善和至善,所以是思想和愿望的对象,也就是万物追求的最后目的。理性既是动因,又是目的因。

第四,亚里士多德认为永恒的运动只能是圆形的运动,因为它是永远不会停息的。天上的日月星辰进行的就是这种永恒的圆形运动。从古以来天上的星体都被视为神,并且被人格化了。亚里士多德根据当时的天文学说,将它们归为诸星体绕地球运转的各种圆形运动。因为从经验上认识到正是日月星辰在不同季节进行的圆形运动,地上的各种动植物和自然现象才能生生不息。所以认为正是理性神通过天体的圆形运动推动了万物,成为万物的动因和目的因。

第五,亚里士多德一再批评柏拉图的相论,说他将"相"和具体事物分离了;而他自己一贯主张形式只能在具体事物之中,并不是独立分离的。但是在Λ卷第10章开始时,他却肯定理性这种善和至善是分离的。(1075a12)因此西方有些主张亚里士多德的形而上学主要是神学的学者,便以此为根据,说亚里士多德的第一本体是独立分离的本体。这成为 J.欧文斯的《亚里士多德〈形而上学〉中的"是"的学说》一书中的一个重要论据。的确,亚里士多德既然认为理性只能以理性为对象,在它的对象中是不带有任何质料的,它是纯粹的现实性,没有任何潜能。这样他实际上将形式和质料、现实和潜能完全割裂开来。他所说的理性便成为一个分离的独立自足的本体,和现实世界完全隔绝了。人们可以问这个理性神和具体世界如何发生关系?柏拉图在《蒂迈欧篇》中明显地将神说成是"创造者",是世界产生的最后动因;亚里士多德从理论上说明了理性所起的动因和目的因的作用,抛弃了"创造者"这种人格化的比喻,在这点上超过了柏拉图,但还是不能摆脱两重世界的问题。对此,有些

① 黑格尔:《哲学史讲演录》第2卷,中译本,第295页。

西方学者解释说:《形而上学》Λ 卷在形式上是个简短的提要性的著作,在思想上和他的早期著作《论哲学》比较接近,但也明显带有柏拉图后期著作《蒂迈欧篇》和《法篇》中神学的痕迹。因而认为 Λ 卷在《形而上学》诸卷中是写得比较早的,尚未完全摆脱柏拉图的思想影响。持这种意见的学者多是认为亚里士多德的形而上学,主要是本体论而不是神学。他们和持前一种意见的学者成为鲜明的对比。

亚里士多德在 Λ 卷中主要是从动态上考虑"是"的问题的,研究一切"是的东西"(包括思想和万物)所以产生和运动的原因。如果从一个一个特殊的东西说,都可以发现产生它的形式因、动因和目的因;但是人们并不满足于得到这样的原因,还要究问这些原因的原因,可以一直追问下去,问那个最后的原因是什么? 古代希腊哲学是从探求万物的本原即 arche 开始的,这个 arche 实在就是最初的也可以说是最后的原因。这个问题是人类永远在探索的问题:早期各个民族都将它归到人格神,产生了各种各样的宗教。古代希腊哲学从塞诺芬尼开始将人格神转变为理性神,这个过程经过苏格拉底和柏拉图,直到亚里士多德将它确定为不动的动者,就是理性,就是思想,可以说是达到了顶峰,哲学和科学可以代替宗教。所以基督教哲学在初期能够接受柏拉图哲学作为它的理论基础,却极力排斥亚里士多德的哲学,将它列为异端。可是托马斯·阿奎那却发现亚里士多德哲学也可以为基督教义服务,因为无论动因、形式即本质因、目的因都可以作宗教的解释;因而可以将亚里士多德尊为基督教会的哲学权威,使哲学成为神学的侍婢。

为什么亚里士多德的哲学仍旧可以为宗教所用? 因为他将最后的原因说成是永恒的运动,认为这就是理性和思想;这样虽然提高了理性和哲学、科学的地位,但是人们可以究问:这是谁的理性? 谁的思想? 要求说出它的主体来。亚里士多德说这是那个永远主动而不被动的"不动的动者"。这样的主体自然很容易等同于神,亚里士多德自己就说它是神。实际上,我们看到:无论是哲学家还是科学家,如果要求他说出世界万物的最终原因是什么时,他便不得不陷入这样的困境。时至今日,科学取得飞速的进步,过去认为是不可解的谜,现在一个一个地得到解决。但是不少科学家仍然在为这个最终的原因所困惑,认为它是超越人类理性认识的界限的,是"一只不可见的手"。在这个问题上,知识和理性只能为宗教神学和信仰留下地盘。也许我们可以这样套用亚里士多德的逻辑:寻求这个最终原因是科学和哲学的最高目的,虽然这个目的本身是永远不会达到的(如果一旦达到了它,也就是科学和哲学、理性和思想的终结了),但是只要人类存在着,这个理想的目的总是在鼓励我们,理性和思想、科学和哲学总是向着这个目标努力,生生不息。这便是人生的价值。

## ❀ 小 结 ❀

### 形而上学的主题——本体论还是神学

　　陈康在《智慧,亚里士多德寻求的学问》一书开卷便说:"两千多年来人们一直在讨论亚里士多德的形而上学,可是没有人对'什么是亚里士多德的形而上学的主题'这个问题成功地作出肯定的回答。"他说,"形而上学"这个名称是后来编纂亚里士多德著作的人开始用的,柏拉图将这叫做"辩证法"或"辩证方法",指明它原来和苏格拉底讨论哲学的方法的关系。可是亚里士多德将"辩证法"这个词只用于一般意见的推论活动;而相当于柏拉图的"辩证法"的内容的,亚里士多德却给了一个名称,叫做"智慧(sophia)"。所以我们要探求的便是智慧这门学问的主题究竟是什么。陈康说在亚里士多德的著作中讨论到两种智慧,即作为神学的智慧和作为本体论的智慧。这二者是什么关系,谁主谁从? 这就是从古以来一直在争论的问题。①

　　所谓"本体论"(ontology)原意是普遍地讨论"是"的学问,而"神学"(theology)则被认为是讨论某种特殊的本体,即永恒的、完善的、分离的本体,也就是亚里士多德所说的第一本体或不动的动者即神的学问。对于这二者之间的关系,从20世纪初以来,西方学者主要有几种不同的说法:第一种是以耶格尔为代表的发展说。他认为亚里士多德的思想是有发展过程的,是从早期神学逐渐向本体论思想的发展。不过对亚里士多德思想的发展也有不同的说法,有人认为不是从神学发展到本体论,而是从本体论向神学的发展。第二种是

---

　　①　参见陈康:《智慧,亚里士多德寻求的学问》,第1—2页。

还原说,根据亚里士多德所说的"核心意义(pros hen)"将"是"还原为它的第一义即本体,再将本体还原为第一本体也就是不动的动者——神,从而认为亚里士多德的形而上学就是神学。J.欧文斯神父是这种学说的主要代表,他的著作《亚里士多德〈形而上学〉中的"是"的学说》成为阐述这种学说的代表作,它的内容在本编论述 Γ 卷中"作为是的是"学说时已经作过介绍。第三种可以说是平行说,认为在亚里士多德的形而上学中,神学和本体论是平行存在的,不能以某一方面吞并或取消另一方面。我们在前面引述过的意大利学者 W.莱思齐的《亚里士多德的本体论概念》就不同意 J.欧文斯的意见,认为在亚里士多德的形而上学中,不仅有神学思想,还应该承认有丰富内容的本体论学说。

在这个问题上,西方学者有种种不同的学说和争论,我们不可能掌握很多材料,也不可能作更多的介绍和论述。现在想介绍两位中国学者对这个问题的研究结果,也许是中国读者乐于知道的。

陈康的《智慧,亚里士多德寻求的学问》是一部专门研究这个问题的系统著作。他自认是接受耶格尔发展学说的影响,但他不是像耶格尔那样,只是抓住亚里士多德著作中几个观点的变化,便作出结论;而是对从亚里士多德的早期著作开始,旁及《范畴篇》、《物理学》、《论灵魂》、《伦理学》等著作,主要对《形而上学》中的 A、K、Γ、E、Z、H、Θ 诸卷中的重要章节,具体分析它们之间的差别,说明亚里士多德怎样提出问题,发现问题;他意识到在本体论和神学之间存在着矛盾,从而想采取各种方式,如以个体的本体学说(individualistic ousiology)和本质的本体学说(essentialistic ousiology)以及潜能和现实的学说等,试图调和本体论和神学之间的矛盾。可是陈康得出的结论却是:亚里士多德调和二者的矛盾的企图,最后以失败告终。因此他这本书的结论一章的标题是:"智慧,既不是本体论,也不是神学,也不是二者统一的学问"。

陈康的全部论证细致复杂,我们在这里只能简要介绍他在结论中所作的论证。他说:有人引证亚里士多德在《尼各马科伦理学》第六卷中为"智慧"所下的定义,说 sophia 是本性最高的 episteme(这个词英文一般译为 knowledge

或 science,后者容易和现在所说的"科学"混淆,所以我们译为"知识"、"学问"或"学科";陈康从罗斯译为 scientific knowledge,以与通常的知识或实践的知识相区别,我们也只能译为"科学知识",主要指理性的逻辑推理的知识)和 nous(一般译为"理性",陈康从罗斯译为 intuitive reason"直观理性",以与逻辑推理的理性和实践理性 phronesis 相区别)的结合。(1141b2—3)既然说它是最高的,和《形而上学》E 卷第 1 章中说在三种理论知识(神学、数学和物理学)中,最高的是神学(1026a19—22)联系起来,便可以认为亚里士多德承认最高的智慧即形而上学,就是神学。陈康不同意这种意见,他说:既然亚里士多德将科学知识和直观理性二者并列,显然智慧并不只是其中的一种,而可以抛开另一种。智慧既不同于科学知识,因为科学知识是能够证明的(1139b32),总要预先假设证明的原理,可是这些原理却不是它自己的对象,而是直观理性的对象(1140b12—35)。智慧也不同于直观理性,因为"对事情作出证明正是哲学家的标志"(1141a1—3)。亚里士多德又说:智慧的人不仅必须知道从第一原理推出的结论,而且也应该获有第一原理的真理的知识。(1141a17—18)知道前者是由于科学知识,知道后者则是由于直观理性。可是直观理性所把握的原理又是明确地作为被证明的东西的原理而给予的(1140b32—1141a8)。亚里士多德在《形而上学》Γ 卷中指出:在证明中最确定的和最后的原理就是矛盾律,它是一切别的公理的出发点(1005b11—34),而且研究这个原理的人乃是研究"作为是的是"的哲学家(1005b8—11)即本体论者。所以在这里也像在别处一样,本体论和神学相互竞争"智慧"位置的问题又出现了。陈康认为:代替一种智慧的是两门独立的学问,即神学和本体论,没有一门能排他地和智慧相等同;在寻求一门可以将这二者统一起来,成为一门单一的学问上,亚里士多德并没有成功。由此陈康得出结论:不能理解为什么亚里士多德的形而上学可以一方面被解释为普遍的形而上学,另一方面又被解释为特殊的形而上学? 在他的著作中无论对哪一种解释,都可以找到相反的证明。因此任何企图将他的思想系统化,用否认这些矛盾因素,或者甚至用另一组的术语去解释这一组术语的方法,都会引起争议,并将继续争论下去。只要是企图将那自身不能系统化的思想,一定要使其系统化时,这种争论是不会终止的。①

　　我们引用这个例子,也是为了说明陈康的分析方法。正如他自己所说:"研究前人思想时,一切皆以此人著作为根据,不以其与事理或有不符,加以曲解(不混逻辑与历史为一谈)。"②

　　陈康还分析亚里士多德失败的历史背景,从他受柏拉图思想的影响方面来说明。他认为:亚里士多德的早期著作毫不踌躇地接受了柏拉图的《斐多篇》和《国家篇》中的相论,但在《论哲学》中已开始接受《蒂迈欧篇》和《法篇》中的神学。《智者篇》中的"通种论"为亚里士多德的"作为是的是"思想即本体论准备了道路。"是"是最普遍的,而《蒂迈欧篇》中引进的神是创造者(De-miurge),工匠总是一个个体,无论他是神还是人。这里已经发生普遍与个别之间的矛盾;但在柏拉图哲学中这种矛盾还不显著,因为最普遍的种和神之间没有任何关系。(在《蒂迈欧篇》中,柏拉图的"相"不需要神,而神在创造时却需要"相",因为创造是以"相"为模型的。这是柏拉图给予"相"和神之间发生的唯一关系。)而且柏拉图还没有将哲学研究分化为各个部分,因此没有对普遍的种和神的关系作系统的研究。亚里士多德将哲学分化为各个部分,并且作了系统的研究,因而这种矛盾就明显地突出了。并且亚里士多德将神和普遍的种或"相"之间的关系说成是一种认识关系。柏拉图将神说成是创造者的唯一根据是指神是最美好、最完善的。亚里士多德却将这个神圣本体的概念从逻辑上推到极端,说神只能思想那最神圣、最尊贵的东西即神自身,如果神思想别的东西就毁坏了神。(1074b22—27,33—35)这个结果就使神和别的一切,包括本质、普遍的"是"等等不再有任何关系,一个不可超越的鸿沟将神学和本体论割裂开来了。③

　　余纪元的博士论文《亚里士多德的双重形而上学》虽然主要是讨论 $Z$、$H$、$\Theta$ 三卷的内容的,但在最后的第 7 章也专门讨论了亚里士多德的第一哲学是神学还是本体论的问题。他认为这就是关于普遍形而上学和特殊形而上学之

---

① 参见陈康:《智慧,亚里士多德寻求的学问》,第 384—397 页。
② 《陈康哲学论文集》,"作者自序",第 3 页。
③ 参见陈康:《智慧,亚里士多德寻求的学问》,第 387—391 页。

间发生争论的问题。他以为所以发生这种争论，是由于亚里士多德以两种不同的角度和方法探讨形而上学，他是要回答两个不同的问题，即"是什么"和"为什么"的问题。在回答"本体是什么"时，亚里士多德说本体是本质是形式。余纪元将它叫做"形式的途径"，成为研究"作为是的是"即本体论的基础。而在回答"本体为什么生成"时，亚里士多德对"是"和本体作动态的研究，探究它们的动因，余纪元将这叫做"综合的途径"，是神学的基础。他认为即使在一般公认为统一的 $Z$、$H$、$\Theta$ 的所谓《形而上学》的中心卷中，也存在这样的双重形而上学：在 $Z$ 卷第 1 至 16 章中是形式的途径，而从第 17 章亚里士多德提出重新开始研究，就改变为综合的途径，通过 $\Theta$ 卷的潜能和现实的学说，达到最完全的现实即第一动者。亚里士多德主张神学是最高的理论学科，是第一哲学，这种理论见于 $E$ 卷第 1 章，那里说神是永恒的不动的分离的本体。余纪元以为：亚里士多德批评柏拉图的相论，说他将"相"和具体事物分离了。这个"分离"是指空间的分离，可是神和具体事物的分离却不是空间位置上的分离。亚里士多德的神和柏拉图的创造者不同，神不是主动的创造者，他所以成为推动者，只是因为他是思想和愿望的对象，因为他是最美好的。神在永恒性、完善性和现实性上在先，只是从这个意义上说神是分离的。余纪元以为亚里士多德自己已经发现了普遍和特殊的矛盾，他在 $E$ 卷第 1 章中想调和这个矛盾，这就是他所说的："第一哲学是普遍的呢，还是研究其一特殊的种的'是'的？……如果在自然形成的物体以外没有别的本体，那么物理学便成为第一学问了。但如果有不动的本体，有关它的学问就是在先的，是第一哲学。而且因为它是首要的，所以它是普遍的。"（1026a23—31）余纪元认为这段话本身便存在矛盾：开始时将普遍和某一特殊的种对立起来，提出问题；继而承认在自然物体以外还有另一种不动的本体，那就是一种特殊的本体了。可是最后又说这种特殊的本体因为是首要的第一的，所以是普遍的，这样便将本体论从属于神学。按照这种说法，神学是普遍的，本体论反倒是特殊的，成为神学的部分了。余纪元认为这里显然是亚里士多德想调和普遍和特殊的矛盾，却没有成功。他又引用亚里士多德在《欧德谟伦理学》中所说的：一切都要寻求那首要的东西，首要的是它的定义，是包含在所有定义之中的，例如医疗器械是医生使用的工具,可是器械的定义却并不包含在医生的定义之中。我们到处寻求首要的东西,但是因为普遍的是首要的,他们却由此得出首要的是普遍的,这是错误的。(1236a22—29)这就是说,可以说一个东西是首要的,因为它是普遍的;却不能说一个东西是普遍的,因为它是首要的,因为为什么首要的东西一定是普遍的呢?

而余纪元引证的亚里士多德在 $E$ 卷中所说的这句话"因为它是首要的,所以它是普遍的",早已成为西方学者争论这个问题时的一个焦点。我们在以上论述 $\Gamma$ 卷提出"作为是的是"的本体论时,介绍 J.欧文斯在《亚里士多德〈形而上学〉中的"是"的学说》一书中对于"是"的普遍性和完善性作历史的概述中,可以看到从古至今许多学者都根据这句话来证明神学的普遍性。而反对者却找出各种根据和理由,驳斥这个论点。在那里我们曾介绍 W.莱思齐的反驳论证。余纪元在意大利学习时曾经是 W.莱思齐的学生。

余纪元认为:亚里士多德自己不能调和这二者的矛盾,争论所以存在这么长的时期,不能找到一致的解决办法,根源在于亚里士多德自己。余纪元认为这两种不同的形而上学观是从两种不同的看法得出来的,是两种不同的形而上学学说;要将它们统一起来,花这么多的精力和时间,是白费的。余纪元说他拒绝耶格尔的发展说,但他承认亚里士多德的思想确实是有发展的,不过既不是从神学到本体论的发展,也不是相反地从本体论到神学的发展,而是这两种不同的形而上学观点的形成和发展。他说西方流行的对本体论和神学的关系的研究,仅限于 $\Gamma$ 卷第 1、2 章和 $E$ 卷第 1 章中少数原文的解释,这是不够的。正确判断本体论和神学的关系,是需要从《形而上学》各卷以及亚里士多德的其他有关著作中去发现:本体论和神学的观点是从哪里来的,怎么组成和发展的? 而不应该只停留在少数原文上作概念的分析。他认为亚里士多德思想的成熟度是逐渐增加的,他的思想从两个问题发展到两种观点,再进一步形成两门学问,是从两个点到两条线,再进为两个面的发展过程。① 余纪元的博士论文是在 $Z$、$H$、$\Theta$ 三卷范围内作了这种研究的一个实例。

---

① 参见余纪元:《亚里士多德的双重形而上学》,第 296—341 页。

　　我们在这里扼要地介绍了陈康和余纪元的研究结论,并不表示我们完全同意他们所有的看法和论证。但是他们有一个共同的基本观点,即认为在亚里士多德的形而上学思想中,存在着本体论和神学的矛盾;亚里士多德企图将这二者调和统一,却没有成功。这个结论是我们所接受的。

　　但更重要的还是在研究方法上。就我们所见到的一些西方学者的著作看,他们往往抓住亚里士多德著作中的某些篇章和段落、文句,进行逻辑的概念的分析,从而得出结论,说亚里士多德的思想属于某一种理论体系。尽管他们有些分析是深刻的,可以给人启发;但由于在亚里士多德著作中同样存在的那些与他们的结论不同的,甚至相反的篇章、段落和文句,将它们抛开不顾,或者按他们自己的观点作片面的解释;从而将本来不是前后一致的思想说成是系统的。我们以为这种方法是不足取的。采用这种方法,则无论是将亚里士多德的哲学说成是神学还是本体论,是唯心论还是唯物论,是理性论还是经验论,都是可能的。因为你可以从亚里士多德的著作中找到不少对你有用的根据,来证明你的结论。但是不要忘记,反对你的观点的人,也同样可以从亚里士多德的著作中找到许多用来反驳你的根据,证明和你相反的结论。这是因为现存的亚里士多德著作的形成和流传是经历过一个复杂的过程,在它的内容上存在许多不同的矛盾的思想。但是更重要的是我们应该看到:一直到亚里士多德时代,希腊哲学还没有一位哲学家可以说是已经建立了完整的哲学体系的,即使柏拉图也没有自觉地要将他的学说写成是前后逻辑一致的系统的哲学。亚里士多德更是这样,现存的他的著作几乎多不是在他生前公开发表的,而是他在和他的亲密的学生和朋友讨论哲学问题时使用的讲稿和笔记。亚里士多德是一位智慧的探索者,可以想象他在面对学生讲授时,并不是要将一套完整的思想体系灌输给他们,而是将他自己正在深思的问题提出来和他们讨论,启发他们。因此在他的著作中经常发生从不同的角度阐述同一个问题,也会得出不同的甚至矛盾的结论。这本是不足为奇的,但是从一个习惯于现代系统哲学的人看来,就会觉得《形而上学》充满矛盾,是一个不可解答的谜。我们不想像有些西方哲学史家那样将亚里士多德的形而上学思想写成是一个完整的体系,在这里我们采用的方法是:力图客观地介绍亚里士多德在

《形而上学》主要各卷中是怎样提出问题，如何分析论证，又得到些什么结果；特别注意他在分析论证时出现的那些不同的和矛盾的观点，因为它们正是当代西方亚里士多德研究者争论的焦点。当然不能说这样做就已经做到客观地介绍亚里士多德的思想，但是希望能避免将读者引到一个错误的方向上去。这是我们采用这种论述方法的原因。

＊　　　　　＊　　　　　＊

本体论和神学在亚里士多德的形而上学中没有能调和成为一个完整的系统，但是在后来西方文化思想的发展中，亚里士多德的这两方面的思想都发生了重大的影响作用。

本体论是研究"是"的学问，现在有人主张将它译为"是论"。自从巴门尼德开始将"是"提成为最基本的哲学范畴后，德谟克利特和柏拉图都接受了它，但是作了两种相反的发展：德谟克利特将它说成是物质性的原子（这确实是中文所说的"存在"），为后来的科学和唯物论哲学奠定了基础。柏拉图却将它说成是抽象的"相"，指出它是变动的现象背后的永恒的本质，为唯心论开了先河，但也将科学的认识推进了一步。柏拉图在后期对话《巴门尼德篇》和《智者篇》中，运用逻辑推理的方法，说明这些普遍范畴（"相"）之间的相互联系，构筑起一个哲学体系。在西方哲学史上，这是第一个完整的本体论的哲学体系，可与后来黑格尔的《逻辑学》哲学体系比美。后来有些哲学家认为，只有这种以逻辑推理方式构成的范畴体系，才能叫做本体论的哲学。

可是亚里士多德是第一位提出哲学应该是普遍研究"作为是的是"的学问的，哲学史上都承认他是本体论哲学的奠基人，他当然非常重视逻辑推理，但是他并不像柏拉图那样用逻辑推理直接推出范畴的体系，相反，他是首先使用分析的方法，根据经验事实，分析普遍范畴的各种歧义，然后再来考察这些普遍范畴相互之间的联系。如果将亚里士多德和柏拉图作比较，可以说柏拉图重视综合，而亚里士多德却更重视分析；柏拉图单纯依靠抽象的逻辑推理，而亚里士多德却将逻辑推理建立在经验事实的基础上。而且亚里士多德更重视"是"和"真"的联系，他发挥了巴门尼德将"是"和"不是"作为分辨真和假的标志的思想，在他的逻辑著作中提出只有判断、命题、句子才有真和假的区别,而非组合的单个词(例如"存在")是无所谓真和假的。从而首创了研究命题的推理形式的逻辑学,不但为后来西方传统文化注重逻辑分析开辟了道路,更重要的是为科学研究提供了可靠的表述工具。亚里士多德形而上学中的本体论学说主要是对"作为是的是"作了各种深入的分析:分析了各种范畴,突出了第一范畴即本体,提出本体是形式即本质的思想;又分析了形式和质料、现实和潜能等等问题。虽然亚里士多德并没有从这些分析中得出一个完整的哲学本体论体系,但因为他的这些分析论述都是根据经验事实,是从当时的科学研究的实践中提出来的问题,所以他得出的这些学说都可以应用于科学研究,为经验科学提供可靠的研究工具和方法。如果我们从这样的角度看待亚里士多德形而上学中的本体论思想,就可以认识到它绝不是多余的,也不是抽象的、可有可无的。亚里士多德的本体论哲学和他的逻辑思想一样,都为西方科学研究提供了必要的工具和方法,尽管后来,尤其是近现代西方在科学哲学和方法论以及逻辑等方面的研究已经远远超出了亚里士多德,但是追根思源,应该承认这个基础是由亚里士多德奠定的,正是由于亚里士多德的本体论哲学和逻辑思想,科学才在两千多年来西方的传统文化中,一直占有主流的地位。我们必须看清亚里士多德的哲学和科学之间的这种密切关系。

可以说亚里士多德的本体论学说着重的是"是"的普遍性方面,而他的神学所着重的就是"是"的完善性方面;前者注重"是"和"真"的联系,后者则注重"是"和"善"的联系。他的本体论学说主要分析事物的形式因也就是本质因,他的神学学说着重的却是动因和目的因;和前者相比,后者更接近柏拉图的相论,是直接继承柏拉图的哲学的。但是亚里士多德也作了发展,主要是他将柏拉图的静止的"相"改造成为运动发展的东西,从而将柏拉图的"最高的善"改造成为"不动的动者"。在两千多年来西方传统文化中,我们看到:首先是亚里士多德的神学继柏拉图哲学之后,成为基督教哲学的理论基础,显示了哲学和宗教的联系。其次是黑格尔完全接受了亚里士多德的运动变化发展的学说,建立了他的辩证法。再有是亚里士多德以最高的"善"作为人的理想和目的,建立了系统的伦理学和政治学即他所说的实践哲学。亚里士多德是这些学科的首创者,他的这些学说,在西方文化传统中一直占有主流的位置,直到现在,西方还有学者提出要复兴亚里士多德的伦理思想。

以上只是最简略的概括,并以此试图说明亚里士多德的形而上学在西方传统文化中的历史地位。

# 第 四 编

# 实 践 哲 学

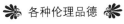

# 实践哲学是人的哲学

我们在本书第二卷绪论中说明,从公元前 5 世纪开始的以雅典为中心的希腊古典时期的哲学和以前的希腊哲学的根本区别,在于它讨论的中心从自然问题转变为人和社会的问题。这种变化是在希腊城邦制度确立以后,经历了希波战争和伯罗奔尼撒战争,雅典的民主政治从兴盛到衰落的时候逐渐形成的。智者和苏格拉底的争论可以说是掀起了这种人本主义思想的高潮。

苏格拉底、柏拉图和亚里士多德提倡的理性主义是当时哲学思想的主流,他们认为人是理性的动物,人的行为是受理性指导的。苏格拉底将一切道德归为知识,柏拉图在《国家篇》中将智慧列在统摄其他道德的地位,并且在"相的世界"中设定一个最高的"善的相"。但一直到柏拉图还没有将这些问题分门别类地加以研究,第一个将知识分析为一门门专门的学科进行研究的是亚里士多德。

智者和苏格拉底争论的一个重要问题是:人的 arete(品德)是不是可以传授的? 本书第二卷对此作了详细的讨论(第三章第一节)。希腊文 arete 原来是指任何事物的特长、用处和功能,比如马的特长是奔跑,鸟的特长是飞翔,各种事物的 arete 是不同的。智者和苏格拉底所争论的人的 arete,主要是指在政治上和待人处世上的才能和品德,后来拉丁文译为 virtus,英文跟着译为 virtus,中文一般依此译为美德,也有译为德性或德行的。其实人的 arete 不仅有道德的意义,也有非道德的才能方面的意义,比如工匠的 arete 是工作做得好,琴师的 arete 是琴奏得好。西方许多国家的学者都觉得在本国语文中很难找到一个与 arete 含义完全符合的译词,我国也有人主张译为"优秀"的,因为以下讨论的主要还是与道德有关的问题,所以我们译为品德。

说到人的问题,单说明人是什么——人的本性和本质即人是理性的动物——是不够的,还必须说明人的品德即人的特长和功能。正如不能奔跑便不成其为马,不能飞翔便不成其为鸟,如果没有人的 arete 也就不成其为人。亚里士多德看到人的 arete 不仅有知的一面,更重要的是还有行的一面。马的奔跑、鸟的飞翔是行动,工匠做工、琴师奏琴也是行动;人如果没有行动,怎么能表现他的特长和功能,甚至连生活也不可能。所以研究人,不仅要从理论方面去研究,更应该从人的实践方面去研究。正是在这点上,亚里士多德超出了柏拉图,他明确提出要将知识分为理论的和实践的。在《形而上学》第 2 卷哲学绪论中说:"将哲学称为追求真的知识是正确的,因为理论知识以求真为目的,实践知识以行动为目的,尽管实践的人也要思考事物是什么,但他们不从永恒方面去研究,只考虑与当前有关的事情。"(993b19—23)只有第一哲学以永恒的真为对象,而实践知识的真理性是相对的即有时间性的。为什么实践知识的真理性只能是相对的呢? 亚里士多德在《尼各马科伦理学》中曾作过解释,说伦理品德不仅是理性的而且和欲望有关,是欲望经过思考的选择,如果这种选择是好的,则理性的思考应该是真的,欲望应该是正当的。这样的思考是一种实践的真理;而思辨理论的思考却既不是实践的也不是创制的,它的好和坏只与真和假相应一致;可是实践思考的真理却要和正确的欲望相一致。(1139a23—31)他说明了实践知识和理论知识的区别。亚里士多德所作的这种区分,可以说是后来康德区分纯粹理性和实践理性的最初起源。

尽管如此,亚里士多德在伦理著作中对所有重要的伦理问题还是作了理论分析和论证,但在《尼各马科伦理学》将近结尾时他还是提出问题:我们已经充分讨论了各种幸福、品德、友爱、快乐的各个主要方面,对我们的题目是不是已经达到了目的呢? 或者应该说,实践的目的并不在于对这些事情的理论和认识,更重要的是对它们的实践;对于品德,只知道它是不够的,而是要力求运用它,以什么方式能使我们变得更好。(1179a33—b4)这样又将实践知识和理论知识在它们的目的上加以区分了。

从苏格拉底到柏拉图和亚里士多德,他们都认为人不是独立的个人,而是城邦中的公民;个人的品德只有在城邦中才能实现,而城邦的品德就是使它的公民普遍得到幸福,因此伦理体现了城邦政治的目的,并为城邦政制提供伦理价值的基础。所以亚里士多德所说的实践哲学既包括伦理学也包括政治学,而且照《大伦理学》开卷时说的:关于道德的讨论不仅是政治学的部分,而且还是政治学的起点。从总体上说,它应该被公正地称为政治学,而不是伦理学。(1181b25—29)在《尼各马科伦理学》的最后一章中他将伦理学和政治学结合起来作了简单的论述,最后说:这样我们就尽可能地完成关于人的哲学的研究。(1181b15)亚里士多德将伦理学和政治学看成是他的实践哲学,他自己也将它叫做人的哲学,实践上是希腊古典时期对人和社会所作的理性主义研究的总结和集大成。亚里士多德提出的"人的哲学"是后来西方人文主义、人道主义思想的最初起源。

但是亚里士多德在《形而上学》E 卷第 1 章进行学科分类时,却分为理论的、实践的和创制的三种,他说:创制的本原是在创制者之内,或者是他的理性,或者是他的技术和能力。实践者的本原也在实践者之内,如意志,因为他要做的事情和他所做的事情是同一的。(1025b22—24)他所说的创制学科实际上也和人的行为有关,在他现存著作中属于创制学科的大约只有《修辞学》和《诗学》。《修辞学》是关于演说和论辩的知识,其中一些主要内容已在本卷第一编逻辑学中讨论了。《诗学》是亚里士多德专门研究文学艺术理论的著作,虽然也讨论诗的音韵风格等形式方面的问题,但他主要主张一种有别于柏拉图美学思想的摹仿说,认为史诗和悲剧与喜剧是摹仿好人和坏人,它们的最终作用是使人产生审美的快感,实际上也是人的一种重要的精神实践活动。由于《诗学》篇章有限,它也属于人的哲学,同实践哲学密切相关,因此我们将它包括在人的哲学即实践哲学之中。

这样本编实践哲学将包括三个部分:1. 伦理学,2. 政治学,3. 诗学即艺术哲学。

# 第一部分

# 伦　理　学

将研究人的行为规范与道德的哲学定名为"伦理学"是从亚里士多德开始的。希腊文"伦理"($\eta\theta\iota\kappa\eta$ ethike)源出于"习惯"($\check{\epsilon}\theta o\varsigma$, ethos)。亚里士多德在《尼各马科伦理学》第2卷第1章区分理智的品德和伦理的品德时说：

> 理智的品德是由于教导而生成和培养起来的，所以需要时间和经验。伦理品德则由风俗习惯沿袭而成，所以"伦理"这个名称是由"习惯"这个词略加改动而产生的。由此可见我们的伦理品德不是自然生成的，因为自然生成的东西是不能改变它自己的本性的，例如石头的本性是向下降落，纵然你将它向上抛掷一万次，也不能让它习惯于上升，同样你也不能使火焰习惯于往下燃烧，任何自然行为的事物，都不能用习惯来改变它。所以我们的伦理品德既不是出于自然本性的，也不是违反自然本性的，而是我们自然地接受了它们，又通过习惯使它们完善的。(1103a14—25)

亚里士多德认为伦理道德既不是完全由教育产生，也不是完全由自然产生（即天赋的），而是从自然接受过来又通过习惯使它完善的。他并不否认教导的作用，但更强调习惯的影响，这种习惯不同于习俗，而是在社会生活中形成的行为规范。他将伦理知识和理论知识区别开来，强调伦理是做的、行动的知识，只能在生活习惯中完善起来。

　　现存的亚里士多德的伦理著作主要有三部，即《尼各马科伦理学》、《欧德谟伦理学》和《大伦理学》，此外还有一篇短的论文《论善和恶》。尼各马科既是亚里士多德的父亲的名字，又是他的儿子的名字，他们祖孙是同名的；欧德谟则是亚里士多德亲近的学生。所以古代流传的一种说法是这两部著作所以有这样的名称是由他的儿子尼各马科和欧德谟分别编定的。① 而古代注释家波菲利却说这两部著作是"奉献"给尼各马科和欧德谟的,可是西塞罗说过《尼各马科伦理学》是亚里士多德的儿子献给亚里士多德自己的。② 后一说法不可靠,因为尼各马科是亚里士多德晚年和赫尔庇利斯同居时才生的儿子,亚里士多德去世时他还在幼年,据说他青年早逝,所以说他是亚里士多德这部著名的专著的编者不大可能。现在一般认为这部著作是亚里士多德自己写的,可能是献给他的父亲的。至于《欧德谟伦理学》,近代一些学者如斯宾格尔(L. Spengel)、策勒和伯奈特等认为不是亚里士多德而是欧德谟写的。耶格尔从亚里士多德思想的发展考察,将它和早期著作《劝学篇》进行比较,认为是亚里士多德在改革柏拉图思想时期写的比较原始的伦理学著作,早于《尼各马科伦理学》。③ 现在学者们比较同意这种说法。在这三部专著中,《大伦理学》只有两卷,是篇幅最小的,为什么称为"大"? 一种解释是:因为它是以初学者为对象而编写的一份提纲,只讨论伦理学中一些基本的大问题如什么是善等,所以称为"大"。④ 多数学者认为它是亚里士多德以后的漫步学派中的人写的,作者面前有《尼各马科伦理学》和《欧德谟伦理学》,是根据这两部著作摘写的简明提纲,所以也可以看做是亚里士多德的思想。《论善和恶》只是简单地列举善恶区分的短篇论文。

　　《尼各马科伦理学》是其中最重要的著作,它系统地阐明了亚里士多德的伦理思想,全书共十卷,内容可分为以下几个部分:第一,第 1 卷至第 3 卷第 5 章是伦理学总论,讨论"善"是什么,伦理品德是什么,以及中道、选择和意志等问题;第二,第 3 卷第 6 章起及第 4 卷讨论各种个人的品德如勇敢、节制等;第三,第 5 卷专门讨论正义;第四,第 6 卷讨论道德和理性、实践智慧;第五,第 7 卷讨论自制和不自制;第六,第 8、9 卷讨论友爱;第七,第 10 卷又回到总论,批判当时流行的各种有关快乐的学说,提出思辨生活是最高的幸福;这一卷的

---

① 参见《牛津古典辞典》,第 1042 页。

② 参见《洛布古典丛书》,《亚里士多德:尼各马科伦理学》,译者导言,第 xvii 页。

③ 参见耶格尔:《亚里士多德:发展史纲要》,第九章。

④ 参见苗力田译:《尼各马科伦理学》,中译本,序,第 2 页。

内容是《尼各马科伦理学》所独有的，在其他两部著作中没有出现。现存的《欧德谟伦理学》只有4卷，即第1、2、3和第7卷，通常将第7卷的后面部分列为第8卷，成为五卷本。各卷讨论的问题和《尼各马科伦理学》内容大体相同，它的第1、2卷相当于《尼各马科伦理学》的第1卷至第3卷第5章，它的第3卷相当于《尼各马科伦理学》的第3卷第6章起至第4卷末，它的第7卷相当于《尼各马科伦理学》的第8、9卷。① 因此《欧德谟伦理学》所缺的4、5、6卷恰恰相当于《尼各马科伦理学》的第5、6、7卷，如果将这三卷加进去，《欧德谟伦理学》也成为另一个完整的著作了。这三种伦理著作的观点大致相同但也有分歧，西方学者对此作过许多比较研究，它们论证的逻辑线索是各不相同的。我们只能以《尼各马科伦理学》为主进行论述，因为它完整地阐述了亚里士多德的伦理思想。

---

① 参见《亚里士多德著作集》第9卷，"导言"，牛津英译本，第 ix 页。

# ❀ 第十八章 ❀

## 善和品德

　　《尼各马科伦理学》从第 1 卷开始至第 3 卷第 5 章是伦理学总论,主要讨论善($\dot{\alpha}\gamma\alpha\theta\acute{o}\nu$,agathon)和品德(arete)的问题。agathon 是个价值概念,希腊人认为任何好的东西都是 agathon,中文的"善"却没有这样广泛的含义,只有在道德上是好的才称为善。所以亚里士多德在这里讲有人认为有财富、有荣誉是 agathon,中国人只有认为这些是好的,却没有人说这些是善;又如亚里士多德认为最大的 agathon 是幸福即生活得好,我们也不会说这是最大的善。所以有人主张将 agathon 译为"好",但中文"好"一般没有道德上"善"的含义,不像英文 good 也和希腊文 agathon 一样既有好也有善的含义。我们现在讨论的是伦理学,道德的目标和价值应该是"善",译成"好"也容易产生误解,所以我们还是译为"善",但说明两种文字含义上的区别,在有些地方为了避免误解也译为"好"。arete 也有相似的问题,前面已经提到。亚里士多德在第 2 卷第 5 章将 arete 规定为 $\ddot{\epsilon}\xi\epsilon\iota\varsigma$(hekseis),说这是从 arete 的"种"说的(1106a13),即 arete 所属的"种"。这个字也有各种译法,罗斯英译为 states of character(性格状态),巴恩斯修订本直接译为 state,《洛布古典丛书》本译为 disposition(气质、性格),苗力田译为品质,是比较恰当的。现在我们已习惯于将一个人的品质分为"才"和"德"两个方面,才是指他的才能知识,德是指他的道德修养;但是希腊文 arete 和 hekseis 却没有将这两个方面区分开来,因此亚里士多德要区分理论的 arete 和伦理的 arete。我们将 arete 译为"品德",多少可以兼顾两方面的含义。

这种两国文字上的不同,表明在认识上有所不同,而所以形成不同的看法,看来确实和长期形成的不同的传统与风俗习惯有关。由此可见,亚里士多德将伦理问题和习惯联系起来是有道理的。我们在读他的伦理著作以及以下的论述中,有些问题如果从我们自己的习惯和传统看,可能是不容易理解和接受的,在必要的时候我们再作说明。

## 第一节　最高的善是什么

《尼各马科伦理学》第 1 卷第 1 章开始就说:各种技艺、知识、行为和考虑都以某种善为目的。因此说善是一切事物所追求的目的,是正确的。(1094a1—3)从苏格拉底开始的理性主义哲学带有浓厚的目的论色彩,他们相信宇宙万物尤其是人都以善为自身的目的,要向好的方向发展,这就是他们所说的理性。所以他们的理性主义思想是乐观的、向前的。

### 一　伦理学和政治学

亚里士多德对目的进行分析,说既然各种不同的行为、技艺和知识,它们的目的也是多种多样的,比如医术的目的在于健康,造船的目的在于船只,战术的目的在于取胜,理财(经济)的目的在于财富。但也有些技艺属于同一种能力,如制造马勒和其他马具都属于驭马术,骑兵马战和其他战争行为都属于战术等等。由此可见那占首要地位的技艺知识的目的是一切从属的技艺知识所追求的。(1094a10—16)他不是直接问首要的、最高的善是什么,而是问首要的技艺知识以及它的目的是什么。

亚里士多德先说明什么是首要的目的,他说如果在实践中确有一种以它自身为目的,其他一切都是为了它,而它却不以其他东西为目的,这就是善,最高的善。如果它以其他东西为目的,便要寻求其他目的的目的,如此将无穷倒退,成为无结果的探求。所以我们要探求的是这种关于最高的善的知识,它对我们实际生活的影响太大了,正如射击手要瞄准靶子才能射中目标一样,我们首先要弄清楚最高的善究竟是哪一种知识能力研究的对象。他认为研究最高的善的学科也就是首要的最有权威的学科,这就是政治学。(1094a19—29)

亚里士多德这里说的最高最有权威的学科当然不是从理论知识讲的,那应该是第一哲学;他说的是实践知识方面的最高学科。他现在讨论的是伦理学,却为什么说政治学是最高学科呢?"政治学"这个名称也是由亚里士多德首先将它确定为一门专门的学科的。希腊的城邦叫 πόλις(polis),是当时希腊最高级的社会团体即国家,城邦的公民πολίτης(polites)就是后来的公民(citizen),研究城邦国家的学问 πολιτική(politike)就是后来的政治学(politic)。所以亚里士多德认为只有研究城邦国家的学问才是更高更有权威的,他认为城邦的善比个人的善更为重要更有权威。

请看他自己是怎么说的:正是政治学规定城邦需要哪些知识,哪一部分人应该学习哪一部分知识,学习到什么程度。我们看到那些高贵的才能如战术、理财和演讲术都从属于政治学,为政治学服务。政治学还规定我们应该做什么和不应该做什么,因此这门学科的目的便包括了其他一切学科的目的;所以人的善也就是政治学的善。个人的善和城邦的善即使是相同的,但是获得和保持城邦的善显然比个人的善更大更完满。一个人获得善是有价值的,但为了民族和城邦获得善,更加光荣,更加神圣。所以最高最有权威的知识应该是政治学。(1094a29—b12)

在个人和群体——城邦国家之间,认为个人应该服从群体,城邦的善比个人的善更大更完满,这是从苏格拉底到柏拉图到亚里士多德的有关人和社会的思想即"人的哲学"的重要特征,是他们和当时一般人以及普遍流行的(包括多数智者)伦理思想的根本区别。苏格拉底即使自己遭受的是不公正的判决,也不愿违反城邦的法律,宁可服刑而死,以实践表明了他的这个信念。柏拉图在《国家篇》中用国家的四种品德——智慧、勇敢、节制和正义去说明个人的这四种品德(439D—445A),正是亚里士多德在这里所说的"政治学规定城邦需要哪些知识,哪一部分人应该学习哪一种知识";柏拉图在《法篇》中就详细地规定了城邦中的人"应该做什么和不应该做什么"。亚里士多德正是继承柏拉图的思想,认为只有城邦得到很好的治理,才能实现最高的善。他们都以立法者自居,认为政治学高于伦理学。《大伦理学》开卷时说:伦理学是政治学的部分,因为一个人如果没有某种品德便不能在城邦中有所作为;要想在城邦活动中取得成功必须有好的品德。可见关于伦理的讨论不仅是政治学的分支,还是它的起点。(1181a25—b26)这可以概括说明亚里士多德的基本观点:最高的善只有在城邦活动中才能得到和完满,但它又必须是从个人的品德开始的,只有个人善了,城邦才能是善的。所以伦理学既是政治学的部分和分支,又是政治学的起点。伦理学不仅从属于政治学,而且也为城邦政治确定伦理原则和道德基础。苏格拉底、柏拉图和亚里士多德都主张伦理性政治,主张道德兴邦。伦理和政治是统一的,都以善、人的完善为最高的目的。政治学虽然是最高最有权威的学科,但在讨论政治学之前必先讨论伦理学,二者是密切联系的。

对于学习伦理和政治知识,亚里士多德还特别指出两点。第一,他说,不能期望所有理论都同样精确,政治学探究的是高尚的正义的事情,这些是有变化差异的,有人说它们是约定的(nomos)而不是自然的(physis)。善自身是多变的,很多人由于善而遭受损害,由于财富和勇敢而导致毁灭。因而人们只能粗糙地、概略地来说明这个主题的真理性。每个受过教育的人只能在事物的本性范围内去寻求这类事物的确切性,如果要求一位数学家接受或然性的推理,或者要求修辞学家去作出科学的证明推理,都是不适当的。(1094b12—28)他已经看到人和社会问题是复杂的,不能像数学和其他科学那么精确,有些也无法证明,只能是粗糙概略地说明,这也许是多数人文科学的共同特点。第二,他说每个人只有对他已经知道的或学习过的事情才能作出好的判断,政治学是来自生活经验和说明生活经验的,而青年人缺乏生活的实践经验,所以政治学还不是他们应该学习的课程。青年人不但年轻幼稚,还容易放纵自己的感情,应该要求他们的欲望服从理性,所以这门学科(伦理学)对他们还是有帮助的。(1094b29—1095a11)看来他是将伦理学当做政治学的预备课程,供青年人学习的。

## 二　最高的善和"善的相"

从《尼各马科伦理学》第 4 章开始亚里士多德提出的问题是：既然一切知识和行为都以某种善为目的，那么政治学要达到的目的——最高的善是什么呢？他说任何人无论有没有教养，都认为最高的善是幸福，也就是生活得好和行为得好。但什么是幸福？却是个有争议的问题，多数人的看法和有智慧的人的看法不同。多数人认为那些显而易见的如快乐、财富和荣誉是幸福；不同的人在不同的情况下会有不同的看法，比如有病时认为健康是幸福，贫穷时认为财富是幸福，无知时认为知识是幸福。可是也有人认为在这些善以外还有个"善自身"，它是一切善的原因。（1095a14—29）最后说的就是柏拉图的"善的相"。

他先考察流行的意见，说许多平庸的人认为幸福就是快乐，只要生活享受能够得到满足便是幸福。亚里士多德指出有三种生活，即享乐的生活、政治的生活和思辨的生活。多数人想过享乐的生活实际上是奴性的生活，高贵的人以 Sardanapallus 的生活为榜样（《洛布古典丛书》本注：Sardanapallus 是传说的亚述王，他认为只要吃喝玩乐，别的只值得咬咬手指——引者）。至于那些看重名声喜欢活动的人认为幸福就是荣誉，这就是政治生活的目的。亚里士多德说这也太肤浅了，因为善——幸福是固有的不容易被剥夺的东西。人是由于自己的优良品德才获得荣誉的，品德比荣誉更是政治生活的目的；而且有高尚品德的人也会倒霉，那便不能说是幸福了。那些聚敛财富的人只能说是被迫生活，因为财富本身并不是我们寻求的目的，它只是有用，可以用来达到别的目的。（1095b14—1096a9）

但亚里士多德更着重于批判柏拉图的"善的相"，他说："最好先讨论普遍的善，看看争议到底在哪里。尽管这种讨论有点使人为难，因为'相'的学说是我们尊敬的人提出来的。不过作为一个哲学家，好的选择应该是维护真理而牺牲个人的友情。两者都是我们所珍爱的，但人的责任却要我们更尊重真理。"（1096a11—17）这就是后来流传的"吾爱吾师，吾尤爱真理"的出处。亚里士多德批评柏拉图的"善的相"有以下几个论证。

第一个论证

"善"这个名词和"是"一样是多义的,它既可以应用于是什么(本体),也可以应用于性质和关系等属性。作为本体的善是神或理性(nous),作为性质的善是各种品德,作为数量的善是适度(中道),作为关系的善是有用,作为时间的善是好的机遇,作为地点的善是好的地方。它们有先后的不同,本体是自在的(绝对的),它先于带有偶然性(相对性)的关系等属性。在这种种不同的善之间不能够有一个共同的、普遍的、单一的"相"。(1096a17—28)亚里士多德自己将"是"分为不同的范畴,他批评柏拉图的相论不作这种区分,无论是本体或是某种属性都可以有它自己的"相",因此一个事物可以分有无数个"相"。而"善的相"就是以同一个"相"应用于各种不同范畴的善,这是同样错误的。

第二个论证

相应于同一个"相"的只能有一门知识,如果有一个共同的"善的相",则关于所有的善也只有一门共同的知识。但事实上即使是关于同一范畴的善如机遇或适度,也分属于不同的知识,如研究战争机遇的是战术,研究疾病机遇的是医术,研究饮食是否适度的也是医术,研究锻炼是否适度的是体育。(1096a29—34)这里不但有普遍和特殊的问题,还有 agathon(善)的意义问题。在我们看来凡是道德的善当然都属于伦理学研究的范围,而战争、疾病、饮食、锻炼方面的机遇和适度乃是好和坏的问题,它们属于不同的学科。

第三个论证

人们可以提出问题,所谓"某物自身"究竟是什么? 对"人自身"和个别的一个人的说法(logos,定义)是一样的,因为他们"是人"并没有不同;所以善之为善也没有不同,"善自身"并不因为它是永恒的,所以比个别的善更加善些,正如长期的"白"比一天便消失的"白"并不更加白些。(1096a34—b5)"善自身"和某种具体的善,它们的本质和定义是一样的,它们都是善。即使你说

"善的相"是永恒的,也没有不同,正如永恒的"白"和瞬间的"白"并没有不同。这就是亚里士多德对柏拉图常作的批评,说他是在某物的后面加上"它自身",实际上只是个空洞的名词而已。(1040a33—35)

### 第四个论证

他们可以辩解说他们说的并不是所有的善,而是他们喜爱和追求的那个单一的"善的相"。至于那些造成善的、保卫善的、防止善成为恶的东西都是另一种意义的善,只是达到善的手段,而不是善自身。亚里士多德说,即使我们同意区分这两种善,现在考虑那些自身是善的东西,它们被称为善是不是由于单一的"善的相"? 那些可以和别的东西分离开并被人追求的善如明智、见识、某种快乐和荣誉,虽然被人们列为善自身,但其实还是为了别的东西才追求它们的(它们也是手段而不是目的)。那么除了"善的相"外还有什么是善自身呢? 而这样的"善的相"岂不是一个空洞的名称吗? 再说,如果我们说的这些明智、见识等是善自身,那么对所有这一切应该有一个共同的定义(logos),正如对雪和一切白的东西有一个共同的"白"的定义一样。可是荣誉、明智、快乐、正义虽然都是善,它们的定义却是各不相同的;因而单一的"善的相"并不能说明所有善的共同的东西。(1096b9—26)亚里士多德认为即使同意区分作为目的的善和作为手段的善,则一般认为是目的的"善自身"如明智、正义等,其实也是为了追求最后目的(亚里士多德认为这是幸福)的手段;离开了这些内容,则"善的相"不过是个空洞的名词。如果认为明智、正义等是善自身,则它们应该有一个共同的善的定义,可是它们的定义是各不相同的,"善的相"并不是它们的共同的定义。亚里士多德认为无论从哪一方面讲,柏拉图的"善的相"只是一个空洞的名词,不能说明任何关于善的问题。

亚里士多德还特别加了一个说明,他说是以什么方式将它们(明智、正义等)都称为"善"呢? 是由于偶然的机遇,还是由于核心意义(pros hen),还是由于类比(比如身体中的视觉和灵魂中的理性是由于类比而都称为善的)? 他说现在不讨论这个问题,因为它是由哲学的其他分支讨论的。他还说,即使有某个能普遍表述的"善的相",它是独立分离存在的,也是我们人不能获得并实行的,现在我们只是探求那种人能够达到和实行的善。（1096b26—1097a3）这里的前一半说那些问题是形而上学讨论的问题,现在可以不加讨论;后一半也可以说是对"善的相"的一个批判论证:即使有那么一个独立自存的"善的相",也是我们既不能获得又不能实行的,那又有什么意义呢?

第五个论证

他说也许有人认为认识善自身对我们是有益的,因为认识了这个典范就容易知道什么对我们是善的,从而看准它、把握它。这种说法看来有道理,但和知识的实行无关。虽然所有学科都在追求某种善(好、长处),并补充其不足,但它们都不探求善自身。因为对于它,谁也说不清,知道了这个善自身对一位织工或木匠的技术有什么帮助;或者树立了"善的相"对一位将军或医生如何能做得更好? 可是医生甚至连健康自身也不研究,他研究的是人的健康,是个别人的健康,因为他医治的乃是个别的人。（1097a3—14）

亚里士多德对柏拉图"善的相"的批判,既有和《形而上学》中的批判相同的方面,即认为"相"只是个空洞的名词,并不能说明最后的善是什么;但更强调了实践方面,认为提出这样一个"善的相",对人的知识、技艺和行为毫无用处。

### 三 最高的善是幸福

亚里士多德在说明了最高的善既不是一般人认为的是享乐、荣誉和财富,又不是柏拉图所说的"善的相"以后,从第1卷第7章起又重新探讨什么是最高的善。他说每一种行为都是为了达到"好"这个目的而行动的,所以目的就是它们要达到的"善"。但目的是多种多样的,有些是为了达到其他的目的,如聚敛财富和奏笛只是达到其他目的的工具。只有为它自身而追求的东西才是最完满的最后的目的,也才是我们要追求的最高的善。他说,看起来这就是幸福（eudaimonia,英译 happiness）。我们选择它是为了它自身而不是为了其他目的。虽然我们选择荣誉、快乐、理性也是为了它们自身,可是选择它们还是为了幸福,因为通过它们可以达到幸福;却没有人是为了它们而去选择幸福的。(1097b1—7)他找到幸福是一切行为的最后目的,它是以它自身而不以任何别的东西为目的,所以是最高的善。

他说,从这个观点看,"自足"(autarkeia,英译 self-sufficiency,自我满足或自我完善)也可以说是最后的目的,但我们说的自足并不是指一个人可以自己孤独地生活,他总是和父母、孩子、妻子、朋友和公民们共同生活的,他的本性是城邦的(politikon,也可译为政治的或社会的)。(1097b7—12)他认为一个孤独的人不可能自我完善,只有在城邦国家即社会中才能达到自我完善。所以个人是从属于群体的,但他不是完全忽视个人,只是说个人只有在群体中才能达到自足。

不过他又指出:说幸福是最高的善,看来有点同语反复,因为(幸福也是个抽象的字,所以)还必须说明幸福到底是什么。他认为这要从人的功能和活动方面考察,才能说清楚。一个奏笛者、雕刻家或任何技艺人,他的长处和优点(arete)就在他的功能和活动上,人作为人也是这样。然而人的功能是什么呢? 不是生命,因为植物也有生命。他认为人除了一般生物所共有的营养功能和一般动物所共有的感觉功能外,还有人所特有的功能即理性活动。而人的理性活动有两重意义,一种是消极地服从理性的活动,另一种是积极主动的理性的现实活动(energeia);应该从后一方面来把握,人的功能是一种生命,是灵魂按照理性的现实活动。一个好(善)的人的功能应该在这方面是好的,如果品德有多种,那么这应该是符合最好和最完善的品德的活动。而且应该是终身都合乎品德,短时的合乎品德的行为并不能给人带来幸福。(1097b21—1098a20)他认为幸福就是符合最好的最完善的品德的活动。

亚里士多德作了这个概括的说明以后又从别的方面进行分析解释。第8章将善的东西分为三种,即外在的善、灵魂的善和身体的善。他说最主要的应该是灵魂的善,这是从古至今的哲学家都同意的。所以行动的目的应该是求得灵魂的善而不是外在的善。这个观点和说幸福的人就是生活得好和行为好是一致的,因为我们已经将幸福规定为好的生活和好的行为,这句话可以包括我们所寻求的幸福的一切特征了。有些人将幸福等同于品德,也有人将它等同于实践智慧(phronesis)或智慧(sophia),也有人将其中某一项与快乐和不快乐联系起来,还有人归之于外来的运气。这种种说法出于不同年龄和不同经验的人,并不是完全没有理由的。(1098b13—30)

说幸福是优秀的品德是正确的,但亚里士多德认为要区分是仅仅拥有这种品德还是使用这种品德,这是大有不同的,如果只是拥有而不去使用,就像睡着的人一样是不会产生好的结果的,只有在活动中才能产生好的结果,像奥林匹亚赛会上只有参加竞赛的取胜者才能得奖,只有行为高尚的人才有幸福的生活。(1098b32—1099a7)亚里士多德认为幸福的生活并不是让你坐享其成,而是要在实践活动中才能实现的;伦理道德不能仅仅空谈理论,而是必须身体力行,真正去实践的。

他又指出:幸福并不排斥快乐,合乎品德活动的生活是快乐的,不过是灵魂的即精神上的快乐。一个人对自己喜爱的东西感到快乐,马使爱马的人感到快乐,戏剧使观剧的人快乐,正义的行为使爱好正义的人感到快乐,其他品德也是这样。可是大多数人的快乐是互相冲突的,因为那些并不是出自自然本性的快乐;只有爱好高尚行为的快乐才是合乎人的本性的,如果不以高尚行为为乐的人就不是好人,不喜欢正义活动的人就不是正义的,不喜欢自由活动的人就不是自由的,其他品德也是如此。这样,道德行为自身必然是快乐的,但同时也是好的和高尚的。从而亚里士多德得出结论:幸福就是最好、最高尚、最快乐的活动。(1099a7—31)柏拉图在早期对话中将精神的幸福和快乐完全对立,到后期对话《斐德罗篇》中承认幸福中也包含快乐的成分;亚里士多德进一步指出幸福是最快乐的活动。

虽然灵魂的善是最主要的,可是亚里士多德又补充说:外在的善也是需要的。在许多活动中要以朋友、财富和政治权力作为达到目的的手段;有些事情如果缺少好的出身和英俊的面貌也会有损尊荣;丑陋、孤寡和出身卑贱的人不能称为幸福的。看来幸福需要以这些外在的因素作为补充。(1099a31—b8)亚里士多德是一个注重实际的人,他不把理论推向极端。

以上亚里士多德说爱好高尚的行为是合乎人的本性的,很有点像中国古代的性善说;但亚里士多德并不是这个意思,他在第9章提出这样一个问题:幸福是怎样得来的? 它是由学习、习惯或培养出来的,还是由神赐予或是来自机遇的？他说,如果神真的赐给人礼物,这当然是幸福,因为这是最好的,不过这是属于另一个研究范围(神学)的问题。可是即使幸福是通过学习和实践得来的,它也是神圣的。任何一个没有丧失品德能力的人只要通过自己的学习和努力都可以得到幸福,通过努力得到的幸福比通过机遇得到的好,因为这才是合乎自然的。所以我们说政治的目的是最高的,因为它是要造成公民具有好的和高尚行为的品质(就此意义说,政治要造就品德完善的人,即以人为目的)。牛、马和其他动物都不能称是幸福的,因为它们没有这种活动的能力。孩子也不能说是幸福的,因为他们尚未具有这样的能力,只能希望他们将来幸福。(1099b9—1100a4)亚里士多德认为幸福或善是一种活动,凡是正常的人都具有这种活动的能力,而且在现实活动着,这是自然的本性;但他的活动是好还是不好,是高尚还是低劣,却是通过学习、习惯和训练造成的。亚里士多德没有说人的本身是善的或是恶的,他只是说人天生有道德活动的能力;这种活动做得高尚还是低劣,则是通过学习、习惯和训练造成的。

亚里士多德提出的这种幸福观和一般人对于幸福的看法是大不一样的。古代希腊人普遍认为一个人的命运是多变的,幸福或不幸福是来自机遇,人只能消极被动地接受它。希腊史诗和悲剧中充满了这类故事,亚里士多德举荷马《伊利昂记》中描述的特洛伊城末代王普里阿谟(Priam)为例(1100a8)。普里阿谟的父亲拉俄墨冬(Laomedon)为特洛伊王时因为食言,被希腊英雄赫拉克勒(Heracles)将他和他所有的儿子都杀死,只有普里阿谟被赎出。普里阿谟担任特洛伊王以后娶了许多妻子,生了50个儿子和许多女儿,其中不少是荷马史诗中的有名人物。他的长子赫克托耳(Hector)是著名英雄、特洛伊军队的统帅,他勇敢善战,但最后被希腊英雄阿喀琉斯(Achilles)所杀。年迈的普里阿谟亲自赴希腊军营中请求取回自己儿子的尸体。特洛伊城被攻陷后,普里阿谟藏在宙斯祭坛旁边目睹他最后一个儿子被杀,最后自己也被杀身亡。后来西方许多文学艺术作品中将普里阿谟作为命运多舛,有时也作为子孙满堂的典型代表人物。正因为一般人认为幸福来自命运和机遇,所以亚里士多德在第1卷第10、11、12章中都谈论这个问题。他认为"说什么最伟大最高尚的事情出于机遇,是令人万难接受的"(1099b24)。他认为命运是常变的,而幸福应该是牢固不变的;一个人如果听凭命运摆布,便只能一会儿倒霉,一会儿幸福,这样的幸福像空中楼阁。我们却以为合乎品德的现实活动才是幸福的,相反的活动则导致不幸;人的合乎品德的活动贯彻在生活之中,是最持久最有价值的。(1100a35—b15)他说机遇有大有小,小的机遇微不足道,大灾大难当然会破坏幸福的生活。尽管在厄运中美好的东西仍然投射出光辉,灵魂的高尚大度对巨大的坏机遇也能泰然处之。真正好的明智的人不会去做卑鄙下流的事情,他们会很好利用一切机会,从现有条件出发,永远做得尽可能的好,正如一位将军善于使用他的部队进行最好的战斗那样。(1100b24—1101a2)这样人在机遇命运面前不应该是消极被动的,应该是以人的合乎理性和品德的现实活动尽一切可能将事情做好,主宰自己的命运,成为自己的主人。亚里士多德的伦理学说是充满理性的乐观主义精神的关于人的哲学。

## 第二节  人的 arete——伦理品德

从《尼各马科伦理学》第 1 卷第 13 章起至第 3 卷第 5 章,亚里士多德讨论品德(arete)的问题。他区分人的理智品德和伦理品德。认为伦理品德既不是情感和欲望,也不是能力,而是灵魂的状态和习惯,是行为规范性的品质。伦理品德的特点是要在行为中避免过度和不足,求得中道;而这又是要自愿谨慎选择才能达到的,有目的和意志的作用。

### 一  伦理品德是一种品质

亚里士多德说:既然幸福是合乎品德的活动,我们必须研究品德,这对我们了解幸福是有帮助的。真正的政治家更应该重视这项研究,因为他们希望公民们有好的品德和服从法律。不过这不是身体的而是灵魂的品德,所以政治家应该对灵魂有所认识,正如医生要治病必须对身体有所认识。对灵魂的认识更为重要,所以政治学比医学更为高尚。(1102a5—21)

因此研究政治学和伦理学问题必须从分析灵魂即人的心理状态开始,这是亚里士多德在《论灵魂》中研究的主题,他将那里研究的结果运用于伦理学。他首先指出灵魂有理性的和非理性的两个部分,在非理性部分中有一种是生长和营养的本原,是一种能力,是一切生物所共有而不是人所独有的。(1102b3—4)再有一种非理性的部分,是和理性对立的,常要走向它的反面;但它也分有理性,可以受理性的束缚,从能够自制的人那里可以看到这种情况,这就是欲望。如果将这部分非理性的本原说是也分有理性的,那么理性的本原就有两个部分,一部分是严格的理性本身,另一部分是像服从父亲一样地服从理性的,也可以说是分有理性的。(1102b13—1103a4)

根据这种对灵魂的划分,亚里士多德将伦理的品德和理智的品德区分开来。他说智慧、谅解和明智是理智的品德,慷慨和谨慎是伦理的品德。(1103a5—7)他认为理智品德的产生和成长都出于教导,需要经验和时间。伦理品德却是由习惯造成的,伦理(ethike)这个名称就是由习惯(ethos)这个词加以轻微改动而成的。伦理品德不是自然生成的,因为自然本性是不能改变的。石头的本性是下降,不能由习惯造成它上升,同样也不能用习惯使火焰向下燃烧。而伦理品德却是可以改变的,它既不是出于自然本性,也不是违反自然本性的,而是将它自然地接受下来,通过习惯使它完善起来。(1103a14—26)这样他明白地说明了伦理品德是如何生成的问题。

亚里士多德进一步作了比较具体的解释:自然赋予我们各种能力,我们总是先有能力然后才用于行为的。感官就是这样,我们不是由于常看常听而获得看和听的能力,而是先有看和听的能力然后才用于行动的。但是品德却是先做一些简单的行为然后才能形成的,这和技艺的获得一样;我们学习一种技艺时,学了就做它,然后才逐渐学会的,由于从事建筑而成为建筑师,由于奏琴而成为琴手。同样的,由于实行正义的行为而成为正义的人,由于实行节制和勇敢的行为而成为节制和勇敢的人。国家也是这样,立法者用训练的方法提高公民的品德,这是所有立法的目的,办不到的便是没有达到目的,好的城邦和坏的城邦的区别也在于此。相同的原因和方式既可以造就也可以毁坏每一种品德,技艺也是这样,学习建筑的好或坏可以造成优良的或是低劣的建筑师，否则就不需要师傅传授训练，每个人都是天生的好或坏的工匠了。伦理品德也是这样，在和别人交往的行为中有人公正有人不公正；在遇到危险时有人习惯于恐惧，有人习惯于坚强，前者怯懦后者勇敢。在欲望和情感上也是这样，有人是节制而温和的，有人是放纵而暴戾的。同样的活动可以产生不同的状况和性格，因此我们必须十分注重品德的形成，从小养成这样或那样的习惯是非常重要的，它可以造成重大的甚至根本的不同。（1103a26—b25）

亚里士多德指出伦理研究和其他理论研究的根本区别是在它们的目的不同。伦理研究不像其他哲学分支那样以理论为目的，而是以实践为目的。我们的探讨不仅仅是要知道品德是什么，更重要的是要成为善良的人，不然这种研究便毫无益处。所以必须考虑各种行为的性质，明白我们应该做那种行为。当然我们的行为必须遵循正确的理性，这是一个必须假定的公理。至于正确的理性是什么，它和伦理品德的关系如何，这些问题以后（第六卷）再来讨论。以前已经说过对于这种实践的推理，只能是粗略的，不能作精确的说明。（1103b26—1104a3）

亚里士多德又讨论了快乐和痛苦在形成品德中的作用，认为快乐和痛苦既是情感又是欲望：这种行为使我感受到快乐或痛苦，这是情感；因此我乐于去做它、喜欢去做它或是不喜欢甚至讨厌去做它，就是欲望。这对我们做或不做某种行为是起重要作用的。他说，一个人能避开身体的快乐并以此为乐，就是节制，而沉湎于身体享乐的就是放纵；一个人在危险面前坚定不移保持快乐而不害怕的，就是勇敢，如果觉得痛苦不堪，就是怯懦。（1104b4—9）所以人的品质和快乐或痛苦有关，伦理品德是要在快乐和痛苦的选择上作出好的行为，相反的行为就是恶。（1104b26—27）他又具体分析说明：人们都选取高尚、有益和快乐的事情，而要逃避卑陋、有害和痛苦的事情。善良的人对这些做得恰到好处，邪恶的人则做错了，尤其是在和快乐有关的问题上。快乐是一切动物共同有的感受，它们选取的行为都是为了快乐。快乐从摇篮里就伴随着我们，深深植根于我们的生命之中。我们总以快乐和痛苦来调节我们的行动，所喜欢的是善还是恶，感到快乐还是感到痛苦，对行为有不小的影响。正如赫拉克利特所说:"与快乐做斗争比与愤怒作斗争更难。"①而技艺和品质总是和困难联系着的,困难越大结果也就越好。不论是品德或政治都以处理快乐和痛苦为己任。对这些问题处理得好的,就是善良的人,处理不好的就是邪恶的人。因此品德和快乐与痛苦有关,感到快乐的行为便会去做它,并且增加快乐,相反,感到痛苦的行为便不去做它。(1104b28—1105a13)

从苏格拉底开创的理性主义是将理性、智慧、知识摆在首位,在苏格拉底看来,美德就是知识,他否定情感在造就伦理品德中的作用。柏拉图继承苏格拉底的思想,在《斐德罗篇》中灵魂马车的比喻,就是要让理智控制情感和意志,欲望和情感必须服从理智。② 但到后期对话《斐莱布篇》中柏拉图已经看到快乐在善中的作用,承认善是理性所希望、追求和想得到的东西,因此善是智慧和快乐的结合;但他认为快乐不能摆在第一位、第二位,只能摆在第三位以后。③ 只有到亚里士多德将伦理知识和理论知识区别开来,认为伦理知识的目的是实践,才比较明确地看到情感和欲望在形成伦理品德中的作用;对情感、欲望和理智的关系,他以后还要多次论述。

亚里士多德又将伦理品德和技艺作了比较。由人工制造的事物的优点和长处(arete)就在它自身,它被造得怎么样就是怎么样。而按照伦理品德生成的东西,无论是正义还是勇敢,却并不是它自身是什么样子,而是行为者在行为中必须有某种状态。第一,他必须有所知;第二,他必须有所选择,而且是为它自身而作的选择;第三,在行动中他还必须坚持到底。人工制造的东西除了要对它有知识外不需要别的条件,而对获得伦理品德说,知识的条件并不重要,重要的是上述其他两个条件,正义和节制都是由于行为多次重复才能保持下来的。(1105a26—b9)

他还是强调伦理的实践性,说如果不是做正义和节制的行为便不是善良的人。他批评有些人不去做这些道德的行为,却逃避到理论中去,以为空谈哲学便可以成为善良的人。这正像病人虽然仔细听了医生的话,却不按照医生

① 赫拉克利特残篇第86。

② 参见本书第二卷第十九章第一节,第704—706页。

③ 参见本书第二卷第二十三章第一节,第844—845页。

的嘱咐去做；空谈不能改善病人的身体，这样的哲学也不能改善人的灵魂。(1105b12—18)

在作了这种种分析以后，亚里士多德才确定说明伦理品德究竟是什么的问题。他说：在灵魂中有三种东西，即1. 情感，2. 能力(dynamis，也译为潜能或官能)，3. 品质(hekseis)，品质必然是这三者中的一个。我们所说的情感是愤怒、恐惧、自信、嫉妒、喜悦、友爱、憎恨、期望、骄傲、怜悯等，它们是和快乐与痛苦相伴随的感情。能力是指我们借它以产生这种感情的，即能被激怒，感到苦痛或引起怜悯心的力量。至于品质是指对那些感情持有好的或坏的状态，以愤怒为例，如果过于强烈或过于软弱都是坏的，只有适中的才是好的状态。(1105b19—28)

他说，善和恶不是指情感，情感本身无所谓善恶，一个人并不因为他害怕或发怒而被称赞或被谴责，只是以某种方式害怕或发怒才有善和恶的问题，才被称赞或被谴责。害怕和发怒是未经选择的情感，品德却是有选择的行为。再说情感是被动的，而品德却是主动的，是以这种或那种方式的安排。所以品德不同于情感，它也不是能力，因为发生情感的能力并无善恶可言，它不会被称赞或被谴责。自然赋予我们能力时，既没有令我们善也没有令我们恶。由此亚里士多德得出结论说：品德既不是情感，也不是能力，而是一种品质。他说这是从伦理品德的"种"(genos)方面说的。(1105b29—1106a13)这样亚里士多德为人的伦理品德找到了它的"种"，说它是属于人的品质、品格的。

为什么亚里士多德得出这样的结论呢？我们只有将他从提出最高的善是幸福的观点起，所作的一系列分析论证加以简单的综述，才能说明他的意思。第一，他认为最高的善不是享乐、荣誉和财富，也不是空洞抽象的"善的相"，而是幸福。第二，幸福并不是一个抽象的名词，像是有一种幸福的生活让人去享受；他认为要从人的功能和活动方面看才能理解什么是幸福。任何事物的arete(优点、长处)都是在它的活动中才能显示出来的，因此人的善和幸福是在人的积极主动的现实活动中才能实现获得的。第三，因此亚里士多德将做即实践和理论区分开，善是行为而不仅仅是理论，所以要区分伦理的品德和理智的品德。理智的品德主要表现在知识,而伦理的品德单是知识是不够的。第四,因此要从人的灵魂分析:灵魂中的营养和感觉部分是一切生物或动物所共有的,人之所以异于其他动物的主要特征在于人有理性。但在人的理性灵魂中也包含有非理性的部分,即情感和欲望,它们虽然是非理性的,但却能服从理性,也可以说是分有理性即分享了理性。在伦理行为中情感和欲望起着重要的作用,对一件善的行为,你是乐于做它,喜欢去做,还是以它为痛苦,不去做它;你是愿意和决心去做它还是不想去做它;这对于形成和发展人的伦理品德,养成好的习惯是起着关键作用的。第五,因此伦理品德既不是被动的感受和感情,也不是天生(自然)的能力,它也不像理论知识那样单靠学习就能得到的,它必须通过不断地实践、锻炼和培养才能成为习惯。因为一个人做一件好事是容易的,只有不断地终身做好的行为才是真正的善和幸福。综合以上几点可以看到:亚里士多德所说的善、幸福和伦理品德,实际上是认为人养成了一种良好的习惯,尽力不断地做良好的、合理的、高尚的行为。中国人对某一个人作总的评价时常说他的"人品"如何,对这种品格状态(state of character)中文说是"品质"或"品格"。有良好的品质的人就是亚里士多德说是享有"善"和"幸福"的人。亚里士多德所说的"善"和"幸福"和一般人所认为的以及在他以前和以后许多哲学家所说的"善"和"幸福"不同,只有通过对他思想的分析论证才能理解他的伦理思想。

## 二 中 道

亚里士多德对"伦理品德是什么"作了回答,说它是一种品质,说明了它的"种"。但什么样的品质才是好的,合乎道德的呢? 亚里士多德的回答是要选择行为的中道。因此"选择行为中道的品质"可以说是亚里士多德为伦理品德下的定义。亚里士多德认为任何事物的定义都是由"种"和"属差"构成的,伦理品德的"种"是品质,它的"属差"就是选择中道。著名的亚里士多德学者罗斯在翻译《尼各马科伦理学》时就是这样理解的。他为译文作的内容提要将第 2 卷第 5、6 两章作的标题是 Definition of moral virtue,第 5 章是 Its genus:it is a state of character, not a passion nor a faculty,第 6 章是 Its differentia；it is a disposition to choose the mean。① 西方有些学者接受罗斯的这种解释,我们觉得这种解释是适当的,所以在说明了伦理品德的"种"以后,再来说明它的"属差"——它是对中道的选择。

亚里士多德指出,伦理品德有这样一种性质,它们总是被过度或不足所破坏。可以从健康状况来看:锻炼过多或过少都有害体力,饮食过多或过少会损害健康,唯有中道即适中才能增进健康。勇敢、节制这类品德也是这样,一个人如果对什么都害怕回避就是懦夫,反之天不怕地不怕敢冒一切危险的便是莽汉;如果沉湎于一切享乐不能自拔的是放纵,但如果摒弃一切享乐便成为麻木无情的人。所以节制和勇敢都会被过度和不足所破坏,只有中道才能保持维护它们。(1104a10—25)

因此他提出:仅仅说品德是一种品质是不够的,还要说明它是什么样的品质(就是要说明它和别的品质的差异即属差)。任何事物的品德就是能使这东西的状况良好,能完满地完成它的功能,如眼睛的品德就是使眼睛明亮,视力敏锐。人的品德就是要使人成为优秀的人,能完满地完成人的功能,这就是一种优秀的品质。那么怎么才能具有这种品德呢? 他说在一切连续可分的东西中总是有多有少,这是就客观的事物自身说的;我们可以取得过多或过少,这是就我们主体自身说的。多和少的中间是和两端的距离相等。就事物自身说,这个中间在一切事物中都是相同的,设 2 是小,10 是大,则中间就是 6,这是从数学比率说的。但对我们说却不能这样去找中道,比如 6 磅食物对大力士说是太少,对初学锻炼的人却太多了,所以要选择对每个人合适的中道。(1106a14—b10)

伦理品德也是这样,它是处理情感和行为的,这里有过度、不足和中间。一个人在恐惧、勇敢、欲望时都会感到痛苦或快乐,或多或少很容易处理不好,造成过度或不及;只有在适当的时间和机会,对适当的人和对象,以适当的方式去处理,才是最好的,这就是要选择适度的中道。亚里士多德说,无论就伦理品德的本质或定义说,它就是中道,要在过度和不足之间找出一个适度的量

① 参见罗斯编译:《亚里士多德著作集》第 9 卷,《尼各马科伦理学》"内容提要"。

来。(1106b16—1107a9)

就其要避免过度和不足这点说,亚里士多德所说的"中道"和中国古代儒家所说的"中庸"是相同的,但我们中国人理解的"中庸"还包含其他含义,为了避免别的联想,我们还是将它译为"中道"。

亚里士多德列举了许多具体实例,如在恐惧和自信方面的中道是勇敢,一个人如果什么也不怕,无以名之(许多东西还没有名称),如果过于自信便是莽撞,如果过度恐惧又自信不足则是怯懦。在快乐和痛苦方面的中道是节制,过度快乐是放纵,快乐不足的人很少见,还没有名称,姑且说是感觉迟钝。(1107b1—9)他还列举了一长串实例。在《欧德谟伦理学》第2卷第3章中列了一张简明的表。(1220b37—1221a13)

| 过度 | 不足 | 中道 |
| --- | --- | --- |
| 易怒 | 麻木 | 温和 |
| 鲁莽 | 怯懦 | 勇敢 |
| 无耻 | 羞怯 | 谦谨 |
| 放荡 | 冷漠 | 节制 |
| 忌妒 | (无名称) | 义愤 |
| 牟利 | 吃亏 | 公平 |
| 挥霍 | 吝啬 | 慷慨 |
| 虚夸 | 谦卑 | 真诚 |
| 谄媚 | 傲慢 | 友爱 |
| 卑屈 | 顽固 | 高尚 |
| 娇柔 | 病态 | 坚韧 |
| 自夸 | 自卑 | 大度 |
| 放纵 | 小气 | 大方 |
| 狡诈 | 天真 | 明智 |

希腊人和中国人的伦理习惯不同,使用的概念及其含义也不尽相同,这里是根据苗力田主编《亚里士多德全集》第8卷中苗力田和徐开来的译词。

《尼各马科伦理学》第2卷第8章讨论了中道、过度和不足三者之间的对立关系。他说这三者中的每一项和其他两项都是相反的,中道和不足、中道和过度是相反的;不足和过度也是相反的。正如中间对于多说是少,对于少说是多;中间品质对于不足说是过度,对于过度说又是不足;怯懦的人认为勇敢是莽撞,莽撞的人却认为勇敢是怯懦,所以两个极端都以中间为另一个极端。在这三者的相互对立中,以两极端——不足和过度之间的对立最大,因为大和小之间的距离比它们和中间之间的距离大。在有些情况下似乎是不足和中间更加对立,如一般以为和勇敢对立的是怯懦而不是莽撞;也有些情况似乎是过度和中间更加对立,如一般以为和节制对立的是放纵而不是冷漠。他认为这有两方面的原因,一方面是由于事物自身的性质,另一方面则是由于我们自己的倾向,由于我们倾向于享乐,所以容易流为放纵。(1108b11—1109a19)

因此在伦理行为中选好中道是不容易的,亚里士多德在第 9 章专门讨论这个问题,分析了许多具体情况。他说要在每件事情上找到中道是很难的,正如要找圆的中心只有有知识的人才能做到。任何人都会发怒或花钱,但知道这应该对谁,在什么时候,以多大的量,为什么目的,用什么方式才是最好,却并不是每个人都能认识清楚的。(1109a20—30)在不足和过度这二者中,有时这方面的危害大些,有时那方面的危害大些,要恰当地取得中道是困难的,只能选择那危害比较小的,两害相权取其轻。还应该研究我们自己的倾向和期望,他特别指出要对快乐加以警惕,因为它容易将人引入歧途。(1109a35—b10)他认为选择适度行为是困难的,如对谁发怒,以什么理由、什么方式、多长时间和多大程度,是不容易确定的;我们有时称赞那不及的行为说是温文尔雅,有时又称赞爱发脾气的人说他有男人气概。稍许偏离一点是可以的,走得太远便要受到责备;要控制到多大程度是难以确定的,因为要根据个别事实,由知觉加以判断;因此往往偏于不及或是偏于过分,不容易找到正确的中道。(1109b13—27)所以伦理研究不能精研,只能是粗略的。

### 三　选择和意志

一个人是不是选择合乎中道的行为,即是为善还是为恶,是由他自愿决定的。因此《尼各马科伦理学》第 3 卷第 1 至 5 章讨论自愿和非自愿的问题。《洛布古典丛书》本对此有个题解:" ἑκούσιον ( hekousion ) 和 ἀκούσιον ( akousion ) 通常译为'自愿'( voluntary ) 和'非自愿'( involuntary ) ,但 akousion 这个词是指'非意愿的'（unwilling）或'违背意志的'（against the will）。"①所以这里讲的自愿和非自愿也就是后来伦理学讲得最多的"意志"问题，在亚里士多德的伦理学中还没有直接提出"意志"这个概念，但是通过亚里士多德关于"自愿"和"非自愿"的论述，我们可以看到"意志"这个概念最初是如何产生和形成的。

他在第 1 章开始说：既然品德是和情感与行为有关的，所以对自愿的行为便应该给予称赞或谴责，而非自愿行为则是可以宽恕甚至怜悯的，立法也只对自愿行为进行嘉奖或处罚（1109b30 — 35）这个原则大概是一般人都能认同的，许多法律也都作了这种规定。

对于自愿和非自愿，亚里士多德作了层层分析：第一，他说非自愿行为的产生或者是出于强制，或者是由于无知。强制是从外来的，行动者自己无能为力，比如被巨风吹到别处或是被别人强迫行动。可是亚里士多德强调说明的是：在行为中区分自愿和非自愿是十分困难的，例如一个人由于害怕更大的坏事因而去做某件自己并不想做的事情，这里就既有自愿也有非自愿。因为在行为中有了选择，是他自己决定这样去做的；但这里也有非自愿的成分，因为就他自己说本来是并不愿意去做这件事情的。（1109b35 — 1110a20）强制行为的原因是外来的，并不是行动者自己要做的，就这点说是非自愿的；但是他选择了这一种而不是那一种，又是自愿的。（1110b2—7）

第二，出于无知而做的行为并不是自愿的，但他又分析：如果因无知而做了不当的行为，行动者因此而感到痛苦和悔恨，才能说是非自愿的；如果他没有悔恨便不能说是非自愿；但又是因为他无知，也不能说是自愿。（1110b18—23）他说对于无知还应该加以区别，有的人是根本不知道应该做什么才是好的和善的，这是普遍的无知，是应该受到责备的；有的却是个别的无知，只是不知道这种行为的条件和对象，不懂得应该怎么做才去做了错事，这是可以原谅和怜悯的。这样的无知可以称为非自愿，但还是应该感到痛苦和悔恨的。（1110b20—1111a2）

---

① 《洛布古典丛书》，《亚里士多德：尼各马科伦理学》，第 116 页。

第三，他认为自愿的行为起因于行为者自身，不但由于他的认识，也由于他的感情和欲望。出于感情和欲望的行为也是人的自愿行为，由于认识推理所犯的错误和由于感情和欲望所犯的错误都是人的行为，都应该避免，不能说是非自愿的。(1111a26—b3)

在区别了自愿和非自愿以后，第 2 章再谈到选择。他认为在品德中选择是比其他行为更能判断一个人的品质的。选择是自愿的，但二者并不等同，自愿比选择的意义更广泛。儿童和其他动物的活动都可以说是自愿的，但它们不会选择。有些突然发生的行为是自愿的，却并不是经过选择的。(1111b4—10)

他说：有人将选择等同于欲望、感情、希望以及某种意见，也是不对的。因为一切非理性的生物都不会选择，但它们也有欲望和感情；不能自制的人按欲望而不是按选择行事，而自制的人反之，他们是按选择而不是按欲望行动的。而且欲望的对象总和快乐与痛苦有关，选择的对象却不是这样。(1111b11—18)感情和选择的关系更少，按照感情行动和出于选择的行为相距甚远。(1111b18—20)再说选择和希望虽然相近，但二者也是不同的，因为决不会去选择那不可能的事情，如选择不死；但是可以希望不死。希望是对目的说的，而选择更多涉及如何达到目的，只能说我们希望幸福，而说选择幸福就不妥当了。(1111b20—30)还有选择也不是意见，意见是对一切我们力所能及的东西，包括永恒的和不可能的东西作出判断，只有对和错的区别；而选择却是要区别好(善)和坏(恶)，是要使我们成为什么样的人。我们只说那选择了善或恶的人是具有某种品质的人，却不说那有对或错的意见的人具有某种品质。选择是对某种行为要去做还是不做，而意见却只是关于这种行为是什么的看法。善于选择的人和善于提出意见的人是不同的。(1111b31—1112a13)既然选择不是这些东西，它到底是什么呢？亚里士多德认为选择就是在行为之前所作的审慎的考虑，其中包括推理和思索，在与其他事情比较之后，优先选取它。(1112a15—17)由此可见，品德作为对中道行为的选择，是和推理、思想等理性活动有关的，不是情感性的。

第 3 章便分析这种审慎的考虑。他指出了两点。第一，考虑的对象是什么？他认为只要不是狂人和蠢人,在伦理行为方面,一个理智的人不会去考虑那些永恒的必然的事情,如宇宙、日出、月食等,也不会去考虑偶然的事情如碰巧会掘地得宝。我们只考虑我们力所能及,通过自己的行为能够做到的事情。(1112a18—b1)第二,他认为我们考虑的不是目的,而是达到目的的手段和方式。(1112b12—13)对亚里士多德的这个说法,现代西方学者有许多不同的解释和争论。因为从我们看来,行动的目的也是要经过审慎的思考才能选择决定的,他怎么说考虑的不是目的只是手段呢？ 其实从亚里士多德的伦理思想说,这个答案是容易理解的。因为他认为任何一个正常的人都是想把自己的工作做好,实现自己的品德(arete),这个最终目的是已经确定的,所以他接着举的例子是:医生以病人的健康为目的,因此他并不考虑要不要健康;演说家的目的是要说服群众,因此他并不考虑要不要说服;政治家的目的是要制定好的法律使公民成为善良的人,他们也不考虑这个目的。他们考虑的只是如何达到这些目的的手段,医生只要考虑用什么方式使病人健康,演说家只考虑如何能说服群众,政治家只考虑制定什么法律才能使公民的行为良好。正如上面说的幸福只是人们希望和愿望的目的,并不是选择和考虑的对象。所以亚里士多德所说的目的是任何一个正常的有理性的人共同的普遍认同的目的,它是无须考虑和选择的,并不是我们通常要做的某种特殊行为的具体目的,比如演说家要说服群众去从事战争呢还是接受和平,政治家制定法律是要公民服从专制统治呢还是享受民主？我们看来这种行为的目的是要经过考虑选择的,但是这些不是亚里士多德所说的真正的目的。

因此亚里士多德在第 4 章中又对目的进行了分析。他说愿望都是有目的的,但有些人所愿望的是善,有些人愿望的只是一些显得是善的东西。那些说他们愿望的目的是善的人,如果选择的方式错了便达不到目的,事与愿违;而那些以显得是善(像是善)的东西为目的的人,不以事物的本性为对象,只以它对个别人显现的东西为对象,所以各个人的目的看来是不同的,甚至是对立的。(1113a15—22)他认为只有合乎真正的善才是愿望的对象和目的,而个别人愿望的对象却只是显得是善的东西。好的人所愿望的对象是真正的善,而坏的人却只能碰机会,他们的目的并不一定是真正的善。不同品质的人各自有对美好和快乐的看法,好的人和一般人的不同就在于他能看到各类事情的真理,所以只有他们才能是判断事情的标准和尺度。许多人容易被快乐引入歧途,快乐看来是善实际上不是。一般人将快乐当做善来选择,将痛苦当做恶来逃避。(1113a23—b2)亚里士多德认为有客观的普遍的善,那就是合乎真理合乎理性的。这是从苏格拉底到柏拉图和亚里士多德的理性主义传统的根本特征,他们认为只有能以理性认识真理的人才能是万物的尺度,才能认识行为的目的并且作出正确的选择。

在作了这些分析以后,亚里士多德在第5章中就推出结论:各种品德的活动都是自愿的,也就是说都是由自己的服从理性支配的意志决定的,人应该对自己的行为负责,因为无论行善或是行恶,人总是自己的主宰。

他是这样推出这种结论的:既然愿望是有目的的,达到目的的手段是依靠考虑和选择的,所以这样的行为是经过选择的,是自愿的。他仍然认为各种品德的活动只和手段有关,所以善和恶只是对我们说的。我们做或不做都在我们的能力范围以内,我们能够说"不"的地方也能说"是"。我们可以去做高尚的事情而不做丑恶的事情,也可以去做丑恶的事情而不做高尚的事情。行为可以是善的也可以是恶的,因此,做一个善良的人还是邪恶的人是由自己决定的。无论如何,人的行为的起点和动因都在于他自己,不然的话他就只是个孩子了。行为的动因必然在人自己,所以我们的行为是自愿的行为。(1113b3—21)

虽然有客观的普遍的真正的善,它是所有认识真理的理性的人行为的目的;但是一般的人却将那些显得是善的东西当做是真正的善,成为他的行为的目的,如那些将享乐、财富、名誉当做善的人,以这些当做他们追求的目的;为了达到这些目的,他们选择的手段便往往是错误的丑恶的行为。所以亚里士多德和苏格拉底不同,苏格拉底认为德行就是知识,知道是恶的便不会去做它,所以他认为没有人自愿作恶。亚里士多德却认为决定人的行为的,除了知识以外,还有情感和愿望,所以他认为作恶也是自愿的。(1113b17)

凡是由自己意志作出的事情都可以产生奖励和惩罚的问题,严重的还可以遭到法律制裁。亚里士多德也讨论到这方面的问题,他说,在私人生活和立法工作中都可以看到,凡是作恶的人都要受到惩罚和报复,除非他是被迫作恶的,或者是由于无知。(1113b22—26)但是对于无知也要作分析,他认为只有那些完全不知道他的行为会产生什么结果的人(如小孩、疯子和呆子)才是真正无知的人。(1114a10—11)不是这样的无知也应该受到惩罚,例如因酗酒而犯罪的人应该受到加倍的惩罚,因为犯罪的原因在他自己,如果他清醒不喝酒便不会犯罪。凡是人人应该知道又是容易知道的事情而你却不知道因而做了坏事,就不能避免惩罚。由于粗心大意而犯错误的人也应该受到惩罚,因为他们本来有能力可以避免这种无知。(1113b30—1114a3)

因此亚里士多德认为一个人应该对自己的行为负责,因为他本来应该在不断的行为实践中培养自己的品质,正如一个打算参加竞赛的人应该持续不断地进行锻炼一样。他认为说一个行为不公正的或是行为放荡的人不是自愿的,这种说法是不对的。因为一个人如果是故意做不公正的行为,这是自愿的,但不能因此说只要他所自愿的不是不公正的,他便能成为一个公正的人了,这正像一个病人不能因自愿健康便能恢复健康一样。一个人由于生活不节制又不听从医生的指导,所以生病这是自愿造成的,因为他本来有选择生病还是不生病的能力;但生病以后就不能再由自己的意愿决定了,正如扔出去的石头不能再拉回来一样。原来扔或不扔石头乃是由他自己选择的,所以不公正和放荡的人都是由他们自愿造成的,而造成的后果却不是凭他们自愿便能改变的(只有努力改变行为习惯才能逐渐改变品质)。(1114a3—21)

不但灵魂上的恶是这样,身体上的恶也是这样。一个天生丑陋的人是不会受到责备的,但是由于自己的错误而导致丑陋的人,如因酗酒或放荡而造成盲目便会受到责备。所以凡是由自己造成的恶,无论是身体的或灵魂的,都应受到责备,只有自己无能为力的事情才可以不受责备。(1114a22—29)

他指出,也许有人会说所有的人都追求对他显得是善的东西,对此他是不能控制的,对每个人显得是善的目的总是和他的品质相应的。但无论如何每个人都要对他的品质负责,为他关于善的看法负责;不然的话就没有人要对自己的恶行负责了,因为每个犯恶行的人是对自己真正目的的无知,以为他想得到的就是最好的,才以此为目的。看来人生来应该有一种敏锐的洞察力,能够正确地判断,选择真正的善。一个人如果生来就有这样美好的能力,就是一个优秀的人;这种最伟大最高贵的能力,是不能从别人那里得来或学到的,而是自然赋予的。如若生而具有这种能力也就是有美好的道德品质。(1114a30—b13)但亚里士多德又提出,如果这样,行善是不是比行恶更为自愿一些呢? 他认为目的的显现和确定都是由于自然的,在这方面好人和坏人一样,他们做的任何行为都与此有关。是不是可以说显现于每个人的目的并不是由于自然,有些还是由于他自己;还是说目的是自然的,可是因为好人自愿地选择了中道,所以他的善行是自愿的;而恶也仍然是自愿的,因为恶人的行为(即使不是他的目的)也是由于他自己。已经设定品德是自愿的,我们无论如何应该部分地对自己的品质负责,作为这一类人便有如此的目的,所以恶也是自愿的,行善和行恶一样都是自愿的。(1114b13—25)

这里亚里士多德实际上作了几重论证。第一,每个人应该对自己的品质负责,也就是对自己关于善的看法负责。如果品质差,不认识真正的善,将那些显得是善的东西当做最好的,作为自己的目的。这样的人开始就错了,像一个有病的人一样,他的致病的错误的行为是由他自己对真正的目的的无知造成的。第二,他认为能不能认识真正的善是一种自然生成的东西,正像视力一样,有人生来是敏锐的,有人生来是迟钝的。如果生来具有敏锐的洞察力,能以真正的善作为自己的目的,就是最优秀的人。这种能力是最伟大最高贵的,它不是从别人那里学来和得到的,是自然赋予的。第三,行善和行恶是不是同样自愿的? 从目的方面说,能不能认识真正的善的能力是自然的天生的,并不是由他自己选择的;但是好人认识真正的善因而去做善事,坏人将不是善的东西当做最好的,因而去做坏事,有这类目的的人作恶也是自愿的,所以行善和行恶都是自愿的。如果从选择手段决定行为方面说,则行善和行恶也同样是出于自愿的。

我们可以将亚里士多德的学说和中国古代哲学中关于"性"的学说作个比较。《孟子·告子上》说告子提出"生之为性",《荀子·正名》说"生之所以然者谓之性",都将"性"说成是自然生成的东西。但自然生成的东西究竟是什么? 便众说纷纭了,孟子主张性善,荀子主张性恶,以后历代哲学家对于性的性质、内容以及它和人的本质的关系等方面提出了各种各样的学说,其中有许多是很深刻的。希腊文 phisis 原意是自然,中文也可译成"本性",就是从我们对"性"的看法来的,说它是自然生成的、天生的,英文 nature 也可以有这两种译法。亚里士多德说伦理品德是由习惯培养成的,不是自然生成的;但现在又承认有一种由自然生成的能力,这种能力以认识善为对象,它有高低之别,能力高的能认识真正的善,能力低的将那些并不是善的东西当做善。好人和坏人、行善和行恶的根本区别就在这点上,因为他们将真正的善或不是善的东西当做自己行为的目的。这是一种能不能辨别善的能力,它是自然生成的。可见从亚里士多德的伦理思想看,既不能说人性是善的也不能说人性是恶的,只能说人性是分辨善恶的能力,是一种理性(至于它是什么样的理性,第 6 卷还要具体讨论)。将人性归到理性,也就是归到认识和"知"的范畴,这是亚里士多德伦理学说的根本特征,在这点上他是继承苏格拉底的"德行即知识"的理性主义传统的(虽然他认为苏格拉底讲得太绝对了,如上例,也有批评)。这种以理性—知识作为伦理道德的主导的思想,成为以后西方伦理学说的主流,也是和中国传统的伦理思想不同的一个重要方面。

在第 5 章的最后一节亚里士多德对他的伦理品德学说作了一个概括的总结。他说,对于品德我们已经作了一般的说明,说它们的"种"是中道和品质(《洛布古典丛书》本译者在这里加了一个注,认为这个子句可能是后人篡改过的,因为第 2 卷第 5 章只有说品质是品德的"种",而按照第 6 章的说法,中道乃是品德的"属差"),人的品德是由于他们的本性(自然)倾向于做他们要做的事情,这是在他们能力以内的,是自愿的,这种行为是在理性指导之下的。(1114b26—29)

但是亚里士多德又加上说:行为和品质虽然都是出于自愿的,可是它们的自愿方式却是不同的。在行为上从开始到结尾,只要我们知道各个特殊环节,我们都是自己行动的主人;而在品质上我们只在开始时能够控制,以后逐渐发展的进程就不一定了,像生病一样;因为这是在我们能力范围以内的,既可以这样做也可以不这样做,所以品质是自愿的。(1114b30—1115a3)一个人所做的具体行为都是经过考虑加以选择的,所以从头到尾都可以由自己控制。

可是品质,按照他自己的说法,每个人行动的目的——是不是真正的善——是由自然生成的能力确定的,以真正的善为目的的人做善事,以像是善的东西为目的的人做坏事,这是决定论的思想;但是他又说在品质上人能在开始行为上自己控制,以后既可以这样做也可以不这样做,完全是自愿的,这又和他关于目的的决定论思想相矛盾了。因此对他的说法可以作两种解释:一种解释是人的行为从开始到以后都由他的品质决定的,坏品质的人像病人一样不能自己愿意健康便可以健康,不论怎么选择,做的总是坏事,这样便将一个人看定了,坏品质的人永远不可能变好。另一种解释是虽然开始的行为是由自己的品质决定的,因此也可以说是由自己控制的;而后来逐渐发展的进程却不一定了,既可以这样做也可以不这样做,既可以不断做坏事,也可以不做坏事改做好事;因为人虽然开始时不认识真正的善,但后来既可以通过学习和实践逐渐认识真正的善,人的能力是可以改变的,品质是一种习惯,习惯也是可以改变的,因此坏人可以逐渐变成好人,在这点上人是有自由意志的。也许后一种解释比较符合亚里士多德的思想,在伦理学部分开始时我们引用亚里士多德在《尼各马科伦理学》第 2 卷第 1 章区分理智的品德和伦理的品德时的思想,他认为伦理品德既不是出于自然本性,也不是违反自然本性,而是我们自然地接受它们,又通过习惯使它们完善的。(1103a24—26)可见人的伦理品德以及品质都是可以改变的,能通过习惯使它们逐渐完善的。这才是亚里士多德的思想。

# 第十九章

## 各种伦理品德

《尼各马科伦理学》从第 3 卷第 6 章起直到第 9 卷结束,除第 6 卷外都是讨论个别的品德即各种道德行为的。第 3 卷第 6 章以下讨论勇敢和节制;第 4 卷讨论许多比较具体的品德如关于财富的慷慨、吝啬和挥霍,关于名誉的自重、傲慢和自卑,有关恼怒的温和、暴躁和冷漠等等;第 5 卷专门讨论正义;第 7 卷讨论自制和不自制;第 8、9 两卷讨论友爱。我们知道古代希腊有四种主要的品德即智慧、勇敢、节制和正义,柏拉图在《国家篇》中重点讨论的就是城邦和个人的这四种品德的关系,他的对话中还有许多篇是单独专门讨论某种品德的。关于智慧的问题,亚里士多德认为它并不是和勇敢、节制、正义并列的一种特殊的品德,他也并不赞同苏格拉底和柏拉图的看法,认为智慧是决定其他品德的所谓"美德即知识"的说法,所以他在第 6 卷专门讨论智慧、理性和伦理品德的关系,提出"实践智慧(phronesis)"的思想。

限于篇幅,我们只重点介绍他对四种品德的论述,即 1. 勇敢、2. 节制和自制、3. 正义、4. 友爱。其中前两项可以说是个人的品德,后两项讨论人和人的关系,不仅是个人的品德,更是属于城邦即社会的品德,由此也可以看到亚里士多德的思想,伦理道德虽然是个人的行为,但只有在社会群体中才能得到完满的实现。他论述这些伦理品德,是为城邦的政治和社会生活提供伦理原则和道德基础的。

值得注意的是亚里士多德在论述这些品德时所使用的分析论证方法。柏拉图在对话中讨论这些问题经常使用的方法,或是从对方作出的判断中找出逻辑矛盾便加以驳斥,或是从概念的逻辑分析中得出自己的论点和结论。而亚里士多德却不同,他总是对许多日常生活中的伦理行为加以分析比较,得出有普遍性的观点,既解释了伦理现象,也就形成了伦理的哲学理论。因此他提出来的伦理学说比较容易为一般有生活经验、不带任何哲学成见的普通人所理解和接受。罗素在《西方哲学史》中说:"亚里士多德的伦理学说没有什么特别的哲学性,只不过是观察人事的结果罢了。"①他是站在柏拉图的立场上贬低亚里士多德,只能说是他自己的偏见。伦理学本来是研究人的日常行为的,如果离开了观察人事,还能得出什么伦理的哲学理论呢?现代西方的分析伦理学派脱离了人的道德行为实践,抽象地对道德概念、道德判断作逻辑分析,搞种种形式主义的伦理学,不触及社会生活实际,无补于时弊,被称为"冷冰冰的伦理学"。现代西方道德理论危机主要来自道德相对主义,不在于分析伦理。柏拉图的伦理学的目的和亚里士多德一样,都是要想使人们了解怎么样的行为才是合乎道德的,只是柏拉图不大重视具体分析人的行为经验,正是在这点上亚里士多德发展了柏拉图的思想,将伦理学建立在比较切实的基础上。

伦理学是和习惯有紧密关系的,不同的民族有不同的风俗习惯,古代希腊对许多伦理行为的名称与价值判断和我们现代中国人的思想当然有很多不同,他们用的伦理术语有时很难用我们常用的概念去翻译它,因为彼此都包含复杂的不同含义,只有从亚里士多德列举的实例中才能体会他使用的伦理范畴或作出的论证大体是什么意思。

## 第一节　勇　敢

在古代希腊,勇敢是最受人称道的一种伦理品德,荷马史诗中描述的许多英雄尽管在行为上表现出不少弱点,但因为他们勇敢便受到人们的崇拜。后

---

① 罗素:《西方哲学史》上卷,中译本,第237页。

来在希腊各城邦间发生的各种战争中出现的勇敢的英雄都受人尊崇。所以
"什么是勇敢?"便成为苏格拉底经常和人讨论的问题。柏拉图早期对话《拉
凯斯篇》便记述(或是虚构)了这样一场讨论,苏格拉底和当时雅典两位著名
的将领拉凯斯和尼西亚讨论什么是勇敢的问题。拉凯斯根据自己作战的经
验,说勇敢就是"坚守阵地,反击敌人"。这个定义显然太狭窄了,不能说明一
切勇敢行为的共同性。于是他又提出第二个定义"勇敢就是灵魂的坚忍性,
这是它们显现的共同性质"。这个定义又太宽泛了,只有与智慧结合的坚忍
才是高尚的,愚昧的坚忍只不过是顽固,是有害的恶。于是尼西亚提出:勇敢
是一种在战争和其他任何事情中使人产生畏惧和信心的知识。拉凯斯反驳
说,医生能预言人的生死前途,有使人产生畏惧或信心的知识,难道能说医生
是勇敢的人吗? 苏格拉底也指出:野兽没有知识,但狮子和麋鹿总有勇敢和怯
懦的区别。最后苏格拉底修改为:勇敢不仅是关于畏惧和希望的知识,而且是
关于时间的善和恶的知识。但是这样勇敢又成为全部美德而不只是美德的一
个部分了。所以他们三个人都没有能回答勇敢是什么的问题。① 在这篇对话
里我们既可以看到苏格拉底将美德归于知识的说法,也可以看到柏拉图讨论
问题的方法。从以下的论述中我们可以看到亚里士多德讨论勇敢问题,正是
从《拉凯斯篇》中提出的一些论点接着讲的。

## 一　勇敢应以高尚为目的

亚里士多德在《尼各马科伦理学》第 3 卷第 6 章开始讨论勇敢,说勇敢是
恐惧和鲁莽的中道,这是明白的不用多说的。他立即讨论有关恐惧的问题。
希腊人认为勇敢就是无所畏惧,所以《拉凯斯篇》中和尼西亚的辩驳认为医生
就有使病人不惧怕疾病树立信心的知识。亚里士多德说,我们惧怕的当然是
那些可怕的东西,也就是恶,因此可以将恐惧定义为对恶的预感。所谓恶即可
怕的东西如耻辱、贫穷、疾病、孤独和死亡,他对这些一一加以分析。首先,对
耻辱是应该恐惧的,如果不害怕耻辱,那就是无耻,只有害怕耻辱才是高尚的。

① 参见本书第二卷,第378—383 页。

(1115a6—15)这里讲的高尚,希腊文 kalon,原来是美好的意思,柏拉图在《斐多篇》中的名言"由于美(的相),一切美(的事物)成为美"(100E)就接连用了三次这个词(的变式)。《洛布古典丛书》本将它译为 noble,并加解释说这是指行为本身的正确(rightness)和美好(fineness)。所以译为"高尚"更符合中国的伦理习惯。

贫穷和疾病是不应惧怕的,因为它们并非来自恶,也不是由于人自己。即使对它们不害怕也不能说是勇敢的人,一个在战场上表现怯懦的人在金钱上可以很慷慨,并不害怕财产损失。(1115a17—23)

所以只有对最大的危险不害怕才能说是勇敢,而最大的最可怕的事情莫过于死亡了。但死亡本身是自然的界限,无所谓善和恶。即使面对死亡也不能说所有不害怕的人都是勇敢,比如在海难和疾病中,不怕死的人并不会被人认为是勇敢的。只有在战争中面对死亡的危险而能毫不畏惧才是最伟大最高尚的,才被人承认是勇敢,无论城邦或王国都对他们给以奖赏。在海难和病中的人态度并不一样,有人认为得救无望,只求一死以为解脱;有人则由于经验而满怀希望。一个勇敢的人在危难中要奋力自卫或高尚地死亡,可是在毁灭性的灾难中这两者都做不到。(1115a25—b6)

亚里士多德对于勇敢又作了进一步的分析讨论。他说可怕的东西并不是对所有的人都同样可怕,有些东西是超过人力所能忍受的,应该是所有正常的人都觉得可怕;另一些东西的可怕,则在大小和程度上因人而异。一个勇敢的人应该具有坚忍性,但他有时即使对有些并不超过人力所能忍受的东西也感到可怕,因为这是在逻各斯(罗斯译为 rule,《洛布古典丛书》本译为 principle,苗力田译为理性)指导下,为了达到高尚,这就是品德的目的。(1115b6—13)所以一个勇敢的人应该坚持正确的目的(动机),坚持或畏惧他应该做或不应做的事情,以应有的方式在应该的时间中去行动。一个勇敢的人要把握有利的时机按照逻各斯的指令而感受和行动。他的每个活动的目的应该是和他的品质相符合的。他的目的是高尚、勇敢的人就要坚持为了高尚而勇敢地行动。(1115b17—24)

他指出有三种人:怯懦的、鲁莽的和勇敢的。一个过度恐惧的人就是怯懦的,他以不应该的方式怕他所不应该怕的东西。他缺乏的是坚忍性,最突出的弱点就是对痛苦的过度恐惧。而鲁莽的人却勇往直前,渴望冒险,可是当他真正处于危险中时却逃遁了。只有勇敢的人在活动中是精明的,处事是冷静的。他们处于中间状态。(1116a2—9)所以在亚里士多德看来,勇敢是和畏惧与不畏惧有关,但是要问应该畏惧什么和不应该畏惧什么;勇敢必须有坚忍性,但也要问应该坚持什么和不应该坚持什么,而判断应该和不应该的标准,就要问行为是不是高尚的,所以只有高尚才是勇敢的目的。中国有句话"死或重于泰山,或轻于鸿毛",很形象地说明了这个道理,但我们一般不去讨论为什么它是重于泰山或轻于鸿毛,亚里士多德却分析出结论来说这就是看你的死是不是高尚的。虽然"高尚"也还是个抽象的概念,但它已经不是形象的比喻而是伦理学的概念了。亚里士多德最后批评那些自杀的人,说他们为了逃避贫困、爱情和痛苦而去死,并不是勇敢而是怯懦,因为在困难中采取逃避的方法更容易些。(1116a13—15)

### 二　五种勇敢

通常讲的勇敢是指在战争、竞争等行为中勇往直前,但亚里士多德却区别有五种不同类型的勇敢,说明它们的价值是高低不同的。

第一种,公民的勇敢。这里他用的是 politike 这个词,一般译为"政治的勇敢",英译常用 citizen's courage 比较符合原意。《洛布古典丛书》本有个注解,说柏拉图在《国家篇》中用"公民的勇敢"这个词(430C)表示公民是经过训练的勇敢,和奴隶与野兽的没有经过训练的勇敢相对比;在另外地方他又以一般的公民品德和哲学家的以知识为基础的品德相对比。① 这种勇敢其实就是我们现在说的为国家和民族的荣誉而英勇斗争的行为,当然是高尚的应该得到奖赏的,在这方面表现怯懦的应该受到惩罚。但亚里士多德又区别有些人是被他们的领导强迫才这样做的,那就比较差了。(1116a17—b3)

第二种,他称为对个别经验的勇敢。亚里士多德说:苏格拉底认为勇敢就

---

① 参见《洛布古典丛书》,《亚里士多德:尼各马科伦理学》,第162页。

是知识。（1116b4—5）在柏拉图的《普罗泰戈拉篇》中苏格拉底和普罗泰戈拉曾就勇敢问题进行过辩论，普罗泰戈拉不同意将勇敢和知识等同起来，认为对人是不是勇敢的问题，起决定作用的因素是激情、快乐或痛苦、爱或恐惧这些情感。苏格拉底反驳这种情感道德论，认为人在任何个别行为中总是要选择怎样才能得到快乐和善，怎样避免痛苦和恶，所以只有知识才能起决定作用。（350A—360D）①亚里士多德承认：如在战争中凭经验知识能识破敌人诡计的人当然被认为是勇敢的，但这样的人在作战时并不一定是最好的，而是那些身体强健技术优良的人才是最好的（亚里士多德表示他不能完全同意苏格拉底的意见）。他又指出：在危险难以忍受时，从外邦人中雇佣的雇佣兵往往首先逃跑，而公民战士却一直坚持战斗到死。（1116b8—17）这就是因为他们具有公民的勇敢。

第三种，他说激情（phymos）也被认为是一种勇敢。野兽冲向击伤它的人和勇士的行为都可以说是来自激情，勇敢就是激情地冲向危险。但亚里士多德认为勇敢的行为主要是出于高尚，激情只起辅助作用。野兽被痛苦和激情所驱使而冲向危险，并没有预见到要面对死亡，所以不能算是勇敢。他认为只有通过激情，加上选择和目的，才是勇敢。他还认为那些在激动时感到痛苦，在报复时感到快乐的人只能称为斗士，不配称为勇士，因为这不是由于高尚的目的，也没有接受逻各斯的指导，只是一种热情而已，不过它与勇敢有些相似。（1116b24—1117a9）可见亚里士多德也部分同意普罗泰戈拉的情感道德论，承认激情对勇敢也起重要作用，不过它只是辅助的，勇敢主要还是出于高尚的目的。他既不完全同意苏格拉底，也不完全否定普罗泰戈拉，认为他们都是各走极端；他是实事求是地吸取他们各自的合理因素，认为勇敢既要通过激情，又要经过选择达到高尚的目的。情感和知识二者都是不可或缺的。可以明显看出亚里士多德这番议论和柏拉图《普罗泰戈拉篇》之间的联系。

第四种，乐观的人是勇敢的。有些人因为经常得到胜利，抱有自信，这种乐观的人很像勇敢的人。但勇敢的人接受逻各斯指导而且有高尚的目的，可

---

① 参见本书第二卷，第398—400页。

是乐观的人却只是以为自己强大,不致遭受失败(喝醉酒的人也能这样乐观);一旦事情不如他所希望的那样,便会逃跑。勇敢的人是在可怕的东西面前坚定不移;因为这样做是高尚的,不这样做便是可耻;他们在突然发生的灾难中能临危不惧,镇定自若。这种勇敢是面对突发事件,比那些可以经过选择和计算得到预见而产生的勇敢,更多来自个人的品质。(1117a10—23)

第五种,那些对危险无知的人也会显得是勇敢的,但他们更不如乐观的人,因为乐观的人还知道危险,而他们却不知道危险。所以在一定的时间内乐观的人还能坚持,可是那些受蒙骗不知道危险的人,一旦知道真相便立即逃跑。(1117a23—26)

亚里士多德确实是通过人事观察,将各式各样的被称为勇敢的行为分析为这五种,指出许多像是勇敢的行为其实并不是真正的勇敢,从这种比较中进一步论证了他认为真正的勇敢应该是什么。

由此他进一步分析勇敢。他说勇敢是如何对待坚忍性和恐惧,将这二者比较起来,对可怕的东西的关系更密切些;一个勇敢的人面对可怕的事情不动摇,比有自信的坚忍更为重要。在快乐和痛苦之间,勇敢的意义更多地是在于能经受痛苦,因为甘受痛苦比回避快乐要困难些;在和勇敢有关的因素中,快乐是微不足道的。在体育竞赛中获得桂冠是荣誉,是快乐的,但和训练与竞争时身体所受的痛苦相比就极小了。一个勇敢的人面对死亡和伤害是会感到痛苦,不自愿的;然而他们还是坚定,因为坚定是高尚的,不坚定是可耻的。一个人的品德越多越高,他就更幸福,生命对他也更有价值,这样他对死亡会越感到痛苦,因为他将失去最好的东西;但他仍然会坚持勇敢地去死,因为这是最高尚的,是对生命的最大奖励。所以并不是每项品德的现实活动都是快乐的,只有在达到高尚的目的时才是真正的快乐。而最好的士兵却并不是这样的人,他们除了生命以外并不会丧失别的有价值的东西,所以能为一些小事不惜生命,他们的勇敢便比较小了。(1117a19—b21)

亚里士多德认为勇敢是很复杂的,不能简单地将它归为知识或情感,它既有情感——痛苦和快乐的因素,又是知识——选择和评估价值的因素,也还有意志的决定作用。

## 第二节 节制和自制

希腊文 σωφροσύνη( sophrosyne,一般英译为 temperance,中文译为节制)是古代希腊四种主要品德之一,柏拉图在《卡尔米德篇》中专门讨论它。说它是表示人有自知之明,因此表现稳健、谦和、能对欲望自我约束和控制,苏格拉底将它归结为德尔斐神庙上的箴言"认识你自己"。所以我们在本书第二卷中将这种品德译为自制。① 但是在亚里士多德的《尼各马科伦理学》中,第3卷第10至12章讲 sophrosyne,说它是对情感和欲望的约制,接着第6卷讨论理性、智慧和实践智慧以后,第7卷又专门讨论了 akrasia 和 egkrateias。希腊文 krasis 也就是节制、约束的意思,英译 temperance,前面加"a"就是不节制,而加"eg"含义之一就是英文的"in",在节制中。罗斯将这两个词译为 in continence 和 contience,《洛布古典丛书》本译为 unrestraint 和 self-restraint。亚里士多德在第7卷中主要讨论的是:自己是不是知道要约束自己的行为,把节制和知识联系起来。所以我们将他在第3卷讲的仍译为节制和不节制,将第7卷讲的则译为自制和不自制,以区别这两处所讲的不同。在《欧德谟伦理学》和《大伦理学》中都没有区分这两类节制。

### 一 节制和不节制

亚里士多德在《尼各马科伦理学》第3卷第10章开始便说:节制这种品德属于灵魂的非理性部分。(1117b23—24)亚里士多德讲理性用了两个词即努斯 nous 和逻各斯 logos,在第6卷中他对各种有关理性的概念作了详细讨论,我们将在下一章中论述。大体说来他认为 nous 的范围较广、地位较高,它能认识事物的本原和基本原理,而在认识方法上却不是通过逻辑论证,而是直观地认识的。逻各斯则主要是指逻辑推理的理性,所以情感、欲望都是非理性

---

① 参见本书第二卷,第 317—322 页。

的,这里说节制是"非理性的"用的希腊文就是 alogon。

亚里士多德先就节制和情感——快乐与痛苦——的关系加以讨论。他说节制就是要在快乐方面采取中道,不要放纵。他认为要区分灵魂上的快乐和身体上的快乐,灵魂上即精神上的快乐如爱荣誉、爱学习,以至喜欢收集奇闻轶事、爱好闲谈的人,都没有什么节制和放纵的问题;因为财产损失或亲友亡故而感到悲痛也不能说是放纵。(1117b29—1118a1)其实亚里士多德自己也认为爱荣誉也有过分的问题,不过他不叫放纵,叫虚荣。

所以他认为节制只是对身体的快乐说的。身体的快乐是从感觉方面得来的,于是他分析各种感觉,认为在视觉、听觉和嗅觉方面的快乐是没有放纵也就无所谓节制的问题;只有在触觉和味觉方面的快乐才有放纵的行为,需要节制。而这是人和其他动物所共有的,表现了人的兽性。人们贪图享受的快乐主要还是来自触觉,如吃饭、喝酒和性爱都是容易引起放纵而需要节制的。(1118a2—b1)

中国古话说"食色性也",食和色是人想得到快乐的味觉和触觉,也是人的欲望,所以亚里士多德就讨论欲望。他认为欲望有两种,一种是所有的人共同有的,如食色之类;另一类是个别的人所特有的,不同的人有不同的欲望,每个人喜欢的东西并不一样,所以犯错误、放纵的方式也不一样。(1118b8—25)

他认为一个节制的人就是应该对这些欲望采取适度,反对放纵,不要求比所应该得到的更多,也不在所不应该的时间追求欲望的东西等等。总之,应该以适度的方式追求那些能导致健康和幸福的,令人快乐的东西。(1119a12—18)

接着谈到不节制的两个极端——放纵和怯懦是不是自愿的问题。亚里士多德认为放纵比怯懦更多自愿,因为放纵是追求快乐,是人所追求的;而怯懦是逃避痛苦,往往是人身不由己的,比如在战场上因为怕死而抛掉武器或做其他可耻的行为,可以说是被迫的。放纵恰恰相反,是出于人的欲望和追求,是自愿的。(1119a22—32)

放纵更多是自愿的,应该受到责备,要养成抵制放纵的习惯。亚里士多德认为在这方面要特别注意对孩子的教育，因为孩子完全按欲望生活，最大的欲望就是追求快乐，如果不加管教，这种欲望就要大大膨胀。一个缺少理性的人对快乐的欲望是永远不会满足的，而且他为了满足欲望所作的活动更增加了他要求享受的本能，最终推翻了理性能力。所以对快乐的追求应该是适度的，绝不能与理性违背，这才是良好的教养，它具有约束能力。孩子要按教师的教导生活，欲望的部分要按照理性生活。节制的人的欲望部分应该和理性一致，二者都以高尚为目的。（1119a35—b16）

亚里士多德说的节制主要是指对灵魂中的非理性部分——情感和欲望要加以控制，让它们不要超出理性所许可的范围。他说的放纵比怯懦更多自愿，这个自愿也是由情感和欲望产生的追求，并不是由知识产生的。

## 二 自制和不自制

第 7 卷讲的自制和不自制却是和知识有关的。亚里士多德在第 1 章开始说：伦理上有三类应该避免的东西，那就是恶、不自制和兽性，和它们相反的是品德（善）和自制的品质以及超人的神性的品质。他说不自制与自制和恶与善并不相等，但在"种"上它们并不是不同的。对于这个问题也像其他问题一样要先将各种现象摆出来，讨论疑难所在，才能说明。（1145a15—b7）

亚里士多德列举了一些现象和人们的不同看法：1. 大家都认为自制（egkrateia）和忍受（krateia）（控制、压束、忍耐）是值得赞扬的好事，而不自制和不忍受（软弱）是坏事。有自制力的人能坚持他通过理性计量得出的结果，不能自制的人却放弃他得出的这种结果。2. 不自制的人是知道他做的事情是不好的，只是接受了情感的驱使；而自制的人却知道他的欲望不好，所以服从理性不再追从欲望。3. 人们多认为节制的人都既能自制又能忍受，但对于自制的人，有人认为总是节制的，有人却认为不是如此；有人认为自我放纵就是不自制，不自制也就是自我放纵，但有人却认为这二者是有不同的。4. 有人说有实践智慧（phronesis，苗力田译为明智，在以后有详细讨论）的人是不会不自制的，但有人说他们虽然聪明但有时也不能自制。5. 有人认为只是在愤怒、荣誉和收益方面才有能不能自制的问题。（1145b8—20）

亚里士多德指出:这里的困难问题在于:一个人有了正确的判断,为什么却又不能自制呢? 如果他有真正的知识却又不照着做,那就奇怪了。苏格拉底认为如果一个人有了知识但又被别的东西如欲望、情感等"像奴隶一样地拉着走"是错误的。(《普罗泰戈拉篇》352B)他认为根本没有不自制,没有人会去做违反他判断为最好的事情的,如果他那样做只是因为他无知。但是亚里士多德却说:我们观察到的许多事实显然和苏格拉底的说法是矛盾的,所以要探究:如果是出于无知,那是什么样的无知? 一个不能自制的人在他做以前是不会认识到他应该怎样做的。所以有些人只是在这点上同意苏格拉底,即承认没有比真正的知识更强有力的;但他们不同意苏格拉底说的没有人会做和他认为是好的事情相反的活动;他们以为不自制的人并没有真正的知识,只是被他的感情和意见所控制。如果这只是意见而不是知识,他当然没有坚忍的自信而会三心二意,对他们的失败我们可以同情,但对那些该受责备的情况却是不能谅解的。此外,有实践智慧的人有抵制能力吗? 亚里士多德认为这问题是多余的,因为没有人会同时既有实践智慧却又不能自制,有实践智慧的人是不会去做最卑鄙的事情的。(1145b21—1146a7)这里亚里士多德还是区别了两种"知",认为有真正的知识或实践智慧的人是不会去做坏事的,只有那些仅有不确定的意见的人才会做坏事。

节制和自制有什么区别呢? 他说自制是包括有控制强烈的坏的欲望的,所以自制不是节制,节制也不是自制;因为节制的人是没有过分的坏的欲望的。但自制的人却必然有坏的欲望所以才要加以制约。如果他的欲望是好的,那么妨碍服从这种欲望的品质就是坏的,因此并不是所有能自制的人都是好的;如果他们只是软弱而不是坏的,他们的控制也不值得称赞,如果是既软弱又是坏的,则他们的控制更算不得大事。(1146a10—16)这就是说人所以要自制,因为他的欲望是不好的;如果他的欲望是好的却还要自制,那就只能说他的品质是不好的。在这点上自制和节制不同,善于节制的人是没有过分的坏的欲望的。

接着他提出一个重要的问题:不自制的人做坏的活动时他自己是不是明知的,又是在什么意义上说他是知道的? (1146b8—10)这就是常说的是不是明知故犯的问题。对于这个问题亚里士多德分析了几层意思：

第一，有人认为不自制的行为只是违反了意见，而不是违反知识，这在论证中实际上没有什么区别；因为有些人坚信他们的意见，认为这就是确实的知识。如果说由于自信不足从而按意见而不是按知识行事，我们说在这方面知识和意见实在不需要做什么区别，赫拉克利特就认为意见并不比知识差。（1146b24—30）巴门尼德开始将知识和意见绝对划分开来，柏拉图原来完全接受巴门尼德的分法，但在后期对话《泰阿泰德篇》已经感到意见和知识不能这样绝对划分了。亚里士多德虽然没有放弃意见和知识的区别，但在这里已经表示这种区别并不是绝对的，特别他一再申明伦理学研究只能得出粗略的结论，不能得出准确的知识，所以更不能说不自制的人只根据意见而不是根据知识这样的话了。

第二，但是"知"有两种意义，如果有了知识可是不去实际使用它，和有知识并且实际使用它，这二者是不同的。说一个人做不做他不应该做的事情时，要问他是有这种知识而没有用它呢，还是有这种知识却还要去做它？这是不一样的。后者是令人惊奇的，前者却还不是。（1146b31—35）因为后者是知道不应该这样做却还要这样做，是明知故犯，而前者是知道不应这样做而没有实际去做它，即使做错了也是无意识所犯的错误。在亚里士多德看来，知道了以后还要看他是不是有意去做，是有很大不同的。在伦理问题上他更重视实践的问题，认为实践比认知更为重要。

第三，他从知识是普遍的还是个别的方面说，说有两种前提即普遍的和个别的，一个人所做的行为总是特殊的，但是他可以用普遍的而不是特殊的前提去对抗他的知识。而普遍的命题有些是涉及对象的，有些是涉及动者的，如"干燥的食物对每个人都是有益的"和"我是一个人"，或"这样的食物是干燥的"，可是对当前"这个食物是不是这样的"，不自制的人可以使用或是不使用这种知识。因此知的方式有很多不同，在一种方式上不自制的行为并不奇怪，换一种方式便令人吃惊了。（1146b36—1147a10）亚里士多德这里举的例子（食物）不容易理解，几种英译本作了很长的解释也说不清楚。如果我们这样解释：一种行为（如施恩于人）从其普遍意义上本来是正确的，但如在特殊的环境中对于特殊的人(如对犯了不可饶恕的罪恶的人),则施恩便是不对的,应该制止。这也就是亚里士多德常说的不自制的人是在不应该的条件下对不应该的对象做了不应该的事情;从认识上说就是将普遍和特殊混淆了,以特殊代替普遍。

第四,人们有知识而不去使用它,也可以是这种情况,可以说是有知识又没有知识,和睡着的、疯狂的、喝醉酒的人一样。那些被愤怒和情欲等情感激动的人就是这样,不自制的人也是这样的,他们说出一些话来已经不能自制,只能将他们看成是演员在舞台上背诵台词。(1147a10—24)这是说不自制的人完全被情感所驱使,像疯子一样丧失了理智,即使有知识也成为只是用来骗人的谎话。

第五,他说:我们可以从人的自然本性上找到原因。意见一方面是普遍的、是理性的,另一方面又和特殊的事实有关,属于知觉范围。从这两方面得到的单一的意见,灵魂在一种情况(逻辑推论)下得到肯定的结论,而在另一种情况(实践)下又必须立即动作。例如"所有甜的东西都是美味的",和"这个是甜的",作为一个特殊的甜的东西,人就可以去品尝它,没有东西阻止他这样做。可是当欲望出现时,虽然意见命令我们要避免这样做,而欲望却要引导我们这样去做,它并且使我们的身体动作起来。所以一个不自制的人如果是在逻各斯和意见的影响下,是不会做与它自身相反的事情的,除非是偶然去做;因为只有欲望会和逻各斯相反,意见是不会相反的。这也是一个理由可以说明为什么低等动物是无所谓不自制的,因为它们根本没有普遍的判断,只有对个别事物的印象和记忆。(1147a24—b5)亚里士多德认为一个人所以会做出不自制的行为,既不是由于知识,也不是由于意见,主要是由于欲望,欲望驱使他去做和逻各斯(理性)相反的事情。

他说,要解释不自制的人如何从无知回到有准确的知识,和喝醉或睡着的人如何清醒一样,只能向研究自然的人请教了。现在,最后的命题既是关于可知觉事物的意见,又是决定我们行为的意志;一个人当他是在情绪状态中时或者是根本忘记了这个前提,或者是虽有知识,也只是用来空谈而已,像一个醉汉也会重述恩培多克勒的格言一样。因为最后的词既不是普遍的也不是含有普遍词项的准确知识的对象,看来苏格拉底探索的结论是可以成立的,因为不自制的情感引起的既不是真正的知识,也不是由情绪状态得出的结果,而只是一种知觉的知识。(1147b6—17)不自制的人是完全在情感控制下,即使他原来有知识,或已经忘记了即没有了,或只是在嘴上用来作为空谈。在这个意义上苏格拉底的说法也可以说是对的,即不自制的人是没有真正的知识的,无论是由理性得来的知识或是由情绪状态即品质得来的实践知识,他们有的知识只是对当前这个特殊对象的知觉判断。

这样,亚里士多德说他已经说明了不自制的行为是不是由于知识的问题,以及在什么情形下可以说他是有所知的。(1147b18—19)他认为不自制的人主要是受欲望和情感的控制,像喝醉的或疯狂的人一样,丧失了理智,即使有知识也没有了,他有的只是对当前这个特殊对象的知觉。

《尼各马科伦理学》第3卷第10章又讨论了有实践智慧的人会不会不自制的问题。他说,有实践智慧的人是不会不自制的,因为已经说明(第6卷第12章)有实践智慧的人在品质上也是优良的。再说,一个有实践智慧的人不仅是有知,而且又能实践,可是不自制的人却不能做到这样。但这并不妨碍聪明的人也会不自制,所以有时会认为有实践智慧的人也会不自制;已经说过(第6卷第12章)聪明和有实践智慧是有不同的,他们在作推理时几乎是一样的,但是他们的目的却是不同的。不自制的人不像那种能进行思辨认知真理的人,却像是那种睡着或喝醉的人。他是有意这样做的,因为在他做时既知道他做了什么,又知道这样做时会得到什么结果。他说有两类不自制的人,一类人是不能坚持他思考得到的结论,另一类却是根本没有思考。所以不自制的人正像是一个订立了正确规则和良好法律,却不能实施它们的城邦;而坏人更像是一个订了坏的法律并将它们付诸实施的城邦。(1152a7—25)亚里士多德并不简单地断定不自制的人是好人或是坏人,而是进行具体分析,首先将他们和有实践智慧的人比较,有实践智慧的人是知了就做,不自制的人却是知了不做,甚至是明知故犯,知道他的行为会造成什么结果,所以从品质上说,不自制的人比有实践智慧的人差。亚里士多德将不自制的人比做一个订有正确的法律规则却不能付诸实施的城邦,而坏人却是订有坏的法律并又加以实施的城邦。通过这样的对比,亚里士多德将不自制的特征基本上描述出来了。

他又说自制和不自制同大多数品德的过度和不足有关,自制是比一般人有更多的坚忍性,不自制就是坚忍性的不足和缺少。他说在各种不自制的人中,那些由于冲动而不自制的人比那些不能坚持思考结果的不自制的人容易医治;而那些由习惯造成的不自制的人比那些自然本性不自制的人容易医治,因为改变习惯比改变本性容易,一旦习惯成为自然便不易医治了。(1152a25—33)

## 第三节　正　义

《尼各马科伦理学》第 5 卷专门讨论正义。希腊文 dikaiosyne、dike(英文译为 justice)现在有人译为"公正",有人译为"正义"。我们以为"公正"有其特定意义,用它译这个词,含义显得狭窄了些;而"义"字在中国伦理概念中是一个广泛表示人和人之间伦理关系的范畴,徐铉校《说文解字》时说"义"和"善"同,也就是说它们都是最广泛最高的伦理概念。像"正义的事业"、"正义的战争"已经是常见的词。正因为"正义"的界说不太确定,用来译 dike 也许比较恰当。当代美国著名伦理学家罗尔斯在他的名著《正义论》中开宗明义地说:"正义是社会制度的首要价值,正像真理是思想体系的首要价值一样。"①将正义在社会制度中的地位比之于真理在思想体系中的地位,可见其价值之高。

古代希腊神话中有位狄凯(Dike)女神,她是宙斯的女儿,专门将人世间不义的事情报告给宙斯;又说她用利剑刺穿不义者的心,所以又是复仇女神。她大约就是古希腊人想望中能"除暴安良"的侠义女神。但究竟什么是正义?却又是争论最多意见最为分歧的。柏拉图《国家篇》的副题便是"论正义",单在其中第 1、2 卷提出的不同说法便有:凯发卢提出的正义是言行都要诚实,要

_____

① 罗尔斯:《正义论》,中译本,第 1 页。

讲真话和偿还宿债;波勒马库提出的正义是要帮助朋友损害敌人;塞拉西马柯提出的正义就是强者、统治者的利益;格劳孔认为是为了趋利避害,人们开始订立契约和法律,凡是遵约守纪的就是正义。讨论的结果是:柏拉图提出无论在国家或是个人灵魂中的智慧、勇敢、节制三个部分各按自己的职责行动便是正义,所以正义是统率其他三项主要品德的。①由此可见"正义"这个词在古代希腊是用得最广泛的一个伦理概念,一直到现在,情况还是如此,在伦理著作中有很多是讨论有关正义的问题的。正义接近于善,既是统摄个人品德的伦理范畴,也是社会体制的基本价值范畴,所以"正义"是社会政治方面最高的价值概念,每一种主义的创导者都宣称只有他的主张才是正义的,每一个政治家都说他采取的行动是正义的,每个法官都坚持他的判决是正义的。以上所说的勇敢、节制和自制还是属于个人行为的品德,而正义和下一节讨论的友爱却是属于社会群体的品德。下面我们看亚里士多德是怎么论述这个问题的。

## 一 正义和不正义是什么

《尼各马科伦理学》第5卷第1章开始讨论正义是一种什么样的行为,他说,正义是一种品质,具有这种品质的人做和想做正义的事情,而不正义也是一种品质,就是做和想做不正义的事情的品质。他说,品质和知识、能力是不同的,同一种知识和能力可以构成相反的东西,而一种品质或状态却是不能构成相反的东西的,如健康只能构成健康,不能构成不健康。(1129a3—15)他认为正义和不正义是两种相反的伦理状态即相反的两种品质。但是他又说对立的品质可以从相反的方面去认识,比如身体有良好的状态,肌肉便结实,状态不佳便肌肉松弛,所以要造成良好的身体,便要使松弛的肌肉结实。(1129a17—24)他又指出对立的两方往往有多种含义,正义和不正义也各有多种含义,那些含义相近的往往易被忽略,距离较远的特别明显。(1129a24—30)

---

① 参见本书第二卷,第657—663页。

在做了这些说明以后,亚里士多德才讨论什么是正义和不正义。他说,一个不守法(paranomos,nomos 这个词泛指风俗习惯、未成文法和成文法)的人被认为是不正义的。而守法的人和公平(isos,英译为 fair,《洛布古典丛书》本加注说就是 equal 和 equitable;希腊文 isonomia 就是平等 equality,所以我们将 isos 译为公平)的人是正义的。所以正义就是守法和公平,不正义就是不守法和不公平。(1129a31—b1)他将是不是守法和是不是公平作为区别正义和不正义的标准,又对这两个标准作了具体说明。

他说不正义的人要多占好处,但并不是所有的好处都是绝对的总是好的,有些好处对个别的人也会是不好的。不正义的人总是追求和选择他们认为是好的东西,如果对他们是坏的东西,他就不要多占而是少取,无论哪种情况都是不公平的。(1129b1—10)不正义的人总是多占认为对他们自己有好处的东西,所以是不公平的。

法律体现伦理原则和美德。亚里士多德说,正义是守法而不正义是不守法,所以从一种意义说法律是正义的,制定法律的人是以合乎美德,最好地表现全体的共同利益或统治者的利益,维护城邦社会的共同幸福的。法律规定了各种行为的共同准则,要求勇敢便不许逃离岗位和抛弃武器,要求节制便不许通奸和粗暴,要求温和便不许殴打和谩骂,其他品德也是如此。凡是鼓励美德禁止恶行的便是正确的法律,如果任意行为便是坏的。(1129b11—26)他在这里实际上说明了所谓守法并不是无条件地遵守一切风俗习惯以及立法者规定的法律,而只是遵守鼓励美德禁止恶行的正确的法律,至于坏的法律,当然并不是正义的,不是应该遵守的。

由此亚里士多德得出结论:正义是一种完全的美德,不是绝对地说,而是从对待别人即处理人际关系方面说,它是完全的。所以人们认为在各种品德中,正义是最主要的。正如谚语所说“正义是一切美德的总汇”。它所以是完全的品德,还因为有了这种品德就能以善待人,而不只是对待自己好。有许多人对自己是善的,对别人却不是。正如彼亚斯(Bias,古代希腊“七贤”之一)说的“担任领导工作才能表现出男子汉气概”,因为作为领导者必须关心他人和共同的事业。因此在各种品德中只有正义才是关心他人的善,因为它是和别人有关的。不论以领导者或是别的身份造福他人的,便是正义;反之不但败坏自己而且败坏他人的便是不正义。最好的人要待人以德,而这是最困难的。在这个意义上,正义不是品德的一个部分,而是整个品德,不正义也不是邪恶的一个部分,而是整个邪恶。(1129b26—1130a11)

亚里士多德的结论说正义是完全的品德,是从两方面说的。第一,在各种品德中,正义不但是最主要的,而且它统摄、包括其他各种品德,如勇敢、节制等等都可以说隶属在正义之下,所以正义是各种美德的总汇。柏拉图在《国家篇》中已经论证过这一点。第二,更重要的是亚里士多德指出,正义是对待他人的品德。许多人都只能对自己好,却不能以德待人。事实证明以德待人是困难的,但正义的主要含义就是以德待人,要以维护他人的和整个城邦社会的幸福作为主要的目标。只有大家守法和公平才能达到这个目标,所以亚里士多德以这两点作为正义的主要特征。

接着他区分了作为整体的正义和部分的正义。他说,有些人尽管做了许多坏事,如由于怯懦而抛弃武器,由于坏脾气而任意骂人,可是他并不多占;还有些人贪得无厌,却不做其他坏事;他们都可以被谴责为不正义的。这种不正义可以说是广义的不正义的部分,因为不正义包括不守法和不公平两个方面,他们或者是不守法,或者是不公平,都是不正义的。有的人为了得利而通奸,他增加了收入;有的人因欲望而通奸,他只有损失财物。前者是贪得,后者是纵欲,都属于不正义的部分。(1130a14—30)

他说这就清楚地表明,在整体的不正义以外还有部分的不正义。二者的定义是属于同一个种的,所以名称相同,它们都和荣誉、财物和安全有关。(1130a34—b3)他说不守法和不公平都是不正义的,但二者有不同:所有不公平都是不合法的,可是不合法的并不全是不公平。(1130b12—13)不合法的行为如通奸、骂人并不是不公平。他认为正义就是对待他人的美德的总体,而不正义就是邪恶的总体。(1130b18—21)他说部分的正义有一类表现在荣誉、财物以及公民可以分配的东西中,所以有公平和不公平的问题;另一类表现为调整人际交往的关系。后者又分为两种:一种是自愿的交往,如买卖、借贷、抵押、出租等;另一种是非自愿的,实为有成文法或不成文法约束和规范的行为,而违背这种正义的就有偷偷摸摸进行的行为如通奸、诱骗、暗害;也有以暴力进行的,如袭击、杀害、抢劫、欺凌等。(1130b30—1131a9)

因为正义是统率其他一切品德的,是其他品德的总汇,所以亚里士多德所说的整体的正义也就是对待他人的善的整体,整体的不正义也就是恶的整体;对待他人的任何一种特殊的善都是正义的,是部分的正义,对待他人的任何一种特殊的恶都是部分的不正义。

既然不正义就是不公平,那么如何在不公平中求得公平? 他说,任何不公平的行为都有多和少,在这两极端之间有个中点,它就是公平,也就是中道。(1131a10—15)这种公正是按比例的公平(analogia isotes,1131a32),他认为有三种,即分配的公平、补偿的公平和交易的公平。

先讲分配的公平。在分配中如果处境平等的人分得了不相等的东西(名誉、财物等),或是处境不相等的人得了相等的东西,都是不公平,会引起争吵和怨恨;应该按照各自的业绩分配才是公平的、正义的(1131a23—28)不过不同类的人所认为的业绩是不同的,平民(民主)派以自由人的身份辨识它,寡头派以财富辨识它,贵族派以出身高贵辨识它。(1131a28—29)

这里的比例关系有四项,A 和 B 两项是对人的,C 和 D 两项是对分配的事物的。应该是:

$$A:B=C:D$$

如果是: $A+C=B+D$

就是公平的正义的,如果成为

$$A+D=B+C$$

就是不公平不正义的。亚里士多德将这叫做几何的比例。(1131b4—15)当代经济伦理学讨论的分配的正义,在亚里士多德那里已经开始探讨。

然后讲补偿性的公平。裁判中的正义并不根据上述这种几何比例,而是根据算术比例。不论是好人加害于坏人,还是坏人加害于好人,在法律上是没有区别的。法律只关注到底是谁做了不正义的事,谁受到不正义的待遇,谁害了人,谁受了害;由于这类不正义是不公平,所以裁判者就尽量通过惩罚使它达到公平。(1132a2—10)使它达到公平的方法是:如 AA'=BB'=CC'

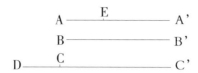

从 AA'中取出部分 AE,而在 CC'上加上 CD,使 CD＝AE,则 EA'＜BB'＜DC＋CC',而 EA'＝BB'－AE,DC'＝BB'＋AE,所以 CC'得到同等的补偿。(1132b7—10)亚里士多德将这叫做算术的比例。(1132a30)

最后讲交易的互惠的公平。城邦中的人是有分工的,只有通过交换,人们相互间才有来往。(1132b35—1133a1)这种互惠是由交易关系构成的。在制鞋匠、建筑师和农民间,或在制鞋匠与制鞋匠间没有交换关系,但制鞋匠制造的鞋子可以和建筑师建筑的房子以及农民生产的农产品交换。要交换便必须使这些东西有相等的价值,亚里士多德认识到人们正是因此以货币作为交换的等价物,使多少双鞋子可以和多少房屋或多少农产品相等。一切事物都可以用同一个东西来衡量,这东西就是货币。(1133a20—26)对此,马克思给予很高的评价,他说亚里士多德"最早分析了许多思维形式、社会形式和自然形式,也最早分析了价值形式"。又说:"亚里士多德在商品的价值表现中发现了等同关系,正是在这里闪耀出他的天才的光辉。"①

亚里士多德用几何和算术的比例关系说明社会伦理、政治和经济的公平和不公平,这种方法一直到近代还是西方学者经常使用的,如亚当·斯密、马尔萨斯、马克思等人的著作中都用过。

## 二　城邦的正义

第 5 卷第 6、7 章讨论城邦的(政治的)正义。亚里士多德说,不要忘记我们探求的不是一般的正义,而是城邦的正义。这种正义只是为了满足自身共同生活的需要并且是自由的、在算术比例上平等的人们中才有,至于那些不符合这条件的人不能有城邦的正义,只能有相似的正义。因为正义只存在于由

---

① 《马克思恩格斯全集》第44卷,人民出版社 2001 年版,第 74、75 页。

法律管理的人们的相互关系中,他们之间可能出现不正义,法律就是要判别正义和不正义。(1134a25—32)这种正义只有在平等的自由民之间才有,对不平等的奴隶是没有的。

他说,如果在人们中有不正义的人,就会有不正义的行为,而做不正义的事情就是把更多的好事归于自己,坏事则越少越好。这就是为什么我们不赞成由人统治的理由,应该由法律(nomos,也有抄本作 logos)来统治,因为统治者为了他自己的利益可以成为暴君。统治者应该是保卫正义的,如果是正义的也就是公平的。一个正义的统治者自己决不多占,只得到他自己应享的部分;所以应该给他补偿,那就是给他荣誉和尊严,如果有人对此不满足,他便会成为暴君。(1134a32—b7)本书第二卷论述柏拉图的政治思想时曾指出他在《国家篇》中提出哲学家为王,是主张人治的,但在后期对话《政治家篇》和《法篇》中已开始认识法治的重要性。亚里士多德是主张法治的,他在这里明确指出人治的危险性在于统治者容易为个人谋私利成为暴君,这问题在他的《政治学》中还要论述。

亚里士多德处于奴隶社会,当时认为奴隶没有独立的人格,只是从属于主人的,所以他将奴隶和没有成年的孩子同样看待,说主人的和父亲的正义和城邦的正义是不同的,虽然它们有些相似。因为对自己所有的东西是不会产生不正义的;奴隶和不到年龄的孩子是属于他自己的一部分,谁也不会有意去损害他自己。所以公民间的正义和不正义的关系对奴隶和孩子并不适用。城邦的正义是以法律为依据的,它适用于自然属于法律管理的人,这对于统治者和被统治者之间是平等的。对妻子的正义比对奴隶和孩子的正义更明显,这是属于家庭的正义,和城邦的正义也有不同。(1134b9—17)亚里士多德对奴隶和妇女的看法,在《政治学》中讲得更多,我们以后再来讨论。

亚里士多德接着讨论城邦的正义是自然的(physis)还是法定的(nomos,人为的)问题。他说,城邦正义中有部分是自然的,另一部分是法定的。自然的正义到处都同样有效,不管人们是不是承认它;而法定的正义在开始时无论这样那样都无关紧要,一旦制定以后便只能如此了。比如囚犯的赎金是一米那(希腊货币名),做祭祀的只能是一只山羊而不能是两只绵羊;再说一切法令只能用于特殊具体情况和风俗习惯。有些人认为所有的正义都是人为的，因为出于自然的东西是不能变动的，到处都有相同的效力，正如火焰在希腊和波斯都同样燃烧；可是正义在他们看来是可以变动的。然而实际并不是这样，只在某种意义上才是如此。对于众神说，正义并不是可以变动的，对于我们说，尽管一切都是可以变动的，但也有出于自然的正义；有些是出于自然的，有些不是，是由于人为的。在别的事情上也有这种情况，比如人的右手自然更加有力些，但有的人却左右手同样灵巧。有些由于惯例和方便而定的正义，如度量、谷物和酒测出的数量也不是到处都相等的，而是在批发时少一些，零售市场上则大一些。同样的，那些不是由于自然而是出于人为的东西也不是到处都是同样的，比如政体也不是到处都是同样的，不过总有一个是到处都是最好的政体。(1134b18—1135a5)

我们在第二卷中说到古代希腊从智者开始有 physis 和 nomos 的争论，所以亚里士多德提出正义是自然的还是人为约定的问题。他对此并不作绝对的回答，而是认为正义既有自然的也有人为的成分。因为一方面要看到：所谓正义和不正义，在不同的时代和不同的地方以及由不同的人看来是有不同的，因此是变动的，似乎是人为约定的；但另一方面亚里士多德是苏格拉底和柏拉图的理性主义的继承人，他反对相对主义的真理论，认为有普遍的绝对真理，认为即使在人为的政治制度中也有一种是最好的，这是自然的。他认为有自然的最好的正义。

他说每一项正义和法律的规定都是和许多具体事情有关的，是普遍对特殊的关系；它们每一个虽然是一，却具有普遍性。(1135a6—8)

### 三 不正义的内在本性

《尼各马科伦理学》第 5 卷第 8 至 11 章深入讨论不正义，它的内在本性是什么。

他先讨论正义和不正义的行为是不是有意地自愿做的。亚里士多德认为如果不是自愿做的，便不能说这个行为是非正义的或是正义的，除非是它碰巧是正义的或非正义的。所以他认为人的行为是正义的还是不正义的，要由它

是不是自愿做的来决定。(1135a15—22)

他分析人对人造成的伤害有四类:第一,由于无知造成的伤害,这只是过失,做这种行为的人也许不知道是对什么人,什么事,用什么工具,达到什么目的,但是他做了,结果事与愿违(例如本来只想刺一下,结果却伤了人)。第二,虽然是违反逻各斯的(并不是完全无知的),但行为者并无恶意,只能说是误伤(如果过失的原因在他自身之内便是误伤;如果原因在他自身以外便是意外)。第三,如若是知道的却是没有经过预谋考虑的,只是由于一时感情冲动造成的,那就是不正义的,但还不能说这个人就是恶人,因为这种伤害并不是出于恶意。第四,只有知道了又经过选择这样做的人才是不正义的,是恶人。(1135b12—25)

亚里士多德认为无论是做正义的行为或是做不正义的行为,却是自愿的,是自己有意识做的;如果自己不知道或是并不是有意做的,那就不能说是正义或不正义。因此他认为决定这个人所做的这种行为是不是正义的,主要看他的动机,看他是不是认识这种行为的目的和结果,是不是有意这样做的。最后他说,不自愿的行为中有些是可以谅解的,有些是不能谅解的,凡是出于无知并且因为无知而造成的过错是可以谅解的,而那些虽然出于无知、却是因为非人性的激情造成的过错是不可原谅的。(1136a5—9)

接着又谈到接受正义的或不正义的待遇是不是自愿的问题。他说,有人认为接受正义的待遇全都是自愿的,也没有根据,因为也有人接受正义的待遇时并非出于自愿。(1136a22—23)而在做不正义行为时是明知所伤害的是什么人,以什么手段和方式以外,还要加上"违背了那人的意愿",因为任何人都不会自愿接受不正义的待遇的。(1136b3—6)

他又讨论了两个问题:第一,在分配中当分配者给予所得者以多于他应得的东西时,是谁做了不正义的事情? 他认为做不正义的应该说是分配者,而不是被分配的多得者,因为不正义的起点是在行为之中,所以它是在于分配者,而不在于接受者。(1136b15—27)第二,人是不是可能对待自己不正义? 他说有些人认为做不正义的事情是自己能够控制的,因此做正义的事情很容易;但实际并不是这样,比如和邻妇通奸、殴打伙伴、行贿等行为是容易由自己控制的,可是形成做这类事情的品质习性却是不容易由自己控制的。同样的有人认为知道什么是正义和不正义并不需要多少智慧,因为了解法律规定的事情并不困难;但是这样认识正义和不正义实际上只是靠机遇。要真正知道怎样行事才是正义,是比知道怎样才能恢复健康更为困难。在医疗方面知道什么是蜂蜜、什么是酒、什么是熏炙、什么是开刀等等是容易的;然而怎么运用它们来治病,用在什么人身上,在什么时候怎样使用,就只有医生才知道。所以一个正义的人也可以作出不正义的事情,如与邻妇通奸、打人等等,一个勇敢的人也难免抛弃武器或者逃跑。做这类事情是一种品质习性,正如医生治病并不在于他是不是动了刀或用了药,而是在于他以习惯的方式治病。(1137a5—25)

他将行不行正义的事最终归于一个人的品质,所以最后说:正义的行为总是发生在那些分有善,分有得多一点或少一点的人中的。对有些人正义是无论如何也不会过多的;对另外一些不可救药的坏人,在他们看来却是只有害处没有益处的;对别的人只是有限度地有益,这就是普通的人。(1137a26—30)在他看来,不同品质的人分有的正义的多少是各有不同的:最好的人(大概是神)做正义的事情和行为最多,无可救药的坏人却将行正义的事当做是对他有害的,而对一般普通人只能行有限度的正义的事。

他又提出公道(to epieikes,英译 equity),说公道是对法律的补偿和纠正。因为法律是普遍的,但它并不必然完全正确;虽然它对大多数情况都是正确的,却也可能出现例外;因为事实是复杂的,立法者可能有所忽略而出现错误。对法律所缺少的规定加以补充或对法律的缺点加以纠正,这就是亚里士多德所说的公道。因为法律不能适应一切事物,对有些事情还需要特殊规定,正如建筑师使用的弹性尺度,它不是固定不变的。(1137b10—31)亚里士多德所说的实际上就是认为法律尽管是普遍的,但它总有遗漏和缺陷的地方,要由伦理道德加以补充和纠正。所以他说公道和正义并不属于不同的种,它们是相同的,都是好事,是同种的;但他认为公道更有力些,公道优于法律的正义。(1137b7—11)

在讨论了这些问题以后,亚里士多德又回过来说明一个人是不是能对自己做不正义事情的问题。他说,法律规定人不要自杀,如果有人违犯法律伤害了自己,或是由于气愤而刺伤自己,这些都是法律所不允许的,是不正义的。可是,是对谁不正义呢?他认为这不是对自杀的或伤害自己的人不正义,不是对他自己不正义,而是对城邦不正义。谁也不会自愿忍受不正义的待遇,因此城邦要惩办那些自我毁伤的人,因为他对城邦做了不正义的事情。(1138a4—14)

他说,一个人做不正义的事情只是在这件事情上不正义,并不是一切事情上都不正义。一个人不能和他自己的妻子通奸,也不会偷盗自己的财物。(1138a24—28)而且一个人伤害自己,他既是一个受害者同时又是一个害人者;这里的正义和不正义,并不是他自己对自己的关系,而是他自己的一部分对自己的另一部分的关系,正如同主人对奴隶、丈夫对妻子的关系;因此可以和灵魂的理性部分对非理性部分的比率相比拟。所以人能对自己不正义,因为这些部分能够忍受某些违反他的意愿的东西,正如统治者和被统治者之间有正义和不正义的关系。(1138b6—13)

正义是什么?尽管在伦理关系上正义是最常用的一个词,但要为它下个定义却是很困难的。柏拉图在《国家篇》中只是用比喻的方式说明了正义和智慧、勇敢、节制的关系。亚里士多德企图具体说明正义是什么,为它找出两个规定性,一是守法,二是公平;但也还是有问题的。他将道德的正义和法律联系起来考察,虽然他所说的法不仅指城邦公开颁布的法律,也包括习惯等不成文法,但他也承认有好的法和坏的法,只有遵守好的法才是正义。后来他又说明:法虽然有普遍性,但它既是人约定的,难免有遗漏和缺陷,需要由公道加以补充和纠正,可是公道又是什么呢?他只是说了这个抽象的道德名词。至于公平,尽管他企图用几何的和算术的比例加以说明,但人和人之间的关系终究是不能用数学加以计算的。也许只有在交易中的商品价值是可以计算的,但是经济学家在作这种计算时也很难得到真正的正义的结果。

亚里士多德还用人是否自愿的行为来说明正义的内在本性。他认为只有自愿的行为——知道行为的意义、目的和结果的——才能称是正义的或不正义的行为,如果是不自觉的无意作出的行为便只能说是做了好事或犯了过错。

亚里士多德强调正义不仅是个人的行为品德,更是群体中人和人之间关系的品德;他特别提出城邦的正义,即不仅有人和人之间的正义,还有人和城邦之间的正义。他认为统治者容易谋取个人的私利,所以主张城邦宁可用法治而不要人治。他承认法总是人为约定的,但也认为应该有自然的真正的正义。

亚里士多德对于正义提出的这些基本的也可以说是初步的意见,引起后来伦理学上的许多争论。关于正义是什么的问题一直到现在仍在探讨和争论,它像其他哲学上许多重要问题一样,是一个永恒的课题。

## 第四节　友　爱

希腊词 philia、philo、philos 有友谊、亲爱、倾慕、热爱等意思,英文常译为 friend 或 friendship,中文译为"友谊"不如译为"友爱"妥切。

古代希腊的四大美德中虽然不包括友爱,但希腊人是很重视友爱这种品德的,柏拉图前期对话《吕西斯篇》就是专门讨论友爱是什么的问题。亚里士多德的伦理著作中花相当大的篇幅讨论友爱问题,在《尼各马科伦理学》中的8、9两卷都是讨论友爱的,《欧德谟伦理学》和《大伦理学》中也占有相同份额的篇幅。将它们比较一下可以看到:柏拉图在《吕西斯篇》中讨论的是个人和个人如何才能结为朋友,谈到是否要有知识以及相同者相聚还是相异者相聚等问题。可是亚里士多德却将友爱和城邦联系起来,他说:友爱将城邦联结在一起,所以立法者重视友爱更甚于正义,因为友爱可以加强团结,消除仇恨和斗争。(1155a22—26)他认为友爱和正义一样是建立和完善城邦所必需的群体的品德。因此他所讨论的范围也超出单纯的个人和个人的关系,而是涉及各种社会关系,如家庭中的亲子关系、夫妇关系以及主人和奴隶的关系,政治上的统治者和被统治者的关系等等,相当于中国古代所说的伦常关系。其实亚里士多德主张友爱和孔子所说"仁者爱人"的基本精神是一致的,所以从亚里士多德关于友爱的论述中我们可以看到西方古代伦理学说和中国古代特别是儒家伦理学说的异同。

## 一　三类友爱

亚里士多德在《尼各马科伦理学》第 8 卷第 1 章开始时指出:友爱是生活必需的品德,无论富人和穷人、有权的和无权的、老年人和青年人都需要朋友,连同种的鸟兽也要相互友爱。接着便指出:友爱将城邦联结在一起,立法者重视友爱更甚于正义,因为友爱可以加强团结,消除仇恨和斗争。真正做了朋友便无须再讲正义,而对正义的人却还需要加上友爱,真正的正义应该具有友爱的性质。(1155a3—28)

他说,关于友爱有分歧的意见,比如赫拉克利特认为万物都由斗争产生,只有不同的人才能成为朋友;而恩培多克勒却认为只有彼此相似的才能结合在一起。亚里士多德认为他们说的只是属于自然的事物,和我们现在的研究无关。我们研究的只是和人有关的事情,与人的习惯和情感不可分的事情,比如是不是所有的人都可以成为朋友,以及友爱只有一种还是有许多种等问题。(1155a35—b13)在柏拉图《吕西斯篇》中展开争论的"同类相聚"还是"异类相聚"的问题,亚里士多德认为那只是自然哲学家讨论自然事物时产生的问题,和人的伦理道德问题是有不同的。

亚里士多德说明友爱只能发生在人和人的相互关系中,他们有爱也有回报,这种关系是相互的;对于没有生命的事物的爱不能称做友爱,因为它是没有回报的。(1155b26—28)

他提出有三种友爱:第一种是希望对方过得好(善),第二种是为了有用(即相互利用),第三种是为了快乐。他认为后两种都不是为了友爱自身,而是为了有用和快乐,这种友爱都是属于偶性的,难以持久。因为这种情况是变化的,一旦不再令人快乐或不再对人有用时,友爱也就不再存在了。他认为以有用为目的的友爱多见于老年人中,而年轻人凭感情生活,所以青年人友爱的目的往往是为了快乐。(1156a7—32)

在这三种友爱中,他认为只有以善为目的的友爱才是完美的品德,这种友爱出于为了朋友自身，不是出于偶性。只要善不变其为善，这种友爱就能永远维持。这种善是无条件的、绝对的，它可以使朋友彼此得益有用，也可以彼此得到快乐，所以这种友爱是最大的、最好的。（1156b7—24）但他也指出，这种友爱是罕见的，只有经过长期共同生活才能产生这样的友好和相知。（1156b25—29）

他认为在人和人之间总要有某些共同的东西才能彼此友爱，或者有共同的善，可以彼此相助；或者是共同的快乐使彼此愉快；或者是共同的好处，彼此有利可图，他们作为朋友只不过是为了相互利用。（1156b35—1157a15）

他说，那些因快乐和有用而做朋友的人可能都是坏人，也可能既是好人也是坏人，也可能是既不好也不坏的人。除非能占到便宜，坏人是不会感恩的。只有在好人和好人之间才以善作为友爱的目的，不做不正义的事，具有真正友爱的品质。（1157a20—25）坏人可以因为快乐和有用而成为朋友，他们在这方面相似；好人则是为了朋友自身，由于善而成为朋友，这种友爱是无条件的、绝对的。（1157b1—5）

这种好人和坏人的区别就是亚里士多德所说的品质的高下，所以他说友爱是品德，有些是就品质说的，有些是就现实活动说的。有一些人经常生活在一起，可以有现实活动能相互鼓励和帮助；有一些人却相隔遥远，不能现实地这样做，但由于具有朋友的品质，仍旧维持友爱。（1157b6—11）

在第2卷第5章中亚里士多德为品德下定义时说品德是品质而不是情感，品质和情感是不同的。现在他又区别爱好和友爱，说爱好是一种情感，而友爱是一种品质。人对于无生命的事物可以爱好，却不是友爱，因为友爱是相互的，相互的爱必须伴有选择，而选择是出于品质的。希望所爱的人成为好人，是为了他自身，这不是出于情感，而是出于品质。爱朋友的人就是爱自身的善（好），因为好人成为朋友时，也就成为对朋友的善。每一方都是对自身的善，以同等的愿望和快乐回报对方。所以人们认为友爱是相等的，在好人和好人之间这种情况表现得最为明显。（1157b29—1158a1）

他分析在三种不同的友爱中，为快乐而产生的友爱比为有用而形成的友爱更好一些，因为由有用而形成的友爱是到处都要斤斤计较的。有最高幸福

的人可以不需要有用的朋友,但也需要有使他快乐的朋友,因为谁都喜欢快乐而不愿忍受痛苦。(1158a18—25)

他特别指出:无论哪一种友爱都包含着平等(isoteti),朋友之间可以相互得到同样的东西,或是相互愿望同样的东西,可以相互交换,比如用快乐换取有用。虽然我们说过这些并不是真正的持续的友爱,但从它们的相似和不相似处,人们认为是或不是友爱。由于它们有和友爱品德相似之处(一个是快乐另一个是有用,都属于友爱),所以像似友爱,但它们又是会迅速变化的,又不似友爱。(1158b1—11)

### 二　平等和不平等

亚里士多德虽然认为人和人之间的友爱关系应该是平等的,但他所说的philia 不仅包括朋友和朋友之间的关系,也包括其他各种人和人之间的关系,所以他又提出还有另一类友爱是不平等的从属关系,如父亲和儿子、老年人和青年人、丈夫和妻子以及统治者和被统治者的关系都是这样。他说父亲对儿子和儿子对父亲的关系、丈夫对妻子和妻子对丈夫的关系不是一样的,因为他们各自的品德和能力是有不同的,每一个从另一个那里得到的东西也是不同的,也不应该求得相同。如果子女对待父母能像父母对待初生的子女那样,这种友爱就是持久和最优秀的了。他提出在这种不平等的友爱关系中应该有一个比例,如好人应多被爱,有用的和其他情况也应如此。像这样按价值给予的爱就是平等,这是友爱的本质特征。(1158b12—28)他认为各种不同的人的价值是不一样的,按照不同的价值给予不同的爱就是平等。

他又分析认为,在友爱上的平等和在正义上的平等是不一样的。在正义的范围内,平等主要是指价值上的,在数量上的平等则是次要的;可是在友爱关系上,数量上的平等是主要的,价值上的平等则是次要的。这是因为如若两个人在善和恶、财富或别的方面相差过大,他们便不会成为朋友,也不值得交朋友。没有一个臣民想去和君王做朋友,一个平常人也不值得和一个最智慧的人做朋友。要为这些事情找到一个精确的点是不可能的,但如双方距离过远肯定不能保持友谊。(1158b29—1159a5)他认为就"正义"说,每个人的价值都应该是平等的;但是就"友爱"说,因为各人的善恶、地位、财富是不相等的,所以他们相互的友爱关系,在数量上应该是不平等的。

他又提出:友爱更多地是在爱(别人)之中而不是在被(别人)爱之中,母亲不论孩子怎么样,也不想索取回报,总是照样爱她的孩子。所以友爱更多地是在爱之中,那些爱朋友的人受到赞扬,友爱就是朋友的品德。在朋友之间只有这一点可以永久保持。因此在朋友之间尽管有许多不平等的地方,但只要相互友爱便可以成为朋友。平等和相似性能使人友爱相处,尤其在品德上的相似性更为重要,它能保证相互间的友谊持续存在,因为善良的人自己不犯错误,也不容许朋友犯错误。品质恶劣的人或者是相互利用或者是相互取乐,那种友爱是不能持久的。(1159a27—b12)

他又专门讨论友爱中的平等和不平等。他说,开始时讲过有三种友爱:为了善,为了快乐,为了有用。而朋友之间有些是平等的,有些是不平等的。因为不但好人相互可以做朋友,好人和坏人也可以做朋友。虽然基于快乐和有用的友爱有共同点,但朋友之间的相互助益可以有平等的和不平等的。平等的就以爱和其他为依据实现了所需的平等;不平等的则按照高低的差别使之成为比例。(1162a34—b5)

他分析说,以善为基础的朋友们都希望对方好,不会对他所爱的人抱怨和争吵,谁也不会因朋友超越自己而不满,因为这正是他所希望的。在以快乐为基础的朋友间也不会有抱怨,因为双方都得到了自己所希望的东西。只有在以相互利用为目的的朋友间才充满抱怨,因为他们都为自己的益处而利用对方,想在交易中得到便宜;他们认为自己得到的太少,抱怨他的伙伴,无论怎样也满足不了他们的贪欲。(1162b6—21)

他说,正义有两种,一种是不成文的,另一种是见于法律的;以有用为目的的友爱也相应地有两种,一种是伦理的,另一种是法律的。法律规定的友爱是建立在既定的条文和契约上的,是一种等价交换的协议,双方都应遵守。伦理的友爱则没有条文依据,大多数或所有的人期望的虽是高尚,他所选取的却是利益。给予而不望回报是高尚的,但收到回报却是有利的。(1162b22—1163a1)他认为只要有可能,人们便应该对所接受的给予同等的回报,应该从开始便考虑到从什么人那里接受,以什么条件接受;合乎条件的才接受,不合乎条件的应予拒绝。(1163a5—10)他还提出:赠予和回报的价值应以什么来衡量? 他说,如果友爱的目的是有用,那么当然应以收受的利益作为衡量的尺度。因为一个人对朋友有所要求就是要有所得,别人也是为了相应的回报才帮助他,所以提供帮助的大小一定要和回报利益的多少相等。如果回报得更多一些,也就更高尚一些。(1163a10—21)

他说在不平等的友爱中往往出现意见分歧,如果每个人都希望自己得到更多,便会使友爱解体。较好的人认为他应该多得,因为好人应该多分;比较有用的人也这样想,认为对没有用处的人就不应讲平等,他们以为在商业中投入多的人所得也多,在友爱中也应该如此。可是另一方面那些贫穷和低贱的人却认为,朋友之所以是朋友就在于患难相助,不然便不是好朋友。亚里士多德认为这两种看法似乎都有道理,每一方从友爱中所得的都应该多于对方;可是所得的东西并不一样,富裕的人得到的应是荣誉,贫穷的人得到的是利益。(1163a24—b5)他认为在城邦事务中也是这样,一个人不能在公共事务中既得到钱财又得到荣誉,所以对在钱财上受到损失的就给予荣誉补偿,对贪婪钱财的则给予钱财的满足。他认为这样就既做到了各取所值,保全了友爱,还可以使不平等的友爱得到平衡。友爱所要求的是尽其所能,而不是报其所值。因为不可能在一切情况下都得到应有的回报,如对神和祖先的祭祀就不能报其所值;一个尽自己所能帮助别人的人被认为是一个高尚的人。所以按照习俗,不允许儿子不认父亲,但允许父亲可以不认儿子,因为儿子对父亲所欠的债是偿还不尽的;但除非儿子过度地恶,否则谁也不主张赶走儿子,因为作为人不能拒绝帮助别人。他批评说,许多人只想受到好的待遇,却不肯做好事,认为它是无益的。这种想法是错误的。(1163b5—28)

亚里士多德认为友爱双方的给予和回报应该是平等的,但因为各人的价值有高低的不同,所以往往出现不平等的情况。从法律和契约说,双方的交换应该尽量求其平等,但从伦理道德说,应该是要求各尽所能,尽自己的力量为对方多做点好事,而不是要求让自己多得利益,这才是高尚的。因此认为那些不肯做好事只想多得好处的人是低劣的。他提出了利他的伦理原则。

值得注意的是,亚里士多德提出:在穷人和富人的交往中,如果富人给予了钱财,他可以得到荣誉的回报。将这原则推广到城邦事务上,如果一个人从公共事务中得到钱财,便不应再得到荣誉,如果得到了荣誉便不应再贪求钱财。这是他对那些身居高官要职却又贪得无厌的人的谴责。

### 三 城邦和家庭的友爱

亚里士多德所讲的友爱包括各种人和人之间的关系,第8卷第9至12章论述社群——主要是城邦和家庭中的人和人的关系。这种关系也就是中国伦理思想中所最强调的人伦关系。从亚里士多德对这些问题的分析论证,也可以看到中西伦理思想的不同。

他说,在所有社群(koinomia,英译 community)中都有友爱和正义。正如在同一条船上的旅客、同一队伍中的士兵,由于他们有共同的事业所以成为朋友。这种友爱有的多些,有的少些,有的深些,有的浅些;在彼此关系中也就存在正义和不正义的问题。所以在社群中也同样有友爱和正义的问题。(1159b25—1160a8)

他说,所有社群都是政治的社群即城邦的部分,因为城邦是为了人们的共同福利而产生和维持的,这也是立法者要实现的目的。其他社群无论是水手、军队或氏族的共同活动都要服从城邦,城邦要关心全邦生活的整体福利。(1160a8—28)

他接着讨论各种政治制度。他说有三种政治制度,它们又有各自的蜕化形式。这三种政治制度是:

第一,王制(basileia,英译 monarchy),亚里士多德说它是最好的,它的蜕化便是僭主制(tyrannis,英译 tyranny)。二者都是个人专制,但有很大不同。僭主是专门为自己谋福利,君王却为臣属谋福利,因为他自己已经具备了一切善,别无所求,他不会再去追求自己的利益,僭主却只为自己寻求好处。最好的对立面就是最坏,僭主制是最坏的。(1160a36—b10)

第二,Aristokaratia,这个词一般译为"贵族制",希腊文这个词的意思是由出生高贵的身份和有才智的人担任统治①,在本书第二卷讨论过这个问题,简单说来,如果将它理解为出生于高贵的家族便可译为贵族制,如果理解为赋有最好的品德的人便可译为贤人或好人政治。柏拉图和亚里士多德使用这个词时显然是指后一种意义,所以我们译为贤人政制,以免由此推出他们是"反动的奴隶主贵族的思想代表"的结论。亚里士多德说由贤人制蜕化为寡头制(oligarchia,英译 oligarchy),少数人长期统治,把财富看得高于一切,将好处都归于他们自己。(1160b13—17)

第三,Timocratia,这个词在柏拉图的《国家篇》中说它的特点是好胜争强,贪图名誉,相应于斯巴达的政制(545A)。所以在本书第二卷中我们译为"荣誉政制",但在这里亚里士多德却说它们是由一些富有资财的人统治,似乎应称为 timocratia,但多数人习惯将它们称为 politeia。(1160a34—36)这里的 timocratia 就不是柏拉图所说的荣誉制了,我们按苗力田译为"富豪制";这里的 politeia,原来就是城邦国家,《洛布古典丛书》本译为 Republic,我们译为共和制。亚里士多德说共和制蜕化为民主制(democratia,英译 democracy),富豪制(共和制)和民主制有相同点,都是由多数人参与决议,富豪制认为一切有财产的人都是平等的,所以由富豪制蜕化为民主制的变化是最小的也是最容易的。亚里士多德认为在这三种蜕化形式中,民主制的坏处最少。(1160b17—23)

亚里士多德对这三种政制的排列依好坏次序是:王制——→贤人制——→共和制(富豪制)。而三种蜕化制度依次为:民主制——→寡头制——→僭主(暴君)制。亚里士多德的这个看法和柏拉图在《政治家篇》(300D—303B)中的看法是基本一致的,不过柏拉图将原来的三种政制说成是"守法的",而将三种蜕化政制说成是"不守法的"。②

亚里士多德将家庭关系和国家相比,他说父亲和儿子的关系就像王对他的臣民,王国的人民希望王像父亲关心儿子一样关心人民;可是在波斯,父亲

①　参见《希英大辞典》,第 241 页。
②　参见本书第二卷,第 936—937 页。

却像暴君，像对奴隶一样对待儿子。主人对奴隶的统治就是暴君式的，一切都是主人得利。丈夫和妻子的关系是贤人式的，丈夫按照他的价值统治，做他应该做的事情，而将适合于妇女做的事情交给妻子去做，如果丈夫统治一切就成为寡头，违反了他的所值。有时妇女作为继承人进行统治，这不是基于品德而是基于财富和能力。兄弟间的关系像共和制，除了年龄有差别外他们都是平等的。而民主制却像是无人做主的家庭，其中各个成员都是平等的，统治者软弱无力，每个人各行其是。（1160b23—1161a9）

他分析各种改制和家庭中的友爱和正义。王对臣属要很好地照顾他们，让他们行为优良，像牧人照料羊群那样。这种友爱是父亲般的，不过父亲给予的更多一些，除了生育以外还要哺养和教育。他认为父亲对儿子、祖先对后代、王对臣民的友爱都是这样，所以也要崇敬祖先。他们之间也有正义，但不是双方相等，而是各取所值。他们的友爱也是这样。丈夫对妻子的爱相当于贤人制的，以品德为基础，较好的人所得较多，各人得到相应的报偿，他们之间的正义也是这样。兄弟之间的友爱类似于伙伴关系，他们是平等的，而且年龄相近，情感习性相同，所以类似共和制的友爱。而且全体公民都力求成为平等和高尚的人，所以轮流执政，权力平等，他们的友爱也是这样。（1161a10—30）

他认为在蜕化的政制中友爱和正义是稀少的，越坏的政制中越少。在统治者和被统治者之间没有共同之处，没有友爱和正义。在技工对工具、灵魂对肉体、主人和奴隶之间就是这样；对牛和马是这样，对作为奴隶的奴隶也是这样，因为他们之间没有共同的东西。奴隶是有灵魂的工具，工具是没有灵魂的奴隶。（这句话常被引用，以说明亚里士多德是"反动的奴隶主贵族的思想代表"，但是亚里士多德接着又讲了后面一句话，却似乎没有人知道和引用了。）作为奴隶，对他是没有友爱的；但奴隶作为人，对于一切都服从法律遵守契约的人，他们之间有正义，作为人当然也有友爱。在暴君制下既没有友爱也没有正义，在民主制下则友爱和正义最多，因为公民是平等的，他们之间有许多共同的东西。（1161a31—b10）生活在奴隶制时代的亚里士多德，像所有奴隶主一样，将奴隶看成是工具，是有灵魂会说话的工具；亚里士多德的可贵处在于他指出:奴隶作为人,是服从法律遵守契约的人,因此他们也应享有正义和友爱。

他又专门论述亲属关系的友爱。他说亲属的友爱是多种多样的,都依存于亲缘关系。双亲将子女当做自己的一部分,子女则将双亲当做自己的根源。双亲对子女所知的比子女知道双亲更多一些,双亲对子女的爱也比子女对双亲的爱更多一些;因为子女是属于双亲的部分,正如牙齿、头发等东西一样,而双亲却不属于子女,至少在程度上要少一些。双亲对子女的爱在时间上更长,从他们出生起就加以照顾,而孩子要经过一段时间才懂得爱父母。所以母亲更爱他们的孩子,因为他们是从她自身分离出来的。兄弟姊妹相互的爱自然出于双亲,这是他们关系的同一性,血缘相通,骨肉相连,他们是同一的不过是互相分离的个体而已。叔伯兄弟和其他亲属也是这样,因为他们出于同一祖先。所以后代对祖先的爱是对善和尊长的爱。这种爱比没有亲属关系的友爱能给予更多的快乐和帮助,因为他们彼此间有更多的共同点。在有共同性的人们中都有这些特点。兄弟们出于同源,生下来就相互关心,并且一起长大,受同样教育,性格也就相近,他们间的友爱经得起长时间考验,最为可靠。(1161b11—1162a15)

其他亲属的爱由于远近的不同而不同。丈夫和妻子的爱是出于自然的,人需要配偶超过需要城邦,所以家庭先于城邦。各种动物都要繁殖后代,而人的同居不仅是为了生儿育女,还为了生活有共同的需要。男人和妇女的功能不同,他们需要相互帮助,各自将自己的特长投入共同生活中去。因此夫妻的友爱既有助益又有快乐;如果他们的品德高尚,就是善的。孩子是夫妻共同的,他们将父母联系在一起,没有孩子就容易离异。(1162a15—33)

亚里士多德对城邦国家和家庭中的各种人和人的友爱关系作了分析论述。在中国古代伦理思想中,君臣关系、父子关系、夫妻关系是最重要的伦常关系,封建道德甚至将这三种关系同等看待,所谓"君为臣纲,父为子纲,夫为妻纲"。而亚里士多德却将这三者区别开来了,说明这三者各自不同的内容和特色。在城邦国家中他依据各种不同的(包括好的和蜕化的)政制,说明它们各自的统治者和被统治者的关系。他在《伦理学》中说得比较简单,《政治学》中还要详细论述。对家庭中的父子关系、夫妻关系也作了分析论述。虽然他这些论述从今天的伦理观看，可能不过是观察人事得出的老生常谈；但和中国古代伦理思想稍加比较可以看到：第一，他是强调人和人之间应该彼此相爱的，philos 就是爱，这和孔夫子说的"仁者爱人"的精神是一致的。不像后世儒家强调伦理的"差等"关系、等级秩序。第二，亚里士多德虽然也论及自然血缘关系，但他主要是用城邦的友爱关系解释家庭关系，而中国的传统伦理则立足于自然血缘关系，建立家庭伦理，并将国家视为放大的家庭伦常关系，用家庭关系解释国家关系。第三，亚里士多德提出人和人之间应该是平等的，即使是各人的天赋和能力以及事业价值上有高低之分，这种不平等也应该在给予和回报上尽量求其平等。奴隶即使是会说话的工具，但他们作为人也应该是享有友爱和正义的。认为人作为人应该是相互平等的。当然不能说亚里士多德已经明确地提出这样平等的思想，但至少他也是第一个提出这种论证的哲学家。第四，亚里士多德对于这些伦理关系是作了逻辑的分析和论证的，体现了分析理性的精神；在中国古代伦理著作中尽管有许多深刻的洞见，却往往缺少逻辑的分析和论证，主要是依凭直觉的领悟和对文献（文本）的解释。

## 四 友爱的内在本性

人和人之间的友爱关系是怎么形成的？《伦理学》第 9 卷第 4 至 8 章讨论这个问题。

亚里士多德提出：规定友爱的标志应该是看人是怎样对待他自己的。一个人希望朋友好，并且以实际行动为他们做好事，即使对吵过架的朋友也是这样；经常在一起，有相同的兴趣，共同感受悲伤和欢乐，有像母亲对孩子那么多的情感。可以用这些方式来规定友爱，而这些也正是好人对待自己的方式。任何人只要认为自己是好人便都会这样，品德和善便是这些关系的尺度。这样的人全心全意地希望自己好，并且全力去做它，目的是为了善自身。他热爱生活，因为生活是美好的，如果要让他不这样，他再也不愿意。好人愿意自己生活，以此为乐；过去的回忆使他欣慰，未来的希望使他快乐，心上充满了思辨。亚里士多德认为好人对自己就是这样的，他对待朋友也应是这样，因为朋友就是另一个他自身;而在朋友那方面也是这样来对待他。这样的关系就是朋友之间应该具有的关系。(1166a1—33)他说,这种情况即使在道德低下的人那里,大多数也是这样;但在最坏的人和罪犯那里却不是这样,他们会和自己发生分歧,他们所想的是一种东西,而实际所求的又是另一种事情,就像那些没有自制能力的人那样,他们选择的是和善相反的东西,表面上可以得到快乐,实际上却是有害的。这样的人想和别人在一起,只是为了忘掉自己,他们没有对自己的爱,也就不会去爱朋友。(1166b2—25)

这里亚里士多德提出了一个很重要的伦理原则,那就是:要像对自己好一样地对别人好,爱人如爱己,这和孔夫子说的"己所不欲,勿施于人"异曲同工。这条被称为伦理学上的"黄金规则",在不同的文化传统中都有表述,孔子和亚里士多德各自以不同的方式表述它。

接着讲善意(eunoia,英译 goodwill)。亚里士多德说善意是一种友好的感情,但并不等同于友爱,因为对不认识的人可以有善意,却没有友爱。善意也不是爱情,因为它没有急迫感和欲求,而且彼此相爱总要有共同点,可是善意却是可以由一方面突然产生的;善意只是一种喜爱的感情,可以没有行动,对人没有实际的好处。(1166b30—1167a3)

但是他认为善意是友爱的起点,正如视觉上的快感是恋爱的起点一样,没有形象上的诱惑就不会有恋爱,但有时单有形象上的快感还不够,只有不在一起时就感到痛苦、急于想见面的才是恋爱。可是如果没有善意就不能产生友爱,一个怀有善意的人只是希望他的对象好,却并不对他做什么实际的行动。所以可以说善意是尚未产生作用的友爱,发展下去有了接触便成为友爱。但是他也指出:如果是贪图好处,享受快乐,这不是善意。对受到好处而给予公平的回报,这是善意,然而如果为了贪图回报而做好事却不能说是善意,正如为了某种利益而去照顾他人的人,不能算是朋友一样。总之善意是由某种优秀品德和价值产生的,当一个人表现出优美、勇敢等等时才会发现它,就像在竞赛时那样。(1167a4—21)

善意是友爱的起点,除此之外,亚里士多德又提出同心一致(homonoia,英译 unanimity 或 concord)也是一种友爱的关系。但是他说这个同心并不是意见相同，因为不相识、心智不同的人也可以有相同的意见；也不是认识上的一致，像对天体的认识一致那样。他说这个同心一致是在城邦事务上公民们对利益有相同的意见，选择相同的行为，作出共同的决定。这就是在实践问题上的同心，如在城邦中要选谁为领袖，是不是和斯巴达结盟等重大问题上的同心一致。如果像腓尼基那样各人有自己的看法，就要发生争论。他说所谓同心并不是要求大家在同时想同一件事情，只要和同一件事情有关就够了，比如平民和富人都想由一个最好的人来领导，这样大家都满意。所以同心是政治上的友爱，这关系到公民的福利，影响他们的生活。（1166a22—b4）

他说这种同心只存在于好人之间，因为好人期望的是正义和幸福，为此而共同奋斗。至于坏人，只想多占便宜，少花力气，总是强迫他人，引起争吵，是不会有这种同心的。（1167b5—16）

他又将给予友爱的人和接受友爱的人相比，认为给予友爱的人更爱接受者。有人将他们和债权人和债务人的关系相比，债权人真心实意希望自己的债务人安全，他可以得到回报，而债务人却希望他的债权人不存在更好。亚里士多德认为这个比拟不妥，因为债权人对债务人并不友爱，只是希望他能偿还贷款；而给予友爱的人对接受者则是充满友爱和热望，即使这对他毫无用处。他说这种友爱正像技艺家和诗人对待自己的作品一样，是可贵和可爱的。（1167b17—1168a6）

而且这种给予友爱的行为是高尚的，被人接受能使他感到快乐；而接受者却不同，接受似乎不是什么美好的东西，有的只是占便宜，所以接受者并不感到快乐。而对给予者说，给予正像诗人的创作一样是一种现实活动，现实活动使人快乐。对将来的希望使人快乐，对过去的回忆也可以使人快乐，但最令人快乐的还是现实活动，这也是最可爱的。爱是主动的，被爱是被动的，所以友爱及其伴属的东西都是那些比较主动的人的属性。（1168a10—21）

亚里士多德指出：欢乐、快乐也是形成友爱的一个因素，将给予人友爱比做技艺家和诗人创造作品一样，可以从中得到乐趣。友爱这种现实活动是高尚的，它最令人快乐，是最可爱的。所以朋友双方都应该采取主动，给对方以友爱。

他又讨论友爱和爱自己——"自爱"（philautou，英译 self-lover）的关系。他认为有两种自爱，一种是那些只爱自己的人，他们从来不为别人做好事；一切都只是为了自己，做得越多也就越坏。（1168a28—32）亚里士多德说的是自私的人，因为从某个观点看，自私的人也就是最爱自己的人。而另一方面一个人应该爱他最好的朋友，希望他最好——达到善自身。这种愿望在他对待自己时是经常出现的，一个人最爱的是他自己，应该将这种爱从自身推广到别人。（1168a35—b6）

他说，要将这两种自爱加以区别。前一种自爱者——自私者是那些只想多占钱财、荣誉和肉体快乐的人，他们追求这些东西，你争我夺。他们沉溺于情感即灵魂中的非理性部分，大多数人都是这类人。可是后一类自爱者向往的是正义以及节制等其他品德，想使自己高尚美好。这样的人服从自身中最有权威的部分——理性（nous），正如在城邦中也要服从这种权威的统治一样。这样的自爱也就是能自制的人，按照理性行动是自愿的行动。因此只有这样的人才是真正意义的自爱者。他们和前者的不同在于：他们是按照理性生活，向往的是高尚的行为；而前者是按照情感生活，向往的只是对己有利的东西。（1168b13—1169a7）

他认为在一个社群中，热心于高尚行为的人应该受到普遍的赞扬和尊敬。如果大家争着去做高尚的事情，共同的事业就会完满实现，每个人自身也就得到最大的善。这样的人就是热爱自己的人，他做高尚的事情帮助他人也就使自己得益。这样的人为朋友、为城邦尽心尽力，他鄙弃金钱和荣誉，必要时甚至不惜自己的生命，只为自己求得高尚。他们才是真正的自爱者。而那些坏人追从自己的邪恶的感情，既伤害了别人，又伤害了自己，他们并不是爱自己的人。（1169a7—b1）

亚里士多德不但提出了要像爱自己一样地爱别人的原则，而且还从善意、同心一致、主动给别人以爱等方面说明友爱的内在性质。特别值得重视的是他将在政治的重大问题如决定城邦领导人以及战争还是和平等问题上的同心一致也作为构成友爱的一个因素，可见他的伦理学和政治学有密不可分的关系,友爱成为他理想城邦政治制度的一种基本伦理价值。

＊　　　＊　　　＊

在柏拉图的前期对话中讨论过什么是勇敢,什么是友爱,什么是节制等等,经过反复辩驳都以不能得到积极的结果而告终。后来在《国家篇》中虽然对什么是正义作出了正面的回答,但也只是以比喻的方式说明正义和其他品德——勇敢、节制、智慧的关系,对正义本身并没有作更多的说明。亚里士多德在伦理学中却对这些品德逐个作了正面的说明,回答了它是什么的问题。他说明了每个品德是一种什么样的行为,它可以分为几类,各有什么样的性质和关系,又如何区别好的和坏的、道德的和不道德的行为等等。他是根据经验事实观察人事现象,加以分析论证然后得出这些结论的。尽管他的这些论述中还存在许多问题,引起后人的争论,但我们毕竟得承认在伦理学史上,亚里士多德是对这些伦理品德作出理论说明的第一位哲学家。

亚里士多德构建了一种系统的、社群价值和个体价值相统一的伦理品德论(现在一般译为德性伦理学),对西方后世的道德传统有深远影响,至今仍受重视。如当今美国著名的社群主义伦理学家麦金太尔( Alasdair MacIntyra )就主张继承、弘扬亚里士多德的道德传统,包括他的品德论,使之与现代实践的合理性相结合,统一社群价值和个体价值,以克服 20 世纪西方流行的道德相对主义和道德怀疑主义所造成的弊痛。①

---

① 麦金太尔的论述,参见《德性之后》,中译本,第 2、117—118、191 页。

# 第二十章 ❀

## 伦理和智慧

　　智慧在古代希腊被列为四种主要品德之一,将伦理问题和智慧、理性联系起来,是从苏格拉底开创的理性主义传统的重要特征。在柏拉图的《国家篇》中将智慧和正义、勇敢、节制这四种伦理品德并列地加以讨论。亚里士多德一方面继承苏格拉底—柏拉图的传统,认为智慧——理性在道德行为中起指导作用;但另一方面他又将实践知识和理论知识区分开来,认为它们是不同的。因此他在《尼各马科伦理学》第6卷中分析理性灵魂的各种能力,提出一个"实践智慧",认为它是和理论智慧有所不同的。在《大伦理学》中有这部分思想的摘要(第1卷第34章),而在《欧德谟伦理学》中却没有论述这部分思想的内容。

　　《尼各马科伦理学》第10卷被学者们认为是亚里士多德伦理思想的一个重要的总结。它的前半部分是专门讨论有关快乐问题的,他既批判了认为快乐就是善的说法,也不同意说快乐是恶,他分析了各种不同的快乐。然后在后半部分回到他最初提出的最高的善就是幸福的思想,将幸福和快乐联系起来,认为只有进行哲学的思辨才是真正的快乐,才是人生最大的幸福。这样,亚里士多德作为一位哲学家,提出了追求真理是人生最大价值的崇高目标,以知识自身作为追求知识的目的。历史上有多少哲学家和科学家为了这个目标孜孜不倦地奋斗了一生,甚至为此献出了自己的生命。

　　本章综合论述《尼各马科伦理学》第6、10两卷。

## 第一节　理性和伦理

### 一　理性和欲望的结合

《尼各马科伦理学》第 6 卷第 1 章开始说：已经说明在伦理行为中应该选择中道，既不要过度也不要不及。而中道是根据逻各斯(这个 logos 英译有的作 right rule，有的作 right principle，即正当的规则或原则，苗力田译为"正确的原理或理性")来决定的。亚里士多德说：伦理品质像其他东西一样都有一个目标，认识逻各斯的人迟早都要以此为标准。中道是过度和不及的居间者，就是以逻各斯为标准的。他认为这样说虽然是真理，但并没有说明问题，能这样说的人并不就是智慧。正像一个人如果只知道要按照医术所教导的那样去做，却不知道如何处理病人的疾病一样。所以还应该说明这种逻各斯是什么，它的标准是什么。(1138b18—34)以下他说明这种作为伦理标准的逻各斯是什么。

他说，我们已经将灵魂的品德分为两种，一种是伦理的品德，另一种是理智(dianoia，英译 intellect)的品德。前一种伦理的品德已经讨论过了，现在讨论理智的品德。已经说过灵魂可以分为两个部分，理性的和非理性的(这里用的是 logon 和 alogon)。理性部分可以再分为二，一部分是以考察不变的东西为本原的，另一部分是以可变的东西为本原的。相应于不同种的对象，灵魂中也有不同种的部分，人们总是以某种相似性去认识对象的。在理性部分中再将一部分叫做认知的(epistemonikon)，另一部分叫做推算的(bouleuesthai)，也就是考虑的(logizesthai)。因为不能变化的东西是无须推算和考虑的，所以考虑也应该是理性的一部分。现在我们要确定的是其中哪一部分最好。(1138b35—1139a17)

希腊哲学从爱利亚学派的巴门尼德开始将永恒不变的"是"作为理性知识的对象，是真理，将变动的具体事物作为感性知觉的对象，是意见；将不变和变、理性和感觉、真理和意见截然对立起来。柏拉图在前期对话直到《国家篇》都接受这种划分,但在后期对话中开始认识"动"和"不动(静止)"、"是"与"非是(现象)",以及认识论中的"知识"和"感觉"、"真理"和"意见"并不都是绝对对立的。① 亚里士多德在这里明确指出:理性认识可以分为两部分,一部分以不动的本原为对象,另一部分以变动的本原为对象。因为他要探讨的是伦理的行为和对象,它们都是个别的变动的,而不是普遍的不变的,然而它们又是受逻各斯——理性指导的,并不完全是非理性的。所以他将理性又分为两部分,一部分是认知的,相当于原来意义的知识,是理论的或思辨的知识(episteme),一般译为科学知识;另一部分他叫做算计的或考虑的理性,也就是指导伦理选择的理性。

他说:伦理品德是和灵魂的功能(作用)有关的。灵魂中有三种东西是控制行为和真理的,那就是感觉、理性和欲望。他说,在这三者中感觉不是伦理行为的起点,因为很明显,动物有感觉却没有伦理的行为。(1139a18—21)他这里讲的"理性"原文是 nous,《洛布古典丛书》本对此作了个解释:这里的 nous 是指通常的哲学意义即理智(intellect)或作为整体的"灵魂"的理性部分,它的作用是 dianoia,一般说的"思想"。② 但亚里士多德使用 nous 这个词时有时有不同的意义,以后再作说明。

他认为伦理品德是一种有选择的品质,凡是在思想中肯定或否定的东西,也就是在欲望中要追求或逃避的。选择就是经过算计和考虑的欲望,如果选择是好的便必须思想是真的而欲望也是正确的。这样思考的便是实践的真理。而思辨的理论的思想却既不是实践的也不是创制的,它的好与坏只和真与假相一致,可是实践思考的真理却要和正当的欲望一致。(1139a21—31)他认为理论思想的好或坏就是看它是真的还是假的,凡是真的(也就是和对象一致的)就是好的,反之,和对象不一致的就是假的、错误的。然而实践思考的真理却不仅是这样的真和假的问题,而是要看这种实践的欲望——它要达到的目的是不是正当的,凡是正当的欲望就是善的,不正当的欲望就是恶

---

① 参见本书第二卷"柏拉图后期的哲学思想",第918—924页。

② 参见《洛布古典丛书》,《亚里士多德的〈尼各马科伦理学〉》,第328页注 a。

的。因此理论知识是要判断它是真还是假,实践真理却要判断它是善还是恶。亚里士多德将理论真理和实践真理区分开来了。

因此伦理行为是一种实践,是理性和欲望二者的结合。他说,行为的原因(指动因,不是目的因)是选择,而选择的原因是欲望和考虑到目的的推理(logos)。所以选择既离不开理性(nous)也离不开作为一种情感状态的伦理品质,它是思想和品质结合的产物。思想自身是不能使任何事物运动的,只有要达到某种目的的思想才是实践的。这种实践的思想是创造活动的动因,每个创造都是为了某个目的而创造,并且不是为了笼统的目的,而是为了某个特殊行为的特殊目的。良好的行为就是欲望要达到的目的。所以选择或者是有欲望的理性(nous),或者是有思想的欲望。而这种活动的本原就是人。(1139a31—b6)亚里士多德认为在灵魂的三种功能中,控制和决定伦理行为的是理性和欲望。这里的理性就是要推算和考虑,欲望则是确定所要达到的目的;为了达到这个目的,需要推算和考虑,进行推算和考虑则是为了达到这个目的。这就是亚里士多德所说的伦理的理性。

## 二 理性的几种形式

亚里士多德的《论灵魂》在本书第二编"自然哲学"中已经详细论述过了,那里主要研究灵魂本身的问题,即灵魂的定义,灵魂与肉体的关系,前人关于灵魂的学说,以及灵魂的各部分及其统一性问题。在研究灵魂的部分时,亚里士多德主要研究了五种感觉机能,仅在最后的第3卷中讨论了想象、消极理性和积极理性的问题。《尼各马科伦理学》第6卷第3章起他分析灵魂的各种理性能力。他说:灵魂通过肯定和否定而获得真理的方式有五种:1. 技艺(techne,英译 art),2. 知识(episteme,英译 knowledge,也有译为 scientific knowledge,即理论的、思辨的或译科学的知识),3. 实践智慧(phronesis,罗斯等英译 pratical wisdom,《洛布古典丛书》本译为 prudence,苗力田译为"明智"),4. 智慧(sophia),5. 理性(nous,罗斯译为 intuitive reason,直观理性,也有径直译为 intuition 的,《洛布古典丛书》本译为 intelligence,苗力田译为"理智")。他说判断和意见不包括在内,因为它们是可能有错误的。(1139b16—

17)除了实践智慧将在下节专门讨论外,现在先介绍他对其他四种形式的论述。

(一)知识(episteme,思辨的、科学的知识)。

亚里士多德说,如果我们严格地而不是以近似的方式说,知识显然有以下这些特点:第一,它的对象是不能变动的,不能不是如此的;如果它不是如此,我们就不能知道它究竟是"是"还是"不是"。第二,它的对象是必然的永恒的,凡是必然的东西就是永恒的,它是既不会生成也不会消灭的。第三,它是可以传授的,它的对象是可以学习的。正如我们在《分析篇》中说的,凡是可以传授的知识都要从一个已经先有的知识出发,通过归纳或演绎得到。归纳得到的是普遍的知识,是始点,演绎就从这普遍的知识开始。普遍的知识是演绎的起点,它来自归纳。(《后分析篇》71a1—10)第四,知识是可以证明的,并有另一些限定的特征,这在《分析篇》中有所辨明(《后分析篇》71b9—23),因为只有当人有了某种信念并且已经知道了始点(本原、前提)时,他才能有知识;如果他只知道结论,而没有知道上述始点和证明等,那么他有这种知识也只是偶然的。(1139b18—35)由此可见他所说的知识就是理论的、思辨的、证明的知识即科学知识,他在逻辑著作和《形而上学》中多次谈到这些特点。

(二)技艺(techne)。

他说,变动的事物是可以制造、可以实践的。创制和实践是不同的,因为实践所具有的逻各斯品质不同于创制所具有的逻各斯品质,二者并不相互包容,实践不是创制,创制也不是实践。建筑术是一种技艺,它是一种能制造的逻各斯品质,任何技艺都具有这样的品质,技艺和能创制的品质是同一的,它包含一个真正的逻各斯(推理)过程。因为一切技艺都和事物的生成有关,它们对可以"是"也可以"不是"的东西如何生成的问题进行思考和设计。它的始点(本原)是在制造者的思考中而不是在被制造的事物中。凡是必然"是"的东西都不是生成的并且和技术无关;凡是自然"是"或生成的事物也是这样,因为它们的始点是在自然之中。既然创制和实践不同,技艺就是创制而不是实践。在某种意义上说,技艺是一种机遇。所以他说,技艺是关于创制的逻各斯品质,它的推理是正确的,而无技艺的品质的推理往往是不正确的。它们都和变动的事物有关。(1140a1—23)技艺和知识不同,知识的对象是永恒不动的,技艺的对象是变动的、可以"是"也可以"不是"的事物,技艺就是制造这些事物使它们生成的。亚里士多德认为生成的事物有两类,一类是自然生成的,另一类是人工制造生成的。自然生成物的本原在自然之中,他认为是同类生成的如人生人。而人工制造物的本原是在制造者之中,即制造者要思考和设计如何使它生成,这里有个推理的过程,亚里士多德在《形而上学》Z 卷第 7 章 1032b1—23 中有过详细的论述。在《伦理学》中他将这说成是逻各斯(理性)的品质,这种推理过程如果是正确的就是技艺,如果是不正确的就是无技艺(atechne),所以他说技艺是机遇,有偶然性,产品差异很大,有好有坏,没有必然的把握。

(三)理性(nous,直观理性)。

亚里士多德在第 6 章中对于 nous 讲得很简单,他说:(思辨的)知识是普遍必然的,结论是要证明的,是从第一原理(即始点 arche)得来的,因为知识总是推理(logos)的。但第一原理却不是从知识得来的,也不是从技艺或实践智慧得来的,因为知识所认知的是能够认知的,而技艺和实践智慧都是和变动的东西有关的。第一原理也不是智慧的对象,因为哲学家(爱好智慧的人)也是要证明一些东西。如果我们要从变动和不变动的东西得到真理而不犯错误,只能是通过知识、实践智慧、智慧和直观理性这四种,可是其中三个——知识、实践智慧和智慧都不能得到第一原理,那么,唯一只有直观理性才能认识第一原理了。(1140b31—1141a8)这种直观理性,也可以音译为"努斯"。

只有努斯才能掌握第一原理,这一点亚里士多德在这里讲得很简单,他在《后分析篇》结尾时曾作过论证,在那里他说:在我们追求的思想中有些始终是真的,另一些则可能是错误的如意见和算计。只有知识和努斯始终是真的,而且除了努斯以外没有其他思想比知识更为精确;因为证明的前提比结论更需要知道;而一切知识都需要推论(logos)。由此可见知识还不能掌握第一原理(前提),既然除了努斯没有比知识更为正确的思想,所以只有努斯才能理解第一原理。(100b5—12)亚里士多德是这样推论的:任何逻辑的、思辨的知识都是通过证明的,而任何证明都从第一原理(最初的前提)开始,这第一原理自身便不是需要证明的,不然便要产生无穷的循环论证了。所以第一原理只能由努斯掌握,努斯不是通过证明,而是直观地掌握第一原理的。亚里士多德的这个说法和柏拉图在《国家篇》中讲的辩证法有相似之处。柏拉图在那里将灵魂的状态分为四个阶段,最高的是理性(nous),其次是 dianoia(英译understanding,我们译为理智)。他认为理智必须假设作为第一原理而推出结论,只有理性才是直接掌握第一原则的。他所说的第一原理就是从"相"到"相"直到最高的"相"。(510D—511C)①柏拉图所说的理智相当于亚里士多德所说的知识。T. Irwin 在《亚里士多德的第一原理》中专门写了一章,指出在亚里士多德的学说中存在着知识和直观之间的矛盾和困难②。限于篇幅不能在这里介绍了。

　　自从阿那克萨戈拉提出努斯以后,希腊哲学家都将它认为是人类最高的精神活动,一般都译为"理性"。但究竟什么是努斯?柏拉图中期对话《斐多篇》中苏格拉底说当他听说阿那克萨戈拉提出努斯以后感到很高兴,但后来知道这种论说又采取机械论解释感到失望。(98B—99B)在《国家篇》中柏拉图认为努斯能认识第一原理就是认识"相"和"相"的关系,也就是他所说的能把握相论的辩证法。可是在后期对话《斐莱布篇》中他将"是"分为四类——无限、有限、这二者的结合、原因,他认为努斯和智慧、知识一起属于第四类——原因,认为它就是灵魂,是安排宇宙的一切,包括日月星辰等天体运动、火水气土等元素以及自然和人类活动的原因。(28C—31A)③到《蒂迈欧篇》柏拉图说创造者——神将 nous 放入灵魂中,将灵魂放入躯体中,这样创造出来的东西才是最完善的。(29D—30C)④在最后的《法篇》的神学中柏拉图则认为推动一切运动的最后的第一原因就是那永恒的自我运动,它又是推动其他事物运动的原因,那就是努斯,就是神。(898E—899D)⑤亚里士多德在《形

①　参见本书第二卷,第 674—675 页。
②　T. Irwin:《亚里士多德的第一原理》,第 134 页以下。
③　参见本书第二卷,第 847—848 页。
④　参见本书第二卷,第 867—868 页。
⑤　参见本书第二卷,第 915 页。

而上学》Λ卷中所讲的神学正是继承柏拉图这方面的思想线索并发展下来的,他认为一切运动的最后的第一原因就是那第一动者,它推动一切而自身却不被推动,它就是神,就是目的,就是最高的善,也就是努斯。本书第二编论灵魂中作过论述。亚里士多德所说的努斯究竟是什么?这是我们能看到的唯一的正面的说法。

(四)智慧(sophia)。

《尼各马科伦理学》第6卷第7章讨论智慧。智慧当然是一种崇高的精神活动,古代希腊泰勒斯等七位著名的人物被称为"七贤",也就是七位智慧的人,哲学就是philosophia,爱好智慧。但是明确地将智慧当做灵魂的一种功能,作为认识的一个阶段的,大约是从亚里士多德开始的。他在《形而上学》A卷第1章将认识分为五个阶段,即感觉、记忆、经验、技艺和知识、智慧。(在那里没有提到努斯这个阶段。)他说智慧是探究第一原因和本原的。他认为人类是为了惊奇才去探求知识的,为了知识自身而不是为其他实用目的而寻求的知识,是更加智慧的。(981b20—982a3)那里说智慧是探究第一原因和本原的,在伦理学中却将这个任务归给努斯了。

但是"智慧"这个词的意义是比较广泛的,所以亚里士多德说,那些技艺娴熟高超的人也被称为有智慧,如菲迪亚斯作为雕刻家,波吕克莱托作为雕像家均被称为智慧的人。但并不认为这种技艺特长就是智慧,因为并不是在某一特殊领域,在有限的方面的知识都可称为智慧,只有全面的最完全的知识才能称为智慧。因此他将智慧的人限定为:不仅要知道由第一原理引出的结论,而且要对第一原理自身具有真理性的认识。所以他认为智慧是努斯和思辨知识的结合,是最高的知识。(1141a9—20)他又说,从以上所说可以明白智慧(罗斯在这里译为"哲学的智慧")就是有关最高本性的东西的知识和努斯。所以人们才将阿那克萨戈拉和泰勒斯等人称为智慧的人,而不说他们是有实践智慧的人。因为人们看到他们对自身的好处是无知的,他们所知道的东西都是非凡的、深奥的、困难的、神圣的,但是没有实用价值的,他们追求的并不是对人有好处的东西。(1141b3—8)

亚里士多德认为智慧——哲学家所寻求的智慧是最高的精神(灵魂)状

态,它高于思辨知识和直观理性,是这二者的结合,是全面的最完全的知识。他认为思辨知识只能认识从第一原理引出的结论,而不能认识第一原理自身;只有直观理性才能认识第一原理,直观理性的认识并不是经过逻辑推论和证明的。在本卷第三编论述亚里士多德的形而上学时,讨论过在他的形而上学中存在着本体论和神学的矛盾,在第三编的"小结"中我们介绍了陈康在《智慧,亚里士多德寻求的学问》一书的结论中对这个问题的见解。陈康根据亚里士多德在《尼各马科伦理学》第 6 卷第 7 章对"智慧"的论述,说亚里士多德认为智慧是思辨知识和直观理性的结合,可是他又认为思辨知识是要从第一原理逻辑推论的普遍知识,它不能认识第一原理自身,只有直观理性才能认识第一原理,这第一原理是特殊的,不是普遍的。所以在亚里士多德的形而上学中既有普遍的形而上学又有特殊的形而上学,前者就是他的本体论,后者就是他的神学。这二者是有矛盾的,因为他认为智慧是思辨知识和直观理性的结合,在这二者中不能抛弃其中之一而将另一项单独地称为智慧。所以智慧既不是思辨知识,又不是直观理性,亚里士多德想将这二者统一起来成为一门单一的学问也没有成功。因此任何想将他的形而上学学说系统化,否认其中存在矛盾的方法必然会引起争议。①

## 第二节　实践智慧

$Φρόνησις$(phronesis)这个希腊词,在本书第一卷论述爱利亚学派的学说时,分析过它的字根 phren 同 nous 的不同:在哲学上,nous 引申为不牵动意志、目的的心灵活动,如积极理性、沉思等;而同心、胸膜相联系的 phren,则引申为牵动意念和追求的理性,所以英文有译为 prudence、pratical wisdom 的。《希英大辞典》将这个词作两类解释:一是广义的指目的、意向、思想、感觉、判断等,二是狭义的指实践智慧(pratical wisdom)和治理事务中的深思熟虑(prudence

———————

① 参见本卷第三编"小结"。

in government and affairs)。① 一般都译为广义的"思想",如赫拉克利特残篇第113"phronesis 是人人共同的"就译为"思想";柏拉图和亚里士多德著作中常用这个词,一般都可以译为思想;西方著名的古典研究杂志 *Phronesis* 也译为《思想》。亚里士多德在伦理著作中使用这个词却给了它特殊的意义,罗斯和《企鹅丛书》、《人人丛书》译本均译为 pratical wisdom,《洛布古典丛书》本译为 prudence,苗力田译为"明智"。为了使它的含义易于理解,我们译为"实践智慧"。

## 一 实践智慧是什么

《尼各马科伦理学》第 6 卷第 5 章专门讨论实践智慧,指出它有几个特征:

第一,有实践智慧的人善于考虑对自己是好的有益的事情,不过不是部分地在某个方面有益,如对健康和强壮有益的事情,而是对整个生活有益的事情。我们也可以将那些对某些方面能深思熟虑的人称为有实践智慧的人,但这些方面并不是为了技艺上的目的。所以一般地说能深思熟虑的人就是有实践智慧的人。(1140a25—31)有实践智慧的人就是能对自己有益的事情加以深思熟虑的人,但对所谓对自己有益的事情,他又加了两点限制:1. 不是对生活的某个具体方面有益的,如对健康有益的事情,而是对整个生活有益的。2. 也可以说是对某些方面有益的,但这些方面也和技艺不同。技艺的目的是要制造某种事物对自己有益,实践智慧的目的却不是要制造别的事物,实践的目的就是它自身,所以实践和制造是两类不同的东西。(1140b4—5)

第二,有实践智慧的人并不去考虑那些不变的东西,因为对不变的东西他是不可能有所作为的。所以实践智慧和思辨知识不同,思辨知识是包含证明的,而证明的第一原理却是不变的必然的。对于不变的必然的东西,人只能认识它而不能对它有所作为,所以有实践智慧的人不思考它们。(1140a32—b4)实践智慧只对那些在生活中经常变动的事情才加以深思熟虑,考虑它们

① 参见《希英大辞典》,第 1954—1956 页。

如何才能对自己有益。

第三,实践智慧既不同于技艺也不同于思辨知识,留下来的便只能说实践智慧是人企求对他自身的好(善、有益)和坏(恶、无益)的合理性的一种品质和行为的能力。他认为像伯里克利这样的人是有实践智慧的,因为他能看到什么是对他们自己以及对一般人有益处的事情,他们善于治理家务和城邦。(1140b5—13)这样亚里士多德对实践智慧下了一个定义,说它就是能正确处理对人自身有益处的能力和品质,像伯里克利这样的人就是有实践智慧的人。

但是这样的定义比较简单,因此他又从各个方面作了补充说明。他说我们也可以说节制是实践智慧,因为节制就是要保持对自己有益的判断,而不是那些不能由快乐和痛苦加以保持或毁坏的判断;像三角形内角之和等于二直角这样的判断是无论你是否喜欢它都不能加以改变的。而人做事情的动因是他所希望达到的目的,如果由于他的喜怒而毁坏了他应该选择的目的,他就会失败,恶就是破坏了这种行为的动因。(1140b14—17)人的实践行为是自己可以选择的,选择的目的就是要对人自身有益。如果能作出正当的选择并加以保持,这就是节制或自制。这不像三角形内角之和等于二直角那种必然的知识那样是人不能有所作为的。

在《尼各马科伦理学》第6卷第7章讨论智慧的时候,他又将实践智慧和智慧作比较,他说,有人认为政治和实践智慧是最优越的,这是不对的,因为人在宇宙中并不是最优越的。对人和对鱼的"健康"和"好"是不同的,可是"白"和"直"却总是一样的;所以智慧总是一样的、普遍的,而实践智慧却是有不同的、特殊的。因为能够看到对他们自己有益的人才是有实践智慧的,是人们可以信赖的。有人说即使动物也有实践智慧,它们也能看到对它们有益的事情。(1141a21—29)实践智慧只考虑对自己有益的事情,因此不同的人的实践智慧是不一样的;人和人之间有不同,人和动物之间更不一样。这里说动物也有实践智慧,罗斯加了一个注,说英文中没有这种说法,只说它们是"聪明的(intelligent)"或"伶俐的(sagacious)",①中文也是这样。政治是考虑对

---

① 参见罗斯编译:《亚里士多德著作集》第9卷,1141a27的注。

全体公民有益的事情的,带有普遍性;亚里士多德认为政治是最高的实践智慧,但还不是(哲学的)智慧。政治和(哲学的)智慧不是一回事,因为政治只对人类有益,而在人类以外还有其他各种生物,如果政治就是智慧,对其他各种生物又有各种不同的智慧,就会有多种多样的智慧了。即使人比其他生物更加优越,但也还有比人更为优越更神圣的东西,更明显的就是那些构成宇宙的天体。(1141a29—b2)政治虽然是最高最普遍的实践智慧,但人类只是生物中的一部分,还有比它更高更优越的天体和神,只有这些才是哲学智慧的对象,所以政治还不能说是智慧。

在说了智慧是非凡的神圣的知识以后,他又说另一方面,实践智慧是对于人的可以加以考虑的事情。有实践智慧的人就是要能深思熟虑,这就是实践智慧最大的功能。但不是去考虑那些不变的东西,也不去考虑那些不能在行为中达到目的的事情。凡善于考虑的人一定是能深思熟虑,以行动取得最有益于人的东西。实践智慧不只是有关于普遍的,它必须能认识特殊的,因为实践总是和特殊事情有关的。所以有经验的人比有知识的人更能实践,如果你只一般地知道瘦肉容易消化更有益于健康,却不认识什么肉是瘦的,便决不会达到健康的目的。实践智慧是有关行动的,所以有关特殊事情的知识比一般原理的知识更为重要,它需要有某种高级的直观的能力。(1141b14—23)这里指出实践智慧的最大功能就是能深思熟虑,思考对人有益的事情,它不仅要有普遍的知识,更重要的是要能认识有关的特殊的事情。因为实践总是和特殊事情有关的,因此特殊比普遍,经验比理论更为重要。这也是亚里士多德指出的实践智慧的一个重要特征。

亚里士多德又专门讨论实践智慧和政治智慧的关系。他说实践智慧和政治智慧的品质是相同的,但它们的本质却不同。在和城邦有关的实践智慧中起统治作用的部分是立法,它的特殊应用才被称为政治,这是由行动和计议来完成的,因为管理政治、执行法令都是以个别活动的方式来进行的,所以只有执行这种工作的人才被说成是参与了政治;这种实践是像手工匠人一样的实践。所谓实践智慧尤其是有关他自己——个人的,这才被一般地称为实践智慧;但是还有其他的实践智慧,有关于家务的(经济的),立法的和政治的,在政治中又可以分为评议的和司法的。认识自己的益处所在是一种认识,它和其他几种认识也是有不同的。也有人认为只有认识他自己的益处的人才被认为是有实践智慧,而将政治家认为是无事忙。就像欧里庇得斯所说的"只要享有自己应得的一份,不必好高骛远"。所以有人认为只要认识自己的益处便是有实践智慧。但是亚里士多德立即指出:如果离开了家庭,离开了城邦,还能有什么自己的益处呢? 他说,关于这个问题还不清楚,还需要再研究。(1141b24—1142a11)亚里士多德认为实践智慧和政治在品质上是相同的,它们都是考虑对人有益的事情;但它们又有不同,这不同只是应用的范围有广狭之分,有对个人自己有益的,有对家庭有益的,有对城邦有益的。有些人认为只有考虑对自己有益的才被称为实践智慧,亚里士多德不同意这种看法,他认为离开了家庭和城邦便没有个人自己的益处,主张城邦的社群价值优先于个体价值。这个问题也就是个人和群体的关系问题,在《政治学》中还要再论述。

亚里士多德说,这点还可以用事实证明:青年能够学习和理解几何学和数学,在这些方面是智慧的,但却不能说他们有实践智慧。因为实践智慧不仅是有关普遍的,而且是关于特殊事情的,这就必须通过经验才能熟悉,青年缺少经验,经验是要长时期才能获得的。有人会问为什么孩子可以学会数学却不能有关于自然的智慧呢? 原因在于数学的对象是由抽象得来的,而其他学科的第一原理是从经验得来的。青年对后者没有信念,只能口头说说而已,数学对象的本质对他们则是容易明白的。再说,在思考中发生错误有两种可能,或者是普遍的,或者是特殊的,我们发生错误或者是由于不知道所有过重的水都是坏的,或者是由于不知道这种特殊的水是特别重的。(1142a12—23)亚里士多德在这里特别强调了实践智慧的对象是特殊的具体的事情,这是必须从经验中才能获得的认识,不像数学那样是可以抽象地推论得到的。所以青年能够成为数学家,却不能说他们具有实践智慧。

第6卷第8章结尾时亚里士多德又作了一个概括性的论述。他说,显然实践智慧不是思辨的知识,因为实践智慧最后和特殊事实有关,这是实践要做的事情。实践智慧和直观理性(nous)也是对立的,直观理性是关于第一原理的,它是不能由推理得出的;而实践智慧是关于最后的特殊事实的,它不是思辨知识的对象,而是一种知觉的对象,可是它又不是某种感官所感到的那种性质的知觉,而是类似于看到我们面前的一个三角形就停止在那里那样的知觉。这种实践的知觉和感官的知识是不同的。(1142a24—31)这里亚里士多德将实践智慧和直观理性作了对比,说直观理性是关于最高的第一原理的,而实践智慧却是关于最后的特殊事实的;但是它又将实践智慧说成是一种知觉(aisthesis, perception),但不是像感官知觉那样的知觉,而是另一种知觉。他所以要将实践智慧说成是一种知觉,因为他认为实践智慧不是思辨推理的知识。这一方面他在第6卷第9至13章中还要再行论述,我们将在以下专门讨论。

实践智慧是亚里士多德在伦理学中提出的一个极其重要的概念,可以说就是他认为的伦理的理性。他不但为它作了正面的规定,说它是人寻求对他自身的好(善,有益)和坏(恶,无益)的理性的品质和行为的能力(1140b4—7);而且还将它和其他几种理性能力区分开来。第一,实践智慧考虑的是对人自身有益的事情,这是变动的特殊的;而思辨的知识却是证明的,它的原理是不变的、普遍的、必然的,所以实践智慧不同于思辨知识,它只能从经验中才能获得。第二,实践智慧和技艺都以特殊的具体事物为对象,但它们的目的不同:技艺是以制造其他事物为目的,而实践智慧却以人自身的有益为目的。第三,智慧是最高的知识,它不但要知道由第一原理推出的结论,而且要认识第一原理自身,它的对象是非凡的、神圣的;而实践智慧和政治智慧却只以人自身的有益和善为对象,所以不能算是最高的智慧。第四,直观理性是以最高的第一原理为对象,而实践智慧却以最后的特殊事实为对象的,它们二者在这点上是对立的。

**二 实践智慧的作用**

虽然亚里士多德作了这么多分析,但究竟什么是实践智慧,它起什么作用? 还是不够清楚的,因此《尼各马科伦理学》第6卷第9至13章他又以多种理性活动来说明实践智慧的作用。(希腊文的术语和中文的相关术语不能一一对应,所以我们只能转述他的主要意思和推论。)

（一）实践智慧是好的谋划。

第 9 章讨论 bouleusthai,这个希腊词有计议、考虑、打算的意思,苗力田译为"谋划"。亚里士多德说谋划是一种探索和算计,所以它不是知识,因为知识不是由探索和算计得来的。正确的知识和正确的意见都是已经规定的肯定的思想,而好的谋划只能说是正确的思想活动,它还没有达到肯定的阶段,无论人谋划得好或不好,都还是在探索和算计之中。（1142a32—b15）

接着他又区别好的谋划和正确的谋划,说好的谋划有正确性,但是并不是所有正确的谋划都是好的,因为不同的人有不同的谋划,不自制的人和坏人所作的算计对他们自己说是正确的,但却可以给他们带来恶和有害,而好的谋划却应该是引出善的结果的。而且好的结果也可能是从错误的推论得到的,推论的中词虽然错了,但还是可以达到他应该要做的结论。（这就是说,谋划的推论中有可能在前提中设置了错误的中词,却得出好的结论。）再说谋划得快和慢并不重要,慢慢地深思熟虑并不一定产生好的结果,重要的是要有好的目的、好的方式和适当的时间。而好的谋划或者是就总的目的说的,或者是就某一特殊目的说的。有实践智慧的人就是能正确处理有助于达到它所了解的目的,所以实践智慧就是好的谋划。（1142b16—33）

亚里士多德认为实践智慧是好的谋划,也就是说它是人对自己的善（好、有益）的探索和算计。它不同于正确的知识和意见,知识和意见是已经肯定的结论,而谋划是还在探索中的思想活动;进行谋划的思想活动方式也不同于形成知识的逻辑推论,它的中词可能是错误的。不同的人对自己的善可以有不同的谋划,不自制的人和坏人认为是正确的谋划实际上可能为他带来的是恶而不是善,所以只有以真正的善（而不是自己认为的善）为目的的谋划才是好的谋划。

（二）实践智慧和了解。

第 10 章讨论 synesis 和 eusynesia。柏拉图在《克里底亚篇》中用过这两个词,synesis 相当于"觉察",eusynesia 相当于"明察"。英文一般译为 understanding 和 good understanding,中文随之译为"理解"和"好的理解"。但 understanding"理解"一般指理性的认识，是希腊文 dianoia，亚里士多德在这里讲的不是这种理性的认识，所以我们译为"了解"和"好的了解"。亚里士多德说，了解和意见或思辨知识是不完全相同的，和某种特殊的知识（如有关健康的医疗知识，有关计量的几何知识）也不同。他说了解既不是对于那些永恒不变的东西的（那是知识），也不是对于那些生成变化的东西的（那是感觉和意见），而是对那些引起困惑，须加以考虑的东西的。所以实践智慧和了解的对象是相同的，但实践智慧又不同于了解。实践智慧是指令性的，它有自己的目的，指出应该还是不应该去做；而了解只是判断性的。所以了解既不是有了或获得了实践智慧，只能说是运用了这种认识能力从而有了了解，对和实践智慧有关的事情作出判断。如果作出好的判断就是好的了解。（1142b34 —1143a18）

亚里士多德将实践智慧这种认识能力的运用叫做"了解"，正像理性能力的运用叫"理解"一样。他说了解的对象既不是永恒不变的东西，也不是生成变动的东西，而是那些引起困惑，需要加以考虑的事情——即如何才能对人自身有益。

（三）实践智慧是对最后的特殊事情的体谅（gnome）。

第 6 卷第 11 章讲体谅，《洛布古典丛书》本加了一个注释，说亚里士多德在这里引申了词义：gnome 原文是判断（罗斯便译为 judgement），引申为 eu-gnomon"好的判断"，意思是"为人着想的"（considerate）判断，再引申为 sug-gnome，"对别人的判断"，就是同情、谅解、宽容。[①] 亚里士多德说体谅就是同情的判断，能对平等的事情作出正确的判别。他说以上讲过的这些品质——谅解、了解、实践智慧和直观理性——可以集中到同一个具有这些能力的人身上，因为所有这些能力都是关于最后的特殊的个别事情的。一个有实践智慧的人就是能体谅、同情地了解别人的人，因为平等是一切好人对待别人的共同关系。他说，所有做（实践）的事情都是最后的特殊的，不仅实践智慧的人必须知道特殊的事实，而且了解和谅解他都和做的事情有关，这些也是特殊的最

---

① 参见《洛布古典丛书》，《亚里士多德：尼各马科伦理学》，第 358—359 页。

后的事情。直观理性在两个方向上都是和最后的东西有关的,因为直观理性的对象是最初的和最后的原理,它们都不是推论出来的,直观理性掌握了证明所需的最初的(第一的)不变的原理,而在实践智慧中直观理性又把握了最后的变动的事实,作为小前提,这是了解的起点。因为普遍只有通过特殊才能得到,因此必须通过知觉,这个知觉就是直观理性。(1143a19—b6)

体谅是实践智慧所作的一种判断,对别人的判断应该是同情的宽容的,因为人和人之间是平等的。实践智慧以及有关的思想活动,无论是谋划、了解和体谅都是实践的人对待特殊的人和事的,不像思辨知识那样以普遍的东西为对象的,实践的对象总是特殊的个别的具体的东西,亚里士多德称之为最后的特殊。但他在这里将直观理性(努斯)也列入这个行列,说它也以特殊为对象,而且它所处理的特殊对象是在两个方向上的,一方面是最高的,是逻辑推理论证的第一原则;另一方面则是实践智慧所处理的最后的特殊,这也是直观理性的对象。

亚里士多德说,以上这些品质被认为是自然赋予的,人自然地能谋划、了解和体谅,却没有人能说人是自然地就有智慧的。我们的这些能力随着年龄而增大,可见其原因来自自然。我们是从经验得到这些非经证明的意见的,因为经验给了我们能看得正确的眼睛。(1143b6—14)实践智慧主要来自经验,不是经过推理知识得来的。

在讨论了实践智慧和哲学智慧,说明它们是属于灵魂的不同部分以后,亚里士多德又提出问题:这些实践智慧有什么用处呢?他说:第一,哲学智慧并不思考使人幸福的事情,因为这是和生成的东西有关的;而实践智慧却要考虑这些事情,因为它和人的正义、高尚和善良有关,这是一个善良的人实践的标志。即使我们知道了这些东西,也未必能做得更好,因为品德是一种品质。我们即使有了关于健康的知识也不见得能做得更为健康。第二,一个有实践智慧的人并不知道伦理的真理,而只是为了使自己变得善良,所以实践真理对那些善良的人没有什么用处,对那些不善良的人也没有用处,因为对于有实践智慧的人和(他们自己没有实践智慧)仅只是服从别的有实践智慧的人之间并没有什么不同。正如在健康的情况中只要我们做要做的事情就够了,并不需要去学习医学知识。第三,这也是奇怪的,虽然实践智慧低于哲学智慧,但它却具有权威,可以主宰和命令去做这些事情。(1143b18—35)他认为实践智慧虽然不能给人以知识和智慧,但能使人在实践中成为正义、高尚和善良的人,给人带来幸福。在行为中要做成某种事情,在这方面他认为实践比理论更为重要,经验比知识更为重要,有实践经验的人才有实践智慧,能起主宰和命令的作用。所以他举医学的例子,因为有丰富的实践经验的医生往往比只有知识却缺乏经验的医生更高明一些。

接着亚里士多德又讨论了为什么如此的理由。他认为:第一,是因为哲学智慧和实践智慧是灵魂的两种不同的品德,在二者之间要进行选择。即使认为哲学智慧能造成幸福,它也不是像医学能造成健康那样的,因为只有健康的活动才能造成健康。哲学智慧也只有当具有了它,并且加以运用时,才能使人幸福。第二,人只有按照实践智慧和伦理品德才能取得成果,伦理品德规定目的,实践智慧选择达到目的的方式。第三,对实践智慧能不能做得更好的问题,还可以再讨论。有些人做了正义的行为却不一定是正义的人,如那些并不自愿或是由于无知或其他原因而服从法律的人,虽然他们也做了好人应该做的事情,却并不一定都是好人。因此做一个好人必须有一定的品质去做各种行为,必然是一种为了行为自身而作出选择的结果。伦理品德使我们的选择正确,但使我们如何进行选择的却不属于品德,而是属于另一种能力。他说有一种能力叫聪明(deinotes),它能做到以上所说的目标。如果目标是高尚的,这种聪明就是值得称赞的;如果目标是坏的,便只是耍耍聪明而已。实践智慧并不是这种能力,但它的行动不能离开这种能力。实践活动的推理也有一个起点,这个起点就是目的和至善。如果不是善良的人就不可能显现至善,而邪恶会歪曲行为的起点。所以显然没有善也就没有实践智慧。(1143b35—1144a36)

亚里士多德认为实践智慧是要通过谋划、了解、谅解以及聪明这些精神能力来进行的,但这些能力却既可能产生好的(善的)行为也可能产生坏的(恶的)行为;因为人有不同的品质,好人以善为目的,坏人以恶为目的。他已经看到在这些伦理行为背后有一个起决定作用的东西,他认为这就是人的品质,只有好品质的人才能以善为目的,具有这种品质的人才是有真正实践智慧的人。从这里我们可以看到后来康德所说的"善良意志"即"良心"的最早雏形。

第 13 章可以说是亚里士多德对实践智慧作了一个概括的总结,说明它的意义和价值。

他说,我们必须再考虑伦理品德的问题,因为这是可以比较的。正如实践智慧和聪明的关系,它们是不同的,却是相似的;严格意义的品德和自然品德的关系也是这样。人们认为各类品德都是自然地属于它们的所有者的,人生下来就有正义、自制、勇敢等品德,不过我们还要寻求另外一种造成严格意义的品德的方式。因为孩子和野兽也可以自然地具有这类性质的品质,可是因为没有努斯反而会成为有害的,像一个强壮的躯体因为缺乏视力在行动时不免误入歧途一样。但如果人们一旦获得了努斯,他的行为就不一样了,就会像它应该是的那样,(正义就是正义,勇敢就是勇敢)成为严格意义的品德。所以,正如有两类意见——聪明和实践智慧一样,伦理品德也有两类——自然品德和严格意义的品德,后者就是包含有实践智慧的。所以有人认为所有的品德都是实践智慧的形式,苏格拉底说所有的品德都是实践智慧,这是错的,但他说所有的品德却离不开实践智慧时,他是对的。现在人们在为品德下定义时,都要为这种品质加上说它是"按照正确的逻各斯(苗力田译为'原理')的",这就是说它是按照实践智慧的。人们认为按照实践智慧的品德是神圣的。还可以再进一步说,不仅是按照逻各斯的品质,而且是有逻各斯出现在其中的才是伦理品德,而实践智慧就是这种事情的逻各斯。苏格拉底认为所有的品德都是逻各斯,说它们都是知识的形式,我们却认为品德是和逻各斯配合一致的。从以上所说可以明显看出,没有实践智慧就没有严格意义的品德,而没有伦理品德也就没有实践智慧。(1144b1—32)

亚里士多德在这里讲清楚了实践智慧的价值和意义。他区分自然品德和严格的真正的品德,说自然品德是生来就有的,即使孩子和野兽也可以说有勇敢、自制和正义的品德,但因为没有正确的指导反而会给他(它)们带来害处,如孩子会因勇敢而失足落水,兽类因勇敢咬人而被杀。亚里士多德说他(它)

们像是没有眼睛的躯体。一旦有了眼睛行为就正确了,这个眼睛就是努斯,也就是实践智慧。他认为哲学智慧是由努斯(直观理性)和思辨知识结合而成的,实践智慧也同样需要直观理性。他所说的严格的或真正的品德就是按照正确的原理——逻各斯的,也就是按照实践智慧的,所以实践智慧就是伦理品德的正确的逻各斯。他批评苏格拉底,认为苏格拉底说所有的品德都是实践智慧(phronesis 这里实际上是广义的,指"思想",因为苏格拉底并没有将它定为实践智慧。)是不对的,因为伦理品德和实践智慧不能完全等同,只能说严格的伦理品德必须是在实践智慧指导下的,是离不开实践智慧的。再进一步说,逻各斯的含义很广,思辨知识的正确原理是逻各斯,实践智慧的正确原理也是逻各斯。苏格拉底说伦理品德是逻各斯时,是说它们是思辨知识(episteme)的形式,而亚里士多德却认为伦理品德只能说和广义的逻各斯有关。总起来说,亚里士多德认为实践智慧是指导伦理品德的正确的逻各斯,这就是后来康德所说的实践理性。

亚里士多德接着又指出:这样我们可以驳斥有人提出的辩证论证,认为这些品德是彼此相互孤立的,同一个人不可能具备所有这一切品德,他可以有这一种品德而没有其他种。他说,就自然品德说可能是这样的情况,但对严格的真正好的人说却不是这样,只要他有了实践智慧,他就获得所有一切伦理品德。显然,即使它们还没有实践价值,我们也应该必然地有它们,因为它们正是我们所探索的这部分品德。如果没有实践智慧,正如没有伦理品德一样,作出的选择就不能正确。因为品德规定了目的,而实践智慧却指导我们去做导向目的的事情。(1144b33 — 1145a6)实践智慧可以说是所有一切伦理品德的主宰,一个好人(有善良品质的人)只要有了实践智慧,便有了所有一切品德,即使这些品德在当时还没有实际使用价值,也应该说这个人已经具备了它们。他还从另一方面说明伦理品德和实践智慧的关系,认为伦理品德为行为提供了目的,而实践智慧却提供了达到目的的手段即作出正确的选择。从这方面也可以说实践智慧主宰了伦理品德。

虽然亚里士多德赋予实践智慧以这样崇高的位置,但他终究还是认为只有哲学智慧才是最崇高的。最后他说,实践智慧不能主宰哲学智慧,它不能高于努斯的更高部分;正像医学只能造成健康却不能主宰健康一样,它只能发出有益于健康的指令,却不能对健康本身发出指令。如果将实践智慧说得过高,那就等于说主宰城邦一切事务的政治术也能够主宰诸神了。(1145a6—11)在亚里士多德看来,实践智慧不能高于哲学智慧,伦理学(政治学是它的最高最完全的部分)也不能高于神学。

## 第三节　快乐和善

学者们认为《尼各马科伦理学》第 10 卷可以说是全书的总结。这一卷共9 章,分为两部分,前 5 章讨论快乐是不是善的问题,后 4 章讨论人的最高的幸福是什么。我们也分两节论述,这一节先论述他对快乐的观点。《尼各马科伦理学》第 7 卷讨论自制和不自制以后,在第 11 至 14 章也是讨论有关快乐问题的,观点和第 10 卷前 5 章基本一致。在同一卷书中分别两处重复讨论同一问题是很奇怪的,有些学者认为第 10 卷原来可能是单独写成的论文,是被编者编在一起的。因为第 10 卷的讨论比较系统,以下按照第 10 卷的讨论进行论述。

有关"快乐是不是善"的问题的争论,在亚里士多德当时已经普遍发生,本书第二卷论述的小苏格拉底学派中,居勒尼学派以阿里斯提波为代表就主张快乐是善,痛苦是恶,提倡享乐主义的快乐论。而以安提斯泰尼为代表的昔尼克学派则和他们相反,主张抑制个人欲望,摒绝一切感性的快乐和享受,实行禁欲主义的苦行。① 苏格拉底倡导理性主义的伦理学,认为一切伦理品德都可以归结为知识。柏拉图的前期对话继承和发展了苏格拉底的思想,在《国家篇》中认为智慧对情感和欲望居于支配和统治地位。但在后期对话《斐莱布篇》中却改变了看法,认为智慧和快乐二者中每一个自身都不能成为善,只有二者结合起来才是善。(柏拉图在《斐莱布篇》中所说的"智慧"是用

---

① 参见本书第二卷,第 477—496 页。

phronesis 这个词,但有时将它和 nous, episteme 混用,可见他还没有将实践智慧和哲学智慧区分开。)但他又区分了真快乐和假快乐,划分了善的等级,还是认为智慧高于快乐,更接近善。① 亚里士多德对快乐的看法很明显是受《斐莱布篇》的影响的。

### 一 几种不同的快乐观

在《尼各马科伦理学》第 7 卷第 11 章开始讨论快乐时亚里士多德说:快乐和痛苦也是政治哲学家要研究的问题,因为可以将它制定为人们判断善恶的一个标准。不仅伦理的善与恶和快乐与痛苦有关,而且许多人认为幸福包含了快乐,"有福"(makarios)这个词来自"享乐"(mala chairein)。(1152b1—7)他说的政治哲学家就是伦理学家,他认为要确定伦理的善和恶的标准便不能不讨论快乐和痛苦的问题。

亚里士多德伦理学着重于教育,尤其是对年轻人的教育。在第 10 卷第 1 章开始时他是这样说的:人们认为快乐是和人性紧密相关的,所以在教育青年时常用快乐和痛苦作为奖惩的手段。应当喜欢什么和憎恶什么,对善良品德起极大作用,它们贯穿整个生命,对品德和幸福生活起强有力的作用,因为人们总是选择快乐而避免痛苦的。(1172a19—26)因此不应忽视快乐的问题,何况对此意见纷纭,有人说快乐是善,有人则相反说快乐是恶。他说在认为快乐是恶的人中有些人是真正认为它是恶,有些人则认为即使它不是恶,说它是恶也有好处,因为大多数人都在孜孜以求,成为快乐的奴隶,所以应该矫枉过正,以求达到中道。(1172a26—34)但是亚里士多德认为这种说法不对,因为在有关情感和实践的事情上,事实比论证更为可靠;真实的理论不仅对认识有用,而且对生活也有用,因为人们相信符合事实的理论,并按照它们生活。(1172a34—b7)

接着他评论当时关于快乐的两种对立的观点,一种是欧多克索(Eudoxus)主张的"快乐是善"的学说。欧多克索是公元前 4 世纪前期人,据

①　参见本书第二卷,第 845—860 页。

说是柏拉图的朋友和学生,是当时著名的天文学家和数学家。他的天文学说是亚里士多德在《形而上学》Λ卷第8章中介绍论述过的,本书第三编论述亚里士多德的神学时曾作过介绍。他的伦理学说是亚里士多德在这里介绍论述的。亚里士多德说,欧多克索看到一切生物无论是理性的和非理性的都追求善(好),所以认为快乐是善,因为被选择的东西总是好的,快乐是被大多数生物选择的,所以是最大的善。人们相信他的说法不单是由于这个论证自身,而且是因为欧多克索品德高尚,被公认为是能够自制的人,不是爱享乐的,既然他这样说,事实大约真是如此。亚里士多德还从反面来论证:痛苦是所有的生物都想避免的,与它相反的东西就是所有的生物都选择的,这就是快乐。他还认为凡是不以其他东西为目的而选择的对象,是更可贵的,而快乐就具有这种性质,因为没有人会问享乐还有什么别的目的,可见快乐就是由它自身而被选择的。他还论证说,将快乐加到别的善的行为如正义和节制上,更能被人接受和选择,可见快乐自身能够增添善。(1172b9—25)学者们认为这里说的欧多克索的思想大概也是居勒尼学派的阿里斯提波的思想。

亚里士多德认为欧多克索的这些论证只能表明快乐是一种善,并不比别的更好一些,当它和别的善合在一起时比单独的它更值得选择。所以柏拉图证明善不是快乐,快乐只有和智慧结合在一起才是更好的,更为人所选取;因此快乐还不是善,因为善是不需要再加添什么东西才能被人选取的,而快乐却正是还需要加添东西的。什么东西才能满足这个标准呢?这正是我们要寻求的。(1172b26—35)亚里士多德所说的柏拉图的论证,见《斐莱布篇》60B—E。他以下批评的几个有关快乐的论证也是从《斐莱布篇》中引来的,可见柏拉图那篇对话和亚里士多德这里的论述有密切关系。

亚里士多德论述了另一种反面的观点,他说:有些人反对这种看法,认为所有生物都选择的东西并不一定是好的。我们认为持这种意见的人并不可信,凡是所有生物都以为是好的东西就是好的。如果只是无理性的生物作的选择,还有可说,而理性生物都认为它是善,这还有什么可说;难道低等动物反而有一种比它们自己的本性更强的本能,能够选择更适合于它们的善吗?(1172b36—1173a6)学者们认为亚里士多德这里所批评的说法是斯彪西波的意见。

他指出还有一种与快乐相反的论证也不正确。他们说即使痛苦是恶也不能得出快乐是善的结论；因为恶可以和恶相对立，这二者又可以同时和一个中立状态相对立。亚里士多德说这种意见虽然是正确的，但对现在的问题却不适用。因为如果快乐和痛苦都属于恶，它们便都应该是被讨厌的对象；如果它们都属于中立的，便应该被同等对待；可是事实上人们显然将其中之一当做恶加以避免，而将另一当做善加以选择，因此这两方面必然是对立的。(1173a6—13)亚里士多德认为应该承认善是一种快乐，因为只有能让人喜欢使人快乐的东西才为人们所选择，才能是善。即使说有些快乐是坏的，它们和痛苦的对立并不是善和恶的对立，而是二者同是恶；可是总有一些快乐是好的，是人们所选择的，是善。

善是一种快乐，因为善是人们所喜爱所选择的。由此可见亚里士多德是不同意昔尼克学派的苦行论的，因为痛苦正是人们竭力想避免的，要人们选择痛苦的生活是违反人的本性的。但是不能反过来说快乐就是善，因为并不是所有的快乐都是好的。亚里士多德在第3章论证这一点，它的论证也是接着柏拉图在《斐莱布篇》中提出的论点开始讨论的。

他说，决不能说快乐不是一种确定的性质，由此推出它不是善；因为伦理品德的现实活动也不是一种性质，幸福也不是一种性质（可是它们是善）。(1173a13—15)他接着说：可是他们认为善是有规定性的，而快乐却没有规定性，因为快乐是可以有大和小的。（这是指柏拉图在《斐莱布篇》24E—25A，31A中将"是"区分为三类：1. 无限，2. 有限，3. 二者的结合，认为快乐属于无限，是可大可小的。但那里说的快乐属于第一类，是没有限定可大可小的；而比例、尺度、法律、秩序等是第二类，它们对第一类加以限制；将没有限制的东西加以限制便成为善，它是第三类。与这里的说法不同，但柏拉图的划分本身是不够清楚的。①）亚里士多德对这种看法提出批评说：认为快乐是可大可小、可多可少的，正义和勇敢难道也不是可多可少、可强可弱的吗？可是它们都是

———————

① 参见本书第二卷，第845—847页。

善。快乐为什么不能像健康那样,健康本身是有规定性的,但却可以有程度上的差别。(1173a15—25)

他又指出《斐莱布篇》中的另一个问题,说他们认为善是完美的,而运动和生成是不完美的;因此力图证明快乐是运动和生成,所以它不是善。这是《斐莱布篇》53C—54D 中讨论的问题,那里区分"是"和变化,认为"是"是目的,变化只是为了达到目的的;善是"是",是目的,而快乐只是变化,是运动和生成,所以不是善。① 亚里士多德说这种观点也是不正确的,不能说快乐是运动,因为运动总是有快有慢的,而快乐是没有快慢的。也不能说快乐是生成的,因为生成总是从相反的东西中产生出来的,而快乐却不是从痛苦中产生的。(1173a29—b6)

他又批评《斐莱布篇》中的另一个观点,在该篇 31E—32B 中说痛苦是自然状态的破坏,快乐则是自然状态的恢复。② 亚里士多德批评这种观点,认为这种情况只在某些肉体中出现,如人从饥饿的痛苦中尝到饮食满足的快乐。但还有其他许多快乐如学习的快乐,来自视觉、听觉以及记忆和希望方面的快乐却并不如此,它们既没有什么破坏和缺欠,也不需要恢复和充实。(1173b7—19)

在批评了《斐莱布篇》中几个论点以后,亚里士多德指出快乐是有多种多样的:有不正常的快乐,如害某种疾病的人所感到的快乐;有来自高尚的快乐和来自卑下的快乐,后者应该受到责备而前者应该受到赞美。从而他作出结论:不能说快乐就是善,因为并不是全部快乐都是可以选取的,只有一些快乐自身是可以选取的,它们才是善。(1174a8—12)

在快乐和善的关系上亚里士多德只作出两点结论:第一,善是一种快乐,凡是善的东西总是令人喜欢,是人所选择的。第二,快乐并不就是善,并不是一切快乐都是善的,有些快乐是恶的,有些快乐是不善不恶的。

---

① 参见本书第二卷,第854—855 页。

② 参见本书第二卷,第849—850 页。

## 二  什么是快乐

但究竟什么是快乐呢？亚里士多德在第4、5两章中提出他对这个问题的回答。他说，如果我们从头开始，就可以明白快乐是什么，它是一种什么东西了。(1174a13—14)他谈了以下几点：

(一)快乐是完全的整体。

他说，快乐像看一样，"看"无论在什么时间都是完全的(因为当你在看的时候就已经看到了你所要看的东西)，它不缺少什么东西从而要后来补充它使它完全；快乐似乎也是这样的。他认为快乐是一个整体，无论什么时候也不需要延长快乐使它变成完全。因此他认为快乐不是运动。(这一点在以上第3章中只是简单论证，现在却详细展开了。)因为任何运动都是在时间中并且是为了某个目的的，只有达到这个目的它才完全。在它的各个部分中以及在它所占的不同时间内，它们都是不完全的，这些部分都和整个运动不同，它们自己也互相不同。在建筑庙宇时砌石块和雕廊柱是不同的，它们和造整个庙宇也是不同的；造庙宇是完全的，打地基、建屋顶是不完全的，它们每一个只造了一部分。在任何一个时间内看到的运动不可能是完全的，只有在整个的时间中才能看到整个完全的运动。行走和其他运动也是这样，因为位置移动是从这里到那里的运动；这样的运动也有不同种的，如飞翔、走路、跳跃等。即使行走也有不同的种，如在竞技场上从这一点到那一点有不同的跑道、不同的位置和时间等等。已经在其他著作(《物理学》第6至8卷)讨论过运动的问题，它在任何一个时间内都是不完全的；许多运动都不完全而且在种上不同，因为无论何时何处它们都有不同的形式。但是快乐却在任何一个时间内都是完全的。由此亚里士多德得出结论：快乐和运动是彼此不同的，快乐必然是一个完全的整体。事实就是这样，运动不可能不在时间中进行，而快乐却可以这样，因为它在一瞬间就是一个整体。他又说，快乐不是生成的，因为只有可分的东西才是生成的，整个的东西是没有生成的，看、点和单元都没有生成的运动。所以快乐既不是运动也不是生成的，因为它是一个整体。(1174a14—b14)

(二)快乐是完美的实现。

亚里士多德在这里讲的实现 energeia 这个词就是他讲的"潜能"和"现实"中的"现实",本卷第三编"形而上学"讲述这对范畴时曾指出陈康在分析亚里士多德使用 energeia 这个术语时有动的含义和静的含义,动的含义是现实的活动,是一种运动;静的含义是这种动作的实现,就是一种完成了的静态而不再是运动了,这和亚里士多德以上第一点的说法一致。所以我们在这里区别不同情况,将动态译为"现实活动"而将静态的情况译为"实现"。

亚里士多德说,一切感觉的现实活动都和它的对象有关,如果感觉自身处于良好状态,活动是完满的,又和最美好的对象相关,这样感觉的实现就是最完美的,也就是最快乐的。相应于每一个感觉都有这样的快乐,相应于思想和思辨也是最完美的,就是最快乐的。显然每一种感觉都可以产生快乐,因为我们将人们爱听和爱看的东西说成是快乐的。快乐使实现完美,但它并不是作为一种相应的内在品质出现的,而是作为一种伴随着青春年华开放的目的而实现的。只要一方面有理性和感性的对象,另一方面有判别和思辨的能力,在它们实现的时候就会有快乐;因为被动的和主动的因素都是不变的并以相同的方式相互作用时,自然会得到相同的结果。(1174b14 — 1175a3)无论是感觉、思想或是思辨,只要主体和对象双方都是良好的,并且双方发生良好的作用时,其结果——实现就是完美的,这就是快乐。所以他说快乐并不像伦理品德那样是内在的品质,而是伴随着美好活动开花结果达到的目的。

由此亚里士多德认为:所有的人为了生活都要追求快乐。他说,可以认为所有的人都追求快乐,因为他们都渴望生活。生活是一种现实活动,每个人都要用他最好的能力对某些对象作活动,如音乐家用听觉对旋律作活动,学者用理性对思辨问题作活动,其他活动也是这样。快乐使活动完美,也使他们渴望的生活完美。所以人们有充分理由去追求快乐,因为它使生活完美,使它成为每个人都乐于选择的事情。至于我们是由于快乐而选择生活,还是由于生活而选择快乐,这个问题现在先不讨论。看来这两方面是紧密相连的,谁也离不开谁。没有现实活动就没有快乐,只有快乐才能使一切实现完美。(1175a11 — 21)快乐不是现实活动,它是伴随着现实活动即由现实活动带来和引起的情感。人们正是由于这种现实活动带来快乐才热爱它的,音乐家热爱音律,学者热爱思辨,其中的快乐和现实活动是谁也离不开谁的。

生活本身就是现实活动,人们正是因为生活引起的快乐而热爱生活。但是人的生活中又包含各种各样的活动,因此还要将它们加以区别,看它们带来的快乐中,哪些是真正的、主要的快乐,哪些则是次要的,甚至是虚假的快乐。这是他在第5章中讨论的问题。

他说,可以认为快乐是有不同的,因为不同属的快乐是由不同的东西完成的,无论自然物或人造物如动物、树木、图画、雕塑、房屋、家具等都是这样。同样,属上不同的现实活动是由不同属的快乐完成的。理性活动和感性活动不同,它们实现的快乐也是不同的。(1175a22—28)

亚里士多德说,事实上每一种快乐都是和由它完成的活动紧密相连的,因为各种活动都由它自己固有的快乐所加强;每一类事情都是由那些乐于从事这种事情的人才能作出更好的判断和了解,只有喜欢几何学的人才能成为几何学家,能够更好掌握几何命题;那些爱好音乐或建筑的人也是这样,由于爱好它才能在这方面取得成绩。所以快乐加强了活动,凡使一个活动有所加强的总是它所固有的,但在属上不同的活动所固有的东西也是不同属的。(1175a29—b1)他又从反面来论证:如果不是这种活动所固有的快乐,而是来自另一种活动的快乐,反而会起妨碍这种活动的作用;一个爱音乐的人在听长笛演奏时,如果有人和他谈话,他不但不会感到谈话的快乐,反而会感到痛苦。(1175b2—9)

他由此得出:既然活动有好和坏的不同,有的值得选取,有的要加以避免,有的是中立无所谓的;快乐也是这样,因为各种活动都有自己固有的快乐。有价值的活动固有的快乐是好的,邪恶活动的快乐是坏的;欲望也是这样,高尚的欲望受到赞扬,卑下的欲望受到斥责。他认为包含在现实活动中的快乐和欲望相比,快乐更是现实活动所固有的,因为欲望在时间上或本性上可以和活动分离,而快乐却是和活动紧密相连的。因此引起争论,说快乐和现实活动是不是同一回事,无论如何不能说快乐就是思想和感觉,这样说是荒谬的,虽然有人因为它们不能分离就说它们是同一的。(1175b25—35)快乐是活动所固有的,是由活动引起而产生的,它和活动紧密相连,但它不是活动,不能说快乐就是思想或就是感觉。

可是快乐终究是现实活动所固有的,所以亚里士多德按照活动区分快乐。他说,既然现实活动各不相同,快乐也就不同。视觉的纯净度高于触觉,听觉和嗅觉又高于味觉,各种快乐以其纯净性相区别,思维的快乐比这些感觉更为纯洁,这两类活动中的快乐程度又各有不同。他又指出每种动物各有自己固有的快乐,正像有它自己固有的功能一样,是和它的现实活动一致的。马、狗和人各有自己的快乐,赫拉克利特说:"驴子宁要草料而不要黄金。"(残篇第九)不同种的动物的快乐是不同的,只有同种的动物的快乐相同,不过在人类中彼此的快乐相差很大,同样的东西对一些人是可爱的,对另一些人是可憎的,使一些人感到痛苦,另一些人感到快乐。味觉方面就是这样,同样的东西健康人尝来是甜的,发烧的人就不一样。但是人们认为所有这些东西只有对好人显得是这样的才是这样的;如果这种看法正确,那么有品德的好人便是万物的尺度了,对他显得是快乐的东西就是快乐的,他觉得是可爱的就是可爱的。如果他认为是可憎的东西而别人认为可爱也不奇怪,因为人往往会受到各种毁坏和伤害。事物本身不是快乐,只是对这些人,在这些条件下才是快乐的。(1175b36—1176a23)快乐与痛苦并不是事物或事情自身的本质或特性,它们和感觉一样只是人的一种感受、感情,所以各人可以有不同的快乐与痛苦。亚里士多德不能像普罗泰戈拉那样得出主张每个人都是万物的尺度的主观主义和相对主义的结论,他认为好和坏、快乐和痛苦是有客观标准的,所以认为只有高尚品德的好人才是万物的尺度,别的人不能感受到同样的快乐,因为他们已经遭受到各种毁坏和伤害,因而不能有健康的高尚的感情。

由此亚里士多德作出结论:显然那些被公认为可鄙的快乐不是快乐,只有对受损害的人才是快乐。那么对于可敬的人说,哪种快乐才是他们固有的呢?不是能从相应的现实活动中看清楚的吗,真正的快乐是伴随这些现实活动的。无论完美的最高幸福的人有一种或多种现实活动,使这些活动完美的快乐就应该说是这样的人所固有的严格意义的主要的快乐,其他都是次要的、零散的,和相应的现实活动一样。(1176a23—29)

一直讲到这里我们才能理解:为什么亚里士多德在伦理学的最后一卷总

结中要花一半以上的篇幅来讨论有关快乐的问题。他在开始时讨论什么是最高的善，得出结论说最高的善是幸福，但幸福是什么呢？他没有继续讨论下去，而是讨论各种伦理品德以及伦理和理性的关系等等。在讨论了这些以后，最后的结论他要回答什么是幸福以及最高的幸福到底是什么时，他先讨论什么是快乐。因为幸福就是能使人快乐的，希腊文 eudaimonia 和它的英译 happiness 都有幸福和快乐的意义，幸福就是使人觉得可爱，乐于去追求的。但是不同的人对快乐有不同的看法，这个人认为是快乐的那个人却可以认为是痛苦的；亚里士多德要从不同的快乐观推出不同的幸福观，评价它们的高低。快乐自身是无法直接评定高低的，可是它们都伴随在相应的现实活动上，因此亚里士多德可以从各种现实活动评定它们是不是幸福，以及哪一种现实活动才是最高的幸福。

## 第四节　思辨是最高的幸福

### 一　思辨活动是神的活动

从《尼各马科伦理学》第 10 卷第 6 章开始，亚里士多德讨论幸福。他说：我们认为只有幸福才是人的目的。以前说过幸福不是品质而是现实活动，不然的话一个终生睡着像植物般的人也是幸福的了，而他却是最大的不幸。所以幸福是一种现实活动。而现实活动有两类，一类是必然的，是为了其他东西而被选择的，另一类则是为它自身而被选择的；幸福显然是因它自身而不是为其他东西才被选择的，因为幸福并不缺少什么东西，它是自足的，除了活动以外别无所求。这样的活动就是合乎伦理品德的活动，是美好的、高尚的、由自身而被选择的行为。（1176a30—b10）

他说，由娱乐引起的快乐也不是由于其他东西而是由它自身的，不过这种快乐的害处多于好处。沉溺于肉体快乐而不去寻求自由纯净的快乐是错误的。已经多次说过有价值的快乐只是属于高尚的人的。每个人都选择符合他自己的品质的活动，高尚的人选择符合伦理品德的行为。这样的人总是严肃辛勤工作,游戏和娱乐只是一种休息,为能更好地工作。幸福的生活在于辛勤工作,不在于消遣,它只能在合乎伦理品德的现实活动之中。(1176b—1177a11)

亚里士多德接着说,既然幸福是合乎品德的活动,便有理由说它应该是符合最高的善的,它是我们最好的东西。无论它是理性(nous)还是别的东西,它总是主宰者,是高贵的和神圣的,无论它自身是神圣的或说它是我们中最神圣的东西,符合这种品德的活动就是完美的幸福,这种活动就是思辨活动(theoretikos,英译 contemplation,也有译为"沉思"的)。(1177a12—18)

他讲了思辨活动的几个特征:

第一,这种活动是最好的最高的,因为不仅努斯在我们中是最好的,而且它所认知的东西也是最好的。它又是最持久的,因为对真的思辨比其他任何活动都更能持久。

第二,幸福总是伴随着快乐的,而智慧(sophia)活动在品德活动中是最快乐的,无论如何追求智慧这种活动,因它的纯净性和持久性而被认为是最大的快乐,认知智慧的人比探索智慧的人可以说是更为快乐(这里他讲的是"智慧"而不是实践智慧)。

第三,思辨活动应该说是最自足的,因为爱好智慧的人(哲学家)像正义的人或其他品德的人一样,在生活上都有所需要,正义的人还需要有接受他的正义的对象,节制的、勇敢的人也是这样,可是爱好智慧的哲学家自身就能进行思辨,而且越是这样他的智慧也越高;当然如果有人和他合作也许更好,不过他仍然是最为自足的。这种活动完全是为了它自己的原因而被爱好的,从它那里不产生思辨以外的东西,而从实践活动中我们却多少可以得到活动以外的结果。

第四,幸福被认为在于闲暇。我们是为了可以得到闲暇而忙碌的,为了和平生活才去作战。实践品德的活动表现在政治和军事中,这些事情看来不是闲暇的。没有人是为了战争而战争的,如果有人为了挑动战争而将朋友当做敌人那是荒谬的。政治家的活动也不是闲暇的,即使是在政治活动自身以外追求暴君的权力和荣誉,还以为是为了他以及公民的幸福。政治和军事活动都可以取得辉煌和伟大的胜利,但它们都是有目的的;都不是为了它们自身才被追求的。只有努斯的活动即思辨才是优越的有价值的,是除了它自身没有其他目的的,有它自己固有的快乐,这种快乐更加强了思辨活动。

由此他作出结论:这些可以归结为最幸福的人的自足、闲暇、孜孜不倦等等性质,都和思辨活动有关,如果人能这样生活就是最完满的幸福。(1177a20—b26)

亚里士多德说,这样的生活是高于人的生活的,我们不是作为人而是作为在我们之中的神(thios,可以译为"神圣的东西")生活的。它的活动高于我们的组合体(指身体),也高于其他各种品德的活动。努斯和人相比就是神,按照它生活就是神圣的。不要轻信那些话,说作为人只要想人的事情,作为有死的东西便只要想有死的东西,而是要努力使自己不朽,尽力去做自身最好的事情;即使它还微小,但它的能量和价值超过任何东西。这或许就是每个人自己,因为这才是他的最有权威最好的部分。如果一个人不选择他自己的生活而去选择别的生活,那是奇怪的。已经说过,每个东西所自然固有的东西就是它最好和最快乐的东西,既然努斯比其他东西更好,所以按照努斯生活是最高的幸福。(1177b27—1178a8)

亚里士多德将这种思辨活动说成是神的生活或人的神圣的生活,因为它是努斯的活动,而努斯是在人所固有的东西中最有权威的最好的,和其他任何东西相比,努斯更是人(的本质),所以按照努斯作思辨活动是人的最高幸福。在这里亚里士多德将努斯说成是在人的理性中最高的东西,和以上本章第一节中论述他在《尼各马科伦理学》第6卷中将各种理性分类,认为最高的是智慧——哲学智慧,它是(逻辑的思辨的)知识和直观理性(努斯)的结合,这两种说法又发生了矛盾。努斯和智慧(sophia)究竟谁是最高的呢? 在以上讲到思辨活动的第二个特征时,他实际上是将努斯和智慧二者等同看待的。这样又回到本卷第三编讨论他的形而上学思想时提出的亚里士多德的神学和本体论的矛盾的问题。《形而上学》Λ 卷中所说的永恒的本体——第一动者就是神也就是努斯,它能认识第一原理即目的和善。它和一般的逻辑思辨知识不同,思辨知识是经过逻辑推理证明才能得到的,证明需要前提,最后必须有一个自身不是证明得来的第一原理,不然就会有无穷的证明过程了。这个第一原理的对象便是个别的而不是普遍的,它只能是努斯的对象。在那里他说努斯的活动是 noesis,我们译为"思想",在这里他将努斯的活动叫做 theoretikos,苗力田译为思辨活动,它指比较广义的哲学思想活动,并不和逻辑思辨的知识 episteme 对立。亚里士多德在伦理著作中强调的是这种 theoretical 的活动,它和实践活动、实践智慧 phronesis 是对立的,所以也可以将 theoretikos 依英文的 theoretic 译为"理论活动"。

这种理论活动和实践的伦理活动的对立是他在第 10 卷第 8 章中论述的。他说,合乎伦理品德的活动只是次一等的幸福,这种活动对人是有益的。人由彼此相互间的责任、契约而产生的正义、勇敢等活动,有些似乎是从身体产生的,这些伦理品德在许多方面都和情感有关。实践智慧和伦理品德密切相连,它是伦理品德的正当性的标准。既然伦理品德和情感有关,它们属于人体组合物,表现这些品德的生活也是人的幸福。而努斯造成的幸福是(和身体)分离的,要详细讨论这个问题超出了现在的范围。这种幸福对外部的要求比伦理品德少得多。一个自由的人从事自由活动需要财富,正义的人也需要金钱进行报偿,勇敢的人要有力量才能行动,节制的人则需要有机会;实践需要许多条件,事业越大越高尚所需的东西也越多。而对作理论思辨的人说却不需要这些东西,它们反而会成为他思辨活动的障碍。不过他作为一个人,生活在群体之中,在选择思辨活动的行为时,他也需要一点这些东西以帮助他过人的生活。(1178a9—b6)

他又从两个方面来证明只有思辨活动才是最完满的幸福。第一个证明是,大家都认为神是最幸福的,神有什么活动呢?难道是正义?说神订契约、索债岂不可笑;那么是勇敢,说神临危不惧慷慨赴死吗;也许是节制,说神没有邪恶的欲望,岂不是一种亵渎?所有这些品德,都不值得说它们是属于神的。不过人们认为神是有生命的,是在活动,那么神的活动除了思辨还有别的什么呢?最高的幸福只能是神的活动即思辨活动,所以人的与此相似的活动是最幸福的。(1178b7—24)亚里士多德继承苏格拉底和柏拉图的思想,将原来的拟人的神改造成为理性神,这种理性神不能有其他的人的活动,只能有理性的思辨活动。第二个证明是其他动物都不分有幸福,因为它们全都不能作思辨活动。神的生活全部是幸福的,人则因为有某些思辨活动而享有幸福生活,其他动物根本没有。凡是有思辨的地方就有幸福,思辨越多幸福便越大;这不是出于偶然,而是由于思辨自身,它是最宝贵的。(1178b24—32)

作了证明以后他又说:作为一个人要进行思辨活动总要求外部条件,它的本性还不是自足的;它要求身体健康、有食物和其他供应。但这些要求并不是越多越好,最大的幸福并不要有最大的需要。梭伦认为幸福只要有中等的外部供应,做高尚的事业,却过节俭的生活即可。阿那克萨戈拉认为最大的财富和最大的权势并不就是幸福;大多数人认为他们幸福,是因为他们用外在的东西来判断,而这些只是感觉的对象。(残篇 D46A30)这些智慧的人的意见中包含了一种信念,即认为在实践事务中的真理要由工作和生活来判定,它们是起决定作用的。所以以上所说的种种论点也必须用生活事实来考察,和事实一致的便可以接受,不一致的便不过是某种说法而已。 (1178b33—1179a23)由此可以看到在亚里士多德的伦理学思想中理性和经验是相互联系的。

最后他说:按照努斯进行现实活动,并使它处于最佳状态的人,是神最宠爱的。如果神正如人们所设想的那样关心人间事务,就可以有理由说神喜欢最好的并且是和他们自己最相似的东西,那就是努斯。神奖赏最热爱最尊敬努斯的人,因为他们爱神所爱的东西,做了正确和高尚的事情。所有这一切都属于智慧的人,他们是神最喜爱的,这样的人就是最幸福的。因此智慧的人比任何人幸福。(1179a23—32)

亚里士多德最后回答了他在伦理学开始时提出的问题:最高的善——幸福是什么? 他的回答是人的最高幸福只有在思辨活动中才能实现。思辨活动是爱好智慧的哲学家所进行的活动,因此只有哲学家的生活才是最幸福的。

他认为思辨活动高于伦理品德的活动如正义、勇敢、节制等等,因为这些道德活动以及指导它们的实践智慧都和人的组合物——身体有关,它们都需要有外部(物质)条件,所以不是自足的;只有思辨活动是努斯自己进行的精神活动,它是自足的。神只能进行这样的精神活动,因为神是非物质的。在人类中只有能进行思辨活动的哲学家和神相似,所以得到神的宠爱,赐福给他们。哲学家从事思辨活动并不是为了其他任何目的——名誉、财富、权力等等,只是为了追求真理自身,亚里士多德说这是闲暇,有"怡然自得"的意思。这种思辨活动是最好的能持久进行的, 它能带给人真正的高尚的快乐, 而不是那种庸俗的卑下的快乐。在最后这点上亚里士多德又是继承了柏拉图在《斐莱布篇》中所说的 "善是智慧和快乐的结合" 的思想, 但作了进一步具体的发展。

在《形而上学》中我们看到 $\Lambda$ 卷是讨论最高的"是"和本体,也就是第一原因和最后的目的——不动的动者,亚里士多德归结为努斯和神。尽管他用了许多美丽的词语,但他说明的方法却是比较简单的,不像讨论其他问题那样有复杂的分析和详细的论证。在《尼各马科伦理学》的最后一卷结论中又出现了类似的情况,亚里士多德在讨论最高的善即幸福时,将它归为思辨活动,也归到努斯和神;而他说明的方法也只是如上所说的几个简单的结论,并没有作充分的详细的分析论证。为什么会出现这种情况? 本来我们可以希望他对什么是思辨活动(正如对什么是不动的动者)作出更细致的说明的。问题可能就在于他所归结的努斯和神这两个概念上,这种第一原因是只能论断,不可论证的。亚里士多德所说的"神"是理性神而不是拟人的神,除了说它是理性是思辨活动外,再要作更具体的说明是相当困难的。努斯也是这样,自从阿那克萨戈拉提出这个范畴以后,一般哲学家都将它当做是支配一切的精神活动;但这种精神活动究竟是什么? 亚里士多德作了比较具体的解释,说努斯能认识第一原理,却不是通过逻辑推理证明得到的,因此将努斯译为直观理性,有点像中国佛教禅宗所说的"顿悟";既然是直观得到而不是逻辑推理证明的,也就是不能再作进一步说明的,因为无论作任何进一步说明都不能离开逻辑的推理和证明。我们是不是可以说:亚里士多德所说的最后原理——神和努斯是不可说的,至少是不能作更详细的说明和解释的。也许亚里士多德只是一个开始,以后的哲学家都遇到同样的问题,许多著名的哲学家都想突破这个难题,对不可说的东西作出更多的说明。

## 二　伦理和教育、法律

第 10 卷第 9 章又提出了伦理学的重要问题,他说:在我们已经充分讨论了幸福、各种品德和快乐以后,我们的任务是不是完成了呢? 正如说人的实践的目的并不在于对这些事情的理论和认识,更重要的是对它们的实践;对于伦理品德只知道它是不够的,而是要力求运用它,以什么方式使我们变得更好。如果理论足以使人变好,人们就可以公正地获得巨大的报偿了;但看来理论虽然能鼓舞青年宽宏大量,使那些生性善良的人接受道德,却不可能促使大多数人去追求高尚和善。因为这些人生来就是不顾羞耻只知害怕的,只有惩罚才能使他们避开邪恶。他们以感情生活追求他们的快乐,并以此为手段逃避痛苦,从未想过真正的高尚和快乐,因为他们从未尝到过这些。理论要改变他们这种长期形成的性格,即使不是不可能也是很困难的,或许我们可以期望,所有能影响变好的条件出现时,能够使他们受到道德的感染。(1179a33—b21)这是亚里士多德伦理学的基本观点——伦理学不单纯是理论知识,它的根本目的是实践,使大多数人变好。

他说,人们成为善良,有些是由于自然本性,有些是由于习惯,有些是由于教导。自然本性的事情非人力所能及,是神圣原因赋予幸运的人的;理论和教育能不能对所有的人都起作用是可疑的;但是通过习惯培养学生有高尚的爱和憎,像在土地中撒种子一样是可能的。生活在情感中的人是不会听从和接受理论劝告的,怎么才能使他们改变呢? 一般说来只能使用强制。(1179b21—29)

亚里士多德认为这种强制的手段就是法律、教育和训练。他认为青年只有在正确的法律下成长才能成为道德高尚的人,因为多数人尤其是青年多不喜欢节制和过艰苦的生活,只有在法律约束下进行教育,养成习惯以后就不会对这些感到痛苦了;而且在青年长大以后还要不断训练他,养成习惯。而这一切又需要有一个完整的法律,因为多数人只服从强制而不服从道理,接受惩罚而不在乎赞扬。(1179b30—1180a5)他认为对天性恶劣的人要用惩罚使他们服从,而对不可救药的恶棍只能将他们赶出去。卑劣的人只想寻求快乐,像轭下的畜生一样只有惩罚才能使他们改正。（1180a8—13）他认为做好事的人要接受高尚的训练和习惯并且从事有价值的工作，虽然他们也可能自愿或不自愿地做些坏事；他们还必须按照努斯生活，遵守正确有力的秩序。父亲的安排不具有这种力量，除了君王以外任何人的命令都没有强制性；只有法律有这样的力量，因为它是由实践智慧和努斯制定的规则；法律的规定是不会引起反对的。亚里士多德称赞斯巴达是唯一的或极少数中的一个城邦，它将法律规定为教导和训练。可是大多数城邦都忽视这个问题，一个人想怎么生活就可以怎么生活，将立法当成儿戏。他认为对品德的共同关心要通过法律才能实现，无论成文法或不成文法都没有区别，也不管是对个人进行教育和对群体进行教育都一样。（1180a14—b4）

接着他又提出普遍和特殊的关系来讨论。他说，对个别的人进行教育看来比公共教育有用，如同在医疗上，一般说休息和节食对发烧的人是有益的，但对特殊的个人却没有效；拳击师也不会以同样的方法教他的全部学生。以特殊的方式教育个人能产生更合适的结果，因为每个人都需要用适合的方式来对待。但是他又说，医生和教练要能有普遍的知识，才能最好地照料每一个人，因为知识是普遍的，是关于所有任何个人的；可是在某些特殊情况下一个没有知识的人也会照料好，他是根据经验来处置的，所以有些人可以是他自己的最好的医生，却不能对任何别人有所帮助。无论如何，一个人如果希望成为技艺和知识的主人，他总要尽可能地通晓普遍，因为知识就是关于普遍的。（1180b8—23）亚里士多德以医生为例，医生要医病当然要有普遍的医学知识和技术，知识是普遍的，对所有的人都有用。但另一方面他也指出在对待不同的特殊的个人时，经验也很重要，因为不同的人有不同的特殊的情况。

医生是治疗人身体中的疾病的，政治家、立法者是治疗人的灵魂中的疾病的。所以他说：如果一个人想使人（不论多数还是少数人）成为善良的人，他必须通晓立法，因为正是通过法律才能使人变好。对无论什么人我们总不能通过随便什么机会使他变好，只有有知识的人才能做到，正像医生和有实践智慧的人所做的那样。可是他立刻提出问题：我们是从哪里以及如何获得立法知识的呢？或者像别的情况一样，是从政治家那里得来的，因为人们认为它是政治学的一部分。但是政治学和别的知识、技艺不一样，在别的情况中传授和实践这种技艺的是同一个人，医生和画家就是这样的，但传授政治学的是智者，现实活动的却不是他们而是政治家。政治家进行政治活动凭借的似乎更多来自技巧和经验，而不是来自思想，所以他们既不写也不讲有关政治的事情（虽然这比在法庭上和公民大会中作的辩护词更有价值），同时也看不到他们将自己的儿子或朋友造就为政治家。如果他们能这样做，那就是能留给城邦，留给自己和后代最好的东西了。看来经验起的作用是不小的，不然便不会因经常活动而熟悉政治成为政治家了，那些想知道政治的人还必须有经验。（1180b23—1181a17）

在柏拉图对话中经常出现的问题，也是苏格拉底、柏拉图和智者们经常争辩的问题——"美德（arete）是不是可以传授，由谁传授"在这里又出现了。而且提出的问题也是同样的：如果政治学能传授，为什么政治家不能将他的儿子也培养成为政治家呢？（在希腊民主制下没有政治特权，统治者是不能世袭的。）亚里士多德对这个问题作出了明确的回答：政治家不仅要懂得理论知识，更重要的是要有实践经验；他们的子弟没有从政经验，所以不能成为政治家。政治家是用实践智慧处理各种城邦事务的，亚里士多德认为这种实践智慧是最高的，由此我们可以认知亚里士多德所说的 phronesis 有一个很重要的特征，那就是它不只是理论知识，而且主要不在于理论知识，而在于实践经验。这是他对伦理学的基本看法。

亚里士多德还对智者们的说法——"政治和伦理品德是可以传授的，智者就是传授这种知识的老师"，提出致命的攻击。他说，智者们和他们自己所说的相差太大，他们根本不知道政治是什么，是讨论什么的；不然的话他们就不会将它和修辞学看成是同一类东西，甚至还认为政治更低下些；也不会认为立法是很容易的事情，只要将认为好的法律集中在一起，选取最好的就行，甚至不需要理解，好像做正确的判断并不是重要的事情似的。如在音乐中那样，只有经验丰富的人才能对所做的工作作出正确的判断，知道要用什么手段以及如何才能达到它，和什么在一起才能产生和谐。没有经验的人看不出他所做的是好还是坏。法律是政治术的工作，一个人如何能学习它们而成为立法者,作出最好的判断呢? 没有看到那些只读教本的人能成为医生的,无论如何他们写出处方时要对各种症状加以区别,知道不同类别的人应该如何处理;只有有经验的医生才能做到,没有经验是不行的。法律汇编对于那些能够研究并能判断对什么环境是否适合的人是有用的,而对于那些没有实践经验的人却不能由此作出正确的判断(除非他天生有这种能力),虽然可以由它增加了解。(1181a13—b12)智者的修辞学和论辩术在本书第二卷第二章曾作过比较全面的论述,本卷第一编逻辑学中也对亚里士多德《修辞学》作过介绍。智者们用语言的诡辩取胜,亚里士多德说他们讲的修辞学和政治学根本不是一回事。他在这里又着重讲了经验的重要性,特别指出政治学和医学一样,单凭书本知识是不够的,必须有实践经验,能分辨各种具体情况,才能实事求是地作出正确的判断,提出解决实际问题的方案。

最后亚里士多德将笔锋转向讨论政治学。他说:立法的问题是前人留下尚未讨论的,我们必须加以研究。一般说来这是政治体制的问题,研究它可以最好地完成我们关于人的哲学的研究。首先让我们回顾前人对这个问题作出的好的说明,其次从我们收集到的各种政制中来考察它们怎样保全或毁坏了城邦,城邦怎么得到好的或坏的治理;还要进一步考察什么是最好的,要用什么法律和习惯维护城邦秩序,使它成为最好的。让我们从头开始吧。(1181b13—23)《伦理学》的这个结尾实际上是《政治学》的研究大纲,它可能是编纂者后来添加上去用以将这两部著作联结起来的,但也可能是亚里士多德自己写的,因为他认为伦理学和政治学本来是一门统一的学问,他叫做“人的哲学”。伦理学偏重讨论个人的善,政治学讨论城邦的善,而个人的善只有在群体——社会城邦中才能得到完善,因此在他看来伦理学是政治学的起点,政治学是伦理学的完成。所以有些伦理学的重要问题如亚里士多德十分重视的对人的教育问题是在《政治学》的最后两卷中才论述的。

＊　　　　　＊　　　　　＊

亚里士多德继承苏格拉底和柏拉图的理性主义传统,认为伦理道德也是一种理性活动,不过这种理性活动不同于逻辑的思辨的知识,它不是通过逻辑的推理、证明得出的,而是用谋划、算计和考虑什么是对人有益的事情然后得

881

出的,他将这称做实践智慧,主要是在实践经验中获得的。实践智慧判断什么是对人有益的,是应该做的,什么是对人有害的,是不该做的,所以是指导人的实践行为的,是各种伦理品德的准则。亚里士多德是在哲学史上第一个将理论智慧和实践智慧加以区别的哲学家。

亚里士多德承认快乐在伦理道德上的作用,因为人们总是选择他所喜爱的东西即他认为快乐的事情才去做;他要做善(有益)的事情,这善必然是一种快乐。在这点上他是继承柏拉图在《斐莱布篇》中的主张即认为善是智慧和快乐的结合。但是亚里士多德认为人有各种不同的快乐观,只有不以其他东西为目的,而是为它自身的快乐才是真正的幸福,才是最高的善。他认为这种快乐只有在进行理论思辨活动中才能得到。亚里士多德在《形而上学》A卷论述人的求知过程时讲到最高阶段是智慧,说它是寻求第一原理和原因的知识,其中也包括目的因"善"的知识。(982b7—10)这种知识的一个重要特点就是为了它自身而不是为其他目的的,他认为这样的知识是最高的,是具有权威起指导作用的。这就是一般认为亚里士多德所说的"为知识而知识"的思想,这种思想现在已被当做贬词,成为脱离实际的书呆子的代名词。这完全曲解了亚里士多德的原义。他所说的不为其他目的是指不为个人的名誉、财富、地位和权力(当然他再三申明个人的生活需要还是要保证的),而是为了真理自身(《形而上学》α卷明确地将这种最高的寻求原因的知识叫做求真)。所以他坚持的实际上是为真理而真理的思想,为了真理应该不顾个人的贫富荣辱安危,甚至不惜自己的生命。这一点在伦理学中看得最清楚:他所探求的知识并不是没有目的的,这目的就是人类最高的善也就是人的幸福;他不但要研究个人的伦理品德,而且认为个人的善只有在城邦国家中才能最后完成,所以他要研究最现实的问题——政治,要探讨各种政制的利弊得失,评论它们对人民究竟带来什么好处和坏处。亚里士多德并没有教人脱离实际,相反他是教人紧密地接触实际了解现实;不过他是反对哲学家为了名誉和权力而去当政治家和统治者的,在这点上可能和柏拉图有所不同。柏拉图是想参与政治活动当王者师,几次遭到挫折才退而著书立说的;亚里士多德虽然是当时最显赫的亚历山大大帝的老师,但历史上却没有他参与亚历山大政治活动的记载。

正因为这样他能够自由地、客观地对各种政制加以评述,开创了政治学这门学科的研究。不仅如此,他还为西方学术界开创了一种风气:学者们可以不受政治和其他权威的制约,只是为了追求真理,可以自由地独立地进行研究,提出自己的见解。在西方社会中就形成了"知识分子"这么一个独立的阶层。亚里士多德可以说是为这个阶层确定了理论基础,他自己的行为也就是这种理论的实践。这种理论只有在当时雅典长期民主制度下才能产生,随着雅典民主制的覆灭,亚里士多德自己也只能流亡故乡了。

## 亚里士多德伦理学说的历史意义

在西方哲学史中,亚里士多德是最初将伦理学创建为一门独立的学科的。他将这门学科定名为 ethike,源自希腊词 ethos(习惯),他认为人的道德最初是接受了自然赋予的能力,这种能力有变好和变坏的可能,因此必须在实践中培养训练,养成良好的习惯,道德才能完善。他认为个人只能在群体——城邦社会中生活,个人的道德只有在城邦中才能自我完善,因此他认为伦理学是政治学的起点,政治学是伦理学的完成,二者是紧密相连的。在政治学中他重视城邦对公民的教育作用。所以亚里士多德的政治学被称为教化伦理学。

希腊文 arete(品德)兼有才和德两方面的意义,因此亚里士多德区分理智的品德和伦理的品德;前者以真和假作为判断是非的标准,后者以善(好)和恶(坏)为判断标准。加上诗学中讲的美和丑,他将真、善、美划分开来了。

他认为最高的善不是柏拉图所讲的空洞的"善的相",而是人的幸福。人的幸福并不在于外在的物质享受,而是灵魂按照理性作积极的现实活动,幸福就是好的生活和好的行为。他认为最高的幸福是进行理论的思辨活动。

他认为伦理品德既不是情感和欲望,也不是自然赋予的能力,而是一种品质即人的性格状态。他追从柏拉图区分理性、情感和欲望,认为情感和欲望既有服从理性的方面又有不服从的方面,必须使它们服从理性才是好的。他认为快乐和痛苦是情感和欲望的表现,凡是人喜欢的想要的东西就是使他快乐的,反之便使他痛苦。因此既不能说快乐是善,也不能说快乐不是善。他认为快乐是伴随着现实活动而产生的情感,如果这种现实活动是美好高尚的,它的完善实现便是快乐。所以善是一种快乐,却不能说所有的快乐都是善,因为有多种多样的快乐,有些快乐是恶,有些快乐是不善也不恶。

他认为实践行为、道德行为是:1. 必须有所知,2. 必须有所选择,3. 必须能坚持。他十分重视选择的作用,就是要选择有益于人的行为才做,放弃那些无益有害的事情。他认为任何行为的过度和不足都是有害的,必须选择中道;这个中道不是数量上的中点,而是要根据不同的对象、时间、地点等各种条件选取适度的中道。亚里士多德对各个伦理品德如勇敢、正义、节制、友爱等都作了细致的具体分析,说明它们各自的过度与不足和中道的关系。自从苏格拉底提出什么是勇敢、什么是正义等问题以来,柏拉图的前期对话中只是揭示了回答这些问题时发生的辩证矛盾,他提出的相论用“勇敢的相”、“正义的相”来回答,实际上只是空洞的同名的答复。亚里士多德根据生活经验事实对这些问题都作了具体的回答,说明真正的正义、勇敢等等是什么。对这些问题的讨论在他的伦理著作中占了大量篇幅,他提出的许多观点和问题是以后的许多伦理学家一直在讨论和研究的。

亚里士多德注意到选择中的自愿和非自愿的区别,他已经看到意志的作用;人作出自愿的选择并能加以坚持,就是意志的表现。他已经看到后来伦理学常讲的知、情、意三者的不同和联系,只有在正确的理性、高尚的快乐和合理的意志三者统一的情况下才能作出道德的行为。

亚里士多德继承苏格拉底和柏拉图的理性主义传统,认为对伦理道德起指导作用的还是理性。但是这种理性和其他理性有所不同,因此他将人的理性作了分析,认为在 1. 逻辑思辨知识、2. 技艺、3. 直观理性(努斯)、4. 最高的智慧以外,还有一种理性 phronesis,它是指导人的实践活动的,所以我们译为实践智慧。实践智慧不是思辨知识,它不是通过逻辑的推论和证明得到的;实践智慧也不是技艺,它不是用以创制任何事物的,只是指导人的实践行为;实践智慧和努斯也有不同,努斯能直观最高的第一原理,实践智慧却以最后的个别的特殊事实为对象;实践智慧低于哲学智慧,它只考虑人的事务,而哲学智慧却要考虑高于人的永恒的神圣的东西;他认为实践智慧和政治智慧是属于同一个属的,不过实践智慧只考虑个人的事务,而政治智慧却要考虑群体的事务,所以政治智慧实际上是大范围应用的实践智慧。

实践智慧是指导人的实践活动的,它通过谋划、算计、了解、体谅等方式指导人选择有益于人的活动。他认为实践智慧虽然不能给人以科学的知识,但能使人在实践中成为正义、高尚和善良的人,给人带来幸福。因此他认为在这方面实践比理论更重要,经验比知识更重要。亚里士多德回答了苏格拉底和智者们经常辩论的问题即伦理品德(arete)是否可教? 由谁来教? 政治家为什么不能将自己的儿子培养成为政治家? 他认为伦理品德尤其是政治事务不仅是理论知识,更重要的是实践经验,政治家的子弟没有从政经验所以学不好政治学。他认为要成为有道德的善良的人,有些是由于自然本性,这是神赋予幸运的人们,非人力所能及;理论和教育能不能对所有的人都起作用是可疑的;主要应该是通过习惯训练培育人们有高尚的品质。因此他十分重视实践经验以及具有强制力量的法律手段。

亚里士多德认为伦理学是实践的哲学,实践智慧主要是在经验基础上逐渐形成的,因此他在伦理著作中的论述方法也是从大量经验事实中进行分析论证,然后得出结论。

从以上简单勾画的轮廓中可以看到,亚里士多德对伦理学的问题提出了比较完整的看法,以后西方伦理学提出的各种重要问题几乎都没有超过他所提出的范围。可以说亚里士多德的古典伦理学奠定了西方传统伦理学的基础。

亚里士多德的伦理学和他的整个哲学思想一样,在两千多年西方历史发展中遭受了几经起伏的命运。亚里士多德去世以后由于他的遗稿迟迟才被发现,漫步学派的后继者也不重视伦理学的研究,后期希腊和罗马哲学虽然以伦理学为重点,但当时发展继承的主要是小苏格拉底学派和新柏拉图主义的观点。前期基督教哲学以奥古斯丁为代表完全信奉柏拉图思想,对当时刚从西亚流回欧洲的亚里士多德思想加以禁止。直到托马斯·阿奎那发现亚里士多德的神学思想可以为基督教所用,一下子亚里士多德成为基督教哲学的最高权威。文艺复兴又将亚里士多德思想当成教条加以批判,随着资本主义的兴起及其社会秩序的建立,个体主义、自由主义和功利主义成为西方伦理学的主流。19世纪末至20世纪产生各种各样的情感主义、非理性主义和道德相对主义的伦理学说,如唯意志论、直觉主义、分析哲学的情感主义伦理学、存在主义、弗洛伊德主义等等。它们一般都否认理性在道德中的指导作用,否认道德的普遍规律和评价行为的客观标准,推崇直觉、无意义、生命本能和个人心理体验等非理性的心理活动,将它们看成是判断和理解伦理现象的根据。个体主义、非理性主义的伦理学,造成道德相对主义和怀疑主义泛滥的危机。分析哲学思潮中的情感主义伦理学,则割裂了理性与情感、事实与价值,认为伦理判断是不可证实的、无意义的命题,只是表达个人情绪和偏好的价值判断,并无普遍性与确定性;价值取决于情感,因而是相对的。后来分析哲学思潮中产生了形式主义的"元伦理学"(meta-ethics),这种伦理研究脱离实际社会生活和人的道德行为规范,只从日常语言哲学角度对道德概念、道德判断的意义进行分析和推论。正是由于他们否认伦理学的实践性,使这种所谓"元伦理学"变成脱离实际,不能指导人们道德行为,只能对伦理概念和判断进行纯粹形式上的分析的一种技术手段。

当前西方社会正是由于自由个体主义、非理性主义和情感主义伦理思想的泛滥,加上其他种种社会因素的作用,产生了道德危机。在这种情况下,一些有识之士重新想起了亚里士多德的伦理学说。当代美国著名伦理学家麦金太尔(Alasdair MacIntyre,1929—　)在他的著作《德性之后》(After Virtue)一书的结论中说:"自从亚里士多德的目的论的信仰受到怀疑后,道德哲学家们试图对道德的地位和性质给予某种替代的合理的世俗性论述。这种尝试虽然多种多样,也给人留下多种印象,但它们实际上都失败了"。① 他自己的研究结果认为:"亚里士多德的传统可以重新表述,以使我们的道德、社会态度和责任恢复它们的可理解性和合理性。"②

麦金太尔建立品德(德性)论,并和C. 泰勒、M. 华尔采等人推进社群主义(communitarianism)伦理思想。他认为西方近代启蒙运动自有其进步的历史

---

① 麦金太尔:《德性之后》,中译本,第322页。
② 麦金太尔:《德性之后》,中译本,第326页。

意义,但是也有失败之处:它摧毁了中世纪基督教的传统道德,却将古希腊亚里士多德传统中内蕴的精华一起废弃了。当代西方道德危机的理论根源在于两种主流伦理学:一是坚持事实与价值、理性与情感、道德与传统分离的情感主义;一是抹杀个人与社群的统一性、个人与历史传统相联系的自由个体主义。这两种思想造成道德相对主义和怀疑主义盛行。他推崇亚里士多德主义有深久的生命力,它的真髓可以被不同时代的多种文化融化吸收。因为它强调道德植根于社会生活实践,因而和现代性并不是对立的。麦金太尔并不鼓吹道德复古,而是主张传统是进化的,是继承与更新的统一。他认为克服当代道德危机的出路在于:汲取亚里士多德道德传统的精华,根据当代实践中的合理性,重建以人为目的、以理性为指导、以社群价值优先,融会传统的道德哲学。他倡导以社群主义重建当代品德论,主张品德是人类实践中培植的内在的善,它为社会共同体提供道德基础;个人实现品德和社会生活趋善是动态的统一体;个人实践和品德修养融会在社会传统的演进之中。由此,他和社群主义者们提出关于个体价值和社群价值相统一,以社群优先的共同善为原则,以"公共利益"为轴心价值的正义社会体制的设想。这种社群主义思潮的影响值得我们注意和研究。总之,现在西方伦理学界正在悄悄产生一种"复兴亚里士多德"(Aristotle's Renaissance)思潮,亚里士多德的伦理著作和思想还是值得重视和研究的。

# 第二部分

# 政　治　学

将政治学作为一门专门的学科进行研究,是由亚里士多德首创的;但这门学科得以在那个时代产生,是有它的历史背景的。在苏格拉底以前的哲学家们的思想残篇中也有一些涉及政治方面的内容,但都只是零星片断,没有比较完整的观点。只是到希腊城邦民主制的发展和确立,经过希波战争和伯罗奔尼撒战争,各种社会矛盾充分暴露了,思想家们重点思考人和社会的问题:个人和城邦社会是什么关系? 什么是正义? 在当时流行的各种政治制度中哪一种比较好? 理想的城邦应该是怎么样的? 他们对此提出各自不同的看法,也就是智者和苏格拉底、柏拉图之间进行争辩的一个重要方面。柏拉图留下的两篇最长的重要对话《国家篇》和《法篇》,还有较短的《政治家篇》都是讨论这些问题的。正是在这样的历史背景和思想基础上,亚里士多德才能将政治学作为一门独立的学科进行研究探讨。

　　亚里士多德在《政治学》中提出一个很重要的命题:"人是政治的动物"(1253a3),它指明了人的本质。我们说亚里士多德的实践哲学是人的哲学,而"人是政治的动物"恰当地表述了人的哲学的基本特征:要将人摆在政治中也就是社会关系中来研究,才能认识人的本质。在本卷第三编论述形而上学时,我们看到亚里士多德对"人"下过几个定义:人是两足的(无羽的)动物,人是理性的动物等,但是这些命题中的谓词都只能说是人和其他动物相区别的固有属性,还不能说是人的本质。只有"人是政治的动物"才能说是人的本质定义。对此,马克思给了很高的评价,他说:"人即使不像亚里士多德所说的那样,天生是政治动物,无论如何也天生是社会动物"。① 因为社会关系等于是政治关系。所以马克思又加了一个注说:"确切地说,亚里士多德所下的定义是:人天生是城市的市民。这个定义标志着古典古代的特征,正如富兰克林所说的人天生是制造工具的动物这一定义标志着美国社会的特征一样。"②

在古代目录中,亚里士多德有关政治的著作有多种,但大多已佚失,现在留存的主要只有《政治学》。这部书确实阐明了比较完整系统的亚里士多德关于政治学的观点。

现存的亚里士多德《政治学》共8卷,各卷主要内容如下:

第1卷　城邦国家和家庭的起源,奴隶和财产管理。

第2卷　批评柏拉图等的理想城邦,评论斯巴达、克里特和迦太基的政制。

第3卷　公民和政制。

第4卷　各种现实的政制。

第5卷　革命和防止革命的方法。

第6卷　民主制和寡头制的组织。

第7、8卷　理想的城邦和教育。

学者们普遍认为《政治学》并不是亚里士多德自己原来写定的一部完整的著作,而是后人将他留下的几篇有关政治问题的稿子编纂在一起成为现在这样的著作。

从这八卷的内容看,除前3卷外,第4、5、6卷是讨论现实政治的问题的,第7、8卷是谈论他的政治理想的,明显是两组不同的著作。对前面三卷,有些学者认为是统一的著作,也有些学者认为第1卷和第2、3卷不同,可能原来是一篇独立的著作。因此学者们认为《政治学》是由3篇或4篇(甚至有人主张是5篇)独立的著作编纂而成的,许多学者认为第7、8两卷应移到第3和第4卷之间,因为它的内容和第3卷的结尾可以联结,并为此设想了各种安排方

---

① 《马克思恩格斯全集》第44卷,人民出版社2001年版,第379页。

② 《马克思恩格斯全集》第44卷,人民出版社2001年版,第379页注(13)。

式。但我们还是按照原书的次序分 3 章讨论,第 1 章总论国家和公民,第 2 章讨论现实的政制,第 3 章讨论理想的政制和教育。

古代记载亚里士多德曾让吕克昂学院的弟子分赴希腊各城邦调查它们的政治历史情况以及它们的利弊得失,据说共有 158 种,可惜至今仅发现其中的一种《雅典政制》。它对雅典的历史发展以及政治制度的变化论述得具体详细,成为研究雅典历史的重要根据。亚里士多德的《政治学》是在这样的大量调查研究的基础上写出来的,决不是泛泛的空论,它是这位哲学家从大量经验事实中概括出来的值得重视的观点;它提出来的一些重要原则奠定了后来的政治学这门学科的基础。

## 第二十一章

## 国家和公民

希腊当时只有许多各自独立的城邦 polis,这就是他们的国家,polis 可以译为城邦国家。(中国的春秋战国和希腊不同,春秋战国时的列国,许多比希腊的城邦大得多,但名义上它们都隶属于周王朝,是由周王分封的。)《政治学》第 1 卷论述国家的起源,因为国家是从家庭发展起来的,所以他先讨论家庭的两个主要问题,一个是主人和奴隶的关系,另一个是关于财产的获得和保存的问题,后者可以说是亚里士多德的经济思想。第 2 卷批评柏拉图的政治理想,亚里士多德认为柏拉图主张共产共妻就是要废弃家庭,是违反自然的。他又对被认为当时比较好的三个城邦——斯巴达、克里特和迦太基的政治情况作了评述。第 3 卷讨论公民,公民应有什么资格,具有什么权利又就有什么样的品德。他又将各种政制进行分类,说明它们各自的政治权利如何分配,最后归结到人治和法治的问题。这三卷可以说是政治学的总论。

### 第一节　人是政治的动物

#### 一　国家的起源

《政治学》第 1 卷第 1 章开始说,每个城邦都是某种共同体(koinonia,即公社 commune,社团或群体),而任何共同体都是为了达到某种善(好)才建立的,因为人的行为都是以他认为的"善"为目的的。而城邦这种政治共同体是

最高的,其他一切共同体都包括在它以下,所以它是以"最高的善"为目的的。(1252a1—7)

接着他批评柏拉图在《政治家篇》中将政治家、王、家长和主人说成是同一的,他们之间只有治理人数有多寡的不同,在形式上没有差别的说法(258E—259D),亚里士多德认为只有将组成这些共同体的因素加以分析,才能说明这个问题。所以在第2章中他就从历史发展说明国家的起源。

他认为最初是男女两性的结合,这是由于种族延续的需要,人类和其他生物一样,是出于自然的。家里还有统治者和被统治者的结合,凡是有理智能远见的人成为主人,仅有体力能劳动的人是被统治者,自然成为奴隶,他认为主人和奴隶有共同的利益。男女和主奴这两种关系的结合,首先组成家庭,家庭就是满足人类日常生活需要的自然形成的共同体。(1252a26—b13)下一步便是为了适应更大的生活需要,由若干家庭组合而成为村落(kome)。村落是由同一个家庭的子子孙孙繁衍而成的,是同胞后裔,由王(希腊字 basileus,语源有"家长"的意思)统治,所有家庭都由年长者治理,现在有些未开化民族仍然如此。(1252b16—22)亚里士多德从当时一些落后民族看到由家庭向氏族部落的转变。

他说,当多个村落为了满足生活需要和生活得美好,结合为共同体,达到自给自足的程度,便产生城邦。早期的各种共同体是自然产生的,城邦也是自然产生的,并且是共同体发展的终点和目的。事物的本性(physis)就是目的,每一个事物是什么,只有当它完全长成时,我们才能说出它的本性,无论人、马或家庭都是这样(社会共同体只有发展到城邦才显示它的本性)。终点和目的是最高的善,自足的城邦才达到至善。由此可知城邦(polis)是自然产生的,而人自然是政治的(politikon,即趋向城邦的)动物。凡是本性上(而不是偶然的)不属于城邦的人,他如果不是超人就是鄙夫。(1252b28—1253a5)这就是亚里士多德的名言"人是政治的动物"的出处。他原来的意思是说人是不能离开共同体而独立生活的,而在共同体的发展中城邦是最后的终点和目的,因为它能达到自足的程度,显示共同生活的最完全最高的善,所以人是趋向城邦的,也就是社会的政治的动物。个人是不能离开群体的,所以群体高于个人,这是苏格拉底、柏拉图和亚里士多德一贯的观点。

他说,和蜜蜂等群居动物比较,人更是政治的动物,因为人是唯一的能说话(logos)的动物。其他动物只能发出声音表示情感,只有说话才能表达苦乐、是非、正义和不正义等等。人的特点就是能分辨善和恶、正义和不正义,而家庭和城邦正是这类生物的集合体。(1253a6—18)这样他就将城邦——国家的本质特征作了规定。

他认为(虽然从发生次序说,城邦在家庭和个人之后)从自然本性说,城邦是先于家庭和个人的,因为整体必然先于部分,如果整个身体毁坏了,手和脚就不再成其为手和脚。事物一旦不再具有自身特有的性质就不再是这个事物,只能是空洞的名称。城邦先于个人的根据是:一旦个人离开了城邦,他就不是自足的;而不在社会中生存并能自足的,如果不是禽兽,就是神。所有的人自然具有合群的本能,最早缔造城邦的人应该得到最大的敬仰。趋于完善的人是最好的动物,但如果离开了法律和正义,他就是最坏的。用不正义武装起来是最危险的,这就是将智慧(phronesis,实践智慧)和品德用到邪恶的目的上去了。一旦没有伦理品德,人就是最邪恶最残暴的动物,充满淫欲和贪婪。正义是城邦的准绳,是城邦秩序的基础。(1253a19—38)城邦是整体,个人是部分,离开了社会个人不能独立自足生活,所以个人的完善也只有在城邦中生活才有可能。城邦是用法律和正义将人们联系在一起的,人只有遵守法律和正义才能达到完善的目的。这是亚里士多德关于城邦和个人关系的基本思想。

## 二　奴隶问题

既然城邦是由许多家庭组成的,所以《政治学》第 1 卷第 3 章先讨论家庭管理问题。家庭是由三种关系构成的,即主人和奴隶的关系、夫妻关系以及父母和子女的亲缘关系。另外还有一个问题也需要研究,那就是致富的技术亦称家政管理(hoikonomia,这就是经济学 economy 这个词的最早起源)。

先研究主奴关系。有人认为主人管理奴隶是一门学问,与政治家或王统治人民完全一样;可是有人却认为主奴关系是违反自然的。在他们看来,主人和奴隶的区别是人为法律构成的，不是自然的，所以是不正义的。（1253b15—23）他这里说的前一种人的意见是柏拉图在《政治家篇》中和色诺芬在《经济论》中曾提到过的看法。后一种意见学者们认为是有些智者的看法，当时智者争论自然（physis）和人为（nomos）的问题，有人认为奴隶是由法律和强权规定的，所以是违反自然的不合理的。有些学者认为这意见是智者吕科弗隆或阿尔基达玛提出来的。

从第4到第7章以及最后的第13章，亚里士多德都讨论有关奴隶的问题。亚里士多德的思想倾向当然是站在奴隶主一边的，过去有些著作说他是"反动的奴隶主贵族的代表"，现在我们看看他自己是怎样说的。

第4章他是从工具的角度谈的，说获得财产需要工具，正像工匠工作需要工具一样。工具有两种，无生命的和有生命的。对航海者说，舵是他的无生命的工具，船头守望者则是有生命的工具。在家庭所有的东西中，奴隶就是有生命的工具，是使用工具的工具。如果所有无生命的工具都能自动工作，织梭能自动织布，主人也就不需要奴隶了。他又区别实践的（生产的）工具和应用的（消费的）工具，奴隶也有从事生产的和从事家务劳动的区别。（1253b23—1254a8）

他说，作为所有物是属于所有者的，奴隶作为一种财产，属于主人，而主人却不属于奴隶。于是亚里士多德作出奴隶的定义：凡是不属于自己而属于他人的人，自然就是奴隶，他是一件所有物，是能和所有者分离的一件工具。（1054a9—17）

第5、6章是讨论区别奴隶和主人是不是合乎自然的，第5章作肯定的回答认为是合乎自然的，第6章则提出质疑。

他认为有些人是生来就是被统治者，另一些人则是统治人的，这种区别不但必然而且有益。（1254a22—24）他是这样论证的：凡是由几种因素组成的事物中总有统治和被统治的区别，即使是无生命的东西也是这样，如在一支乐曲中也有主音和辅音的区别。动物是由灵魂和肉体组成的，灵魂是统治者，肉体是被统治者。在保持自然本性的动物中总是灵魂统治肉体，成为完善的状态；只有在毁坏和丧失本性的情况下，肉体支配灵魂，那是邪恶和违反自然的。

（1254a29—b3）他说可以从生物的情况观察专制的和共和的统治,灵魂是以专制的方式统治肉体的,理性(nous)则以共和的方式统治欲望;凡是灵魂统治肉体、理性统治欲望的,都是自然和有益的,如果二者平等甚至低下者反居于统治地位则总是有害的。他认为驯养的动物比野生的动物更为驯良,因为它们是经过人的统治管理的。雄性比雌性高贵,前者统治后者。所以只要是存在灵魂和肉体以及人和兽的区别的地方,低一等的自然就是奴隶。那些只有体力,缺乏理性,只能服从别人的理性的人,自然就是奴隶。动物不能接受人的理性只凭本能活动,和奴隶不同,但家畜和奴隶二者都以体力为主人的需要服务,所以差别是很小的。（1254b4—27）他认为自然赋予自由人和奴隶的身体也是不同的,奴隶的身体强壮适于劳役,自由人的身体俊美,不适于劳动而适于政治生活。但是他也承认常会发生相反的情况,有些奴隶具有自由人的身体和灵魂,他说这是例外情况可以不论。自然既然赋予人以这样像神和人那样的不同条件,就应该承认卑劣的人是高贵的人的奴隶。所以得出结论:有些人自然是自由的,有些人则自然就是奴隶,对他们来说,被奴役不仅有益而且是正义的。（1954b27—1955a3）

由此可见,亚里士多德是从人的天赋条件不同来论证主奴关系的合理性的,有些人体力强壮适于劳动,自然成为奴隶;有些人有理性善于政治活动,成为统治的主人。这和"劳心者治人,劳力者治于人"是一样的。

但是第6章却指出:对上述理论提出反对意见的人也不是没有道理的。他认为"奴役"和"奴隶"都有两种意义,自然的(physis)和人为的(nomos)。按照人为的法律规定,战败被俘虏的人应该成为胜利者的所有物——奴隶;许多学者谴责这是非法的,说力弱的人要从属于强有力的人是强权观念,是可憎的。在学者中引起了争议,这种争论实际上就是关于正义的问题,一部分人认为正义应该是善良意志,另一部分人却认为正义就是强权统治。分开来看,认为品德高贵的人应该成为统治的主人是无可反对的;而认为按照战争习惯的奴役是合法的说法却可以遭到反驳,要是战争是不正义的呢? 如果高贵的人被俘或被出卖成为奴隶,难道是正义的吗? 所以希腊人不愿称希腊人为奴隶,只称外邦人为奴隶。一般说的奴隶都是指上面所说的自然的奴隶,这是根据善和恶的原则区分出生的高贵和卑贱,划分自由人和奴隶。他们认为人生人、兽生兽,善人的后代也是善人,这虽然是自然的本意,但实际上却常常不是这样的,现在所有的奴隶和自由人实际上并不完全是自然的奴隶和自由人。(1255a3—b6)

由此他作出结论说:人类确实有自然的主人和奴隶的区别,各随自然(本性)统治和被统治,是有益的和合乎正义的,但如果是滥用权威就损害双方的利益。在合乎自然的主奴关系,双方各尽自己的职责,就产生友爱和共同利益;如果是凭借权力和法律造成强迫的奴役,就会得到相反的结果。(1255b7—15)

在第13章中亚里士多德又提出这样一个问题:奴隶除了作为工具可以供人役使外,是不是还具有节制、勇敢、正义这样的品德呢? 如果他们也有这类品德,他们和自由人又有什么区别? 另一方面,奴隶也是人,也有理性,说他们没有这些品德是荒谬的。对妇女和儿童也有同样的问题。一般说统治者和被统治者具有相同的还是不同的品德呢? 如果他们二者都需要有高尚的品德,为什么一部分人统治而另一部分人被统治呢? 也不能说他们之间只有品德的程度高低不同,因为统治和被统治是种、属的区别而不是程度上的区别。从一方面看,要是统治者不能节制和遵守正义就不能很好统治,被统治者如果缺少这些品德也不能很好服从统治。所以这两种人应该有共同的品德;但它们是有变化的。灵魂的构成告诉我们,统治部分是理性而被统治部分是非理性的。显然这一原理可以适用于一切统治者和被统治者,但统治的种是不同的,主人统治奴隶不同于男人统治女人,也不同于大人统治孩子。虽然灵魂的各部分都存在于所有的人中,但它们的程度是有所不同的。奴隶根本没有审慎思考的能力,妇女有一些但没有权威性,孩子即使有也是不成熟的。可以设想所有的人都分有这些品德,但方式和程度却有不同,每个人只要求能完成他的职责。只有统治者应该有完善的品德,因为他需要有绝对的主人的能力,这就是理性的能力,至于被统治者只要求有适合于他们的品德就够了。所以,品德是人人共有的,但男人和女人的节制、勇敢和正义,并不像苏格拉底所说是相同的(见《美诺篇》72A—73C)。男人的勇敢表现在发号施令,女人的勇敢则表

现在顺从,其他品德也是这样。(1259b22—1260a25)

可以看到在亚里士多德这段冗长的论证中将两个不同的问题混淆起来了:前一个问题是奴隶作为人是不是具有和主人同样的品德? 在这个问题上他自己也承认如果否认奴隶也有这些品德,是荒谬的。但是他又不愿意明确得出这样的结论,于是将问题转到另一种形式,实际上是问奴隶应该有什么样的品德? 从这方面说,奴隶应该有的品德和主人是不同的。所以最后他说:奴隶是对生活需要供应劳力的,因此要求于他们的品德只是不要懦弱得无法实现他们的职责。可是作为主人的责任不仅在于使奴隶从事各种劳务,而且要训练他们,培养他们应有的品德。(1260a34—b5)

在如何看待奴隶的问题上,亚里士多德显然存在矛盾:一方面他不得不承认奴隶也是人,也有理性,因此如果说奴隶和主人有根本的区别是荒谬的;而另一方面他又站在奴隶主的立场上认为主人和奴隶有天赋的(自然的)不同,奴隶自然体格强健适于劳动,主人则有理性善于治理,因此主人统治奴隶是合理的。但是由于连年不断的城邦战争和内争,经常有自由民和出身高贵的奴隶主被俘、卖为奴隶,因此亚里士多德不得不讨论"自然的"奴隶和"非自主的"奴隶的区别,反对将自由民卖为奴隶。这也是为了维护城邦制的需要。

### 三　经济问题

《政治学》第 1 卷第 8 至第 12 章讨论家政管理的第二个方面即如何理财致富的问题。

他首先讨论获得财富和家政管理是不是同一的。他认为它们的关系正像铸铜和制铜雕像的关系,前者提供质料——铜,后者才能制造雕像;只有获得了财富,才要管理它。所以它们是不同的,但获得财富也是家政管理的一个部分。(1256a1—16)他认为人类的生活方式是多种多样的,所以获得财富的方式也是多种多样的。最普遍的获得自然产品的方式是畜牧、农耕、掠夺、捕鱼和狩猎。他提出自然为动物的生长提供了丰富的植物,动物的生长是为了人类的生存;所以自然不造无用的东西,它必然是为了人类而创造了一切动物。(1256b21—23)这就是亚里士多德的目的论思想的一种表现。

第9章提出在获得财富的技艺中有一种是赚取钱财的致富术,亚里士多德对此作了分析,这是西方经济学说的最初起源。色诺芬在《经济论》中最早提出了"经济"和"管理"的概念,论述了农业的基础地位;由于他赞成商业和贸易,在《雅典的收入》中,他最早提出了铸币(雅典银币)在对外贸易中作为流通手段、贮藏手段和贸易结算的作用。而亚里士多德是将经济作为家政学来研究的,他研究了取得财富和使用财富的问题;但由于他对商业和商人持否定态度,致使他无法进一步研究商业和贸易在家政和城邦经济中的作用。

亚里士多德认为一般的获得财富的技术和致富术虽然相似,但二者是不同的,前者是自然的,后者是不合乎自然的。(1256b40—1257a6)他是这样分析的:我们所有的一切事物都可以有两种用途,一种是按事物的本分,是正当的,另一种则是不正当的。例如鞋子既可以穿在脚上也可以用来交换,前者是鞋的本分,而将鞋交给需要它的人以换取金钱或食物,虽然也是在使用"作为鞋的鞋",但这不是鞋固有的用途,因为制鞋原来不是为了交换。他说,因为人们各自所有的物品或者太多或者太少,以有余换不足,交易是这样自然地产生的。在最初的社会共同体即家庭中,全家人共同使用一切财物,不需要交易。后来共同体扩大了,各家所有的财物在种类和数量上不同,需要交易。这种物物交易在一些野蛮民族中迄今还存在,他们以酒换谷物或以谷物换酒,是不违反自然的。这种交易继续发展,当一地居民和另一地居民互相依赖,引进所需和输出多余的货物时,便会产生"钱币"。因为生活用品笨重难以携带,人们便想找到一种有用的并便于携带可作交换的物品。他们发现铁、银这类金属,开始用它们的大小重量来计算,后来就在这些金属上打上印记,标明它们的价值,这就是钱币。(1257a6—40)他最早提出商品有交换价值和使用价值,以及货币的起源问题。马克思在研究商品的两重性及价值形态的演进中,特别注意到亚里士多德的见解,说他看到了从偶然价值形态——→扩大的价值形态——→一般价值形态——→货币价值的发展过程。①

---

① 参见《马克思恩格斯全集》第 44 卷,人民出版社 2001 年版,第 61—86、99—100 页及注(33)。

钱币出现以后就出现一种以获得钱财为目的的致富术——商业贩卖。随着贩卖的发展,人们认识到如何凭交换获取最大利润的方法,从使用钱币可以产生钱币,因而考虑如何聚敛钱币。许多人认为财富就是一定数量的钱币,因为致富术和贩卖都和钱币密切有关;而有些人却认为钱币不过是一种赝品,不是自然的而是人为约定的,一旦使用者用别的物品替代它,它就毫无价值了。它不是生活必需品,像寓言中的米达斯(Midas),他要求得到点金术,凡他触到的东西都变成了金子,他将因此而饿死,所以认为金钱即为财富是荒谬的,要另觅更好的致富方式。亚里士多德认为后一种想法是正确的,因为自然的财富和致富方法与此不同,那是和家政管理相适应的以生活资料为主的;而以获取金钱为致富方法则完全是为了金钱,金钱是交易的要素和目的。用这种方式获得财富是会没有限度的,目的就在于多得这类财富,在于敛财;而家政管理是为了生活需要,是有限度的。这两种致富的方式很接近,容易混淆;它们的手段是相同的,但是目的不同。一个是为了生活而觅取有限的财富,另一个则以无限敛财为目的。亚里士多德认为这是由于他们不知道什么才是优良的生活,他们不过是要满足肉体的快乐和热衷于财富的获得,以此为人生最高的目的。(1257b1—1258a14)

雅典是一个工商业非常发达的城邦,亚里士多德研究当时的经济情况,发现了流通过程中商品——货币——商品(W——G——W)与货币——商品——货币(G——W——G)的区别,但是由于时代的限制,他看不到后一流通方式的积极意义,而只是以道德评价为标准,从道德行为上加以指责。马克思在《资本论》的一个注中引用亚里士多德在《政治学》第1卷第8、9章中几大段话,都引自此处。[①]

亚里士多德说:致富有两种方式,一种和家政管理有关,合乎自然地从动植物取得财富,这是必须的可以称道的;另一种是在交换中从别人处获利,这是不自然的,应该受到指责。尤其是高利贷更为可恶,人们讨厌放债是有道理

① 参见《马克思恩格斯全集》第23卷,人民出版社2001年版,第171—182页,引文见第178页注(6)。

的,它不是从交易过程中获利,而是以作为交易中介的钱币来牟利,利息就是以钱生钱。在各种致富方法中,高利贷是最违背自然的。(1258a39—b8)可见当时雅典等地高利贷盛行,受到亚里士多德的竭力攻击。

他又谈到实际的致富方式,亚里士多德分为以下几种:1. 畜牧,要知道各种家畜哪些品种最好,在何处驯养才能获利。2. 农耕,包括农田、林园、养蜂、养鱼和养禽。3. 交易,首先是经商,这是最重要的致富方法,其中有提供船只,运输货物,销售,它们因安全和获利而有所不同。4. 高利贷。5. 雇佣,有些人有技术而受雇,没有技术的人只能从事体力劳动。6. 还有一种是从土地中生产出来的东西中营利,如伐木和采矿,采矿又因不同的矿物而不同。他总起来说:凡是不靠机遇而着重技术的便是最有本领的行业,对人体最有损害的是鄙贱的行业,使用体力最多的是最劳苦的,而不需要品德的行业是最无耻的。(1258b9—37)这是他讲到的当时希腊和雅典的各种经济行业,以及他从道德方面给予的评价。

接着他讲了两个故事,一是归给泰勒斯的传说,说人们因为他贫穷而说哲学毫无用处,可是泰勒斯运用天象知识预测来年橄榄将大获丰收,就将开俄斯和米利都的所有榨油坊全部租用,因此赚了一大笔钱。他以此证明哲学家并不是不能致富,不过他们的理想并不在金钱。另一个故事是有一位西西里人用钱购进铁矿所有的铁,获得了200%的利润。亚里士多德认为他们两人创造了垄断的方法。(1259a6—35)

以上是亚里士多德考察和分析当时经济情况,得出的一些看法和理论。现存亚里士多德著作中有一部 *Oikonomika*,有人译为《经济学》,苗力田改译为《家政学》,内容主要是关于家庭的情况和管理,列举了许多事实。许多学者认为它不是亚里士多德的著作,是伪作。《政治学》第1卷第8至11章的内容可以说是亚里士多德的经济思想,这里提出的一些基本观点对后来西方经济学研究产生了深远的影响。

## 第二节　理想和现实

《政治学》第 2 卷共 12 章,可分为两个部分:前八章评论前人的政治理想,主要批评柏拉图在《国家篇》中提出的共妻、共产思想;后四章评述当时现实中被认为好的城邦——斯巴达、克里特和迦太基的政制,讨论它们的得失。亚里士多德就是从这些理论和实践的探讨中形成他自己的政治思想的。

### 一　批评柏拉图的共产制度

亚里士多德开始说我们要考察能实现优良生活的政治体制,应该研究公认为治理良好的各城邦的现实体制以及被称颂的思想家们提出的理想的政治形式。(1260b27—32)亚里士多德说,我们从这个问题即所有财物对城邦公民的归属谈起,这有三种可能:1. 城邦所有成员公有一切事物,2. 完全私有,不是公有,3. 一部分归公一部分不归公。他说,既然是一个政治共同体,如果没有完全共同的东西那是不可能的,至少有一部分应归属于整个城邦。这样就排除了第 2 点,在第 1 点和第 3 点之间进行选择:一个好的城邦是不是应尽可能将一切划归公有,还是只共有一些东西而另一些东西并不归为公有? 是不是像柏拉图在《国家篇》中所讲苏格拉底的主张,子女、妻子和财产都应归公共所有? (1260b33—1261a8)

他先批判妻子和子女公有的思想。亚里士多德说这种主张困难很多,因为提出来达到这个目的的手段实际上是不可能实行的。他指出实行共妻和共子的前提是:整个城邦应是划一的,越一致越好。亚里士多德却认为一个城邦如果完全统一就不成其为城邦,因为城邦的本质就是多样化;如果要成为"一",家庭比城邦一致,个人比家庭一致,所以城邦要归到家庭,进而归到个人;而这样的划一也就是城邦的毁灭,是不应该实现的。(1261a10—23)他又从正面论证:城邦是由多数人组成的,他们是不同种类的,种类完全相同的人不能组成城邦。一个统一体只能由不同种类的元素组成,才符合

《伦理学》中所说的分工互利的原则,这是城邦存在的基础。即使在自由人之间和平等的人们间也必须维持这个原则,他们不能同时做统治者,只能定期交换,轮流执政。因为公民是自然平等的,他们都能参加统治是合理的,任何统治者都应该退下来和别的自由人一样。所以总有一些人统治,另一些人被统治;在他们担任官职时也是这样,因为职务也是多种多样的。他认为城邦的本性并不像某些人所认为是划一的,他们所说的最高的善——"一"(即完全一律)实际上是城邦的毁灭。从另一方面也可以看到城邦的一致并不是善;因为家庭比个人更能自给自足,城邦又比家庭更能自给自足。如果人们要求更多的自足,便会要求更少的一致性。(1261a23—b15)亚里士多德指出,柏拉图主张共妻共产的出发点,是认为城邦应该是整齐划一的,是"一";可是城邦的本性却不是"一"而是"多",城邦是由各种不同的人组成的,正因为他们互相不同才要互助合作,才能成为自给自足的城邦。所以要求城邦国家"一致""一律",并不是什么善,只是使城邦毁灭。他说出了政治学中一个根本道理,即国家是由多种多样的人组成的,不能要求整齐划一。

他又进一步论证说:苏格拉底以为城邦的一致性的最高标志是,全体人同时说这是"我的"或"不是我的";这也是不对的,因为"全体"有双重含义,如果所有一个一个个别的人都同时说这个人是"我的妻子"或"我的儿子"或"我的财产"等等,实际上这是所有全体人的妻子、儿子或财产,并不是每一个个人的东西。所有全体的人都说这是"我的",即使没有错,也不可能成为现实。亚里士多德提出一个重要的论据:凡是为更多人所共有的事物往往是最少为人关心的;任何人主要考虑的是他自己的事情,很少顾及公共利益,即使关心也只是因为和他自己有关。他举了家庭奴仆的例子,侍从成群还不如少数几个得力。如果每个父亲都有上千个儿子,每个儿子都有上千个父亲,结果是任何父亲都不关心任何儿子。每个人不过是全体中的一分子,他不知道谁为他生过孩子,这孩子是否成活。成千上万人同样说这是"我的儿子",还是按现在城邦方式,各人说这是"我的",究竟哪一种制度好?当然是现在这种血缘联姻有父母子女兄弟等等亲属关系更为和谐。他说上利比亚某地实行共妻,但子女各以其容貌相似归属其父，①甚至动物也有相似的习惯。(1261b16—1262a24)亚里士多德已经发现的道理："越是为更多人所共有的东西，越是更少人关心"，后世还是有人不能认识它。

他又用事实来论证：如果实行共妻共子，则在伤害、杀人、吵架以及性爱等事情中，父母和子女间会发生乱伦的情况。城邦主要是靠公民间的相互友爱维持的，而共妻共子却只会削弱亲属间的友爱关系。柏拉图自己在《会饮篇》中通过阿里斯托芬所说的男女想合成一体的爱情也不会产生，所以说柏拉图自己在理论上相互抵触。亚里士多德说，任何事物要引起人们的关心和钟爱，主要有两点，一是你自己的，二是珍贵的，而在共妻共子的城邦中这两点都不具备。(1262a25—b25)

他再讨论财产分配，财产应该全部归公还是应该分属每一个公民？当时的财产是土地和收获的产品，他说可以有三种分配方式：1. 土地划分各归私有，收获物则归公仓共同消费，有些野蛮民族是这样做的。2. 土地公有共同耕种，产品分配给各家自用，有些民族是这样做的。3. 土地和产品都归公有。他认为如果土地的所有者和耕种者不是同一个人（奴隶主或地主有土地，交给奴隶或农民耕种）时容易处理；如果是自耕的农民则所有权问题常会引起极大纠纷。如果劳动报酬不公平，多劳少得的人会埋怨别人少劳多得；这类财产争论在生活中引起极大的麻烦。(1262b37—1263a15)

他认为财产在某些方面可以公有，但一般说应该是私有好，因为划清了各人的利益，就消除了争吵的根源；而且由于各人都关心自己的事务，境况就会有改进。他认为现行的制度只要在习惯和法律方面加以改进，就可以收到公有和私有两种制度的好处。(1263a21—30)他认为人们一旦认识事物为自己所有，便感到快乐，这是人的天性，人人都爱自己，并不是偶然的冲动。尽管自私应该受到谴责，但自私并不是真正的自爱，而是自爱过度了，像守财奴那样喜爱金钱便是自私。(1263a41—b5)只有在财产私有的情况下，人们才能为朋友效劳，表现慷慨的品德，一旦财产公有便没有乐善好施了。大家看到现实

---

① 参见希罗多德：《历史》第4卷，第180节。

的种种罪恶如违反契约、行使欺诈、作伪证等罪行以及向富人诏媚等,认为都是由于财产私有引起的;实际上这些都出自人类天性中的邪恶,并不是由于缺乏共产制度;如果实行公产,人们的纠纷实际上反会更多。(1263b11—25)

他又重述《国家篇》中的错误,说无论城邦或家庭,保持某种一致是必要的,但超过限度要求更多一致,它就不再是一个城邦或者只是一个劣等的城邦,就像只有同一音调的和声是不好的和声一样。城邦是许多分子的集合,只有通过教育使它成为统一的共同体;奇怪的是本来注重教育的人(苏格拉底和柏拉图)现在不想靠哲学、习惯和法律来改善公民,却想用财产共有的方法来统一,像斯巴达和克里特曾经实行过的共餐制(syssitia,将武士编组实行共餐,也就是共产)那样。亚里士多德认为时代不同情况不同,斯巴达实行共餐制度的目的乃是禁止居统治地位的武士去参加农耕。他指出:《国家篇》所说的理想政制的具体情况如何,也没有说清楚。被统治的农民等终究是多数,他们的财产是公有还是私有? 如果也是公有,则他们和武士间没有什么区别;如果他们的财产是私有的,则一个城邦中有两种不同的制度,武士仅仅是保卫城邦的,农民和工匠倒成为真正的公民。因而它所谴责的种种罪恶在这种城邦中照样会发生。(1063b30—1064a33)不但如此,柏拉图还让统治者武士永远统治,因为他们是天生的由金银造的,容易动怒的武士更容易由此引起纠纷;而且武士没有自己的财产,也就是剥夺了他们的幸福;武士没有幸福,工匠、农民等也不会有幸福。(1264b4—23)

以上这些就是亚里士多德批判柏拉图《国家篇》中共产制度的主要论证。

亚里士多德还对当时别的哲学家提出的比较切合实际的政治理想进行讨论。第7章讲的是卡尔西冬人法勒亚斯(Phaleas of Chalecedon)的观点,当时许多人认为产生内乱的原因是贫富不均,法勒亚斯首先提出用均衡财产的办法消除内乱。柏拉图的《法篇》也有类似的观点,主张限制公民的财产,规定只能增加到5倍为止。亚里士多德认为这类立法者忽略了要限制财产必须限制子女人数,不然这种法规就得破产,并且会使富人变得贫困。古代立法者也知道要平均财产,如梭伦规定个人不得收购过多的土地,还有些城邦禁止人民出售财产。但在这种实行均产的城邦所规定的每户定额不能过多或过少,不然便会流于奢侈或贫困。应该看到人类的欲望是没有止境的,如果不进行教育便很难达到节制的目的;而且这教育又不能是对各人都同样的,因为每人所好不同。更要知道引起城邦内讧并不完全由于财富不均,名誉地位的不平也常引起争端。有些人犯罪由于缺乏衣食,有些人虽然温饱了,还为情欲困扰,要寻欢作乐而犯罪;还有人虽然这些都满足了,却还有漫无边际的欲望要肆意纵乐而犯罪。要救治这些罪行,对缺乏衣食的人可给以适当的生活资料,对为情欲困扰的人要进行节制教育,对有漫无边际的欲望的人则要使他能感到自足,这些只有在哲学中才能找到。所以法勒亚斯制定的方法实际上只能防止轻微的犯罪。(1266a40—1267a18)亚里士多德指出:公民财产平均分配虽然有助于国内安宁,但收效未必很大,有才能的人会对此感到不满,因为他们认为自己应该比别人多得,却被限制了,这常是叛变和动乱的原因。此外法勒亚斯只平均了土地,而人们还可以在奴隶、牛羊和金钱方面产生不均。他认为这些就是法勒亚斯设想的缺点。(1267a20—b20)

亚里士多德又评论米利都人希波达玛斯(Hippodamas of Miletus)的意见,希波达玛斯不是政治家但想设计最好的政治形式。希波达玛斯设计的城邦以10000公民为限,分为三个部分即工匠、农民和武士;将土地分为三部分:一部分用以祭祀敬神,第二部分归公共所有用作军需,第三部分归私人所有属于农民。希波达玛斯主张设立一个最高的终审法庭,受理一切原判决不合理的案件,选若干长老组成;法庭的判决不应由投石决定,而应由审判官各投一块木板,写明他认为的罪状。他主张对有利于城邦的意见给予奖励,等等。(1267b22—1268a8)

亚里士多德对希波达玛斯的设想提出批评:第一,虽然将公民分为工匠、农民和武士三部分,但农民没有武器,工匠既无武器又无土地,他们实际上不过是武士的奴仆,他们不可能分享官职,因为将军和行政官员都是从有武器的人中选拔出来的;那两部分人不能参加政府,怎么会忠于城邦呢?第二,农民拥有和耕耘土地,收获物归他们所有;可是供养武士生活的公共土地由谁耕作呢?如果由武士自己耕种,则他们和农民有什么区别?如果还有一部分人替武士耕种,那就是第四个部分了;如果也由农民耕种,那么同一个人要为两家人生活劳动,不是太困难了吗?而且为什么要划分土地,不是可以从同一份土地中既提供私人又提供公共的食物吗?第三,改革司法的方法也未必妥善,如果审判官各自提出不同的意见,便会争论不休。(1268a16—b22)

最后亚里士多德提出他对于改革的看法。他认为希波达玛斯提出的奖励那些有利于城邦的创见看来有理,但也可能引起城邦的纷扰。改革在有些技术知识方面如医疗、体育确实可以看到有很多进步,政治方面也有这种情况,古代的许多野蛮习俗现在大多已经改变了。但也应注意另一方面,改革是一件应该慎重考虑的大事,轻率变动并不一定是好事。他认为法律所以见效,全靠人民服从,而遵守法律的习惯需要长期培养;如果轻易改变法制会使人民守法的习惯消失,也就削弱了法律的威信。(1268b23—1269a25)

从亚里士多德的这些评论可以看出他考虑问题比较切合实际。他批评以往思想家(包括柏拉图)的政治理想偏于空想,不能实现;他自己从现实的社会情况和人的天性出发考虑问题,比较讲求现实,但也因此不免带上一点保守的色彩。

## 二 对现实政治的评述

从《政治学》第2卷第9章起亚里士多德对几个城邦的现实政治情况加以评述,他说这种讨论要看:第一,和完善的城邦相比,它的法律是好还是坏的;第二,它和原来立法的宗旨是不是符合的。(1269a29—33)他所评述的这些城邦的详情,我们现在已经无法知道,但从亚里士多德的评述中,我们可以多少了解当时希腊城邦的实际情况和存在的问题。

首先亚里士多德讨论斯巴达(拉克代蒙 Lacedaemon)的政治,指出它当时存在的问题是:第一,它的奴隶——希洛人和边民时常起来反抗。他认为良好城邦的公民必须有"闲暇",不必终日忙于生计;但如何取得闲暇却是一个难题。(公民要有闲暇,必须让奴隶为他们辛勤劳动,所以如何对待奴隶成为难题。)亚里士多德认为斯巴达的奴隶经常起义的原因在于斯巴达和它所有的邻邦为敌,这些邻邦煽动希洛人起义。他还认为即使没有这种麻烦,管理奴隶也是令人头痛的。如果不严加管束,他们会妄自尊大要求和主人平等;如果管理过严,他们会起来杀害主人。斯巴达没有找到好的管理奴隶的方式。
(1269a34—b13)第二,妇女自由放纵。斯巴达立法的目的是要使全体公民勇
敢坚毅,却忽略了妇女的品德,造成他们放荡不羁,穷奢极欲。男人经常外出
征战,在军旅中养成服从的品德;而妇女却掌握权力,一旦外族入侵便表现得
十分慌张,她们造成的混乱比敌人的袭击还要严重。(1269b13—1270a10)第
三,贫富不均。一些人越富而另一些人越穷,土地为少数人兼并。斯巴达法律
规定土地不许买卖,但又允许财产可以赠送或给予他人,对女儿陪嫁丰厚之风
盛行,全部2/5的土地归妇女所有。尽管斯巴达土地本可以维持1500骑兵和
30000重装步兵,但现在能作战的公民已不足1000人。斯巴达衰落的原因在
于缺少男人。立法者为了鼓励生育,规定有3个孩子的父亲可以免除兵役,4
个孩子的父亲可以免除城邦一切义务,这样使多子女的人家的土地分得更小,
陷入贫困。(1270a16—b6)第四,监察制度的弊端。亚里士多德认为一个城
邦要能长治久安,必须使各部分人都感到有好处,希望它维持下去。斯巴达在
这方面本来是比较好的,两个王满足于王制给他们的荣誉,贵族乐于在长老院
任职,平民则人人都有被选为监察的机会。但是监察在平民中选任,最穷的人
担任这个职务,容易开贿赂之门;并且监察院有决定大事的权力,王权日渐衰
微,亚里士多德认为斯巴达已经从贵族贤人制沦为民主制了。(1270b7—35)
第五,长老制也有弊端,长老是终身职,可是才德是会随着身体的衰老而衰老
的,任长老的人也徇私舞弊;选举长老又奔走游说,鼓励了野心和贪得。王也
不应像现在这种世袭方式,而应根据品德担任王职。共餐制也有弊病,有些人
过于贫穷不能交纳贡物,便不能参加共餐和享受公民的权利。(1270b36—
1271a37)第六,亚里士多德指出柏拉图在《法篇》中正确地批评斯巴达的立法
只重视一种品德即战士的勇敢,他们能在战争中称雄;一旦霸权建立,便开始
衰微,因为他们对和平时期的治理一窍不通。(1271a41—b7)

其次,亚里士多德评论克里特的政制,说它和斯巴达政制相似,只是比较
粗疏。他对克里特政制的意见是:第一,克里特的共餐制比斯巴达的优越,公
地上一切收获和农奴交纳的实物全部归公,一部分用作祭神和公共事务,另一
部分用作共餐,所有的人无论妇女、儿童和男子都能吃到公粮。(1272a14—

22)第二,克里特的监察制不如斯巴达的,在斯巴达监察官在全体公民中产生,每个平民都有参与最高权力的机会,便会拥护整个政制;而在克里特,监察官仅在某几个宗族中产生,长老人选又限于曾经担任过监察官的人,一般平民都被排斥在外。长老也和斯巴达一样终身任职,他们可以不依法规而随意专断。(1972a31—37)第三,亚里士多德说克里特人纠正这些弊端的方法十分奇怪,不是采用政治制度而是由派别操纵;由某些监察官或和不当权的人联合起来驱逐另一些监察官,或推翻整个监察院。更恶劣的是权势横行,有些贵族不想服从时便可以反过来中止监察官的职能。他称这是一种"权阀政制"(dynasteia)。克里特人还有一种聚党结派的习惯,不同部分的人结合起来推出领袖,彼此争吵械斗,城邦随时有毁灭瓦解的危险;只是因为克里特地处海岛,才阻止了外邦人的入侵。(1272b2—18)

再次,亚里士多德论述迦太基的政制。迦太基是腓尼基人在北非洲建立的殖民城邦,不是希腊城邦,但是亚里士多德将它和斯巴达、克里特列在一起,认为它们的政制相似,而且迦太基比前二者优越;它虽然保持平民的因素,但一直稳定,没有发生叛乱和暴君。(1272b24—33)迦太基的政制和斯巴达相似,也有共餐制,和监察官相应的有104位长官,不过他们是根据优点选出来的;也有王和长老,不过他们的王不是从一个家族中产生的。(1272b33—40)他对迦太基政制提出的批评是:第一,它偏离了贤人制,有时倾向民主制,有时则倾向寡头制。倾向民主制的是当王和长老将事情交给人民讨论时,人民不但可以做出决定,而且可以表示反对,这在别的城邦是不行的。迦太基在更大程度上倾向寡头制,寡头制依据财富选官员,贤人制依品德选官员;而迦太基人认为行政长官不单要品德好,而且要富有资财。他们认为穷人不能当好官,因为他们没有闲暇。亚里士多德认为这是立法者的错误,为了获得闲暇,竟可以用钱买到最高职务;使财富超过了品德,全邦上下都唯利是图;花钱买到官职的人当然要在任期上捞钱。(1273a3—b6)第二,迦太基允许一个人担任几种官职。一个人做一件事效果最好,将事情分给更多的人做更为合理和大众化。(1273b8—16)他认为迦太基总是将一部分平民送到外地去发财致富,是他们保持城邦稳定的一个好办法。(1273b18—21)

第 2 卷第 12 章评论一些雅典立法者的政绩,实际上主要是对从梭伦变法以来雅典民主政制的改革情况作了概括的论述,正好是对以上只讨论斯巴达、克里特和迦太基三个非民主城邦的情况作了补充。

他说,有些人认为梭伦是优良的立法者,因为他结束了寡头政治的专横,将平民从奴役中解放出来,建立了早期的雅典民主政治。在他创立的政制中使各种不同成分和谐共处:如元老制保存了寡头的作用,选举产生的行政人员着重才能(贤人制),陪审法庭则是民主制的。实际上元老制和官员选举早已存在,梭伦只是使它们保留下来;他创立的只是从全体公民中选举产生陪审法庭,并给它最高决定权,因此受到一些人指责,说他毁坏了非民主的成分。当法庭力量日益增强,为了取悦成为暴君的平民,就从古老的制度变为现在的民主制。厄菲亚尔特和伯里克利削弱了元老院的权力,伯里克利还设立了给陪审员津贴的制度,这是平民领袖设法增加民主的权力,直到我们现在看到的这样。显然这并不是梭伦当时有意要做成的,而是其他一些因素作用的结果,如在对波斯战争中平民被装备起来去争夺海上霸权,提高了他们的地位。梭伦本人只给了平民以选举官员和监督官员的权力;而这些官员都是从有名的和有钱的人中选任,第四级劳工是不能担任官职的。(1273b36 — 1274a22)亚里士多德对雅典政制的这些评述,基本观点和他在《雅典政制》中的论述是一致的。《雅典政制》是亚里士多德在吕克昂学院时派遣学生分赴各城邦,收集该邦历史及政制变化情况的 158 种材料之一,是其中现在唯一能看到的一种。从这里可以看出,他对当时各希腊城邦政治的论述,都是以具体详细的调查研究为根据,并不是任意推论的。因此这一卷有相当大的史料价值。

亚里士多德正是在对以往思想家的政治理想,以及各城邦的现实情况作了调查研究并提出评论的基础上,才提出他的政治观点和理论的。他指出的一些弊端和提出的一些改革措施,是能给后世以启发的。

## 第三节　公民和政制

《政治学》第3卷前五章讨论什么是城邦和公民的问题,为公民下了定义;第6至第13章讨论各类政制;第14至18章讨论各种形式的王制,谈对人治和法治的看法。这一卷属于政治学总论。

### 一　什么是公民

《政治学》第3卷第1章提出:要研究政制(politeias,政体)是什么,首先要研究城邦(polis)是什么;城邦是由它的众多成员组成的全体,是由公民组成的,所以应先研究公民(polites)是什么,什么样的人可以叫公民?(1274b32—1275a3)

他认为关于公民的问题有很多争论,不同政制也有不同的规定。但是不能将住在同一个地方的人都说成是公民,因为奴隶和侨民即使住在同一个地方却不都是公民;也不能说拥有诉讼权的人都是公民,因为有些侨民因契约关系也有诉讼权,却不是本邦公民。公民还有年龄的限制,未成年的儿童和已从公共生活隐退的老人也不是完全意义的公民。他认为完全意义的公民只能是有权参加审判和行政统治的人。(1275a4—23)这就是亚里士多德为公民下的定义,因为当时的公众审判法庭和公民大会是城邦的最高权力机关,参加行政统治工作的人是由公民大会选举产生的,所以公民就是有权参与城邦政治活动的人,也就是具有政治权利的人。

亚里士多德说,这个定义虽然最切当地规定了公民的政治地位,但由于各种政制不同,公民的地位也会有不同。亚里士多德承认他这个定义最适合于民主政制的公民,对其他政体虽然也可适用,但不一定切合,例如在斯巴达没有公民大会,只有一些偶然的集会,平民并没有政治地位。(1275a34—b10)

亚里士多德为公民下的这个定义为后来西方民主国家普遍接受,凡一个国家的公民必然有权参与国家的政治活动。他在第一章结尾下定义说:凡有权参与城邦议事和审判事务的人,就是该城邦的公民。并由此推出城邦的定义是:凡具有维持自给生活的足够人数的公民集团,就是城邦。(1275b19—21)

亚里士多德接着讨论了两个问题:第一,是不是要父母双方都是公民的人才能是公民:如果这样还可以上推到第二、第三代祖先是不是公民的问题。亚里士多德认为按照以上定义,一个人只要能参与政治统治、有政治权利的便是公民,而不必涉及父母先辈,因为城邦最早的开拓者自己或父母原来是母邦的公民,既已在新辟的城邦,当然是该邦的公民。(1275b22—33)这是从血统方面说的。第二,如果政制改变了,如雅典的克利斯提尼驱逐了僭主后,将许多外邦人和奴隶编入雅典各部族。这里的问题是这样做是否正当。亚里士多德认为,不管怎样,在变革后已经获得这些权利的人,实际上必须被称为公民。(1275b34—1276a5)

亚里士多德又补充说,认为这样的人是公民,这种说法是正当的还是不正当的,这和城邦政制的行为有关;如从寡头制或僭主制变为民主制时,有人就想推翻以前的约定,说原来是僭主操纵的,和现在不是同一个城邦。这样就牵涉到另一个问题,即我们依据什么说这个城邦是不是同一个城邦呢?(1276a6—19)亚里士多德认为不能用土地(境界)或人口(种族)来确定,因为这是可以划分的。比如即使为整个伯罗奔尼撒半岛建筑一座城墙,也不能说它是一个城邦。(1276a20—28)也不能说只要人种保持同一就是同一个城邦,因为人种像江河一样,是可以流动的。(1276a34—b1)他认为城邦是一种共同体,一旦政治制度发生了变化,就不能说这个城邦还是同一个城邦,正如悲剧和喜剧虽然由同一合唱队演出,但演出的形式不同了,就不是同一个戏剧。城邦的制度改变了,便不是同一个城邦,至于是用原来的名称还是另用新名,居民是新人还是旧人,那是无关重要的。(1276b1—13)因为政治制度改变了,有公民权利的人也改变了,所以他认为已经不再是同一个城邦,尽管它可以保留原来的名字。

亚里士多德又提出一个问题:善良的(好的)人的品德和好公民的品德是相同的还是不同的?(1276b16—19)亚里士多德在这里区分了两个不同的概

念:一个是从伦理角度发问,作为"好人(善人)"的品德是什么? 这就是伦理学中所说的品德。另一个是从城邦政治角度发问,作为一个"好公民"的品德是什么? 即作为一个政治共同体一员的公民应具备什么品德? 以下讨论现实政制和理想政制时,多处涉及这个问题。在亚里士多德看来,这两个问题是有关的,然而又是不同的。后一个问题实际上是问:一个好公民的品德应该是一种什么样的善。所以他要先说明公民的品德。公民作为共同体的一员,如同水手是船上的一员;水手有不同的职能,有的是划桨手有的是舵手,各有自己应具的品德,但显然他们还有一个共同的目标,就是要求航行安全。公民每个人需要的品德也各自不同,但他们也有一个共同的目标,那就是整个共同体的安全。共同体是一种政体,因此公民的品德必然和他所属的政体相关;而政体有多种形式,所以好公民的品德也不能是唯一的完全的品德,可是善良的人是具有唯一的完全的品德的,因此好公民并不一定需要具有善良的人那样的品德。(1276b21—36)这就是说不能要求好公民具有完全的伦理的善。

不能要求一个城邦完全由善良的人组成,不能要求所有公民都具有完全善良的品德。城邦是由不同的成员组成的,就像生物是由灵魂和身体组成,灵魂是由理性和欲望组成,家庭由夫妇组成,庄园由主人和奴隶组成一样,城邦是由不同的分子组成,所以不能要求城邦所有公民都具有唯一的同一种品德。(1277a6—11)但是对于统治者说却可以要求他是一位善良和具有实践智慧(phronesis)的人,一位政治家应该是具有实践智慧的。有的人认为统治者从小就受到和一般公民不同的教育,因此要求统治者的品德和一般被统治公民的品德有所不同,统治者应该具有善良的人的品德。(1277a14—23)这就是说可以要求公民中的一部分人——统治者具有善良的人的品德。

但是亚里士多德又指出,一个既能统治他人又能受人统治的人往往受到人们的称赞。统治和被统治是不同的,而作为公民却要既能统治又能被统治。亚里士多德认为这个问题应从两个方面去看,一个方面是主人对奴隶的统治,主人是统治者只需指挥别人去做,而被统治者是多种多样的,工匠技艺也是其中之一,不必要求政治家去做工匠的工作。(1277a25—b5)这是从统治者和被统治者的工作不同方面说的,亚里士多德指出还有另一方面的统治,即自由人对自由人的统治,二者身份相同,这就是政治的统治。这样的统治者必须学会被统治,正像统领军队的人必须学会被统领,没有受过统治的人不可能成为好的统治者。统治者和被统治者的品德虽然不同,但好公民必须学习这两方面的品德,既知道怎样作为统治者,统治自由的人们,又知道作为自由人,怎样受人统治,这样才是一个好的公民。(1277b7—16)他认为只有实践智慧是统治者必须具备的独特的品德,其他品德如正义、节制和勇敢是统治者和被统治者都应具备的。被统治者的品德不是实践智慧,而是真实的意见;他将被统治者比做制笛的人,而统治者却是吹笛和用笛的人。(1277b25—30)被统治者提出真实的意见,是制笛的人,统治者则根据实践智慧选择合适的意见去实行,所以是用笛、吹笛的人。这里我们可以看到亚里士多德已经修改了柏拉图在《国家篇》中分配品德的方法,柏拉图将智慧分给统治者,将勇敢分给武士,留给被统治者的只有节制。亚里士多德所作的修改确实更切合实际,也更符合正义。

亚里士多德还讨论是不是必须参加统治工作的人才是真正的公民,没有参加统治职务的工匠能不能归为公民? 如果工匠不是公民,他们在城邦中居于什么地位呢? 他认为不能将所有维持城邦需要的人都称为公民,比如儿童要是也称为公民,也只是在不完全的意义上的公民。古代有些城邦的工匠完全是奴隶和外邦人,他们不是公民。(1277b33—1278a8)他认为在不同的政治体制下,公民的情况也是不同的,例如在所谓最好的贤人政体中,官职是按品德和才能分配的,工匠和劳动者不能担任。在寡头政体中官职有很高的财产条件,佣工不能成为公民,而能够致富的工匠却可能得到公民的资格。还有许多政体却放宽公民的条件,有些民主城邦规定只要生母是公民的人也可以成为公民,甚至私生子也可以是公民。亚里士多德认为这些城邦所以要放宽公民资格,原因在于邦内人口稀少,缺少公民;一旦公民人数回增,又会改变规定。(1278a15—34)

## 二　政治制度

从《政治学》第 3 卷第 6 章开始讨论政治制度(politeia)。政治制度即政体,亚里士多德说它就是安排城邦各种官职尤其是最高权力的制度。在不同的城邦中的安排是不同的,如在民主政体中凡是平民(demos)都拥有统治权,而在寡头政体中则只有少数人拥有统治权。(1278b9—13)

他说首先要明确城邦存在的目的。前面说过人自然地是城邦生活(政治)的动物,人为了互相帮助需要共同生活,共同的利益将他们集合为共同体,享有美好的生活。所以无论对共同体还是对个人说,最大的目的就是求得美好的生活。(1278b18—23)

他区分几种不同的统治:第一,主人对奴隶的统治,总是为了主人的利益,尽管偶尔也照顾奴隶的利益,那是因为如果奴隶没有了,主人也不能存在。第二,家长对妻子和子女的统治,主要是为了被统治者的利益,同时也兼顾双方的共同利益。第三,公民统治,依据平等的原则由身份相同的人统治,所以应该由大家轮流统治,亚里士多德认为这是符合自然的,一个人在作为统治者时照顾别人的利益,别人也会想到他的利益。可是现在情况已经不是这样,由于当官可以获得私利,便要想方设法保持自己的职位。亚里士多德认为这是一种病态,并由此得出结论:凡是照顾公共利益的政体都是按照严格的正义原则的,而仅仅为统治者利益的政体都是错误的,或是正确政体的蜕变,因为它们都是专制(despoteia)的,而城邦乃是自由人组成的共同体。(1278b33—1279a22)亚里士多德在这里提出正常政制和蜕变政制区分的原则,前者是统治者应该照顾被统治者的利益,而后者却是统治者只图谋私利,因而必然是专制政权。这二者的区分原则是他在《形而上学》中提出的"形式"和"缺失"这对对立的具体运用,前者是正常政制的形式,而后者是这种形式的缺失。这个区分在《政治学》中有重要意义,是划分正常政制和专制政治的标志。

将这个原则确定以后,就根据它将各政体进行分类。他说掌握最高统治权的或者是一个人、少数人,也可以是多数人。如果统治是以公民的共同利益为目的的,就是正确的政体,如果是以统治者的私利为目标的就是正确政体的蜕变。这样他将正确的政体列为:1. 君王制(basiteia),由一人统治;2. 贤人制(aristokratia),由少数优秀的人统治;3. 共和制(politeia),由多数人统治,可是很多品德高尚的人是难以找到的,所以一般都由有战争才能的武士统治。

由它们蜕变的政体则是：4. 僭主制（tyrannis），由一人统治，是君王制的变体；5. 寡头制（olygarchia）是贤人制的变体，为少数富人谋利；6. 民主制（demokratia）是共和制的变体，为多数穷人谋利。（1279a26—b10）

亚里士多德在这里为政体分类和柏拉图在《政治家篇》302D 中的分法是一致的，不过柏拉图并没有将共和制和民主制分别给予不同的名称，而是说：我们给多数人的统治以单一的名称，叫民主制，它也可以分为两种，一种是按法律统治的，另一种是不按法律统治的。（302D—E）亚里士多德后来也说过：这种政体当初被称为民主制，现在则称为共和制了。（1297b24）

亚里士多德作了一个解释：由少数富人统治的是寡头制，由多数穷人统治的是民主制，但这会产生问题，如果一个城邦的多数人是富人又是怎么样呢？所以他认为寡头制和民主制的区别主要并不在于统治者人数的多少，因为一般城邦总是穷人占多数而富人居少数；这两种政体的区别主要是穷和富的区别，凡是富人当权，不论是多数还是少数，都是寡头制；而穷人当权的便都是民主制。所以财富和自由是这两种政体赖以生存的基础。（1279b35—1280a6）他指出寡头制的基础是财富，而民主制的基础是自由。

亚里士多德从民主政体和寡头政体的正义观念谈起，说它们各自谈到某种正义，但都是不完全的，只是正义的某个方面。民主派认为平等是正义，也只是地位相等的人的平等，而不是所有人的平等；寡头派认为（财富的）不平等是正义，也只是财富不相等的人之间的不平等，并不是所有人的不平等。这两派都根据各自的原则作出了错误的判断。他说在《伦理学》中已经说过，正义应该是得到和付出的价值相应的比率，①他们都主张正义，但一涉及人的平等时就发生争议，主要是因为涉及自己的事情，所以都作出错误的判断；这两派的论证都属于有限的偏见，却以为自己说出了绝对的正义。寡头派以一个方面——财富上的不平等为依据，却认为在一切方面都应该不平等；而民主派却以自由身分上平等为由，认为在一切方面都要平等。（1280a7—25）

亚里士多德认为这两派都疏忽了最重要之点，即城邦存在的目的。他说，

---

①　参见《尼各马科伦理学》第 5 卷，第 3 章，1131a15。

如果城邦存在的目的是财富,则分配城邦职务和荣誉时应以他们贡献的财富为比率,贡献 1 明那(希腊货币单位)的人和贡献 99 明那的人如果同等享受就是不正义了。但是城邦的目的既不是为了这样的生活,也不是为了共同防御侵害或进行贸易促进经济,而是为了美好的生活。(1280a25—35)他认为一个城邦不只是在同一地区的共同体,也不是只为了共同防御或贸易往来的共同体,这些虽是城邦存在的必要条件,但单是这些还不足以构成城邦;城邦是若干家庭和部族结合起来保障美好生活的共同体,以完美自足的生活为目的。城邦中的共同生活如婚姻、氏族、娱乐等方面的活动都能促进友爱,是达到这个目的的方式和手段。城邦是家庭和村落的共同体,以达到完美自足的幸福而高尚地生活为目的。(1280b30—1281a3)亚里士多德首先得将城邦的目的确定下来,作为以后讨论各种问题的准绳。

亚里士多德又讨论了城邦的最高权力应该归属于什么人的问题。他认为无论归给 1. 多数平民,2. 富有的人,3. 贤明的人,4. 最好的一个人,5. 僭主,都会产生困难。他说如果让多数穷人掌握最高统治权,他们瓜分富人的财产,难道这是正义吗?如果说这是合乎正义的,那么僭主以强力压迫平民以及富人掠夺平民的财物也都可以算是正义了。他认为所有这些行为都是以强施暴,都是错误和不正义的。(1281a11—29)

如果由少数贤明的人掌握权力,那么多数人便不能享受职位和荣誉;如果由最好的一个人统治,不能享受名位的人更多。有人说人治不如依法统治,但法律也有倾向性,或者倾向平民,或者倾向寡头,所以困难仍旧没有解决。(1281a29—38)

对于这个问题亚里士多德作了进一步的讨论,他说,看来让多数平民执政要比由少数贤人执政要好一些,因为多数人虽然不是人人都是好的,但他们集合在一起时往往可以超过少数人,因为每个人都具有品德和智慧,合在一起就像一个人有许多手足一样,在习性和思想上也会多种多样;在音乐和诗歌上许多人所判定的往往优于一个人的判断。(1281a40—b9)但是他又从另外方面提出问题:让多数自由人和公民掌握政权,他们既无财富又无个人品德,可能由于他们的愚蠢而将城邦引向错误。可是如果将他们撇在一边也将会引出很大的危害,如果大批人被排斥在公职以外,城邦就保留了许多敌人。为了解决这个困难,梭伦和其他立法者就让群众参与议事和审判的事务;给予他们以选举官员和审查监督行政人员工作的任务。(1281b22—34)但是这种安排也有问题,无论是选举或是监督官员都应该听取有专门知识的人的意见,正像治病必须听取医生的意见一样;群众是不适合担任这项工作的。对此的回答仍然是:个别群众的判断虽然不如专家,但集合起来就可能胜过专家。(1281b40—1282a17)不过这还可能引起另一个责难,认为这样就赋予素质低下的人比高尚的人更高的权力,这是荒谬的。有些城邦将国家大事的最高权力交给公民大会,每个有财产的人都可以参加,而对高级官员、将军等却要求很高的条件。亚里士多德说,对此也可以回答说:权力并不是交给个别的陪审员或公民大会成员,他们每一个只是整体中的一分子,权力属于陪审法庭和公民大会的整体。由于这个原因,让多数人持有最高权力是合理的。(1282a24—40)由此可见尽管亚里士多德采取客观的态度研究这个问题,也设想了一些反驳的理由,但总的讲他还是倾向于承认多数人的统治比少数人的统治好。

他又从另一方面提出问题,他说一切知识和技艺都以某种善为目的,政治学是最重要的知识,它的善是最高的,就是正义,也就是全邦的公共利益。(1282b14—17)一般认为正义就是一种平等,像在伦理学中所说的是某些事情和人中间的平等。① 但究竟是什么的平等和不平等呢? 这是政治学应考虑的问题。有人认为应按照高下不同而不平等地分配官职,公民只要在一个方面优于别人,即使在其他方面和别人一样也应受到尊重。如果按照这个原则,相貌好或身体高的人也可以要求较高的政治权力了。正像奏笛,如果认为出身较高的人便能奏得较好,那就不对了。(1282b18—35)他认为在政治上不能以某种技艺等方面的优势要求分配权力上的不平等,政治权力的分配必须以对城邦各要素的贡献大小为依据。只有财富、良好的出身和自由人的身份三者才能作为竞争官职的依据。所以担任官职的必须是自由人和纳税人,单是穷人或奴隶是不能组成城邦的。财富和自由是组成城邦的必需条件,正义

① 参见《尼各马科伦理学》第5卷,第3章。

和军人的品德也是不可缺少的,没有前者城邦便不可能存在,没有后者城邦也不可能优良。(1283a10—23)

最后,亚里士多德对这个问题作了全面的考察。他说,如果只考虑城邦的生存,以上这些要求可以说都是正义的;但如果要过美好的生活,则教育和品德便是更高的要求了。无论如何,仅仅在一方面和他人平等的人不能在一切方面都要求平等,在一方面和他人不平等的也不能在一切方面都要求不平等;凡是这样做的政体都是属于蜕变的。所有人的要求在一种意义上可以说是正当的,却不是绝对的。富人因为有更多的土地,比较能信守契约,可以要求更大的权力。自由人和出身高贵的人的要求相近,出身高贵的人因为门第优越,更受他人尊敬;可是多数人又比少数人更强大更富有又更优秀,也可以要求更多政治权利。(1283a23—b1)如果少数人由于善、富有或门第较高而提出要求政治权利,那不是正义的,因为如果这样,一个人只要在某一方面占优势,便可以要求统治全邦了。多数人可以说,他们作为一个全体,要更加富有更加优秀。立法者如果想制定正义的法律,应该是为了少数优秀的或富有的人的利益呢,还是为了多数群众的利益?正义就是平等,立法应该考虑整个城邦的利益和公民的共同的善。而公民却是既参与统治又是被统治的;在不同政体中的公民是不同的,在最好城邦中的公民应该是在品德上既能统治又能被统治的。(1283b30—1284a3)

但如果在城邦内有一个或少数几个在政治的品德或能力上都非常杰出,其他人不能和他媲美的人,可以说是人中之神。如果立法者将他和其他人平等看待,未免有失公平。对这样的人是没有法律可言的,如安提斯泰尼的寓言:当群兽集会时,兔子要求平等权利,狮子说:"你有爪牙吗?"于是民主政体的城邦便实行陶片放逐法,因为在这些城邦中平等是至高无上的原则,所以他们定期将一些代表政治势力、能力出众的人放逐出境。(1284a4—23)亚里士多德认为在所有各种形式的政体中都存在这种驱逐杰出人物的情况,蜕变的政体为了某些人的私利这样做,正确的政体为了全体公民的共同利益也采取同样的措施。(1284b3—7)他认为这种做法不能说没有道理,但一般不能说是公平的,尤其是在最好的城邦中这样做不是没有问题的。对于品德卓越广受爱戴的人,既不应流放他们,也不能将他们当做被统治的臣民。他最后说,对于这样的人只能按自然的方式,服从他们,将他们当做终身的君王。(1284b23—34)亚里士多德总是处在这样的矛盾之中:一方面承认由多数人统治比由一个人或少数人统治有更多的智慧和更加优秀,另一方面又认为对个别的优秀人物,受到广泛爱戴的,应该作为终身的统治者。这样,他就将所谓"贵族(aristokratia,实际上是贤人)政制"当做是最高理想的政制了,他也知道这样受到广泛爱戴的统治者在实际上是很少的,可以说是根本不存在的。

### 三　人治和法治

从《政治学》第3卷第14章起讨论王制。他说当时流行的王制有五种形式:1. 斯巴达的王制,被认为是典型的,王没有绝对的统治权,只在征战时有指挥军事的全权,此外还有祭祀事务的权力。它的形式或者是统帅为终身职,或者是世袭的,或者是选举产生的。(1285a2—16)2. 原始的王制,在野蛮人中常可看到,因为野蛮人比希腊民族更易受独裁统治,王通过世袭或法律占据王位,武装自己的臣民保护自己。(1285a17—28)3. 古代希腊城邦的民选的邦主(aisymnetes),他们不是世袭的,有的是终身任职,有的有一定期限,有的以完成某种事业为限。(1285a31—b1)4. 史诗即英雄时代的王制,它是世袭的。开始时都是由于战功或其他业绩,或是建立城邦受人拥戴成为世袭的王。他们有统率军事、主持祭祀和仲裁诉讼的权力,在古代他们掌握的权力很大,后来逐渐失去一些权力,现在大多数的王已经只有祭祀方面的权力以及在战争中的统率权了。(1285b4—19)5. 除以上四种外还有独揽一切权力的王,掌管一个民族或城邦的全部事务,如同一个家庭的家长一样。(1285b30—33)

他认为在这五种王制中只须讨论统制权力最大的第五种和权力最小的斯巴达王制,其余三种都是处于它们之间的。(1285b34—37)他原来提出的问题是:城邦事务完全由一个人治理是不是有利?(1286a1—2)但他立即将这问题转为人治和法治的问题:由最优秀的人统治还是由最好的法律统治对城邦有利?(1286a8—10)他设想了许多理由为双方辩难。

主张王制的人说法律只能作些普遍的规定,不能适应环境变化;任何技艺要是墨守成规是愚昧的,正如医生必须根据情况改变药方,完全按照成文法统治不是最好的。但是好的统治者不能不顾法律通则,不能由情感用事;而法律正是没有情感的,人则容易受情感影响。可是另一方面又可以说,对各种特殊情况只有经由个人的考虑才能更好处理。这样就得由最好的人制定法律,法律只有在迷失目标时才没有权威,其余情况都能保持权威。但当法律不能起决定作用时应该由一个最好的人还是由全体人民来决定呢?(1286a10—26)这个使问题又回到由一个人统治还是由多数人决定的问题,他说现在由公民大会审议和裁决的都是个别的事例,公民大会的每个成员不是最好的人,但他们集合起来就可以作出好的裁决。而且多数比少数不易腐败,一个人容易因激情而作出错误的判断,全体人不会同时激动。有人会说多数人容易发生党派之争,亚里士多德说,我们设想的是好人,好人和好人间不会发生内讧。以若干好人组成的贤人政体优于王制。(1286a26—b8)

亚里士多德又对政制的变化作了历史的概述,他说古代城邦一般都通行王制,因为当时城邦人口少,难得品德超群的人;而且为王的人都对人民有过功绩,得到群众爱戴。后来有才德的人增多了,要求参加统治,便产生了共和政体。可是他们又渐渐腐败了,侵占公共财物大饱私囊,自然转向寡头政体。从寡头中产生僭主,又从僭主制变为民主制。他说所以产生这些变迁的原因是因为统治者贪婪成性,以致统治集团的人数日益减少,加强了群众的力量,他们成为统治者并建立了民主政治。因为城邦的规模不断扩大,现在很难建立其他的城邦制度了。(1286b9—23)他所论述的发展程序是:王制——贤人制——共和制——寡头制——僭主制——民主制,其中前半段空想成分较多,后半段比较切近实际。

亚里士多德最后提到王制中的王位世袭问题,说王将统治权传给子孙,如果子孙品德不佳会有害城邦。有人说如果那样,王就不会传给子孙。亚里士多德说我们不能对人性作这样的奢望。(1286b24—28)

他又回到人治和法治的讨论。他说由彼此平等的人组成的城邦中如果由一个人凌驾在全体公民之上,虽然是违背自然的,天生平等的人按其本性必然有同等的权利和价值,每个人都既能统治又能被统治才是正义,所以必须轮流统治和被统治。这样便涉及法律,因为安排这样的制度属于法律,所以依法律治理比由任何个人统治更为完善。即使由某个人统治更好,他也应该是法律的捍卫者和监护人。人们认为当所有的人都是平等的,却由一个人来统治是不正义的。在法律不能做出规定的地方,人也不可能做出明断。何况人还可以根据经验修正和补充现存的法规。所以可以说崇尚法律的人是只相信神和理性的,而那些崇尚人治的人则在其中添上了几分兽性,因为欲望就是兽性,激情会扭曲统治者的灵魂,即使他是最好的人。法律是摒弃了欲望的理性。有人说技艺如医疗不应墨守成规,但医生不会由于偏爱而违背理性,而官员们却往往出于偏爱行事。寻求正义的人往往就是寻求中道,而法律就是中道。所以习惯法比成文法更具权威,涉及的事情也更加重要。人治也许比成文法可靠,但也不会比依据习惯的不成文法可靠。(1287a11—b8)亚里士多德的这段论证为法治作了强有力的辩护,他认为根据法律治理就是由理性(nous)统治,而由个人统治便难免含有兽性即个人的欲望和好恶,只有法律才是摒弃了欲望的理性,也才能达到他所要求的中道。在成文法和习惯法之间他认为习惯法比成文法优越,因为制定的成文法中难免有遗漏和缺陷,还有立法者的偏见,需要不断修正补充。他认为由自然形成的习惯法是更符合自然的。

本书第二卷中曾经论述在柏拉图有关政治思想的对话中,有一个从人治到法治的转变过程:在《国家篇》中他主张以哲学家为王,是主张人治的,到《政治家篇》他已经看到现实的政府都不是根据知识而是依靠法律和习惯统治的,因而意识到真正的人治很难实现,只能实现法治。① 到最后的《法篇》他得出结论:在一个城邦中如果法律是无能的,只能屈从于统治者,这个城邦即将毁灭;相反如果城邦的法律高于统治者,统治者服从法律,这个城邦便可得救,神将降福于他。(715D)②他完成了从人治到法治的转变。

亚里士多德虽然似乎保持了一个客观的立场,他说不同的政制适合于不同的社会,如果某个城邦的群众中自然产生品德超群适于做政治领袖的人物,

---

① 参见本书第二卷,第 25 章第 2 节,第 937—938 页。

② 参见本书第二卷,第 25 章第 3 节,第 946 页。

也就适于实行王制、贤人制或共和制。（1288a7—14）但是他也说：当人们彼此平等时，以一个人统治所有的人，无论有没有法律，或者他自己就是法律，也无论他的品德是否优良，总是不正义的，是不好的。（1288a1—5）

亚里士多德虽然为双方都设想了辩护的理由，但他的倾向性是很明显的。从以上的论证中可以看出他的主要论点是两个：第一，多数人统治要比一个人或少数人统治好，因为多数人中的每一个就个人的品德和能力说虽然不如那优秀的人，但他们集合起来，集中了大家的才能和智慧便优于一个人或少数人。由此可见他还是比较倾向民主制的，而且他也承认在当时情况下，除民主制以外的其他政制很难存在。第二，他认为即使是有高尚品德的优秀的人也难免有个人的欲望和好恶，亚里士多德说这是兽性，只有法律才是摒弃了欲望的理性，所以他认为依法律统治比不依法律完全由人统治好。他实际上认为法治比人治好。他这两点意见是从人的一般的经验和理性中推论出来的，逐渐为人们所接受，至今已成为政治学上公认的原则了。

＊　　　　　＊　　　　　＊

《政治学》第1卷至第3卷讨论政治学的基本通则。第1卷从人不能单独生活，只能在集体中生存，从而得出著名的结论"人是政治的动物"。人又和蚂蚁、蜜蜂那样的群体动物不同，人是会说话、有理性的，会辨别是非、正义和不正义的，因而人组成的集合体——从家庭到国家应以美好的公正合理的自给的生活为目的。第2卷对以往思想家的政治理想加以评论，主要是针对柏拉图在《国家篇》中提出的共妻共子共产的思想。亚里士多德认为人的本性是最关心自己所有的东西，越是为更多人所有的东西越是少有人关心。第3卷为公民下了定义，说公民是有权参与城邦政治活动的人；又讨论政治制度也就是由什么样的人进行统治的问题。亚里士多德依照柏拉图在《政治家篇》的分类将当时的城邦制度分为由一个人、少数人和多数人统治的三种形式，并且各有正态的和蜕变状态的两类共六种政制。他所说的正态的实际上只是理想的政制，现实存在的都属于他所说的蜕变的政制，最普遍的是寡头制和民主制，寡头制是少数富人的统治，民主制则是多数贫民的统治。亚里士多德一再论证多数人就个别人说虽然不是优秀的，但多数人作为一个整体却比少数人更多智慧更加优秀,可以看出他的倾向性。他明确表示法制高于人治,因为即使是最优秀的人也有他个人的情感和欲望,不免影响他作出正义的决定,而法律是摒弃了欲望的理性,只有依据它才能作出合理的判断。

亚里士多德的这些基本思想在后来西方的政治哲学中被吸收并发展了。

## ✻ 第二十二章 ✻

## 现实政制

《政治学》第4至6卷分析和评论当时希腊诸城邦的现实政治。第4卷分析各种政制的种类及其具体实施情况,第5卷分析各种政制中产生变革和革命的原因及其防止办法,第6卷讨论如何建立稳定的民主政治和寡头政治的方法。亚里士多德在分析和讨论这些问题时常常列举当时希腊各城邦中发生的具体实例,可见他的看法不是单纯的理论推论而是有实际根据的,主要是根据由漫步学派弟子们收集的158种城邦政制的大量材料形成的。他像进行自然科学(如动物学)研究那样进行政治学研究,从大量经验事实中归纳分析得出结论,可惜我们以下论述时限于篇幅,不能介绍他列举的各种史实,只能论述他的主要观点。

### 第一节　现实的政制

《政治学》第4卷不是继续第3卷讨论的问题,而像是一篇独立论文,它一开始就提出:一切技艺知识都有它专门研究的对象,例如体育的知识就是研究什么样的训练对身体有益。接着便转到政治学研究的问题。他说政治学首先应该考虑什么是最优良的政体,如果没有外部干扰,什么样的政体最适合我们的意愿,也最适合于城邦。但他接着指出:最好的政体并不是一般的现实的城邦所能实现的,所以好的立法者和真正的政治家不应一心追求绝对的最优良的政体,而是应该考虑适合城邦实际情况的优良的政体。因为现在的城邦都缺乏实现最优良政体的起码条件,所以不得不为它设计较低水准的制度。我们不仅要研究什么是最优良的政体,而且要研究什么是可能实现的政体,并且是所有城邦都容易实现的政体。他批评有些人一心一意追求最优良的政体,他们不满意于自己生活在其中的政体,盛赞某种斯巴达式的政体。(亚里士多德指的当然就是柏拉图。)他认为要改变现存的政治体制,必须是人们甘愿并能够接受,而且是容易实施的。因为改善一个旧制度的艰辛程度并不亚于建立一个新制度。亚里士多德认为政治家应该具备帮助现存政体纠正其弊端的能力,为此他必须知晓各种政体。(1288b22—1289a10)这里充分显示了亚里士多德研究政治的现实态度,他不像柏拉图那样一心追求高不可攀无法实现的政治理想,而是立足于现实,寻求在实际条件下有可能实现的最好的政治制度。

他说,有实践智慧的人同样也应能分辨什么是最优良的法律和什么是能适应各类政制的法律,因为法律是根据政体制定的,只能是法律适应政体,不能要政体适应法律。政体是对城邦最高统治机构官职的安排设置,也就是政治权力分配的制度,为的是寻求达到城邦共同体的目的,而法律是表明政体性质的规章,执政者根据他掌握的权力,依法统治。所以为了制定法律,必须了解各种政体的差异和定义,因为同样的法律不能适用于各种不同的政体。(1289a12—25)亚里士多德认为法律应该适应政体,而不是政体适应法律,法律应随政体而变化,不同的政体有不同的法律。

他重述政体的分类:有三个正宗的类型,即君王制、贤人制和共和制,各自有相应的变态,即僭主制、寡头制和民主制。这种划分是柏拉图做过的,亚里士多德认为民主制是在好的政体中最坏的,在坏的政体中又是最好的。(1289a29—b10)

但是亚里士多德立即将有关政制的讨论集中到寡头制和民主制这两种上,因为他认为现实的希腊诸城邦主要实施的就是这两种政体,所以他将政治学研究的问题又归结为:1. 各类政体如寡头制和民主制有多少种;2. 哪种政体受人欢迎而且容易实施,是否还有更好的政体能适用于大多数城邦;3. 哪种政体适用于哪些人,有些人需要民主制不要寡头制,有些人则相反,需要寡头制而不要民主制;4. 建立民主制或寡头制要采用什么方式;5. 各类政体是怎么毁灭的,毁灭的原因是什么以及如何保存它。(1289b12—26)《政治学》第4、5、6卷实际上就是按这个问题顺序讨论的,可见这三卷是自成一篇的独立著作,是由后人编在一起的。

### 一 民主制和寡头制

《政治学》第4卷第3章开始亚里士多德指出:政体所以不同的原因是组成城邦的因素——人有不同,有富人、穷人和中等资产的人。古代希腊作战武器是由私人装备的,重装步兵和骑兵的装备只有富人才能提供,穷人提供不起,平民从事不同的行业,有的务农,有的经商,有的是技工。在著名人物中也有财产多少的区别,只有富人才能养马,亚里士多德列举许多能以骑兵取胜的城邦多属寡头制。除了财富外还有门第和才德的区别,由于这样不同的人参加执政,形成不同的政体,有不同的形式,以不同的方式分配官职。政体就是城邦设置公职的分配制度,按照不同的人——富人或穷人所拥有的能力,或根据富人或穷人的平等原则进行分配,所以有不同的制度。(1289b27—1290a11)流行的看法认为实际上是两种制度即民主制和寡头制,寡头制是专制和极权的制度,民主制则较为宽松和缓。(1290a28—29)

亚里士多德说有人(柏拉图)认为民主制是多数人当权的政体,寡头制则是少数人当权。他认为这种简单地以人数多少划分是不正确的。他说正确的规定应该是:民主制是指贫穷而又占多数的自由民执掌政权,寡头制是指出身高贵又占少数的富人掌握政权。(1290b18—20)

他又具体列举了组成城邦的各部分人:1. 生产粮食的农民;2. 从事技艺的工匠;3. 经营买卖的商人和小贩;4. 农奴和雇工;5. 保卫城邦的武士;(原文缺少第6点,可能是执行审判的司法人员。)7. 为城邦提供资财的富人;8. 担任官职的行政人员。他说同一组人可以担负不同的职能,同一个人可以既是农民又是兵士,既参加公民大会议事又参加陪审法庭,但同一些人却不能同时既是富人又是穷人。所以富人和穷人更像是城邦的不同部分,在一般情况下总是富人占少数而穷人占多数,成为城邦的两个对立的部分。这两个部分谁占上风就决定是什么政体,所以人们认为只有两种政体,即民主制和寡头制。(1290b38—1291b13)

亚里士多德根据当时实际情况提出有几种不同的民主政制:第一种是最符合平等原则的,穷人和富人处于平等地位谁也不占上风。自由和民主是民主政治的最根本原则,一切人以同等身份参与政治权力,因为平民总占多数,这种政体必然是民主政治。第二种民主政体的官职有一定的财产要求,不过所定的要求不高,有低微财产的人便可以担任官职。第三种是公民出身不成问题的人都可以参与治理,法律具有权威。第四种是不问出身如何,只要是公民都可以参加行政管理,法律必然有统治权威。第五种是其他方面都和前面几种一样,但是由群众代替了法律的权威,这是由那些蛊惑人心的平民领袖(demagogos)造成的。在依法统治的民主政治中主持公务的是优秀的公民,一旦法律失去权威,平民领袖就应运而生。群众合成单一的人格,成为集体的君王。这样的平民统治既然摆脱了法律的约束,必然趋向专制,这种民主制就像是王制蜕变的僭主制或暴君制。平民的决议好比是僭主的勒令,平民领袖蛊惑者从平民手中窃取大权,因为他们可以左右平民的意见,平民也听任这些人摆布。亚里士多德认为这样的民主政治根本不能成为一个政体,因为在法律失去权威的地方,政体也就不复存在了。(1291b30—1292a32)在亚里士多德列举的这五种民主政治中,第一种是最好的理想的民主政治,第五种是最坏的,也就是苏格拉底、柏拉图和亚里士多德一再批评指责的"民主政治",在这种民主政治中,法律失去了权威,平民领袖便可以借用"民主"的名义,实行独裁专制。

亚里士多德分析寡头政制也有几种:第一种是各种官职都有极高的财产要求,只有达到要求的人才可分享政治权利,多数穷人被排斥在外。第二种是各种官职仍有极高的财产要求,出现空缺时只能从合格的公民中选举产生。第三种寡头制实行父传子的世袭。第四种也实行世袭,而且统治者凌驾于法律权威之上。亚里士多德说最后这种和僭主制或暴君制一样,像民主制的最后一种那样是最坏的,可以称为"权阀政治"(dynasteia)。(1292a39—b10)

亚里士多德又专门从公民的经济情况对民主制进行分析。认为第一种民主制是由农民和中产者掌握政权,因为他们辛苦谋生没有足够的闲暇,所以情愿树立法律的权威,只在必要时才召开公民大会。第二种是只要出身没有问题的人都可以享有政治权力,当然为了参政他们需要有一定的资产以保证他们有足够的闲暇;因为他们没有公共收入可用以供养公职人员,这种民主制也是尊重法律权威的。第三种民主制是凡自由人都有权参政,但由于有些人没有资产保证闲暇,实际上只有一部分人能够参政,这种政体也尊重法律。第四种是最近发展起来的民主制,由于城邦版图扩大,公共收入大有增加,出席公民大会和陪审法庭可以取得津贴,穷人也有闲暇参政,富人却常因照顾私产不能出席,因此穷人群众逐渐掌握统治权,法律丧失了权威。（1292b22—1293a11）亚里士多德所说的最后这种民主制主要指的是当时雅典的情况。由此可见,要使民主制顺利实施,必须保证法律具有权威。

对寡头制他也从经济情况作了分析:第一种情况是大多数公民都拥有财产,但数额不大,他们都有参政权利,但又没有太多闲暇可以天天从政,所以他们宁愿尊重法律权威,不想自己取而代之。第二种是拥有财产的人数虽然减少了,可是拥有的数额却增大了,他们的势力加大,要求有更多的权力,他们掌握挑选进入政权机构的人的权力,但还没有强大到足以抛弃法律的程度,于是制定一些可以由他们操纵的法律。第三种是拥有财产的人进一步减少而拥有的数额进一步扩大;少数寡头把持各种官职,并且将父子世袭也用法律条文规定下来。最后一种寡头制是极少数拥有最大财产的寡头及其党羽专政,以人治代替法治,这种权阀政治可以和最后那种民主制相比。（1293a13—34）亚里士多德所作的这种分析与其说是横的分类,还不如说是纵的历史发展的概述。我们可以由此看到当时希腊有些城邦中富者越富、穷者越贫的两极分化现象日益严重的情况。

除民主制和寡头制外,亚里士多德对其他几种政体也作了些论述。

对于贤人制,他认为参加这种政体的人是在单纯意义上具有最好的道德品质的人。（1293b3—5)在这种政体中选任官员不仅要看财富,而且要看个人的品德。（1293b11—12）

亚里士多德认为共和制(politeia)是民主制和寡头制的混合,这种混合可以是同时采用民主制和寡头制的法规,比如在陪审法庭中,寡头制规定富人如不出席要被处罚款,穷人出席没有津贴;而民主制规定穷人出席可以得到津贴,富人不出席则不被罚款。现在共和制则可以规定富人不出席要被罚款,穷人出席可以有津贴,这样使穷人和富人都要出席陪审法庭。又如出席公民大会,民主制没有规定财产资格限制,寡头制则订立了高额的财产资格,共和制可以将二者平均订一个折衷的数额。在任用官职方面,民主制采用抽签法而寡头制采用选举法,民主制没有财产资格限制而寡头制却有财产资格规定,共和制便可以既采用选举法又没有财产资格的限制。(1294a33—b14)由此可见他所说的共和制是既不像民主制那样主要照顾穷人的利益,也不像寡头制那样主要照顾富人的利益,而是同时兼顾穷人和富人的利益的,它是亚里士多德理想的一种政体。

他认为僭主制是君王制的变种,在某些野蛮民族中推举享有绝对权力的专制首领,古代希腊城邦也有这种形式的王。他们之间有些差别,凡遵守法律受到群众拥护的是君王制,而听凭私意独裁专制的就是僭主。还有第三种就是大家习见的僭主或暴君的典型:由单独一人统治所有与他同等和比他更好的人,只考虑他个人的私利而不考虑群众的利益,而且也没有任何人或机构可以限制他的权力。这就是暴力统治,亚里士多德说任何一位自由人都不会甘心情愿接受这种统治的。(1295a12—22)

以上这些是亚里士多德对当时实际政治中的各种政体所作的分析叙述。

## 二 最好的政制——由中产者执政

《政治学》第4卷第11章开始讨论对大多数城邦说什么是最好的政体,对大多数人说什么是最好的生活?亚里士多德说这不是通常人不能接受而只有具有天赋并受过特殊教育的人才能达到的标准,也不仅是有雄心壮志的人提出的理想国家,而是大多数人能够实践的生活以及大多数城邦能够实行的政体。(1295a25—32)这就是现实的政制。

他说在《伦理学》中说过:好的品德在于实行中道,这个原则在城邦生活中也可以适用。一切城邦中的公民可以分为三个部分：最富的，最穷的，以及处于二者之间的中产者。他认为中产者最能服从理性（logos），而在出身、财富上趋向极端的最富贵和最贫穷的人都是不听从理性引导的。前一种人逞强放肆，后一种人懒散无赖，无论在军事和文职机构中，他们都很难管束，容易对城邦造成大害。而相反的那些有过多力量、财富和朋友、并且财运亨通的人又往往不愿受人统治，他们从小就在骄奢的环境中长大，受不得纪律约束；那些贫穷和时运不济的人则容易自暴自弃。这样，一方面的人甘受他人奴役不能统治，另一方面的人则不肯受制于人，只知专横统治他人；这样的城邦便不是自由人的城邦，而是主人和奴隶的城邦了。一方面抱着蔑视的心态，另一方面则满怀妒恨的心理，城邦应有的友爱交情见不到了，仇恨代替了友谊，人们甚至不愿意走同一条路。亚里士多德认为一个城邦作为一个共同体存在，应该尽可能由平等或相等的人组成，中产者最具备这样的特征。只有由中产者组成的城邦才能得到出色的治理，也最符合城邦的自然本性。中产者是最安分守己的，他们既不像穷人那样图谋富人的财物，也不像富人那样会引起穷人的觊觎，他们不想算计别人，也不会自相残杀，这样的城邦是最平安稳定的。（1295a36—b33）

所以亚里士多德认为最好的政治共同体应由中产者掌权。凡是中产者强大到超过两个极端的富人和穷人时就可以防止政权向极端方向转变，而由富人掌权的就成为极端的寡头制，由穷人掌权的就成为极端的民主制，这二者都可能变成最坏的僭主制或暴君制。（1295b35—1296a3）而且只有这种合乎中道的政体可以排除党派之争，凡是中产者庞大的地方都较少党争。大邦比小邦少有党争，因为在大邦内中产者人数较多，而小邦的公民往往不是富人便是穷人，中产者微不足道。民主政体比寡头政体更加稳定持久，就是因为在民主政体中的中产者的人数和地位都超过了寡头制；如果民主政治中的中产者人数较少，穷人占绝对优势，内战就很快发生，城邦也就解体。亚里士多德认为可以作为证明中产者优越性的事实是：很多优秀的立法家都出身于中产的公民，如梭伦和莱喀古斯。（1296a7—20）

亚里士多德说，这样我们就可以明白为什么现在大多数城邦不是民主制就是寡头制的原因,因为大多数城邦的中产者人数不多,豪富或平民的任何一方占据优势,便会压迫中产者,将政体拉向自己一方,建立寡头制或民主制。而且豪富和平民各自结党,争论不止,无论哪一方占了上风,都不会依平等原则建立中间的政体,而是将政治权利看做党争的胜利果实,抢占到自己手上,建立寡头制或民主制,自行其是。也由于当时希腊称霸的两个大邦(雅典和斯巴达)都从自己利益出发,坚持自己的政体,一个鼓励民主制,另一个鼓励寡头制,只照顾本邦的利益,而不照顾各邦的公共利益。亚里士多德认为正是由于这些原因,中间形式的政体(共和政体)很少出现,只有在少数城邦出现过。(1296a23—38)

这些就是亚里士多德提出的应当由中产者执政,才是最好的政体的论证。他认为各种政体的优劣好坏都可以根据这个原则来确定:凡越是接近中道的政体便越好,离它越远的政体便越坏。(1296b8—9)

他还要解答哪一种政体适合于哪一种城邦和人民的问题。他说构成一个城邦的人民都有质量和数量两个方面,质量是指人的自由、财富、教育和门第,数量是指人数的多少。质和量上的优势各自存在于组成城邦的某一方,如出身低贱的人可能多于出身高贵的人,穷人可能多于富人,然而数量上的优势抵消不了质量上的劣势,所以必须将质和量综合起来考虑。如果穷人在数量上的优势超过了富人在质量上的优势,就会产生民主政治。当富人在性质上的优势足以抵消他们在数量上的劣势时,便产生寡头政治,所采用的形式也随哪些寡头占优势的情况而定。(1296b13—35)

亚里士多德指出:无论建立哪一种政体,立法者都得照顾中产者的利益,即使制定了民主制性质的法律,也会将中产者拉拢到政权中来。当中产者超过其余两部分或其中之一时,政体就有可能保持稳定。这样的政体不用担心富人和穷人会联合起来反对执政者,因为他们谁也不会愿意顺从对方。只有由中产者作为仲裁,才会获得双方最大的信赖。(1296b35—1297a6)

穷人和富人的矛盾是尖锐的,他们各自构成的政体都要欺骗对方。亚里士多德列举寡头制欺骗平民的方式有这样几种:在公民大会上,虽然全体公民均可参加,但只有富人不出席便要受罚,以鼓励富人参加。在各种官职上,规定富人不许辞谢公职,穷人却可以这样做。在法庭审判上,富人不担任法庭陪审便要被罚款,穷人不担任不必处罚。在武器持有上,穷人可以不持有武器,富人不持有武器便要受罚。在体育训练方面,穷人可以不参加,富人不参加便要受罚。(1297a14—35)总之寡头制的种种规定都是为富人的权益考虑,增加富人在政治上的力量。

民主政体则采取相反的措施,如规定穷人出席公民大会和陪审法庭可以领取津贴,富人不出席则不必受罚,以增加穷人的政治力量。亚里士多德认为最好的办法还是兼顾双方的利益,如既对参加公民大会和陪审法庭的穷人发放津贴,又对不参加的富人处以罚款,使双方都能参加政治活动。(1297a35—b1)

### 三 政权机构——议事、行政、司法

亚里士多德论述建立政权机构的方法,说政权机构由三部分组成,即议事、行政和司法,第4卷第14、15、16章分别讨论。这是最早的对立法、行政、司法的分析论述,近代西方发展为"三权分立"的学说。

议事机构是各邦的公民大会和议事会,它们在下列问题上有最后决定权:1. 和平与战争以及是否结盟与解盟;2. 制定法律;3. 有关死刑、放逐和没收的案件;4. 行政人员的任用及任期终结时的审查。这种审议可以有不同的安排,或是将一切事项交给全体公民审议,或是交给某些公民审议,或是某些事项由全体公民审议而另一些事项由部分公民审议。(1298a4—9)

将一切事项交给全体公民审议是民主政体采用的方式,平民要求有这种平等的权利。可以有几种不同形式:所有公民可以不必同时集会,而是由各部族或区域轮流集会讨论;或是全体公民集会只讨论其中某些事项如制定法律、决定和平与战争、结盟与不结盟、选任行政官职等,其他事项则由各类官员处理;或者是全体公民集会审议一切事项,各类官员只能做一些初步审议,没有最后裁决权。亚里士多德说最后这种是当时民主政治的流行方式。(1298a10—31)

寡头制采取将一切事项交由某些(部分)公民审议的方法。这些参加议

事的公民必须具备一定的财产资格,如果财产资格定得较低,就有民主政治倾向;当只有某些特定的人才能当选时,便突出了寡头制的特征。当参加议事的人可以互选补缺或由父子世袭,并且权力超越法律时,就必然成为寡头性质的政体。(1298a34—b5)

关于行政的问题,他认为行政官员包括:1. 专管全体公民在某一方面的事务如指挥作战的将军,或专管某一部分公民如妇女和儿童的监护官;2. 经济事务如谷物的主管;3. 低贱官职,富人往往安排奴隶担任。亚里士多德认为只有在一定范围内拥有审议、裁决和指挥权力的主管人员才能称为行政官员。(1299a20—28)他提出的问题是:在各种不同的政体中,行政制度是不是相同的? 他认为不同政体的官员是从不同性质的人中选任的,如贤人(贵族)政体的官员是从有高贵出身和教育的人中选出的,寡头政体则出自富有的人,民主政体出自自由人。随着政体的不同,行政机构也会有所改变,在某种政权中有些机构的权力可以加强或减弱。他举的例子是议事预审会,在民主政体中并不需要,因为它们往往由全体公民大会决定事情;预审会只有少数人参加,成为寡头操纵的组织。(1299b20—36)

他比较详细地讨论了行政官员的任用问题,提出:1. 由什么人任命——由全体公民或一部分公民任命;2. 从什么人中选用官员——从全体公民中或从财产、出身、品德方面符合条件的人中选用;3. 以什么方式任命——通过选举还是抽签的方式任命。他将这三个方面排列组合得出十二种方式,在其中,他认为如果是由全体公民从全体公民中采用抽签或选举的方式选用官员的具有民主政体的性质;如果是由一部分公民负责从部分公民中选用官员的属寡头政治性质;如果是由部分公民从全体公民中,或是由全体公民从部分公民中选用官员的属贵族(贤人)政治性质。(1300a11—b5)

关于司法法庭问题,他列举当时有八种法庭:1. 审查和监督行政人员的法庭;2. 处理违反城邦公共利益的法庭;3. 处理牵涉城邦法律的法庭;4. 处理由行政人员或私人投诉的刑事法庭;5. 处理有关各种私人契约的法庭,这类案件是最常见的;6. 处理凶杀案件的法庭;7. 处理外侨问题的法庭;8. 处理私人契约中细小纠纷的法庭。亚里士多德认为前几种有关城邦政治案件的

审判特别重要,如果处置不当便会引起城邦的骚乱和分裂。(1300b20—39)

法庭陪审员的选用情况也和行政人员相似,他认为如果是从全体公民中选用陪审员来审理一切案件的,属于民主政治;只从一部分公民中选用陪审员审理一切案件的,属于寡头政治;还有第三种则是一些法庭从全体公民中选用陪审员,另一些法庭则从部分公民中选用陪审员,这是属于贤人政制或共和政制的。(1301a10—15)

亚里士多德所作的这些分类论述,可以帮助我们了解当时希腊城邦政治的实际情况。他特别注意民主政治和寡头政治的区别,民主政治采用各种办法保护全体公民实际上是穷人的利益,因为穷人总是占全部公民中的大多数;而寡头政治采用的方法总是只保护一部分公民即富人的利益的。他将政治机构分为议事、行政和法庭三个部分,开后来西方民主政治上坚持的立法、行政和司法三权分立的先河,古代的公民大会也就是后来的人民议会,立法是它的主要职责。

## 第二节　政治变革的原因及其防止办法

《政治学》第5卷讨论 metabole,这个希腊词原义是变化、改变,在政治上便是变革,许多英译本均译为 revolution(革命)。革命原来是指激烈的改变,亚里士多德这里讲的 metabole 泛指叛乱、变革和革命,较多是贬义。他要讨论产生变革的原因以及防止的办法,主要也是属于民主政治和寡头政治的。他举了当时各城邦的许多实例,我们只能介绍他的主要论点。

### 一　产生变革的原因

亚里士多德说首先要假定一个出发点,即各种政体都认定正义和按比例平等的原则,但他认为实际上他们都曲解了正义和平等。如民主政治认为人们既然在某一方面是平等的,便应该在各方面绝对平等,既然大家都平等地生为自由人,便进而要求在各方面平等地分享一切权利。寡头政治则认为人们在某一方面是不平等的,便应该在任何方面都不平等;既然他们自己在财富方面超越别人,便进而要求在其他方面也超越别人。这两派人如果在城邦政治中不能得到他们所想望的权利,就会起来要求变革。(1301a26—39)他认为这是产生政治变革的根本原因。要求变革的方式也有几种:一种是改变现行体制,如从民主制改为寡头制,或由寡头制改为民主制;另一种是并不改变体制,只是在原来的体制中作些改变,或是将权力争取掌握到自己一派手中,或是加重或减轻原来体制的程度,或仅仅是改变原来体制中的某一部分机构。(1301b5—20)

他认为人们要求变革都以"不平等"为理由,他分析平等有两种,一种是数量上的平等,另一种是价值上(才德方面)的平等,价值上的平等指比例上的平等,如4:2=2:1。他认为按照价值的比例分配是符合正义原则的,可是实际执行时各人的要求又不同了。(1301b29—36)

他指出:具有高贵的门第和品德的人在各城邦中终属少数,而财富和群众是普遍存在的。所以普遍流行的是民主制和寡头制。无论是民主制或寡头制,要求在任何方面一律平等总不是良好的政制;他认为正当的办法应该是在某些方面实行数量的平等,而另一些方面则实行价值的平等。但是他还是承认:民主政治比较寡头政治更为平稳安全。原因是在寡头制内部有两种祸根,一是寡头派和民主派的斗争,二是寡头派的内讧;而在民主制内只有民主派和寡头派的斗争,他认为民主派内部很少争吵。而且民主政体更加接近由中产者组成的共和政体,这是最为安定的政体。(1301b40—1302a15)

他认为要求变革的人的心态是:有些人以为和他们相等的别人占了便宜,充满了不平的情绪;另一些人则以为自己优越,所得却未能多于他人,反而更少。低下的要求平等,而已经与人平等的则要求高人一等,他们为此要求变革和革命,其目的都是为了私利和荣誉。(1302a23—30)因此他认为当权者的暴虐和贪婪是引起革命的重要原因,一旦执政者行为横暴并且贪财肥私,搜刮群众的资产和侵吞公共财物,不但引起群众反对,他们自己也会相互倾轧,甚至攻击他们所从出的政体。当若干人组成的团体势力增长过大,凌驾于整个共同体之上,从而占取了某些形式的特权时,往往是发生内战的原因。所以有些城邦如雅典等采用陶片放逐法,杜绝这类特殊人物。(1302b5—20)恐惧也是引发内乱的原因,人们由于做了不义之事惟恐受到惩罚,或者担心会蒙受不公正的对待,都会抢先向对方发难。(1302b21—25)组成城邦的各部分如果不能平衡发展,有一部分畸形增长,也会引起内乱,如雅典在伯罗奔尼撒战争期间,大批富人出战阵亡,平民势力大为扩张。(1303a1—10)选用官员时的营私舞弊也可以使政体虽然未经暴乱也会变更性质。(1303a14—15)再有城邦的地理位置的差别也可以成为不和与内讧的原因。(1303b7—9)亚里士多德总结说,城邦中的种种差别和对立都可以引起分裂,其中首要的是善和恶的对立,其次是穷和富的对立,还有其他包括地理自然条件等的对立。(1303b14—17)有些城邦由于其中某个部分力量强大而趋向某种政体,如雅典在希波战争初期,由于元老院强大而趋向寡头政体,后来由于来自平民的海军取得萨拉米战役胜利,奠定雅典的海上霸权,加强了民主力量。(1304a20—24)城邦中无论任何个人、官员、部落、宗族或团体,只要发生权力的争论,就会引起内讧;如果敌对的双方——富人和平民势力相当,没有中产者为之缓冲,就会发生内乱。如果其中某一方的力量远胜于另一方,弱的一方明知无力抗衡就不敢轻举妄动了。才德优异的人总是为数较少,一般不会作乱。(1304a34—b5)亚里士多德认为以上这些就是内乱和政变的原因。

除了这些一般的原因外,他又指出民主制和寡头制产生政变的特殊原因。他认为在民主制中主要是由于平民领袖的放纵,他们或是诬控富人,迫使富人联合起来反对;或是煽动群众起来反对富人。这种实例在各城邦中是很多的。(1304b20—25)他还指出:在古代许多平民领袖兼任将军,所以民主政治很容易被篡夺为僭主制;现在情况已经改变,因为以前修辞术尚未发展,平民领袖往往出自将领;而现在修辞术已经发展,必须擅长辩论的人才能充当平民领袖,他们没有将才,不敢妄想当僭主,只有偶尔例外。(1305a7—15)他说,现在民主政治的公职全都由民选,而且没有财产限制,所有公民都享有选举权,平民领袖不得不讨好群众,这样平民的权威就超过了法律的权威。他认为防止这种情况的办法是应该将选举权分配给各社区,而不是由全体公民共同选举。(1305a30—34)

他认为在寡头制中造成政变的原因主要有两个,一个是当政者虐待平民群众,于是任何敢起来领头反抗的人都会得到群众信任,尤其是如果这个人本来就是寡头集团的一员时。(1305a37—41)另一个原因是执政的寡头集团内部自相倾轧,有些人为了压制异己,不惜装扮成平民领袖。这样的平民领袖有两种,一种是在寡头们中间充当领袖,如雅典"三十僭主"中的卡里克勒斯(Charicles)等三十人获取权力;另一种由寡头充当的平民领袖则厕身于群众之中,竭力讨好群众。(1305b20—30)他认为寡头政体的覆灭往往是由于寡头集团内部某些成员不满于另一些成员的暴政起来发难,造成政体的解体。(1306b3—5)

以上这些就是亚里士多德列举的希腊诸城邦产生政治动乱和变革的原因,他举了许多具体史实,说明他是从实际情况中归纳概括得出的这些原因,后世学者称这一部分是他所开的城邦政治病案,称它为"政治病理学"。他虽然认为城邦最主要的矛盾是善和恶的矛盾,而将贫和富的矛盾摆在第二位,但在他所作的实际分析中,处处可以看到贫和富才是最主要的矛盾,贫富冲突是引发政治变革的最根本的原因。

## 二　防止变革的办法

既然指出了病因,便应该提出防止的方法。亚里士多德提出防止动乱的办法,大致可分为以下十种:第一,在一切都安排好成为和谐的政体中,不要有违法的行为,尤其是在细小事情上必须加以警惕。(1307b30—33)第二,不能玩弄欺骗群众的方法。(1307b40—1308a1)第三,在有些寡头制或贵族制的城邦中所以能长治久安,往往是由于官员和群众保持良好的关系。他认为将官员任期定为6个月,使人民能有更多轮番任职的机会是个好办法,因为短期执政为害总没有长期执政那么大,寡头制或民主制之变为僭主制往往是由于权力长期被少数人占有的缘故。(1308a4—22)第四,人们往往由于患难当前而竭力保卫自己的城邦,因此执政者应当考虑各种威胁,以远祸当做近忧,使人民随时保持警惕。(1308a25—30)第五,执政者应该通过种种法律防止各阶层的争吵和内讧,并使尚未参加党争的不要卷进斗争的漩涡。(1308a31—

35)第六,在寡头制和民主制中常常因为财产资格的变化而产生动乱,可以将公民的财产登记定期重新估计,并适当调整财产资格的定额。(1308a35—b5)第七,可以规定任何人都不能在政治上取得超乎寻常的地位,这可以适用于一切政体。一个城邦应该以法律规定任何人都不能凭借财富等等获得特殊的权力,成为城邦的隐患。(1308b10—18)第八,对行政官员的私人生活要有监督管理,最好的办法是将监督管理权和行政管理权分别授予彼此反对的人们,如穷人与富人,这是消除由不平等引起动乱的最好办法。(1308b20—30)第九,最重要的是在各经济领域内制定法律,使执政官员不能假公济私、营私舞弊。贪污是群众最厌恶的,使官职不能谋利,穷人宁愿振兴自己的家业,富人可以接受名位而克尽义务。为防止私吞公款,应该当众收款和账目公开。(1308b31—1309a10)第十,他认为民主政体应该保护富人,而寡头政体则应该注意穷人的利益,这样产业的分配可以较为均匀,使穷人可以转为小康。在政治权力上也应该尽可能照顾对方,不过重要职位还是应当由当权的富人或穷人担任。(1309a15—33)亚里士多德所开的政治药方,一直到现在都是有借鉴价值的。

　　亚里士多德又从另外的角度提出四种防止政治变乱的办法:第一,凡是担任最高权力的人应该具备三个条件,一是忠于现行政体,二是有担任该职责的高度才能,三是有适合于该政体的品德和正义。如果有人不能完全满足这三个条件,就应当根据所担任的职务考虑,比如选择将军应首先考虑作战经验,因为好人虽多而将才难得,可以将品德置于次要地位;但如选择公产管理或司库,便应将品德作为首要问题,因为计算财物的本领是一般人都具有的。(1309a34—b9)第二,城邦要建立有利于保持自己政体的法律,最重要的应该使愿意维持现政体的人的势力必须强于不愿意的人。(1309b15—18)第三,不要忘记需要实行中道,无论民主制或是寡头制,如果趋于极端,平民或富人不能兼容对方,忽略了应有的平衡,最终不免使这种政体消灭。(1309b18—1310a2)第四,他认为最重要的还是按照政体的宗旨对公民实施教育。即使是最好的法律,得到全体公民的赞同,如果没有形成习惯风尚,通过教育深入人心,也是没有用的。他说在寡头政体中,统治者的子女都竞相奢华,而平民的子女却在磨练和辛劳中成长起来,有能力要求变革了。而在显得是民主政治的政体中也实行有悖于平民利益的政策,原因在于曲解了自由的原则。民主政治的两大信条,一是权力属于大多数人,二是自由原则。民主主义者认为正义就是平等,而平等就是公众意志的至高无上,自由就是每个人可以做他自己想做的事情。在这种极端的民主政治中,人人都过着随心所欲的生活。亚里士多德认为这种自由观念是错误的,人应该按照共同的规则生活,这不是奴役,而是解放。(1310a13—36)

亚里士多德认为僭主制即暴君制是极端形式的民主制和寡头制的复合,兼备这两种政体的偏差和过失,所以对人民的危害最大。(1310b3—7)他说僭主从寡头制学得了积累财富的目的,唯有如此才能供养卫队和维持自己豪奢的生活。他们不信任平民群众,不让群众拥有武器,压迫群众,将他们逐出城市疏散到乡间定居。僭主又从民主政治学会仇视显贵阶层,或明或暗地伤害或流放他们,因为这些人是竞争他们权力的对手,必须将他们驱除。(1311a8—18)这些独断的统治者总是拥有巨大的财富和名位,这正是人们最大的欲望,自然成为反叛和革命的对象。(1311a30—33)

他指出保全僭主统治有两条相反的途径,一条是大多数僭主采用的方法即是加强专制,比如铲除城邦内部的杰出人士,还要禁止共餐、结社、教育等活动,凡是群众悄然集合形成相互信任共谋活动的行为都要严加防范。还要强迫人们在他宫门周围活动,可以处处受到监视,并养成奴颜婢膝的习性。并且经常收集群众言语行动的情报,派出密探,使人民有顾忌不敢随便议论政事。又一种办法是在各种人——朋友和朋友、平民和富人、富人和富人之间制造不和,使他们互不信任。还有一种办法是使群众忙于操作,没有政治图谋的空闲,他说埃及建筑金字塔陵墓就是这样的例子。还有加重赋税,横征暴敛,以及经常对外邦征战,都是僭主暴君用来压迫人民的办法。(1313a35—b30)僭主们知道全邦人民都想推翻他,可是只有他的朋辈才具备推翻他的能力,所以最不信任他们。僭主的一大特点是不喜欢具有自尊心和自由意志的人;任何人只要自持尊严独立行动,触犯了他唯我独尊的地位,僭主必定恨之入骨,认为要篡夺他的权力。(1313b3a—1314a10)

亚里士多德将这类僭主的统治术产生的后果归结为三点:第一,压抑群众的精神;第二,制造群众相互间的不信任;第三,使群众没有力量,不能有所作为。(1314a15—29)

僭主为维持其专制统治还有另外一种与此完全相反的办法。僭主当然要死死抓住他的权力,无论群众是否愿意,他一定要依仗权力对他们进行统治。但在其他方面他却可以装得像是一位好的君王,比如他应当表现得留心城邦财政,不挥霍国帑;他还可以公布自己的收支,有些僭主确实是这样做的,他应摆出公家财产的监护人或司库的姿态。僭主还应不显露威严,让见到他的人产生尊敬的心情而不是畏惧。在征战方面应表现出几分天资,给人造成知兵善战的印象。绝不能在色情方面对人有所伤害,不让民间流传淫秽的蜚语。在生活方面应当保持节制,不应无节制地沉溺于声色之乐。他应当装饰和美化他的城市,让群众认为他是很好的公众利益的保护人。他还必须时时表现自己对诸神的虔诚,而又不能让人认为是愚蠢的迷信。对有功绩的人要给予荣誉,但必须恰如其分;对要罢黜的人也要逐步进行。不可滥施体罚,避免对人们的凌辱行为。(1314a30—1315b20)

最后亚里士多德特别指出:一个僭主应当记住城邦是由两个部分——穷人和富人组成的,他应防止他们互相侵害,并且要使这两部分人都相信,正是由于他的统治,他们的生存才有保障。如果哪一方面较强,就将他们拉到自己方面来,作为平定叛乱的手段。(1315a31—40)

亚里士多德虽然根据丰富的经验事实,为寡头制和僭主制设想了种种维持其专制统治的办法,但他最后也不得不承认:在所有各种政体中,没有比寡头制和僭主制更为短命的了。(1315b21—22)

### 第三节　建立民主制和寡头制的原则和方法

《政治学》第6卷讨论建立稳定的民主制和寡头制的原则和方法,实际上是第5卷即本书上一节第二部分的续篇,亚里士多德在行文中几次称第4、5

卷的内容为"前篇",可见第 6 卷是后篇,《政治学》第 4、5、6 卷是一篇统一的论文。亚里士多德在说明了各种政制——主要是民主制和寡头制的情况,说明了它们各自产生变革的原因和防止的办法以后,又进一步说明应该按照什么原则和宗旨以建立比较稳定的民主制和寡头制。

## 一　建立民主制的原则

亚里士多德说民主制的前提和准则是自由,人们认为只有在民主政治中可以享受自由,自由是一切民主政治追求的目的。它有两个标志和特征,一个是人人轮流统治和被统治,他们要求的正义是数目上的平等而不是价值上的平等。所谓公平就是全体公民人人平等,民众具有最高权力,大多数人的意志就是正义。而在民主政治中穷人总是占多数,这样穷人就比富人更起主宰作用。自由的另一个标志是人人都可以自由地生活。和奴隶不能按自己意志生活相对照,自由人应该能自由地生活。这样人人不应该受别人的统治。但这样的自由在事实上是做不到的,所以只有实行所有的人轮流统治和被统治,才是建立在平等基础上的自由。(1317a40—b17)

根据这些原则,民主政治有以下这些特点:第一,由全体公民从全体公民中选用官员。由所有的人统治每一个人,也就是由每一个人统治所有的人。第二,所有官职或所有不需要经验或技术的官职都通过抽签的办法确定。第三,任用官职没有财产定额的限制或只定极低的财产资格。第四,除少数如军事职务外,一个人不能两次连任同一官职。第五,所有官职任期必须短暂。第六,所有公民都参加审判法庭,从全体公民中选出审判官来审理重大事项如财务和政务以及私人契约等等案件。第七,公民大会拥有最高的权力,一切政事和军国大事应由公民大会裁决,而行政官员对这些重大事情没有或只有极小的决定权。第八,采用津贴制度,如果城邦有充裕的公款,最好对一切机构——公民大会、法庭和行政人员全都给予津贴。第九,和寡头制以出身门第和财富等为特征不同,民主制是以出身低微、贫穷又从事贱业为特征的。第十,废除一切职位的终身制,如果是变革以前的政体遗留下来的终身制,也要削减其权力,并且将原来的选举改用抽签办法任用。(1317b18—1318a3)

　　亚里士多德认为这些是一切民主政治的共同特点,而民主的真正意义应该是承认全体公民都享有数目上的平等,穷人并不比富人享有更多的统治权,也不能是唯一的主宰者,而是所有的人都能平等地统治。只有这样,自由和平等才能在他们的城邦中可靠地实现。(1318a4—10)

　　可是这样的平等实际上是很难做到的,究竟怎么计算数目才是合乎正义的? 主张民主的人说为多数人认可的事是合乎正义的,而主张寡头的人说为多数有钱的人认可的事才是正义的。城邦由两部分人——穷人和富人组成,怎么样计算这两种人在数额上的平等? 求得这样的真理是极为困难的。弱者总是渴求平等和正义,强者对此却往往不屑一顾。(1318a11—b6)

　　亚里士多德认为在四种由不同的人组成的民主政体中,以第一种农民为最好。因为农民没有多少财产,他们得终日耕耘操劳,没有什么闲暇,不能经常出席公民大会,所以他们不关心政治,只要给他们选举权和审查权就够了。(1318b7—25)在这样的民主政治中,公民享有选举行政人员、审查他们的报告和参加法庭的权利;而重要的官职都由选举产生,有一定的财产资格规定,或具备相应才德的人才能当选。这样,两部分人互相依赖又互相牵涉,人人都不能任性行事。(1318b27—1319a2)仅次于农民的是牧民,他们的品质和农民相似,并且他们的体格强壮,适于战争。除农牧民以外的平民,从事工匠、商贩和佣工等等贱业,生活在城市商场之中,便于也乐于参加公民大会。(1319a20—30)平民领袖为了扩大民主势力总是企图尽可能增多平民人数,甚至只要父母有一方是公民的便可以列为公民。增强平民人数是为了压制富有者和中产者的力量,这样就会造成政体混乱,引起骚动。(1319b5—15)

　　由此亚里士多德在第6卷第5章提出建立稳定的民主政治的方法。他说有志于创立民主政治的立法者应该知道自己的职责不仅在于创业,更重要的是怎样使自己创立的政体维持下去,不致灭亡。他说我们已经研究过各种政体产生变动的原因,应该从中吸取教训,尽心设法采取措施,巩固政体。他提出的巩固办法是:第一,要制定一系列的不成文法和成文法。应该看到如果只想尽可能加强自己一方面的势力并不是好的政策,只有能长远维持其政体的才是好政策。现在许多平民领袖为了取悦群众,没收许多富人财产,激起富人的反抗,这是不利于巩固政体的。应该规定没收的财富只能归于神庙,不能转入公库作为平民的公产,这样犯罪的人就不敢仇恨,而平民也不会热心惩罚了。第二,公开审判应尽可能减少,诬告陷害之徒要加重处罚;应当使全体公民都效忠和热爱政体,至少不要产生敌意。(1319b35—1320a17)第三,亚里士多德认为最后一种极端的民主政治往往是在人口众多的城邦中实行,公民如果没有津贴便很难参加公民大会,需要有充分的库藏支付津贴,负担便落在富人身上。统治者通过法庭苛罚没收,加重财产税等,引起不少内讧,颠覆了许多民主政体。因此亚里士多德认为凡是城邦的公共收入不充裕的,应该尽量减少公民大会和陪审法庭开会的次数和天数,以减少津贴支出和富人的负担。即使公库充裕也不要让平民领袖以公费讨好群众。真正的平民之友应当注意不要使城邦群众陷入赤贫,要采取一些措施保证平民维持一定程度的生活,这对富人也有好处。他认为可以集中公共财富分配给穷人,能让他买一块地,或能从事买卖或农耕。富人应该贡献资产作为平民参加会议的津贴,为此应该免除富人不必要的捐税款。他认为有些城邦采取这种办法,得到群众的拥护。(1320a17—b5)他采取的办法就是要尽量减少穷人和富人间的矛盾。

## 二 寡头制的建立

第6卷第6、7章亚里士多德讨论寡头制的建立。他认为和民主制一样,寡头制也可以分为几种,不过不是以公民从事的工作划分种类,而是以公民的财产多少来划分的。最好的寡头制规定两种财产标准,财产少的公民只能充当管理日常生活的低级官职,只有财产多的公民才能担任重要官职。另一方面又让有一定财产数额的人都可以入籍成为公民,使多数人有公民资格,力量强过不是公民的人。亚里士多德认为这种寡头制接近共和制,是最好的。(1320b18—30)

他说,以后的各种寡头制将财产资格的规定逐步提高,最后的一种财产规定极高,成为狭隘的权阀政治,和极端的民主制相应,很接近僭主暴君制。这是最坏的寡头制,随时有被颠覆的危险,需要高度提防。他说,越是恶劣的政体越是需要保持警惕。民主制以人口的众多维持自身的存在,寡头制需要以

安定的组织来维持自身。（1320b30—1321a4）

他又以军队的装备和财产的关系来说明寡头制的建立。他说,正如平民可以分为四个主要部分即农民、工匠、商贩和佣工一样,武装部队也可以分为四种——骑兵、重装步兵、轻装步兵和海军。凡是自然环境适于骑兵战斗的地方可以建立强大的寡头政体,因为只有富有资产的人才能养得起马匹。凡境内条件适于重装步兵的城邦可以建立次一级的寡头政体,因为重装盾甲的士兵只能从富人而不是从穷人中来。轻装步兵和海军实际上是平民的武装,他们适于民主制,所以在轻装步兵和海军强大的城邦中如果发生内讧,平民往往能挫败寡头势力。他说补救的办法可以采用有些将军的做法,在骑兵和重装步兵中也配置一些轻装步兵。因为轻装步兵行动灵活,容易击败骑兵和重装步兵。亚里士多德认为解决的办法是可以让富人的子弟在年轻时接受轻装步兵训练,长大后也能熟悉轻装战斗。（1321a5—27）

亚里士多德还建议采取一些其他办法以减轻在寡头制中穷人的不满情绪,如减少财产资格的规定,已经脱离贱业的人也可以担任官职等。尤其是规定凡担任最高官职的富人必须负担大量公益捐款,这样穷人看到担任最高官职要付出这样大的代价,也就不会妒忌了。新官上任时应举行丰盛的庆典,建造一些公共建筑,让平民也能分享快乐,容忍寡头制的长久统治。亚里士多德叹息的是:现在许多寡头不但不这样做,反而一心为自己争名夺利。他说这种寡头制只能说是渺小的民主制。（1321a27—b1）

最后亚里士多德论述了不论是什么政体,一个城邦为了要存在下去并且保持良好的秩序,它的统治机构——政府必须具有哪些职司官职。小邦可以稍少一点,大邦必须较多。（1321b4—13）他列举了以下各种官职。

第一,管理市场,检查商务契约,管理市场秩序。因为自给自足是建立城邦的主要目的,买卖是不可缺少的。（1321b13—18）

第二,监管公私财产、建筑和街道,解决民间的纠纷事务,可以称为"城市监督"。（1321b18—27）

第三,管理事务与前一项相同,不过所管地区不在城市,而在郊区,可以称为"乡区监督"。（1321b27—31）

第四,征收并保存公共财物,可以称为"司库"。(1321b31—34)

第五,登记各种私人契约和法庭判决,以及各种诉讼案例和法庭审理记录等,可称为"书记官"等名称。(1321b34—40)

第六,专门执行已经判决并登记的各种刑罚,收取应缴的各种罚金和债款,并监守各种罪犯。亚里士多德说这种工作是最受人憎恶的,如无重酬是没有人愿意干的,然而这种任务又是每个城邦所不可缺少的。好人力求回避,不肯担任,坏人又不可信托。他以为只能交给一部分人担任或轮流担任。(1321b40—1322a29)

第七,比以上这些更高一级的是防卫和军事职务,这是不可或缺的,它需要有丰富的经验和对城邦的忠诚。他们通称"将军"或"统帅",如果城邦有骑兵、步兵和海员,也可以有各自分别的指挥官,共同组成一个军事指挥系统。(1322a30—b6)

第八,由于有些官职经手巨额公共财物,所以必须设置官职进行核算和审查,称做"审查"或"稽核"。(1322b10—13)

第九,在上述各种职务外,还有一种高于它们的官职,全邦重要事务都由他们动议和交付实施,在民主政治中就由他们主持公民大会,因为必须有一机构掌握国家最高权力。在有些城邦内他们预审案件,称为"筹议官",而在民主政治中一般便是公民大会,是主要的政治机构。(1322b13—18)

第十,除了这些政治职务外还有专管祭祀事务的祭司,负责管理神庙祭坛的一切事项。还有一个掌管全邦公共祭献事务的官职,也有称为"执政官",也有称为"王"的。(1322b19—30)

亚里士多德说这些就是城邦的管理职务,他又分类安排为:1.管理祭神、军事和财务收支的;2.有关市场、城区、港口和乡间管理的;3.有关法庭诉讼审判以及执行惩罚、监守犯人的;4.有关公众的议事活动的。除此以外有些繁荣的城邦还可以设置监护妇女、儿童,维护法律以及主管体育训练的职务等等。而领导选任最高执政官员的机构在不同的政体中是不同的,在贵族政体叫"护法官",寡头政体叫"筹议官",民主政体叫公民大会。(1322b30—1323a10)

*     *     *

亚里士多德在《政治学》第4、5、6卷中对当时希腊现实政治的情况作了充分的研究。他开宗明义提出:政治学的研究不能像柏拉图那样抛开现实政治,只是从理论上提出一个在现实中不可能实现的理想国家。他认为政治学应该研究的是如何建立一个能让人民过上美好生活的优良国家;这样的国家是合乎人民愿望的,是有可能实现的。他采取的是现实的态度,首先是对现实的希腊诸城邦的各种政体作了具体分析,指出它们的不同,以及存在于其中的矛盾;对政权机构的组织原则也提出了具体的看法。然后又进一步研究这些政体为什么会产生不稳定的情况,发生变革和革命的原因是什么,以及如何防止变革,应该采取什么样的措施。最后又提出如何建立比较稳定的民主政治和寡头政治,应该注意什么原则和问题,应该设立哪些政府官职等等。我们看到亚里士多德像是一位医生,对现实的城邦结构作了充分的研究,找到它们的疾病和产生这些疾病的原因,然后开出药方,提出防止疾病的办法;最后又指出应该怎么生活才能保持健康和稳定。所以亚里士多德的这部分著作可以说是当时希腊政治家们的"手册",他们可以根据它来治理国家。

亚里士多德议论的根据都是当时希腊的实际政治情况,从他开始探索古代各种政体,离我们现在的政治已非常遥远。从他的著作中我们可以获得一些历史知识,增加对当时希腊实际政治情况的了解。但是仔细考察一下便可以发现亚里士多德在这里实际上提出了许多重要的政治理论原则,不但对后来西方政治思想的发展起了重要的推动作用,至今也有现实的借鉴意义。

亚里士多德虽然也接受柏拉图的思想将政体分为君王制、贤人制、共和制以及它们的变体即僭主制、寡头制和民主制,但他认为前三种只是理想的政体,在历史上可能出现过而在当时现实中已经不再存在;他认为当时希腊诸城邦中实际上存在的主要是民主制和寡头制这两种形式,所以在《政治学》第4、5、6这三卷中主要讨论的是民主制和寡头制的问题。

他提出不能以统治者人数的多少来确定政体的性质,不能简单地说少数人专政的是寡头制,多数人统治的便是民主制。他认为正确的说法应该是:寡头制是由少数富人掌握政权,而民主制是由多数自由民掌握政权。当时的自由民主要是贫民,所以他实际上是以富人还是穷人执政来区别寡头制和民主制这两种政体的。他虽然说当时社会中的矛盾,善和恶是第一位的,穷和富只占第二位;但是实际上他是将穷和富的矛盾看成是主要的,善和恶的矛盾是由穷和富的矛盾引申出来的。他已经看到当时社会中贫富差别和对立的日益严重,这种经济上的矛盾已经反映到政治上,并且起了重要的作用。

他指出无论是赞成民主制还是寡头制的人在认识上都曲解了平等的意义。主张民主制的人认为既然在政治上人人都有平等的权利,便要求在其他方面也应该是人人平等的;而主张寡头制的人却认为既然自己在财富上超人一等,是不平等的,便要求在其他方面也应该是不平等的,在政治上应该由他们少数人统治大多数人。亚里士多德认为平等和不平等有数量上和质量上的区别,在数目上是人人平等的,但在质量上无论人的才德或财富总是不会完全平等的。他说的数目上的平等就是政治上的平等,他认为虽然人和人之间在才德和贫富上有差异,但是在政治地位上是一律平等的。因为他是生活在民主制盛行的希腊社会中,并无中国古代流传的“受命于天”、“君权神授”的思想。亚里士多德认为建立城邦国家的目的是要保护全体公民都能享受自给自足的幸福生活,因此每个公民享受的政治权利应该是平等的。尽管他常将民主制和寡头制并列论述,但他也指出寡头制被认为是专制和极权的政体,而民主制则比较宽松和缓。(1290a28—29)

他认为寡头制只关心富人的利益,民主制则只关心穷人的利益,二者都有偏向。正像在伦理学中重视中道一样,在政治上他也主张不要走极端,应该既保护穷人的利益,又照顾富人的利益。因此他提出最好是由中产者掌握政权,他们可以适当地照顾双方的利益。他指出一个城邦中凡是中产者占多数的往往比较稳定,如果是穷人或富人居多数的城邦容易产生内讧。

他看到城邦发生叛乱、变革和革命的根本原因是政治上的权力斗争,一部分人感到不满要起来改变或推翻现存的政体。产生不满的原因有经济上的,富人或穷人感到自己的利益受到损害,要推翻对方的统治;也有政治上的,亚里士多德说在寡头制内往往发生这一派富人和那一派富人的斗争。常见的起因往往是由于当权者的横暴和贪婪,他们一心追求私人的财富、名位和权力,不顾群众的利益,因而引起人民的反抗。许多名为实行民主政治的城邦,实际上被精通修辞(诡辩)术的所谓平民领袖(蛊惑者)所操纵,他们将自己的意志凌驾于法律之上,成为具有特权的独裁专制的暴君。亚里士多德将这种最坏的民主制和最坏的寡头制——权阀政治相提并论,说它们就是僭主暴君制,是人民所最不愿意接受的。

　　亚里士多德提出的防止变革以及建立稳定的政治制度的办法都是根据当时的实际情况,他认为是可能实现的方法。他强调的是要制定一系列法律,统治者只能依法治国,不能以人治代替法治。他希望用法律防止和避免各种矛盾的激化,使矛盾趋向缓和。既要调和贫富之间的矛盾冲突,又要缓和统治者和被统治者之间的矛盾。因此他提出要用法律规定任何人不得凭借财富等等获取特殊的权力,认为特权是城邦的隐患;提出要对行政人员的私人生活加以监督,监督的权力应该和行政的权力分开,最好交给互相反对的人们(如穷人和富人)担任;提出要制定经济法律,严禁官员营私舞弊等等。因此亚里士多德论述的虽然是古代希腊民主制的议事、行政和司法的三种官职的并列,但是我们可以说这是后来西方"三权分立"学说的最初起源;即使从我们当前的实际政治情况说,他提出的这些意见也是值得重视的。

## 理想政制

　　《政治学》第7、8两卷被认为是亚里士多德的政治理想。第7卷的前三章是总论,他说明最好的城邦应该能使它的人民有最好的行为,过最幸福的生活。从第4章起他设想这样的理想城邦应该是怎么样的,对人口的多少、疆域的大小直至社会结构、城市规划等等都提出了他的看法。从第13章起他将问题转到教育,因为良好的城邦必须建筑在培养公民具有良好的习惯和理性的基础上。第16、17章讲婴儿时期的教育。第8卷专门讨论教育,但在前两章谈论了一般原则外,第3至7章却只谈了体操和音乐这两种教育,全书就中止了。显然这是一部没有完成的作品,第7和第8两卷的划分也并不合适。我们分两节论述,第1节谈他的理想城邦,第2节谈他的教育思想。

　　从所讨论的问题讲,亚里士多德《政治学》第7、8卷和柏拉图《国家篇》是一致的,都是谈他们各自的理想国家和理想的教育。但从他们论述的内容和方法看,他们所设想的理想国家是根本不同的:柏拉图是从他的哲学理论——相论出发,要建立的是一个高高在上的以哲学家为王的理想国家;而亚里士多德却是根据他观察到的实际情况,设计了一个现实中应该可以做到的、能让人们过幸福生活的城邦。可是亚里士多德所设想的那种小国寡民的城邦,在他写这种理想的时候已经被历史宣判终结,所以他的理想(也许可以说是比较符合当时的经验和理性的)只能被后人认为是保守落后的。

　　《政治学》第4、5、6卷中讨论的有关当时现实政治的许多重要内容在第7、8卷中几乎都没有涉及,因此许多西方学者认为这两卷可能写于第4、5、6

卷之前,有些学者将这两卷摆在第 3 卷以后。

## 第一节　理想的城邦

### 一　城邦的目的

《政治学》第 7 卷第 1 章开始亚里士多德就指出:要研究什么是最好的政体,就必须先明确什么是最值得选取的生活;因为一般地说,只有生活在环境允许的最好的政体中的人,才能有最好的行为和生活。所以首先要讨论对所有的人说,什么是最值得选取的生活;然后再讨论对社会共同体和对单独的个人说,这种值得选取的生活是不是相同的。(1323a14—21)亚里士多德的政治学和伦理学是密切联系的,他的伦理学是政治学的起点,也可以说是政治学的目的,因为一个最好的理想的城邦就是能使它的人民过上最美好的生活。他特别说明这种理想的城邦是环境允许的,也就是现实情况所能达到的。

所以亚里士多德要从伦理学说讲起,他说在通俗论文中说过“善”有三种,即外在的善、身体的善和灵魂的善。一个幸福的人必然拥有这一切善,没有人会否认他既具有勇敢、节制、正义等品德,又具有实践的智慧。但对这些善中的主次轻重却会有不同的看法,有些人认为品德有一点就够了,而财富、权力和名誉这类外在的善则是越多越好,没有限度。对这样的人可以答复说:事实表明要获得和保持品德是无需借助外在的善的,相反是那些外在的善却需要借助品德才能显示。幸福的生活总是属于那些在灵魂和品质上有高度修养又适度享有外在的善的人,而不是属于那些拥有无限的外在的善却缺乏较高品质的人。这不仅凭经验,还要用理性来评判。外在的善如财富、权力、名誉等像有用的工具一样应该是有限度的,超出了限度反会对拥有者有害;而灵魂的善却是越多越有益,因为它们不仅高尚而且有用。因此灵魂对于我们是比财物和身体更为珍贵的,其他情况也必然与此相似。有实践智慧的人必然是为了灵魂才选取其他的东西,而不是为了那些东西而选取灵魂的。(1323a24—b20)

他说,只有灵魂的善才是最珍贵的,而不是外在的善,这一点可以从神得到证明。神之所以是幸福并被赞美,决不是由于外在的善,而是由于他自己的本性。他说幸福和偶然的幸运是不同的,灵魂以外的各种善都是由偶然机会造成的,但任何人的正义和节制却不会是偶然得来的。幸福的城邦应有最好的最优秀的实践,无论是城邦或是个人如果没有品德和实践智慧便不可能有好的行为,所以城邦的勇敢、正义和智慧以及个人的这些品德在形式和本性上都是相同的。(1323b24—36)他的这些论述和柏拉图《国家篇》中的立论是一致的,都强调灵魂即精神的重要性。

在作了这番简短的、他认为是必不可少的序论以后,他便提出问题:个人的幸福和城邦的幸福是不是相同的? 他说所有的人都认为它们是相同的,因为喜欢财富的人认为城邦财富充足是最大的幸福,以暴君生活为荣的人会认为幸福的城邦就在于统治尽量多的人民,而认为个人的幸福在于品德的人则以城邦的善来衡量它的幸福。他说这里产生了两个问题:一个是应该和其他公民一起参加城邦公共事务呢,还是应该独善其身不问政治? 另一个是城邦政体应如何安排,是使所有的公民都愿意参加政治事务呢,还是使只有一部分人愿意参加?(1324a5—19)

他说有一点是明白的,即最好的政体应使人人都能发挥最好的作用和过幸福的生活。但是有些认为品德是最有价值的生活的人也会提出质疑:政治实践的生活是不是比理论的生活更为可取? 这就是在政治家的和哲学家的两种不同生活中哪一种更有价值? 他说这是一个不小的问题,无论是个人或城邦都要按最好的目的来规范其生活。他说有些人认为对别人实行专制统治是最大的不公正,政治统治即使不算不公正,也是妨碍了个人适意的生活。另一些人持相反的意见,认为只有实践的政治的生活才能将品德付诸实现;有些人更进一步声称只有专制暴君统治才是幸福,的确有些城邦的法律体制是以对邻邦的统治为目标的。尽管大多数城邦的法律五花八门,但是它们有一个共同的目标,那就是谋求自己的强权霸业,他列举了斯巴达、克里特、波斯、色雷斯等许多实例。(1324a24—b23)

亚里士多德说,愿意反思的人会觉得奇怪:作为政治家怎么一心一意考虑要去统治别人,而不管他们是否愿意被统治呢? 政治家和立法者这样做是不合法的,强加于人的统治违背了正义。在其他技艺和知识领域不会出现这样的情况,比如医生或船长不会诱骗或强迫他的病人或水手。可是大多数人却似乎认为政治术就是专制统治,可以将不正义的行动毫不羞耻地加之于人;他们只在自己之间要求正义,对别人便不需要讲正义。这种行为是非理性的,除非认为有些人是生来只能受统治,另一些人则生来有权统治人。他说人不是可以猎获用来作食物和祭献的对象。只有野兽才是这样。一个治理得良好的城邦不能建立在战争和征服的基础上。战争虽然可以获得荣誉,但它终究只是手段,不是目的。好的立法者应以城邦和人民得到幸福生活为目的,对邻邦只能采取合适的相应措施。( 1324b23 — 1325a13 )

柏拉图在《国家篇》中主张让哲学家为王,在他看来将政治家的生活和哲学家的生活合而为一是最理想的、最好的。但是亚里士多德却认为哲学家的生活和政治家的生活是不同的,哲学家追求的是灵魂的善,而政治家却追求外在的善——权力,所以他提出这两种生活究竟哪 一种更有价值的问题。他指出这是个不小的问题,因为他看到在当时希腊各城邦中都出现了专制统治,不但寡头制如此,即使是民主制的城邦也往往由所谓平民领袖蛊惑群众,篡夺权力实行专制统治。他们不仅在国内奴役人民,而且还想将他们的统治扩展到国外,要征服邻国实现霸权。亚里士多德处于这样的时代,他对这种情况提出两点尖锐的批评:第一,不能以专制统治对待人民,这是不正义的。第二,一个良好的城邦不能建立在战争和征服的基础上。他提出"战争只是手段,不是目的"这样一个命题,他虽然没有再进一步分析下去,得到正义的战争和非正义战争的区别;但从他的命题中也可以得出:城邦的目的是要使人民幸福生活,战争作为手段如果是能保障人民幸福生活的,比如反抗别国侵略的便是好的、正义的,如果是侵略别国的战争便是非正义的。如果将亚里士多德对战争的这个看法摆到他当时所处的具体环境中去,更可以看出它的重要意义。当亚里士多德写这段话的时候,他的学生亚历山大大帝大概已经从事征服希腊以至向东方远征。亚里士多德对他的学生的事业究竟采取什么态度? 留下的史料极少,是不是可以说这里他对战争的看法是一个明显的证据,表示他对亚历山大的行为实际上持否定的态度。也许正是因为有这种关系,所以他在这里讲得很婉转,说战争虽然可以获得荣誉,但它终究只是手段,不是目的。他讲到这里为止,没有再进一步引申下去。

但是这样说并没有解决哲学家的生活和政治家的生活究竟哪一种更为优越的问题,所以亚里士多德又分析了两种不同的观点。他说,有些人讨厌政治权力,认为人的自由生活不同于政治家的生活,是最好的;另一些人却认为政治家的生活最好,他们认为什么事情都不做的人就不能做好事,合乎道德的活动和幸福才是同一回事。亚里士多德认为这两种观点都有正确的也有错误的。他分析说前一种观点说自由的生活优于专制的生活是对的,因为将人当做奴隶使用而发号施令是不高尚的事情;但是说任何一种统治都是像主人统治奴隶那样的专制统治,却是不对的,因为对自由人的统治和对奴隶的统治有很大不同,正如生来是奴隶的人和生来是自由人有很大不同一样,这一点在前面已经说过了;而且他们将不行动置于行动之上也是错的,因为幸福就是实践行为,只有正义和智慧的行为才能实现高尚的目的。(1325a16—34)

对后一种观点他是这样评述的:如果有些人接受了这些前提,认为权力是最好的东西,有了它便可以完成许多高尚的活动;因而如果由他统治的话便决不放弃任何权力,父亲不让给儿子,儿子不让给父亲,朋友间也互不相让,因为最好的东西是最值得选择的,为了它决不能谦让。亚里士多德说,如果这也算是一种真理,那就只能是强盗和劫贼的真理。他说决不能这样,因为这种假设是错误的。统治的行为并不都是值得称赞的,除非他确实优于别人,像丈夫优于妻子,父亲优于儿子,主人优于奴隶那样。所以做了非法行为的人无论后来取得多大成就也无法弥补他违背道德所带来的损失。在彼此同等的人中分享(政治的)荣誉是正义和平等的,如果以不平等对待平等的人,是违反自然的,总是不好的。所以如果有人在品德和能力上优于别人,我们当然应该服从他,但他必须具备这样的品德和能力。(1325a34—b14)不能借口权力能实践好的行为便想牢牢地掌握住它,这只能是强盗的逻辑。平等的人应该共同分享权力,只有在品德和才能上真正优越的人,人们才服从他。

他说,如果我们的观点是正确的,幸福就是善良的活动,无论对城邦共同体或是个人,实践的生活都是最好的。不过实践并不一定像有些人所说的和别人有关,思想和沉思更多是独立地自我完成的;和实践有关的思想也不一定是追求实践的结果,因为善良的行为本身是目的,即使在对外物的活动中也是思想在起主导的作用。就城邦说,它如果不和别的城邦发生关系,孤立存在,也并不就是不活动了;因为活动像别的东西一样可以分解为许多部分,一个城邦内部各部分间可以以许多方式相互活动。个人也是这样。如果不是这样,神和整个宇宙都是没有对它们以外事物的活动的,便不能够自我完成了。由此可见,无论对个人,对城邦或人类共同体说,最好的生活都是相同的。(1325b14—32)

柏拉图在《国家篇》中要让哲学家为王,哲学家要有所作为便必须掌握权力,他没有将哲学家的生活和政治家的生活区分开。亚里士多德却将这两种生活区分开,认为哲学家追求的是灵魂的善,而权力是外在的善,不是哲学家追求的对象。(照他的理论,作为一个平等的公民,如果轮流到他当政是允许的,但不能以权力作为自己生活的目标,一心想争夺它。)那么是不是哲学家便无所作为呢?绝对不是。因为哲学家进行的思辨是一种最高尚的活动,是灵魂自身的活动,它无须借助外物,是自我完成的。所以亚里士多德所说的为知识而知识并不是一种消极的避世的态度,而是哲学家、科学家应该有的积极从事自己专业的态度。

城邦的最好生活怎么能和这样的哲学家的生活是相同的呢?亚里士多德是这样论证的:任何事物都是由它内在的若干部分构成的,只要是在内在的各部分间相互活动而不和外在的东西发生关系,便是内在活动的自我完成。哲学家的灵魂内部有理性、意志、欲望等部分,在这些部分间作适宜的活动便可以得到灵魂的自我完成。他由此推论一个城邦只在内部各部分间进行活动,不和别的城邦发生关系也可以得到自我完成。他并且作类比推论说,神和宇宙也是没有对外部的活动而是在自我活动中完成的。他的这些推论是从他作"由己的"和"由他的"区别中推出的,事实上他自己也说过没有一个可以不和其他城邦发生关系的孤立的城邦。他所以要作这样的论证,只能说是为了他想提出的理想城邦实际上是一个孤立的城邦。为什么他要以一个孤立的城邦作为理想的城邦呢？这只能从当时希腊各城邦间的关系来说明。当时各城邦间不存在和平友好的关系，总是以大欺小、以强凌弱，发生不断的战争与征服，而亚里士多德服务的马其顿王国以及他的学生亚历山大大帝正是当时最大的霸主。亚里士多德将这些因素排除在外（只含蓄地批评将别人当做奴隶来统治），将一个不和其他城邦发生关系的孤立的城邦作为自己的理想，已经可以说明他的政治态度。尽管亚里士多德和他的学生亚历山大大帝的关系在学者中还是一个没有明确定论的问题，但从亚里士多德选择一个孤立的小城邦作为自己的理想，也可以说明他对建立一个征服其他国家的大帝国是不赞成的。

### 二　城邦的条件

《政治学》第7卷从第4章至第14章讨论一个理想的城邦应该具备什么样的条件，因为没有适宜的条件就不能构成优良的城邦。他对从城邦的人口、疆域一直到政制都提出了看法。

（一）人口和疆域。

亚里士多德认为：政治家首先需要考虑的条件是人口，应该考虑到人口的数量和质量。有人认为人口最庞大的城邦就是最幸福的城邦，这种只从数量上作出的判断是不对的。只有最好完成自己目标的城邦才是伟大的城邦，伟大的城邦和人口庞大的城邦不是一回事。他说：事实表明人口过多的城邦很难有良好的法制，因为法律就是秩序，过于稠密的人口不可能维持一定的秩序。城邦人口多少应保持一定的尺度，过大或过小都会丧失其自然的本性，正像一指长或半里长的船都不成其为船。一个过小的城邦不能实行自给自足的生活，而一个过大的城邦也难以形成政体，谁能来统治它呢？（1325b33—1326b8）

他认为一个城邦应该有一定数量的人口，并且能够自己供养这些人口，使他们能在城邦中过优良的生活。城邦活动主要是统治者和被统治者的行为，统治者要能很好治理，无论判断事务或对诉讼进行裁决都必须了解各人的情况；而公民们如果缺乏对各人的了解也不能很好地选任官员。显然在人口过多的城邦中这两方面都不能做得公道。所以他认为一个城邦的人口界限，最好的便是以能过上自给自足的舒适生活并且能相互观察了解作为限度。（1326b8—26）显然他认为理想的城邦只能是小国寡民的。

疆域的情况与此相似。他说域内土地应能自给自足，能生产一切生活必需品（古代人生活必需品比较简单），能让居民过上闲暇、宽裕和节制的生活。（1326b27—33）地形应是敌人难以进入，而居民易于外出的地方。但他又说如果能自由选择的话，最好是坐落在有良好的海上和陆路通道的地方。他认为疆域的大小和人口一样，最好是易于观察到的，因为易于观察到的便易于防卫。（1326b39—1327a7）可见他理想的是一个不大的小邦。

亚里士多德专门讨论了海上交通问题。当时人们对海上交通有相反的意见，有的说它好，有的说它坏。亚里士多德分析说，让不同法律习惯的异乡人入境对城邦的良好法律不利，并且会增加人口数量。虽然有这些不利因素，但无论就城邦的安全和生活必需品的供应说，海上交通还是大有益处的。自己缺少的必需品可以从海上输入，多余的物品可以输出，拥有海上市场可以增加公共财政收入。（1327a11—32）拥有海军力量不仅可以增加防卫力量，而且可以对邻邦保持威慑力量。（1327a40—b1）亚里士多德长期生活在雅典，他当然了解海上交通和海军力量的重要意义；但在这里和他原来设想的孤立的城邦已经显示出是有矛盾的。

（二）民族性。

亚里士多德又讨论人民的质量——品质问题，就是后来所谓民族性问题。他说讨论不能限于希腊的几个著名城邦，应以世界各地的人群和希腊人作对比。他认为：居住在寒冷地带的如欧罗巴人有旺盛的生命力，但是缺乏思想和技艺；他们过比较自由的生活，可是没有政治组织也没有统治人的能力。亚细亚人聪明和精于技艺，但是他们精神怠惰，所以总是处在被统治和被奴役的地位。希腊地处这二者的中间，兼有二者的特性，既保持了自由又创造出优良的政体；如果它成为一个统一的政体，便可以统治一切了。他说在希腊人中间也有不同，有些人偏于某一方面——或是理智或是勇敢，有些人则兼有这两个方面。一个政治家是容易将既理智又勇敢的人引向好的方向的。（1327b23—38）当时希腊北部的欧罗巴还是未开化的蛮族，亚里士多德说他们没有政治组织。他所说的亚细亚人只是中东波斯等地,经常在帝王的专制统治下,所以是被奴役的。和他们相比,亚里士多德为希腊人自傲,他说希腊人既有理智又有勇敢,既爱自由又善于治理,创造了优良的政体。他还进一步推论说如果希腊各邦统一起来,便可以统治一切。这是唯一的一处亚里士多德表达了可以由希腊人统治世界的思想,这是不是亚里士多德在为亚历山大大帝的事业唱赞歌呢? 纽曼(Newman)在《〈政治学〉注释》中作了分析,认为按照亚里士多德的本意,只能是各邦自由联合成为统一的国家,他是反对奴役别人的霸主的;亚历山大却是依靠军事力量,将希腊各邦统一在马其顿的统治之下,这二者是不同的。

(三)城邦的组成因素。

亚里士多德认为,城邦是由各种因素组成的,但并不是每个因素都可以说是城邦的部分,因为城邦是社会共同体,有共同的目的,只有符合这个目的的才能说是城邦的部分。有些因素只是达到目的的手段,是城邦存在的必要条件,比如财富对于城邦是必需的,却不能说是城邦的部分。(1328a23—36)他列举组成城邦必需的因素:1. 粮食,2. 工艺技术,3. 武装力量,4. 财富储备,5. 对神的祭祀,这是最重要的,6. 公共政务和诉讼的裁决,这是最必需的。(1328b5—15)因此一个城邦必须有以下人员:1. 种粮食的农民,2. 工匠,3. 武装人员,4. 有资产的人,5. 祭司,6. 政务和诉讼裁决人员。(1328b20—23)

作了这些分析以后,亚里士多德又提出一个问题:是不是应让所有的人都共同从事所有这些工作,还是让每个人担任不同的工作,或是有些工作由所有的人担任而有些工作则分给不同的人担任? 他说各种不同的政体对此有不同的安排,如民主政体是由所有的人从事所有的工作,而寡头政体却与此相反。现在讨论的是优良的政体,理想的政体应该是能实现最大的幸福,这就离不开优良的品德。所以理想城邦的公民不能从事工匠和贸易的工作,因为那样的生活是低下的不能获得品德;他们也不能从事农业,因为只有闲暇才能发展品德和参与政治活动,而农民不具备这样的条件。(1328b24—1329a3)这样他就将工、农、商从理想城邦的公民中排除掉,仅仅作为城邦存在的条件或因素,是担负养活公民的劳动者。

武装人员和政务人员是城邦中的主要部分,这两种工作应该由不同的人分担还是由同一些人担任? 他认为可以有两种答案,一种是它们的性质不同,从政需要有实践智慧,从军需要有强壮的体力,所以应由不同的人担任。但从另一方面说,凡是力能胜任战斗的人总不愿长期屈居人下,所以也可以是掌握军权的人也掌握政权,行使这两种工作。他说可以按照自然条件由不同年龄的人分别担任这两种工作,青壮年有力量,老年人有实践智慧,这样分配既有利又公正。他认为担任这些工作的人必须是有资产的,理想城邦的公民必须是有资产的,工匠和其他从事不能产生品德的行业的人都不能成为公民。(1829a3—23)剩下的还有祭司,可以由年迈体衰的公民来担任。(1329a31—32)

这样亚里士多德将理想城邦中的人分为两类,一类是农民、工匠和其他雇工,是城邦不可缺少的因素,但他们不是公民;另一类,只有从事政治和军事事务的人才是城邦的部分,才是公民。

(四)等级划分和土地分配。

希腊文 genea 原来就是种、属关系中的"种"、"类",在《政治学》中有的英译本译为 class,有的译为 type(of persons);吴寿彭中译为"阶级(类别)",苗力田全集本译为"种族或阶层",我们以为不能说亚里士多德已经使用后来的"阶级"概念,所以译为等级。他说:政治哲学家发现城邦应划分为等级,将战士和农民分开来。(1329a40—b2)他说这种制度现在埃及和克里特等地还流行,最早起源于埃及。(1329b21)实际上他只是将从政、从军的人员和工匠、农民等区分为不同的等级,前者属于理想城邦中的公民,后者虽是城邦必不可少的,但不是公民,不能担任政治和军事职务。

他认为理想城邦的土地应当属于掌握武器和参加政治的人,而农民和他们不同。所以要讨论土地的分配问题。他不赞成有些人(如柏拉图)主张的土地公有,以为如果出于友谊而共同使用土地是可以的;但又不能让全体公民有缺少衣食的情况,所以赞成共餐制度,全体公民都可以参加共餐,穷人无力支付餐费,应由城邦负担。(1329b36—1330a7)他主张土地分为两部分,一部分公有另一部分私有。公有部分中的一部分用于祭神的开支,另一部分用于公餐的费用。个人私有的土地应分为两部分,一部分靠近边疆,一部分靠近城市。他认为这样做可以符合平等和正义的要求,因为公民在边疆有土地,遇到敌情时不会漠然处之,而能团结一致。至于农民,如果能够自行选择,最好是由奴隶担任,并且最好是来自其他不强悍的种族,以减少暴动的危险。这些农奴凡在私人土地耕作的属于私人,凡是耕种公地的则归城邦所有。(1330a9—32)由此可知他设想的最好的城邦中的农民和工匠实际上是奴隶,所以他们不是城邦的公民,也不算是城邦的部分。

(五)中心城市。

城市是城邦的中心,是陆路和海路的联系点。亚里士多德认为城市建设应该注意到居民生活以及便于政治和军事的活动。他谈了一些具体的问题,比如城市要有蓄水,既保护居民的生活,又有益于防卫。(1330a34—b18)关于城市的防卫,他认为将卫城筑在高地上适于寡头制或王制,而将防御工事筑于平原上则适于民主政体。私人居住区设计如果过于整齐划一,虽然美观但不宜于在敌人侵入时进行抵抗,最好能采用兼顾这两方面的方案。(1330b18—28)对于是否要建造城墙,他认为为了保障军事安全,应该建造城墙。(1330b33—1331a3)他甚至讨论到在何处建立行政人员和祭司的共餐会所,自由人活动的公共广场以及进行贸易的市场等等。亚里士多德自己也觉得讨论这些细节近乎浪费时间了。(1331b18—19)亚里士多德对他的理想城邦考虑的大多是一些比较现实的具体问题,和柏拉图《国家篇》中的理想国不同,和《法篇》中规定各种具体的法律倒有些相似。但是亚里士多德关于理想城邦的论述,最重要的还是他的教育思想。

## 第二节　教育思想

《政治学》从第7卷第13章起一直到第8卷第7章全书结束都是讨论教育问题的。第7卷第13至15章讨论教育的目的和意义,第16、17章谈初期婴儿教育;第8卷第1至3章谈青少年教育的安排和课目,第4至7章谈体育和音乐教育。全书至此结束,但实际上他只谈到早年的基本教育,和柏拉图《国家篇》中的教育思想对照,可以看到在体育和音乐这两门初等教育以后,应该再有一系列知识教育。柏拉图列举了算术、平面几何、立体几何、天文学、谐音学以至哲学;①亚里士多德可能列举的课目不一定和柏拉图相同,他开创了很多学科,至少如逻辑学、修辞学等应该列入公民必须学习的课程。但在《政治学》中均没有列入讨论。因此学者们认为《政治学》是一部尚未完稿的著作。可是这部分教育学说在亚里士多德思想中占有重要位置,从以上伦理学的论述中可以看到他认为人的伦理品德的形成固然有天赋的方面,但主要是由习惯和训练培育而成的,所以教育问题在培养个人和城邦的优良品德中起关键作用。亚里士多德在伦理学著作中没有谈到教育问题,只在《政治学》的最后部分谈及,学者们认为政治学是他的教化伦理学。本来亚里士多德认为伦理学和政治学密切相连,伦理学是政治学的先导,政治学是伦理学的完成;这部分教育思想可以说是亚里士多德的伦理学和政治学的总结,可惜它并没有完稿。

## 一 教育的目的

亚里士多德说,要成为一个幸福的最好的城邦必须有两个方面:一是确定一个正确的目的,二是发现达到这个目的的行为方式。目的和行为方式有时是符合的,有时并不符合。有时目的就在眼前,却不能达到;有时方式都成功了,却得到坏的结果;有时在两方面都失败了。一切技艺和知识都必须既掌握目的又控制手段。(1331b24—39)所有的人都追求幸福和优良的生活,但什么是幸福呢?他说在《伦理学》中曾说过,幸福就是伦理品德的完全实现,它是绝对的,不是有条件的;所谓绝对的就是它自身是善,所谓有条件的就是它只是必需的。他以正义的行为为例,说正义的刑罚是从善的原则出发的,但它是以恶为条件的,无论个人或城邦都宁可没有这类刑罚;慷慨待人则是绝对的由己的善。贫穷和财富、疾病与健康都是有条件的,善良的人虽然处于贫穷和

---

① 参见本书第二卷,第679—688页。

疾病中也能处之泰然,不能将财富和身体健康这些外在的善当做幸福的原因。(1332a9—28)

城邦中的一些事物如自然条件和资源是已经存在的,和偶然的命运有关;有些东西则靠立法者来提供,城邦的善却主要依靠知识和意愿。要想成为善的城邦必须所有的公民都是善的,因为所有的公民都参加了城邦的政治。他提出:是城邦的公民整体是善的,还是个个公民都是善的,哪个更为可取? 他认为后一种情况更好,因为整体的善是从个人的善来的。(1332a28—38)亚里士多德虽然认为城邦整体的善高于个人的善,但还是认为城邦整体的善来自每个个人的善,只有每个人的伦理品德好了,才能有城邦整体道德的完善,因此道德教育必须从个人做起。

他又重述伦理学中的论述,认为人的品德来自三个方面:自然本性即天赋、习惯和理性(logos)。首先是人生来就有的人的天性,而不是其他动物的本性。习惯可以改变人的天性,使它向善或是从恶;其他动物主要靠本性生活,只有少数能养成某些习惯。人类又有理性的生活,这是人所独有的。因此本性、习惯和理性应该和谐相处,可是它们并不总是一致的,人们只能服从理性,抗拒不良的本性和习惯。除了一些好的天性可以由立法者驾驭外,其余的便有赖于教育,既要培养好的习惯又要有理性的教导。(1332a39—b11)

《政治学》第7卷第14章专门讨论统治者和被统治者的教育问题。他说一个城邦的公民中有统治者和被统治者两部分,他们应该互相交替还是终身不变? 他认为如果城邦中确实有出类拔萃的人,在灵魂和身体上都像诸神和英雄一样,他们便可以做终身的统治者;但事实上这样的人物是很难遇到的,因此只能选择统治者和被统治者轮流更替的政体(即民主政体),这既符合平等的原则又合乎正义。但是统治者和被统治者终究是有不同的,他主张按年龄的不同,青壮年时是被统治者,老年时担任统治者。(1332b13—41)由此可见亚里士多德虽然追从柏拉图,在理论上承认君王制和贤人制是最好的政体,但他更多从现实考虑,认为这种理想政体只是空想,现实可行的只能是共和民主政体。

在统治者和被统治者之间既有相同又有不同,对他们的教育也是这样,既有相同的方面又有不同的方面。相同的是要作好的统治者必先学会服从。统治有两种，一种是为了统治者的利益，是专制统治；另一种是为了被统治者的利益，是自由人的统治。有些任务的不同并不是由于工作的不同而是由于工作目的的不同。将一些低贱的工作分配给自由人青年，他们也能光荣地完成任务，因为行为自身并没有光荣和不光荣的区别，只有行为的目的才有这种区别。既然好的统治者和被统治者都应有好的品德，一个人必须先成为被统治者然后才能成为统治者，立法者必须设法使每个公民都能成为善良的人，因此必须了解怎样才能做到这一点，以及什么是人类优良生活的目的。（1332b42—1333a16）

他说人的灵魂可以分为两个部分，一部分是自身具备理性，另一部分自身并不具备理性，却有服从理性的能力。一个人如果具有这两部分品德就是善良的人。在这两个部分中究竟哪一个是目的呢？无论在本性或是技艺上，较低的东西总以较高的东西为目的，而理性是较高较好的。但理性还可以再分为两部分即实践的和思辨的，还有非理性的情感和欲望；凡是有能力实现这三项或其中两项的人，必然以那较高较优的东西作为自己的目的。人的生活也可以分为不同的部分：勤劳闲暇，战争与和平，有些行为是以有利为目的，有些以高尚为目的。我们选择哪种行为应和选择灵魂的部分一致，如战争只是达到和平的手段，勤劳也只是获得闲暇的方法。政治家在制定法律时必须考虑这些点，要考虑灵魂的各个部分及其作用，更要考虑什么是好的目的，又要记得人的各种生活和行为。公民既应能勤劳善战，更应能致力于和平与闲暇，既能够完成必需和有用的工作，更能实现高尚的事情。这是儿童和一切年龄的人都应接受的教育。（1333a17—b5）

他尖锐地批评当时希腊的政治家们，说希腊虽然以拥有优良的政制而著称，但立法者却不为他们的城邦设定最好的目的，法律和教育也不以完善品德为宗旨，却指望于那些实用的有利的东西。有些作家也持同样的观点，他们称赞斯巴达的政体，颂扬其立法者以强权和战争为政制的目的。这种观点无论从理论上和事实上都是错误的，建立统治邻国的霸权不过是为了获得大量财富。那些赞扬斯巴达人被训练得不惧危险、勇于争霸，可是事实上斯巴达的帝国梦已经消失了,至少可以说明他们的生活不是幸福的。而且公民接受了以暴力侵略他国的教导,如果有机会他也会以暴力夺取本国的政权,斯巴达就有这种实例。亚里士多德强调自由人统治终究要比专制统治好得多。所以认为颂扬霸权的说法和做法都是无益和违反正义的。他认为从事战争训练不应以奴役那些不该被奴役的人为目的,只有下列三种情况才是可以的:1. 保护自己免受别人奴役;2. 谋求领导地位,但这种领导不是为了奴役人而是为被统治者谋福利;3. 只能对那些真正应该受奴役的人实行专制(他认为奴隶是真正应被奴役的人)。他认为立法者关于军事等立法应以提供闲暇和建立和平为目的。好战的城邦在战争时期也许平安无事,一旦霸业告成就会分崩离析,像一把铁剑在和平时候会生锈一样。(1333b5—1334a10)

亚里士多德这样集中地大力批评那些主张以战争为目的,以强权暴力奴役人的政治家和立法者,同时也批评了那些颂扬斯巴达尚武精神的思想家(其中也包括柏拉图),应该说是针对当时希腊时弊的。他虽然没有提到马其顿,但马其顿以及亚历山大大帝实行的法律政策,都是以战争和暴力奴役其他国家为目的的,实际上是在被亚里士多德批评之列。为什么在现存的《政治学》整部书中竟没有一处正面论述马其顿政治的内容?要知道在当时希腊政治中,马其顿已经处在主宰一切的地位。亚里士多德对它避而不谈,是有他的苦衷的。

亚里士多德又从各种品德、理性和情欲等方面讨论教育问题。他说:个人和城邦的目的是相同的,优秀的个人和优良的城邦的目的也是相同的。显然他们都必须有享受闲暇的品德,因为已经说过和平是战争的目的,闲暇是劳作的目的。但是享受闲暇的品德不仅从闲暇的实践中获得,也要从劳作的实践中才能获得,因为在得到闲暇之前必须已得到许多生活必需品。所以一个城邦应该具备节制、勇敢、坚忍等品德。俗谚说:"奴隶没有闲暇",那些不能勇敢地面对危险的人不免沦为入侵者的奴隶。劳作需要勇敢和坚忍,智慧是闲暇所需要的,节制与正义是二者都需要的,尤其适用于和平与闲暇。因为战争迫使人们变得正义和节制,而和平带来的优越享受和闲暇生活却容易使人放纵。所以这种过着令人羡慕的快乐生活的人更加需要正义和节制,越是生活在极乐岛上的人越加需要智慧、正义和节制。由此不难看出一个幸福和优良的城邦不能不具有这些品德。人如果不能将这些品德运用在生活中是可耻的,如果在闲暇时不能运用它们更加可耻,正如一个人在劳作和战争中可以表现出优秀的品质,但一到和平与闲暇时期却并不比奴隶更好一些。所以我们不能像斯巴达人那样对待品德,他们对最高的善的看法和别人是一致的,所不同的是他们认为只要实践一种品德(勇敢)就够了。(1334a11—b3)

这里我们看到亚里士多德讨论的问题和柏拉图在《国家篇》中所讨论的是相同的,都谈到个人的品德和城邦的品德是相似的,都谈到智慧、勇敢、节制和正义这四种主要的品德,但他们的论证方法和得到的结果却完全不同。柏拉图只将四种品德归给城邦中不同的人:统治者要有智慧,武士要有勇敢,统治者和被统治者都要节制,各自做分内应做的事便是正义。① 亚里士多德却不是采用这种概念分析的方法,也不同意那种见解。他认为城邦中每一个公民都需要具备这四种品德,只是在不同的行为时期需要着重哪一方面。他特别强调人在和平与闲暇时期更需要具备这些品德,因为他认为人只有在和平与闲暇时期才能达到幸福;可是他又看到在实际上当人们生活在和平与闲暇时期往往容易陷于放纵,所以他主张加强这些品德的教育和培养。可见亚里士多德考虑问题比柏拉图实在。

他说,品德是由本性、习惯和理性形成的,其中本性是人生来就有的,那么在教育中应该是习惯在先呢还是理性在先? 他认为这两方面应求得一致,才能形成最和谐的结果。在达到生活的最高目的上,理性可能错误,习惯也可能错误。他说:第一,人是从本原开始的,它的终结又可以成为另一个过程的开始;对人来讲,理性(logos)和 nous 是本性力求达到的目的,所以公民的出生和训练都应以它们为准则。第二,灵魂和身体是不同的两个部分,灵魂又有理性和非理性的两个不同的部分,后者即情欲和理智;正如身体的产生先于灵魂,非理性也先于理性。孩子出生先有愤怒、愿望和欲望,长大起来才发展理性和理智。所以首先应关心他们的身体然后关心他们的灵魂,随即训练他们的情

---

① 参见本书第二卷,第659—660页。

欲部分,关心情欲是为了理性,正如关心身体是为了灵魂。(1334b8—28)亚里士多德既论述了教育的目的,又规划了教育的步骤。他关于教育的步骤和阶段的论述是以儿童心理成长为基础的,是以后教育心理学的萌芽。

### 二 教育的方法

从《政治学》第 7 卷第 16 章起具体讨论如何进行教育的问题,首先是谈论婚姻和生育的问题。男女公民在什么年龄结为配偶比较合适?他认为子女的年龄不能与父母的年龄相差太大,但也不能太接近。他指出早婚对生育儿女是不利的,在动物中就可以看到这种情况;在那些习惯于早婚的城邦中,人们往往体格弱小、发育不良,年轻的母亲常常死于分娩。他主张女子在 18 岁左右,男子在 37 岁左右,双方体力正当健壮,是较好的婚配时期。(1335a12—33)他主张已婚夫妇应向医生和自然哲学家学习有关生育方面的知识。(1335a40—41)父母有什么样的体格对子女最为有利?他只指出做激烈运动的竞技选手的体格不适于公民的日常生活,对健康和生育都没有什么好处,而过于衰弱的体格也同样不好,最好是介于这二者之间能胜任劳作,胜任自由人的种种行动的体格。(1335b2—12)有孕的妇女要注意保养自己的身体,需要适当的运动;要保持轻松和安静,因为母亲的性情可以影响胎儿。(1335b13—19)关于婴儿的丢弃和抚养,他主张立法要规定不得抚养畸形的婴儿;对生育子女的数量可以适当规定,避免过多。(1335b20—25)如果父亲年龄太大,生育的子女在身体和智力上都会发育不良,人们认为男人的智力发展顶点为 50 岁左右,因此到 55 岁就可以解除生育任务。(1335b30—36)亚里士多德在考虑这些问题时充分运用了他的医学知识。

他又讲述婴幼儿的养护和教育问题。他说孩子出生后的营养很重要,乳类是最适宜的;从婴幼开始训练他们抵御寒冷的能力对健康和提高他们日后应付战争的能力都是有益的。(1336a3—15)对 5 岁以前的孩童不能有任何学习任务和强制劳动,但要让他们进行适当的活动和游戏,要为他们未来的生活道路着想。(1336a23—35)他说 7 岁以前的儿童应该在家中抚养,并且要避免他们和奴隶在一起,以免染上不良习气。(1336a40—b2)也应该禁止年轻人看秽亵的图画和戏剧表演,防止他们模仿。(1336b10—15)他认为对从 7 岁到 21 岁的青少年教育大致可以分为两个阶段实行,即从 7 岁至青春期,又从青春期至 21 岁。(1336b37—40)

最后他提出三个问题:第一,要不要为儿童教育订立一个制度? 第二,儿童教育应由城邦负责还是由私人负责(这是当时大多数城邦实行的办法)? 第三,这种教育制度应有什么性质和内容? (1337a2—7)这些问题都在第 8 卷中讨论。第 8 卷共 7 章,第 1 章论证青少年教育应由城邦统一管理,第 2 章讲教育的内容应该偏重什么,第 3 章讨论四种基本学科,第 4 章讨论体育,第 5 至 7 章讨论音乐教育。

亚里士多德认为立法者应当关心青少年的教育,如果忽视了便会对城邦造成损害。公民应具备和他们生活在其中的政体相适应的品质,民主政体的公民要能适应和保存民主政体,寡头政体的公民则能适应和保存寡头政体。公民的品质越好,政体也就越好。(1337a11—19)

一切能力和技术的运用都需要事先训练,品德也是这样。既然整个城邦有统一的目的,显然对所有公民应实施同一种教育。他认为教育应是全城邦共同关心的事情,而不是像当时实际存在的情况那样由各人关心自己的子女。不能认为每个公民只属于他自己,而是所有公民都属于全城邦;每个公民都是城邦的一部分,因此对每一部分的关心应和整体的关心符合一致。在这点上亚里士多德称赞斯巴达人,因为他们将教育儿童作为全邦的共同责任。(1337a20—33)亚里士多德认为个人只是国家的一部分,个人的利益应该服从国家的利益,因此教育应由整个城邦负责。

城邦应为教育立法,但教育应是什么性质,具有哪些内容? 亚里士多德说对此当时有各种不同的意见。为最好的生活考虑,教育应当注重思想理智还是注重品德修养? 人们争论不休。因此实践上有的注重于生活实用方面,有的注重于品德的修养,有的注重于卓越的知识,莫衷一是。(1337a34—b3)亚里士多德对这个问题没有作出肯定的回答,他只是说儿童必须学习一些实用和必需的课目,但不是全部实用的课目。他强调实用的课目可以分为两类,一类是适用于自由人的,另一类是不适用于自由人的。他认为后者如工匠的技艺以及领取酬金的劳动等被他称为卑贱的事业,会毁坏自由人的身体使他们灵魂堕落。他认为如果是为自己、为朋友、为高尚的目的而学习是好的,但如果是为其他目的而学习便是奴性和卑贱了。(1337b4—21)他对于体力劳动一直加以蔑视。

亚里士多德说流行的基础教育课程有四门,即读和写、体操、音乐和图画。其中读和写与图画在生活中有多种用途,体育训练则是为了培养勇敢的品德。成问题的是音乐,现在人们学习音乐是为了娱乐,其实原来将音乐列为一门教育课程是有高尚意义的。人的本性既要求能好好工作,也要能享受闲暇。他说:我要重复一遍,闲暇是一切活动的本原。工作和闲暇都是必需的,但闲暇优于工作,因为人们辛勤工作正是为了获得闲暇,闲暇才是目的。(1337b23—35)亚里士多德在《形而上学》和伦理学著作中认为人生的真正幸福在于思辨活动,这是在闲暇中才能进行的;因此在他看来闲暇高于工作和劳动,认为思想是高尚的,是一切活动的本原,对工匠和农民的劳动采取蔑视的态度,这是他的基本立场。

亚里士多德在这里对闲暇作了一点解释,他问人们在闲暇时应该做什么呢?自然不应该是嬉戏,嬉戏不能作为人生的目的,它只是人们在紧张工作之后需要放松休息,嬉戏是解除疲劳的方法,可以规定在适当的季节和时间进行。他说闲暇不是嬉戏,闲暇自身能带来快乐和幸福,这是辛劳的人不能经验,只有闲暇的人才能享受的。因为辛劳的人总是忙于某种尚未达到的目的,但幸福却是一种目的,所有的人都认为幸福应该和快乐一起而不是和痛苦相伴的。可是不同的人由于个人的习惯,对快乐有不同的看法;亚里士多德说只有最好的人认为的快乐才是最好的最高尚的。显然我们必须接受一种教育,它只是为了用于理性活动的闲暇,是为了它自身的;而那些对辛劳有用的知识虽然是有用的,却是为其他的目的的。所以前人将音乐列入教育课目,并不是因为它必需也不是因为它有用,它既不必需也不像读和写那样在理财、家政、求知和政治活动等方面有广泛的用途,也不像绘画那样可以用来鉴别艺术作用,或者像体育那样有助于身体健康。音乐的用处只在于让人们在闲暇中得到理性的享受。所以将音乐列为课目,原因就在于使自由人能够享受闲暇。

(1337b35—1338a24)他首先将闲暇和嬉戏区别开,嬉戏是有用的,但它是为了其他的目的——解除疲劳;而闲暇却有它自身的快乐和幸福。不同的人对快乐有不同的看法,他说闲暇是最好的人认为的快乐。他所说的最好的人就是能进行理智的思辨活动的人,他认为进行这种理性活动就是最高的幸福,这是只有闲暇的人才能享受的生活。所以他认为只有闲暇是不为了其他的目的,而是为它自身的幸福生活。音乐也不是为了其他的实用目的,而只是有益于人们进行这种理性活动的闲暇生活的。

亚里士多德认为对子女应该进行一些不是为了实用和必需,而是为了自由和高尚的教育。比如读和写也不仅是为了实用,而是为了可以通过它们得到广泛的知识;学习绘画也不是为了在买卖艺术品中可以避免出错,而是为了提高审美的能力。他认为如果总是寻求实用是不能使灵魂自由高扬的。既然在教育中是实践先于理论,对身体的训练先于对精神的训练,所以应该让孩子先接受体育训练,培养他们体格上的正常习惯。(1338a31—b8)亚里士多德认为教育的目的不仅是为了实用,他所说的实用或有用是指以其他东西为目的而不是为它自身的,他认为应该有一些教育是为它自身的——使身体自身得到正当的发展,使灵魂自身变得自由和高尚。后一种教育是他所重视的。

亚里士多德专门讨论体育训练。他说现在有些城邦采用训练运动员的方式训练儿童,却损害他们的体质,阻碍了他们的发育。斯巴达人虽然没有犯这类错误,但他们进行体育训练只是为了培养一种品德——勇敢,也是错误的;而且他们所致力的这个目标也没有能实现。因为我们看到无论在动物和人群中,残暴未必就是勇敢,而近乎温顺的雄狮才是真正勇敢的。有些野蛮部落习惯于杀戮和抢劫,并不是勇敢的行为。斯巴达人的勤劳虽然胜过其他的人,但现在无论在战场上或是竞技场上他们都失败了。他们过去超越别人并不是因为他们训练青年的方式有什么特长,而是因为他们训练了而邻邦却没有这样做。占第一位的应该是高尚而不是残暴,狼和其他野兽不能面对真正高尚的危险,只有勇敢的人才能面对它。如果只给孩子以体育训练而忽视其他的教育,只会使他们变得粗俗;因为只给了他们以政治家的一种品德,即使这样也还是低于别人。我们不能以斯巴达的过去,而只能以现在状况来评价它;现在

教育方面它已经有许多敌手,可是过去没有。(1338b9—38)亚里士多德以前
的思想家们包括柏拉图在内都称赞斯巴达的体育教育,因为他们处在伯罗奔
尼撒战争期间,看到的是斯巴达以其雄壮的兵力几乎征服全希腊。而亚里士
多德却看到了斯巴达在战后衰败的情况,所以能对斯巴达的教育作出公正的
评价。

亚里士多德提出青少年教育的时间表:在青春期(大约是 14 岁)以前只
能进行轻微的锻炼,避免严格的饮食限制和强制性劳动。他认为那种训练的
恶果在奥林匹亚竞赛的获胜者名单中可以得到证明:凡在少年时期获得胜利
的人极少能在成年时再度获胜,因为过早的剧烈训练往往损害了少年的身体。
他认为青春期以后三年应该学习一些其他课程,随后的年龄才可从事剧烈运
动和严格的饮食限制。他以为不应同时在身体上和精神上操劳,说身体的劳
累妨碍思想,思想的劳累又妨碍身体。(1338b39—1339a10)

亚里士多德重新讨论音乐教育的问题,虽然以上已经谈过,但他又作了比
较详细的分析讨论。为什么应该学习音乐? 他分析有三种答案:一是像睡眠
和饮酒一样,学习音乐只是为了娱乐和休息,这虽然不是好事,但可以使我们
快乐,人们将音乐和睡眠、饮酒和跳舞并举。二是音乐能培育人的品德,使人
能养成快乐的习惯,正像体育能培养人的品格一样。三是音乐能使人享受闲
暇,提高实践智慧(phronesis)。(1939a11—26)他首先不同意第一种说法,说
教育青年不应该是为了娱乐,而且学习本身是一种辛勤的工作,并不是娱乐。
如果说年轻时学习为了长大后可以享受娱乐,那么为什么要让他们自己学习
演奏,而不是像王公那样只聆听乐工演奏呢? 他也不同意第二种说法,如果音
乐只是为了培养品德,那么多听一些音乐也可以达到目的,何必自己学习演
奏? 第三种看法即音乐只是为了享受闲暇也有同样的问题。(1339a28—b7)

他认为音乐的这三种作用是可以彼此相通的。娱乐是为了休息以解除疲
劳,这是快乐所必需的;而理智的享受既是高尚的又是快乐的,幸福就是由这
二者构成。大家都承认音乐是快乐的东西,所以青年应该学习它。
(1339b12—25)在人生的目的中确实包含有快乐的因素,但不是那些通常的
低级的快乐,人们常将这些低级的快乐当做是应该追求的高尚的快乐。无论

什么年龄的人感到的快乐，都会影响他的灵魂和品质。（1399b32—1340a8）

他认为音乐能够影响人的性情，当人听到模仿的声音时，即使没有节奏和音调也会动情。既然音乐能带来快乐的享受，而品德就在于快乐和分辨爱憎，所以没有比培养正确的判断能力、学习在良好的气质和高尚的行为中求取快乐更重要的事情了。节奏和音调模仿愤怒和温和、勇敢和节制等相反的性情，效果明显，灵魂倾听时悲欢起伏，与面对真实情况的感受几乎相同。他认为这是只有音乐和听觉才能起的作用，其他感觉起不到这样的作用。比如形象和颜色产生的视觉印象只是性情的象征并不和性情等同；触觉和味觉更不能模仿性情。只有旋律本身才是性情的模仿。有些曲调令人悲郁，有些曲调令人心旷神怡，有些曲调令人热情奋发等等。节奏也是这样，有些节奏沉静，有些节奏轻快，有些节奏粗俗，有些节奏高雅。既然音乐能影响灵魂和性情，便应该以此教育青年。（1340a14—b13）

青少年是不是应该亲自学习歌唱和演奏活动？他认为应该让他们学习，因为亲身投入音乐活动所受到的影响会大不一样，不亲自参加就不可能成为判别他人演奏的行家。而且孩子总喜欢有事可做，所以应让青少年亲身学习音乐演奏。（1340b20—30）青少年时期已经学习获得了良好的判别和欣赏音乐的能力，他认为长大以后便不必再亲身参加演奏。至于学习音乐是否会流于低贱的问题，他认为只要是为了培养公民的品德，参加音乐活动便应该有一定的界限，应该采取什么样的曲调和节奏，直至应该使用哪种乐器，这些问题明确以后，便不会产生粗俗或低级的结果。（1340b33—1341a5）

他认为音乐教育必须遵循的原则是：不能为参赛而刻苦进行技术训练，也不能追求惊奇和高超的表演，虽然这些都是日趋流行的做法，却不是好的音乐教育的方法，音乐教育应以青少年能欣赏高雅的旋律的节奏为限。所以在使用乐器上，不能用不适于表达道德情操的如笛管，也不能用需要技巧的乐器如竖琴等，而是应使用学生在音乐等课目上有所长进的乐器。（1340b10—21）他反对专重技巧的音乐教育，因为这类参赛者的表演不是为了自身的品德，而是为了取悦听众，追求庸俗的快乐，这类工作应该由雇工而不是由自由人来做。他认为表演者是低贱的工匠，因为他们追求的目标是卑下的，他们想方设

法迎合公众的喜好,听众的低级趣味降低了音乐的格调。(1341b9—17)

他认为音乐教育还要研究节奏和格调的问题,他说有些学者将格调分为培养品德、鼓励行为和激发情感三种类型和相应的三种节奏。以上讲过学习音乐的目的是:教育、净化情感和闲暇——享受理智。应该采用什么格调要依目的来定,如为了教育应采用培养品德的格调,而为了欣赏他人演奏则可以是鼓励行为和激发情感的节奏。因为人们灵魂中有各种情感如怜悯、恐惧和热情等等,他们容易被某些节奏所激动,如醉如狂,仿佛灵魂得到了医治和净化。所以在剧场参加竞赛的人可以采用这种格调和节奏。由于听众有两类不同的人,一类是受过教育的自由人,另一类是工匠、雇工等鄙俗的人,对后一类人也要有一些适合他们喜欢的乐调。对于音乐教育要采用的提高品德的乐调也进行了讨论,他不赞成柏拉图《国家篇》中主张采用的弗利吉亚调(339A—B),因为它使用笛管,节奏也太激动人心;他认为最好采用多利亚调,因为它格调庄重,适宜于表达勇敢刚强的情感,对教育青少年有益。(1341b33—1342b23)

他认为音乐教育必须符合三项标准:中道的、可能的和适当的。对不同年龄的人应有不同的安排,对老年人应选用轻松的乐调和节奏,对孩童应选用有教育作用和培养秩序的乐调和节奏。(1342b24—35)

亚里士多德在讨论音乐教育中涉及一些美学问题,特别是艺术(音乐)的社会功能问题,我们将在本编的第三部分诗学的第三节中再作论述。

《政治学》全书至此就终结了。许多西方学者认为这是一部未完成的著作,就亚里士多德的理想政治说,这里只开始描绘了一个粗线条的轮廓,没有进行深入的论述;就他的教育思想说,这里只讲到对青少年的身体和品德教育,没有再进一步讨论对他们应进行的理性知识教育。这是亚里士多德自己没有写完呢,还是后面的稿子已经佚失了?[①] 不过我们如果将它和柏拉图在《国家篇》中所列的课程比较一下,柏拉图也将体育和音乐列为基础课程,但没有作更多的论述,大约当时希腊以体育和音乐作为青少年普遍要接受的两

---

① 参见罗斯:《亚里士多德》,第269页。

门基础课程。柏拉图在这两门之后列举了算术、平面几何、立体几何、天文学，认为这些是最后学习辩证法必需的准备课程。而亚里士多德重视的逻辑学、修辞学以及伦理学、政治学，在他看来无疑都是作一个良好公民应该具备的知识，如果再加上自然哲学和形而上学，都可以说是应该学习的理论知识。他自己以这些知识教导学生，并且都有专门的讲稿。可是在《政治学》最后论述教育思想时，这些却都没有出现。

## 亚里士多德的政治学说

亚里士多德的《政治学》是西方第一部专门的政治学著作,他提出的许多观点和问题对后来西方政治学说的发展起了很大的作用。

他首先从人类组织家庭,群居为村落又发展为城邦,说明国家的起源。人不能离开城邦共同体生活,从而提出著名的命题"人是政治的动物"。整体高于部分,寻求和维护城邦共同体的安全应该是所有公民的品德,从这点讲应该是个人的利益服从国家整体的利益;但他也指出了另外一方面:整体是由部分构成的,只有公民的品德和生活良好,城邦才是良好的。所以他认为城邦的目的应该是让公民过完善自足的、幸福的和高尚的生活。统治者照顾公众的利益才符合城邦正义的原则,如果统治者只为自己谋私利便是违反正义的。他认为并不是所有居住在城邦以内的人都是公民,只有享有政治权利能参加政治活动的人才是城邦的公民。

他批评柏拉图在《国家篇》中提出的共产共妻学说,他说城邦并不是越划一越好,城邦是由不同品质和能力的人分工合作组成的,它的本性不是"一"而是"多"。他指出凡是更多的人所共有的事物往往是最少有人关心的。

他认为主人对奴隶的关系正如丈夫对妻子、父母对子女的关系一样,是统治和被统治的关系。这种关系出自自然的本性,主人在智慧上具有统治的能力,奴隶体力强壮胜任劳动。所以他说奴隶是"有生命的工具",属于主人。但他认为奴隶也是人,也有理性,不过奴隶的理性的方式和程度与主人不同。他认为合乎自然的主奴关系应该是双方各尽职责,产生友爱的共同利益;他反对凭借强权统治奴隶,那样会造成相反的结果。亚里士多德没有提出后来的"阶级"思想,但他认为社会是有等级划分的,奴隶、工匠和雇工(农)做的是低贱的工作,不能算是公民;即使在自由人中,他认为只有那些有闲暇,能进行思辨活动的人才是最好的人,是高人一等的。他认为这种等级区别是自然赋予的能力造成的,但他并不同意"龙生龙,凤生凤"的血统论,认为不同的地位是可以改变的。

亚里士多德虽然接受柏拉图在《政治家篇》中对六种政制的划分,君王制和贤人制是最好的政制,但他认为这种理想的政制是一般城邦无法实现的,因为实际生活中找不到像神那样贤明的统治者。现实生活中存在的只有民主制和寡头制这两种政体,他主要分析研究这两种政制。民主制是多数人统治,寡头制是少数人统治,但他深刻地看到这两种政制的区别并不在于统治者人数的多少,最根本的还是贫富的区别,民主制是由占城邦多数的穷人当政,寡头制是由少数富人掌握政权。他看到当时社会的主要矛盾是贫和富的矛盾。在经济上亚里士多德已经发现物品既有使用价值又有交换价值,可以将多余的物品进行交换,从而产生贸易和货币;人们从中找到致富术,可以用贸易和高利贷等聚敛财富,以获得更多的金钱,以致富者越富,穷者越穷,这是社会动乱、变革和战争的最根本原因。

他认为城邦之所以产生矛盾和变革,原因是由于双方都误解了平等的意义。民主制下的平民认为既然作为自由人是平等的,便要在各方面都平等,要分享一切权利;而寡头制下的富人认为自己既然在财富上占有优势,便要求在各方面都占有优势。因而双方都充满不平情绪,低下的要求平等,平等的要求高人一等,目的都是为了自己的利益——权力和荣誉。亚里士多德认为平等既有数量上的平等,又有价值上(品质、财富、出身等)的平等,应在某些方面实行数量上的平等,又要适当照顾价值上的不平等。

他认为民主制建立在自由的基础上,寡头制建立在财富的基础上,所以寡头制实行专制,民主制比较宽松缓和。他在政治上的倾向性是明显的。但是民主制容易为蛊惑者控制,法律丧失权威,平民领袖凌驾在法律之上,也就和寡头制的权阀政治没有什么区别了。所以亚里士多德提出最好由中产者执政,因为富人骄纵,穷人懒散,穷人占数量的多数,富人占质量(财富、教育、门第)的优势,由中产者执政,既照顾数量又考虑质量,能够缓和贫富的矛盾冲突。他认为这是多数城邦可能实行的最好办法。

他认为城邦发生不安和动乱的原因,除了贫富对立外,主要是统治者和被统治者之间的矛盾。当权者的贪婪,一心谋取私利——权力、荣誉和财富,个人凌驾于共同体和法律之上,取得特权,是引起革命的重要原因;而个人、官吏、部落、宗族、派别团体发生权力斗争,则是内讧的根源。所以他提出防止动乱的办法主要应该是保持统治者和民众间的良好关系,他提出许多具体办法,主要有:统治权不能为少数人长期占有,他反对终身制和世袭制;要规定法律,制止贪污,取消特权;他特别提出对统治者必须进行监督,而且这种监督最好由反对派的人士担任。

他提出由一个人统治好还是由多数人统治好的问题。如果有一个人中之神进行统治,可能是最好的,但实际上这样的人并不存在。因此他的回答是:多数人统治总比少数人统治好。他再三论述即使多数中的每一个人的智慧和能力不如某一个人或少数人,但他们集合起来,多数人的智慧和能力总超过一个人或少数人的智慧和能力。因此他主张让多数人轮流执政,每个公民都既当统治者又当被统治者。统治者必须先学会充当被统治者的服从的品德,才能当一个好的统治者。所以他是明显倾向民主制的,他认为民主制的基本原则是自由和平等,平等就是轮流担任统治者和被统治者,每个公民都有这种权利,是人人平等的。他认为公民人人具有最大的权力,大多数人的意志就是正义。自由并不是一个人可以随心所欲地生活,这在事实上是做不到的,只有轮流担任统治者和被统治者,享受法律规定的自由。

在人治好还是法治好的问题上,亚里士多德虽然为双方各自设想了辩护的理由,但他的结论是法治优于人治。既然每个公民都是被统治者又是统治者,这样的安排只能由法律来规定,所以依法统治比由任何人统治更为完善。即使实际上总要通过人统治,他也应该成为法律的捍卫者和监护人。在法律不能作出规定的地方,人也不可能作出明断;何况人还可以根据经验修正和补充现存的法规。亚里士多德说崇尚法治的人是只相信神和理性的,而那些崇尚人治的人则在其中添加了几分兽性,因为任何人都有情感和欲望,它们会扭曲统治者的灵魂,即使他是最好的人。他认为法律是摒弃了欲望的理性,所以法治就是按照理性的统治。

亚里士多德提出来的这些观点和问题成为后来西方政治学说中不断讨论的内容,许多观点和论证被吸收和发展了,当然也有被批评和反对的。

亚里士多德也专门谈了他的政治理想,但他的理想城邦并不是像柏拉图那样要让哲学家为王那样在现实中不可能实现的空想,而是为环境允许的,在现实情况下能够实现的城邦。他认为哲学家的生活和政治家的生活是两种不同的生活,哲学家追求的是灵魂的善,而政治家追求的是外在的善——主要是权力。政治家认为权力是最好的东西,为了争夺权力,即使是父子、朋友也决不能相互谦让,亚里士多德称这是"强盗和劫贼的真理"。他认为在平等的人中分享统治的荣誉才是正义的,如果以不平等的统治对待平等的人是违反自然的,他坚决反对奴役别人的强权统治。

他理想的城邦是一个小国寡民的城邦,在人口和疆域上都要求以能观察到为度,只有在这样小的城邦中全体公民可以在一起集会,议论大事,制定法律,选举官吏,判决诉讼。在政治上可以轮流充当统治者和被统治者,在经济上既可以分享公有财产(主要是土地)中自己应得的一份,又可以拥有自己的私产。他认为理想的城邦最好能不和其他城邦发生关系,因为城邦之间的纠纷往往是引起战争的根源。亚里士多德希望有这样理想的城邦,让人民过着和平与安宁的生活,享有闲暇的幸福。闲暇不是无所事事,而是让人有充分的时间去进行精神活动,专门从事思辨工作,研究和探索各种理论问题。这就是哲学家的生活,是高于政治家的生活的。

这样良好的城邦必须建立在每个公民都具有良好品德的基础上,整体的善是从每个个人的善来的,因此亚里士多德十分重视教育问题。从婴幼儿童开始便必须采用各种办法保护他们的身体能健康发展,使他们的灵魂日益趋向高尚。可惜他的论述只谈到对青少年进行体育和音乐的基础教育就终止了。

亚里士多德认为他的这套政治理想是符合希腊人的本性的,希腊人既爱好自由,又善于治理,能创造出优良的政治制度。他是从分析研究希腊的现实政治情况,比较它们的优劣,找出它们的问题,指出解决办法,才提出他自认为是优良的政治制度的。但今天我们看来,亚里士多德的理想仍然不免陷入柏拉图的覆辙,他想象中小国寡民的城邦,像中国的《桃花源记》那样也不过是纯粹的空想。

西方许多学者对亚里士多德《政治学》提出的一个重要批评是:当时希腊的那种分散的城邦制度已经暴露出严重的弱点,一个统一的大帝国已经开始显现;亚里士多德对这种历史发展的进程视而不见,仍要美化他那种小国寡民的城邦制度,所以他的政治思想是保守的落后的。从以上的论述中我们已经多次分析得出:亚里士多德出于对理性的信念,崇尚合理的自由和平等,他反对对平等的人进行不平等的统治,反对以强权暴力奴役人,反对侵略别国的不正义的战争。在理论上他是坚持正义原则的,但由于他和马其顿王国以及亚历山大大帝的特殊关系,在《政治学》中他虽然列举大量希腊现实政治情况进行讨论,却对当时最大的政治——马其顿征服全希腊以及亚历山大大帝的远征避而不谈。他提出的政治理想恰恰可以明显地告诉我们,他对当时发生的历史性转变是抱着什么态度的。

第三部分

# 艺 术 哲 学

## 🌺 第二十四章 🌺

## 诗 学

　　亚里士多德在西方文化史上首次构建了一个系统的艺术理论,即他的诗学。从哲学高度提炼魅力永恒的希腊艺术精神,铸成了西方美学的开山之作。

　　早期希腊以来,毕泰戈拉、赫拉克利特、德谟克利特、苏格拉底等哲人都只从自己的自然哲学或道德原则出发,零散地论及美学思想。柏拉图的对话篇中曾比较专门地讨论了美的本质、诗人的灵感、审美主体"厄洛斯"以及文艺的社会功用等问题,但它们是作为相论原理的推演和实例进行论述的,并且表现了柏拉图对荷马以来众多诗人及其优秀作品所采取的敌视和排斥态度。他的对话篇才华横溢、别具艺术风格,在西方文学史上很有影响,但并未构成一种总结艺术创作经验、自成体系的美学理论。亚里士多德对学问作分门别类的研究,将美学作为一门独立的学问,归入他称为的创制知识(poiesis)。他和先哲们迥然不同,采取现实主义观点,探索希腊艺术的历史演变,分析宏美的希腊艺术杰作,从中提炼美学范畴,总结艺术发展规律和创作原则,高度肯定艺术的社会功用,提出深刻的艺术哲学思想。他的诗学,堪称为希腊古典时期辉煌艺术成就的哲学概括。

　　亚里士多德在其他一些著作中零星地论及美的问题,系统的美学理论见诸他的《诗学》。此书原名的意思是"论诗的技艺"(poietike techne)。从希腊文的词源意义说,"诗"有"创制"的含义。创制的技艺本来也包括制作实用物品,而"诗"的创制则指一切艺术创作。诗人创造的艺术形象不同于实际事物,只存在于作品之中。诗即艺术创造,艺术属创制知识,它不同于理论知识和实践知识,是以塑造形象方式再现特殊事物,从中显示普遍的活动、情感和意义。因此诗学就是研究艺术即创制知识的学问。对"诗"也可狭义地理解:从荷马时代至古典时期,文学作品包括颂诗、抒情诗、讽刺诗、史诗、悲剧、喜剧等,都以韵文形式创作。《诗学》着重研究文学创作,特别是处于希腊文学峰巅的悲剧。简言之,亚里士多德的诗学是研究艺术的美学,同他的第一哲学、伦理思想有内在联系,是他的哲学的有机组成部分。

《诗学》是亚里士多德在吕克昂学园的讲义或其门徒的笔记,论证严密、风格简洁,但可能未经整理加工,有的论述比较晦涩,引起不同解释。据拉尔修记载,《诗学》共 2 卷,第 2 卷已失传,第 1 卷中写到后面要展开讨论喜剧,可能就在第 2 卷。《诗学》同亚里士多德的其他著作一样,曾在地窖沉埋百余年,后经安德罗尼珂整理、校订后,得以流传。公元 6 世纪译成叙利亚文,10世纪译成阿拉伯文,现存最早抄本为拜占庭人于 11 世纪所抄。由于它在亚里士多德去世后一度被埋没,这部著作对晚期希腊和罗马时代的文学和文艺理论并无影响。至文艺复兴时期,从 15 世纪末叶起,它对欧洲文学和美学思想的影响增强,欧洲古典主义尤其将它奉为圭臬。西方近、现代的多种美学理论建构,也往往不能越过对它的研究,以不同态度从中汲取思想养料。现代西方研究《诗学》的著作不少,较有影响的是:S.H.Butcher 的《亚里士多德的诗学与艺术理论》,E.House 的《亚里士多德的诗学》,G.F.Else 的《亚里士多德的诗学:论证》。《诗学》有数种中译本:傅东华译本(商务印书馆,1936 年),天蓝译本(东北牡丹江书店,1948 年),罗念生译本(人民文学出版社,1962 年本及1980 年修订本),苗力田主持翻译《亚里士多德全集》中的译本,1996 年陈中梅新译本(商务印书馆)附有译者的研究注释,可供读者参考。

现存《诗学》共 26 章,内容大体分三部分:1. 第 1 至 5 章,论述艺术的本性是摹仿,据以区别各种艺术形式,追溯艺术的起源和历史发展。2. 第 6 至24 章及第 26 章,论述悲剧的特征及构成要素,比较史诗与悲剧。3. 第 25 章,分析批评者对诗人的一些指责,提出反驳的原理与方法。本章主要述评《诗学》中的三个艺术哲学问题:摹仿说、悲剧的意义和艺术的功用。《修辞学》也常被看做亚里士多德的文艺理论著作,指研究演说散文的写作。它的前两卷主要论述修辞式推理及相关政治、伦理、法律等的演说内容,本卷第一编已有述评;第3卷较多讨论散文写作的风格和遣词用句的技巧,这里从略。

虽然亚里士多德将知识分为三类:理论的、实践的和创制的,并且将后二者作了区分,认为实践知识是自足的,不包括自己的工作对象,因此高于创制知识。但从后来的观点看,创制也是一种实践,尤其是亚里士多德所举的创制知识主要就是一种——诗学,艺术创造是人类的精神实践活动,所以我们将诗学也归入实践哲学编中论述。

## 第一节 摹仿说

美是什么? 亚里士多德在其他一些著作中有所思考。大体可归结为以下三点:

第一,美是引起快感、愉悦的东西,但美感不是满足身体欲望的快感。在《问题集》中,他提问:为什么动物欲求的对象是同类动物? 因为各种动物的形貌不一样,而欲求的对象是美。美的东西应当是快乐的,但事实上,并非一切美都是满足身体欲望的快乐,因为"就其自身来说是美的东西并不如此"。(896b10—25)这就是说,美能引起快乐,但有超越满足身体欲望而满足更高层次精神欲望的意义。

第二,美和善相关联,又不等同。在《修辞学》中,他认为:"美是善并因善而令人愉悦的东西",因而各种品德(arete,virtues)是美的。(1366a36)在生活中,美符合善,体现品德。在《形而上学》中,他又指出:"善和美是不同的,因为前者总蕴涵着以行为为其所寓的主体,后者则处在不动的事物中。"(1018a33)他所说的这种不同,有两重含义:1. 善而令人愉悦的行为,和利益相关,美则和非利益相关,有超越日常行为的某种确定、普遍的意义。2. 善寓于多变的特殊行为中,美则有确定不变的形式。

第三,美有形式的规定。在《形而上学》中,他指出:"美的主要形式是秩序、对称和确定性。"这类形式是许多事物的原因,数学研究它们,也就是以某种方式论及美的原因。因此数学研究也关涉形式美,"那些说数学并不涉及美或善的人是错误的"。(1078a34—b6)在《诗学》中,他也强调艺术作品有形式结构的规定,指出任何美的事物,无论是有生命物,或是其他由部分构成整体的事物,都应排列有序、量度合适,"美是由量度与安排有序组成的"。(1450b35)

上述关于美的思考,亚里士多德只是在讨论其他内容时顺带论及的。他并不热衷于对美作抽象的思辨。古希腊绚丽多彩的艺术作品放射着迷人的光彩,特别是荷马史诗之后,希腊艺术领域绽开戏剧奇葩,希腊悲剧更以震慑人心的感染力,展示人的命运和人的抗争,揭露社会矛盾、启迪人生意义,表现希腊人追求真善美的艺术精神。这些吸引了亚里士多德,在《诗学》中,他剖析希腊艺术的历史与现实,思索艺术的本性,阐示艺术美的意义与价值。

亚里士多德开宗明义指出,在研究诗的种类、功能、成分、结构之前,首先要阐明关于诗的本性的首要原理。他认为:史诗、悲剧、喜剧、酒神颂以及其他各种艺术,"都是摹仿",(1447a14—15)"摹仿处于活动中的人","摹仿出人的性格、情感和活动"。(1448a1、1447a26)"摹仿"的希腊词 $\mu \acute{\iota} \mu \eta \sigma \iota \varsigma$ (mimesis)的含义,并不等同于我们通常理解的临摹、仿效。它本有两重含义:一是指表现或表象(representation);二是通常英译的 imitation,有外部现象的摹本的意思。亚里士多德说的摹仿,是一个特定的美学范畴,不同于手工制作品摹仿自然,而是指在"诗"这种创制技艺(艺术创作)中,表现人和人的生活。

说艺术是摹仿,在古希腊容易被理解和接受。英国美学史家鲍桑葵(B. Bosanquet,1848—1923)说:希腊艺术可以称为"摹仿性"艺术,因为希腊艺术并无抽象的理想性,而是以和谐、庄美、恬静的特征,艺术地再现生活,它包含着"审美真理",铺平了通向"美学理论"的道路;"希腊的才华所描绘出的无限的全景就在摹仿性艺术,即在再现性艺术的名目下,进入哲学家的视野"。①

然而希腊哲人们对艺术中的"摹仿",一向有不同的寓意和解释。毕泰戈拉认为美是对数的摹仿;赫拉克利特主张艺术摹仿自然的和谐即对立的统一;

---

① 鲍桑葵:《美学史》,中译本,第18—23页。

苏格拉底说绘画、雕像之类的艺术不但摹仿美的形象,而且可以借形象摹仿人的情感、性格。柏拉图在《国家篇》第 10 卷中,论述了诗是摹仿,"摹仿"已是同"分有"并提的哲学范畴。在他看来,现实事物摹仿"相",艺术作品又只是摹仿现实事物的影像,是用语言、韵律、曲调、色彩等摹仿事物表面现象、制造印象,它同"相"的真实存在、永恒真理,有两重隔膜。比如,木匠摹仿床的"型"制作木床,画家画的床又只是摹仿木床的影像,不是真实的存在。从认知角度说,诗人、画家摹仿而制造的印象,只触及灵魂中感觉和欲望这个低下部分,同把握"相"的理性相距甚远。柏拉图认为,艺术远离"相"与理性,不仅无补于城邦治理和公民道德,而且会悖逆真与善,造成理性和情欲冲突,败坏风习。因此他设计的理想城邦,荷马那样的杰出诗人一概要被放逐。

亚里士多德的本体论、知识论不同于柏拉图哲学,他对艺术的"摹仿"本性也有迥然相异的哲学理解。在他看来,现实事物包括人的活动,就是真实存在,具有多样意义;诗摹仿人的活动,也就在作品中创制出艺术真实的所是;"摹仿"不只是映现外在形象,更指表现人的本性与活动,显示人这种"是"的意义。而且,"摹仿"是求知活动,以形象方式求取真理,形成关于人自身的创制知识;艺术的"摹仿"并非只受感觉与欲望驱使,它凭借实践智慧洞察人生,把握生活的真谛。因此摹仿的艺术是高尚的知识活动。亚里士多德摹仿说的具体内容,可以概述为以下三方面。

## 一 艺术产生于摹仿

希腊艺术摹仿希腊人的生活,摹仿的艺术本身又是希腊人生活的重要内容。柏拉图在《智者篇》中认为摹仿的制作活动不产生实在的东西,只产生"意象"。(219A)意象实为艺术形象,摹仿正是以艺术形象表现希腊人的生活世界。希腊的大量艺术作品表现希腊神话传说。在哲学尚未提出理性神之前,古希腊的神人同形,在希腊人心目中,奥林匹克诸神生活在尘世人间,同人一样喜怒哀乐、妒忌争斗,同英雄凡人交往,神实为人的升华,体现希腊人的理想、智慧和创造力。神正是对希腊人自身的摹仿。塞诺芬尼早指出,神是人按照自己的形象创造出来的。希罗多德指出:希腊神的名字从埃及传入,赫西奥德和荷马的作品,才把诸神的家世、名字、尊荣、技艺、外形教给希腊人。① 可见希腊诸神与英雄出现在远古口头文学创作中,就是摹仿希腊人活动的艺术形象。至希腊古典时期,更多艺术作品包括悲剧,已直接表现尘世社会生活。

亚里士多德用摹仿概括一切艺术的共同本性,有其深刻含义:艺术本源于摹仿;艺术以感性形象摹仿人的交往活动和精神生活;艺术形象同人的生活世界中的事物原型有相似性,并非另寓他意的象征性表现。他的论证很实在:对希腊艺术作品作切实分析,指出正是摹仿的手段、对象和方式不同,产生并区分了不同种类的艺术。

摹仿手段指表现艺术形象的媒介,主要是声音和形体动作、颜色和构形、语言和韵律等等。亚里士多德大体以三种手段说明了三类艺术的发生。

第一,音乐和舞蹈。音乐使用音调和节奏,舞蹈使用形体动作,都是摹仿人的情感或活动。它们是远古希腊人在劳作、祭神中最早产生的摹仿艺术。亚里士多德在《问题集》提出:"为什么单从感官对象听到的声音就具有情感意义呢?"(919b26)他肯定并重视音乐的手段摹仿人的性情,在《政治学》中指出:节奏和曲调摹仿愤怒和温和、勇敢和节制以及所有其他正反的情绪和品性,音乐的旋律和节奏同人心息息相通,会产生比普通快感更为崇高的体验。(1340a1—b17)

第二,绘画和雕塑,即现代所说的造型艺术。使用颜色与构形进行摹仿,如原始人在洞穴涂画。公元前19世纪希腊半岛居民制作的陶瓶上,已有花卉、动物、车马、人物的图画。至希腊古典时期,神、人的肖像画达到很高水平,雕塑的艺术成就相当高超。梅隆(Myron)的"掷铁饼者"栩栩如生,斐迪亚斯(phidias)的巴特农神庙塑像庄严、静穆、飘逸凝重。主要刻画神、人的雕塑,是当时造型艺术的主体,表现出永恒的艺术魅力。在《政治学》中,亚里士多德认为:颜色和构形虽不像音乐那样直接摹仿性情,但可通过对人物的视觉印象,表征其性情和品德。(134a33—39)

第三,狭义的"诗",即史诗、颂歌、抒情诗、讽刺诗和悲剧、喜剧等文学形

---

① 参见希罗多德:《历史》上册,中译本,第133—135页。

式,它们都使用有韵律的语言摹仿人的活动、情感、性格。公元前 9 世纪前后荷马所写《伊利昂记》、《奥德修记》,是希腊古代的伟大史诗。它们壮阔地描述公元前 12 世纪民族社会解体、早期奴隶制形成时期,希腊人远征特洛亚城的故事,歌颂战争中的英雄人物。荷马史诗为后来希腊的各种艺术提供了丰富的创作题材。公元前 8 至前 7 世纪女诗人萨福抒写的情诗、婚歌,卓有盛誉。悲剧和喜剧主要使用语言对白手段,结合音乐舞蹈,最能综合、深入地摹仿人的活动,亚里士多德说它们在各方面都是一种高级的、具有较高价值的艺术形式。(1449a5)亚里士多德在《诗学》中最重视研究的史诗和悲剧,分别是早期和古典时期希腊文学的最高成就。他也提到有使用不入韵律的语言来摹仿的艺术作品,如散文体的"拟剧"和苏格拉底对话。传说柏拉图是采用"拟剧"形式写对话篇。语言与韵律必须创制艺术形象,摹仿人的情感和行为,才能成为诗的艺术。亚里士多德指出:有人若用韵文写医学、物理学著作,如恩培多克勒用韵文写自然哲学,他们都算不上是诗人。(1447b18—21)

由于摹仿对象不同,每种艺术内部产生不同的类型。摹仿的对象是处于活动中的人,他们有品性差别,或高尚、或一般、或鄙劣,就是说或优于常人、或同常人一样、或劣于常人。这样,摹仿内容不同,使各种艺术内部发生类型差异。如绘画:公元前 5 世纪著名壁画家波吕涅俄斯(Polygnotus)善画"优于常人"的神话传说中的英雄;泡宋(Pouson)似用漫画描绘鄙劣人物;狄奥尼索斯(Dionysos)善画逼真肖像,有"人的画家"之称。再如戏剧,"戏剧"的希腊文drama,有"动作"的词源意义,故戏剧的本义指动作摹仿。悲剧指严肃戏剧,摹仿高尚人的高尚行为;喜剧则摹仿鄙劣人物的活动。这就是两种戏剧的差别。亚里士多德指出:这里说的"鄙劣",并非指绝对的"恶",而是指"滑稽",属于"丑",是不引起痛苦和灾难的"丑"。(1449a32—34)艺术中的"丑",也能给人艺术美的愉悦。他认为其他各种艺术内部,也可根据摹仿对象(内容)的种差,区分不同类型的艺术形式。

用同种手段摹仿同种对象,因摹仿方式不同,又会产生艺术形式的差异。如诗,荷马史诗既用叙述手法,也借史诗中的人物替作者自己说话;有的诗只用叙述手法;悲剧和喜剧则主要用演员的动作来摹仿。

亚里士多德论述摹仿的手段、对象和方式,不是为了对艺术作技术性分类。实质上他阐述了:艺术本源于摹仿,不同的摹仿产生了不同种、属的艺术形式;艺术是对人的外在活动和内在品性的摹仿,人是艺术的主体和主题;艺术以创制性的形象真实反映人的生活,艺术美源于生活、又高于生活。这同柏拉图主张艺术是对"相"的双重隔层摹仿是显然对立的。这是西方最早的一种现实主义美学观点。西方学者中有一种观点认为,亚里士多德所说的摹仿手段都是符号,同它们指谓的事物并非本质相似,没有自然联系,艺术最终产生于心灵中非现实的想象,因此艺术不是生活原型的再现,而是摹仿者心绪的象征表现。S.H.Butcher 批评这种象征主义解释,认为它不符合亚里士多德的原意。《解释篇》说过口语是心绪的符号,文字是口语的符号;(16a3)但亚里士多德也认为人的心灵中的印象并不是符号,而是外部事物的摹本,同事物相似。在感知活动中,对象在心灵中刻下印象,逼真地留在记忆中。(《论记忆》,450a27—451a17)艺术作品中的形象,是实在事物的特殊映现。① 鲍桑葵也通过具体分析指出,柏拉图的审美思想有象征主义色彩,亚里士多德并没有抛弃摹仿说而采纳象征说,"在他那里,艺术以实在事物为标准,在艺术处理中又有理想化。这同艺术的实际过程是十分符合的"。②

## 二 摹仿是人的本性

亚里士多德认为,诗起源于人的双重本性:人天生有摹仿的禀赋;人固有音调感、节奏感等美感能力。

在他看来,人从孩提时候起就有摹仿本能。人是最富有摹仿能力的动物,人类通过摹仿获得最初的经验和知识。摹仿实为一种求知能力,正是由于这一点,人和其他动物区别开来。(1498b5—8)从《后分析篇》第 2 卷最后一章我们已知,他认为人在感官知觉和记忆的不断重复中,产生了经验,经验中既已发生了对事物的普遍特性的思想性判断,又保留着对特殊事物形象性的知

---

① 参见 S.H.Butcher:《亚里士多德的诗学与艺术理论》,第 124—125 页。
② 鲍桑葵:《美学史》,中译本,第 75—82 页。

觉判断。在经验的温床里，可以生长出不同知识形式的株苗：凭借理性和努斯，把握关于事物的普遍本质和原因的理论知识（包括证明的科学知识）；凭借实践智慧把握关于人的特殊行为的实践知识；凭借实践智慧把握显示必然性的特殊形象，形成创制知识，即诗或艺术。《形而上学》第 1 卷开篇说：求知是一切人的本性，对感觉的喜爱就是证明；因为感觉就能使人们识别事物，揭示各种各样的区别。（980a22—27）摹仿实为人的求知本性的一种表现形式，摹仿产生的艺术是以形象方式认识实在、通达真理的特殊求知活动。艺术的摹仿不是照样画葫芦、猴子学人，不是消极直观地映象；艺术中的真理，是一种能动的"解蔽"，洞察人和生活的本质。

美令人愉悦、引起快感。亚里士多德认为，这并不只是由于对称、秩序、确定性的形式美引起快感，更重要的是由于求知是最快乐的事，所以人类在摹仿中感到愉悦。他说：求知不仅对哲学家是最快乐的事，而且对一般人也是最快乐的事，正因此，诗能产生美的愉悦。例如，人们观赏绘画感到愉悦，因为观赏中在求知，认识到"这就是那个事物"；尸体和令人嫌恶的动物平时看到觉得痛苦，而在绘画中对它们作惟妙惟肖的摹仿，人们却乐于观赏，也是由于在求知中发生愉悦。（1448b1—17）

人还有另一种天生的美感本性。它不是生理欲望的满足，不是实用的、功利性的，而是指感受对称、秩序、确定性中产生的独特愉悦。亚里士多德说到：绘画中优美处理色彩的技巧给人快感，音调感和节奏感也是人惬意表达情感的天性。（1448b18—21）《问题集》第 19 卷专门探讨音乐中不同旋律、节奏、音程、声乐和器乐，为何能造成不同的艺术效果。他指出：音乐中旋律和节奏的运动，同人的行为相关，最易表达人的情感和品性；（919b26—37）为悲伤的人和快乐的人吹奏长笛的不同曲调，能减轻前者的哀痛、增添后者的欢乐；（917b19—20）悲剧的歌唱中穿插朗诵会产生悲剧效果，因为对比表现情感，造成极致的不幸或悲痛，单调则难以使人悲痛欲绝，（918a12—13）等等。总之，各种摹仿手段、方式造成不同的艺术效果，也出于人的美感天性，在于审美主体的情感共鸣。

各种艺术形式都出自实现人的上述双重本性。亚里士多德指出：根据诗人的不同天赋禀性,诗可分为两大类,较为严肃的人摹仿高尚的人的行为,较为平庸的人摹仿非高尚的人的行为。(1448b24—26)前者如颂诗、史诗、悲剧,后者如讽刺诗、喜剧。他认为前一类艺术无疑体现善,有较高价值,对后一类艺术也无贬低之意。戏剧是当时已臻成熟、成果卓显的文学形式。亚里士多德探究希腊悲剧和喜剧的由来和发展,表明艺术形式的嬗变和成熟,是人的摹仿和美感天性不断进化、提升的结果。这符合古希腊戏剧史的实际,我们可用有关史料印证他的论述。

　　悲剧、喜剧最早都发轫于即兴创作。悲剧最初起源于酒神颂引子,随着不断增添新的成分,悲剧不断提高,直到发展出它自身的本质形式。亚里士多德认为当时悲剧艺术形式已臻完善,不再发展了。(1449a10—15)悲剧并非指剧情必定悲惨之作,而是指摹仿严肃、完整、宏大行为的严肃剧。(1449b23)"悲剧"的希腊文 tragodia,原意是"山羊之歌",因为悲剧由萨提尔(satur)剧演变而来,后者是在酒神崇拜中由扮成山羊模样的演员演出的剧目。公元前6世纪末累斯博斯人阿里翁表演酒神颂时,即兴编诗回答歌队长的问题,宣述酒神故事。之后才捐弃简短情节和荒唐台词,形成有庄严格调的悲剧。题材内容不再限于酒神故事,大多取材于荷马史诗、神话与英雄传说。从希波战争至伯罗奔尼撒战争时期,希腊悲剧在雅典尤为兴盛,得到重大发展,以不同方式深入表现希腊人的现实生活,广泛地涉及命运、宗教、战争、民主制、社会关系、妇女地位、家庭伦理等内容。演剧成为希腊社会生活的重要组成部分。雅典每年三个戏剧节是民众的盛大节日,比赛悲剧与喜剧,政府发放观剧津贴。公元前6至5世纪已涌现科里罗斯、普剌提那斯等著名悲剧诗人,佛律尼科斯描写希波战争的悲剧《米利都的陷落》演出时,全场恸哭。雅典古典时期悲剧名家迭出,柏拉图《会饮篇》中的阿伽松颇有艺术创新,三大悲剧家将希腊悲剧推至辉煌峰巅,即亚里士多德所说悲剧已发展出"本质形式"。

　　埃斯库罗斯(公元前525—前456年)写了70部戏剧,传下来的悲剧7部。《波斯人》写波斯海军在萨拉米海湾全军覆灭,洋溢爱国胜利豪情;而《普罗米修斯》《阿伽门农》等代表作,主要表达命运不可抗拒,人对自己的选择行为负责。索福克勒斯(公元前496—前406年)是伯里克利的好友并曾参政,60 年艺术生涯创作了 130 部戏剧,留下 7 部悲剧。《安提戈涅》《俄狄浦斯王》等名作题材取自英雄传说,崇扬英雄主义,主张人不屈从命运,以自己的才智、力量克服苦难、抗争命运,表现了人的自我觉醒。欧里庇得斯(公元前 485—前 406 年)曾从学于阿那克萨戈拉,是苏格拉底和一些著名智者的密友,写戏剧 92 部,悲剧传存 18 部,《阿尔刻提斯》《美狄亚》《特洛亚妇女》等皆是不朽名篇。他结束了"英雄悲剧",以强烈的批判精神直面社会现实:抨击不义战争,反对将民主制蜕变为政客工具,反对男女不平等,支持妇女抗争,暴露贫富悬殊,同情穷人奴隶,鞭挞富人贪暴;怀疑宗教,攻击迷信,主张人自己支配命运,等等。他的艺术体现了冷静、理智的苏格拉底精神。尼采在《悲剧的诞生》中出于他的非理性主义,抨击希腊悲剧艺术毁灭于苏格拉底精神,贬斥欧里庇得斯悲剧采取"非酒神倾向"、秉持"知识即美德"教规,将艺术的"富丽堂皇的庙宇化为一片瓦砾"。① 这种论评并不符合希腊艺术发展的史实。希腊悲剧发展到欧里庇得斯,从神话英雄到尘世现实,从相信命运到认识人自己的力量,在亚里士多德看来,这正是人的摹仿天性逐步实现、不断提升。他对三大悲剧家给予了高度评价。

亚里士多德又认为,在悲剧发展中不断实现人的美感天性,摹仿手段与方式即艺术美的形式不断改进,人的审美能力得到提高。这具体表现在:第一,从酒神颂的萨提尔剧单人即兴编诗答话,到悲剧根据诗人创作,由演员、歌队表演剧情完整的故事。演员人数增加,多达六七个,缩短原来占极大比重的合唱,对话成为主要表演方式,并引进舞台布景,悲剧规模变得宏大,成为庄重的综合性艺术。第二,萨提尔剧重于歌舞,诗的韵律采用四双音步长短格;悲剧则以对话为主体,创造了适合对话韵律的短长格。第三,史诗和悲剧的共性是都用韵律语言摹仿严肃行为,两者间也有两点嬗变的区别:一是史诗采用诗人叙述方式,只用六音步长短短格韵律;悲剧用演员、歌队的对话、动作表演故事,采用短长格韵律表现对话,歌队的"合唱琴歌"有多种曲调,各有不同的行数、音步和节奏。二是史诗叙述无时间、篇幅局限;悲剧表演则以"太阳运转

---

① 尼采:《悲剧的诞生》,中译本,第 50—52 页。

一周"为篇幅量度。史诗和悲剧亲缘性最近,后者由前者演变而来,艺术形式上后者又是对前者的超越和创新。所以亚里士多德说:凡能辨别悲剧之优劣者,也能辨识史诗之优劣,因为史诗的成分具有悲剧,而悲剧的成分则不尽出现于史诗中。(1449a16—30,1449b10—20)在回答所谓悲剧不如史诗高雅的诘难时,他又指出:悲剧具有比史诗更多的艺术成分,如音乐、扮相等等,能使人体味"强烈生动的快感";悲剧能用较节省的时间达到摹仿目的,有更好的效果;史诗因情节众多,摹仿欠连贯性,悲剧情节的摹仿紧凑集中。因此"悲剧优于史诗,因为悲剧比史诗能更好地达到目的"。(1462a15—b15)

亚里士多德认为,喜剧也有其由来和发展,表明人的摹仿和美感天性、审美能力不断进化。

喜剧的希腊文 komoidia,原意是"狂欢歌舞剧",古希腊喜剧起源于收获葡萄时节祭祀酒神的狂欢歌舞。公元前 6 世纪初,希腊本土的麦加拉已有表现神话故事和日常生活的滑稽剧,即兴编喜谑诗句回答问题,此为喜剧的前身。《诗学》中提到:麦加拉人自称首创喜剧,说它发轫于麦加拉建立民主政体时期(约公元前 581 年)。(1448a30)据说当时麦加拉人苏萨里翁将滑稽剧介绍到雅典,并使它具有诗的形式和戏剧的歌队。可见原始喜剧早于公元前 6 世纪末叶形成的悲剧。亚里士多德指出:由于喜剧起初不受重视,对喜剧的每阶段演变已不清楚,执政官分配歌队给喜剧诗人参赛是较晚的事,喜剧诗人"见于记载之时,喜剧已具有确定的形式"。(1449a37—b5)据记载,公元前 487 年雅典才在酒神大节正式上演喜剧,比悲剧晚。《诗学》中又指出:喜剧的另一渊源是讽刺诗,荷马以前也许就有,荷马的滑稽史诗《马耳癸忒斯》(Margites)已引入讽刺格,最先勾勒出喜剧框式,它同喜剧的关系,有如荷马英雄史诗同悲剧的关系。(1448b30—37)①

至希腊古典时期,所谓希腊"旧喜剧"兴盛,表现了比悲剧更为自由的创作手法,有种种政治讽刺剧、社会讽刺剧。雅典产生三大喜剧家:克剌提诺斯

---

① 罗念生先生认为,现仅存片断的《马耳癸忒斯》并非荷马所作,大约是公元前 6 世纪的戏拟诗。参见罗念生译《诗学》,第 8 页注①。

(约公元前 484—前 419 年)、欧波利斯(约公元前 447—前 411 年),和最负盛名的阿里斯托芬(公元前 484—前 419 年)。阿里斯托芬写喜剧 44 部,传存 11 部。他的作品开阔地展示了希腊政治、经济、文化领域的生动画面,针砭社会时弊,剖示时代危机,意图革新城邦。旧喜剧的艺术表现手法也多有创新,如采用"对驳场"表现主题思想,更多使用民间俗语,歌队作用减少,表现出庄穆与诙谐、抒情与俚俗交织的风格,等等。至公元前 4 世纪上半叶,雅典备受外患内乱压力,公民自由度减少,喜剧很少批评政治,"新喜剧"主导艺坛,以家庭生活、爱情故事为主题,风格轻松雅致,一直延续至希腊化时代。亚里士多德的再传弟子米南德(公元前 342—前 292 年)是著名代表。在《尼各马科伦理学》中,亚里士多德批评旧喜剧使用"粗鄙的语言",称赏宣述劝善规过的新喜剧"雅致而妙趣横生"。(1128a23—25)

亚里士多德考究悲剧、喜剧的由来和演变,阐明艺术从简单到复杂、从单一到多样的进化,是人的摹仿和审美能力逐步提高、人的求知和美感天性不断实现的过程。这种艺术进化观,颇有合理性。

### 三 摹仿应表现必然性、或然性和类型

亚里士多德认为:诗人的职能不是记录已经发生的事,而是描述出于必然性、或然性而可能发生的事,表现某种"类型"的人和事。(1451a36—b7)历史作品和诗的区别不只在于是否用韵文写作,希罗多德的《历史》若改写为韵文,依然是历史著作。亚里士多德分析诗和历史的主要区别有四点:第一,历史叙述已经发生的事实;诗描述出于必然或者或然,在过去、现在、将来可能发生的事,它虽未必已是现实中存在的,但又是相似现实、相当逼真的。第二,历史记录个别性事实,如朝秦暮楚的阿尔基比亚德的活动;诗则在可能的事件中显示"普遍性事物的本性",因此,诗比历史"更富有哲理,更为严肃"。第三,历史只记录个体性的人和事;诗则要在特殊中见普遍,描写某种"类型"的人和事。第四,历史记录众多事件,按时间编序,只见偶然联系,未展示清晰的因果联系;诗(史诗和悲剧)即使写历史故事,也要择取精要情节,有艺术加工,揭示事件之间的因果联系,将它们作为必然、或然的结果,形成能产生特殊快

感的有机整体。(1451b1—10,1459a16—30)

亚里士多德的以上论述,表明摹仿说有深刻的哲学意义。他在《解释篇》、《前分析篇》中论"模态",可理解为命题模态中见事物模态。他认为:或然性同实然性、必然性并不处于矛盾的对立关系;处于潜能状态的可能的事物,可蕴涵必然性而变为现实,而实然的必定是可能的,从现实事物可洞察其或然性、必然性;特殊事物中则寓有普遍的本质与原因。由此推论,摹仿不是记录经验的个别事实,所谓依据必然性、或然性描述可能发生的事,是要在特殊的生活原型中把握普遍本性,揭示因果联系,经过艺术加工,创造生动的典型形象,体现诗的真理。亚里士多德强调诗表现"类型",包括事件情节和人物性格的"类型",这可谓最早的关于艺术创造典型的思想。他在论悲剧中说到:人物性格的刻画要逼真、内在一致,是某种类型的人物在说话、做事,表现性格的情节是必然发生的某种类型的事件,这样,悲剧摹仿的人物像优秀绘画,非但逼真,更比原型美。(1454a24—37,1454b9—11)

亚里士多德在回答对诗学的两种诘难中,进而发挥他的关于摹仿是艺术地再现"类型"(典型)的思想。

第一种诘难:有些人坚持悲剧应只写存在过的真人真事。他们认为,可能的事应令人信服,而对未曾发生过的事不能轻信其可能性,不可能的事则不会发生。因此只有描述已发生的真人真事,才能令人信服,有虚构的摹仿不真实、不可信。(1451b15—20,1460b33)亚里士多德回驳:诗的艺术以创制出于必然、或然的"类型"为目的,摹仿是一种创制活动,应当允许虚构人物与情节。喜剧家早有虚构,阿伽松等古典悲剧家虚构人物和事件,开拓了题材内容,获得人们青睐的艺术效果。刻板地拘泥于往昔悲剧采用的传说故事,是愚蠢的,不利于悲剧发展。即使悲剧摹仿已发生的事,也得从中探索可能的东西,创造出并不雷同于实际的人和事的类型。(1451b15—32)正如索福克勒斯所说,他按照人应当有的样子来描写,而欧里庇得斯却根据人的本来形象来描写。(1460b32—35)

第二种诘难:诗的艺术既然是虚构,就是写不可能的事件,因而不合理、不可信。亚里士多德指出:诗的目的是创制比实际更理想、更完美的东西,因此诗人应当在创作中对原型加工、改善,使之更美,甚至富有惊奇感。这种看来似乎不可能的事件是合理的。这种仿佛"不可能"却令人相信的事件,比仿佛"可能"却并不令人相信的事,更为可取。再说,不大可能的事也会因符合某种意见,表明有其存在的理由,或者在某些时候不见得不合理、不可能,因为事物会有多种不同的可能性。(1460b24—27,1461b9—15)

亚里士多德的摹仿说,内涵丰富而深刻的哲理,是他的诗学的基本原理。他从这一基本原理出发,进而研讨以悲剧为代表的艺术创作原则。

## 第二节　论悲剧

希腊古典时期悲剧臻于完美成熟,积累了丰富的创作经验。亚里士多德在《诗学》中着重论悲剧,剖析其艺术特征、构成要素,展示它的审美意义与价值。这并非单纯讨论创作技巧,而是在论悲剧中展开论述他的美学思想。

### 一　悲剧的意义、成分和价值

亚里士多德给悲剧下了一个定义:悲剧是对一种严肃、完整、有一定长度的行动的摹仿;它在剧的各部分分别使用各种令人愉悦的优美语言;它不以叙述方式、而以人物的动作表现摹仿对象;它通过事变引起怜悯与恐惧,来达到这种情感净化的目的。(1449b22—28)

根据上述定义作分析,他理解的悲剧有多重意义,有以下五点区别于其他艺术形式的特征:第一,悲剧是严肃剧,摹仿严肃的行动、高尚人的行为。这点有别于喜剧,相近于史诗。第二,悲剧通过剧中人物动作摹仿对象,具有完整、统一、有确定量度的情节结构。这点不同于情节多元、篇幅很长的史诗。第三,悲剧使用各种优美的语言形式,包括有韵律、节奏的对话和歌曲,伴随人物动作,以综合的表现手段,造成特殊的艺术美效果。这就使悲剧进而区别于其他艺术形式。第四,悲剧不是颂诗,不是平直赞颂高尚人物和善的行为,它表现好人经历坎坷命运、痛苦磨难,这类突发事变引发怜悯和恐惧的情感,令人体味悲壮与崇高。第五,悲剧的目的是净化情感,陶冶人的品性(这点下一节详论)。

亚里士多德概括出悲剧的六个成分。其中,三个是属于摹仿对象的成分:

第一,情节是对行动的摹仿、剧中事件的安排,这是悲剧的基础和灵魂,最为重要。相比之下,人物的性格居第二位。他突出情节,不是贬低表现性格。在他看来,情节就是刻画人物的活动,性格是在情节中显示的。(1450a14—20)

第二,性格是人物品质的决定因素,它决定人物行动的性质,导致行动的成功或失败。性格是通过人物活动表现的,如果只为刻意表现性格,写出一大串优美动听、很有思想的描述性格的台词,并不会产生悲剧应有的效果。性格在行为选择中显示,特别在取舍疑难的境遇中作出选择,方能鲜明显示性格本色。没有选择就没有性格。(1450a1—4)

第三,思想成分占第三位,它是导致行动、决定行动性质的一个原因,表现在叙述特殊观点、阐释普遍真理的对话中,思想又是人物在特定场合中讲合宜的话的能力,是针对特殊事物、通过优美的台词论述事物的真假、表述普遍真理的能力。(1450a1—5,1450b1—10)可见亚里士多德重视悲剧所寓的"思想"。他指出人的行动受思想支配;思想又是论证、表达真理的能力,深层次地显示人物性格;借剧中人物所表述的思想,可表达具有普遍意义的哲理;通过语言表达思想,造成证明与反驳,达到引发情感的效果。这些也涉及修辞式推理,而修辞内容同伦理、政治、法律等有密切联系,修辞式表达同性格、情感的关系,在《修辞学》中均已有论述,《诗学》中不再另论。

悲剧中属于摹仿手段的成分有以下两个:

第一,台词占第四位,也很重要,因为语言对白是动作摹仿的主要部分,表达情感和思想。(1450b11—15)优秀剧作家应当娴熟表演台词的朗诵艺术,懂得命令、乞求、陈述、恐吓、发问、回答等的各种音调。关于台词写作,亚里士多德还从语言学和修辞角度,阐释了字母、音节、连词、冠词、名词、动词、格、句子等等,强调台词的美在于清晰明畅又不流于平淡无奇,过于华丽的词藻会使性格与思想模糊不清。他又认为,善于使用"隐喻",是直观地洞察事物间的相似性、是"匠心独运"的才智。(1459a5—8)在《修辞学》第3卷中,亚里士多德指出:诗人们包括悲剧作家首先推进了语言运用的艺术。词汇与名称是摹仿,声音是人体器官中最适于用来摹仿的官能。诗人们掌握了语言摹仿手段,从而产生了朗诵表演等技艺。(1404a20—25)他还详致论述了:优美明晰的用语,规范字、本义字、转义字、多义字,直喻和隐喻,格律和节奏,各种环形句等等。这些修辞内容,大多适用于悲剧台词。

第二,歌曲是希腊悲剧独特的艺术表现手段,它"最能使悲剧生辉","歌队应当作为演员看待,它应当是整体的一部分"。亚里士多德称赏索福克勒斯悲剧中的合唱歌曲同剧中情节有机关联、融和一体,不赞同欧里庇得斯的悲剧降低歌队的作用,更反对硬塞入同情节并无关联的歌曲。(1450b19,1456a27—30)希腊悲剧演出程序一般为:开场白扼要介绍剧情后,有歌队进场歌,之后通常有三场至七场戏,交织合唱歌,剧情紧张时加入抒情歌或哀歌,最后是宁静地退场。旋律多样、融入剧情的歌曲,是希腊悲剧特有的魅力,它有多重表现功能:歌队不戴面具,服装轻盈飘逸,实为生动活泼的剧景装饰;歌队可向观众解释情节,发表感想,安慰剧中人物,代表诗人陈述见解或哲理;歌队可预先制造气氛,表示悲哀或可怕事件将要发生;歌队又可以是更换场次的戏"幕",唱一只歌表明剧中时间和地点发生变化。

最后一个属于摹仿方式的成分是扮相,即面具和服饰。扮相是必要又最次要的成分。扮相虽也吸引人,但同诗的关系最浅,不出自诗人的艺术,而出自面具、服装制造者的技术。(1450b15—20)恐惧与怜悯之情主要靠情节引发,才能显示诗人的才华;若是单靠扮相来产生这种情感效果,只表明缺乏艺术手腕。极为凶恶的扮相只造成怪诞的恐怖,并非悲剧意义的恐惧,并不产生艺术的快感。(1453b1—14)

亚里士多德按重要性程度列述情节、性格、思想、台词、歌曲、扮相六种成分,可谓首次对悲剧作出结构性分析。在他看来,悲剧是上述六种成分的综合性摹仿,是有高级价值的艺术形式。悲剧严肃、完整、集中、鲜明地表现现实生活,刻画人物的性格、品德,体现诗人对社会和人生的深刻见识,很有认知价值。悲剧在形象中寓思想,揭示不同类型的事件和人物的本质,表达普遍性哲理,有宣述、传达思想的价值。悲剧综合六种成分,塑造富有魅力的艺术形象,使观众体验悲壮与崇高,有特殊的审美价值。悲剧更有净化情感、陶冶品性、教化风习的功用价值。

### 二　情节的悲剧效果

情节是悲剧的主干。悲剧摹仿人的严肃、重大的活动,表现幸福与不幸的生活,通过描写事变,激发恐惧与怜悯的情感,达到净化灵魂的目的。"诗人与其说是韵文的创制者,不如说是情节的创制者。"(1451b27)情节是对于人的活动的事件作合理安排,表现人物性格,体现悲剧的目的。情节构思、事件安排在悲剧中最为重要,处理得好才能达到理想的悲剧效果。亚里士多德在《诗学》中以相当多的篇幅论情节,并非简单谈论编故事的技巧,而是运用摹仿说,具体探讨悲剧如何艺术地再现生活的本质。他的要义,可概要评述为以下四点:

第一,情节应当摹仿人自身的活动,设计使人们惊奇,而又合情合理的事件。情节不是记录已发生的个别事件,而是要对现实生活做出有所择取、提炼、加工的创制,根据必然性和或然性,描写某种类型可能发生的、体现普遍性意义的事件。为此诗人要发挥想像力虚构情节,即使题材取自现成的神话与英雄传说,也需要虚构新的内容,才能创作成悲剧。悲剧要表现幸福与灾难、成功与失败、善与恶等的冲突,它同史诗一样应纳入难以预料的事件。惊奇是悲剧追求的效果。(1460a13—14)悲剧的情节要表现奇突的惊异事件,但它又应当合情合理,使人们从中体察必然性和或然性,相信它是有现实可能性的事件。"把谎话说圆",这是荷马给诗人们的教益。(1460a20)然而如果刻意只求惊奇,纳入令人费解、不近情理、甚至荒诞不经的事件,那就是"犯了艺术上的错误"。(1460a28—35)

亚里士多德论悲剧的情节,不谈神力和命运。在他看来,悲剧人物的跌宕经历,事业的成败,都是人自身活动造成的,错咎与责任也应由人自己承担。情节表现人的生活实际中的必然性和或然性,并非宣扬外在神力支配人的命运,若用神力来制造、解决戏剧冲突,是拙劣的。从公元前6世纪至前5世纪前半叶,希腊氏族制度解体进入城邦制度时,认为神主宰一切的命运观较多地表现在悲剧中,埃斯库罗斯的作品大多是命运悲剧。至希腊古典时期,城邦民主生活活跃,智者派将社会演变看做人自身活动的进化,哲学从"天上"走向"人间",要人"认识你自己",悲剧也表现人以自身力量对命运、苦难、不正义的抗争,这鲜明地体现在索福克勒斯和欧里庇得斯的悲剧中。亚里士多德主张悲剧情节围绕人自身的活动旋转,是对希腊古典时期悲剧内容重大进展的极好概括。这同他本人关于"人是目的"的实践哲学观也是一致的。罗念生正确指出:有些学者认为古希腊悲剧大多是命运悲剧,甚至责备亚里士多德《诗学》不谈命运问题是个缺点,这种看法不正确、不公平。①

第二,情节应当是有机统一体,摹仿有本质意义的人的行动。诗人创作不应事无巨细,将主人公经历的全部事情都写进剧中,而应择取表现普遍本性的事件。荷马创作《奥德修记》,只择取、描写奥德修远征归家的经历和家庭惨变。欧里庇得斯的《特洛亚妇女》,不写希腊人攻打特洛亚城的全部行动,而只表现攻陷特洛亚城后被掠本土妇女的悲惨遭遇,表达谴责侵略、维护正义的思想,这实际上影射、谴责伯罗奔尼撒战争期间雅典军队侵占弥罗斯岛、俘辱该岛妇女的不义行径。亚里士多德认为,悲剧情节所摹仿的,应当是有开端、中间和结尾的完整行动,事件从头到尾按照必然性或常规自然地联结,像生命体一样成为一个排列有序、有机统一的整体。(1450b25—37)"事件要有严密布局,挪动或删削任何一部分,整体就会崩散脱节。"(1451a32—34)

悲剧的情节应有确定的量度,过于微小或庞大的东西都不能产生美感。悲剧的长度一般以"太阳运转一周为限度"。(1449b12)这同悲剧竞赛、观众看戏的时间也有关。所谓"太阳运转一周"指一个白天,约10至12小时。雅典戏剧节历时三天,三位悲剧诗人参赛,每人上演三出悲剧和一出"羊人剧"(笑剧),下午可能还演一出喜剧,宗教仪式也占时间,故三出悲剧加一出"羊人剧"共约五六千诗行,每出悲剧平均约一千四百诗行。史诗不受吟听时间

---

① 参见罗念生:《亚里士多德的〈诗学〉》,见《论古希腊戏剧》,第157页。

限制,荷马史诗长达一万多诗行。① 悲剧比史诗更集中、凝炼。

亚里士多德主张情节有机统一即情节的整合性。欧洲文艺复兴时期以来,一些学者认为《诗学》制定了希腊戏剧严格遵守的"三整一律"(或称"三一律"),即地点、时间、情节的整一律。除情节统一外,剧中事件发生在同一地点(不换景),剧中情节的时间集中在"太阳运转一周"即一昼夜或 12 小时。这种见解并不确切,不符合《诗学》有关论述的原意,也不符合希腊悲剧、喜剧场景、时间变化的实际。② "三整一律"在 17 世纪欧洲古典主义文艺思潮中,被法国的高乃依、拉辛等人奉为金科玉律,变成一条过分刻板的原则,反而束缚了创作,因此后来受到启蒙思想家和浪漫主义作家的批评。其实这种戏剧创作原则,同亚里士多德的《诗学》无关。

第三,"突转"(peripetia)和"发现"(anagnorisis)应当是情节进展的自然结果。"突转"指剧情按照行动的必然性、或然性向相反方面变化,从顺境转向逆境或从逆境转向顺境。"发现"指处于顺境或逆境的人物发现他们和对方有亲属、仇敌等特殊关系。两者都使戏剧冲突进向高潮,往往和苦难即毁灭性的或痛苦的行动交织在一起,达到引发恐惧与怜悯之情的悲剧效果。亚里士多德主张,悲剧中这两种情节的突然转变,不应是人为地外在强加的,而应是摹仿的事件自然地发生的,既可信,又强烈震撼观众心灵。

亚里士多德赞赏下面两部佳作的处理:

第一部是索福克勒斯的《俄狄浦斯王》,作为处理"突转"的范例。忒拜王之子俄狄浦斯出生时,因神预言他会杀父娶母而被弃于荒山,却被科林斯国王收养为嗣子。他长大后得知上述预言,怕在科林斯应验杀父娶母,逃往忒拜,途中杀了他并不认识的生父,后又娶了并不认识的生母。科林斯国王死后,报信人来迎他回科林斯为王,为解除他害怕娶科林斯王后(养母)为妻之恐惧,告诉他出生时在忒拜遭遗弃的身世,这反而使他突然得知自己已杀了生父、娶了生母,骤然堕入极度恐惧与痛苦的深渊。

---

① 参见罗念生:《亚里士多德的〈诗学〉》,见《论古希腊戏剧》,第 159 页。

② 参见罗念生:《三整一律》,见《论古希腊戏剧》,第 181—193 页。

第二部是欧里庇得斯的《伊菲革涅亚在陶洛人里》，作为同"突转"密切相关的"发现"的范例。女主人公伊菲革涅亚在黑海北边陶里刻作女祭司，国王擒住两个希腊人交她杀来祭神，她决定杀其中一个俄瑞斯忒斯。在这"突转"的时刻，她叫另一个希腊人回本土送信通知她的弟弟俄瑞斯忒斯，怕信遗失，她当场念信，要送信人记住。于是，俄瑞斯忒斯发现要杀他的正是他的姐姐，姐弟遂在这千钧一发之际相认。

悲剧情节的进展，又分"结"和"解"两部分。"结"指悲剧开端至情势进向成相反方面，实为戏剧中矛盾形成；"解"指角色处境转变到终局，实为戏剧冲突及其解决。"突转"和"发现"可谓戏剧冲突的高潮。亚里士多德认为：情节结构安排双重结局，即以善人善报、恶人恶报的大团圆收场，只是投合观众的软弱心肠，并无悲剧效果，倒像是喜剧特色。在他看来，优秀悲剧往往有单重悲壮结局，从中展示严肃、深沉的意义。有人指责欧里庇得斯的许多剧作以悲惨、残酷的结局收场，那是错误的。欧里庇得斯的正确的艺术处理，"将悲剧精神表现得淋漓尽致"，他是一位"最能展示悲剧效果的诗人"。（1453a23—36）

第四，悲剧情节特有的引发恐惧与怜悯的情感效果。恐惧由同观众有相似性的剧中人物遭遇苦难逆境而引起，怜悯是对剧中人物遭受不应当遭受厄运的一种同情。这两种情感应出自悲剧中"突转"和"发现"的情节进展，人们能从中获得悲剧所产生的特殊快感，一种有特殊审美意义的悲剧效果。例如，任何人只要听到《俄狄浦斯王》的故事，就会心灵震颤。因此这类引发恐惧和怜悯的事件，往往发生在亲朋之间、友敌之间，他们之间的对抗、戕杀最有这类情感效果。仇敌杀害仇敌最多只是叫人看了有点难受。对戏剧冲突作出高超处理，才能引发恐惧与怜悯，使人们体味深刻的意义。亚里士多德赞赏欧里庇得斯的名剧《美狄亚》是一典范。美狄亚曾拯救过丈夫伊阿宋的命，后来丈夫贪图金钱、权力，要和科林斯公主成亲，美狄亚备受屈辱，将被驱逐出境。她痛责丈夫背信弃义、另结新欢，怀着复仇心理，在丈夫再结新婚之际，烧死科林斯公主与国王，并杀死自己的两个孩子，以免他们被王室所杀，并使丈夫痛心疾首。这不是她的疯狂行为，实质上是对妇女社会地位屈辱的激烈控诉，使人们在恐惧与怜悯中同情受迫害的妇女的反抗。

恐惧与怜悯互相联结,它们表明剧中人物的命运同现实生活有相通处、相似性,优秀诗人应能通过真实摹仿激发这种情感。在《修辞学》中,亚里士多德定义恐惧是一种"对降临的灾祸因而想到它会导致毁灭或苦难而引起的痛苦不安的情绪",人们听到比自己更好或同自己相似的人"受到祸害,推人及己,想到自己也可能受害,就会有恐惧心态"。(1382a22—24)他又定义怜悯:"因见知不应受害者身上落有毁灭性或痛苦的灾祸,觉得自己或亲友也有可能遭受相似灾祸,就会引起怜悯这种痛苦情感。"(1385b13—20)由上可知,无恐惧即无怜悯,两者同根并生,皆是因想到剧中的厄运、灾祸,可能相似地发生在自己周围即常人实际生活中,才引发的。如果写极恶的人遭受祸害,那是活该,写太好的人遭到祸害,只能使人厌恶,都不能推人及己、引起恐惧与怜悯。只有写介于上述两者之间、同常人的品性和命运有所相似的人物,才会有悲剧的情感效果。(1452b32—1453a10)因此亚里士多德强调悲剧创作要情节逼真、情感逼真,要求诗人写作时自己仿佛身临剧中栩栩如生的情景,真切地感受剧中人物的情感。他指出:只有自己"最真实地感到愤怒或忧愁","才能激起人们的愤怒或忧愁"。诗人进入角色的情感,不是迷狂,而是一种天才的"灵敏"。(1455a22—33)

### 三 悲剧人物的性格

亚里士多德认为,悲剧摹仿比常人好的人,悲剧人物的品质由他们的性格决定,性格在于对行动的选择。悲剧要写同常人有相似性的好人遭受不应有的厄运,它所表现的人物也就有特定的性格。

他心目中的悲剧人物有其社会道德标准,而刻画他们的性格,又有出于摹仿说的审美标准。他提出表现悲剧人物性格的四点要求:第一点最重要,"性格应当善良,人物的行为选择应是善的,性格应是善良的"。悲剧中的正面人物应有这种基本性格。他肯定善良性格存在于各种类型的人物中,妇女和奴隶的地位尽管低贱,但他们也会有善良性格。悲剧中必要时可有卑劣人物性格,但应同剧情的布局合宜。第二点,性格必须适合,即适合人物的身份。如战争中的英雄是勇敢的,是智谋之士,能言善辩。出于偏见,在他看来勇敢或能言善辩不适合妇女身分。第三点,性格必须相似,即悲剧人物虽然优于常人,但他们在相似于实际生活的境况中行动,他们的性格同普通人有相似性。如荷马史诗中的英雄阿喀琉斯"为人既善良又与我们相似"。这样悲剧人物的厄运才能引起观众的恐惧与怜悯。第四点,性格必须一致,即表现某种类型人物的一致性。不能既勇敢又懦怯,既明智又愚蠢。亚里士多德并不否认某种类型人物的性格会有内在矛盾,性情会前后变化,但作为一种类型的性格是基本确定的;所以,即使所摹仿的人物本来就有性情的裂变,"也必须寓一致于不一致之中"。(参见 1454a16 — 27,1454b15)

悲剧的主人公遭受不应遭受的厄运才会有引发恐惧与怜悯的悲剧效果。悲剧性主角的性格特征是什么？它同遭受厄运又有什么关联？亚里士多德认为:他们并非大善大德、十分公正,而是介于完人与普通人之间的人;这类主角之"所以陷于厄运,不是由于他们为非作歹,而是由于他有'错误'(hamartia)",所以从顺境转入逆境,"其原因不在于人物坏心行恶,而在于他犯有大错误";因此悲剧描写这样的主角,"宁可好一些,不要坏一些"。亚里士多德说:正因为悲剧性主角有以上性格特征,所以当时希腊悲剧大多取材于一些高贵而又蒙受恐怖苦难的家族的故事。(1453a5 — 23)这类主角或英雄人物,声名显赫、身处佳境,地位与品性比普通人好,但他们既非完人亦非歹徒,同普通人仍相当接近、相似,他们有缺陷、错误。如俄狄浦斯出身显贵,是关心城邦和公民的好人,但也有粗暴、猜疑、见事不明、盲信预言等缺点。悲剧性主角有善良品质,悲剧要摹仿和崇仰,令人体验崇高;他们因有和普通人相似的缺陷、错误而陷入悲惨结局,才最惊心动魄,使人们推人及己,产生恐惧与怜悯,体会悲壮及借鉴性意义。

悲剧性人物陷入厄运的原因是他们有"hamartia",希腊文 hamartia 的含义较多,包括不中鹄的、大小错误、误会、道德缺点、过失、罪恶等。亚里士多德论悲剧性人物时所用此词是什么意思？历来有两种解释:一种解释为道德上的缺点;另一种解释为错误。罗念生认为是指英雄人物由于对特殊情况见事不明造成的无意的错误行动。① 我们认为,对 hamartia 不妨理解得宽一些,将"道德缺点"和"错误"的解释结合起来,因为在亚里士多德看来,知识、智慧和品德密切相关,不明智即是道德缺点。Hamartia 在原则上可以理解为悲剧性人物性格的缺陷和错误行动。它可以在道德、认知、政治、心理等方面有多种具体表现,这样可以涵盖古希腊悲剧中多种多样的悲剧性的性格。

我们现在理解古希腊悲剧的戏剧冲突、人物遭际厄运,实有深刻的社会原因,往往是社会势力冲突的表现。我们不能苛求亚里士多德,说他没有做出社会根源分析。S.H.Butcher 认为亚里士多德的性格解释原则,没有揭示关涉戏剧本质的势力冲突,没有说明真正的悲剧冲突。② 这种说法不是没有道理的,然而我们应该历史地看到,亚里士多德从人物性格的解释中发掘启迪性的哲理意义,这在当时不失为一种独具慧眼的深刻见识。

悲剧是一种高级的艺术形式。亚里士多德论悲剧创作的审美原则,对研究其他艺术也适用或有所启发。在他看来,史诗与悲剧虽有区别,但摹仿内容、手段和方式多有相似,题材上有源流关系。他论悲剧中常夹论荷马史诗,认为关于悲剧的目的、情节、性格的论述,也适用于研究史诗。

## 第三节 净化和艺术的功用

艺术的功用即艺术对社会、人生的作用与价值,是美学理论的重要方面。在这个问题上,亚里士多德和柏拉图的主张有明显分歧。

柏拉图对多数艺术特别是民间流行的艺术采取贬斥态度,认为它们败坏道德,损害城邦治理和公民教育,主张对艺术采取严格的限制措施。在《国家篇》第2、3、10卷,他历数诗人的罪状,认为荷马史诗及许多悲剧、喜剧宣扬诸神、英雄之间的争斗、谋杀,或摹仿坏人、懦夫、卑贱者,它们表达的情感、产生

---

① 参见罗念生:《亚里士多德论英雄人物》,见《论古希腊悲剧》,第198—207页。

② 参见 S.H.Butcher:《亚里士多德的诗学与艺术理论》,第323页。

的快感,均出自灵魂中非理性的情欲,逢迎人性中的卑劣部分,对公众心灵是一种毒素。他宣称,除了颂神和赞美善人的诗外,其他艺术都应逐出理想城邦。他留了一个活口:准许有的诗可以回归城邦的条件是有人替它写出辩护词,"证明它不仅能引起快感,而且对于国家和人生都有效益"。(608B)他在晚期著作《法律篇》第2卷中,肯定老年人固守的有道德教育功能的传统音乐与舞蹈,能起到约束、引导青年人的作用;他抨击当时盛行民间的艺术造成"淫靡之风",败坏法律与道德,喻称此为邪恶的"剧场政体";他主张制定法律实行严格的"诗"的检查制度,"摹仿最优美最高尚生活"的"真正的悲剧",才能进入城邦表演。(816D—817E)柏拉图出于他的哲学观和政治道德理想,抹杀了绚丽多彩、内容丰富的希腊艺术的价值,他允许生存的少数艺术,只是屈从、传达他的政治道德观念的附属品。

亚里士多德从他的哲学观、伦理观和摹仿说出发,认为各种艺术形式从不同角度表现人和现实生活。艺术也是一种求知活动,它表达的情感属于人皆应有的人性,受理性指导;包括史诗、抒情诗、悲剧、喜剧在内的雅俗艺术,对社会与人生都具有不同的价值。他的《诗学》可以说是回应柏拉图的挑战,为卫护全部"诗"的形式,卫护希腊艺术的辉煌成就,写出的一部深刻有力的"辩护词"。他提出"净化"说解释悲剧的目的,可以说是以悲剧这一高级艺术为范式,肯定一切优美的希腊艺术,在领悟人生哲理、陶冶道德情操、谐和审美情趣等方面,皆有积极良益的功用。他在《政治学》第8卷中,主要着眼音乐,也论述了净化与艺术的功用。研究他的净化说,应当联系《诗学》的基本理论和他的伦理思想,才能确切理解他的艺术价值观。

## 一 "净化"的意义

"净化"的希腊文 katharsis,音译"卡塔西斯"。《诗学》中给悲剧下定义时只简略提及:悲剧通过"引起怜悯与恐惧来使这种情感达到卡塔西斯的目的"。(1449b7)《政治学》第8卷第7章中提到卡塔西斯是音乐的目的时说:"我们此处对卡塔西斯不作解释,以后在讨论诗学时再详细说明。"(1341b39)但现存《诗学》对它并没有再作词义解释,只在第17章说到,在欧里庇得斯的悲剧《伊菲革涅亚在陶洛人里》中，有俄瑞斯忒斯的"疯狂"和"卡塔西斯"，这是指他杀过人，用海水行净罪礼后得救，此处所用"卡塔西斯"无疑有宗教术语意义。"净化"本是奥菲斯教的术语，指依附肉体的灵魂带着前世的原罪来到现世，采用清水净身、戒欲祛邪等教仪，使灵魂得到净化。恩培多克勒秉承此义写过宗教哲理诗《净化篇》。卡塔西斯又是一个医学术语，在希波克拉底学派的医学著作中，这个词指"宣泄"，即借自然力或药力将有害之物排出体外。亚里士多德并不崇奉奥菲斯教，也不是在论医学，他在《诗学》中借用卡塔西斯一词，无疑是有所转义地论述悲剧的艺术功用，它成为他的美学思想中的一个关键性范畴。我们仍采用"净化"这一中译，但不再将它当做一个宗教术语或生理术语。

自从文艺复兴时期以来，对亚里士多德说的净化，西方学者写了许多论著，罗斯形容说："已有整套文库论述这个著名学说。"①学者们各陈己见，争论不休，莫衷一是。历来对卡塔西斯的不同解释，大体可归结为两派，每派内部又有不同见解。②

第一派主张悲剧的功用是道德净化。德国美学家莱辛认为净化是使激越的怜悯与恐惧转化为品德，悲剧起有道德的矫正、治疗作用。③ 这一派对悲剧的道德净化又有以下不同见解：净化怜悯与恐惧中的痛苦的坏因素，最终洗净恐惧与怜悯，使心理恢复健康；净化怜悯与恐惧中的利己因素，转化成关注人类共同命运的利他情感；净化凶杀行动的罪孽，如主人公反省自己见事不明、发生杀害亲人的错误，有所悔悟。

第二派主张悲剧的功用是宣泄情感，达到心绪平和、心理健康。歌德解释说，亚里士多德论悲剧并没有道德目的，只是旨在通过宣泄怜悯与恐惧，以求达到情感平衡。④ 英国诗人弥尔顿也认为悲剧宣泄怜悯与恐惧的病态情感，

① 罗斯：《亚里士多德》，第282页。
② 参见罗念生：《卡塔西斯笺释》概述了各派见解，见《论古希腊戏剧》。此外，可参见：S.H. Butcher《亚里士多德的诗学与艺术理论》中的第6章"悲剧的功能"；J.Bernays《亚里士多德论悲剧的效果》，见巴恩斯等编：《亚里士多德研究论文集》第4卷。
③ 参见巴恩斯等编：《亚里士多德研究论文集》第4卷，第155页。
④ 参见巴恩斯等编：《亚里士多德研究论文集》第4卷，第155页。

达到心理治疗的目的。如何理解悲剧的宣泄作用,又有不同见解:宣泄怜悯与恐惧中的痛苦的坏因素;人皆有怜悯与恐惧的病态情感,宣泄是以毒攻毒,通过引发这种情感,归于平和心理,相似于用宗教音乐医治宗教狂热;宣泄是满足人们发生怜悯与恐惧之情的欲望,使人们在发泄这种情感中感到快乐。

以上两派主张各自包含合理因素,但它们的各种解释,很难说已全面、确切地符合亚里士多德的原意。它们各有片面性,或只强调悲剧的道德功用,或单纯从心理角度解释悲剧的情感效果;有些见解是对某些悲剧作就事论事解释,未必是净化的普遍意义;有些见解并无《诗学》本文的根据,且难以自圆其说。

我们认为,净化作为悲剧的目的,体现艺术的一般功用价值。净化可理解为灵魂整体的净化,灵魂的陶冶和改善。灵魂是知、情、意的统一,情感和知识、道德相联系。艺术作为创制知识,体现实践智慧,以融注情感的形象创造,发挥认知、道德、美感等三重互相融通的功用价值。

二 净化和艺术的认知功用

亚里士多德在论述摹仿是人的天性时,肯定了艺术是求知活动。情感的净化,以"知"为前提,蕴涵智慧的意义。

一切艺术的本性是摹仿,皆本源于人的求知本性和经验。艺术是特殊的求知活动,使人们在解悟艺术的真理时得到特殊的快感,悲剧也不例外。悲剧通过摹仿人的活动引发并净化情感,这不是简单的道德感化或情感清洗,实质上内蕴认知活动;情感净化的先决条件是澄明见识、了悟真谛。这可以从以下两点来理解:

第一,悲剧的情节、性格描述某种类型的事件和人物,表达有普遍意义的哲理。惊心动魄、引发怜悯与恐惧的"突转"和"发现",展示必然性,主人公在强烈的情感中也发现遭受厄运的原因。因此悲剧渲染怜悯与恐惧,首先要靠在情节、性格中寄寓严酷的事理,剧中人物的情感伴随自己的认知(发现)而趋于极致。俄狄浦斯最后刺瞎自己双眼,告示人们若不认识"想认识的人",就会在"黑暗无光"中遭受灾难,在无意中做成罪孽;美狄亚怀着复仇心理、极为苦痛地杀死自己的孩子,控诉妇女屈辱地位的不合理;特洛亚妇女在凄酷境遇中痛斥不义战争。这些情节所以震慑人心,首先因为剧情中的事理、主人公的省悟,都在启迪人的良知。

第二,悲剧的效果不是造成吓人的恐怖感或朦胧的同情感,而是产生实为认知性的恐惧与怜悯。观众看到优于常人、又相似常人的主人公遭受不应有的厄运,体察作者寓意、解悟必然事理,推人及己,想到这是人皆可能遭遇的事件,也有可能落在自己身上,这才产生怜悯与恐惧。这类情感净化的首要意义,就是观众意识到自己要摒除愚昧,开化心智,洞明世事,领悟人生真谛,这样才能在城邦和个人的实际生活中避免悲剧重演。从古希腊悲剧的内容看,可体察的事理,可领悟的真谛,是多种多样的,如个人与命运、家庭与社会、战争与和平、城邦伦理与政制等等有多方面的意义。恐惧与怜悯情感的净化,内蕴良知的觉醒,交织理智灵魂的改善,认知因素正是情感净化的清洗剂。

净化不只是悲剧中怜悯与恐惧的净化,也包括其他艺术产生其他情感的净化,它们也各有特殊的认知意义。《政治学》第 8 卷专门就城邦的青少年教育而论音乐的功用。其中说到音乐“应以教育和净化情感为目的”。(1341b37—39)并且提到不同旋律的音乐可以净化强烈激情、狂热冲动、块垒积郁等情感。这里,净化同音乐的教育功用密切相关。在亚里士多德看来,闲暇是知识和艺术的先决条件,嬉戏不是人生的目的,青少年修习音乐的目的是学习;学习不只是训练音乐技巧,更重要的是充实智慧。他指出:音乐对性情和灵魂有陶冶作用。节奏和曲调摹仿愤怒和温和、勇敢和节制等各种性情、品德,就像亲睹雕像和绘画有认知真实事物的感受一样;灵魂倾听音乐,能“培养正确的判断能力,学习良好的情操和高尚的行为”,从而获得“比普通快感更为崇高的体验”。(1340a1—5,1340a15—25)

### 三 净化和艺术的伦理道德功用

艺术摹仿人与人的活动,表现人际关系和行为选择,因此艺术同伦理道德相关。人伦关系处理、道德人格显露,表现在认知与情感融和一体的活动中。作为陶冶灵魂的情感净化,自然也指澄明伦理、熏育道德。

悲剧摹仿严肃重大的活动、高尚与鄙劣人物的举止,寄寓其中的普遍性哲理,主要涉及伦理关系和道德品质。在亚里士多德看来,作为规范行为的城邦伦理,以人为目的,是城邦体制的基石,道德则是公民个人的人格完善。希腊悲剧广泛涉及亲朋之间、友敌之间、男女之间、公民与城邦之间、奴隶和自由民与统治者之间,以及各城邦之间的伦理关系,同时表现高尚人物的高贵品德和道德缺陷,以及卑劣人物的恶劣品德。正是上述错综复杂的伦理与道德问题,铸成悲剧中震颤人心的苦难,引发认知性的恐惧与怜悯。因此这种情感的净化,也是一种伦理道德意识的净化。

亚里士多德认为美与善虽不等同,但又相通。从《诗学》的总体内容看,情感的净化也应指伦理道德的矫正或升华,旨在扬善避恶。悲剧作为严肃艺术,着眼摹仿高尚人物的高贵品德,让观众体验崇高。悲剧性人物遭受厄运的原因是他们有性格缺陷和错误行为,这主要是在人生际遇中未能妥善处理伦理关系,在实践智慧和品德方面有所欠缺。由于他们往往是城邦的权势人物,他们的错误往往也表现了城邦伦理的问题。因此悲剧引发并净化恐惧与怜悯,有伦理道德的规箴和感染作用,令观众在省悟厄运的原因中,改善自己的伦理意识和道德情感。亚里士多德赞赏新喜剧,也着眼于它有家庭伦理道德的教化功用。将伦理道德与情感完全割裂,将情感净化理解为同道德毫不相干的心理变化,这未必符合亚里士多德的本意。

亚里士多德在《尼各马科伦理学》第 2 卷中认为:品德和情感及行动相关,皆须求“中庸”即适度。任何一种技艺以适度为标准衡量其作品,优秀的艺术杰作不能增减一分,正是以适度保持完美。情感体现品德,恐惧、怜悯、自信、欲望、愤怒、快感、痛苦等等情感,太强太弱都不好,“只有在适当的时候,对适当的事物、对适当的人,以适当的动机、适当的方式产生上述情感,才是适中的、最好的情感,而这就是品德的特征”。(1106b8—23)他并且指出:品德作为中庸、适度,是由实践智慧把握理性原理所决定的。(1107a1—3)据上论述,我们可以理解净化的一种意义是指道德情感求得适度的平衡。悲剧引发、净化的恐惧与怜悯,是适度的,不是病态的,并非陷入极端的恐怖感和不能自拔的哀怜癖,而是要观众在省悟事理、情感净化中,产生出中和的道德意识与道德情感。那些过于幸福或自以为历尽苦难无所畏惧、不动怜悯的人,看了悲剧会感到自己的幸福并不恒稳,或体察人间还有更大苦难,从而"去蔽",澄明实践智慧,产生理智控制的怜悯与恐惧之情。

情感净化的道德意义,是艺术的一种普遍功用。在《政治学》中,亚里士多德论述音乐的教育和净化情感的功用,明显突出艺术的道德功用。他指出:音乐的本性会产生比普通快感更为崇高的体验,那是由于音乐对性情和灵魂有陶冶作用。(1340a1—5)形象与颜色表征性情。旋律与节奏摹仿表现品德的性情。因此他主张:为了培养公民政治方面的品德,要严格区别雅俗艺术,引导青少年观赏画家、雕塑家表达道德情操的作品,修习高雅的、采用"道德情操型"旋律的音乐。甚至在乐器取舍上,也应判断其对品德有益或无益,如笛管音调过于激越,可在引发宗教情感的场合使用,不宜在青少年教育中使用。(1340a15—40,1341a1—40,1342a1—5)由上可知,在艺术教育中情感净化泛指性情与灵魂的陶冶,道德情操的熏化。

前面提到的道德净化派的解释有合理因素。但是,他们将悲剧的净化只解释成净除怜悯与恐惧中的"痛苦的坏因素",或"利己因素",或净化"凶杀的罪孽",都较为狭隘、就事论事,没有概括道德净化的开阔涵义。此外说净化只是一种道德功用,也不全面。

**四　净化和艺术的审美移情功用**

亚里士多德认为艺术能引起快感。除了从摹仿中获得求知的快感外,也有审美情趣的快感。人固有的音调感、节奏感之类,就是一种人的审美天性。完美的创作技巧,如色彩处理、旋律设计、情节布局、人物刻画等,都能给人美的感受。这些艺术的形式美,无疑令人愉悦。在亚里士多德看来,艺术产生的快感,更重要的是一种审美情感的转移。净化情感也指审美移情作用,有益于培育、提升审美情操和心理健康。

《诗学》中指出:"不应当要求悲剧给我们一切种类的快感,只应要求它给我们以它特别能给的快感。既然这种快感是诗人通过摹仿来引起我们的怜悯与恐惧之情而产生的,显然就该通过情节产生这种效果。"(1453b11—14)悲剧的精心布局，渲染了主人公的真切悲苦之情，观众被感染出怜悯与恐惧，同时又交织着一种审美移情的快感。艺术的这种审美心理效果，柏拉图也已看出，在《国家篇》第10卷中，他借苏格拉底之口说："听到荷马或其他悲剧诗人摹仿一个英雄遇到灾祸，说出一大段伤心话，捶着胸膛痛哭，我们中间最好的人也会发生快感，忘乎所以地表示同情，并且赞赏诗人有本领，能这样感动我们。"（605C—D）但是，柏拉图无视史诗、悲剧的认知和道德功用，抨击这种艺术的快感是迎合人心自然倾向的"感伤癖"，缺乏理性支配，是拿旁人痛苦取乐，"拿旁人的灾祸来滋养自己的哀怜癖"，待到人们亲临灾祸，反而不易控制这种"哀怜癖"。（606A—B）而在亚里士多德看来，在史诗、悲剧引发、净化的怜悯与恐惧中，认知功用、道德功用同审美移情的快感，融和在一起，受理性与实践智慧规约，这种审美的快感也是属于情感净化，有陶冶情操的积极作用。他要求诗人以灵敏的天才进入并真切表达剧中人物的情感，就是为了在审美移情中激发观众同样的情感。

《政治学》论及音乐使人感受真实的愉悦，能培育良好的艺术鉴赏力。亚里士多德指出，音乐具有三种相通的作用，即"教育，娱乐和理智的鉴赏"。娱乐是一种松弛，治疗因辛劳而生的痛苦；而"理智的鉴赏，人们公认它包含一种不仅高尚而且愉悦的因素，幸福即由这二者构成"。（1339b11—18）他又认为：音乐的目的不是只有一个，而是有多种益处，可以说有三种，即教育、净化和理智的鉴赏。为了教育，应更多采用道德情操型旋律，而在听赏他人演奏时，行为型和激情型的旋律也需要，它能使人们在理智的鉴赏中净化情感。怜悯、恐惧、热情等情感会非常强烈地存在于某些灵魂中，对所有的人也会有或多或少的影响。因此在艺术鉴赏中的净化，是一种谐和情感的心理治疗。

亚里士多德举例说："一些人沉溺于宗教狂热，当他们听到神圣庄严的旋律时，灵魂感受神秘的激动；我们看到圣乐的一种使灵魂恢复正常的效果，仿佛他们的灵魂得到治愈和净洗。那些受怜悯、恐惧及各种情性影响的人，必定有相似经验，而其他每个易受这些情感影响的人，都会以一种被净洗的样式，使他们的灵魂得到澄明和愉悦。这种净化的旋律同样给人类一种清纯的快乐。"（1341b35—1342a17）上引的这段话，历来引起不同理解，尤其成为主张净化即宣泄情感派的根据。我们认为,这里所说的情感净化在理智的鉴赏中实现,实为通过音乐的审美移情作用,中和那些极端激烈或瘠弱的情感,改善或充实非极端的情感,有益于培育中和、适度的健康心理。亚里士多德主张,即使对饱经风霜的老人,对工匠、雇工等鄙俗之人,也可采用投合其自然本性的雅、俗音乐,使他们心情松快。

主张净化即宣泄情感的解释,如果就艺术有审美移情的心理治疗作用而言,有合理因素。但是这派的解释有简单化倾向,将生理的宣泄套用为心理宣泄,没有具体分析多种多样的审美移情作用及其同艺术的认知、道德功用相融贯,没有透察它只有在理智的鉴赏中实现,才能陶冶审美情操。所谓宣泄是重复人们潜有的怜悯与恐惧等病态情感,满足强化而发泄它们的欲望,达到"以毒攻毒"、泻尽它们的目的。这种像是弗洛伊德式的解释,未免牵强附会。亚里士多德并不认为作为悲剧效果的怜悯与恐惧是病态的,而是正常合理的。为何重复、强化某种情感,非但不使它更趋极端、反倒可泻尽它们而平静? 这也难以说通。至于有的极端情感,如宗教狂热,并不是用强化狂热的乐曲来治疗,而是用神圣庄严的旋律来传移适度的宗教激情,中和狂热之情。总之,净化作为一种艺术鉴赏中的审美移情,在各种艺术中有普遍的陶冶审美情操的功用。这样理解,比较符合亚里士多德的诗学理论。

＊　　　　＊　　　　＊

亚里士多德的诗学,以哲学的睿智,审察、提炼古希腊艺术创作的精髓,建树了西方第一个比较系统、合理的美学理论。它较为切实、深刻地论述了艺术的本质,以悲剧为代表的艺术创作原则,以及艺术认知社会人生、教化伦理道德、陶冶审美情操的功用,真切体现了希腊艺术追求真善美的精神,对后世西方的美学思想、艺术理论有深远影响。它的许多合理见解,至今值得借鉴。

## 第二十五章

### 早期漫步学派

公元前 335/前 334 年亚里士多德重返雅典,在吕克昂地方创立学院,从事教学和研究工作。公元前 323 年亚历山大大帝去世,雅典发生一场反马其顿的运动,亚里士多德被迫离开雅典。他将吕克昂学院的事务完全交给他的学生和朋友塞奥弗拉斯特主持。吕克昂中有一所有顶盖的院子或走廊叫 Peripatos,据说亚里士多德和他的学生们在这里一起散步共同讨论哲学问题,因此这所学院被称为 Peripatekos;后人将亚里士多德的学派叫 Peripatetic School,以前译为"逍遥学派",苗力田改译为"漫步学派"。吕克昂有许多建筑物,包括规模相当庞大的图书馆;对此古代也有不同的传说,有说是由亚里士多德自己在亚历山大大帝的巨额资助下建造起来的;有说亚里士多德时还没有这样的建筑,是塞奥弗拉斯特在当时的漫步学派哲学家和政治家法莱勒的狄米特里乌(Demetrius of Phalerum)的帮助下才建成规模宏大的学院的。塞奥弗拉斯特在这里主持工作三十多年,奠定了这个学派的思想、制度和物质基础,他是当之无愧的漫步学派的第一任首领。

亚里士多德的学生中除塞奥弗拉斯特外,最有名的是欧德谟斯。据说亚里士多德的《欧德谟斯伦理学》就是以他的名字命名的,甚至有些学者怀疑它是欧德谟斯写的。亚里士多德的学生中还有阿里司托森(Aristoxenus)和狄凯亚尔库(Dicaearchus)等人,他们虽然没有参加塞奥弗拉斯特领导的学院,但也被认为是漫步学派的哲学家。

公元前 287 年塞奥弗拉斯特去世时,将学院的领导权交给斯特拉托

（Strato of Lambsacus，前287—前269年），斯特拉托传给吕科（Lyco of Troas，前269—前224年），吕科传给阿里斯托（Aristo of Ceos），阿里斯托传给克里托劳斯（Critolaus of Phaselis，公元前2世纪），他又传给狄奥多罗斯（Diodorus of Tyre），最后传到厄律尼乌斯（Erymueus，约前120—前110年左右）。这是策勒在《亚里士多德和早期漫步学派》书中为我们提供的早期漫步学派的历届领导人的名单。

亚里士多德去世后，他的学生塞奥弗拉斯特和欧德谟斯等虽然仍继承老师的研究工作，但只是作了一些修补和枝节性的发展，他们的学术成就远远不能和亚里士多德相比。塞奥弗拉斯特临死前将他的藏书（主要是亚里士多德和他自己的手稿）交给同事奈琉斯（在第欧根尼·拉尔修记载的塞奥弗拉斯特的遗嘱中也有这样的嘱咐），由他带到他在小亚细亚的故乡斯凯帕西斯，在那里由于躲避官方收缴图书，被藏在地窟中湮没了一百多年。所以早期漫步学派从斯特拉托领导时开始大约就没有能见到亚里士多德的秘藏学说即我们现在能看到的那些深奥的学说，只能看到那些公开的对话等著作。他们的研究大约也只限于逻辑学、自然哲学主要是生物学和灵魂学说，尤其是当时希腊世界普遍流行的伦理学说。早期漫步学派却将亚里士多德的伦理思想和柏拉图学园中的观点，以及当时已经兴起的斯多亚学派的学说连接起来互相吸收。因此学者们认为整个早期漫步学派并没有对亚里士多德哲学思想作出重要的发展。

这种情况到公元前1世纪有了大的转变，这就是亚里士多德的手稿被重新发现。它们返回雅典后又被运往罗马，由漫步学派第十一任主持人安德罗尼柯和文法学家堤兰尼俄加以编纂整理并公开发表，时间大约是公元前40年左右。因此在公元一二世纪亚里士多德著作的研究重新形成热潮，许多学者对他的逻辑学、自然哲学和形而上学的著作写了许多注释，其中最著名的代表是阿斐罗狄西亚的亚历山大。这些已经属于后期漫步学派的工作。公元3世纪后的漫步学派情况已经少为人知，对亚里士多德著作的注释多由新柏拉图学派中人担负。公元529年罗马皇帝查士丁尼下令关闭雅典所有异教学校，吕克昂学院和漫步学派也就宣告终结。

现在我们能够看到的有关早期漫步学派的资料极少。在第欧根尼·拉尔修的《著名哲学家的生平和学说》中有塞奥弗拉斯特和斯特拉托等人的简短的生平传记，但没有关于欧德谟斯等的资料。这些哲学家的著作现在完整保留下来的只有塞奥弗拉斯特的《植物学》两卷和不完全的伦理著作《论品格》，其他都只有散见于各种古代书籍的残篇中。策勒在《亚里士多德和早期漫步学派》第18—21章中整理这些哲学家的著作和残篇，对他们的思想作了简要的介绍，虽然是第二手材料，但对我们了解亚里士多德去世后早期漫步学派的思想倾向和一般情况还是有帮助的，以下根据策勒提供的资料作简略的介绍。

## 第一节　塞奥弗拉斯特

塞奥弗拉斯特（前370—前286年）是列斯堡岛上埃雷西斯人，据说他曾经是柏拉图的学生，但早在柏拉图去世亚里士多德到小亚细亚的阿索斯时他就追随亚里士多德，是后者的学生和朋友，他们一起到马其顿又回到雅典，是亚里士多德创立吕克昂学院的主要助手。公元前322年亚里士多德被迫离开雅典时将学院的事务全部委托给塞奥弗拉斯特，指定他担任学院的领导人；在亚里士多德遗嘱中还委托他照顾家务。

第欧根尼·拉尔修描述塞奥弗拉斯特在雅典是位很受尊重的人，经常有两千人听他讲课。曾有人控诉他犯渎神罪，控诉者反被处以五个塔兰特的罚金；有人制定法律将所有哲学家包括塞奥弗拉斯特在内均逐出雅典，第二年这法律即被取消，塞奥弗拉斯特重返雅典。他主要得到他的学生和朋友狄米特里乌的帮助和支持，后者既是漫步学派的哲学家又是杰出的政治家，在亚历山大大帝去世后的重要政治人物卡珊德尔（Cassander）支持下在雅典执政10年，多有建树，对塞奥弗拉斯特在多方面作了保护和支持，使塞奥弗拉斯特能不断丰富和完善吕克昂学院，担任领导达三十多年之久。塞奥弗拉斯特又是一位非常勤奋的学者，他认为人生最大的浪费就是浪费时间，一位作者必须不断地重读和修改自己的著作。当他临终时学生们问他还有什么话说时，他说：

"人生最不好的就是爱好虚荣,告别它你们才能得到幸福。对于我辛勤劳动得来的学说,你们或者抛弃它,或者推进其中有价值的东西,便能赢得巨大的荣誉。当我不再能继续进行应有的讨论时,你们应该将它正确地进行下去。"

第欧根尼·拉尔修列举塞奥弗拉斯特的著作有二百多种,共 232808 行(大约是亚里士多德著作行数的一半)。这是公元 3 世纪拉尔修所见到的亚历山大里亚图书馆中的藏书目录,后来多被战火毁灭了,现在只留下《植物学》两卷以及其他一些残篇。①

策勒认为塞奥弗拉斯特在理性创造力上确实不能和亚里士多德相比,但是他加强、扩展和完善了亚里士多德留下的体系(策勒对亚里士多德的哲学是持系统说的);由于他的勤奋劳动,作为研究者和教师他是成功的,做出了极大的贡献。他尽可能地在各方面发展和完善了亚里士多德的学说,增添了许多经验观察,将亚里士多德的规则应用到个别的、尤其是亚里士多德所忽视的情况;纠正了一些概念的模糊性,使它们清楚明白。策勒认为亚里士多德的哲学中有两个方面的因素,一个是思辨的,另一个是经验的,他说塞奥弗拉斯特的出发点是经验。亚里士多德的研究是以事实为基础出发建立甚至是最普遍的原理,塞奥弗拉斯特也相信必须从观察开始才能得到正确的概念。理论必须和经验的材料相符,因此必须从考虑个别事物开始;感性知觉提供的质料、思想或者可以直接用到自己的目的上,或者用来解决由经验揭示的困难以利于未来的发现。这就是塞奥弗拉斯特坚持的观点,如果普遍原理不能解释特殊事实,他便会毫不犹豫地要我们回到经验中去。② 比较重视经验事实可以说是早期漫步学派的共同信念。

一　形而上学

策勒指出,在塞奥弗拉斯特有关形而上学的残篇中可以看到他是不盲目地接受亚里士多德的学说的,对许多亚里士多德的设想他提出了责难,但从现

---

① 以上均参见第欧根尼·拉尔修:《著名哲学家的生平和学说》第 5 卷,第 36—57 节。

② 参见策勒:《亚里士多德和早期漫步学派》第 2 卷,第 351—357 页。

存的残篇中我们却无法知道塞奥弗拉斯特是如何解决这些问题的。

首先是第一哲学和第二哲学(物理学)的关系,塞奥弗拉斯特追问它们的相应对象——超感的和可感的"是"是如何彼此相关的?他论证它们必须有共同的结合纽带,超感的必须包含可感的。但他继续追问这如何可能?他认为像斯彪西波那样将数学原理摆在首位并不足以解决这个问题,还需要有一个更高的原理,那只能是神。所以神必然是世界运动的原因。神创造运动,不仅由于它自身的运动,更因为它本性的因果作用;神是所有低级创造物的愿望对象,因此只有它才是天体的无终结的运动的原因。这个观点虽然在许多方面似乎可以得到满足,但塞奥弗拉斯特认为它也不是没有困难:如果只有一个原理,为什么所有的球体并不是作相同的运动?如果是不同的几个原理,我们如何解释它们的运动的和谐?所以要既能指出球体的多样性,又能解释它们都是统一计划的结果,才是令人满足的理性。

塞奥弗拉斯特又进一步追问:为什么球体的自然愿望都是向着运动而不是向着静止?是不是因为愿望出自灵魂,所以是运动的?在月亮以下的事物为什么不像它以上的天体那样愿望最好的东西?天体的愿望为什么不能产生比循环更高级的运动?而灵魂和理性的运动是比循环运动更高级的,因此只能说所有一切都不能达到至善。还可以追问运动和愿望是天体的本质属性还是偶然属性?说到所有实在都是从第一原理必然推论出来的,我们还可以发现即使对第一原理自身也可以提出许多新的问题:这些第一原理是没有形式只是质料的,还是具有形式的,还是兼有形式和质料的?第一种假设显然是不对的,但如果将任何没有意义的东西都说成是有形式、有计划的也有困难,那样我们便应该确定世界的秩序延伸到多远,而且它为什么在一定点上便停止了?再有,我们对静止怎样说呢?它是和运动一样是从第一原理推论出来的某种实在吗?或者实际的实在只属于"能"——在可感觉的对象中只属于运动,静止只不过是运动的停止而已。再有,我们如何描述形式和质料的关系?质料虽然具有潜在的实在性,却不是一种实在,或者它虽然缺乏任何确定的形式却还是一种实在呢?再有,为什么整个宇宙都分为矛盾以至于没有无对立的东西呢?为什么坏的东西在数量上却远远超出好的东西?而且既然因为事物的不同所以知识也有不同的种类,那就发生问题——在每种情况中我们应采用什么方法,以及如何确定知识的性质和种类? 要指出每一东西的原因是不可能的,因为无论在可感世界还是超感世界中,我们都不能将原因无限地寻求下去;在从可感世界走向超感世界过程中,我们能走的路很少。而且当我们达到实在的最后根据时,便不能再前进了,或者是因为它们自身再没有原因,或者是因为我们的视力不能再深入到最明亮的光中去了。但如果认为心灵是以直接的接触认知这些,因而是不会错误的,却也不容易说明我们作这种肯定以及这种直接知识的对象究竟是什么。再有,即使承认世界和天体结构是永恒的,因此我们不能指出它发生的原因,也还是要指出世界组成的动因和最后目的,要解释直到动物和植物存在的个体形式。天文学不能满足这种要求,因为运动是天体的本质,正如生命是生物的本质一样,我们必须在天体自身的本质和最后因中寻求更深刻的起源。关于世界的计划问题总是不清楚的,事物的"是"总是有确定的目的的呢,还是只是偶然巧合的结果,还是有必然的本性的? 而且即使设定世界的计划,我们也不能对每一种情况同等地证明它;而是必须承认有许多似乎是和实际相反的,甚至其数量还远远超出那些显示为有计划的东西——换句话说,"恶"总是大大超过"善"的。①

　　从策勒提供的塞奥弗拉斯特的残篇中所提出的这些问题,我们可以看到这位学生对他的老师主张的许多根本思想都提出了问题。但也正如策勒自己说的:从塞奥弗拉斯特这些支离破碎的残篇中,我们是不可能获得塞奥弗拉斯特关于实在的观点的准确信息的,我们只能由此看到他对亚里士多德学说中的困难并不盲从;可是无论如何也必须承认甚至在他的形而上学中,在主要线索上他还是和他的老师的学说紧密相连的,这从他在不同的重要题目的论述中都可以明显看出,事实上到处都听不到有任何背离。即使在神学中,塞奥弗拉斯特的观点也在每一方面和亚里士多德的学说是和谐的。比如有人反对他,因为他一会儿将神说成是精神,一会儿又将神说成是天体和星球;但同样的驳斥也可以加于亚里士多德,因为虽然他在最高的意义上将神只等同于无

---

① 　参见策勒:《亚里士多德和早期漫步学派》第2卷,第364—369页。

限的精神,但他还是从星球的环形运动中将它思考为一种主动的能力,最高的
便是永恒和神圣的"是"。塞奥弗拉斯特也持这样的观点。他认为绝对意义
的神便是纯粹理性,这是和所有实在并存的单一的原因,它自身不动,却在其
他任何事物中产生运动,因为每个事物都以它为愿望。为了证明这种假设,他
像亚里士多德一样求助于宗教信仰的普遍性。他也将这种普遍的行动描述为
"天意",对神圣的因果性和通常的自然进程不加区别,要求人应该仿效无休
止的理性活动。同时他也追随亚里士多德,将灵魂归属于天体,使它的高级的
本性在有秩序的运动中展示其自身。他也同意亚里士多德的以太学说,将它
作为天体结构和世界永恒性的质料;他将至福或神圣性不仅归给最高的天,而
且以同等的权利归给天上的其他星球。策勒认为在这些点上塞奥弗拉斯特的
学说和亚里士多德并没有不同。① 所以学者们认为塞奥弗拉斯特指出亚里士
多德学说中存在的许多困难,并不是要从根本上推翻或改变亚里士多德的思
想,而只是要使它更为完善、更为一致和更加系统化。

## 二 自然哲学

策勒认为塞奥弗拉斯特重视自然研究超过形而上学,实际上他在这方面
具有更多的天才;虽然在这里他也是继续亚里士多德建立的基础的,但可以看
出他不仅以更多的观察补充了老师的结论,并且也重新考察和纠正了亚里士
多德的一些概念。他研究了亚里士多德自然哲学中最根本的运动概念,认为
必须在某些方面有所背离。例如,他虽然同意亚里士多德将运动定义为潜能
的实现,但他断言这可以适用于所有的范畴;亚里士多德试图证明变化只限于
本体、大小、性质和地方,塞奥弗拉斯特则认为关系、状态等等也都是有变化
的。再有,亚里士多德断言所有变化都是逐渐产生的,因此任何变化的事物必
然可以分为部分,是一部分一部分地逐渐变化的,而塞奥弗拉斯特却主张一个
事物的所有部分是可能同时发生变化的。亚里士多德认为对于同一主体,虽
然变化有完成的瞬间,却没有开始的瞬间,塞奥弗拉斯特却正确地认为这是不

---

① 参见策勒:《亚里士多德和早期漫步学派》第2卷,第369—373页。

可思议的。他还严肃地反对亚里士多德关于空间的学说,如果空间被限制为包围被包围的物体,后者必然是单纯的面,空间就会沿着包围的物体运动。塞奥弗拉斯特认为这是不可思议的,因为并不存在最外面的圈,这样任何物体都会不是在空间之内了。再说,如果包围体和在空间中的物体是整个地结合在一起,或是整体一起移动的话,则所有在空间中的物体如果自身不发生变化的话,就不会是那样的了。(这就是说,塞奥弗拉斯特认为亚里士多德还是将空间看成是一种类似物体的东西了——引者注)塞奥弗拉斯特自己将空间定义为物体相互关连的秩序和位置。从他讨论一般问题的《物理学》中还可以引用一些别的不太重要的陈述。在他论述元素的残稿中有一部分是关于火的,虽然他坚持亚里士多德的原则,却也发现了一些困难。所有别的元素自身都是一定的质料,而火(无论它是否包含光)却只是存在于燃烧的发光的质料之中,如何能将它当做一种元素性的本体呢?除非我们认为在更高的领域中有纯粹的非混合的热,而在地上总只有在和某种别的物体相结合,并且在变化的过程中才能发现火;但在这种状态中我们也可以问地上的火是不是从天体元素中流出来的,还是从燃烧着的质料的某种状态和运动中产生出来的。再说,我们如何解释太阳?如果它是由一种火组成的,它必然和别的火很不相同;如果它不是由火组成的,我们应该解释它如何能点燃火。在任何情况下我们应该承认不仅火,还有热都不过是某种特性。但如何能承认热是一种比火更为普遍和更为元素性的本原呢?这就提出更进一步的问题:热、冷等等不仅是属性,而是真实的本原吗?而且这些所谓单纯的物体还不如说它们是组合的事物。因为水分是不能没有热的,不然它就要结冰;而土也不能没有水分,不然它就要裂为碎片。策勒认为塞奥弗拉斯特提出这些批评,并不是真正要离开亚里士多德的学说,只是指出老师观点中所包含的困难,而不是必须要放弃它。[①] 我们看到塞奥弗拉斯特提出的这些问题和批评,实际上有些是对亚里士多德学说(有些还是对希腊哲学的传统观点)作了纠正,要求使它更加精确。

---

[①]　参见策勒:《亚里士多德和早期漫步学派》第2卷,第373—377页。

### 三 植物学

策勒指出,在对自然研究方面,塞奥弗拉斯特的能力主要表现在对植物的研究。他以异常的勤奋研究在当时所能进入的世界中收集到的大量观察的结果,这些信息都是由当时的研究者以不够充分的手段和方法得到的,不仅是关于大量植物的形式和部分,而且还探讨它们的发展、种植、用途和地区分布。他的判断一般说都是可信的,使用别的证据时非常小心,使我们对他的观察和细致的评论能力留下很深刻的印象。不仅是古代,即使是中世纪也找不出任何植物学著作可以和塞奥弗拉斯特的著作相比。可是,在最高程度上必须对事实作出科学的解释却是不够的,因为当时历史还不具备这样的条件。

塞奥弗拉斯特的植物学说的基本观念来自亚里士多德,即认为植物是生物。但是塞奥弗拉斯特并不认为植物有灵魂,它们的生命在于自然的热和水分,这也是植物彼此有不同的个别特殊性的主要根据。为了它们的发芽和生长,适合的外部环境是不可少的。所以它们的发展和完善、进步和退化主要依靠空气和土地的热和水分,这些是太阳和雨水的结果。所有这些因素彼此对植物的关系越和谐便越有利于它们的发展;所以部分是由外来的影响制约的,部分则由于植物或种子的特殊本性,对于后者又必须再区分为主动的力量和对外来因素的被动的敏感性。当然,这种物理的解释并不使塞奥弗拉斯特比亚里士多德更为排除目的论;他在植物自身的特殊完善性和它们对人类的有用性上找到这种目的论,却没有更深入地对它和他的植物学说的其他方面的关系进行考察。

他留下的植物学著作主要讨论植物的部分、发生和发展,以及植物的分类。

关于植物的部分,塞奥弗拉斯特遇到的问题是:季节性生长的东西如叶子、花、果实等是不是植物的部分?对这个问题他没有作确定的回答,而是认为根、茎、枝等是植物的主要的外在部分。他认为各种植物的不同正是根据这些部分的有或没有、特性、大小和位置来确定的;他指出植物没有像动物那样的口和胃,而对植物形式的无限多样性,我们只能以类比为满足。至于植物的内在部分则是树皮、木质、木髓以及它们的组成部分树液、纤维、叶脉、髓质等。这些部分是持久的,他根据这些最后区分出大多数植物按年变化的因素。他以树作为研究的基础,将树看成是完善的植物,正像亚里士多德将人看成是完善的动物一样。

关于植物的发生,塞奥弗拉斯特指出有三种不同的繁殖方法,即从种子繁殖、从别株植物的部分繁殖以及自发产生;其中最自然的是从种子繁殖,所有由种子发生的植物都用这种方法繁殖。照塞奥弗拉斯特的说法,这条规律不仅是从观察中得到的,而且从思考中可以看得更清楚:如果不是这样,这些植物的种子就没有目的了,而且在自然体系中,任何像种子这样的本质性的东西是不会没有目的的。塞奥弗拉斯特像恩培多克勒一样将种子比做蛋,但是他对结果实和植物的性的差别的关系没有真正的概念。的确,他常常区分雄性和雌性的植物,在这方面和亚里士多德不同,但如果我们研究他的意思就可以发现:第一,这种区分总是从整株植物而不是以结果实的器官划分,所以只能应用于蔬菜的最小部分;第二,塞奥弗拉斯特将这种区分只应用到树,而不是所有植物;第三,他的区分不是依据对结果实过程的确实知识,而只是根据通常语言的粗略类比作出的。可是另一方面,塞奥弗拉斯特对有些植物的萌芽过程作过精细的观察,在植物的接枝、球茎等不同的繁殖方法中,详细讨论了嫁接和芽接,认为茎是它们的土壤。关于自发产生,塞奥弗拉斯特指出它不是经常发生而只是偶然出现的,因为许多植物的种子细小到无法观察,它们由风、水和鸟带来,是我们难以发现的。他毫不怀疑尤其是在最细小的植物中,自发产生是实际发生的;像动物的自发产生一样,他将植物的自发产生解释为一定的质料在土壤和太阳热的影响下分解(腐烂)的结果。①

## 四　灵魂学说

策勒说塞奥弗拉斯特关于生命和灵魂的学说是比较重要的,亚里士多德的一些基本概念在他这里成为问题。亚里士多德将灵魂描述为所有运动的不

---

① 参见策勒:《亚里士多德和早期漫步学派》第2卷,第381—388页。

被动原则,并且将它的明显运动归于身体。塞奥弗拉斯特认为这只是在灵魂的低级活动中是真实的,可是他认为思想活动也必须当做是一种灵魂的活动。亚里士多德说到被动的理性,宣称只有知识的能力是内在的,这种能力只能逐渐发展为现实的知识;可是这种发展最初只是作为一种运动的能力出现的——换句话说,就是可能性的实现。在这方面塞奥弗拉斯特不可能将灵魂定义得和亚里士多德不同;但另一方面,他发现要接受亚里士多德关于主动的和被动的理性的关系的观点也有困难。问题在于理性如何能既是从外来的又是内在的? 这只能设想为它是在生物出生的瞬间进入的。但又产生进一步的困难:如果理性最初都不是现实的,而是潜能的,它如何完成从潜能到现实思想的转变,何时成为思想的活动呢? 如果说它是由外在事物强迫去思想的,便很难理解无形的(抽象的)东西如何能被有形的事物所作用和改变。如果它是由它自身推动的,那它就根本不是被动的。在任何情况下灵魂的被动性必然是和一般的被动性不同的:它并不是那一个尚未完成的东西使它动起来的,而是一种已经完成的状态。再说,如果将质料定义为只是潜能的"是",理性如果也被认为是潜能的东西,它岂不也变成某种质料了? 最后,如果理性也像别的那样可以区分为动因和质料因的话,问题依然存在,我们如何描述它们每一个的性质? 我们用被动的理性理解什么? 主动的理性如果是内在的,它如何会在最初时不活动? 如果它不是内在的,以后它又是如何发生的?

在这个观点中,尤其是将运动归给灵魂的活动时,塞奥弗拉斯特显示出一种明白的倾向,要将人的精神因素和物理因素紧密地同一。在他留下的一则判断中,他断言人的灵魂和动物的灵魂有相同的本性,表现相同的活动和状态,它们的区别只在于完善程度的大小不同。可是这只是指除理性以外的灵魂的低级能力。灵魂的低级因素和高级因素的关系看来对他也有不可逾越的困难;至少在关于想象上,他就怀疑它究竟应该是理性的还是非理性的部分。就我们所知,在他对于理性学说的处理上,可以推测他发现这个题目是充满困难的。

关于塞奥弗拉斯特的感觉学说,我们知道得比较详细,在这里他采用亚里士多德的结论,没有作重要的改动。以前的哲学家们有关感觉和感觉对象的观点都被用漫步学派的观点加以检验。塞奥弗拉斯特追随亚里士多德,将感觉解释为感觉器官的变化,由于它们变得不是在质料上而是在形式上和感觉对象相似。这种作用是从对象引起的。为了这种作用的产生,感觉对象必须和感觉器官处于一种和谐关系,因此这种和谐关系的性质成为讨论的重要主题,可是这不能单从它的名词的组成部分是同质的还是异质的上去寻找。按照塞奥弗拉斯特的意见,对象对感觉的作用总是中间的,使用第三个名词。在发展他的学说,批评前人的思想时,他无疑地分别讨论了各种感觉,但留给我们的却只有一个贫乏的报告。像亚里士多德一样,他将公共的感觉(sensus communis)和别的感觉区分开来,但并不完全同意亚里士多德的观点,即认为公共感觉知觉到的是质料的普遍性质。他捍卫感觉的准确性,反对德谟克利特对此进行的攻击。

作为漫步学派的哲学家,塞奥弗拉斯特当然肯定意志自由。在他关于自愿活动的论文中充分讨论的这个题目,可能已经注意到当时刚刚兴起的斯多亚学派的决定论学说。但是在这点上,正如亚里士多德的心理学中许多别的观点那样,还需要进一步研究,塞奥弗拉斯特在这方面的贡献,我们知道得不多。①

## 五 伦理政治学说

策勒认为,在伦理学说上塞奥弗拉斯特也只是继续亚里士多德的工作,他的主要长处在于细节上作了发展,使其更加完善。可是我们也不能不看到他和亚里士多德的观点有一定的背离,这不是在于提出新的不同的结论,而是在估计组成伦理问题的不同因素的相对重要性上作了轻微的改变。亚里士多德并没有忽视外在的善和环境对人的道德生活的意义,不过他只是将这些当做是道德活动的助手和工具,主张它们从属于实践品德。而在塞奥弗拉斯特那里,我们却可以发现他有一种要赋予外部环境以更大的重要性的倾向。对理论思辨活动的偏爱是深深植根于亚里士多德体系之中的,而在塞奥弗拉斯特

---

① 参见策勒:《亚里士多德和早期漫步学派》第2卷,第390—399页。

这里,理论思辨却要和要求不受干涉地献身于他的工作结合起来。这正如私人生活的限制一样,乃是时代条件改变的结果。由于他对活动的外部条件非常留心,所以他的道德语调缺乏某种森严和力量,而在亚里士多德那里这却是明白无误的。可是在这方面他所提出的驳斥,尤其是出自他的斯多亚学派的反对者立场的,却显然是夸大了的;他和亚里士多德的不同,只是在着重点上有无关重要的差别,并不是原则上的根本分歧。

可以说塞奥弗拉斯特伦理观点的特征是他关于幸福的说法,他主张幸福是哲学的也是人类活动的目标。他同意亚里士多德主张美德是绝对吸引人的,它即使不是唯一的,至少也是特殊意义的善;但是他还不能承认外在条件是无关紧要的,他否认单是美德就足够构成幸福,或是幸福可以和极端的物质上的痛苦一起存在。他抱怨我们的理智生活要服从肉体的需要,因而产生了干扰,他因而抱怨人生的短暂,正当我们得到某种识见时便停止了,抱怨人要依赖环境,而这是人所不能控制的。他确实不是想以这样的方式去降低道德的价值,或者在偶然的利益和状态中去寻求幸福的本质,但他确实比他的老师赋予外部关系以更大的重要性。对这种品格的解释只能从他特别偏爱研究生活的平静和安宁中去寻找。他并不反对给予外在的善以任何这样积极的价值,甚至他关于快乐的说法也和亚里士多德的教导是一致的。但即使在他和亚里士多德分享的偏爱学术生活中,他也不是没有片面性的,在实践中他主张将他自己远离一切可在某种程度上干扰他的事情。尤其是在他关于婚姻的残篇中可以看到:他劝阻哲学家结婚,理由是关心家庭便会影响工作,必须避免家庭生活才能自我满足。可以认为塞奥弗拉斯特要避开这种阻碍完全幸福的外在的命运和痛苦,以为它们是束缚心灵的自由与和平的。他的天性并不采取要和世界、和生活的病态作战。因为这样做花费的时间和精力都会使他离开学术活动,也会打断安静的沉思以及随之而来的理性的和平,而这是他唯一的幸福。所以他要避免任何会将他卷进这样的冲突中的事情。在那个时代,斯多亚和伊壁鸠鲁学派都以让智慧的人独立自足为目标,塞奥弗拉斯特也追求同样的目标,只是他忠实于漫步学派伦理学的精神,却不愿意忽视自足生活的外部条件。

　　塞奥弗拉斯特和亚里士多德的不同只是程度上的,而且是不能严格地定义的;在他留下的道德哲学部分中我们可以看到重要的分歧是很少的。他和亚里士多德一样,将美德规定为在两种恶之间保持真正的中道。在描述这些不同的品德和对立的恶中,他无疑比他的老师更加细致。可是他并不隐瞒在不同的品德之间的差别在一定程度上是看不到的,因为它们都有共同的根源和联系的原理。人们想将实践活动中的理智和道德品质区分开来是无疑的,在他的伦理学中也不可避免地会触及这个问题,但他是否详细地讨论了它却不得而知了。关于他对感情的论述我们也不完全知道,只知道他主张一定的感情是自然的和不可避免的;但是他要求人们不应该在感情影响下动作,例如不要在忿怒中惩罚人。对于感情的罪恶,他宣称欲望的罪恶比忿怒的罪恶更坏,因为屈从于快乐比屈从于痛苦更坏。

　　塞奥弗拉斯特像亚里士多德一样特别注意生活共同体中的道德关系,他写过论友谊、爱情和婚姻的论文。他认为友谊具有最高价值,只要它是正确的,可惜常常不是这种情况。他甚至允许对责任可以作轻微的违背,只要这样做能促进朋友的兴趣;认为在这种情况中,在质量上较高的道德价值会被对朋友的利益平衡的数量优势所超过,正如一小片金子会被大量铜片超过一样。在他看来选择朋友更必须节制。他也承认亚里士多德区分的三种友爱(基于品德的、基于有用的和基于快乐的——见《欧德谟斯伦理学》第7卷第4章),而且在他的论文中对它们各自的特性以及友爱的各种不同关系都作了很好的观察。他对情人之间的感情很少同情,认为这是非理性的欲望压服了灵魂,像酒一样只能是适度享受的。

　　关于塞奥弗拉斯特的政治著作,策勒认为除了许多历史陈述外,他只是努力为亚里士多德的教导提供一些事实;对亚里士多德的各类不同城邦的说法,他加添了有关法律的收集。在他自己有关城邦性质的研究上他特别注意行政机构的讨论,以及在和特殊环境的联系中产生的问题的处理。①

---

　　①　参见策勒:《亚里士多德和早期漫步学派》第2卷,第399—411页。

从策勒对塞奥弗拉斯特哲学思想所作的这些概述和评论中我们可以看到:塞奥弗拉斯特的思想和亚里士多德的思想是基本一致的,在根本原则上没有分歧和背离;但在具体的问题和细节上却有许多不同,如塞奥弗拉斯特对亚里士多德主张的某些重要观点提出怀疑,根据他自己观察到的事实,对亚里士多德的陈述作了某些纠正和补充,使它更加精确完善,或是提出一些问题,促使人们进一步思考。从这些方面应该承认塞奥弗拉斯特是沿着亚里士多德思想前进的,使老师的思想更加一致和系统化,可以说是发展了亚里士多德的思想。可惜的是现在留下的材料太少,我们只能满足于这样粗略的概述。

## 第二节 亚里士多德的其他学生

除塞奥弗拉斯特外,亚里士多德直接传授的学生还有欧德谟斯(Eudemus)、阿里司托森(Aristoxenus)、狄凯亚尔库(Dicaearchus)等人,在第欧根尼·拉尔修的《著名哲学家的生平和学说》中都没有为他们立传,他们的著作现在只留下少数残篇,策勒在《亚里士多德和早期漫步学派》中对他们的思想作了简略的概述,是我们以下论述的主要来源。

### 一 欧德谟斯

欧德谟斯是罗得斯岛人,生活于公元前4世纪后半叶。据说他强烈希望能继承亚里士多德成为漫步学派的首领,但在这方面不敌塞奥弗拉斯特。后来他回到罗得斯岛,建立他自己的学校;但他保持对亚里士多德学说的忠诚,并且和与他一样有保守倾向的塞奥弗拉斯特保持密切的联系。现在保存的有他致塞奥弗拉斯特信件的残篇,和他讨论亚里士多德《物理学》中一些段落的解释问题。欧德谟斯汇编过数学、地理、天文和神学志,他也写过关于逻辑、修辞和动物的著作。但我们只有他的物理学著作的一些知识,这是由辛普里丘保存下来的。其中大部分只是亚里士多德《物理学》的释义,虽然有时有些不同的观点,也只是要将亚里士多德的论述归到更严格的图式。19世纪有些学者认为欧德谟斯是《欧德谟斯伦理学》一书的作者,但现在一般都认为这是亚里士多德自己的原作。①

策勒认为在具有广博的学识方面欧德谟斯可以和塞奥弗拉斯特比美,他也写了许多著作;他作为哲学家的价值更多在于传播亚里士多德的学说,胜过对它们的独立发展。

在欧德谟斯解释亚里士多德的物理学说时,几乎是逐行追从原著。在他自己的物理学中几乎没有对老师的学说作任何重要的背离,他的改变仅仅是将几本书加以缩编,作了一些调动变换,目的是要使它更加明白清楚。从他的论文的残篇中我们不能不承认他对亚里士多德的学说是真正领会的,对其中包含的问题作了仔细的思考,精密地阐明了许多判断和概念,但是我们在其中看不到有任何新鲜的观念或观察。

可是在物理学和形而上学的边缘上却可以看到他和老师有重要的分歧。当他一般地同意亚里士多德的神学概念时,欧德谟斯正确地发现:亚里士多德所说的第一动者为了使世界运动,它自身必须运动的断言,是和动者的非物质性不相容的。亚里士多德似乎没有看到他是以同等的空间位置运动为假设的,对于神使世界运动的方式,他也没有作任何进一步的正面解释。

欧德谟斯的伦理学在其神学方面有显著的特色。亚里士多德在道德学说方面将人类的目的和能力完全限于自然方面,欧德谟斯却将人的活动的起源和目的与神更紧密地联系起来。在活动的起源上,他指出许多并不是由见识而活动的人,在他们的行动中还是幸福的,他认为这必然是赐给这些人的特有的幸运礼物。这种礼物从哪里来的? 它不是人赐给自己的,必然来自神——世界运动的根源。再说,见识以及由此生出的品德具有相同的起源,因为每个理性活动都设定理性,而理性自身必然是神赐的礼物。正如品德起源于神,所以神也是一切理性和道德活动的最后目的。亚里士多德将思辨知识描述为最高的理性活动,又是幸福的最主要的因素,欧德谟斯进一步认为这种知识就是神的知识,并且因此将亚里士多德的"幸福和思想(theoria)同在"的命题改变

①　以上见《牛津古典辞典》,第565页。

为"所有善的东西都和引导我们对神的沉思成比例"。一切阻碍我们沉思神、崇拜神的都是恶;他认为这个概念可以补足亚里士多德的欠缺,这也是"按照理性活动"的更精确的定义。我们越是坚持这个目标便越不会被灵魂中的非理性因素所迷惑。他认为追求神的知识的努力就是一切道德的最后根源。实际上亚里士多德也在"正义"的名义下接触到这个完全的美德,不过只是偶然的,而且只表现在人和人之间的关系上,在他看来,各种品德的固有的结合纽带是见识。在表述这种作为一切品德的基础的意志和品质问题上,欧德谟斯填补了亚里士多德说法的空隙。策勒认为在欧德谟斯的伦理学的其他方面,他和亚里士多德的不同只是作了个别的变动和缩写,对表述和词的意义作了些改动。但是他认为欧德谟斯破坏了伦理学和政治学之间的紧密联系,在它们之间插入了第三种学问——经济学。

策勒强调欧德谟斯伦理学说的本质特征在于将伦理学和神学联系起来,这是离开亚里士多德哲学的精神而接近柏拉图的。①

## 二　阿里司托森和狄凯亚尔库

和欧德谟斯持宗教态度相反,亚里士多德的另外两位学生阿里司托森和狄凯亚尔库却是持自然主义的态度。

阿里司托森大约于公元前 375 到前 360 年间生于塔壬同,早年从他父亲学习音乐;在雅典,他先是毕泰戈拉学派的泽诺菲罗的学生,后来才成为亚里士多德的学生。他写了许多有关和谐和音乐的著作,在古代音乐家中获得极高的名声。在研究的完善性方面他远远超过前人,以严密的方法、精确的定义和透彻的音乐知识著称。他除了研究自然学、灵魂学、伦理学、政治学外,还研究数学。策勒指出:阿里司托森的观点是毕泰戈拉学派的严格的道德观和漫步学派的经验主义的结合。虽然是漫步学派的人,他却以严格的禁欲的品格完全同意毕泰戈拉学派的伦理训条,表扬虔诚、适度、感恩、忠实于朋友、尊敬父母、严格遵守法律以及耐心教育青年等等。在音乐方面他也像亚里士多德

---

① 参见策勒:《亚里士多德和早期漫步学派》第2卷,第417—429页。

一样,追随毕泰戈拉学派,认为音乐起道德和教育的净化作用,它可以缓和与减轻感觉和情绪的病态;他坚持音乐应该保留原来的庄重和严肃,抱怨当时音乐的柔弱和粗野已经改变了早期的古典风格。

阿里司托森认为灵魂是一种和谐,像肉体的和谐一样有确定性。他认为灵魂的运动是肉体器官的产物,是和肉体器官的运动同时发生的;如果其中的一个部分失调了,就要毁掉运动的和谐,导致意识的消失,这就是死亡。对灵魂作经验的解释是和他的音乐观点一致的,正如在音乐中他将自己限于经验事实,在讨论灵魂生活时他也将自己限于可感觉的现象;正如他认为和谐是从若干个别声音的合作中发生的,灵魂也是从若干肉体运动的合作中发生的。①

亚里士多德的另一位学生狄凯亚尔库是西西里岛的麦撒那人,他长期居住在伯罗奔尼撒半岛,尤其是在斯巴达,他是和塞奥弗拉斯特同时代的人,鼎盛年在公元前 326—前 296 年间。他的著作只留下一些残篇。②

策勒说狄凯亚尔库主要探究灵魂的本性,对这个题目他作了明白彻底的研究。他也认为灵魂自身没有绝对独立的存在,它只是物质因素组合的结果;事实上除了生物体中四种元素的和谐结合以外没有别的东西,灵魂只有和肉体相应地结合并通过肉体的各个部分的扩散才成为实在的。从这个观点他当然反对灵魂不朽的信念,可是很奇怪,他又相信梦境和出神状态的启示,这也像亚里士多德一样,可以和他对灵魂作自然解释的学说调和起来。从他的残篇中可以看出他并不是占卜和祭司的预言术的朋友。

和狄凯亚尔库的灵魂观点有联系的是他断言实践生活高于理论生活。如果人像他那样主张灵魂是不可分地结合在肉体之内的,就不会像柏拉图和亚里士多德那样将思想描述为可以抛开一切外在的东西而专注于它自身的活动。反过来说,如果认为灵魂的最高活动只是在于生活的实践方面,必然会认为灵魂的本性是不能和肉体器官分离的,而是弥漫在肉体器官中的作用力量。

---

① 参见策勒:《亚里士多德和早期漫步学派》第 2 卷,第 429—438 页。

② 参见《牛津古典辞典》,第 464 页。

但是狄凯亚尔库要求灵魂力量浸透整个肉体,道德力量应该贯穿人类生活的整体来表现它自身。并不是讲课造成了哲学家,也不是公开演说或官吏职务造成了政治家;而是哲学家应将他的哲学带进各种环境和他的生活活动之中,政治家则应将他的整个生命贡献给为人民服务。正是这样强烈的实践性使得狄凯亚尔库认为研究政治是最吸引人的,因此他不仅一般地特别注意政治,而且写了关于希腊政制的书。在他的《三重政制》中提出将三种纯粹的政制形式(民主的、贵族的和君王的)结合起来才是最好的政制,而且认为斯巴达就是这样的实例。除此以外我们对狄凯亚尔库的政治哲学便所知不多了。①

## 第三节　漫步学派的首领

以亚里士多德为首创立的学派被称为漫步学派,他的学生不但塞奥弗拉斯特,而且欧德谟斯等人都是漫步学派的哲学家;但亚里士多德离开雅典时将吕克昂学院交给塞奥弗拉斯特领导,欧德谟斯等也离开雅典到别处讲学或建立学校。塞奥弗拉斯特担任学院首领三十多年,他去世后学院由他的学生斯特拉托领导,以后代代相传,直到公元前2世纪,被称为早期漫步学派,这段时期的学术研究基本上是继承塞奥弗拉斯特的传统,所以策勒又将他们称为塞奥弗拉斯特学派,其中最杰出的是斯特拉托。

### 一　斯特拉托

第欧根尼·拉尔修书中有简单的斯特拉托传记,说他是小亚细亚地方的兰萨库斯(Lampsacus)人,因为他专心致志研究自然,被人称为"自然学者"。他当过托勒密二世(Ptolemy Ⅱ Philadelphus)的老师,收受了 80 塔兰特的学费。他担任学院首领有 18 年(约前 286—前 268 年)。列有他的著作数十种,论及正义、善、神、本原、幸福、哲学王以至睡眠、梦、颜色、疾病、时间、原因、定

---

① 参见策勒:《亚里士多德和早期漫步学派》第 2 卷,第 438—442 页。

义等各个方面。①

　　策勒说斯特拉托是唯一能贯彻由亚里士多德和塞奥弗拉斯特倡导的科学路线的学生,在漫步学派中他是最杰出的,这不仅由于他的知识和著作的广泛性,更由于他的思想的敏锐和独立性。据说他对逻辑和本体论的贡献并不是很重要的,但另一方面,当说到他对存在(是)和变化的原理的看法时,他和亚里士多德的观点的不同就明显了。亚里士多德将这些归为自然,但首先将它思考为普遍的作用因,再进一步描述为神或第一动者,可是对这二者的相互关系又没有作出明确的规定。而斯特拉托则或是因为他认识到亚里士多德观点含糊不清而且有根本矛盾,或是因为他整个思想是反对外在的超自然原因的,所以他抛弃了认为神是和整个世界分离的不同的存在的观念,而满足于认为神自身就是自然,认为神不过是一种必然的力量,是无须经过意识和反思动作的。他认为世界是个无生命的整体,一切自然现象都不过是自然必然性的作用。尽管他反对德谟克利特的原子论,但他相信德谟克利特认为对任何事物都必须从重量和运动去寻求解释,因此他被西塞罗等人控诉说他主张神对世界的组成并不是必需的。正确地说他的观点是主张神和自然同一,在自然中没有人格化的、和人类似的东西,只有作为一切事物的运动变化根源的普遍的能。因此精确的作家说他否认神有灵魂,而且主张天和地即宇宙就是神。可是我们看到尽管斯特拉托主张自然主义,却不能和德谟克利特对世界所作的机械论解释调和起来,部分是因为他发现对现象不能作出合适的解释,部分是因为他主张不可分的原子像无限虚空一样也是不可思议的。更主要的原因却在于他关于事物的特性的学说,更精确地说则是构成这些特性的作用力的学说。他认为最后的特性就是热和冷(亚里士多德已经认识到这些是事物的主动因素),是生命和存在的首要的和积极的本原,是更高的实在。他认为冷的最后基质是水,热的最后基质是火或热气。热和冷持续斗争,一种力量进入的地方,另一种便被排出,这种变换可以解释雷电和地震。有了这些有形的力量,斯特拉托认为可以省掉无形的东西。

---

　　①　参见第欧根尼·拉尔修:《著名哲学家的生平和思想》第5卷,第58—60节。

斯特拉托没有说明冷和热这对基本对立和别的元素之间对立的关系，或是他如何从这种基本对立引出其他对立的。但是他反对亚里士多德的重力观点，亚里士多德按照每一元素趋向的方向分配它在宇宙中的位置。因此他认为土是绝对的重而火是绝对的轻，气和水只是相对的轻和重。可是斯特拉托却和德谟克利特一样，根据单纯的观察断言一切物体都是重的，并且压向中心；如果其中有些向上，那是因为较重的压迫了较轻的。至于他是如何解释不同程度的重的——是认为每个有重量的物体，由于质料的性质不同所以有不同的重量呢，还是和德谟克利特一样认为一切质料都有同等的重量，只是由于它们之中的空的间隙所以物体有不同的重量呢，我们就不知道了。他在有些地方表述的像是后一种假设，他还同意德谟克利特所设想的虚空的存在；他认为除非设想有虚空的间隙可以让光和热进入，不然便无法解释许多如光和热这样的现象。可是这只证明在物质世界之中的虚空的空间的存在，所以他的空间定义像亚里士多德一样，是排除了在世界之外的空间概念的，拒绝德谟克利特的在我们的世界以外还有无限空间的观点。同样的在时间问题上，斯特拉托的观点也不同于前人。亚里士多德将时间定义为运动的数目或计数，斯特拉托认为这是错误的。他指出数目是一种中断的数量，而时间和运动却是连续的数量，所以是不能计数的。时间是连续不断的开始和终结，数目却不是这种情况；数目的部分是同时存在的，时间的部分却不是这样。如果时间是数目，则描述时间和描述"一"就是相同的了。最后，为什么作为早和晚的尺度的时间，只是指运动而不是同等地也指静止呢，静止也是有早和晚的。斯特拉托将时间定义为活动的量，是运动和静止的数量。他小心地将时间和在时间中的东西区分开，因而拒绝承认年、月、日等等是时间的部分，它们相当于实在的和确定的事件，而时间却是这些事件的持续。（他说时间是由不可分的最小的量组成的，运动并不是在时间的这些部分中连续地进行的，而是一瞬间一瞬间地完成的。策勒认为这种说法似乎是出于误解。）在说明运动像空间和时间一样是连续的这一点上，斯特拉托比亚里士多德更可理解。运动尤其是性质变化的位置，他认为不仅在被动的质料中去寻找，而且也可以在运动中停止的和生成的东西中去寻找。他用对物体降落的简单观察证明运动的加速学说。

策勒指出：斯托拜乌（Stobaeus）认为斯特拉托对亚里士多德的宇宙论是基本背离的，因为他主张天是由火造成的，以及星球的光亮是太阳光的反射。对这种说法的前一部分在别处没有提到过，它意味着放弃亚里士多德提出的以太学说以及由此推出的一切，可是我们也不能否认困扰亚里士多德的假设的星体的发光和发热的力量，会使斯特拉托要用火代替以太说明天体的本性。也不需要说明在那个时期星球的光对天文观点造成多么严重的困难，而斯托拜乌对这些说法也并没有提出任何确定的证据。说斯特拉托认为世界的部分是无限多的，也显然是不正确的，因为它意谓世界在空间中可以无限延伸。

策勒认为斯特拉托的灵魂学说是由于和亚里士多德的分歧而引人注意的。从斯特拉托对世界的作用力的总的学说就可以推想他会采取一种独立的观点：如果这些作用力是不能和质料分开的，灵魂的力量也必然是如此。不能由此推出斯特拉托必然和阿里司托森与狄凯亚尔库那样将灵魂解释为肉体的和谐，他也不能承认亚里士多德的学说认为灵魂是不动的，它的一个部分可以和一切其他部分以及和肉体分离。他比塞奥弗拉斯特更强调灵魂的活动是运动的，既是思想又是知觉，因为它们都是由一种原来不活跃的力量的活动构成的。为了证明这个观点——感觉的活动和理性的活动在这方面没有本质的不同，他借助于亚里士多德已经观察到的事实，即如果没有在先的知觉我们便不能思想任何事物。但是另一方面他又注意到知觉和感觉是以思想为条件的，因为常常在我们想到某些别的事情的时候，我们的感觉接受到的印象便不能进入意识之中。可是一般地说，感觉是处在灵魂之中而不是在肉体中的；因为当我们相信我们自己感到被作用的部分的痛苦时，它不过是一种幻觉，正如我们以为听到了外部的声音，实际上不过是在耳朵里领会了它们。苦痛是因为从被作用部分的外在印象突然传送到灵魂中引起的；如果这个联系破坏了，我们便不会感到痛苦。因此斯特拉托反对亚里士多德所作的灵魂有理性部分和感性部分的区别，认为灵魂是单一的力量，理性（他叫做 to hegemonikon）是灵魂全体，而不同的感觉只是这个中心力量的个别的表现而已。他将灵魂摆在两条眉毛之间，就是脑所在的部分。他认为它渗透在整个肉体之中，尤其是在感觉器官中,大概就和灵魂的生命(anima vitae)联系起来。睡眠是这个精神的隐退,可是梦是以什么方式和这个观点联系起来的,却是说不出来的。

按照这种学说,理性便不再是人类灵魂的特有的标志,不是人类灵魂中的特殊的高级因素了,所以斯特拉托一方面可以自由地断言一切生物都分有理性,在他看来理性是和意识一致的,没有它感性知觉就是不可思议的;另一方面他又将整个灵魂推向亚里士多德所说的低级因素方面。因此我们发现他不仅反对柏拉图的回忆说,而且也批评了《斐多篇》中对灵魂不朽的证明,这些可以证明他已经放弃了对灵魂的不朽性的信念。①

从策勒介绍的这些斯特拉托的观点中,可以看到他是尽力将一切自然现象包括灵魂在内作自然的即物理的解释,反对说它们具有神圣性、不朽性。

## 二 斯特拉托以后的早期漫步学派

策勒在他的巨著《希腊哲学史》第4卷即英译本《亚里士多德和早期漫步学派》最后写了一章"斯特拉托以后直到2世纪末的漫步学派",介绍斯特拉托以后的漫步学派的哲学家们。他是这样概述的:在斯特拉托以后漫步学派并不缺少以广博的知识和教授能力出名的人物,但是没有造成任何可以称为独立思想家的哲学家。漫步学派仍旧是那个时代的一个主要的学习中心,在同时代的学院中,只有斯多亚学派可以在这方面和它竞争。在亚历山大里亚时代,致力于历史、文学和语法研究是超过一切的,漫步学派主要从事修辞和伦理的研究,但即使在这些领域中的贡献也不多。至于自然学科和形而上学方面,看来也只限于传播旧的学说。但是策勒又说:我们不能由于它看来贫乏而不提到它们,不能抱怨这个时期的漫步学派没有成就,应该看到如果在斯特拉托的后继者中有什么重要的东西,那就是历史赋予他们的一个丰富的思潮,即对亚里士多德的学习和注释;可以说在从斯特拉托到安德罗尼柯之间的漫步学派中保持了一种深刻的有意义的沉默。②

---

① 参见策勒:《亚里士多德和早期漫步学派》第2卷,第451—472页。
② 参见策勒:《亚里士多德和早期漫步学派》第2卷,第473—474页。

继承斯特拉托的是他的学生吕科。他担任漫步学派首领将近半个世纪（约公元前 270—前 255 年）。他的著作残篇留下的很少,策勒说他的贡献是:优美的风格超过了思想创造力。吕科的继承人是阿里斯托,策勒也给了他几乎相同的评语。

阿里斯托的继承人是克里托劳斯,策勒认为他是比较重要的。他的观点主要是拥护漫步学派的教义的,但有几点和亚里士多德不同。他认为灵魂包括理性是由以太组成的,而且在他的伦理学中超越了亚里士多德说快乐是恶的断言。另一方面在关于最高的幸福的性质上他又完全是按照亚里士多德的,将它描述为自然生活的完善,主张它应该包括亚里士多德所说的三种善,却又无条件地归给灵魂的善,认为此外的一切是完全没有意义的。同样在物理学中他是亚里士多德的一个重要学说的保卫者,即主张世界和人种的不朽,反对斯多亚学派。他的论证主要基于自然秩序是不可变动的,因此排除了人可以不像现在这样生成的假设;认为最初的人是从土中生出来的说法会产生多种不协调;因此得出结论说人以及世界是不朽的,正如柏拉图和亚里士多德所宣称的,人种通过繁殖而获得不朽,但这不是指个人可以不朽。他进一步指出像世界这样以自己为原因的存在必然是不朽的,如果它有开始便会显示成长和发展,不仅在它的物质构架方面,而且也在统治它的内在理性方面;可是像它这样已经完善的"是",这是不可能的。而有病的、老年的、有毁坏的生物都不能对作为整体的世界起作用。如果承认世界的秩序和命运是不朽的,就必须也承认世界自身不是别的,它不过是这种秩序的表现,这也是真的。策勒认为这个论证的主导思想虽然不是新的,但是我们必须承认它能保卫漫步学派的学说。①

克里托劳斯的继承人狄奥多罗斯也是比较重要的,但策勒只说到狄奥多罗斯的灵魂观点和他的老师一致,可是在伦理学方面却和老师和亚里士多德不同,他将他们关于最高的善的观点在一定范围内和斯多亚学派以及伊壁鸠鲁学派的观点互相结合起来,主张幸福在于有道德而且没有痛苦的生活;可是

---

① 参见策勒:《亚里士多德和早期漫步学派》第 2 卷,第 480—483 页。

他又宣称道德是其中最本质的不可缺少的因素,所以他对亚里士多德的背离在实际上并没有最初所显示的那么重要。对于早期漫步学派最后一任首领,狄奥多罗斯的继承人厄律尼乌斯,策勒说除了他的名字之外便一无所知。①

\*　　　　\*　　　　\*

从以上主要根据策勒提供的资料表明,由塞奥弗拉斯特开创的早期漫步学派的学术工作只能说是继续亚里士多德的研究,在一些枝节性的问题上纠正和发展了亚里士多德的思想,既没有提出重要的有创造性的哲学观点,也没有产生能独树一帜的哲学家。因此在后期希腊化以及罗马时期的哲学思想发展中,漫步学派没有能像斯多亚学派、伊壁鸠鲁学派、怀疑论和后起的新柏拉图学派那样占有重要的地位,虽然他们的思想在彼此间是有互相影响和渗透的。

从策勒提供的这些思想资料中也可以看出,早期漫步学派的哲学家们在继承亚里士多德的思想时基本上是向两个方向发展的:一个是以塞奥弗拉斯特和斯特拉托为代表被策勒称为"自然主义"的倾向,他们比较重视经验事实,注意研究自然;他们在物理学、心理学(关于灵魂的学说)、植物学以至伦理学方面对亚里士多德的观点作了一些修正补充,为后来西方的科学研究进一步开辟了道路。另一个是以欧德谟斯为代表的可以说是继承了亚里士多德的神学方向,偏向研究最后的神圣的本原;这种思想倾向在漫步学派内部虽然没有多大影响,但是和后来的新柏拉图主义和基督教哲学是有内在关系的。在以上讨论亚里士多德的形而上学时我们说到他有神学和本体论并存的两个矛盾方面,在他的学生中也同样发生这两种不同的倾向。

---

① 参见策勒:《亚里士多德和早期漫步学派》第 2 卷,第 486—488 页。

# 附　录

## ❀ 书 目 ❀ ─────────────────

# 第一类　工具书

*A Greek-English Lexicon*, ed. by Lidell-Scott-Jones, Clarendon Press, Oxford, 1996.

《希英大辞典》,牛津,1996 年增订版。

*The Oxford Classical Dictionary*, ed. by Hammond, N.G.L., and H.H.Scullard, Oxford, 1996.

《牛津古典辞典》,1996 年第 3 版。

*An Index to Aristotle*, ed. by Bonitz, tr. by Organ,T.W., Princeton,1949.

《亚里士多德全集索引》,波尼兹编,T. W.奥根英译,1949 年版。

# 第二类　亚里士多德著作

*The Works of Aristotle.* Ross(ed.),W.D., tr. into English, 12 vols, Oxford, 1928 - 1952.

《亚里士多德全集》,W.D.罗斯主编,牛津版英译本,12 卷。

*The Complete Works of Aristotle* (The Revised Oxford Tr.), Barnes, J.(ed.), 2 vols, Princeton, 1984.

《亚里士多德全集》(牛津版英译修订本),J.巴恩斯主编,2 卷。

*Aristotle.* "The Loeb Classical Library". 23 vols.

《亚里士多德文集》,《洛布古典丛书》版希英文对照本,23 卷。

《亚里士多德全集》,中译本,苗力田主编,10卷,人民大学出版社,1990—1997年。

Aristotle's Prior and Posterior Analytics: Revised Text with Introduction and Commentary, Ross, W.D., Oxford, 1949.

《亚里士多德〈前分析篇〉和〈后分析篇〉:附有引论和注释的希腊文校订本》,W.D.罗斯,牛津,1949年。

Aristotle's Posterior Analytics, by Barnes, J., Oxford, 1975.

《亚里士多德〈后分析篇〉注释》,J.巴恩斯。

《范畴篇 解释篇》,方书春译,商务印书馆,1959年。

《工具论》,李匡武节译,广东人民出版社,1984年。

《修辞学》,罗念生译,三联书店,1991年。

Aristotle's Physics: A Revised Text with Introduction and Commentary, Ross, W.D., 2vols. Oxford, 1936.

《亚里士多德〈物理学〉:附有引论和注释的希腊文校订本》,W.D.罗斯。

《物理学》,张竹明译,商务印书馆,1982年。

《天象论、宇宙论》,吴寿彭译,商务印书馆,1999年。

《动物志》,吴寿彭译,商务印书馆,1972年。

《动物四篇》,吴寿彭译,商务印书馆,1985年。

Aristotle's De Anima: A Text with Introduction and Commentary. Ross, W.D., Oxford, 1961.

《亚里士多德〈论灵魂〉:附有引论和注释的希腊文校订本》,W.D.罗斯。

《灵魂论及其他》,吴寿彭译,商务印书馆,1999年。

Aristotle's Metaphysics: A Revised Text with Introduction and Commentary, Ross, W.D., 2 vols. Oxford, 1975.

《亚里士多德〈形而上学〉:附有引论和注释的希腊文校订本》,W.D.罗斯。

Aristotle's Metaphysics, tr. by Hope, R., with an analytical index of technical terms, The University of Michigan Press, 1968.

《亚里士多德的〈形而上学〉》,R.霍普英译,附有术语的分析索引。

The Metaphysics of Aristotle, tr. by McMahon, J.H., Prometheus Books, Buffalo, New York, 1991.

《亚里士多德的形而上学》,J.H.麦克马洪英译。

吴寿彭译:《形而上学》,商务印书馆,1981年。

李真译:《形而上学》,台湾正中书局,1999年。

Aristotle's Metaphysics, Books Γ, Δ, E, tr. with notes, by Kirwan, C., Oxford,

1971.

《亚里士多德〈形而上学〉Γ、Δ、E 卷》，C.凯尔温译注。

Aristotle, *The Nicomachean Ethics*: *A Commentary*, by Joachim, H. H., Oxford, 1955.

《亚里士多德〈尼各马科伦理学〉注释》，H.H.乔基姆。

*Nicomachean Ethics of Aristotle*, tr. by Jackson, H., New York, 1973.

《亚里士多德的尼各马科伦理学》，H.杰克逊英译。

*The Politics of Aristotle*: *Translated with an Introduction*, *Notes and Appendixes*, by Barker, E., Oxford, 1952.

《亚里士多德〈政治学〉:附有引论、注释、附录的英译本》，E.巴克。

Aristotle, *The Politics*, *Translated and with an Introduction*, *Notes and Glossary*, by Lord, C., The University of Chicago, 1954.

《亚里士多德〈政治学〉,附有引论、注释、词汇的英译本》，C.洛德译。

*The Politics of Aristotle*: *with an Introduction*, *two Prefatory Essays and Notes*, *Critical and Explanation*, by Newman, W.L., 4 vols. Oxford, 1887–1902.

《亚里士多德〈政治学〉:附有引论、序言性论文、批评和注释的希腊文校订本》，四卷，W.L.纽曼。

《政治学》，吴寿彭译，商务印书馆，1981年。

《诗学》，傅东华译，商务印书馆，1936年。

《诗学》，天蓝译,牡丹江书店，1948年。

《诗学》，罗念生译，人民文学出版社，1982年修订版。

《诗学》，陈中梅译注，商务印书馆，1996年。

De Vogel,C.J., *Greek Philosophy*: *A Collection of Texts with Notes and Explanations*, Vol. II: *Aristotle*, *the Early Peripatetic School and the Early Academy*, E.J.Brill, Leiden, Netherlands, 1967.

《希腊哲学:附有注解的原始资料集》，第2卷:《亚里士多德、早期漫步学派和早期柏拉图学园》，C.J.德·沃格尔编。

## 第三类　　古代著作

*The Presocratic Philosophers*, A Critical History with A Selection of Texts, by Kirk, G.

S., Raven J.E. and Schofield, M., Cambridge University Press, 1985.

《苏格拉底以前的哲学家：附有原始资料选编的批判史》，G.S.基尔克、J.E.拉文和 M.斯科费尔特。

*Lives of Eminent Philosophers*, by Diogenes Laertius, 2 vols. tr. by R.D. Hicks, The Loeb Classical Library, 1972.

第欧根尼·拉尔修：《著名哲学家的生平和学说》，《洛布古典丛书》希、英文对照本。

《古希腊罗马哲学》，北京大学哲学系外国哲学史教研室编译，三联书店，1957年。

《西方哲学原著选读》，上卷，北京大学哲学系外国哲学史教研室编译，商务印书馆，1981年。

《古希腊名著精要》，陈村富、庞学铨、王晓朝等编写，浙江人民出版社，1989年。

《古希腊哲学》，苗力田主编，中国人民大学出版社，1989年。

*The Diologues of Plato*, Translated into English with Analytics and Introductions, by Jowett, B., 5 vols. Oxford, 1931.

《柏拉图对话集》（英译，附有析义和引论），B.乔伊特，5卷本。

*The Collected Diologues of Plato*, Including the letters, ed. by Hamilton H., and Cairns, H., Princeton, 1973.

《柏拉图对话全集》（包括书信），H.汉密尔顿和 H.凯恩斯编。

*Plato*, The Loeb Classical Library, 12 vols.
《柏拉图文集》，《洛布古典丛书》，希、英文对照本，12卷。

《柏拉图〈巴曼尼得斯篇〉》，陈康译注，商务印书馆，1982年重印本。

《埃斯库罗斯悲剧两种》，罗念生译，人民文学出版社，1961年。

《阿里斯托芬喜剧集》，罗念生等译，人民文学出版社，1954年。

《索福克勒斯悲剧两种》，罗念生译，人民文学出版社，1961年。

*Alexander in Aristotlelis Analyticorum Priorum Librum I, Commenterium*, ed. by Wallies, M., Berolini, 1883.
《亚历山大对亚里士多德〈前分析篇〉第一卷的注释》，M.瓦里斯编。

Porphry: *The Phoenician Isagoge*, Translation, Introduction and Notes by E.D. Warron, The Pontifical Institute of Mediaeval Studies, Toronto, Canada, 1975.
波菲利：《〈范畴篇〉导论》，E.W.瓦伦译注。

Aquinas, Thomas: *Commentary on Aristotle's Physics*, tr. by Blackwell, R.J., Spath R. J. and Thirjkel, W.E., London, 1963.
托马斯·阿奎那：《亚里士多德〈物理学〉评注》，英译本，1963年。

# 第四类　近现代著作

艾哈迈德·爱敏:《阿拉伯—伊斯兰文化史》,第 2 册,近午时期(一),朱凯等译,商务印书馆,1990 年。

Allan, D.J.: *The Philosophy of Aristotle*, Oxford, 1952.

D.J.阿伦:《亚里士多德的哲学》。

Anton, J. P. and Kusttas, G. L.: *Essays in Ancient Greek Philosophy*, State University of New York Press, Albanny, 1971.

J.P.安顿和 G.L.库斯塔斯主编:《古希腊哲学论文集》。

Barker, E.: *The Political Thought of Plato and Aristotle*, New York, 1959.

E.巴克:《柏拉图和亚里士多德的政治思想》。

Barnes, J.: *Aristotle*, Oxford, 1982.

J.巴恩斯:《亚里士多德》,台北时报文化出版社,1983。

Barnes, J., Schofield, M. And Sorabji(ed.): *Articles on Aristotle*, 4 vols.: 1. Science, 2. Ethics and Politics, 3. Metaphysics, 4. Psychology and Aesthetics. London, 1975–1979.

J.巴恩斯等编:《亚里士多德研究论文集》,4 卷:1. 科学,2. 伦理学和政治学,3. 形而上学,4. 心理学和美学。

Bechler, Z.: *Aristotle's Theory of Actuality*, New York, 1995.

Z.柏希勒:《亚里士多德关于现实的理论》。

Bernal, J. D.(贝尔纳):《历史上的科学》,伍况甫等译,科学出版社,1959 年。

Bosanquet(鲍桑葵):《美学史》,张今译,商务印书馆,1985 年。

Butcher, S. H.: *Aristotle's Theory of Poetry and Fine Art*, London, 1895; New York, 1951.

S.H.布希尔:《亚里士多德的诗学与艺术理论》。

Byrne, P.H.: *Analysis and Science in Aristotle*, New York, 1997.

P.H.拜恩:《亚里士多德的分析和科学思想》。

Chen Chung-Hwan(陈康): *Sophia, The Science Aristotle Sought*, George Olms, Hildesheim, 1976.

陈康:《智慧,亚里士多德寻求的学问》。

陈康:《陈康哲学论文集》,江日新、关子尹编,台湾联经出版公司,1985 年。

陈康:《陈康论希腊哲学》,汪子嵩、王太庆编,商务印书馆,1990年。

Cherniss, H.: *Aristotle's Criticism of Plato and the Academy*, New York, 1962.

H.彻尼斯:《亚里士多德对柏拉图和学园的批判》。

Chroust, A.H.: *Aristotle. New Light on his Life and on some his Lost Works*. 2 vols. London, 1973.

A.H.克鲁斯特:《亚里士多德:生平和佚著新解》。

Cohen, S.M.: *Aristotle on Nature and Incomplete Substance*, Cambridge, 1996.

S.M.科亨:《亚里士多德论自然及不完善的本体》。

Dampier, W.C.(丹皮尔):《科学史及其与哲学和宗教的关系》,李珩译,商务印书馆,1975年。

During, I.: *Aristotle in the Ancient Biographical Tradition*, Goteburg, 1957.

I.杜林:《古代传记传统中的亚里士多德》。

During, I. and Owen G.E.L.(ed.): *Aristotle and Plato in the Mid-Fourth Century*, Eranos LIV, 1956.

I.杜林、G.E.L.欧文主编:《公元前四世纪中期的亚里士多德和柏拉图》(论文汇编)。

Edel, A.: *Aristotle and his Philosophy*, The University of North London, 1996.

A.艾德尔:《亚里士多德及其哲学》。

Ehrenberg, V.: *The Greek State*, London, 1960.

V.埃伦伯格:《希腊城邦》。

Else, G. F.: *Aristotle's Poetics：The Argument*, Cambridge, Mass. 1957.

G.F.厄尔斯:《亚里士多德的诗学:论证》。

Engstrom, S. and Whiting, J.(ed.): *Aristotle, Kant and Stoics*—Rethinking Happiness and Duty, Cambridge, 1996.

S.恩斯特洛姆和J.韦丁主编:《亚里士多德、康德和斯多亚学派——幸福和义务再探》。

Everson, S.: *Aristotle on Perception*, Clarendon, Oxford, 1997.

S.艾瓦逊:《亚里士多德论知觉》。

Gerson, L. P.(ed.): *Aristotle—Critical Assessments*, 4 vols, Routledge London and New York, 1999.

L.P.葛尔逊编:《亚里士多德评论集》,4卷。

Gilbert, K.E.(吉尔伯特) and Kuhn, H.(库恩):《美学史》,夏乾丰译,上海译文出版社,1989年。

Gomperz, T.: *The Greek Thinker*, vol. VI, *Aristotle and his Successors*, tr. by Berry, G.G., London, 1969.

T.冈珀茨:《希腊思想家》,第6卷《亚里士多德及其后继者》。

Granger, H.: *Aristotle's Idea of the Soul*, Kluwer, London, 1996.

H.格朗吉尔:《亚里士多德关于灵魂的观念》。

Grote, G.: *Aristotle*, 2 vols., London, 1872.

G.格罗特:《亚里士多德》,两卷本。

Gotthelf, A.: *Philosophical Issues in Aristotle's Biology*, Combridge, 1897.

A.哥特海尔夫:《关于亚里士多德生物学的哲学论文》。

Gutas, D.: *Greek Philosophers in the Arabic Tradition*, Ashgate Variorum, 2000.

D.古塔斯:《阿拉伯传统里的希腊哲学家》。

Guthrie, W.K.C.: *A History of Greek Philosophy*, vol. VI, *Aristotle*, Cambridge, 1983.

W.K.C.格思里:《希腊哲学史》,第6卷《亚里士多德》。

Hamilton, W.: *Aristotle's Art of Poetry, A Greek View of Poetry and Drama*, Oxford, 1940.

W.汉密尔顿:《亚里士多德的诗艺,一种希腊的诗与戏剧观》。

Hankinson, R.J.: *Cause and Explanation in Ancient Greek Thought*, Clarendon, Oxford, 1998.

R.J.汉金逊:《古希腊思想中的原因及其解释》。

Hardie, W.F.R.: *Aristotle's Ethical Theory*, Oxford, 1980.

W.F.R.哈迪:《亚里士多德的伦理学说》。

Heger, G.W.F.(黑格尔):《哲学史讲演录》,第2卷,贺麟等译,三联书店,1957年。

House, E.: *Aristotle's Poetics*, London, 1956.

E.豪斯:《亚里士多德的诗学》。

Hutchinson, D.S.: *The Virtues of Aristotle*, London, 1986.

D.S.赫钦逊:《亚里士多德论品德》。

Irwin, T.: *Aristotle's First Principles*, Oxford, 1990.

T.伊尔文:《亚里士多德的第一原理》。

Jaeger, W.W., *Studien Zur Entstechungschichte der Metaphysik des Aristotles*, Berlin, 1912.

W.W.耶格尔:《亚里士多德〈形而上学〉的发展史研究》。

Jarger, W.W.: *Aristotle: Fundaments of the History of his Development*, tr. by Robinson, R., Oxford, 1934.

W.W.耶格尔:《亚里士多德:发展史纲要》,罗宾逊英译。

靳希平:《亚里士多德传》,河北人民出版社,1997年。

Judson, L.(ed.): *Aristotle's Physics—A Collection of Essays*, Clarendon, Oxford, 1991.

L.鸠德逊主编:《亚里士多德的物理学——论文集》。

Kahn, C. H.: *The Verb 'to be' in Ancient Greek*, D.Reidel, 1973.

C.H.卡恩:《古希腊语动词"to be"》。

Kneale, W. And Kneale, M.: *The Development of Logic*, Oxford, 1962.

W.涅尔和 M.涅尔:《逻辑学的发展》,张家龙等译,商务印书馆,1985 年。

Kraut, R.: *Aristotle on the Human Good*, Princeton, 1989.

R.克劳特:《亚里士多德论人的善》。

Lear, J.: *Aristotle and Logical Theory*, Cambridge, 1980.

J.利尔:《亚里士多德和逻辑理论》。

Lennox, J.G.: *Aristotle's Philosophy of Biology—Studies in the Origins of Life Science*, Cambridge, 2001.

J.G.列诺克斯:《亚里士多德的生物哲学——生命科学源流考》。

Leszl, W.: *Aristotle's Logic and Metaphysics*, Padva Italy, 1970.

W.莱思齐:《亚里士多德的逻辑学和形而上学》。

Leszl, W.: *Aristotle's Conception of Ontology*, Padva Italy, 1975.

W.莱思齐:《亚里士多德的本体论概念》。

Lloyd, G.E.R. and Owen, G.E.L.: *Aristotle on Mind and Sences*, Cambridge, 1978.

G.E.R.洛伊德和 G.E.L.欧文:《亚里士多德论心智和感觉》。

Lloyd, G. E. R.: *Aristotle: the Growth and Structure of his Thought*, Cambridge, 1968.

G.E.R.洛伊德:《亚里士多德:思想的成长与结构》,郭实渝译,台湾联经出版公司,1984 年。

Lord, C.: *Education and Culture in the Political Thought of Aristotle*, London, 1982.

C.劳德:《亚里士多德政治思想中的教育和文化》。

Lukasiewicz, J.(卢卡西维茨):《亚里士多德的三段论》,李真、李先昆译,商务印书馆,1981 年。

罗念生:《论古希腊戏剧》,中国戏剧出版社,1985 年。

MacIntyre, A.: *After Virtue*, Notre Dame, 1984.

A.麦金泰尔:《德性之后》,龚群、戴扬毅等译,中国社会科学出版社,1995 年。

McCall, S.: *Aristotle's Modal Syllogism*, Amsterdam, 1963.

S.麦考尔:《亚里士多德的模态三段论》。

苗力田:《亚里士多德〈形而上学〉笺注》,《哲学研究》,1999 年第 7 期;《哲学译丛》2000 年第 1 期。

Mure, G.R.G.: *Aristotle*, London, 1932.

G.R.G.穆尔:《亚里士多德》。

Nietsche, F.(尼采):《悲剧的诞生》,周国平译,三联书店,1986年。

阎国忠:《古希腊罗马美学》,北京大学出版社,1983年。

Nussbaum, M. C. and Rorty, A. O.: *Essaays on Arisstotle's De Anima*, Clarendon, Oxford, 1992.

M.C.鲁斯鲍姆、A.O.罗蒂:《亚里士多德〈论灵魂〉(论文集)》。

Owen, G. E. L.: *Logic, Science and Dialectic*, Cornell, 1986.

G.E.L.欧文:《逻辑、科学和辩证法》(论文集)。

Owens, J.: *The Doctrine of Being in Aristotlian Metaphysics*, Toronto, 1951(1st ed.)

J.欧文斯:《亚里士多德〈形而上学〉中的"是"的学说》。

Patterson, R.: *Aristotle's Modal Logic—Essence and Entailment in the Organon*, Cambridge, 1995.

R.帕特逊:《亚里士多德的模态逻辑》。

Patzig, G.: *Theory of the Syllogism*, Dordrecht, 1968.

G.帕兹希:《亚里士多德的三段论理论》。

Price, A.W.: *Love and Friendship in Plato and Aristotle*, Oxford, 1989.

A.W.普拉斯:《柏拉图和亚里士多德所说的爱和友爱》。

Protevi, J.: *Time and Exteriority—Aristotle, Heidegger, Derrida*, Lewisburg Bucknell, 1994.

J.普逻忒维:《时间与外在性——亚里士多德、海德格尔和德里达》。

Randall, J.H.: *Aristotle*, Columbia, 1960.

J.H.兰道尔:《亚里士多德》。

Rawls, J.: *A Theory of Justice*, Harvard, 1951.

J.罗尔斯:《正义论》,何怀宏等译,中国社会科学出版社,1988年。

Robin, L.(罗斑):《希腊思想和科学精神的起源》,陈修斋译,商务印书馆,1965年。

Ross, W.D.: *Aristotle*, London, 1960.

W.D.罗斯:《亚里士多德》,王路译,商务印书馆,1997年。

Ross, W.D.: *The Development of Arristotle's Thought*, 1957. ( repr. in *Aristotle and Plato in the Mid-Fourth Century*).

W.D.罗斯:《亚里士多德思想的发展》,载《公元前四世纪中期的亚里士多德和柏拉图》论文集。

Russell, B.(罗素):《西方哲学史》上卷,何兆武等译,商务印书馆,1963年。

Sabine, G.H.(萨拜因):《政治学说史》上册,盛葵阳等译,商务印书馆,1986年。

Schmitt, C. B. and Skinner, Q. (ed.): *The Cambridge History of Renaissance Philosophy*, Cambridge, 1988.

C.B.斯密特和 Q.斯金纳主编:《剑桥文艺复兴哲学史》。

Singer,C.: *A History of Biology: to about the Year 1900*, Aberaid-Schuman, 1959.
C.辛格:《1900 年前生物学史》。

Smith, N.D. ( ed.): *Plato—Critical Assessments*, 4 Vols., Routledge, 1988.
N.D.史密斯主编:《柏拉图评论集》。

Taylor, A.E.: *Aristotle*, London, 1919.
A.E.泰勒:《亚里士多德》。

Ueberweg, F.: *History of Philosophy*, vol.I, New York, 1903.
F.宇伯威格:《哲学史》,第 1 卷。

王路:《亚里士多德的逻辑学说》,中国社会科学出版社,1991 年。

王路:《理性与智慧》(论文集),上海三联书店,2000 年。

王太庆:《我们怎样认识西方人的"是"?》,《学人》1994 年第四辑。

王太庆:《柏拉图关于"是"的学说》,台湾《哲学杂志》1997 年第 21 期。

汪子嵩、王太庆:《关于"存在"和"是"》,《复旦学报》2000 年第 1 期。

汪子嵩:《亚里士多德关于本体的学说》,三联书店,1982 年。

Windelband, W.(文德尔班):《哲学史教程》,上卷,罗达仁译,商务印书馆,1987年。

吴国盛:《希腊空间概念的发展》,四川教育出版社,1994 年。

杨适:《哲学的童年》,中国社会科学出版社,1987 年。

Yu Jiyuan: *Aristotle's Dual Metaphysics—An Interpretation of Metaphysics ZHΘ*, The University of Guelph, Canada, 1994.
余纪元:《亚里士多德的双重形而上学——〈形而上学〉Z、H、Θ 卷释义》(博士论文)。

Yu Jiyuan: *Tode Ti and Toionde in Metaphysics Z*, International Philosophical Quarterly, vol.XVI, no.3-4, 1994.
余纪元:《〈形而上学〉Z 卷中的 Tode Ti(这个)和 Toionde(这样)》。

余纪元:《亚里士多德论 ON》,《哲学研究》,1995 年第 4 期。

赵敦华:《基督教哲学 1500 年》,人民出版社,1994 年。

赵敦华:《"存"、"有"、"是"的形而上学之辨》,《学人》1994 年第 4 辑。

周礼全:《模态逻辑引论》,上海人民出版社,1986 年。

周礼全:《亚里士多德论矛盾律和排中律》,《哲学研究》1981 年第 11、12 期,载《周礼全集》,2000 年。

Zeller, E., *Aristotle and The Earlier Peripatetics*, 2 vols. by Costelloe, B.F.C. and Muirhead, J.H., 1897.
E.策勒:《亚里士多德和早期漫步学派》。

## ❋ 译名对照表 ❋ ─────────────

## （一）亚里士多德著作译名*

| | | | |
|---|---|---|---|
| Categoriae | 《范畴篇》 | De Memoria et Reminiscentia | |
| De Interpretatione | 《解释篇》 | | 《论记忆》 |
| Analytica Priora | 《前分析篇》 | De Somno et Vigilia | 《论睡眠》 |
| Analytica Posteriora | 《后分析篇》 | De Somnis | 《论梦》 |
| Topica | 《论题篇》 | De Divinatione per Somnum | |
| De Sophisticics Elenchis | | | 《论睡眠中的征兆》 |
| | 《辩谬篇》 | De Longitudine et Brevitate Vitae | |
| Physica | 《物理学》 | | 《论生命的长短》 |
| De Caelo | 《论天》 | De Inventute et Senectute | |
| De Generatione et Corruptione | | | 《论青年和老年》 |
| | 《论生成和消灭》 | De Vita et Morte | 《论生和死》 |
| Meteorologica | 《天象学》 | De Respiratione | 《论呼吸》 |
| De Mundo | 《论宇宙》 | De Spiritu | 《论气息》 |
| De Anima | 《论灵魂》 | Historia Animalium | 《动物志》 |
| De Sensu et Sensibili | | De Partibus Animalium | |
| | 《论感觉及其对象》 | | 《论动物的构成》 |

─────────────

\* 中文译名除个别外均按苗力田主编《亚里士多德全集》中译本的译法。

De Motu Animalium

　　　　　《论动物的运动》

De Incessu Animalium

　　　　　《论动物的行进》

De Generatione Animalium

　　　　　《论动物的生成》

De Coloribus　　　《论颜色》

De Audibilium　　　《论声音》

Physiognomonica　　《体相学》

De Plantis　　　　《论植物》

De Mirabilibus Anscultationibus

　　　　　《论声音的奇异》

Mechanica　　　　《机械学》

Problemta　　　　《问题集》

De Lineis Insecaabilibus

　　　　　《论不可分割的线》

Venttorum Situs et Appellatione

　　　　　《论风的方位和名称》

De Melisso, Xenophane, Gorgia

　　　　　《论麦里梭、塞诺芬尼

　　　　　和高尔吉亚》

Metaphysica　　　　《形而上学》

Ethica Nicomachea

　　　　　《尼各马科伦理学》

Magna Moralia　　　《大伦理学》

Ethica Eudemia

　　　　　《欧德谟伦理学》

De Virtutibus et Vitis　《论善和恶》

Politica　　　　　《政治学》

Oeconomica

　　　　　《家政学》(《经济学》)

Rhetorica　　　　《修辞术》

De Rhetorica ad Alexandrum

　　　　　《亚历山大修辞学》

De Poetica　　　　《诗论》

Atheniensium Respublica

　　　　　《雅典政制》

# （二）古代人名

| | | | |
|---|---|---|---|
| Achilles | 阿喀琉斯 | Alexander Aphrodisieus | |
| Aeschylus | 埃斯库罗斯 | | 阿菲罗狄西亚的亚历山大 |
| Alciabiades | 阿尔基比亚德 | Alexandrus | 亚历山大 |
| | | Ambracis | 昂伯拉西斯 |

| | | | |
|---|---|---|---|
| Amyntas | 阿明塔斯 | Charicles | 卡里克勒斯 |
| Andronicus | 安德罗尼柯 | Chrysippus | 克律西波 |
| Anselmus | 安瑟谟 | Cicero | 西塞罗 |
| Antipater | 安提帕特 | Cleisthenes | 克利斯提尼 |
| Antisthenes | 安提斯泰尼 | Clement | 克莱门 |
| Apellico | 阿培利柯 | Corax | 科拉克斯 |
| Apollodorus | 阿波罗多洛 | Coriscus | 科里司库 |
| Archelaus | 阿凯劳斯 | Critolaus | 克里托劳斯 |
| Archytas | 阿尔基塔 | | |
| Arimnestus | 阿里涅斯图 | David | 大卫 |
| Aristippus | 阿里斯提波 | Demetrius | 狄米特里乌 |
| Aristomenes | 阿里司托美涅 | Demosthenes | 德谟斯提尼 |
| Aristo | 阿里斯托 | Dicaearchus | 狄凯亚尔库 |
| Aristophanes | 阿里斯托芬 | Diodorus | 狄奥多罗斯 |
| Aristotle | 亚里士多德 | Dion | 狄翁 |
| Aristoxenus | 阿里司托森 | Dionysius | 狄奥尼修 |
| Arrian | 阿里安 | Dionysus | 狄奥尼修斯 |
| Asclepius | 阿斯克勒普 | Dioteles | 狄奥泰勒斯 |
| Aspasius | 阿斯帕西乌 | | |
| Augustinus | 奥古斯丁 | Elias | 埃利亚斯 |
| Averroe | 阿威罗伊 | Empeedocles | 恩培多克勒 |
| Avicenna | 阿维森那 | Ephialtes | 厄菲亚尔特 |
| | | Ephoros | 埃福罗斯 |
| Bias | 彼亚斯 | Epicurus | 伊壁鸠鲁 |
| Boethius | 波埃修斯 | Erymneus | 厄律尼乌斯 |
| | | Eubulus | 欧布罗斯 |
| Callippus | 卡利普斯 | Eucleides | 欧几里德 |
| Callisthenes | 卡利斯赛尼 | Eudemus | 欧德谟斯 |
| Cebes | 克贝 | Eudoxus | 欧多克索 |
| Cephisodorus | 克菲梭多鲁 | Eupolis | 欧波利斯 |

| | | | |
|---|---|---|---|
| Plotinus | 普罗提诺 | Solon | 梭伦 |
| Plutarch | 普卢塔克 | Sophocles | 索福克勒斯 |
| Polemarchus | 波勒马库 | Speusippus | 斯彪西波 |
| Polygnotus | 波吕涅俄斯 | Stobaeus | 斯托拜乌 |
| Polyclietus | 波吕克莱托 | Strabo | 斯特拉波 |
| Porphry | 波菲利 | Strato | 斯特拉托 |
| Priam | 普里阿谟 | Sulla | 苏拉 |
| Prodicus | 普罗迪柯 | | |
| Proclus | 普罗克洛 | Thale | 泰勒 |
| Protagoras | 普罗泰戈拉 | Thales | 泰勒斯 |
| Proxenus | 普洛克塞努 | Theaetotes | 泰奥多德 |
| Ptolemy | 托勒密 | Themison | 塞米松 |
| Pythagoras | 毕泰戈拉 | Themistius | 塞米斯提斯 |
| Pythodorus | 皮索多鲁 | Theodorus | 赛奥多洛 |
| Pythias | 皮提娅斯 | Theophrastus | 塞奥弗拉斯特 |
| | | Theopompus | 赛奥旁泊 |
| Rosccellinus | 罗瑟林 | Thersites | 塞尔西特斯 |
| | | Theudius | 修底乌斯 |
| Sergius of Resaina | | Timotheus | 提谟修斯 |
| | 雷塞纳的塞尔吉乌斯 | Tisias | 提西阿斯 |
| Sextus Empiricus | | Thomas Aquinas | 托马斯·阿奎那 |
| | 塞克斯都·恩披里柯 | Thrasymachus | 塞拉西马柯 |
| Silenus | 西勒诺斯 | Timarchus | 提玛库斯 |
| Simmias | 西米亚 | Tycho | 提柯 |
| Simon | 西蒙 | Tyrannio | 提兰尼俄 |
| Simplicius | 辛普里丘 | | |
| Socrastes | 苏格拉底 | Xenocrates | 色诺克拉底 |

# (三) 地　名

| | | | |
|---|---|---|---|
| Academus | 阿卡德摩 | Illyria | 伊利里亚 |
| Alexandria | 亚历山大里亚 | | |
| Amphipolis | 安菲波利 | Lacedaemon | 拉克代蒙(斯巴达) |
| Andrus | 安德罗斯 | Lamia | 拉米亚 |
| Assos | 阿索斯 | Lampsacus | 兰萨库斯 |
| Atarneus | 阿塔纽斯 | Lesbos | 列斯堡 |
| | | Lyceum | 吕克昂 |
| Byzantium | 拜占庭 | | |
| | | Macedonia | 马其顿 |
| Calauria | 卡劳利亚 | Messene | 麦撒那 |
| Chaeronea | 凯罗尼亚 | Messenia | 美赛尼亚 |
| Cathage | 迦太基 | Miletus | 米利都 |
| Chalecedon | 卡尔西冬 | Mycenae | 米西尼 |
| Chalcis | 卡尔塞斯 | Mysia | 米西亚 |
| Chios | 开俄斯 | Mytylene | 米提利尼 |
| Cilicia | 西利西亚 | | |
| Corinthus | 科林斯 | Nemea | 涅美亚 |
| Cyprus | 塞浦路斯 | | |
| Cyrene | 居勒尼 | Olympia | 奥林比亚 |
| Delphi | 德尔斐 | Paeonia | 佩俄尼亚 |
| | | Pella | 佩拉 |
| Eresus | 埃雷西斯 | Phalerum | 法莱勒 |
| Euboea | 优卑亚 | Pharos | 法罗斯 |
| | | Phocis | 福基斯 |

| | | | Strymon | 斯特里蒙 |
|---|---|---|---|---|
| Rhodus | 罗得斯 | | | |
| | | | Tarentum | 塔壬同 |
| Salamis | 萨拉米 | | Teos | 提奥斯 |
| Scepsis | 斯凯帕西斯 | | Thebes | 底比斯 |
| Smyrna | 士麦那 | | Thessalia | 帖撒利 |
| Stagirus | 斯塔吉拉 | | Thrace | 色雷斯 |

．